Aspectos actuales del hispanismo mundial

Aspectos actuales del hispanismo mundial

Literatura — Cultura — Lengua

Editado por
Christoph Strosetzki

Editores de las secciones
Mechthild Albert, Birgit Aschmann, Cerstin Bauer-Funke, Walther L. Bernecker,
Hanno Ehrlicher, Wilfried Floeck, Robert Folger, Andreas Gelz, Javier Gómez
Montero, Sybille Große, Daniel Jacob, Silke Jansen, Frank Leinen, Tobias Leuker,
Wolfgang Matzat, Jochen Mecke, Gesine Müller, Carmen Rivero, Sabine Schlickers,
Susanne Schlünder, Bernhard Teuber, Sebastian Thies, Manfred Tietz, Christian
von Tschilschke, Ulrich Winter y Jan-Henrik Witthaus

Redactado por
Rocío Badía Fumaz, María Díez Yáñez, Christina Münder Estellés y Amaranta
Saguar García

Vol. 1

DE GRUYTER

ISBN 978-3-11-044861-0
e-ISBN [PDF] 978-3-11-045082-8
e-ISBN [EPUB] 978-3-11-044871-9

Library of Congress Cataloging-in-Publication Data
Names: Asociación Internacional de Hispanistas (19th : 2016 :
  Munster, Germany). | Strosetzki, Christoph - editor.
Title: Aspectos actuales del hispanismo mundial : literatura, cultura, lengua
  / edited by Christoph Strosetzki.
Description: Boston : Berlin : De Gruyter, 2018. | Includes bibliographical
  references and index.
Identifiers: LCCN 2018027888 (print) | LCCN 2018028275 (ebook) | ISBN
  9783110450828 (electronic Portable Document Format (pdf)) | ISBN
  9783110448610 (hardback) | ISBN 9783110450828 (e-book pdf) | ISBN
  9783110448719 (e-book epub)
Subjects: LCSH: Spanish literature--History and criticism--Congresses. |
  Spanish American literature--History and criticism--Congresses. | Spanish
  language--Congresses. | BISAC: LITERARY CRITICISM / European / Spanish &
  Portuguese.
Classification: LCC PQ6002 (ebook) | LCC PQ6002 .I68 2016 (print) | DDC
  860.9--dc23
LC record available at https://lccn.loc.gov/2018027888

Bibliographic information published by the Deutsche Nationalbibliothek
The Deutsche Nationalbibliothek lists this publication in the Deutsche Nationalbibliografie;
detailed bibliographic data are available on the Internet at http://dnb.dnb.de.

© 2018 Walter de Gruyter GmbH, Berlin/Boston
Typesetting: Integra Software Services Pvt. Ltd.
Printing and binding: CPI books GmbH, Leck

www.degruyter.com

Prólogo

Los artículos que conforman este libro han sido cuidadosamente evaluados por un comité científico compuesto por los directores de cada una de las secciones. Quiero expresar mi especial agradecimiento a las redactoras Rocío Badía Fumaz, María Díez Yáñez, Christina Münder Estellés y Amaranta Saguar García, que han uniformado los manuscritos presentados con un trabajo infatigable. Los volúmenes están a disposición tanto en ejemplares impresos como en formato electrónico en la página de la editorial De Gruyter.

Las contribuciones proceden del XIX Congreso de la Asociación Internacional de Hispanistas celebrado en julio de 2016 en la Universidad de Münster (Alemania) y se asocian a la temática de las distintas secciones que allí tuvieron lugar. Para la Universidad de Münster ha supuesto una especial alegría y un honor haber podido organizar el Congreso de la AIH en el año 2016. Tras el celebrado en Berlín en 1986, es el segundo que ha tenido lugar en Alemania desde la fundación de la Asociación en Oxford en 1962.

El núcleo temático de la sección primera gira en torno a «lo sagrado y lo profano en la cultura española medieval – convergencias y divergencias», donde se pusieron de relieve las estrategias didácticas, los cambios de género y la posición de las autoridades seculares y religiosas respecto a la literatura. La segunda sección se ocupa de la prosa y poesía del Siglo de Oro, haciendo referencia a los modelos literarios y discursivos de la constitución del sujeto y de la construcción del yo en una época en la que pierden vigor las referencias religiosas, mientras se produce un auge de proyectos humanísticos. La tercera sección contemplaba los espacios en el teatro español desde sus principios hasta la actualidad, entendiéndolos como una construcción social. La cuarta sección, que se dedica a los siglos XVIII y XIX, se pregunta sobre las transformaciones y transiciones que se dieron entre ambos siglos y cómo se manifiesta este encuentro crítico entre el espacio colonial y el metropolitano a través de una formulación de nuevas concepciones de lo nacional y a través de la creación de nuevos géneros literarios. La quinta sección «Moderna y Contemporánea» gira en torno a las crisis y rupturas que empezaron en la generación del 98 y duran hasta hoy. Se tienen en cuenta, así, cuestiones como la periodización de la literatura, la historiografía literaria, la crisis de las humanidades y de la identidad cultural, de la estética y de los conceptos de género, las crisis socioeconómicas, políticas y religiosas. La sexta sección se ocupa de Latinoamérica desde la perspectiva de los masivos procesos de urbanización y migración, regímenes autocráticos, la globalización acelerada y la entrada en la era digital en torno a transiciones entre una «ciudad letrada» y nuevas formas de literacidad, transculturaciones como «laboratorio de la modernidad» de las literaturas latinoamericanas e identidades transitorias

https://doi.org/10.1515/9783110450828-201

a partir de una perspectiva psicológica individual, sociológica, cultural, nacional y global. La séptima sección «Cine y medios de comunicación» se propone investigar histórica y sistemáticamente la transgresión de los modelos genéricos, como el cine de Hollywood, cine artístico, cine documental y ficcional, y modelos mediales en el cine español y latinoamericano, en los que se da una rivalidad productiva con las otras artes y medios. Dedica su atención, asimismo, a la era «postcinematográfica» y «postelevisual» nacida de la digitalización. La octava sección, gira en torno a la historia y cultura del mundo hispánico, se propone analizar los dispositivos del poder y de la resistencia pasando por la participación, el conformismo, la integración y la subversión desde una perspectiva interdisciplinar y con la ayuda de los estudios culturales, la historiografía y la antropología. Del mismo modo, pretenden examinar las relaciones conflictivas y violentas entre el poder gubernamental y los ciudadanos desde el siglo XV hasta la actualidad. Los artículos de la novena sección «Lengua», dedicada a la Lingüística, han tematizado el estado actual de la semántica, la toponomástica, la gramaticografía, el contacto lingüístico y aspectos histórico-lingüísticos, de la misma manera que se han ocupado de las teorías lingüísticas más recientes.

Quiero dar las gracias, en este lugar, al que fuera presidente de la AIH, David Gies, por su enérgico y permanente acompañamiento durante la preparación del Congreso y al actual presidente, Aurelio González, por su apoyo constante.

Münster, mayo de 2018
Christoph Strosetzki

Índice general

Vol. 1

Prólogo

Discurso inaugural

Sesiones plenarias

Edad Media
Ed. Tobias Leuker

Siglo de Oro
Ed. Wolfgang Matzat, Javier Gómez Montero y Bernhard Teuber

Teatro
Ed. Cerstin Bauer-Funke, Wilfried Floeck y Manfred Tietz

Siglos XVIII y XIX
Ed. Andreas Gelz, Susanne Schlünder y Jan-Henrik Witthaus

Vol. 2

Literatura contemporánea
Ed. Mechthild Albert, Jochen Mecke y Carmen Rivero

Literatura hispanoamericana
Ed. Frank Leinen, Gesine Müller y Sebastian Thies

Cine y medios
Ed. Hanno Ehrlicher, Sabine Schlickers y Christian von Tschilschke

Historia y cultura
Ed. Birgit Aschmann, Walther L. Bernecker, Robert Folger y Ulrich Winter

Lengua
Ed. Sybille Große, Daniel Jacob y Silke Jansen

Contenido

Prólogo —— V

Discurso inaugural

David T. Gies
Las Casandras de la crisis —— 3

Sesiones plenarias

Mechthild Albert
La sociabilidad: un concepto clave de los estudios culturales y literarios
en el ámbito hispánico —— 9

Vicenç Beltrán
Desequilibrio genérico y ampliación del repertorio. La poesía española entre
Edad Media y Renacimiento —— 26

Maria Augusta da Costa Vieira
Los trabajos de Persiles y Sigismunda y los saberes humanistas —— 60

Mª Teresa Echenique Elizondo
La historia de la lengua española en el estudio de su literatura: pautas para
su actualización en el siglo XXI —— 75

Juan Villegas
La internacionalización del teatro latinoamericano en tiempos
de globalización, neoliberalismo y posmodernidad —— 105

Edad Media
Ed. Tobias Leuker

Tobias Leuker
Lo sagrado y lo profano en la cultura española medieval.
Convergencias y divergencias —— 131

Francisco Bautista
El monasterio de Guadalupe y las crónicas de Ayala —— 134

Adrián Fernández González
Alejandro Magno, un espejo para la nobleza: progresión de una figura modélica —— 151

Leonardo Funes
Ideología amorosa cortesana en el siglo XV castellano: autocontrol emocional y autorrebajamiento voluntario —— 162

Juan García Única
La Edad Media contra la Edad Media: sacralización y secularización de un concepto —— 174

E. Michael Gerli
«Este lunático que non cata mesura» (*Libro de Alexandre* 2329c): *libertas inquiriendi/vitium curiositatis*, o la base científica del juicio de Dios —— 185

Déborah González
La expresión de la ira en las *Cantigas de Santa Maria* —— 196

Antonia Martínez Pérez
Popularización teológica en el *Libro de buen amor*, a la luz de sus interconexiones con otras prácticas literarias panrománicas —— 208

Georgina Olivetto
Política y sermón: Alonso de Cartagena en el Concilio de Basilea —— 222

Rachel Peled Cuartas
De las *maqamat* árabes hebreas hasta la Picaresca: trayectoria de humor e ironía —— 232

Carlos Santos Carretero y E. Macarena García García
La historia de Sahar y Kimah, de Jacob ben Eleazar. Traducción y estudio lingüístico-literario —— 240

Connie L. Scarborough
Escrito sobre la piel: la zona fronteriza para el leproso —— 252

Isabella Tomassetti
Los *Salmos penitenciales* de Diego de Valera: entre cortesía y parodia —— 262

Siglo de Oro
Ed. Wolfgang Matzat, Javier Gómez Montero y Bernhard Teuber

Wolfgang Matzat, Javier Gómez Montero y Bernhard Teuber
Prosa y poesía del Siglo de Oro. Constitución del sujeto y construcciones del yo —— 277

Dirk Brunke
La construcción del yo en la vida y la obra del Inca Garcilaso de la Vega (1539–1616) —— 280

Eberhard Geisler
En los umbrales del sujeto moderno. Sobre Francisco de Quevedo —— 291

Faith S. Harden
Hacia una historia de la autobiografía militar del siglo XVII: el militar perfecto y las «vidas» de soldados —— 317

Jaroslava Marešová
Hacia la novela: relaciones de naufragios del siglo XVI —— 325

José Manuel Martín Morán
Don Quijote y las tecnologías del yo —— 336

Iveta Nakládalová
La constitución del sujeto en las *artes excerpendi* altomodernas —— 348

Pedro Ruiz Pérez
Edición y biografía de Salazar y Torres: sujeto lírico y sujeto autorial —— 362

Juan Diego Vila
Desde el crisol de Tosilos. Goce, transgresión y literatura en el *Quijote* de 1615 —— 374

Jack Weiner
San Agustín (354–430) en un soneto ecfrástico de Juan de Tasis
(*ca.* **1581–1622)** —— **384**

Teatro
Ed. Cerstin Bauer-Funke, Wilfried Floeck y Manfred Tietz

Cerstin Bauer-Funke, Wilfried Floeck y Manfred Tietz
Espacios en el teatro español de la Temprana Modernidad.
Siglos XVI–XVIII —— **395**

Beata Baczyńska
Príncipes perseguidos y valientes damas de comedia. El espacio de la Europa
del Este y del Norte en el teatro áureo español —— **403**

Ana Contreras Elvira y Alicia Blas Brunel
De las plazas al coliseo: revueltas en los teatros y vuelta a las calles. Lecturas
de estructuras escénicas y texturas espaciales —— **415**

Gaston Gilabert
Espacios sonoros: la ubicuidad del elemento poético-musical en las comedias
de Moreto —— **436**

Guillermo Gómez Sánchez-Ferrer
El teatro de Lope de Vega en la escena madrileña o los nuevos espacios
para la construcción del canon dramático áureo —— **454**

Gernot Kamecke
La abstracción del interior ilustrado. Conceptos de orientación para los
espacios teatrales de Gaspar Melchor de Jovellanos —— **466**

María Luisa Lobato
El espacio simbólico en las comedias palatinas de Moreto —— **478**

Carlos-Urani Montiel
Espacios teatrales en el *Coloquio de Timbria* de Lope de Rueda —— **492**

Isabel Müller
**Espacio de contiendas y de amores. Sobre la representación de la frontera
en la comedia de Lope de Vega** —— 503

Romina Irene Palacios Espinoza
**Espacio representado-dicho-imaginado: corpus espacial de la comedia
de capa y espada calderoniana** —— 519

Beatrice Schuchardt
**Escenificaciones del hogar burgués en el teatro dieciochesco: espacio
familiar/espacio comercial** —— 532

Ingrid Simson
**Construcciones espaciales de América en el teatro del Siglo de Oro:
demostración de poder y apropiación simbólica** —— 544

Marcella Trambaioli
**La casa de la dama en la Comedia Nueva (Lope, Calderón, Moreto)
y en la resemantización vanguardista de García Lorca** —— 562

Siglos XVIII y XIX
Ed. Andreas Gelz, Susanne Schlünder y Jan-Henrik Witthaus

Andreas Gelz, Susanne Schlünder y Jan-Henrik Witthaus
Fenómenos de transición entre los siglos XVIII y XIX —— 579

Francisco Javier Álvarez Amo
Aspectos del sujeto lírico en el Bajo Barroco —— 582

Rosa Mª Aradra Sánchez
**Los «géneros del yo» y el nuevo orden literario en la frontera de
entre siglos** —— 591

Rolando Carrasco M.
**Globos y artefactos de volar en la América colonial. La conquista ilustrada
del espacio celeste en los siglos XVIII y XIX** —— 603

Eli Cohen
El *Quijote* visto por Cadalso: la construcción de una tradición de ficción crítica en las *Cartas marruecas* —— 620

Ana Contreras Elvira
Mundo al revés y guerras culturales en el segundo tercio del siglo XVIII: obra y poética de Nicolás González Martínez —— 628

Mª Pilar Espín Templado
***Pepita Jiménez:* las adaptaciones de la novela de Juan Valera a la escena lírica europea —— 641**

María Luisa Guardiola Tey
Autodeterminación y modificación de arquetipos femeninos decimonónicos en la esfera laboral: la obrera frente a la pequeña empresaria —— 656

Amy Liakopoulos
Los espacios fugados: *El Miserere* de Gustavo Adolfo Bécquer —— 667

David Loyola López
El exilio como tema literario en *Ocios de españoles emigrados* —— 675

Raquel Macciuci
Letras sin libro en el siglo XVIII. Las «Cartas marruecas» del *Correo de Madrid (ó de los ciegos)* —— 688

Beate Möller
El afán de la felicidad. La transición de un concepto político-económico y normativo de España a Hispanoamérica —— 701

Madeline Sutherland-Meier
Padres e hijos, jueces y delincuentes, inocencia y culpabilidad: *El delincuente honrado* de Jovellanos y *El vinatero de Madrid* de Valladares —— 713

Discurso inaugural

David T. Gies
Las Casandras de la crisis

En nombre de la Asociación Internacional de Hispanistas, tengo el gran honor de agradecer a la histórica y noble Universidad de Münster, y especialmente a la Comisión Local Organizadora, encabezada por nuestro socio Christoph Strosetzki, la generosa acogida que brindan hoy a nuestro decimonoveno congreso trienal.

Hace 53 años, nuestros (ya) abuelos profesionales se reunieron en la Universidad de Oxford para contemplar la posibilidad de echar una mirada totalizadora –lo que llamaríamos ahora «global»– al estudio de la literatura, la historia, la cultura y la lengua de España e Hispanoamérica. En esa época, ellos *eran* el hispanismo mundial, unos cuantos apasionados o aficionados que elaboraron una visión de lo que debería de ser el estudio de la rica y compleja cultura hispánica.

Pero ese mundo del Hispanismo (en singular) en realidad es el mundo de los Hispanismos (en plural), porque percibimos, solo con echar un vistazo al programa de nuestro congreso de Münster, que aquí se reúnen investigadores y representantes de muy distintos Hispanismos mundiales, unidos en nuestro común respeto por, interés en y amor a la cultura hispánica.

El Hispanismo no se ubica en una sola parte, geográficamente hablando, sino que está en los cerebros y los corazones de todos sus practicantes. Ustedes son el Hispanismo, estén donde estén, así como sus alumnos que participan en este gran proyecto. Sí, claro, tenemos que estar en alguna parte, tenemos que reunirnos en un sitio y tener una sede física. Nuestra sede oficial se encuentra ahora –gracias a la generosidad y bondad de la Fundación Duques de Soria de Ciencia y Cultura Hispánica, de doña Margarita de Borbón y don Carlos Zurita, con su presidente Rafael Benjumea y su director José María Rodríguez Ponga–, en el acogedor Convento de la Merced en Soria.

Pero, insisto. El Hispanismo es una entidad fluida, mental, emocional, científica y flexible (adjetivos que evocan el método artístico de Dalí). Como cómicos de la legua, nos vamos representando y publicando nuestras obras por el mundo. Como Don Quijote, vamos batallando contra los errores, molinos de viento y, a veces, gigantes, en nuestro deseo de comprender más a fondo la rica cultura que nos inspira y entusiasma. Nos hemos reunido en tres continentes, en nueve países y en dieciocho ciudades. Tenemos relaciones científicas (y socios) en cinco continentes.

David T. Gies, Presidente de Honor de la Asociación Internacional de Hispanistas

https://doi.org/10.1515/9783110450828-001

Hoy en día se oye *ad nauseam* la palabra «crisis». Es una palabra que se lee a diario en la prensa, que se oye en los labios de los políticos y en las tertulias televisivas. Es una palabra a la que recurren los que yo llamo las «Casandras de la crisis», aquellas personas que quieren negar las cosas, o más bien denegar cosas: denegar un presupuesto («Estamos en crisis»), denegar becas para los jóvenes («Ya sabe Usted, la crisis»), negar un salario decente («Ahora no, la crisis»), desaprobar subvenciones para la investigación («No hay dinero; cosas de la crisis»). Es una palabra vacía de carga semántica pero llena de poder negativo. Es una postura que cansa, que irrita, que deprime.

Para colmo, se habla de la crisis de las Humanidades, un área de estudio de poca rentabilidad. ¿Quién necesita filósofos? ¿Qué *producen* los filólogos? ¿Qué *venden* los que estudian la literatura medieval, siglodeorista, contemporánea o del Cono Sur? ¿Cuánto dinero *ganan* esos tipos raros que se dedican a comprender la magia de la Filología Hispánica? Hoy, en nuestros países, está muy de moda hablar de la inutilidad de la Filología. Como pasó antiguamente con los judíos y los moriscos, ahora los hay que intentan expulsar a los profesores de Humanidades.

Bueno, hay que confesar que existen menos trabajos ahora para los que se doctoran en Filología. Hay menos presupuesto. Hay menos fluidez. Pero no hay menos pasión, menos necesidad ni menos importancia.

Creo que este momento de crisis es transitorio. ¿Cómo se puede hablar de «crisis» cuando el español se ha convertido, por ejemplo, en la segunda lengua de mi país, Estados Unidos, que es el primer país hispanohablante del mundo? ¿Cuando hay más de 500 millones de hispanohablantes en los cinco continentes? ¿Cuando el español está en alza, y con él aumenta y se intensifica el estudio de su cultura, su historia, su literatura, su lengua, su cine y su arte?

Don Quijote luchó contra lo irracional... y venció. Venció porque hoy en día todo el mundo le recuerda a él, y mucho más que a Reinaldos de Montalbán o el gigante Caraculiambro. Venció porque en su locura entendía las cosas más cuerdas. Venció porque luchó, porque no se entregó a los que insistían en ningunearle. Venció porque vio con claridad lo importante y pudo contra sus monstruos. Venció porque su pasión y sabiduría pudieron contra los que le dijeron que no. Defendió su ideal, y nosotros tenemos que defender el nuestro.

La pérdida de las Humanidades produce los *reality shows* de la política contemporánea. La pérdida de las Humanidades produce un mundo que no comprende su propia historia, el resultado de lo cual es esa famosa sentencia de George Santayana: «Si no recordamos nuestra historia, nos condenamos a repetirla».

Como dijo el gran filólogo Russell P. Sebold, al escribir sobre el dramaturgo Leandro Fernández de Moratín, este fue grande no *a pesar* de las reglas neoclásicas, sino *con* las reglas. Así pues, celebremos las Humanidades y la Filología no *a pesar de* la crisis, sino *dentro* de la crisis, con la crisis, para superar esa desdichada crisis. Pongámonos las pilas y a trabajar.

Recientemente, en el Congreso Internacional de la Lengua Española, celebrado en Puerto Rico, el novelista Eduardo Mendoza dijo lo siguiente, hablando de las humanidades: «Hay que defenderlas. Con violencia (no necesariamente física, aunque no descarto esta posibilidad) [...] Las Humanidades son un fin en sí. Hay que enseñarlas porque sí». En palabras (algo modificadas, eso sí, si me lo permiten) de Bécquer, «Puede no haber humanos, pero siempre habrá Humanidades».

Ustedes aquí son la prueba de la vitalidad de las humanidades. ¿Qué mundo van a heredar nuestros hijos y nietos? ¿Les vamos a legar un mundo sin Humanidades, sin los versos de Lorca, sin las ironías de Cervantes, sin las golondrinas de Bécquer, sin la lluvia de mariposas amarillas de García Márquez?

Yo creo que no, y la riqueza del programa de este congreso nos devuelve la esperanza en un renacimiento de las Humanidades, gracias a todos los aquí presentes. Como don Quijote, tenemos que salir no al campo, sino al aula, para «deshacer agravios, enderezar tuertos, enmendar sinrazones y mejorar abusos». Luchemos contra los monstruosos molinos de viento que nos quieren ningunear, y defendamos un mundo en el que las humanidades y la Filología Hispánica sean imprescindibles para la vida de las personas y la sociedad.

Münster, 11 de julio de 2016

Sesiones plenarias

Mechthild Albert

La sociabilidad: un concepto clave de los estudios culturales y literarios en el ámbito hispánico

Resumen: El presente artículo se propone evaluar la relevancia actual del concepto de sociabilidad, desarrollado por Maurice Agulhon hacia 1968, como clave metodológica transversal que relaciona los estudios culturales y literarios. Después de trazar un estado de la cuestión, se examina a Galdós en cuanto autor que ilustra de manera ejemplar las dimensiones semántica, estructural y poetológica de la sociabilidad. A continuación, se presentan en este estudio algunos proyectos de investigación destinados al estudio de determinados fenómenos históricos concretos como son, por una parte, las academias del Siglo de Oro y, por otra, la sociabilidad porteña y transatlántica desde mediados del siglo XIX.

Palabras clave: Sociabilidad, estudios literarios y culturales, Galdós, academias literarias, sociabilidad porteña.

«El concepto de sociabilidad todavía no ha dado todo de sí»: esta aseveración no es un parecer aislado ni casual. Así lo sostiene, entre otros, el sociólogo colombiano Willian Alfredo Chapman Quevedo en un artículo publicado en 2015, donde destaca la utilidad del «concepto de sociabilidad como referente del análisis histórico»,[1] alegando que dicho concepto «es primordial al momento de analizar las sociedades del pasado y su proceso de politización, ya que permite observar la trama política desde la óptica de las relaciones sociales de los actores». Sin embargo, advierte contra una posible «"vulgarización" de [esta] categoría de análisis»,[2] pues «si todo es sociabilidad, la sociabilidad no es nada y [...] no sirve para la explicación histórica».[3] Por otra parte, el mismo Chapman reconoce con Félix

---

1 Willian Alfredo Chapman Quevedo, «El concepto de sociabilidad como referente del análisis histórico», en *Investigación y Desarrollo*, 23.1 (2015), p. 1 (en línea) [fecha de consulta: 08-02-2017] <http://dx.doi.org/10.14482/indes.23.1.6040>.
2 Pilar González Bernaldo de Quirós, parafraseada por Willian Alfredo Chapman Quevedo, «El concepto de sociabilidad como referente del análisis histórico», p. 9.
3 Jean-Louis Guereña, citado por Willian Alfredo Chapman Quevedo, «El concepto de sociabilidad como referente del análisis histórico», p. 9.

Mechthild Albert, Rheinische Friedrich-Wilhelms-Universität Bonn

https://doi.org/10.1515/9783110450828-002

Luego que «la sociabilidad como problema debe relacionarse con otros conceptos que nos permitan la explicación de los fenómenos históricos».[4] De hecho, la aptitud del concepto para combinarse con otras aproximaciones metodológicas parece ser precisamente lo que garantiza su vitalidad.

En efecto, este concepto metodológico, que está por cumplir 50 años, sigue siendo productivo y fructífero como lo demuestra un buen número de trabajos actuales. Por ello nos parece este el momento oportuno para realizar un balance de la utilidad y trascendencia que esta noción ha demostrado hasta ahora e igualmente señalar algunas nuevas perspectivas para futuras aplicaciones de este instrumento metodológico. Además, es de central interés recalcar que la idea de sociabilidad constituye un concepto-puente ejemplar que vincula los estudios culturales y los literarios. De acuerdo con este planteamiento, el presente artículo presentará primero una breve retrospectiva junto con un estado de la cuestión –necesariamente selectivo–, seguidamente desarrollaremos el análisis de un caso ejemplar, él de Galdós, ilustrando así la función intermedia que puede cumplir la idea de sociabilidad en el análisis de obras literarias. En un segundo momento indicaremos algunos campos en los que el criterio de sociabilidad, en combinación con otras aproximaciones metodológicas, promete conseguir novedosos resultados; se trata en concreto de los proyectos *Sociabilidad y circulación de saberes en la novela académica* y *Sociabilidad porteña y transatlántica: Construcción de identidades*.

1 Estado de la cuestión

La idea de «sociabilidad»[5] se remonta en sus albores a la antropología de Aristóteles quien considera al hombre como «animal sociable». En el léxico castellano, el adjetivo «sociable» es empleado, según Corominas/Pascual, desde principios del siglo XVI en el sentido de «Lo que fácilmente se junta à otro, è inclina à tener compañía»; y es ilustrado, en el *Diccionario de Autoridades* (1739), por la locución «Es el Español sociable, y amigo de compañía». El sustantivo «sociabilidad», por su parte, tarda más en lexicalizarse y no aparece sino hacia 1737 en el *Diccionario de Autoridades*, donde se hace referencia a los versos de Eugenio Gerardo Lobo (1679–1750), quien afirma en sentido aristotélico: «La vasta capacidad/del mundo, y su división,/funda su conservación/en la sociabilidad».

---

4 Félix Luego Teixidor, citado por Willian Alfredo Chapman Quevedo, «El concepto de sociabilidad como referente del análisis histórico», pp. 9–10.
5 Ver la «Introducción» en Mechthild Albert (ed.), *Sociabilidad y literatura en el Siglo de Oro*, Madrid/Frankfurt, Iberoamericana/Vervuert, 2013, pp. 7–18.

En términos de metodología científica, el concepto de sociabilidad fue incorporado a finales de los años 1960 por el historiador francés Maurice Agulhon (1926–2014), a través de su tesis dedicada a penitentes y franco-masones como instituciones de la «sociabilité méridionale».[6] Con anterioridad, el sociólogo Georges Gurvitch (1894–1965) había estudiado los fenómenos de sociabilidad y de formación de grupo en una serie de ensayos traducidos al castellano en 1941 por el literato español Francisco Ayala, entonces exiliado en la Argentina, con el título *Las formas de sociabilidad. Ensayos de sociología.*[7]

Uno de los pioneros en aplicar en España la propuesta metodológica de Agulhon fue el profesor Francisco Villacorta Baños que, desde finales de los años 1970, dedicó su atención a la historia de la cultura y de la sociabilidad general e intelectual. En 1985 publicó la primera monografía sobre *El Ateneo Científico, Literario y Artístico de Madrid, 1885–1912,*[8] seguida por numerosos artículos entre los que destacan «La vida social y sus espacios» (1998), «Madrid 1900. Sociabilidad, ocio y relaciones sociales» (2001) o «Élites culturales, ámbitos de sociabilidad y debate público» (2003). Sus repetidas estancias como profesor invitado en la Universidad de Tours (Francia) entre 1992 y 2008 se deben a su cooperación con Jean-Louis Guereña, uno de los hispanistas franceses más destacados en los estudios de sociabilidad, como lo demuestran sus publicaciones sobre «El burdel como espacio de sociabilidad» (2003) o *Sociabilidad, cultura y educación en Asturias bajo la Restauración (1875–1900).*[9] Asimismo, Francisco Villacorta Baños fue director de tesis de María Zozaya, quien analiza otra institución emblemática de la sociabilidad madrileña, a saber *El Casino de Madrid: Ocio, sociabilidad, identidad y representación social.*[10]

A partir de los años 1990, historiadores y sociólogos se valieron a gran escala de la idea de sociabilidad como novedosa clave metodológica. Valgan como ejemplo las numerosas tesis doctorales en historia social e historia de las mentalidades, centradas en casos ejemplares a nivel local o regional. El abanico de temas va de la sociabilidad en el artesanado preindustrial a las asociaciones libertarias, pasando por la sociabilidad funeral y religiosa. Como efecto sintomático del giro

---

6 Maurice Agulhon, *Pénitents et francs-maçons de l'Ancienne Provence*, Paris, Fayard, 1968.

7 Georges Gurvitch, *Las formas de sociabilidad. Ensayos de sociología*, Buenos Aires, Losada, 1941.

8 Francisco Villacorta Baños, *El Ateneo Científico, Literario y Artístico de Madrid, 1885–1912*, Madrid, Consejo Superior de Investigaciones Científicas, 1985.

9 Jean-Louis Guereña, *Sociabilidad, cultura y educación en Asturias bajo la Restauración (1875–1900)*, Oviedo, Real Instituto de Estudios Asturianos, 2005.

10 María Zozaya, *El Casino de Madrid: Ocio, sociabilidad, identidad y representación social*, Madrid, Universidad Complutense de Madrid, 2008.

local y regional de la historiografía española se puede citar la colectánea *Intimidad y sociabilidad en la España moderna* (número monográfico de la *Revista de Historia Moderna*), publicada en 2012 por María de los Ángeles Pérez Samper, renombrada especialista de las sociabilidades hispánicas, y Gloria Franco Rubio.

A raíz del giro culturalista de las Humanidades, el paradigma de la sociabilidad también se extiende al campo de los estudios literarios. En este contexto cabe mencionar el volumen *Redes y espacios de opinión pública*, editado en 2006 por Marieta Cantos Casenave;[11] el número monográfico de *Insula* del 2008 titulado *Encendíamos palabras. Las tertulias literarias*, coordinado por Laureano Bonet;[12] así como el coloquio internacional, organizado en abril del 2015 por la profesora Eva Flores en la Universidad de Córdoba, cuyas actas se han publicado bajo el título *Casinos, tabernas, burdeles: ámbitos de sociabilidad en torno a la Ilustración*.[13] El Siglo de las Luces es la época por excelencia de la sociabilidad. Dan prueba de ello los aportes fundamentales de Joaquín Álvarez Barrientos sobre tertulias y cafés, tabernas y salones, imprentas y librerías en cuanto lugares de conversación y de sociabilidad literaria. Al respecto también se deben destacar las publicaciones de Andreas Gelz, que en el año 2006 publicó su magistral monografía titulada «*Tertulia». Literatur und Soziabilität im Spanien des 18. und 19. Jahrhunderts*,[14] seguida por una larga serie de artículos afines al tema. Asimismo, Andreas Gelz fue responsable junto con Robert Fajen de la organización de un simposio sobre *Ocio y ociosidad en el siglo XVIII español e italiano*.[15] Respecto a la sociabilidad ilustrada, los estudios llevados a cabo por Mónica Bolufer Peruga, de la Universitat de València, constituyen un punto de referencia ineludible. Es digno de notar cómo esta investigadora últimamente también toma en consideración el Siglo de Oro,[16] época que –aun careciendo del término de sociabilidad– dispone, sin embargo, de una gran variedad de formas de ocio urbano, a saber los entretenimientos y pasatiempos –entre públicos y privados– como el teatro, las academias, los saraos y los banquetes. Precisamente esta polifacética sociabilidad barroca ha merecido la

---

11 Marieta Cantos Casenave (ed.), *Redes y espacios de opinión pública*, Cádiz, Universidad de Cádiz, 2006.

12 Laureano Bonet, *Encendíamos palabras. Las tertulias literarias*, número monográfico de *Ínsula*, 738 (2008).

13 Eva Flores Ruiz (ed.), *Casinos, tabernas, burdeles: ámbitos de sociabilidad en torno a la Ilustración*, Córdoba/Toulouse, Editorial Universidad de Córdoba/Presses Universitaires du Midi, 2017.

14 Andreas Gelz, «*Tertulia». Literatur und Soziabilität im Spanien des 18. und 19. Jahrhunderts*, Madrid/Frankfurt, Iberoamericana/Vervuert, 2006.

15 Robert Fajen y Andreas Gelz (eds.), *Ocio y ociosidad en el siglo XVIII español e italiano*, Frankfurt, Klostermann, 2017.

16 Mónica Bolufer Peruga, «Del salón a la asamblea: sociabilidad, espacio público y ámbito privado (siglos XVII-XVIII)», en *Saitabi. Revista de la Facultat de Geografia i Història*, 56 (2006), pp. 121–148.

atención de los filólogos e historiadores desde los años 1990, como lo demuestran el libro colectivo de Wolfgang Adam y Christoph Strosetzki (eds.) *Geselligkeit und Gesellschaft im Barockzeitalter*[17] y la colectánea más reciente editada por Mechthild Albert, *Sociabilidad y literatura en el Siglo de Oro*.[18]

2 Un caso ejemplar. La sociabilidad en Galdós: de la referencialidad a la metaficción

A pesar de su brevedad, este primer balance constituye una prueba irrefutable de la fecunda productividad interdisciplinaria originada por el paradigma inicialmente histórico y sociológico de la sociabilidad. A partir de ello nos proponemos comentar un caso representativo que ilustra la función metodológica intermediaria entre estudios culturales y literarios que puede cumplir la idea de sociabilidad. Sirva de ejemplo la novela realista-naturalista, en concreto algunas obras escogidas de Benito Pérez Galdós que ponen de manifiesto los varios niveles semánticos de la sociabilidad ficcionalizada: el histórico-referencial, el ideológico, el narrativo-estructural y el epistemológico o poetológico. En tiempos de Galdós, ya se habían multiplicado y diferenciado las instituciones y formas de sociabilidad originadas en el Siglo de las Luces. De acuerdo con el proceso descrito y analizado por Jürgen Habermas en *Historia y crítica de la opinión pública*,[19] con las tertulias privadas en los salones aristocráticos, evocadas en las *Cartas marruecas* de Cadalso, y las públicas en los cafés, ficcionalizadas por Alejandro de Moya (1792),[20] se había formado una multitud de círculos y corrillos, entre populares y elitistas, políticos y recreativos; como por ejemplo, el Ateneo de Madrid (1820), el Liceo Artístico y Literario Español (1836) o el Casino de Madrid (1837). Así también cafés y fondas tradicionales como la famosa Fonda de San Sebastián, cuna de las tertulias ilustradas, o La Fontana de Oro. Esta última, como bien se sabe, se convirtió, durante el trienio liberal (1820–1823), en un club de políticos progresistas, que luego constituirá el núcleo de la homónima –y primera– novela de Benito Pérez Galdós, de 1870, dedicada precisamente a esta fase convulsa de

---

17 Wolfgang Adam y Christoph Strosetzki (eds.), *Geselligkeit und Gesellschaft im Barockzeitalter*, Wiesbaden, Harrassowitz, 1997.

18 Mechthild Albert (ed.), *Sociabilidad y literatura en el Siglo de Oro*, Madrid/Frankfurt, Iberoamericana/Vervuert, 2013.

19 Jürgen Habermas, *Historia y crítica de la opinión pública*, Barcelona, Gustavo Gili, 1981.

20 Ver Andreas Gelz, *«Tertulia». Literatur und Soziabilität im Spanien des 18. und 19. Jahrhunderts*, pp. 197–222.

la reciente historia de España. Estos datos remiten claramente el nivel referencial de la novela. En los capítulos iniciales, el narrador lleva al lector a dar un paseo imaginario por el Madrid de antaño, la Villa y Corte del antiguo régimen, anterior a la ruptura histórica, socioeconómica, ideológica y urbanística que significa la desamortización de bienes eclesiásticos. De esta manera, Galdós representa la ubicación espacio-temporal del café como escenario de una sociabilidad revolucionaria, empezando por una perspectiva temporal diacrónica que pone de relieve la trascendencia histórica de los acontecimientos narrados a través del contraste –con una distancia de medio siglo– entre el presente y la efervescencia revolucionaria de 1820:

> Aquélla es la célebre *Fontana de Oro, café y fonda*, según el cartel que hay sobre la puerta; es el centro de reunión de la juventud ardiente, bulliciosa, inquieta por la impaciencia y la inspiración, ansiosa de estimular las pasiones del pueblo y de oír su aplauso irreflexivo. Allí se había constituido un club, el más célebre é influyente de aquella época. Sus oradores, entonces neófitos exaltados de un nuevo culto, han dirigido en lo sucesivo la política del país; muchos de ellos viven hoy, y no son por cierto tan amantes del bello principio que entonces predicaban.[21]

A continuación, Galdós describe la progresiva conquista del espacio público por el discurso revolucionario, que lleva a una importante transformación de este mismo espacio. No solo se separan dos «hemisferios» funcionales en el interior del café –el de abajo, destinado al ocio y a la sociabilidad tradicionales, y el de arriba, dedicado a las discusiones políticas– sino incluso se produce una paradójica inversión: de naturaleza pública, el espacio del café se transforma en espacio privado, pues a consecuencia de una creciente radicalización política, «se determinó que las sesiones fueran secretas». Al final, «el estruendo espantoso en las regiones superiores» debido a los altercados ideológicos termina por ahuyentar a los tertulianos del café, con lo cual el local pierde su función originaria –toda una parábola política en clave espacial.[22]

Con esta configuración, el café, en cuanto «enclave cronotópico», cumple las mismas funciones narrativas que Mijaíl Bajtín atribuye a las escenas de salón en la novela realista francesa, pues constituyen el «lieu d'intersection des séries spatiales et temporelles du roman [...] là se révèlent les caractères, les "idées" et les "passions" des personnages», tal como lo explica Gabriel Cabrejas en su estudio correspondiente.[23] Al igual que Balzac, Galdós recurre a las escenas de sociabilidad

---

21 Benito Pérez Galdós, *La Fontana de Oro*, Madrid, Alianza Editorial, 1978, p. 15.
22 Benito Pérez Galdós, *La Fontana de Oro*, p. 23.
23 Bajtín citado por Gabriel Cabrejas, «Espacio y sociedad en Galdós: el salón, el café, el teatro», en *Anales Galdosianos*, 24 (1989), p. 26, n. 1.

para vertebrar la estructura narrativa. Una escena ejemplar al respecto es la tertulia de Doña Perfecta donde se produce la colisión sintomática entre Pepe Rey y Don Inocencio, representantes de dos mundos antitéticos, de dos conceptos opuestos de España. El diálogo entre estos personajes, durante la sociabilidad de la comida, pone de relieve su carácter y sus respectivas posiciones ideológicas, a la vez que provoca la dinámica de una acción dramática que llevará a un desenlace fatal.

Los enfrentamientos político-filosóficos que el joven Galdós pone en escena a través de las conversaciones de sobremesa y tertulia ceden paso, en sus obras de madurez, a la omnipresencia del chisme. Este fenómeno queda ilustrado, por ejemplo, en la forma de sociabilidad mostrada en *La incógnita*, de 1889, tal y como lo explaya en un estudio al respecto Ana Padilla Mangas.[24] Por una parte asistimos a la multiplicación de formas y modos de sociabilidad que corresponden, en parte, a la creciente diferenciación funcional de la sociedad. Siete tertulias contribuyen a estructurar, de manera estratégica y simétrica, la narración de esta novela epistolar. En concreto se pueden distinguir los siguientes tipos de sociabilidad, en los que el género resulta un criterio decisivo para la diversificación y exclusividad de los espacios: la sociabilidad homosocial masculina abarca el Casino (vinculado a un determinado estrato social), la Peña de los Ingenieros (gremio profesional), los corrillos del congreso (ámbito político) y «La taurina» (espacio de ocio donde se manifiesta una específica mentalidad). La sociabilidad heterosocial, mientras tanto, se desarrolla entre un espacio público, la Casa de La Peri, o sea el burdel, y otro privado, a saber, las tertulias en casa de los Cisneros y en casa de Augusta y Tomás. A pesar de sus diferencias específicas, todas estas instituciones del ocio burgués constituyen el escenario de una «cultura del simulacro social»[25] y de la hipocresía. Según va consolidándose la Restauración, el discurso público se reduce al chisme omnipresente que pone en evidencia como único tema el capital simbólico de la reputación:

> En una sociedad tan chismosa, tan polemista, y donde cada quisque se cree humillado si no sustenta, así en la charla pública como en la privada, un criterio distinto del de los demás, son muy raras las reputaciones, y éstas tienden siempre a flaquear y derrumbarse como puentes de contrata, construidos sin buen cimiento [...] en el Casino y en la Peña de los Ingenieros, donde paso algunos ratos de noche, he oído poner en solfa esa tan cacareada honradez y rectitud. [...] En la tertulia de Augusta, valga la verdad, no somos mejores que en otros centros de entretenimiento y criticamos todo cuanto existe.[26]

---

24 Ana Padilla Mangas, «La tertulia como elemento estructural en dos novelas de Galdós: *La incógnita y Realidad*», en *Actas del Quinto Congreso Internacional de Estudios Galdosianos*, Gran Canaria, Cabildo, 1992, pp. 235–243, en particular p. 237.
25 Gabriel Cabrejas, «Espacio y sociedad en Galdós: el salón, el café, el teatro», p. 24.
26 Benito Pérez Galdós, *La incógnita*, citado por Ana Padilla Mangas, «La tertulia como elemento estructural en dos novelas de Galdós: *La incógnita y Realidad*», p. 238.

Tanto «[e]n el orden moral, en el literario, en el político», reconoce el narrador, «las reputaciones crecen difícilmente, como un árbol raquítico lleno de verrugas y comido de insectos», pues el más ligero atisbo de prestigio provoca inmediatamente los rumores y la calumnia. Y por supuesto, en tiempos de Emma Bovary y Effi Briest, el honor femenino constituye el capital simbólico más preciado –y más frágil– como así lo demuestra la novela *Realidad* (1890), complemento de *La incógnita*, en donde se desenmascara a Antonia como adúltera.

En consecuencia, la sociabilidad narrada conduce al cuestionamiento de los fundamentos mismos de una poética mimética.[27] Como resultado del entramado inextricable que resulta del chisme, de la curiosidad y del interés, se pierde la noción de verdad; con ello la realidad se va desagregando y fragmentando en una multitud de opiniones, pareceres y conjeturas. Frente a la incógnita que es la realidad, el narrador pone al descubierto su dilema en un comentario de trascendencia metaficcional. En vez de constituirse subrepticiamente en un narrador no fiable, opta por la mera probabilidad fundada en el criterio cuantitativo del mayor número: «De seis o siete versiones recogidas en el Casino, elijo la que tiene más prosélitos».[28]

3 Sociabilidad y circulación de saberes en la novela académica

Después de haber ilustrado, en relación a Galdós, la densidad semántica inherente al enfoque metodológico centrado en el análisis de la sociabilidad, quisiéramos presentar el primero de los proyectos en preparación, titulado «Sociabilidad y circulación de saberes en la novela académica», surgido del proyecto *Los saberes del ocioso – Ocio, sociabilidad y saberes en el Siglo de Oro* (Muße, Geselligkeit und Wissen im Siglo de Oro) en el marco del grupo de investigación hispano-alemán *Saberes humanísticos y formas de vida*.[29]

Con vistas al planteamiento de este proyecto conviene recordar que la relación más inmediata entre sociabilidad y literatura se plasma en el género de la novela corta enmarcada cuyo modelo se ha establecido con el *Decameron* de Giovanni

---

27 El narrador «se siente impotente para llegar a la verdad, a la realidad» (Ana Padilla Mangas, «La tertulia como elemento estructural en dos novelas de Galdós: *La incógnita* y *Realidad*», p. 240).

28 Benito Pérez Galdós, *La incógnita*, citado por Ana Padilla Mangas, «La tertulia como elemento estructural en dos novelas de Galdós: *La incógnita* y *Realidad*», p. 239.

29 Véase la página web del grupo de investigación: *Saberes humanísticos y formas de vida en la temprana modernidad* (página web) [fecha de consulta: 08-02-2017] <http://www.saberes.es>.

Boccaccio a mediados del siglo XIV. De acuerdo con este paradigma, los cuentos son presentados por los miembros de una «lieta brigata», grupo informal entre damas y caballeros que organizan su ocio según unas normas que ellos mismos deciden. En el Siglo de Oro español, este género narrativo goza de enorme popularidad, los *Cigarrales de Toledo* constituyendo tal vez el ejemplo más logrado de este tipo de entretenimiento literario, cultivado por una larga nómina de novelistas masculinos y femeninos que ponen en escena, en sus respectivos marcos, una exquisita sociabilidad propia del estamento que Nieves Romero-Díaz denomina la «nueva nobleza».[30]

En cuanto premisa del proyecto cabe tener en cuenta que las academias del Siglo de Oro, consideradas por Carlos Vaíllo como un «precedente de las tertulias»,[31] constituyen un tipo de sociabilidad relativamente informal, situada en el campo de intersección entre prácticas culturales, discursos literarios y cuestiones científicas, cumpliendo una función decisiva en el campo literario. En cuanto círculo semiprivado se dedican a los ejercicios retóricos, a las bellas letras y a la transmisión de saberes. La puesta en escena narrativa y dialógica de tales prácticas, en el marco de las academias ficticias de la novela corta áurea, posee un gran interés poetológico, cultural y epistemológico, desde la perspectiva de recientes planteamientos metodológicos como son la hibridez genérica propia de la literatura barroca, el estátus de la miscelánea entre pragmática y poética, así como las múltiples cuestiones relacionadas con el almacenamiento, la gestación y circulación de saberes en la temprana Edad Moderna.[32] A partir de estas nuevas aproximaciones, el proyecto «Sociabilidad y circulación de saberes en la novela académica» se propone reconsiderar de manera sistemática este subgénero narrativo definido y estudiado por Willard King en su conocida monografía de 1963.[33] Como punto de partida es necesario ampliar y profundizar, asimismo, el panorama de las academias áureas trazado en 1961 por José Sánchez[34] y complementado desde entonces por las aportaciones de investigadores como Aurora Egido y Pasqual Mas i Usó, acerca de las academias de Zaragoza, Valencia, entre otras más.

---

30 Nieves Romero Díaz, *Nueva nobleza, nueva novela: reescribiendo la cultura urbana del barroco*, Newark, Juan de la Cuesta, 2002.

31 Carlos Vaíllo, «Las academias del Siglo de Oro en España, precedentes de las tertulias», en *Ínsula*, 738 (2008), pp. 5–6.

32 Véase, por ejemplo, la página web del grupo de investigación «Episteme en movimiento (Episteme in Bewegung)» de la Freie Universität Berlin: *SFB 980 «Episteme in Bewegung. Wissenstransfer von der Alten Welt bis in die Frühe Neuzeit»* [fecha de consulta: 08-02-2017] <http://www.sfb-episteme.de>.

33 Willard King, *Prosa novelística y academias literarias en el siglo XVII*, Madrid, Anejos del Boletín de la Real Academia Española, 1963.

34 José Sánchez, *Academias literarias del Siglo de Oro español*, Madrid, Gredos, 1961.

Considerada como «colegio de los discretos» (Pellicer 1635), la academia o junta –ficcionalizada e idealizada– constituye un elemento estructural del marco narrativo de novelas, misceláneas y novelas pastoriles. En este sentido, la *Casa del placer honesto* (1620) de Alonso Jerónimo de Salas Barbadillo representa una academia privada, dedicada a las bellas artes y humanidades,[35] organizada por cuatro hijos de acaudaladas familias que abandonan sus estudios de derecho en Salamanca por dicha actividad, con lo cual «[e]l espacio privado, selecto y restringido de la casa sustituye al ámbito abierto y más democrático de la universidad»,[36] como ha observado Enrique García Santo-Tomás. La «casa del placer honesto» dispone de teatro, cátedra y trono, a la vez que se abre a un jardín con fuentes. El centenar de personas que asisten a la inauguración de la academia se ajusta a unas normas determinadas, pues las «constituciones» de tal asamblea excluyen a mujeres y juristas, a ricos y pobres. Hostiles a todos los extremos, estas reglas configuran un ideal de medianía aristotélica y de ataraxia estoica, preconizan además la informalidad y modestia en el vestir, en contra del lujo imperante como señal de distinción social. Dentro de este marco narrativo, Salas Barbadillo ofrece a sus lectores entremeses, novelas, discursos y enigmas; de modo que la misma obra literaria llega a conformar una «academia», es decir un tipo particular de miscelánea que corresponde a una poética de la variedad.

Es en particular Alonso de Castillo Solórzano, él mismo anfitrión, durante un año, de la antigua Academia de Medrano (1622/1623), quien se muestra tributario del *prodesse et delectare* a través de las academias: desde su primera colección de novelas *Tardes entretenidas* de 1625, donde el «culto graduado» visita una de estas «aulas de los cultos» para entrenar y practicar su retórica; hasta su obra póstuma *Sala de recreación* (1649), que evoca una sociabilidad festiva de carnaval como marco a «saraos de danzas, y bailes, máscaras, academias, justas poéticas, y representaciones, y sobre todo el novelar todas las noches».[37] Asimismo, los personajes reunidos en su *Huerta de Valencia* (1629) –a saber, un «latinista y retórico», un «filósofo», «jurista» y «teólogo», así como un «estudiante de filosofías

---

35 Al «trasladar el ocio a un espacio burgués y elitista [...] en donde no se establece tanto una relación productor-consumidor, sino de diálogo y debate», Salas Barbadillo contribuye, según Enrique García Santo-Tomás, a la «constitución de un campo cultural específico» (Enrique García Santo-Tomás, *Modernidad bajo sospecha: Salas Barbadillo y la cultura material del siglo XVII*, Madrid/Frankfurt, Iberoamericana/Vervuert, 2008, pp. 96–97).
36 Enrique García Santo-Tomás, *Modernidad bajo sospecha: Salas Barbadillo y la cultura material del siglo XVII*, p. 96.
37 Citado por Willard King, *Prosa novelística y academias literarias en el siglo XVII*, p. 209.

y artes»[38] – forman una academia privada, destinada a intercambiar saberes librescos y humanísticos con otros de tipo profesional, pragmático y empírico. La utopía de una «ilustración» mutua entre los miembros de tales tertulias académicas se perfila en uno de los *Discursos pronunciados en una academia de Zaragoza*, de Lupercio Leonardo de Argensola, quien aboga por una *varietas* didáctica y entretenida:

> En estas justas y conversaciones todos somos maestros y discípulos, todos mandamos y todos obedecemos, comunicando las profesiones diversas y tomando lo que ha menester cada uno para la suya. [...]: consúltanse las dudas, mézclanse cuentos, motes, risas, y finalmente, no poniendo cuidado en aprender, se halla uno enseñando en lo que le conviene, como el que navega durmiendo y despierta en el puerto sin haber padecido el trabajo de la navegación.[39]

Un autor especialmente significativo a este respecto es Cristóbal Suárez de Figueroa, traductor (y corrector) de la obra enciclopédica *Plaza universal de todas las ciencias* (1615), del italiano Tommaso Garzoni (1585). Además de la colección de novelas *El pasajero* es autor de una novela pastoril, *La constante Amarilis*, de 1609, donde pone en escena una sociabilidad erudita, como se explica en la Aprobación: «debaxo de disfraz pastoril, muchos discursos provechosos y sentencias graves, acompañadas de agudeza de ingenio, elocuencia en el dezir y suavidad en el estilo».[40] Sus pastores forman una verdadera academia o «junta», en la cual la intención enciclopédica de su *Plaza universal* se realiza a través de la ficción, pues al reunirse e intercambiar sus saberes varios «sujetos insignes, no solo en letras humanas, sino también en varias ciencias», logra constituirse una totalidad epistemológica o unidad de los saberes: «las ciencias divididas por la flojedad de los hombres se juntarían en una sola».[41] Semejante contaminación entre enciclopedismo y literatura de ficción, frecuente en el Siglo de Oro y condenada antaño como señal de decadencia, se percibe hoy de otra manera por parte de la crítica literaria, situando dicho vínculo en el contexto de la gestión y difusión de saberes propio de la temprana modernidad,

---

38 Willard King, *Prosa novelística y academias literarias en el siglo XVII*, p. 128.

39 Argensola citado por José Sánchez, *Academias literarias del Siglo de Oro español*, p. 237.

40 Aprobación a Cristóbal Suárez de Figueroa, *La constante Amarilis* (Valencia, 1609), María Asunción Satorre Grau (ed.), Valencia, Textos LEMIR, 2002, f. 2ʳ (en línea) [fecha de consulta: 06-04-2018] <http://parnaseo.uv.es/Lemir/Textos/Amarilis>. Ver Ulrike Becker, «Saberes y género narrativo en *La constante Amarilis* de Cristóbal Suárez de Figueroa», en Mechthild Albert y Ulrike Becker (eds.), *Saberes (in)útiles. El enciclopedismo literario áureo entre acumulación y aplicación*, Madrid/Frankfurt, Iberoamericana/Vervuert, 2016, pp. 181–200.

41 Cristóbal Suárez de Figueroa, *Plaza universal de todas las ciencias*, Mauricio Jalón (ed.), Valladolid, Junta de Castilla y León, 2006, p. 166.

y relacionándolo, además, con una demanda por parte de los lectores, con la tensión entre oralidad y escritura[42] y con procesos de hibridización característicos de la estética barroca.[43]

4 Sociabilidad porteña y transatlántica: construcción de identidades

Otro ámbito en el que el paradigma metodológico de la sociabilidad ha cobrado renovado interés –y con esto llegamos a la segunda propuesta– es el de los estudios culturales dedicados a la historia de los intelectuales latinoamericanos, a las redes de contacto e influencia que crearon, en relación con su aportación a la construcción de una identidad cultural y al *nation building* después de lograda la Independencia. Este tipo de investigación se practica sobre todo en la Argentina, donde cabe destacar dos programas de investigación financiados por el CONICET.

La historiadora Paula Bruno dirige un proyecto sobre *Sociabilidades culturales en Buenos Aires, 1860–1930: círculos, ateneos, cafés,* cuyas preguntas directrices son: «¿qué pretendían estas asociaciones?, ¿cómo percibían sus fundadores y miembros la vida cultural del país?, ¿cuáles fueron sus objetivos?, ¿qué referencias extranjeras funcionaron como modelos de la sociabilidad cultural porteña?».[44] Ha publicado además varios artículos sobre el Círculo Literario como «espacio de sociabilidad»,[45] específicamente, como «espacio de conciliación de intereses»,[46] trazando «un mapa de la élite cultural» entre 1860 y el fin de siglo.[47]

42 Ver Aurora Egido, «Literatura efímera: oralidad y escritura en los certámenes y academias de los Siglos de Oro», en *Edad de Oro,* 7 (1988), pp. 69–87.

43 Véase Stefan Willer (coord.), *Roman als Enzyklopädie,* número monográfico de *Arcadia,* 48.2 (2013).

44 Paula Bruno, «Presentación», en *Sociabilidades culturales en Buenos Aires, 1860–1930,* dossier monográfico de *Prismas. Revista de Historia Intelectual,* 16.2 (2012), p. 163 (en línea) [fecha de consulta: 08-02-2017] <http://ref.scielo.org/w3s6k3>.

45 Paula Bruno, «El Círculo Literario: un espacio de sociabilidad en la Buenos Aires de la década de 1860», en *Iberoamericana,* 15.59 (2015), pp. 45–63 (en línea) [fecha de consulta: 08-02-2017] <http://dx.doi.org/10.18441/ibam.15.2015.59.45-63>.

46 Paula Bruno, «El Círculo Literario (1864–1866): un espacio de conciliación de intereses», en *Prismas. Revista de Historia Intelectual,* 16.2 (2012), pp. 167–170 (en línea) [fecha de consulta: 08-02-2017] <http://ref.scielo.org/5vfbnm>.

47 Paula Bruno, «La vida letrada porteña entre 1860 y el fin-de-siglo. Coordenadas para un mapa de la elite intelectual», en *Anuario IEHS,* 24 (2009), pp. 338–369 (en línea) [fecha de consulta: 08-02-2017] <http://anuarioiehs.unicen.edu.ar/resumenes/2009/12%20La%20vida%20letrada%20porte%C3%B1a%20entre%201860%20y%20el%20fin-de-siglo.%20Coordenadas%20

Como primera síntesis de su proyecto ha coordinado, en 2014, una colectánea interdisciplinar, entre profesores de Historia y de Letras, reuniendo nueve estudios sobre *Sociabilidades y vida cultural: Buenos Aires 1860–1930*[48] que abarca tres momentos cronológicos: 1) los primeros trazos de la República, de 1860 a finales del siglo XIX, periodo marcado por una intensa actividad asociativa entre el Círculo Literario, el Círculo Científico y Literario, la Academia Argentina de Ciencias y Letras fundada en 1873, además de diversas sociedades espiritistas y teosóficas como el Ateneo de 1892; etc., 2) de fin del siglo al Centenario; con la bohemia, las asociaciones universitarias y los partidos políticos, en particular socialistas y anarquistas; y finalmente 3) la profesionalización de las respectivas instituciones vinculadas con el incipiente mercado cultural en las décadas de 1910 a 1930.

Por otra parte, Margarita Merbilhaá, investigadora de CONICET en la Universidad Nacional de La Plata, ha presentado en 2012 algunas reflexiones metodológicas preliminares «en torno a las redes entre escritores latinoamericanos en Europa (1895–1914)».[49] Su proyecto se apoya en la monumental *Historia de los intelectuales en América Latina* de 2008, dirigida por Carlos Altamirano, en los estudios pioneros de Racine y Trebitsch sobre *Sociabilités intellectuelles. Lieux, milieux, réseaux* (1992) y de Dosse sobre «historia intelectual», así como en la obra colectiva dedicada a las *Redes intelectuales transnacionales: formas de conocimiento académico y búsqueda de identidades culturales*, de 2006.[50] La directora del proyecto se propone elucidar más a fondo la impresión obtenida en investigaciones anteriores,

> que encontraron en la coincidencia de la vida en la capital francesa las razones de la consolidación de relatos identitarios continentales comunes, o de la construcción de autonomía respecto de los condicionamientos políticos o artísticos propios de los espacios nacionales de donde provenían los escritores, o incluso la modernización de sus estrategias de intervención cultural (editoriales, revistas, periodismo).[51]

----

para%20un%20mapa%20de%20la%20elite%20intelectual.html>.

48 Paula Bruno, *Sociabilidades y vida cultural: Buenos Aires 1860–1930*, Bernal, Universidad Nacional de Quilmes, 2014.

49 Margarita Merbilhaá, «El estudio de las formas materiales de la sociabilidad intelectual: algunas cuestiones metodológicas en torno a las redes entre escritores latinoamericanos en Europa (1895–1914)», en Teresa Basile y Enrique Foffani (dirs.), *Actas del VIII Congreso Internacional de Teoría y Crítica literaria «Orbis Tertius»*, Universidad Nacional de La Plata, 7-9 de mayo de 2012, La Plata, Orbis Tertius, 2012, s.p. (en línea) [fecha de consulta: 08-02-2017] <http://citclot.fahce.unlp.edu.ar/viii-congreso/actas-2012/Merbilhaa-%20Margarita.pdf>.

50 Christophe Charle, Jürgen Schriewer y Peter Wagner, *Redes intelectuales transnacionales: formas de conocimiento académico y búsqueda de identidades culturales*, Barcelona, Pomares, 2006.

51 Margarita Merbilhaá, «El estudio de las formas materiales de la sociabilidad intelectual».

Este estado de cosas comprende la «sociabilidad intelectual [...] en su dimensión colectiva», cuyas «prácticas y comportamientos» corresponden, de acuerdo con Christophe Prochasson (1993), al «orden de su discurso».[52] A base de un vasto y significativo corpus de textos entre crónicas, memorias, artículos periodísticos y revistas, la investigadora se propone «explicar más concretamente las formas de la comunicación dadas por un tipo específico de relaciones sociales, y al mismo tiempo, las modalidades de circulación y recepción de las ideas», declarando más adelante:

> [...] el análisis de los modos informales e «invisibles» de la sociabilidad intelectual pueden descubrir nuevas conexiones entre los discursos de sus productores: los valores compartidos, estéticos y políticos respecto de la identidad latinoamericana, modalidades comunes de intervención intelectual y también representaciones y tópicos legibles en las producciones.[53]

Este planteamiento claramente definido y prometedor de resultados considerables y reveladores reitera la vitalidad del concepto de sociabilidad, pues confirma de manera contundente su viabilidad en la combinación con otros enfoques metodológicos más recientes.

5 Conclusión y perspectivas

En consideración del panorama presentado, se puede constatar que el concepto de sociabilidad se revela más productivo que nunca en el ámbito de los estudios culturales y literarios dedicados al mundo hispánico. A este auge pueden contribuir también los medios digitales, brindando no solo informaciones actuales e impulsos para la investigación –como se encuentran en el blog científico de María Zozaya sobre «Sociabilidad y élites»[54]– sino también ofreciendo una visualización dinámica e interactiva de las redes intelectuales de la Edad de Plata, como se puede apreciar en la página de la Residencia de Estudiantes.[55] Tal como lo daba a entender Willian Alfredo Chapman en el artículo citado al inicio, es

---

Ver también Margarita Merbilhaá, «La red de revistas latinoamericanas en París (1907–1914): condiciones y mediaciones», en *Orbis Tertius*, 21.24 (2016), s.p. (en línea) [fecha de consulta: 08-02-2017] <http://www.orbistertius.unlp.edu.ar/article/view/OTe016>.

52 Christophe Prochasson, *Les intellectuels, le socialisme et la guerre*, Paris, Le Seuil, 1993, p. 17.

53 Margarita Merbilhaá, «El estudio de las formas materiales de la sociabilidad intelectual».

54 María Zozaya, *Sociabilidad y élites* (blog académico) [fecha de consulta: 08-02-2017] <https://sociabilidad.hypotheses.org>.

55 Ver la aplicación digital de la Residencia de Estudiantes, *Revistas de la Edad de Plata*, 2010 (aplicación web) [fecha de consulta: 08-02-2017] <http://www.residencia.csic.es/100digital/revistas/index.htm>.

en particular la nueva historia cultural que demuestra un renovado interés por la sociabilidad al desarrollar una concepción más compleja y diferenciada de los procesos culturales, centrada en los agentes, sus prácticas y estrategias, las emociones que entran en juego y las redes que se van formando. En este ámbito resulta altamente significativo que Jo Labanyi, al plantear los afectos como categoría analítica, se refiera explícitamente a la noción de sociabilidad, y en concreto a la importancia constitutiva de la sensibilidad para la sociabilidad ilustrada.[56] Es especialmente en combinación con estos y otros enfoques analíticos, como el giro espacial y la performatividad, las escrituras del yo o los estudios de género, que el concepto de sociabilidad sigue abriendo nuevas perspectivas.[57]

Obras citadas

«Entrevista a Jo Labanyi», en *Emocríticas. Red de trabajo sobre emociones con perspectiva de género y feminista* (09-11-2014), s.p. (blog) [fecha de consulta: 08-02-2017] <https://emocriticas.wordpress.com/2014/11/09/entrevista-a-jo-labanyi>.

Adam, Wolfgang, y Christoph Strosetzki (eds.), *Geselligkeit und Gesellschaft im Barockzeitalter*, Wiesbaden, Harrassowitz, 1997.

Agulhon, Maurice, *Pénitents et francs-maçons de l'Ancienne Provence*, Paris, Fayard, 1968.

Albert, Mechthild (ed.), *Sociabilidad y literatura en el Siglo de Oro*, Madrid/Frankfurt, Iberoamericana/Vervuert, 2013.

Becker, Ulrike, «Saberes y género narrativo en *La constante Amarilis* de Cristóbal Suárez de Figueroa», en Mechthild Albert y Ulrike Becker (eds.), *Saberes (in)útiles. El enciclopedismo literario* áureo *entre acumulación y aplicación*, Madrid/Frankfurt, Iberoamericana/Vervuert, 2016, pp. 181–200.

Bolufer Peruga, Mónica, «Del salón a la asamblea: sociabilidad, espacio público y ámbito privado (siglos XVII-XVIII)», en *Saitabi. Revista de la Facultat de Geografia i Història*, 56 (2006), pp. 121–148.

Bonet, Laureano (coord.), *Encendíamos palabras. Las tertulias literarias*, número monográfico de *Ínsula*, 738 (2008).

Bruno, Paula, «El Círculo Literario: un espacio de sociabilidad en la Buenos Aires de la década de 1860», en *Iberoamericana*, 15.59 (2015), pp. 45–63 (en línea) [fecha de consulta: 08-02-2017] <http://dx.doi.org/10.18441/ibam.15.2015.59.45-63>.

---

56 «En la Ilustración la palabra clave es "sensibilidad", que no tiene nada que ver ni con las pasiones anteriores ni con las emociones posteriores, sino que es la base de la sociabilidad (la capacidad de simpatizar con –sentir con– las demás personas). La sensibilidad ilustrada se combina con la razón para producir el ciudadano "civilizado"» («Entrevista a Jo Labanyi», en *Emocríticas. Red de trabajo sobre emociones con perspectiva de género y feminista* (09-11-2014), s.p. (blog) [fecha de consulta: 08-02-2017] <https://emocriticas.wordpress.com/2014/11/09/entrevista-a-jo-labanyi>).

57 Agradezco a Arturo Córdova la esmerada revisión lingüística.

—, *Sociabilidades y vida cultural: Buenos Aires 1860–1930*, Bernal, Universidad Nacional de Quilmes, 2014.

—, «Presentación», en *Sociabilidades culturales en Buenos Aires, 1860–1930*, dossier monográfico de *Prismas. Revista de Historia Intelectual*, 16.2 (2012), pp. 161–166 (en línea) [fecha de consulta: 08-02-2017] <http://ref.scielo.org/w3s6k3>.

—, «El Círculo Literario (1864–1866): un espacio de conciliación de intereses», en *Prismas. Revista de Historia Intelectual*, 16.2 (2012), pp. 167–170 (en línea) [fecha de consulta: 08-02-2017] <http://ref.scielo.org/5vfbnm>.

—, «La vida letrada porteña entre 1860 y el fin-de-siglo. Coordenadas para un mapa de la elite intelectual», en *Anuario IEHS,* 24 (2009), pp. 338–369 (en línea) [fecha de consulta: 08-02-2017] <http://anuarioiehs.unicen.edu.ar/resumenes/2009/12%20La%20vida%20 letrada%20porte%C3%B1a%20entre%201860%20y%20el%20fin-de-siglo.%20 Coordenadas%20para%20un%20mapa%20de%20la%20elite%20intelectual.html>.

Cabrejas, Gabriel, «Espacio y sociedad en Galdós: el salón, el café, el teatro», en *Anales Galdosianos*, 24 (1989), pp. 11–29.

Cantos Casenave, Marieta (ed.), *Redes y espacios de opinión pública*, Cádiz, Universidad de Cádiz, 2006.

Chapman Quevedo, Willian Alfredo, «El concepto de sociabilidad como referente del análisis histórico», en *Investigación y Desarrollo*, 23.1 (2015), p. 1–37 (en línea) [fecha de consulta: 08-02-2017] <http://dx.doi.org/10.14482/indes.23.1.6040>.

Charle, Christophe, Jürgen Schriewer y Peter Wagner, *Redes intelectuales transnacionales: formas de conocimiento académico y búsqueda de identidades culturales*, Barcelona, Pomares, 2006.

Egido, Aurora, «Literatura efímera: oralidad y escritura en los certámenes y academias de los siglos de oro», en *Edad de Oro*, 7 (1988), pp. 69–87.

Fajen, Robert, y Andreas Gelz (eds.), *Ocio y ociosidad en el siglo XVIII español e italiano*, Frankfurt, Klostermann, 2017.

Flores Ruiz, Eva (ed.), *Casinos, tabernas, burdeles: ámbitos de sociabilidad en torno a la Ilustración*, Córdoba/Toulouse, Editorial Universidad de Córdoba/Presses Universitaires du Midi, 2017.

García Santo-Tomás, Enrique, *Modernidad bajo sospecha: Salas Barbadillo y la cultura material del siglo XVII*, Madrid/Frankfurt, Iberoamericana/Vervuert, 2008.

Gelz, Andreas, «*Tertulia*». *Literatur und Soziabilität im Spanien des 18. und 19. Jahrhunderts*, Madrid/Frankfurt, Iberoamericana/Vervuert, 2006.

Guereña, Jean-Louis, *Sociabilidad, cultura y educación en Asturias bajo la Restauración (1875–1900)*, Oviedo, Real Instituto de Estudios Asturianos, 2005.

Gurvitch, Georges, *Las formas de sociabilidad. Ensayos de sociología*, Buenos Aires, Losada, 1941.

Habermas, Jürgen, *Historia y crítica de la opinión pública*, Barcelona, Gustavo Gili, 1981.

King, Willard, *Prosa novelística y academias literarias en el siglo XVII*, Madrid, Anejos del Boletín de la Real Academia Española, 1963.

Merbilhaá, Margarita, «La red de revistas latinoamericanas en París (1907–1914): condiciones y mediaciones», en *Orbis Tertius*, 21.24 (2016), s.p. (en línea) [fecha de consulta: 08-02-2017] <http://www.orbistertius.unlp.edu.ar/article/view/OTe016>.

—, «El estudio de las formas materiales de la sociabilidad intelectual: algunas cuestiones metodológicas en torno a las redes entre escritores latinoamericanos en Europa (1895–1914)», en Teresa Basile y Enrique Foffani (dirs.), *Actas del VIII Congreso Internacional de Teoría y Crítica literaria «Orbis Tertius»*, Universidad Nacional de La

Plata, 7-9 de mayo de 2012, La Plata, Orbis Tertius, 2012, s.p. (en línea) [fecha de consulta: 08-02-2017] <http://citclot.fahce.unlp.edu.ar/viii-congreso/actas-2012/Merbilhaa-%20 Margarita.pdf>.

Padilla Mangas, Ana, «La tertulia como elemento estructural en dos novelas de Galdós: *La incógnita* y *Realidad*», en *Actas del Quinto Congreso Internacional de Estudios Galdosianos*, Gran Canaria, Cabildo, 1992, pp. 235–243.

Prochasson, Christophe, *Les intellectuels, le socialisme et la guerre, 1900–1938*, Paris, Le Seuil, 1993.

Pérez Galdós, Benito, *La Fontana de Oro*, Madrid, Alianza Editorial, 1978.

Residencia de Estudiantes, *Revistas de la Edad de Plata*, 2010 (aplicación web) [fecha de consulta: 08-02-2017] <http://www.residencia.csic.es/100digital/revistas/index.htm>.

Romero Díaz, Nieves, *Nueva nobleza, nueva novela: reescribiendo la cultura urbana del barroco*, Newark, Juan de la Cuesta, 2002.

Saberes humanísticos y formas de vida en la temprana modernidad (página web) [fecha de consulta: 08-02-2017] <http://www.saberes.es>.

Sánchez, José, *Academias literarias del Siglo de Oro español*, Madrid, Gredos, 1961.

SFB 980 «Episteme *in Bewegung. Wissenstransfer von der Alten Welt bis in die Frühe Neuzeit*» (página web) [fecha de consulta: 08-02-2017] <http://www.sfb-episteme.de>.

Suárez de Figueroa, Cristóbal, *Plaza universal de todas las ciencias y artes*, Mauricio Jalón (ed.), Valladolid, Junta de Castilla y León, 2006.

—, *«La constante Amarilis» de Cristóbal Suárez de Figueroa (Valencia, 1609)*, María Asunción Satorre Grau (ed.), Valencia, Textos LEMIR, 2002 (en línea) [fecha de consulta: 06-04-2018] <http://parnaseo.uv.es/Lemir/Textos/Amarilis>.

Vaíllo, Carlos, «Las academias del Siglo de Oro en España, precedentes de las tertulias», en *Ínsula*, 738 (2008), pp. 5–6.

Villacorta Baños, Francisco, *El Ateneo Científico, Literario y Artístico de Madrid, 1885–1912*, Madrid, CSIC, 1985.

Willer, Stefan (coord.), *Roman als Enzyklopädie*, número monográfico de *Arcadia*, 48.2 (2013).

Zozaya, María, *El Casino de Madrid: ocio, sociabilidad, identidad y representación social*, Madrid, Universidad Complutense de Madrid, 2008.

—, *Sociabilidad y élites* (blog académico) [fecha de consulta: 08-02-2017] <https:// sociabilidad.hypotheses.org>.

Vicenç Beltrán

Desequilibrio genérico y ampliación del repertorio. La poesía española entre Edad Media y Renacimiento

Resumen: El análisis de los testimonios conocidos sobre la vida poética en la corte castellana durante la primera mitad del siglo XVI revelan una profunda evolución en las formas de moda, los temas y el estilo que se pueden caracterizar por la intensificación del uso lúdico y la pérdida de ambiciones culturales. Estas circunstancias permiten entender, por una parte, el rápido y completo triunfo del garcilasismo y, por otra, el profundo enriquecimiento que simultáneamente experimentó la poesía en octosílabos.

Palabras clave: Petrarquismo, cancioneros, poesía de cancionero, conceptismo, motejar

Hace más de medio siglo quedó patente que la poesía renacentista es una entidad compleja en la que la escuela italianizante resulta ser solo una de sus corrientes; con la prístina sencillez expositiva que solía caracterizar sus artículos de histo-ria literaria, lo dejó bien sentado José Manuel Blecua desde 1952[1] y lo remachó lapidariamente Rafael Lapesa diez años más tarde: «la gran poesía del Siglo de Oro español nace, como es sabido, al confluir dos corrientes: una es la tradición continuadora del arte que representan los cancioneros castellanos del siglo XV y principios del XVI; otra, la poesía italianizante, petrarquista y clásica, asentada

---

[1] José Manuel Blecua, «La corriente popular y tradicional de nuestra poesía», en Ínsula, 80 (1952), pp. 1–2 y 10, reescrito luego como «Corrientes poéticas del siglo XVI», en *Sobre poesía de la Edad de Oro*, Madrid, Gredos, 1970, pp. 11–24, por donde cito, y extractado por fin en Francisco López Estrada (ed.), *Historia y crítica de la literatura española. II. Siglos de Oro: Renacimiento*, Barcelona, Crítica, 1980, pp. 115–117; el autor volvió sobre el tema, con el dificilísimo tono didác-tico que le era característico, en «Mudarra y la poesía del Renacimiento: una lección sencilla», en *Studia Hispanica in honorem Rafael Lapesa*, Madrid, Gredos, 1972, vol. 1, pp. 173–179, y luego en *Sobre el rigor poético en España y otros ensayos*, Ariel, Barcelona, 1977, pp. 45–56.

Nota: Este trabajo es fruto del proyecto *Los trovadores: creación, recepción y crítica en la Edad Media y en la Edad Contemporánea* (FFI2015-68416-P y 2014 SGR 51), financiado por el Ministerio de Economía y Competitividad.

Vicenç Beltrán, Universitat De Barcelona – Institut D'estudis Catalans – La Sapienza

https://doi.org/10.1515/9783110450828-003

en nuestras letras por Boscán y Garcilaso».[2] Rafael Lapesa volvió repetidamente sobre el tema,[3] aunque no suele tenerse en cuenta que este postulado es la piedra angular de un libro suyo más antiguo y, sin duda, el que más influencia ha ejercido sobre los estudios de poesía española renacentista: *La trayectoria poética de Garcilaso*.[4] Volver sobre esta hipótesis puede parecer, por tanto, banal, pero quizá no lo sea tanto si atendemos a otros factores: el primero es la escasa atención que los estudiosos de este período dedican a la poesía en octosílabos anterior a Lope de Vega y Góngora,[5] el segundo, su focalización casi exclusiva en la obra de Cristóbal de Castillejo, residente en Viena desde 1525, que fue falsamente erigido en el representante más genuino de una supuesta corriente antigarcilasista. En tercer lugar, hasta hace unos pocos años,[6] a pesar de haber sido publicado en aquellos

---

2 Rafael Lapesa, «Poesía de cancionero y poesía italianizante», en *Strenae. Estudios de Filología y de Historia dedicados al profesor Manuel García Blanco*, número monográfico de *Acta Salmanticensia*, 16 (1962), pp. 259–281, publicado luego en *De la Edad Media a nuestros días. Estudios de historia literaria*, Madrid, Gredos, 1967, pp. 145–171 (por donde cito, p. 145) y nuevamente en *Estudios lingüísticos, literarios y estilísticos*, Valencia, Universidad de Valencia, 1987, pp. 71–93.

3 Rafael Lapesa, «Los géneros líricos del Renacimiento: la herencia cancioneresca», en *Homenaje a Eugenio Asensio*, Madrid, Gredos, 1988, pp. 259–275 y «*Cartas y dezires o lamentaciones de amor*: desde Santillana y Mena hasta don Diego Hurtado de Mendoza», en Blanca Periñan y Francesco Guazzelli (eds.), *Symbolae Pisanae. Studi in onore di Guido Mancini*, Pisa, Giardini, 1989, vol. 1, pp. 295–310, reimpresos ambos en *De Berceo a Jorge Guillén. Estudios literarios*, Madrid, Gredos, 1997, pp. 78–97 y 122–145 respectivamente, por donde cito.

4 Rafael Lapesa, *La trayectoria poética de Garcilaso*, Madrid, Revista de Occidente, 1948.

5 Baste por ejemplo citar otro libro fundamental en estos estudios, Antonio Prieto, *La poesía española del siglo XVI. I. Andáis tras mis escritos*, Madrid, Cátedra, 1991, o el magnífico estado de la cuestión de Begoña López Bueno y Rogelio Reyes Cano (el más caracterizado estudioso de Castillejo), «Garcilaso de la Vega y la poesía en tiempos de Carlos V», en Francisco López Estrada (ed.), *Historia y crítica de la literatura española. II. Siglos de Oro: Renacimiento*, Barcelona, Crítica, 1980, pp. 98–108.

6 Los últimos años han visto un desarrollo antes inimaginable de los estudios sobre este poeta: véase Álvaro Alonso, «Garci Sánchez de Badajoz y la poesía italiana», en Patrizia Botta, Carmen Parrilla García y José Ignacio Pérez Pascual (eds.), *Canzonieri iberici*, Noia, Università di Padova/Toxosoutos/Universidade da Coruña, 2001, vol. 2, pp. 141–152, Maria D'Agostino, «Apuntes para una edición crítica de la obra poética de Juan Fernández de Heredia», en Vicente Beltrán y Juan Paredes (eds.), *Convivio. Estudios sobre la poesía de cancionero*, Granada, Universidad de Granada, 2006, pp. 319–335; «Lengua, lenguaje y linaje nella poesia di Juan Fernández de Heredia», en Nancy De Benedetto e Ines Ravasini (eds.), *Da Papa Borgia a Borgia Papa. Letteratura, lingua e traduzione a Valencia*, Lecce, Pensa, 2010, pp. 171–184 y «"Que más acertara cualquier toscano/trocando su verso por el castellano": Juan Fernández de Heredia e la lirica italianeggiante», en Andrea Baldissera, Giuseppe Mazzocchi y Paola Pintacuda (eds.), *Ogni onda si rinnova. Studi di ispanistica offerti a Giovanni Caravaggi*, Como, Ibis, 2011, vol. 1, pp. 289–307, así como Estela Pérez Bosch, «Juan Fernández de Heredia, poeta del *Cancionero general*», en Jesús L. Serrano (ed.), *Cancioneros en Baena. Actas del II Congreso Internacional «Cancionero de Baena». In memoriam*

tiempos por Rafael Ferreres,[7] apenas se había atendido, por poner un ejemplo, la poesía de Juan Fernández de Heredia, mucho más fiel a la tradición finisecular.

Por otra parte, tras la intensa investigación sobre los cancioneros castellanos y sus poetas, uno de los focos de estudio más frecuentado desde los años 80 del pasado siglo, hoy no sólo estamos en mucho mejores condiciones para analizar la relación entre ambas corrientes, sino que podemos plantearnos alguna pregunta más. Si, como afirmaba Lapesa en 1962, «al acabar el primer cuarto del siglo XVI la poesía de los cancioneros castellanos era un producto artístico muy elaborado y muy vario: graciosa y ligera, llana y realista, abstracta y densa según los casos»,[8] puede sorprender que los metros italianos se impusieran tan rápidamente desde casi el mismo año en que fue publicada la poesía de Garcilaso y Boscán[9] sin una real oposición, pues hoy sabemos que la de Castillejo no lo fue.[10] En realidad el problema resulta más sugestivo y complejo: aunque el repertorio

---

Manuel Alvar, Baena, Ayuntamiento de Baena, 2003, vol. 2, pp. 261–286, y la edición de Nancy Marino, *El Cancionero de Valencia: Mss. 5593 de la Biblioteca Nacional*, Valencia, Institució Alfons el Magnànim, 2014.

7 Juan Fernández de Heredia, *Obras*, Rafael Ferreres (ed.), Madrid, Espasa-Calpe, 1955.

8 Rafael Lapesa, «Poesía de cancionero y poesía italianizante», p. 152.

9 Nótese que Ambrosio de Morales, en la primera edición de su *Discurso* en 1546, tres años después de su publicación, encomiaba enfáticamente la poesía de ambos vates poniéndola a la altura de los mejores italianos y latinos. Véase al respecto Valeria Scorpioni, «Il *Discurso sobre la Lengua Castellana* de Ambrosio de Morales: un problema de coerenza», en *Studi Ispanici*, 3 (1977), pp. 177–194, especialmente p. 187 y, citado más adelante en este trabajo, nota 27; va en la misma dirección la cronología que estableció Alberto Blecua para las primeras impresiones de poesía italianizante: «Gregorio Silvestre y la poesía italiana», en *Doce consideraciones sobre el mundo hispano-italiano en tiempos de Alfonso y Juan de Valdés (Bolonia, abril de 1976)*, Roma, Publicaciones del Instituto de Lengua y Literatura de Roma, 1979, pp. 155–173.

10 El juicio sobre su posición histórico-literaria cambia progresivamente desde Bruna Cinti, «Erasmismo e idee letterarie in Cristóbal de Castillejo», en *Annali di Ca'Foscari*, 3 (1964), pp. 65–80 y Renée Walter, «Cristóbal de Castillejo, hombre del Renacimiento», en Alan M. Gordon y Evelyn Rugg (eds.), *Actas del VI Congreso Internacional de Hispanistas celebrado en Toronto del 22 al 26 agosto de 1977*, Toronto, University of Toronto, 1980, pp. 776–778, hasta el trabajo definitivo de Rogelio Reyes Cano, «Sobre el antiitalianismo de Cristóbal de Castillejo: razón y sentido de la *Reprehensión contra los poetas españoles que escriven en verso italiano*», en *Estudios sobre Cristóbal de Castillejo (tradición y modernidad en la encrucijada poética del siglo XVI)*, Salamanca, Ediciones Universidad de Salamanca, 2000, pp. 85–105, por donde cito, publicado previamente en Christian Wentzlaff-Eggebert (ed.), *De Tartessos a Cervantes*, Köln-Wien, Böhlau Verlag, 1985, pp. 89–108, que remacha María del Rosario Martínez Navarro, «Cristóbal de Castillejo: recepción y percepción de un poeta cosmopolita renacentista», en Pilar Caballero-Alías, Félix Ernesto Chávez y Blanca Ripoll Sintes (eds.), *Del verbo al espejo. Reflejos y miradas de la literatura hispánica*, Barcelona, PPU, 2011, pp. 31–42.

de Brian Dutton,[11] instrumento de partida para este sector de la historia poética española, incluya la poesía publicada hasta 1520, con algunas excepciones (fundamentalmente Encina y Urrea), las investigaciones se paran en el *Cancionero general* de 1511 (punto de referencia tanto de Lapesa como de Blecua) cuando las composiciones originarias de Castilla, por lo general, no son posteriores a 1490;[12] pero en realidad, y más allá de Cristóbal de Castillejo y Juan Fernández de Heredia, no sabemos qué se escribió ni cuáles fueron las corrientes poéticas dominantes entre 1511 y 1543 ni estamos por tanto en condiciones de valorar debidamente ni lo que ellos dos representaron (aunque el velo se haya rasgado ya en lo que a ellos respecta) ni el punto de referencia que permita valorar su posición. Y lo más importante: sin esta información no podremos ni desflorar el mayor de los misterios: la aceptación generalizada de una revolución tan profunda como la de Boscán y Garcilaso; en palabras de Marcelino Menéndez y Pelayo, nada sospechoso desde este punto de vista, «la introducción de los metros castellanos se verificó sin resistencia alguna que tuviera verdadero carácter crítico».[13]

Comenzaremos por algunos testimonios bien conocidos, aunque susceptibles de nuevas interpretaciones, el de Castillejo el primero:

> EMas agora ya, según entiendo, no solamente es travajo perdido hazer coplas, pero en la opinión de muchos, y aun en la mía, oficio de libiandad. Y la causa desta quiebra y menoscavo, a bueltas de otras que los tienpos acarrean, deve ser aver abido muchos que trovan mal y muy pocos que sepan azerlo vien, y retraer asimesmo muchas vezes quien conozca y faborezca lo bueno y quien corrixa lo malo.[14]

El autor diagnostica, por tanto, la decadencia de la poesía española[15] y la atribuye a dos causas: la carencia de buenos poetas y la falta de exigencia entre críticos y

---

11 Brian Dutton (ed. lit) y Jineen Krogstad (ed. mus.), *El cancionero del siglo XV, c. 1360–1520*, Salamanca, Universidad, 1990–1991.

12 Remito, para simplificar las referencias, a mi «Quinientos años de *Cancionero general*», en Marta Haro Cortés, Rafael Beltrán, José Luis Canet y Héctor H. Gassó (eds.), *Estudios sobre el «Cancionero general» (Valencia, 1511): poesía, manuscrito e imprenta*, València, Universitat de València, 2012, pp. 15–36 y a las investigaciones que sirvieron de base a este estado de la cuestión.

13 Marcelino Menéndez y Pelayo, *Edición nacional de las obras completas de Menéndez Pelayo. Historia de ideas estéticas en España*, Santander, Consejo Superior de Investigaciones Científicas, 1940, vol. 2, p. 253. Resulta muy interesante la justificación que aporta, sobre la que habré de volver.

14 Prólogo al «Diálogo entre el autor y su pluma» en Cristóbal de Castillejo, *Obras*, Jesús Domínguez Bordona (ed.), Madrid, Espasa-Calpe, 1957–1960, vol. 4, pp. 255–259 y *Obra completa*, Rogelio Reyes Cano (ed.), Madrid, Fundación Juan Antonio de Castro, 1999, pp. 459–461, por donde cito.

15 Lore Terracini subraya a mi parecer con razón la diferencia entre la época en que el autor escribe y un pasado no tan lejano: «Si noti che si tratta di una "mengua de ingenios" passata che avrebbe destituito d'autorità la lingua e la tradizione spagnola [...] La passata tradizione spagnola

mecenas. La decadencia es también asunto principal de su «Contra los encareci-
mientos de las coplas españolas que tratan de amores»:

> [...] siento
> pena de ver sin cimiento
> un tan gentil edificio
> y unas obras tan sin vicio
> sobre ningún fundamento
> [...]
> ¡Cosa vana
> que la lengua castellana,
> tan cumplida y singular,
> se aya toda de emplear
> en materia tan liviana![16]

Si interpretamos los adjetivos «libiandad» y «liviana» con la acepción 'de poca
importancia', habremos de coincidir con Rogelio Reyes Cano en que el poeta
«reclama mayor sustancia poética»[17] a sus coetáneos; me pregunto si es una de
las causas por las que Garcilaso de la Vega afirmaba que «apenas ha nadie escrito
en nuestra lengua sino lo que se pudiera muy bien escusar»[18] o si es algo semejante lo que pensaba Boscán al quejarse de los «hombres que no se mueven sino
al son de los consonantes».[19]

Dejando de lado estos juicios, demasiado escuetos y nada o casi nada
razonados, el análisis más pormenorizado de la lengua y la literatura de
su tiempo fue, sin duda, el de Juan de Valdés. Estima altamente la literatura

---

per Castillejo è ricca di "ingenios"», en *Lingua come problema nella letteratura spagnola del Cinquecento (con una frangia cervantina)*, Torino, Stampatori, 1979, p. 219, n. 149.

16 Cito según Cristóbal de Castillejo, *Obra completa*, n° 121, pp. 259–261, vv. 23–28 y 59–63; el
poema ocupa las pp. 183–187.

17 Rogelio Reyes Cano, «Perfil biográfico y literario de Cristóbal de Castillejo», en *Estudios
sobre Cristóbal de Castillejo (tradición y modernidad en la encrucijada poética del siglo XVI)*,
Salamanca, Ediciones Universidad de Salamanca, 2000, pp. 15–36, especialmente pp. 31–32.
Véase también la reconstrucción de la perspectiva crítica de Castillejo en Gemma Gorga López,
Cristóbal de Castillejo y el diálogo con la tradición, Málaga, Universidad de Málaga, 2006,
pp. 39–42.

18 Garcilaso de la Vega, «Carta I A la muy manífica señora doña Jerónima Palova de Almogávar»,
en *Obra poética y textos en prosa*, Bienvenido Morros (ed.), Barcelona, Crítica, 1995, p. 266. Lore
Terracini le dedicó un comentario acertado en el ya citado *Lingua come problema...*, p. 150, aunque a mi juicio demasiado genérico por las razones que luego aduciré.

19 Juan Boscán, «Carta a la Duquesa de Soma», en *Las obras de Boscan y algvnas de Garcilasso
dela Vega repartidas en qvatro libros*, Barcelona, Carles Amorós, 1543, f. xix[v], que cito por la edición *Obra completa*, Carlos Clavería (ed.), Madrid, Cátedra, 1999, p. 116.

italiana porque Boccaccio y Petrarca «siendo buenos letrados, no solamente se preciaron de scrivir buenas cosas, pero procuraron escrivirlas con estilo muy propio y muy elegante»;[20] aplicando este principio, aunque «dan todos comúnmente la palma a Juan de Mena, y, a mi parecer, aunque la merezca quanto a la doctrina y alto estilo, yo no se la daría quanto al dezir propiamente, ni quanto al usar propios y naturales vocablos». Su doble criterio de valoración procede ya de Horacio y fue lugar común en todas las épocas;[21] anticipemos, por lo que habremos de decir después, su juicio veladamente negativo contra la poesía de Juan del Encina, pues «escrivió mucho, y assí tiene de todo; lo que me contenta más es la farsa de *Plácida y Victoriano*, que compuso en Roma».[22] Completaré este panorama reproduciendo los principios para juzgar la buena poesía, que explicitan y desarrollan lo dicho: «por buenas tengo las que tienen buena y clara sentencia, buenos vocablos acomodados a ella, buen estilo sin superfluidad de palabras, y sin que aya ni una sílaba superflua por causa del metro, ni un vocablo forçado por causa del consonante»;[23] un juicio que ahora no atiende a la dignidad del contenido.

A pesar de sus repetidas reservas sobre el estado de la literatura castellana, y más aún vistas las opiniones de sus coetáneos, nos sorprende un tanto el juicio matizadamente positivo que le merece el *Cancionero general*: «ay algunas coplas que tienen buen estilo, como son las de Garci Sánchez de Badajoz, y las del Bachiller de la Torre, y las de Guevara [...] y las del Marqués de Astorga. Y son mejores las de don Jorge Manrique que comiençan "Recuerde el alma dormida", las quales a mi juizio, son muy dinas de ser leídas y estimadas, assí por la sentencia como por el estilo».[24] Más adelante insiste en que «tengo por buenos

---

20 Cito siempre según Juan de Valdés, *Diálogo de la lengua*, Cristina Barbolani (ed.), Madrid, Cátedra, 1998, p. 123; última versión del texto crítico procedente de *Diálogo de la lengua*, Cristina Barbolani (ed.), Firenze, Univerè degli Studi, Facoltà di Magisterio/Istituto Ispanico, 1967, del que he consultado el aparato crítico. Sobre la estancia napolitana de Valdés, aunque no sea útil para este estudio, se encuentran numerosos datos en Marco Iacovella, «Dall'*Alfabeto cristiano* al *Beneficio di Cristo*. Ricerche su Juan de Valdés e il valdesianesimo (1536–1544)», en *Rivista Storica Italiana*, 128.1 (2016), pp. 177–215.

21 Recordemos el «fingimiento de cosas útyles, cubiertas o ueladas con muy fermosa cobertura» de Santillana (Íñigo López de Mendoza, Marqués de Santillana, *El «Prohemio e carta» del Marqués de Santillana y la teoría literaria del s. XV*, Ángel Gómez Moreno [ed.], Barcelona, PPU, 1990, p. 52); de ahí que no coincida con Lore Terracini cuando juzga esta perspectiva como rasgo de erasmismo en *Lingua come problema...*, p. 15. Como vemos, coincide con todos los juicios emanados en su tiempo.

22 Juan de Valdés, *Diálogo de la lengua*, p. 241.

23 Juan de Valdés, *Diálogo de la lengua*, p. 243.

24 Juan de Valdés, *Diálogo de la lengua*, p. 240.

muchos de los romances que están en el *Cancionero general*», con toda seguridad los menospreciados romances trovadorescos,[25] y aprecia muchos de los motes, invenciones y villancicos, aunque muy poco las canciones. Podríamos, por tanto, concluir que a Valdés, aunque su juicio resulta más matizado, le sucede lo mismo que a Castillejo, que acusaba a los poetas castellanos de ocuparse en «materia tan liviana», y que su descontento por el escaso vuelo de los contenidos en la poesía castellana bien pudo ser compartido por Boscán y Garcilaso; sin embargo, su juicio, a pesar de sus afirmaciones genéricas sobre el estado de la literatura de su tiempo, parece menos riguroso: encomia la dignidad del contenido en el *Laberinto de Fortuna* de Juan de Mena, alaba el estilo de grandes sectores del *Cancionero* y encumbra desde ambos puntos de vista las *Coplas a la muerte de su padre* de Jorge Manrique.

Los críticos posteriores ratifican indirectamente esta interpretación al considerar superado aquel estado de cosas tras la revolución garcilasiana: las obras de Garcilaso, según Ambrosio de Morales, «ya no se contentan […] con ganar la victoria y el despojo de la Toscana, sino con lo mejor del Latino traen la competencia»;[26] un cuarto de siglo más tarde insistía Gonzalo Argote de Molina en que «en la dulçura y lindeza de conceptos, y en el arte y elegancia no deue nada al Petrarcha, ni a los demás excelentes poetas de Ytalia»[27] y, junto a un juicio mucho más pormenorizado sobre las virtudes de su dicción, Francisco de Medina dictaminaba que sus «sentencias son agudas, deleitosas y graves».[28] Medio siglo después de Valdés, Castillejo, Boscán y Garcilaso, las insuficiencias de la tradición, tanto la pobreza de los contenidos como la dignidad del estilo, según los estudiosos de la poesía castellana, habían sido ya

---

25 Esta colección sólo contiene seis romances tradicionales encabezando sus glosas y la mayor parte de las composiciones de este género, veintidós, pertenecen al romancero trovadoresco; baste remitir a Germán Orduna, «La sección de romances del *Cancionero general* (Valencia 1511): recepción cortesana del romancero tradicional», en Alan Deyermond y Ian R. Macpherson (eds.), *The Age of the Catholic Monarchs, 1474–1516. Literary Studies in Memory of Keith Whinnom*, Liverpool, Liverpool University Press, 1989, pp. 123–133, especialmente p. 114. Véase mi análisis en *El romancero: de la oralidad al canon*, Kassel, Reichenberger, 2016, pp. 56–61.

26 Cito por Valeria Scorpioni, «Il *Discurso sobre la Lengua Castellana*...», p. 187.

27 Gonzalo Argote de Molina, *Discurso sobre la poesía castellana*, en Encarnación García Dini (ed.), *Antología en defensa de la lengua y la literatura españolas (siglos XVI y XVII)*, Madrid, Cátedra, 2007, pp. 181–190, especialmente p. 189.

28 Francisco de Medina, «A los lectores», en *Obras de Garci Lasso de la Vega con anotaciones de Fernando de Herrera*, Sevilla, Alonso de la Barrera, 1580, que cito según la *Antología en defensa de la lengua y la literatura españolas*, p. 198.

colmadas. Ahora bien, ¿hasta qué punto se puede enjuiciar tan negativamente la poesía castellana del siglo XV? Estas críticas, ¿responden a la realidad o han de juzgarse como manifiestos programáticos? Esta última interpretación explicaría el radicalismo de Castillejo, Boscán y Garcilaso, y justificaría el juicio más matizado de Valdés; pero para encontrar una respuesta satisfactoria habrá que establecer un estado de la cuestión para la poesía de cancionero en el período precedente, los reinados de los Reyes Católicos y la primera época del de Carlos I. No olvidemos que nuestros autores disienten profundamente del juicio positivo que en conjunto le merecía a Rafael Lapesa, por citar un estudioso fuera de toda sospecha.

En el momento fundacional de la poesía cuatrocentista, representado por el *Cancionero de Baena*, la variedad genérica y de contenidos era más bien escasa:[29] el compilador mismo distinguió entre «cantigas muy dulçes e graçiosamente assonadas, [...] preguntas de muy sotiles invençiones [...] muy gentiles dezires muy limados e bien escandidos e todos los otros muy agradables e fundados proçessos e reqüestas»;[30] en cuanto a su contenido predominan, como es sabido, las obras doctrinales, fuertemente ancladas a la cultura eclesiástica y escolástica. Coetáneo suyo es el conocido como *Cancionero de Palacio*, de carácter enteramente distinto; predominan los temas amorosos y galantes y los géneros ligeros: son muy abundantes los decires, pero lo son mucho más las canciones y aparecen géneros nuevos[31] como la esparsa,[32] el *lay*, el mote, el *perqué*,[33] el *cossante*, la

---

29 Para una visión de conjunto de los caracteres de las diversas cortes poéticas en el siglo XV y la creación y evolución de los géneros poéticos, remito al estudio introductorio de mi *Poesía española. I. Edad Media: lírica y cancioneros*, Barcelona, Crítica, 2002, segunda edición corregida y aumentada de Madrid, Visor, 2009, que reelaboro libremente teniendo en cuenta otras aportaciones que en su caso citaré.

30 Cito según Juan Alfonso de Baena, *Cancionero de Juan Alfonso de Baena*, Brian Dutton y Joaquín González Cuenca (eds.), Madrid, Visor, 1993, p. 1. Los «proçessos e reqüestas» no harían referencia «a un tipo concreto de textos diferenciados, sino a la disputa y su solución a través de una sentencia» (Antonio Chas Aguión, *Categorías poéticas minoritarias en el cancionero castellano del siglo XV*, Alessandria, Edizioni dell'Orso, 2012, pp. 77–78).

31 Véase el estudio que dedica a las formas de este cancionero Cleofé Tato, «La métrica del *Cancionero de Palacio*», en Fernando Gómez Redondo (dir.), *Historia de la métrica medieval castellana*, San Millán de la Cogolla, Cilengua, 2016, §10.4.2.1, especialmente p. 708, así como Lucía Mosquera Novoa, *Juan de Torres: edición y estudio de su poesía*, Cleofé Tato (dir.), Universidade da Coruña, 2015 (tesis doctoral inédita), pp. 222–232.

32 Remito a mi estudio «La esparsa», en Fernando Gómez Redondo (dir.), *Historia de la métrica medieval castellana*, San Millán de la Cogolla, Cilengua, 2016, §10.2.3.1.

33 Antonio Chas Aguión, *Categorías poéticas minoritarias...*, pp. 13–28.

serranilla[34] o la *desfeita*[35] y abundan rúbricas sobre cuyo carácter resulta difícil definirse: *comiat,*[36] *loor, crida, mudança, juramento...* Aparecen también allí los primeros decires con citas y los primeros intentos de glosas. La misma tendencia se manifiesta en los cancioneros italianos de la época del Magnánimo y en el *Cancionero de Herberay*, relacionado con la de su hermano Juan, el rey de Navarra, donde encontramos además por primera vez el romance[37] o los estribillos tradicionales;[38] unas innovaciones que se generalizarán en la corte castellana mucho más tarde, durante el reinado de los Reyes Católicos.

Durante este período, la corte castellana vivió una experiencia totalmente distinta: la absorción de la cultura clásica e italiana a través del decir erudito, creado e impuesto en la tradición poética por Juan de Mena y, sobre todo, el Marqués de Santillana, a quien debemos también la primera aclimatación del soneto. La valoración de estos logros ha sufrido notorios desajustes por haber sido anacrónicamente enjuiciados desde la experiencia de la literatura renacentista y del humanismo del siglo XVI, cien años posteriores, cuando evidentemente la perspectiva histórica de unos y otros era totalmente diversa; fueron, por

---

34 Rafael Lapesa, «Las serranillas del marqués de Santillana», en *El comentario de textos. La poesía medieval*, Madrid, Castalia, 1983, vol. 4, pp. 243–276, reimpreso en *De Berceo a Jorge Guillén*, Madrid, Gredos, 1997, pp. 21–54, por donde cito, en especial pp. 24–27. Hay también otras «Serranas». Véase Ana Mª Álvarez Pellitero (ed.), *Cancionero de Palacio*, Salamanca, Junta de Castilla y León, Consejería de Cultura, 1993, nº 17, 33, 34; el único estudio de conjunto es el de Nancy F. Marino, *La serranilla española: notas para su estudio e interpretación*, Potomac, Scripta Humanistica, 1987.

35 Ana Mª Álvarez Pellitero (ed.), *Cancionero de Palacio*, nº 93 y 132.

36 Se ocupó de sus posibilidades interpretativas y su filiación histórica Cleofé Tato, «Un texto poético singular recogido en el *Cancionero de Palacio*: ID 2.635 "Mi senyor/mi Rey mi salut et mi vida"», en Margarita Freixas y Silvia Iriso (eds.), *Actas del VIII Congreso de la Asociación Hispánica de Literatura Medieval*, Santander, Consejería de Cultura del Gobierno de Cantabria/Año Jubilar Lebaniego/AHLM, 2000, pp. 1993–1706, especialmente pp. 1995–1996.

37 Además de los dos romances trovadorescos de Carvajales, que fue el creador del género, conocemos también uno noticiero sobre el enfrentamiento de Carlos de Viana con su padre, Juan II de Aragón. Remito para estos aspectos a mi *El romancero, de la oralidad al canon*, pp. 11–20.

38 «Soy garridilla e pierdo sazon», en Charles V. Aubrun, *Le chansonnier espagnol d'Herberay des Essarts*, Burdeaux, Féret et Fils, 1951, nº 9. Hay también un estribillo tradicional en la obra de Lope de Stúñiga, integrado en la corte del Magnánimo, pero conservado en un cancionero castellano (véase Lope de Stúñiga, *Poesie*, Lia Vozzo (ed.), Napoli, Liguori Editore, 1989, nº 8) y varios en un poema con citas de Francisco Bocanegra, perteneciente a la corte castellana (Giovanni Caravaggi, Monica von Wunster, Giuseppe Mazzocchi y Sara Toninelli [eds.], *Poeti cancionerles del sec. XV*, L'Aquila, Japadre, 1986, pp. 56–57). Para la difusión de este tipo de poesía, remito a mi «Estribillos, villancicos y glosas en la poesía tradicional: intertextualidades entre música y literatura», en Cesc Esteve (ed.), *El texto infinito. Tradición y reescritura entre Edad Media y Renacimiento*, Salamanca, SEMYR, 2014, pp. 21–63.

otra parte, logros efímeros, pues el cambio de orientación cultural de la corte tras la muerte de Juan II hizo que esta tradición palideciera. Observaba Rafael Lapesa que el decir latinizante en arte mayor se utiliza poco durante la segunda mitad de siglo y que se especializa en el panegírico o en formas narrativas o teatrales, «pero en la lírica se hizo cada vez más raro»;[39] me permitiría corregirlo levemente observando que los decires más ambiciosos del longevo Gómez Manrique, coetáneo de sus maestros, pertenecen a la segunda mitad de siglo pero ha de considerársele superviviente de una moda que ya había pasado a la historia. Resulta necesario añadir que este tipo de poesía apenas encontró aceptación en las cortes aragonesas del Magnánimo o de su hermano Juan.

Durante la época de Enrique IV se producen tres innovaciones importantísimas en la poesía escrita en Castilla: Juan Álvarez Gato incorpora la glosa de estribillos tradicionales,[40] a Pedro de Escavias y a Rodrigo Manrique les debemos también los primeros romances cortesanos[41] y el último compuso además los dos primeros villancicos corteses. Habiendo disminuido la moda de los decires doctrinales en arte mayor, de contenido culto y de inspiración antigua, el incremento del interés por la poesía meramente cortesana contribuyó a la aproximación entre ambas cortes, pero por otra coadyuvó al eclipse de la gran poesía erudita del período anterior. Las controversias políticas del reinado produjeron también una

---

39 Rafael Lapesa, «Los géneros líricos del Renacimiento...», p. 126.

40 De las noticias recogidas por Francisco Márquez Villanueva, *Investigaciones sobre Juan Álvarez Gato*, Madrid, Real Academia Española, 1974, pp. 263–266, se deduce que la mayor parte de la poesía fechable es de este período, así como la «precocidad con que la preocupación ascética aparece» en la obra del autor, aunque acepta «la imposibilidad de fechar con un mínimo de firmeza ninguna de las reelaboraciones a lo divino de cantarcillos populares», p. 266. La conjetura de fijarlas en esta época viene reforzada por el hecho de que también lo hizo Gómez Manrique en la *Canción para callar niño*, «Calladvos, fijo mío chiquito». Véase la anotación en mi *Poesía española*, n° 129.

41 Habiendo muerto el Maestre de Santiago en 1476, durante la guerra civil, con sesenta años, estas composiciones, por su carácter amoroso y de entretenimiento cortesano, deben datar de una época bastante más temprana; para los textos, remito a Rodrigo Manrique, Gómez Manrique y Jorge Manrique, *Poesía cortesana (siglo XV)*, Vicenç Beltrán (ed.), Madrid, Fundación José Antonio de Castro, 2009, n° 3–5. Pudiera también ser de esta época el romance de Pedro de Escavias, aunque me inclino por datarlo algo más tarde por su posible relación con la coronación de Fernando de Aragón tras la muerte de Enrique IV (remito de nuevo a mi *El romancero, de la oralidad al canon*, pp. 41–47). En cuanto al villancico, es posible que uno de los poetas que más influyeron a aclimatarlo haya sido Pedro de Cartagena, muerto en 1486 y autor de varios de ellos, pues fue uno de los autores más prestigiosos en el período del *Cancionero general*. Véase Pedro de Cartagena, *Poesía*, Ana María Rodado Ruiz (ed.), Cuenca, Ediciones de la Universidad de Castilla-La Mancha, 2000, p. 13 para su cronología y poemas n° 79–86.

notable floración de poesía satírica contraria al Rey: las *Coplas del Provincial*, las *Coplas de Mingo Revulgo* y las *Coplas de Vita Christi* de Fray Íñigo de Mendoza.[42]

La corte de los Reyes Católicos catalizó todas estas innovaciones, en especial la promoción de los ideales corteses, tan vinculados con el espíritu de la caballería, que impulsaron conscientemente durante la guerra de Granda; de ahí deriva la proliferación, por ejemplo, de motes[43] invenciones y letras de justadores,[44] a los que se reservan secciones específicas en los cancioneros (LB1 y 11CG). Uno de los factores que más condicionaron el desarrollo de los géneros poéticos fue seguramente el triunfo de la música en el ceremonial y el boato de la corte, cuya importancia justifica la emergencia de los cancioneros musicales;[45] de ahí, probablemente, el amplio desarrollo de los villancicos tradicionales y corteses y de los romances, tanto los noticieros, vinculados a los logros militares y la propaganda de la monarquía,[46] como los trovadorescos de los cancioneros literarios.[47]

---

42 Véase la visión de conjunto del reinado de Óscar Perea Rodríguez, «El entorno cortesano de la Castilla Trastámara como escenario de lucha de poder. Rastros y reflejos en los cancioneros castellanos del siglo XV», en *Res Publica*, 18 (2007), pp. 289–306, especialmente pp. 301–303.

43 Para el desarrollo del mote, Mª Jesús Díez Garretas, «Fiestas y juegos cortesanos en el reinado de los Reyes Católicos. Divisas, motes y momos», en *Revista de historia Jerónimo Zurita*, 74 (1999), pp. 163–174 y Ian Macpherson, «Motes y glosas» in the «Cancionero general», London, Queen Mary, University of London, 2004.

44 Para una visión de conjunto sobre el complejo mundo de las invenciones véase Ian Macpherson, *The «Invenciones y letras» of the «Cancionero general»*, London, Queen Mary/Westfield College, 1998; Alan Deyermond, «La micropoética de las invenciones», en Juan Casas Rigall y Eva Mª Díaz Martínez (eds.), *Iberia cantat. Estudios sobre poesía hispánica medieval*, Santiago de Compostela, Universidade de Santiago de Compostela, 2002, pp. 403–424; John Gornall, *The «invenciones» of the British Library «Cancionero»*, London, Queen Mary, University of London, 2003; Ines Ravasini, «Le *invenciones* della *Cuestión de amor* e l'eclissi de l'amor cortese», en Antonina Paba (ed.), *Con gracia y agudeza. Studi offerti a Giuseppina Ledda*, Roma, Aracne, 2007, pp. 27–45 y Jimena Gamba Corradine, «Sobre la evolución de las letras caballerescas en los siglos XVI y XVII», en Mariana Masera (ed.), *La tradición poética occidental: usos y formas*, número monográfico de *Olivar*, 18 (2012), pp. 77–96.

45 De la emergencia de la música (nótese que durante su reinado aparecen por primera vez en la corte castellana los cancioneros musicales profanos, el de la Biblioteca Colombina, el de la Biblioteca de Palacio y el de la Catedral de Segovia) y de su influencia en el desarrollo de la poesía me ocupé especialmente en mi «Estribillos, villancicos y glosas en la poesía tradicional...», arriba citado, así como en *El romancero. De la oralidad al canon*, pp. 11–19.

46 Véase Higinio Anglés (ed. mus.) y José Romeu Figueras (ed. lit.), *La música en la corte de los Reyes Católicos. IV. Cancionero musical de Palacio*, Barcelona, Consejo Superior de Investigaciones Científicas, 1947–1965, en especial vol. 3A, pp. 70–73, y mi *El romancero, de la oralidad al canon*, pp. 68–69.

47 Véase la investigación de Virginie Dumanoir, *Le «Romancero» courtois. Jeux et enjeux poétiques des vieux «romances» castillans (1421–1547)*, Rennes, Presses Universitaires de Rennes, 2003.

Menos repercusión inmediata parece haber tenido la potenciación de la cultura clásica y el desarrollo del humanismo latino en este período, que apuntan, por ejemplo, en la traducción de las *Bucólicas* por Juan del Encina, así como la primitiva difusión del petrarquismo.[48] Contra la imagen austera que se suele dar de la reina y de su reinado,[49] es entonces cuando se imponen los géneros poéticos vinculados con las actividades lúdicas de la corte, un movimiento que, como veremos más adelante, no hará sino desarrollarse durante el momento sucesivo, la regencia de Fernando y el reinado del Emperador; pasan simultáneamente a segundo plano las manifestaciones más cultas y eruditas de la tradición poética castellana: es también Juan del Encina, que aspiraba a revestir sus dotes literarias con la dignidad del letrado, el mejor representante de esta corriente, aunque resulta en episodio menor de su itinerario creador.[50]

Volvamos ahora a la presencia de la poesía en el *Diálogo de lengua* de Juan de Valdés; hasta hoy, la amplia atención concedida a sus juicios sobre la literatura coetánea contrasta con el escaso interés despertado por los ejemplos poéticos con que ejemplifica sus propuestas lingüísticas. Al discutir la conveniencia de asimilar o no el grupo -rl- en los infinitivos verbales con pronombres enclíticos, cita una adivinanza anónima en verso («Qué es la cosa que sin ella»)[51] cuya

---

48 Su mejor representante es seguramente el poema estudiado en Isabella Tomassetti, «Il testo de *La estrella de Citarea*: un esempio di bestiario amoroso nella Spagna rianscimentale», en Domenico A. Cusate y Loretta Frattale (eds.), *La penna di Venere. Scritture dell'amore nelle culture iberiche. Atti del XX Convegno della Associazione degli Ispanisti Italiani (Firenze, 15–17 marzo 2001)*, Messina, Andrea Lipolis Editore, 2002, vol. 1, pp. 327–338. Véanse además los estudios clásicos de Giovanni Caravaggi, «Alle origini del petrarchismo in Spagna», en *Miscellanea di Studi Ispanici*, Pisa, Università di Pisa, 1971–1973, pp. 7–10, y Francisco Rico, «A fianco di Garcilaso: Poesia italiana e poesia spagnola nel primo cinquecento», en *Studi Petrarcheschi*, 4 (1987), pp. 229–236, así como la aportación reciente de Álvaro Alonso, *Poesía amorosa y realidad cotidiana: del «Cancionero general» a la lírica italianista*, London, Queen Mary/Westfield College, 2001.

49 Un prejuicio eficazmente corregido por Royston O. Jones, «Isabel la Católica y el amor cortés», en *Revista de Literatura*, 21 (1962), pp. 55–64. No cabe olvidar que la cortesanía era un componente esencial de la vida de la corte y los señores la impulsaban porque daba buen tono social a su entorno más próximo, aunque resultara frívolo desde el punto de vista religioso; es posible que esta faceta pasase a segundo plano tras la muerte del príncipe don Juan y los desastres familiares que le siguieron, que sí afectaron gravemente a la reina según los testimonios de su tiempo.

50 En la parte profana de su *Cancionero*, tras la versión de las *Bucólicas*, siguen varios poemas en arte mayor dedicadas a los Álvarez de Toledo. Véase Juan del Encina, *Obra completa*, Miguel Ángel Pérez Priego (ed.), Madrid, Fundación José Antonio de Castro/Turner, 1996. Posteriores son la ambiciosa y original *Tragedia trobada a la dolorosa muerte del príncipe don Juan* y *Trivagia*, en *Obra completa*, n° 44 y 50. Para un juicio actual sobre su obra véase Álvaro Bustos Táuler, *La poesía de Juan del Encina: el «Cancionero» de 1496*, Madrid, Fundación Universitaria Española, 2009.

51 Juan de Valdés, *Diálogo de la lengua*, p. 178.

única documentación conocida figura en el *Hospital de necios* de Luis Hurtado de Toledo.[52] Más adelante, para comentar los vocablos *halagüeña* y *zahereña*, introduce una copla («Ha de ser tan a la mano») que glosa un estribillo conocido, «La dama que no mata o prende»;[53] otras dos estrofas de la misma glosa («La dama boquicerrada» y «La dama que dama fuere») son citadas más adelante.[54] El uso de la expresión *Aquí yace* en los epitafios da lugar a otra copla, «Aquí yace sepultado», primera estrofa de un poema conocido.[55]

---

52 Ms. 107 de la Biblioteca de la Universidad de Santiago, publicado en *Hospital de neçios: hecho por uno de ellos que sanó por miraglo*, Valentina Nider y Ramón Valdés (eds.), Viareggio, Baroni, 2000, pp. 123–124, con numerosas variantes (quizá debidas a una transmisión memorística, corriente en esta clase de textos), pero con las mismas palabras en la rima y la mitad de versos idénticos (agradezco a Valentina Nider su comunicación al respecto). Debo su localización a la ayuda de José Labrador y Ralph DiFranco, que lo catalogaron como BIPA 42799 en la *Bibliografía de la Poesía Áurea* (base de datos) [fecha de consulta: 06-04-2018] <http://bancroft.berkeley.edu/philobiblon/bipa_es.html>. En lo sucesivo utilizaremos los códigos BIPA para referirnos a los textos recogidos en esta base de datos.

53 BIPA 24670. Véase Margit Frenk, *Nuevo corpus de la antigua lírica popular hispánica (siglos XV a XVII)*, México, UNAM/El Colegio de México/Fondo de Cultura Económica, 2003, §1752, que cita dos pliegos con una misma glosa a este estribillo; el número 15 de Antonio Rodríguez-Moñino, *Nuevo diccionario bibliográfico de pliegos sueltos poéticos. Siglo XVI*, Arthur L. F. Askins y Víctor Infantes (eds.), Madrid, Castalia/Editora Regional de Extremadura, 1997, adicionado ahora con Arthur L. F. Askins y Víctor Infantes, *Suplemento al «Nuevo Diccionario bibliográfico de pliegos sueltos poéticos (siglo XVI)» de Antonio Rodríguez Moñino*, Laura Puerto Moro (ed.), Vigo, Academia del Hispanismo, 2014 (en paradero desconocido, pero descrito por Diego Catalán, «Los pliegos sueltos "perdidos" del Duque de T'serclaes», en *Homenaje a Álvaro Galmés de Fuentes*, Madrid, Gredos, 1987, vol. 3, pp. 361–376, cuyo *explicit*, p. 364, permite proponer la identidad del texto) y el número 753, conocido como *Cancionero de galanes* (Margit Frenk [ed.], *Cancionero de galanes y otros rarísimos cancionerillos góticos*, Valencia, Castalia, 1952, pp. 73–74) que publica la glosa. Una versión paródica («La dama que dinero prende») recibió una glosa monoestrófica de Juan Fernández de Heredia (*Obras*, pp. 114–115).

54 Juan de Valdés, *Diálogo de la lengua*, p. 231. Todas las citas poéticas son recogidas y anotadas en Miguel Ángel Pérez Priego, «Juan de Valdés y la poesía de cancioneros», en *Homenaje a Francisco Ynduráin*, número monográfico de *Príncipe de Viana*, 18 (2000), pp. 229–238; luego en *Estudios sobre la poesía de cancionero*, Madrid, UNED, 2004, pp. 289–299, por donde cito, especialmente pp. 291–292.

55 Primera de las cuatro estrofas del poema con el código ID2071 en Brian Dutton (ed. lit.) y Jineen Krogstad (ed. mus.), *El cancionero del siglo XV*, y BIPA 2845. A partir de ahora usaremos igualmente el identificador de *El cancionero del siglo XV* para identificar los textos. Este poema aparece atribuido a «Romero canonigo de Valladolid para la Sepultura del conde don Pedro Anzurez» en MN19 90 (*Cancionero de Pero Guillén de Segovia*) y sin atribución en MP2 255, «Letra que está en la sepultura del conde don Perançúrez, en la yglessia mayor de Valladolid» (publicado en José J. Labrador, C. Ángel Zorita y Ralph A. DiFranco (eds.), *Cancionero de poesías varias. Manuscrito No. 617 de la Biblioteca Real de Madrid*, Madrid, El Crotalón, 1986; nueva edición en Madrid, Visor, 1994). Véase también Miguel Á. Pérez Priego, «Juan de Valdés y la poesía de cancioneros», p. 294.

Un poco más adelante, al explicar la riqueza de equívocos de la lengua castellana, es donde más coplas cita. *Correr* da entrada a la esparsa «Vuestro rocín, bien mirado», documentada en la *Miscelánea* de Zapata.[56] Resulta bien documentada «Ostias pudiera embiar»,[57] de Antonio de Velasco, que da lugar a una amplia exposición interpretativa[58] y a la explanación del equívoco *roma*; del mismo autor cita a continuación dos estrofas («Don Diego de Bovadilla» y «El de la cuerda, a mi ver») de un poema bien documentado, «El Rey manda que no jueguen»,[59] como ejemplificación de los equívocos *cuerda* y *falta*. Por fin, *acostamiento* da entrada a la copla «Diez marcos tengo de oro»,[60] sin otra documentación.

Si en los casos anteriores juzgaba que aquellas composiciones valían como modelos, en una sección distinta del *Diálogo*, cuando se le pide que explique las condiciones requeridas a una obra poética, pone como ejemplo negativo la oscuridad del estribillo «Pues que os vi, merecí veros» que, ciertamente, debió ser divulgado, pues durante el siglo XVI le conocemos una glosa y comparece en una ensalada;[61] luego, a fin de ejemplificar la viciosa supeditación del verso

---

56 BIPA 46505 (Juan de Valdés, *Diálogo de la lengua*, pp. 211–212). Su testimonio fue aportado por José F[ernández] Montesinos en las notas a su edición, Juan de Valdés, *Diálogo de la lengua*, Madrid, Espasa-Calpe, 1964, p. 127 (que remite a Luis de Zapata, *Memorial Histórico Español. Vol. XI. Miscelánea de Zapata*, Madrid, Imprenta Nacional, 1859, p. 44) y luego por Maxime Chevalier, «Juan de Valdés como crítico literario», en *Bulletin Hispanique*, 102 (2000), pp. 333–338, especialmente p. 334; el texto puede verse en Madrid, Biblioteca Nacional, ms. 2790, f. 364ᵛ. Se trata de un tema trillado en la poesía del siglo XV (Laura Puerto Moro, «Tradición temática en el *Cancionero de obras de burlas*», en Antonio Cortijo Ocaña y Mariano Rubio Árquez (eds.), *Las «Obras de burlas» del «Cancionero general» de Hernando del Castillo*, Santa Barbara, Publications of eHumanista, 2015, pp. 188–215, especialmente pp. 207–209) y en el folklore (José Manuel Pedrosa, «El romancillo de "El bonetero", Juan de Mena y la tradición oral», en *Revista de Dialectología y Tradiciones Populares*, 47 [1992], pp. 155–177; luego en *Las dos sirenas y otros estudios de literatura tradicional*, Madrid, Siglo XXI de España, 1995, pp. 3–34). Véase además «Qué es esto, noble señor» y «Dezidme cómo le va» de Cristóbal de Castillejo (*Obra completa*, nᵒ 153 y 154, pp. 299–309) para la fortuna de un tema aparentemente tan banal durante los siglos XV y XVI.
57 Está contenido en dos cancioneros del XVI, MP2 236 y TP2 24 (ID2052, BIPA11009), publicado en José J. Labrador, C. Ángel Zorita y Ralph A. DiFranco (eds.), *Cancionero de poesías varias. Manuscrito No. 617...*, nᵒ 289 y José J. Labrador Herraiz, Ralph A. DiFranco y Juan Montero (eds.), *Cancionero sevillano de Toledo. Manuscrito 506 (fondo Borbón-Lorenzana), Biblioteca de Castilla-La Mancha*, Sevilla, Universidad de Sevilla, Secretariado de Publicaciones, 2006, nᵒ 375.
58 Juan de Valdés, *Diálogo de la lengua*, p. 212. Véase el comentario de Maxime Chevalier, «Juan de Valdés como crítico literario», pp. 334–335.
59 Juan de Valdés, *Diálogo de la lengua*, p. 214 y 216. Está contenido en MP2 234 (José J. Labrador, C. Ángel Zorita y Ralph A. DiFranco [eds.], *Cancionero de poesías varias. Manuscrito No. 617...*, nᵒ 287, ID2050 y BIPA8400).
60 Juan de Valdés, *Diálogo de la lengua*, p. 227. BIPA 33012.
61 Juan de Valdés, *Diálogo de la lengua*, p. 242; debo su localización a los buenos oficios de BIPA

a las exigencias de la métrica y la rima, cita dos canciones, la hoy conocidísima de Florencia Pinar, «Destas aves su nación» y otra del portugués Lope de Sosa, «Ninguno haga mudança».[62] Nada tiene de extraño la selección de estos dos ejemplos, pues se justifica, indirectamente, a continuación afirmando que, a pesar de su juicio positivo sobre otros sectores del *Cancionero general*, «de las *canciones* me satisfazen pocas, porque en muchas veo no sé qué dezir baxo y plebeyo, y no nada conforme a lo que pertenece a la canción».[63]

No son muchos los poemas citados, pero están concentrados en un sector relativamente reducido del libro; por otra parte, su aparición y, sobre todo, la selección de textos y autores me despiertan no poca perplejidad. Los estudiosos han subrayado unánimemente que al ejemplificar sus usos lingüísticos preferidos Juan de Valdés evita los textos literarios y se basa en el refranero, aspecto que él mismo justifica explícitamente en la primera parte: «la lengua castellana nunca ha tenido quien escriba en ella con tanto cuidado y miramiento quanto sería menester para que hombre [...] se pudiesse aprovechar de su autoridad»,[64] de ahí la prioridad de los refranes en los que «se vee muy bien la puridad de la lengua castellana».[65] Lore Terracini interpretaba, quizá con razón, que «introduce la

---

42065, que ha inventariado una glosa de Cristóbal Mosquera de Figueroa (con la variante «Cuando os vi...», que parece resolver el problema suscitado por Valdés, glosa «Vuestra grande perfección») en el ms. 2051 de la Biblioteca de Catalunya, f. 111^r (publicado en Cristóbal Mosquera de Figueroa, *Obras*, Guillermo Díaz-Plaja [ed.], Madrid, Real Academia Española, 1955, pp. 221–222) y ms. 091 de la Biblioteca del Castillo de Perelada, f. 182^v, además de una cita del estribillo en la ensalada alegórica «Por la costa mal guardada» del ms. 17689 de la Biblioteca Nacional de España.

62 Juan de Valdés, *Diálogo de la lengua*, p. 243, ambas en el *Cancionero general*: ID6241 11CG-343 e ID6249 11CG-353 respectivamente. Para Florencia Pinar, véase el estado de la cuestión de Miguel Ángel Pérez Priego, *Poesía femenina en los cancioneros*, Madrid, Castalia/Instituto de la Mujer, 1990, especialmente pp. 21–26, texto en la p. 81, y el más reciente de Cristina Segura Graíño, «Las mujeres escritoras en la época de Isabel I de Castilla», en Nicasio Salvador Miguel y Cristina Moya García (eds.), *La literatura en la época de los Reyes Católicos*, Madrid, Iberoamericana/ Universidad de Navarra, 2008, pp. 275–292. De identificar y documentar a Lope de Sosa me ocupé en mi «Los portugueses en los cancioneros: Lope de Sosa/Lopo de Sousa», en Jesús L. Serrano Reyes (ed.), *Cancioneros en Baena. Actas del II Congreso Internacional «Cancionero de Baena»*. *In memoriam Manuel Alvar*, Baena, Ayuntamiento, 2003, pp. 35–62, hoy en mi «Pruébase por escritura». Poesía y poetas del cuatrocientos, Alcalá de Henares, Universidad, 2015, pp. 137–160.

63 Juan de Valdés, *Diálogo de la lengua*, p. 244.

64 Juan de Valdés, *Diálogo de la lengua*, p. 123.

65 Juan de Valdés, *Diálogo de la lengua*, p. 126, afirmación que pone en boca de «Torres» o «Pacheco», pues los diversos manuscritos no coinciden en el nombre. Para la contextualización histórica de esta preferencia, además de la bibliografía citada, han de tenerse en cuenta las razones de Eugenio Asensio, «Juan de Valdés contra Delicado. Fondo de una polémica», en *Studia Philologica. Homenaje ofrecido a Dámaso Alonso por sus amigos y discípulos con ocasión de su 60° aniversario*, Madrid, Gredos, 1960–1963, vol. 1, pp. 101–113 sobre la querella entre la norma

considerazione della tradizione letteraria spagnola in senso addirittura opposto a quello del Bembo; cioè, come difetto di quella convenienza e di quel decoro».[66] ¿Por qué en este punto, en lo que viene a ser la quinta y última parte del libro, cambia su orientación y concentra un número considerable de citas poéticas?[67] Y, sobre todo, si aprobaba el estilo de gran parte del *Cancionero general*, ¿por qué no escogió allí los ejemplos, o en las *Coplas a la muerte de su padre* de Jorge Manrique que tenía por modélicas por contenido y lengua? Aun cuando consideremos explicable que solo acuda a este cancionero para ejemplificar los vicios de los poetas, ¿por qué eleva a modelo a un autor como Antonio de Velasco y algunos poemas anónimos tan poco representativos de lo que hoy conocemos como la producción característica de los siglos XV y XVI? Es posible que al llegar al final de su diálogo, donde pensaba dar un repaso al valor de la literatura de su tiempo, cayera en la cuenta de que algunas de sus muestras podían ejemplificar bien los usos que preconizaba pero, en este caso, ¿por qué eligió estos ejemplos?

Quizá la respuesta se encuentre en otra pregunta: ¿por qué dedica diez páginas[68] al equívoco, en cuya ejemplificación es donde encontramos la mayor parte de los poemas? En su opinión, «aunque en otras lenguas sea defecto la equivocación de los vocablos, en la castellana es ornamento, porque con ellos se dizen muchas cosas ingeniosas, muy sutiles y galanas».[69] Me pregunto si esta sección pudo serle sugerida por la lectura de *Il cortegiano*, donde se dedica una extensísima sección a la conversación ingeniosa;[70] en su introducción, Castiglione

---

toledana y la andaluza.

66 Lore Terracini, *Lingua come problema...*, p. 23. De modo semejante, señalaba Hans-Martin Gauger, «La conciencia lingüística en el Siglo de Oro», en Sebastian Neumeister (ed.), *Actas del IX Congreso de la Asociación Internacional de Hispanistas*, Vervuert, Frankfurt, 1989, vol. 1, pp. 45–64, especialmente p. 50: «lo curioso es la seguridad de la conciencia lingüística que esta época consigue sin el apoyo de la literatura». El planteamiento es resultado de las teorías de Pietro Bembo, que fundaba la superioridad del toscano en la preeminencia de su tradición literaria: «[...] il Boccaccio e il Petrarcha [...] trovando medesimamente il parlare della patria loro altrettanto o piu anchora cangiato da quello, che trovo Dante, cangiarono in parte altresì i loro componimenti», en Claudio Vela (ed.), *Prose della volgar lingua. L'editio princeps del 1525 riscontrata con l'autografo vaticano latino 3210*, Bologna, CLUEB, 2001, vol. 1, p. 43. Véase el conjunto de esta discusión en Gemma Gorga López, *Cristóbal de Castillejo y el diálogo con la tradición*, pp. 49–51.

67 Estas están concentradas en pp. 78, 201–202, 211–216, 227, 231–232 y 243 de la edición Barbolani que sigo.

68 Juan de Valdés, *Diálogo de la lengua*, pp. 210–219.

69 Juan de Valdés, *Diálogo de la lengua*, p. 211.

70 Para la difusión del uso de facecias en la conversación y la teorización que la justificó véase Franco Pignatti, «La facezia tra *Res Publica Literarum* e società cortigiana», en Giogio Patrizi y Amedeo Quondam (eds.), *Educare il corpo, educare la parola nella trattatistica del Rinascimento*, Roma, Bulzoni Editore, 1998, pp. 239–270.

afirma que «in questo si trovano alcune nazioni pronte più l'una che l'altra come i Toscani, che in vero sono acutisissimi. Pare ancor che ai Spagnoli sia assai proprio il moteggiare»[71] y en la propia Península Ibérica, medio siglo más tarde, juzgaba Francisco de Medina que la agudeza era «don proprio de los españoles»;[72] el *moteggiare* de Castiglione evoca inmediatamente el arte de motejar, uno de cuyos recursos fundamentales, según Maxime Chevalier, era el equívoco.[73] Se trata, por tanto, de un recurso fundamental en la vida social del siglo XVI,[74] al que se dedicaron colecciones y manuales,[75] aunque puede extrañar un tanto que Valdés, un reformista religioso, conceda tanta importancia a lo que no era sino una vanidad social; sin embargo, como notaba ya Montesinos, nos hallamos ante un aspecto poco conocido de su carácter: «amigo de los chistes y de las anécdotas, que en la más dramática de sus cartas [...] no se olvida de pedir noticia de "lo que Pasquino dixere de bueno"»;[76] algo parecido nos dice Maxime Chevalier, refiriéndose ya a sus gustos poéticos: «cuando reproduce, aclara y admira las coplas de motes que conoció en sus tiempos de cortesano, Valdés se porta como crítico.

---

71 Baldesar Castiglione, *Il cortegiano*, Vittorio Cian (ed.), Firenze, G. C. Sansoni, 1894, p. 201. Juan Boscán tradujo «también los españoles son harto sueltos y graciosos en las burlas», que cito según Juan Boscán, *El cortesano*, Rogelio Reyes Cano (ed.), Madrid, Espasa-Calpe, 1984, p. 179; en la división de esta edición, el análisis de las diversas clases de agudezas en la conversación educada se extiende hasta el final del libro II, donde comienza la caracterización de la mujer ideal.

72 Francisco de Medina, «A los lectores», que cito según la *Antología en defensa de la lengua y la literatura españolas*, p. 189.

73 Maxime Chevalier, «El arte de motejar en la corte de Carlos V», en *Cuadernos para la Investigación de la Literatura Hispánica*, 5 (1983), pp. 61–77, especialmente pp. 66–67, así como su «Fama póstuma de Garcilaso», en Víctor García de la Concha (ed.), *Garcilaso. Actas de la IV Academia Literaria Renacentista (2-4 de marzo de 1983)*, Salamanca, Universidad de Salamanca, 1986, pp. 165–184, sobre todo pp. 168–172.

74 Véase Melchor de Santa Cruz, *Floresta española*, Mª Pilar Cuartero y Maxime Chevalier (eds.), Barcelona, Crítica, 1997, pp. xviii–xxiii y xxxvi–xli, así como la magna recopilación de facecias narrativas de José Fradejas Lebrero (ed.), *Más de mil y un cuentos del Siglo de Oro*, Madrid, Iberoamericana, 2008.

75 Además de las secciones específicas de los cancioneros *General* y *de la Biblioteca Británica*, véase el manuscrito 18220 de la Biblioteca Nacional de Madrid, publicado por José Fradejas en el libro arriba citado (pp. 159–181, véase el estudio en pp. 8–9). Isabel Vega Vázquez publicó Luis de Milán, *El libro de motes de damas y caballeros*, Santiago de Compostela, Universidade de Santiago de Compostela, Servicio de Publicacións e Intercambio Científico, 2006, auténtico manual práctico, compuesto seguramente para escenificar algún juego de sociedad en la corte valenciana, en la que ambientó también este autor su magno tratado de urbanidad, un ejercicio práctico continuado de estas habilidades: Luis Milán, *El Cortesano*, Vicent Josep Escartí y Antoni Tordera (eds.), València, Biblioteca Valenciana/Ajuntament de València/Universitat de València, 2001.

76 José F[ernández] Montesinos (ed.), *Cartas inéditas de Juan de Valdés al Cardenal Gonzaga*, Madrid, Anejos de la Revista de Filología Española, 1951, p. cxviii.

Declara que le gustaron estas coplas, explica por qué le gustan y las recomienda a la atención de los inteligentes [...]. Además –obsérvese bien– no se arrepiente por haber gustado de estos versos ligeros».[77] Tampoco cabe dejar de lado el éxito del equívoco en la poesía cuatrocentista y de los Siglos de Oro, incluso en un poeta innovador como Cristóbal de Castillejo.[78]

La personalidad de Antonio de Velasco[79] es otro indicio importante de la selección poética de Valdés, y quizá de sus gustos. Fue hijo de Sancho de Velasco, señor de Arnedo, y nieto del Condestable Pedro Fernández de Velasco, que por su matrimonio con Francisca de Zúñiga se convirtió en conde de Nieva,[80] aunque suele designársele por su nombre, sin mención del título; aparece ya casado en 1490.[81] Su padre, en tres testamentos sucesivos dictados entre 1482 y 1493, le había creado un mayorazgo;[82] asistió (seguramente en el séquito de los reyes) a las cortes de Zaragoza de 1498. Se conserva numerosa documentación relativa a sus transacciones económicas;[83] fundó mayorazgo en 1522.[84] A lo largo de su vida tenemos

---

77 Maxime Chevalier, «Juan de Valdés como crítico literario», p. 336.

78 Gemma Gorga analiza el uso del equívoco en *Cristóbal de Castillejo y el diálogo con la tradición*, pp. 170–176; nótese que el sector que esta autora analiza es el de su poesía amorosa, el menos innovador.

79 El problema de su identificación ya había sido abordado por Ian Macpherson, («The "Admiral" of Castile and Antonio de Velasco: "Cancionero cousins"», en Ian Michael, Richard Andrew y Andrew Cardwell [eds.], *Medieval and Renaissance Studies in Honour of Robert Brian Tate*, Oxford, Dolphin Book Co., 1986, pp. 95–107 y su «Conceptos e indirectas en la poesía cancioneril: el Almirante de Castilla y Antonio de Velasco», en José Miguel Ruiz Veintemilla [ed.], *Estudios dedicados a James Leslie Brooks*, Barcelona, Puvill Libros/University of Durham, 1984, pp. 91–105, refundidos en su «The Admiral of Castile and Antonio de Velasco», en Ian Macpherson y Angus MacKay [eds.], *Love, Religion & Politics in Fifteenth Century Spain*, Leiden, Brill, 1998, pp. 110–131, especialmente pp. 117–121), que ya había usado parte de esta bibliografía. Véase también Juan B. Avalle-Arce, *Cancionero del Almirante don Fadrique Enríquez*, pp. 209–212.

80 Alonso López de Haro, *Nobiliario genealógico de los reyes y títulos de España*, Madrid, Luis Sánchez, 1622, vol. 1, ff. 565^r–565^v.

81 Archivo General de Simancas. Cancillería. Registro del Sello de Corte, ref. ES.47161.AGS/2.2.24 // RGS, LEG,149012,208.

82 María Teresa de la Peña Marazuela y Pilar León Tello, *Inventario del archivo de los duques de Frías. I. Casa de Velasco*, Madrid, Dirección General de Archivos y Bibliotecas/Casa de los Duques de Frías, 1973, n° 29. Hay numerosos datos de transacciones suyas y de su esposa en los n° 9–12 (confirmaciones de los Reyes Católicos, la reina Juana y Carlos I), 31, 1438, 1439 y 1404 (transacciones con el monasterio familiar de Medina del Pomar). Su esposa testó en 1523, pero aún vivía en 1527 (n° 33 y 1404).

83 Aparte de las enumeradas en la nota anterior, se encuentra una larga relación de documentos en el *Portal de Archivos Españoles (PARES)* que por no ser pertinente para nuestro objetivo dejo de lado ahora.

84 Baltasar Cuartero y Huerta y Antonio de Vargas-Zúñiga y Montero de Espinosa, Índice de la colección de D. Luis de Salazar y Castro, Madrid, Real Academia de la Historia, 1961, vol. 28, p. 376.

noticias de su participación en las acciones militares del cabeza del linaje, su primo el Condestable Íñigo Fernández de Velasco con ocasión de querellas con otros linajes[85] y durante las guerras navarras, antes y después de la conquista del Reino.[86] Sabemos que ya había fallecido en febrero de 1523, cuando Martín de Salinas se hace eco del tránsito apostillando que «no hay qué relatar dél».[87]

Aunque hoy sea un completo desconocido cuya identidad anda confundida incluso en los repertorios,[88] se le atribuyen un total de treinta y cinco composiciones[89] en los cancioneros ms. 617 de la Biblioteca de Palacio (MP2), ms. 506 de la Biblioteca Pública de Toledo (TP2), ms. Add. 10431 de la British Library (LB1), ms. ARM II-1-1-9 de la Real Academia de la Lengua, las ediciones del *Cancionero general* de 1511 y, sobre todo, de 1514 y el *Cancioneiro de Resende*. Su obra pasó a algunos cancioneros manuscritos del XVI[90] y se registran nueve glosas a su composición «Para qué me dan tormento» desde mediados del siglo XVI hasta bien entrado el XVII, atribuidas a autores tan prestigiosos como Andrade Caminha, Luís de Camões, Jorge de Montemayor y Luis de Góngora.[91] Como amador celebrado fue incluido por Garci Sánchez de Badajoz en su *Infierno de amor*.[92] Esta semblanza

---

85 Desgraciadamente, la larga semblanza que le dedicó Gonzalo Fernández de Oviedo apenas da más datos que los familiares (*Batallas y Quincuagenas*, José Amador de los Ríos y Padilla [trans.] y Juan Pérez de Tudela y Bueso [ed.], Madrid, Real Academia de la Historia, 1983–2002, vol. 2, pp. 63–67).

86 Sabemos que intervino en el conflicto de Viana durante las acciones que siguieron a la muerte de César Borgia, en 1507 (Jerónimo Zurita, *Historia del rey don Hernando el Católico, de las empresas y ligas de Italia*, Ángel Canellas López [ed.], Zaragoza, Diputación General de Aragón, 1989–1996, vol. 5, pp. 215–216, libro VII, cap. li), y nuevamente por instrucciones de Fernando el Católico en 1512 (p. 377, libro X, cap. xxxvi, p. 377).

87 Antonio Rodríguez Villa, *El emperador Carlos V y su corte según las cartas de Don Martín de Salinas, embajador del infante Don Fernando (1522–1539)*, Madrid, Fortanet, 1903, p. 101.

88 Véase Brian Dutton (ed. lit) y Jineen Krogstad (ed. mus.), *El cancionero del siglo XV, c. 1360–1520*, especialmente vol. 7, «Índice de autores», donde anda confundido con Alfonso de Velasco (que, por sus intercambios con Fernando de la Torre, muerto c. 1480 –véase *La obra literaria de Fernando de la Torre*, Mª Jesús Díez Garretas [ed.], Valladolid, Universidad de Valladolid, 1983, especialmente pp. 15–26–, y por la diversidad de su transmisión manuscrita, debe ser anterior) y sus obras mezcladas con las de esta atribución.

89 No siendo el estudio de su poesía objetivo de este estudio, me limito a citar sus códigos en *El cancionero del siglo XV*: ID 792, 793, 1963, 1964, 2047, 2048, 2049, 2050, 2052, 2059, 2063, 2083, 4141, 4208, 5155, 5234, 5924, 6235, 6264, 6814, 6815, 6816, 6817, 6819, 6820, 6823.

90 José Labrador y Ralph DiFranco me comunican que en BIPA se registran los poemas «Amor que con desamor» en los ms. PN Esp. 307, 248 y MP II-1577, 112ᵛ, «Témese mi triste suerte» en PN Esp. 371, 56, glosado en «Es mi triste pensamiento» y «Esta faja que me diste» en MRAE RM 6952, 24ᵛ.

91 Remito de nuevo a la información de BIPA, comunicada gentilmente por José Labrador y Ralph DiFranco.

92 Garci Sánchez de Badajoz, *The Life and Works of Garci Sánchez de Badajoz*, Patrick Gallagher (ed.), Londres, Támesis, 1968, nº 51, estrofa xxix, vv. 309–319.

biográfica y literaria resultaría estéril si no tuviéramos en cuenta otro factor; al estudiar el arte de motejar en la sociedad española del siglo XVI y las compilaciones de facecias de este siglo, observa Maxime Chevalier que «los autores de estas agudezas son próceres: el almirante de Castilla, Fadrique Enríquez –a quien ha de alabar Gracián en la *Agudeza*–, el condestable don Íñigo Fernández de Velasco, Juan Téllez Girón, conde de Ureña –alabado también él por Gracián– y unos caballeros cortesanos de identidad más o menos borrosa: don Juan de Mendoza, don Antonio de Velasco –alabado por Juan de Valdés y Gracián–, don Alonso de Aguilar, hermano del Gran Capitán, y un tal don Juan de Velasco».[93]

Resulta del mayor interés que casi todos estos personajes sean a la vez protagonistas de anécdotas célebres y autores de versos ligeros. Antonio de Velasco, por ejemplo, es incluido en los *Dichos graciosos de españoles notables* de Alonso de Fuentes,[94] miscelánea de ocurrencias celebradas en prosa y verso donde a nuestro autor se le atribuyen nueve poemas en documentación única entre otros dichos en prosa[95] y hay también anécdotas a él atribuidas (junto a otras muchas de estos mismos personajes) en el *Liber facetiarum* o *Libro de chistes* de Luis de Pinedo.[96] Por otra parte, la mayoría de estos personajes (Antonio de Velasco, el Almirante, el Condestable y Juan de Mendoza) son los protagonistas

---

93 Maxime Chevalier, «Fama póstuma de Garcilaso», p. 169, y más desarrollado en «El arte de motejar en la corte de Carlos V», especialmente pp. 63–64, donde el autor vuelve sobre el tema y amplía los datos sobre estos personajes, y luego en su *Quevedo y su tiempo: la agudeza verbal*, Barcelona, Crítica, 1992, pp. 31–35, pero del que interesan en general los cinco primeros capítulos.
94 Ms. perteneciente a D. Antonio Rodríguez-Moñino, hoy en la Biblioteca de la Real Academia Española entre los de su donación, ARM II-1-9, atribuido a Alonso de Fuentes (para esta atribución y este personaje véase lo que dice José Fradejas Lebrero, *Más de mil y un cuentos del Siglo de Oro*, pp. 48–50).
95 Véase Víctor Infantes, «Motes y poemas entre "dichos" o cómo pervive un cancionerillo cortesano del siglo XV», en Aires Augusto Nascimento y Cristima Almeida (coords.), *Actas do IV Congresso da Associação Hispânica de Literatura Medieval*, Lisboa, Cosmos, 1993, vol. 4, pp. 353–359, especialmente pp. 358–359; se trata de «Cómo queréis que no sea», «El mensajero es llegado», «Hazer coplas de plazer», «No miré que os contemplaua», «Quién dexa de ser tocado», «Señora vuestra faldilla», «Señora vuestro marido», «Todos cuatro le soplaron» y «Ya se parten los franceses», aunque el penúltimo aparece repetido con atribución a Juan de Velasco. El manuscrito contiene además cuatro de los poemas que nos han llegado por otras vías.
96 Tenemos dos ediciones parciales, la de Antonio Paz y Melia, *Sales españolas o agudezas del ingenio nacional (primera serie)*, Madrid, Imprenta y Fundición de M. Tello, 1890, pp. 269 y 274 (que incluye una copla), donde le llama «caballero gracioso y sabio cortesano»; la primera facecia comparece también en José Fradejas Lebrero (ed.), *Más de mil y un cuentos...*, p. 243, y hay una tercera en la p. 245. Para esta obra véase el prólogo de esta edición y Enrique Miralles, «Anotaciones al *Liber facetiarum* de Luis de Pinedo», en *Homenaje a J. M. Solà-Solé*, Texas, Texas University Press, 1996, vol. 2, pp. 147–157. Contiene numerosísimas anécdotas de todos estos personajes, así como de otros como el Duque de Alba o el Marqués de Cenete.

del cancionerillo jocoso copiado entre los folios de dos cancioneros del tercer cuarto del siglo XVI, los conocidos como TP2 y MP2; lo identificó y dio a conocer José Manuel Blecua, que lo definía como «el cancionerillo típico de los poetas cortesanos de la época, con sus burlas, sátiras y amores. Esa poesía de puro juego, intrascendente, que retrata un aspecto lúdico de aquella sociedad que don Francesillo de Zúñiga reflejará como un inmenso esperpento en su conocida Crónica».[97] Los poemas datables permiten situar su composición durante la regencia de Fernando el Católico, especialmente entre 1506 y 1516, cuando gobernó Castilla con el apoyo de estos mismos personajes, el Condestable y el Almirante, casado ya con Germana de Foix, cuyo carácter jocoso y amigo de placeres hubo de influir no poco en la corte.[98]

Sabemos por otras fuentes que este período vivió el máximo desarrollo de la poesía musical en Castilla. El *Cancionero musical de Palacio* debió iniciarse durante los últimos años de vida de Isabel la Católica: su estrato más antiguo, los 44 primeros poemas, data de los primeros años del siglo; las últimas adiciones pueden ser ya posteriores a la muerte de Fernando el Católico.[99] Para elucidar el carácter de la celebración cortesana en este momento, puede resultar significativo el hecho de que en algunos de sus poemas jocosos Juan del Encina importara usos habituales en la música libertina italiana de su tiempo, los *canti carnascialeschi* y las *frottole*,[100] y no cabe desestimar la afición de Fernando el Católico por las burlas y los truhanes o bufones, que pudo haber dejado ya su impronta en

---

97 José Manuel Blecua, «Un cancionerillo casi burlesco», en *Homenaje a don Agapito Rey*, Bloomington, s. n., s. a., pp. 221–245, que cito por la reimpresión en sus *Homenajes y otras labores*, Zaragoza, Institución Fernando el Católico, 1990, pp. 163–171, especialmente p. 163.

98 Me he ocupado con detalle de este cancionero, su composición y su interés para la historia de la poesía castellana, en «Un cancionerillo jocoso o "casi burlesco" (MP2/TP2): la poesía castellana en el albor del siglo XVI», presentado en su momento en el XVI Congreso de la Asociación Hispánica de Literatura Medieval y hoy en vías de publicación.

99 Anglés, Higinio (ed. mus.) y José Romeu Figueras (ed. lit.), *La música en la corte de los Reyes Católicos. IV. Cancionero musical de Palacio*, vol. 3A, pp. 13–21.

100 Véase mi «Poesía musical antigua y cultura humanística. Juan del Encina entre Castilla e Italia», en Antonio Cortijo Ocaña, Ana M. Gómez-Bravo y María Morrás (eds.), «Vir bonus dicendi peritus»: Studies in Honor of Charles B. Faulhaber, New York, Hispanic Seminary of Medieval Studies, 2014, pp. 17–62. Se trata de una veta que adquirirá especial importancia en los años siguientes, tanto por la edición del *Cancionero de obras de burlas provocantes a risa* como por los pliegos de Rodrigo de Reinosa y otros ingenios, pero se desarrollará también en las cortes a través de la herencia celestinesca y la obra de Juan Fernández de Heredia y Cristóbal de Castillejo. Me ocupé de algunas manifestaciones renacentistas del fenómeno en «Realismo, coloquialismo y erotismo en *Tirant lo Blanc*», en Juan Paredes, Enrique Nogueras, Lourdes Sánchez (eds.), *Estudios sobre el Tirant lo Blanc*, Granada, Universidad de Granada, 1995, pp. 27–44 y en «De la sublimitat cortesa a l'efusió llibertina: l'altra cara de la fin-amor», en *Caplletra*, 34 (2003), pp. 13–29.

la sección correspondiente del *Cancionero general*.[101] Si nos centramos ahora en el cancionerillo jocoso que nos ocupa, allí encontramos sobre todo esparsas, la composición clásica para las bromas cortesanas en la segunda mitad del siglo XV, pero también motes con o sin glosas, epitafios, canciones y coplas; en cuanto al contenido, hay elogios de damas encumbradas, sátiras contra conversos y casamientos discutibles, contra la avaricia de los poderosos, los usos del vestir, los cortesanos aburridos, las licencias escatológicas, los poetas fríos, los disfraces o máscaras... todo lo que pudiera divertir a los componentes de una corte ociosa. Y, sobre todo, el recurso compositivo más frecuente es el equívoco que tanto admiraba Juan de Valdés, y en el *Diálogo de la lengua*, entre los pocos poemas cuyos versos se reproducen, figuran estrofas de dos composiciones insertas en este cancionerillo, «Aquí yace sepultado» y «El Rey manda que no jueguen», así como una esparsa completa, «Ostias pudiera embiar», las dos últimas atribuidas a Antonio de Velasco.

Todos estos datos sugieren que cuando Boscán, Garcilaso, Castillejo o Valdés critican la escasa sustancia de la poesía de su tiempo no están pensando en las obras del *Cancionero general* ni, mucho menos, en la gran poesía del tiempo de Juan II, sino en este tipo de composiciones que parece haber dominado el panorama durante al menos los veinte primeros años del siglo XVI; de ahí las contradicciones entre los juicios positivos de algunos autores u obras y la condena general de una concepción de la poesía que se apartaba ya de los usos por ellos promovidos. Que este tipo de poesía no podía satisfacer los paladares de los letrados más letraheridos resulta obvio: Juan del Encina, aunque intentó ganarse el aprecio del Duque de Alba y de los Reyes Católicos con el *Arte de trobar*, la traducción de las *Bucólicas* virgilianas y los elogios en versos de arte mayor que encabezan su *Cancionero* de 1496,[102] parece haber triunfado en la corte como músico y a través de sus villancicos, recogidos en el *Cancionero musical de Palacio* y repetidamente publicados por los pliegos sueltos.[103] Quién sabe si de ahí procede el equívoco juicio de Juan de Valdés.

---

101 Véase mi «Las burlas del *Cancionero general*», en Antonio Cortijo Ocaña y Marcial Rubio Árquez (eds.), *Las obras de burlas del «Cancionero general» de Hernando del Castillo*, Santa Barbara, Publications of eHumanista, 2015, pp. 1–44.

102 Véase lo dicho en la nota 51.

103 Víctor Infantes, «Hacia la poesía impresa. Los pliegos sueltos poéticos de Juan del Encina: entre el cancionero manuscrito y el pliego impreso», en Javier Guijarro Ceballos (ed.), *Humanismo y literatura en tiempos de Juan del Encina*, Salamanca, Ediciones Universidad de Salamanca, 1999, pp. 83–101. Recordemos que lo más granado (e intelectualmente ambicioso) de su carrera teatral fue escrito en Roma y representado allí, y sólo llegó a Castilla a través de los pliegos; hemos de notar también que el *Cancionero musical de Palacio* contiene tanto villancicos nuevos como otros comunes al *Cancionero* de 1496, pero que a los pliegos sólo pasaron los últimos.

Por otra parte, justo en este momento, cuando la poesía castellana estaba olvidando las ambiciones culturales de Mena, Santillana o Gómez Manrique, Isabel la Católica nombró a Pedro Mártir de Anglería «maestro de las artes liberales de los hijos de los nobles que se crían en nuestro palaçio e andan en nuestra Corte»;[104] Jerónimo de Münzer, que da noticia de su actividad, dice que entre sus alumnos vio al duque de Villahermosa, al duque de Cardona, al hijo del conde de Cifuentes, a don Juan Carrillo, a don Pedro de Mendoza y a un sobrino del conde de Tendilla, los que «mihi recitaverunt plura in Juvenali, Horacio etc.», y añade que «expergiscitur humanitas ex tota Hispania».[105] La formación de estos personajes tenía otras facetas: Pedro de Gratia Dei describió así la educación impartida en la corte:

> [...]
> entre [en] una sala do vi enseñar
> todos los pages a un grand maestro
> porque fuese cada uno diestro
> de ser enseñado y saber enseñar
> en leer, escribir, tañer y cantar,

---

104 Así es como definen los Reyes su ocupación en la corte en las credenciales que le otorgaron para su embajada a Egipto, como recuerda Antonio de la Torre, «La embajada a Egipto de Pedro Mártir de Anglería», en *Homenatge a Antoni Rubió i Lluch. Miscel·lània d'estudis literaris, històrics i lingüístics*, Barcelona, 1936, vol, 1, pp. 443–450, especialmente p. 440; ha de tratarse de un título oficial o, al menos, oficioso, ya que lo encontramos igualmente en las instrucciones que recibió de los reyes y también en las cartas de credencial destinadas al mismo sultán y a su traductor (doc. 1, 2 y 4 respectivamente); el mismo historiador repite estos datos en su «Maestros de los hijos de los Reyes Católicos», en *Hispania*, 63 (1956), pp. 256–266, en particular p. 264. De su estancia en España y de su docencia en Salamanca se ocupó Pietro Verrua, *Umanisti e altri studiosi viri italiani e stranieri di qua e di là dalle Alpi e dal mare*, Gènova, Leo S. Olschki, 1924, pp. 110, 128, 135 y notas; véase asimismo la nota biográfica de Quintín Aldea Vaquero en el *Diccionario de Historia Eclesiástica de España*, Madrid, Consejo Superior de Investigaciones Científicas, 1972, s. v., reimpresa después en su *Política y religión en los albores de la Edad Moderna*, Madrid, Real Academia de la Historia, 1999, pp. 339–348.

105 Jerónimo de Münzer, *Itinerarium Hispanicum Hieronymi Monetarii*, Ludwig Pfandl (ed.), en *Revue Hispanique*, 48 (1920), pp. 1–180, especialmente pp. 132–133; en la versión de José García Mercadal, *Viajes de extranjeros por España y Portugal*, Madrid, Aguilar, 1952, vol. 1, p. 408. Son más conocidas las referencias de Juan de Lucena («studia la reina, somos agora studiantes», en «Epistola exhortatoria a las letras», en Antonio Paz y Mélia, *Opúsculos literarios de los siglos XIV al XVI*, Madrid, Sociedad de Bibliófilos Españoles, 1896, p. 216), o la expresión un tanto irónica de Hernando del Pulgar en su carta «Para la Reyna» («ay algún latín çahereño que no se dexa tomar de los que tienen muchos negocios», en *Letras*, Paola Elia [ed.], Pisa, Giardini, 1982, p. 63). Para el conjunto de la información que suele usarse al respecto véase Ramón Menéndez Pidal, *Historia de la lengua española*, Madrid, Fundación Ramón Menéndez Pidal, 2007, pp. 681–682.

danzar y nadar, luchar, esgrimir
arco y ballesta, llatinar y dezir,
xedrez y pelota bien saber jugar.[106]

Quizá la complejidad de esta educación, que combina al mismo nivel las destrezas elementales de la vida social con actividades lúdicas y literarias y con la capacidad de «llatinar y dezir»[107] permita entender que, como recordaba Maxime Chevalier, el rígido Juan de Valdés «no se arrepiente por haber gustado de estos versos ligeros»,[108] los que estaban de moda en la casa real y que él mismo pudo aprender allí durante «diez años, los mejores de mi vida, que gasté en palacios y cortes»,[109] junto a una nobleza dedicada «al juego, al vestir, al vanquetear».[110] De la reina Germana se nos dice que era «muy amiga de holgarse y andar en banquetes, huertas, jardines y fiestas [...] pocos días se pasaban sin convidar o sin ser convidada. La que más gastaba con ella en fiestas y banquetes era su mayor amiga»;[111] para el tema que nos ocupa conviene recordar que los mejores testimonios de estos gustos poéticos y de los entretenimientos correspondientes proceden precisamente de su corte valenciana: el *Cortesano* y el *Libro de motes* de Luis Milán, el *Cancionero de Uppsala* de Mateo Flecha y la obra poética de Juan Fernández de Heredia. Como ya observó Antonio Prieto, los dardos (al menos los

---

106 Pedro de Gratia Dei, *La criança y uirtuosa dotrina*..., s. l., s. n., s. a. (quizá Salamanca o Coria, c. 1446–1488), ejemplar único de Madrid, Biblioteca Nacional I-878, que cito según el facsímil de Antorio Pérez Gómez (*Incunables Poéticos Castellanos. Vol. VI. Primera floresta de incunables*, Cieza, La Fonte que Mana e Corre, 1957, f. a[viii]ᵛ). Para esta obra véase ahora Ruth Martínez Alcorlo, «Un curioso *speculum reginae* para la joven Isabel: *Criança y virtuosa dotrina* de Pedro Gracia Dei (*ca.* 1486)», en *Memorabilia*, 18 (2016), pp. 204–234.
107 Según el *Diálogo de los pajes* de Diego de Hermosilla, que se ocupa de la educación de los cortesanos, «Lo primero que han de aprender si quisieren saber algo es latín, aunque ya no les hace tanta falta como solía; porque casi los mejores libros de philosophía, oratoria y de historia y poesía están traducidos al castellano» (cito por la edición de Madrid, Imprenta de la Revista Española, 1901, p. 133); la obra fue compuesta entre 1571 y 1573 según el prologuista de la edición, Antonio Rodríguez Villa, p. vii. Para la importancia de la educación humanística durante los Siglos de Oro, Francisco Álvarez-Ossorio, «Corte y cortesanos en la monarquía de España», en Giorgio Patrizi y Amedeo Quondam (eds.), *Educare il corpo, educare la parola nella trattatistica del Rinascimento*, Roma, Bulzoni Editore, 1998, pp. 297–366, en especial pp. 339–349.
108 Maxime Chevalier, «Juan de Valdés como crítico literario», p. 336.
109 Juan de Valdés, *Diálogo de la lengua*, p. 248.
110 Juan de Valdés, *Diálogo de la lengua*, p. 228; el autor atribuye estos excesos a «la venida de Su Magestad en España» y si bien es cierto que la etiqueta borgoñona sorprendió a los castellanos por la extravagancia en la mesa imperial, no parece que en esencia sean ajenos al período que nos ocupa. Son precisamente estos excesos la preocupación fundamental del *Diálogo de los pajes*.
111 Prudencio de Sandoval, *Historia de la vida y de hechos del Emperador Carlos V*, Madrid, La Ilustración, 1846, vol. 1, p. 86.

de Castillejo) no iban contra los grandes poetas del XV: «el "gentil edificio" que fue la práctica cancioneril en manos de Mena o Manrique, es ahora una ruina vacía de contenidos».[112] Es probable que en este contexto resulte algo más que una *boutade* la sentencia que Melchor de Santa Cruz pone en boca del primer conde de Orgaz: «que tenía por necio al que no sabía hacer una copla, y por loco al que hacía dos».[113]

Lo que podían pensar de tal estado de cosas un Juan Boscán, un Diego Hurtado de Mendoza, un Garcilaso de la Vega o un Gutierre de Cetina lo demostraron con sus versos. La poesía castellana había abandonado sus mayores ambiciones culturales justo cuando la cúpula de su aristocracia estaba más embebida de saberes humanísticos y de poesía antigua, cuando llegaban con mayor fuerza los estímulos de la poesía italiana,

> [...] nacida [según Marcelino Menéndez y Pelayo] de la inteligente comprensión de los primores de la forma en las obras del Renacimiento toscano, y a través de él en las del arte latino, y más remotamente en las del arte helénico [...] finalmente, como el espíritu de aquel siglo y la tendencia de los sucesos y la disposición de los espíritus se encaminaban fatalmente hacia il *bel paese*, la batalla estaba ganada antes de darse.[114]

Según señalábamos al principio, la poesía castellana del siglo XV experimentó un proceso continuo de ampliación del repertorio que no finalizó hasta entrado el siglo XVII; la asimilación de las corrientes renacentistas italianas fue, seguramente, el paso más importante de este desarrollo, pero no lo substituyó ni lo anuló: coetáneamente, fueran cuales fuesen las preferencias poéticas de la gran sociedad aristocrática, surgieron otras corrientes que a largo plazo habrían de tener también consecuencias profundas: pensemos, por ejemplo, que entre 1510 y 1550 se desarrolla el proceso de recuperación del romance tradicional que, en este período, pasó de la oralidad a los pliegos sueltos y a los libros de divulgación

---

112 Antonio Prieto, «El diálogo renacentista en Castillejo», en *Homenaje a Alonso Zamora Vicente. 3.2. Literatura española de los siglos XVI-XVII*, Madrid, Castalia, 1988–1992, pp. 261–276, en especial p. 262.

113 Melchor Santa Cruz, *Floresta española*, Mª Pilar Cuartero y Maxime Chevalier (eds.), Barcelona, Crítica, 1997, p. 50.

114 Marcelino Menéndez y Pelayo, *Historia de ideas estéticas en España*, vol. 2, p. 253. Para una contraposición entre las profundas diferencias en la implantación y manifestaciones del humanismo desde el período de los Reyes Católicos al del Emperador véase Eugenio Asensio, «Juan Maldonado (c. 1485–1554) y su *Paraenesis* o el humanismo en la época de Carlos V», en Eugenio Asensio y Juan Alcina Rovira (eds.), «*Paraenesis ad litteras*». *Juan Maldonado y el humanismo español en tiempos de Carlos V*, Madrid, Fundación Universitaria Española, 1980, especialmente pp. 12–13. Eleonora Bonora, *Aspettando l'imperatore. Principi italiani tra il papa e Carlo V*, Torino, Einaudi, 2014, cap. iv, ofrece un sugestivo cuadro de conjunto sobre la imbricación de Diego Hurtado de Mendoza en los núcleos dirigentes del humanismo italiano de aquel momento.

histórica; al enriquecerse con la nueva sensibilidad de los poetas italianizantes produciría el magnífico romancero nuevo. La asimilación del petrarquismo constituyó, como decía José Manuel Blecua, una corriente, quizá históricamente la más eficaz, pero no la única; nuestra visión del gran siglo no será completa mientras no las conozcamos y evaluemos todas con la misma profundidad, pues fue la dialéctica entre todas ellas la que hizo su grandeza. Y llegados a este punto, si los géneros cuatrocentistas se habían visto reducidos en la corte al nivel de poesía de entretenimiento y si esta situación cambió radicalmente entre 1543 y 1580, ¿será que la rehabilitación y la actualización para las nuevas sensibilidades de la poesía de cancionero avanzado el siglo XVI se debió primordialmente a la iniciativa de los primeros poetas italianizantes? ¿No fueron ellos, precisamente, quienes recuperaron para la poesía unas aspiraciones que parecían haberse eclipsado durante el reinado de los Reyes Católicos? Pues en tal caso deberíamos considerar con otra luz la práctica de la tradición cancioneril por Diego Hurtado de Mendoza, Gregorio Silvestre y otros ingenios, y sería su estudio atento el que nos daría la clave de los cambios operados en tiempos de Lope y Góngora.

Obras citadas

Aldea Vaquero, Quintín, «Mártir de Anglería, Pedro», en *Política y religión en los albores de la Edad Moderna*, Madrid, Real Academia de la Historia, 1999, pp. 339–348.

—, «Mártir de Anglería, Pedro», en *Diccionario de Historia Eclesiástica de España*, Madrid, Consejo Superior de Investigaciones Científicas, 1972, *s.v.*

Alonso, Álvaro, «Garci Sánchez de Badajoz y la poesía italiana», en Patrizia Botta, Carmen Parrilla García y José Ignacio Pérez Pascual (eds.), *Canzonieri iberici*, Noia, Università di Padova/Toxosoutos/Universidade da Coruña, 2001, vol. 2, pp. 141–152.

—, *Poesía amorosa y realidad cotidiana: del «Cancionero general» a la lírica italianista*, London, Queen Mary/Westfield College, 2001.

Álvarez Pellitero, Ana Mª (ed.), *Cancionero de Palacio*, Salamanca, Junta de Castilla y León, Consejería de Cultura, 1993.

Álvarez-Ossorio, Francisco, «Corte y cortesanos en la monarquía de España», en Giorgio Patrizi y Amedeo Quondam (eds.), *Educare il corpo, educare la parola nella trattatistica del Rinascimento*, Roma, Bulzoni Editore, 1998, pp. 297–366.

Anglés, Higinio (ed. mus.) y José Romeu Figueras (ed. lit.), *La música en la corte de los Reyes Católicos. IV. Cancionero musical de Palacio*, Barcelona, Consejo Superior de Investigaciones Científicas, 1947–1965.

Argote de Molina, Gonzalo, *Discurso sobre la poesía castellana*, en Encarnación García Dini (ed.), *Antología en defensa de la lengua y la literatura españolas (siglos XVI y XVII)*, Madrid, Cátedra, 2007, pp. 181–190.

Asensio, Eugenio, «Juan Maldonado (c. 1485–1554) y su *Paraenesis* o el humanismo en la época de Carlos V», en Eugenio Asensio y Juan Alcina Rovira, *«Paraenesis ad litteras»*.

Juan Maldonado y el humanismo español en tiempos de Carlos V, Madrid, Fundación Universitaria Española, 1980.

—, «Juan de Valdés contra Delicado. Fondo de una polémica», en *Studia Philologica. Homenaje ofrecido a Dámaso Alonso por sus amigos y discípulos con ocasión de su 60º aniversario*, Madrid, Gredos, 1960–1963, vol. 1, pp. 101–113.

Askins, Arthur L. F., y Víctor Infantes, *Suplemento al «Nuevo diccionario bibliográfico de pliegos sueltos poéticos (siglo XVI)» de Antonio Rodríguez Moñino*, Laura Puerto Moro (ed.), Vigo, Academia del Hispanismo, 2014.

Aubrun, Charles V. (ed.), *Le chansonnier espagnol d'Herberay des Essarts*, Burdeaux, Féret et Fils, 1951.

Avalle-Arce, Juan Bautista, *Cancionero del Almirante don Fadrique Enríquez*, Barcelona, Sirmio, 1994.

Baena, Juan Alfonso de, *Cancionero de Juan Alfonso de Baena*, Brian Dutton y Joaquín González Cuenca (eds.), Madrid, Visor, 1993.

Beltran, Vicenç, *El romancero: de la oralidad al canon*, Kassel, Reichenberger, 2016.

—, «La esparsa», en Fernando Gómez Redondo (dir.), *Historia de la métrica medieval castellana*, San Millán de la Cogolla, Cilengua, 2016, §10.2.3.1.

—, «Las burlas del *Cancionero general*», en Antonio Cortijo Ocaña y Marcial Rubio Árquez (eds.), *Las obras de burlas del «Cancionero general» de Hernando del Castillo*, Santa Barbara, Publications of eHumanista, 2015, pp. 1–44.

—, «Los portugueses en los cancioneros: Lope de Sosa/Lopo de Sousa», en «Pruébase por escritura». *Poesía y poetas del cuatrocientos*, Alcalá de Henares, Universidad, 2015, pp. 137–160.

—, «Estribillos, villancicos y glosas en la poesía tradicional: intertextualidades entre música y literatura», en Cesc Esteve (ed.), *El texto infinito. Tradición y reescritura entre Edad Media y Renacimiento*, Salamanca, SEMYR, 2014, pp. 21–63.

—, «Poesía musical antigua y cultura humanística. Juan del Encina entre Castilla e Italia», en Antonio Cortijo Ocaña, Ana M. Gómez-Bravo y María Morrás (eds.), «Vir *bonus dicendi peritus*»: *Studies in Honor of Charles B. Faulhaber*, New York, Hispanic Seminary of Medieval Studies, 2014, pp. 17–62.

—, «Quinientos años de *Cancionero general*», en Marta Haro Cortés, Rafael Beltrán, José Luis Canet y Héctor H. Gassó (eds.), *Estudios sobre el «Cancionero general» (Valencia, 1511): poesía, manuscrito e imprenta*, València, Universitat de València, 2012, pp. 15–36.

—, *Poesía española. I. Edad Media: lírica y cancioneros*, Madrid, Visor, 2009.

—, «De la sublimitat cortesa a l'efusió llibertina: l'altra cara de la fin-amor», en *Caplletra*, 34 (2003), pp. 13–29.

—, «Los portugueses en los cancioneros: Lope de Sosa/Lopo de Sousa», en Jesús L. Serrano Reyes (ed.), *Cancioneros en Baena. Actas del II Congreso Internacional «Cancionero de Baena». In memoriam Manuel Alvar*, Baena, Ayuntamiento, 2003, pp. 35–62.

—, *Poesía española. I. Edad Media: lírica y cancioneros*, Barcelona, Crítica, 2002.

—, «Realismo, coloquialismo y erotismo en *Tirant lo Blanc*», en Juan Paredes, Enrique Nogueras, Lourdes Sánchez (eds.), *Estudios sobre el Tirant lo Blanc*, Granada, Universidad de Granada, 1995, pp. 27–44.

Bembo, Pietro, *Prose della volgar lingua. L'editio princeps del 1525 riscontrata con l'autografo vaticano latino 3210*, Claudio Vela (ed.), Bologna, CLUEB, 2001.

Bibliografía de la Poesía Áurea. Véase "Labrador, José, y Ralph DiFranco".

Blecua, Alberto, «Gregorio Silvestre y la poesía italiana», en *Doce consideraciones sobre el mundo hispano-italiano en tiempos de Alfonso y Juan de Valdés (Bolonia, abril de 1976)*, Roma, Publicaciones del Instituto de Lengua y Literatura de Roma, 1979, pp. 155–173.

Blecua, José Manuel, «Un cancionerillo casi burlesco», en *Homenaje a don Agapito Rey*, Bloomington, s.n., s.a., pp. 221–245.

—, «Un cancionerillo casi burlesco», en *Homenajes y otras labores*, Zaragoza, Institución Fernando el Católico, 1990, pp. 163–171.

—, «Corrientes poéticas en el siglo XVI», en Francisco López Estrada (ed.), *Historia y crítica de la literatura española. II. Siglos de Oro: Renacimiento*, Barcelona, Crítica, 1980, pp. 115–117.

—, «Mudarra y la poesía del Renacimiento: una lección sencilla», en *Sobre el rigor poético en España y otros ensayos*, Ariel, Barcelona, 1977, pp. 45–56.

—, «Corrientes poéticas del siglo XVI», en *Sobre poesía de la Edad de Oro*, Madrid, Gredos, 1970, pp. 11–24.

—, «Mudarra y la poesía del Renacimiento: una lección sencilla», en *Studia Hispanica in honorem Rafael Lapesa*, Madrid, Gredos, 1972, vol. 1, pp. 173–179.

—, «La corriente popular y tradicional de nuestra poesía», en Ínsula, 80 (1952), pp. 1–2 y 10.

Bonora, Eleonora, *Aspettando l'imperatore. Principi italiani tra il papa e Carlo V*, Torino, Einaudi, 2014.

Boscán, Juan, *Obra completa*, Carlos Clavería (ed.), Madrid, Cátedra, 1999.

—, *El cortesano*, Rogelio Reyes Cano (ed.), Madrid, Espasa-Calpe, 1984.

—, y Garcilasso de la Vega, *Las obras de Boscan y algvnas de Garcilasso dela Vega repartidas en qvatro libros*, Barcelona, Carles Amorós, 1543.

Bustos Táuler, Álvaro, *La poesía de Juan del Encina: el «Cancionero» de 1496*, Madrid, Fundación Universitaria Española, 2009.

Caravaggi, Giovanni, Monica von Wunster, Giuseppe Mazzocchi y Sara Toninelli (eds.), *Poeti cancionerili del sec. XV*, Toninelli, L'Aquila, Japadre, 1986.

Caravaggi, Giovanni, «Alle origini del petrarquismo in Spagna», en *Miscellanea di Studi Ispanici*, Pisa, Università di Pisa, 1971–1973, pp. 7–10.

Cartagena, Pedro de, *Poesía*, Ana María Rodado Ruiz (ed.), Cuenca, Ediciones de la Universidad de Castilla-La Mancha, 2000.

Castiglione, Baldesar, *Il cortegiano*, Vittorio Cian (ed.), Firenze, G. C. Sansoni, 1894.

Castillejo, Cristóbal de, *Obra completa*, Rogelio Reyes Cano (ed.), Madrid, Fundación Juan Antonio de Castro, 1999, pp. 458–478.

—, *Obras*, Jesús Domínguez Bordona (ed.), Madrid, Espasa-Calpe, 1957–1960.

Catalán, Diego, «Los pliegos sueltos "perdidos" del Duque de T'serclaes», en *Homenaje a Álvaro Galmés de Fuentes*, Madrid, Gredos, 1987, vol. 3, pp. 361–376.

Chas Aguión, Antonio, *Categorías poéticas minoritarias en el cancionero castellano del siglo XV*, Alessandria, Edizioni dell'Orso, 2012.

Chevalier, Maxime, «Juan de Valdés como crítico literario», en *Bulletin Hispanique*, 102 (2000), pp. 333–338.

—, *Quevedo y su tiempo: la agudeza verbal*, Barcelona, Crítica, 1992.

—, «Fama póstuma de Garcilaso», en Víctor García de la Concha (ed.), *Garcilaso. Actas de la IV Academia Literaria Renacentista (2-4 de marzo de 1983)*, Salamanca, Universidad de Salamanca, 1986, pp. 165–184.

—, «El arte de motejar en la corte de Carlos V», en *Cuadernos para la Investigación de la Literatura Hispánica*, 5 (1983), pp. 61–77.

Cinti, Bruna, «Erasmismo e idee letterarie in Cristóbal de Castillejo», en *Annali di Ca'Foscari*, 3 (1964) pp. 65–80.

Cuartero y Huerta, Baltasar, Antonio de Vargas-Zúñiga y Montero de Espinosa, *Índice de la colección de D. Luis de Salazar y Castro*, Madrid, Real Academia de la Historia, 1961.

D'Agostino, Maria, «"Que más acertara cualquier toscano/trocando su verso por el castellano": Juan Fernández de Heredia e la lirica italianeggiante», en Andrea Baldissera, Giuseppe Mazzocchi y Paola Pintacuda (eds.), *Ogni onda si rinnova. Studi di ispanistica offerti a Giovanni Caravaggi*, Como, Ibis, 2011, vol. 1, pp. 289–307.

—, «Lengua, lenguaje y linaje nella poesia di Juan Fernández de Heredia», en Nancy De Benedetto e Ines Ravasini (eds.), *Da Papa Borgia a Borgia Papa. Letteratura, lingua e traduzione a Valencia*, Lecce, Pensa, 2010, pp. 171–184.

—, «Apuntes para una edición crítica de la obra poética de Juan Fernández de Heredia», en Vicente Beltrán y Juan Paredes (eds.), *Convivio. Estudios sobre la poesía de cancionero*, Granada, Universidad de Granada, 2006, pp. 319–335.

Deyermond, Alan, «La micropoética de las invenciones», en Juan Casas Rigall y Eva Mª Díaz Martínez (eds.), *Iberia cantat. Estudios sobre poesía hispánica medieval*, Santiago de Compostela, Universidade de Santiago de Compostela, 2002, pp. 403–424.

Díez Garretas, Mª Jesús, «Fiestas y juegos cortesanos en el Reinado de los Reyes Católicos. Divisas, motes y momos», en *Revista de historia Jerónimo Zurita*, 74 (1999), pp. 163–174

Dumanoir, Virginie, *Le «Romancero» courtois. Jeux et enjeux poétiques des vieux «romances» castillans (1421–1547)*, Rennes, Presses Universitaires de Rennes, 2003.

Dutton, Brian (ed. lit.), y Jineen Krogstad (ed. mus.), *El cancionero del siglo XV, c. 1360–1520*, Salamanca, Universidad, 1990–1991.

Encina, Juan del, *Obra completa*, Miguel Ángel Pérez Priego (ed.), Madrid, Fundación José Antonio de Castro/Turner, 1996.

Fernández de Heredia, Juan, *Obras*, Rafael Ferreres (ed.), Madrid, Espasa-Calpe, 1955.

Fernández de Oviedo, Gonzalo, *Batallas y Quincuagenas*, José Amador de los Ríos y Padilla (trans.) y Juan Pérez de Tudela y Bueso (ed.), Madrid, Real Academia de la Historia, 1983–2002.

[Fernández] Montesinos, José (ed.), *Cartas inéditas de Juan de Valdés al Cardenal Gonzaga*, Madrid, Anejos de la Revista de Filología Española, 1951.

Fradejas Lebrero, José (ed.), *Más de mil y un cuentos del Siglo de Oro*, Madrid, Iberoamericana, 2008.

Frenk, Margit, *Nuevo corpus de la antigua lírica popular hispánica (siglos XV a XVII)*, México, Facultad de Filosofía y Letras. UNAM/El Colegio de México/Fondo de Cultura Económica, 2003.

— (ed.), *Cancionero de galanes y otros rarísimos cancionerillos góticos*, Valencia, Castalia, 1952.

Gamba Corradine, Jimena, «Sobre la evolución de las letras caballerescas en los siglos XVI y XVII, », en Mariana Masera (ed.), *La tradición poética occidental: usos y formas*, número monográfico de *Olivar*, 18 (2012), pp. 77–96.

García Dini, Encarnación (ed.), *Antología en defensa de la lengua y la literatura españolas (siglos XVI y XVII)*, Madrid, Cátedra, 2007.

García Mercadal, José, *Viajes de extranjeros por España y Portugal*, Madrid, Aguilar, 1952.

Gauger, Hans-Martin, «La conciencia lingüística en el Siglo de Oro», en Sebastian Neumeister (ed.), *Actas del IX Congreso de la Asociación Internacional de Hispanistas*, Vervuert, Frankfurt, 1989, vol. 1, pp. 45–64.

Gorga López, Gemma, *Cristóbal de Castillejo y el diálogo con la tradición*, Málaga, Universidad de Málaga, 2006.

Gornall, John (ed.), *The «invenciones» of the British Library «Cancionero»*, London, Queen Mary, University of London, 2003.

Gratia Dei, Pedro de, *La criança y uirtuosa dotrina…*, s.l., s.n., s.a.

Hermosilla, Diego de, *Diálogo de los pajes*, Madrid, Imprenta de la Revista Española, 1901.

Hurtado de Toledo, Luis, *Hospital de neçios: hecho por uno de ellos que sanó por miraglo*, Valentina Nider y Ramón Valdés (eds.), Viareggio, Baroni, 2000.

Iacovella, Marco, «Dall'*Alfabeto cristiano* al *Beneficio di Cristo*. Ricerche su Juan de Valdés e il valdesianesimo (1536–1544)», en *Rivista Storica Italiana*, 128 (2016), pp. 177–215.

Incunables Poéticos Castellanos. Vol. VI. Primera floresta de incunables, Pérez Gómez, Antonio (ed.), Cieza, La Fonte que Mana y Corre, 1957 (facsímil).

Infantes, Víctor, «Hacia la poesía impresa. Los pliegos sueltos poéticos de Juan del Encina: entre el cancionero manuscrito y el pliego impreso», en Javier Guijarro Ceballos (ed.), *Humanismo y literatura en tiempos de Juan del Encina*, Salamanca, Ediciones Universidad de Salamanca, 1999, pp. 83–101.

—, «Motes y poemas entre "dichos" o cómo pervive un cancionerillo cortesano del siglo XV», en Aires Augusto Nascimento y Cristima Almeida (coords.), *Actas do IV Congresso da Associação Hispânica de Literatura Medieval*, Lisboa, Cosmos, 1993, vol. 4, pp. 353–359.

Jones, Royston O., «Isabel la Católica y el amor cortés», en *Revista de Literatura*, 21 (1962), pp. 55–64.

Labrador, José J., C. Ángel Zorita y Ralph A. DiFranco (eds.), *Cancionero de poesías varias. Manuscrito No. 617 de la Biblioteca Real de Madrid*, Madrid, Visor, 1994.

—, *Cancionero de poesías varias. Manuscrito No. 617 de la Biblioteca Real de Madrid*, Madrid, El Crotalón, 1986.

Labrador Herraiz, José J., Ralph A. DiFranco y Juan Montero, *Cancionero sevillano de Toledo. Manuscrito 506 (fondo Borbón-Lorenzana) Biblioteca de Castilla-La Mancha*, Sevilla, Universidad de Sevilla, Secretariado de Publicaciones, 2006.

Labrador, José, y Ralph DiFranco, *Bibliografía de la Poesía* Áurea (base de datos) [fecha de consulta: 06-04-2018] <http://bancroft.berkeley.edu/philobiblon/bipa_es.html>.

Lapesa, Rafael, «*Cartas y dezires o lamentaciones de amor*: desde Santillana y Mena hasta don Diego Hurtado de Mendoza», *De Berceo a Jorge Guillén. Estudios literarios*, Madrid, Gredos, 1997, pp. 78–97.

—, «Las serranillas del marqués de Santillana», en *De Berceo a Jorge Guillén*, Madrid, Gredos, 1997, pp. 21–54.

—, «Los géneros líricos del Renacimiento: la herencia cancioneresca», *De Berceo a Jorge Guillén. Estudios literarios*, Madrid, Gredos, 1997, pp. 122–145.

—, «*Cartas y dezires o lamentaciones de amor*: desde Santillana y Mena hasta don Diego Hurtado de Mendoza», en Blanca Periñán y Francesco Guazzelli (eds.), *Symbolae Pisanae. Studi in onore di Guido Mancini*, Pisa, Giardini, 1989, vol. 1, pp. 295–310.

—, «Los géneros líricos del Renacimiento: la herencia cancioneresca», en *Homenaje a Eugenio Asensio*, Madrid, Gredos, 1988, pp. 259–275.

—, «Las serranillas del marqués de Santillana», en *El comentario de textos. La poesía medieval*, Madrid, Castalia, 1983, vol. 4, pp. 243–276.

—, «Poesía de cancionero y poesía italianizante», *Estudios lingüísticos, literarios y estilísticos*, Valencia, Universidad de Valencia, 1987, pp. 71–93.

—, «Poesía de cancionero y poesía italianizante», en *De la Edad Media a nuestros días. Estudios de historia literaria*, Madrid, Gredos, 1967, pp. 145–171.

—, «Poesía de cancionero y poesía italianizante», en *Strenae. Estudios de Filología y de Historia dedicados al profesor Manuel García Blanco*, número monográfico de *Acta Salmanticensia*, 16 (1962), pp. 259–281.

—, *La trayectoria poética de Garcilaso*, Madrid, Revista de Occidente, 1948.

Lasso de la Vega, Garci, *Obra poética y textos en prosa*, Bienvenido Morros (ed.), Barcelona, Crítica, 1995.

López Bueno, Begoña, y Rogelio Reyes Cano, «Garcilaso de la Vega y la poesía en tiempos de Carlos V», en Francisco López Estrada (ed.), *Historia y crítica de la literatura española. II. Siglos de Oro: Renacimiento*, Barcelona, Crítica, 1980, pp. 98–108.

López de Haro, Alonso, *Nobiliario genealógico de los reyes y títulos de España*, Madrid, Luis Sánchez, 1622.

López de Mendoza, Íñigo, Marqués de Santillana, *El «Prohemio e carta» del Marqués de Santillana y la teoría literaria del s. XV*, Ángel Gómez Moreno (ed.), Barcelona, PPU, 1990.

Macpherson, Ian (ed.), *«Motes y glosas» in the «Cancionero general»*, London, Queen Mary, University of London, 2004.

—, «The Admiral of Castile and Antonio de Velasco», en Ian Macpherson y Angus MacKay (eds.), *Love, Religion & Politics in Fifteenth Century Spain*, Leiden, Brill, 1998, pp. 110–131.

— (ed.), *The «Invenciones y letras» of the «Cancionero general»*, London, Queen Mary/ Westfield College, 1998.

—, «The "Admiral" of Castile and Antonio de Velasco: "Cancionero cousins"», en Ian Michael, Richard Andrew y Andrew Cardwell (eds.), *Medieval and Renaissance Studies in Honour of Robert Brian Tate*, Oxford, Dolphin Book Co., 1986, pp. 95–107.

—, «Conceptos e indirectas en la poesía cancioneril: el Almirante de Castilla y Antonio de Velasco», en José Miguel Ruiz Veintemilla (ed.), *Estudios dedicados a James Leslie Brooks*, Barcelona, Puvill Libros/University of Durham, 1984, pp. 91–105.

Manrique, Rodrigo, Gómez Manrique y Jorge Manrique, *Poesía cortesana (siglo XV)*, Vicenç Beltran (ed.), Madrid, Fundación José Antonio de Castro, 2009.

Marino, Nancy (ed.), *El Cancionero de Valencia: Mss. 5593 de la Biblioteca Nacional*, Valencia, Institució Alfons el Magnànim, 2014.

—, *La serranilla española: notas para su estudio e interpretación*, Potomac, Scripta Humanistica, 1987.

Márquez Villanueva, Francisco, *Investigaciones sobre Juan Álvarez Gato*, Madrid, Real Academia Española, 1974.

Martínez Alcorlo, Ruth, «Un curioso *speculum reginae* para la joven Isabel: *Criança y virtuosa dotrina* de Pedro Gracia Dei (*ca.* 1486)», en *Memorabilia*, 18 (2016), pp. 204–234.

Martínez Navarro, María del Rosario, «Cristóbal de Castillejo: Recepción y percepción de un poeta cosmopolita renacentista», en Pilar Caballero-Alías, Félix Ernesto Chávez y Blanca Ripoll Sintes (eds.), *Del verbo al espejo. Reflejos y miradas de la literatura hispánica*, Barcelona, PPU, 2011, pp. 31–42.

Medina, Francisco de, «A los lectores», en *Obras de Garci Lasso de la Vega con anotaciones de Fernando de Herrera*, Sevilla, Alonso de la Barrera, 1580, ff. 1–12.

Menéndez Pidal, Ramón, *Historia de la lengua española*, Madrid, Fundación Ramón Menéndez Pidal, 2007.

Menéndez y Pelayo, Marcelino, *Edición nacional de las obras completas de Menéndez Pelayo. Historia de ideas estéticas en España*, Santander, Consejo Superior de Investigaciones Científicas, 1940.

Milán, Luis, *El libro de motes de damas y caballeros*, Isabel Vega Vázquez (ed.), Santiago de Compostela, Universidade de Santiago de Compostela, Servicio de Publicacions e Intercambio Científico, 2006.

—, *El Cortesano*, Vicent Josep Escartí y Antoni Tordera (eds.), València, Biblioteca Valenciana/Ajuntament de València/Universitat de València, 2001.

Miralles, Enrique, «Anotaciones al *Liber facetiarum* de Luis de Pinedo», en *Homenaje a J. M. Solà-Solé*, Texas, Texas University Press, 1996, vol. 2, pp. 147–157.

Mosquera de Figueroa, Cristóbal, *Obras*, Guillermo Díaz-Plaja (ed.), Madrid, Real Academia Española, 1955.

Mosquera Novoa, Lucía, *Juan de Torres: edición y estudio de su poesía*, Cleofé Tato (dir.), Universidade da Coruña, 2015 (tesis doctoral inédita).

Münster, Jerónimo de, *Itinerarium Hispanicum Hieronymi Monetarii*, Ludwig Pfandl (ed.), en *Revue Hispanique*, 48 (1920), pp. 1–180.

Orduna, Germán, «La sección de romances del *Cancionero general* (Valencia 1511): recepción cortesana del romancero tradicional», en Alan Deyermond y Ian R. Macpherson (eds.), *The Age of the Catholic Monarchs, 1474–1516. Literary Studies in Memory of Keith Whinnom*, Liverpool, Liverpool University Press, 1989, pp. 123–133.

Paz y Meliá, Antonio, *Opúsculos literarios de los siglos XIV al XVI*, Madrid, Sociedad de Bibliófilos Españoles, 1896

—, *Sales españolas o agudezas del ingenio nacional (primera serie)*, Madrid, Imprenta y Fundición de M. Tello, 1890.

Pedrosa, José Manuel, «El romancillo de "El bonetero", Juan de Mena y la tradición oral», en *Las dos sirenas y otros estudios de literatura tradicional*, Madrid, Siglo XXI de España, 1995, pp. 3–34.

—, «El romancillo de "El bonetero", Juan de Mena y la tradición oral», en *Revista de Dialectología y Tradiciones Populares*, 47 (1992), pp. 155–177.

Peña Marazuela, Mª Teresa de la, y Pilar León Tello, *Inventario del archivo de los duques de Frías. I. Casa de Velasco*, Madrid, Dirección General de Archivos y Bibliotecas/Casa de los Duques de Frías, 1973.

Perea Rodríguez, Óscar, «El entorno cortesano de la Castilla Trastámara como escenario de lucha de poder. Rastros y reflejos en los cancioneros castellanos del siglo XV», en *Res publica*, 18 (2007), pp. 289–306.

Pérez Bosch, Estela, «Juan Fernández de Heredia, poeta del *Cancionero general*», en Jesús L. Serrano (ed.), *Cancioneros en Baena. Actas del II Congreso Internacional «Cancionero de Baena». In memoriam Manuel Alvar*, Baena, Ayuntamiento de Baena, 2003, vol. 2, pp. 261–286.

Pérez Priego, Miguel Ángel, «Juan de Valdés y la poesía de cancioneros», en *Estudios sobre la poesía de cancionero*, Madrid, UNED, 2004, pp. 289–299.

—, «Juan de Valdés y la poesía de cancioneros», en *Homenaje a Francisco Ynduráin*, número monográfico de *Príncipe de Viana*, 18 (2000), pp. 229–238.

—, *Poesía femenina en los cancioneros*, Madrid, Castalia/Instituto de la Mujer, 1990.

Pignatti, Franco, «La facezia tra *Res Publica Literarum* e società cortigiana», en Giogio Patrizi y Amedeo Quondam (eds.), *Educare il corpo, educare la parola nella trattatistica del Rinascimento*, Roma, Bulzoni Editore, 1998, pp. 239–270.

Prieto, Antonio, *La poesía española del siglo XVI. I. Andáis tras mis escritos*, Madrid, Cátedra, 1991.

—, «El diálogo renacentista en Castillejo», en *Homenaje a Alonso Zamora Vicente. 3.2. Literatura española de los siglos XVI-XVII*, Madrid, Castalia, 1988–1992, pp. 261–276.

Puerto Moro, Laura, «Tradición temática en el *Cancionero de obras de burlas*», en Antonio Cortijo Ocaña y Mariano Rubio Árquez (eds.), *Las «Obras de burlas» del «Cancionero general» de Hernando del Castillo*, Santa Barbara, Publications of eHumanista, 2015, pp. 188–215.

Pulgar, Hernando del, *Letras*, Paola Elia (ed.), Pisa, Giardini, 1982.

Ravasini, Ines, «Le *invenciones* della *Cuestión de amor* e l'eclissi de l'amor cortese», en Antonina Paba (ed.), *Con gracia y agudeza. Studi offerti a Giuseppina Ledda*, Roma, Aracne, 2007, pp. 27–45.

Reyes Cano, Rogelio, «Perfil biográfico y literario de Cristóbal de Castillejo», en *Estudios sobre Cristóbal de Castillejo (tradición y modernidad en la encrucijada poética del siglo XVI)*, Salamanca, Ediciones Universidad de Salamanca, 2000, pp. 15–36.

—, «Sobre el antiitalianismo de Cristóbal de Castillejo: razón y sentido de la *Reprehensión contra los poetas españoles que escriven en verso italiano*», en *Estudios sobre Cristóbal de Castillejo (tradición y modernidad en la encrucijada poética del siglo XVI)*, Salamanca, Ediciones Universidad de Salamanca, 2000, pp. 85–105.

—, «Sobre el antiitalianismo de Cristóbal de Castillejo: razón y sentido de la *Reprehensión contra los poetas españoles que escriven en verso italiano*», en Christian Wentzla-ff-Eggebert (ed.), *De Tartessos a Cervantes*, Köln-Wien, Böhlau Verlag, 1985, pp. 89–108.

Rico, Francisco, «A fianco di Garcilaso: Poesia italiana e poesia spagnola nel primo cinquecento», en *Studi Petrarqueschi*, 4 (1987), pp. 229–236.

Rodríguez-Moñino, Antonio, *Nuevo diccionario bibliográfico de pliegos sueltos poéticos. Siglo XVI*, Arthur L. F. Askins y Víctor Infantes (eds.), Madrid, Castalia/Editora Regional de Extremadura, 1997.

Rodríguez Villa, Antonio, *El emperador Carlos V y su corte según las cartas de Don Martín de Salinas, embajador del infante Don Fernando (1522–1539)*, Madrid, Fortanet, 1903.

Sánchez de Badajoz, Garci, *The Life and Works of Garci Sánchez de Badajoz*, Patrick Gallagher (ed.), Londres, Támesis, 1968.

Sandoval, Prudencio de, *Historia de la vida y de hechos del Emperador Carlos V*, Madrid, La Ilustración, 1846.

Santa Cruz, Melchor, *Floresta española*, Mª Pilar Cuartero y Maxime Chevalier (eds.), Barcelona, Crítica, 1997.

Scorpioni, Valeria, «Il *Discurso sobre la Lengua Castellana* de Ambrosio de Morales: un problema di coerenza», en *Studi Ispanici*, 3 (1977), pp. 177–194.

Segura Graíño, Cristina, «Las mujeres escritoras en la época de Isabel I de Castilla», en Nicasio Salvador Miguel y Cristina Moya García (eds.), *La literatura en la época de los Reyes Católicos*, Madrid, Iberoamericana/Universidad de Navarra, 2008, pp. 275–292.

Stúñiga, Lope de, *Poesie*, Lia Vozzo (ed.), Napoli, Liguori Editore, 1989.

Tato, Cleofé, «La métrica del *Cancionero de Palacio*», en Fernando Gómez Redondo (dir.), *Historia de la métrica medieval castellana*, San Millán de la Cogolla, Cilengua, 2016, §10.4.2.1.

—, «Un texto poético singular recogido en el Cancionero de Palacio: ID 2.635 "Mi senyor/mi Rey mi salut et mi vida"», en Margarita Freixas y Silvia Iriso (eds.), *Actas del VIII Congreso de la Asociación Hispánica de Literatura Medieval*, Santander, Consejería de Cultura del Gobierno de Cantabria/Año Jubilar Lebaniego/AHLM, 2000, pp. 1993–1706.

Terracini, Lore, *Lingua come problema nella letteratura spagnola del Cinquecento (con una frangia cervantina)*, Torino, Stampatori, 1979.

Tomassetti, Isabella, «Il testo de *La estrella de Citarea*: un esempio di bestiario amoroso nella Spagna rianscimentale», en Domenico A. Cusate y Loretta Frattale (eds.), *La penna di Venere. Scritture dell'amore nelle culture iberiche. Atti del XX Convegno della Associazione degli Ispanisti Italiani (Firenze, 15–17 marzo 2001)*, Messina, Andrea Lipolis Editore, 2002, vol. 1, pp. 327–338.

Torre, Antonio de la, «Maestros de los hijos de los Reyes Católicos», en *Hispania*, 63 (1956), pp. 256–266.

—, «La embajada a Egipto de Pedro Mártir de Anglería», en *Homenatge a Antoni Rubió i Lluch. Miscel·lània d'estudis literaris, històrics i lingüístics*, Barcelona, 1936, vol. 1, pp. 443–450.

Torre, Fernando de la, *La obra literaria de Fernando de la Torre*, Mª Jesús Díez Garretas (ed.), Valladolid, Universidad de Valladolid, 1983.

Valdés, Juan de, *Diálogo de la lengua*, Cristina Barbolani (ed.), Madrid, Cátedra, 1998.

—, *Diálogo de la lengua*, Cristina Barbolani (ed.), Firenze, Universitè degli Studi, Facoltà di Magisterio/Istituto Ispanico, 1967.

—, *Diálogo de la lengua*, José F[ernández] Montesinos (ed.), Madrid, Espasa-Calpe, 1964.

Verrua, Pietro, *Umanisti e altri studiosi viri italiani e stranieri di qua e di là dalle Alpi e dal mare*, Gènova, Leo S. Olschki, 1924.

Walter, Renée, «Cristóbal de Castillejo, hombre del Renacimiento», en Alan M. Gordon y Evelyn Rugg (eds.), *Actas del VI Congreso Internacional de Hispanistas celebrado en Toronto del 22 al 26 agosto de 1977*, Toronto, University of Toronto, 1980, pp. 776–778.

Zapata, Luis de, *Memorial Histórico Español. Vol. XI. Miscelánea de Zapata*, Madrid, Imprenta Nacional, 1859.

Maria Augusta da Costa Vieira
Los trabajos de Persiles y Sigismunda y los saberes humanistas

Resumen: La discreción, como se sabe, constituía un ideal de comportamiento integrado a los saberes humanistas e incidía específicamente en los códigos de conducta que regulaban las relaciones sociales, presentes en una serie de convenciones propias de la sociedad de los siglos XVI y XVII. La obra de Cervantes aborda la discreción y otras formas adyacentes y similares mediante distintas soluciones narrativas. En esta presentación examinamos la discreción y algunas de sus modulaciones a partir de un episodio de *Los trabajos de Persiles y Sigismunda*, que, contrastado con un episodio del *Quijote*, permitirá observar la variedad de enfoques del concepto de «discreción». Pero antes cabe conceptuar esta práctica de representación considerando algunos tratados de contemporáneos de Cervantes.

Palabras clave: Cervantes, discreción, disimulación honesta, saberes humanistas, conversación

> *Sé padre de las virtudes y padrastro de los vicios.*
> *No seas siempre riguroso, ni siempre blando, y escoge el medio*
> *entre estos dos extremos, que en esto está el punto de la discreción.* (*Don Quijote*, II, 51)

Este fue uno de los consejos que don Quijote le dio a Sancho en la carta que le envió cuando este todavía ocupaba el cargo de gobernador de la ínsula Barataria. Los «vicios» y las «virtudes», la opción por el camino del «medio entre dos extremos» y la «discreción» eran algunos de los tópicos fundamentales que integraban sus consejos al escudero. Cuando don Quijote redacta esta carta, en el capítulo 51 de la segunda parte de la obra, Sancho ya probaba las amarguras del poder, sin embargo, las noticias que le habían llegado al caballero sobre el desempeño del gobernador destacan una notable discreción en sus actos y en sus determinaciones, lo que dejó al amo admirado y al mismo tiempo profundamente agradecido a los cielos por los aciertos de su escudero. La satisfacción y el reconocimiento de don Quijote por la conducta de Sancho fueron tamaños que, al concluir la carta enviada al entonces gobernador, lo saludó con un enternecido: «tu amigo, don Quijote de la Mancha».

Maria Augusta da Costa Vieira, Universidade De São Paulo

https://doi.org/10.1515/9783110450828-004

Este es un momento muy especial para el caballero, en el cual, en alguna medida, cosecha los frutos de sus esfuerzos pedagógicos para la formación de su escudero, especialmente por haber alcanzado este una conducta guiada por la discreción en sus días de gobierno.

Si uno de los rasgos que componen las relaciones entre los dos personajes es la acción pedagógica por parte del primero, como se observa en el epígrafe, el estudioso de la obra de Cervantes no deja de indagarse sobre los horizontes educativos por los cuales habría pasado el joven Miguel. Como se sabe, son escasas las noticias sobre sus estudios formales y, probablemente, más que una formación regular, su amplio conocimiento sobre los más variados temas se haya debido a una notable curiosidad intelectual combinada con la reflexión crítica sobre lo leído y lo vivido.

De todos modos, aunque Cervantes haya concurrido por poco tiempo al «Estudio Público de Humanidades de la Villa de Madrid», seguramente conoció el sistema de enseñanza propio de los *estudios humanísticos* en vigencia en el siglo XVI, entendiéndose por *humanista* un estudioso de las humanidades, vale decir, de los *studia humanitatis*, que correspondían a una especie de educación liberal integrada por cinco asignaturas: Gramática, Retórica, Poética, Historia y Filosofía Moral. Saberes estos que se encontraban integrados entre sí, de modo que tanto eran importantes las reflexiones de carácter moral y humano como la elocuencia literaria y el estudio de los clásicos que servían como modelos de imitación.[1]

Las cuatro primeras asignaturas, Gramática, Retórica, Poética e Historia formaban un grupo de estudios estructurados en el lenguaje oral o escrito, en prosa o en verso. Lo que se buscaba era cultivar la cultura y las letras en el estudio de obras clásicas a través de la crítica textual, del comentario y del método analítico.[2]

La Filosofía Moral, la quinta asignatura de los *studia humanitatis*, era la única que pertenecía al campo de la filosofía, y se traducía en tratados y diálogos morales que versaban sobre una variedad de temas como los vicios y las virtudes, los deberes de un príncipe, la educación de los hijos, los códigos de civilidad, entre otros, siempre con una perspectiva pedagógica, moral e intelectual, en relación a los jóvenes.

---

1 Paul Oskar Kristeller, «El territorio del humanista», en Francisco Rico (coord.), *Historia y crítica de la literatura española*, Barcelona, Crítica, 1980, vol. 2, pp. 34–44. Ver también del mismo autor, *El pensamiento humanista y sus fuentes*, Federico Patín López (trad.), México, Fondo de Cultura Económica, 1982 y de Francisco Rico, *El sueño del humanismo – De Petrarca a Erasmo*, Barcelona, Crítica, 2014.

2 Aurora Egido, «Presentación», en Aurora Egido y José Enrique Laplana (eds.), *Saberes humanísticos y formas de vida. Usos y abusos. Actas del Coloquio Hispano-Alemán (Zaragoza, 15–17, dic. 2010)*, Zaragoza, IFC, 2012, pp. 9–14.

Tratando de delimitar el territorio de actuación que suponía ese sistema de enseñanza, podríamos afirmar que para la formación de los jóvenes se consideraba tan importante la elegancia en el manejo del lenguaje como la formulación de ideas precisas que, a su vez, deberían ser el resultado de la reflexión personal, de las observaciones de la vida en general y, al mismo tiempo, reafirmaciones de antiguas teorías filosóficas desde diversos autores. En otros términos, se perseguía una formación que cultivara la destreza textual, la erudición histórica y filológica y la sabiduría moral.

Con relación a los estudios de Cervantes, lo que se sabe es que fue discípulo de López de Hoyos, un hombre dedicado a la enseñanza humanista, que probablemente se hizo más conocido siglos después por haberse referido de modo especial a su alumno –«caro y amado discípulo»– cuando lo presenta como autor de algunos versos en los funerales de la reina Isabel (1568). Esta mención, aunque no sea muy esclarecedora, revela algún tipo de implicación del autor del *Quijote* en un proceso educativo pero no arroja certezas sobre sus estudios regulares. De todos modos, lo que se sabe es que Cervantes –por medio de una formación intelectual de carácter más o menos formal– acumuló un conocimiento vasto y notable, en consonancia con una profunda reflexión crítica, revelando así el pleno dominio de las disciplinas que integraban la formación intelectual de su tiempo.[3]

Una de esas asignaturas era la Filosofía Moral, a la cual dedicaremos especial atención. Era esta la que regía la conducta humana y, como dice Alberto Blecua, constituía el eje de toda la narrativa cervantina. En la Filosofía Moral, el principio de la discreción, tan divulgado por medio de tratados, ganó un relieve considerable en la obra de Cervantes, sobre todo en *Los trabajos de Persiles y Sigismunda*, en la configuración de personajes y de narraciones diversas.[4]

Cuando Giovanni della Casa, a mediados del siglo XVI (1558), escribe el *Galateo ou Dos Costumes*, se amplía el repertorio de tratados destinados a la definición de reglas de conducta para la vida social. Con el propósito explícito de cuidar la acción y la dicción de un joven rústico, mostrándole los caminos de la civilidad y el encauzamiento adecuado de las virtudes morales en la vida social, della Casa insiste en la contención de los impulsos naturales en busca siempre de hábitos apropiados para la convivencia en sociedad.

---

3 Las biografías recientemente publicadas narran el rico recorrido existencial y también intelectual de Cervantes. Me refiero especialmente a la de José Manuel Lucía Megías, *La juventud de Cervantes*, Madrid, Edaf, 2016, vol. 1, p. 108; la de Jean Canavaggio, *Cervantes*, Mauro Armiño (trad.), Madrid, Espasa Libros, 2015, y la de Jorge García López, *Cervantes: la figura en el tapiz*, Barcelona, Pasado & Presente, 2015.
4 Alberto Blecua, «Cervantes y la retórica», en *Signos viejos y nuevos. Estudios de historia literaria*, Barcelona, Crítica, 2006, p. 358.

Retomando implícitamente las reflexiones que aparecen en la *Ética* de Aristóteles en lo que atañe a las virtudes del intelecto, es decir, a la sabiduría teórica (*sophia*) y a la sabiduría práctica (*phronesis*), della Casa observa que para las «cosas que pertenecen a las maneras y costumbres de los hombres no basta tener la ciencia y la regla, sino que para efectuarlas, conviene además tener también la práctica, la cual no puede adquirirse de un momento a otro o en un breve espacio de tiempo, sino en muchos y muchos años».[5] Vale decir, no basta el conocimiento de las maneras y de las instrucciones en cuanto a las costumbres de los hombres. En la vida social también es fundamental saber controlar los impulsos naturales y someterlos al gobierno de la razón.

Años antes, tanto Erasmo de Rotterdam, con *La civilidad pueril* (1528), que se ocupó de fijar reglas de buenas maneras para un joven príncipe, como Castiglione, en *El cortesano* (1530), tratan de establecer el perfil del hombre de corte. Todos marchaban en la misma dirección, es decir, sus reflexiones circulaban en el sentido de mostrar que la vida social exigía un control que se traducía en medidas racionales de contención, corrección y decoro en los gestos, en el habla y en las actitudes. Prácticamente un siglo después, Baltasar Gracián sigue algunos trazados similares a los de sus antecesores, como en *El Discreto* (1646), en un momento en que ya no eran suficientes los viejos ideales renacentistas del cortesano o del *galateo*.[6]

Para Aurora Egido, Gracián consideraba que «el *Varón Discreto* dictaba normas y ofrecía modelos para que el hombre dominara el mundo dominándose previamente a sí mismo [...] El hombre no debía rendirse a los humores sino que tenía que dominarlos, como quien ejerce su poder y libertad sobre la naturaleza».[7] Aproximando el concepto de *prudencia* al de *discreción*, Gracián elabora una filosofía práctica que supone sabiduría y experiencia y construye la idea de que lo *discreto* es en el fondo la suma de todas las virtudes y su discreción debería manifestarse siempre, en todos los tiempos y en todos los lugares.[8]

---

5 Giovanni Della Casa, *Galateo ou Dos Costumes*, Edileine Vieira Machado (trad.), São Paulo, Martins Fontes, 1999, p. 75.

6 Baltasar Gracián, *Obras Completas*, Luis Sánchez Laílla (ed.), Madrid, Espasa Calpe, 2001, y también de Aurora Egido, «Introducción», en Baltasar Gracián, *El Discreto*, Madrid, Alianza, 1997, pp. 7–134.

7 Aurora Egido, «Introducción», p. 26.

8 Respecto a la cercanía entre los conceptos de *discreto* y de *prudente*, dice José Enrique Laplana: «Se pone así de manifiesto la imposibilidad de separar tajantemente el arte de discreción del arte de prudencia, distintas, pues Gracián les dedicó sendos tratados, pero complementarias ya que tan inconcebible monstruo resulta un discreto imprudente como un prudente indiscreto» («*El Discreto*», en Aurora Egido y María del Carmen Marín Pina [coords.], *Baltasar Gracián: estado de la cuestión y nuevas perspectivas*, Zaragoza, Gobierno de Aragón/Institución Fernando El Católico, 2001, p. 62).

Cabe destacar a dos autores en el repertorio de tratadistas sobre la discreción. Son ellos Lucas Gracián Dantisco y Damasio de Frías, que, por lo que se sabe, tuvieron ligazones directas con Cervantes por relaciones familiares y también por contactos de carácter propiamente literario. Fue Gracián Dantisco quien firmó la «aprobación» para *La Galatea*, y al mismo tiempo, el autor del tratado intitulado *Galateo Español* (1593), considerado como una adaptación del *Galateo* de della Casa.[9] Como dice Gracián Dantisco de su discreto propósito al escribir el *Galateo español*: «Sólo es mi intento decir lo que conviene a las personas prácticas y bien acostumbradas, que es tener cuidado con aquella medida y buena proporción de las cosas [...]».[10] Con relación al neoaristotélico Damasio de Frías, autor del *Diálogo de la Discreción* (1579), es a él a quien Cervantes dedica algunos versos encomiásticos en el «Canto de Calíope».

Todos esos tratadistas, sin duda diferentes entre sí, tenían algo en común: una perspectiva educativa entendida en sentido amplio que incluía la racionalización de las acciones y la contención de las palabras que suponían, en su conjunto, transformaciones profundas en la vida afectiva desencadenando cambios radicales en la personalidad de los individuos.[11] En otros términos, esos tratados proponían la introducción racional de un cierto teatro en la vida cotidiana, que evitaría la expresión más directa de los deseos, controlaría las propias emociones e introduciría el protocolo como condición para las buenas relaciones. En consonancia con el arte de observar a las personas y de observarse a sí mismo, el hombre de la sociedad de corte tenía un talento especial para el arte de la descripción de personas, además de dominar el arte de tratar con ellas, que debía aplicar de modo estratégico y atendiendo a sus propios objetivos. La racionalidad, por lo tanto, se impone en todas las direcciones, ya sea en la observación, en el autocontrol o en la ornamentación de los gestos y de las palabras, de modo que se tenían

---

9 Agustín Redondo, *En busca del Quijote desde otra orilla*, Alcalá de Henares, Centro de Estudios Cervantinos, 2011, p. 162.

10 Lucas Gracián Dantisco, *Galateo español*, Madrid, Atlas, 1943, p. 145.

11 Observa Roger Chartier acerca de los cambios que ocurren en este periodo: «De todas las evoluciones culturales europeas entre fines de la Edad Media y los albores del siglo XIX, la más fundamental es la que modifica lenta pero profundamente las estructuras mismas de la personalidad de los individuos. [...] Con diferencias según los lugares y los medios, no sin contradicciones ni retrocesos, entre los siglos XVI y XVIII emerge una nueva estructura de la personalidad. Varios rasgos la caracterizan: un control más estricto de las pulsiones y de las emociones, el rechazo de las promiscuidades, la sustracción de las funciones naturales a la mirada de los otros, el fortalecimiento de la sensación de turbación y de las exigencias del pudor» (Roger Chartier, «Representar la identidad. Proceso de civilización, sociedad de corte y prudencia», en Isabel Morant Deusa [ed.], *Escribir las prácticas: discurso, práctica, representación*, Valencia, Fundación Cañada Blanch, 1998, pp. 61–72).

muy en cuenta la medida y la proporción de las cosas, como deseaba Gracián Dantisco. Lo que se observa en esos tratados es que tanto los modales como el lenguaje componen una gramática en la que el decoro y el discurso, junto con la acción y la elocución, constituyen un verdadero arte retórico.

Si consideramos los parámetros que conceptúan la *discreción* en los tiempos de Cervantes, ciertamente vendrá a la memoria de cada uno de sus lectores una serie de personajes, conversaciones, diálogos y situaciones narrativas en las cuales la organización del relato se orienta justamente a partir del concepto de discreción.[12]

En particular, en *Los trabajos de Persiles y Sigismunda*, este parece ser el eje fundamental del relato y sobre todo de los dos jóvenes peregrinos que, enfrentando innumerables adversidades cruzan tierras y mares en busca de un bien mayor. En distintos momentos, la narración y la propia construcción de determinados personajes se organizan a partir de la representación de algunos de los principios fundamentales de la Filosofía Moral, destinados a la educación de hombres y mujeres discretos. Además de la discreción, otras categorías son también importantes para la composición de un repertorio de conductas que transita entre los vicios y las virtudes.

Una de ellas sería la vulgaridad, que funciona como contrapartida del tipo discreto. El vulgar, además de la inadecuación, si se tienen en cuenta los parámetros de la *discreción*, presenta una multiplicidad de formas que no llegan a construir una unidad. Se le define como aquel que tiene un gusto confuso y que se deja llevar por las apariencias, y puede identificarse tanto en el hombre sencillo como en la más refinada aristocracia.[13] Como dice el propio don Quijote tratando de desvincular categorías de conducta de estamentos sociales: «todo aquel que no sabe, aunque sea señor y príncipe, puede y debe entrar en número de vulgo».[14] O incluso Gracián que, tratando de definir el vulgar, dice: «aunque sea un príncipe, en no sabiendo las cosas y quererse meter a hablar de ellas, a dar su voto en lo que no

---

12 Como dice Aurora Egido a propósito del *Persiles* en «Ser o no ser discreto en el Persiles», en *El discreto encanto de Cervantes y el crisol de la prudencia*, Vigo, Editorial Academia del Hispanismo, 2011, p. 308: «En todo momento la obra cervantina parece canalizar una filosofía íntimamente ligada a la idea de una peregrinación perfecta en la que el curso y el discurso van trazados y escritos con renglones rectos, aunque ese ideal se rompa constantemente por la torcida imprudencia o falta de discreción de algunos personajes que utilizan su ingenio y sus palabras para engañar, maldecir, seducir, mentir o ser simplemente viciosos».

13 João Adolfo Hansen, «O Discreto», en Adauto Novaes (ed.), *Libertinos e libertários*, São Paulo, MINC/FUNARTE/Companhia das Letras, 1996, pp. 77–102.

14 Miguel de Cervantes, *Don Quijote*, Francisco Rico (ed.), Barcelona, Instituto Cervantes/Crítica, 1998, vol. 2, cap. 16, p. 757. Citamos siempre de esta edición.

sabe ni entiende, al punto se declara hombre vulgar y plebeyo».[15] En realidad, tanto la *discreción* como la *vulgaridad* son convenciones compartidas por todo el cuerpo político del Estado, y ninguna de ellas dispone de sustancialidad empírica.[16]

Cabe detenernos también en los conceptos de *simulación* y *disimulación* que ya aparecen en *El Cortesano*, de Castiglione, formulados a partir de una perspectiva cortesana. Los mismos conceptos serán revistos por el italiano Torquato Accetto (1641), en su breve tratado *La disimulación honesta*, pero a partir de nuevas técnicas de dominación política y enfrentando un mundo que ya se presenta inestable. Aunque la publicación sea posterior a la obra de Cervantes, ofrece la categorización de prácticas vigentes ya mucho tiempo atrás. Para Accetto, citando un verso de la *Eneida* que dice «En su inmensa congoja finge el rostro esperanza», tendríamos, por un lado, «la simulación de la esperanza» («finge el rostro esperanza»), y, por otro, la «disimulación del dolor» («en su inmensa congoja»). En otros términos, como dice, «se simula lo que no es, se disimula lo que es», o sea, la simulación exhibe una mentira, mientras que la disimulación encubre una verdad.

El episodio del *Persiles* del cual nos ocuparemos se sitúa en el libro segundo y abarca los primeros 8 capítulos. Se trata del momento en que Auristela y los demás compañeros, tras el naufragio, llegan a la utópica isla de Policarpo –un reino monárquico-democrático situado en las cercanías de Hibernia– donde tiene lugar el reencuentro con Periandro. Policarpo ofrece a los náufragos que se hospeden en el palacio por algunos días, cuando se desencadenan situaciones admirables. Tierras lejanas y novedosas, tan atractivas para un lector de principios del siglo XVII y, al mismo tiempo, un trabajo inventivo de Cervantes al redimensionar las posibilidades espaciales del género, es decir, de la novela bizantina, como esclarece Isabel Lozano.[17] En el episodio, el espacio está delimitado a los recintos

---

15 Baltasar Gracián, «Plaza del populacho y corral del vulgo», en *Obras Completas. El Criticón*, Luis Sánchez Laílla (ed.), Madrid, Espasa Calpe, 2001, vol. 2, p. 1113.

16 Acerca de la *discreción* y de la *vulgaridad*, dice João Adolfo Hansen: «Como convenção partilhada socialmente por todo o corpo político do Estado, a discrição e a vulgaridade não têm substancialidade empírica; por isso, as representações do discreto e do vulgar não são um "reflexo" secundário de situações ou de sujeitos pré-constituídos. Como modelo de todo o corpo político dos Estados ibéricos seiscentistas, *discreto* e *vulgar* são tipos que organizam a representação segundo critérios do campo institucional das práticas em que ocorrem. A unidade do tipo *discreto* e a não-unidade do tipo *vulgar* são objetivações de práticas de representação» (João Adolfo Hansen, «O Discreto», pp. 92–93). Mais adiante dice, «Discreto é o que sabe produzir a representação adequada de "honra", evitando com ela a murmuração vulgar, pois com a representação adequada se mantém intacta a reputação da posição que aparece formalizada nos signos» (p. 95).

17 Isabel Lozano-Renieblas, «Introducción», en Miguel de Cervantes, *Los trabajos de Persiles y Sigismunda*, Isaías Lerner y Isabel Lozano-Renieblas (eds.), Barcelona, Penguin, 2016, pp. 9–34.

de la corte y en él predominan los diálogos, situación privilegiada para la composición de escenas regidas por los códigos de conducta.

Lo que antecede al inicio del segundo libro es el relato del capitán bárbaro a Auristela acerca de la isla del rey Policarpo, incluyendo la participación de Periandro en los juegos festivos y el delicado amor de la princesa Sinforosa por él. El relato termina y con él el primer libro. El comienzo del segundo libro, tras las irónicas ponderaciones del narrador y de decisiones del traductor, se inicia con una violenta tormenta que ocurre tanto en el ámbito externo, es decir, el de las intemperies, resultando en el naufragio de la embarcación, como en el plano de los afectos, teniendo en cuenta que la joven Auristela padece de celos profundos por las historias del capitán. Los náufragos, providencialmente son conducidos a la calma de una isla, perteneciente al reino de Policarpo, quien los invita a alojarse en su palacio, espacio en el cual tienen lugar muchos diálogos de carácter persuasivo.[18]

En los ocho primeros capítulos del segundo libro se producen situaciones de desarticulación de las relaciones entre los personajes, que ponen a prueba a algunos de ellos. El foco narrativo es el mundo interior, acometido por una serie de inquietudes del tipo de «las grandes esperas», «los amores y pasiones insatisfechos», «la confianza puesta en el futuro» y, sobre todo, «las dudas» y «recelos» que, como dice Isabel Lozano-Renieblas, sobrecogen sus respectivos «estados mentales».[19] En fin, un gran desacierto, o como dice el narrador, «revoluciones, trazas y máquinas amorosas andaban en el palacio de Policarpo y en los pechos de los confusos amantes: [...]. Todos deseaban, pero a ninguno se le cumplían sus deseos».[20]

Son muchos los hilos narrativos que se superponen y se entrecruzan, intensificando la duración de la escena por medio de un tiempo interior arrebatador y dilatado, mientras que el núcleo del episodio gravita en Auristela, centralizadora de afectos y pasiones. Todos se observan mutuamente, pero es ella la que más y mejor se distingue por su discreción, como si su palabra y su acción correspondieran a la representación poética de lo que estaba previsto en los tratados de filosofía moral, pese a que se sintiera enferma de cuerpo y alma. Incluso en esas

---

18 Ana Vian Herrero, «Interlocución y estructura de la argumentación en el diálogo: algunos caminos para una poética del género», en *Criticón*, 81–82 (2001), pp. 157–190; ver también de Christoph Strosetzki, *Rhétorique de la conversation – Sa dimension littéraire et linguistique dans la société française du XVIIe siècle*, Sabine Seubert (trad.), Paris/Seattle/Tuebingen, BIBLIO 17, 1984.

19 Isabel Lozano-Renieblas, *Cervantes y el mundo del Persiles*, Alcalá de Henares, Centro de Estudios Cervantinos, 1998, p. 190.

20 Miguel de Cervantes, *Los trabajos de Persiles y Sigismunda*, Carlos Romero Muñoz (ed.), Madrid, Cátedra, 2002, lib. 2, cap. 4, pp. 299–300. Todas las referencias a partir de esta edición.

condiciones, Auristela es capaz de discernir para alcanzar sus objetivos. Con disimulo y empleando el género deliberativo, Auristela le aconseja a Periandro que opte por Sinforosa, alegando que este es el camino más seguro para él y que ella seguiría la vida religiosa. Como comenta el narrador, «más artificio que verdad».[21] Por otro lado, Auristela, incluso siendo Sinforosa su rival, es capaz de controlar sus humores, escucharla con la comprensión que la joven princesa merece y también aconsejarla respetando sus deseos.

En contrapartida, Policarpo, el rey, actúa como un vulgar, incapaz de discernir que su idea de casarse con Auristela no tiene cabida. Clodio, maestro de la murmuración, y Rutilio, el bailarín, actúan como simuladores, declarando por carta amores incoherentes por Auristela y Policarpa, respectivamente. Por otro lado, Periandro, que también prima por la discreción, es capaz de examinar racionalmente la situación, reconocer los celos que siente Auristela y, frente a esto, reafirmar su amor en una carta. Su actitud favorece la recomposición de la pareja y ambos deciden dejar aquellas tierras cuanto antes, como le dice Auristela a Periandro: «aconséjate con tu discreción y busca el remedio que nuestra necesidad pide».[22]

Es interesante observar que en *Los trabajos de Persiles*, Cervantes aborda seriamente la *discreción* y formas similares, haciendo destacar las virtudes morales particularmente de Periandro y Auristela, capaces de someter las pasiones a la razón y, en consecuencia, capaces de enfrentar las turbulencias del destino. Son personajes que se ajustan al concepto de *medianía* previsto en la *Ética a Nicómaco*, vale decir, la predisposición de actuar deliberadamente optando por el justo medio, actitud esta propia del hombre prudente.[23] Será interesante observar el trato especial que Cervantes concede a la discreción y demás códigos de conducta al componer el *Quijote*, cuando caballero y escudero se encuentran en un espacio social similar, es decir, se encuentran conviviendo con el mundo de la corte, restrictos, por lo menos en los primeros momentos, al palacio de los duques.

Como Persiles y Auristela, don Quijote y Sancho pasan por diversos espacios de sociabilidad, en los cuales establecen diferentes formas de convivencia con los más variados tipos, ofreciendo un variadísimo repertorio de la vida social de finales del XVI y comienzos del XVII. Sin embargo, el episodio donde el caballero y su escudero tienen una convivencia más larga y continuada es en el palacio de los duques, es decir, del capítulo 30 al 57 de la segunda parte.

---

21 Miguel de Cervantes, *Los trabajos de Persiles y Sigismunda*, lib. 2, cap. 4, p. 303.
22 Miguel de Cervantes, *Los trabajos de Persiles y Sigismunda*, lib. 2, cap. 7, p. 321.
23 Edmir Míssio, *A civilidade e as artes de fingir*, São Paulo, EDUSP, 2012, p. 85.

Se trata de un episodio construido siguiendo sucesivos desplazamientos de planos narrativos y estilísticos estructurados por un complejo procedimiento burlesco que se origina, esencialmente, en los libros de caballería y en los códigos de conducta. Como es bien sabido, las aventuras idealizadas por los duques se inspiran en sus lecturas y, de modo particular, en las propias aventuras de don Quijote y Sancho narradas en la primera parte de la obra. Por otro lado, el episodio se desarrolla en el espacio aristocrático y, siendo así, cuenta con los referentes del mundo cortesano y sus prácticas de representación que serán desplazados por la inversión de los propios códigos.

En varios momentos aparecen los vocablos *discreción, disimulación* y sus respectivas formas derivadas, y destacamos que *disimulación*, a menudo, se relaciona con la risa en el sentido de que la producción de comicidad en ese contexto se complementa con la acción de disimular. Así, mientras Sancho relata el cuento sobre la distribución de los lugares en la mesa, afirma el narrador: «los señores disimularon la risa, porque don Quijote no acabase de correrse». Cuando don Quijote, en la escena del lavatorio, se queda con «los ojos cerrados y las barbas llenas de jabón», el narrador comenta sobre los duques que observaban al caballero: «fue gran maravilla y mucha discreción poder disimular la risa». O también cuando don Quijote y Sancho se encuentran en una de las «salas adornadas con telas riquísimas de oro y de brocado» y ven a las seis doncellas servirlos como si fueran pajes, el narrador informa que, contrariando las instrucciones de los duques, «figura, que a no tener cuenta las doncellas que le servían con disimular la risa (que fue una de las precisas órdenes que sus señores les habían dado) reventaran riendo». Si por un lado la disimulación de la risa podría acompañar actitudes discretas, es importante añadir también que las acciones de los duques y de todos los que los rodean es la simulación, dado que ellos tienen el claro objetivo de producir una gran mentira y no el de ocultar la verdad.

La parodia de los códigos de conducta solo es posible en ese contexto gracias a la perspectiva del narrador, que se interpone entre la esencia y la apariencia, las acciones y las intenciones de los personajes. La fuerza burlesca se concentra precisamente en la posibilidad que el narrador tiene de superar los protocolos de la corte y desvelar el funcionamiento de tales prácticas por medio de esa doble dimensión, es decir, enfocando ora las apariencias, ora las intenciones; ora lo social, ora lo particular.

Un ejemplo de esa forma de construir el personaje es la propia duquesa, que se muestra extremadamente bella y gallarda en la vida pública mientras que en el ámbito privado necesita «dos fuentes» por donde desaguar su mal humor.[24]

---

24 Miguel de Cervantes, *Don Quijote*, II, 48, pp. 1012–1013. En cuanto a las «fuentes», dice Covarrubias: «son ciertas llagas en el cuerpo del hombre, que por manar podre y materia les

Algo similar ocurre con Altisidora, que aparenta ser una doncella desenvuelta y gallarda, cuando en realidad «tiene más de presunción que de hermosura, y más de desenvuelta que de recogida, además [...] no está muy sana, que tiene un cierto aliento cansado».[25] Los comentarios sobre el duque van en el mismo sentido: ostenta riqueza y poder en la vida cortesana y, por otro lado, carga una deuda económica con un labrador rico.

Es en este contexto que don Quijote y Sancho hacen su experiencia de vida en la corte. En el caso del escudero, los acontecimientos son particularmente dignos de «admiración» y la convivencia con la aristocracia, así como los trabajos y los días en Barataria llevan al lector a cuestionar los límites de los propios conceptos de *vulgaridad* y *discreción*. Cuando Sancho es designado gobernador, él mismo, que se había comportado como un vulgar en el palacio de los duques, revela perspicacia y discernimiento en la solución de algunos problemas que surgen en el mundo burlesco de Barataria, mostrando algunas de las cualidades del hombre discreto.

En el caso de don Quijote, el contacto con los duques y la experiencia en el palacio lo remiten, desde el primer instante, a los protocolos de la corte. Es simbólico el encuentro del caballero con los duques, que reconociendo a la distancia la nobleza de aquellos cazadores, al saludarlos, acaba cayendo de Rocinante por una falla de Sancho. En el momento en que la formalidad exigía el control de las palabras y de las acciones, don Quijote, en lugar de reprenderlo, frena en su boca la rabia que sentía con las «muchas maldiciones que entre dientes echó al desdichado de Sancho».[26] Una actitud propia de aquel que es capaz de controlar sus humores, sin embargo, insertada en una escena totalmente burlesca.

En el caso del episodio de los duques, la parodia centrada en los códigos de conducta es cómica porque se apodera de las categorías del mundo cortesano, no se ilusiona con las apariencias y se detiene en sus mecanismos de funcionamiento sin reverenciar la vida de la corte. Es capaz de producir comicidad a partir de los propios protocolos que componen tales códigos y, más allá de los libros de caballería y de otras formas discursivas que cimientan el diálogo textual del episodio, las prácticas de representación, que suponen los tratados de filosofía moral vigentes en los siglos XVI y XVII, forman parte del propio núcleo de su composición.

---

dieron este nombre, y algunas son hechas a sabiendas para descargar por ellas el mal humor» (*Tesoro de la lengua castellana o española*, Madrid, Luis Sánchez, 1611, p. 871 [fecha de consulta: 08-04-2018] <http://fondosdigitales.us.es/fondos/libros/765>).

25 Miguel de Cervantes, *Don Quijote*, II, 48, p. 1012.

26 Miguel de Cervantes, *Don Quijote*, II, 30, p. 877.

Ciertamente don Quijote y Sancho son personajes que presentan variados matices a lo largo de la obra, sin embargo, es curioso observar cómo en distintos momentos el caballero se muestra discreto y absolutamente sensato, cuando en realidad, discreción y sensatez serían incompatibles con la locura, dado que el loco carece de juicio y, por lo tanto, no tiene la capacidad de discernir ni de razonar. Como bien sabemos, lo mismo sucede con Sancho, que en muchos momentos se muestra vulgar, en otros, sin embargo, sorprende al lector con muestras de discreción. Por cierto, esa oscilación, o incluso esa complejidad del habla y la acción de don Quijote y de Sancho, tiene mucho que ver con el recurso de la verosimilitud narrativa, con la libertad con la cual Cervantes se mueve dentro de los presupuestos poéticos y retóricos de su tiempo y, sobre todo, con el proceso de humanización por el cual pasan sus personajes.

En cuanto a Periandro y Auristela, ambos son reiteradamente considerados discretos, bellos y virtuosos por el narrador y demás personajes. El proyecto épico que emprenden los somete a innumerables adversidades, pero algo mayor los mueve rumbo a una finalidad metafísica, secreto inviolable que los une en el tiempo y en el espacio. En su peregrinación se identifican socialmente como hermanos que marchan a Roma para cumplir un voto, y de ese modo son reconocidos por todos.

Sin embargo, mientras están en el palacio de Policarpo, un personaje, Clodio –perspicaz y vicioso– pone en duda esa hermandad. Trata de persuadir a Rutilio y sobre todo a Arnaldo sobre la posible falsedad de los vínculos entre Auristela y Periandro, no obstante su empeño, sus sospechas no fructifican.

Es interesante observar que Clodio, personaje que prima por la maledicencia, es justamente quien observa atentamente a los que están a su alrededor y quien detecta posibles falsedades en aquellos que son virtuosos. En realidad, Clodio tiene razón: Periandro y Auristela no son hermanos y lo que los une es una relación de amor que busca su confirmación religiosa para entonces presentarse socialmente como son: Persiles y Sigismunda.

Al fin de cuentas, aunque por una finalidad virtuosa, hay una disimulación o un tipo de falsedad propagada por ellos sobre su real condición. Si se desvela esta ocultación de la verdad preservada a lo largo de toda la peregrinación, sería posible en alguna medida comprometer las buenas intenciones que unen a la pareja. Por cierto, todo falseamiento y ocultación de la verdad serían condenables dado que el propio ordenamiento de la vida social suponía la identificación de lo que es bueno y de lo que es verdadero. Clodio, pese a la poca credibilidad concedida a sus palabras, amenaza la conceptuación virtuosa de Auristela y Periandro, en el sentido de que sus deducciones pueden hacer que, en lugar de disimuladores, ambos pasen a ser considerados simuladores.

Estos dos conceptos, *simulación y disimulación,* aunque muy anteriores en la historia de la filosofía, encontrarán en la obra de Torquato Accetto una definición clara, seguramente porque en los siglos XVI y XVII, dejarán de tener un fondo condenatorio para asimilar una nueva forma de concebir el comportamiento y las virtudes, algo que surge particularmente en los tratados destinados al universo de la corte, y sobre todo en los «espejos de príncipes».[27] Para Accetto no existe la *disimulación* sin el calificativo de *honesta,* lo que será no solo «una defensa de la disimulación frente al engaño» –es decir, la simulación–, sino que también advertirá sobre la «necesidad de disimular para vivir».[28] Como dice el autor, la disimulación no será otra cosa sino «un velo compuesto por tinieblas honestas y respetos violentos, de lo cual no se produce lo falso, sino que se da algún descanso a lo verdadero, para demostrarlo a su tiempo».[29]

Periandro y Auristela pueden considerarse disimuladores honestos y también ejemplares dentro de los parámetros que, años más tarde, presentaría Accetto. Este entiende la disimulación en una línea de confluencia con la virtud cristiana dado que Dios es concebido como el auge del modelo divino de la disimulación, puesto que en términos bíblicos se le juzga el «disimulador de los pecados de los hombres».[30] Con una trayectoria larga y repleta de imprevistos admirables, los jóvenes amantes son capaces de reunir armónica y consistentemente el amor, la filosofía moral y la religión.

Iniciamos este estudio con la carta de don Quijote a Sancho, en la que le aconsejaba optar siempre por el camino del medio, cuando este aún era gobernador de Barataria. Finalizamos con la carta que Periandro le entrega a Auristela, tras las peripecias pasadas en el reino de Policarpo, en la cual con un discurso deliberativo, con la perspectiva de retomar la peregrinación, le dice:

> Considera quién eres, y no se te olvide de quién yo soy, y verás en ti el término del valor que puede desearse, y en mí el amor y la firmeza que puede imaginarse; y, firmándote en esta consideración discreta, no temas que ajenas hermosuras me enciendan, ni imagines que a tu incomparable virtud y belleza otra alguna se anteponga. Sigamos nuestro viaje, cumplamos nuestro voto, y quédense aparte celos infructuosos y mal nacidas sospechas. La partida desta tierra solicitaré con toda diligencia y brevedad, porque me parece que, en salir della, saldré del infierno de mi tormento a la gloria de verte sin celos.[31]

---

27 Sebastián Torres, «Estudio preliminar. Di/simulación: los pliegues de la subjetividad a comienzos de la modernidad», en Torquato Accetto, *La disimulación honesta,* Buenos Aires, El cuenco de plata, 2005, p. 21.
28 Sebastián Torres, «Estudio preliminar», p. 55.
29 Torquato Accetto, *La disimulación honesta,* p. 99.
30 Torquato Accetto, *La disimulación honesta,* p. 151.
31 Miguel de Cervantes, *Los trabajos de Persiles y Sigismunda,* libro 2, 6, pp. 315–316.

Obras citadas

Accetto, Torquato, *La disimulación honesta*, Sebastián Torres (trad.), Buenos Aires, El cuenco de plata, 2005.

Blecua, Alberto, «Cervantes y la retórica», en *Signos viejos y nuevos. Estudios de historia literaria*, Barcelona, Crítica, 2006, pp. 341–361.

Canavaggio, Jean, *Cervantes*, Mauro Armiño (trad.), Madrid, Espasa, 2015.

Castiglione, Baldassare, *El Cortesano*, Mario Pozzi (ed.), Juan Boscán (trad.), Madrid, Cátedra, 1994.

Cervantes, Miguel de, *Los trabajos de Persiles y Sigismunda*, Carlos Romero Muñoz (ed.), Madrid, Cátedra, 2002.

—, *Don Quijote*, Francisco Rico (ed.), Barcelona, Instituto Cervantes/Crítica, 1998.

Chartier, Roger, «Representar la identidad. Proceso de civilización, sociedad de corte y prudencia», en Isabel Morant Deusa (ed.), *Escribir las prácticas: discurso, práctica, representación*, Valencia, Fundación Cañada Blanch, 1998, pp. 61–72.

Covarrubias, Sebastián de, *Tesoro de la lengua castellana o española*, Madrid, Luis Sánchez, 1611 [fecha de consulta: 08-04-2018] <http://fondosdigitales.us.es/fondos/libros/765>.

Della Casa, Giovanni, *Galateo ou Dos Costumes*, Edileine Vieira Machado (trad.), São Paulo, Martins Fontes, 1999.

Egido, Aurora, «Presentación», en Aurora Egido y José Enrique Laplana (eds.), *Saberes humanísticos y formas de vida. Usos y abusos. Actas del Coloquio Hispano-Alemán (Zaragoza, 15–17, dic. 2010)*, Zaragoza, IFC, 2012, pp. 9–14.

—, *El discreto encanto de Cervantes y el crisol de la prudencia*, Vigo, Academia del Hispanismo, 2011.

—, «Introducción», en Baltasar Gracián, *El Discreto*, Madrid, Alianza, 1997, pp. 7–134.

Frías, Damasio, *Diálogos de diferentes materias, inéditos hasta ahora*, Madrid, Imp. de G. Hernández y Galo Sáez, 1929.

García López, Jorge, *Cervantes: la figura en el tapiz*, Barcelona, Pasado & Presente, 2015.

Gracián, Baltasar, *Obras Completas*, Luis Sánchez Laílla (ed.), Madrid, Espasa Calpe, 2001.

Gracián Dantisco, Lucas, *Galateo Español*, Madrid, Ediciones Atlas, 1943.

Hansen, João Adolfo, «O Discreto», en Adauto Novaes (ed.), *Libertinos e libertários*, São Paulo, MINC/FUNARTE/Companhia das Letras, 1996, pp. 77–102.

Kristeller, Paul Oskar, *El pensamiento humanista y sus fuentes*, Federico Patín López (trad.), México, Fondo de Cultura Económica, 1982.

—, «El territorio del humanista», en Francisco Rico (coord.), *Historia y crítica de la literatura española*, Barcelona, Crítica, 1980, vol. 2, pp. 34–44.

Laplana, José Enrique, «*El Discreto*», en Aurora Egido y María del Carmen Marín Pina (coords.), *Baltasar Gracián: estado de la cuestión y nuevas perspectivas*, Zaragoza, Gobierno de Aragón/Institución Fernando El Católico, 2001, pp. 59–70.

Lozano-Renieblas, Isabel, «Introducción», en Miguel de Cervantes, *Los trabajos de Persiles y Sigismunda*, Isaías Lerner y Isabel Lozano-Renieblas (eds.), Barcelona, Penguin, 2016, pp. 9–34.

—, *Cervantes y el mundo del Persiles*, Alcalá de Henares, Centro de Estudios Cervantinos, 1998.

Lucía Megías, José Manuel, *La juventud de Cervantes*, Madrid, Edaf, 2016.

Míssio, Edmir, *A civilidade e as artes de fingir*, São Paulo, EDUSP, 2012.

Redondo, Agustín, *En busca del Quijote desde otra orilla*, Alcalá de Henares, Centro de Estudios Cervantinos, 2011.

Rico, Francisco, *El sueño del humanismo – De Petrarca a Erasmo*, Barcelona, Crítica, 2014.

Rotterdam, Erasmo de, *A civilidade pueril*, Fernando Guerreiro (trad.), Lisboa, Editorial Estampa, 1978.

Strosetzki, Christoph, *Rhétorique de la conversation – Sa dimension littéraire et linguistique dans la société française du XVIIe siècle*, Sabine Seubert (trad.), Paris/Seattle/Tuebingen, BIBLIO 17, 1984.

Torres, Sebastián, «Estudio preliminar. Di/simulación: los pliegues de la subjetividad a comienzos de la modernidad», en Torquato Accetto, *La disimulación honesta*, Buenos Aires, El cuenco de plata, 2005.

Vian Herrero, Ana, «Interlocución y estructura de la argumentación en el diálogo: algunos caminos para una poética del género», en *Criticón*, 81–82 (2001), pp. 157–190.

Mª Teresa Echenique Elizondo
La historia de la lengua española en el estudio de su literatura: pautas para su actualización en el siglo XXI

Resumen: En este trabajo se analiza la trayectoria cumplida por la Filología Española, desde sus comienzos y fundación por Ramón Menéndez Pidal a principios del siglo XX, hasta la actualidad. Mediante una síntesis de los problemas y métodos practicados en la investigación, así como de los principales autores y logros de mayor relieve, se destaca el carácter integral del estudio filológico y su plena validez en el momento actual. Lejos de estar caduco, el paradigma filológico se revela aun hoy fecundo, tanto para estudiosos de la historia de la lengua como de su literatura, aunque se pone el acento en la necesidad de asumir la actualización en los métodos y herramientas lingüísticas imprescindibles para el investigador en el siglo XXI.

Palabras clave: Filología española, Historia de la lengua, estudios literarios, actualización metodológica, herramientas lingüísticas en soporte electrónico

1 Preliminares

Quiero agradecer a la AIH la invitación a pronunciar esta ponencia en el suelo germánico, que me es tan querido, y ello por varias razones: por recibirla de esta Asociación de solera, a la que perteneció mi maestro Rafael Lapesa, a cuyos congresos he tenido el placer de asistir en varias ediciones y con muchos de cuyos miembros me unen estrechos lazos académicos y personales; también por brindarme la oportunidad de hablar sobre la historia de la lengua española y su inseparable atadura al campo literario ante quienes aprecian el estudio literario en tan gran medida que dedican a él su vida académica. A esta altura del siglo XXI no es común esta circunstancia para quienes estamos burocráticamente asignados al área de Lengua Española y, si se tratara de un congreso de lingüística e incluso de historia de la lengua española, tendría que empezar justificando el título seleccionado y hasta su contenido o, por lo menos, las razones que me han guiado para su elección. Diré también ahora que los trabajos y autores citados aquí son aquellos que más me han movido, por coincidencia o por discrepancia,

Mª Teresa Echenique Elizondo, Universitat de València

https://doi.org/10.1515/9783110450828-005

mientras pensaba y escribía esta intervención; y, como suele ocurrir, nada tendría de extraño que autores y libros que no mencione sean precisamente los que más han contribuido a lo que sigue.

2 Filología: algo más que la suma de lengua y literatura

El título de esta ponencia sugiere un academicismo que me gustaría fuera tan solo aparente. Porque no tendría objeto proseguir aquí el debate, ya antiguo, sobre la conveniencia del estudio filológico integral, sobre todo cuando nos basta con la afirmación más débil: que la lingüística puede enseñarnos algo sobre los textos literarios, principalmente los del pasado más distante, lo que parece indiscutible, como lo es que el conocimiento obtenido por esta vía necesita integrarse con los de otras procedencias para formar la imagen de conjunto (que es, claro, filológica). Es mi intención reflexionar sobre la forma en la que el diseño actualizado de la historia de la lengua puede y debe incidir positivamente en el estudio de su literatura, y tender la mano buscando el beneficio mutuo para ambas vertientes del mismo tronco filológico. Sí, no es esta empresa fácil en un momento de gran repercusión en las lenguas de las diversas tecnociencias (nanotecnologías, biotecnologías, tecnologías de la información y la comunicación, inteligencia artificial [con robotización incluida], neurotecnologías), que pasan a ser tecnolenguas en la medida en que para practicarlas resulta imprescindible la mediación tecnológica, pero quizá por ello mismo sea conveniente llevar a cabo ahora esta revisión, pues el progreso tecnológico no anula, oscurece ni difumina necesariamente estudios anteriores, sino que puede convertirse en la ayuda necesaria (lo está siendo de hecho) para que cobren nuevo vigor.

La tecnología encarna hoy el progreso en las herramientas de apoyo metodológico a la Filología por lo que tiene de evolución y encadenamiento de los hechos culturales; el mero paso del tiempo es ya en sí una forma de avance: sin él no podría existir, pongo por caso, una sesión como la de este Congreso («Literatura Medieval en el Heavy Metal»), en la que hay una contraposición consciente y buscada de categorías temporales que marcan también el progreso dentro de la propia filología.

Ahora que vamos avanzando por la primera veintena de este siglo se han cumplido ya muchos y muy diversos centenarios que afectan al cultivo filológico así concebido: evocaré los ejemplos de mujeres excepcionalmente sabias como María Rosa Lida y su enriquecedor manejo del mundo clásico, o Carolina Michaëlis de Vasconcelos, cuya formación románica inicial fue el mejor aval para su contribución a las letras peninsulares castellanas (menos conocida y valorada que su dedicación a la lengua y literatura portuguesas:[1] si menciono a ambas a un tiempo es porque sus nombres quedaron vinculados en el prólogo que Menéndez Pidal, fundador indiscutible de la historia de la lengua española como disciplina rigurosa, escribió en el volumen que *Romance Philology* consagró a la memoria de María Rosa,[2] recordando también, y quiero destacarlo en el día de hoy, que el Instituto de Filología dirigido por Amado Alonso, «donde colaboraban Pedro Henríquez Ureña, Eleuterio Tiscornia, Ángel Rosenblat, Raimundo Lida, Raúl Moglia, Marcos A. Morínigo y muchos más, tanto argentinos como extranjeros (uno de ellos era el propio Yakov Malkiel)», se había convertido en el centro hispanista más activo del mundo.[3] Todos estos Maestros (con mayúscula) nos dejaron un vasto legado en Europa y América, fruto de la planificación rigurosa invocada en 2015 con motivo del centenario cumplido por la *Revista de Filología Española*.[4]

Sí, el paso del tiempo es ya en sí avance en el campo filológico, porque la lengua, materia con la que trabaja, está en permanente evolución; de ahí que haya reproducción imitativa del pasado de carácter literario: así la gravedad formal que marca el arcaísmo deliberado en el propio Romancero o en la novela de caballerías (puesta de manifiesto, por ejemplo, por José Manuel Lucía Megías),[5] los falsos arcaísmos (ya señalados por Lapesa),[6] la imitación más o menos consciente de la lengua antigua en la novela histórica del siglo XIX (estudiado por M.ªAntonia Martín Zorraquino[7] o Álvaro Octavio de Toledo y Lola Pons),[8] los retazos de fabla medieval mistificada o el simple juego literario en el remedo de formas de habla arcaizantes (subrayado con determinación y eficacia

---

1 Yakov Malkiel, «Carolina Michaëlis de Vasconcelos (1851–1925)», en *Romance Philology*, 47 (1993), pp. 1–32, y Juan Carlos Conde, «Carolina Michaëlis de Vasconcelos y la literatura española», en *Actas do Colóquio internacional Carolina Michaëlis de Vasconcelos (1851–1925)*, Porto, Escola Secundária Carolina Michaëlis, 2001, pp. 133–169.

2 Ramón Menéndez Pidal, «Prólogo», en *María Rosa Lida de Malkiel Memorial*, número monográfico de *Romance Philology*, 17 (1963), pp. 5–8.

3 Ramón Menéndez Pidal, «Prólogo», p. 6.

4 Pilar García Mouton y Mario Pedrazuela (eds.), *La ciencia de la palabra. Cien años de la Revista de Filología Española*, Madrid, Consejo Superior de Investigaciones Científicas, 2015.

5 José Manuel Lucía Megías, «Imprenta y lengua literaria en los Siglos de Oro: el caso de los libros de caballerías castellanos», en *Edad de Oro*, 23 (2004), pp. 199–230.

6 Rafael Lapesa, «El lenguaje literario en los años de Larra y Espronceda», en *El español moderno y contemporáneo. Estudios lingüísticos*, Barcelona, Crítica, 1996, pp. 67–110.

7 María Antonia Martín Zorraquino, «Aspectos lingüísticos de la novela histórica española (Larra y Espronceda», en Georges Günter y José L. Varela (eds.), *Entre pueblo y corona*, Madrid, Universidad Complutense, 1986, pp. 179–210.

8 Álvaro Octavio de Toledo y Lola Pons Rodríguez, «¿Mezclando dos hablas? La imitación de la lengua medieval castellana en la novela histórica del XIX», en *La corónica*, 37 (2009), pp. 157–183.

por Antonio Salvador Plans).[9] La reactivación de arcaísmos puede llegar a configurar un *modus imitandi* de estados de lengua pretéritos, recreados a veces con intención jocosa, tal como lo llevaron a la práctica José Manuel Blecua y Rafael Lapesa en la sorprendente correspondencia que ambos mantuvieron y que está depositada hoy en la Biblioteca Valenciana con el legado de Lapesa en espera de la mano de nieve que la rescate. De ahí también la discusión inacabada sobre si Santa Teresa innova o más bien utiliza voluntariamente determinados recursos lingüísticos pretéritos o de otro tipo; hay toda una sabiduría de interpretación en este campo, que el estudioso de la literatura puede desentrañar como nadie si conoce las claves gramaticales para escudriñar en los entresijos de la materia textual.

Sí, la lingüística, en su diacronía, puede servir para iluminar la lectura de los textos literarios, buscando, claro está, la integración con conocimientos procedentes de la crítica textual, la historia general y social, o con disciplinas de alcance más concreto como la paleografía, la codicología o la incunabulística.

Decía Luis Michelena con sencilla y a la vez pasmosa lucidez:

> La comparación, la ayuda que unos textos pueden aportar a la interpretación de otros, no está lejos de ser la esencia misma del método filológico [...] Si se posee la paciencia necesaria –y se tiene, además, un poco de suerte–, se acaba por encontrar textos paralelos y más claros que precisan el valor de los pasajes oscuros o ayudan al menos a delimitarlo y configurarlo con menos vaguedad.[10]

3 Los textos, siempre los textos

Desde sus comienzos, la Filología ha sido a la vez modelo y avanzada de la historia de la lengua: a ello han contribuido la riqueza, variedad y antigüedad de las diferentes tradiciones escriturarias y discursivas, con las dificultades que cada una de ellas presenta en su inventario y jerarquización (escritos y a veces manuscritos, conservados en original o en copias sucesivas no siempre aclaradas en intensidad por la luz que sería deseable), oralidad creadora trasladada en una u otra forma al papel o a otro soporte, documentos lingüísticos, crónicas, fueros, con la omnipresente dificultad en su data o procedencia geográfica

---

9 Antonio Salvador Plans, «Los lenguajes "especiales" y de las minorías en el Siglo de Oro», en Rafael Cano (coord.), *Historia de la lengua española*, Barcelona, Ariel, 2005, pp. 771–797.
10 Luis Michelena, *Obras completas*, Universidad del País Vasco, Servicio Editorial, 2011, vol. 11, p. 9.

segura, textos escritos con intención codificadora (mejor fechados en general), etc. El corpus de textos conformador de la historia de la lengua, ahora que se ha desarrollado incluso una Lingüística de Corpus, es un repertorio abierto al que solo se exige fiabilidad (habría que decir mejor: al que se exige nada menos que fiabilidad). No está de más recordar en este punto que Lapesa ofrecía al final de sus trabajos la relación de textos en los que había basado su elaboración: el corpus era una exigencia previa a la tarea de investigación, no un fin en sí mismo; por esa razón, el corpus de ejemplos de sus *Estudios de morfosintaxis histórica* es imperecedero, y posiblemente se publique pronto como corpus independiente. Claro que esta práctica venía marcada por una escuela, por lo que también se ha anunciado recientemente la publicación de alguno de los varios corpus de trabajo de Menéndez Pidal: ¡un siglo después! En la misma línea, autores como Eberenz han seleccionado con claridad y ajuste de método el corpus base de su investigación;[11] otro tanto cabe decir de la *Sintaxis histórica* dirigida por Concepción Company[12] (que, partiendo de textos seleccionados previamente, ha dado a cada autor la libertad para incluir nuevas referencias cuando se ha considerado necesario). No están totalmente aclarados en la *Nueva gramática* de la RAE y la ASALE los criterios que han determinado la elección de textos y ediciones en la sintaxis de la lengua castellana o en la ortografía en su proyección temporal.[13] Claro está que la RAE nos ha proporcionado en los últimos tiempos valiosísimos recursos en este campo a los que me referiré más adelante.

---

11 Rolf Eberenz, *El español en el otoño de la Edad Media. Sobre el artículo y los pronombres*, Madrid, Gredos, 2000.

12 Concepción Company, *Sintaxis histórica de la lengua española*, México, Fondo de Cultura Económica/Universidad Nacional Autónoma de México, 2006–2016.

13 En los Apéndices correspondientes a los dos tomos de *Morfología* y *Sintaxis* (2009), así como al de *Ortografía* (2010), hay una nómina de textos citados, que no siempre son coincidentes, lo que no quiere ser una crítica, sino la constatación de que no se ha partido de un corpus determinado para construir la obra académica (tarea, por otra parte, nada fácil). Curiosamente, en la nueva *Ortografía de la lengua española* (Madrid, Espasa, 2010), no se menciona al editor de la obra en esa «Nómina» de textos citados, cosa que sí se hace en la *Nueva gramática de la lengua española* (Madrid, Espasa, 2009–2011). Así, junto a «Berceo = Berceo, Gonzalo de: [...] ▾ *Santo Domingo = Vida de Santo Domingo de Silos*. [c1236], ed. de Aldo Ruffinatto, Madrid: Espasa-Calpe, 1992. [CORDE]» o «Almerich = Almerich, *Fazienda = La Fazienda de Ultra Mar*. [c1200], ed. de Moshé Lazar, Salamanca, Universidad de Salamanca, 1965. [CORDE]» en la *Nueva gramática*, en la *Ortografía* no hay mención del editor: «Berceo *Domingo* = Berceo, Gonzalo de: *Vida de santo Domingo de Silos*. [c. 1236]. Madrid: Espasa-Calpe, 1992» y «Almerich *Fazienda* = Almerich: *LaFazienda de Ultra Mar*. [c. 1200] Salamanca: Universidad de Salamanca, 1965».

4 Los textos en el estudio filológico

Vayamos por partes. Las fuentes escritas constituyen la única vía de acceso más o menos directo a la lengua en el pasado, con la dificultad añadida de que nunca llegan «a ser espejo fiel y unívoco de la pronunciación».[14] Pese a todo, si hay un campo en que la lingüística ha conocido importantes progresos a mediados del siglo XX es el relacionado con la materia sonora o componente fónico, fijada por escrito según convenciones que cuentan con el trabajo pionero de Amado Alonso,[15] que ahora vamos conociendo mejor. Ahora bien, la imprecisión de contornos en la relación grafía-sonido acecha insistentemente. Dicen la RAE y la ASALE:

> El mantenimiento de elementos etimológicos en nuestro sistema ortográfico hay que acharcarlo, más bien, a la aplicación de otro de los criterios que han operado con fuerza en su configuración: el criterio del uso constante, que avala la grafía consolidada a lo largo del tiempo por el uso mayoritario de los hablantes [sic].[16]

Son (hablantes) todos los que están, desde luego, pero no todos los hablantes han pasado su habla al escrito (mucho menos en el pasado).

Menéndez Pidal, en *Orígenes del español*, dedicó largas páginas al estudio de la variación gráfica de los documentos, aplicando el método filológico para asignarles la pronunciación adecuada. Yendo al envés del argumento: los estudiosos de la literatura no sienten por lo general interés por los documentos lingüísticos y manifestaciones escriturales semejantes, pero sí han rescatado cartillas, doctrinas,[17] tratados loimológicos como lógica consecuencia de la irrupción de la peste de 1347–51,[18] complemento de otros documentos de intención o finalidad codificadora aportados por lingüistas, que son reflejo de la oralidad (como los que contienen interrogatorios de la Inquisición)[19] y se puede decir que los historiadores no acostumbran, por su parte, a preocuparse por el valor encerrado en

---

14 Luis Michelena, *Obras Completas*, 2011, vol. 1, p. 16.

15 Amado Alonso, *De la pronunciación medieval a la moderna en español*, Rafael Lapesa (rev.), Madrid, Gredos, 1955–1967.

16 Real Academia Española y Asociación de Academias de la Lengua Española, *Ortografía de la lengua española*, Madrid, Espasa, 2010, p. 38.

17 Víctor Infantes y Ana M.ª Martínez Pereira, *De las primeras letras. Cartillas españolas para enseñar a leer. Del siglo XVII y XVIII*, Salamanca, Universidad de Salamanca, 2003.

18 Marcelino Amasuno habla de «literatura loimológica» («La medicina y el físico en la *Dança general de la muerte*», en *Hispanic Review*, 65 [1998], pp. 1–24).

19 Rolf Eberenz y Mariela de la Torre, *Conversaciones estrechamente vigiladas. Interacción coloquial y español oral en las actas inquisitoriales de los siglos XV a XVII*, Lausanne, Sociedad Suiza de Estudios Hispánicos, 2003.

unas u otras grafías. Pero el estudio grafemático de todo texto literario es esencial para interpretar correctamente el componente fónico subyacente: además de la, por otra parte necesaria, familiaridad con manuscritos y documentos o textos en general, resulta por completo imprescindible apreciar adecuadamente el valor de la materialidad gráfica en la que se nos han transmitido. Esto, de gran importancia para la historia de la lengua,[20] ha estado en la base de los ciclos organizados por la Real Academia Española con el aliento de José Luis Gómez, al recrear y reproducir oralmente textos literarios de diferentes épocas acompañados simultáneamente del comentario hecho por un filólogo experto. Confiemos en que esta actividad institucional sirva para compensar cierto descuido que creo observar entre todos nosotros, en general, a la hora de leer con realismo textos antiguos. Sin duda, esta iniciativa de la RAE merece un aplauso sonoro. Ahora bien, me gustaría destacar que la mayor parte de las ediciones de textos, sean literarios o documentos, fueros o testimonios de otro tipo, no sirven a los historiadores de la lengua; las reproducciones facsimilares son, desde luego, indispensables al especialista, pero sería necesario contar con ediciones más ajustadas al momento histórico que cada texto representa. Les apremio a que nos pongamos a trabajar en ello conjuntamente.

5 Métrica y rima

Aparte de la incidencia que ello tiene en la edición de textos, hay en el plano fónico-gráfico elementos no suficientemente explorados aún por la filología, como es el recurso a la métrica, que concierne a buena parte del patrimonio literario de la lengua castellana de todas las épocas. Hoy sabemos que los poetas, «intérpretes intuitivos de preferencias comunes» e «iniciadores individuales de nuevos efectos y recursos»,[21] y que sin duda parten de los sonidos de la lengua castellana tal como han sido conformados en su evolución a la hora de componer su obra, también la modelan gracias a su intuición poética, con lo que contribuyen a desplegar para las siguientes generaciones nuevos caminos en la pronunciación; pero se ha podido constatar asimismo que determinadas creaciones poéticas, lejos de pertenecer al poeta en su individualidad, se relacionan estrechamente con el canon estético del habla cortesana,[22] en apretado lazo con la periodización

---

20 María Teresa Echenique Elizondo y Fco. Javier Satorre Grau (eds.), *Historia de la pronunciación de la lengua castellana*, Valencia, Tirant Humanidades/Université de Neuchâtel, 2013.

21 Tomás Navarro Tomás, *Métrica española*, Madrid/Barcelona, Guadarrama/Labor, 1974, p. 30.

22 Francisco Pla Colomer, *Letra y voz de los poetas en la Edad Media castellana. Estudio filológico integral*, Valencia, Tirant Humanidades, 2014. Ya había escrito M.ª Rosa Lida «Lo que existe tanto

establecida por Fernando Gómez Redondo,[23] con lo que la métrica, y muy especialmente la rima, cobran relevante protagonismo.

Navarro Tomás defendía con claridad que los poetas dirigen su esfuerzo a descubrir y utilizar las inagotables posibilidades de la lengua en las creaciones de la palabra organizada rítmicamente. La métrica (que no es sino una de las posibilidades que existen de crear secuencias con un ritmo identificable), permite el reconocimiento inmediato de un «patrón», un «molde» métrico usual o preferente en un idioma dado y es fuente valiosa para indagar en la naturaleza del componente fónico de la lengua castellana en el pasado. Sin ser la única perspectiva posible, en la que el estudio musical puede llegar a dar excelentes resultados,[24] aludiré a un solo caso como muestra de vinculación entre verso y música: El refrán «Niña y viña, peral y habar/malo es de guardar»; su presencia en el Cancionero Musical de la Biblioteca Colombina del siglo XV con arreglos para ser cantados a tres voces, permite a Hugo Bizzarri conjeturar que ciertos refranes eran cantados;[25] como no podía ser menos, remite a trabajos primeros de Margit Frenk[26] sobre los que después volvió tantas veces,[27] y es interesante que Patrizia Botta y Manuela Aviva digan que el listado de poemas seleccionado por ambas (entre los que se encuentra este mismo), «tiene más aire de "cancioncilla" que se proverbializó por famosa que de "refrán" propiamente dicho que pasó a utilizarse como cabeza de villancicos»,[28] abundando en lo que también Margit Frenk había

---

en la Edad Media como en el Renacimiento es, por una parte, disciplina escolar, por otra, inspiración individual» (*La tradición clásica en España*, Barcelona, Ariel, 1975, p. 38).

23 Fernando Gómez Redondo, *Historia de la prosa de los Reyes Católicos: el umbral del Renacimiento*, Madrid, Cátedra, 2012.

24 Puede consultarse, a modo de ejemplo, María del Carmen Gómez Muntané (ed.), *Historia de la música en España e Hispanoamérica. I. De los orígenes hasta 1470*, Madrid/México D. F., Fondo de Cultura Económica, 2009. Navarro Tomás había señalado ya que la convivencia entre la medida silábica fluctuante o libre y versos medidos con regularidad «podría buscar su esclarecimiento en la acomodación del verso a la posible melodía que los acompañaba» (*Métrica española*, pp. 27–28).

25 Hugo Bizarri, «Introducción», en Íñigo López de Mendoza, Marqués de Santillana, *Refranes que dizen las viejas tras el fuego*, Kassel, Reichenberger, 1995, p. 20.

26 Margit Frenk, «Refranes cantados y cantares proverbializados», en *Nueva Revista de Filología Hispánica*, 15 (1961), pp. 155–168, reeditado en *Poesía popular hispánica. 44 estudios*, México, Fondo de Cultura Económica, 2000, pp. 532–544.

27 Margit Frenk, *Nuevo corpus de la antigua lírica popular hispánica (siglos XV a XVII)*, México, Fondo de Cultura Económica, 2003 (que corrige y aumenta el anterior *Corpus* de Madrid, Castalia, 1987, con *Suplemento* de 1992).

28 Patrizia Botta y Manuela Aviva Garribba, «Refranes y cantares», *Revista de Poética Medieval*, 23 (2009), pp. 267–295.

apuntado ya.[29] La conjunción del saber más actualizado de fonología diacrónica con el conocimiento profundo de los textos poéticos y sus artificios métricos, juntamente con la acomodación a la melodía que los acompañaba es, en definitiva, una llamada de atención para que tanto los estudiosos de la historia de la lengua como los de su literatura fijen la vista en el valor filológico múltiple contenido en el excepcional legado poético que la lengua castellana nos ha transmitido en todas las épocas: en esta línea, Vicenç Beltrán ha dedicado valiosos trabajos a teorizar sobre oralidad y tradicionalidad en la lírica musical medieval.[30]

6 Periodización

Al hilo de alguna de las afirmaciones que acabo de hacer, no es ocioso mencionar aquí y ahora los criterios que rigen la demarcación de etapas varias en el devenir de la lengua, campo en el que los vínculos en los estudios de lengua y de literatura han sido particularmente estrechos desde antiguo. No me parece exagerado afirmar que, tras la separación efectiva en la investigación de ambas ramas, la Filología Española ha encontrado su principal refugio en la rama de la Literatura por su atención a los textos escritos de carácter literario en tanto los estudios de Lengua se escoran cada vez más hacia la Lingüística general; este duelo de aproximación y alejamiento entre Lengua y Literatura (ni contigo ni sin ti) lleva ya más de cuarenta años de existencia: la generación que represento la vivió en el aula y hay aquí hoy queridos compañeros de aquellos avatares. A la búsqueda del cientifismo, la lingüística se ha ido alejando del tronco común; cuando se acerca a los textos, cosa que se está haciendo con gran rigor, el resultado, excelente en su ajuste al conocimiento real y efectivo de la documentación castellana existente, termina siendo un catálogo de letras en sus diversas formas, abreviaturas, listado de amanuenses y documentos de archivos notariales, parroquiales o fueros que, si bien es verdad, poseen gran valor paleográfico o codicológico y son por ello indispensables para el especialista, no aportan la perspectiva real de

---

29 En 1997 había afirmado que: «En muchas más ocasiones sabemos que esas coplitas se cantaban porque figuran en cancioneros musicales de la época o porque llevan en alguna fuente antigua la indicación de que eran cantadas, o bien, porque fueron usadas como cabezas de villancicos y letrillas, indicio posible –aunque no seguro– de su carácter musical» (Margit Frenk, «La compleja relación entre refranes y cantares antiguos», en *Paremia*, 6 [1997], pp. 235–244, reeditado después en *Poesía popular hispánica: 44 estudios*, México, Fondo de Cultura Económica, 2006, pp. 545–560).
30 Cito ahora tan solo uno: Vicenç Beltran, *La poesía tradicional medieval y renacentista. Poética y antropología de la lírica medieval*, Kassel, Reichenberg, 2009.

la lengua en toda su magnitud. Es lógico que quienes estudian la historia de las grafías sean quienes editen documentos, porque su principal interés (salvados ciertos aspectos de formulación acorde con moldes procedentes de la lengua jurídica o la documentación de léxico muy concreto) estriba en las grafías; el resto es, por lo general, una estructura reiterativa, se repite y se repite.

Aludiré de pasada al campo historiográfico. Reclamaba Diego Catalán «el conocimiento directo de las fuentes» en el estudio historiográfico medieval, situado en una brumosa *terra nullius*, aunque sería más exacto afirmar con naturalidad que se encuentra «en tierra de todos», pues «es en la lectura de los manuscritos que la Edad Media nos ha dejado [...] donde el estudioso de la literatura medieval [sic] puede hacer descubrimientos que justifiquen la profesión de investigador en las Humanidades».[31] Pues bien, es justamente en la labor de indagación cronística donde el análisis de los problemas textuales no ha prestado aún, a mi juicio, toda la atención que cabría aplicar a cuestiones estrictamente lingüísticas a la hora de aclarar las transformaciones en la tradición manuscrita: ya el propio Menéndez Pidal había recurrido al empleo de formas átonas pronominales, concretamente a la presencia de la apócope extrema para agrupar separadamente los ciento dieciséis primeros capítulos del manuscrito E₁ de la *Estoria de España*, y el propio Diego Catalán[32] mencionó las divergencias de uso de pronombres átonos como refuerzo para abundar en la existencia de diferentes manos escriturarias en la composición y factura de la obra regia (cuestión gramatical bien significativa en la gramática castellana de todas las épocas: señores editores, no modifiquen los laísmos, tampoco de los textos modernos). Se ha avanzado mucho en este campo, por la obra del propio Diego Catalán y su continuidad en Inés Fernández Ordóñez o Mariano de la Campa, así como también por Germán Orduna y su estela en los colaboradores del Seminario de Edición y Crítica Textual (Secrit), en dilucidar la creación de diversos prototipos cronísticos y la combinación o colación de tradiciones textuales dispares en nuevas copias. Pienso que esta labor, grandiosa e inconmensurable en sí misma, así como necesitada del concurso de investigadores diversos, podría tener un complemento valioso si se diera entrada al estudio y análisis de cuestiones gramaticales en su diacronía. Habría que buscar el engarce entre las cuestiones puramente textuales y las de la historia de la lengua, buscando el acercamiento de ambos dominios (ecdótico e histórico-filológico). Germán Orduna, en su edición de la *Crónica* de

---

31 Diego Catalán, *De la silva textual al taller historiográfico alfonsí. Códices, crónicas, versiones y cuadernos de trabajo*, Madrid, Fundación Ramón Menéndez Pidal/Universidad Autónoma de Madrid, 1997, p. 32.

32 Diego Catalán, *De la silva textual...*, pp. 31–32.

Ayala,[33] trataba de rescatar las formas y construcciones que, por lo que sabemos de la lengua del siglo XIV, responden a uso normal de los escritores y de los documentos de fines del siglo XIV y lo hacía sin perder de vista la propuesta de Cesare Segre de «un equilibrio eficaz entre *la posible y la real restitución del texto*».[34] Claro, para ello es preciso saber cuál es el uso normal de escritores y de los documentos de fines del siglo XIV, y es la historia de la lengua la fuente necesaria de conocimiento a la hora de apresarlo científicamente. No puedo resistirme a decir cuán fantástico era escuchar a Orduna leer la *Crónica* de Ayala: la entonación porteña se fusionaba con la tonada castellana medieval, tan próximas en procesos a la vez distantes en el tiempo.

7 Avances en la historia de la lengua

Es debido al reconocimiento de la dimensión plena que una lengua adquiere en su literatura la razón por la que he afirmado que la Filología ha sobrevivido sobre todo en el terreno literario, pero no es menos cierto, y conviene que los estudiosos de la literatura lo tengan muy en cuenta, que desde el ámbito de la lengua se han detectado en los últimos tiempos transformaciones de especial importancia por su incidencia en cambios prototípicos, y se echa en falta el dominio de determinados conocimientos y recursos que en otra época componían la formación filológica general: aparte lo relativo a las grafías antiguas, está la morfosintaxis y la sintaxis históricas, campos trascendentales en los que los avances han sido muy considerables (de monumental puede calificarse la densa obra dirigida por Concepción Company, citada más arriba), así como la etimología y el estudio histórico del léxico (a la imprescindible obra de Joan Corominas y José Antonio Pascual[35] han venido a sumarse las ya insustituibles herramientas académicas *Corpus diacrónico del español [CORDE]* y *Corpus del nuevo diccionario histórico [CDH]*), y hay ya una obra de conjunto sobre el léxico en su perspectiva histórica.[36] A primera vista, podría pensarse que tales conocimientos son más

---

33 Germán Orduna (ed.), *Crónica del rey Don Pedro y del Rey Don Enrique, su hermano, hijos del rey don Alfonso Onceno*, Buenos Aires, SECRIT, 1997.

34 Germán Orduna, «Estudio preliminar», en Pero López de Ayala, *Crónica del rey don Pedro y del rey don Enrique, su hermano, hijos del rey don Alfonso Onceno*, Germán Orduna (ed.), Buenos Aires, SECRIT, 1994, vol. 1, p. LXIX.

35 Joan Corominas y José Antonio Pascual, *Diccionario crítico etimológico castellano e hispánico (DCECH)*, Madrid, Gredos, 1980–1991.

36 Steve Dworkin, *A History of the Spanish Lexicon: A Linguistic Perspective*, Oxford, Oxford University Press, 2012.

necesarios para la etapa medieval y renacentista por la dificultad que supone la lejanía en el tiempo, dificultad que se diluiría algo en el Siglo de Oro para llegar casi a desvanecerse a partir del siglo XVIII. Hoy sabemos que las cosas no son exactamente así: es cierto que la etapa medieval y renacentista reclaman destreza en el manejo de la paleografía, en la correcta interpretación de las dificultades de orden gramatical, en la determinación de la matriz léxica de formas documentadas (occitanas frente a francesas o aragonesas, gallegas frente a asturianas, por poner ejemplos habituales), qué decir de la historiografía medieval, pero la innovación ha alcanzado también al español moderno, sin olvidar, claro está, lo que la añeja dialectología (hoy muy renovada por haber ensanchado su atención a la complejidad urbana y no solo a la de ámbito rural) y el contacto de lenguas, con el relieve que hoy ha cobrado en los estudios sobre «paisaje lingüístico», tienen que decir, que es mucho. Qué mejor paisaje lingüístico, en todo caso, que los textos literarios de las diferentes épocas y países.

Daré alguna pincelada. Rolf Eberenz ha destacado el otoño de la Edad Media (recurriendo al título de la obra ya clásica de Johan Huizinga) como un punto de inflexión en transformaciones de orden principalmente morfosintáctico.[37] M.ª Teresa García-Godoy ha señalado una nueva fase de modernización sintáctica en el período 1675–1739 tras la delimitación de un primer español moderno, dentro de ese gran período del español, destacando la importancia del Siglo de las Luces en la historia del español americano.[38] En el libro coordinado por esta autora me fijo ahora en el trabajo de Rosa Espinosa Elorza, que analiza varios ejemplos de gramaticalización (noción hoy imprescindible en lingüística histórica) interna del español del XVIII; seguramente tiene razón cuando apela a la influencia del francés en la fusión *a dios* (recogido aun así en el *Diccionario panhispánico de dudas*) > *adiós* si tenemos en cuenta que Pierre d'Urte registra ya *adios, adiós, adiós, adius* (en alguna variante del euskera cercana a Francia se registra hoy, y parece ser antigua, incluso la forma *aió*)[39] como variantes desfraseologizadas y, por tanto, sin indicio de pluriverbalidad, en su *Dictionarium latino-cantabricum* manuscrito en Londres hacia 1715.[40] Por Pedro Álvarez de Miranda sabíamos,

---

37 Rolf Eberenz, *El español en el otoño de la Edad Media. Sobre el artículo y los pronombres*, Madrid, Gredos, 2000.

38 M.ª Teresa García-Godoy (ed.), *El español del siglo XVIII. Cambios diacrónicos en el primer español moderno*, Berna, Peter Lang, 2012.

39 Patri Urkizu, *Pierre d'Urteren Hiztegia (Londres 1715)*, San Sebastián, Mundaiz, 1989, vol. 1, p. 157.

40 Permítaseme este excurso con el que he querido llamar la atención sobre lo que la lengua vasca y, en concreto, la lexicografía histórica vasca (sobre la que se advierte una *receptio* todavía *difussa*), que encarna el contacto con la occitana, francesa, navarra, aragonesa y castellana a un tiempo desde antiguo, puede aportar a la historia de la lengua y la lexicografía españolas.

por otra parte, de la intensa renovación experimentada por el léxico español del XVIII al hilo de nuevos modos de pensar brotados en la sociedad española.[41] Pues bien, habría que ahormar todo esto en el estudio literario, teniendo en cuenta que las obras actualizadas de la propia RAE y la ASALE sobre fonética, morfología, sintaxis y ortografía, además de los corpus mencionados, recurren a la historia de la lengua para explicar fenómenos evolutivos, así como a textos literarios de todas las épocas para ilustrarlos,[42] de los cuales algunos se revelan esenciales por haber ido atravesando los filtros científicos de validez sucesivos (como es el caso de las obras procedentes del *scriptorium* alfonsí, del *Libro de buen amor*, el *Buscón*, y tantos y tantos más).

8 Filología, hoy

Ángel Gómez Moreno ha recordado, al explicar el título que finalmente recibió la *Revista de Filología Española* en su fundación ya centenaria (título precedido por el más monocorde de *Cuadernos de Trabajo del Centro de Estudios Históricos*), que la voz Filología «era [entonces] una voz prestigiada en el conjunto de Europa, particularmente en los países de habla alemana»[43] y añade en nota: «Más tarde se cargaría de connotaciones negativas y hasta quedaría literalmente proscrita en ámbitos académicos como el norteamericano». Me pregunto si esa ¿proscripción? no ha llegado también, más tardíamente, al ámbito europeo. Se mantiene, claro está, en las publicaciones tanto americanas como europeas: *Zeitschrift für Romanische Philologie, Neuphilologische Mitteilungen, Revista de Filología Española, Revista de Filología Hispánica, Nueva Revista de Filología Hispánica, Revista de Filología Románica, Romance Philology, Revue de Philologie* (varias con el mismo título), *Rivista di Filologia e Letterature Ispaniche* (varias), *Archivo de Filología Aragonesa, American Journal of Philology, Boletín de Filología, Boletim de Filologia, Revista de Philologia e de Historia, Epos. Revista de Filología, Neophilologus, Studia*

---

41 Pedro Álvarez de Miranda, *Palabras e ideas. El léxico de la Ilustración temprana en España (1680–1760)*, Madrid, Real Academia Española, 1992.

42 Y es en este sentido muy revelador que, en un artículo en el que se plantean sabia y ajustadamente los problemas que la elaboración de corpus históricos entraña, se acuda repetidas veces a razones de historia y crítica literarias. José Antonio Pascual, «La filología en vago y en vilo entre los datos», en Emilio Blanco (ed.), *Grandes y pequeños de la literatura medieval y renacentista*, Salamanca, Seminario de Estudios Medievales y Renacentistas, 2016, pp. 55–84.

43 Ángel Gómez Moreno, «La Edad Media en la *Revista de Filología Española*», en Pilar García Mouton y Mario Pedrazuela Fuentes (eds.), *La ciencia de la palabra. Cien años de la Revista de Filología Española*, Madrid, Consejo Superior de Investigaciones Científicas, 2015, p. 144, n. 2.

Neophilologica (pido disculpas por citar solo algunas; hay muchas, muchísimas más, claro está); hay incluso una *Rivista di Filologia Cognitiva* transmutada en: *Cognitive Philology*, aunque es también habitual separar «Lingüística» de «Filología» (*Travaux de Linguistique et de Philologie, Actele celui de al XII-lea Congres International de Lingvuistica şi Filologie Romanică*), y no es difícil advertir que el término en sí se ha vaciado de contenido en la institución académica (no digamos en los títulos expedidos por las Universidades, al menos europeas, en general).

9 El valor de un solo texto

Esta cuestión me lleva a plantear lo que un simple texto puede aportar de hecho a la Filología: Juan de Valdés hizo circular hacia 1535 entre sus amistades italianas el manuscrito del *Diálogo de la lengua*, lo que ha permitido recrear el papel del hispanismo en la resplandeciente Italia del siglo XVI y las circunstancias personales de Valdés en el contexto europeo (erasmista). Dos siglos después, Gregorio Mayans lo publicó en sus *Orígenes de la lengua española* (1737) por primera vez siguiendo el manuscrito de Londres e ignorando quién era su autor: había permanecido ¿olvidado? durante ese largo tiempo (desconocemos los avatares, probablemente clandestinos, por los que entre tanto pasó), lo que propició el carácter fundamental para la historia de la lengua que tiene desde entonces. Rafael Lapesa había dado a la luz una edición parcial incidiendo en los aspectos lingüísticos y filológicos del sigo XVI mientras preparaba otra versión completa sobre el texto de Montesinos, contrastándola con la de Boehmer (1895), hoy reproducida digitalmente en la Biblioteca Virtual Miguel de Cervantes, que nunca llegó a publicar.[44] Fueron apareciendo otras muchas a lo largo del siglo XX (Moreno Villa, Perry, Terracini, Barbolani, Lope Blanch, Quilis...), cada una de las cuales aporta aspectos de interés. Pues bien, algunos discípulos nos decidimos a ofrecer un pequeño homenaje a Rafael Lapesa con motivo del centenario de su nacimiento (2008) rescatando esas anotaciones que había ido haciendo sobre su ejemplar de la edición de Montesinos conservada, juntamente con su legado, en la Biblioteca Valenciana, al que añadimos trabajos preliminares varios,[45] pues en 2008, esto es, ya en el siglo XXI, el *Diálogo* tenía posibilidades de «lectura»

---

44 Juan de Valdés, *El diálogo de la lengua*, Rafael Lapesa (ed.), Zaragoza, Biblioteca Clásica Ebro, 1940.
45 Juan de Valdés, *Diálogo de la lengua*, Rafael Lapesa (ed.), Mª Teresa Echenique y Mariano de la Campa (rev.), Valencia, Tirant lo Blanch, 2008. En lo sucesivo, me referiré a esta edición como «Juan de Valdés, *Diálogo de la lengua*».

que los editores anteriores no habían podido entrever, sencillamente porque la Filología no había llegado aún a detallar los valores pragmático-discursivos que los textos dialogados encierran. Todo ello da idea de cómo había ido creciendo el interés por el *Diálogo*. Como broche final de este periplo que comienza en la Italia del siglo XVI y llega hasta el México contemporáneo, pasando por Londres, Valencia, Madrid, y todo ello con carácter provisional, porque es evidente que aquí no acabará la historia, Alejandro Higashi publicó su reseña en México en la *Nueva Revista de Filología Hispánica*.[46]

No digo todo ello gratuitamente. En la magistral disertación sobre *Orígenes de la lengua española* de Gregorio Mayans que Lapesa pronunció con ocasión de su nombramiento como *Doctor honoris causa* por la Universidad de Valencia, destacaba que las *historias literarias* [sic] habían valorado en esta obra, por encima de las doctrinas lingüísticas o los datos históricos, «el haber dado a conocer el Diálogo valdesiano y el Arte de Villena».[47] La controversia entre Mayans y sus detractores, desarrollada ampliamente por la experta mayansiana M.ª José Martínez Alcalde,[48] serviría por sí sola para ilustrar la vida literaria y académica del siglo XVIII (afirmación de exagerado carácter retórico que hago con la venia de nuestro presidente David Gies); como señala Martínez Alcalde, «A pesar de las críticas, la edición mayansiana del *Diálogo* se convirtió en referencia para aquellos que, desde entonces, se acercaron al estudio de la historia de la lengua española».[49] Se hicieron otras ediciones en el siglo XIX, en las que el erudito valenciano contó con los elogios de figuras destacadas como Leandro Fernández de Moratín o críticas acervas como la de Bartolomé José Gallardo. Fermín Caballero repasó en 1875 las ediciones y estudios del *Diálogo* aparecidas hasta ese momento, con una casuística bien analizada por Mariano de la Campa.[50] A partir del siglo XIX, se ha trabajado incansablemente en la localización y fijación del autor, así como en la edición del texto.

---

46 Alejandro Higashi, «Reseña de Juan de Valdés, *Diálogo de la lengua. Edición de Rafael Lapesa (preparada y dispuesta para la imprenta por María Teresa Echenique y Mariano de la Campa). Trabajos introductorios de María José Martínez Alcalde, Mariano de la Campa Gutiérrez, Francisco Javier Satorre Grau y María Teresa Echenique Elizondo*, Tirant lo Blanch, València, 2008; 219 pp.», en *Nueva Revista de Filología Hispánica*, 59 (2011), pp. 245–249.

47 Rafael Lapesa, «Sobre los *Orígenes de la lengua española* de Gregorio Mayans», en *El español moderno y contemporáneo. Estudios lingüísticos*, Barcelona, Crítica, 1996, p. 56.

48 M.ª José Martínez Alcalde, *Las ideas lingüísticas de Gregorio Mayans*, Valencia, Ayuntamiento de Oliva, 1992.

49 M.ª José Martínez Alcalde, «Los avatares de la primera publicación del *Diálogo de las Lenguas* (1737)», en Juan de Valdés, *Diálogo de la lengua*, pp. 13–34.

50 Mariano de la Campa, «El *Diálogo de las lenguas* bajo la erudición del siglo XIX», en Juan de Valdés, *Diálogo de la lengua*, pp. 35–60.

Como ha destacado Javier Satorre, Valdés no es un gramático («su obra es paupérrima en contenidos gramaticales»)[51] y, además, los gramáticos posteriores no conocieron la obra, así que no pudieron valerse de ella; es decir, no generó tradición ni, por tanto, ha formado parte de la gramaticografía española. El *Diálogo* es, sencillamente, un valiosísimo testimonio de la lengua castellana de la primera mitad del siglo XVI, un verdadero modelo humanista para el estudio pragmalingüístico y así lo han considerado investigadores que hoy se interesan por la Lingüística histórica de base pragmática y discursiva (Cano,[52] Bustos,[53] Ridruejo,[54] Girón,[55] Eberenz y de la Torre,[56] Oesterreicher),[57] junto a estudiosos de modelos preferentemente literarios (López Grijera)[58] o de historia de la gramática (Salvador Plans,[59] Satorre Grau),[60] y llega a proporcionar en ocasiones nuevas y reveladoras interpretaciones (Vian,[61] Gauger),[62] además de, y esto es lo que quiero subrayar,

---

51 Fco. Javier Satorre Grau, «El *Diálogo de la lengua* de Juan de Valdés y la gramática de su época», en Juan de Valdés, *Diálogo de la lengua*, p. 77.

52 Rafael Cano, «Pragmática lingüística e Historia de la lengua», en *Cauce*, 18–19 (1995), pp. 703–717.

53 José Jesús de Bustos Tovar, «De la oralidad a la escritura en la transición de la Edad Media al Renacimiento: la textualización del diálogo conversacional», en *Criticón*, 81–82 (2001), pp. 191–206.

54 Emilio Ridruejo Alonso, «Para un programa de pragmática histórica del español», en M.ª Teresa Echenique y Juan Sánchez Méndez (coords.), *Actas del V Congreso Internacional de Historia de la Lengua Española*, Madrid, Gredos, 2002, pp. 159–178.

55 José Luis Girón Alconchel, «Procesos de gramaticalización del español clásico al moderno», en M.ª Teresa Echenique Elizondo y Juan Sánchez Méndez (coords.), *Actas del V Congreso Internacional de Historia de la Lengua Española*, Madrid, Gredos, 2002, pp. 103–122.

56 Rolf Eberenz y Mariela de la Torre, *Conversaciones estrechamente vigiladas. Interacción coloquial y español oral en las actas inquisitoriales de los siglos XV a XVII*, Lausanne, Sociedad Suiza de Estudios Hispánicos, 2003.

57 Wulf Oesterricher, «Textos entre inmediatez y distancia comunicativas. El problema de lo hablado escrito en el Siglo de Oro», en Rafael Cano (coord.), *Historia de la lengua española*, Barcelona, Ariel, 2005, pp. 729–769.

58 Luisa López Grijera, *La retórica en la España del Siglo de Oro. Teoría y práctica*, Salamanca, Universidad de Salamanca, 1994.

59 Antonio Salvador Plans, «Los tratadistas del siglo de oro como fuente para el análisis de la historia de la lengua», en M.ª Teresa Echenique Elizondo y Juan Sánchez Méndez (coords.), *Actas del V Congreso Internacional de Historia de la Lengua Española*, Madrid, Gredos, 2002, pp. 159–184.

60 Francisco Javier Satorre Grau, «La lengua coloquial en las obras gramaticales y lexicográficas del Siglo de Oro», en Mauro Fernández, Francisco García Gondar y Nancy Vázquez Veiga (coords.), *Actas del I Congreso Internacional de Historiografía de la Lengua Española*, Madrid, Arco Libros, 1998, vol. 1, pp. 615–626.

61 Ana Vian, «Interlocución y estructura de la argumentación en el diálogo: algunos caminos para una poética del género», en *Criticón*, 81–82 (2001), pp. 157–190.

62 Hans-Martin Gauger, «La conciencia lingüística en la Edad de Oro», en Rafael Cano (coord.), *Historia de la lengua española*, Barcelona, Ariel, 2005, pp. 681–727.

ser reconocido su valor literario: queda claro, por poner un ejemplo, en uno de los artículos (ya clásico) dedicados a él por Ana Vian Herrero,[63] que se inserta en la línea reivindicadora de su valor literario ya reclamada por Cristina Barbolani (1982) o por Isaías Lerner en 1986;[64] sin olvidar el libro que Jesús Cantera Ortiz de Urbina y Julia Sevilla Muñoz han dedicado a los refranes en él contenidos.[65] En fin, el propio José Manuel Blecua recomendaba el *Diálogo* de Valdés como modelo ejemplar de prosa castellana a sus lectores de la prensa diaria aragonesa.[66]

No deja de ser curioso: un texto, escrito probablemente con intención propedéutica, que a la vez nos informa sobre el pasado lingüístico castellano y sus creadores literarios, que encierra enorme interés para conocer el estado de la lengua castellana en el siglo XVI, lleno de matices gramaticales, etimológicos, que ataca continuamente la figura de Nebrija y valora especialmente los refranes como ejemplo de la lengua castellana más genuina, deudor de la tradición de textos dialogados, es modelo de «dialogía» en el sentido más moderno de la lingüística, de relación entre «oralidad y escritura» (no puede ser más actual), tiene cientos, miles de referencias en la red, en todos los meses de todos los años en todas las lenguas, y es citado por los estudiosos de la sintaxis más actualizada; no falta en ninguna de las obras que atienden a la literatura española en el siglo XVI y, por añadidura, habla de la situación de las lenguas en la Península Ibérica (España más Portugal). Se podría decir que en este «sencillo» texto, que concita el interés de estudiosos de la lengua, literatura y lingüística (por lo menos), está contenida toda la Filología. A la vista de todo ello, ¿quién podría afirmar que ha terminado aquí su estela iniciada en el siglo XVI?, y, sobre todo, ¿cómo se puede dudar de la vinculación existente entre la lengua y su literatura?

Parece claro que el estudio filológico, que es por naturaleza colegiado, se inserta en una cadena evolutiva, lo que exige que haya un antes y un después en su cultivo. Giuseppe Di Stefano, en el sabio estudio preliminar a la edición lapesiana del *Rimado de palacio*,[67] ha señalado generosamente, pero no sin verdad, que el conocimiento de la historia de la lengua puede ayudar a resolver con acierto problemas textuales «con que se enfrenta el editor. La ingente y sutil labor de

---

63 Ana Vian Herrero, «La mímesis conversacional en el *Diálogo de la lengua* de Juan de Valdés», en *Criticón*, 40 (1987), pp. 45–79.

64 Lerner, Isaías, «El discurso literario del *Diálogo de la lengua* de Juan de Valdés», en A. David Kossof, José Amor y Vázquez, Ruth H. Kossof y Geoffrey W. Ribbans (dirs.), *Actas del VIII Congreso de la AIH*, Madrid, Istmo, 1986, vol. 2, pp. 145–150.

65 Jesús Cantera Ortiz de Urbina y Julia Sevilla Muñoz, *Los 173 refranes que emplea Juan de Valdés en el «Diálogo de la lengua» (1535)*, Madrid, Guillermo Blázquez, 2004.

66 José Manuel Blecua Teijeiro, *La vida como discurso*, Zaragoza, Heraldo de Aragón, 1981, p. 76.

67 Giuseppe Di Stefano, «Introducción», en Pero López de Ayala, *Rimado de palacio*, Rafael Lapesa (ed.) y Pilar Lago (colab.), Valencia, Generalitat Valenciana, 2010, pp. 13–46.

Lapesa sobre el texto del poema del Canciller lo atestigua de manera ejemplar», al tiempo que señala «algunas conjeturas más convincentes de Lapesa» (frente a los demás editores posteriores de la obra).[68] Higashi ha ponderado precisamente en la reseña mencionada sobre el *Diálogo de la lengua* que sea una edición que no haya tenido que ajustarse a normas editoriales y otro tanto es lo que sucede con el *Rimado*, tal como ha quedado subrayado por Di Stefano: Lapesa, historiador de la lengua, utilizó su propio criterio, que se revela excelente.

Llegados a este podríamos seguramente estar todos de acuerdo en que la edición de las *Soledades* gongorinas fue magistralmente publicada en su momento por Dámaso Alonso, o que quizá no sea superable la edición de la *Obra Poética* de Quevedo debida a José Manuel Blecua, qué decir de la larga estela de obras como *Europäische Literatur und lateinisches Mittelalter* de Ernst Robert Curtius o de una cosecha de trabajos como los contenidos en *La tradición clásica en España*, y podríamos continuar esta serie con sucesivos e incontestables ejemplos que seguramente concitarían el acuerdo general, pero desearía advertir que es imprescindible al estudioso situarse en su momento asumiendo el papel que le corresponde como eslabón concreto de la cadena filológica, reflejando al propio tiempo el conocimiento contemporáneo a él, en diálogo con todo cuanto otros filólogos han ido haciendo, para crear con ello un clima de discusión «científica» en foros como el que hoy nos reúne aquí.

Seguramente la escisión entre presente y pasado (que hoy es casi una pulsión) está dando lugar a una nueva época y con gran probabilidad nos falta perspectiva temporal para juzgar el valor de la coyuntura que la filología atraviesa. Ahora bien, la historia de la lengua representa, a esta altura del siglo XXI, una situación determinada en el mundo lingüístico, y el estudioso de la literatura tiene que saber manejarse en ese progreso del mismo modo que también, recíprocamente, el lingüista necesita renovar sus conocimientos sobre la parcela del estudio literario. Es urgente, pues, que la actualización se ajuste al siglo XXI de forma que refleje, si no progreso en la Filología, al menos su evolución, gracias a la cual, además, podrán surgir las Vanguardias como contrapunto al estudio

---

68 Cito aquí el párrafo completo: «Este encuentro del todo inesperado entre Alonso –el "maestro joven", según definición lapesiana– y Lapesa –que tiempo después Alonso emparejará con Marañón y Menéndez Pidal como "héroes de nuestros días"– alrededor del texto del *Rimado de Palacio*, con la vivacidad expresiva despreocupada y confidencial del primero, aporta por un lado un ejemplo más de cómo la ecdótica, con sus métodos, vínculos y rigor terminológico, era un universo extraño a la filología española aunque por cierto no ignorado, y por otro lado confirma el hecho indiscutible de que sabiduría, agudeza y buen sentido no solamente critico pueden no conceder ventajas excesivas al cientifismo de la ecdótica en los tantísimos momentos de apuro con que se enfrenta el editor. La ingente y sutil labor de Lapesa sobre el texto del poema del Canciller lo atestigua de manera ejemplar» (Giuseppe Di Stefano, «Introducción», p. 28).

de tono más o menos tradicional representado por el clasicismo académico del mundo filológico.

10 Contacto de lenguas

Seguramente uno de los campos en el que ha habido mayor progreso dentro de la lingüística de fines del siglo XX ha sido en el contacto de lenguas y sus consecuencias, hoy reanalizadas bajo el prisma del contacto de culturas. La cuestión tiene reflejo bien conocido en la Literatura española y hemos aprendido mucho de la variedad de registros, que van desde el empleo de hablas jergales como la germanía hasta la imitación de aspectos lingüísticos de minorías sociales, o de diversas peculiaridades regionales, entre las que destaca, sin duda, la de mis paisanos, estilizada literariamente (es un decir) en la figura del vizcaíno, entre otros. En el *Diálogo de la lengua* valdesiano está ausente la mención al gallego y al asturiano (asturleonés); sí se nombra al aragonés o se describe con claridad la castellanización del valenciano (cuya filiación catalana es, por otra parte, indiscutible para Valdés), por mencionar algunas referencias concretas. Dada la imposibilidad de abarcar todos los espacios lingüísticos peninsulares, voy a hacer un apunte tomando como ejemplo el contacto de lenguas en la obra de Juan Fernández de Heredia en un aspecto muy concreto, por lo mucho que aún tiene que aportarnos en el futuro próximo. Permítanme que para ello trace un paralelo con las complejidades de carácter jocoso que juristas especializados en derecho internacional acostumbran a plantear: un español y una inglesa contraen matrimonio en Marruecos, adquieren un inmueble en Italia y viajan luego a México, donde hacen testamento: qué ley se aplica a ese testamento: la española, la inglesa, la marroquí, la italiana, la mexicana... Pues bien, Santiago Vicente[69] ha recordado palabras de Regina Geijerstam sobre la complejidad lingüística del *Eutropio*: ¡una versión italiana traducida al aragonés por un catalán residente en París!

Además de manejar las cuestiones textuales: originales, manuscritos, traducciones, fuentes (traducción de un original griego, con lo que ello implica de intervención erudita), es decir, además de empezar por la localización, identificación, edición y estudio de documentos (y textos), hay que pasar luego a desarrollar su significación en el universo histórico-cultural, así como también en el contexto histórico y social peninsular. Para trabajar la lengua de Heredia hay que atender

---

69 Santiago Vicente Llavata, «Notas sobre fraseología del aragonés medieval. A propósito de las traducciones heredianas del *Secreto Secretorum* y del *Libro de Marco Polo*», en *Actas del X Congreso Internacional de Historia de la Lengua Española (Zaragoza 2015)*, en prensa.

en un principio a los dominios lingüísticos aragonés, navarro, castellano, catalán y occitano, por lo menos (también más tarde para Íñigo López de Mendoza, aunque en Santillana más como referencia erudita que realidad, pues el aragonés era el instrumento de trabajo y el objetivo de Heredia), amén del acercamiento a otras lenguas a través de las traducciones.[70] No es ocioso vincular a ambas figuras, pues sabemos del contacto directo del Marqués con los textos heredianos. Juan Fernández de Heredia, «hombre de una época de crisis como es el siglo XIV, con lo que implica de cambio, transición y terminación de unos modelos y comienzo de otros»,[71] conformó un corpus (¿qué otra cosa es una biblioteca?) y un equipo destinados a «crear una prosa literaria en aragonés en el contexto de la Baja Edad Media, en un momento en que la confluencia de las lenguas vecinas le restaba espacio y carácter único»[72] y ello puede llegar a aportar frutos de interés desde la perspectiva de la convivencia de lenguas en su obra. Me fijaré fugazmente en la fraseología, que, si en Íñigo López de Mendoza permite apoyar su vinculación al espacio occitano-catalán,[73] también nos ilustra sobre la «apabullante y fértil heterogeneidad lingüística en proceso de transmisión textual y las múltiples capas de intervención lingüística».[74] El estudio fraseológico puede ayudar a determinar cuál de las versiones de ámbito peninsular debe ser considerada anterior: la catalana, la castellana, la aragonesa, la portuguesa...[75] Las tradiciones

---

70 Puede apreciarse el sinfín de matices que un análisis de gran finura como este exige en Fernando González Ollé, «Aragonés, navarro y vascuence en la caracterización idiomática del *Vidal Mayor*», en *Revista de Filología Española*, 90.2 (2010), pp. 257–278.

71 Juan Manuel Cacho Blecua, *El Gran Maestre Juan Fernández de Heredia*, Zaragoza, Caja de Ahorros de la Inmaculada, 1991, p. 195.

72 Santiago Vicente Llavata, «Notas sobre fraseología del aragonés medieval. A propósito de las traducciones heredianas del *Secreto Secretorum* y del *Libro de Marco Polo*», en prensa.

73 Santiago Vicente Llavata, *Estudio de las locuciones en la obra literaria de Don Íñigo López de Mendoza (Marqués de Santillana). Hacia una fraseología histórica del español,* Valencia, Universitat de València, y «Notas de fraseología hispánica medieval. A propósito de la impronta catalano-aragonesa en la obra literaria de don Íñigo López de Mendoza», en Emili Casanova y Cesareo Calvo (eds.), *Actas del XXXVI Congreso Internacional de Lingüística y Filología Románicas*, Berlin, De Gruyter, 2013, vol. 4, pp. 431–444.

74 Santiago Vicente Llavata, «Notas sobre fraseología del aragonés medieval. A propósito de las traducciones heredianas del *Secreto Secretorum* y del *Libro de Marco Polo*», en prensa.

75 Hago ahora un excurso para mencionar el espléndido botón de muestra encarnado en el trabajo póstumo que Gerold Hilty nos ha dejado sobre «*El libro conplido* en Cataluña», vinculado a cuantas dificultades estoy tratando de apuntar: «¿El *Libro conplido* en Cataluña? No es probable que existiera un manuscrito de la versión castellana en Cataluña en el Medioevo. El manuscrito 981 de la Biblioteca de Cataluña es una adquisición moderna. En cambio, ya en la Edad Media circulaban en Cataluña ejemplares de la traducción latina del texto castellano, hecha por Aegidius de Thebaldis y Petrus de Regio. No habría que excluir que, basada en esta versión, se hiciera una traducción catalana, hoy perdida» («*El libro conplido* en Cataluña» en *Estudis Romànics*, 38

discursivas permiten crear espacios propios en el estudio de las expresiones fijas, como sucede en el caso de formación de determinadas unidades fraseológicas en la materia sapiencial, constitutivas de un universo completo en sí mismo:[76] uno y otro testimonio tienen su prolongación en el ámbito fraseológico español y americano, cuyo contraste puede ser estudiado dentro de la tradición lexicográfica.[77] Me sumergiré fugazmente en un último recodo del río filológico en su diacronía.

11 Fraseología histórica

La fraseología, disciplina en enorme auge hoy, está comenzando a dar sus frutos en su aplicación al devenir histórico de la lengua; al delinear procesos esenciales de gramaticalización o de lexicalización en la formación de unidades fraseológicas del español, el estudio diacrónico de la fraseología persigue como fin último elaborar la historia global de las unidades fraseológicas junto a la historia particular de cada una de ellas.[78] Pues bien, cómo hacer Fraseología histórica sin atender al menos a la obra de un autor como Quevedo: tras el trabajo pionero de Lía Schwartz,[79] y después de otros también importantes que no enumero ahora, Dolores García Padrón y José Juan Batista Rodríguez han terminado por concluir que «en Quevedo, el discurso repetido institucionalizado en su época se vuelve, al desautomatizarlo, técnica del discurso».[80]

[2015], pp. 347–355, y, ahora, con comentarios contextuales de David Porcel Bueno, «Despedida del *Libro conplido*», en *Vox Romanica*, 73 [2014], pp. 97–125).

76 David Porcel Bueno, *Sobre el proceso histórico de fijación fraseológica: locuciones prepositivas complejas en los libros y colecciones de sentencias medievales (siglos XII-XV)*, María Teresa Echenique Elizondo y Mariano de la Campa Gutiérrez (dirs.), Universitat de València, 2015 (tesis doctoral inédita).

77 Vicente Álvarez Vives, *Estudio fraseológico contrastivo de las locuciones adverbiales en los diccionarios de Vicente Salvá y de Esteban Pichardo: hacia una fraseología histórica del español en la lexicografía del siglo XIX*, Valencia, Universitat de València, 2013.

78 M.ª Teresa Echenique Elizondo, M.ª José Martínez Alcalde, Juan Pedro Sánchez Méndez y Francisco P. Pla Colomer, *Fraseología española: diacronía y codificación*, Madrid, Consejo Superior de Investigaciones Científicas, 2016.

79 Lía Schwartz Lerner, «El juego de palabras en la prosa satírica de Quevedo», en *Anuario de Letras*, 11 (1973), pp. 149–175.

80 Dolores García Padrón y José Juan Batista Rodríguez, «Compilación, desautomatización y desarticulación fraseológica en Quevedo», en María Teresa Echenique Elizondo, María José Martínez Alcalde, Juan Pedro Sánchez Méndez y Francisco P. Pla Colomer (eds.), *Fraseología española: diacronía y codificación*, Madrid, Consejo Superior de Investigaciones Científicas, 2016, pp. 111–131.

Refiriéndose al ámbito de las unidades fraseológicas con autonomía sintáctica, esto es, los refranes, ha dicho Alexandra Oddo:

> Hay quienes afirman que la fijación es constitutiva de los refranes, sin tener en cuenta que estos, desde sus primitivas formas, han sido sometidos a grandes cambios. De hecho un estudio diacrónico del Refranero lo confirma y apunta a que en este proceso, el ritmo desempeña un papel importante. Existen muchas afinidades entre el Refranero y la poesía, y el ritmo, en su acepción más amplia, a menudo es un elemento esencial no ya solo de su variación, sino también de su supervivencia en la lengua de una comunidad hablante.[81]

Ya había reflexionado Rafael Lapesa sobre ello y es magnífico que se haya llegado a conclusiones similares por distintos caminos: Oddo desde la métrica y Lapesa desde la fraseología histórica:

> La fraseología es una de las manifestaciones primitivas –y a la vez más perdurables– de la creación artística del lenguaje transmitida por vía oral. Actividad y producto intermedio entre lo meramente lingüístico y las formas elementales de la literatura tradicional, la fraseología presenta, como éstas, asombrosa continuidad en medio de su incesante renovación: son muchas las locuciones que se perpetúan con fluidez formal y aparición escrita ininterrumpida desde la Edad Media o el siglo XVI hasta ahora. Pero también hay casos de perduración en estado latente.[82]

12 Recapitulación

He procurado acercarme a los campos que conozco más directamente por ser fruto de la investigación que me es próxima. Hoy, tras la separación administrativa entre las áreas de Lengua y Literatura, los estudiosos de la Lengua parecen atender solo a la producción iliteraria, al tiempo que quienes elaboran trabajos literarios prescinden de la perspectiva lingüística, lejos, por tanto, de la formación integral que capacitaba para trabajar por igual con un documento medieval o con otros en letra procesal o en, digamos, escritura gótica cursiva encadenada de archivos españoles o americanos, o a extraer las consecuencias filológicas del estilo literario. Las posibilidades que la visión integrada de estos conocimientos aportaba en el pasado a la obtención de un rendimiento filológico excelente puede quedar ilustrado por ocasionales ejercicios de la pluma: un ensayo de escritura en que el amanuense consigna «conde claros con amo» proporcionó

---

81 Alexandra Oddo, «Historia de una pareja inseparable: el ritmo en el refranero español», en *Rhytmica*, 13 (2015), p. 173.
82 Rafael Lapesa, «*Alma* y *ánima* en el *Diccionario histórico de la lengua española*: su fraseología», en *Léxico e historia. II. Diccionarios*, Madrid, Istmo, 1992, p. 37.

al sutil ingenio de Samuel Armistead el apoyo preciso para plantear la existencia de un romancero morisco, como ha rememorado Cleofé Tato[83] al tiempo que recuerda otros ejemplos y aporta uno nuevo de «Muerto yaze Durandarte».

El saber tiene que fluir en ambas direcciones: de la historia de la lengua a la historia de la literatura y a la inversa, de la lengua al texto y a la inversa, y fluir significa existencia de permeabilidad, de manera que los historiadores de la lengua se impregnen de lo que hacen los estudiosos de la literatura y estos absorban los logros de los estudiosos de la lengua, intentando no quedar todos reducidos a la especialización severa, así como tampoco, en el otro extremo, diluidos en la dispersión. La teoría lingüística y, de su mano, la teoría gramatical, ha tenido amplio desarrollo en los últimos años, pero quedan tareas pendientes estrechamente unidas al estudio de la literatura, algunas de las cuales he querido mostrar hoy aquí. La historia de la lengua tiene que ayudar al estudioso de la literatura a construir su objeto de estudio literario en aspectos muy concretos como los mencionados.

Quizá la asignatura pendiente más importante sea interpretar correctamente y de forma plena el valor de todos y cada uno de los ejemplos que pueden encontrarse con peligrosa facilidad en un corpus, sea cual sea este de entre los muy valiosos con los que hoy cuenta el estudioso de la filología. Al igual que cada refrán tiene su momento histórico, como ha recordado Bizzarri («Sólo el estudio del refrán en su contexto puede acercarse a su significado o aportar el que, por lo menos, se le dio en algún momento de su historia»),[84] cada uno de los ejemplos del *CORDE*, pongamos por caso, tiene que ser reubicado en el momento histórico al que pertenece.

Las dificultades derivadas de complicadas y embrolladas cuestiones que oscurecen el valor y alcance real de los datos de un corpus (claramente expuestas en un trabajo que he citado al comienzo por José Antonio Pascual,[85] buen conocedor por las implicaciones que tales dificultades plantean a la hora de elaborar el corpus riguroso para el futuro *Nuevo diccionario histórico*) solo pueden ser resueltas satisfactoriamente mediante el conocimiento profundo de los entresijos de las obras de las que se extraen los datos (que son, en muy buena medida, literarios) y el manejo exhaustivo de las técnicas filológicas; gracias al cultivo integral de

---

83 Cleofé Tato, «Una nueva y fragmentaria versión del romance "Muerto yaze Durandarte" en una *probatio calami*», en *Revista de Filología Española*, 90 (2010), pp. 279–301.

84 Hugo Bizzarri, «Introducción» a Íñigo López de Mendoza, Marqués de Santillana, *Refranes que dizen las viejas tras el fuego*, Kassel, Reichenberger, 1995, p. VII.

85 José Antonio Pascual, «La filología en vago y en vilo entre los datos», en Emilio Blanco (ed.), *Grandes y pequeños de la literatura medieval y renacentista*, Salamanca, Seminario de Estudios Medievales y Renacentistas, 2016, pp. 55–84.

los textos existe el progreso filológico, que permite ir cimentando sólidamente el resultado global mediante la revisión continua de la fiabilidad de los datos en que se asienta a la hora de establecer sus fundamentos.

No deja de ser enormemente positivo, por otra parte, observar que en la minuciosa tarea de desbroce de textos legítimos y fiables para la elaboración de un corpus, hay un núcleo firme de ellos que se revela esencial, lo que permite albergar optimismo sobre el acierto indiscutible que ha ido acompañando al trayecto filológico ya recorrido.

13 Final

La filología está trenzada de eslabones que unas veces corroboran, otras completan o enmiendan a sus precedentes en la cadena filológica, pero que, gracias, a todos, continúa su camino de exégesis de los textos que nos ha legado el pasado. Mi generación recibió en los años 70 los fundamentos de un paradigma articulado a comienzos del siglo XX, del que algunos decían que estaba ya caduco. Resultó que, al cabo de casi 30 años (sí: en el año 2000), se publicaron los tomitos de Rafael Lapesa *Estudios de morfosintaxis histórica*, que abrieron la senda a la renovación de la Morfosintaxis histórica. No estaba caduco: simplemente, hacía falta que alguien continuara por la misma senda infundiendo la necesaria actualización.

La obra de Dámaso y Amado Alonso, Henríquez Ureña, Carolina Michäelis, Solalinde, María Rosa Lida, Rafael Lapesa, Emilio Alarcos, Manuel Alvar, Diego Catalán, Germán Orduna, Lope Blanch y otros a los que alcanza la estela de todos ellos, obedece a un plan fraguado en torno a Menéndez Pidal a comienzos del siglo XX, que ensanchó los horizontes de la Filología española y puso de relieve la estrecha comunidad cultural que une a los pueblos de occidente. Independientemente de que surjan otros objetivos y métodos, todos ellos bienvenidos además de saludables, dejemos aún surcos sin roturar para que otros los cultiven y puedan dar cima en el futuro a lo mucho que todavía queda por hacer en la Filología, tal como fue proyectada en objetivos que entonces se hicieron explícitos y hoy siguen gozando de interés y actualidad.

Esta concepción de la íntima unidad de la lengua, historia y cultura, explícita o implícitamente proclamada, ha seguido modelando hasta hoy día la producción de los más dispares descendientes de la escuela filológica de Menéndez Pidal, como afirmó Diego Catalán,[86] y no creo inexacto decir que, ahora que la

---

86 Diego Catalán, *Lingüística iberorrománica*, Madrid, Gredos, 1974, p. 41. Hay que entender por «hoy día» los comienzos de los años setenta.

historia de la lengua ha pasado a ser una disciplina de marcado carácter transversal a esta altura del siglo XXI, un Congreso como el que hoy nos reúne tiene mucho que ver con ello.

Sí, los historiadores de la lengua nos hemos alejado de los textos literarios. Ayúdennos a reencontrar el camino que permita que unos nos interesemos por lo que hacen otros en lugar de encerrarnos en nuestra torre de marfil construyendo burbujas de erudición infranqueable.

La Filología ha sido siempre consciente de que no hay pasado sin interpretación de textos que abarcan, desde las ruinas lingüísticas,[87] es decir, desde los testimonios fragmentarios conservados mediante los cuales es posible restituir críticamente etapas pretéritas de una lengua y de su literatura por exiguos que parezcan, hasta textos completos, que pese a todo nunca nos parecen suficientes o nunca nos parecen suficientemente interpretados.

Un libro sin duda importante como el de Carlos Garatea Grau[88] ha generado un curioso reanálisis de las tesis de Menéndez Pidal en torno a las relaciones entre tradición y cultura, en que la tensión entre creatividad del individuo y de la comunidad se revela fundamental. Claro que no hay nada que perder y sí mucho que ganar en considerar nuevos aspectos de las ya centenarias teorías, pero, en mi sentir, la presión generada por la interacción de actos individuales de creatividad en el seno de un «cuerpo social» despojada del hecho literario produce como resultado un reduccionismo pobre y yermo. El juego entre tradición y modernidad es permanente fusión y conduce a la «tradición de la ruptura» de la que hablaba Octavio Paz, hecha de interrupciones y en la que cada ruptura es un comienzo. No se me ocurre mejor ejemplo de cómo puede lo moderno ser tradicional que la ya mencionada sesión de este Congreso titulada: «Edad Media en el Heavy Metal», a la que deseamos largo éxito.

Termino ya. Les he pedido ayuda para reencontrar la ligazón entre la lingüística y la literatura. Bien es verdad que con ello el filólogo convierte la literatura (lúdica en sí misma) en actividad trabajosa y en ocasiones hasta agobiante, pero no por ello debemos dejar de intentar transmitir a la sociedad lo mucho que la Filología puede aportar a la convivencia, al esparcimiento y solaz, y hasta al consuelo, del ser humano.

En este tiempo de vientos poco propicios a las Humanidades, todo es discurso-discursivo en la lingüística, y seguramente está bien poner en ello el acento. Pero ya José Manuel Blecua, eslabón vigoroso de esa cadena filológica que ha

---

87 Entendiendo por «ruina», en el sentido filológico de raíz germánica, todo texto, por humilde que sea, a partir del cual es posible extraer información, ya sea histórica, lingüística o literaria.
88 Carlos Garatea Grau, *El problema del cambio lingüístico en Ramón Menéndez Pidal: el individuo, las tradiciones y la historia*, Tübingen, Günter Narr, 2005.

tenido un antes, tiene un hoy y tendrá un mañana dentro del Hispanismo, al escribir *La vida como discurso*, consiguió trocar en sutileza el pesimismo de Gracián. Hagamos nosotros otro tanto. Muchas gracias.

Obras citadas

Alonso, Amado, *De la pronunciación medieval a la moderna en español*, Rafael Lapesa (rev.), Madrid, Gredos, 1955–1967.

Álvarez de Miranda, Pedro, *Palabras e ideas. El léxico de la Ilustración temprana en España (1680–1760)*, Madrid, Real Academia Española, 1992.

Álvarez Vives, Vicente, *Estudio fraseológico contrastivo de las locuciones adverbiales en los diccionarios de Vicente Salvá y de Esteban Pichardo: hacia una fraseología histórica del español en la lexicografía del siglo XIX*, Valencia, Universitat de València, 2013.

Amasuno, Marcelino, «La medicina y el físico en la *Dança general de la muerte*», en *Hispanic Review*, 65 (1998), pp. 1–24.

Beltran, Vicenç, *La poesía tradicional medieval y renacentista. Poética y antropología de la lírica medieval*, Kassel, Reichenberger, 2009.

Bizarri, Hugo, «Introducción», en Íñigo López de Mendoza, Marqués de Santillana, *Refranes que dizen las viejas tras el fuego*, Kassel, Reichenberger, 1995.

Blecua Teijeiro, José Manuel, *La vida como discurso*, Zaragoza, Heraldo de Aragón, 1981.

Botta, Patrizia, y Manuela Aviva Garribba, «Refranes y cantares», en *Revista de poética medieval*, 23 (2009), pp. 267–295.

Bustos Tovar, José Jesús de, «De la oralidad a la escritura en la transición de la Edad Media al Renacimiento: la textualización del diálogo conversacional», en *Criticón*, 81–82 (2001), pp. 191–206.

Cacho Blecua, Juan Manuel, *El Gran Maestre Juan Fernández de Heredia*, Zaragoza, Caja de Ahorros de la Inmaculada, 1991.

Campa, Mariano de la, «El *Diálogo de las lenguas* bajo la erudición del siglo XIX», en Juan de Valdés, *Diálogo de la lengua*, Rafael Lapesa (ed.), Mª Teresa Echenique y Mariano de la Campa (rev.), Valencia, Tirant lo Blanch, 2008, pp. 35–60.

Cano, Rafael, «Pragmática lingüística e Historia de la lengua», en *Cauce*, 18–19 (1995), pp. 703–717.

Cantera Ortiz de Urbina, Jesús, y Julia Sevilla Muñoz, *Los 173 refranes que emplea Juan de Valdés en el «Diálogo de la lengua» (1535)*, Madrid, Guillermo Blázquez, 2004.

Catalán, Diego, *De la silva textual al taller historiográfico alfonsí. Códices, crónicas, versiones y cuadernos de trabajo*, Madrid, Fundación Ramón Menéndez Pidal/Universidad Autónoma de Madrid, 1997.

Company, Concepción, *Sintaxis histórica de la lengua española*, México, Fondo de Cultura Económica/Universidad Nacional Autónoma de México, 2006–2016.

Conde, Juan Carlos, «Carolina Michaëlis de Vasconcelos y la literatura española», en *Actas do Colóquio internacional Carolina Michaëlis de Vasconcelos (1851–1925)*, Porto, Escola Secundária Carolina Michaëlis, 2001, pp. 133–169.

Corominas, Joan, y José Antonio Pascual, *Diccionario crítico etimológico castellano e hispánico (DCECH)*, Madrid, Gredos, 1980–1991.

Di Stefano, Giuseppe, «Introducción», en Pero López de Ayala, *Rimado de palacio*, Rafael Lapesa (ed.) y Pilar Lago (colab.), Valencia, Generalitat Valenciana, 2010, pp. 13–46.

Dworkin, Steve, *A History of the Spanish Lexicon: A Linguistic Perspective,* Oxford, Oxford University Press, 2012.

Eberenz, Rolf, *El español en el otoño de la Edad Media. Sobre el artículo y los pronombres,* Madrid, Gredos, 2000.

Eberenz, Rolf, y Mariela de la Torre, *Conversaciones estrechamente vigiladas. Interacción coloquial y español oral en las actas inquisitoriales de los siglos XV a XVII,* Lausanne, Sociedad Suiza de Estudios Hispánicos, 2003.

Echenique Elizondo, María Teresa, y Fco. Javier Satorre Grau (eds.), *Historia de la pronunciación de la lengua castellana,* Valencia, Tirant Humanidades/Université de Neuchâtel, 2013.

Echenique Elizondo, M.ª Teresa, M.ª José Martínez Alcalde, Juan Pedro Sánchez Méndez y Francisco P. Pla Colomer (eds.), *Fraseología española: diacronía y codificación,* Madrid, Consejo Superior de Investigaciones Científicas, 2016.

Frenk, Margit, *Nuevo corpus de la antigua lírica popular hispánica (siglos XV a XVII),* México, Fondo de Cultura Económica, 2003.

—, «La compleja relación entre refranes y cantares antiguos», en *Poesía popular hispánica: 44 estudios,* México, Fondo de Cultura Económica, 2006, pp. 545–560.

—, «Refranes cantados y cantares proverbializados», en *Poesía popular hispánica. 44 estudios,* México, Fondo de Cultura Económica, 2000, pp. 532–544.

—, «La compleja relación entre refranes y cantares antiguos», en *Paremia,* 6 (1997), pp. 235–244.

—, *Corpus de la antigua lírica popular hispánica (siglos XV a XVII). Suplemento,* Madrid, Castalia, 1992.

—, *Corpus de la antigua lírica popular hispánica (siglos XV a XVII),* Madrid, Castalia, 1987.

—, «Refranes cantados y cantares proverbializados», en *Nueva Revista de Filología Hispánica,* 15 (1961), pp. 155–168.

García-Godoy, M.ª Teresa (ed.), *El español del siglo XVIII. Cambios diacrónicos en el primer español moderno,* Berna, Peter Lang, 2012.

García Mouton, Pilar, y Mario Pedrazuela (eds.), *La ciencia de la palabra. Cien años de la Revista de Filología Española,* Madrid, Consejo Superior de Investigaciones Científicas, 2015.

García Padrón, Dolores, y José Juan Batista Rodríguez, «Compilación, desautomatización y desarticulación fraseológica en Quevedo», en María Teresa Echenique Elizondo, María José Martínez Alcalde, Juan Pedro Sánchez Méndez y Francisco P. Pla Colomer (eds.), *Fraseología española: diacronía y codificación,* Madrid, Consejo Superior de Investigaciones Científicas, 2016, pp. 111–131.

Gauger, Hans-Martin, «La conciencia lingüística en la Edad de Oro», en Rafael Cano (coord.), *Historia de la lengua española,* Barcelona, Ariel, 2005, pp. 681–727.

Girón Alconchel, José Luis, «Procesos de gramaticalización del español clásico al moderno», en M.ª Teresa Echenique Elizondo y Juan Sánchez Méndez (coords.), *Actas del V Congreso Internacional de Historia de la Lengua Española,* Madrid, Gredos, 2002, pp. 103–122.

Gómez Moreno, Ángel, «La Edad Media en la *Revista de Filología Española*», en Pilar García Mouton y Mario Pedrazuela Fuentes (eds.), *La ciencia de la palabra. Cien años de la Revista de Filología Española,* Madrid, Consejo Superior de Investigaciones Científicas, 2015, pp. 143–174.

Gómez Muntané, María del Carmen (ed.), *Historia de la música en España e Hispanoamérica. I. De los orígenes hasta 1470,* Madrid/México D. F., Fondo de Cultura Económica, 2009.

Gómez Redondo, Fernando, *Historia de la prosa de los Reyes Católicos: el umbral del Renacimiento*, Madrid, Cátedra, 2012.

González Ollé, Fernando, «Aragonés, navarro y vascuence en la caracterización idiomática del, *Vidal Mayor*», en *Revista de Filología Española*, 90.2 (2010), pp. 257–278.

Higashi, Alejandro, «Reseña de Juan de Valdés, *Diálogo de la lengua. Edición de Rafael Lapesa (preparada y dispuesta para la imprenta por María Teresa Echenique y Mariano de la Campa). Trabajos introductorios de María José Martínez Alcalde, Mariano de la Campa Gutiérrez, Francisco Javier Satorre Grau y María Teresa Echenique Elizondo*, Tirant lo Blanch, València, 2008; 219 pp.», en *Nueva Revista de Filología Hispánica*, 59 (2011), pp. 245–249.

Hilty, Gerold, «*El libro conplido* en Cataluña», en *Estudis Romànics*, 38 (2015), pp. 347–355.

Infantes, Víctor, y Ana M.ª Martínez Pereira, *De las primeras letras. Cartillas españolas para enseñar a leer. Del siglo XVII y XVIII*, Salamanca, Universidad de Salamanca, 2003.

Lapesa, Rafael, *El español moderno y contemporáneo. Estudios lingüísticos*, Barcelona, Crítica, 1996.

—, «*Alma* y *ánima* en el *Diccionario histórico de la lengua española:* su fraseología», en *Léxico e historia. II. Diccionarios*, Madrid, Istmo, 1992, pp. 32–49.

Lerner, Isaías, «El discurso literario del *Diálogo de la lengua* de Juan de Valdés», en A. David Kossof, José Amor y Vázquez, Ruth H. Kossof y Geoffrey W. Ribbans (dirs.), *Actas del VIII Congreso de la AIH*, Madrid, Istmo, 1986, vol. 2, pp. 145–150.

Lida de Malkiel, Mª Rosa, *La tradición clásica en España*, Barcelona, Ariel, 1975.

López Grijera, Luisa, *La retórica en la España del Siglo de Oro. Teoría y práctica*, Salamanca, Universidad de Salamanca, 1994.

Lucía Megías, José Manuel, «Imprenta y lengua literaria en los Siglos de Oro: el caso de los libros de caballerías castellanos», en *Edad de Oro*, 23 (2004), pp. 199–230.

Malkiel, Yakov, «Carolina Michaëlis de Vasconcelos (1851–1925)», en *Romance Philology*, 47 (1993), pp. 1–32.

Martín Zorraquino, María Antonia, «Aspectos lingüísticos de la novela histórica española (Larra y Espronceda)», en Georges Günter y José L. Varela (eds.), *Entre pueblo y corona*, Madrid, Universidad Complutense, 1986, pp. 179–210.

Martínez Alcalde, M.ª José, *Las ideas lingüísticas de Gregorio Mayans*, Valencia, Ayuntamiento de Oliva, 1992.

—, «Los avatares de la primera publicación del *Diálogo de las Lenguas* (1737)», », en Juan de Valdés, *Diálogo de la lengua*, Rafael Lapesa (ed.), Mª Teresa Echenique y Mariano de la Campa (rev.), Valencia, Tirant lo Blanch, 2008, pp. 13–34.

Menéndez Pidal, Ramón, «Prólogo», en *María Rosa Lida de Malkiel Memorial*, número monográfico de *Romance Philology*, 17 (1963), pp. 5–8.

Michelena, Luis, *Obras Completas*, Universidad del País Vasco, Servicio Editorial, 2011.

Navarro Tomás, Tomás, *Métrica española*, Madrid/Barcelona, Guadarrama/Labor, 1974.

Octavio de Toledo, Álvaro, y Lola Pons Rodríguez, «¿Mezclando dos hablas? La imitación de la lengua medieval castellana en la novela histórica del XIX», en *La corónica*, 37 (2009), pp. 157–183.

Oddo, Alexandra, «Historia de una pareja inseparable: el ritmo en el refranero español», en *Rhytmica*, 13 (2015), pp. 162–180.

Oesterricher, Wulf, «Textos entre inmediatez y distancia comunicativas. El problema de lo hablado escrito en el Siglo de Oro», en Rafael Cano (coord.), *Historia de la lengua española*, Barcelona, Ariel, 2005, pp. 729–769.

Orduna, Germán (ed.), *Crónica del rey Don Pedro y del Rey Don Enrique, su hermano, hijos del rey don Alfonso Onceno*, Buenos Aires, SECRIT, 1997.

Pascual, José Antonio, «La filología en vago y en vilo entre los datos», en Emilio Blanco (ed.), *Grandes y pequeños de la literatura medieval y renacentista*, Salamanca, Seminario de Estudios Medievales y Renacentistas, 2016, pp. 55–84.

Pla Colomer, Francisco, *Letra y voz de los poetas en la Edad Media castellana. Estudio filológico integral*, Valencia, Tirant Humanidades, 2014.

Porcel Bueno, David, *Sobre el proceso histórico de fijación fraseológica: locuciones prepositivas complejas en los libros y colecciones de sentencias medievales (siglos XII-XV)*, María Teresa Echenique Elizondo y Mariano de la Campa Gutièrrez (dirs.), Universitat de València, 2015 (tesis doctoral inédita).

—, «Despedida del *Libro conplido*», en *Vox Romanica*, 73 (2014), pp. 97–125.

Real Academia Española y Asociación de Academias de la Lengua Española, *Ortografía de la lengua española*, Madrid, Espasa, 2010.

—, *Nueva gramática de la lengua española*, Madrid, Espasa, 2009–2011.

Ridruejo Alonso, Emilio, «Para un programa de pragmática histórica del español», en M.ª Teresa Echenique y Juan Sánchez Méndez (coords.), *Actas del V Congreso Internacional de Historia de la Lengua Española*, Madrid, Gredos, 2002, pp. 159–178.

Salvador Plans, Antonio, «Los tratadistas del siglo de oro como fuente para el análisis de la historia de la lengua», en M.ª Teresa Echenique Elizondo y Juan Sánchez Méndez (coords.), *Actas del V Congreso Internacional de Historia de la Lengua Española*, Madrid, Gredos, 2002, pp. 159–184.

—, «Los lenguajes "especiales" y de las minorías en el Siglo de Oro», en Rafael Cano (coord.), *Historia de la lengua española*, Barcelona, Ariel, 2005, pp. 771–797.

Satorre Grau, Francisco Javier, «El *Diálogo de la lengua* de Juan de Valdés y la gramática de su época», en Juan de Valdés, *Diálogo de la lengua*, Rafael Lapesa (ed.), Mª Teresa Echenique y Mariano de la Campa (rev.), Valencia, Tirant lo Blanch, 2008, pp. 75–88.

—, «La lengua coloquial en las obras gramaticales y lexicográficas del Siglo de Oro», en Mauro Fernández, Francisco García Gondar y Nancy Vázquez Veiga (coords.), *Actas del I Congreso Internacional de Historiografía de la Lengua Española*, Madrid, Arco Libros, 1998, vol. 1, pp. 615–626.

Schwartz Lerner, Lía, «El juego de palabras en la prosa satírica de Quevedo», en *Anuario de Letras*, 11 (1973), pp. 149–175.

Tato, Cleofé, «Una nueva y fragmentaria versión del romance "Muerto yaze Durandarte" en una *probatio calami*», en *Revista de Filología Española*, 90 (2010), pp. 279–301.

Urkizu, Patri, *Pierre d'Urteren Hiztegia (Londres 1715)*, San Sebastián, Mundaiz, 1989.

Valdés, Juan de, *Diálogo de la lengua*, Rafael Lapesa (ed.), Mª Teresa Echenique y Mariano de la Campa (rev.), Valencia, Tirant lo Blanch, 2008.

—, *El diálogo de la lengua*, Rafael Lapesa (ed.), Zaragoza, Biblioteca Clásica Ebro, 1940.

Vian Herrero, Ana, «Interlocución y estructura de la argumentación en el diálogo: algunos caminos para una poética del género», en *Criticón*, 81–82 (2001), pp. 157–190.

—, «La mímesis conversacional en el *Diálogo de la lengua* de Juan de Valdés», en *Criticón*, 40 (1987), pp. 45–79.

Vicente Llavata, Santiago, «Notas sobre fraseología del aragonés medieval. A propósito de las traducciones heredianas del *Secreto Secretorum* y del *Libro de Marco Polo*», en *Actas del X Congreso Internacional de Historia de la Lengua Española (Zaragoza 2015)*, en prensa.

—, *Estudio de las locuciones en la obra literaria de Don Íñigo López de Mendoza (Marqués de Santillana). Hacia una fraseología histórica del español,* Valencia, Universitat de València, 2014.

—, «Notas de fraseología hispánica medieval. A propósito de la impronta catalanoaragonesa en la obra literaria de don Íñigo López de Mendoza», en Emili Casanova y Cesareo Calvo (eds.), *Actas del XXXVI Congreso Internacional de Lingüística y Filología Románicas*, Berlin, De Gruyter, 2013, vol. 4, pp. 431–444.

Juan Villegas
La internacionalización del teatro latinoamericano en tiempos de globalización, neoliberalismo y posmodernidad

Resumen: El ensayo intenta llamar la atención sobre la extraordinaria presencia del teatro latinoamericano en los escenarios internacionales en las últimas décadas, incluyendo Estados Unidos y Europa. Después de describir algunos factores históricos culturales que explican parcialmente el acontecimiento, el ensayo sugiere que los espectáculos que han tenido gran éxito poseen ciertas características que los hacen atractivos a públicos internacionales. Sobre la base del análisis de algunos de estos espectáculos propone la recurrencia de ciertas características a las que denomina «poética del teatro de exportación». Describe estos códigos y demuestra su presencia y función estética e ideológica con comentarios de obras específicas. Concluye con una sintética presentación de grupos y directores teatrales de gran presencia internacional en las últimas décadas.

Palabras clave: Teatro latinoamericano, internacionalización, exportación

> *«Yo hallo que si allí se ha de dar gusto, con lo que se consigue es lo más justo»*
> (Lope de Vega, *Arte nuevo de hacer comedias en este tiempo*)

En este ensayo plantearé algunos factores culturales y socio-económicos que explican la intensificación de la presencia del teatro latinoamericano en escenarios internacionales en las dos últimas décadas.[1]

Comenzaré por afirmar que este proceso es un fenómeno reciente. Luego apuntaré algunos de los factores que lo han hecho posible, para continuar con la propuesta de una especie de poética del teatro de exportación, en la cual destacaré cinco tendencias de las producciones que han tenido éxito en los mercados internacionales, especialmente, europeos. En cada una de las tendencias comentaré brevemente algunos ejemplos.

---

[1] Aunque el objetivo y los conceptos básicos son los mismos de la conferencia presentada en el Congreso en Münster, este ensayo no incluye los elementos de autorreflexividad y metateatralidad de la conferencia, la cual fue concebida como práctica performativa dirigida a investigadores. En vez de concentrarse en dos espectáculos, el ensayo incluye breves ejemplos de las varias modalidades teatrales descritas sintéticamente en la conferencia.

Juan Villegas, University of California, Irvine

https://doi.org/10.1515/9783110450828-006

La hipótesis es que, además de las consideraciones con respecto a nuevas modalidades de producción, de marketing y de políticas sociales y culturales, el éxito internacional no es posible si las obras no satisfacen las expectativas de los potenciales espectadores. Esta condición implica que las obras elegidas y representadas cumplan con algunos requisitos. Explicar el proceso de internacionalización, por lo tanto, conlleva investigar las nuevas condiciones de producción y recepción y las nuevas estéticas legitimadas o legitimables en los espacios de los espectadores potenciales.

Desde un punto de vista estadístico, el número de grupos teatrales y obras latinoamericanas circulando en los escenarios de otros países latinoamericanos, Europa y Estados Unidos en los últimos veinticinco años es inconmensurable en comparación con las décadas anteriores. Además de los espectáculos en sí, cabe notar que numerosos directores han sido invitados a dirigir en Europa y Estados Unidos y que, recientemente, hay un gran número de traducciones de textos teatrales latinoamericanos al inglés, al francés, al italiano y otras lenguas.[2]

A pesar de que hay poca información sistematizada o estadísticas de los grupos teatrales y espectáculos teatrales latinoamericanos que han circulado fuera de sus propias fronteras, en los últimos años existe conciencia de su difusión, y, en algunos casos, el tema ha comenzado a ser comentado en varios países planteando la necesidad de promover y proponer políticas culturales funcionales a la internacionalización.

En el caso de América Latina, probablemente, Chile es el país que más ha desarrollado programas relativos a la exportación del teatro nacional, en especial a través de las actividades de la institución Santiago a Mil, la cual, junto con organizar el Festival anual de teatro del mismo nombre, ha propuesto y realizado varias actividades en esta dirección. La más reciente –junio de 2016– fue establecer un sitio en la red titulado «Área de Internacionalización del Teatro a Mil».[3]

---

2 Para el periodo anterior, ver Osvaldo Obregón, «Introduction à l'anthologie de la dramaturgie latino-américaine contemporaine (1940–1990)», en *Théatre Latino-Américain Contemporain*, Dijon, UNESCO, 1998, pp. 7–28.

3 Desarrollé el tema con respecto al teatro chileno en el ensayo «La internacionalización del teatro chileno de la postdictadura», en *Gestos*, 57 (2014), pp. 175–185. Anteriormente había planteado el tema desde otra perspectiva: «La desnacionalización de lo nacional: el teatro y el cine latinoamericanos en tiempos de globalización», en Nel Diago y José Monleón (eds.), *Teatro y globalización. Actas Encuentro de Valldigna*, Valencia, Universidad de Valencia, 2007, pp. 149 – 181. Para el teatro argentino ver: Davide Canevali, «De Argentina a Europa: modelos para un teatro poscrisis», en *Revista Pausa*, 35 (2013), pp. 25–34 (en línea) [fecha de consulta: 26-10-2016] <http://www.revistapausa.cat/de-argentina-a-europa-modelos-para-un-teatro-poscrisis>.

En el caso de Argentina, en el diario *Tiempo Argentino*, 2 de enero 2011, un artículo de Jorge Dubatti hace un recuento:[4] «En 2010 muchos creadores del teatro argentino presentaron sus obras en el exterior o fueron convocados para trabajar en otros países. Hay un fenómeno de "internacionalización del teatro argentino". ¿Qué variables determinan esos intercambios y demandas?». El mismo articulista afirma: «La internacionalización ha sido un fenómeno creciente en el teatro argentino de las últimas dos décadas». Agrega una posible explicación:

> Sin duda, cambiaron las condiciones de circulación internacional, ahora más favorables: hay más festivales y más gestores especializados, medios de transporte más accesibles, mayor desarrollo de políticas de intercambio, nuevos instrumentos (videos, blogs, mails, Facebook, etcétera) para hacer visible la labor de los grupos.[5]

Frente a este panorama sugeridor de la presencia de grupos latinoamericanos actuales en los escenarios fuera de sus países de origen, la pregunta clave es: ¿Qué ha sucedido? ¿Cómo explicarlo? Dubatti, en el ensayo citado, sugiere una dimensión estética: «Pero también es cierto que la escena porteña es reconocida por las poéticas de su teatro, por su cantidad y calidad de producción». Frente a este último argumento, uno puede pensar que antes también hubo obras argentinas, chilenas o mexicanas de «gran calidad estética», de acuerdo con los códigos estéticos de su tiempo, que no circulaban con la frecuencia que se da en la actualidad. La respuesta estética, en consecuencia, no es satisfactoria. Primero, porque no todas las obras que se han presentado en el extranjero son excelentes

---

4 Jorge Dubatti, «El teatro argentino expande cada día sus fronteras y sale al mundo», en *Tiempo Argentino* (02-01-2011) s.p. [dirección web obsoleta] <http://tiempo.elargentino.com/notas/teatro-argentino-expande-cada-dia-sus-fronteras-y-sale-al-mundo>. Agrega que en el año 2010: «Tolcachir fue contratado en Madrid para dirigir *Todos eran mis hijos*. Bartís fue convocado por la Bienal de Venecia entre los siete mejores directores del teatro contemporáneo para entrenar actores europeos y crear una obra breve sobre los pecados capitales. Elena Roger, Sandra Guida, Alejandra Radano, Marcos Montes, Carlos Casella, Javier Daulte, trabajaron en los Estados Unidos, Francia, España o México. Lola Arias se instaló en 2010 en Alemania y gestó el proyecto *Ciudades Paralelas*, cuya presentación se realizó primero en Berlín, luego en Buenos Aires, y seguirá próximamente en Varsovia, Zurich y México DF» (no cito a partir del diario, sino a partir de *Teatro independiente de La Plata Argentina* (página web) [fecha de consulta: 26-10-2016] <http://teatroindependientelaplata.blogspot.com/2011/01/el-teatro-argentino-expande-cada-dia.html>).

5 No tengo estadísticas de espectáculos específicos de otros países, pero con frecuencia he visto en festivales europeos grupos argentinos, brasileños, chilenos, colombianos, costarricenses, cubanos, ecuatorianos, guatemaltecos, mexicanos, uruguayos y venezolanos. A algunos de ellos, me referiré brevemente en las páginas finales de este ensayo.

y, segundo, porque el teatro es un producto cultural en el cual los factores extra estéticos son esenciales a su producción, distribución y recepción.[6]

1 Condiciones histórico-sociales

Aunque soy consciente de la multiplicidad y complejidad de los factores que participan en un fenómeno histórico, por razones de claridad, en el fondo, pedagógica, voy a destacar tres que han contribuido a la internacionalización actual del teatro latinoamericano: condiciones histórico-sociales, nuevos supuestos culturales y características de las obras.

Un acontecimiento específico es el exilio de numerosos teatristas latinoamericanos que, a fines del siglo XX, se asilaron en diversos países de Europa, de América Latina y Estados Unidos, en los cuales se incorporaron a actividades teatrales. Muchos de estos exiliados retornaron a sus países con las experiencias del exilio, promovieron nuevas tendencias teatrales en sus propios países y establecieron contactos fuera de sus países de origen. Los que no volvieron contribuyeron a dar a conocer obras y autores de sus propios países y de América Latina. El exilio y el retorno podrían explicar parcialmente, tal vez, el éxito de algunos espectáculos, pero no la tendencia general y extensiva. Por ello, es necesario pensar en factores generales, tales como la globalización, la posmodernidad, el neoliberalismo y la economía de mercado como factores significativos en la producción y la difusión internacional del teatro latinoamericano en las dos últimas décadas. Naturalmente, cada uno de estos causales implica procesos complejos, con variantes nacionales, mediatizados por factores políticos, económicos y tradiciones en los distintos países.

La globalización ha borrado fronteras tanto económicas como culturales y ha incrementado la circulación de productos, prácticos como culturales, entre los distintos países y zonas del mundo. Proceso en el cual los medios de comunicación y los medios sociales han contribuido enormemente.

La economía de mercado y el neoliberalismo han transformado los modos de producción teatral, proceso que ha afectado tanto a la producción de la mayor parte de los espectáculos como a la existencia misma de las compañías teatrales, sus modos de subsistencia y financiamiento y sus relaciones con los potenciales espectadores. Dentro de los factores y las consecuencias de la economía de mercado

---

6 No analizo en este ensayo la importancia de los festivales de teatro en Europa para la circulación de los espectáculos latinoamericanas en Europa. Dentro de estos, el Festival Iberoamericano de Teatro de Cádiz ha tenido un papel fundamental, en cuanto puerta de entrada a los festivales europeos.

quiero destacar un aspecto: la necesidad de la autosuficiencia para subsistir. En tiempos de la Modernidad, la cultura, en gran parte, constituía una responsabilidad del Estado y las instituciones estatales. En el neoliberalismo y la economía de mercado, en cambio, la mayor parte de las veces la cultura debe ser autosuficiente. Los grupos constituidos en líderes durante la Modernidad sostenían su existencia en el apoyo por parte del Estado, de Universidades o centros culturales financiados directa o indirectamente por el Estado. La disminución o eliminación de los aportes directos y su sustitución por aportes condicionados a proyectos originaron la desaparición de grupos estables, forzó su dependencia de su capacidad de atraer a públicos, impuso la necesidad de la autosuficiencia económica y la necesidad de creación de nuevos mercados. Estos factores promovieron la producción de espectáculos con posibilidad de acceso a nuevos mercados potenciales.

La Posmodernidad implicó la sustitución de varios supuestos claves para la interpretación y valorización de los objetos culturales. Por una parte, el cuestionamiento de las utopías y las grandes narrativas como construcciones culturales condicionadas por las posiciones de los narradores, la utilización de códigos culturales implícitos requeridos por las instituciones legitimadoras. Desde el punto de vista de los valores estéticos, la Posmodernidad conllevó una nueva concepción de la cultura, algunas de las cuales fueron la anulación de la distinción entre alta cultura/baja cultura, la validación de las culturas no hegemónicas, la historización del canon, etc. Supuestos que socavaron cualquier historia como versión limitada e interesada del pasado y cuyas aspiraciones de verdad y valor implicaban procesos de legitimar la visión del pasado por parte de sectores interesados o comunidades interpretativas vinculadas a sectores culturales específicos. Desde la perspectiva de la Posmodernidad, las llamadas «grandes obras», cuya categoría de «canon» o «modelo» o «modelos universales» a seguir no vendrían a ser sino modelos de sistemas de valores específicos, con el apoyo de poderes culturales o políticos de su contexto. Lo nuevo de la posmodernidad en estos aspectos no es el cuestionamiento en sí, por cuanto siempre ha habido sectores que han cuestionado el canon, sino su generalización y su legitimación en los sectores de las hegemonías culturales. Estas transformaciones culturales se relacionan a la vez con el desarrollo de nuevas escuelas de interpretación de objetos culturales, entre los cuales se destacan los Estudios culturales, con una pluralidad de tendencias, las teorías del discurso, los estudios visuales, la pragmática de las culturas. Con respecto al tema que nos interesa, estas transformaciones en el plano de las estéticas legitimadas son significativas por cuanto hacen posible que prácticas escénicas diferentes sean aceptables en las comunidades culturales de las hegemonías culturales. El neoliberalismo y la economía de mercado estimularon la innovación artística al motivar a los practicantes a alejarse de los modelos dominantes en el proceso de búsqueda de nuevos mercados.

Por otra parte, no es una explicación suficiente el cambio de las condiciones de producción, realización y recepción del teatro sin pensar que el objeto mismo –el espectáculo teatral– tiene que ser atrayente para el espectador internacional. Es decir, satisfacer sus expectativas tanto ideológicas como estéticas.

2 Los espectáculos de exportación: la poética de la internacionalización

Aunque no es posible generalizar para todos los grupos y espectáculos viajeros, sí se puede observar ciertas características recurrentes. El supuesto es que los factores antes mencionados no llevarían a la internacionalización de los espectáculos latinoamericanos si no tuviesen características que los hacen aceptables o atractivos para los potenciales espectadores internacionales. En las páginas siguientes se destacarán cinco tendencias, con breves comentarios de obras específicas, sin implicar que solo las que cumplen con estos rasgos son bien recibidas fuera de sus países de origen.

2.1 Las coproducciones

Aunque el aumento de un sistema de producción fundado en coproducciones es un rasgo que hasta hace poco se daba más en el cine que en el teatro, en los últimos años este procedimiento se intensificó con respecto al teatro. Esta práctica sugiere numerosas preguntas que implican rasgos determinantes de los imaginarios construidos en los espectáculos. Algunas de las preguntas claves son: quiénes son los individuos, qué instituciones o países, quiénes son los destinatarios, cuál es la relación entre el mensaje y los orígenes de los coproductores, qué imagen de los países latinoamericanos funda el espectáculo y su relación con los orígenes de los coproductores. ¿En qué consiste la coproducción: es solo la parte económica, el financiamiento, o la dirección? ¿Se trata de integración de actores de dos compañías? ¿Cuáles son las razones de la coproducción? ¿Se trata de afinidades estéticas o de necesidades económicas? ¿Dónde sucede la acción de la historia?

Dentro de las instituciones que han contribuido a este proceso se destaca Iberescena, la cual es un fondo iberoamericano de ayuda, creado en noviembre de 2006 sobre la base de las decisiones adoptadas por la Cumbre Iberoamericana de Jefes de Estado y de Gobierno celebrada en Montevideo (Uruguay). El objetivo fue crear un programa de fomento, intercambio e integración de la actividad de las artes escénicas iberoamericanas, por medio de convocatorias, con las cuales se aspira a promover la integración de las artes escénicas en los Estados miembros y por medio de ayudas financieras. En el caso de Chile, la institución privada Teatro a Mil, con aportes ocasionales del Gobierno, ha iniciado la coproducción de espectáculos, predominantemente dirigidos al exterior. De acuerdo con la descripción de esta actividad en su sitio en la red: «La Fundación Teatro a Mil ha coproducido y colaborado a la producción teatral de artistas chilenos y latinoamericanos. FITAM diferencia su colaboración en tres niveles: Producción, Coproducción y Representación». Agrega: «Tanto las producciones, como las coproducciones y las representaciones, se encuentran disponibles para ser programadas y girar previo contacto con la fundación, la cual se encargará de generar las condiciones óptimas para la mejor ejecución de las giras internacionales».[7]

El procedimiento puede tomar varias formas. Por ejemplo: fusión o integración de dos grupos de distintos países para producir un espectáculo; un grupo latinoamericano recibe auspicios de una entidad europea para producir un espectáculo; instituciones europeas financian o cofinancian la producción. Dentro de esta modalidad debe considerarse el caso de obras latinoamericanas cuyo estreno está pensado para presentarse en festivales internacionales, especialmente europeos.

Un ejemplo de la integración que se complementa por sus objetivos (búsqueda de nuevos lenguajes escénicos) y coincidencia de procedimientos es la de las compañías Teatro del Silencio (Chile) y la española Kalik Danza Teatro, que se fusionan para ciertas producciones. Teatro del Silencio, dirigido por Mauricio Celedón, es un grupo chileno fundado en Santiago, Chile, 1989, cuya técnica enfatizaba el gesto y la gestualidad física, con elementos de danza, acrobacia, de circo y pantomima.[8] De acuerdo a su autodescripción, en el momento de su creación, buscaba utilizar «un lenguaje teatral accesible a todos los públicos, junto a una reflexión sobre nuestra época».[9] En el lenguaje se funde el mimo, la danza, la acrobacia, elementos circenses. En el año 1999, se desplaza de Chile a Francia y se instala en la ciudad de Aurillac, con el apoyo del Ministère de la Culture et de la Communication/Direction Régional des Affaires Culturelles d'Auvergne y de la Ciudad de d'Aurillac. En el año 2009, se traslada a París.[10]

---

7 «Circulación nacional e internacional», en *Fundación Teatro a Mil* (página web) [fecha de consulta: 26-11-2016] <http://www.fundacionteatroamil.cl/circulacion>.

8 Sobre la historia del grupo, ver el «Dossier histórico», en *Teatro del Silencio* (página web)_[fecha de consulta: 26-11-2016] <http://www.teatrodelsilencio.net/assets/files/pdf/Historico-Teatro-del-Silencio-2014.pdf>.

9 «Dossier histórico», en *Teatro del Silencio*.

10 Un caso semejante es el del grupo chileno La Troppa, el cual después de tener éxito se instala en Europa al llegar a un acuerdo de residencia en el 2003 con Le Volcan, Scène Nationale

Karlik Danza Teatro se funda en 1991 en la ciudad de Cáceres, España, «con el objetivo de encontrar un lenguaje escénico propio». Al cumplir 25 años de actividad (2016) destacan en su portal: «la compañía [es] siendo avalada su trayectoria profesional con más de 1.600 representaciones realizadas para más de 60.000 espectadores en 32 países, cientos de críticas favorables y más de 21 premios nacionales e internacionales». La directora Cristina D. Silveira «lleva a cabo una búsqueda sobre el lenguaje escénico en donde las distintas técnicas escénicas como la danza, acrobacia, voz, gesto, movimiento, converjan en una línea emocional que configure la estructura dramática de la creación artística».[11]

La puesta de *Alice Underground* (2001), por lo tanto, debe ser considerada como una producción internacional de un grupo financiado por instituciones francesas y llevada a cabo con una mirada para públicos internacionales. Esta intención explica algunas de las características del espectáculo, como el uso de varios idiomas, la referencia de un texto transnacional transportado a las circunstancias latinoamericanas, elementos musicales transnacionales y códigos de las últimas tendencias teatrales. En *Alice Underground* [12] se reconstruyen acontecimientos significativos de la historia social de América Latina en un trasfondo de figuras representativas del movimiento social de la izquierda. Se destaca la Revolución cubana, el idealismo del Che Guevara, el ascenso al poder de la Unidad Popular y la caída de Allende en Chile. Este espectáculo, a la vez, es uno de los muchos que toma textos clásicos y los transforma en espectáculo de la posmodernidad, con utilización de numerosas técnicas actuales, tales como las acciones físicas, el teatro de alturas, la música en vivo, las acrobacias,

---

Le Havre. Dentro de este contexto europeo produjo espectáculos como: *Pinocchio, Viaje al centro de la Tierra, Gulliver,* cuyos títulos sugieren de inmediato su raíz cultural europea, como se comentará posteriormente.

11 *Karlik Danza Teatro* (página web) [fecha de consulta: 26-11-2016] <http://www.karlikdanza. com>. Varias de las obras coproducidas corresponden a una de las tendencias que se destacará posteriormente: la utilización de textos clásicos de Occidente, por ejemplo, *Alicia en el país de las maravillas* (*Alice Underground*), *Hamlet* (*Amloii como lo dijo Hamlet*), *La Divina Comedia* (*O Divina Comedia. Purgatorio. Una madre y sus hijos en el Purgatorio*).

12 Un espectáculo de teatro circo inspirado de la obra de Lewis Carroll, cuya primera puesta vi en Chile, en enero del 2001, en una carpa especialmente construida en los terrenos del Estadio Nacional en Santiago. Correspondió a una de las funciones gratuitas patrocinadas por el gobierno chileno con enorme afluencia de un público muy entusiasta. La entrada gratuita, la gran publicidad y la atracción del espectáculo en sí atrajeron más espectadores de los que la carpa podía acoger. Según los diarios, fue el espectáculo más visto por los santiaguinos en ese mes del teatro.

las gestualidades exageradas y circenses. El espacio escénico en sí es una carpa en el cual los planos verticales adquieren carácter simbólico de la tradición de Occidente.

El espectáculo es riquísimo en significados, símbolos, efectos visuales y sonoros. La trama, basada en *Alicia en el país de las maravillas* de Lewis Carroll, proyecta las aventuras de Alicia por la historia del siglo XX, con claras referencias a la historia de América Latina y de Chile, desde la perspectiva de las utopías socialistas y la glorificación de símbolos de esta lectura de la historia. Lo más sugerente y atractivo del espectáculo, sin embargo, no fue el mensaje sino el discurso escénico con gran dinamismo físico, excelentes actuaciones circenses incluyendo acrobacias, tanto de suelo como aéreas, manejo de trapecios y cuerdas, las que alcanzan una significación simbólica y música en vivo. Uno de los muchos ejemplos es el personaje del Che Guevara que asciende por la cuerda, luego es bajado lentamente y termina crucificado, con la cabeza hacia abajo, para finalmente ser llevado en andas por los trabajadores. Indudablemente el espectáculo fue sensorialmente atractivo.

Otra modalidad que puede ser considerada como coproducción es la de compañías que obtienen contrato fuera de su propio país y que preparan un espectáculo que se estrena en Europa, por lo tanto, su receptor inicial es el espectador europeo. Un ejemplo es el grupo teatral mexicano dirigido por Carlos Valdés Kuri, que apareció en la escena internacional como Teatro Nacional para luego convertirse en Teatro de Ciertos Habitantes. Su primera obra europea, *Monstruos y prodigios. Historia de los castrati,* fue estrenada en el Festival Iberoamericano de Teatro de Cádiz en 2000. Luego, como País de Ciertos Habitantes, estrenó en Europa *El automóvil gris* (2002) y *El Gallo* (2010). En *De Monstruos y Prodigios* y *El Gallo* no hay ningún intento de caracterizarse como grupo mexicano. En todos estos espectáculos, la nota dominante es la innovación de lenguajes escénicos, especialmente en las dos últimas citadas. En *El automóvil gris* se trata de la utilización del lenguaje del cine integrado con el del «benji» por cuanto el espectáculo es la proyección de una película del cine mudo, comentada y glosada por dos actrices en el escenario, una en español y la otra en japonés.

2.2 La representación de las identidades nacionales

La imagen de América Latina o de los países latinoamericanos en los espectáculos de exportación tiende a confirmar la imagen que los potenciales espectadores tienen de América Latina o de los países de los cuales provienen los grupos teatrales. Imágenes que han cambiado, me atrevo a proponer, de acuerdo con la visión de América Latina que el discurso hegemónico en Europa ha construido de lo que fue o es América Latina.[13] A modo de ejemplo, se podría sugerir dos tendencias de los últimos años: América Latina como espacio de represión y violencia y una visión fundada en una supuesta identidad nacional de tendencia folklorizante.[14]

La tendencia dominante en los últimos 25 años ha sido seleccionar espectáculos viajeros cuyo imaginario se funda en la representación de espacios opresivos. Se advierte la recurrencia de imaginarios sociales en los cuales se configuran espacios de conflicto y opresión tanto de tipo social o personal, aunque los sectores sociales en conflicto han variado ligeramente a través de los años. En los primeros años de las postdictaduras de Chile, Argentina y Uruguay, por ejemplo, circulaban internacionalmente espectáculos en los que se enfatizaban alegorías de la dictadura o una sociedad opresiva cuyas consecuencias se manifestaban en conflictos familiares y en la degradación de las relaciones humanas. Dentro de esta modalidad, se distinguieron especialmente dramaturgos del cono sur, tales como Griselda Gambaro (*La malasangre*, *Los siameses*) y Eduardo Pavlovsky (*El señor Galíndez, Potestad*).[15] En el caso de Griselda Gambaro, además de su modo de representación de la «realidad» social y política argentina, atrajo la atención de la crítica que comenzaba a destacar a autoras teatrales.

Aunque son numerosos los textos argentinos, chilenos y uruguayos con el tema de la dictadura, uno de los textos clásicos de denuncia sutil de un sistema dictatorial es *El señor Galíndez* (1973), de Eduardo Pavlovsky (Argentina). El escenario es una sala que, aunque «extraña», no es muy diferente de una sala corriente en una casa u oficina: «Muebles, una cama, varias sillas metálicas, una mesa, unos armarios, un colchón en el piso».[16] A la llegada de los personajes, éstos llevan a cabo

---

13 Ver, por ejemplo, Miguel Rojas Mix, *América imaginada*, Barcelona, Editorial Lumen, 1992, en el cual reproduce numerosas imágenes de América Latina desde la perspectiva europea. Analizo algunas versiones europeas de la identidad latinoamericana en *Pragmática de las culturas de América Latina*, Madrid, Ediciones del Orto, 2003.

14 Aunque no es posible desarrollar en la brevedad de este ensayo, sería necesario contextualizar los productores culturales de esas imágenes, por cuanto no es la misma la versión hollywoodense que, por ejemplo, la de los sectores culturales franceses o de España en tiempos de la celebración del Quinto Centenario.

15 Frente a mi consulta, Jorge Dubatti, gran investigador y conocedor de la obra de Pavlovsky, respondió: «Pavlovsky siempre me decía que sus obras más representadas eran *Potestad* y *La espera trágica*» [e-mail: 15-10-2016]. Coincidía con esta opinión la de Miguel Ángel Giella, otro reconocido investigador de la obra de Pavlovsky, para quien «*El señor Galíndez* fue la obra más difundida en Europa» [e-mail: 14-10-2016]. Ver Eduardo Pavlovsky, *El señor Galíndez*, Buenos Aires, Corregidor, 2007. Incluye un «Estudio preliminar» de Miguel Ángel Giella, pp. 7–24.

16 Leon Lyday y George Woodyard (eds.), *Tres dramaturgos rioplatenses: antología del teatro hispanoamericano del siglo XX*, Ottawa, Girol Books, 1983, p. 157.

conversaciones de tipo cotidiano y cada uno evidencia una vida privada y ambiciones personales que no son muy diferentes de otros entes sociales. Al avanzar la acción, sin embargo, el lector o espectador adquiere conciencia de que ésta es una sala de torturas y los personajes son torturadores de oficio. El poder está representado por un personaje ausente –el señor Galíndez–, quien se comunica con ellos solo por teléfono. A juicio de Frank Dauster, el gran éxito internacional de este texto «se debe a la presentación, cuando no denuncia de la tortura institucionalizada dentro de nuestro mundo».[17]

Griselda Gambaro (Argentina) ha escrito varias obras que han circulado en el extranjero en las que el tema central es la denuncia de sistemas autoritarios, tales como *Los siameses* (1965), *El campo* (1967) y *La malasangre* (1981). A propósito de este periodo «Los paradigmas de la persecución utilizados por Gambaro no son claramente políticos en esta primera etapa, sino que más bien facilitan una armazón donde situar la práctica de la represión política argentina en los años sesenta con el fin de examinar tanto la necesidad de fratricidio como su proceso».[18] Un ejemplo es *Los siameses*, en el cual construye una sociedad centrada en la relación de dos hermanos, sustentada en la violencia y la cruel explotación mutua. La relación entre los hermanos puede considerarse el microcosmos de Argentina y las sociedades con regímenes autoritarios. El mundo está cargado de sospechas, amenazas silenciosas, temor tanto de los actos de los otros como de las autoridades, representadas en la policía. Son sociedades fundadas en la relación víctima (Ignacio) y victimario (Lorenzo), aunque las categorías son desplazables de unos a otros individuos, de modo que la víctima puede pasar a ser victimario.

Dentro de esta tendencia, hay que incluir las obras en las cuales la violencia funciona en la familia o las relaciones familiares o se ejerce contra la mujer, en especial el cuerpo de la mujer. Esta tendencia probablemente legitimada por el desarrollo de las teorías del género y la mayor conciencia en algunos sectores de las sociedades contemporáneas de los movimientos liberacionistas y los derechos de las mujeres. Una de las obras más finas en la denuncia del imaginario masculino que implica la violencia contra la mujer, por cuanto apunta a cuestionar la validez del supuesto del ideario masculino, es *Feliz nuevo siglo Doktor Freud* (México, 2000), de Sabina Berman. Su puesta en escena por el grupo Los Inconscientes, con la excelente actuación, especialmente, de Ricardo Blume, tuvo mucho éxito en México y Europa. *Feliz nuevo siglo* reconstruye el episodio

---

17 Frank Dauster, «Eduardo Pavlovsky», en Leon Lyday y George Woodyard (eds.), *Tres dramaturgos rioplatenses: antología del teatro hispanoamericano del siglo XX*, Ottawa, Girol Books, 1983, p. 152.
18 Diana Taylor, «Paradigma de crisis: la obra dramática de Griselda Gambaro», en Diana Taylor (ed.), *En busca de una imagen. Ensayos críticos sobre Griselda Gambaro y José Triana*, Ottawa, Girol Books, 1989, pp. 11–12.

del «caso Dora» de Sigmund Freud, proceso en el cual se evidencia cuán errado estaba Freud en su interpretación de la joven que le sirvió de fundamento para su teoría de la histeria. La puesta en escena, dirigida por la propia Sabina Berman, es exquisita tanto en el manejo escenográfico como en la coreografía y la actuación. El modo de comunicación empleado es, precisamente, el discurso científico, por medio del cual Freud se dirige al público del teatro como si estuviesen en un congreso científico. Este discurso, sin embargo, al ser escuchado en el contexto de las teorías psicológicas y feministas de comienzos del siglo XXI, resulta parodia de sí mismo. Lo que en su tiempo fue científico, ahora resulta prejuicio risible. El espectador no puede menos que sonreír frente a las aberraciones que entonces se consideraban como verdaderas en nombre de la ciencia.

Un elemento de gran atracción para los públicos internacionales es la utilización de elementos folklóricos, los que suelen asociarse a rasgos de la identidad nacional. Esta atracción se vincula a que a comienzos del siglo XXI, en tiempos de globalización económica y cultural, lo nacional adquiere una nueva dimensión. Los poderes transnacionales y las empresas de comunicación de masa transnacionales contribuyen a caracterizar «lo nacional» latinoamericano en los discursos teatrales en dos dimensiones dominantes. Por una parte, se tiende a anular las diferencias nacionales; por otra, se busca acentuar la diferencia tomando como referente lo «folklórico» o exótico. En términos de Saïd, la mirada hacia lo nacional diferenciado se impregna de orientalismo desde la mirada europea.[19] La concepción de lo nacional descrita anteriormente conduce a la vez a la inclusión de una serie de espacios de la marginalidad social que no constituían el centro de atención del teatro en el pasado o que, si eran incluidos, lo eran de una manera diferente. Estos espacios aparecen como representativos de «lo popular».

La folklorización estilizada puede advertirse en una serie de espectáculos cubanos en los años noventa, en los cuales el motivo recurrente es la cubanidad y su definición sobre la base de sus raíces afrocubanas. Un ejemplo es *La Otra tempestad* (1997), del grupo Teatro Buendía, con la dramaturgia de Raquel Carrió y Flora Lauten, bajo la dirección de Flora Lauten.[20] Es una versión de *La tempestad* de Shakespeare y es considerada como un ejemplo del Barroco teatral cubano actual. Culturalmente, se sustenta en varios textos, personajes y frases de

---

19 Edward Saïd, *Orientalism: Western Representations of the Orient*, London, Routledge and Kegan Paul, 1978.
20 Ver el texto en Raquel Carrió y Flora Lauten, «*Otra tempestad*», en *Gestos*, 28 (1999), pp. 103–133. Carrió explica: «Versión a partir de textos de William Shakespeare y narraciones de las culturas yoruba y arara en el Caribe. La versión incluye textos de William Shakespeare, José Martí, Esteban Borrero Echeverría, entre otros referentes» (p. 104). La primera puesta fue en el Globe Theatre of London, 1998.

tragedias del dramaturgo inglés. Este sustento cultural se integra, se funde o confunde, con las tradiciones de las religiones y ritos afrocubanos, dando origen a un producto cultural sólo posible en una colectividad profundamente enraizada en las culturas dominantes de Occidente y, a la vez, familiarizada e impregnada con las tradiciones de origen africano. El espectáculo es un esfuerzo consciente no de representar una imagen del mundo real, sino de construir un imaginario revelador, portador de significado. Afirma la existencia de una cultura híbrida – europea y afrocubana– en Cuba y en el Caribe. La descripción oficial enfatiza: «en el cruce de referentes, sonoridades e imágenes europeas y africanas no hay "vencedores" ni "vencidos" sino el intercambio de rito y acciones que caracterizan el sincretismo cultural propio de América Latina y el Caribe».[21] Para el espectador, la Isla es explícitamente Cuba. Por lo tanto, las referencias a la libertad o la opresión, el quedarse o emigrar, los ricos y los poderosos, los enriquecidos y los pobres, los prejuicios raciales y las caracterizaciones étnicas no pueden dejar de interpretarse como alusiones a la realidad cubana del momento.[22]

La tendencia a construir «identidades» a nivel internacional se pone de manifiesto también en grupos argentinos y grupos teatrales que intentan representar «lo argentino», en los cuales el «tango» aparece como el elemento definidor de la «argentinidad». Son numerosos los espectáculos argentinos en que la palabra aparece en el título o en el nombre del grupo (*Tango varsoviano*), en que se baila tango en escenas o se le alude en el desarrollo de la acción. Aún más, hay grupos que circulan internacionalmente en los cuales bailar tango es el núcleo del espectáculo.

2.3 Utilización de clásicos de la cultura de Occidente como correlato estructural o temático

Esta modalidad, naturalmente, no es de sorprender, por cuanto tiene dos fuentes de atracción para los espectadores internacionales. Por una parte, la cultura hegemónica de América Latina es la cultura de Europa occidental. En segundo término, un espectador europeo, por ejemplo, entiende más fácilmente o disfruta más si el correlato, la estructura o los personajes le son familiares. Esto incluye los llamados grandes textos de Occidente, los mitos greco-latinos o la historia de

---

21 Raquel Carrió, «Teatro y ritualidad en la escena cubana actual», en Juan Villegas (ed.), *Propuestas escénicas de fin de siglo: FIT 1998*, Irvine, Ediciones de Gestos, 1999, p. 43. Sobre el tema ver también Yana Elsa Brugal y Beatriz Risk (eds.), *Rito y representación. Los sistemas mágico-religiosos en la cultura cubana contemporánea*, Madrid, Iberoamericana, 2003.
22 Algunos ejemplos son: *Las ruinas circulares, La Virgen triste* y *Vagos Rumores*.

Europa. Dentro de esta orientación hay muchas variantes, tanto en textos como en la interpretación de los mismos. En términos generales se trata de utilizar los textos clásicos para difundir mensajes del presente. Los textos de Shakespeare son recurrentes. Es el caso de *The Tempest* ya mencionado con elementos afro-cubanos y en el que para algunos espectadores había una denuncia de la tiranía.

Hay numerosas versiones latinoamericanas de *Hamlet*,[23] *King Lear, Othello, Richard III* y *Romeo and Juliet.* Una de las más sorprendentes por el tema y la puesta en el FIT de Cádiz de 2014 fue *Romeo y Julieta de Aramburo,* del Grupo KINKTEATR (Bolivia), centrada en Julieta, en la cual la protagonista, adolescente, en ropa interior blanca, actúa sobre una mesa reducida, con espectadores a los dos lados, revelando y sufriendo con un mínimo de movimientos su adicción a las drogas.[24]

Aunque no utiliza uno de los clásicos literarios, *De monstruos y prodigios: la historia de los castrati,*[25] dirigida por Claudio Valdés Kuri, funda su espectáculo en un ícono de la alta cultura, como lo indica la segunda parte del título. La acción se centra en una historia significativa para la cultura europea: la existencia, historia y decadencia de los *castrati.*[26] Se ubica en la Europa del siglo XVIII. No hay referencias a la historia de México o de América Latina. Pareciera ser que la cultura de la llamada posmodernidad o de la globalización encuentra especial placer en la re-construcción del período o en la utilización de aspectos formales de un período no muy claramente definido, pero que en términos generales podría identificarse con el siglo XVIII francés y la Ilustración, antes de la Revolución francesa.[27]

---

23 Algunas de las que he visto en España: Corporación Estudio Teatro (Colombia), *Hamlet-1,* un espectáculo de teatro a domicilio; Mapa Teatro (Colombia), *Ricardo III* (2001), y Cornisa 20 (México), *Los grandes amantes. Romeo y Julieta* (2008). Una versión de *Hamlet* de Luis Mario Moncada y Martín Acosta muy original fue la del grupo Teatro de Arena, dirigida por Martín Acosta, que vi en el Festival Iberoamericano de Teatro en Cádiz en octubre de 1997.

24 En el caso de los clásicos españoles, la figura recurrente es don Quijote, que se multiplicó especialmente alrededor del año 2015, motivado por el quinto centenario de su publicación.

25 Un espectáculo de la Compañía Teatro Nacional de México, basado en texto del mismo nombre, de Jorge Kuri y dirigido por Claudio Valdés Kuri. Ver el texto en *Gestos,* 31 (2001), pp. 111–156, con una presentación «Del director sobre la puesta en escena» (p. 115). Analizo este espectáculo en «*De monstruos y prodigios: la historia de los castrati* y la decadencia de la cultura y la estética de Occidente», en *Teatro CELCIT,* 19–20 (2001), s.p.; este ensayo se incluye como presentación en la edición digital del texto *De monstruos y prodigios: la historia de los castrati,* Irvine, Ediciones Teatrales de Gestos, s.a. (en línea) [fecha de consulta: 13-04-2018] <http://www.humanities.uci.edu/gestos/pdf/villegas-monstruos.pdf>.

26 Estuvo de moda la película *Farinelli,* 1994, dirigida por Gérard Corbiau.

27 Tanto en el cine como en teatro se ha visto una recurrencia de historias ambientadas en la alta burguesía de fines del siglo XVII y del XVIII, con personajes con pelucas, caras empolvadas, zapatos de charol y grandes hebillas, rincones de palacios, salones de la alta burguesía. En

El espectáculo es un texto ideal como práctica de estrategias de análisis contemporáneo, ya sean éstas desde una perspectiva postcolonialista, de la construcción del otro o de la identidad sexual o nacional, o pluralidad de lenguajes escénicos. Plantea a la vez interesantes problemas relacionados con la cultura como objeto de mercado y la función del artista en la sociedad. Semejante es su riqueza con respecto a la puesta en escena como posmoderna.[28] La lectura más evidente, sugerida y reforzada por el subtítulo, es que el texto pone en escena la historia de los cantores castrados. Yo prefiero pensarla como una parodia de la cultura de Occidente a partir del Renacimiento y que, dentro de esta lectura, se inserta dentro de una tendencia de las prácticas escénicas contemporáneas en las que se reconstruye el período del Barroco, especialmente el francés.[29] *De monstruos y prodigios* constituye una crítica y parodia de los fundamentos de la imagen del mundo surgida de la Ilustración. El discurso científico, base de la cultura de la modernidad, es criticado y parodiado al desconocer su propia ignorancia, al hacer afirmaciones rotundas que se han demostrado falsas y al servir de justificación a la crueldad y la opresión. Se cuestionan los principios estéticos fundados en la Ilustración. El espectáculo revela que este gusto por la voz de los *castrati* corresponde principalmente a la clase acomodada, en especial, a la clase eclesiástica, cuyos miembros se constituyen en sus protectores. En consecuencia, estas clases sociales sacrifican cruelmente a los niños, anulan la vida social y personal de seres humanos para satisfacer su búsqueda del goce estético. Los seres humanos son sacrificados para el placer estético de unos pocos. También cuestiona a las autoridades de las Iglesia y sus gustos exquisitos y estetizantes, por cuanto sus representantes y autoridades aparecen como los defensores del arte de los *castrati* y, en consecuencia, de sus modalidades artísticas y, en el fondo, su mecenazgo es el responsable de la crueldad del sistema.

---

estas prácticas escénicas, este ambiente se ha caracterizado como decadente y, al mismo tiempo, emerge como un espacio de sibaritismo sensual, erótico, de gustos exquisitos, despreocupado por los problemas sociales de su tiempo o en el que las creencias religiosas carecen de importancia.

28 Con respecto a la economía neoliberal, el grupo, que en su instancia inicial aparecía como «Centro Dramático Nacional», fue el resultado de una beca recibida por Carlos Valdés Kuri, quien seleccionó a los actores en función de sus habilidades específicas para cada espectáculo.

29 En el caso del teatro latinoamericano hace algunos años Roberto Ramos Perea en *Mistiblú* tomó el tema del Marqués de Sade. Ver el texto en *Gestos*, 10 (1990), pp. 113–148. Con perspectiva muy diferente volvió a él Andrés Pérez en *Madame de Sade*. En el cine son varias las películas que han enfatizado esta visión del período. Por ejemplo, «Amadeus», «Relaciones peligrosas» y «Quills».

2.4 Historias con doble lectura

Son numerosos los espectáculos que pueden ser leídos en referencia a situaciones de los países de origen como a situaciones históricas afines en Europa. En estos casos, con frecuencia, el espectador nacional lee el texto en función de la historia nacional y el espectador internacional lo proyecta a su contorno europeo o transnacional. Estos textos pueden ser originales o versiones de textos de autores europeos. De los primeros es el que acabo de comentar. De los originales de Europa se puede destacar *Hamlet Machine,* de Heiner Müller, puesta en escena de Periférico de objetos, dirigida por Daniel Veronese. Al verla en Buenos Aires, en una sala pequeña, representó para mí la sociedad argentina, efecto de tiranía nacional.[30] La vi en España posteriormente y para mí perdió su referencia argentina y su mensaje se hizo transnacional. Semejante fue mi experiencia con *Gemelos,* de La Troppa, basada en un texto narrativo, *El gran cuaderno,* novela de la escritora húngara Agota Kristol. En Santiago, Chile, la vi en una antigua sala llamada Casa Amarilla, y la interpreté como individuos que sobreviven a la violencia en tiempos de guerra o dictadura. Al verla en España, su referente dominante fue la Segunda Guerra Mundial, el Holocausto y la persecución de los judíos.

Dentro de esta categoría es preciso ver las numerosas versiones latinoamericanas de textos y mitos clásicos, como es el caso de *Antígona,* ya sea en las versiones originales de Griselda Gambaro o del grupo peruano Yuyachkani.

Volvió una noche, de Eduardo Rovner, Argentina, que ha tenido un extraordinario éxito internacional, ofrece una situación especial de doble lectura potencial. Se centra en un joven que recibe las visitas de su madre muerta, quien, preocupada por el hijo, abandona su tumba y vuelve al departamento del hijo para darle consejos. Una lectura del texto no sugiere necesariamente un ambiente judío, excepto que puede interpretarse como una ironía de la madre judía tradicional. La puesta en escena, sin embargo, puede enfatizar la cultura judía, tanto en el modo de vestirse, como en las canciones o los bailes. Este judaísmo, por ejemplo, lo vi en una puesta en Buenos Aires donde desde la primera escena se enfatiza que se trata de una familia hebrea.[31] La escena inicial muestra al protagonista solo en

---

30 La vi en Buenos Aires en el teatro El Callejón de los Deseos (1995) y posteriormente en el FIT de Cádiz.

31 Vi esta puesta en el Teatro Andamio 90, Buenos Aires, en 2005, dirigida por Alejandro Zamek, con Daniel Marcove y Norma Pons. Un comentario sobre esta puesta puede verse en Moshé Korin, «Obra teatral de Eduardo Rovner: *Volvió una noche*», en *La Voz y la Opinión* (15-03-2006), s.p. (en línea) [fecha de consulta: 16-12-2016] <http://www.delacole.com/cgi-perl/medios/vernota. cgi?medio=lavoz&numero=marzo2006&nota=marzo2006-15>, en la que se asocia con la cultura judía. «Esta puesta tuvo dos temporadas en el Teatro Repertorio Español de Nueva York, con la

el escenario con kipá, los visitantes del cementerio que llegan al final a la fiesta aparecen con rasgos tradicionales asociados a la cultura judía. Tiendo a pensar que esta enfatización posible favorece su internacionalización. El texto, además, es excelente en su estructura, su desarrollo, el manejo del lenguaje, los matices de lo irónico, con elementos muy graciosos –como la parodia del «gaucho» y de «la madre judía»–, la simpatía de los personajes.

2.5 La actualización teatral

En numerosas obras de éxito internacional se observa el empleo de códigos propios de las nuevas tendencias teatrales, especialmente de la llamada posmodernidad y el teatro posdramático, que tiende a satisfacer a los espectadores inclinados a las nuevas tendencias escénicas.[32] Dentro de éstas, además, en la actualidad se advierte la utilización de referentes filosóficos o de teorías culturales producidas en Europa que conllevan una nueva lectura de la historia o del proceso creativo, y que involucran la incorporación de nuevas tendencias técnicas y reflexiones filosóficas de actualidad. Con respecto a estas últimas, por ejemplo, una directora chilena, con educación en Francia, caracteriza sus puestas con posiciones filosóficas. En la más reciente, *Realismo* (2016), con El Teatro de Chile, Manuela Infante cuestiona: «Nos preguntamos cómo sería un teatro que no se rigiera por las leyes antropocéntricas».[33] La respuesta da origen a una diversidad de espectáculos y lenguajes teatrales en los cuales el ser humano es desplazado del centro del universo del imaginario teatral y que enfatizan el impacto de las tecnologías. Una de sus consecuencias puede verse en una producción del Colectivo Arte Matamala, *Algernón. La angustia del conocimiento*, en la que el protagonista vive conectado

---

que ganaron seis premios ACE y 4 Hola». Agrega: «¡¡¡En la Rep. Checa, donde *Volvió una noche* lleva casi 14 años!!! (se estrenó en marzo del 2003 en el Teatro Nacional Anton Dvorack) de funciones ininterrumpidas». Información proporcionada por Eduardo Rovner [e-mail: 14-12-2016]. Ver edición del texto en Eduardo Rovner, «*Volvió una noche*», en George Woodyard (ed.), *Fábula. Sexo y poder. Teatro argentino de final del siglo XX*, Lawrence, LATR Books, 2009, pp. 49–101.

32 Una visión panorámica con ejemplos latinoamericanos puede verse en el capítulo 12, «Los lenguajes escénicos de la Posmodernidad y la globalización», de mi libro *Historia del teatro y las teatralidades en América Latina*, Irvine, Ediciones de Gestos, 2011, pp. 255–278. Para una presentación sobre las nuevas tecnologías y el teatro, ver José Romera Castillo, «Hacia un estado de la cuestión sobre teatro y nuevas tecnologías en España», en *Signa*, 17 (2008), pp. 17–28.

33 Diego Zúñiga, «La dramaturga curiosa», en *Qué pasa* (03-06-2016), s.p. (en línea) [fecha de consulta: 24-10-2016] <http://www.quepasa.cl/articulo/cultura/2016/06/la-dramaturga-curiosa. shtml>. En esta entrevista, Infante propone: «*Realismo* está basado en la corriente filosófica del "realismo especulativo" que plantea básicamente, que no somos el centro del mundo».

a una máquina al haber sido «elegido por dos científicos para probar un trata-miento que podría triplicar su inteligencia».[34] En relación con las nuevas tecno-logías, un buen ejemplo es la puesta de *Las ideas,* texto y dirección de Federico León, en la cual un ordenador cumple una función fundamental en el proceso de creación de la obra, la selección de materiales, su estructura, sus referencias y su metateatralidad.[35]

Varias de las obras presentadas en Europa ponen en evidencia el efecto de las nuevas concepciones, nuevas tecnologías y la intensificación del uso de una diversidad de lenguajes. De este modo, el lenguaje del cine, de los «cómics», de la pintura y los lenguajes digitales se han incorporado al teatro.[36] Dentro de estos se destacan cuestiones que hacen de las piezas teatrales modelos de metatea-tralidad y autorreflexividad, y se plantean cuestiones como la factibilidad de la representación, el cuestionamiento del teatro como género, la concepción del ser humano o la relación de éste con las nuevas tecnologías.

Un ejemplo que incluye varios de los rasgos mencionados es *Neva,* cuyo autor y director del grupo que la puso en escena por primera vez, Teatro en el blanco, Guillermo Calderón, ha adquirido enorme prestigio internacional con el éxito de esta pieza, que lo ha convertido en probablemente el director chileno más reco-nocido en la actualidad, tanto dentro como fuera del país. La historia represen-tada es sencilla: en un teatro en San Petersburgo, en 1905, tres actores ensayan la puesta de *El Jardín de los cerezos* de Anton Chejov. En el transcurso del ensayo, hay referencias a que los otros miembros del elenco no han llegado y que posible-mente estén muertos o prisioneros como consecuencia de los sucesos callejeros y la violencia de la represión. El ensayo se lleva a cabo mientras fuera del teatro acontece un hecho histórico de enorme trascendencia: una rebelión popular reprimida con violencia en Rusia, conocida como el «Domingo sangriento». Esta

---

34 La vi en el FIT de Cádiz en octubre de 2015. La cita es del «Programa del 30 Festival Iberoame-ricano de Teatro de Cádiz», Cádiz, s.i., 2015, p. 12. Puede verse el vídeo en Youtube: «Colectivo Arte Matamala – *Algernón, la angustia del conocimiento*», FIT de Cádiz Vídeo (vídeo de Youtube) [fecha de consulta: 13-04-2018] <https://www.youtube.com/watch?v=9pVByxOhXzo>.

35 La vi en el FIT de Cádiz en octubre de 2015. Ver *«Las ideas* de Federico León», en *Alterna-tiva Teatral* (ficha teatral) [fecha de consulta: 13-04-2018] <http://www.alternativateatral.com/obra37360-las-ideas>.

36 Sobre el lenguaje del «cómics» y el teatro, ver Claudia Villegas-Silva, «Entre lo virtual y lo orgánico: teatro cómics en *Historia de amor* de Teatro Cinema», en *Gestos*, 57 (2014), pp. 41–52. De la misma autora, ver «Teatro cibernético y virtual en Latinoamérica», en Osvaldo Obregón (coord.), *Seminário internacional em torno do teatro latinoamericano. Tendências cénicas inova-doras a partir dos anos 80 do século XX*, Almada, Festival de Teatro de Almada, 2010, pp. 28–35 (en línea) [fecha de consulta: 13-04-2018] <http://www.ctalmada.pt/festivais/2009/images/tea-tro_latino-americano.pdf>.

situación vale tanto para el momento histórico representado (Moscú, 1906) como para una instancia de la historia de Chile en tiempos de la dictadura.

Desde la perspectiva propuesta, en este espectáculo hay varios rasgos con potencial para el éxito internacional. Por una parte, la utilización de un texto clásico de la alta cultura europea (*El jardín de los cerezos*). Por otra, se presenta una historia europea, con posibilidades de aplicación a otros espacios con conflictividad social. El núcleo de la obra se funda en un problema filosófico y técnico de actualidad: la cuestión de la validez de la representación teatral. Los tres actores, prácticamente, no ensayan el texto designado, sino que proceden a una serie de ejercicios de representación siempre insatisfactoria de diversas situaciones en torno a la muerte de Chejov, motivadas por las supuestas o reales dificultades de la famosa actriz principal Olga, viuda de Chejov, para representar las escenas que le corresponden. La cuestión básica es la legitimidad y validez de la representación, ya que ninguno de ellos fue testigo directo de la muerte de Chejov. El ensayo se interrumpe varias veces. Las interrupciones dan origen a reflexiones sobre el proceso de actuar. Desde esta perspectiva, la obra es una parodia de las teorías de Stanislavski, quien propuso un método de actuación fundado en la reconstrucción de la experiencia vivida, en la que el actor/actriz recurre a su *memoria emotiva* en la construcción del personaje. El texto hace evidente la dificultad de «representar» la muerte de Chejov si ninguno estuvo presente. Por consiguiente, ninguno tiene memoria del hecho. Esta parodia se logra con juegos de lenguaje y ridiculización de situaciones.

2.6 Grupos teatrales

No es posible terminar este panorama, sin mencionar algunos de los grupos teatrales que circulan con frecuencia en los escenarios europeos. De Argentina hay numerosos grupos, algunos con cambios de nombre, pero dirigidos por el mismo director o directora. Entre los primeros, de gran circulación a fines del siglo XX, figura Teatro del Sur con *Tango varsoviano*, dirigido por Alberto Félix Alberto, que buscó apartarse del teatro político dominante en su tiempo; Sportivo Teatral, con la dirección de Ricardo Bartís, que impactó internacionalmente con *El pecado que no se puede nombrar*; Periférico de objetos, dirigido por Daniel Veronese, cuya puesta de *Máquina Hamlet* deslumbró por su fuerza y tenebrosa visión de la sociedad contemporánea. De los grupos recientes de Argentina, se destaca El Timbre 4, con su director Claudio Tolcachir y su primera excursión europea con *La omisión de la familia Coleman*; y otros nuevos directores que han circulado fuera de Argentina, tales como los nombrados en la nota 4. De Bolivia, el grupo más distinguido ha sido el Teatro de los Andes, fundado y dirigido por muchos años por César Brie con obras (*Ubú en Bolivia* y *La Ilíada*) que incorporaron las culturas indígenas integradas a la tradición de Occidente. A la renuncia de César Brie, el grupo continuó con el mismo nombre y ha presentado varias obras, entre otras, *Hamlet en Bolivia* con el nuevo director Diego Aramburo. De Chile, el grupo de mayor circulación y presencia en Europa ha sido La Tropa, inicialmente con *Gemelos* y otros espectáculos de gran éxito europeo. El año 2007 se dividió, formando Cinemateatro (*Sin sangre, Historia de amor*), dirigido por Carlos Zagal y Laura Pizarro,[37] y *Viajeinmóvil*, a cargo de Jaime Lorca. Entre las puestas de este último se destaca *Otelo*. Como mencioné previamente, de Ecuador el más reconocido es Malayerba, con la dirección de Arístides Vargas, quien, además, de las obras del grupo ha dirigido o co-dirigido espectáculos con otros grupos. De Costa Rica, el grupo Teatro Abya Yala ha tenido gran éxito con *Vacío* y *Patio*. El primero, una especie de espectáculo de cabaret, muy atractivo, solo con mujeres, canciones y un mensaje fuertemente de liberación de la mujer. El segundo, centrado en dos actores, con música, baile y gran trabajo corporal, cuestiona el concepto de masculinidad en un pequeño escenario, con limitado número de espectadores. El grupo de más prestigio internacional de Perú es Yuyachkani, dirigido por Miguel Rubio, cuya variedad de espectáculos en su larga historia va desde algunos con fuerte contenido de protesta y otros revisadores de la historia, siempre de gran calidad como puesta y como actuación. Entre sus primeras puestas se destaca *Los músicos ambulantes*, y, entre las últimas, *Sin título*. Aunque son varios los grupos de Colombia que recorren escenarios europeos, todavía el más reconocido, aunque en la actualidad circula menos en Europa, es la Candelaria, cuyo director, Santiago García, desarrolló teorías sobre el teatro latinoamericano que dieron origen a un modo de producción llamada «creación colectiva» y que, en sus últimas obras, se sumergió en las raíces religiosas de lo popular con *Nayra*. De México, el más activo en este momento es el Teatro de Ciertos Habitantes, al cual me he referido anteriormente,[38] aunque hay un buen número de grupos mexicanos en los festivales europeos, con excelentes puestas. En España, por ejemplo,

---

37 En su portal destacan que, además de sus presentaciones en Chile, han actuado en «Hong Kong, Corea del sur, Macao, Singapur, Israel, Holanda, Bélgica, Portugal, Reino Unido, Alemania, España, Suiza, Italia, México, Brasil, Venezuela, Argentina, Estados Unidos, Canadá, Ecuador, Puerto Rico, República Dominicana, Colombia». Véase la sección «¿Quiénes somos?», en *Teatro Cinema* (página web) [fecha de consulta: 13-04-2018] <http://teatrocinema.cl/quienes-somos>.

38 Aunque hay abundancia de grupos de cada país que han circulado en los festivales y escenarios europeos, he limitado las referencias a los más tradicionales y, dentro de mi experiencia, con mayor número de actuaciones.

se presentó en el año 2015 una extraordinaria versión de *Macbeth*, con personajes y ambiente mexicano, titulada *Mendoza*, por el grupo Los Colochos Teatro.[39]

3 Síntesis

El teatro latinoamericano actual es un conjunto de prácticas escénicas y culturales muy diversas tanto en cuanto a sus productores como destinatarios, de una gran variedad temática y técnica, en las cuales los países tienen tendencias comunes y diferenciadas. Su actividad es riquísima y el número de espectáculos, profesionales y no profesionales, es impresionante. En los últimos años se ha incrementado considerablemente el número de festivales, tanto nacionales como internacionales, los que han visibilizado la escena latinoamericana a niveles internacionales. Hay un gran número de investigadores en los propios países latinoamericanos, en Estados Unidos y Europa que, al estudiar el teatro latinoamericano, muestran su familiaridad con las tendencias teóricas y escénicas a nivel nacional e internacional. Semejante es el caso de las numerosas revistas, impresas y digitales, en América Latina y en el exterior que incluyen ensayos sobre teatro latinoamericano. Como indiqué al principio de este ensayo, hay una gran cantidad de textos de dramaturgas y dramaturgos latinoamericanos traducidos recientemente a varios idiomas modernos y una fuerte presencia de directores teatrales circulando fuera de sus fronteras nacionales.

Los espectáculos ponen de manifiesto las inquietudes políticas y artísticas de una pluralidad de sectores sociales, algunos enfatizan lo social y político inmediato; otros parecen alejarse de esas preocupaciones. En esta ocasión, elegí centrarme en una tendencia muy propia de nuestra época: un teatro latinoamericano en busca de mercados transnacionales. Este teatro, por una parte, muestra a autores y directores muy conscientes de las tendencias actuales, y, por otra, evidencia su familiaridad con la llamada gran cultura de Occidente.

En este ensayo se enfatizó la hipótesis de que el éxito de un texto teatral implica satisfacer los intereses ideológicos, las expectativas estéticas y los imaginarios sociales del espectador potencial. El éxito de un buen número de obras latinoamericanas en los escenarios internacionales sigue uno de los requisitos que manifiesta Lope de Vega en su *Arte nuevo de hacer comedias en este tiempo*, quien recuerda a sus oyentes de la academia, reales o ficticios, que uno de los requisitos del buen dramaturgo es evitar que el público vuelva la espalda al comediante.

---

39 *Los Colochos Teatro* (página web) [fecha de consulta: 13-04-2018] <http://loscolochosteatro.wixsite.com/loscolochosteatro>. La vi en el FIT de Cádiz en octubre de 2014.

Justifica su escritura al decir: «escribo por el arte que inventaron/los que el vulgar aplauso pretendieron/porque como las paga el vulgo,/es justo hablarle en necio para darle gusto» (vv. 45–48).[40] Para el teatro latinoamericano que busca su éxito fuera de sus fronteras, especialmente en Europa, hay que transformar sus versos y decir: «escribo por el arte que inventaron/los que el *culto* aplauso pretendieron/porque como las paga el *culto*/es justo hablarle en culto para darle gusto». Entonces, se puede concluir con las palabras del Fénix de los Ingenios: «Yo hallo que si allí se ha de dar gusto/con lo que se consigue es lo más justo» (vv. 209–210) «porque a veces lo que es contra lo justo/por la misma razón deleita el gusto» (vv. 375–376).

Obras citadas

Brugal, Elsa, y Beatriz Risk (eds.), *Rito y representación. Los sistemas mágico-religiosos en la cultura cubana contemporánea*, Madrid, Iberoamericana, 2003.

Canevali, Davide, «De Argentina a Europa: modelos para un teatro poscrisis», en *Revista Pausa*, 35 (2013), pp. 25–34 (en línea) [fecha de consulta: 26-10-2016] <http://www.revistapausa. cat/de-argentina-a-europa-modelos-para-un-teatro-poscrisis>.

Carrió, Raquel, «Teatro y ritualidad en la escena cubana actual», en Juan Villegas (ed.), *Propuestas escénicas de fin de siglo: FIT 1998*, Irvine, Ediciones de Gestos, 1999, pp. 49–64.

Carrió, Raquel, y Flora Lauten, «*Otra tempestad*», en *Gestos*, 28 (1999), pp. 103–133.

«Circulación nacional e internacional», *en Fundación Teatro a Mil* (página web) [fecha de consulta: 26-11-2016] <http://www.fundacionteatroamil.cl/circulacion >.

«Colectivo Arte Matamala – *Algernón, la angustia del conocimiento*», FIT de Cádiz Vídeo (vídeo de Youtube) [fecha de consulta: 13-04-2018] <https://www.youtube.com/watch? v=9pVByxOhXzo>.

Dauster, Frank, «Eduardo Pavlovsky», en Leon Lyday y George Woodyard (eds.), *Tres dramaturgos rioplatenses: antología del teatro hispanoamericano del siglo XX*, Ottawa, Girol Books, 1983, p. 152.

«Dossier histórico», en *Teatro del Silencio* (página web) [fecha de consulta: 26-11-2016] <http:// www.teatrodelsilencio.net/assets/files/pdf/Historico-Teatro-del-Silencio-2014.pdf>.

Dubatti, Jorge, «El teatro argentino expande cada día sus fronteras y sale al mundo. Un fenómeno de las últimas dos décadas», en *Tiempo Argentino* (02-01-2016) [dirección web obsoleta] <http://tiempo.elargentino.com/notas/teatro-argentino-expande-ca-da-dia-sus-fronteras-y-sale-al-mundo>.

—, «El teatro argentino expande cada día sus fronteras y sale al mundo. Un fenómeno de las últimas dos décadas», en *Teatro independiente de La Plata Argentina* (página web) [fecha de consulta: 26-10-2016] <http://teatroindependientelaplata.blogspot.com/2011/01/ el-teatro-argentino-expande-cada-dia.html>.

---

40 Lope de Vega, *El Arte Nuevo de hacer comedias en este tiempo*, Percy Encinas (ed.), Lima, Universidad Científica del Sur, 2009.

Giella, Miguel Ángel, «Estudio preliminar», en Eduardo Pavlovsky, *El señor Galíndez*, Buenos Aires, Corregidor, 2007, pp. 7–24.

Karlik Danza Teatro (página web) [fecha de consulta: 26-11-2016] <http://www.karlikdanza.com>.

Korin, Moshé, «Obra teatral de Eduardo Rovner: *Volvió una noche*», en *La Voz y la Opinión* (15-03-2006), s.p. (en línea) [fecha de consulta: 16-12-2016] <http://www.delacole.com/cgi-perl/medios/vernota.cgi?medio=lavoz&numero=marzo2006&nota=marzo2006-15>.

«*Las ideas* de Federico León», en *Alternativa Teatral* (ficha teatral) [fecha de consulta: 13-04-2018] <http://www.alternativateatral.com/obra37360-las-ideas>.

Los Colochos Teatro (página web) [fecha de consulta: 13-04-2018] <http://loscolochosteatro.wixsite.com/loscolochosteatro>.

Lyday, Leon, y George Woodyard (eds.), *Tres dramaturgos rioplatenses: antología del teatro hispanoamericano del siglo XX*, Ottawa, Girol Books, 1983.

Obregón, Osvaldo, «Introduction à l'anthologie de la dramaturgie latino-américaine contemporaine (1940–1990)», en *Théatre Latino-Américain Contemporain*, Dijon, UNESCO, 1998, pp. 7–28.

«Programa del 30 Festival Iberoamericano de Teatro de Cádiz», Cádiz, s.i., 2015.

«¿Quiénes somos?», en *Teatro Cinema* (página web) [fecha de consulta: 13-04-2018] <http://teatrocinema.cl/quienes-somos>.

Ramos Perea, Roberto, *Mistiblú*, en *Gestos*, 10 (1990), pp. 113–148.

Rojas Mix, Miguel, *América imaginada*, Barcelona, Editorial Lumen, 1992.

Romera Castillo, José, «Hacia un estado de la cuestión sobre teatro y nuevas tecnologías en España», en *Signa*, 17 (2008), pp. 17–28.

Rovner, Eduardo, «*Volvió una noche*», en George Woodyard (ed.), *Fábula. Sexo y poder. Teatro argentino de final del siglo XX*, Lawrence, LATR Books, 2009, pp. 49–101.

Saïd, Edward, *Orientalism: Western Representations of the Orient*, London, Routledge and Kegan Paul, 1978.

Taylor, Diana, «Paradigma de crisis: la obra dramática de Griselda Gambaro», en Diana Taylor (ed.), *En busca de una imagen. Ensayos críticos sobre Griselda Gambaro y José Triana*, Ottawa, Girol Books, 1989, pp. 11–23.

Valdés-Kuri, Claudio, «Del director sobre la puesta en escena», en *Gestos*, 31 (2001), p. 115.

Vega, Lope de, *El Arte Nuevo de hacer comedias en este tiempo*, Percy Encinas (ed.), Lima, Universidad Científica del Sur, 2009.

Villegas-Silva, Claudia, «Entre lo virtual y lo orgánico: teatro cómics en *Historia de amor* de Teatro Cinema», en *Gestos*, 57 (2014), pp. 41–51.

—, «Teatro cibernético y virtual en Latinoamérica», en Osvaldo Obregón (coord.), *Seminário internacional em torno do teatro latinoamericano. Tendências cénicas inovadoras a partir dos anos 80 do século XX*, Almada, Festival de Teatro de Almada, 2010, pp. 28–35 (en línea) [fecha de consulta: 13-04-2018] <http://www.ctalmada.pt/festivais/2009/images/teatro_latino-americano.pdf>.

Villegas, Juan, «La internacionalización del teatro chileno de la postdictadura», en *Gestos*, 57 (2014), pp. 175–185.

—, «Los lenguajes escénicos de la Posmodernidad y la globalización», en *Historia del teatro y las teatralidades en América Latina*, Irvine, Ediciones de Gestos, 2011, pp. 255–278.

—, «La desnacionalización de lo nacional: el teatro y el cine latinoamericanos en tiempos de globalización», en Nel Diago y José Monleón (eds.), *Teatro y globalización. Actas Encuentro de Valldigna*, Valencia, Universidad de Valencia, 2007, pp. 149–181.

—, *Pragmática de las culturas de América Latina*, Madrid, Ediciones del Orto, 2003.

—, «*De monstruos y prodigios: la historia de los castrati* y la decadencia de la cultura y la estética de Occidente», en *Teatro CELCIT*, 19–20 (2001), s.p.

—, «*De monstruos y prodigios: la historia de los castrati* y la decadencia de la cultura y la estética de Occidente», en Jorge Kuri y Claudio Valdés Kuri, *De monstruos y prodigios: la historia de los castrati*, Irvine, Ediciones Teatrales de Gestos, s.a. (en línea) [fecha de consulta: 13-04-2018] <http://www.humanities.uci.edu/gestos/pdf/villegas-monstruos.pdf>.

Zúñiga, Diego, y Manuela Infante, «La dramaturga curiosa», en *Qué pasa* (03-06-2016), s.p. (en línea) [fecha de consulta: 24-10-2016] <http://www.quepasa.cl/articulo/cultura/2016/06/la-dramaturga-curiosa.shtml>.

Edad Media
Ed. Tobias Leuker

Tobias Leuker

Lo sagrado y lo profano en la cultura española medieval. Convergencias y divergencias

Al igual que las contribuciones de las otras secciones del XIX Congreso de la Asociación Internacional de Hispanistas, las de la sección «Medieval» aparecen en orden alfabético. La gran variedad de los artículos entregados, emblema de la riqueza de la investigación internacional sobre la lengua, la literatura y la cultura de la España medieval, nos ha obligado a mantener este orden, en el que a continuación presentaremos los trabajos seleccionados para formar parte de este volumen.

En el estudio con el que se abre la sección, Francisco Bautista nos ofrece una fascinante reconstrucción de un mito según el cual existiría una biografía de Pedro I de Castilla opuesta a la de Pero López de Ayala, muy crítica en cuanto a sus juicios sobre el rey. Esta biografía «alternativa», elogiada por ser fidedigna, se atribuía a un tal Juan de Castro, prelado de Jaén, no menos misterioso que la obra misma. Bautista revela cuáles fueron los motivos político-dinásticos que, en el siglo XVI, llevaron a la creación de este mito e indica algunos factores socio-históricos que propiciaron su surgimiento.

Por su parte, Adrián Fernández González, mediante el análisis de las referencias a Alejandro Magno en la literatura de la baja Edad Media, demuestra lo inadecuado que sería hablar de una pérdida de importancia de la figura del rey macedonio después del siglo XIII, que lo había hecho protagonista de obras tan significativas como el *Libro de Alexandre*. De hecho, lo que se constata en la baja Edad Media es la refuncionalización del personaje. Alejandro se transforma en modelo de comportamiento para los nobles y sirve a menudo como «eje de superación positivo o negativo» en elogios hiperbólicos de personajes eminentes (monarcas, nobles, letrados).

Concentrándose igualmente en textos del siglo XV, Leonardo Funes analiza un aspecto crucial de la «ideología amorosa cortesana» que caracteriza la poesía de cancionero y la novela sentimental, a saber, «la figura paradójica de la Dama superior e inalcanzable y la actitud reverencial o sumisa del enamorado ante su amada». Funes propone una interpretación sociológica de esta constelación, juzgándola como una perfecta imagen de «la condición cortesana», y considera su propagación en los géneros literarios mencionados como un intento de exaltar el «estatus nobiliario».

Tobias Leuker, Westfälische Wilhelms-Universität Münster

https://doi.org/10.1515/9783110450828-007

En un estudio que discute los diferentes usos del concepto «Edad Media», Juan García Unica pone de relieve una distinción fundamental: mientras que los inventores del concepto consideraban los siglos que llamaban «medievales» como una etapa de escaso valor en un modelo historiográfico linear-progresista, de índole claramente secular, los hombres de aquella época, orientados hacia el Más Allá, creían vivir en un *mundus senescens* destinado a ser superado por el reino de Anticristo y el Juicio Final. En consecuencia, no intentaban mejorar sus condiciones de vida, para con ello poder aspirar a un futuro más lumbroso, sino que básicamente buscaban trazas de la gloria de Dios en la Naturaleza, sacralizada gracias al recurso continuo a la analogía.

El objeto del estudio de Michael Gerli es el *Libro de Alexandre*. El autor lo analiza desde «una dilatada perspectiva europea», ilustrando cómo la obra «refleja una ansiedad respecto a la naturaleza del conocimiento, la investigación y el poder». Según Gerli, la obra más extensa del mester de clerecía trata las principales cuestiones que, en los siglos XII y XIII, enfrentaban al poder político y a la Iglesia, y a los filósofos y a los teólogos.

¿Qué nos revelan las obras líricas medievales si examinamos sus maneras de expresar emociones y afectos? Tal es la pregunta que, desde hace algunos años, guía el proyecto de investigación *Il lessico delle emozioni nella lirica europea medievale*. En esta ocasión, Déborah Gónzalez aplica el enfoque elaborado por el equipo italiano a la expresión de la ira en las *Cantigas de Santa Maria* de Alfonso X. Su minucioso estudio léxico abarca los términos «sanna», «ira», «rancura», «felonia», «despeito», «nojo» y «arrufado».

Antonia Martínez Pérez se ocupa de otra obra maestra de la Edad Media española, el *Libro de buen amor* de Juan Ruiz, Arcipreste de Hita. Como Michael Gerli, la profesora sitúa el objeto de su análisis en un marco internacional, inscribiendo la «seudo-autobiografía aflictiva» de Juan Ruiz en el amplio grupo de textos medievales que popularizaban una actitud crítica frente al estamento religioso.

Un religioso español que no temía los debates intelectuales fue Alonso de Cartagena. Famoso por su correspondencia con eminentes personajes de su tiempo, tales como el humanista italiano Leonardo Bruni o el Marqués de Santillana, no lo es tanto por su labor como predicador. Georgina Olivetto nos ofrece una precisa descripción filológica de los manuscritos que conservan los sermones pronunciados por el obispo durante el Concilio de Basilea, y los coloca en el *iter* político-espiritual del prelado.

El artículo de Rachel Peled Cuartas y el escrito en colaboración por Carlos Santos Carretero y E. Macarena García García versan sobre un importante género de la literatura hispanohebrea, el de las *maqamat*, «obras de temática variada y rica simbología que combinan prosa rimada y poemas engarzados». Mientras que Peled Cuartas propone una «trayectoria de humor e ironía» que conecta las *maqamat* árabes hebreas con la novela picaresca del Siglo de Oro, Santos Carretero y García García ofrecen un estudio lingüístico y la primera traducción española de una de las *maqamat* más significativas, *La historia de Sahar y Kimah* de Jacob ben Eleazar.

Las descripciones médicas de la lepra y las implicaciones morales, sociales y simbólicas de la terrible enfermedad en los textos medievales de la Península Ibérica son el tema de la contribución de Connie Scarborough. En su ensayo, la estudiosa destaca cómo «la piel dañada [...] le privaba al leproso de su identidad», degradándole de «sujeto sano» a «objeto».

El último artículo de la sección le corresponde a Isabella Tomassetti, quien nos presenta los *Salmos penitenciales* de Diego de Valera. La obra, conservada en un solo manuscrito, forma parte de los poemas cortesanos tardomedievales centrados en la *religio amoris*. La profesora Tomassetti sitúa el texto, una parodia en clave amorosa de los siete salmos comúnmente llamados «penitenciales», en la producción poética del segundo cuarto del siglo XV y analiza «la modalidad de reescritura profana» del modelo bíblico. Concluye constatando que, en los poemas de la época, «entre amor divino y amor humano» se nota un «intenso sincretismo».

Francisco Bautista

El monasterio de Guadalupe y las crónicas de Ayala

Resumen: En este artículo se estudian las menciones a una supuesta crónica perdida, escrita por Juan de Castro, y que daría una versión diferente a la de Pero López de Ayala sobre el reinado de Pedro I. Se repasan las referencias a este texto durante el siglo XVI, y se examina el papel que en ellas tiene el monasterio de Guadalupe que, de acuerdo con Sancho de Castilla, sería el lugar en el que se habría conservado el texto, hasta que fue prestado en 1511. De acuerdo con este mismo autor, cuando fue devuelto, en 1531, en realidad se habría entregado un códice distinto, con las crónicas de Ayala. Se revisa esta cuestión a la luz del manuscrito de Guadalupe, estudiado aquí por vez primera.

Palabras clave: Pedro I, historiografía petrista, manuscritos, linaje Castilla, Jerónimo Zurita

La obra cronística del canciller Pero López de Ayala tuvo, ya al final de la Edad Media y en el siglo XVI, una recepción paradójica e incluso contradictoria. Vista desde muy pronto como un modelo, casi como un clásico, fue también objeto de contestación, como una obra sospechosa o parcial, especialmente por lo que respecta a la narración sobre Pedro I. Su condición de texto de referencia queda de manifiesto no solo por el alto número de ejemplares bajomedievales que ha llegado hasta nosotros, sino también por otros datos significativos. Así, se trata de la primera crónica medieval en publicarse en formato impreso, en Sevilla, 1495, donde se incluían las crónicas de Pedro I, Enrique II y Juan I, y volvió a imprimirse en cuatro ocasiones a lo largo del siglo XVI (1526, 1542, 1549 y 1591).[1] Por otro lado, en un importante prólogo historiográfico, que figura al frente de sus llamados *Anales breves*, Lorenzo Galíndez de Carvajal (ca. 1472 – ca. 1528), funcionario al servicio de los Reyes Católicos y de Carlos V, propone el perfil de Ayala como ejemplificación de su ideal del historiador:

---

[1] Para estas ediciones, véase Germán Orduna, «Apéndices», en Pero López de Ayala, *Crónica del rey don Pedro y del rey don Enrique, su hermano, hijos del rey don Alfonso Onceno*, Germán Orduna (ed.), Buenos Aires, SECRIT, 1994, vol. 1, pp. LXXXIX–XCIV.

Francisco Bautista, Universidad de Salamanca

https://doi.org/10.1515/9783110450828-008

Mucho se avia de mirar en la election de la persona que ha describir la coronica [...] y en tal election se avia tanbien de mirar, allende de la legalidad de la persona, que el elegido fuese de buena parte, por que ni temor de los poderosos, ni affection de su gente le hiziesen apartar de la verdad; y asi vemos que se hizo en los tiempos passados en la ley divina y humana, y en nuestros tiempos fueron coronistas Pero Lopez de Ayala y Hernan Perez de Guzman (Madrid, Biblioteca Nacional de España, MSS/1759, f. 586^v).

Más adelante, como veremos, en su fundamental trabajo sobre el texto de Ayala, el historiador Jerónimo Zurita (1512–1580) efectuará también una inequívoca y bien fundada defensa de su obra, contribuyendo con ello a situarla en una posición destacada dentro del canon historiográfico castellano.[2]

Ahora bien, de forma contemporánea a estas declaraciones existió también una corriente que ponía en duda la validez de las crónicas de Ayala, en especial su relato sobre Pedro I, o que al menos arrojaba una sombra de sospecha. Se trata también de una opinión antigua, cuyas primeras manifestaciones pueden situarse ya en la segunda mitad del siglo XV. Así, en dos textos contemporáneos, fechables durante el reinado de Enrique IV (1454–1474), se alude a una historia alternativa sobre Pedro I. Me refiero a una singular versión de la *Estoria del fecho de los godos*, conservada en un único manuscrito (Madrid, Biblioteca Nacional de España, MSS/9559, segunda mitad del siglo XV), y a la refundición del *Sumario del Despensero* efectuada hacia 1470, también conservada en un único manuscrito (Salamanca, Biblioteca Universitaria, 2309, segunda mitad del siglo XV), y en varios apógrafos de este.[3] En ambos textos parece haberse hecho uso de un mismo texto que contenía un relato entre Pedro I y Juan II, en el cual se aludía a esa historia diferente sobre el primero:

E el rey don Pedro le avia dado favor [al rey Bermejo] quando reyno, segund que mas largamente esta escrito en la coronica verdadera deste rey don Pedro; porque hay dos coronicas,

---

2 Sobre el trabajo de Zurita, véase José Luis Moure, «A cuatrocientos años de un frustrado proyecto de Jerónimo Zurita: la edición de las *Crónicas* del Canciller Ayala», en *Cuadernos de Historia de España*, 63–64 (1980), pp. 256–292, y también Francisco Bautista, «Historia y filología: Jerónimo Zurita y las crónicas de Pero López de Ayala», en prensa.

3 El relato de estos dos textos ha sido analizado por Diego Catalán, *La «Estoria de España» de Alfonso X: creación y evolución*, Madrid, Seminario Menéndez Pidal/Fundación Ramón Menéndez Pidal/Universidad Autónoma de Madrid, 1992, pp. 262–283, cuyas conclusiones recojo aquí. Véase también el estudio de Juan Carlos Conde, «Una lanza por la existencia de una historiografía petrista sojuzgada: ecos y rastros en la historiografía del cuatrocientos castellano», en José Manuel Lucía Mejías (coord.), *Actas del VI Congreso Internacional de la Asociación Hispánica de Literatura Medieval (Alcalá de Henares, 12–16 de septiembre de 1995)*, Alcalá de Henares, Universidad de Alcalá, 1997, vol. 1, pp. 511–522, donde rescata una referencia de las *Siete edades del mundo* de Pablo de Santa María (obra compuesta hacia 1417), en la que se refleja un episodio que aparecerá en los textos posteriores estudiados por Catalán.

la una fengida, por se disculpar de los yerros que contra el fueron fechos en Castilla, los cuales causaron e prynçipiaron que este rey don Pedro se mostrase tan cruel como en su tiempo fue (Madrid, Biblioteca Nacional de España, MSS/9559, f. 225ʳ).[4]

Aunque no se dice explícitamente, la crónica «fengida» que aquí se menciona no habría de ser otra que la de Ayala.[5] Ahora bien, no se conoce esa otra historia en la que dice basarse el autor del texto histórico desde Pedro I a Juan II que se refleja en la citada versión de la *Estoria del fecho de los godos* y en la refundición del *Despensero*. En todo caso, lo que aquí me interesa es que esta referencia prueba que al menos en la segunda mitad del siglo XV ya se cuestionaba directamente el relato de Ayala, y tal cuestionamiento alimentó a lo largo de la siguiente centuria otras nuevas críticas y sospechas, en las que se desarrolló con nuevos ingredientes la idea de esa historia más verdadera, según detallo a continuación.

1 Historias para un libro

Varios escritores y eruditos se refieren en el siglo XVI efectivamente a una historia alternativa sobre Pedro I. Estas menciones evidencian una evolución por la cual se va gestando un relato sobre el origen, circunstancias y desaparición de dicha historia, que conforma lo que podríamos llamar en última instancia un fantasma bibliográfico. Según podremos comprobar, tal relato se encuentra estrechamente

---

4 Compárese con el texto de la refundición del *Despensero*: «seyendo este rey Bermejo vasallo del rrey don Pedro, e el le avia dado fauor quando rreyno, segun que mas largamente esta escrito en la coronica verdadera deste rey; porque ay dos coronicas, vna fengida por se desculpar de la muerte que le fue dada» (Jean-Pierre Jardin [ed.], *Suma de Reyes du Despensero*, Paris, Les Livres d'e-Spania, 2013 [fecha de consulta: 20-10-2017] <http://e-spanialivres.revues.org/481>). La *Suma de corónicas* del Alcaide de La Guardia, conservada en Madrid, Biblioteca Nacional de España, MSS/10652, reproduce el pasaje de la refundición del *Despensero*, pero el autor manifiesta sus dudas al respecto: «Segund que dize que mas largamente se contiene en la coronica verdadera deste rey, porque dize que ay dos coronicas, una fengida por desculpar la muerte que le fue dada al rey don Pedro. *Y develo de dezir por esta que compuso Hernand Perez de Ayala y otra que es verdadera; la qual yo no he visto, ni oydo dezir a nadie que la viese*» (f. 37ʳ). Marco en cursiva lo que está en el manuscrito subrayado, y que indica las intervenciones propias del autor. Sobre esta obra, véase Diego Catalán, *La tradición manuscrita de la «Crónica de Alfonso XI»*, Madrid, Gredos, 1974, pp. 260–268.
5 Así lo entiende el Alcaide de La Guardia, en el pasaje citado en la nota anterior, aunque con un ligero error en el nombre de Ayala. No se señala el autor probablemente porque quien realizó la contraposición no lo conocía. Recuérdese que la versión más difundida de las crónicas de Ayala, que corresponde también a la impresa (conocida por ello como «versión vulgar»), no posee prólogo y carece de indicaciones sobre la autoría del texto.

ligado a varios miembros de la familia Castilla, que descendía del linaje de Pedro I, y que tuvo un papel muy activo en los intentos de rehabilitación de su memoria. Por otro lado, como ha señalado Diego Catalán, el manuscrito de la refundición del *Despensero* estuvo en el siglo XVI en manos de esta familia, por lo que es muy probable que la idea de una crónica alternativa se inspire directamente en dicha obra.[6]

El primer autor en afirmar la existencia de una vía alternativa de la memoria de Pedro I es Francisco de Castilla, en su *Práctica de las virtudes de los buenos reyes de España*, publicada por primera vez en 1518.[7] Se trata de un sumario de la historia de España, escrito en coplas de arte mayor, y al llegar a Pedro I, Castilla combate la historia más difundida sobre el rey (es decir, la de Ayala), para contraponerla a otra menos conocida pero más verdadera:

> El gran rey don Pedro qu'el vulgo reprueva
> por selle enemigo quien hizo su historia
> fue digno de clara y famosa memoria
> por bien qu'en justicia su mano fue seva.
> No siento ya como ninguno se atreva
> dezir contra tantas vulgares mentiras
> d'aquellas jocosas cruezas y iras
> que su muy viciosa corónica prueva.

> No curo d'aquellas, mas yo me remito
> al buen Juan de Castro, perlado en Jaen,
> qu'escribe escondido por zelo de bien
> su chronica cierta como hombre perito.

> Por ella nos muestra la culpa y delito
> d'aquellos rebeles quel rey justicio
> con cuyos parientes Enrique emprendio
> quitalle la vida con tanto conflito.[8]

Estas dos coplas sirven de pórtico a un resumen del reinado de Pedro I que se ciñe casi exclusivamente a una vindicación del rey, defendiendo que su crueldad sería nada más una calumnia de sus enemigos, y que lo que habría definido su trayectoria no habría sido otra cosa que la justicia. No hay, entonces, ninguna

---

6 Diego Catalán, *La «Estoria de España» de Alfonso X...*, p. 273.

7 Sobre esta obra, véase ahora Natalia María Fortuño de Jesús, «En torno a la *Práctica de las virtudes de los buenos reyes de España* de Francisco de Castilla, un poema historiográfico del siglo XVI», en *Dicenda*, 33 (2015), pp. 57–69.

8 Cito por Francisco de Castilla, *Theorica de virtudes en coplas*, Alcalá de Henares, Pedro de Robles y Francisco de Cormellas, 1564, f. 184ᵛ.

información desconocida que Castilla hubiese debido extraer de la crónica a la que se refiere, que queda aquí únicamente como garantía de una visión diferente sobre Pedro I.

En este sentido, a Castilla le habría bastado con la noticia dada en la continuación de la *Estoria del fecho de los godos* o en la refundición del *Despensero* acerca de la existencia de ese otro relato. Ahora bien, frente a la genérica alusión que en ambos textos encontramos, se proporcionan ahora algunos nuevos datos. Así, Francisco de Castilla es el primero en ofrecer un autor para tal texto (el «buen Juan de Castro, perlado en Jaén»), y referir ciertas circunstancias del mismo («escribe escondido por zelo de bien»). No sabemos en qué se apoya esta atribución, aunque lo cierto es que no existe ningún Juan de Castro al frente de la sede de Jaén que pudiera situarse en la época de Pedro I.[9] Sea como fuere, la individuación de un autor, además religioso, como responsable de esta crónica podría considerarse un expediente que contribuye a perfilar su existencia y a otorgarle credibilidad, todo lo cual encaja dentro de la perspectiva apologética en la que se sitúa Castilla. Esta noticia sería repetida luego por Alonso Fernández de Madrid en la *Silva palentina*, donde solo añade que reconoce no haber visto el texto.[10]

Nuevos elementos sobre esa supuesta historia de Juan de Castro aparecen en el comentario elaborado por Sancho de Castilla, hijo del citado Francisco de Castilla, sobre la obra que acabamos que comentar, y que debió escribir a mediados del siglo XVI, antes de la muerte de Carlos V.[11] Allí, al tratar de las coplas citadas, Sancho arremete primero contra el autor de la crónica impresa (esto es, Ayala), como alguien traidor al rey, y que siguió la parcialidad de Enrique II. Contrasta a continuación la versión del asesinato del rey Bermejo según Ayala y según Juan de Castro, teniendo sin duda como base el texto de la refundición del *Despensero*, en donde se habla justamente de dos historias en relación con este mismo episodio. Y finalmente glosa la mención de Juan de Castro con las siguientes palabras, que reproduzco por extenso, ya que se trata de un pasaje poco conocido:

---

9 María Estela González de Fauve, Isabel Las Heras y Patricia De Forteza, «Apología y censura: posibles autores de las crónicas favorables a Pedro I de Castilla», en *Anuario de Estudios Medievales*, 36 (2006), pp. 111–144.

10 «Este señor ouispo, a mi creer, fue primero ouispo de Jaén, y llamábase Jhoan de Castro, el qual escriuió la corónica del rrey don Pedro; no esta que anda pública, mas otra que no parece, porque según dicen no pintó allí aquel rrey con tan malos colores de crueldades y vicios como en esta otra parece; créese que aquella se escondió porque assí cumplía a los príncipes de aquel tiempo» (Alonso Fernández de Madrid, *Silva palentina*, Matías Vielva Ramos [ed.], Palencia, Diputación Provincial, 1932, vol. 1, pp. 378–379).

11 Para esta obra, remito a Natalia María Fortuño de Jesús, «En torno a la *Práctica de las virtudes*», p. 62.

No curo de aquellas mas yo me remito al buen don Juan de Castro perlado en Jaen, etc. Y despues fue obispo de Palencia. Este don Juan de Castro, que en tiempo deste rey don Pedro era obispo de Jaen, aviendo visto y leido esta historia vulgar que se publico y dibulgo luego en tiempo del rey don Enrique, y doliendose que por causa della en los tiempos adelante avia de padecer sin razon la memoria del rey don Pedro, porque los que entonces no eran nacidos no se hallaron en aquellos tiempos en España no podian saver la verdad de como pararan aquellas cosas que en ella se contienen, escrivio el secretamente la historia verdadera del rey don Pedro, la cual se llevo originalmente a Inglaterra a la Duquesa de Alencastre su hija, y la trajo a España la reina doña Catalina, muger que fue del rey don Enrique el Doliente. Estuvo esta historia muchos años en la libreria del Monasterio de Nuestra Señora de Guadalupe, hasta que el doctor Carvajal, del consejo de los Reyes Catholicos don Fernando y doña Isabel, y su coronista, la saco de alli por cedula del Rey para aprovecharse della para su coronica, y nunca más la bolvio; ora fuesse por aversele perdido, ora porque no se entendiesen algunas cossas de los que le siguieron al rey don Enrique contra su rey y señor natural que era el rey don Pedro, por donde avia de resultar por fuerza infamia a sus descendientes. Como quiera que sea, esta coronica no bolvio mas a Guadalupe, aunque el prior y convento de aquella Santa Casa la pidieron con constancia grande a los herederos del doctor Carvajal, que de alli la llevo, por una cedula del emperador y rey don Carlos nuestro señor, que la mandó volver a Guadalupe; y Martin de Avila Carvajal, hijo del doctor Carvajal, en cuyo poder quedaron sus libros, viendose apretado de los frailes para que volviese la historia que avia llevado su padre, y no la hallando, busco una de mano, que es la misma que había escripto el cavallero que he dicho, y entregola a los frayles de Guadalupe, y pensando que era la suya la pusieron en su libreria, hasta que algunos religiosos de aquella casa, doctos y curiosos leyéndola entendieron el engaño que habían recibido, en tiempo en que no lo pudieron remediar; y asi esta escripto esto en la primera oja del libro de aquella historia que esta de mano en el segundo banco de la libreria como entramos a mano izquierda. Y de esta manera que digo falto de España aquella historia verdadera, de la cual sacó mi padre todo lo que aqui dice del rey don Pedro porque la leyo antes que el doctor Carvajal la sacase de Guadalupe (Madrid, Biblioteca Nacional de España, MSS/4259, ff. 263^r–265^r).[12]

Aquí, por primera vez, encontramos una auténtica historia de enredo sobre el adverso destino de la crónica de Juan de Castro. Sancho de Castilla identifica esa obra con el manuscrito que se custodiaba en Guadalupe, que fue solicitado por Fernando el Católico, y que según este autor ya no regresaría al monasterio, que en su lugar habría recibido un ejemplar de las crónicas de Ayala. Como declara el propio Sancho, y como muestran las referencias que ofrece,

---

12 Parte de esta cita se recoge también en Joaquín Guichot y José María Asensio y Toledo, *Discursos leídos ante la Real Academia Sevillana de Buenas Letras el 26 de febrero de 1872*, Sevilla, Imprenta y Librería Española y Extrangera, 1872, pp. 49–50, a partir de un manuscrito conservado en la Biblioteca Capitular y Colombina. He corregido en algún punto el texto del manuscrito de la Biblioteca Nacional de España a la vista de esa cita. Recoge parcialmente este fragmento también Nancy F. Marino, «Two Spurious Chronicles of Pedro *el Cruel* and the Ambitions of his Illegitimate Successors», en *La Corónica*, 21.2 (1993), pp. 1–22.

no hay duda de que este se desplazó a Guadalupe y vio allí el manuscrito de Ayala, a cuya notoriedad contribuyó con su propia referencia. Aparecen en este relato muchos elementos reales, que contribuyen a hacerlo creíble. Así toda la historia del préstamo del manuscrito es cierta, y también el papel que en ella tuvo Lorenzo Galíndez de Carvajal, aunque las deducciones sobre el ejemplar devuelto carecen, en cambio, de apoyos, más allá de lo que declara este autor. Más adelante me detengo sobre el manuscrito de Guadalupe, apenas conocido hasta ahora, pero que se ha conservado, y sobre la historia de ese préstamo librario, ya que todo ello puede aportar más pistas sobre el relato de Sancho de Castilla.

Por otro lado, en la glosa se propone también una contextualización verosímil para la historia de Juan de Castro. Esta habría nacido como una auténtica contra-historia, en la medida en que sería solo la lectura de Ayala lo que habría impulsado a Juan de Castro a emprender su obra. Por otro lado, tal crónica habría seguido el mismo itinerario y el mismo destino que los personajes fieles a Pedro I, exiliándose a Inglaterra y luego regresando a Castilla tras el matrimonio entre Enrique III y Catalina de Lancaster. Todo ello contribuía a dar pedigrí y credibilidad a esa obra desaparecida, aunque ciertamente no compensaba su pretendida pérdida.

Sancho de Castilla ofreció el relato definitivo en torno a los avatares de esta crónica. Su versión es la que conoció y refirió Jerónimo Zurita en el prólogo a sus anotaciones a las crónicas de Ayala. Hubo de tener noticia de este texto probablemente a través de su relación con otro miembro de la familia Castilla, también preocupado por la memoria de Pedro I, el deán de Toledo Diego de Castilla, con el que mantuvo contacto epistolar sobre estas cuestiones entre 1570 y 1580.[13] Zurita alude a todo este asunto con las siguientes palabras:

> Con todo esto, se afirma por algunos que huvo otra relacion de las cosas sucedidas en el reynado del rey don Pedro, escrita con toda pureça y verdad, y que esta se llevó a Inglaterra a la infanta doña Constança, y al Duque de Alencastre su marido, y que despues del Monasterio de Nuestra Señora de Guadalupe vino a las manos del doctor Lorenço Galíndez de Carvajal [...] y que esta verdadera historia nunca parecio mas, de la qual afirman aver sido autor don Juan de Castro, obispo de Jaén.[14]

---

13 Véase su correspondencia en Juan Francisco Andrés de Uztarroz y Diego José Dormer, *Progressos de la Historia en el Reyno de Aragón*, Zaragoza, Herederos de Diego Dormer, 1680, pp. 209–218 y 373–376, y Covadonga Valdaliso Casanova, «Una docta contienda: correspondencia sobre una crónica perdida del reinado de Pedro I de Castilla (tres cartas inéditas de Jerónimo Zurita, Diego de Castilla y Rodrigo Castro)», en *Lemir*, 14 (2010), pp. 99–120, que estudia la relación entre ambos y ofrece nuevas cartas, entre ellas una extensa e importante de Zurita de 1580.
14 Jerónimo Zurita, *Enmiendas y advertencias a las Corónicas de los Reyes de Castilla, D. Pedro,*

A pesar de que Zurita recoge esta idea, en realidad en ese mismo prólogo y en su correspondencia sobre este asunto se muestra inequívocamente escéptico sobre todo ello, y propone una explicación discreta y convincente para el caso, que retomaré en varios puntos de este trabajo.

Pocos elementos nuevos se incorporan más adelante. El relato de Sancho de Castilla se integra *in toto* en la *Relación de la vida del rey don Pedro*, probablemente escrita por el citado Diego de Castilla, donde sin duda se utilizó el comentario al que me he referido anteriormente.[15] En todo caso, en esta nueva obra no dejan de añadirse algunos datos suplementarios, que tratan de perfilar aún más el retrato de Juan de Castro. Así, se señala a propósito de este personaje:

> La historia verdadera del rey don Pedro escribió Juan de Castro, obispo de Jaén, y después fue obispo de Palencia, y pasó en Inglaterra con el rey don Pedro, por capellán de doña Constanza, su hija. Y en Inglaterra le dieron el obispado de Achis; y despues volvió en Castilla con la reina Catalina, hija del Duque de Alencastre; y en su tiempo fue proveído de los dichos obispados.[16]

El perfil de Juan de Castro se combina aquí con el del histórico Juan Gutiérrez, del que habla justamente Ayala, quien efectivamente fue obispo de Dax. La acumulación de noticias sobre el autor de esa supuesta crónica acaba por arrojar una construcción puramente legendaria, que está en consonancia con una imagen ideal de un religioso petrista, pero que claramente resulta ya anti-histórica.[17]

2 Manuscrito de Guadalupe

Ya hemos visto que Sancho de Castilla alude a un manuscrito de Guadalupe, referencia que recoge luego Zurita y que figura también en la *Relación de la vida*

D. Enrique el Segundo, D. Iuan el Primero y D. Enrrique el Tercero que escrivió Don Pedro López de Ayala, Diego José Dormer (ed.), Zaragoza, Herederos de Diego Dormer, 1680, pp. [iv–v].

15 Sancho y Diego eran primos hermanos; véase el cuadro de la familia Castilla que ofrece Nancy F. Marino, «Two Spurious Chronicles of Pedro *el Cruel*...», p. 14.

16 Gregorio de Andrés, «Relación de la vida del rey D. Pedro y su descendencia que es el linaje de los Castilla, por Pedro Gracia Dei, II: Texto», en *Cuadernos para la Investigación de la Literatura Hispánica*, 19 (1994), pp. 207–250, cita en p. 210; véase también Nancy F. Marino, «Two Spurious Chronicles of Pedro *el Cruel*...», aunque su propuesta de autoría (la *Relación* sería obra de Francisco de Castilla) no me parece convincente.

17 Una referencia similar aparece en uno de los manuscritos de la *Silva palentina*, que debe ser una interpolación hecha a la vista del texto de la *Relación* (Alonso Fernández de Madrid, *Silva palentina*, p. 376, n. 1).

del rey don Pedro, quizá de Diego de Castilla. Estas menciones hicieron que el testimonio conservado en Guadalupe conociera una cierta notoriedad desde la segunda mitad del siglo XVI. Prueba de ello es la existencia de un extracto de dicho códice efectuado en ese momento, un apógrafo del siglo XVII, y una descripción elaborada en el siglo XVIII. En efecto, se conserva un documento, de la segunda mitad del siglo XVI, en el que se copian las noticias sobre el préstamo a Galíndez de Carvajal y el prólogo de Ayala, y se ofrece una suerte de índice de la sección dedicada a Pedro I (Madrid, Biblioteca de la Real Academia de la Historia, 9/5173, ff. 181^r–189^r). Lorenzo Ramírez de Prado gestionó la obtención de una copia del manuscrito, que se conserva en la actualidad en la Biblioteca Nacional de España, MSS/1626.[18] Y en 1764, Ignacio de Hermosilla y Sandoval examinó el códice y llevó a cabo una breve descripción, en la que se copian de nuevo las cartas y noticias sobre el préstamo del códice a Galíndez de Carvajal.[19] Por estos materiales, sabíamos por tanto que en el códice, «en una hoja de pergamino que sirve de guarda al libro», como indica Hermosilla, se copiaban las cartas de solicitud de préstamo y las circunstancias de su devolución, asuntos a los que me refiero seguidamente.

Además del manuscrito de la Biblioteca Nacional de España MSS/1626, existe otra copia del códice de Guadalupe, elaborada en la primera mitad del siglo XVI, probablemente antes de la devolución del manuscrito (no figura en tal copia lo relativo al préstamo), que hoy se conserva en El Escorial, Esc. Y-II-9.[20] Este ejemplar parece haber sido propiedad del humanista Honorato Juan, y pasó después a la biblioteca del príncipe Carlos, desde la cual ingresó en el Escorial. Así pues, a través de todos estos materiales podemos tener un conocimiento bastante preciso del texto que transmitía este testimonio, que contiene las crónicas de Pedro I y Enrique II, de Juan I y de Enrique III, y que corresponde para las primeras a la «versión abreviada» o «primitiva».[21] Como es sabido, Zurita fue el primero en observar la existencia de dos versiones de las crónicas de Ayala, ambas del autor, a las que dio

---

18 Germán Orduna, «Estudio preliminar», pp. cxxi-cxxii.

19 La descripción fue publicada por Germán Orduna y Brian Tate, «Descripción de un ms. perdido de las *Crónicas* de Ayala», en *Incipit*, 1 (1981), pp. 81–84; antes había sido aprovechada por el editor en Pero López de Ayala, *Crónicas de los reyes de Castilla, don Pedro, don Enrique II, don Juan I, don Enrique III*, Eugenio de Llaguno Amírola (ed.), Madrid, Sancha, 1779, vol. 1, pp. 597–599, quien transcribe las cartas.

20 Germán Orduna, «Estudio preliminar», pp. cxxix-cxxx.

21 Para un detallado estudio de los apógrafos del manuscrito de Guadalupe, véase José Luis Moure, *La llamada versión «Abreviada» de la Crónica de los Reyes de Castilla de Pero López de Ayala*, Germán Orduna (dir.), Buenos Aires, Universidad de Buenos Aires, 1991, vol. 1, pp. 37–45 (tesis doctoral inédita), y del mismo autor, «La *collatio externa* y la relación estemática de los manuscritos de la versión *Primitiva* de las *Crónicas* ayalinas», en *Incipit*, 25-26 (2005–2006), pp. 449–461.

los nombres de «abreviada» y «vulgar», siendo esta última la redacción definitiva y la difundida por la imprenta. Así pues, el texto del manuscrito de Guadalupe, el de la «versión abreviada», no solo se diferenciaba netamente del impreso desde 1495, sino que además posee una circulación manuscrita más limitada y escasa que la de la «versión vulgar» (conocemos seis testimonios de la «abreviada» anteriores al siglo XVI, y doce de la «vulgar», al margen del incunable), todo lo cual debió suscitar en principio una cierta curiosidad o interés por el mismo.

A pesar de que Hermosilla pudo ver el manuscrito de Guadalupe en 1764, el destino de la biblioteca del monasterio, dispersada con la desamortización, y con la mayor parte de sus fondos sin localizar, hacía prever que este ejemplar hubiese desaparecido o que no fuera posible su localización. Sin embargo, ya en la segunda mitad del siglo XIX aparecieron noticias sobre este testimonio, aunque han pasado inadvertidas hasta ahora. En efecto, en la contestación al discurso de ingreso de Joaquín Guichot en la Real Academia Sevillana de Buenas Letras, en 1872, el erudito José María Asensio y Toledo se refiere a un códice de la Biblioteca Colombina, que identifica claramente con el manuscrito de Guadalupe:

> Ese ejemplar de la Crónica abreviada, que el hijo del Dr. Galíndez devolvió al Padre Fray Diego de Cáceres en el mes de Febrero de 1539, existe ahora en la Biblioteca Colombina, sin saberse cómo ni cuándo ha venido á ella.[22]

Asensio proporciona aquí también la signatura antigua del manuscrito, T-113-1, que hoy puede consultarse efectivamente en la Biblioteca Capitular y Colombina, con la signatura 57-6-30.

Es posible que la noticia haya pasado desapercibida al haber sido publicada en una contestación a un discurso de ingreso en una academia local, es decir, en un libro con muy poca difusión. Sin embargo, esta información fue recogida textualmente después por el propio Guichot en su obra *Pedro I de Castilla: ensayo de vindicación histórico-crítica*, publicado en 1878, aunque la mención del códice en cuestión tampoco parece haber tenido ninguna repercusión, y no ha sido notada hasta ahora.[23] No me detendré aquí en la identificación del códice de la Biblioteca Capitular y Colombina con el que fue del monasterio de Guadalupe. Basta señalar que a tenor de la detallada descripción de Hermosilla, a la que ya me he referido, y a tenor también de su texto, claramente idéntico al de los apógrafos del Escorial y de la Biblioteca Nacional citados antes, no puede dudarse de que en efecto se

---

22 Joaquín Guichot y José María Asensio y Toledo, *Discursos leídos ante la Real Academia Sevillana...*, p. 50.

23 Joaquín Guichot, *Don Pedro Primero de Castilla: ensayo de vindicación crítico-histórica de su reinado*, Sevilla, Imprenta de Gironés y Orduña, 1878, p. 24.

trata del códice de Guadalupe, y que podemos dar por segura la identificación propuesta ya por Asensio. Además, en ese manuscrito hoy en la Biblioteca Capitular y Colombina, se encuentran recogidas al comienzo, en una hoja de pergamino, las cartas y circunstancias del préstamo a Galíndez de Carvajal, del mismo modo que en la copia de la Biblioteca Nacional.[24]

Vengamos ya a las circunstancias del citado préstamo, según se recogen en la hoja de guarda inicial del manuscrito de Guadalupe hoy en la Biblioteca Capitular y Colombina. En esa hoja de guarda se copian la carta de Galíndez de Carvajal en la que pide el manuscrito para el rey (de 1511), una cédula de Fernando el Católico sobre el mismo asunto (1510), y una nota del escribano Pedro de Vega por la cual reconoce haber recibido el libro; y finalmente se detalla cuándo y cómo fue recuperado para el monasterio. Todo ello parece haberse escrito en el momento en que el manuscrito regresó al monasterio, en 1539. Un breve texto de presentación justifica la copia de estos documentos con el fin de que se conociese la importancia del libro y de que este no volviese a salir de la biblioteca:

> Y se pone aquí el traslado dellas para la estima en que se deve tener este libro y para que no se saque desta casa y se ponga recaudo en lo guardar y no este usurpado como estuvo çerca de treinta años como de yuso se dira hasta que se cobro.

---

24 Doy una breve noticia del manuscrito. Se trata de un códice escrito sobre papel, en letra gótica cortesana, a doble columna; medidas: 343 × 262 mm. Puede fecharse a mediados del siglo XV. Presenta dos foliaciones: una antigua, que termina con el folio 292, y otra moderna, que llega hasta folio 282 (y que será a la que me refiera en lo sucesivo). El códice está compuesto de quiniones, a excepción del último cuaderno, formado por tres folios. La numeración antigua parece comenzar con el nº 11, de modo que parece haberse perdido un cuaderno por el comienzo, que tal vez contenía la tabla de capítulos (esa pérdida debe haberse producido tempranamente, ya que las copias Esc. Y-II-9 –Biblioteca del Escorial– y MSS/1626 –Biblioteca Nacional de España– comienzan donde lo hace el manuscrito en su estado actual). Por otro lado, el cuaderno 17 es irregular, constando de 9 folios, aunque no hay saltos en la numeración antigua. Hay signaturas de cuaderno, aunque han desaparecido en bastantes casos por el guillotinado. Presenta iniciales decoradas hasta el f. 247^r, y rúbricas en rojo entre los ff. 50 y 249. Transmite la «versión abreviada» o «primitiva» de las crónicas de Ayala, y contiene el prólogo (ff. 1^r–1^v), la *Crónica de Pedro I y Enrique II* (ff. 1^v–126^v), la *Crónica de Juan I* (ff. 126^v–210^v) y la *Crónica de Enrique III* (ff. 210^v–282^r). Se interrumpe el texto en el mismo punto en que lo hacen los apógrafos Esc. Y-II-9 y MSS/1626. El modelo usado en el manuscrito de Guadalupe debía estar incompleto, ya que el texto se detiene en f. 282^r (b), quedando en blanco el vuelto del folio. Encuadernado en piel sobre cartón, hay un folio de pergamino por el principio, en cuyo vuelto se copian los detalles sobre el préstamo del códice a Lorenzo Galíndez de Carvajal, texto al que ya he hecho referencia y sobre el que trato a continuación. El recto de este folio se encuentra en blanco. Finalmente, hay una carta de dos folios, inserta entre los ff. 21–22, del siglo XVIII, en la que se solicita copia de ciertas informaciones a partir de este testimonio, algo que de nuevo pone en evidencia la notoriedad alcanzada por este ejemplar.

Los documentos copiados insisten en que el rey precisaba del códice, aunque sin especificar para qué. En la carta de Galíndez de Carvajal hay referencia a los contenidos del mismo, que coinciden con el manuscrito actual, al incluir las crónicas de Pedro I hasta Enrique III: «la Coronica del rey don Pedro y don Enrique y don Juan y don Enrique el Doliente».

Por otro lado, tanto el rey como su secretario afirman que se trata de un ejemplar de especial valor: «que dize que ay en essa casa la [crónica] más verdadera [...] que dize que es la más verdadera de como passaron las cosas de aquel tiempo». Estas referencias, sin duda, hubieron de ser uno de los motivos que llevarían a Sancho de Castilla, quien como he señalado conoció nuestro códice con esta hoja de guarda inicial, a deducir que la crónica perdida de Juan de Castro habría estado en el monasterio de Guadalupe. Sin embargo, esta denominación podría justificarse por el hecho de corresponder a un testimonio de la «versión abreviada» o «primitiva», como ya he señalado, distinto por tanto del texto de las crónicas de Ayala impreso en 1495 (que corresponde a la «versión vulgar»). De hecho, así lo entendió ya Jerónimo Zurita:

> De esta reducida a la brevedad que digo se hallan muy pocos originales, y en la libreria del Monasterio de Nuestra Señora de Guadalupe ay una, que dizen se troco como hijo espurio en lugar del legitimo natural y verdadero [...] y assi puede ser que esta diversidad [entre la «versión abreviada» y la «versión vulgar»] fue la ocasion de que se persuadieran algunos que avia dos historias, que fuessen entre si muy diferentes.[25]

Efectivamente, al ser el manuscrito de Guadalupe un ejemplar de la «versión primitiva» o «abreviada», sus diferencias con el impreso de Ayala (a cuyo texto Zurita dio el nombre de «versión vulgar») pudieron haber dado pie a la idea de que tal ejemplar era testimonio de una redacción más auténtica o más autorizada.

Finalmente, en la misma hoja de guarda se detalla que el manuscrito solo se devolvió al monasterio mucho tiempo después:

> Este libro estuvo en poder del doctor Carvajal y de sus herederos veinte y ocho años, e como quiera que se pidio muchas vezes por parte deste monesterio al doctor Carvajal, antes que muriesse nunca se pudo cobrar del, diziendo que tenia neçessidad del para cosas de serviçio del rey. E despues de el muerto, lo pidio este monesterio a su hijo Diego de Vargas Carvajal. E finalmente yendo a Salamanca yo frai Diego de Caçeres lo cobre en el mes de hebrero deste año de MDXXXIX, de Antonio de Carvajal, comendador de la Magdalena, hijo del dicho doctor Carvajal, en cuyo poder estava, y le di conocimiento, firmado de mi nombre, de como me lo entrego. E ansi fue cobrado y traido y restituido este libro a esta santa casa a gloria de Dios.

---

25 Jerónimo Zurita, *Enmiendas y advertencias a las Corónicas de los Reyes de Castilla...*, p. [iv].

Es posible que Galíndez de Carvajal retuviera el texto por su interés en las crónicas de España, que se proponía dar a la imprenta, pues, en efecto, sabemos que ideó un proyecto de edición de las crónicas españolas, del cual solo llegó a imprimirse la cuarta parte, dedicada a Juan II, y cuya tercera parte estaba integrada por las crónicas de Ayala; de modo que cabe pensar que esa fuera una de las razones por las que Galíndez de Carvajal retuvo el manuscrito.[26]

Sea como fuere, este lapso de tiempo debió de parecerle a Sancho de Castilla un terreno fértil para las conjeturas, tanto como para proponer que en realidad el ejemplar devuelto no habría sido el mismo, lo que explicaría entonces la pérdida de la crónica de Juan de Castro. Ya hemos visto que Sancho de Castilla hubo de visitar el monasterio de Guadalupe a mediados del siglo XVI, y que manejó el manuscrito de Ayala, el cual ya tenía la hoja de pergamino con las circunstancias del préstamo, que aprovechó en su relato sobre la desaparición de la crónica de Juan de Castro. Es posible que Castilla hubiese tenido alguna noticia del códice, y esperase encontrar en Guadalupe un texto que respondiese al citado por su padre. Sin embargo, al consultarlo, pese a las diferencias con la crónica impresa, no tardaría en darse cuenta de que correspondía en realidad a la obra de Ayala. De hecho, hay dos anotaciones en el códice, ambas de la misma letra humanística, y las dos dedicadas al asunto de la autoría. La primera de ellas, colocada junto al nombre de Pero López de Ayala (que aparece en el texto), es especialmente significativa:

> Este es el aut[or desta] historia que c[... cri]ado del conde [...] que por defend[er a es] te la escrivio [...] el. La verdad [escri]vio un Juan d[e Castro] perlado de Ja[en ...] ascondidamente [...]go tanbien es[crita por el] Despensero [mayor] de la reina do[ña Leonor] muger primer[a de] don Juan el primero en [el] epilogo que escri[vio de los] reyes de Cast[illa] (f. 82^r).[27]

La alusión a «Juan de Castro, perlado de Jaén», al igual que en la obra de Francisco de Castilla, y la mención del *Sumario del Despensero* (en realidad la refundición), permiten situar al anotador en la órbita de la familia Castilla, ya que sabemos que este segundo texto estuvo en manos de varios de sus miembros. Y

---

26 Espero tratar en otra ocasión del proyecto de impresión de crónicas medievales de Galíndez de Carvajal.

27 El manuscrito ha sido guillotinado, afectando a esta nota en los pasajes entre corchetes. La otra anotación de la misma mano, de nuevo sobre Ayala, se limita a señalar: «Este es el autor [desta] historia y es la que anda im[presa]; este Pero Lopez la esc[rivio]» (f. 86^r).

puesto que Sancho de Castilla declara haber visto el manuscrito de Guadalupe, parece razonable concluir que es el responsable de esta nota.[28]

En definitiva, todo este recorrido apunta a que Sancho de Castilla, en cuyo comentario se relaciona por vez primera la supuesta crónica de Juan de Castro con el monasterio de Guadalupe, fue el creador de esta conexión, urdida con los datos históricos sobre el préstamo del libro a Galíndez de Carvajal, que encontró en la hoja de guarda. En cuanto a su deducción sobre la devolución del libro, según la cual no se habría retornado la crónica prestada, la de Juan de Castro, sino otra, la de Ayala, es difícil saber si se trata de una deliberada mistificación, o si más bien es algo de lo que él mismo había llegado a persuadirse. Pero lo de lo que no hay duda es de que se trata de una idea carente de fundamento. No hay ninguna prueba que permita sostener esta tesis, y por otro lado son varios los datos que garantizan que el códice devuelto fue el mismo que había sido prestado. Así, como hemos visto, el manuscrito del que habla Galíndez de Carvajal era un ejemplar con las crónicas de Pedro I, Enrique II, Juan I y Enrique III, y esta es una secuencia que se ajusta perfectamente al manuscrito devuelto posteriormente y hoy en la Biblioteca Capitular y Colombina de Sevilla. Por contra, la supuesta crónica de Juan de Castro habría tratado solo de Pedro I. Además, hay indicios de que el manuscrito hoy en Sevilla estaba en Guadalupe desde antes del préstamo en 1511. Así, en una nota marginal en un pasaje que trata de los hijos de Fernando de Antequera, se dice a propósito de la reina María de Castilla (1403–1445): «que fue enterrada en este monasterio de Nuestra Señora de Guadalupe» (f. 131ᵛ). La letra es de fines del siglo XV o comienzos del siglo XVI, y su fecha temprana se confirma porque ha quedado recogida también en la copia del Escorial, Esc. Y-II-9.[29] Tal anotación demuestra entonces que este códice estaba en Guadalupe al menos desde comienzos del siglo XVI.[30]

Así pues, la vinculación de la supuesta crónica de Juan de Castro con Guadalupe habría sido una deducción o invención de Sancho de Castilla, que se transmitió luego a otros miembros de esta familia, y que estos trataron de difundir y

---

[28] En su comentario, Sancho de Castilla traza una biografía de Ayala como traidor a Pedro I, que se apoya en datos sacados de su propia obra. Puesto que la autoría del texto solo se declara explícitamente en la «versión abreviada», juzgo probable que Sancho elaborase tal perfil una vez que tuvo conocimiento del manuscrito de Guadalupe.

[29] Véase Michel Garcia, *Obra y personalidad del Canciller Ayala*, Madrid, Alhambra, 1983, p. 160, n. 75.

[30] Hay al menos una segunda nota relacionada con Guadalupe, aunque la letra es distinta, y parece posterior. Se encuentra junto al nombre del infante Dinís de Portugal (1354 – ca. 1403), sobre el que se dice: «Esta en la capilla de Santa Catalina desta santa casa enterrado» (f. 23ᵛ); y, en efecto, los restos de Denís de Portugal fueron trasladados desde Salamanca a Guadalupe en el siglo XV. No he podido comprobar si esta nota se encuentra en el apógrafo escurialense Esc. Y-II-9.

asentar en la segunda mitad del siglo XVI. Tal relato fue conocido ya por Jerónimo Zurita, quien sin embargo mostró su escepticismo al respecto, y acabó por desecharlo, pero siguió perdurando gracias a la *Relación de la vida del rey don Pedro*, escrita quizá por Diego de Castilla, donde se reunían y trataban de autorizarse todos los argumentos en favor de la existencia de dicho texto. Ese relato, poblado de imaginación y medias verdades, poseía también cierta verosimilitud a tenor del peligro que amenaza frecuentemente a las narraciones históricas, sobre todo en contextos de confrontación política. Pero en realidad puede verse como un ejemplo, entre otras cosas, de la relevancia de la historia en proyectos familiares o genealógicos, y de la facilidad con la que en ellos se produce un desplazamiento hacia la mistificación y en última instancia hacia la falsificación histórica.

3 Pérdidas

Toda la cuestión examinada en este trabajo se relaciona, como es claro, con el problema de la existencia de una historiografía petrista en la Edad Media, y con su representación textual. Tenemos constancia de que a lo largo del siglo XV existieron algunos textos que proporcionaban una imagen de Pedro I diferente, al menos en algunos puntos, a la ofrecida por Ayala. Un ejemplo de ello sería el relato, al que ya me he referido antes, compartido por la refundición del *Sumario del Despensero* y por la versión de la *Estoria del fecho de los godos* transmitida por el manuscrito de la Biblioteca Nacional de España MSS/9559. Pero un asunto distinto es que las sucesivas y cada vez más circunstanciadas referencias a una crónica compuesta por Juan de Castro, quien habría sido testigo de los hechos, y habría escrito con poca distancia frente a ellos, resulten creíbles, y que tal autor se relacione con la creación de dicho relato. No podemos desestimar por completo que haya existido esa «coronica mas verdadera» a la que aluden esas versiones particulares del *Despensero* y de la *Estoria del fecho de los godos*; y aunque la mera mención de una obra no es garantía segura de que realmente detrás haya una realidad textual, se trata en todo caso de una mención de cierta antigüedad, no posterior al reinado de Enrique IV. Tal alusión es sin duda una de las fuentes que alimentaron las referencias subsiguientes a una crónica perdida, a la que se trató de dar consistencia mediante la deducción de su autor, Juan de Castro, y de sus circunstancias, e incluso más adelante de los detalles de su desaparición. Sin embargo, todos estos datos no solo son tardíos, sino que cuando podemos contrastarlos resultan erróneos, o bien disponemos de las fuentes que sirvieron a su creación. A mi juicio, por tanto, las alusiones a Juan de Castro, al monasterio de Guadalupe, al préstamo de la obra, se sitúan en los márgenes de la falsificación, y forman parte de un programa de ensalzamiento del linaje de los Castilla, mediante una defensa de Pedro I, y complementariamente de desautorización de la obra de Ayala. Tanto es así que Diego de Castilla parece haberse molestado por la decisión de Zurita de publicar una edición crítica de este texto, hasta el punto incluso de soñar con desviarle de esa idea.[31] La invención de Juan de Castro, autor petrista, resultó poderosa, no solo porque parecía verosímil, sino también porque era imposible de comprobar, al haberse perdido supuestamente el texto. En este sentido, la fabricación de tal desaparición acabó por tener más fuerza y más persistencia de la que habría tenido la creación de una falsificación cronística, aunque su efecto fuera solo básicamente deconstructivo. En definitiva, si existió una historiografía petrista en la Edad Media y si han quedado restos de ella, no parece que hayan de buscarse bajo el nombre de Juan de Castro, y tampoco mediante la guía de los Castilla.

Obras citadas

Andrés, Gregorio de, «Relación de la vida del rey D. Pedro y su descendencia que es el linaje de los Castilla, por Pedro Gracia Dei, II: Texto», en *Cuadernos para la Investigación de la Literatura Hispánica*, 19 (1994), pp. 207–250.

Andrés de Uztarroz, Juan Francisco, y Diego José Dormer, *Progressos de la Historia en el Reyno de Aragón*, Zaragoza, Herederos de Diego Dormer, 1680.

Bautista, Francisco, «Historia y filología: Jerónimo Zurita y las crónicas de Pero López de Ayala», en prensa.

Castilla, Francisco de, *Theorica de virtudes en coplas*, Alcalá de Henares, Pedro de Robles y Francisco de Cormellas, 1564.

Catalán, Diego, *La tradición manuscrita de la «Crónica de Alfonso XI»*, Madrid, Gredos, 1974.

Catalán, Diego, *La «Estoria de España» de Alfonso X: creación y evolución*, Madrid, Seminario Menéndez Pidal/Fundación Ramón Menéndez Pidal/Universidad Autónoma de Madrid, 1992.

Conde, Juan Carlos, «Una lanza por la existencia de una historiografía petrista sojuzgada: Ecos y rastros en la historiografía del cuatrocientos castellano», en José Manuel Lucía Mejías (coord.), *Actas del VI Congreso Internacional de la Asociación Hispánica de Literatura Medieval (Alcalá de Henares, 12–16 de septiembre de 1995)*, Alcalá de Henares, Universidad de Alcalá, 1997, vol. 1, pp. 511–522.

Fernández de Madrid, Alonso, *Silva palentina*, Matías Vielva Ramos (ed.), Palencia, Diputación Provincial, 1932.

Fortuño de Jesús, Natalia María, «En torno a la *Práctica de las virtudes de los buenos reyes de España* de Francisco de Castilla, un poema historiográfico del siglo XVI», en *Dicenda*, 33 (2015), pp. 57–69.

---

31 Covadonga Valdaliso Casanova, «Una docta contienda...».

Garcia, Michel, *Obra y personalidad del Canciller Ayala*, Madrid, Alhambra, 1983.

González de Fauve, María Estela; Isabel Las Heras y Patricia De Forteza, «Apología y censura: posibles autores de las crónicas favorables a Pedro I de Castilla», en *Anuario de Estudios Medievales*, 36 (2006), pp. 111–144.

Guichot, Joaquín, *Don Pedro Primero de Castilla: ensayo de vindicación crítico-histórica de su reinado*, Sevilla, Imprenta de Gironés y Orduña, 1878.

—, y José María Asensio y Toledo, *Discursos leídos ante la Real Academia Sevillana de Buenas Letras el 26 de febrero de 1872*, Sevilla, Imprenta y Librería Española y Extrangera, 1872.

Jardin, Jean-Pierre (ed.), *Suma de Reyes du Despensero*, Paris, Les Livres d'e-Spania, 2013 (en línea) [fecha de consulta: 20-10-2017] <http://e-spanialivres.revues.org/481>.

López de Ayala, Pero, *Crónica del rey don Pedro y del rey don Enrique, su hermano, hijos del rey don Alfonso Onceno*, Germán Orduna (ed.), Buenos Aires, SECRIT, 1994.

—, *Crónicas de los reyes de Castilla, don Pedro, don Enrique II, don Juan I, don Enrique III*, Eugenio de Llaguno Amírola (ed.), Madrid, Sancha, 1779–1780.

Marino, Nancy F., «Two Spurious Chronicles of Pedro *el Cruel* and the Ambitions of his Illegitimate Successors», en *La Corónica*, 21.2 (1993), pp. 1–22.

Moure, José Luis, «La *collatio externa* y la relación estemática de los manuscritos de la versión *Primitiva* de las *Crónicas* ayalinas», en *Incipit*, 25–26 (2005–2006), pp. 449–461.

—, *La llamada versión «Abreviada» de la Crónica de los Reyes de Castilla de Pero López de Ayala*, Germán Orduna (dir.), Buenos Aires, Universidad de Buenos Aires, 1991 (tesis doctoral inédita).

—, «A cuatrocientos años de un frustrado proyecto de Jerónimo Zurita: la edición de las *Crónicas* del Canciller Ayala», en *Cuadernos de Historia de España*, 63–64 (1980) pp. 256–292.

Orduna, Germán, «Apéndices», en Pero López de Ayala, *Crónica del rey don Pedro y del rey don Enrique, su hermano, hijos del rey don Alfonso Onceno*, Germán Orduna (ed.), Buenos Aires, SECRIT, 1994, vol. 1, pp. LXXXVII–CLXVIII.

—, «Estudio preliminar», en Pero López de Ayala, *Crónica del rey don Pedro y del rey don Enrique, su hermano, hijos del rey don Alfonso Onceno*, Germán Orduna (ed.), Buenos Aires, SECRIT, 1994, vol. 1, pp. V-LXXXV.

—, y Brian Tate, «Descripción de un ms. perdido de las *Crónicas* de Ayala», en *Incipit*, 1 (1981), pp. 81–84.

Valdaliso Casanova, Covadonga, «Una docta contienda: correspondencia sobre una crónica perdida del reinado de Pedro I de Castilla (tres cartas inéditas de Jerónimo Zurita, Diego de Castilla y Rodrigo Castro)», en *Lemir*, 14 (2010), pp. 99–120.

Zurita, Jerónimo, *Enmiendas y advertencias a las Corónicas de los Reyes de Castilla, D. Pedro, D. Enrrique el Segundo, D. Iuan el Primero y D. Enrrique el Tercero que escrivió Don Pedro López de Ayala*, Diego José Dormer (ed.), Zaragoza, Herederos de Diego Dormer, 1680.

Adrián Fernández González

Alejandro Magno, un espejo para la nobleza: progresión de una figura modélica

Resumen: Las traducciones hispánicas de la obra de Quinto Curcio en el s. XV suelen ser anecdóticas en el corpus alejandrino, cuyo mayor representante es el *Libro de Alexandre*. En efecto, se señala el s. XIII como el período de máximo esplendor de Alejandro en nuestra literatura medieval. Sin embargo, la supuesta decadencia de su figura en la Baja Edad Media responde, en realidad, a nuevos imperativos sociales y políticos que modifican el paradigma. El propósito aquí es la reconsideración de la figura alejandrina en el s. XV, con el objetivo de ofrecer un cauce contextual más favorable a la recuperación de Alejandro Magno por los traductores vernáculos.

Palabras clave: Alejandro Magno, biografías, cancioneros, modelo nobiliario

Entre 1438 y 1468, Alfonso de Liñán traduce al castellano una vida de Alejandro Magno de Pier Candido Decembrio, versión italiana de la *Historiae Alexandri Magni* de Quinto Curcio.[1] No es un fenómeno aislado: otras traducciones a raíz del trabajo de Decembrio han tenido cierto éxito en la Baja Edad Media, encargadas o poseídas por personalidades influyentes de la época: Diego Sarmiento de Acuña, Conde de Gondomar (BNE, MSS/1290), el Marqués de Santillana (BNE, MSS/8549) o el Conde de Haro (BNE, MSS/ 9220).[2]

Nuestro propósito aquí no es el estudio de este corpus de traducciones vernáculas,[3] sino más bien su contexto de producción que hizo posible la proliferación

---

1 La traducción de Decembrio se realiza en 1438. Liñán muere en 1468. Sobre sus escasos datos biográficos, véase Juan F. Utrilla Utrilla, «Una biblioteca nobiliar aragonesa de mediados del siglo XV: el inventario de libros de Alfonso de Liñán († 1468), señor de Cetina (Zaragoza)», en *La Edad Media. Estudios de Economía y Sociedad*, 7 (1987), pp. 177–197. El *codex unicus* de esta traducción castellana se conserva en la Biblioteca Nacional de España, con la signatura MSS/7565. A partir de ahora abreviaremos el nombre de esta biblioteca como BNE.

2 Sobre las traducciones y su contexto, ver Carlos Alvar, *Traducciones y traductores. Materiales para la historia de la traducción en Castilla durante la Edad Media*, Alcalá de Henares, Centro de Estudios Cervantinos, 2010; Carlos Alvar y José Manuel Lucía Megías, *Repertorio de traductores del siglo XV*, Madrid, Ollero y Ramos, 2009, y Giuseppina Grespi, *Traducciones castellanas de obras latinas e italianas contenidas en manuscritos del siglo XV en las bibliotecas de Madrid y El Escorial*, Madrid, Biblioteca Nacional de España, 2004.

3 Remitimos a Antonio Bravo García, «Sobre las traducciones de Plutarco y de Quinto Curcio Rufo hechas por Pier Candido Decembrio y su fortuna en España», en *Cuadernos de Filología*

Adrián Fernández González, Université de Fribourg

https://doi.org/10.1515/9783110450828-009

de traducciones de la obra de Quinto Curcio en los siglos XV y XVI. En efecto, el siglo XV es un conjunto de situaciones propicias para la recuperación de esta vida de Alejandro. Responde a una cristalización de la figura alejandrina que remonta al siglo XIII, con el *Libro de Alexandre* entre otras obras. Es conocido el interés destacado por el conquistador macedonio en dicho período,[4] donde sirve de cauce para ideales estéticos, políticos y didácticos en torno a las necesidades monárquicas. La tendencia cambia en el s. XIV: se suelen indicar como puntos de inflexión el *Poema de Alfonso onceno* y la *Glosa al regimiento de príncipes*. En el primero, Rodrigo Yáñez tiene en trasfondo el *Libro de Alexandre*[5] para hacer de Alfonso XI un «nouvel Alexandre».[6] En cuanto a la segunda obra, no va dedicada solamente al infante don Pedro, hijo primogénito de Alfonso XI, sino más generalmente a cualquier hombre, como lo indica en el prólogo.[7] Como lo vemos, Alejandro asume el papel de referencia ya no sólo para los monarcas, sino también para capas sociales más extensas. En cambio, su protagonismo en el relato parece quedar relegado al segundo plano, y se ha considerado fruto de una decadencia de esa figura a partir del siglo XIV: «Au XIIIe siècle, soit dès la naissance de la littérature en langue castillane, l'intérêt pour Alexandre semble

---

Clásica, 12 (1977), pp. 143–187. Ya hemos propuesto algunas aproximaciones (biográfica, temática y filológica) en un trabajo anterior. Ver Adrián Fernández González, «Ecos del humanismo vernáculo: Alfonso de Liñán y el Ms. BNE 7565», en José Carlos Ribeiro Miranda (coord.), *En Doiro antr'o Porto e Gaia: Estudos de Literatura Medieval Ibérica*, Porto, Estratégias Criativas, 2017, pp. 413–424.

4 Se ha llegado a tildar este siglo de «siglo alejandrino». Ver Amaia Arizaleta, «La figure d'Alexandre comme modèle d'écriture dans la littérature médiévale castillane», en Laurence Harf-Lancner, Claire Kappler y François Suard (eds.), *Alexandre le Grand dans les littératures occidentales et proche-orientales. Actes du Colloque de Paris, 27–29 nov. 1999*, Nanterre, Centre des Sciences de la littérature/Université Paris X - Nanterre, 1999, pp. 137–186.

5 Es importante en la estructura del poema, sobre todo en los consejos del ayo y la coronación del rey. Ver Enrique Rodríguez-Picavea, «Ideología y legitimación del poder en la Castilla del siglo XIV. La imagen regia en el Poema de Alfonso XI», en *Medievalismo*, 22 (2012), pp. 185–216. Aun así, Alejandro ha perdido en presencia literal, con una solitaria aparición en el poema: «Alixandre, rey de Grecia,/non ferió mejor batalla» (*Poema de Alfonso Onceno*, Juan Victorio (ed.), Madrid, Cátedra, 1991, estrofa 1773).

6 Hugo O. Bizzarri, «Poema de Alfonso XI, entre 1344–1348», en Catherine Gaullier-Bougassas (dir.), *La fascination pour Alexandre le Grand dans les littératures européennes (Xe-XVIe siècle): réinventions d'un mythe*, Turnhout, Brepols, 2014, vol. 4, pp. 293–294; Fernanda Nussbaum, «Le poème d'Alphonse XI», en Catherine Gaullier-Bougassas (dir.), *La fascination pour Alexandre le Grand dans les littératures européennes (Xe-XVIe siècle): réinventions d'un mythe*, Turnhout, Brepols, 2014, vol. 2, pp. 990–994.

7 *Glosa castellana al «Regimiento de príncipes» de Egidio Romano*, Juan Beneyto Pérez (ed.), Madrid, Centro de Estudios Políticos y Constitucionales, 2005, p. 15.

être constant. Mais en réalité il culmine d'emblée au XIIIe siècle pour ensuite s'affaiblir».[8]

La principal conclusión resume el papel de Alejandro en la Baja Edad Media a su carácter fragmentado y anecdótico: «À partir du milieu du XIVe siècle, le Macédonien joua un rôle différent dans la vie de cour: refoulé dans les anecdotes chantées par les poètes de cour, il continua toutefois à imprégner l'ambiance des palais».[9] Se refiere, entre otras, a las apariciones del macedonio en el *Cancionero General* y en el *Cancionero de Baena*. Ambos cancioneros demuestran el asentamiento de nuestra figura en el imaginario nobiliario, aunque no se pueda limitar solamente a una tentativa de emulación. Más allá de su no protagonismo, la supuesta «decadencia» del modelo alejandrino responde a nuevas realidades sociopolíticas que deben ser consideradas con más peso.[10]

En general, la mención del macedonio es anecdótica y sirve para completar una enumeración de famosos afiliados a ciertas virtudes. Lo vemos en el poema 67 del *Cancionero General*,[11] donde Fernán Pérez de Guzmán alude sucesivamente a las cuatro virtudes cardinales. En el primer apartado sobre Justicia, aparece Alejandro como su protector junto a emperadores romanos como Tito o Trajano (*CG*, n° 67, vv. 157–160). El conquistador representa luego a Fortaleza, donde destaca su codicia: «Alixandre, el muy loado/de claríssima memoria,/sola cobdicia de gloria/lo triunfa laureado» (*CG*, n° 67, vv. 357–360). Es similar la alusión de Gómez Manrique a Alejandro, Hércules y Mida como hombres superlativos que terminan muriendo y no se quedan con nada (*CG*, n° 72, vv. 235–252). Aunque el poeta quiera reducir la importancia de la vida terrenal, notamos el eco al conquistador como figura total. Del mismo modo, Diego de Burgos, en el *Triunfo del Marqués*, usa la figura alejandrina primero como gran conquistador del mundo («por armas domó gran parte del mundo/y a Dario venció, más rico que armado», *CG*, n° 87, vv. 499–500), luego como locutor (*CG*, n° 87, vv. 1337–1344). En estos primeros casos, se ejemplifican las características más comunes de Alejandro.

---

8 Catherine Gaullier-Bougassas, *La fascination pour Alexandre le Grand dans les littératures européennes (Xe-XVIe siècle): réinventions d'un mythe*, Turnhout, Brepols, 2014, vol. 3, pp. 1722–1723.

9 Amaia Arizaleta, «Introduction», en Catherine Gaullier-Bougassas (dir.), *La fascination pour Alexandre le Grand dans les littératures européennes (Xe-XVIe siècle): réinventions d'un mythe*, Turnhout, Brepols, 2014, vol. 2, p. 956.

10 Dejamos de lado otras menciones, analizadas por Hugo O. Bizzarri, «Alexandre le Grand et les idéaux de cour du XVe siècle», en Catherine Gaullier-Bougassas (dir.), *La fascination pour Alexandre le Grand dans les littératures européennes (Xe-XVIe siècle): réinventions d'un mythe*, Turnhout, Brepols, 2014, vol. 2, pp. 1004–1017.

11 Citamos a partir de Hernando del Castillo (comp.), *Cancionero General*, Joaquín González Cuenca (ed.), Madrid, Castalia, 2004, abreviada *CG*.

Resulta más llamativo el episodio con Diógenes (*CG*, n° 87, vv. 777–780) y su desprecio hacia Alejandro. La relación de poder y sabiduría entre los dos recuerda otro procedimiento frecuente en estos poemas cortesanos: ya no basta solamente con parecerse a un príncipe famoso, sino recurrir a la retórica para establecer una forma de superación jerárquica. Juan de Mena, en su denuncia de los detractores del rey Juan II, afirma que el monarca «más ante Alexandre nos es en franqueza» (*CG*, n° 54, v. 105). También Gómez Manrique elogia al difunto Marqués de Santillana en comparación con el macedonio: «Alixandre nunca fue/tan temprado por mi fe/en los deleites humanos» (*CG*, n° 69, vv. 733–735). Aquí, el noble alabado se sitúa simbólicamente por encima de la figura alejandrina. El poeta, en su construcción hiperbólica, hace de Alejandro un modelo de superación.

El *Cancionero de Baena*[12] es una muestra similar de esta ampliación del paradigma. Primero, su fuerza conquistadora queda retratada en la «Profeçía de Alfonso de Álvarez contra el Cardenal», en una enumeración de personajes divinos y bélicos: «torne don Étor de la muerte a la vida,/reine Alexandre obrando proeza» (*CB*, n° 115, vv. 26–28). Similar es la alusión de Francisco Imperial en respuesta al nacimiento de Juan II: en la alocución de Marte, este último alude a varios héroes y decide otorgar al recién nacido la lanza de Aquiles, la espada de Godofredo de Bullón y el caballo Bucéfalo[13] (*CB*, n° 226, vv. 179–186). Más adelante, Dante se alegra todavía más al oír las palabras del Sol, que desea a don Juan que «como águila monta en aire bolando/monte en alteza, e como montaron/Alixandre e Julio quando conquistaron/al mundo universo todo trihumphando» (*CB*, n° 226, vv. 205–208). Este verso recuerda evidentemente –además de la ascensión metafórica a la cumbre de la fama– la expedición aérea del macedonio con sus grifos. En la misma dirección de conquista bélica debemos percibir la alusión a Alejandro por Fray Diego de Valencia (*CB*, n° 227, vv. 158–160).

Su gran valor guerrero no deja duda y en estos ejemplos es claro modelo que alcanzar. Aun así, nos encontramos de nuevo con esa superación jerárquica al beneficio de un propósito hiperbólico: «Sea siempre vençedor/en batallas e en guerras,/conquiste mayores tierras/que Alixandre, el grant señor» (*CB*, n° 229, vv. 17–20). Lo mismo sucede cuando Pero Vélez ensalza a Juana de Navarra y recurre al macedonio como figura omnisciente del mundo, pero ajena a la belleza de la dama: «El noble Alixandre, quando por conquista/el mundo por fuerça todo conquería,/vio muchas señoras de muy grant valía,/como el mundo en su poder fuesse; que tan noble dueña de sus ojos viesse/non fabló nin leo en su ledanía»

---

12 Citamos a partir de Juan Alfonso de Baena (comp.), *Cancionero de Juan Alfonso de Baena*, Brian Dutton y Joaquín González Cuenca (eds.), Madrid, Visor, 1993, que abreviamos *CB*.
13 Recordemos que Alejandro fundó la ciudad Bucéfala en homenaje a la muerte de su montura, después de la batalla de Hidaspes.

(*CB*, n° 319, vv. 3–8). Aunque la conexión amorosa con la figura alejandrina sea original, sirve ante todo un objetivo de superación que Alejandro cumple a la perfección por ser una figura de todos los extremos.

Otros casos se alejan de esta utilización común del macedonio como figura conquistadora, cuando sirve un propósito moral. Fray Diego de Valencia le recuerda a Gonzalo López de Guayanes, al preguntarle éste sobre el propósito de los hidalgos, que la generosidad es esencial: «El rey Alexandre, señor reverente/ que por su nobleza sojudgó el mundo,/non ovo igual, nin otro segundo;/por dar fue loado de toda la gente» (*CB*, n° 508, vv. 22–25). Por el contrario, se hallan menciones a los vicios del macedonio, principalmente su vanidad: «fue buscar el çielo en grifos bolando/e cató el mar con grand diligençia,/e jamás non pudo fartar su conçiençia/e le paresçió todo cosa muy vana,/ca el alma infinida e tan soberana/de cosas finidas non faze femençia» (*CB*, n° 340, vv. 91–96). Aquí, el modelo de superación se establece al presentar a personajes viciosos que no deben ser imitados. Parecido es el objetivo deseado por los tópicos del *ubi sunt* o del *contemptus mundi* (*CB*, nos. 38, 337, 339, 572, 611).[14]

Así pues, estos ejemplos señalan que el uso de la figura alejandrina no se puede limitar a una mera anécdota por parte del poeta. Inicialmente modelo de emulación, Alejandro sirve de eje de superación *positivo* (cuando el alabado es mejor que él) o *negativo* (al no deber reproducir los vicios del macedonio). En ambas construcciones, la figura alejandrina ejerce como referencia para los redactores y auditores cortesanos y se inscribe en un proyecto de sublimación que no debe ser relegado a una simple alusión.

Este fenómeno no se limita a la poesía cortesana, puesto que encontramos el mismo fenómeno de superación en una obra tan paradigmática como *El Victorial*. Alejandro aparece en el proemio –donde Díaz de Games elabora, según Rafael Beltrán, una «apretada síntesis de lo que habría sido la creación de la nobleza caballeresca desde la gentilidad hasta el cristianismo».[15] Para lograrla, Díaz de Games necesita ubicar a Pero Niño dentro de las *auctoritates* y recurre a cuatro modelos regios –Salomón, Alejandro, Nabucodonosor y César–, con anécdotas sobre don Rodrigo y Jesús Cristo. La utilización del macedonio en *El Victorial* sirve pues para ensalzar y ennoblecer la figura del conde de Buelna, y el recurso es doble. En primer lugar, aparece como protagonista en su reseña biográfica, con la reproducción literal de algunos versos del *Libro de Alexandre*, donde Aristóteles proporciona sus consejos al joven macedonio.

---

14 El fenómeno también es perceptible en el «Desprecio de la Fortuna» de Diego de San Pedro (*CG*, n° 253, vv. 201–210).

15 Gutierre Díaz de Games, *El Victorial*, Rafael Beltrán (ed.), Salamanca, Ediciones Universidad de Salamanca, 1997, p. 5. Las citas posteriores de la obra proceden de esta edición.

En segundo lugar, además de ser objeto del discurso, también cabe destacar su instrumentalización. Evidentemente, el uso del *Libro de Alexandre* como fuente de la obra ya evidencia influencias claras del macedonio sobre el autor, que lo elige como figura programática.[16] La cita textual de la enseñanza de Aristóteles, caso único en la obra, es prueba de ello. Alejandro está en trasfondo de las aventuras de Pero Niño. Beltrán ya señaló en su momento todos los ecos posibles entre el conde de Buelna y el rey macedonio. Pero dos de ellos nos interesan particularmente. Primero, el capitán, en una batalla contra los moros en el puerto de Túnez (*Victorial*, capítulo 44), salta sobre la galera enemiga y se enfrenta solo a sus oponentes, mientras sus hombres intentan ayudarlo. Lo mismo sucede con Alejandro y su hazaña en Sudrata. La gran diferencia entre ambos episodios – más allá del contexto– es el desenlace. Pero Niño vuelve a saltar sobre la galera de los aliados. Alejandro, en cambio, es socorrido por sus hombres, algunos de los cuales mueren en el intento. En este sentido, el valor de Pero Niño es mayor aún que el del macedonio.

El segundo episodio es, por supuesto, el del eclipse (*Victorial*, capítulo 86). Frente al temor de sus hombres, Pero Niño inicia una explicación que, casi teatralmente, termina con la reaparición del sol. Evidentemente, el eco es inevitable con el eclipse de la expedición de Alejandro. La diferencia radica en el orador de la explicación. En el *Libro de Alexandre*, es Aristandro quien, a petición del rey, tranquiliza a los soldados.[17] En *El Victorial*, en cambio, es el propio capitán quien asume el papel de hombre sabio.

Ambos ejemplos dejan claro que, más que un simple intento de imitación, Pero Niño sobrepasa a Alejandro Magno en las facetas guerrera y sabia. La figura alejandrina sirve un propósito de superación del héroe, de modo que Pero Niño se erige en figura final de la caballería. En suma, Alejandro es para *El Victorial* un vínculo temático y formal. Más aún, su figura es superada por un noble. De ahí que debamos considerar que entre los siglos XIII y XV se haya producido un cambio en el paradigma alejandrino. En efecto, en *El Victorial*, el protagonista no es un monarca, sino un caballero. También ejerce de modelo de superación en los cancioneros, donde los textos se dirigen a un público cortesano que no se limita al monarca. Desde el punto de vista de la recepción, Alejandro Magno ya no se erige como modelo regio para reyes, sino como modelo regio para nobles.

---

16 Eso mismo expone Beltrán en una edición anterior: «El *Libro de Alexandre* ofrecía una organización elaborada, donde el viaje, la aventura, la lucha, el espacio exótico, se subordinaban con acierto y gradación al diseño vital heroico. El Alejandro del poema en cuaderna vía, que ya se había medievalizado, dos siglos más tarde habría de sufrir un nuevo cambio de piel: se hizo real, vivo, encarnado en un personaje histórico» (Gutierre Díaz de Games, *El Victorial*, p. 118).

17 *Libro de Alexandre*, Jorge García López, Barcelona (ed.), Crítica, 2010, cc. 1209 y ss.

Hemos mencionado previamente la necesidad de considerar el contexto sociopolítico en que supuestamente decae la figura alejandrina. Su recuperación por la franja nobiliaria no es ajena al género mismo de obras como *El Victorial*. Aceptada como la primera biografía romance de nuestra literatura, se suele identificar más precisamente como «biografía caballeresca».[18] No es un detalle anecdótico, pues hay que entender la recuperación de estas figuras de autoridades dentro de un movimiento de afirmación individual de la nobleza. El individuo busca en el género biográfico su salvación y legitimación. El propósito del *Victorial* no es más que restablecer la dignidad del futuro conde de Buelna, cuya familia tuvo la mala suerte de defender el bando perdedor de una guerra que marcó claramente la Baja Edad Media. Por eso el propio Díaz de Games ve necesaria la introducción del contexto histórico de esa época al abordar el linaje de Pero Niño: «Aquí dexa agora el cuento de contar deste cavallero, por contar de los reyes, e de las grandes guerras e contiendas que en Castilla ovo en aquel tiempo, por quál razón muchos linajes fueron caídos e abaxados, e otros muy pequeños fueron ensalçados» (*Victorial*, p. 66). El autor tiene muy presente la situación política movediza en la que se mueve su protagonista. La oposición entre Pedro I y Enrique II es un momento clave del porvenir nobiliario, pues la llegada de la era Trastámara marca un cambio de atmósfera en los privilegios acordados a la nobleza.[19] Esto tiene un impacto directo en el posicionamiento de los favorecidos y –más claramente– de los desfavorecidos. Cabe recordar que todas las obras asimiladas a la biografía están conectadas con su contexto político, y no se podrían entender sin las vicisitudes de la corte. Así pues, la desgracia de Pero Niño y su consiguiente reconquista son consecuencias de estos enfrentamientos: «Otrosí, por mostrar el linaje de Pero Niño, de quien este libro fize, cómo abaxó de como ante avía seído, por la buelta de los reyes, segund que dicho he desuso, e diré adelante en su lugar» (*Victorial*, p. 85).

Esta conexión con el contexto político no es exclusiva del *Victorial*. El impacto de los conflictos de la corona tiene en la figura de Leonor López de Córdoba a una clara representante. Hija del Maestre de Calatrava y de Alcántara, Martín López (también mayordomo mayor del rey), y de Sancha Carrillo, sobrina de Alfonso XI, doña Leonor encarna perfectamente la alta nobleza. A pesar de tan prestigioso linaje, es encarcelada durante nueve años, hasta la muerte de Enrique II. Esta

---

18 Ver el estudio de la edición Gutierre Díaz de Games, *El Victorial*, Rafael Beltrán (ed.), Madrid, Real Academia Española, 2014, pp. 441–552.

19 No nos olvidemos de cómo Fernán Pérez de Guzmán retrata, a través de sus semblanzas, a la propia Castilla: «Que Castilla mejor es para ganar de nuevo que para conservar lo ganado; que muchas vezes los que ella fizo ella mesma los desfaze» (*Generaciones y semblanzas*, José Antonio Barrio Sánchez [ed.], Madrid, Cátedra, 1998, p. 140).

súbita desgracia aparece claramente iniciada, en sus *Memorias*, con el relato de la caída de Pedro I y el ascenso al trono de su hermanastro. A partir de ahí, su auto-biografía se hace testimonio de su tentativa de mantener un cierto estatus social, recurriendo a menudo a la piedad de la protagonista (con ciertos ecos que no dejan de recordar las hagiografías). El relato de doña Leonor responde pues a una situación de desequilibrio que la protagonista debe sufrir y en la que intenta reubicarse.

Estas biografías simbolizan una voluntad de renovación nobiliaria:[20] «A fin de cuentas, Pero Niño es dibujado como uno de los herederos de la nobleza pedrista [...], y, por tanto, *sustituido, reemplazado* en sus privilegios por otros nobles, y, entonces, como Amadís o Zifar (quizá sobre todo como Zifar), desposeído de su nobleza».[21] La cuna del género biográfico castellano, en nuestro siglo XV, le debe mucho a las funciones legitimadora y promocional que buscan sus autores. Los relatos de Pero Niño, Leonor López de Córdoba, pero también de Álvaro de Luna y Miguel Lucas de Iranzo, por ejemplo, son relatos de nobles que quieren contar sus historias. Con ellas, pueden justificar sus posiciones sociales e incluso optar a nuevos privilegios. Esta voluntad promocional de la biografía les permite actualizarse en el mapa sociopolítico de la época.

El género biográfico se perfila pues como un instrumento de gran valía, sobre todo en un período que sufre una crisis monárquica y feudal.[22] Perdidos en ese contexto, figuras como las de Pero Niño necesitan un nuevo aliciente. Y en su caso, el autor de su biografía no duda en legitimar el prestigio de su héroe con el recurso a figuras de autoridades como Alejandro. Este proceso es una respuesta a una tendencia que subraya Gonzalo Chacón, biógrafo de Álvaro de Luna, cuando alude precisamente a Alejandro Magno en la *Crónica de don Álvaro de Luna*:[23]

Cuéntase del grande Alixandre, que passando una vez por el lugar adonde estaba la sepultura de Archiles, lo llamó bienaventurado, por quanto oviera avido por escritor e historiador de los fechos suyos, e por perpetuador de su fama, al griego poeta Homero. Debidamente,

---

20 Alan Deyermond insiste en que parte de las biografías ofrecidas en el siglo XV ya no son de reyes sino de nobles (*Historia de la literatura española 1: La Edad Media*, Barcelona, Ariel, 2008, pp. 271–277).

21 Jesús D. Rodríguez Velasco, «El discurso de la caballería», en Jean-Pierre Sánchez (coord.), *L'univers de la chevalerie en Castille: fin du Moyen Âge – début des Temps Modernes*, París, Editions du Temps, 2000, p. 38.

22 Jesús D. Rodríguez Velasco, «El discurso de la caballería», p. 35.

23 *Crónica de don Álvaro de Luna, Condestable de Castilla, Maestre de Santiago*, Juan de Mata Carriazo (ed.), Madrid, Espasa-Calpe, 1940, p. 249. Este episodio fue bastante famoso, incluso en siglos posteriores. Véase el artículo en estas actas de Hélène Tropé, «"En tu campo ay quien se precia/de coronista mayor". Mecenazgos en la poesía: el caso de Lope de Vega en *Las grandezas de Alejandro*», donde se analiza la pareja Alejandro/Apeles en dicha obra, en relación con las aspiraciones de Lope de Vega.

pues, se puede dezir que fuera bien conplidero que Homero viviera en los tienpos de este ínclito Maestre, para que, según la grandeza de sus fechos e alteza de sus virtudes, lo perpetuara por el escriuir suyo en el grado a ellos debido; ca por çierto non niega el presente escritor, que él ni su pluma no se conosçen ser bastantes para los poner e escrebir en la superioridad e cunbre que se les debe, e les pertenesce.

Conscientes del desnivel entre biógrafos y biografiados –con el implícito de alabar todavía más a sus protagonistas en una nueva forma de superación– nuestros autores no dudan en lamentar que estos grandes nobles también se merecen la inmortalidad y la fama a través de la pluma, pero que no tienen las condiciones necesarias para lograrlo, entre ellas la de autores competentes. Lo mismo concluye Hernando del Pulgar al citar a Pérez de Guzmán: «Dixo verdad que, para ser la escritura buena e verdadera, los cavalleros devían ser castellanos e los escritores de sus fechos romanos».[24] De ahí pues la utilidad de la recuperación de figuras de autoridad que permitan establecer paralelos ejemplares. Y el brillo de Alejandro Magno en las letras hispánicas ofrecía un contexto predilecto de su actualización para necesidades e intereses nobiliarios.

La fragmentación inicialmente apuntada no debe, a nuestro entender, limitarse inevitablemente a un efecto de relegación. En realidad, se adapta a la sociedad de la época, donde los nobles se construyen una nueva identidad. Evidentemente, con el poder monárquico debilitado, el protagonismo[25] de una figura regia como la de Alejandro queda supuestamente afectado. No obstante, hemos visto que el macedonio ya no es considerado solamente como un modelo de emulación. Tanto en los cancioneros como en *El Victorial*, los nobles ya no buscan el reflejo del macedonio. En realidad, utilizan esta figura de sublimación hasta reflejarse a ellos mismos como máximos representantes de la virtud.

En este panorama de crisis social e identitaria, los héroes clásicos son un faro para los nobles, y es preciso entender la recuperación de la obra de Quinto Curcio como consecuencia de una atención particular en la figura de Alejandro Magno. Puede que su relegación sea efectiva en el caso de los modelos regios utilizados. Pero la recuperación del paradigma alejandrino por capas sociales más bajas hace que se modifique su impacto: su entrada en nuevos imaginarios que ya no son privilegio de la realeza, sino pertenecientes a toda la nobleza. Las *Historiae Alexandri Magni* de Quinto Curcio en lengua vernácula son justamente uno de los núcleos de esta recuperación. De ahí la necesidad de aproximarse más a las traducciones mencionadas inicialmente, pues responden a una demanda

---

24 Hernando del Pulgar, *Claros varones de Castilla*, Miguel Ángel Pérez Priego (ed.), Madrid, Cátedra, 2007, p. 202.
25 Sin embargo, en las traducciones vernáculas mencionadas, Alejandro es un claro protagonista.

de la nobleza y de los letrados que podemos vincular, por supuesto, al auge del coleccionismo del libro, al desarrollo de bibliotecas nobiliarias de prestigio creciente y al humanismo vernáculo.[26] Eso sí, no debemos olvidar el impacto del género biográfico y la búsqueda de ejemplaridad de unos individuos que vieron en Alejandro un espejo sin límite.

Obras citadas

Alvar, Carlos, *Traducciones y traductores. Materiales para la historia de la traducción en Castilla durante la Edad Media*, Alcalá de Henares, Centro de Estudios Cervantinos, 2010.
—, y José Manuel Lucía Megías, *Repertorio de traductores del siglo XV*, Madrid, Ollero y Ramos, 2009.
Arizaleta, Amaia, «Introduction», en Catherine Gaullier-Bougassas (dir.), *La fascination pour Alexandre le Grand dans les littératures européennes (Xe-XVIe siècle): réinventions d'un mythe*, Turnhout, Brepols, 2014, vol. 2, pp. 955–956.
—, «La figure d'Alexandre comme modèle d'écriture dans la littérature médiévale castillane», en Laurence Harf-Lancner, Claire Kappler y François Suard, (eds.), *Alexandre le Grand dans les littératures occidentales et proche-orientales. Actes du Colloque de Paris, 27–29 nov. 1999*, Nanterre, Centre des Sciences de la littérature/Université Paris X – Nanterre, 1999, pp. 137–186.
Baena, Juan Alfonso de (comp.), *Cancionero de Juan Alfonso de Baena*, Brian Dutton y Joaquín González Cuenca (eds.), Madrid, Visor, 1993.
Bizzarri, Hugo O., «Alexandre le Grand et les idéaux de cour du XVe siècle», en Catherine Gaullier-Bougassas (dir.), *La fascination pour Alexandre le Grand dans les littératures européennes (Xe-XVIe siècle): réinventions d'un mythe*, Turnhout, Brepols, 2014, vol. 2, pp. 1004–1017.
—, «Poema de Alfonso XI, entre 1344–1348», en Gaullier-Bougassas, Catherine (dir.), *La fascination pour Alexandre le Grand dans les littératures européennes (Xe-XVIe siècle): réinventions d'un mythe*, Turnhout, Brepols, 2014, vol. 4, pp. 293–294.
Bravo García, Antonio, «Sobre las traducciones de Plutarco y de Quinto Curcio Rufo hechas por Pier Candido Decembrio y su fortuna en España», en *Cuadernos de Filología Clásica*, 12 (1977), pp. 143–187.
Castillo, Hernando del (comp.), *Cancionero General*, Joaquín González Cuenca (ed.), Madrid, Castalia, 2004.
Crónica de don Álvaro de Luna, Condestable de Castilla, Maestre de Santiago, Juan de Mata Carriazo (ed.), Madrid, Espasa-Calpe, 1940.

---

26 A este propósito, indicamos los estudios siguientes: Jeremy Lawrance, «On Fifteenth-Century Spanish Vernacular Humanism», en Ian Michael y Richard Cardwell (eds.), *Medieval and Renaissance Studies in Honour of Robert Brian Tate*, Oxford, Dolphin, 1986, pp. 63–79, y Peter Russell, «Las armas contra las letras: para una definición del humanismo español del siglo XV», en Peter Russell (ed.), *Temas de la «Celestina» y otros estudios: del Cid al Quijote*, Barcelona, Ariel, 1978, pp. 207–239.

Deyermond, Alan, *Historia de la literatura española 1: La Edad Media*, Barcelona, Ariel, 2008, pp. 271–277.

Díaz de Games, Gutierre, *El Victorial*, Rafael Beltrán Llavador (ed.), Madrid, Real Academia Española, 2014.

—, *El Victorial*, Rafael Beltrán Llavador (ed.), Salamanca, Ediciones Universidad de Salamanca, 1997.

Fernández González, Adrián, «Ecos del humanismo vernáculo: Alfonso de Liñán y el Ms. BNE 7565», en José Carlos Ribeiro Miranda (coord.), *En Doiro antr'o Porto e Gaia: Estudos de Literatura Medieval Ibérica*, Porto, Estratégias Criativas, 2017, pp. 413–424.

Gaullier-Bougassas, Catherine, *La fascination pour Alexandre le Grand dans les littératures européennes (Xe-XVIe siècle): réinventions d'un mythe*, Turnhout, Brepols, 2014.

Glosa castellana al «Regimiento de príncipes» de Egidio Romano, Juan Beneyto Pérez (ed.), Madrid, Centro de Estudios Políticos y Constitucionales, 2005.

Grespi, Giuseppina, *Traducciones castellanas de obras latinas e italianas contenidas en manuscritos del siglo XV en las bibliotecas de Madrid y El Escorial*, Madrid, Biblioteca Nacional de España, 2004.

Lawrance, Jeremy, «On Fifteenth-Century Spanish Vernacular Humanism», en Ian Michael y Richard Cardwell (eds.), *Medieval and Renaissance Studies in Honour of Robert Brian Tate*, Oxford, Dolphin, 1986, pp. 63–79.

Libro de Alexandre, Jorge García López (ed.), Barcelona, Crítica, 2010.

Nussbaum, Fernanda, «Le poème d'Alphonse XI», en Catherine Gaullier-Bougassas (dir.), *La fascination pour Alexandre le Grand dans les littératures européennes (Xe-XVIe siècle): réinventions d'un mythe*, Turnhout, Brepols, 2014, vol. 2, pp. 990–994.

Pérez Guzmán, Fernán, *Generaciones y semblanzas*, José Antonio Barrio Sánchez (ed.), Madrid, Cátedra, 1998.

Pulgar, Hernando del, *Claros varones de Castilla*, Miguel Ángel Pérez Priego (ed.), Madrid, Cátedra, 2007.

Rodríguez Velasco, Jesús D., «El discurso de la caballería», en Jean-Pierre Sánchez (coord.), *L'univers de la chevalerie en Castille: fin du Moyen Âge - début des Temps Modernes*, París, Editions du Temps, 2000, pp. 31–53.

Rodríguez-Picavea, Enrique, «Ideología y legitimación del poder en la Castilla del siglo XIV. La imagen regia en el *Poema de Alfonso XI*», en *Medievalismo*, 22 (2012), pp. 185–216.

Russell, Peter, «Las armas contra las letras: para una definición del humanismo español del siglo XV», en *Temas de la «Celestina» y otros estudios: del Cid al Quijote*, Barcelona, Ariel, 1978, pp. 207–239.

Utrilla Utrilla, Juan F., «Una biblioteca nobiliar aragonesa de mediados del siglo XV: el inventario de libros de Alfonso de Liñán († 1468), señor de Cetina (Zaragoza)», en *La Edad Media. Estudios de Economía y Sociedad*, 7 (1987), pp. 177–197.

Leonardo Funes

Ideología amorosa cortesana en el siglo XV castellano: autocontrol emocional y autorrebajamiento voluntario

Resumen: Se analiza en este trabajo un aspecto específico de la ideología amorosa cortesana (una denominación preferida a la de «amor cortés») de la Castilla del siglo XV: la figura paradójica de la Dama superior e inalcanzable y la actitud reverencial o sumisa del enamorado ante su amada. Para ello, el trabajo se acota a la ficción sentimental y la lírica cancioneril del tiempo de los Reyes Católicos y aprovecha como marco teórico la lectura de Roger Chartier sobre los estudios de Norbert Elias acerca de la sociedad cortesana. Tres aspectos paradójicos de esa cultura cortesana (la proximidad distante; la reducción de la identidad a la apariencia; la superioridad en la sumisión) constituyen un hilo conductor en el análisis de los textos, lo que permite poner de relieve la especial significación social del autocontrol emocional y del autorrebajamiento voluntario en la conducta del amante cortesano.

Palabras clave: Amor cortés, sociedad cortesana, ficción sentimental, lírica cancioneril

Desde que en 1883 Gaston Paris propusiera la exitosa expresión *amour courtois*, la producción crítica en torno de la peculiar concepción del amor propia de ámbitos cortesanos medievales no ha dejado de crecer, propagando aciertos y malentendidos por partes iguales.[1]

Hacer un simple inventario de los desarrollos, correcciones, ampliaciones y rechazos que el concepto de «amor cortés» ha generado hasta el presente excedería el espacio aquí disponible; de modo que daré todo ello por conocido y me enfocaré en un aspecto muy acotado de tan amplia problemática.[2]

En principio, me referiré a un fenómeno que tuvo lugar en precisas coordenadas espacio-temporales (la Castilla del siglo XV) y que prefiero denominar

---

[1] Gaston Paris, «Études sur les romans de la table ronde. Lancelot du Lac. II. *Le conte de la charrette*», en *Romania*, 12 (1883), pp. 459–534.

[2] De todos modos, me permito remitir al panorama general y la bibliografía básica indicada en la «Introducción» de nuestro libro colectivo: Martín J. Ciordia y Leonardo Funes (eds.), *El amor y la literatura en la Europa bajomedieval y renacentista*, Buenos Aires, Colihue, 2012, pp. 7–32.

Leonardo Funes, Universidad de Buenos Aires – CONICET-IIBICRIT SECRIT

https://doi.org/10.1515/9783110450828-010

«ideología amorosa cortesana», a fin de tomar distancia de la idea de un código amoroso homogéneo e idéntico a sí mismo que habría atravesado la cultura europea occidental desde los trovadores provenzales del siglo XII hasta los autores del otoño de la Edad Media. Entiendo esta «ideología amorosa cortesana» como una constelación de visiones y concepciones del amor en la que suele imperar la paradoja y la contradicción.

La manera literaria de la que trato aquí es la que corresponde a la poesía cancioneril y a los relatos de ficción sentimental del siglo XV castellano. Este ha sido un objeto de estudio que ha generado un creciente interés dentro del hispano-medievalismo; de modo que también en este trance me veo obligado a dar por conocida una bibliografía amplia y en constante crecimiento y a contentarme con breves alusiones al hilo de mi argumentación.

De los numerosos aspectos de la ideología amorosa cortesana quiero centrarme en la relación entre el enamorado y la Dama. Esta relación es, desde los orígenes trovadorescos de esta ideología, el resultado de la proyección del lazo feudal en el ámbito del amor. De lo mucho que habría que decir de esta sorprendente apelación poética al imaginario político para la enunciación de la pasión amorosa, sólo quiero apuntar aquí tres cosas: en primer lugar, la significativa relación de la temática amorosa con un contexto político-social concreto; en segundo lugar, la pervivencia y productividad de un léxico de origen político (servicio, galardón, mezcladores, *midons*) que impone perfiles muy precisos a la forma concreta de ejercer y apreciar ciertas conductas y situaciones del amar; en tercer lugar, la naturaleza esencialmente jerárquica que se impone a la relación amorosa.

Todo esto no escapa a la perenne dialéctica de la permanencia y el cambio que afecta a cualquier proceso cultural. Y así es como la crítica ha encontrado casos excepcionales o notables desvíos de esta concepción jerárquica feudal ya entre los propios trovadores provenzales.[3] Aun tomando debida nota de esta parcial desmentida del modelo, persiste el hecho de que la naturaleza jerárquica de la relación, más allá de las protestas, rechazos, ironías o burlas del ocasional poeta, permanece como parámetro a partir del cual se entabla la comunicación amorosa, tanto en clave lírica como en forma narrativa.

Ese rasgo se manifiesta con un énfasis especial en la Castilla del siglo XV, momento en que se produjo una verdadera explosión de producción lírica cortesana. La concepción del amor y de la mujer que se cantaba en esas composiciones derivaba de la *fin'amors* y de la poesía trovadoresca del siglo XII, lo que no

---

3 Puede verse al respecto el artículo de Elena Moltó Hernández, «La *fin'amors* y la superioridad femenina», en Rafael Beltrán (coord.), *Homenaje a Luis Quirante*, València, Universitat de València, 2003, vol. 2, pp. 647–658.

deja de ser impactante: basta pensar cuánto nos sorprendería que los novelistas de la actualidad se dedicaran a escribir novelas epistolares al estilo del siglo XVIII y que eso fuera la moda más apreciada. Algo similar estaba ocurriendo en la Castilla del siglo XV y algún crítico bautizó el fenómeno como «*revival trovadoresco*».[4]

Pero este resurgimiento de la idea del amor-pasión presenta cambios significativos: en principio, se observa una descarnalización de la expresión poética amorosa: la imagen de la amada se condensa en el concepto abstracto de belleza y casi desaparece el cuerpo. Luego, hay un desplazamiento de la alegría del encuentro amatorio a la pena amorosa; la poesía amorosa asume un tono oscuro, canta un amor trágico. Por último, encontramos lo que Michael Gerli ha denominado un «sincretismo erótico-religioso» en la expresión literaria del amor.[5] Esto supone una radicalización de la relación jerárquica entre el caballero y la dama: la superioridad vasallática se extrema en la superioridad divina. De este modo, el modelo ya no es la pareja «vasallo-señor», sino la dupla «devoto-deidad»; el galanteo como «servicio de amor» adquiere la forma de una «devoción» amorosa.

Dos aspectos íntimamente relacionados me interesa analizar aquí: la figura paradójica de la Dama superior e inalcanzable y la actitud reverencial o sumisa del enamorado ante su amada. Para ello me acotaré (con algunas excepciones) a algunos textos de ficción sentimental y algunas composiciones líricas del período de los Reyes Católicos. Luego de una etapa desangelada a causa de las intrigas y revueltas de la época de Enrique IV y de los avatares de la guerra civil que acabó con las aspiraciones de la infanta doña Juana y consolidó en el trono a Fernando e Isabel, serán los años de la Guerra de Granada, entre 1481 y 1492, los que verán resurgir en la nobleza y en la corte regia el ideal caballeresco, cuya conexión con la concepción amorosa es bien conocida.

Habría, en principio, una estrecha correlación entre situación enunciativa y campo referencial, tanto de poetas como de narradores del amor. Todos componen desde un ambiente cortesano piezas líricas o narrativas que aluden a ese mismo ambiente. Y al menos en el caso de los poetas, su práctica del arte verbal es parte de su práctica cortesana.

Esta producción lírica y narrativa se entrega en forma manuscrita a un selecto destinatario, el público cortesano de los círculos aristocráticos y regios. En el juego comunicativo que propone, por ejemplo, la epístola-prólogo de *Cárcel*

---

4 Roger Boase, *The Troubador Revival*, Londres, Routledge & Kegan Paul, 1978.
5 E. Michael Gerli, «*Eros* y *agape*: el sincretismo del amor cortés en la literatura de la baja Edad Media castellana», en Alan M. Gordon y Evelyn Rugg, eds., *Actas del Sexto Congreso de Hispanistas celebrado en Toronto del 22 al 26 de agosto de 1977*, Toronto, University of Toronto, 1980, pp. 316–319.

de amor, en la que el autor se dirige a don Diego Hernández, alcalde de los donceles – y un héroe de la guerra de Granada–, cualquier integrante de ese público selecto puede ponerse en el lugar del dedicatario y apreciar desde allí las resonancias de esta íntima conversación. Canciones y relatos circulan a través del canto, la recitación, la lectura en voz alta, pero también –y cada vez más– mediante la lectura silenciosa de la letra manuscrita. Nos encontramos, así, ante un caso paradigmático de lo que los teóricos llaman «comunidad textual»[6] o «formación de lectura»:[7] códigos interpretativos comunes a poetas, narradores, oyentes y lectores, pero también códigos de pertenencia.

Si bien tenemos composiciones líricas en las que el poeta se dirige a su amada en un plano de igualdad, en la gran mayoría de los casos la apelación poética amorosa o aun el relato y la demanda epistolar a la dama se hacen desde una posición inferior; el discurso del enamorado «se eleva» hacia la dama. No es fácil para la crítica contemporánea comprender y evaluar la significación de una práctica literaria y una conducta cultural orientadas a la figura femenina tan alejadas del estatus real de la mujer en la sociedad de su tiempo.

¿Es la efusión lírica cancioneril expresión sincera de amor espiritual (Van Beysterveldt), o juego cortesano de seducción (Aubrun), o aun mensaje erótico y hasta obsceno en clave (Whinnom y Macpherson)?[8] ¿Cuánto hay de discusión seria y cuánto de broma estudiantil en los debates y tratados sobre el amor y la mujer? ¿Cuánto hay de intervención seria y de conducta auténtica y cuánto de juego cortesano y de fingimiento galante en la enunciación y circulación de poemas, relatos y «procesos de cartas» en la corte?

No hay respuestas que gocen de consenso general para estos interrogantes; los planteos de la crítica parecieran poner en evidencia que la disponibilidad de herramientas críticas por parte de los especialistas no los posiciona mucho mejor que al público en general, cuyos parámetros de lectura siguen informados

---

6 Donald Maddox, «Vers un modèle de la communauté textuelle au Moyen Âge: Les rapports entre auteur et texte, entre le texte et lecteur», en Dieter Kremer (ed.), *Actes du XVIIIe Congrès International de Linguistique et de Philologie Romanes*, Tübingen, Niemeyer, 1986, vol. 6, pp. 480–490.

7 Tony Bennett, «Texts in History: The Determinations of Readings and Their Texts», en Derek Attridge, Geoff Bennington y Robert Young (eds.), *Post-Structuralism and the Question of History*, Cambridge, Cambridge University Press, 1987, pp. 63–81.

8 Antony van Beysterveldt, «La nueva teoría del amor en las novelas de Diego de San Pedro», en *Cuadernos Hispanoamericanos*, 349 (1979), pp. 70–83; *Le Chansonnier espagnol d'Herberay des Essarts (XVe siècle): Édition précédée d'une étude historique*, Charles V. Aubrun (ed.), Burdeos, Féret, 1951; Keith Whinnom, *La poesía amatoria de la época de los Reyes Católicos*, Durham, University of Durham, 1981, y Ian Macpherson, «Secret Language in the *Cancioneros*: Some Courtly Codes», en *Bulletin of Hispanic Studies*, 62 (1985), pp. 51–63.

por el mito romántico de la espontaneidad, el desprecio de la retórica como lo inauténtico, la sospecha secularista del sentimentalismo litúrgico de prácticas devocionales y una creciente sensibilidad de género hacia desarrollos narrativos «políticamente incorrectos» y argumentos doctrinales de claro cuño patriarcal.

Así es como la insoslayable impresión de exageración y absurdo del drama amoroso suele estar detrás de la insistente búsqueda de parodia intencional en estos textos –y ya no sólo *Celestina* sería parodia de la ficción sentimental (Lacarra), sino que la propia ficción sentimental sería parodia de esa ideología amorosa cortesana (Severin, Rohland),[9] y del mismo modo la interpretación de la actitud de los personajes queda sometida a patrones premeditadamente anacrónicos, como la consideración de Leriano (el protagonista de *Cárcel de amor*) como masoquista.[10] La autora de esa hipótesis está aprovechando planteos de Zizek, que a su vez remiten a la interpretación lacaniana del amor cortés.[11]

Como dice Pedro Cátedra en un libro imprescindible sobre estos temas: «Y así podríamos despeñarnos por el camino cómodo de la interpretación anacrónica sin perspectiva doctrinal, aunque refugiándonos en un supuesto espacio real de lo erótico».[12] Por cierto que cuando los autores del siglo XIX y del siglo XX interpretaban textos medievales según su propio horizonte cultural no hacían nada diferente de lo que nosotros hacemos; por lo tanto no es algo que podamos condenar *a priori* como errado. Pero en estos casos de la sospecha paródica y del masoquismo me parece que no se ha superado el desafío de trascender la distancia histórica sin abolirla, como nos pedía Paul Zumthor.[13]

Mi intención, en cambio, es recuperar, en la medida de lo posible, lo que estos textos significaron (y cómo significaron) para sus lectores inmediatos, alcanzar «la comprensión de la comprensión», como lo llama Clifford Geertz.[14]

---

9 María Eugenia Lacarra, «La parodia de la ficción sentimental en *La Celestina*», en *Celestinesca*, 13 (1989), pp. 11–29; Dorothy S. Severin, «The Sentimental Genre: Romance, Novel, or Parody?», en *La Corónica*, 31.2 (2003), pp. 312–315, y Regula Rohland de Langbehn, «La parodia en la novela castellana del siglo XV y en la *Celestina*», en *Bulletin of Hispanic Studies*, 86.1 (2009), pp. 86–94.

10 Sanda Munjic, «Leriano's Suffering Subjectivity; or, the Politics of Sentimentality in *Cárcel de amor*», en *Revista Canadiense de Estudios Hispánicos*, 32.2 (2008), pp. 203–226.

11 Slavoj Zizek, «El amor cortés, o la mujer como la Cosa», en *Las metástasis del goce. Seis ensayos sobre la mujer y la causalidad*, Patricia Willson (trad.), Buenos Aires, Paidós, 2005, pp. 135–168.

12 Pedro M. Cátedra (coord.), *Tratados de amor en el entorno de «Celestina» (siglos XV–XVI)*, Madrid, Sociedad Estatal España Nuevo Milenio, 2001, p. 276.

13 Paul Zumthor, *Parler du Moyen Âge*, Paris, Minuit, 1980.

14 Clifford Geertz, *Conocimiento local. Ensayos sobre la interpretación de las culturas*, Alberto López Bargados (trad.), Barcelona, Paidós, 1994.

Un caso de aprovechamiento productivo de desarrollos teóricos contemporáneos es el estudio de Julian Weiss sobre los textos de debate en torno de la mujer.[15] Weiss realiza dos operaciones que estaré emulando en mi tarea: por un lado analiza un corpus textual en estrecha relación con su incidencia en un medio social concreto (básicamente, la corte regia), por el otro, aprovecha conceptos provenientes de la teoría cultural moderna. Tomando como punto de partida el concepto de hegemonía de Antonio Gramsci y las precisiones de Raymond Williams, para quien la hegemonía debe permanentemente renovarse, recrearse, defenderse y modificarse, Weiss analiza las formas literarias en combinación con los conceptos de «campo», «*habitus*» y «poder simbólico» debidos a Pierre Bourdieu. Esto le permite comprender una práctica literaria (y un debate doctrinal) en su articulación con prácticas sociales cortesanas más amplias y apreciar la extensión de las resonancias culturales de lo literario y de lo doctrinal en tanto intervenciones en una contienda social en principio acotada al ámbito de la corte. También puede mencionarse el trabajo de Julio Vélez Sainz sobre la mujer y los ideales corteses en la corte de Juan II, donde recurre a un marco teórico integrado por Bordieu, Norbert Elias y Stephen Greenblatt.[16]

En la misma línea, me propongo llevar adelante mi análisis atendiendo al contexto primario en que esta producción literaria se produce y circula y aprovechando el marco teórico que provee la lectura de Roger Chartier de los estudios de Norbert Elias sobre la sociedad cortesana. Si bien esos estudios están enfocados en la Modernidad clásica (siglos XVI–XVIII), considero que sus hipótesis son completamente válidas para el siglo XV castellano, y más aún para el período de los Reyes Católicos, ubicado ya en los umbrales de la Modernidad.

Chartier, en el prólogo a la reedición de la versión francesa de *La sociedad cortesana*, sintetiza muy bien los tres grandes principios paradójicos que Elias detecta en el ámbito cortesano:[17]

1) La distancia en la proximidad, puesto que la sociedad cortesana es una configuración en la cual la más grande diferencia social se manifiesta dentro de la mayor proximidad espacial;

---

15 Julian Weiss, «"¿Qué demandamos de las mugeres?": Forming the Debate About Women in Late Medieval Spain (with a Baroque Response)», en Thelma S. Fenster y Clare A. Lees (eds.), *Gender in Debate from the Early Middle Ages to the Renaissance*, New York, Palgrave, 2002, pp. 237–274.

16 Julio Vélez Sainz, «*De amor, de honor e de donas*». *Mujer e ideales corteses en la Castilla de Juan II (1406–1454)*, Madrid, Editorial Complutense, 2013.

17 Roger Chartier, «Formation sociale et économie psychique: la société de cour dans le procès de civilisation», en Norbert Elias, *La Sociéte de cour*, Paris, Flammarion, 1985, pp. i-lxxvii.

2) Reducción de la identidad a la apariencia, pues el ser social del individuo está totalmente identificado con la representación que se ha dado por sí mismo o por los otros, y por tanto la «realidad» de una posición social no es otra que lo que la opinión juzga que es;

3) La superioridad en la sumisión, pues solamente aceptando la domesticación por el soberano y adhiriendo a las formalidades constrictivas de la etiqueta cortesana la aristocracia puede preservar la distancia que la separa de su competidora por la dominación: la burguesía de los oficiales de la corte. La cortesía en tanto código de conducta es el instrumento por excelencia de esta distinción por la sumisión, pues por ella la sociedad cortesana procede a su autorrepresentación, distinguiendo a unos de otros y todos en conjunto distinguiéndose de las personas extrañas al grupo.

En lo que resta de este trabajo iré analizando la problemática del autocontrol emocional y el autorrebajamiento voluntario del enamorado frente a su dama en la narrativa y en la lírica de temática amorosa, al hilo de las tres paradojas descriptas.

La narración sentimental textualiza la paradoja de la proximidad distante al explicitar los requisitos para que sea posible el contacto (entre uno y otro personaje, entre el poeta y su destinatario). El código de la cortesía pone aquí una distancia, una dificultad para el contacto, a fin de subrayar la jerarquía o la igualdad o la pertenencia al grupo, de tal manera que los códigos interpretativos de la comunidad textual se articulan con códigos de pertenencia social. Esto se tematiza en los textos de modo recurrente: cuando el Auctor aborda al hombre salvaje (en *Cárcel de amor*), cuando Arnalte evalúa si el narrador es digno de escuchar su historia (en *Arnalte y Lucenda*), cuando Grimalte encuentra finalmente a Fiameta (en *Grimalte y Gradissa*), se enfatiza la necesidad de ofrecer pruebas de buena crianza para que el diálogo sea posible; la cortesía es signo de pertenencia a los círculos sociales adecuados y requisito indispensable para la comunicación y para que la proximidad física no se obture mediante la distancia social.

Pero también la paradoja se asienta en la necesidad de la intermediación amorosa (algo que el «envío» pone en escena en la lírica amatoria); con lo cual aquello que solemos entender sólo como derivación de la tradición ovidiana y sus reformulaciones medievales, puede verse también como vía de aproximación de lo distante. Basta pensar en la figura del *Auctor* de *Cárcel de amor*, yendo y viniendo con sus mensajes, cartas y encargos entre Leriano y Laureola, figuras inmóviles y distantes; o en el penoso deambular de Grimalte, con una misión a tres bandas: reunir a Fiameta y Pánfilo y con ello alcanzar la intimidad de Gradissa, extremando aquí las distancias al situar los personajes en Castilla, Italia y los confines de Asia.

En cuanto a la reducción de la identidad a la apariencia, esta paradoja hace que la problemática del ser y el parecer alcance su expresión más dramática en el código de la honra. Las angustias de Laureola por el solo hecho de permitir que el Auctor le hable de Leriano sin interrumpirlo ni rechazarlo o por haber accedido a escribirle una carta –una carta que en lo esencial dice «te escribo esta carta para decirte que me arrepiento de escribirla»– marcan la potencia del imperativo de la honra: no sólo hay que ser virtuosa, hay que parecerlo.

La tiranía de la apariencia se manifiesta literariamente en el predominio del motivo de la mirada tanto en la lírica como en la narrativa sentimental. Ha sido Esther Torrego quien ha analizado esto con perspicacia en *Cárcel de amor*, señalando la equivalencia entre «ser» y «ser visto», para concluir:

> En definitiva, la atención a las apariencias procede de desconfianza [...]. Razón de más para que el conflicto entre apariencias y realidad se resuelva sólo a base de sacrificio. El sacrificio, es, además, proporcional al grado de verdad que cubren las apariencias: muerte en el caso de Leriano, soledad en el de Laureola.[18]

El motivo de la mirada atraviesa la lírica amorosa cancioneril y da expresiones brillantes del dilema de fundar el ser en el parecer, dado que una de las convicciones más persistentes de esta ideología es que el amor entra por los ojos. Así, por ejemplo, en este poema del Vizconde de Altamira recogido en el *Cancionero general de Hernando del Castillo*:

Con dos cuidados guerreo
que me dan pena y sospiro:
el uno quando no os veo,
el otro quando vos miro.

Mirandoos, de amores muero,
sin me poder remediar;
no os mirando, desespero
por tornaros a mirar.
Lo uno cresce en sospiro,
lo otro causa desseo,
del que peno quando os miro,
y muero quando no os veo.[19]

---

18 Esther Torrego, «Convención retórica y ficción narrativa en la *Cárcel de Amor*», en *Nueva Revista de Filología Hispánica*, 32 (1983), p. 335.

19 Hernando del Castillo, *Cancionero general*, Joaquín González Cuenca (ed.), Madrid, Castalia, 2004, 2, p. 460, n° 355. Véase el ID 1136 en Brian Dutton (ed. lit.), y Jineen Krogstad (ed. mus.), *Catálogo-Índice de la poesía cancioneril del siglo XV*, Madison, The Hispanic Seminary of Medieval Studies, 1982. En los casos sucesivos se indicará solamente el identificador.

El nivel de sentido más inmediato del poema se relaciona con la mirada como alimento de la pasión; pero también confluye aquí una alusión a la paradoja «ser/parecer» en la medida en que se juega con la dupla «ver/no ver». Tal es la condición del amor: entra por los ojos pero es ciego. Pero esto no es todo: el poeta tiene que volverse ciego a lo que percibe en la condición real de las mujeres y dirigir su mirada a la apariencia que es la imagen idealizada de su amada.

Dentro de los patrones perceptivos de esta mirada distorsionada, el poeta-enamorado puede crear una figura femenina superior alejada de la realidad pero firmemente situada en la mente del enamorado: la figura de la Dama. Sólo así podía esta poesía proyectar los deseos masculinos de perfección sobre la amada femenina y al mismo tiempo mantener intacta la prerrogativa masculina sobre las mujeres. Como construcción abstracta, perfilada por una percepción perturbada (enceguecida) que se prohibe captar otro ser que no sea el parecer, la Dama termina siendo en rigor, una mujer imposible.

Finalmente, para abordar la paradoja superioridad/sumisión, hay que tener en cuenta que el núcleo de la matriz explicativa del proceso civilizatorio (al menos occidental) que postula Norbert Elias es el concepto de dominio de sí, lo que en términos amplios significa la represión de todo lo que proviene de la animalidad natural del ser humano.

Esto se manifiesta en el ámbito amoroso con el mandato de auto-control emocional. Pero es el mandato de sumisión a la voluntad de la Dama que predican los «manuales de gentileza» (categoría en la que entraría la primera parte del *Sermón ordenado* de Diego de San Pedro y varias composiciones líricas, algunas reunidas en el *Cancionero general* de Hernando del Castillo) el que permite ligar dominio de sí y autorrebajamiento como condiciones de pertenencia cortesana y de aceptación en la alta jerarquía trazada por los soberanos.[20]

Hay que recordar que las sofisticaciones protocolares de la corte de los Reyes Católicos son el fruto de un proceso que podría iniciarse en los tiempos en que, con Fernando de Antequera y su descendencia, los Trastámara pasaron a regir también Aragón y Navarra. Una figura descollante en ese momento de recepción de pautas culturales francesas y borgoñonas por vía catalana es Enrique de Villena. Las instrucciones que va desgranando en su *Arte cisoria* sobre el aseo personal, los gestos y la conducta reverencial ante el rey de quien tenga el encargo de cortar sus viandas; la recomendación que da en su *Tratado de consolación* sobre la necesidad de contener la expresión del sufrimiento ante la muerte de un

---

20 Sobre los manuales de gentileza, véase Antonio Chas Aguión, «De ceremoniales, galanteo y técnica poética: los manuales de gentileza en la poesía de cancionero», en Carlos Heusch (ed.), *De la lettre à l'esprit. Hommage à Michel Garcia*, Paris, Éditions Le Manuscrit, 2009, pp. 139–163.

ser querido, van claramente en esta dirección del dominio de sí. Y su traslado a términos poéticos y amorosos lo encontramos en el *Prologus Baenensis* y su advertencia al enamorado para «que ame a quien deve e como deve e donde deve».

Ya del tiempo de los Católicos tenemos el *Doctrinal de gentileza* de Hernando de Ludueña, que pregona sin ambages tanto la superioridad absoluta de la Dama como la sumisión más completa del enamorado. El poeta amonesta al galán afirmando que la Dama «es señora y no sujeta», de ella «no tenéis juridición,/mas antes ella la vuestra»; la Dama «ha de ser suelta y no presa/y vos preso y que muráis»; para concluir con la exhortación:

> Serví, serví y mereced,
> suplicad y obedeced,
> y recebí, si os pagaren,
> y, si la paga os negaren,
> ahorcaos y feneced.[21]

Este sometimiento masculino y cortesano opera en al menos dos dimensiones: en principio una dimensión formal. Según nuestros parámetros, habría mucha efusión pasional en esta lírica; pero en los términos del siglo XV, esta efusión está sometida a los rigores de un código (la cortesía) y a las imposiciones de una poética y de una retórica (formas estróficas, esquemas de rimas, un léxico muy reducido, etc.).

Luego, una dimensión social e ideológica. El auto-dominio de la expresión de los sentimientos según los cánones formales ya aludidos y el autorrebajamiento que termina elevando a la Dama, son estrategias celebratorias de la hegemonía monárquica y de una feliz articulación de la nobleza cortesana en los nuevos esquemas de poder.

El poema de Juan Rodríguez del Padrón en el que el poeta enamorado se rebaja a la condición de un perro (rabioso de amor) es quizás un caso extremo,[22] pero vemos entonces ya en tiempos de Juan II el cumplimiento de semejante requisito de autorrebajamiento para poder ser elevado jerárquicamente por el poder soberano.

Quizás el hecho de que ese poder soberano esté encarnado en la Castilla de fines del XV y principios del XVI por una mujer (Isabel, Juana) haya ayudado a reforzar esta disposición al autorrebajamiento voluntario ante la dama: es el camino de la confirmación tanto de la condición cortesana y de la capacidad amatoria como del estatus nobiliario.

---

21 Hernando del Castillo, *Cancionero general*, vol. 4, pp. 343–344, n° 156* (Dutton, ID 1895).

22 Me refiero al poema que comienza: «¡Ham, ham, ham! ¡Huíd, que ravio/con ravia de vos, no trave/por travar de quien agravio/recibo tal y tan grave! » (Hernando del Castillo, *Cancionero general*, vol. 2, p. 152, n° 160 [Dutton, ID 6127]).

Obras citadas

Bennett, Tony, «Texts in History: The Determinations of Readings and Their Texts», en Derek
    Attridge, Geoff Bennington y Robert Young (eds.), *Post-Structuralism and the Question of
    History*, Cambridge, Cambridge University Press, 1987, pp. 63–81.
Boase, Roger, *The Troubador Revival*, Londres, Routledge & Kegan Paul, 1978.
Castillo, Hernando del, *Cancionero general*, Joaquín González Cuenca (ed.), Madrid,
    Castalia, 2004.
Cátedra, Pedro M. (coord.), *Tratados de amor en el entorno de «Celestina» (siglos XV–XVI)*,
    Madrid, Sociedad Estatal España Nuevo Milenio, 2001.
Chartier, Roger, «Formation sociale et économie psychique: la société de cour dans le procès de
    civilisation», en Norbert Elias, *La Sociéte de cour*, Paris, Flammarion, 1985, pp. i–lxxvii.
Chas Aguión, Antonio, «De ceremoniales, galanteo y técnica poética: los manuales de gentileza
    en la poesía de cancionero», en Carlos Heusch (ed.), *De la lettre à l'esprit. Hommage à
    Michel Garcia*, Paris, Éditions Le Manuscrit, 2009, pp. 139–163.
Ciordia, Martín J., y Leonardo Funes (eds.), *El amor y la literatura en la Europa bajomedieval y
    renacentista*, Buenos Aires, Colihue, 2012.
Dutton, Brian (ed. lit.), y Jineen Krogstad (ed. mus.), *Catálogo-Índice de la poesía cancioneril
    del siglo XV*, Madison, The Hispanic Seminary of Medieval Studies, 1982.
Geertz, Clifford, *Conocimiento local. Ensayos sobre la interpretación de las culturas*, Alberto
    López Bargados (trad.), Barcelona, Paidós, 1994.
Gerli, E. Michael, «*Eros* y *agape*: el sincretismo del amor cortés en la literatura de la baja Edad
    Media castellana», en Alan M. Gordon y Evelyn Rugg (eds.), *Actas del Sexto Congreso de
    Hispanistas celebrado en Toronto del 22 al 26 de agosto de 1977*, Toronto, University of
    Toronto, pp. 316–319.
Lacarra, María Eugenia, «La parodia de la ficción sentimental en *La Celestina*», en *Celestinesca*,
    13 (1989), pp. 11–29.
*Le Chansonnier espagnol d'Herberay des Essarts (XVe siècle): Édition précédée d'une étude
    historique*, Charles V. Aubrun (ed.), Burdeos, Féret, 1951.
Macpherson, Ian, «Secret Language in the *Cancioneros*: Some Courtly Codes», en *Bulletin of
    Hispanic Studies*, 62 (1985), pp. 51–63.
Maddox, Donald, «Vers un modèle de la communauté textuelle au Moyen Âge: Les rapports
    entre auteur et texte, entre le texte et lecteur», en Dieter Kremer (ed.), *Actes du XVIIIe
    Congrès International de Linguistique et de Philologie Romanes*, Tübingen, Niemeyer,
    1986, vol. 6, pp. 480–490.
Moltó Hernández, Elena, «La *fin'amors* y la superioridad femenina», en Rafael Beltrán (coord.),
    Homenaje a Luis Quirante, València, Universitat de València, 2003, vol. 2, pp. 647–658.
Munjic, Sanda, «Leriano's Suffering Subjectivity; or, the Politics of Sentimentality in *Cárcel de
    amor*», en *Revista Canadiense de Estudios Hispánicos*, 32.2 (2008), pp. 203–226.
Paris, Gaston, «Études sur les romans de la table ronde. Lancelot du Lac. II. *Le conte de la
    charrette*», en *Romania*, 12 (1883), pp. 459–534.
Rohland de Langbehn, Regula, «La parodia en la novela castellana del siglo XV y en la
    Celestina», en *Bulletin of Hispanic Studies*, 86.1 (2009), pp. 86–94.
Severin, Dorothy S., «The Sentimental Genre: Romance, Novel, or Parody?», en *La Corónica*,
    31.2 (2003), pp. 312–315.
Torrego, Esther, «Convención retórica y ficción narrativa en la *Cárcel de amor*», en *Nueva
    Revista de Filología Hispánica*, 32 (1983), pp. 330–339.

Van Beysterveldt, Antony, «La nueva teoría del amor en las novelas de Diego de San Pedro», en *Cuadernos Hispanoamericanos*, 349 (1979), pp. 70–83.

Vélez Sainz, Julio, «De *amor, de honor e de donas*». *Mujer e ideales corteses en la Castilla de Juan II (1406–1454)*, Madrid, Editorial Complutense, 2013.

Weiss, Julian, «"¿Qué demandamos de las mugeres?": Forming the Debate About Women in Late Medieval Spain (with a Baroque Response)», en Thelma S. Fenster y Clare A. Lees (eds.), *Gender in Debate from the Early Middle Ages to the Renaissance*, New York, Palgrave, 2002, pp. 237–274.

Whinnom, Keith, *La poesía amatoria de la* época *de los Reyes Católicos*, Durham, University of Durham, 1981.

Zizek, Slavoj, «El amor cortés, o la mujer como la Cosa», en *Las metástasis del goce. Seis ensayos sobre la mujer y la causalidad*, Patricia Willson (trad.), Buenos Aires, Paidós, 2005, pp. 135–168.

Zumthor, Paul, *Parler du Moyen Âge*, Paris, Minuit, 1980.

Juan García Única

La Edad Media contra la Edad Media: sacralización y secularización de un concepto

Resumen: Nos aproximamos en este trabajo al concepto de Edad Media como invención surgida, paradójicamente, contra las categorías enunciativas de la sacralización feudal que suelen aunarse bajo el término Edad Media. En ese sentido, hacemos una descripción de un concepto, el de Edad Media, nueva Edad Media o próxima Edad Media que, merced a un proceso secularizador, alude a algo más que a una convención historiográfica, en la medida en que se reconocen en él, hoy por hoy, tres dimensiones: la historiográfica, por supuesto, pero también la estética y la sociológica.

Palabras clave: Edad Media, sacralización, nueva Edad Media

1 La Edad Media como idea construida contra la Edad Media

Hace ya cuarenta años, en 1977, la gran medievalista francesa Régine Pernoud publicaba la primera versión de un apasionado ensayo, luego varias veces retocado, cuyo título, *Pour en finir avec le Moyen Age,* pretendía ser una provocación no exenta de beligerancia hacia el éxito que en el imaginario convencional sin duda ha cosechado el desprestigio ilustrado de la Edad Media, término cuya sola mención evoca connotaciones de superstición, oscurantismo y barbarie.[1] Visto hoy, quizá la mayor objeción que pueda hacérsele a tal trabajo sea que Pernoud, enérgica militante contra el sentido peyorativo moderno de lo medieval, no deja

---

[1] Bien es verdad que en un tratamiento más amplio del tema cabría puntualizar que el propio concepto más clásico de Edad Media, en tanto etapa de decadencia comprendida entre dos momentos de esplendor, ya de por sí resulta un invento si no de la Ilustración, sí del racionalismo moderno, por lo que es lícito pensar que tal racionalismo se construye desde su raíz como crítica de aquello que precisamente él mismo se inventa. Aquí nos conformamos con dar cuenta de que hemos consultado la versión española de Régine Pernoud, *Para acabar con la Edad Media,* Palma, José J. de Olañeta, 2010.

Juan García Única, Universidad de Granada

https://doi.org/10.1515/9783110450828-011

de estar presa ella misma de una cierta idea de progreso que subyace en el fondo de ese descrédito que se propone combatir. Dicho de otra manera: nuestra autora se esfuerza lo indecible por revertir la herencia de la visión negativa del Medievo, hasta el punto de presentar éste como una época de enormes avances y asombrosas luces en la historia de la humanidad. Así, y por poner sólo un ejemplo de entre los muchos que su libro ofrece, lo que en el orden económico viene a ser en la visión ilustrada un modo de producción definido por el sometimiento vasallático, para Pernoud, no menos antropológicamente optimista que sus interlocutores ilustrados, es visto como la liberación y superación del esclavismo grecorromano.

Pero no es propósito de este trabajo, mucho más modesto, desmentir a Pernoud ni enmendarle la plana, sino sólo sugerir unas pocas líneas básicas de una investigación cuyos resultados habrán de validarse en el futuro. Sea como fuere, lo que sí nos parece innegable es que ni Pernoud ni la gran mayoría de medievalistas que se han mostrado en algún momento contrarios a las connotaciones negativas del término Edad Media parecen haber superado nunca ellos mismos la propia idea de Edad Media, esto es, la creencia en que la historia de la humanidad viene a ser una suerte de línea recta en la que un espíritu humano eterno e inmutable nace, desaparece y renace aquí o allá en función de criterios de valoración que, paradójicamente, no sólo no tienen nada de eternos sino que se definen por su radical historicidad. En cierto modo, uno de los historiadores que con más ahínco cuestionó siempre el concepto tradicional de Edad Media, Jacques Le Goff, supo ver bien el problema: «Historia y progreso no tardarán en fundirse: será el reto del siglo XIX, para el que la historia tiene un sentido, siempre en positivo. En cambio, en la Edad Media, el único progreso parece el final de la Historia, la transfiguración, la salida del Tiempo».[2] Por poca importancia que quiera dársele, es un error bastante extendido el de tratar de aplicar criterios temporales actuales a los textos medievales, rémora que afecta a algo más que a los usos y convenciones de catalogación historiográfica. Un texto del Medievo siempre será susceptible de integrarse en un manual de historia de la literatura según ese sentido positivo –más bien positivista– del tiempo que señala Jacques Le Goff, pero la lógica evolutiva explicará en todo caso cómo está estructurado el manual, no cómo está enunciado el texto.

A este respecto el matiz cuenta y mucho. Precisamente Régine Pernoud, en el libro mencionado, se quejaba amargamente de que, tras haberle dado a leer el pasaje en que Brunetto Latini explica la redondez de la tierra a una alumna suya, ésta manifestase su contrariedad por haber pensado hasta ese momento

---

2 Jacques Le Goff, *En busca de la Edad Media,* Barcelona, Paidós, 2003, p. 46.

que a Galileo lo habían quemado vivo en la Edad Media por haber dicho que la tierra era redonda. Sin duda la alumna estaba equivocada (y en algo más que en el punto sobre la redondez de la tierra), pero el error de percepción más sutil, el más indetectable, bien puede surgir también de dar por hecho que el tipo de razonamiento de Brunetto Latini es una suerte de anticipo en estado embrionario, un hito reseñable en esa línea recta del progreso, del criterio empírico que caracteriza a la ciencia moderna, como si no pudiera entenderse de manera autónoma en función de su alteridad.

De hecho, también en la versión castellana del *Lucidiario,* auspiciada por Sancho IV, se dice de la tierra que es «asi como puede seer vna pellota muy rredonda, e el çielo es otrosi todo rredondo, asi como es otra pellota mayor».[3] La lógica por la que se concluye esto, sin embargo, no se rige por el método empírico sino por la aplicación de la semejanza y la analogía. Del siguiente modo, bellísimo por cierto, explica el sabio del *Lucidiario* la razón por la que la luna y las estrellas no alumbran de día:

> E sabed que al sol contesçe asi con el nuestro señor como contesçe a todas la augas con la mar, que todas las fuentes e los rrios que ha en el mundo, todos salen de la mar e todas tornan a ella. Vien contesçe al sol e rresçibe la claridat de Dios; asi como los rrayos del sol desçienden a nos aca al mundo por alunbrarnos, asi suben los otros ante la presençia de la ymagen [de Dios] para rresçeuir de la su claridat poca o mucha, quant[a] los el quisiere dar. E tan pura e tan clara es la claridad del sol que todas las otras encubre, que non puede[n] paresçer antel.[4]

En un mundo que se estructura según el axioma de que las cosas perfectas preceden a las imperfectas se vuelve paradigmática la imagen de Dante en *Paradiso* (XXXIII, vv. 85–87), cuando mira al Empíreo:

> Nel suo profondo vidi che s'interna
> legato con amore in un volume
> ciò que per l'universo si squaderna.[5]

El universo, pues, se organiza como ese libro de las criaturas que resulta ser un solo volumen en el Empíreo y un amasijo de páginas desencuadernadas a medida que dichas criaturas se alejan del Creador. La jerarquía, no obstante, no se establece a partir de una escala literal o espacial, sino en virtud de ese tipo de semejanza capaz de trascender las distancias que es la simpatía, como de algún modo

---

3 Richard P. Kinkade (ed.), *Los «Lucidarios» españoles,* Madrid, Gredos, 1968, p. 87.
4 Richard P. Kinkade (ed.), *Los «Lucidarios» españoles,* p. 88.
5 Dante Alighieri, *Divina Comedia. Paraíso,* Ángel Crespo (trad.), Joan Tarrida (ed.) y Marisa Abdala (rev.), Barcelona, Galaxia Gutenberg/Círculo de Lectores, 2003, p. 219.

también nos revela la explicación arriba citada del *Lucidiario* sobre la transmisión de la luz: por razón de simpatía desciende la luz de Dios al sol y del sol a la tierra de día; y por razón de simpatía ascienden la luna y las estrellas de noche para recibir la claridad del Creador.

Aunque se trate de un ejemplo más bien modesto, sirve al menos para mostrar que no puede haber una concepción del tiempo en los textos medievales pensada al margen de las categorías de semejanza que operan en la sacralización feudal. En el propio *Lucidiario* se distingue entre esos «dos saberes que son el vno contra el otro e estos son la thologia e las naturas»,[6] articulación dual que no debe hacernos olvidar que incluso en el saber de *las naturas*, definido como «arte que todas las cosas que son viuas sobre la tierra se proevan por ella»,[7] es decir, como saber sobre el mundo físico, la semejanza sigue siendo la categoría determinante. Por eso hasta en la descripción de las cosas más desemejantes, como puedan serlo las piedras, Alfonso X recurre, *via auctoritatis* antes que *via examinis*, a una reelaboración de la teoría del *Primum Mobile* aristotélico, pues el filósofo, leemos en el prólogo del *Lapidario*:

> [...] mostro que todas las cosas del mundo son como trauadas, *et* reciben uertud unas dotras; las mas uiles, delas mas nobles. Et esta uertud paresce en unas mas manifista, assi como en las animaleas *et* en las plantas; *et* en otras mas ascondida, assi, como en las piedras *et* en los metales.[8]

En las páginas desgajadas de ese libro del universo que Dante veía en el Empíreo, por tanto, se lee siempre un estigma o *signatura* que pone en relación a las criaturas con el Creador a través de la semejanza simpática.

A este modo de concebir el mundo a través de la analogía lo llamaremos «sacralización», concepto desde el cual pensamos que pueden explicarse con mayor exactitud los modos de enunciación específicos que se producen en el Medievo, pero concepto no menos problemático a su manera que el propio de Edad Media. Problemático, entre otras cosas, porque la sacralización no tiene por qué restringirse necesariamente al periodo que llamamos Edad Media, como tampoco han de hacerlo los modos de enunciación que desde ella se generan. En 1623, por ejemplo, Francis Bacon publicaba una ampliación en lengua latina de su *The Advance of Learning* con el título *De augmentis scientiarum* en la que todavía, glosando una cita del Evangelio de Mateo («Entonces respondiendo Jesús, les dijo: Erráis, ignorando las Escrituras y el poder de Dios», Mt 22:29),

---

6 Richard P. Kinkade (ed.), *Los «Lucidarios» españoles*, p. 79.

7 Richard P. Kinkade (ed.), *Los «Lucidarios» españoles*, p. 79.

8 Alfonso X, *Lapidario (según el manuscrito escurialense H.I.15)*, Sagrario Rodríguez M. Montalvo (ed.), Madrid, Gredos, 1981, p. 17.

escribía: «Ubi duos libros, ne in errores incidamus, proponit nobis evolvendos: primo volumen Scripturarum, quae voluntatem Dei, dein, volumen creaturarum, quae potentiam revelant».[9] No parece muy difícil desgajar de esos entresijos la vieja escisión entre saber por natura o *volumen creaturarum* y saber por teología o *volumen Scripturarum*. Tampoco representa gran dificultad la misma dualidad en este texto de 1643, de Sir Thomas Browne:

> [...] there are two books from whence I collect my Divinity, besides that written one of God; another of his servant Nature, that universall and publique Manuscript, that lies exposed to the eyes of all those that never saw him in the one, have discovered him in the other.[10]

Ni siquiera en la actualidad, donde los regímenes teocráticos siguen existiendo, cabe descartar la existencia de formas de sacralización, pero ya dijimos al principio que no partimos de la idea de que la historia es una línea recta sobre la cual se van sucediendo en bloque diversas épocas cerradas y consistentes en sí mismas. En todo caso, podría hablarse de superposición, entrecruzamiento y coexistencia de cosmovisiones e ideologías. De lo que sí estamos convencidos es de que puede hablarse de un tipo específico de sacralización al que denominaremos sacralización feudal, en la medida en que la imagen de la servidumbre, del yo-siervo, prevalece sobre la imagen del yo-libre que caracteriza a la modernidad.[11]

Y a lo que vamos. La tesis que aquí apenas queremos enunciar, dado que su demostración nos obliga a un trabajo más amplio, es la siguiente: lo que llamamos Edad Media no es sino una construcción eminentemente laica, secularizada, esgrimida para más señas contra la sacralización feudal. Dicho de otra manera: la Edad Media, en tanto idea, es en realidad la cosa menos medieval del mundo, porque la Edad Media, en tanto idea, se construyó contra lo que llamamos Edad Media. De ahí que no sea difícil reconocer hoy que el sentido peyorativo del adjetivo medieval, que tanto molestaba a Pernoud y a muchos otros medievalistas, se emplea en la mayor parte de los casos de manera absolutamente ajena a la validez que pueda tener el término en tanto categoría historiográfica. Nosotros proponemos, de manera provisional, dividir la idea de Edad Media en tres categorías diferentes: historiográfica, estética y sociológica.

---

9 Francis Bacon, *The Works of Francis Bacon*, London, J. Johnson, 1803, vol. 2, p. 91.
10 Sir Thomas Browne, *Religio Medici*, London, Andrew Crooke, 1642, p. 32.
11 Se trataría en todo caso de un concepto de sacralización feudal o incluso feudalizante, pues conserva su poder de operar de manera transversal más allá del periodo cronológico denominado Medievo, como actualización permanente de sus categorías.

2 La Edad Media como categoría historiográfica

Los primeros esbozos del concepto historiográfico de Edad Media suelen situarse, con bastante consenso, en algunos pasajes de la obra de Petrarca, quien en la epístola *Posteritati*, las *Familiares* (XXIV) o las *Epystole* (III, 33) deja patente su queja por vivir en un presente depauperado, lejano y en todo contrario a los tiempos para él más dichosos de lo que hoy llamamos Antigüedad clásica. Propiamente, Petrarca no emplea el nombre de Edad Media ni ningún otro más o menos análogo, pero sí da por hecha la existencia de un tiempo sórdido que se interpone entre su actualidad y la tradición digna de emular que reconoce en el latín de Cicerón.[12]

Tampoco, ya en el siglo XV, emplea términos escrupulosamente equivalentes a los actuales el historiador Flavio Biondo en su *Historiarum ab inclinatione Romanorum imperii decades*, donde no obstante sí considera la existencia de un segmento temporal unitario que se extendería desde el año 412 al de 1442. La ausencia terminológica no empece para que se pueda, como ha señalado Giuseppe Sergi, «constatar que el periodo tomado en consideración coincidía con el milenio medieval de la posterior acepción más común».[13] Además, la convención que estipula que los orígenes del concepto, tanto los historiográficos como los filológicos, hay que situarlos en el humanismo *quattrocentista* se ve en todo caso reforzada por el uso que, en una carta dirigida a Nicolás de Cusa en 1469, hace de la expresión *media tempestas* el obispo de Alesia, Giovanni Andrea dei Bussi. Huelga decir que esos tiempos medios que, ahora sí, aparecen singularizados con un nombre, no son otros sino los comprendidos entre los dos periodos que hoy llamamos Antigüedad y Renacimiento.[14] Es sabido, sin embargo, que la

---

12 Véase a este respecto el documentado trabajo de Eduardo García Baura, «El concepto historiográfico de la Edad Media: la labor de Petrarca», en *Estudios Medievales Hispánicos*, 1.12 (2012), pp. 7–22.

13 Giuseppe Sergi, *La idea de Edad Media. Entre el sentido común y la práctica historiográfica*, Barcelona, Crítica, 2001, p. 28.

14 Entre otros trabajos, la cita de Giovanni Andrea ya fue recordada por Nathan Edelman, «The Early Uses of "Medium Aevum", "Moyen âge", "Middle Ages"», en *Romanic Review*, 29.1 (1938), pp. 6–10; más recientemente han aludido a ella, comentándola, César González Mínguez, «La construcción de la Edad Media: mito y realidad», en *Publicaciones de la Institución Tello Téllez de Meneses*, 77 (2006), p. 124; y con cierta insistencia Julio Valdeón Baruque, tanto en «El concepto de Edad Media: del infierno a la gloria», en Eloy Benito Ruano (ed.), *Tópicos y realidades de la Edad Media*, Madrid, Real Academia de la Historia, 2002, vol. 3, pp. 212–213, como en «La desmitificación de la Edad Media», en Encarna Nicolás y José A. Gómez (eds.), *Miradas a la Historia. Reflexiones historiográficas en recuerdo de Miguel Rodríguez Llopis*, Murcia, Universidad de Murcia, 2004, p. 29.

consolidación del término, asociado éste a la duración cronológica que le damos hoy, llega en el siglo XVII, sobre todo a raíz de la publicación en 1688 por parte de Cristóbal Keller o Chistophorus Cellarius de su obra, con título lo suficientemente explícito, *Historia medii aevi a temporibus Constantini Magni ad Constantinopolim a Turcis captam.*[15]

En todo caso, ya desde sus orígenes post-petrarquescos el concepto histo-riográfico de Edad Media empieza a mostrarse problemático, pues andando el tiempo todo el meollo del problema recaerá en determinar cuándo acaba real-mente la Edad Media (¿en 1453 con la caída de Constantinopla? ¿En 1492, con la llegada de Colón a América?), que es tanto como determinar dónde empieza la modernidad que estos autores del siglo XV ya empezaban a atisbar. Fuera de eso, no es ya sólo que el término sea una «extravagancia historiográfica»,[16] sino que es un término que únicamente de manera harto forzada puede encajar en la cosmovisión de un hombre letrado «medieval», en nada propenso a considerarse a sí mismo como el habitante de una edad intermedia entre dos momentos de esplendor de la razón, sino en todo caso como una criatura a la espera en un mundo viejo –*mundus senescit*– de la parusía, tras el cumplimiento del *tempus* que ha de dar paso a la pura vivencia en la *aeternitas*, pues:

> Sabet que las hedades del sieglo son seys: la primera fue desde Adan fasta Noe; la segunda desde Noe fasta Abraan; la tercera desde Abraan fasta David; la 4ª desde Davit fastal tienpo de Faran, quando el destroyo a Jerusalen & priso los judios; la 5ª fue desde estonçe fasta el naçe-miento de Ihesu Christo; la 6ª es agora desde que vino Ihesu Christo fasta la fin del mundo.[17]

---

15 Si bien es cierto que ya antes, en 1665, Georg Horn se habría valido de la expresión «medium aevum» en su obra *Arca de Noé*, tal cual indica César González Mínguez, «La construcción de la Edad Media: mito y realidad», p. 124. Este autor subraya igualmente la proliferación de expresio-nes similares, como «media aetas», «media tempestas», «tempus medium», etc., en historiado-res y filólogos desde el siglo XVI en adelante, entre ellos, Joachim von Watt, Johann Herwagen, Marcus Welser, Hadrianus Junius, Hendricus Canisius, Melchior Goldast o Vossius.

16 Así lo considera Manuel Alejandro Rodríguez de la Peña, «*¿Media tempestas?* Las raíces cris-tianas de Europa y la Leyenda Negra de la Edad Media», en Manuel Alejandro Rodríguez de la Peña y Francisco Javier López Atanes (eds.), *Traditio catholica. En torno a las raíces cristianas de Europa*, Madrid, CEU Ediciones, 2009, p. 20. Para este autor, lo que da consistencia a Europa no es la unidad lingüística, ni étnica ni política, sino la común pertenencia de sus pueblos a las diferentes formas de Cristiandad, de modo que el término acaba resultando inservible por dos motivos: por la propia duración de mil años a la que alude y por la alternancia de «magníficos re-nacimientos» y «siglos muy oscuros» en ese periodo, con lo que en el fondo Rodríguez de la Peña tampoco llega a romper del todo con la cronosofía lineal. Como «constructo tirano» había sido ya descrito el término Edad Media por Timothy Reuter, «Medieval: Another Tyrannous Construct?», en *The Medieval History Journal*, 25.1 (1998), p. 27.

17 Brunetto Latini, *Libro del tesoro. Versión castellana de «Li Livres dou Tresor»*, Spurgeon Bald-win (ed.), Madison, The Hispanic Seminary of Medieval Studies, 1989, p. 20.

He ahí el modo en que lo explicaba Brunetto Latini, en una segmentación temporal que en todo caso se organiza como secuenciación de la Escritura.

3 La Edad Media como categoría estética

Sin embargo, no puede decirse que el concepto de Edad Media se restrinja sólo al nombre que se le da a una secuencia temporal de mil años. No hace demasiado, Mariateresa Fumagalli Beonio Brocchieri puntualizaba que cuando hablamos de la Edad Media hablamos por igual de «un auténtico mito, dotado de un gran poder evocativo capaz de constituirse en punto de partida de una moda y un gusto que inspiran formas artísticas y modelan hasta aspectos y objetos de la vida cotidiana».[18] En ese sentido, puede distinguirse entre lo que implica definir qué es la Edad Media y lo que implica, a su vez, tratar de delimitar qué es una Edad Media. En el primer caso estaríamos refiriéndonos al uso puramente historiográfico del concepto; en el segundo habríamos de ampliar el espectro de su significado, quizá para aludir a esa categoría estética tan bien estudiada por Fumagalli Beonio Brocchieri o quizá, como veremos enseguida, para valernos de una categoría sociológica.

En una nota introductoria a su traducción del libro, ya citado aquí, de Giuseppe Sergi, *La idea de Edad Media*, Pascual Tamburri distinguía entre la Edad Media de los profesionales, que existe como periodización, la Edad Media mítica de la cultura general y la Edad Media como propuesta u horizonte de futuro.[19] En ese segundo terreno, el de la Edad Media mítica, de raíz claramente romántica, cabe incluir hoy la pujanza de esa corriente de pseudomedioevo, por valernos de un término de Franco Cardini,[20] que se detecta en series de enorme éxito como *Game of Thrones,* recreación a su vez de la no menos existosa saga de George R. R. Martin, *A Song of Ice and Fire,* que por su parte entronca con la tradición épica de nuevo cuño inaugurada, quizá, por J. R. R. Tolkien con *The Lord of the Rings.* Aunque no sólo de excusa para recrear tiempos y espacios míticos ha servido la Edad Media: también para poner nombre a periodos concretos de crisis propios del presente e incluso del futuro.

---

18 Mariateresa Fumagalli Beonio Brocchieri, *La estética medieval,* Madrid, Antonio Machado Libros, 2012, p. 120. La obra original fue publicada en 2002.

19 Pascual Tamburri, «Nota a la edición española», en Giuseppe Sergi, *La idea de Edad Media. Entre el sentido común y la práctica historiográfica,* Barcelona, Crítica, 2001, p. 8.

20 Véase Franco Cardini, «Medioevo, neomedioevo, pseudomedioevo», en Enrico Menestò (ed.), *Il Medioevo. Specchio et alibi,* Spoleto, Centro Italiano di Studi sull'Alto Medioevo, 1997, pp. 27–34.

4 La Edad Media como categoría sociológica

De sobra es conocido el concepto de «nueva Edad Media» acuñado por Umberto Eco en 1973 para definir un periodo marcado por la *Pax Americana*, la vietnamización del territorio, el deterioro ecológico, el neonomadismo, los *vagantes*, la *auctoritas*, etc..[21] El concepto parece haber sido especialmente afortunado, pasando desde la semiótica a la sociología, donde es empleado con relativa frecuencia para nombrar periodos de crisis inminente que anticipan futuros distópicos. El ambiente enrarecido tras la crisis del petróleo de 1973 parece ser un referente, reconocido o no, bastante claro en el mencionado caso de Eco, como lo fue para el sociólogo, también italiano y también con obra publicada en ese año, Roberto Vacca, quien define un Medievo (no el Medievo, ojo, sino «un» Medievo) como el periodo de tiempo transcurrido desde el momento en que los excedentes de producción alcanzan su punto máximo hasta aquel otro en que, superado el mínimo, comienza un periodo de expansión. Así pues, un Medievo trae como características una brusca disminución de la población, seguida por una ulterior más lenta, y un fraccionamiento de los grandes sistemas y su transformación en gran número de pequeños subsistemas independientes y autárquicos.[22]

En una línea muy similar, y con idéntico título al del libro de Roberto Vacca, *La próxima Edad Media*, José David Sacristán de Lama señala varios frentes en los que se aplica la expresión Edad Media más allá de su sentido historiográfico canónico: para definir una etapa de crisis, desórdenes y decadencia; para definir la etapa que sigue a la caída de una estructura política; y para definir un tiempo de desintegración en el que, seriamente mermados los recursos de la civilización, la sociedad se ve afectada por la privación de sus efectos beneficiosos.[23]

Por su fecha de publicación, 2008, no es difícil relacionar el pronóstico ciertamente catastrófico que hace este sociólogo con la realidad de una crisis financiera global cuyas consecuencias apenas estamos empezando a asumir hoy, en el momento en que pongo fin a estas líneas en la tarde de un 31 de diciembre del año 2016. Queden para más adelante los aspectos que apenas han podido ser mencionados en estas pocas páginas, y que por su densidad merecen un tratamiento

---

21 Umberto Eco, «La Edad Media ha comenzado ya», en Umberto Eco, Furio Colombo, Francesco Alberoni y Giuseppe Sacco (eds.), *La nueva Edad Media*, Madrid, Alianza, 1974, pp. 7–35.
22 Véase Roberto Vacca, *La próxima Edad Media*, Madrid, Editora Nacional, 1973, p. 24.
23 Véase José David Sacristán de Lama, *La próxima Edad Media*, Barcelona, Bellaterra, 2008, pp. 73–75. También en un contexto de crisis, tras la caída del muro de Berlín, surge el libro de Alain Minc, *La nueva Edad Media. El gran vacío ideológico*, Madrid, Temas de Hoy, 1994.

mucho más profundo y exhaustivo. El *mundus senescens*, valga como conclusión, es aquel mundo en que un término inventado para despreciar esa larga noche de mil años –como llamó Michelet a la Edad Media– puede reconocer, también y tras un largo proceso de secularización, una imagen especular de su incierto futuro.

Obras citadas

Alfonso X, *Lapidario (según el manuscrito escurialense H.I.15)*, Sagrario Rodríguez M. Montalvo (ed.), Madrid, Gredos, 1981.

Alighieri, Dante, *Divina Comedia. Paraíso,* Ángel Crespo (trad.), Joan Tarrida (ed.) y Marisa Abdala (rev.), Barcelona, Galaxia Gutenberg/Círculo de Lectores, 2003.

Bacon, Francis, *The Works of Francis Bacon,* London, J. Johnson, 1803.

Browne, Sir Thomas, *Religio Medici,* London, Andrew Crooke, 1642.

Cardini, Franco, «Medioevo, neomedioevo, pseudomedioevo», en Enrico Menestò (ed.), *Il Medioevo. Specchio et alibi,* Spoleto, Centro Italiano di Studi Sull'Alto Medievo, 1997, pp. 27–34.

Eco, Umberto, «La Edad Media ha comenzado ya», en Umberto Eco, Furio Colombo, Francesco Alberoni y Giuseppe Sacco (eds.), *La nueva Edad Media,* Madrid, Alianza, 1974, pp. 7–35.

Edelman, Nathan, «The Early Uses of "Medium Aevum", "Moyen âge", "Middle Ages"», en *Romanic Review*, 29.1 (1938), pp. 6–10.

Fumagalli Beonio Brocchieri, Mariateresa, *La estética medieval,* Madrid, Antonio Machado Libros, 2012.

García Baura, Eduardo, «El concepto historiográfico de la Edad Media: la labor de Petrarca», en *Estudios Medievales Hispánicos,* 1.12 (2012), pp. 7–22.

González Mínguez, César, «La construcción de la Edad Media: mito y realidad», en *Publicaciones de la Institución Tello Téllez de Meneses,* 77 (2006), pp. 117–135.

Kinkade, Richard P. (ed.), *Los «Lucidarios» españoles,* Madrid, Gredos, 1968.

Latini, Brunetto, *Libro del tesoro. Versión castellana de «Li Livres dou Tresor»,* Spurgeon Baldwin (ed.), Madison, The Hispanic Seminary of Medieval Studies, 1989.

Le Goff, Jacques, *En busca de la Edad Media,* Barcelona, Paidós, 2003.

Minc, Alain, *La nueva Edad Media. El gran vacío ideológico,* Madrid, Temas de Hoy, 1994.

Pernoud, Régine, *Para acabar con la Edad Media,* Palma, José J. de Olañeta, 2000.

Reuter, Timothy, «Medieval: Another Tyrannous Construct?», en *The Medieval History Journal,* 25.1 (1998), pp. 25–45.

Rodríguez de la Peña, Alejandro, «¿*Media tempestas?* Las raíces cristianas de Europa y la Leyenda Negra de la Edad Media», en Manuel Alejandro Rodríguez de la Peña y Francisco Javier López Atanes (eds.), *Traditio catholica, En torno a las raíces cristianas de Europa,* Madrid, CEU Ediciones, 2009, pp. 15–42.

Sacristán de Lama, José David, *La próxima Edad Media,* Barcelona, Bellaterra, 2008.

Sergi, Giuseppe, *La idea de Edad Media. Entre el sentido común y la práctica historiográfica,* Barcelona, Crítica, 2001.

Tamburri, Pascual, «Nota a la edición española», en Giuseppe Sergi, *La idea de Edad Media. Entre el sentido común y la práctica historiográfica,* Barcelona, Crítica, 2001, pp. 7–14.

Vacca, Roberto, *La próxima Edad Media,* Madrid, Editora Nacional, 1973.

Valdeón Baruque, Julio, «El concepto de Edad Media: del infierno a la gloria», en Eloy Benito Ruano (coord.), *Tópicos y realidades de la Edad Media,* Madrid, Real Academia de la Historia, 2002, vol. 3, pp. 211–231.

—, «La desmitificación de la Edad Media», en Encarna Nicolás y José A. Gómez (eds.), *Miradas a la Historia. Reflexiones historiográficas en recuerdo de Miguel Rodríguez Llopis,* Murcia, Universidad de Murcia, 2004, pp. 29–37.

E. Michael Gerli

«Este lunático que non cata mesura» (*Libro de Alexandre* 2329c): *libertas inquiriendi/ vitium curiositatis*, o la base científica del juicio de Dios

Resumen: En el *Libro de Alexandre*, la Natura denuncia al emperador macedonio ante Dios por haberse atrevido a invadir su reino y escudriñar sus secretos. Agraviado por esta transgresión, Dios emite su juicio y tacha a Alejandro de «lunático» (2329). El uso de la voz «lunático» marca su primer testimonio en castellano. Ésta surgió en un ámbito léxico especializado –el de la medicina– para designar una forma de locura atribuible a la influencia de los astros. Dichas con énfasis, ironía y displicencia, las palabras de Dios subrayan el desprecio del Todopoderoso por Alejandro, un hombre cuyas miras no traspasan el universo empírico y una Natura autosuficiente (*natura naturans*). Dios castiga a Alejandro por su soberbia y lo condena a muerte. Todo apunta a una distinción en el *Libro* que marca la tensión entre la emergente filosofía natural aristotélica en el siglo XIII y la teología, justamente en el momento en que éstas se debatían por los escolásticos en las universidades y los *studia generalia* a lo largo de la cristiandad.

Palabras clave: *Libro de Alexandre*, castigo de Alejandro, filosofía natural, aristotelismo racionalista, ciencia, teología

La famosa declaración del *Libro de Alexandre* que su mester es *sen pecado* constituye mucho más que un alarde de perfección formal. Es una declaración de la justicia y la moralidad de la obra en que se reconoce el valor de la sabiduría y el deber del intelectual de compartir generosamente su conocimiento: «deve de lo que sabe omne largo seer,/si non, podrié en culpa e en riebto caer» (1c–d).[1] Desde el principio, pues, el poeta subraya la importancia del saber en la obra y el papel preeminente que hará en ella. Por cierto, nada pudiera ser más relevante a los horizontes culturales del *Libro de Alexandre* que la idea de que se debe cultivar y compartir el conocimiento. A primera vista, con esto se sitúa el conocimiento dentro de un patrón ético acomodaticio que parece redimirlo de su antiguo

---

1 *Libro de Alexandre*, Jesús Cañas (ed.), Madrid, Cátedra, 2000. Se cita exclusivamente por esta edición, indicando el número de estrofa y, con letras, el de verso.

E. Michael Gerli, University of Virginia

https://doi.org/10.1515/9783110450828-012

estigma moral −su legado de vergüenza y pecado− que lo tacha desde los tiempos de Génesis y los Padres de la Iglesia. Desubicados de su contexto moral y escatológico, y considerados incondicionalmente, estos dos versos parecen indicar una verdad universal y un paso gigantesco hacia la modernidad. Sin embargo, sería ocioso pensar que el saber de por sí fuera enteramente lícito en el *Libro*. La sabiduría y el conocimiento autosuficientes en sí no logran legitimizarse o aceptarse sin la virtud y el temor a Dios, especialmente en el sentido en que éstos pueden aplicarse a la conducta humana.

Desde el inicio del *Libro* queda claro que el poeta se considera a sí mismo como parte de una élite intelectual, consciente de una deuda y obligación morales de compartir el saber, y que al no hacerlo caería en culpa mereciendo la reprehensión por su falta y omisión («en riebto caer»). Sin embargo, el conocimiento y el estudio, movidos únicamente por la curiosidad y el deseo de saber, no gozan de una libertad absoluta e incondicional en el mundo del *Alexandre*. Se hacen problemáticos al vincularlos al poder político, la ambición imperial, la teología y la ideología seglar. El resultado es la necesidad de un refreno y disciplina que se recuerdan e invocan. El saber según el *Libro* debe sujetarse a una ética mesurada por los principios morales partiendo del tenue estatus de la curiosidad y el conocimiento desde Génesis y los Padres de la Iglesia, lo cual refleja el gran tema que se discutía en el contexto escolástico de la emergente filosofía natural aristotélica y el debate en torno a la investigación empírica a finales del siglo XII, principios del XIII. En su forma más extrema, la nueva ciencia aristotélica descontaba la autoridad de la escritura sagrada y la existencia de una Providencia Divina involucrada en la Naturaleza, postulando a su vez un mundo regido exclusivamente por una Naturaleza autónoma, cuyos secretos se podían revelar por medio de la observación sistemática sometida al pensamiento dialéctico. Visto desde un amplio contexto europeo, el *Libro de Alexandre* cabe perfectamente dentro de esta corriente polémica y se engancha con dos de las preocupaciones principales de la historia cultural del siglo XIII, que son 1) el lugar y la validez del conocimiento en el mundo, y 2) su relación al naciente poder imperial en Europa, sobre todo en ilación a la investigación científica y sus límites, lo cual desentonó un conflicto entre la iglesia, el estado, la teología, la ética, y la filosofía.

Ahora bien, el poeta del *Alexandre* se consideraba a sí mismo un intelectual tanto como un moralista, un clérigo erudito así como un hombre pío de la iglesia, un individuo que consideraba que la obra que había creado constituía una admonición y un ejercicio auto-reflexivo sobre los límites del poder seglar y el uso responsable del saber humano. El conocimiento del mundo antiguo y la relevancia de los ejemplos que ofrece al debate en torno a la utilidad, pero sobre todo la legitimidad, del saber y la curiosidad desenfrenados al servicio del poder, aplicado aquí específicamente a la política, le sirven para templar las emergentes ambiciones imperiales en Castilla, y las metas seglares de su familia real, especialmente las aspiraciones de Alfonso VIII y la frustrada búsqueda de la corona imperial de Alfonso X durante la segunda mitad del siglo XIII.

El consenso crítico al respecto de la ruina de Alejandro desde los estudios de Ian Michael lo resume Ivy Corfis, quien observa que «The overreacher is brought down by God in the end: man must pay for his sin of pride, for thinking he could act as God himself. Natura, the divine agent, takes Alexander to task for his *desmesura* (2329c) and metes out his punishment and death».[2] El deseo de Alejandro de «conquerir las secretas naturas» (2325d), apunta hacia su afán de conocer los misterios inescrutables del mundo natural, lo cual lleva al narrador a observar que «nin mares nin tierra non lo podién caber» (2672b). La curiosidad y el deseo de revelar los secretos de la naturaleza se transforman en el acicate de la soberbia del héroe y producirán un ejemplo admonitorio para todos los que buscan el conocimiento arcano, especialmente para los aspirantes a la distinción imperial quienes no tiemplan la persecución del poder y el saber con la sabiduría, la mesura, y el temor a Dios.

A pesar de este consenso crítico, poco se ha hecho para ubicar esta representación de Alejandro en el *Libro* dentro de su espacioso contexto cultural e intelectual europeo y exponer los amplios fundamentos éticos y escatológicos de esta postura, su clarísima ilación con la política seglar de Castilla, y sus vínculos con la Nueva Ciencia aristotélica de los escolásticos de los siglos XII y XIII. Es decir, para conectar la obra con el ambiente de las universidades emergentes, la política de la iglesia frente al imperio, y el clima académico de la Peninsula Ibérica del siglo XIII. En lo que sigue, quiero exponer el trasfondo de esta relación y explorar la quisquillosa asociación entre el el saber, el poder, la curiosidad, y la ambición política en el *Libro*, destacando a la vez su fuerte conexión con el entorno cultural llamado por los historiadores contemporáneos «scholastic humanism of the long thirteenth century» (ca. 1150 – ca. 1350).[3] Cuando

---

2 Ivy Corfis, «*Libro de Alexandre*: Fantastic Didacticism», en *Hispanic Review*, 62 (1994), p. 482.

3 Francisco Rico aboga por un «imprescindible enfoque panrománico» en el estudio del mester de clerecía («La clerecía del mester», en *Hispanic Review*, 53 [1985], p. 5, n. 9). Con pocas excepciones esa tarea todavía necesita emprenderse y ampliarse para incluir una perspectiva cultural pan-europea. Véase Charles Homer Haskins, *The Rise of Universities*, Ithaca, Cornell University Press, 1923, y su fundamental *The Renaissance of the Twelfth Century*, New York, New American Library, 1976, más el estudio igualmente notable de Richard W. Southern, *Scholastic Humanism and the Unification of Europe*, New York, John Wiley, 1997–2000, sirven como puntos de partida obligatorios para conectar el mester de clerecía, y particularmente el *Alexandre*, a un universo intelectual y político cosmopolita. El libro de Southern trata de las escuelas catedralicias y las universidades de los siglos XI y XII, y apunta hacia la fascinación de los eruditos medievales

se sitúa el *Libro* dentro de una dilatada perspectiva europea, es evidente que refleja una ansiedad respecto a la naturaleza del conocimiento, la investigación, y el poder, además de una conciencia de las polémicas que se manifestaban en las escuelas antes, durante, y después del momento de su composición. De esta manera, el *Libro de Alexandre* enfrenta a su público castellano con una problemátca ética y política que señala sus vínculos con el mundo cosmoplita de las universidades y la política europeas, más los asuntos de la corte castellano-leonesa, que ya desarrollaba sus ambiciones imperiales en lengua vernácula. Anclado en el momento histórico que coincide con el auge de las ambiciones imperiales castellano-leonesas, la misma política del imperio y su relación al papel del conocimiento y el poder en correspondencia con la política –o sea la misma dialéctica que estructuraba el debate en torno a la nueva ciencia aristotélica en los círculos eruditos europeos– el *Libro* pone sobre el tablero los límites de la razón humana en ilación a la revelación divina y el ejercicio desmesurado de la soberanía imperial.

Al contrario de su fuente más inmediata, la *Alexandreis* de Gautier de Châtillon (compuesta en latín ca. 1170 y uno de los textos escolares más difundidos),[4] el *Alexandre* castellano (ca. 1236), destaca, según la observación de Ian Michael, el papel histórico de Aristóteles como tutor del joven macedonio.[5] La obra enfatiza que Alejandro adquirió su curiosidad por las cosas del mundo y la naturaleza directamente del filósofo, y que de allí surge su deseo de explorarlas y aprender lo que se puede saber de ellas. El amor por el conocimiento, y el talento alejandrino por adquirirlo, además son destacados por el poeta castellano en un pasaje sobre la juventud del emperador tomado directamente del *Roman d'Alexandre* francés.[6] Diferenciándose notablemente de la *Alexandreis*, en representar a Alejandro como un prodigio del conocimiento académico-escolástico del siglo XIII el poeta del *Alexandre* refleja los temas eruditos dominantes de su propio entorno cultural:

---

por la naturaleza humana, especialmente por el poder de la razón humana para descubrir la naturaleza y disposición de la voluntad divina. Southern propone que esta combinación constituye la fuerza cultural que franqueó las fronteras políticas y lingüísticas para unificar Europa por primera vez. «The schools», escribe, «not only laid down the foundations of one of the most remarkable intellectual structures in European history, but also laid down the rules of life and government which have had a continuing influence until the present day» (vol. 2, p. 5).

4 Galteri de Castilione, *Alexandreis*, Marvin L. Colker (ed.), Padua, Antenore, 1978.

5 Ian Michael, *The Treatment of Classical Material in the «Libro de Alexandre»*, Manchester, Manchester University Press, 1970, p. 42.

6 Raymond Willis, *The Debt of the Spanish «Libro de Alexandre» to the French «Roman d'Alexandre»*, Princeton, Princeton University Press, 1935, pp. 6–12.

Aprendié de las artes cada dia lición
de todas cada día fazié disputaçión
tant' aviá buen engeño e sotil coraçón
que vençió los maestros a poca de sazón (17)

Desde la más temprana edad Alejandro compite exitosamente con todos, menos su maestro Aristóteles, en la búsqueda del conocimiento y la sabiduría. Su dominio y persecución de la erudición son movidos por una curiosidad que en el transcurso de la obra el poeta transformará en *cupiditas scientiae*, la cual le llevará a Alejandro a ambicionar saber los secretos del universo entero, hasta los más arcanos e inviolables de la Divina Providencia. El joven subraya su anhelo por la conquista y el poder además de jactarse de su dominio de la clerecía, impulsos que Aristóteles intenta mitigar con argumentos éticos, la invocación del temor a Dios, y la moral Cristiana estructurada en torno a los Siete Pecados Mortales. El Filósofo, sobre todo, le aconseja evitar toda forma de codicia:

Si quisieres por fuerça tod'el mundo vençer,
Non te prenda cobdiçia de condesar aver;
Quanto que Dios te diere pártelo volenter;
Quando dar non pudieres non lexes prometer. (62)

La tensión entre el conocimiento, la curiosidad, la ambición, el poder, y la ética que estructura el resto de la obra se prefigura así en un nivel teórico durante el encuentro entre Alexandre y su maestro al inicio del libro.

Mientras estudia bajo la tutela de Aristóles, Alejandro se enfoca en trascender los logros de todos los demás en la persecución del conocimiento y la excelencia personal. Para lograr esta meta, recibe dos principios básicos de su maestro: uno, que el poder sólo se convierte en bien cuando se ejerce para el bien; y dos, que el conocimiento, que es el fin principal de la vida humana y el fundamento indisputable de la virtud, se debe compartir libremente («pártelo volenter»). Alejandro aprende que cuestionar la utilidad de la razón y el conocimiento es una imprudencia, y que en su forma más pura los dos ejercidos con moderación logran la meta máxima de la vida humana. Esta pauta pone en marcha su deseo de saber del mundo y dominar todos sus secretos. De Aristóteles Alejandro también se entera que el conocimiento racional templado por la mesura es lo que produce la sabiduría (lo que los griegos llaman *phronesis*), la virtud más deseable y ponderosa.[7] El ejercicio del intelecto sin la sabiduría lleva a la falsa percepción del universo y a un orgullo desenfrenado. El poeta retrata así las conquistas de

---

7 Thomas McEvilley, *The Shape of Ancient Thought*, New York, Allworth Press, 2002, p. 609.

Alejandro como unas empresas motivadas por la persecución del conocimiento seglar tanto como político aprendidos de Aristóteles, a la vez que sitúa a su protagonista al centro del debate que surgió en torno al aristotelismo naturalista entre filósofos y teológos durante los siglos XII y XIII.

Hay varios momentos claves en el *Alexandre* que lo vinculan estrechamente con el escolasticismo del siglo XIII y las polémicas alrededor de la ciencia aristotélica y la Filosofía Natural. Al jactarse de su maestría del curriculum, Alejandro hace un cambio crucial en su constitución que nos lleva a esta conclusión: elimina la teología y da prioridad a varias materias seglares: las matemáticas, las leyes, la medicina, y la filosofía natural (43–45). Se reconfiguran pues los componentes tradicionales del estudio escolástico para destacar las disciplinas laicas que enfatizan la importancia del uso de la razón, la observación detallada de la humanidad y el interés metódico por el mundo empírico. Todo esto de acuerdo con los propagadores de la Filosofía Natural aristotélica y la Nueva Ciencia, quienes eran acérrimos defensores de las ciencias naturales, de las cuales la medicina, estudiada en conjunto con las influencias de los astros, era fundamental.[8] Al privilegiar la medicina y la filosofía, a la vez que se suprime enteramente la presencia de la teología del elenco académico, el emperador subraya su maestría de la Nueva Lógica, o *logica nova*, basada en los textos aristotélicos recuperados durante la segunda mitad del siglo XII, es decir *Analytica Priora* y *Posteriora, Topica,* y *De Sophisticis Elenchis.*

> Bien sé los argumentos de lógica formar,
> los dobles silogismos bien los sé yo falsar,
> bien sé a la parada mi contrario levar (41a–c)

El *Libro de Alexandre* se desvía de su fuente, la *Alexandreis,* aún otra vez al incorporar dos episodios claves que también lo vinculan a la Nueva Ciencia Natural, en esta instancia éstos son derivados de la *Historia de proeliis.* Éstos hacen alarde de la curiosidad de Alejandro, su predilección por el escrutinio científico, y su dominio de la tecnología, de nuevo ligándole estrechamente con el racionalismo, la Filosofía Natural, y su fin de conquistar y comprender el mundo empírico. El primero de estos episodios comprende la subida de Alejandro al empíreo llevado en vuelo en una canasta propulsada por unos grifones metódicamente controlados. El segundo lo constituye el legendario descenso del emperador al fondo del

---

8 Véase Aleksander Birkenmajer, «Le rôle joué par les médecins et les naturalistes dans la réception d'Aristote au XIIe et XIIIe siècles», en Aleksandra Maria Birkenmajer y Jerzy Bartlomiej Korolec (ed.), *Études d'histoire des sciences et de philosophie au Moyen Âge,* Wroclaw/Warszawa/Kraków, Wydawnictwo Polskiej Akademii Nauk, 1970, pp. 73–87.

Mar Rojo, movido por la curiosidad de investigar la vida submarina de los peces.[9] El más significativo de estos lances, sin embargo, ocurre cuando Alejandro logra subir al empíreo y desde lo alto percibe la tierra en forma de hombre. Aunque la imagen constituye un *topos* desde la Antigüedad clásica, se le da un nuevo propósito aquí ya que evoca otro *topos* medieval ampliamente difundido, el de *Homo imago Dei*, que insiste en la relación simbólica entre Dios y la humanidad. En el momento que Alejandro percibe la tierra desde el cielo, no hace sino apropiar la privilegiada perspectiva de Dios sobre el mundo, el cual lo había creado en su propia imagen (Gn 1:27).

Por cierto, esta estampa en el contexto de las dos expediciones de Alejandro al cielo y al fondo del mar desata la indignación e ira de la Natura, quien recurre ante el Creador para denunciar al emperador por invadir su reino. Sintiéndose Dios profundamente agraviado al oir la denuncia de la Natura, también registra su ira ante el traspaso del emperador:

Pesó al Criador que crió la Natura,
Ovo de Alexandre saña e grant rencura,
Dixo: «Este lunático que non cata mesura,
Yol tornaré el gozo todo en amargura». (2329)

La palabra «lunático» en la condena de Alejandro es sumamente llamativa aquí. Como indica Corominas, es el primer testimonio de la voz en castellano.[10] Derivada del término *lunaticus* en latín, pertenecía al ámbito léxico especializado de la medicina, y se utilizaba para describir a las víctimas de la epilepsia, la locura, y otros morbos sicológicos atribuibles a la influencia de los astros, en este caso la luna. Tanto Aristóteles como Plinio el Viejo creían que la prolongada observación de la luna afectaba a ciertos individuos directamente y era la causa eficiente de su locura.[11] Dichas con énfasis y profundo sarcasmo, las palabras del Todopoderoso subrayan su desprecio por la ciencia y Alejandro, un hombre cuyas miras no traspasan la creencia en una Natura exclusivamente seglar y autosuficiente (*natura naturans*), y que ignora la grandeza del universo creado por la mano de Dios. Al volverse Alejandro de espaldas al universo metafísico y a un mundo regido

---

9 Sobre la incorporación de estos episodios y sus fuentes, véase Raymond Willis, *The Relationship of the Spanish «Libro de Alexandre» to the «Alexandreis» of Gautier de Châtillon*, Princeton, Princeton University Press, 1934, pp. 49–51.

10 Joan Corominas y José A. Pascual, *Diccionario crítico etimológico de la lengua castellana*, Madrid, Gredos, 1984–1991, vol. 3, p. 713.

11 Véase Mark Harrison, «From Medical Astrology to Medical Astronomy: Sol-lunar and Planetary Theories of Disease», en *The British Journal for the History of Science*, 33 (2000), pp. 25–48, y Niall McCrae, *The Moon and Madness*, Exeter, Academic Press, 2011.

por una *Natura naturata*, Dios lo castiga por su soberbia y lo condena a muerte a manos de la misma Naturaleza. Al concederse licencia para tramar la muerte del emperador de acuerdo con sus leyes, antes de implementar la pena la Natura viaja al infierno para aconsejarse con Lucifer.

La consulta de la Natura primero con Dios y después con Lucifer, los máximos protagonistas del mundo del más allá, ubica el destino de Alejandro dentro de un marco metafísico y escatológico que falta en la *Alexandreis*, la fuente principal de la obra. Se subraya así la existencia de una Providencia Divina involucrada en los acontecimientos humanos, una deidad que ejerce su poder por encima de la Naturaleza, quien es apenas un intendente de Dios. Por cierto, al enredarse Lucifer en el asunto, se establece una clara simetría moral entre el Angel Caído y Alejandro, ya que según la doctrina cristiana fue Lucifer que en los tiempos antes de la Creación se convirtió en la primera víctima de la curiosidad y el orgullo al probar, como lo hace Alejandro, la paciencia del Todopoderoso. San Bernardo de Clairvaux entendió esto bien cuando decía que Lucifer fue el primero en someter a prueba la tolerancia divina sin ver las consecuencias inevitables de sus actos. La curiosidad primordial de Lucifer se considera así como el pecado de los pecados, nacido antes del tiempo y antes de Adán y Eva, y en la imaginación ortodoxa de los siglos XII y XIII la curiosidad, pecado de Lucifer, continuaba provocando el desvío de la humanidad del camino de la virtud. La conclusión de San Bernardo al respecto es succinta: Lucifer cayó de los cielos impulsado por la curiosidad, y por haber sometido a prueba algo que arrogantemente deseaba («spectavit curiose – affectavit illicite – speravit praesumptuose»).[12] Como en el caso del mismo Lucifer, el poeta del *Libro* nos hace ver que, cegado por la curiosidad y la ilusión de su omnipotencia, Alejandro también sobrestimó la paciencia de Dios.

De esta manera, la petición de la Natura ante el Creador marca un importante desvío ideológico de su fuente, la *Alexandreis,* así como afirma rotundamente el sometimiento total de la Natura al Todopoderoso quien la creó («Pesó al Criador que crió la Natura»). O sea, en términos filosófico-teológicos se demuestra la existencia de una *natura naturata* que opera únicamente bajo el dominio de Dios frente a una autosuficiente *natura naturans*. Todo lo cual existe para contradecir explícitamente el principio aristotélico que el mundo se regía por las fuerzas de una Natura autónoma. El episodio apunta así a la condena del aristotelismo

---

12 Bernardo de Clairvaux, «*De gradibus humilitatis et superbiae*», en *St. Bernardi abbatis primi clarae-vallensis opera omnia. Patrologiae Latinae tomi CLXXXII-CLXXXV*, Jean Mabillon (ed.), Paris, J. P. Migne, 1859–1860, vol. 1, col. 939–972. «Totius disputatiunculae haec summa sit: quod per curiositatem a veritate ceciderit, quia prius spectavit curiose, quod affectavit illicite, speravit praesumptuose» (col. 963).

científico como a la del emperador basándose en la excesiva curiosidad, la presunción, y el orgullo suyo, cuya falta de humildad lo lleva a escudriñar los misterios de Dios. El poeta avala así la condena divina de Alejandro por su soberbia y su falta de autoconocimiento, sentenciando al emperador a sufrir el mismo juicio que Alejandro había pronunciado sobre los peces en sus decenso al Mar Rojo (2329–2330). Al censurarse la soberbia de Alejandro de esta manera, no cabe duda que el desvío de la *Alexandreis* como fuente constituye un castigo de la arrogancia del emperador como consecuencia de su deseo de penetrar, investigar y dominar los arcanos secretos de Dios.

Aunque todos estos eventos se han interpretado correctamente como gestos que afilian al *Alexandre* con la ortodoxia cristiana, ya que constituyen la esencia y causa de la caída del emperador, *mutatis mutandis*, es más que significativo que la infracción de Alejandro se represente en términos de la violación de la Naturaleza y los misterios de Dios por medio de la curiosidad, y la investigación empírica, todo lo cual apunta a la polémica en torno a la Filosofía Natural aristotélica y los límites éticos de la razón humana. En resumen, el retrato intelectual que se pinta de Alexjandro en el *Libro* es uno que resalta su espíritu inquisitivo, su curiosidad por la naturaleza, y su afición a la investigación científica, la antítesis de la ortodoxia cristiana, que censuraba el espíritu investigador racionalista que era la esencia del aristotelismo naturalista y de la Nueva Ciencia en los círculos académicos más progresistas del siglo XIII.

Todo lo anterior apunta, pues, a una distinción ideológica clave en el *Libro de Alexandre* que marca la tensión entre la emergente filosofía natural aristotélica del siglo XIII y la teología, justamente en el momento en que los conflictos entre ellas se debatían por los escolásticos en la aulas de la universidades y los *studia generalia* a lo largo de la cristiandad. Así se desvela una de las bases culturales fundamentales del ideario del *Libro de Alexandre* que refleja su íntimo contacto con el mundo de la academia transpirenáica.

Las interpolaciones del poeta derivadas de fuentes distintas a Gautier de Châtillon son, pues, notables ya que sirven para identificar a Alejandro no sólo como un célebre discípulo de Aristóteles, sino también como un celoso partidario y practicante del aristotelismo, justamente cuando sus ideas comenzaban a amenazar la teología y a alarmar suficientemente a los teólogos más tradicionales para culminar en acusaciones de herejía y medidas de prohibición a lo largo del siglo XIII. El creciente mundo de las universidades produjo cambios radicales que involucraban acérrimas defensas de ideas que inquietaban a las autoridades eclesiásticas, quienes condenaron formalmente a filósofos y pensadores cuyos fines eran la persecución del conocimiento racional. El 7 de marzo de 1277 el Obispo de París, Etienne Tempier, prohibió y condenó la enseñanza de estos filósofos naturales. Enfrentándose con la presencia del aristotelismo y el averroismo en la

Universidad de París, Tempier promulgó una lista de trece tesis que se denunciaban como heréticas.[13]

Para avalar su preeminencia, en el siglo XIII la verdad revelada tuvo que subordinar los reclamos de la filosofía, una disciplina que dependía enteramente de la razón humana, y que era, según la Iglesia, mera sirvienta de la teología, la reina de las ciencias. Según la teología ortodoxa, la investigación racional, base de la Filosofía Natural, no ofrecía ninguna solución viable para entender ni los principios o los misterios de la Creación. La premisa básica prevaleciente dictaba que era tanto imposible como imprudente escudriñar, y mucho menos tratar de entender, el caracter divino de la Creación por medio de la observación, el raciocinio y el cálculo. Lo que pudiera parecer o inevitable o contradictorio desde el punto de vista humano no lo era necesariamente desde la perspectiva omnipotente de Dios. Por lo tanto, la posición ortodoxa mantenía que la deducción filosófica era inútil y podia caer fácilmente en el pecado de la soberbia, al menos que estuviera enteramente sometida a la doctrina revelada. Mientras que la dialéctica y la filosofía podrían ayudar de alguna manera en la intelección del mundo, las doctrinas de la fe no podían ser sometidas a ellas. Por esta razón se decía que la herejía era la hija de la filosofía ya que, en el caso del aristotelismo y averroismo sobre todo, ésta dependía de los métodos, teorías y conceptos asociados con las escuelas y las universidades en cuyas aulas algunos buscaban un mejor entendimiento de la verdad por medio de la deducción y la razón humanas. En vista de estas polémicas en las escuelas, se deduce que los desvíos de su fuente principal, la *Alexandreis* de Gautier, la incorporación de otros epsiodios sacados del *Roman d'Alexandre* y la *Historia de proeliis*, y las elecciones del poeta del *Alexandre* no fueron ociosas. Se llevaron a cabo para resaltar el conflicto entre la ciencia y la fe en la obra. Como observa Willis, el *Libro* es mucho más que una traducción servil de su fuente principal, ya que «the author made his selections from the *Alexandreis* intelligently, and added material from sources of widely divergent character with a view to attaining a homogeneous and coherent narrative».[14] Sin lugar a dudas, el poeta del *Alexandre* escogió con gran deliberación el material que incorporó a su obra para enfatizar los aspectos más importantes del carácter ideológico del héroe; principalmente aquéllos que destacaban los límites de la Filosofía Natural, la curiosidad, y la investigación empírica frente a la autoridad, sabiduría, y omnisciencia de Dios. Así pudo afirmar desde una perspectiva ortodoxa cristiana que su mester era «sen pecado».

---

13 Véase Etienne Tempier, *La condemnation parisienne de 1277*, David Piché (ed.), Paris, J. Vrin, 1999.
14 Raymond Willis, *The Relationship of the Spanish «Libro de Alexandre» to the «Alexandreis» of Gautier de Châtillon*, p. 79.

Obras citadas

Bernardo de Clairvaux, «*De gradibus humilitatis et superbiae*», en *St. Bernardi abbatis primi clarae-vallensis opera omnia. Patrologiae Latinae tomi CLXXXII-CLXXXV*, Jean Mabillon (ed.), Paris, J. P. Migne, 1859–1860.

Birkenmajer, Aleksander, «Le rôle joué par les médecins et les naturalistes dans la réception d'Aristote au XIIe et XIIIe siècles», en Aleksandra Maria Birkenmajer y Jerzy Bartlomiej Korolec (ed.), *Études d'histoire des sciences et de philosophie au Moyen Âge*, Wroclaw/Warszawa/Kraków, Wydawnictwo Polskiej Akademii Nauk, 1970, pp. 73–87.

Corominas, Joan, y José A. Pascual, *Diccionario crítico etimológico de la lengua castellana*, Madrid, Gredos, 1984–1991.

Gualterus de Castilione, *Alexandreis*, Marvin L. Colker (ed.), Padua, Antenore, 1978.

Harrison, Mark, «From Medical Astrology to Medical Astronomy: Sol-lunar and Planetary Theories of Disease», en *The British Journal for the History of Science*, 33 (2000) pp. 25–48.

Haskins, Charles Homer, *The Renaissance of the Twelfth Century*, New York, New American Library, 1976.

—, *The Rise of the Universities*, Ithaca, Cornell University Press, 1923.

Libro de Alexandre, Jesús Cañas (ed.), Madrid, Cátedra, 2000.

McCrae, Niall, *The Moon and Madness*, Exeter, Academic Press, 2011.

McEvilley, Thomas, *The Shape of Ancient Thought*, New York, Allworth Press, 2002.

Rico, Francisco, «La clerecía del mester», en *Hispanic Review*, 53 (1985), pp. 1–23 y 127–150.

Southern, Richard W., *Scholastic Humanism and the Unification of Europe*, New York, John Wiley, 1997–2001.

Tempier, Etienne, *La condemnation parisienne de 1277*, David Piché (ed.), Paris, J. Vrin, 1999.

Willis, Raymond, «*Mester de clerecía*. A Definition of the *Libro de Alexandre*», en *Romance Philology*, 10 (1956–1957), pp. 212–24.

—, *The Debt of the Spanish «Libro de Alexandre» to the French «Roman d'Alexandre»*, Princeton, Princeton University Press, 1935.

—, *The Relationship of the Spanish «Libro de Alexandre» to the «Alexandreis» of Gautier de Châtillon*, Princeton, Princeton University Press, 1934.

Déborah González

La expresión de la ira en las *Cantigas de Santa Maria*

Resumen: Las obras literarias pueden registrar múltiples emociones y afectos, con su consecuente huella en la expresión, no siendo una excepción la producción literaria medieval, si se atiende a las *Cantigas de Santa Maria* de Alfonso X, obra en la que, a pesar de incorporar lo divino y lo maravilloso como ingredientes principales, se aprecia el intento de representar la vida cotidiana del siglo XIII de un modo realista, y se observa la representación de un mundo humano movido por distintas emociones: amor, dolor, placer, compasión, aflicción... Esta contribución tiene como objetivo el estudio de una serie de expresiones utilizadas para manifestar ira, concretamente: *sanna, ira, rancura, felonía, despeito, nojo* y *arrufar*.

Palabras clave: *Cantigas de Santa Maria*, Alfonso X, lírica gallego-portuguesa, expresión de las emociones en la Edad Media, ira

El proyecto *Il lessico delle emozioni nella lirica europea medievale* tenía por objetivo analizar la expresión de las emociones estudiando series de macrolemas en el interior de los textos trovadorescos occitanos, franceses, italianos y gallegos, teniendo en cuenta cinco categorías emocionales complejas (*tristitia, laetitia, timor, ira* y *cupiditas*).[1] Tomando como punto de partida la clasificación del referido proyecto, atenderé al vocabulario utilizado en las *Cantigas de Santa Maria* (*CSM*)[2]

---

1 Para más información: Alessio Decaria y Lino Leonardi (eds.), «*Ragionar d'amore*». *Il lessico delle emozioni nella lirica medievale*, Firenze, Sismel/Edizioni del Galluzzo, 2015; Mercedes Brea (ed.), *La expresión de las emociones en la lírica románica medieval*, Alessandria, Edizioni dell'Orso, 2015.

2 Puede consultarse una panorámica de las expresiones de las emociones consideradas en las *CSM* en Déborah González, «A expresión das emocións nas *Cantigas de Santa Maria*», en Mercedes Brea (ed.), *La expresión de las emociones en la lírica románica medieval*, Alessandria, Edizioni dell'Orso, 2015, pp. 325–344. Servirse de una clasificación de macrolemas preestablecida resulta de gran practicidad, pero advertiremos que las *CSM* permiten registrar algunas otras expresiones en gallego y otras pueden presentar matices distintos a los asignados en tal clasificación (aún teniendo en cuenta que, en las *CSM*, el contexto narrativo no siempre permite identificar los matices exactos).

Nota: Este trabajo se enmarca en el proyecto *Estudo léxico-semántico das Cantigas de Santa Maria: as emocións* (POS-A/2012/057).

Déborah González, Universidade de Santiago de Compostela

https://doi.org/10.1515/9783110450828-013

para la expresión de la «ira» (que, junto al «desprecio» y la «crueldad», forma parte de la categoría «ira»).[3]

1 *Sanna*

El macrolema más frecuente para manifestar la ira en las *CSM* corresponde a *sanna*, en coincidencia con lo que se observa en el corpus trovadoresco gallego,[4] para el que hay varios trabajos[5] dedicados al término y a su valor como tópico en los géneros amorosos, especialmente en las cantigas de amigo.[6] En un estudio sobre la poética de la amiga *sanhuda*, y considerando todo el grupo lexical *sanha*, Rip Cohen aludía a las posiciones relevantes que ocupa en este género profano (íncipit, primera estrofa, refrán o *fiinda*). Frente a esto, en las *CSM* tan sólo se lee en dos títulos,[7] se repite en dos refranes,[8] y en seis textos aparece alguno de los

---

3 Para el análisis me he servido de Alfonso X, *Cantigas de Santa Maria*, Walter Mettmann (ed.), Madrid, Castalia, 1986–1989; todos los fragmentos que se reproducen siguen esta edición y su sistema de numeración. Para la localización de muchas de las expresiones me he apoyado en la herramienta accesible en: Andrew Casson, *Cantigas de Santa Maria for singers* (página web) [fecha de consulta: 27-09-2016] <http://www.cantigasdesantamaria.com>.

4 «A forma predominante deste campo semántico é, sen dúbida, *sanha*, cos seus derivados *sanhuda/o, assanhar/ensanhar, desassanhar/desensanhar*. O termo representa unha novidade dentro do cadro xeral, porque en principio non aparece recollido con este valor nas outras tradicións trobadorescas, o que pode estar en relación co feito de que a súa frecuencia de uso é sensiblemente maior nas cantigas de amigo ca nas de amor» (Mercedes Brea, «A expresión da IRA nas cantigas de amor e de amigo», en Leticia Eirín García y Xoán López Viñas [eds.], *Lingua, texto, diacronía. Estudos de lingüística histórica*, A Coruña, Universidade da Coruña, 2014, p. 69).

5 Mercedes Brea, «A expresión da IRA...»; Rip Cohen, «Dança jurídica. I. A poética da Sanhuda nas cantigas d'amigo. II. 22 Cantigas d'amigo de Johan Garcia de Guilhade: vingança de uma sanhuda virtuosa», en *Colóquio/Letras*, 142 (1996), pp. 5–50; Maria del Carmen Vázquez Pacho, «A *sanha* nas cantigas de amigo», en Santiago Fortuño y Tomás Martínez Romero (eds.), *Actes del VII Congrès de l'AHLM*, Castelló de la Plana, Universitat Jaume I, 1999, vol. 3, pp. 471–487.

6 María del Carmen Vázquez Pacho hace un repaso por las distintas propuestas etimológicas, entre las que sobresale ĪNSĀNĬA ('locura', 'rabia'), que es la más extendida, apoyada por Corominas, Nunes, Meyer-Lübke, Lorenzo y Machado («A *sanha* nas cantigas de amigo», p. 472). Otra propuesta fue SANIES, inicialmente apoyada por Cornu, hasta el registro de *insaniat* en las *Glossae Nominum*, como ya explicaban Corominas y Pascual (*Diccionario crítico etimológico castellano e hispanico*, Madrid, Gredos, 1980–1991, vol. 5, *s.v. saña*).

7 115: «Esta é como Santa Maria tolleu ao demo o minÿo que lle dera sa madre con sanna de seu marido, porque concebera del dia de Pascoa»; 154: «Como un tafur tirou con hũa baesta hũa saeta contra o ceo con sanna porque perdera, e cuidava que fi[ri]ria a Deus ou [a] Santa Maria».

8 «Atant' é Santa Maria | de toda bondade bõa,/que mui d' anvidos s' assanna | e mui de grado perdõa» (55: 3–4). «Loar devemos a Virgen | porque nos sempre gaanna/amor de Deus e que punna | de nos guardar de sa sanna» (360: 2–3).

términos de la familia en la primera estrofa,[9] aunque nunca en el primer verso de la narración. Con todo, presenta mayor incidencia como rimante, acentuándose así su presencia en el interior del discurso.

Sanna se utilizó en múltiples contextos narrativos. Puede entenderse como una encendida reacción de un personaje a causa de otro y contra él. La *sanna* entre los hombres también puede ser instigada por el demonio (como se dice en la 198), puede conducir a un furibundo ataque contra uno mismo (como en 305: 58), o llevar a un estado próximo a la locura (como se dice en 317: 46).

Sanna, *sannoso* y *sannudo* se usaron, además, para describir el carácter o la disposición de un devoto o de un pecador,[10] aunque, como emoción, no es exclusiva de un tipo de personaje concreto. En dos ocasiones aparece en relación a la figura real: en 297 se habla de un rey a quien un falso clérigo acusa de creer en ídolos, y por tal opinión «tornouss' el Rei mui sannudo» (v. 40). Mayor interés encierra 386, en donde se hace mención explícita a Alfonso X y se brindan detalles que permiten contextualizar el milagro en Sevilla en la época de la guerra; el Rey ordena congregar a la corte, y sus vasallos llegan de todas las regiones del reino para no caer en su *sanna*, lo que puede verse como una alusión a la llamada saña regia (*ira regis*).[11]

A veces, la *sanna* humana conduce a atentar contra Dios (así se subraya, por ejemplo, en el título y en el interior de 154).[12] Asimismo, puede llevar a atentar contra María (como sucede en 76 y 294, donde se pretende agredir a una imagen de la Madre de Dios).[13]

---

9 Concretamente en 23: 6, 30: 11, 55: 6, 117: 9, 154: 7, 348: 6.

10 Por ejemplo: «hũa dona mui sen sanna» 23: 6; «Un alcayd' era na vila, / de mal talan e sannudo, / soberv' e cobiiçoso» (369: 18).

11 «E pois que se partiu ende, | vẽo a Sevilla çedo,/en que fazia sas cortes | ajuntar, que des Toledo/ben ata en Santiago | e depois dalen d'Arnedo/non ouv' y quen non vẽesse | por non caer en sa sanna» (386: 15–18). Sobre la *ira regis*, véanse Esther González Crespo, «Pecados de los monarcas en la Baja Edad Media», en Ana Isabel Carrasco, María Pilar Rábade (coords.), *Pecar en la Edad Media*, Madrid, Sílex, 2008, pp. 27–54, y Hugo O. Bizzarri, «Las colecciones sapienciales castellanas en el proceso de reafirmación del poder monárquico (siglos XII y XIV)», en *Cahiers de Linguistique Hispanique Médiévale*, 20 (1995), pp. 35–73.

12 «Como un tafur tirou con hũa baesta hũa saeta contra o ceo con sanna porque perdera, e cuidava que fi[ri]ria a Deus ou [a] Santa Maria». En el interior de esta composición aparece, además del adjetivo *sannoso* –en el v. 8– sobre el carácter del jugador, el término *felonia* en el v. 13.

13 «E como moller que era fora de [seu] sen/a hũa eigreja foi da Madre do que ten/o mundo en poder, e disse-lle: "Ren/non podes, se meu fillo non resurgir"./[...]/Pois est' ouve dito, tan gran sanna lle creceu,/que aa imagen foi e ll' o Fillo tolleu/per força dos braços e dasaprendeu» (76: 21–28). «Aquesta moller cativa | foi de terra d' Alemanna;/e perdendo aos dados, | creceu-ll en tan gran sanna/que fez hũa gran sandece, | e oyd' ora quamanna,/[...]/Ond' esta moller sandia |

La *sanna* no se restringe a la esfera de lo exclusivamente humano; cualquiera de los seres sobrenaturales de las cantigas puede *asannarse*. Es el caso, por ejemplo, del demonio que en 74 carga contra el artista que siempre lo pintaba feo. Aunque «piadosa e sen sanna» (así se describe en 55 y 348), María se presenta «sannuda» en algunas narraciones, porque se osó obrar contrariando su voluntad o interés; precisamente ante esta posibilidad y porque se teme su enfado, algunos de sus devotos tratan de actuar con prudencia, como se anuncia en 117.[14] En el milagro 32, titulado «Esta é como Santa Maria amēaçou o Bispo que descomungou o crerigo que non sabia dizer outra missa senon a sua», la acción del obispo merece el enfado y la aparición de María, mostrándose con «cara sannuda» (v. 34), su discurso se reproduce en estilo directo, acentuándose así su figura y la amenaza de un castigo para el que no hay solución, como sería acabar en el infierno.[15] Otro tanto sucede en la 42, célebre narración en conexión con la tradición clásica, dedicada a un doncel que temeroso de dañar el anillo que su amiga le había regalado buscó donde guardarlo y, al ver una hermosísima estatua de la Virgen, resolvió colocarlo en el dedo de la figura como señal de leal servidumbre. Sin embargo, el joven olvida su promesa y se casa con su anterior amiga; en la noche de bodas, por dos ocasiones tiene una visión en sueños, en la que la Virgen le habla «mui sannuda» (v. 65 y v. 75). Los reproches se reproducen, también aquí, a modo de discurso directo,[16] y el uso de expresiones como *meu fals'e mentiral* y *mao, falso, desleal* configuran, de alguna manera, un discurso no muy distante al característico de la *sanhuda* de las cantigas de amigo, pues en ellas el personaje puede también dedicar a su amigo palabras como: *falso, traedor, desleal/sen lealdade, encoberto* y *mentiral*. Esta percepción en la enunciación no sería exclusiva de esta cantiga: recientemente Rip Cohen, gran conocedor de las

---

viu hūa pedr' e fillou-a,/e catou aa omagen | da Virgen e dēostou-a/e lançou aquela pedra | por feri-la, mas errou-a» (294: 16-18; 31-33).

14 «Dest' un fremoso miragre fez Santa Maria/en Chartres por hūa moller que jurad' avia/que non fezesse no sabado obra sabuda/per que a Santa Maria ouvesse sannuda» (117: 6-9).

15 «Aquela noit' ouve | o Bispo veuda/a Santa Maria | con cara sannuda,/dizendo-lle: "Muda/a muit' atrevuda/sentença, ca ten/que gran folia/fezist'. E poren/[...]/Te dig' e ti mando | que destas perfias/te quites; e se non, | d' oj' a trinta días/morte prenderias/e alá yrias/u dem' os seus ten/na sa baylia,/ond' ome non ven"» (32: 33-39, 41-47).

16 «e el dormindo, en sonnos | a Santa Maria vyu,/que o chamou mui sannuda: | "Ai, meu falss' e mentiral!/[...]/De mi por que te partiste | e fuste fillar moller?/Mal te nenbrou a sortella | que me dést'; ond' á mester/que a leixes a te vaas | comigo a como quer,/se non, daqui adeante | averás coyta mortal."/[...]/chamand' a el mui sannuda: | "Mao, falsso, desleal,/[...]/Ves? E porqué me leixaste | e sol vergonna non ás?/Mas se tu meu amor queres, | daqui te levantarás,/[...]/e vai-te comigo logo, | que non esperes a cras;/erge-te daqui correndo | e sal desta casa, sal!"» (42: 64-70, 75, 77-80).

cantigas de amigo y del discurso que les es característico, llamaba la atención a este respecto sobre el discurso puesto en boca de María en 132.[17]

Aunque en una ocasión también se alude a los santos («[...] e que os santos non lle sejan sannudos» 119: 64), sin duda, la más temible sería la *sanna* de Dios. Esta puede aparecer vinculada a la función intercesora de la María: por ejemplo, en el *loor* 360 se incide en el mensaje sirviéndose del refrán: («Loar devemos a Virgen | porque nos sempre gaanna/amor de Deus e que punna | de nos guardar de sa sanna»), y en 422, que es un insistente ruego por la mediación mariana (articulado en el modelo estrófico *aaB*, muy simple pero muy efectivo para insistir en la plegaria), se presenta en relación con el temido *dies irae*.[18]

2 *Ira*

El término derivado del latín ĪRA fue recurrente en los textos medievales, aunque en las cantigas gallegas su frecuencia es inferior a la de *sanna*. Según Cropp, los trovadores occitanos lo emplearon junto a *marrimen* y *rancura* para expresar tristeza, aunque *ira* fue la expresión más común; podía equivaler a 'colera' o a 'tristeza', pero «il désigne presque toujours un sentiment complexe, car la colère, émotion forte, s'exprime parfois d'une façon qui rappelle la tristesse et la tristesse est teintée parfois de colère».[19]

En las *CSM* el sustantivo *ira* se encuentra tan sólo en 3 ocasiones e *irado* en 17.[20] En la estructura compositiva, ninguna de estas ocurrencias aparece destacada formando parte del título de la cantiga, del refrán o de la primera estrofa, aunque se observa cierta tendencia a localizar *irado/-a* en posición de rima (tal vez gracias a las amplias posibilidades combinatorias con otras formas en *-ado/ -ada*). *Ira*

---

17 Rip Cohen, «You Said you Loved Me: An Erotic Galician-Portuguese *Cantiga de*?», texto inédito (en línea) [fecha de consulta: 14-11-2015] <https://www.academia.edu/17270659/An_Erotic_Galician-Portuguese_Cantiga_de_>.

18 «U verrá na carne | que quis fillar de ty, Madre,/joyga-lo mundo | cono poder de seu Padre./ *Madre de Deus, ora | por nos teu Fill' essa ora./*E u el a todos | pareçerá mui sannudo,/enton fas-ll' enmente | de como foi concebudo./*Madre de Deus, ora | por nos teu Fill' essa ora./*E en aquel dia, | quand' ele for mais irado,/fais-lle tu emente | com' en ti foi enserrado./*Madre de Deus, ora | por nos teu Fill essa ora*» (422: 4–12).

19 Glynnis M. Cropp, *Le vocabulaire courtois des troubadours de l'époque classique*, Genève, Droz, 1975, p. 287.

20 *Irado* presenta 14 ocurrencias, *irados* se reproduce sólo en la 38 e *irada* en 164 y 281. En la 267 se encuentra en una descripción del estado tormentoso del mar: «levantou-s' o mar con tormenta tamanna/que muito per foi aquel dia irado» (267: 36–37).

aparece siempre complementado por el posesivo, *sa ira*: asociándose a la Virgen en 132;[21] implicando la noción de justicia divina, se alude a la ira de Dios en 318;[22] en 377 (texto titulado «[C]omo un [rey] deu ũa escrivania dũa vila a un seu criado, e avia muitos contrarios que o estorvavan contra el rey, e prometeo algo a Santa Maria do Porto, e fez-ll' aver»), se reproduce en una amenaza de un rey (en el que se ve a Alfonso X), dirigida a unos vasallos desobedientes (y de nuevo puede verse en relación con la ira regia).[23] Así pues, como sucedía con *sanna*, los contextos de *ira* permiten apreciarla tanto como una emoción humana, como asociable a María y a Dios.[24] Respecto a este último, hay varios textos en los que se alude a su intervención en el Juicio Final (422:10 y 79:53).

3 *Rancura*

Como quedó dicho, entre el vocabulario utilizado por los trovadores occitanos para expresar tristeza, se encontraba *rancura* (a partir del latino RANCOR), que, más concretamente, Cropp juzgaba equivalente a 'lástima' o 'pena' con resentimiento y amargura.[25] El rendimiento de la expresión en la lírica gallega fue escaso (y a veces puede considerarse como 'aflicción', propia de la categoría *tristitia*, o 'rencor', de la *ira*); en la producción profana se registra en una sátira de

---

21 «a Virgen, que lle dissera/que ll'andara con mentira/e que torto lle fezera;/e por sayr de ssa yra/estev' en gran coyta fera» (132: 126–130).

22 «De como foi este feito | e o non diz, "dé-lle Deus/compridamente sa yra, | e perça lume dos seus/ollos". E diss': "Ai, bẽeita Virgen, | dos miragres teus" (318: 30–32).

23 «Sobr' esto muitas vegadas | mandou el Rey que lla dessen/e que per nulla maneyra | de dar non lla detevessen,/e se non, que a sa ira | averian, se fezessen/contra esto; mais aqueles | alongavan cada dia» (377: 36–39).

24 En algunos textos medievales, hubo un intento de distinguir matices entre *sanna* e *ira*. En las *Partidas* se anuncia: «Ca saña segund mostró Aristóteles e los otros sabios, tanto quiere dezir, como encendimiento de sangre, que se leuanta a so ora acerca del corazón del ome, por cosas que vee, o oye, quel aborresce, o le pesa; pero esta pasa ayna. E yra, es mala voluntad, que nasce todas las mas vegadas de la saña que ome ha, quando non puede luego obrar della: e por ende se le arrayga en el corazón, remenbrandose de los pesares que le fizieron, o le dixeron, auiendolos siempre por nueuos. E malquerencia es aquella que dura siempre, e fazese señaladamente de la yra enuejescida que se torna, como en enemistad, e a esta llaman en latin Odium» (Partida II, título V, ley 9, citado por Hugo O. Bizzarri, «Las colecciones sapienciales castellanas...», pp. 67–68). Sin embargo, no parece prudente establecer diferencias definitivas en los usos que *ira* y *sanna* presentan en el interior de las *CSM*, visto que el sustantivo *ira* únicamente se reproduce en tres composiciones.

25 Glynnis M. Cropp, *Le vocabulaire courtois des troubadours...*, p. 291.

Afonso Fernandez Cubel, en la que el sentido 'pena' no ofrece dudas,[26] y en una cantiga de amor de Osoiro Anes, donde puede leerse como 'resentimiento';[27] la obra amorosa de este último se muestra todavía más singular al registrar, asimismo, *rancurar* y *rancurado*,[28] que, en cambio, no se encuentran en las cantigas marianas. En éstas, *rancura* se reproduce en siete textos y siempre en posición de rima; sin embargo, sólo en 303 parece más fácilmente asociable a la categoría de la *ira*: «Onde un dia ll' avẽo | que fez mui gran travessura,/por que aquela sa tia | ouve dela gran rancura/e buscou-a por feri-la; | mas ela, por sa ventura/bõa, foi-ss' aa omagen / da Virgen sen demorança» (303: 25–28).[29]

4 *Felonia*

Igualmente compleja es la consideración del sustantivo *felonia*, derivado de *felon*, también registrado en las *CSM*, y ambos siempre en posición de rima. *Felon* parece ser un galicismo de origen germánico,[30] y aunque ambos términos formaban parte del léxico utilizado recurrentemente por los trovadores occitanos, en los textos literarios del gallego medieval parece encontrar muy escasa representación. Así, si se busca *felonia* en el *Dicionario de dicionarios do galego medieval*, sólo figuran las 9 ocurrencias de las *CSM*.[31] Para éstas, tanto Mettmann como García-Sabell distinguieron los valores 'irritación', 'ira', 'perfidia' y 'traición'.[32] En concreto, las ocurrencias en 4: 62, 9: 81, 108: 68, 136: 24, 154: 13, 421: 13 podrían

26 Manuel R. Lapa, *Cantigas d'escarnho e de mal dizer dos cancioneiros medievais galego-portugueses*, Vigo/Lisboa, Ir Indo Edicións/Edições João Sá da Costa, 1995, p. 53, cantiga 54, vv. 11–12: «e non son poucas, par Deus, mias rancuras,/come quen non come, ca o non ten».

27 Carolina Michaëlis, *Cancioneiro da Ajuda*, Halle, Max Niemeyer, 1904, vol. 1, p. 654, cantiga 325, vv. 11–12: «e que non sei de vos aver rancura,/pero m' en coita fazedes viver».

28 Mercedes Brea, «A expresión da IRA nas cantigas de amor e de amigo», pp. 63–66.

29 Las otras seis ocurrencias se encuentran en: 149: 26, 224: 22, 267: 86, 312: 48, 315: 31, 403: 64.

30 Joan Corominas y José Antonio Pascual, *Diccionario crítico etimológico castellano e hispánico*, vol. 2, *s.v. follon*.

31 Ernesto González Seoane (dir.), *Dicionario de dicionarios do galego medieval*, Santiago de Compostela, Universidad de Santiago de Compostela, 2006, *s.v. felonia*, pero usamos la versión electrónica en *Recursos integrados da lingua galega* (metabuscador) [fecha de consulta: 30-05-2016] <http://sli.uvigo.gal/RILG>.

32 Walter Mettmann (ed.), *Cantigas de Santa María de Afonso X, o Sábio. Vol. IV. Glossário*, Coimbra, Universidade de Coimbra, 1972. Véase también Teresa García-Sabell Tormo, *Léxico francés nos cancioneiros galego-portugueses*, Vigo, Galaxia, 1991, *s.v. felonia, felon*.

leerse en relación con la ira.[33] En algunos contextos, *felonia* ('ira') se asocia a nociones negativas, como sucede en el milagro dedicado al niño judío al que su padre quiso quemar «como traedor cruel» (4: 68), una acción que se desencadena cuando «creceu-lli tal felonia,/que de seu siso sayu» (4: 62–63). Por lo tanto, y como también se dice en ocasiones de la *sanna*, la *felonia* es una emoción que puede «crecer»[34] en el personaje, probablemente desbordándolo, haciendo que pierda la razón y se comporte con una violencia inadmisible; sucede asimismo en otros dos textos en los que un jugador perdedor se irrita y atenta contra la divinidad.[35]

Aunque *felonia* aparece a menudo como una emoción humana,[36] no se excluye de lo divino: 421 («Esta .XI., en outro dia de Santa Maria, é de como lle venna emente de nos ao dia do juyzio e rogue a seu Fillo que nos aja merçee») es un ruego por la por intercesión de la Madre de Dios, para que «sempre noit' e dia/nos guarde, per que sejamos fis/que sa felonia/non nos mostrar queira» (421: 11–14).

Como se puede ver en el *DDGM*,[37] *felon* aparece bajo las acepciones 'falso', 'traidor', así como 'irado', 'irritado', y se documenta en la prosa literaria y en una canción satírica de Pero Gomes Barroso, en la que se denuncia la actitud de un ricohombre contrario al mandato del rey, identificable con Alfonso X.[38] Su uso es algo más elevado en el corpus mariano, con 12 ocurrencias (dos de ellas, *felões*), también como 'traidor' y 'furioso'. En ocasiones, el primero de estos valores se

---

33 El valor 'traición' es evidente en 25:174, y podrían tal vez entenderse con este sentido las ocurrencias de las cantigas 19 y 317. La 317: «Como Santa Maria se vingou do escudeiro que deu couce na porta da ssa eigreja», se dice «que quis mui felon/brita-la eigreja con felonia» (vv. 7–8). En la 19, unos caballeros «con ssa gran felonia» (v. 17) matan a su enemigo ante el altar de María, en donde él pensaba que estaría a salvo. Ambas coinciden en que se comete un acto ofensivo en un lugar sagrado.

34 Puede apreciarse como relativamente frecuente el uso de «crecer» con una emoción, por ejemplo: «tan gran pavor lle creceu» (42: 44), «tan gran sanna lle creceu» (76: 26), «creceu-ll' en tan gran sanna» (294: 17), «creceu-ll' en tal cobiiça» (327: 22), «tal cobiiça lle creceu» (157: 11), «creceu-ll' e[n] tal tristura» (201: 22), «lle creceu tal coita» (147: 9–30), «creceu-ll' en tal coita» (201: 35), «grand' alegria nos creçeu» (425: 15), «tal cobiiça ll' en crecia» (194: 12), «u pesar/e cuidar/sempre nos crecia» (380: 12–14).

35 «Hũa moller aleimãa, tafur e sandia,/jogava y; e porque perdeu, tal felonia/lle creceu, que ao Fillo da omagen ya/corrend' e log' hũa pedra por ssa malandança/[...]/Lle lançou por eno rostro feri-lo Menynno» (136: 23–28); «Esto foi en Catalonna, | u el jogava un dia/os dados ant' un' eigreja | da Virgen Santa Maria;/e porque ya perdendo, | creceu-lle tal felonia/que de Deus e de sa Madre | cuidou a fillar vingança» (154: 11–14).

36 En la cantiga 9 se relaciona con la braveza de un león.

37 *Dicionario de dicionarios do galego medieval*, s.v. *felon*.

38 Manuel R. Lapa, *Cantigas d'escarnho e de mal dizer...*, 1995, p. 250. La cantiga corresponde a la 392.

puede considerar a partir de la incorporación de algún término afín, como puede ser el adjetivo *falso* (15: 17), o por aplicarse a la figura del demonio (239: 83, 270: 37, 284: 33, 298: 31).[39] Probablemente, la ocurrencia más clara de *felon* con el sentido 'irado' se encuentra en uno de los textos más conocidos de la colección: la *pitiçon* de Alfonso X a Santa María, en la que ruega su intercesión para que, en el día del Juicio, Dios no se le muestre muy *felon* por los errores cometidos (401: 7).

5 *Despeito*

Utilizado en la prosa y en la lírica trovadoresca, el sustantivo *despeito* (del latín, DĒSPĔCTUS) se encuentra en 12 ocasiones.[40] En algunos contextos parece asociarse preferentemente a la esfera de la *tristitia*, presentando el sentido 'disgusto', 'pesar', 'aflicción' (como sucede en 411: 45); además, se registra *non catar despeito*, que se entiende como 'no tener en cuenta el desprecio/la mala acción cometida'. Aunque en varios contextos se puede dudar de los matices exactos del término, también aparece en la colección mariana con el sentido 'ira', 'cólera' y, como sucedía con otras expresiones ya comentadas, se relaciona con el mundo humano y con el sobrenatural.[41] Asimismo se utilizó, aunque sólo en un texto, el adjetivo *despeitosa*, acompañándose de otros términos afines y enfatizándose, además, por la rima: «da mui despeitosa/abadessa de talante/brava e sannosa» (195: 203–205).

6 *Nojo*

El verbo *nojar* se introduciría desde el occitano (*enojar* 'aburrir, fastidiar'), a partir del latín vulgar ĬNŎDĬĀRE.[42] Tanto *nojo* como *nojoso* pueden entenderse

---

39 También pueden entenderse como 'traidor' las ocurrencias de *felon* en el particular loor 300: 57, donde (aparentemente) el propio rey, con un tono que se aproxima al de una cantiga moral, censura a aquellos que le son contrarios y desleales. Igualmente singular es la ocurrencia en la 144: 43, en relación con un *touro*; se reproduce también en 208: 26 y más dudosa es la ocurrencia en 8: 29 (donde cabe la interpretación 'traidor' o 'irado').

40 26: 8, 43: 56, 77: 17, 115: 61, 163: 13, 197: 19, 201: 35, 237: 54, 238: 36, 355: 70, 369: 74, 411: 45. Se localiza en rima en siete casos (26, 43, 77, 115, 163, 201, 411) y en otras tres cantigas figura inmediatamente antes de la cesura (238, 355, 369).

41 «e logo perdeu a fala, | ca Deus ouve del despeito» (163: 13); «e con despeito daquest' o | fillou o demo poren» (197: 19).

42 Joan Corominas y José Antonio Pascual, *Diccionario crítico etimológico castellano e hispánico*, vol. 2, *s.v. enojar*.

como expresiones de desprecio en las *CSM*; en cambio, las formas *eran nojados* (331: 46) y *anojado* (355: 38) podrían entenderse como 'irritado', 'molesto'.[43]

7 *Arrufado*

Arrufado, derivado de *arrufar*, se registra en dos textos de la colección mariana (38: 91 y 88: 52).[44] Si atendemos a la interpretación de Mettmann, mientras que en la 38 tendría el sentido 'engreído', en la 88 presentaría el valor 'irritado'. A propósito de esta última ocurrencia, parece plausible el sentido propuesto en vista del contexto: «Dizend' aquesto, torvado/ouve tod' aquel logar/e o convent' abalado/con seu mao sermõar,/que era ja arrufado/por comeres demandar/que defend' ordin e lei» (88: 48–54).

8 Consideraciones finales

La deuda con la materia hagiográfica y la vinculación a la tradición miraculística pudieron ser condicionantes de los contextos y usos de las expresiones de las emociones comentadas en las *CSM*. Respecto a las expresiones de la ira y los usos observados, se aprecia una panorámica que enriquece y complementa a la que se puede establecer a partir de la producción trovadoresca. En la colección, el macrolema de mayor recurrencia fue *sanna*, que puede ser experimentada por humanos o la divinidad (lo mismo que *ira*, *felonia* y *despeito*).[45] No parece que

---

43 En coincidencia con el valor propuesto por Mettmann para *nojado*, aunque para *anojado* su propuesta fue 'desgostoso' (Walter Mettmann (ed.), *Cantigas de Santa María ... Glossário*, *s.v. nojado, anojado*). «Que con gran coita o siso | perden os que mui coitados/son. E assi fez aquesta | pelos seus maos pecados,/assi que todo-los santos | eran ja dela nojados/andando dũus en ou-tros. | Mas a que nunca falece» (331: 44–47); «Nunca tanto dizer pode | que ss' ela tornar quisesse/ per rogos nen per mẽaças | nen per rren que lle dis[s]esse./O mançebo foi mui triste | [e] non soube que fezesse,/pero foi ja sa carreyra | con ela muit' anojado» (355: 35–38).

44 Se usó también en las cantigas profanas, en las que Lapa distinguía tres acepciones: 1) 'encrespado', 2) 'vanidoso' y 3) 'furioso' en una sátira de Joan Baveca (*Dicionario de dicionarios do galego medieval*, *s.v. arrufado*). En su edición, esta última acepción se localiza en la cantiga 189, vv. 1–2: «Un escudeiro vi oj' arrufado/por tomar penhor a Maior Garcia».

45 Sin embargo, esto parece marcar una diferencia si se compara con los géneros amorosos de la lírica profana: «Non parece caber dúbida de que a SANHA (macrolema dominante deste bloque) constitúe un motivo dabondo significativo na lírica amorosa galego-portuguesa. O seu sinónimo IRA está menos presente, pero reparte –como *sanha*– as súas ocorrencias entre as cantigas de amor e as de amigo e é ó único lema que leva como axente a Deus ou a un santo (San Salvador),

hubiese voluntad de utilizar el vocabulario de la ira en lugares sobresalientes en la estructura compositiva (refranes, íncipit, etc.), ni se alcanza el volumen y diversidad que se advierte en otras emociones plasmadas en la colección; no obstante, se aprecia cierta tendencia a concederles a estas expresiones un relativo énfasis mediante la posición de rima. Con todo, esto no es exclusivo del léxico de la ira, sino que también se observa en la expresión de otras emociones, por lo que, vistas en conjunto, podrán entenderse como importantes ingredientes del lenguaje poético.

Obras citadas

Alfonso X, *Cantigas de Santa Maria*, Walter Mettmann (ed.), Madrid, Castalia, 1986–1989.

Bizzarri, Hugo O., «Las colecciones sapienciales castellanas en el proceso de reafirmación del poder monárquico (siglos XII y XIV)», en *Cahiers de Linguistique Hispanique Médiévale*, 20 (1995), pp. 35–73.

Brea, Mercedes (ed.), *La expresión de las emociones en la lírica románica medieval*, Alessandria, Edizioni dell'Orso, 2015.

—, «A expresión da IRA nas cantigas de amor e de amigo», en Leticia Eirín García y Xoán López Viñas (eds.), *Lingua, texto, diacronía. Estudos de lingüística histórica*, A Coruña, Universidade da Coruña, 2014, pp. 69–86.

Casson, Andrew, «*Cantigas de Santa Maria*» for Singers, s.l., s.i., 2011 (página web) [fecha de consulta: 27-09-2016] <www.cantigasdesantamaria.com>.

Cohen, Rip, «Dança jurídica. I. A poética da Sanhuda nas cantigas d'amigo. II. 22 Cantigas d'amigo de Johan Garcia de Guilhade: vingança de uma Sanhuda virtuosa», en *Colóquio/ Letras*, 142 (1996), pp. 5–50.

—, «You Said you Loved Me: An Erotic Galician-Portuguese *Cantiga de*?», comunicación inédita (en línea) [fecha de consulta: 14-11-2015] <https://www.academia.edu/17270659/ An_Erotic_Galician-Portuguese_Cantiga_de_>.

Corominas, Joan, y José Antonio Pascual, *Diccionario crítico etimológico castellano e hispánico*, Madrid, Gredos, 1980–1991.

Cropp, Glynnis M., *Le vocabulaire courtois des troubadours de l'époque classique*, Genève, Droz, 1975.

Decaria, Alessio, y Lino Leonardi (eds.), «*Ragionar d'amore*». *Il lessico delle emozioni nella lirica medievale*, Firenze, Sismel/Edizioni del Galluzzo, 2015.

García-Sabell Tormo, Teresa, *Léxico francés nos cancioneiros galego-portugueses*, Vigo, Galaxia, 1991.

González, Déborah, «A expresión das emocións nas *Cantigas de Santa Maria*», en Mercedes Brea (ed.), *La expresión de las emociones en la lírica románica medieval*, Alessandria, Edizioni dell'Orso, 2015, pp. 325–344.

á parte de se poder aplicar aos dous membros da parella» (Mercedes Brea, «A expresión da IRA nas cantigas de amor e de amigo», p. 87).

González Crespo, Esther, «Pecados de los monarcas en la Baja Edad Media», en Ana Isabel Carrasco y María Pilar Rábade (coords.), *Pecar en la Edad Media*, Madrid, Sílex, 2008, pp. 27–54.

González Seoane, Ernesto (dir.), *Dicionario de dicionarios do galego medieval* (*DDGM*), Santiago de Compostela, Universidade de Santiago de Compostela, 2006.

Mettmann, Walter, *Cantigas de Santa María de Afonso X, o Sábio. Vol. IV. Glossário*, Coimbra, Universidade de Coimbra, 1972.

Michaëlis, Carolina, *Cancioneiro da Ajuda*, Halle, Max Niemeyer, 1904.

Lapa, Manuel R., *Cantigas d'escarnho e de mal dizer dos cancioneiros medievais galego-portugueses*, Vigo/Lisboa, Ir Indo Edicións/Edições João Sá da Costa, 1995.

Recursos integrados da lingua galega (metabuscador) [fecha de consulta: 30-05-2016] <http://sli.uvigo.gal/RILG>.

Vázquez Pacho, Maria del Carmen, «A *sanha* nas cantigas de amigo», en Santiago Fortuño y Tomás Martínez Romero (eds.), *Actes del VII Congrès de l'AHLM*, Castelló de la Plana, Universitat Jaume I, 1999, vol. 3, pp. 471–487.

Antonia Martínez Pérez
Popularización teológica en el *Libro de buen amor*, a la luz de sus interconexiones con otras prácticas literarias panrománicas

Resumen: El *Libro de buen amor* está conectado con una extendida práctica anti-fraternal y apocalíptica, en la Europa de esos momentos, presente en un nutrido grupo de autores panrománicos, con los que mantiene evidentes conexiones lite-rarias. Entre ellas, es de destacar el discurso de la «seudo-autobiografía aflic-tiva», frente a la «seudo-autobiografía erótica» de Gybbon-Monypenny. A través de la primera, Juan Ruiz populariza un elemento antifraternal muy importante, al ser sustituida en la relación amorosa la noble dama, no por la esperada mujer vulgar propia de este registro, sino por una religiosa. El relieve que adquiere Doña Garoza, protagonista de la aventura, es determinante en su populariza-ción antirreligiosa. Su fracasado desenlace amoroso la convierte en un elemento importante de la tipología aflictiva. De manera que, si en ambas autobiografías –erótica/aflictiva–, uno de los hilos conductores es precisamente la relación con la dama, este episodio refuerza la popularización crítica contra el estamento reli-gioso o al menos su versión burlesca.

Palabras clave: Literatura antifraternal, frustración amorosa, parodia, seudo-autobiografía aflictiva, panrománico

Las conexiones literarias románicas del Arcipreste de Hita en su *Libro de buen amor* ya habían sido indicadas, entre otros muchos, por F. Lécoy, señaladas por Gómez Redondo y puestas de relieve recientemente por J. Joset, quien hace hincapié sobre las mismas en su estudio sobre *Textos y contextos* en el *Libro del buen amor,*[1] especialmente en torno a la ortodoxia cortés y su huella. Ahondando en tales interconexiones, en un trabajo anterior las subrayé al teorizar sobre la construcción del discurso de la seudo-autobiografía aflictiva –común a la prác-tica literaria de diversos autores panrománicos, entre ellos el Arcipreste–, que

---

1 Jacques Joset, «El *Libro de Buen Amor* en su contexto literario románico», en Guillermo Serés, Daniel Rico y Omar Sanz (eds.), *El «Libro de buen amor»: texto y contextos*, Barcelona, CECE, 2008, pp. 81–84.

Antonia Martínez Pérez, Universidad de Murcia

https://doi.org/10.1515/9783110450828-014

permitía vislumbrar importantes conexiones a nivel interdiscursivo con otros autores y registros literarios románicos.[2]

En lo concerniente a los autores, es evidente que Juan Ruiz –como corrobora el balance de J. Joset y como en su momento ya había puesto de relieve M. Marti,[3] ocupa un puesto de parangón paneuropeo y su interactividad interdiscursiva lo conecta con los grandes autores urbanos del medievo. Como en ellos, se percibe en el Arcipreste el esbozo de los trazos de las *personae* goliardescas, que se autorrepresentan con una descripción burlesca de sí mismos. Poética de lo contingente, a la que se vincula, sin lugar a dudas, un interdiscurso panrománico intelectualista y urbano que circula perfectamente en autores de finales del siglo XIII y principios del XIV –con independencia de géneros o escuelas concretas–, en torno a la controversia y consolidación de la figura de un hombre de letras. Como señala M. Cabré, se trataría de usuarios de la palabra pública –indistintamente de que sea un juglar, un trovador o un predicador–, que mantienen una actitud eminentemente intelectual, realizando «la construcción de un personaje literario edificado con elementos biográficos y aparentes confesiones, que da coherencia al conjunto de su corpus poético y que tiene un papel fundamental como mecanismo didáctico y exegético»;[4] y que sin lugar a dudas tiene su punto en común en el especial desarrollo social e intelectual que fermenta en la urbe.

El segundo punto de conexión interdiscursiva[5] residiría en la seudo-autobiografía aflictiva que he conceptualizado, con un sentido distinto, pero teniendo en cuenta lo que G. B. Gybbon-Monypenny caracterizó como una «seudo-autobiografía erótica»,[6] lanzada por este autor justamente a propósito

---

2 Antonia Martínez, *La transformación de la lírica francesa medieval. Poesía de inspiración urbana en su contexto románico (siglo XIII)*, Granada, Editorial Universidad de Granada, 2013, pp. 149–176.

3 Subraya Mario Marti, a propósito de Rutebeuf, Angiolieri y el Arcipreste de Hita, cómo en tres importantes núcleos del ámbito neo-latino, con una cierta analogía histórica, «parecen marcar el punto de llegada de una persistente modulación psicológico-estilística medieval y a la vez punto de partida de una nueva particular tradición literaria jocosa en lengua vulgar» (*Cultura e stile nei poeti giocosí del tempo di Dante*, Pisa, Nistri-Lischi, 1953, p. 84).

4 Miriam Cabré, *Cerverí de Girona: un trobador al servei de Pere el Gran*, Barcelona, Publicaciones de la Universidad de Barcelona, 2011, p. 57.

5 Tal y como es entendida por Segre en el sentido de las «relaciones que cada texto, oral o escrito, mantiene con todos los enunciados (o discursos) registrados en la correspondiente cultura y ordenados ideológicamente, además de por los registros y niveles», cuando la relación directa de texto a texto, o sea la «intertextualidad», no sea posible. Véase Cesare Segre, «Intertestualità e interdiscursività nel romanzo e nella poesia», en *Teatro e romanzo. Due tipi di comunicazione letteraria,* Torino, Einaudi, 1984, p. 111.

6 Gerald B. Gybbon-Monypenny partía de cuatro puntos configurativos básicos, en los que se expandía la ortodoxia trovadoresca: «1. Each is written in the spirit of Courtly Love, and from the

del estudio del carácter autobiográfico del *Libro de buen amor*. En él plantea los preceptos de este género y sus interrelaciones, ampliándolos en posteriores trabajos a otras obras de estas características.[7] De modo que, a partir de unos rasgos tipológicos configurativos propios, quedaban conectadas un grupo amplio e importantísimo de obras de las literaturas románicas, entre ellas el *Libro de buen amor*, sobre el que centra su análisis. Posteriormente A. Deyermond secunda en cierta medida este estudio y amplia el número de obras interconectadas, como *La Vita nova*, el *Frauendienst*, el *Voir-Dit*, la *Espinette amoureuse* y un largo etcétera,[8] en cuanto que respondían a los requisitos comunes exigidos en la caracterización del género, como el autobiografismo, la temática amorosa, la inclusión de inserciones líricas dentro de la narración, etc. El alcance de tal interconexión era importante en cuanto que se lanzaba un número muy nutrido de obras literarias –que constituyen auténticos hitos de la literatura europea medieval–, a un género paneuropeo con consecuencias muy amplias, e involucraba en tal proceso a autores del prestigio de Machaut, Dante o el Arcipreste de Hita.

Frente a la seudo-autobiografía erótica, la aflictiva quedaba caracterizada justamente por un sentimiento amoroso negativo, cuando menos, de alejamiento de la concepción idealizadora de esta *fin'amors* y de la literatura culta del momento. En la primera se ofrece la narración en primera persona del estado anímico del enamorado, los episodios más o menos idealizados de desarrollo de este sentimiento, sus cuitas, la alabanza y admiración hacia la dama y la posible consecución de su merced, en una obra narrativa de cierta amplitud con inclusión de inserciones líricas.[9] En un estadio intermedio de participación de ambas autobiografías se situaría la obra de Juan Ruiz. Insertada en la primera por cumplir con

---

viewpoint of the Courtly lover. 2. In each the protagonist is definitely identified with the author by name, and in four out of the six, by the mention of people and incidents historically verifiable. 3. The author presents himself in a heroic and sympathetic light, if not always as a triumphant lover (in Courtly Love the lover's conduct is more important than his success or failure). 4. Each author quotes a number of his own lyric poems, interpolated at intervals in the narrative» («Autobiography in the *Libro de buen amor* in the Light of Some Literary Comparisons», en *Bulletin of Hispanic Studies*, 34 (1957), pp. 70–71).

7 Gerald B. Gybbon Monypenny, «Guillaume de Machaut's Erotic "Autobiography": Precedents for the Form of the *Voir-Dit*», en William Rothwell (ed.), *Studies in Medieval Literature and Languages in Memory of Frederik Whitehead*, Manchester, Manchester University Press, 1973, pp. 133–152.

8 Alan Deyermond, «Las relaciones genéricas de la ficción sentimental española», en Antonio Vilanova (coord.), *Symposium in honorem Profesor Martín de Riquer*, Barcelona, Quaderns Crema/Universitat de Barcelona, 1986, p. 83.

9 Véase nota 6.

los requisitos exigidos, puede ser introducida en la segunda, en cuanto que su trayectoria amorosa es frustrante, negativa y presentada en el marco del humor y la parodia. Se irá construyendo una andadura de fracaso o desafección amorosa, que lleva al poeta a su «autoconfesión», en una experiencia vivencial poco edificante o congratuladora.

Siguiendo las premisas generales propuestas, Juan Ruiz, como estos autores,[10] en un contexto panrománico, lleva a cabo exposiciones en primera persona de sus cuitas amorosas y vivenciales, conectadas de forma especial por el tono burlesco de su realización.[11] Todos ellos presentan coincidencias en sus rasgos estructurales susceptibles de catalogación; entre otros, la exhibición del fracaso amoroso y social, en un tono desenfadado y «placentero». El espíritu del amor cortés, y su estructuración dentro del formalismo lírico, es sustituido por un evidente sentimiento antiamoroso o de frustración amoroso-paródica. Como indiqué en un trabajo anterior, con la diferencia de no ser presentado en poemas sueltos, sino en una estructura narrativa versificada con inserciones líricas, como se producía en la seudo-autobiografía erótica.[12]

En Juan Ruiz, la continuidad narrativa estaría resquebrajada por la variedad de relaciones amorosas y los resultados frustrantes de las mismas; y al mismo tiempo hay que recordar, como subraya el mismo Gybbon-Monypenny, que «Juan Ruiz puede haber guardado siempre la idea del *Libro* como una estructura abierta y flexible en la que se pudieran engastar más piezas [...], un concepto de la obra como una estructura no cerrada, modificable»,[13] adaptándose asimismo a la apertura de los poetas aflictivos.

No pretende perseguir este autor el amor sublime de una exclusiva dama, como Machaut o Froissart, ni su azarosa vida nada ejemplar se situará a la altura de estos «leales amadores». Él se declara abiertamente partícipe del arte de

---

10 Como Adam de la Halle, Rutebeuf o Angiolieri, y otros tantos poetas románicos como Villon, vinculado por Deyermond a través de su *Testament*. Véase Alan Deyermond, «Las relaciones genéricas de la ficción sentimental española», p. 87.

11 No pretendemos en absoluto resumir en unas palabras la amplitud y ambigüedad de la relación amorosa. Son múltiples los estudios que han indicado la multiplicidad de tradiciones aquí tenidas en cuenta. Entre otras, señala Gybbon-Monypenny la representación de este amor sexual que se hace «imitando, con reconocimiento irónico, a varias convenciones literarias: el tratamiento ovidiano de los clérigos; el satírico de los goliardos; el cortés de los trovadores; el didáctico y sentimental de los poetas del norte de Francia» (Juan Ruiz, arcipreste de Hita, *Libro de buen amor*, Gerald B. Gybbon-Monypenny [ed.], Madrid, Clásicos Castalia, 1992, p. 27).

12 Antonia Martínez, *La transformación de la lírica francesa medieval. Poesía de inspiración urbana en su contexto románico*, pp. 149–176.

13 Juan Ruiz, arcipreste de Hita, *Libro de buen amor*, p. 30.

juglaría y de los cantares de ciegos, cazurros y de burlas (1513–1514),[14] con lo que frecuentaría la compañía de cantaderas, ciegos y vagabundos goliardos, que los concilios de entonces condenaban severamente, y más cercano de los ámbitos de Angiolieri, Rutebeuf o Villon. Tal «confesión» no tendría mayor consecuencia si no fuese por sus votos de servicio a Dios como Arcipreste, con gran responsabilidad dentro de la jerarquía de la iglesia.[15] Y tampoco se diluye en la multifuncionalidad a lo largo de la obra del «yo» del protagonista, que corresponde a un cambio de disfraces –como señala J. Joset– «del mismo ser ficticio que, según las necesidades lírico-narrativas, viste o se quita el traje de arcipreste, escudero (961b) o hidalgo (1031b)».[16] Es cierto que en su «confesión» el Arcipreste presenta toda una filosofía de vida que podría ser justificativa de sus aventuras amorosas, con dueñas muy diversas. Como más tarde Villon, invoca la absolución del pecador por la consideración de la misma naturaleza humana; e igualmente el marco de la *Prisión amorosa* («Assí fue que un tienpo una dueña me prisso, (77a)» lo encuadraría en otra desdicha digna de suscitar compasión (amante mártir), al mismo tiempo que mofarse de la fatalidad de tal relación. Es un «loco amor», pero justificado por el mismo Aristóteles:

> Como dize Aristótiles, cosa es verdadera,
> el mundo por dos cosas trabaja: la primera,
> por aver mantenençia; la otra cosa era
> por aver juntamiento con fenbra plazentera (71).

Una manera más de quedar exculpado, puesto que Juan Ruiz, como pobre hombre y pecador, es lógico que las pruebe y pueda tener conocimientos de lo bueno y lo malo y usar lo mejor (76). Es evidente que en la justificación deleitosa de «aver juntamiento con fenbra plazentera» a través de Aristóteles, Juan Ruiz lleva, como señala F. Rico, «el agua a su molino: elige los elementos que mejor se prestan a justificar una soñada carrera de «doñeador alegre».[17] Por otra parte el nació bajo el signo de Venus –Villon con la influencia de los «dioses venéreos»–, y los que nacen en esta situación amar a las mujeres jamás se les olvida, declarará (153 y ss.). Estar

14 Juan Ruiz, arcipreste de Hita, *Libro de buen amor*, Alberto Blecua (ed.), Barcelona, Planeta, 1992. A partir de aquí, todas las citas están tomadas de esta edición e indico en el texto entre paréntesis el número de estrofa.
15 Sirvan como ejemplo «[...] por ende yo, Joan Royz,/Açipreste de Fita, [...]» (19bc) o «Yo, Johan Ruiz, el sobredicho açipreste de Hita» (575a).
16 Jacques Joset, *Nuevas investigaciones sobre el «Libro del buen amor»*, Madrid, Cátedra, 1988, p. 26.
17 Francisco Rico, «"Por aver mantenencia". El aristotelismo heterodoxo en el *Libro del buen amor*», en Carlos Vicente Moya Valgañón, Luis Rodríguez Zúñiga y María del Carmen Iglesias Cano (coords.), *Homenaje de José Antonio Maravall*, Madrid, Centro de Investigaciones sociológicas, 1985, vol. 3, p. 276.

a su servicio será un gran placer, pero servir a la dama también es signo de nobleza y otras virtudes (155 y ss.). Aparecerán, aunque sea en el castigo que Amor hace al Arcipreste para que tenga buenas costumbres («guárdate sobre todo mucho vino bever», 528); «Non quieras jugar dados nin seas tablajero», 554), los elementos del vino y los dados, para completar ese trío temático goliardesco que es tan del agrado de Cecco Angiolieri: «la donna, la taverna e 'l dado» (LXXIV),[18] y que Rutebeuf culpará como los responsables de su desgraciada y empobrecida vida.[19]

Es un «loco amor» que produce desvaríos, pero su naturaleza no es tan clara y su autobiografía amorosa por lo tanto tampoco. Lo que en un principio pudiera parecer una trama autobiográfica amorosa convencional por las aventuras esgrimidas –unas catorce o quince[20] distribuidas a lo largo de los 7000 versos, que han contribuido, junto a los intermedios líricos, a incluirla en la pseudo-autobiografía erótica–, cambia con una interpretación conjunta de los episodios amorosos y las digresiones morales. Y una vez más, nos conduce a la amplitud de sentidos en la interpretación de la obra, y, entre ellos, los rasgos «aflictivos» de nuestros poetas parecen confirmarse en Juan Ruiz. Un controvertido amor, con frecuentes argumentaciones a favor y en contra del «loco amor» y del «amor cortés» en esa dialéctica escolástica que caracteriza el *Libro*, con un protagonista, o autor-protagonista que, tal y como lo identifica Blecua: «presenta un yo dialéctico –argumentación/refutación– que, al articularse en una autobiografía cómica, da como resultado un personaje y una obra ambiguos»,[21] y responde plenamente a nuestro arquetipo. En este marco amoroso con su sentido jocoso, es de destacar, desde nuestro análisis, que el desenlace de esas aventuras suele ser frustrante para el autor y, en los casos que parece satisfactorio, la dama muere, en definitiva no consigue su propósito. El cambio vertiginoso de sus amores ya favorece la imagen burlesca de los mismos. Es tan diverso el panorama erótico que ofrece, como las propias protagonistas de sus amores, desde dueñas recatadas, hasta engañadoras, viudas, monjas, serranas medio salvajes y hombrunas, etc. Aconsejado por Trotaconventos, prueba la relación señalada con una monja, Doña Garoza, con quien tiene una relación pura, pero ella muere (1332–1507). Con ella puede haber un intento idealizante que pronto se desvanece, pero sobre todo, como se analiza

---

18 Cecco Angiolieri, *Sonetti/Sonetos*, Antonio Lanza (ed.) y Meritxell Simó (trad.), Barcelona/ Paris, Menini/Champion, 2003.

19 Rutebeuf, *Poemas. (Del infortunio - Contra la Iglesia, las Órdenes mendicantes y la Universidad - Religiosos - De las Cruzadas)*, Antonia Martínez (trad. y ed.), Madrid, Gredos, 2002.

20 Dependiendo de que el episodio con la vieja «rahez» sea o no considerado una aventura amorosa.

21 Alberto Blecua en el estudio preliminar a su Juan Ruiz, arcipreste de Hita. *Libro de buen amor*, p. XXXIX.

más adelante, se incluye un elemento religioso desacralizador, muy en la línea de la corriente antifraternal en boga en Europa en estos momentos.

Pues bien, justificada su «relación amorosa» más dentro del apartado aflictivo que erótico, Juan Ruiz va más allá en esa transgresión amorosa con la desacralización, por así decir, de la misma. Se encamina, pues, a sustituir el rasgo tipológico de la transformación de la dama cortés en mujer vulgar,[22] por la incorporación de esta religiosa, produciendo un efecto irreverente, con lo que el mecanismo paródico y transgresivo provoca efectos mucho más contundentes y desestabilizadores. Es cierto que el Arcipreste se va colocando en otra vía diferente a la de sus predecesores y que, por otra parte, no es en absoluto infrecuente presentar los malos hábitos de las religiosas. Tan solo tenemos que recordar el *Dit des beguines* de Rutebeuf y que muchos de los presupuestos teológicos comunes de estos autores coinciden en una fuerte crítica y versión burlesca de los mismos. De manera que se infiltran posicionamientos teológicos que, aun remitiendo a la ortodoxia, terminan en una serie de burlas que desvirtúan su efecto. Y ello se da de manera muy especial en Juan Ruiz, maestro por antonomasia en este arte, como señalaba Lapesa:

> A la más alta expresión religiosa del *Libro de buen amor* sucede bruscamente la más desaforada parodia caricaturesca. La aplicación de lo sagrado a lo profano, tan irreverente según la sensibilidad nuestra y tan reiterada en el mundo medieval, tiene importancia básica en la obra del Arcipreste.[23]

Pero lo importante, desde el punto de vista de nuestro estudio, es mostrar cómo en su relación amoroso-aflictiva hay un componente de crítica religiosa evidente y popularizante; y que, además, queda incorporado en el núcleo estructurador de la misma, puesto que afecta a la conceptualización antiamorosa y se materializa en una de sus protagonistas. Por tanto, a partir de la premisa satírico-burlesca, que forma parte de la configuración de la seudo-autobiografía aflictiva, y no de la erótica, se introducen sátiras del estamento religioso y su posicionamiento teológico. Ampliamente satirizados, parten de interconexiones panrománicas importantes de subrayar, bastante popularizadas por otra parte; pero sobre todo, evidencian que, a través del estamento religioso, o más concretamente de su burla, se refuerzan los elementos tipológicos *amoroso-aflictivos*. El protagonista, además de su frustración, su inhabilidad y su incoherencia, se debilitará aún

---

22 Antonia Martínez, *La transformación de la lírica francesa medieval. Poesía de inspiración urbana en su contexto románico (siglo XIII)*, p. 152.

23 Rafael Lapesa, «El tema de la muerte en el *Libro de buen amor*», en Jaime Sánchez Romeralo y Norbert Poulussen (coords.), *Actas del II Congreso de la Asociación Internacional de Hispanistas*, Nijmegen, University of Nijmegen, 1965, p. 86.

más en una actitud irreverente por más que sea burlesca; o, más bien, recurre a la irreverencia para reforzar la burla.

Este hecho no se presenta en absoluto aislado, sino que conecta con una práctica antifraternal y apocalíptica que gozaba de gran popularización en la Europa de esos momentos. Por supuesto Juan Ruiz, como Adam de la Halle o Rutebeuf, y otros poetas aflictivos la ejercitan prolijamente. Este último, medio siglo antes, había afamado de manera casi panfletaria la práctica antifraternal y eclesiástica.[24] Juan Ruiz, con esta tradición antimendicante ya consolidada, le da su particular uso en el *Libro del buen amor*, dotándola de una mayor complejidad y ambigüedad.[25] En ella pululan frailes y monjas de muy dudosa reputación,

---

24 Rutebeuf estuvo presente en el momento en que se fraguó esta polémica que enfrentaba a los mendicantes recién arribados y a los seglares u otros estamentos religiosos, que veían derogadas sus prerrogativas en favor de aquéllos. Participó y defendió fervientemente la sección seglar encabezada por Guillermo de Saint-Amour. En París, se estaba liberando una ardua batalla por parte de Rutebeuf, feroz enemigo de las órdenes, a las que atacaba de manera especial por su intromisión en la enseñanza universitaria parisina, tradicionalmente secular. Los clérigos seglares no toleran la instalación progresiva de dominicos y franciscanos en la Universidad donde dispensaban enseñanza gratuita. Se inicia una campaña secular contra las órdenes, acusadas de todo tipo de vicios y consideradas incluso heréticas, liderada por Saint-Amour, entonces maestro y rector de la Universidad de París. En 1256 el papa Alejandro IV le condena, especialmente por su tratado contra las órdenes *De periculis novissimorum temporum*. Es enviado al exilio por Luis IX, a pesar de la feroz campaña en contra de muchos de sus seguidores. Las disputas terminaron en auténticas batallas callejeras (con muertos y heridos) que provocaron el cierre de la Universidad durante un tiempo. Rutebeuf interviene ardorosamente con esta serie de poemas, casi de manera panfletaria, en esta polémica que acabó con la expulsión de Saint-Amour por parte de la Iglesia (Michel-Marie Dufeil, *Guillaume de Saint-Amour et la polémique universitaire parisienne, 1250–1259*, París, Picard, 1962).

25 El *Libro de buen amor* está conectado con una práctica antifraternal intensa y extensa; y, entre otros muchos aspectos, se observa a Hipocresía vinculada de manera directa a la crítica de los falsos frailes, a sus actuaciones farisaicas, en el episodio de Don Amor. En este capítulo, en la presentación de los pecados capitales, por una inusitada asociación, es conectada con la acidia, «Otrosí con Açidia traes Ipocresía» (319a), que no aparece en el esquema de los pecados del momento, pero que por esta alusión queda con ellos asociada. El relato completo ilustra la relación hipócrita tanto de Don Amor como del Arcipreste, así como la fábula con el debate entre el lobo y la zorra viene a adoctrinar sobre tal proceder, puesto que están conectados en la práctica literaria con la hipocresía, como también la ejerce Rutebeuf. La hipocresía vinculada a la vocación religiosa es igualmente incluida por Juan de Mena en sus *Coplas de los siete pecados capitales* (Antonia Martínez, «La práctica literaria de la tradición antifraternal: Rutebeuf y Juan Ruiz, arcipreste de Hita», en Armando López Castro y María Luzdivina Cuesta Torre (coords.), *Actas del XI Congreso Internacional de la Asociación Hispánica de Literatura Medieval*, León, Universidad de León, 2007, vol. 2, pp. 851–862). La obra de Mena se considera influenciada, tanto por el *Roman de la rose* como por las estructuras alegóricas, en este caso en torno a un debate, que procedentes de Francia e Italia, tuvieron gran acogida en la literatura peninsular, así como en el *Libro de buen amor*, especialmente en debates como el de Don Carnal y Doña Cuaresma. De igual modo que la presencia de los pecados capitales,

llenos de hipocresía, avidez de dinero y un cierto amancebamiento. Pero lo más importante, desde el punto de vista de nuestro análisis, es, como ya he indicado, que Doña Garoza protagonice una de las dos aventuras amorosas más extensas del *Libro*, junto a la de doña Endrina, no dejando muy bien parada la institución conventual. Y que además todo el contexto de este episodio esté perfectamente estructurado para la amonestación irreligiosa –y justo dentro del capítulo de D. Amor–, lanzando toda una serie de premisas tipológicas *antiamorosas* y casi sacrílegas, por lo burlescas, que sobrepasan la condición *erótica* y estructuran la *aflictiva*. Aparece, pues, un Juan Ruiz que emite lamentaciones contra el propio Amor, y cuya discusión con él es presentada como una pelea: Amor le ha engañado, le hizo concebir esperanzas que luego no se cumplirán, a lo largo de un extenso episodio (de las coplas 180 a la 422); y que asimismo estarán conectadas con una inapropiada conducta religiosa. Si se muestra como un hombre inquieto, soportando la vergüenza de su fracaso, y el culpable de todo esto es Amor, habrá una prolongación de su mala práctica amorosa en otra moral o religiosa.

Amor será atacado porque destruye a los hombres e incluso trae consigo los pecados capitales. Es cierto que esta diatriba surge de la frustración del enamorado, de su decepción, pues, si hubiera conseguido su hembra placentera, estos enfrentamientos no habrían acaecido. Pero Juan Ruiz va más allá y a D. Amor también le atribuye la representación del Anticristo, conectándolo con la citada corriente antifraternal. Conexión aceptada y asimismo subrayada por Sherling, quien considera que Amor es descrito y caracterizado por el narrador de manera que se entienda como una prolongación de la figura del Anticristo, y que, asimismo pueda ser identificado con el lobo de la Fábula inserta y, si Dios es el cordero, el lobo debe ser el Anticristo. Para Sherling, esta conexión serviría para situar todo este extenso apartado de Don Amor en la citada corriente de la literatura antifraternal:

> [...] la conexión establecida por Saint-Amour, luego continuada y elaborada en dos géneros –la teología polémica antifraternal y la poesía satírica antifraternal– resultó en un ambiente literario y cultural en el que cualquier referencia negativa a los frailes se entendía como alusión al apocalipsis, y cualquier alusión apocalíptica también aludía a los frailes.[26]

---

en este episodio de Don Amor, ha llevado a poner de relieve una vez más las conexiones existentes entre el *Libro* y las *Coplas*, como subraya la editora de las *Coplas* Gladys M. Rivera: «The same Biblical references, [...], are quoted as examples of this sin in both works (*Libro de Buen Amor* [...] and *Coplas*)». En éstas señala cómo «RResponde la RRazon a la quinta causa de la rriligión presuntuosa», no pasando por alto la hipocresía vinculada a la actitud religiosa (cito a partir de mi artículo «La práctica literaria de la tradición antifraternal: Rutebeuf y Juan Ruiz, Arcipreste de Hita», p. 856).
26 Miller Sherling, «La función de la hipocresía en el *Libro del buen amor*», en *Spanish 591: «Libro de buen amor»*, Seattle, Universidad de Washington, s.a., s.p. (trabajo de seminario inédito) [fecha de consulta: 30-10-2017] <https://faculty.washington.edu/petersen/lba/sherling.htm>.

En este episodio de Don Amor hay un capítulo muy importante –«De cómo clérigos e legos e flaires e mo(n)jas e dueñas e joglares salieron a reçebir a Don Amor»– tanto para la crítica conjunta de frailes y monjas como para la presentación burlesca de la variedad y abundancia de estos estamentos. En el recibimiento que se le hace a Don Amor, aparecerán, a un ritmo vertiginoso, las distintas órdenes religiosas, tal y como las enumeraba Rutebeuf en el *Dit des regles* o *La chanson des ordres*. Salen unas tras otras con sus características específicas para, a continuación, señalar abiertamente su falta de idoneidad para que pueda morar en ellas Don Amor. No faltará la orden del Císter ni la de San Benito, la de Santiago o la del Hospital, la de Calatrava, la de Alcántara, dominicos, franciscanos, trinitarios, carmelitas... Y, por supuesto tampoco faltarán las monjas, dominicas, clarisas... Todas las órdenes elevando sus cánticos litúrgicos, ante la llegada de Don Amor.[27]

Además de los evidentes fragmentos parodiando los textos litúrgicos latinos, el marcado tono burlesco de esta presentación vendrá corroborado a continuación por la no idoneidad de los frailes para que more entre ellos Don Amor. El hecho de que este descrédito venga emitido precisamente por los clérigos, que instan a don Amor a que rechace tal compañía: «non quieras vestir lana», puesto que «estragarié un fraile quanto el convento gana;/la su possadería non es para ti sana:/tienen grand la galleta e chica la canpana» (1251), evidencia la polémica entre ambos estamentos, como se manifestara ampliamente en Rutebeuf.

Pero, a través de Juan Ruiz, la seudo-autobiografía aflictiva populariza este elemento antifraternal de manera muy contundente al elevar a su protagonismo amoroso a una religiosa. Por supuesto que Rutebeuf había arremetido contra las beguinas y otras órdenes fraternales femeninas, pero Juan Ruiz la convierte en protagonista de la inapropiada aventura amorosa. Y, aunque, por su ambivalencia, no se da una crítica unívoca contra todas las monjas, este especial protagonismo es importante en la seudo-autobiografía aflictiva como rasgo diferenciador en su tipología. De manera que, si en ambas autobiografías –erótica/aflictiva–, uno de los hilos conductores es precisamente la relación con la dama, el que ésta sea monja refuerza la popularización crítica contra este estamento o al menos su versión burlesca. Es cierto que, como siempre, por su ambivalencia, en el *Libro de buen amor*, sea más difícil distinguir esta línea crítica de las religiosas, puesto que no se produce siempre en una dirección unívoca. En una primera intervención en el episodio de Don Amor, tras el desfile de todas las órdenes, al igual que se nos indica el por qué los monjes no son buenos para Don Amor, se nos hará una presentación de las monjas en general como lascivas e hipócritas (1256), en conexión esta última con la Hipocresía que acechaba al mundo fraternal y que estaba tan directamente

---

27 Estrofas 1236 y ss.

conectada con las profecías de la venida del Anticristo, que este episodio de Don Amor reproduce. De ahí su importancia y conexión con él. De hecho se les atribuye el uso de los mismos afeites que a las mujeres vulgares y con la misma liviandad, «Todo su mayor fecho es dar muchos sometes,/palabrillas pintadas, fermosillos afeites;/con gestos amorosos e engañosos jug(u)etes,/trahen a muchos locos con sus falsos risetes» (1257). Por ello cuando le piden a Don Amor que more con ellas, se les indicará su no adecuada condición, son hipócritas y «aman falsamente a quantos las amavan» (1256b). Sin embargo, Don Amor debe desoír estos consejos porque si aceptara la invitación de las monjas, «todo viçio del mundo, todo plazer oviera;/si en dormitorio entrara, nunca se arrepentiera.» (1258cd), poniendo en evidencia la lascivia de las religiosas. Don Amor finalmente no entra. Más adelante, sin embargo, cuando hace éste una crítica particular de las monjas toledanas, terminarán siendo ensalzadas por su generosidad, sobriedad y devoción (1307 y ss.).

Esta misma ambigüedad en la moralidad conventual, será la que predomine en el largo episodio de Doña Garoza, que se inicia tras la aventura con la bella devota –considerada como un preludio de éste, 1321 y ss.–, y su fracasado final. Aleccionada, pues, Trotaconventos, aconseja amar «alguna monja», con el propósito de que la aventura no se frustre ni por un casamiento ni por indiscreción. Trotaconventos incita a este tipo de relaciones, no alabando, por supuesto, las cualidades propias de una vida de retiro y oración, sino las del placer y la sensualidad (1332–1342). Quien su amor no prueba, no sabe de grandes placeres, «desque me partí d'ellas, todo este viçio perdí:/quien a monjas non ama non vale un maravedí» (1339cd), puesto que en ellas se encuentra:

> Todo plazer del mundo e todo buen doñear,
> solaz de mucho sabor e el falaguero jugar,
> todo es en las monjas más que en otro lugar:
> provadlo esta vegada e quered ya sossegar. (1342)

A éstas sucederán unas actuaciones más recatadas, de manera que su comportamiento se balancea en una línea en zigzag, con sus puntos positivos y negativos, al igual que la estructuración total del episodio. En una primera intervención de Trotaconventos quedará puesta en evidencia la austeridad y pobreza de las monjas, que se mantienen a base de agua, legumbres y pescado y visten «dayas de estameña», como ejemplo de pobreza y sobriedad del convento, frente a los lujos (regalos) del mundo (1392 y ss.). Posteriormente, con un cierto sarcasmo, contrapone la pesadez del convento –largas letanías, lecturas, estudio, riñas– a la diversión exterior del mundo (1396 y ss.).[28]

---

28 Por otra parte, en claro apoyo de la aventura a la que incita, Trotaconventos lleva a cabo un sarcástico panegírico de sus ventajas y habilidades, y el autor introduce una copla maliciosa

Doña Garoza no cae en esta aventura de forma rápida y directa, sino que va precedida y seguida de una larga secuencia de pros y contras sobre la misma y su moralidad. En este sentido, incluso la tan anhelada entrevista de los dos amantes, al iniciarse con un verso de tono solemne y elevado: «En el nonbre de Dios fui a misa de mañana» (1499a), puede parecer casta. Sin embargo, teniendo en cuenta el posterior desarrollo del encuentro, podría considerarse este verso como sacrílego, en la alabanza de la beldad de la monja que denota un deseo mundano del amor (1499 y ss.), e incluso de la correspondencia de éste: «enamoróme la monja e yo enamoréla./Resçibióme la dueña por su buen servidor» (1502d y 1503a). Sin embargo, en esta misma canción se aprecia la ambigüedad en la orientación de tal amor, parece que él ha sucumbido al amor divino que ella le propone: «en quanto ella fue biva, Dios fue mi guïador» (1503d). Así ocurre con el verso de la misa, se salva del sacrilegio en cuanto que la monja es fiel a Dios, y debe ser respetada por tanto por su fiel amador. Después, en correspondencia con otras de este mismo tono, y como claro contrapunto al panegírico del principio, un nuevo cambio permite la introducción de una nueva generalización burlona sobre las monjas: es un clásico zigzag del autor, puesto de relieve por Lida de Malkiel.[29] Se suceden las vacilaciones –tengamos en cuenta que es el episodio más extenso, con el de Doña Endrina, 1332–1507–, antes de admitir al Arcipreste; y, tras su aceptación, se quiere presentar como un amor limpio y puro (no se sabe con exactitud si hubo relación carnal) y además lo hace concluir rápidamente pues la monja muere a los dos meses. Podría encuadrarse este desenlace dentro del tono de «fracaso de su autobiografía amorosa» o tal vez presentar una no definida posición en tal relación. Es cierto que el lanzamiento de la aventura amorosa de Doña Garoza va precedido y seguido de generales letanías de su gusto por los placeres mundanos, las relaciones poco ortodoxas de frailes y monjas, su escasa devoción, el incumplimiento de los votos de castidad y pobreza. Sin embargo, es evidente que el sacrificio de la vida escogida aminora la gravedad del comportamiento

---

sobre frailes golosos y monjas galantes, poniendo una vez más en evidencia el alejamiento de su vida de pobreza, castidad y recogimiento (1399), más adelante insistirá en este mismo proceder de monjas y frailes juntos, pero con mayor insistencia en su lascivia y placeres mundanos:

Sodes las monjas guardadas, deseosas, loçanas;
los clérigos cobdiçiosos desean las ufanas;
todos nadar desean, los peçes e las ranas:
a pan de quinçe días, fanbre de tres selmanas. (1491)

29 María Rosa Lida de Malkiel, *Juan Ruiz. Selección del «Libro del buen amor» y estudios críticos*, Buenos Aires, Eudeba, 1973, pp. 260 y ss.

y excusa sus deseos pecaminosos, pues, como en las canciones de monja pesa-
rosa que señala Lida de Malkiel, es entendida su lamentación por la monotonía
de sus deberes religiosos y el alejamiento de todo placer mundano, y todavía
más cuando se trata de una hermosa criatura que ha renunciado a todo para
su recogimiento.[30] Tal vez por ello Juan Ruiz ha mantenido su figura en una
evidente posición equívoca y además no aconseja finalmente los beneficios de
este amor de monjas porque «para amor del mundo mucho son peligrosas,/e
son las escuseras perezosas, mintrosas» (1505cd), y ruega a Dios por el alma
de ambos.

En Juan Ruiz, esta crítica, con una práctica antifraternal bien consolidada,
está dotada de la complejidad y ambigüedad que caracteriza la obra. De este
modo no sabemos exactamente en el episodio de Don Amor en quién radica la
hipocresía, si en Don Amor o en el Arcipreste, ambos rivales, ni en el episodio de
Doña Garoza si ésta sucumbe definitivamente a los placeres carnales. Pero lo que
sí es evidente es la importancia de su protagonismo en un episodio tan extenso,
dotando de un elevado significado aflictivo su actuación. Se la elige justamente
porque su condición de monja aseguraría el buen resultado de la relación –evita
que la indiscreción o un casamiento la frustre como ha ocurrido con las anteriores–, y por ello el amar «alguna monja» es aconsejado por Trotaconventos, como
garantía de éxito. No obstante no se consigue el objetivo porque será la propia
muerte la que frustre el suceso, con lo que el resultado es de lo más aflictivo. Y,
además, se avanza un grado más en el proceso, puesto que la sustitución de la
dama por la mujer vulgar avanza con el protagonismo traspasado a la religiosa
que «desacraliza» en cierta manera su estamento. Y asimismo la tipología aflictiva de la frustración amorosa se ve recrudecida por la entrada de este estamento
y la actuación de la muerte en el desenlace final; o, mejor considerado, recrudecida en su versión burlesca, justamente por tal disparate y su irreverencia. La
elección de la imagen fraternal en el protagonismo de la relación amorosa y su
posterior fracaso conlleva finalmente una mayor popularización antirreligiosa, y
una mayor consolidación de los trazos aflictivos de la autobiografía. Considero
que es un argumento muy importante para reafirmar nuestra inclusión del *Libro
de buen amor* en este apartado, con tanta o más solidez que en el de la seudo-
autobiografía erótica.

---

30 María Rosa Lida de Malkiel, *Juan Ruiz. Selección del «Libro del buen amor» y estudios críticos*,
p. 264.

Obras citadas

Angiolieri, Cecco, *Sonetti/Sonetos*, Antonio Lanza (ed.) y Meritxell Simó (trad.), Barcelona/ Paris, Menini/Champion, 2003.

Cabré, Miriam, *Cerverí de Girona: un trobador al servei de Pere el Gran*, Barcelona, Publicaciones de la Universidad de Barcelona, 2011.

Deyermond, Alan, «Las relaciones genéricas de la ficción sentimental española», en Anptnio Vilanova (coord.), *Symposium in honorem Profesor Martín de Riquer*, Barcelona, Quaderns Crema/Universitat de Barcelona, 1986, pp. 75–92.

Dufeil, Michel-Marie, *Guillaume de Saint-Amour et la polémique universitaire parisienne, 1250-1259*, París, Picard, 1962.

Gybbon-Monypenny, Gerald B., «Guillaume de Machaut's Erotic "Autobiography": Precedents for the Form of the *Voir-Dit*», en William Rothwell (ed.), *Studies in Medieval Literature and Languages in Memory of Frederik Whitehead*, Manchester, University Press, 1973, pp. 133–152.

—, «Autobiography in the *Libro de buen amor* in the Light of Some Literary Comparaisons», en *Bulletin of Hispanic Studies*, 34, 1957, pp. 63–78.

Joset, Jacques, «El *Libro de buen amor* en su contexto literario románico», en Guillermo Serés, Daniel Rico y Omar Sanz (eds.), *El «Libro de buen amor»: texto y contextos*, Barcelona, CECE, 2008, pp. 81–104.

—, *Nuevas investigaciones sobre el «Libro de buen amor»*, Madrid, Cátedra, 1988.

Lapesa, Rafael, «El tema de la muerte en el *Libro de buen amor*», en Jaime Sánchez Romeralo y Norbert Poulussen (coords.), *Actas del II Congreso de la Asociación Internacional de Hispanistas*, Nijmegen, University of Nijmegen, 1965, pp. 73–91.

Lida de Malkiel, María ROsa, *Juan Ruiz. Selección del «Libro del buen amor» y estudios críticos*, Buenos Aires, Eudeba, 1973.

Marti, M., *Cultura e stile nei poeti giocosí del tempo di Dante*, Pisa, Nistri-Lischi, 1953.

Martínez Pérez, Antonia, *La transformación de la lírica francesa medieval. Poesía de inspiración urbana en su contexto románico (siglo XIII)*, Granada, Editorial Universidad de Granada, 2013.

—, «La práctica literaria de la tradición antifraternal: Rutebeuf y Juan Ruiz, arcipreste de Hita», en Armando López Castro y María Luzdivina Cuesta Torre (coords.), *Actas del XI Congreso Internacional de la Asociación Hispánica de Literatura Medieval*, León, Universidad de León, 2007, vol. 2, pp. 851–862.

Rico, Francisco, «"Por aver mantenencia". El aristotelismo heterodoxo en el *Libro del buen amor*», », en Carlos Vicente Moya Valgañón, Luis Rodríguez Zúñiga, y María del Carmen Iglesias Cano (coord.) *Homenaje de José Antonio Maravall*, Madrid, Centro de Investigaciones Sociológicas, 1985, vol. 3, pp. 271–298.

Ruiz, Juan, arcipreste de Hita, *Libro de Buen Amor*, Gerald B. Gybbon-Monypenny (ed.), Madrid, Clásicos Castalia, 1992.

—, *Libro de buen amor*, Alberto Blecua (ed.), Barcelona, Planeta, 1992.

Rutebeuf, *Poemas (Del infortunio – Contra la Iglesia, las Órdenes mendicantes y la Universidad – Religiosos – De las Cruzadas)*, Antonia Martínez (ed.), Madrid, Gredos, 2002.

Segre, Cesare, «Intertestualità e interdiscursività nel romanzo e nella poesia», en *Teatro e romanzo. Due tipi di comunicazione letteraria*, Torino, Einaudi, 1984, pp. 103–118.

Sherling, Miller, «La función de la hipocresía en el *Libro del buen amor*», en *Spanish 591: «Libro de buen amor»*, Seattle, Universidad de Washington, s.a., s.p. (trabajo de seminario inédito) [fecha de consulta: 30-10-2017] <https://faculty.washington.edu/ petersen/lba/sherling.htm>.

Georgina Olivetto

Política y sermón: Alonso de Cartagena en el Concilio de Basilea

Resumen: Se da nueva noticia de los sermones latinos pronunciados por Alonso de Cartagena durante su misión diplomática en el Concilio de Basilea (1434–1439), que la crítica durante años ha dado por perdidos, con amplia recopilación de testimonios que los conservan. Se releva asimismo la producción de Cartagena en su etapa conciliar, su contenido teórico-político y su relación con otros textos que contribuirían a una correcta atribución de estas piezas homiléticas.

Palabras clave: Sermón, diplomacia, Concilio de Basilea, Alonso de Cartagena

Alonso de Cartagena, obispo de Burgos y embajador al servicio de Juan II de Castilla ante el Concilio de Basilea entre 1434 y 1439,[1] es autor de numerosas piezas de oratoria jurídica y religiosa que han llegado a nuestros días solo de manera parcial. Su epitafio en la Capilla de la Visitación, sede de su sepultura en la Catedral de Burgos,[2] da cuenta de una extensa producción letrada y menciona en último término un verdadero bastión en su carrera diplomática: la *Propositio super altercatione præminentiæ sedium* (1434),[3] defensa de la Corona de Castilla

---

1 Para la figura histórica de Alonso García de Santa María o de Cartagena (1385–1456), véase Luciano Serrano, *Los conversos Pablo de Santa María y Alfonso de Cartagena: obispos de Burgos, gobernantes, diplomáticos y escritores*, Madrid, Consejo Superior de Investigaciones Científicas, 1942; Francisco Cantera Burgos, *Alvar García de Santa María y su familia de conversos. Historia de la judería de Burgos y de sus conversos más egregios*, Madrid, Consejo Superior de Investigaciones Científicas, 1952, y Luis Fernández Gallardo, *Alonso de Cartagena (1385–1456). Una biografía política en la Castilla del siglo XV*, Valladolid, Junta de Castilla y León, 2002.
2 «[...] plures livros ad utilitatem publicam condidit : Defensorium fidei : Oracionale : Memoriale virtutum : Doctrinale militum : Genealogia regum ispaniæ : Duodenarium : et de preeminencia sesionis inter Castelle et Anglie reges tractatum edidid et in concilio vasiliensi pro regno Castelle sentenciam derimiit», en Francisco Cantera Burgos, *Alvar García de Santa María y su familia de conversos*, p. 491, n. 51.
3 Discurso recogido en numerosos testimonios, tal como puede verse en María Morrás, «Repertorio de obras, mss. y documentos de Alfonso de Cartagena (*ca.* 1384–1456)», en *Boletín Bibliográfico de la Asociación Hispánica de Literatura Medieval*, 5 (1991), pp. 224–225, nº 9, y en la edición de María Victoria Echevarría Gaztelumendi, *Edición crítica del discurso de Alfonso de Cartagena «Propositio super altercatione præminentiæ sedium inter oratores regum Castellæ et Angliæ in Concilio Basiliense»: versiones en latín y castellano*, Madrid, Universidad Complutense, 1992.

Georgina Olivetto, Universidad de Buenos Aires/CONICET

https://doi.org/10.1515/9783110450828-015

en la pugna con Inglaterra por el *ordo sedendi*, esto es, por la prelación jerárquica en los asientos en el Concilio de Basilea, dirimida finalmente en favor de la legación castellana.

El *Inventario* de la Visitación de 1487 conservado en el Archivo catedralicio,[4] donde constan «Los libros q. estan debaxo de las gradas del altar de la capilla, q. hordeno e conpuso el dicho s. obispo Don Alonso e despues de su fallescimiento se pusyeron alli con cadenas», aporta asimismo interesantes referencias a textos ligados a la misión diplomática de Alonso de Cartagena en Basilea.[5] Por un lado, la referida *Propositio*, preservada en un *in folio* al que el padre Flórez tuvo acceso en el siglo XVIII,[6] volumen que también contiene documentación sobre las sesiones conciliares (años 1431–1435), un repertorio de jurisprudencia y la repetición sobre la *lex Gallus* acerca del derecho sucesorio (*De liberis et postumis instituendis*), discurso forense pronunciado por Cartagena ante la comunidad académica de Aviñón, en un alto de la comitiva en camino hacia el concilio.[7] Por

---

4 Arch. Visit., Libro I (Testamentos y Memorias. 1487), f. CXVI, en Francisco Cantera Burgos, *Alvar García de Santa María y su familia de conversos*, pp. 448–449.

5 Acerca del desempeño de Cartagena en esta segunda embajada castellana, presidida por Álvaro de Isorna, véanse Luis Suárez Fernández, *Castilla, el Cisma y la crisis conciliar (1378–1440)*, Madrid, Consejo Superior de Investigaciones Científicas, 1960; Vicente Beltrán de Heredia, «La embajada de Castilla en el Concilio de Basilea y su discusión con los ingleses acerca de la precedencia», en *Hispania Sacra*, 10 (1957), pp. 1–27; Vicente Ángel Álvarez Palenzuela, «La situación europea en época del Concilio de Basilea. Información de la embajada del Reino de Castilla», en *Archivos Leoneses. Revista de Estudios y Documentación de los Reinos Hispano-Occidentales*, XLVI.91–92 (1992), pp. 9–292; Denise Hackett Kawasaki, *The Castilian Fathers at the Council of Basel*, Ann Arbor, University of Wisconsin-Madison, 2008 (tesis doctoral inédita), y Tomás González Rolán y Pilar Saquero Suárez-Somonte, «Los comienzos de la diplomacia moderna en Castilla: Alfonso de Cartagena (1385–1456)», en *La Corónica* 39.1 (2010), pp. 147–160.

6 Entrada 5 del *Inventario*: «Otro libro en que están muchas quistiones e tratados que fizo el dicho señor Obispo en el concilio de Vasylea, en q. está la disputa sobre la sylla de Castilla con los enbaxadores de Ynglaterra», en Francisco Cantera Burgos, *Alvar García de Santa María y su familia de conversos*, p. 448. Véase el testimonio de Enrique Flórez, «Alfonso de Cartagena», en *España Sagrada*, 26 (1771), pp. 388–402, con esta referencia en pp. 397–398. El códice, catalogado actualmente en el Archivo de la Catedral de Burgos con la signatura 11, sería el único conservado de la dotación original de la *opera omnia* de Cartagena (véase Georgina Olivetto, «Alonso de Cartagena: ante el manuscrito de autor», en *Romance Philology*, 68 [2014], pp. 45–64). La descripción del códice en Demetrio Mansilla, *Catálogo de los códices de la Catedral de Burgos*, Madrid, Consejo Superior de Investigaciones Científicas, 1952, pp. 86–88, y María Morrás, «Repertorio de obras, mss. y documentos de Alfonso de Cartagena (*ca.* 1384–1456)», pp. 236–237, n° 34.

7 Edición bilingüe y estudio histórico-jurídico en Rafael Sánchez Domingo, *El derecho común en Castilla. Comentario a la «Lex Gallus» de Alonso de Cartagena*, Burgos, Santos, 2002. Véanse también Luis Fernández Gallardo, *Alonso de Cartagena (1385–1456)*, pp. 135–138, y Salustiano de Dios, «Los juristas de Salamanca en el siglo XV», en Salustiano de Dios y Eugenia Torijano

otro lado, un compendio de documentos conciliares reunido por el propio obispo y no conservado a la fecha, que se ha identificado habitualmente con el primer códice aunque podría tratarse en verdad de una copia o de una segunda parte del mismo, ya que también incluiría la *Propositio*.[8]

Pero más allá de estas piezas, merece nuestra atención la séptima entrada del *Inventario*, que da cuenta de: «Otro libro de muchos sermones en latyn del dicho señor Obispo».[9] Aunque no se explicitan las circunstancias en que dichos sermones fueron pronunciados, sí se describe un volumen homogéneo con textos latinos de un único autor, con al menos un *terminus ante quem* para su compilación en 1487, fecha del registro.[10] La escueta referencia tampoco permite especular acerca de la compilación original del sermonario, si se trató de una iniciativa del propio Cartagena o de algún colaborador, antes o después de su muerte. Pero la mención de «muchos sermones», todos ellos puestos por escrito, invita a pensar no en borradores o en notas, sino en textos acabados. En cuanto a la función del volumen, su conservación dentro del *corpus* dispuesto *post mortem* en la capilla burgalesa hace suponer un destino último ligado a la preservación documental.

De los contenidos de la colección nada sabemos, pues el códice no ha llegado a nuestros días, pero sí debe considerarse un tipo de sermón latino *ad clerum* toda vez que la jerarquía política y eclesiástica de nuestro autor hizo imprescindible su activa participación en sínodos y asambleas conciliares.

Como bien observa Black, los historiadores del concilio basiliense son particularmente afortunados, pues cuentan con una amplísima documentación, que abarca desde tratados y detalladas crónicas de testigos presenciales, hasta correspondencia privada, *memoranda* confidenciales y documentos públicos.[11]

(eds.), *Cultura, política y práctica del derecho: juristas de Salamanca, siglos XV-XX*, Salamanca, Universidad, 2012, pp. 13–70.

8 Entrada 17 del *Inventario*: «Item un bolumen grande q. el dicho señor obispo hizo compilar de los fechos del Conçilio de Basylea a donde estaba enbaxador q. comiença desde el comienzo del Conçilio que fue a [...] de [...] año e se continua fasta [...]», en Francisco Cantera Burgos, *Alvar García de Santa María y su familia de conversos*, p. 449. Se ha sugerido también su posible relación con los misceláneos de asunto basiliense de la Biblioteca Nacional de España, MSS/9262, y del Archivo General de Simancas, Estado, Francia, K-1711, este último depositario, entre numerosas cartas, bulas y deliberaciones, de otras dos importantes piezas oratorias de Cartagena ligadas a su actividad conciliar, las *Allegationes super conquesta Insularum Canariæ contra portugalenses* y la *Propositio facta coram domino Rege Romanorum*.

9 En Francisco Cantera Burgos, *Alvar García de Santa María y su familia de conversos*, p. 448.

10 Para esta descripción partimos de los lineamientos de Jean Longère, *La prédication médiévale*, Paris, Études Augustiniennes, 1983.

11 Antony J. Black, «The Universities on the Council of Basle: Ecclesiology and Tactics», en *Annuarium Historiæ Conciliorum*, 6 (1974), pp. 341–351.

Pero, ante todo, disponen de las propias actas notariales y de registros valiosos como la *Historia actorum generalis synodi Basiliensis* de Juan de Segovia o *De gestis concilii Basiliensis* de Enea Silvio Piccolomini.[12] Dichos materiales permiten trazar un panorama muy completo de la asamblea, tanto de sus sesiones como de sus conflictos protocolares, disputas eclesiológicas, negociaciones políticas y, por supuesto, de sus ceremonias religiosas. Y si nos detenemos concretamente en las actas conciliares podemos recabar también alguna información sobre la actividad litúrgica de Cartagena, primero como deán de Santiago (*decanus Compostellanus*) y luego como obispo de Burgos (*episcopus Burgensis*).[13] Sabemos, por ejemplo, que los días 2 de noviembre de 1436 y 5 de agosto de 1438 celebró misa solemne, pero que en esta última fecha, fiesta de santo Domingo, pronunció también un «sermo solemnis ad clerum».[14] Sabemos aún con más exactitud que un primero de noviembre del año 1435, la misa fue oficiada por el cardenal de Chipre y el sermón del día de Todos los Santos quedó a cargo del «dominus electus Burgensis in Ispania sub theumate Beati mundo corde».[15]

La crítica no ha sido ajena a esta información y en numerosas oportunidades ha dedicado algunas líneas a los sermones basilienses de Cartagena, pero desde las precisas notas de Birkenmajer a su edición de la polémica entre el obispo y Leonardo Bruni por la nueva traducción de la *Ethica* aristotélica (también conocida como *Controversia Alphonsiana*),[16] los avances en el conocimiento de estos textos han sido mínimos o simplemente desalentadores.

---

12 Véanse ahora Thomas M. Izbicki, «The Official Records of the Council», en Michiel Decaluwé, Thomas M. Izbicki y Gerald Christianson (eds.), *A Companion to the Council of Basel*, Boston, Brill, 2016, pp. 39–49, y Jesse D. Mann, «Histories of the Council», en Michiel Decaluwé, Thomas M. Izbicki y Gerald Christianson (eds.), *A Companion to the Council of Basel*, Boston, Brill, 2016, pp. 50–72.

13 Johannes Haller, Gustav Beckmann *et al.* (eds.), *Concilium Basiliense. Studien und Quellen zur Geschichte des Concils von Basel, herausgegeben mit Unterstützung der Historischen und Antiquarischen Gesellschaft von Basel*, Basel, Helbing & Lichtenhahn, 1900 (hay una reimpresión de Nendeln, Kraus Reprint, 1971).

14 Johannes Haller, Gustav Beckmann *et al.* (eds.), *Concilium Basiliense, Studien und Quellen zur Geschichte des Concils von Basel*, vol. 6, p. 288.

15 Johannes Haller, Gustav Beckmann *et al.* (eds.), *Concilium Basiliense, Studien und Quellen zur Geschichte des Concils von Basel*, vol. 3, p. 557.

16 Sobre las *Declinationes contra novam translationem Ethicorum* o *Controversia Alphonsiana*, resultado de la llegada a Castilla de la traducción latina de Leonardo Bruni entre 1430 y 1432, véanse las ediciones y estudios de Alexander Birkenmajer, «Der Streit des Alonso von Cartagena mit Leonardo Bruni Aretino», en Alexander Birkenmajer (ed), *Vermischte Untersuchungen zur Geschichte der mittelalterlichen Philosophie*, monografía de *Beiträge zur Geschichte der Philosophie des Mittelalters*, 20.5 (1922), pp. 129–236, y Tomás González Rolán, Antonio Moreno Hernández y Pilar Saquero Suárez-Somonte (eds.), *Humanismo y Teoría de la Traducción en España e*

Anunciaba Birkenmajer en 1922 que «zwei unbekannte Reden unseres Prälaten» podían encontrarse en el ms. Rehdig. 177 de la Biblioteca Universitaria de Breslau (Wrocław, actual Polonia), uno dedicado a Santo Tomás de Aquino y el otro, que ya conocemos por las actas conciliares, a la festividad de Todos los Santos, ambos pronunciados en Basilea en el año de 1435.[17] Ofrecía el erudito polaco epígrafes y números de folios, y agregaba una nueva nota en la que hacía constar la existencia de una copia de los mismos textos en el ms. 1614 de la Biblioteca Jagellónica de Cracovia. Los datos esta vez eran más precisos: *incipit*, foliación e incluso apuntes breves sobre dos citas aristotélicas contenidas en el primero de ellos, resaltando con agudeza las coincidencias temáticas entre el texto homilético y la *Controversia Alphonsiana*, lo que permitiría precisar su atribución. Señalaba por fin la existencia de un tercer testimonio en la Biblioteca Vaticana, Vat. Lat. 939.[18]

Los estragos de la Segunda Guerra Mundial (especialmente sobre Breslau, cuya biblioteca sufrió la desaparición de entre un 30 y un 40% de sus fondos),[19] el escaso intercambio con las bibliotecas polacas y la dificultad para acceder a sus depósitos y catálogos, fueron factores que por mucho tiempo impusieron un paréntesis en la investigación y que llevaron a la crítica, casi unánimemente, a repetir las noticias de Birkenmajer y a dar a estos códices por perdidos, sin consultar al menos el catálogo de Aland.[20] Sabemos, no obstante, de la preocupación de Tate por confirmar los asertos de Birkenmajer, aunque sus indagaciones sobre el ms. Rehdig. 177 recibieran una respuesta negativa.[21] Morrás, por su parte, indexa en su «Repertorio» ambos sermones a partir de Birkenmajer, pero los da por perdidos y se apoya en Tate para confirmar la ausencia del códice Rehdigeriano, aunque sugiere, con signo de interrogación, la existencia de un nuevo

---

Italia en la primera mitad del siglo XV. Edición y estudio de la «Controversia Alphonsiana» (Alfonso de Cartagena vs. L. Bruni y P. Candido Decembrio), Madrid, Ediciones Clásicas, 2000.

17 Alexander Birkenmajer, «Der Streit des Alonso von Cartagena mit Leonardo Bruni Aretino», p. 131, n. 1.

18 Alexander Birkenmajer, «Der Streit des Alonso von Cartagena mit Leonardo Bruni Aretino», p. 227, y, en la misma página, n. 1.

19 Véase al respecto Beata Baczyńska y José Luis Losada Palenzuela, «Libros españoles en el fondo antiguo de la Universidad de Wrocław», en María Luisa Lobato y Francisco Domínguez Matito (eds.), *Memoria de la palabra. Actas del VI Congreso de la Asociación Internacional Siglo de Oro*, Madrid/Frankfurt, Iberoamericana/Vervuert, 2004, vol. 2, pp. 1195–1202.

20 Kurt Aland, *Die Handschriftenbestände der polnischen Bibliotheken, insbesondere an griechischen und lateinischen Handschriften von Autoren und Werken der klassischen bis zum Ende der patristischen Zeit*, Berlin, Akademie, 1956.

21 Robert Brian Tate, *Ensayos sobre la historiografía peninsular del siglo XV*, Madrid, Gredos, 1970, p. 59, n. 4.

testimonio en la Biblioteca Vaticana.[22] Lawrance también se hace eco de estas noticias, pero evita pronunciarse sobre la posible falta de estos códices.[23] Por fin, Fernández Gallardo enuncia la «total desaparición de los sermones» que, como no podría explicarse por la naturaleza efímera y oral de este género, ya que el concilio exigía el apego de los oradores al texto escrito, podría atribuirse entonces a la censura (propia o ajena) ante una vacilación o retractación del obispo en sus iniciales convicciones conciliaristas.[24]

La última dificultad podemos encontrarla en el insuficiente contacto entre la Filología y la Teología, ya que el sermón de Santo Tomás fue editado críticamente en 1994 por Thomas Prügl, aunque con una salvedad: el editor atribuye el texto, como lo hacen los epígrafes de algunos testimonios, a Juan de Torquemada, también destacado representante castellano en el concilio y coincidente con Cartagena en las sesiones del año 1435.[25] Se comprende entonces que el título de la publicación, con la referencia a Torquemada, no haya despertado el interés de los estudiosos de la obra de Cartagena, pero el acceso a la edición de Prügl hubiera abierto considerablemente las puertas a una recuperación de los sermones, pues en ella se enumeran otros cuatro testimonios en bibliotecas de Wiesbaden, Pommersfelden, Koblenz y Ciudad del Vaticano.

El rastreo a través de catálogos de bibliotecas o a partir de los tomos del *Iter* de Kristeller[26] también permite completar el proceso de recuperación, ahora mucho

---

22 María Morrás, «Repertorio de obras, mss. y documentos de Alfonso de Cartagena (*ca.* 1384–1456)», pp. 225–226. Allí menciona «*Vaticana 232?*», pero sin más datos que permitan identificarlo, a menos que se trate de una errata por Vat. Lat. 939, mencionado por Alexander Birkenmajer, «Der Streit des Alonso von Cartagena mit Leonardo Bruni Aretino», p. 227, n. 1, a partir de Richard Scholz, «Eine humanistische Schilderung der Kurie aus dem Jahre 1438. Herausgegeben aus einer vatikanischen Handschrift», en *Quellen und Forschungen aus italienischen Archiven und Bibliotheken*, 16 (1914), pp. 108–153, con la referencia en p. 109.

23 Jeremy Lawrance, «*De actibus Alfonsi de Cartagena:* Biography and the Craft of Dying in Fifteenth-Century Castile», en David Hook (ed.), *Text & Manuscript in Medieval Spain. Papers from the King's College Colloquium*, Exeter, King's College London, 2000, pp. 121–184, con la referencia en p. 163, n. 17.

24 Luis Fernández Gallardo, *Alonso de Cartagena (1385–1456)*, pp. 178–179, y *La obra literaria de Alonso de Cartagena (1385–1456). Ensayo de historia cultural*, Saarbrücken, Editorial Académica Española, 2012, pp. 163–164.

25 Thomas Prügl, «Die Predigten am Fest des hl. Thomas von Aquin auf dem Basler Konzil – mit einer Edition des *Sermo de Sancto Thoma* des Johannes de Turrecremata OP», en *Archivum Fratrum Prædicatorum*, 64 (1994), pp. 145–199.

26 Paul Oskar Kristeller, *Iter Italicum. Accedunt alia itinera. A Finding List of Uncatalogued or Incompletely Catalogued Humanistic Manuscripts of the Renaissance in Italian and other Libraries*, vol. 4, *(Alia itinera II) Great Britain to Spain*, London/New York, The Warburg Institute/E. J. Brill, 1989, y vol. 6 *(Italy III and Alia itinera IV), Supplement to Italy (G-V), Supplement to Vatican and Austria to Spain*, London/Leiden, The Warburg Institute/E. J. Brill, 1992.

más ágil por la disponibilidad de buena parte de los repertorios digitalizados.[27] A través de estos recursos, de hecho, hemos logrado localizar un tercer sermón atribuido a nuestro obispo, el 6 de enero de 1437, en ocasión de la fiesta de la Epifanía, en al menos cinco manuscritos. Pero la clave reside en no buscar por Alonso de Cartagena, ante la posibilidad de otras atribuciones o de falta de menciones de autor, sino hacerlo por *incipit* o, de manera más general, por colecciones de sermones basilienses, porque es necesario advertir que estos textos en ningún caso se encuentran junto con tratados u otro tipo de escritos de Cartagena, o incluso junto a documentación del concilio (a menos que se trate de un facticio, como el Laud misc. 96 de la Bodleian Library), sino muy concretamente en compilaciones de sermones pronunciados en este escenario histórico o en conjunción con el concilio de Constanza. Incluso es de notar que el volumen citado en el *Inventario* de la capilla de la Visitación constituye un sermonario, un volumen individual de sermones latinos dentro de un *corpus* general donde sí se recogen otras intervenciones del obispo en Basilea e incluso otras piezas retóricas como el discurso por la prelación ante los embajadores ingleses.

Estamos, pues, ante un interesante trabajo de reintegración de los sermones de Cartagena al total de su obra, con algunas certezas y algunos desafíos. En principio podemos afirmar que los mss. Rehdig. 177 y Crac. 1614 afortunadamente no permanecen perdidos sino que están disponibles en sus respectivas bibliotecas. También que algunos testimonios ya se encuentran digitalizados o que incluso han sido digitalizados después de nuestra consulta, como el ms. Balliol College, 164. Sabemos asimismo que son altas las probabilidades de rescatar otros testimonios en Basilea (Universitätsbibliothek A III 17a y A V 9) y que, entre varias piezas anónimas dedicadas al mismo tema, podría intentarse la identificación del sermón que, según las actas conciliares, Cartagena dedicó a santo Domingo.

Pero estamos también ante importante número de testimonios ya comprobados para cada una de las piezas homiléticas, de los que ofrecemos una primera lista a fin de retirar definitivamente estos textos del triste catálogo de la «literatura perdida».

---

27 La última e inconclusa sección del *Repertorium* de Johann B. Schneyer no incluye sermones vinculados a Alonso de Cartagena, aunque de todos modos es herramienta útil para el rastreo de *themata* y de otras piezas de la misma época. Véase Ludwig Hödl y Wendelin Knoch (eds.), *Repertorium der lateinischen Sermones des Mittelalters für die Zeit von 1350 bis 1500 nach den Vorarbeiten von J.B. Schneyer*, Münster, Aschendorff, 2001 (CD-ROM).

Sermón de santo Tomás[28]
7 de marzo de 1435 (cumpleaños de Juan II de Castilla)
Thema: «Non potest civitas abscondi supra montem posita etc.» (Mt 5:14)
Vaticano, Biblioteca Apostólica Vaticana, Chig. C VII 213
Vaticano, Biblioteca Apostólica Vaticana, Vat. Lat. 939
Oxford, Balliol College, 164
Oxford, Bodleian Library, Laud misc. 96
Koblenz, Landeshauptarchiv, Best. 701, n° 245 (*olim* 149)
Pommersfelden, Gräflich Schönbornsche Bibliothek, 169 (2686)
Wiesbaden, Nassauische Landesbibliothek, 11 (*olim* H-VII-P)
Kraków, Biblioteka Jagiellońska, Crac. 1614
Wrocław, Biblioteka Uniwersitecka, Rehdig. 177.

Sermón del Día de Todos los Santos
1 de noviembre de 1435
Thema: «Beati mundo corde» (Mt. 5:8)
Pommersfelden, Gräflich Schönbornsche Bibliothek, 169 (2686)
Würzburg, Universitätsbibliothek, M. ch. f. 64.
Kraków, Biblioteka Jagiellońska, Crac. 1614
Wrocław, Biblioteka Uniwersitecka, Rehdig. 177.

Sermón de la Epifanía
6 de enero de 1437
Thema: «Obtulerunt ei munera aurum, thus et myrrham» (Mt. 2:11)
Vaticano, Biblioteca Apostólica Vaticana, Chig. C VII 213
Vaticano, Biblioteca Apostólica Vaticana, Pal. Lat. 596
Koblenz, Landeshauptarchiv, Best. 701, n° 245 (*olim* 149)
Köln, Historisches Archiv der Stadt Köln, Best. 7002, GB f° 123.
Würzburg, Universitätsbibliothek, M. ch. f. 64.

Obras citadas

Aland, Kurt, *Die Handschriftenbestände der polnischen Bibliotheken, insbesondere an griechischen und lateinischen Handschriften von Autoren und Werken der klassischen bis zum Ende der patristischen Zeit*, Berlin, Akademie, 1956.
Álvarez Palenzuela, Vicente Ángel, «La situación europea en época del concilio de Basilea. Información de la embajada del Reino de Castilla», en *Archivos Leoneses. Revista de Estudios y Documentación de los Reinos Hispano-Occidentales*, XLVI.91-92 (1992), pp. 9–292.

---

28 La atribución a Juan de Torquemada puede discutirse desde varios ángulos. Hay tantos otros manuscritos que lo atribuyen concretamente a Alonso de Cartagena pero, sobre todo, como observó Birkenmajer, hay una serie de coincidencias notables entre este texto y la *Controversia Alphonsiana*.

Baczyńska, Beata, y José Luis Losada Palenzuela, «Libros españoles en el fondo antiguo de la Universidad de Wrocław», en María Luisa Lobato y Francisco Domínguez Matito (eds.), *Memoria de la palabra. Actas del VI Congreso de la Asociación Internacional Siglo de Oro*, Madrid/Frankfurt, Iberoamericana/Vervuert, 2004, vol. 2, pp. 1195–1202.

Beltrán de Heredia, Vicente, «La embajada de Castilla en el concilio de Basilea y su discusión con los ingleses acerca de la precedencia», en *Hispania Sacra*, 10 (1957), pp. 1–27.

Birkenmajer, Alexander, «Der Streit des Alonso von Cartagena mit Leonardo Bruni Aretino», en *Vermischte Untersuchungen zur Geschichte der mittelalterlichen Philosophie*, monografía de *Beiträge zur Geschichte der Philosophie des Mittelalters*, 20.5 (1922), pp. 129–236.

Black, Antony J., «The Universities on the Council of Basle: Ecclesiology and Tactics», en *Annuarium Historiæ Conciliorum*, 6 (1974), pp. 341–351.

Cantera Burgos, Francisco, *Alvar García de Santa María y su familia de conversos. Historia de la judería de Burgos y de sus conversos más egregios*, Madrid, Consejo Superior de Investigaciones Científicas, 1952.

Dios, Salustiano de, «Los juristas de Salamanca en el siglo XV», en Salustiano de Dios y Eugenia Torijano (eds.), *Cultura, política y práctica del derecho: juristas de Salamanca, siglos XV-XX*, Salamanca, Universidad, 2012, pp. 13–70.

Echevarría Gaztelumendi, María Victoria (ed.), *Edición crítica del discurso de Alfonso de Cartagena «Propositio super altercatione præminentiæ sedium inter oratores regum Castellæ et Angliæ in Concilio Basiliense»: versiones en latín y castellano*, Madrid, Universidad Complutense, 1992.

Fernández Gallardo, Luis, *Alonso de Cartagena (1385–1456). Una biografía política en la Castilla del siglo XV*, Valladolid, Junta de Castilla y León, 2002.

—, *La obra literaria de Alonso de Cartagena (1385–1456). Ensayo de historia cultural*, Saarbrücken, Editorial Académica Española, 2012.

Flórez, Enrique, «Alfonso de Cartagena», en *España Sagrada*, 26 (1771), pp. 388–402.

González Rolán, Tomás, Antonio Moreno Hernández y Pilar Saquero Suárez-Somonte (eds.), *Humanismo y Teoría de la Traducción en España e Italia en la primera mitad del siglo XV. Edición y estudio de la «Controversia Alphonsiana» (Alfonso de Cartagena vs. L. Bruni y P. Candido Decembrio)*, Madrid, Ediciones Clásicas, 2000.

González Rolán, Tomás, y Pilar Saquero Suárez-Somonte, «Los comienzos de la diplomacia moderna en Castilla: Alfonso de Cartagena (1385–1456)», en *La Corónica* 39.1 (2010), pp. 147–160.

Haller, Johannes, Gustav Beckmann *et al.* (eds.), *Concilium Basiliense. Studien und Quellen zur Geschichte des Concils von Basel, herausgegeben mit Unterstützung der Historischen und Antiquarischen Gesellschaft von Basel*, Nendeln, Kraus Reprint, 1971.

—, *Concilium Basiliense. Studien und Quellen zur Geschichte des Concils von Basel, herausgegeben mit Unterstützung der Historischen und Antiquarischen Gesellschaft von Basel*, Basel, Helbing & Lichtenhahn, 1900.

Hödl, Ludwig, y Wendelin Knoch (eds.), *Repertorium der lateinischen Sermones des Mittelalters für die Zeit von 1350 bis 1500 nach den Vorarbeiten von J.B. Schneyer*, Münster, Aschendorff, 2001 [CD-ROM].

Izbicki, Thomas M., «The Official Records of the Council», en Michiel Decaluwé, Thomas M. Izbicki y Gerald Christianson (eds.), *A Companion to the Council of Basel*, Boston, Brill, 2016, pp. 39–49.

Kawasaki, Denise Hackett, *The Castilian Fathers at the Council of Basel*, Ann Arbor, University of Wisconsin-Madison, 2008 (tesis doctoral inédita).

Kristeller, Paul Oskar, *Iter Italicum. Accedunt alia itinera. A Finding List of Uncatalogued or Incompletely Catalogued Humanistic Manuscripts of the Renaissance in Italian and other Libraries*, vol. 6 *(Italy III and Alia itinera IV), Supplement to Italy (G-V), Supplement to Vatican and Austria to Spain*, London/Leiden, The Warburg Institute/E. J. Brill, 1992.

—, *Iter Italicum. Accedunt alia itinera. A Finding List of Uncatalogued or Incompletely Catalogued Humanistic Manuscripts of the Renaissance in Italian and other Libraries*, vol. 4, *(Alia itinera II) Great Britain to Spain*, London/New York, The Warburg Institute/E. J. Brill, 1989.

Lawrance, Jeremy, «*De actibus Alfonsi de Cartagena*: Biography and the Craft of Dying in Fifteenth-Century Castile», en David Hook (ed.), *Text & Manuscript in Medieval Spain. Papers from the King's College Colloquium*, Exeter, King's College London, 2000, pp. 121–184.

Longère, Jean, *La prédication médiévale*, Paris, Études Augustiniennes, 1983.

Mann, Jesse D., «Histories of the Council», en Michiel Decaluwé, Thomas M. Izbicki y Gerald Christianson (eds.), *A Companion to the Council of Basel*, Boston, Brill, 2016, pp. 50–72.

Mansilla, Demetrio, *Catálogo de los códices de la Catedral de Burgos*, Madrid, Consejo Superior de Investigaciones Científicas, 1952.

Morrás, María, «Repertorio de obras, mss. y documentos de Alfonso de Cartagena (*ca.* 1384–1456)», en *Boletín Bibliográfico de la Asociación Hispánica de Literatura Medieval*, 5 (1991), pp. 213–248.

Olivetto, Georgina, «Alonso de Cartagena: ante el manuscrito de autor», en *Romance Philology*, 68 (2014), pp. 45–64.

Prügl, Thomas, «Die Predigten am Fest des hl. Thomas von Aquin auf dem Basler Konzil – mit einer Edition des *Sermo de Sancto Thoma* des Johannes de Turrecremata OP», en *Archivum Fratrum Prædicatorum*, 64 (1994), pp. 145–199.

Sánchez Domingo, Rafael, *El derecho común en Castilla. Comentario a la «Lex Gallus» de Alonso de Cartagena*, Burgos, Santos, 2002.

Scholz, Richard, «Eine humanistische Schilderung der Kurie aus dem Jahre 1438. Herausgegeben aus einer vatikanischen Handschrift», en *Quellen und Forschungen aus italienischen Archiven und Bibliotheken*, 16 (1914), pp. 108–153.

Serrano, Luciano, *Los conversos Pablo de Santa María y Alfonso de Cartagena: obispos de Burgos, gobernantes, diplomáticos y escritores*, Madrid, Consejo Superior de Investigaciones Científicas, 1942.

Suárez Fernández, Luis, *Castilla, el Cisma y la crisis conciliar (1378–1440)*, Madrid, Consejo Superior de Investigaciones Científicas, 1960.

Tate, Robert Brian, *Ensayos sobre la historiografía peninsular del siglo XV*, Madrid, Gredos, 1970.

Rachel Peled Cuartas

De las *maqamat* árabes hebreas hasta la Picaresca: trayectoria de humor e ironía

Resumen: Desde la época de al Hariri, la *maqama* árabe y hebrea se convirtió en una plataforma capaz de dar voz a los márgenes sociales. En una literatura estructurada rígidamente por géneros, esta opción ofrecía una vía de escape a tensiones y grietas que no podían tener lugar en otros géneros. Gracias al diálogo intercultural, los ecos del género árabe hebraico han llegado a apreciarse hasta en la Picaresca. De este modo, el juego de los marcos narrativos, cuya base se encontraba en este género, se desarrolló en la Picaresca hasta obtener allí su máximo sentido irónico, así como una doble lectura durante el Barroco. En la segunda parte del artículo, se traza una trayectoria que observa el sentido ideológico y social que obtienen las figuras femeninas en su representación literaria, desde las *maqamat* hebreas de los siglos XII y XIII hasta la novela picaresca de principios del XVII.

Palabras clave: *Maqamat*, picaresca, *La pícara Justina*, López de Úbeda, representación femenina, márgenes sociales, conversos

Desde el inicio de su larga trayectoria la *maqama* árabe y hebrea se convirtió en una plataforma que daba voz central a los márgenes sociales. En una literatura estructurada rígidamente por géneros que marcaban tanto las cuestiones morfológicas como asuntos de lenguaje y contenido, esta opción ofrecía una vía de escape a tensiones y grietas que no podían tener lugar (en el sentido literal de la expresión) en otras obras.

Gracias al diálogo intercultural en la Península Ibérica medieval (en gran parte de literatura oral, como muestra Pedrosa, se puede apreciar la influencia de las *maqamat* hebreo árabes en obras romances, permitiendo tratar cuestiones sociales o religiosas que sería difícil de otro modo.[1] Como indican Márquez de Villanueva y López Baralt entre otros, los ecos del género árabe hebraico se notaron hasta en la Picaresca española del Renacimiento y Barroco. En este último

---

[1] José Manuel Pedrosa, «La pastora Marcela, la pícara Justina, la necia Mergelina: voces, cuerpos y heroísmos femeninos en el Barroco», en Marina Sanfilippo, Helena Guzmán y Ana Zamorano (coords.), en *Mujeres de palabra: géneros y narración oral en voz femenina*, Madrid, Universidad Nacional de Educación a Distancia, 2017, pp. 231–270.

Rachel Peled Cuartas, Universidad Hebrea de Jerusalén/Universidad de Alcalá

https://doi.org/10.1515/9783110450828-016

género entra en juego también la tensión religiosa, que late constantemente bajo el «código converso» inmanente al mundo picaresco, como se ha demostrado en las dos últimas décadas, por ejemplo en las investigaciones de Kaplan y Fine.[2]

Hoy me gustaría trazar una trayectoria que observe el sentido ideológico y religioso de los márgenes sociales en su representación literaria, desde las *maqamat* hebreas de los siglos XII y XIII, pasando por obras romances de los siglos XIV y XV, hasta la novela picaresca a principios del siglo xvii, o desde el Harizi hasta López de Úbeda. Veremos cómo las convenciones genéricas tanto de forma como de contenido permitían expresar las voces silenciadas tanto de las mujeres como de los conversos.

Los trabajos de Hus y Drori[3] junto con otros investigadores sobre la *maqama* árabe presentan una forma literaria bastante amplia dividida en tres subgéneros principales:

La maqama preclásica: un modelo diseñado por al Hamdani (968–1008) en el primer libro de *maqamat* encontrado hasta hoy. Se trata de una antología de cuentos breves, independientes, escritos en prosa rimada con poemas engarzados. En todos los cuentos aparece el mismo narrador ficticio (Isá ben Hashem) y en parte también el mismo protagonista (Abu el Fatah alAskandari).

La maqama clásica: sobre la base de al Hamdani el Hariri (1054–1122) se crea este subgénero. Como el modelo anterior, de nuevo se trata de una antología de cuentos independientes. A diferencia de la forma preclásica, aquí siempre aparecen dos personajes fijos: el narrador y el protagonista, con nombres ficticios. Los poemas engarzados adquieren un estilo de lenguaje elevado y rebuscado a veces.

La maqama andalusí: se desarrolló en la España musulmana de modo independiente y diferente a los dos modelos anteriores. De hecho, como indica Hus,[4] solamente una obra, las *maqamat* sarcásticas de Alashterkavi se escribieron bajo su influencia. Se trata de obras en prosa narrada con gran diversidad de contenidos. No se conservan estrictamente ni la poesía engarzada, ni los personajes del narrador y protagonista, ni siquiera el conjunto de cuentos breves independientes.

---

2 Gregory B. Kaplan, *The Evolution of Converso Literature: The Writings of Converted Jews of Medieval Spain*, Gainesville, University Press of Florida, 2002, pp. 7–25 y pp. 90–105. Ruth Fine, *Lo hebreo, lo judío y lo converso en la obra de Cervantes: diferenciación o sincretismo*, Alicante, Biblioteca Virtual Miguel de Cervantes, 2013 (en línea) [fecha de consulta: 18-04-2018] <http://www.cervantesvirtual.com/nd/ark:/59851/bmcx9410>.

3 *Melitsat Efer veDinah de Don Vidal Benbenist*, Matti Hus (ed.), Jerusalén, Magnes, 2003, pp. 42–75, y Rina Drori, «El problema de la recepción de la *maqama* en la literatura árabe», en *La Literatura*, 32 (1982), pp. 51–62.

4 *Melitsat Efer veDinah de Don Vidal Benbenist*, pp. 45–52.

La maqama hebrea comienza su camino principal con la obra de Yehuda el Harizi, quien basó su obra en el modelo de la *maqama* clásica de el Hariri, si bien otros poetas anteriores a el Harizi ya habían compuesto su obra con una fórmula parecida. Según Pagis, a lo largo de los siglos XIII-XIV se desarrolla un modelo hebreo que se aleja de la influencia árabe rebuscada y se aproxima a los géneros romanescos y a las antologías de cuentos de origen oriental, como de la India y Persia.[5]

La primera *maqama* hebrea encontrada הדוהי זב רשא סואנ la compuso Salomón Iben Zakbal en la primera mitad del siglo XII en la España musulmana. Durante la misma época Abraham Iben Ezra escribió la *maqama* זב יח ץיקמ (traducción en prosa rimada de la obra de Iben Sina). A finales del siglo XII e inicios del siglo XIII se renueva la creación de *maqamat* hebreas en las obras de Sheshet ben Isaac, el Diwan de Meir Halevi Abulafia y עשועסעש רפס de José Iben Zebara. En 1208 se escribe הדוהי תחנמ סישנ שונג de Isaac Iben Shabtai, y dos años más tarde תרזע הנישס ועיז סשפט de Isaac. En la misma época al Harizi traduce las *maqamat* árabes de Al Hariri al hebreo, llamadas םחברות איתיאל y pocos años más tarde publica רפס תחכמונעי. En el primer tercio del siglo XIII Iben Shabtai publica otras dos *maqamat*: ודינהו הלאה ירבדו (1214) רשועהו המכחה תמחלמ. Durante esa misma etapa ve luz la obra de José bar Yehuda, discípulo de Maimónides, תמימי תרבחמ. Pocos años después Abraham Halevi Bar Shmuel escribe םחברת תמימה y Yaacov ben Elazar escribe רפס םשליס. A finales del siglo Yedaya Hapeniní escribe צלצל כנפייס y Eliyahu Hacohen escribe גמילת העופר. En el siglo XIV se publica םליצת ער ודינה de Vidal Benbenist, una הלצה probablemente del mismo autor, así como las *maqamat* de *Emannuel Haromi* (ya en Italia).

En el primer cuarto del siglo XIII se genera un debate de tres *maqamat* entre dos autores judíos; las tres están compuestas según el modelo clásico y defienden posturas a favor y en contra de las mujeres. Yehuda Iben Shabtai abre el debate con la obra *La ofrenda de Judea que odia las mujeres* (Toledo, 1208), en la que describe las circunstancias destructivas del matrimonio y a una mujer de aspecto casi demoniaco. Dos años más tarde, en Burgos de 1210, le responde Isaac (se desconoce su apellido) con dos obras: *La ayuda de las mujeres* y *Fuente de Justicia*. En ambas Isaac defiende el matrimonio y rebate las difamaciones misóginas de Iben Shabtai a través de dos historias ficticias transcurridas en un ambiente imaginario, pseudo-bíblico.

No es la primera vez que se encuentra un debate acerca de las cualidades negativas y positivas de las mujeres. Incluso en la literatura hebrea escrita en

---

5 Dan Pagis, *Change and Tradition in the Secular Poetry: Spain and Italy*, Jerusalem, Keter Press, 1976, pp. 245–320.

la Península en la primera mitad del siglo XIII se encuentran otras cuatro obras que se dedican en parte al tema: *El libro de los deleites* de Yosef Zebara, *El libro de Tahkemoni* de Yehuda ElHarizi, *El príncipe y el monje* (la traducción hebrea de Barlaam y Josafat) de Abraham Iben Hasdai y *Los proverbios de Arabia* de Isaac. No obstante, las tres *maqamat* mencionadas anteriormente son las únicas tres que forman una querella definida, enfocada principalmente en la institución matrimonial y en la importancia crucial de las mujeres dentro de esa relación. A través de un tono paródico, consiguen ambos autores tratar con seriedad los miedos masculinos del dominio femenino dentro de un marco social que ensalzaba la importancia espiritual y religiosa del matrimonio.

Casi a mitad del siglo XIII se publican en Toledo (1245) *Las historias de amor* de Yaacov ben Elazar. Esta obra, compuesta por diez *maqamat* del modelo andalusí principalmente, dedica dos de las diez historias a relaciones de amor que acaban en matrimonio. *La historia de Sahar y Kima* y *La historia de Yoshfe y sus dos amadas* presentan historias de amor cortés en las que se pueden apreciar también influencias orientales y musulmanas. En estos casos, se consigue mostrar cierta crítica a la institución del matrimonio a través de una historia ficticia llena de humor y pasión: la primera *maqama* acaba en una situación de discusión constante entre el marido y la mujer para renovar eternamente su amor, y la segunda incluye un triángulo amoroso, el único caso en la literatura hebrea de un travestismo femenino, un duelo entre dos mujeres, y al final la consumación de una bigamia.

La extensa *maqama Melitsat Efer veDinah* de Don Vidal Benbenist (Zaragoza, inicio del siglo XIV) compuesta como una fusión entre el modelo clásico y el modelo andalusí, presenta un trato paródico del matrimonio en una historia que relata el fracaso absoluto del enlace entre un viejo lujurioso y una joven. A pesar del contenido frívolo y la forma lúdica de la obra, la historia no deja de tener una moraleja con mensaje religioso.

Ciertos ecos de las *maqamat* árabes y hebreas y una semejanza en la representación femenina en relación con las mujeres y el matrimonio se pueden apreciar en diferentes obras en romance, entre los que destaca el *Libro de buen amor*, como demostraron Lida de Malkiel,[6] Castro[7] y otros investigadores.

En las últimas dos décadas se ha investigado sobre el vínculo que existe entre las *maqamat* y la picaresca. A nivel morfológico destaca la semejanza con el modelo clásico en la estructura de la historia marco cuyo protagonista es el

---

6 María Rosa Lida de Malkiel, *Juan Ruiz: selección del «Libro de buen amor» y estudios críticos*, Buenos Aires, Eudeba, 1973, pp. 291–338.

7 Américo Castro, *España en su historia: cristianos, moros y judíos*, Buenos Aires, Crítica, 1948, pp. 347–469.

narrador, quien va acompañado por un compañero. También cabe mencionar la combinación de episodios y/o historias intercaladas tan común en el modelo clásico como en el modelo andalusí. En algunas novelas, aparecen fragmentos escritos en verso o en estilo elevado, los cuales presentan algo similar a un resumen u otra perspectiva de la historia principal, de modo parecido a los poemas engarzados en las *maqamat* hebreas de los siglos XIII y XIV.

Esa influencia no se detiene en los aspectos morfológicos, ya que el juego de los marcos narrativos cuya base se encontraba en el género árabe-hebreo se desarrolló en la picaresca hasta obtener un máximo sentido irónico y una doble lectura.

Desde finales del siglo pasado se ha iluminado el juego latente en las novelas picarescas logrado gracias a la «verosimilitud» y la «consistencia psicológica» del protagonista, que es a la vez el narrador, según Rico.[8] Se formó una polifonía de narrativas: una que daba voz al marco sociopolítico regente (y católico) y otra que presentaba una voz marginal dentro de la misma historia.

El pícaro era un personaje marginal por excelencia, y por ende permitía expresar lo que no se podía decir en aquella época en otro marco social o literario, dadas las circunstancias históricas y religiosas, presentando así una similitud con la flexibilidad temática y la crítica social expresadas en las *maqamat* hebreas a lo largo de los siglos anteriores.

Un magnífico ejemplo de ello se encuentra en el *Libro de entretenimiento de la pícara Justina*, una de las novelas picarescas más fascinantes y atrevidas del Barroco español, que plantea un gran desafío a lectores y filólogos por presentar una protagonista doblemente marginada por ser mujer y conversa. La obra, escrita por López de Úbeda y publicada a principios del siglo XVII, presenta varias dudas esenciales a la investigación literaria, desde la misma identidad del autor y los datos verdaderos de su composición, hasta el significado latente en una lectura codificada en función de temas ideológicos y sociales.

La novela elige como su protagonista a una mujer, de descendencia marginal tanto por los oficios de sus progenitores como por su origen religioso o étnico (judeo-converso por parte paterna), supuestamente montañesa, de estilo de vida rural, pero a su vez erudita, letrada, con altísima capacidad de expresión y un amplio dominio en todos los campos de literatura y pensamiento de su época y de épocas anteriores. Se forma una complicadísima red intertextual en una polifonía interna que permite a Justina expresar una voz subversiva con tajante crítica contra el orden patriarcal y católico.

---

8 Francisco Rico, *La novela picaresca y el punto de vista*, Barcelona, Seix Barral, 2000.

Justina enuncia su «doble» nacimiento, como describe Davis, como personaje principal de su propia obra y como narradora.[9] Según Calzón García, su capacidad verbal y narrativa se convierte en una herramienta de seducción y dominio, considerando el estrecho vínculo entre la capacidad poética y el dominio patriarcal tan presente en la tradición literaria hebrea y árabe (por ejemplo en la *maqama La guerra de la pluma y las tijeras* entre otras obras).[10]

Se forma una polifonía no solamente entre la voz de Justina y otras voces, sino dentro de su propia voz. Ya que ella manipula los diferentes niveles de narración: el interno como personaje, y el externo como narradora principal para dominar tanto las situaciones creadas a nivel intratextual como el sentido ideológico y social a nivel extratextual (haciendo referencia indirecta a la cuestión de la historia narrada en los testimonios inquisitoriales).

> El fragmentarismo y la polifonía que genera la interrelación entre los elementos paratextuales y la narración propiamente dicha pueden ser planteados en términos de relativismo epistemológico que sugiere la obra como totalidad [...] planteando así una multiplicidad de puntos de vista sin precedentes en el ámbito picaresco.[11]

En la intercalación de elementos para textuales diferentes, se podría también apreciar algún tipo de influencia de los poemas engarzados de las *maqamat*, donde los poetas utilizaban a veces esa herramienta para cambiar de punto de vista en la descripción de los hechos.

Justina insiste en su caracterización como habladora y parlanchina y consigue manipular su posición ideológica marginal y subversiva como mujer y conversa.

Como insiste Pedrosa:

> En la España de aquella época, la personalidad y el estatus de cada mujer dependían más de lo que ella alcanzaba a hablar que de lo que le era permitido hacer. De hecho, hacer por su cuenta y riesgo se le permitía poco, y las obediencias y las disidencias femeninas debían manifestarse, cuando algún resquicio lo hacía posible, por la vía principal de la voz. Dicho de otro modo: era difícil que una mujer pudiera poner en práctica, en aquel tiempo, acciones de disidencia frente a la autoridad abusiva de la familia patriarcal y de las instituciones.[12]

---

9 José Antonio Calzón García, *Enunciación, alteridad y polifonía en «La pícara Justina»*, Emilio Martínez Mata (dir.), Oviedo, Universidad de Oviedo, 2007, p. 70 (tesis doctoral inédita).

10 José Antonio Calzón García, *Enunciación, alteridad y polifonía en «La pícara Justina»*, p. 82.

11 José Antonio Calzón García, *Enunciación, alteridad y polifonía en «La pícara Justina»*, p. 93.

12 José Manuel Pedrosa, «La pastora Marcela, la pícara Justina, la necia Mergelina...», p. 234.

El estilo recargado y la abundancia de expresiones antifemeninas han llevado a algunos críticos, como Menéndez Pelayo, a leer la obra como misógina, «mientras que otros, como Mañero Lozano, la han considerado todo lo contrario, un libro que ensalza y reivindica la condición de la mujer».[13] Según Pedrosa la obra no está solo «fervientemente comprometida en la defensa de lo femenino, sino también feminista en el sentido más ideológico y combatiente del término, incluso furiosa y violentamente anti-machista y anti-patriarcal».[14]

Justina defiende su libertad de expresión, de movimiento, y su libertad sexual, insinuando, como insiste Pedrosa, mantener relaciones sexuales con otras mujeres. Incluso, en la noche de nupcias, al final de la obra, no se acuesta con su marido y confiesa que se casa para lograr un dominio sobre él.

Justina se autodefine como «pecadora» en varias ocasiones. No solamente en el sentido sexual, sino también en lo que se refiere a lo religioso. De modo parecido a la polifonía en relación con lo femenino, la obra está repleta de contenidos relacionados con los judíos y conversos, de modo que se podría interpretar como antijudía y anticonversa. En su trabajo Torres analiza los personajes del Antiguo Testamento, las historias bíblicas, los proverbios, los preceptos y topónimos bajo esta perspectiva. No obstante, opino que también en este caso, Justina juega con la polifonía para expresar una voz altamente controvertida, versátil e independiente en el seno de una sociedad conservadora bajo un control inquisitorial.

Obras citadas

Calzón García, José Antonio, *Enunciación, alteridad y polifonía en «La pícara Justina»*, Emilio Martínez Mata (dir.), Oviedo, Universidad de Oviedo, 2007 (tesis doctoral inédita).

Castro, Américo, *España en su historia: cristianos, moros y judíos*, Buenos Aires, Crítica, 1948, pp. 347–469.

Drori, Rina, «El problema de la recepción de la *maqama* en la literatura árabe», en *La literatura*, 32 (1982), pp. 51–62.

Fine, Ruth, *Lo hebreo, lo judío y lo converso en la obra de Cervantes: diferenciación o sincretismo*, Alicante, Biblioteca Virtual Miguel de Cervantes, 2013 (en línea) [fecha de consulta: 18-04-2018] <http://www.cervantesvirtual.com/nd/ark:/59851/bmcx9410>.

Kaplan, Gregory B., *The Evolution of Converso Literature: The Writings of Converted Jews of Medieval Spain*, Gainesville, University Press of Florida, 2002.

---

13 David Mañero Lozano, «El personaje femenino como protagonista de la novela picaresca», en Francisco López de Úbeda, *Libro de entretenimiento de la pícara Justina*, David Mañero Lozano (ed.), Madrid, Cátedra, 2012, p. 58.

14 José Manuel Pedrosa, «La pastora Marcela, la pícara Justina, la necia Mergelina...», p. 235.

Lida de Malkiel, María Rosa, *Juan Ruiz: selección del «Libro de buen amor» y estudios críticos*, Buenos Aires, Eudeba, 1973, pp. 291–338.

Mañero Lozano, David, «El personaje femenino como protagonista de la *novela picaresca*», en Francisco López de Úbeda, *Libro de entretenimiento de la pícara Justina*, David Mañero Lozana (ed.), Madrid, Cátedra, 2012, pp. 53–82.

Márquez Villanueva, Francisco, *De la España judeoconversa: doce estudios*, Barcelona, Ediciones Bellaterra, 2006.

Melitsat Efer veDinah de Don Vidal Benbenist, Matti Hus (ed.), Jerusalén, Magnes, 2003.

Pagis, Dan, *Change and Tradition in the Secular Poetry: Spain and Italy*, Jerusalem, Keter Press, 1976.

Pedrosa, José Manuel, «La pastora Marcela, la pícara Justina, la necia Mergelina: voces, cuerpos y heroísmos femeninos en el Barroco», en Marina Sanfilippo, Helena Guzmán y Ana Zamorano (coords.), *Mujeres de palabra: géneros y narración oral en voz femenina*, Madrid, Universidad Nacional de Educación a Distancia, 2017, pp. 231–270.

Rico, Francisco, *La novela picaresca y el punto de vista*, Barcelona, Seix Barral, 2000.

Carlos Santos Carretero y E. Macarena García García

La historia de *Sahar* y Kimah, de Jacob ben Eleazar. Traducción y estudio lingüístico-literario

Resumen: Desde el siglo XII, los autores hispanohebreos desarrollaron el género de las maqamas: obras de temática variada y rica simbología que combinan prosa rimada y poemas engarzados. Gran exponente de dicha producción es *La historia de Sahar y Kimah*, noveno cuaderno del *Sefer meshalim* (*Libro de fábulas*) de Jacob ben Eleazar. El presente trabajo presenta el fruto de la traducción, inédita hasta la fecha, de este capítulo, así como el estudio lingüístico y literario pertinente. En ella, la amada representa con su discurso los valores del amor cortés en un juego sutil que tienta al amante, pero que lo mantiene distante. Se encuentran elementos de la poesía de deseo andalusí y también de la literatura trovadoresca, a través de los cuales el autor crea un juego que invierte el rol habitual del hombre y la mujer en estos géneros.

Palabras clave: Literatura Medieval, hebreo, judaísmo, amor cortés, rol femenino

A continuación se presenta el estudio[1] de *La historia de Sahar y Kimah*, noveno capítulo del *Sefer ha-Mešalim* (*Libro de fábulas*), colección de maqamas compuesta por Jacob ben Eleazar de Toledo (1170–¿1233?). Dicho capítulo toma el discurso habitual del amor cortés, la poesía de deseo andalusí y la literatura de caballerías, a la vez que invierte el rol del hombre y la mujer habitual en estos géneros.

1 Introducción al autor y la obra

No hay muchos datos biográficos acerca de la vida de Jacob ben Eleazar, poeta, gramático y traductor judío toledano. Coetáneo de al-Ḥarizi, de su producción en árabe

---

1 Agradecimiento especial a la Dra. Rachel Peled, por su inestimable ayuda en esta investigación; la Asociación Internacional de Hispanistas, por otorgar a ambos autores una beca para ayudarles en su asistencia al XIX Congreso celebrado en Münster, Alemania; y al Programa de Formación del Profesorado Universitario (FPU) del Ministerio de Educación, Cultura y Deporte, del que E. Macarena García es beneficiaria (FPU13/04093).

Carlos Santos Carretero y E. Macarena García García, Universidad de Murcia/Israel Institute of Biblical Studies y Universidad Complutense de Madrid

https://doi.org/10.1515/9783110450828-017

destaca el *Kitāb al-kāmil*, obra gramatical cuya existencia es conocida a través de citas y fragmentos. Entre su labor de traductor se encuentra la versión hebrea de *Calila e Dimna*, en prosa rimada. De su producción literaria destaca el *Sefer ha-Mešalim* (*Libro de fábulas*), compuesto alrededor del año 1233, poco antes de su muerte. En *Sefer ha-Mešalim* encontramos diez maqamas, historias independientes escritas en prosa rimada en las que se engarzan poemas que abarcan géneros y contenidos dispares: amor cortés y de deseo, crítica social, filosofía, relatos de caballerías y alegorías.

La novedad de las maqamas de ben Eleazar es la posición céntrica que el amor y las relaciones sexuales ocupan, mostrando un camino diferente respecto a otras producciones del mismo género. A través de esta vía divergente se observa que el noveno relato de la obra, *La historia de Sahar y Kimah*, se encuentra más próxima a obras como el *Libro del buen amor, Melisat Efer veDinah, Mišle Sendebar, Libro de los engaños e asayamientos de las mugeres*, reformulando el género alegórico. La amada tienta al amante a la vez que lo mantiene distante.

2 Resumen del relato

Se narra el amor de Sahar, hijo del noble Tzalmon, y la princesa Kimah. Tras la discusión entre Sahar y su padre, el primero se hace a la mar, en un barco cuyos tripulantes son todos hombres que «huyen de la multitud de mujeres». Durante el viaje una tormenta hunde el barco y todos sus tripulantes perecen, salvo Sahar, que llega a la costa de Tzovah. Al llegar, Sahar y la princesa del lugar, Kimah, se enamoran a primera vista. Ella se encuentra en lo alto de la muralla del palacio y le tira una manzana que contiene un poema de amor. La respuesta de él es inmediata e intercambian miradas y besos al aire. Pero este amor repentino es inalcanzable, ya que Kimah se encuentra encerrada en el palacio y sus guardianes alejan a Sahar del mismo. Sahar es ayudado por las criadas de la amada, que ingenian unas pruebas con el objetivo de que los jóvenes se reúnan. Tras superar las pruebas, pasan una noche de amor platónico, intercambiando poemas. Finalmente ambos se casan y se convierten en reyes de Tzovah.

3 Estudio

3.1 El mar como elemento caótico y símbolo erótico

El agua es un tema frecuente en la poesía hispanohebrea y andalusí, con dos vertientes: aguas en reposo, símbolos de abundancia, comparados con grandes ríos de la tradición judía (Nilo, Tigris, Éufrates, Jordán),[2] y aguas que representan la violencia y la muerte. Aquí se encuentran los torrentes y los mares, siguiendo así la tradición del Próximo Oriente Antiguo: el mar es un lugar de muerte, terrorífico e infinito.

La imagen del mar en *La historia de Sahar y Kimah*, especialmente en sus primeros versos, se encuentra más en consonancia con el lugar de caos y muerte. Sahar, a la manera de Jonás en la Biblia, huye en barco. No obstante, al contrario que el profeta, reacio a cumplir la orden de Dios, el protagonista masculino de la obra de Jacob ben Eleazar huye a la costa de Yafo debido a una discusión con su padre. Allí se embarca junto a un grupo de hombres que «huían de la multitud de las mujeres»,[3] por lo que se intuye que la disputa de Sahar era de índole amorosa.

Desde el inicio de la obra se observa el poder destructor del mar (vv. 10–58), fuerza hostil que acaba con la vida de los marineros y destroza el barco. La presencia de este mar violento, aunque sometido a los designios de Dios (vv. 33–34), evoca al relato de Jonás. Los marineros lanzan al mar los bagajes que hay en la nave a fin de aligerar la carga del navío y salvar sus vidas (Jon 1:5). Juran dar su dinero a los pobres si el mar calma su furia (Jon 1:16). Mas el fuerte viento no cede en su empeño, y finalmente el barco se hunde pese a los lamentos de los marineros:

> Lanzaron al mar los bagajes que había en la nave,
> Gritaban amargamente,/suspiraban y gemían.
> Los marineros cobraron miedo y arriaron las velas.
> El capitán recogió los aparejos para evitar que se aflojaran sus maromas,
> sin sujetar su mástil ni desplegar las velas.
> Cada uno de ellos juró dar su dinero/a los pobres si el mar calmase su furia,
> e incluso el joven que huía/de su padre gritaba amargamente.
> El barco se hundió por un viento recio y fuerte que capaz de descuajar las montañas,
> resquebrajándose en pedazos, rompiéndose cual vasija de alfarero. (vv. 14–20)[4]

Pero al contrario que el profeta, Sahar no necesita de ningún pez para salvarse, sino que se ase a una tabla y entona un cántico. Y mientras que Jonás, desde el interior del pez, recita un salmo de acción de gracias a Dios, la poesía de Sahar al llegar a la orilla (vv. 24–58) versa sobre el poder destructor del mar como reflejo de la bravura y la ira de Dios, así como la inutilidad del hombre ante semejante poder destructor:

---

2 Selomoh ibn Gabirol, *Poesías*, María José Cano (ed.), Granada, Universidad de Granada/Universidad Pontificia de Salamanca, 1987, p. 76.
3 Posible referencia al debate acerca del papel de las mujeres suscitado a partir de la publicación de *La ofrenda de Judá, el misógino* (1188, Toledo).
4 Todas las citas a partir de nuestra edición.

Increpa con la furia del mar/y aumenta su tormenta
el río seca al continente/mientras se agotan las aguas de las profundidades.
Él, creador de las grandes alturas,/capaz de llamar a las aguas del mar
Él, que ordena tronar al mar,/alzando los ríos su fragor.
Se rompe el barco como/si fuera una tabla flotante y gruesa. (vv. 31–35)

El papel del mar como fuerza amenazadora va más allá del texto bíblico. En la *maqama* también subyace una visión del mar como posible elemento sexual. Cuando Sahar entra por primera vez al palacio de Kimah, este se ve sobrecogido por su arquitectura de cristal y el agua que fluye a lo largo y ancho de la estructura. El propio Sahar recuerda el temor de la tempestad y el mar de la primera escena con las siguientes palabras:

Y dado que temió el agua que fluía bajo el suelo,/pensó que se hundiría y se ahogaría.
así que pataleó enturbiándola/hasta que flaquearon sus tobillos. (vv. 344–345)

Se preguntó: «¿Acaso el viento no te ha echado por segunda vez hacia el mar?/Si no, te trocaré en mar y el mar te perseguirá» (v. 348)

Sahar compara el peligro a morir nuevamente en el mar con morir de amor si Kimah no le corresponde. Jon 1:15 crea aquí un destacado paralelismo: Si durante el naufragio son los marineros los que buscan calmar la furia del mar; posteriormente Sahar observa, en el palacio, que las aguas no solo evocan la furia del mar, sino también el erotismo que desprende Kimah. Y Sahar se calma cuando ella le revela la estructura del palacio. El cristal refleja el agua y la contiene al mismo tiempo, evitando que esta se desborde, sirviendo así como reflejo simbólico de la propia sexualidad de Kimah.

Kimah le advirtió acerca del palacio, el cristal y su forma/así como el agua que fluye bajo éste.
Entonces se sentaron allí con regocijo y alivio. (vv. 349–350)

3.2 La relación amorosa y el poder femenino

La historia de Sahar y Kimah destaca por el enfoque original de la posición y conducta de la mujer, incrementando su poder en la relación amorosa. Sin abandonar el imaginario o los convencionalismos de la época, ben Eleazar hace uso de las imágenes descriptivas típicas del género femenino de manera novedosa, de modo que la mujer aparece atípicamente como un elemento activo en el juego de la seducción.

En esta línea, el primer episodio de encuentro de los protagonistas tiene lugar gracias a la iniciativa de Kimah. Al llegar Sahar a tierra tras el naufragio, es admirado por las muchachas del lugar. La joven Kimah le tira desde lo alto del palacio una manzana con sus versos de amor inscritos en ella:

> Pasó volando una manzana/sumergida en perfume y aroma
> Fue lanzada hacia él desde la muralla/por una gacela llamada Kimah/pura como el sol.
> Palabras de amor se hallaban grabadas en ella/purgadas siete veces.
> Ella le repite las palabras/y su canto placentero. (vv. 90–93)

Tal y como indican Hus[5] y Peled,[6] el episodio de la manzana de Kimah está estructurado por la poesía del deseo, en la que la amada está en posición de superioridad con respecto al amante tanto de manera simbólica como espacial, motivo compartido por otras obras medievales hispánicas, como *La historia de Flores y Blancaflor*.

Resulta curioso que sea justamente una manzana el objeto arrojado por la joven. Siguiendo la tradición bíblica, esta escena podría verse como un eco del episodio de Adán y Eva. Si bien la Biblia Hebrea no identifica a la manzana como la fruta prohibida,[7] así lo hace la tradición cristiana desde la traducción latina de San Jerónimo, lectura posiblemente conocida por ben Eleazar dado el contexto de convivencia intercultural en el Toledo del siglo XIII.

La vinculación de Eva con la figura de la mujer seductora –y, como consecuencia, la identificación de todo el género femenino como astuto, manipulador y embustero– es conocida por el judaísmo desde el cambio de era y puede apreciarse en otros pasajes del relato:

> Pues no hay verdad en la boca de amada/no pone su pie en falsedad
> ¿Quién creerá en los amores?/Solamente el que desea la mentira y el embuste
> Pues si ella le hace una promesa/tendrá que esperar canas en las plumas del cuervo.
> (vv. 449–451)

No obstante, en este episodio, la participación activa de Kimah en el juego de seducción no se presenta con connotaciones negativas. Aunque durante siglos los investigadores han tratado a la mujer medieval dentro de dos únicas categorías: la mujer reverenciada (como la Virgen María) y la difamada (como Eva), ya

---

5 Matti Hus, «La relación entre la novena maqama en el *Libro de las fábulas* de Yaacov ben Elazar y las *Historias del Rey Salomón y la Reina de Saba*», en *XVI Congreso Mundial de Ciencias del Judaísmo*, Jerusalén, 01-08-2013 (comunicación inédita).

6 Rachel Peled, *Tras el modelo binario: el cuerpo femenino en la prosa hebrea y romance en la Península Ibérica en la Baja Edad Media. Proyección y reflejo,* Pablo Torijano Morales, María Teresa Miaja de la Peña y Carlos Sainz de la Maza (dirs.), Madrid, Universidad Complutense de Madrid, 2014, p. 197 (tesis doctoral inédita).

7 De hecho, dicha fruta es identificada con la vid en diversos pasajes de la literatura judía, como en *Apocalipsis de Abraham*, 23.

desde los años 70 se comenzó a ver una mayor variedad de actitudes respecto a las mujeres medievales.[8] En esta línea debería leerse la posible vinculación Kimah-Eva como dos figuras no completamente asimilables, la cual queda como hipótesis a falta de más detalles en la narración.

Más clara es la comparativa de este episodio con el *Neum Aser ben Yehuda* atribuido a Selomó ibn Saqbel (siglo XII).[9] En este relato, también perteneciente al género de las maqamas, el narrador en primera persona relata a sus amigos cuando se enamoró de una joven que le miró a través de una ventana y le lanzó una manzana con un mensaje de amor.

> Junto a las acequias, hermosas gacelas, palomas en arrullo. Contemplábalas yo, escuchaba sus voces, y, de pronto, una estrella que mira a través de las ventanas, atisba desde los torreones, me guiña los ojos y me hace señas con la mano. [...] de pronto cayó a mi lado una manzana, ungida con aceite de mirra, y escrito lo siguiente en uno de sus lados [...].[10]

El sufrimiento del amor hace que Aser se desmaye y las mujeres de la casa lo recogen. Le gastan diversas bromas en el harén y le presentan como su amada a una figura cubierta por velos. Al descubrir su rostro, resulta ser un hombre barbudo, amigo del propio Aser. Si bien la trama no es exactamente igual, pueden rastrearse influencias respecto al episodio de la manzana, el amante que muere de amor o las pruebas burlescas de las muchachas en el palacio.

En cuanto a la descripción de Kimah, ben Eleazar sigue los convencionalismos de la época. Además de su identificación con la gacela, imagen típica de la poesía andalusí, el recurso literario más evidente es la elección de su nombre propio. Mientras que Sahar significa en hebreo «luna», Kimah es la palabra usada para designar a las Pléyades, un cúmulo de estrellas. Las imágenes referentes a los astros son también usuales en la poesía andalusí como expresión de belleza ligada a la blancura del rostro, la luminosidad de la piel y la pureza del alma, dado el simbolismo del color blanco.[11] Asimismo, la expresión «bella

---

8 Judith M. Bennett y Ruth M. Karras, «Women, Gender, and Medieval Historians», en Judith M. Bennett y Ruth M. Karras (eds.), *The Oxford Handbook of Women and Gender in Medieval Europe*, Oxford, Oxford University Press, 2013, p. 1.
9 Dicho relato fue editado por H. Schirmann en 1939 y traducido al castellano por Ángeles Navarro Peiro en 1976 (véase la nota siguiente). El texto conservado es probablemente parte de una serie más larga de *maqamas*, actualmente perdidas. Véase Ángeles Navarro Peiro, «La narrativa hebrea medieval», en *Espacio, Tiempo y Forma, Serie III, Historia Medieval*, 6 (1993), p. 498.
10 Ángeles Navarro Peiro, «La *maqama Ne'um Aser ben Yehuda*», en *Sefarad*, 36.2 (1976), pp. 342–343.
11 Nadia Safi, *El tratamiento de la mujer árabe y hebrea en la poesía andalusí*, María José Cano Pérez y Celia del Moral Molina (dir.), Granada, Universidad de Granada, 2012, p. 54 (tesis doctoral inédita).

como la luna» aparece en Cantar de los Cantares 6,10. No es de extrañar, pues, que en el relato abunden los juegos de palabras, destacando la luminosidad de Kimah –así como de otras jóvenes con las que se encuentra Sahar– o su posición inalcanzable tanto en el cielo como en el interior del palacio: «Aunque desees a Kimah/¿Quién será el que suba para traértela desde los cielos?» (v. 117).

El hecho de que se describa a la amada como elevada en las alturas hace que el perseguir su amor se equipare a la elevación espiritual del amado. Siguiendo una lectura alegórica del Cantar de los Cantares, la mística medieval judía entiende la unión sexual en el matrimonio como una metáfora del vínculo entre Dios y el hombre, de modo que el Zohar[12] informa de la presencia de la *Shejinah* (la presencia divina) en la relación sexual marital, especialmente en Shabbat.[13]

El último elemento a remarcar de este pasaje es la mirada, motivo recurrente en la poesía árabe y hebrea. Aunque normalmente es el hombre quien observa a la mujer, en este relato se observan miradas tanto de Sahar como de Kimah. Peled[14] apunta a una posible influencia de la poesía trovadoresca, donde se encuentran voces femeninas describiendo al hombre como objeto de su mirada. De hecho, el sufrimiento del amor no es provocado por la crueldad del objeto observado (como ocurre en la poesía andalusí) sino más bien por la imposibilidad de poseerlo físicamente mediante la mirada, tal y como la tradición trovadoresca atestigua.

Una vez Sahar decide ir al encuentro de su amada, esta decide tentarle a través de sus criadas mediante una serie de pruebas para verificar la pureza de sus sentimientos, algo muy típico del amor cortés. Y en este ascenso del joven a través de las diferentes estancias del palacio, destacan tres poemas escritos por Kimah en las cortinas, destinados al amado, siendo el único caso en la literatura hebrea medieval de un discurso femenino planteado de esta manera.

Por lo general, en la poesía medieval hebrea tenemos un monólogo, donde el hombre habla y la mujer queda muda.[15] Sin embargo, en obras más tardías de prosa rimada, como ésta o *La ofrenda de Judá*, se observa un diálogo en verso entre los amantes. Kimah aparece como sujeto activo en el relato –toma la

---

12 El libro central del misticismo judío, la Cábala.

13 Judith R. Baskin, «Jewish Traditions about Women and Gender Roles: From Rabbinic Teachings to Medieval Practice», en Judith M. Bennett y Ruth M. Karras (eds.), *The Oxford Handbook of Women and Gender in Medieval Europe*, Oxford, Oxford University Press, 2013, pp. 47–69, p. 47.

14 Rachel Peled, *Tras el modelo binario: el cuerpo femenino en la prosa hebrea y romance en la Península Ibérica en la Baja Edad Media. Proyección y reflejo*, pp. 164–165.

15 Tova Rosen, *Unveiling Eve: Reading Gender in Medieval Hebrew Literature*, Philadelphia, University of Pennsylvania Press, 2003, p. 35.

iniciativa, escribe al amado en los velos, le responde– y no solo como un objeto de admiración y añoranza. De este modo, puede leerse en el primer poema:

> Mi amado se oculta tras la amada:/Tras su mejilla me escondo
> Mientras la luz presta su resplandor a cada luminaria/el sol ofrece su fulgor.
> ¡Oh, amor mío!/Con prudencia y una reverencia,
> ríndete a su belleza/y a cualquier poema.
> Cumplirás su voluntad/como un favor obtenido.
> Conversa contigo/mientras sus encantos te embriaguen de la deseada.
> Pero si respondes/«no hay igualdad al amado».
> Entonces se te rechazará y despreciará/quedando dolido tu amor.
> Arderá en él la llama de tu amor/hasta que se abrase el mismo calor
> Y si prosigues adecuadamente tu camino,/cabe aún una esperanza. (vv. 188–197)

El amor –o, más bien, el deseo– que surge entre ambos protagonistas es descrito en términos de fuego y chispas a lo largo del relato. Dicha descripción no solo puede vincularse con los nombres propios de los amantes como elementos cósmicos, sino también con el carácter devorador de su amor: un deseo que llega a convertirse en ardor debido a la distancia y consume a los amantes.

En respuesta al primer poema en la cortina, Sahar pregunta: «¿quién es la muchacha que lanza las saetas que me atraviesan, entrando y saliendo de mí?» (v. 200). La imagen de las flechas de amor que hieren los corazones de los amantes es también un motivo repetitivo, vinculado con el tema de la mirada anteriormente abordado. Aparece en los primeros poemas de amor árabes preislámicos y es frecuente tanto en la poesía árabe andalusí como en la poesía del vino hebrea,[16] el *Libro de buen amor* y la literatura de amor cortés. La violencia de la mirada puede referirse tanto al amado como a la amada, aunque en este relato predomina la visión femenina:

> Ella dirige saetas afiladas/dirigidas a la profundidad del corazón y las entrañas
> Son pacíficas pero ella/combate y se opone día a día
> Como en cada momento su amor/crece, aumenta y fertiliza
> A la vez que busca cómo matarlo/con el arco, lanza y espada. (vv. 208–211)

Así pues, la agresividad de la mirada va dirigida al amado, que se convierte en la víctima pasiva de la situación.[17] Se hace de nuevo una inversión de los roles masculino y femenino respecto al dominio de la relación amorosa en la vida real.

---

16 Carmen Caballero Navas, «Woman Images and Motifs in Hebrew Andalusian Poetry», en *Proceedings of the World Congress of Jewish Studies. Division C: Thought and Literature, Volume III: Hebrew and Jewish Literature*, Jerusalem, World Union of Jewish Studies, 1994, p. 14.

17 Rachel Peled, *Tras el modelo binario: el cuerpo femenino en la prosa hebrea y romance en la Península Ibérica en la Baja Edad Media. Proyección y reflejo*, p. 157.

Cuando por fin Sahar consigue llegar hasta su amada, esta le pide mantener la distancia física y no besarse. Una petición típica del amor cortés que contraria a Sahar:

> Se acercó a él/y se postró a sus pies
> Besó su mano según la costumbre de fieles amados/mas no besó su boca ante los chismosos
> Tan sólo sus ojos danzaban y jugaban/como si le abrazasen.
> Sahar vio que no lo había besado: se ofendió,/se encolerizó, y se le agrió la cara. (vv. 316–319)

Podría verse en esta pequeña disputa un reflejo de la sociedad judía de la época. Durante la Edad Media, los judíos estuvieron sometidos en la Península a influencias tanto cristianas como musulmanas en todos los ámbitos. Al estar divididos entre tendencias frecuentemente opuestas, la comunidad hispanohebrea encontró su identidad caracterizándose por una laxitud en cuanto a sexualidad se refiere, más acusada que en otras comunidades judías medievales.[18] La presente discusión entre los amantes podría entenderse en el contexto de diferentes tendencias respecto a las relaciones amorosas coexistiendo al mismo tiempo.

Sahar consiente en pasar una noche de amor platónico, intercambiando palabras de amor. De entre sus conversaciones posteriores, cabe destacar un poema descriptivo de Sahar por parte de Kimah. Las descripciones del amado en boca de la amada son poco frecuentes en la poesía hebrea medieval, a excepción quizá de *Melitsat Efer veDinah*, donde encontramos un uso inverso de las convenciones tradicionales.[19] Se trata del culmen de la inversión de roles planteada por ben Eleazar en este juego literario: la mujer participa, habla, declama poemas y describe a su amado usando todos los tópicos usuales que aparecen, por lo general, en boca del hombre.

> La luz del sol y de la luna el brillar/envidiarán al ciervo Sahar
> Robarán su luz,/mas él a sus mejillas esplendor añadirá
> Lucharán con él, pero cada día más/la luz sus mejillas inundará
> Entonces harán ante él las estrellas una reverencia/pues su luz es, en comparación, como
>   la de una ventana
> Incluso admitirán que su brillo se doblega/ante su luz el sol y la luna
> Sahar es la imagen del ciervo/con agua de rubí y agua pura
> Quien compare el amado al sol/es un estúpido con vano corazón
> Su recuerdo es perfume y la libertad, su nombre/como óleo exquisito
> Tiene corazón generoso, cual madre/que con él su cariño derrama. (vv. 366–374)

---

18 Yom Tob Assis, «Sexual Behaviour in Mediaeval Hispano-Jewish Society», en Ada Rapoport-Albert y Steven J. Zipperstein (eds.), *Jewish History. Essays in Honour of Chimen Abramsky*, London, Peter Halban, 1988, p. 27.

19 Rachel Peled, *Tras el modelo binario: el cuerpo femenino en la prosa hebrea y romance en la Península Ibérica en la Baja Edad Media. Proyección y reflejo*, p. 170.

3.3 La puerta como imagen erótica

Uno de los símbolos más antiguos en la literatura universal es el de la puerta. Su versatilidad, frecuencia y polisemia lo asocia a ritos de paso, y a la frontera entre conceptos opuestos: lo privado y lo público, lo masculino y lo femenino, así como la vida y la muerte.[20] Los espacios abiertos y públicos representan a lo masculino, mientras que los espacios cerrados y privados tienen una connotación femenina.[21]

Como símbolo sexual, la puerta representa aquello que debe ser forzado, representando así la virginidad de la mujer.[22] Va desde el cortejo hasta el mismo encuentro amoroso. En algunos textos llega a pasar por un proceso de metonimia, referenciando al cuerpo de la mujer o a sus genitales.[23] De acuerdo con Peled,[24] la puerta crea una situación paródica capaz de cuestionar el poder masculino así como el vigor de las mujeres tras la puerta o fortificación.

En *La historia de Sahar y Kimah*, la puerta aparece como símbolo erótico, barrera que franquea a los amantes y les predispone al deseo. En el texto, vemos que Sahar «Fue al palacio, acercándose a la puerta/de la que salían chispas» (v. 420). Tras ella se encuentra la propia Kimah, causa del deseo de Sahar. Se observa que la propia puerta impide al personaje estar con su amada, pero al mismo tiempo las chispas que la rodean refuerzan la idea de excitación y ansiedad a la que está sometido el personaje. Con pocas palabras se muestra el estado anímico de Sahar, envolviendo al verso en un ambiente erótico intenso. La puerta, inicialmente cerrada, termina abriéndose para revelar a Kimah. Tal es la intensidad que supone contemplarla, que esta es descrita como fuego, a lo que Sahar debe cubrirse para soportarlo: «Kimah salió emocionada, y *él* se cubrió al contemplar el fuego» (v. 421). No obstante, la propia Kimah también

---

20 Maria Ana B. Masera, «Tradición y creación en los símbolos del cancionero tradicional hispánico: la puerta», en *Tradiciones y culturas populares*, 3.15 (2008), p. 83.
21 Maria Ana B. Masera, *Symbolism and Some Other Aspects of Traditional Hispanic Lyrics: A Comparative Study of Late Medieval Lyric and Modern Popular Song*, Londres, Queen Mary, University of London, 1995, pp. 337–342 (tesis doctoral inédita). El castillo es otro lugar clave que sirve como símbolo del encuentro amoroso. Ya presente al hablar del palacio de agua en el que se encuentran Sahar y Kimah en líneas anteriores, funciona como representación del cuerpo inexpugnable de la mujer.
22 Elizabeth H. Haight, *The Symbolism of the House Door in Classical Poetry*, Nueva York, Longman, 1950, p. 147.
23 Maria Ana B. Masera, «Tradición y creación en los símbolos del cancionero tradicional hispánico: la puerta», p. 85.
24 Rachel Peled, *Tras el modelo binario: el cuerpo femenino en la prosa hebrea y romance en la Península Ibérica en la Baja Edad Media. Proyección y reflejo*, p. 185.

se sobresalta enormemente ante lo que hay tras la puerta: un fuego que besa (v. 422). La imagen, cargada de un simbolismo erótico muy acentuado, es recíproca: Sahar no es el único que siente el fuego y las chispas como símbolo del deseo hacia Kimah, sino que ella también se ve sobrecogida por el deseo de este. Ambos personajes sienten el fuego del deseo, con la puerta actuando como elemento disuasorio y catalizador al mismo tiempo.

3.4 El desenlace: la discusión de Sahar y Kimah

Los últimos versos de la obra presentan una situación inesperada: Sahar, rey tras la muerte del padre de Kimah, decide discutir con Kimah con el fin de mantener mejores relaciones sexuales. Esto sirve para «santificar la disputa y renovar las palabras del deseo, ya que la discusión de los amantes sirve para poner a punto el amor,/pues el anhelo sin discusión es desamparo» (vv. 545–546). Kimah, indignada por la idea, le indica que semejante petición es una vergüenza y una deshonra, recordando al mismo tiempo los primeros momentos del romance entre ambos, pidiendo a Sahar que si anhela el amor que se profesan, abandone su empeño de discutir (vv. 551–557).

El final no deja claro el desenlace de la discusión, poniendo en entredicho si harán el amor o no. Semejante desenlace no es único en *Sefer ha-Mešalim*. En *La historia de Yošfe y sus dos amadas* también se cuestiona la idea del matrimonio, desestabilizado a consecuencia del deseo sexual, y resolviéndose en este caso a través de una bigamia erótica.[25] La sensación transmitida es que ambos relatos carecen de moraleja, y su finalidad no es otra que producir el divertimento de los lectores, en la línea de *La ofrenda de Judá*.

Obras citadas

Assis, Yom Tob, «Sexual Behaviour in Mediaeval Hispano-Jewish Society», en Ada
    Rapoport-Albert y Steven J. Zipperstein (eds.), *Jewish History. Essays in Honour of Chimen
    Abramsky*, London, Peter Halban, 1988, pp. 25–59.
Baskin, Judith R., «Jewish Traditions about Women and Gender Roles: From Rabbinic Teachings
    to Medieval Practice», en Judith M. Bennett y Ruth M. Karras (eds.), *The Oxford Handbook
    of Women and Gender in Medieval Europe*, Oxford, Oxford University Press, 2013,
    pp. 36–51.

---

25 Rachel Peled, *Tras el modelo binario: el cuerpo femenino en la prosa hebrea y romance en la Península Ibérica en la Baja Edad Media. Proyección y reflejo*, p. 259.

Bennett, Judith M., y Ruth M. Karras, «Women, Gender, and Medieval Historians», en Judith M. Bennett y Ruth M. Karras (eds.), *The Oxford Handbook of Women and Gender in Medieval Europe*, Oxford, Oxford University Press, 2013, pp. 1–20.

Caballero Navas, Carmen, «Woman Images and Motifs in Hebrew Andalusian Poetry», en *Proceedings of the World Congress of Jewish Studies. Division C: Thought and Literature. Volume III: Hebrew and Jewish Literature*, Jerusalén, World Union of Jewish Studies, 1994, pp. 9–16.

Cantera Burgos, Francisco, y Manuel Iglesias González (eds.), *Sagrada Biblia,* Madrid, Biblioteca de Autores Cristianos, 2009.

Gabirol, Selomoh ibn, *Poesías,* María José Cano (ed.), Granada, Universidad de Granada/ Universidad Pontificia de Salamanca, 1987.

Haight, Elizabeth H., *The Symbolism of the House Door in Classical Poetry*, Nueva York, Longman, 1950.

Hus, Matti, «La relación entre la novena *maqama* en el *Libro de las fábulas* de Yaacov ben Elazar y las *Historias del Rey Salomón y la Reina de Saba*», en *XVI Congreso Mundial de Ciencias del Judaísmo*, Jerusalén, 01-08-2013 (comunicación inédita).

Masera, Maria Ana B., «Tradición y creación en los símbolos del cancionero tradicional hispánico: la puerta», en *Tradiciones y culturas populares*, 3.15 (2008), pp. 82–95.

—, *Symbolism and Some Other Aspects of Traditional Hispanic Lyrics: A Comparative Study of Late Medieval Lyric and Modern Popular Song*, Londres, Queen Mary, University of London, 1995 (tesis doctoral inédita).

Navarro Peiro, Ángeles, «La narrativa hebrea medieval», en *Espacio, Tiempo y Forma, Serie III, Historia Medieval*, 6 (1993), pp. 493–516.

—, «La *maqama Ne'um Aser ben Yehuda*», en *Sefarad*, 36.2 (1976), pp. 339–351.

Peled, Rachel, *Tras el modelo binario: El cuerpo femenino en la prosa hebrea y romance en la Península Ibérica en la Baja Edad Media. Proyección y reflejo*, Pablo Torijano Morales, María Teresa Miaja de la Peña y Carlos Sainz de la Maza (dirs.), Madrid, Universidad Complutense de Madrid, 2014 (tesis doctoral inédita).

Rosen, Tova, *Unveiling Eve: Reading Gender in Medieval Hebrew Literature*, Philadelphia, University of Pennsylvania Press, 2003.

Safi, Nadia, *El tratamiento de la mujer árabe y hebrea en la poesía andalusí*, María José Cano Pérez y Celia del Moral Molina (dir.), Granada, Universidad de Granada, 2012 (tesis doctoral inédita).

Connie L. Scarborough

Escrito sobre la piel: la zona fronteriza para el leproso

Resumen: Las ideas medievales respecto a la piel y su papel en mantener la integridad corporal entran en juego cuando una enfermedad ataca la piel. La lepra es un ejemplo palmario de tal enfermedad ya que produce lesiones graves en la piel que afectan la integridad de la epidermis y que disminuyen su capacidad de funcionar como frontera corporal. Los médicos durante la Edad Media diagnosticaban erróneamente la lepra y creían que era muy contagiosa. También se asociaba la lepra con la depravación moral y la piel afectada se consideraba «un emblema de la corrupción espiritual».[1] La piel infectada del leproso señaló un tipo de inestabilidad, una que tuvo que estar aislada o colocada fuera de las fronteras establecidas para esos cuerpos que fueron considerados como enteros o intactos. Cuando la piel no cumple con su papel liminal, se pone en duda el concepto del ser que para el leproso significa su aislamiento del resto de la sociedad. Este trabajo explica el papel que la epidermis representa en textos medievales donde figuran personajes leprosos ya que su piel infectada llega a ser la máxima frontera entre el leproso y la sociedad y entre el concepto de un sujeto sano y un ser como objeto.

Palabras claves: Piel, medicina medieval, lepra, ley, literatura hagiográfica

La teoría de los humores corporales para explicar la fisiología humana dominó el pensamiento médico desde los tiempos de Hipócrates (460–370 a. C.) hasta los de Galeno (130–210 d. C.) e, incluso, hasta entrar en el siglo XVIII. Según esta teoría los cuatro elementos de la tierra, el agua, el aire y el fuego corresponden respectivamente a los líquidos corporales, conocidos como los humores: la bilis negra, la flema, la sangre y la bilis amarilla. La bilis negra se considera fría y seca; la flema, fría y húmeda; la sangre, caliente y húmeda; y, la bilis amarilla, caliente y seca.[2] El funcionamiento correcto del organismo dependía de mantener un equilibrio entre estos cuatro humores y cualquier desequilibrio podía resultar en una

---

1 Saul Nathaniel Brody, *The Disease of the Soul: Leprosy in Medieval Literature*, Ithaca/London, Cornell University Press, 1974, p. 51.
2 Steven Connor, *The Book of Skin*, Ithaca, Cornell University Press, 2014, p. 18.

Connie L. Scarborough, Texas Tech University

https://doi.org/10.1515/9783110450828-018

dolencia u otra condición perjudicial para la salud. Durante siglos se utilizaron la teoría humoral y sus combinaciones casi ilimitadas para explicar enfermedades y otras condiciones que se manifestaran sobre la piel, especialmente las que afectaban la pigmentación o que producían lesiones. La proporción de los humores presentes en el individuo se llamaba en latín, *complexio*,[3] y, a través del tiempo, el concepto de la *complexio* evolucionó para hacerse sinónimo de la apariencia de la piel, o lo que actualmente se llama la tez. Esta conflación tenía lugar porque la observación de la piel, especialmente su colorido o la presencia de imperfecciones en ella, resultaba ser una de las revisiones médicas más fáciles de realizar. Dado que el equilibrio o desequilibrio de los cuatro humores también podía dar indicaciones de temperamento, se desarrollaba además la idea de que la piel servía como instrumento no sólo para determinar la salud física del individuo sino también su carácter. Un examen de la piel le permitía al médico diagnosticar tanto enfermedades como la personalidad de un paciente, incluyendo su estado moral.

Un seguimiento de la evolución de ideas sobre la piel desde épocas antiguas hasta la tardía Edad Media revela que los tratados más primitivos hablan de la piel como un recubrimiento inviolable, lo que conservaba y sujetaba las partes interiores del cuerpo. Para finales de la Edad Media ya empezó a reconocérsela como un órgano de intercambio o una membrana permeable, capaz de efectuar transferencias en dos direcciones y cuyo funcionamiento era de vital importancia para mantener el bienestar del cuerpo. La idea de la piel como un órgano de intercambio se relaciona directamente con la teoría humoral ya que se creía que, a través de la piel, se expulsaban desechos del cuerpo y entraban elementos necesarios para el equilibro deseable entre los cuatro humores. A los médicos durante la Edad Media les preocupaban especialmente los métodos de comunicación entre el exterior y el interior del cuerpo y, por tanto, el papel de la piel tanto para conservar superfluidades dentro del organismo como para evacuar los excesos de ello.[4]

Como extensión de estos preceptos médicos respecto a la piel, se consideraba que las enfermedades que se manifiestan sobre la piel como la lepra y, más tarde, la sífilis, surgían de trastornos sistémicos dentro del cuerpo.[5] El concepto de la piel como un límite permeable, un tipo de lienzo donde se manifestaban los funcionamientos interiores del cuerpo, tenía consecuencias en el momento de determinar si la piel se consideraba saludable o no. Precisamente, se creía que

---

3 Del latín *con* y *plectare* ('trenzar' o 'enroscar'); véase Steven Connor, *The Book of Skin*, p. 19.

4 Marie-Christine Pouchelle, *The Body and Surgery in the Middle Ages*, Rosemary Morris (trad.), Cambridge, Basil Blackwell/Polity Press, 1990, p. 151.

5 Steven Connor, *The Book of Skin*, p. 23.

una de las causas de la lepra era la retención de toxinas dentro del cuerpo por una piel corrupta que no les permitía salir del cuerpo. Además, se pensaba que un aire maligno podía entrar por los poros de la piel y causar varias enfermedades, incluyendo la lepra. El aliento de un leproso constituía un tipo de aire infeccioso porque era transformado y cambiado por la corrupción de las partes interiores del cuerpo del enfermo y podía contagiar a otros que lo respirasen.[6] Hay evidencia de que se sangraba mensualmente a los leprosos confinados en hospitales especiales para ellos como un método para ayudarles a eliminar los líquidos en desequilibrio dentro del cuerpo.[7] En todo caso, se creía que la lepra resultaba, en el fondo, de un exceso de bilis negra, también conocida como humor melancólico. Irónicamente, aunque la lepra se asociaba con la bilis negra, también se entendía que una de sus manifestaciones era la aparición de manchas blancas en la piel. Influían en esta creencia los procedimientos para determinar si uno es leproso que se encuentran en el Antiguo Testamento, sobre todo en capítulo 13 del libro de Levítico. Lv 13:9 mantiene que una hinchazón blanca en la piel es señal de «lepra crónica» y un individuo con tales inflamaciones debe ser considerado impuro. En su Mishneh Torah, Moisés Maimónides (finales del siglo XII) elabora sobre estas enseñanzas bíblicas y enumera los matices de la blancura de la piel de aquéllos contagiados de la lepra.[8] Aunque la lepra puede manifestarse en zonas pálidas en el cutis donde hay restricción de la circulación de sangre, no produce hinchazones blancas como las descritas en la Biblia y, por esto, algunos estudiosos ya concluyen que la enfermedad de que se habla en el capítulo 13 de Levítico no es, en realidad, la lepra.

Sin duda, por influencia de las doctrinas bíblicas, aunque erróneas, en enciclopedias médicas medievales, la lepra suele incluirse en secciones sobre condiciones de la piel. Sin embargo, algunas autoridades no la consideraban una aflicción superficial, sino una devastación del organismo entero, como por ejemplo, Avicena (980–1037 d. C.) que la llama un «cancer communis corpori toti».[9] Ya para el siglo II de la era cristiana Galeno había alegado que la lepra afectaba el cuerpo entero pero los comentaristas de la obra de Galeno y, más tarde, los de Avicena, ponían esta afirmación en duda al redefinir la enfermedad como una que sólo afectaba la piel. Se intentaban definir varios grados de la lepra, muchas veces en

---

6 Bartolomé de Inglaterra, citado por Marie-Christine Pouchelle, *The Body and Surgery in the Middle Ages*, p. 152.

7 Marie-Christine Pouchelle, *The Body and Surgery in the Middle Ages*, p. 155.

8 Steven Connor, *The Book of Skin*, p. 163.

9 Julie Orlemanski, «Desire and Defacement in *The Testament of Cresseid*», en Katie L. Walter (ed.), *Reading Skin in Medieval Literature and Culture*, New York, Palgrave Macmillan, 2013, p. 161.

términos de etapas incipientes o avanzadas de la enfermedad, como trató de establecer Arnau de Vilanova en el siglo XIII. Al principio del siglo XIV, Bernardo de Gordon no se satisfizo con esta distinción y proclamó que la lepra era una enfermedad «parcial» ya que solamente afectaba a la piel. En su *Lilium medicinae* Bernardo afirmó que, en el leproso, «la piel natural roja, caliente y húmeda había asimilado algún nutrimento nocivo y, como resultado, la piel se puso fría, flemática e inconexa [*separatam*]».[10] Unos años después de que Bernardo de Gordon publicase el *Lilium medicinae*, Henri de Mondeville en un famoso manual sobre la cirugía (*Chirurgia*) vuelve a la idea de la lepra como una enfermedad de todas las partes del cuerpo:

> La *lepra* es una enfermedad vergonzosa que resulta de material que es melancólico o que se transforma en melancolía, y cuya destrucción es irremediable. Es para el cuerpo entero como un cáncer para el miembro canceroso. Así, como no se cura un cáncer sin la destrucción total del miembro afectado, no se puede curar la lepra sin la destrucción del organismo entero –pero esto es imposible.[11]

Se veía la lepra no solamente como una enfermedad incurable sino también una sumamente destructiva y vergonzosa. Saul Brody, en su libro *The Disease of the Soul*, afirma:

> Desde tiempos antiguos, la lepra se considera una enfermedad impura y sus víctimas se vinculan con la idea de la impureza moral. Esta tradición transmitida durante siglos perpetuaba la idea del leproso como emblema de la corrupción espiritual y, durante la Edad Media, se hablaba de la enfermedad en términos moralistas.[12]

Asociada con la idea de la corrupción moral fue la creencia de que la lepra se propagaba por relaciones sexuales ilícitas.[13] Brody concluye que los médicos en la época premoderna diagnosticaban muchas enfermedades cutáneas como lepra, así incrementando el temor del leproso y también la percepción de que el afligido debía haber cometido algún grave pecado para merecer tal dolencia.[14] A pesar de las conclusiones de Brody, se debe notar que otros estudiosos opinan que los médicos de la era premoderna no condenaban indiscriminadamente a individuos que manifestaban síntomas asociados con la lepra. Luke Demaitre, por ejemplo, aunque admite que los médicos dependían de listas de síntomas establecidos, y a

---

10 Luke Demaitre, *Leprosy in Premodern Medicine: A Malady of the Whole Body*, Baltimore, The Johns Hopkins University Press, 2007, p. 119.
11 Luke Demaitre, *Leprosy in Premodern Medicine: A Malady of the Whole Body*, p. 121.
12 Saul Nathaniel Brody, *The Disease of the Soul: Leprosy in Medieval Literature*, p. 51.
13 Saul Nathaniel Brody, *The Disease of the Soul: Leprosy in Medieval Literature*, p. 56.
14 Saul Nathaniel Brody, *The Disease of the Soul: Leprosy in Medieval Literature*, p. 56.

veces estereotípicos, de la lepra, también asevera que no descontaban la observación personal ni los intereses del paciente al diagnosticar afflicciones de la piel.[15] Los autores de textos médicos se empeñaban en establecer cuáles eran los síntomas más válidos para dictaminar que uno sí era leproso e intentaban llenar la laguna entre la conjetura y la certeza, así limitando el número de sentencias fatídicas. A pesar de estos esfuerzos, sin embargo, no hay duda de que muchos casos de la sarna, la psoriasis, el eccema u otras condiciones cutáneas también fueron diagnosticados como lepra.[16]

A pesar de que la piel putrefacta no siempre lo condenó a uno a una sentencia de la lepra, cuando se proclamaba a un individuo leproso, la sentencia llevaba asociaciones tradicionales que invariablemente influyeron en su representación en los textos literarios. Los autores medievales «leyeron» la piel del leproso de varias maneras según sus varios propósitos. Julie Orlemanski identifica dos modelos representativos de la lepra en textos medievales literarios –el afectivo y el moralista. En el modelo afectivo, el encuentro con un leproso se describe con emociones de disgusto, temor, lástima o amor. Mientras que las tres primeras –el disgusto, el temor, y la lástima– son fáciles de comprender, la última –el amor– es rara y algo sorprendente. La reacción de amor hacia el leproso suele limitarse a tratados religiosos, como, por ejemplo, las versiones de la vida de San Francisco que cuentan que el santo sentía no solamente compasión, sino verdadero cariño hacia un leproso con quien se encontraba. En el otro paradigma literario, identificado por Orlemanski –el moralista– la apariencia de un leproso sirve como metáfora de «la caída de la humanidad» o del pecado en general. Por lo tanto, según estos modelos, el leproso puede servir para inspirar miedo, ser candidato para que el buen cristiano ejercite actos de caridad o servir como advertencia ejemplar contra el pecado. No solamente influyó en la representación del leproso el propósito de la obra en que aparece sino también la idea teológica fundamental del ser humano hecho a imagen de Dios; si el cuerpo fuera sumamente corrupto, como en el caso del leproso, ¿qué significaría para la comprensión de la relación entre Dios y el ser humano y la del cuerpo como el templo del alma? Si la piel era el aspecto más visible de este reflejo de Dios, la piel putrefacta del leproso ponía en duda los conceptos básicos de lo que significaba ser un ser humano en la visión cristiana de la Edad Media. Los autores medievales forzosamente lidiaban con estas inquietudes centrales y epistemológicas cuando escribían sobre el leproso.

---

15 Luke Demaitre, «The Description and Diagnosis of Leprosy by Fourteenth-Century Physicians», en *Bulletin of the History of Medicine*, 59 (1985), p. 340.
16 Saul Nathaniel Brody, *The Disease of the Soul: Leprosy in Medieval Literature*, p. 41.

Una manera de tratar la anomalía del cuerpo leproso fue representar la lepra como el castigo divino por excelencia. Un buen ejemplo de este modo de escribir sobre la lepra se encuentra en la colección de *exempla* compuesta por don Juan Manuel en el siglo XIV, *El conde Lucanor*. El *exemplum* 44 cuenta la historia del Conde Rodrigo el Franco que se casa con una dama muy honrada. Sin razón alguna el Conde acusa a su mujer de desmanes. Ella, incrédula, reacciona por rezar a Dios que la castigue si las acusaciones son válidas pero que castigue a su marido si resultan ser falsas. Ya que las acusaciones no tenían ninguna base en la verdad, Dios castiga al Conde haciéndole enfermar de la lepra en respuesta al rezo de su mujer:

> Luego que la oración fue acabada, por el miraglo de Dios, engafezió el conde su marido, et ella partiósse dél. Et luego que fueron partidos, envió el rey de Navarra sus mandaderos a la dueña, et casó con ella, et fue reyna de Navarra.[17]

La mujer del Conde, éste ya leproso, se separa de su marido y se casa con el Rey de Navarra mientras que su marido sigue vivo. La lepra como motivo para el divorcio no se halla en los códigos legales de la época. Por ejemplo, partida IV, título II, ley 7 de las *Siete partidas* de Alfonso X afirma:

> [...] si alguno de los que fuesen casados çegase o se hiziese sordo o contrecho, o perdiese sus mienbros por dolores o por enfermedad, o por otra manera qual quier, por ninguna destas cosas nin avn que se hiziese gafo non deue el vno desanparar al otro por guardar la fe & la lealtad que se prometieron en el casamiento [...].[18]

Sin embargo, en la historia en *El conde Lucanor,* don Juan Manuel parece menos preocupado por la lepra como motivo para la anulación del matrimonio y enfatiza el hecho de que el conde, sabiendo que no hay cura para su condición, decide ir en peregrinaje a Tierra Santa como expiación de su pecado. El cuento, en su mayor parte, se enfoca en la lealtad de tres caballeros que acompañan al conde en su exilio voluntario y lo cuidan hasta su muerte.

En otro episodio, éste de un *Speculum laicorum*[19] en castellano del siglo XV, *El espéculo de los legos*, la lepra se aúna al pecado de la soberbia. El *Espéculo* narra la historia de dos leprosos que se acercan a Santa Brígida, esperando que ella los

---

17 Juan Manuel, *El conde Lucanor,* José Manuel Blecua (ed.), Madrid, Clásicos Castalia, 2000, p. 229.

18 *Alfonso X, Las siete partidas,* Pedro Sánchez-Prieto Borja, Rocío Díaz Moreno y Elena Trujillo Belso (eds.), Alcalá de Henares, Universidad de Alcalá de Henares, 2004, p. 835, pero citamos *a partir del Corpus Diacrónico del Español (base de datos)* [fecha de consulta: 07-03-2016] <http:// www.rae.es>.

19 Un manual para predicadores.

cure. La santa les dice que deben lavarse el uno al otro y así se curarán los dos. El primer leproso lava a su compañero y éste pierde toda señal de la enfermedad. Ahora, curado y sano, el que antes era leproso, se niega a lavar a su compañero afligido por la repugnancia que le causa. Como castigo por este pecado de soberbia y su falta de compasión, Santa Brígida le inflige de nuevo con la lepra pero cura al compañero al que se había negado a bañar.

En un poema en la colección de milagros marianos producida en la Corte de Alfonso X, las *Cantigas de santa Maria*, encontramos la historia de un joven, descrito como guapo y encantador, pero que comete «tod' aquele viço que à carne praz»[20] («todo vicio carnal sin excepción»).[21] Como resultado de su desprecio por los valores morales, Dios le contagia con la lepra. Resulta tan desfigurado que se separa de la compañía de otros y va a vivir a una ermita. Allí reza diariamente mil avemarías y, después de tres años de practicar este acto de devoción, la Virgen decide curarle. Este poema establece una relación directa entre la depravación moral y la aparición de la lepra y refleja una de las creencias más comunes respecto a la enfermedad en la Edad Media.

Otro aspecto común que se refleja en esta cantiga, y que aparece en varios otros textos, es la lepra como motivo de vergüenza de quien sufre la enfermedad. Este fenómeno se ve especialmente en obras hagiográficas donde los leprosos aparecen reacios a solicitar a un santo que le cure. Un buen ejemplo de un leproso avergonzado de su aspecto se halla en la *Vida de santo Domingo de Silos* compuesto por Gonzalo de Berceo en el siglo XIII. En la estrofa 475 se nos presenta a un leproso tan estropeado que se mostraba reticente a acercarse a Santo Domingo y pedirle que lo ayude:

> El confesor precioso, el sermón acabado,
> vinoli un enfermo que era muy lazrado,
> gafo natural era, duramente afollado,
> non era de bergüença de parecer osado.[22]

Pero, el sufridor domina su vergüenza y le pide al santo que ofrezca una misa por la restauración de su salud. Domingo canta la misa y, después, bendice sal

20 Alfonso X, *Cantigas de Santa Maria,* Walter Mettmann (ed.), Madrid, Castalia, 1986–1989, vol. 1, p. 286 (= Cantiga 93).
21 Traducido en inglés por Kathleen Kulp-Hill como «all carnal vice without exception» (*Songs of Holy Mary of Alfonso X, The Wise: A Translation of the «Cantigas de Santa Maria»*, Tempe, Arizona Center for Medieval and Renaissance Studies, 2000, p. 118.
22 Gonzalo de Berceo, *Obra completa*, Brian Dutton *et al.* (eds.), Madrid, Espasa-Calpe/Gobierno de La Rioja, 1992, p. 377.

y agua[23] y, cuando toca al leproso con esta solución, le desaparece toda señal de la enfermedad: «tornó luego tan sano,/que más non pareció de la lepra un grano (c. 478cd)».[24]

La lepra no sólo se presenta como motivo de la vergüenza sino también como la enfermedad que más inspira la compasión. Tal vez, el ejemplo más conocido en las letras españolas es la cura del niño leproso que forma parte del argumento del *Libre dels tres reys d'Orient*, también conocido como el *Libro de la infancia y muerte de Jesús*. En esta obra apócrifa, dos ladrones atracan a la Sagrada Familia mientras ésta está huyendo a Egipto después de la matanza de los Inocentes. Uno de los ladrones quiere matar a la familia pero el otro se recela de matarles y convence a su compañero de que les lleve a su casa donde puedan despojarles de sus pertenencias y contar el botín. Los dos ladrones se conocen en el poema como el Mal Ladrón y el Buen Ladrón respectivamente. Al llegar a la casa del Buen Ladrón, la mujer de éste trata a la sagrada familia con mucha bondad y ofrece bañar al Niño Jesús. Mientras que baña al Niño la mujer empieza a llorar y la Virgen le pregunta por qué está triste. La mujer responde que su hijo, recién nacido, es gafo, es decir leproso, por sus pecados. Este detalle refleja la creencia que la lepra puede ser un castigo divino y también el concepto médico que la enfermedad podía ser hereditaria o resultar de circunstancias de fertilización como, por ejemplo, haber tenido relaciones sexuales cuando la mujer tiene la menstruación. El *Libre dels tres reys d'Orient* no especifica el pecado que la mujer del Buen Ladrón pudiera haber cometido pero la Virgen se compadece de ella y baña a su niño leproso en la misma agua donde se había bañado el Niño Jesús. El niño enfermo salió del baño completamente curado:

> la Gloriosa lo metió en el agua do bañado era
> el rey del cielo e de la tierra.
> La vertut fue fecha man a mano,
> metiól gafo e sacól sano.
> En el agua fincó todo el mal
> tal lo sacó como un cristal. (vv. 176–182)[25]

Aquí el baño metafóricamente representa el bautismo y el poder de Jesús de quitarle a uno cualquier mancha de pecado. Este incidente emplea el caso lamentable de un niño leproso para enfatizar la misericordia de la Virgen, el poder de su

---

23 Gonzalo de Berceo, *Obra completa*, p. 344, nos recuerda que la sal se utilizaba en ritos litúrgicos desde épocas antiguas, especialmente en la bendición del agua.

24 Gonzalo de Berceo, *Obra completa*, p. 379.

25 Manuel Alvar Esquerra, «Concordancias e índices léxicos del *Libro de la infancia y muerte de Jesús*», en *Archivo de Filología Aragonesa*, 26–27 (1958), p. 430.

Hijo y el bautismo como sacramento que quita, en este caso, la mancha física, tanto como la espiritual, del pecado.

Hubo una gran variedad de opiniones conflictivas acerca de las causas de la lepra y muchas de ellas se mezclaban con creencias supersticiosas. Un buen ejemplo de la confusión que engendraba esta enfermedad se encuentra en *Las Cantigas de santa María* de Alfonso X. La cantiga 189 relata la historia de un peregrino devoto que viaja a la iglesia de Santa María de Salas en la provincia de Huesca. Al pasar por un bosque espeso, el peregrino se encuentra con una bestia en forma de dragón. Le pega un golpe mortal al animal con la espada y le salpica la sangre de la fiera. Ésta también exhala un aliento hediondo al recibir el golpe y la combinación de la sangre y el aliento del dragón causa que el hombre se contagie de la lepra. Esta cantiga refleja la creencia médica común que mantenía que una de las causas de la lepra era aire infectado y, en este caso, la respiración putrefacta del dragón se interpreta como aire maligno. En esta cantiga no vemos ninguna huella de la creencia religiosa/moralista de que la lepra es castigo por pecar dado que el protagonista de esta historia es un peregrino devoto que se esfuerza en seguir con su viaje a Salas aun después de contagiarse de la lepra. Mientras que se puede razonar que el hombre emprende la peregrinación como penitencia por algún pecado, el poema no menciona el motivo del viaje e, incluso, enfatiza la gran fe del peregrino en que la Virgen le cure. De hecho, al llegar a Salas, hace su petición a la Virgen y ésta lo sana.[26] En las miniaturas que acompañan la cantiga 189 vemos la condición del peregrino leproso representada por manchas rojas sobre la piel, la manera que Brody identifica como la más común para retratar al leproso en manuscritos medievales.

Antes del advenimiento de la ciencia médica moderna, la condición de la piel fue uno de los principales indicios que utilizaban los médicos para diagnosticar la lepra. La piel del leproso sufría lo que Demaitre llama «una desintegración lenta y corrupta»[27] que inspiraba terror y repulsión en otros y un sentido de vergüenza por parte del que la sufría. La piel dañada, especialmente la desintegración de rasgos de la cara, en última instancia le privaba al leproso de su identidad. En un sentido, la piel destrozada del leproso le dictaba una nueva identidad, una que le marcaba no como el individuo que siempre había sido sino como representante de la enfermedad misma. La piel que normalmente señalaba la frontera entre el cuerpo y todo lo externo a ello, en el caso del leproso, se convierte en un tipo de pergamino sobre el cual se escribía la patología, tanto física como moral, de la

---

26 Para un estudio completo de esta cantiga, ver mi artículo, «A Rare Case of a Dragon in Medieval Spanish Literature», en *Medieval Perspectives*, 26 (2011–2012), pp. 7–25.
27 Luke Demaitre, «The Description and Diagnosis of Leprosy by Fourteenth-Century Physicians», p. 278.

enfermedad. A su vez, la piel del leproso daba evidencia no solamente de la más temida de las enfermedades sino que servía como metáfora visible de la condición caída de la humanidad y, por extensión, de la mancha del pecado original.

Obras citadas

Alfonso X, *Cantigas de Santa Maria,* Walter Mettmann (ed.), Madrid, Castalia, 1986–1989.

—, *Las Siete Partidas,* P. Sánchez-Prieto Borja, Rocío Díaz Moreno y Elena Trujillo Belso (eds.), Alcalá de Henares, Universidad de Alcalá de Henares, 2004.

Alvar Esquerra, Manuel, «Concordancias e índices léxicos del *Libro de la infancia y muerte de Jesús*», en *Archivo de Filología Aragonesa*, 26–27 (1958), p. 421–460.

Berceo, Gonzalo de, *Obra completa*, Brian Dutton *et al.*, Madrid, Espasa-Calpe/Gobierno de La Rioja, 1992.

Brody, Saul Nathaniel, *The Disease of the Soul: Leprosy in Medieval Literature*, Ithaca/London, Cornell University Press, 1974.

Connor, Steven, *The Book of Skin*, Ithaca, Cornell University Press, 2004.

Corpus diacrónico del español (base de datos) [fecha de consulta: 07-03-2016] <http://www.rae.es>.

Demaitre, Luke, «The Description and Diagnosis of Leprosy by Fourteenth-Century Physicians», en *Bulletin of the History of Medicine*, 59 (1985), pp. 327–344.

—, *Leprosy in Premodern Medicine: A Malady of the Whole Body*, Baltimore, The Johns Hopkins University Press, 2007.

Juan Manuel, *El conde Lucanor*, José Manuel Blecua (ed.), Madrid, Clásicos Castalia, 2000.

Kulp-Hill, Kathleen, *Songs of Holy Mary of Alfonso X, The Wise: A Translation of the «Cantigas de Santa Maria»*, Tempe, Arizona Center for Medieval and Renaissance Studies, 2000.

Mohedano Hernández, José María (ed.), *El espéculo de los legos: texto inédito del siglo XV*, Madrid, Consejo Superior de Investigaciones Científicas, 1951.

Orlemanski, Julie, «Desire and Defacement in *The Testament of Cresseid*», en Katie L. Walter (ed.), *Reading Skin in Medieval Literature and Culture,* New York, Palgrave Macmillan, 2013, pp. 161–181.

Pouchelle, Marie-Christine, *The Body and Surgery in the Middle Ages,* Rosemary Morris (trad.), Cambridge, Basil Blackwell/Polity Press, 1990.

Scarborough, Connie L., «A Rare Case of a Dragon in Medieval Spanish Literature», en *Medieval Perspectives*, 26 (2011–2012), pp. 7-25.

Isabella Tomassetti

Los *Salmos penitenciales* de Diego de Valera: entre cortesía y parodia

Resumen: La producción de Diego de Valera –cronista, escritor político y poeta del siglo XV– cuenta con unos poemas centrados en la *religio amoris*: la serie más significativa es la que toma el nombre de *Salmos penitenciales*, donde el autor construye alrededor de unas citas de salmos (que figuran como epígrafes de cada sección) un largo poema estrófico de tipo amoroso-cortés. Dicho poema tiene una tradición monotestimonial, pues fue transmitido por una única colectánea (SA10). El artículo se centra en los *Salmos* de Valera desde un punto de vista retórico-estilístico y temático abordando también la cuestión de las influencias literarias que recibió de otros autores.

Palabras clave: Diego de Valera, *Salmos penitenciales*, poesía amatoria, parodia

Uno de los ejercicios de *inventio* y *elocutio* más interesantes de la poesía amatoria castellana es el que se ha venido definiendo *religio amoris*, que consiste en la hibridación entre el repertorio expresivo perteneciente a la esfera religiosa y el bagaje léxico-temático de la cortesía, que en la poesía amatoria revela su faceta más auténtica y elaborada. La centralidad de la experiencia amorosa y el culto a la mujer propio de la poesía cortés hizo que la correspondencia entre la dama y el señor feudal y entre el amante y el vasallo se convirtiera en una hipérbole alegórica donde la mujer (o el amor hacia ella) se equipararon a la divinidad cristiana y el amador a un feligrés devoto, a veces suplicante y quejoso, a veces rebelde y reivindicativo.

Se trata de un tema de gran interés sobre el que se han escrito páginas memorables: quiero recordar ante todo los estudios de M. Rosa Lida dedicados al análisis de lo que ella misma definió hipérbole sagrada[1] y también señalar la propuesta crítica de Keith Whinnom que, a pesar de haber suscitado cierta perplejidad por su univocidad interpretativa,[2] no deja de ser un testimonio importante de un filón

---

[1] Mª Rosa Lida de Malkiel, «La hipérbole sagrada en la poesía castellana del siglo XV», en *Estudios sobre literatura española del siglo XV*, Madrid, Porrúa Turanzas, 1977, pp. 291–309.

[2] Keith Whinnom, «El origen de las comparaciones religiosas del Siglo de Oro: Mendoza, Montesino, Román», en *Revista de Filología Española*, 46 (1963), pp. 263–285 y, del mismo autor, «The Supposed Sources of Inspiration of Spanish Fifteenth-Century Narrative Religious Verse»,

---

Isabella Tomassetti, La Sapienza, Università di Roma

https://doi.org/10.1515/9783110450828-019

de estudios que tomó cuerpo a finales de los años sesenta y que ha seguido activo y fértil hasta nuestros días.[3] Lo demuestran los numerosos trabajos dedicados al tema en las últimas tres décadas, entre los cuales quiero recordar primero el importante e innovador estudio de Michael Gerli,[4] que a principios de los años ochenta combinó el análisis literario con una profundización histórico-cultural y antropológica centrada en la noción de sincretismo. No han faltado, además, aproximaciones a esta tipología textual en el seno de estudios centrados en la retórica,[5] o bien aportaciones específicamente dedicadas a textos inspirados en la *religio amoris*, entre los cuales señalo, en orden cronológico, los trabajos de Crosas,[6] Núñez Rivera,[7] Grande Quejigo,[8] Gernert[9] y Toro Pascua.[10]

Son de todos conocidas las glosas profanas del *Pater Noster*, del *Ave María* y de otras oraciones cristianas,[11] así como las reescrituras en clave amorosa de los

---

en *Symposium*, 17 (1963), pp. 268–291, y *La poesía amatoria cancioneril en la época de los Reyes Católicos*, Durham, Durham University Press, 1981.

3 Señalo también, en la estela de los estudios de Whinnom, los trabajos más recientes de Jane Yvonne Tillier, «Passion Poetry in the *Cancioneros*», en *Bulletin of Hispanic Studies*, 62 (1985), pp. 65–78. De la misma autora, recuerdo *Religious elements in Fifteenth-Century Spanish «Cancioneros»*, Cambridge, University of Cambridge, 1985 (tesis doctoral inédita).

4 Michael E. Gerli, «La religión de amor y el antifeminismo en las letras castellanas del siglo XV», en *Hispanic Review*, 49 (1981), pp. 65–86.

5 Juan Casas Rigall, *Agudeza y retórica en la poesía amorosa de cancionero*, Santiago de Compostela, Universidade de Santiago de Compostela, 1995.

6 Francisco Crosas, «La *religio amoris* en la literatura medieval», en Francisco Crosas (ed.), *La fermosa cobertura. Lecciones de literatura medieval*, Pamplona, EUNSA, 2000, pp. 101–128.

7 Valentín Núñez Rivera, «Glosa y parodia de los salmos penitenciales en la poesía del Cancionero», en *Epos*, 17 (2001), pp. 107–139.

8 Francisco J. Grande Quejigo, «Religión de amores en algunos ejemplos del Cancionero», en *Il Confronto Letterario*, 38.2 (2002), pp. 359–384.

9 Folke Gernert, *Parodia y «contrafacta» en la literatura románica medieval y renacentista. Historia, teoría y textos*, San Millán de la Cogolla, Cilengua, 2009.

10 Mª Isabel Toro Pascua, «La Biblia en la poesía de cancionero», en Mª Isabel Toro Pascua (coord.), *La Biblia en la literatura española. I. Edad Media*, Madrid, Trotta/Fundación San Millán de la Cogolla, 2008, pp. 125–172. También Mª Isabel Toro Pascua, «Algunas consideraciones sobre el uso de los Salmos en la poesía española de los siglos XV y XVI», en Virginie Dumanoir (ed.), «*De lagrymas fasiendo tinta*». *Memorias, identidades y territorios cancioneriles*, Madrid, Casa de Velázquez, 2017, pp. 219–228.

11 Paolo Pintacuda, «Fortuna extraliturgica del *Pater Noster* nella poesia castigliana del Quattro e Cinquecento», en Luisa Rotondi Secchi Tarugi (ed.), *Il sacro nel Rinascimento. Atti del XII Convegno internazionale (Chianciano-Pienza 17–20 luglio 2000)*, Firenze, Franco Cesati, 2002, pp. 341–372, y Andrea Baldissera, «Le glosse castigliane dell'*Ave Maria* tra XV e XVI secolo», en Luisa Rotondi Secchi Tarugi (ed.), *Il sacro nel Rinascimento. Atti del XII Convegno internazionale (Chianciano-Pienza 17–20 luglio 2000)*, Firenze, Franco Cesati, 2002, pp. 321–339.

Diez Mandamientos y de los *Gozos de la Virgen* compuestas por Juan Rodríguez del Padrón;[12] constituyen un sector relevante las parodias de la Misa (especialmente las *Misas de amor* de Suero de Ribera[13] y de Juan de Dueñas)[14] y la nutrida serie de glosas ortodoxas y contrahechuras profanas de los Salmos[15] adscritas a poetas como Diego de Valera,[16] Francisco de Villalpando,[17] Pero Guillén de Segovia,[18]

---

12 Martin S. Gilderman, «The Prophet and the Law: Some Observations on Rodríguez del Padrón's *Diez mandamientos de amor*», en *Revista de Estudios Hispánicos*, 7 (1973), pp. 417–426 y, del mismo autor, «Toward a Revaluation of Rodríguez del Padrón and his Poem of Courtly Love, *Siete gozos de amor*», en *Hispania*, 56 (1973), pp. 130–133. También Dorothy Sherman Severin, «Juan Rodríguez del Padrón Parodist: *Los siete gozos de amor*», en Alan Deyermond y Carmen Parrilla (eds.), *Juan Rodríguez del Padrón. Studies in Honour of Olga Tudorică Impey. 1. Poetry and Doctrinal Prose*, London, Queen Mary, University of London, 2005, pp. 75–83. Para la edición del texto véase Vicenç Beltran, «Los *Gozos de amor* de Juan Rodríguez del Padrón: edición crítica», en Leonardo Funes y José Luis Moure (eds.), *Studia in honorem Germán Orduna*, Alcalá de Henares, Universidad de Alcalá, 2001, pp. 91–109.

13 Blanca Periñán, «Las poesías de Suero de Ribera. Estudio y edición crítica de los textos», en *Miscellanea di Studi Ispanici*, 16 (1968), pp. 5–138.

14 Juan de Dueñas, *La nao de amor. Misa de amores*, Marco Presotto (ed.), Pisa, Mauro Baroni, 1997. Véase además Jules Piccus, «La *Misa de amores* de Juan de Dueñas», en *Nueva Revista de Filología Hispánica*, 14 (1960), pp. 322–325, y Antonio Alatorre, «Algunas notas sobre la *Misa de amores*», en *Nueva Revista de Filología Hispánica*, 14 (1960), pp. 325–328.

15 Hermann Gunkel, *Introducción a los Salmos*, Valencia, EDICEP, 1983, y Luis Alonso Schökel y Cecilia Carniti (eds.), *Salmos I*, Estella, Editorial Verbo Divino, 1992. Para las versiones y reescrituras de los salmos en la literatura española véase Diego Lobejón y Mª Wenceslada, *Los Salmos en la literatura española*, Valladolid, Universidad de Valladolid, 1997.

16 Las únicas ediciones disponibles hasta la fecha son la de Lucas de Torre y Franco-Romero, «Mosén Diego de Valera. Apuntaciones biográficas seguidas de sus poesías y varios documentos», en *Boletín de la Real Academia de la Historia*, 64 (1914), pp. 50–83, 133–168, 249–276 y 365–412, y la de Brian Dutton (ed. lit.) y Jineen Krogstad (ed. mus.), *Cancionero del siglo XV (1360–1420)*, Salamanca, Universidad, 1990–1991, vol. 4, pp. 197–200.

17 Andrea Baldissera, «Le liriche di Juan e Francisco de Villalpando (edizione critica)», en Giuseppe Mazzocchi y Andrea Baldissera (eds.), *I Canzonieri di Lucrezia/Los cancioneros de Lucrecia. Atti del Convegno Internazionale sulle raccolte poetiche iberiche dei secoli XV-XVII (Ferrara, 7–9 ottobre 2002)*, Padova, Unipress, 2005, pp. 67–86.

18 Pero Guillén de Segovia, *Obra poética*, Carlos Moreno Hernández (ed.), Madrid, Fundación Universitaria Española, 1989.

Juan del Encina,[19] Juan de Luzón,[20] Jaume Gaçull.[21] En este trabajo me centraré en un poema atribuido a Diego de Valera[22] que se inscribe en el filón paródico de los salmos penitenciales.[23]

Los textos contrahechos por Valera son los que, desde los primeros siglos de la cristiandad, se habían clasificado como salmos penitenciales:

Ps. 6 Domine, ne in furore tuo arguas me neque ira tua corripias me
Ps. 31 Beati, quorum remissae sunt iniquitates et quorum tecta sunt peccata
Ps. 37 Domine, ne in furore tuo arguas me neque in ira tua corripias me
Ps. 50 Miserere mei, Deis, secundum misericordiam tuam
Ps. 101 Domine, exaudi orationem meam et clamor meus ad te veniat
Ps. 129 De profundis clamavi ad te, Domine
Ps. 142 Domine, exaudi orationem meam, auribus percipe obsecrationem meam in veritate tua

---

19 Adelheid Hausen, «Adaptaciones del Oficio de difuntos a lo humano: Job en las quejas amorosas de Garci Sánchez de Badajoz y Juan del Encina», en *Iberoromania*, 10 (1979), pp. 47–62; Guido Mancini, «Una veglia funebre profana: la *Vigilia de la enamorada muerta* di Juan del Encina», en *Studi dell'Istituto Linguistico (Università di Firenze)*, 14 (1981), pp. 187–202; Francisco Márquez Villanueva, «La *Trivagia* y el problema de la conciencia religiosa de Juan del Encina», en *La Torre. Nueva Época*, 1 (1987), pp. 473–500; Alan Deyermond, «La Biblia en la poesía de Juan del Encina», en Javier Guijarro Ceballos (ed.), *Humanismo y literatura en tiempos de Juan del Encina*, Salamanca, Universidad, 1998, pp. 55–68, y Javier San José Lera, «Juan del Encina y los modelos exegéticos en la poesía religiosa del primer Renacimiento», en Javier Guijarro Ceballos (ed.), *Humanismo y literatura en tiempos de Juan del Encina*, Salamanca, Universidad de Salamanca, 1998, pp. 183–204.
20 Juan de Luzón, *Cancionero* (1508); véase Valentín Núñez Rivera, « Glosa y parodia de los salmos penitenciales...», p. 121.
21 Estela Pérez-Bosch, «La religión de amor a través del *Cancionero general*: Jaume Gassull y su versión profana del salmo *De profundis*», en Verónica Arena *et al.* (eds), *Líneas actuales de investigación literaria. Estudios de literatura hispánica*, Valencia, Universidad de Valencia, 2004, pp. 93–104.
22 Para noticias sobre la vida y la obra de Diego de Valera remito a Lucas de Torre y Franco-Romero, *Mosén Diego de Valera. Apuntaciones biográficas*, Madrid, Fortanet, 1914, y al estudio preliminar de Mario Penna en *Prosistas castellanos del siglo XV*, Atlas, Madrid, 1959, pp. xcix-cxxxvi. Un detallado perfil biográfico de nuestro autor puede leerse también en Nicasio Salvador Miguel, *La poesía cancioneril. El «Cancionero de Estúñiga»*, Madrid, Alhambra, 1977, pp. 242–255; más estudios sobre el autor conquense se reúnen en Julio Rodríguez Puértolas *et al.* (eds.), *Mosén Diego de Valera y su tiempo*, Cuenca, Ayuntamiento de Cuenca/Instituto Juan de Valdés, 1996.
23 Entiendo aquí parodia en el sentido etimológico del término, según ha indicado Gérard Genette, *Palimpsestes. La littérature au second degré*, Paris, Seuil, 1982.

El propio Valera designó «decir» a este poema en arte menor que consta de 364 versos,[24] acudiendo a una terminología que induce a fechar la composición en el segundo cuarto del siglo XV, puesto que esta designación fue cayendo en desuso a mediados del siglo para ser sustituida por la designación más genérica de «coplas».[25] Valera construye una parodia profana de los siete salmos penitenciales estructurando orgánicamente el texto en siete series de coplas: cada serie está formada por ocho coplas de ocho versos cada una. Entre un salmo y otro hay un estribillo en forma de redondilla (abba) introducido por la rúbrica «gloria» que desempeña la función de antífona según se usaba en la liturgia de los salmos penitenciales. Las coplas de ocho versos presentan el mismo esquema métrico (abbaacca) a lo largo de toda la composición. Cada sección, excepto la primera, se abre con la cita del primer versículo del Salmo contrahecho pero no hay acomodación del texto latino sino que éste desempeña la función de rúbrica al principio de la secuencia estrófica.

Este complejo y extenso poema tiene una tradición monotestimonial, como muchas otras composiciones de Diego de Valera. El cancionero que lo transmite, siglado SA10 por Brian Dutton, se conserva en la Biblioteca Universitaria de Salamanca (ms. 2763) y corresponde a un códice facticio compuesto por dos unidades codicológicas con cronología y procedencia distintas.[26] Justo al principio de la primera unidad se transcribió el texto de Valera, que constituye el poema de apertura del cancionero. Se han detectado algunas corruptelas debidas básicamente a *lapsus calami* o a supuestas lagunas del antígrafo, cuya enmienda ha resultado

---

24 Así lo presenta en el v. 316: «en este breve dezir».

25 Isabella Tomassetti, «Entre política y cortesía: Diego de Valera y el *Cancionero de San Román* (MH1)», en *Studj Romanzi*, 11 (2015), pp. 53–74. También. *«La sección de Diego de Valera en el Cancionero de Salvá* (PN13): entre cortesía y palinodia», en Constance Carta, Sarah Finci y Dora Macheva (coords.), *«Antes se agotan la mano y la pluma que su historia»/«Magis deficit calamus quam eius historia». Homenaje a Carlos Alvar*, San Millán de la Cogolla, Cilengua, 2016, vol. 1, pp. 959–981.

26 Ana María Rodado Ruiz, «Notas para la edición de SA10», en Margarita Freixas y Silvia Iriso (eds.), en *Actas del VIII Congreso Internacional de la Asociación Hispánica de Literatura Medieval (Santander, 22–26 de septiembre de 1999)*, Santander, Consejería de Cultura del Gobierno de Cantabria/Asociación Hispánica de Literatura Medieval, 2000, pp. 1547–1557 y, de la misma autora, «Nuevas notas para la edición de SA10», en Jesús L. Serrano Reyes (ed.), *Cancioneros en Baena. Actas del II Congreso Internacional "Cancionero de Baena": in memoriam Manuel Alvar*, Baena, Ayuntamiento de Baena, 2003, vol. 1, pp. 481–493, y «El *Cancionero antiguo* de Salamanca (SA10a): materiales de un códice de poesía medieval», en *eHumanista*, 32 (2016), pp. 361–373. Para los criterios de compilación del cancionero véase también Vicenç Beltran, «Tipologías y génesis de los cancioneros: la organización de los materiales», en Vicenç Beltran, Begoña Campos, Mª Luzdivina Cuesta y Cleofé Tato (eds.), *Estudios sobre poesía de cancionero*, Noia, Toxosoutos, 1999, pp. 9–54.

fácil: nos las habemos, pues, con un texto bastante bien conservado. Después de los *Salmos* de Valera se copia una *Ledanía*, también atribuida a este autor y de carácter profano; a continuación figura una buena parte del corpus poético de Pero Guillén de Segovia, discípulo de Mena y Santillana que formó parte desde 1463, junto con Gómez Manrique, Lope de Estúñiga, Montoro y otros, de la corte del arzobispo de Toledo Alfonso Carrillo. Entre los poemas de Pero Guillén de Segovia recogidos en esta primera sección de SA10 figura también una exégesis seria de los salmos penitenciales, texto que tuvo acogida en la *editio princeps* del *Cancionero general* (Valencia 1511) pero que desapareció en las ediciones sucesivas debido a la censura inquisitorial. Dejando de lado por el momento la cuestión de la composición del códice y del canon de autores que representa, no cabe duda de que la selección de los textos responde a los gustos del compilador y hay que suponer que dispusiera de cuadernos de autor (con toda probabilidad en el caso de Pero Guillén de Segovia) o de recopilaciones previas de las que fue sacando lo que mayormente le interesaba. Es bastante probable, pues, que el compilador tuviera a su disposición materiales procedentes del círculo de Alfonso Carrillo en los que se integraron también poemas pertenecientes a autores más antiguos como Alfonso Álvarez de Villasandino.[27]

La cuestión de la procedencia y aglomeración de los materiales poéticos es crucial a la hora de proponer una cronología de los textos: para la datación de la contrahechura de Diego de Valera no disponemos de datos seguros aunque podemos suponer, tanto por el estilo como por la estructura retórica, una fecha bastante temprana dentro de la trayectoria poética del conquense. Se trata, en efecto, de una composición de impronta amorosa, libre de referencias políticas o de apuntes palinódicos, rasgo que se ha detectado, sin embargo, en composiciones más tardías como las que se recopilaron en el *Cancionero de Salvá* (PN13).[28] El poema, por otra parte, se inscribe en un filón paródico que tuvo una gran difusión en el segundo cuarto del siglo XV, con notables aportaciones de autores como Juan Rodríguez del Padrón, Suero de Ribera y Juan de Dueñas, estos últimos especialmente relacionados con la corte navarro-aragonesa. En este mismo círculo se sitúa Francisco de Villalpando, autor de una glosa profana del salmo 50, el célebre *Miserere*. Villalpando pertenecía a un linaje aragonés y, junto con su hermano Juan, acompañó al rey Alfonso en la campaña de Nápoles siendo encarcelado con ocasión de la batalla de Ponza (1435). Es muy probable que haya escrito el *Miserere* antes de la expedición y al recopilarse el poema en

---

27 Vicenç Beltran, «Tipología y génesis de los cancioneros», y Ana María Rodado Ruiz, «Notas para la edición de SA10».

28 Isabella Tomassetti, «La sección de Diego de Valera en el *Cancionero de Salvá* (PN13)».

el *Cancionero de Palacio* (SA7), cuya confección se acabó entre 1440 y 1444, dicha datación parece bastante plausible.[29] El texto de Diego de Valera presenta varios puntos de contacto con la composición de Villalpando aunque, como es evidente, se trata de composiciones con estructura diferente puesto que el primero propone una reescritura de los siete Salmos penitenciales en su conjunto mientras que el segundo realiza únicamente el *contrafactum* del *Miserere*.[30] No es fácil identificar la dirección de la influencia aunque la figura de Diego de Valera destaque con creces respecto a la de Francisco de Villalpando en el panorama literario del siglo XV; además, la complejidad y extensión del ejercicio exegético llevado a cabo por Valera sugiere que pueda haber ejercido de modelo para el poeta aragonés que, sin embargo, optó por una contrahechura limitada pero más puntual y articulada del texto original. Sea como fuere, no cabe duda de que ambos textos son testimonios de un clima poético y de una moda literaria y no podemos excluir que compartan además el mismo entorno cortesano y una posible común ocasión compositiva. Si esta hipótesis fuera correcta, la datación de los *Salmos penitenciales* de Diego de Valera, debería situarse antes de 1444, término ante quem para la confección de SA7, códice que transmite el poema de Villalpando.

Pasando ahora, aunque brevemente, a la modalidad de reescritura profana de los Salmos, me centraré en el primero de los siete. Se trata del salmo que en la Vulgata tiene el número 6 y cuyo íncipit Valera no cita al principio de su versión. Del cotejo entre el texto latino y las primeras coplas del *contrafactum* podemos inferir cierta tendencia selectiva del autor, que traduce y aprovecha, creando a menudo variaciones sintácticas y léxicas, solo algunos versículos (o porciones de versículos) conforme a su adaptabilidad dentro del nuevo sistema semántico. Evidencio en la siguiente tabla las correspondencias entre el texto original y la contrahechura de Valera:

Como se puede observar, los pasajes directamente implicados en un proceso de traducción más o menos literal son limitados. La operación de Valera, por otra parte, no tenía nada que ver ni con el romanceamiento ni con la exégesis puntual del texto original sino con un ejercicio retórico que pretendía renovar la expresión cortés acudiendo a un repertorio de imágenes y a un lenguaje pertenecientes a otro ámbito. Justo en el exordio del poema, Valera explicita la sustitución del dios bíblico por el dios de amor (v. 1: «No te remiembres, Amor») confiando a sus

---

29 Sobre SA7 remito a los numerosos estudios de Cleofé Tato, entre los cuales cito al menos, «El *Cancionero de Palacio* (SA7), ms. 2653 de la Biblioteca Universitaria de Salamanca (I)», en Jesús L. Serrano Reyes (ed.), *Cancioneros en Baena. Actas del II Congreso Internacional "Cancionero de Baena": in memoriam Manuel Alvar*, Baena, Ayuntamiento de Baena, 2003, vol. 1, pp. 495–523.
30 El examen de las correspondencias textuales entre los dos poemas excede los límites de este artículo pero trataré de ello en la edición de la poesía de Diego de Valera que estoy preparando.

Psalmi 6:2-11

2 Domine, ne in furore tuo arguas me
   neque in ira tua corripias me.
3 Miserere mei, Domine, quoniam infirmus sum;
   sana me, Domine, quoniam conturbata
   sunt ossa mea.
4 Et anima mea turbata est valde,
   sed tu, Domine, usquequo?
5 Convertere, Domine, eripe animam meam;
   salvum me fac propter misericordiam tuam.
6 Quoniam non est in morte, qui memor sit tui;
   in inferno autem quis confitebitur tibi
7 Laboravi in gemitu meo,
   lavabam per singulas noctes lectum meum;
   lacrimis meis stratum meum rigabam.
8 Turbatus est a maerore oculus meus,
   inveteravi inter omnes inimicos meos.
9 Discedite a me, omnes, qui operamini iniquitatem,
   quoniam exaudivit Dominus vocem fletus mei.
10 Exaudivit Dominus deprecationem meam,
   Dominus orationem meam suscepit.
11 Erubescant et conturbentur vehementer omnes
    inimici mei;
   convertantur et erubescant valde velociter.

Salmos penitenciales

1 *No te rremienbres*, Amor,
   de mis yerros ya pasados
   ni tampoco mis pecados
   castigues con tu furor,
5 ni te plega ya, señor,
   corregirme con tu *saña*
   pues que saves quanto daña
   a todos tu disfavor.

   Ave ya merçed de mí,
10 *no quieras mi perdiçión,*
   pues con tanta devoçión
   me torno, Señor, a ti,
   que mi alma fasta aquí
   a seído muy turvada
15 e de cuitas afanada
   porque non te conosçí.

   O Señor, di fasta quándo
   a de durar tu rrigor,
   conosca ya tu favor
20 este que vive penando,
   todo tiempo deseando
   en tu seruiçio acavar;
   no quieras que con pesar
   fenezca desesperando.

25 *Qu'en la muerte no sé quien*
   de ti se pueda acordar
   nin tanpoco rremenbrar
   de tu mal ni de tu bien;
   mas el que pecado tien
30 nunca se deve olvidar
   de su culpa rrecusar
   pues que tanto le convién.

   Que en el ynfierno esperar
   no podemos rredençion
35 ni vasta la contriçion
   para del nos delibrar
   en esta vida purgar
   devemos enteramente
   porque tu, señor potente,
40 nos lieves a buen logar.

> *Con gemidos lloraré*
> todas mis culpas agora
> e ningund tienpo nin ora
> *de planir no* çesaré,
> 45 *e mi lecho rregaré*
> de lagrimas con dolor
> e jamas con gran temor
> de ti siempre biviré.

lectores una meridiana clave de lectura de su poema. El autor salpica su versión del Salmo 6 con pasajes que remiten a la letra de dicho salmo pero lo hace de una forma absolutamente asistemática, aunque respetando por lo general el orden de sucesión de los versículos que retoma. La modalidad de reescritura del texto latino privilegia la función retórica de la *amplificatio*, que se concreta en un uso amplio de circonlocuciones, perífrasis, variaciones sinonímicas. El reúso de los versículos originales se limita a la primera parte del salmo y no sorprende que Valera prescinda de la segunda parte, cuyo contenido se prestaba mucho menos a una adaptación en clave amorosa: entre los versículos 8 y 11, en efecto, el salmista se dirige a Dios rogándolo que se vengue de sus enemigos y que los haga avergonzar de sus maldades. Aun teniendo como texto de referencia el salmo 6, nuestro autor realiza un ejercicio de reescritura libre y desenvuelto, privilegiando lexemas y expresiones que puedan adaptarse facilmente al contexto argumentativo que pretende construir en su poema, es decir un patético ruego de perdón dirigido a un pagano e inclemente dios de amor.[31]

La sensibilidad del público cortesano en la primera mitad del siglo XV no percibía como sacrílegas ni heterodoxas las parodias en clave profana de los textos litúrgicos:[32] los salmos penitenciales, por ejemplo, se recogían en los libros de horas y formaban parte del repertorio canónico de oraciones. Si se piensa, además, que el salmo 50 del rey David tiene como objeto la petición de perdón por el amor pecaminoso hacia Betsabé, y que varios libros de horas franceses y flamencos llevan miniaturas que representan estos dos personajes bíblicos,[33] no sorprenderá la boga de tantas reescrituras profanas: su amplia difusión confirma,

---

31 Alan Deyermond, «Unas alusiones al Antiguo Testamento en la poesía de cancioneros», en Adolfo Sotelo Vázquez y Marta Cristina Carbonell (coords.), *Homenaje al profesor Antonio Vilanova*, Barcelona, Universidad de Barcelona, 1989, pp. 189–200.
32 Folke Gernert, *Parodia y «contrafacta»*, pp. 232–238.
33 Ana Domínguez Rodríguez, *Iconografía de los libros de horas del siglo XV en la Biblioteca Nacional*, Madrid, Universidad Complutense, 1973, y, de la misma autora, *Libros de horas del siglo XV en la Biblioteca Nacional*, Madrid, Fundación Universitaria Española, 1979.

una vez más, el intenso sincretismo entre amor divino y amor humano.[34] Quizá la mano que añadió el sintagma «de Dios» a la rúbrica que en SA10 introducía originariamente los *Salmos penitenciales* de Valera («Salmos penitençiales que hizo Diego de Valera diligidos al amor») quisiera salvar de la censura, es decir del olvido, a este valioso poema atribuyéndole un contenido piadoso que evidentemente no tenía.

Obras citadas

Alatorre, Antonio, «Algunas notas sobre la *misa de amores*», en *Nueva Revista de Filología Hispánica*, 14 (1960), pp. 325–328.

Alonso Schökel, Luis, y Cecilia Carniti (eds.), *Salmos I*, Estella, Editorial Verbo Divino, 1992.

Baldissera, Andrea, «Le liriche di Juan e Francisco de Villalpando (edizione critica)», en Giuseppe Mazzocchi y Andrea Baldissera (eds.), *I Canzonieri di Lucrezia/Los cancioneros de Lucrecia. Atti del convegno internazionale sulle raccolte poetiche iberiche dei secoli XV-XVII (Ferrara, 7–9 ottobre 2002)*, Padova, Unipress, 2005, pp. 67–86.

—, «Le glosse castigliane dell'*Ave Maria* tra XV e XVI secolo», en Luisa Rotondi Secchi Tarugi (ed.), *Il sacro nel Rinascimento. Atti del XII Convegno internazionale (Chianciano-Pienza 17–20 luglio 2000)*, Firenze, Franco Cesati, 2002, pp. 321–339.

Beltran, Vicenç, «Los *Gozos de amor* de Juan Rodríguez del Padrón: edición crítica», en Leonardo Funes y José Luis Moure (eds.), *Studia in honorem Germán Orduna*, Alcalá de Henares, Universidad de Alcalá, 2001, pp. 91–109.

—, «Tipologías y génesis de los cancioneros: la organización de los materiales», en Vicenç Beltran , Begoña Campos, Mª Luzdivina Cuesta y Cleofé Tato (eds.), *Estudios sobre poesía de cancionero*, Noia, Toxosoutos, 1999, pp. 9–54.

Casas Rigall, Juan, *Agudeza y retórica en la poesía amorosa de cancionero*, Santiago de Compostela, Universidade de Santiago de Compostela, 1995.

Crosas, Francisco, «La *religio amoris* en la literatura medieval», en Francisco Crosas (ed.), *La fermosa cobertura. Lecciones de literatura medieval*, Pamplona, EUNSA, 2000, pp. 101–128.

—, «Unas alusiones al Antiguo Testamento en la poesía de cancioneros», en Adolfo Sotelo Vázquez y Marta Cristina Carbonell (coords.), *Homenaje al profesor Antonio Vilanova*, Barcelona, Universidad de Barcelona, 1989, pp. 189–200.

---

34 Guglielmo Cavallo, «Pratiche di devozione, pratiche di lettura», en Guglielmo Cavallo (ed.), *Pregare nel segreto. Libri d'ore e testi di spiritualità nella tradizione cristiana*, Roma, De Luca, 1994, pp. 3–4 (catálogo de exposición); Giovanni Morello, «Immagini dai libri d'ore», en Guglielmo Cavallo (ed.), *Pregare nel segreto*, pp. 28–35: Paul Saenger, «Books of Hours and the Reading Habits of the Later Middle Ages», en Roger Chartier (ed.), *The Culture of Print. Power and the Uses of Print in Early Modern Europe*, Cambridge, Polity Press, 1989, pp. 141–173. Véase además Michael E. Gerli, «La religión de amor».

Deyermond, Alan, «La Biblia en la poesía de Juan del Encina», en Javier Guijarro Ceballos (ed.), *Humanismo y literatura en tiempos de Juan del Encina*, Salamanca, Universidad de Salamanca, 1998, pp. 55–68.

Diego, Lobejón, y Mª Wenceslada, *Los Salmos en la literatura española*, Valladolid, Universidad de Valladolid, 1997.

Dueñas, Juan de, *La nao de amor. Misa de amores*, Marco Presotto (ed.), Pisa, Mauro Baroni, 1997.

Dutton, Brian (ed. lit.), y Jineen Krogstad (ed. mus.), *Cancionero del siglo XV (1360–1420)*, Salamanca, Universidad de Salamanca, 1990–1991.

Genette, Gérard, *Palimpsestes. La littérature au second degré*, Paris, Seuil, 1982.

Gerli, Michael E., «La religión de amor y el antifeminismo en las letras castellanas del siglo XV», en *Hispanic Review*, 49 (1981), pp. 65–86.

Gernert, Folke, *Parodia y «contrafacta» en la literatura románica medieval y renacentista. Historia, teoría y textos*, San Millán de la Cogolla, Cilengua, 2009.

Gilderman, Martin S., «The Prophet and the Law: Some Observations on Rodríguez del Padrón's *Diez mandamientos de amor*», en *Revista de Estudios Hispánicos*, 7 (1973), 417–426.

—, «Toward a Revaluation of Rodríguez del Padrón and his Poem of Courtly Love, *Siete gozos de amor*», en *Hispania*, 56 (1973), 130–133.

Grande Quejigo, Francisco J., «Religión de amores en algunos ejemplos del Cancionero», en *Il Confronto letterario*, 38.2 (2002), pp. 359–384.

Guillén de Segovia, Pero, *Obra poética*, Carlos Moreno Hernández (ed.), Madrid, Fundación Universitaria Española, 1989.

Gunkel, Hermann, *Introducción a los Salmos*, Valencia, EDICEP, 1983.

Hausen, Adelheid, «Adaptaciones del Oficio de difuntos a lo humano: Job en las quejas amorosas de Garci Sánchez de Badajoz y Juan del Encina», en *Iberoromania*, 10 (1979), pp. 47–62.

Lida de Malkiel, Mª Rosa, «La hipérbole sagrada en la poesía castellana del siglo XV», en *Estudios sobre literatura española del siglo XV*, Madrid, Porrúa Turanzas, 1977, pp. 291–309.

Mancini, Guido, «Una veglia funebre profana: la *Vigilia de la enamorada muerta* di Juan del Encina», en *Studi dell'Istituto Linguistico (Università di Firenze)*, 14 (1981), pp. 187–202.

Márquez Villanueva, Francisco, «La *Trivagia* y el problema de la conciencia religiosa de Juan del Encina», en La *Torre. Nueva* Época, 1 (1987), pp. 473–500.

Núñez Rivera, Valentín, «Glosa y parodia de los *Salmos penitenciales* en la poesía del cancionero», en *Epos*, 17 (2001), pp. 107–139.

Pérez-Bosch, Estela, «La religión de amor a través del *Cancionero general*: Jaume Gassull y su versión profana del salmo *De profundis*», en Verónica Arena *et al.* (eds.), *Líneas actuales de investigación literaria. Estudios de literatura hispánica*, Valencia, Universidad de Valencia, 2004, pp. 93–104.

Periñán, Blanca, «Las poesías de Suero de Ribera. Estudio y edición crítica de los textos», en *Miscellanea di Studi Ispanici*, 16 (1968), pp. 5–138.

Piccus, Jules, «La *Misa de amores* de Juan de Dueñas», en *Nueva Revista de Filología Hispánica*, 14 (1960), pp. 322–325.

Pintacuda, Paolo, «Fortuna extraliturgica del *Pater Noster* nella poesia castigliana del Quattro e Cinquecento», en Luisa Rotondi Secchi Tarugi (ed.), *Il sacro nel Rinascimento. Atti del XII Convegno internazionale (Chianciano-Pienza 17–20 luglio 2000)*, Firenze, Franco Cesati, 2002, pp. 341–372.

Rodado Ruiz, Ana María, «El *Cancionero antiguo* de Salamanca (SA10a): materiales de un códice de poesía medieval», en *eHumanista*, 32 (2016), pp. 361–373.

—, «Nuevas notas para la edición de SA10», en Jesús Luis Serrano Reyes (ed.), *Cancioneros en Baena. Actas del II Congreso internacional «Cancionero de Baena»*, Baena, Ayuntamiento de Baena, 2003, vol. 1, pp. 481–493.

—, «Notas para la edición de SA10», en Margarita Freixas y Silvia Iriso (eds.), en *Actas del VIII Congreso Internacional de la Asociación Hispánica de Literatura Medieval (Santander, 22–26 de septiembre de 1999)*, Santander, Consejería de Cultura del Gobierno de Cantabria/Asociación Hispánica de Literatura Medieval, 2000, pp. 1547–1557.

Salvador Miguel, Nicasio, *La poesía cancioneril. El «Cancionero de Estúñiga»*, Madrid, Alhambra, 1977, pp. 242–255.

San José Lera, Javier, «Juan del Encina y los modelos exegéticos en la poesía religiosa del primer Renacimiento», en Javier Guijarro Ceballos (ed.), *Humanismo y literatura en tiempos de Juan del Encina*, Salamanca, Universidad de Salamanca, 1998, pp. 183–204.

Sherman Severin, Dorothy, «Juan Rodríguez del Padrón Parodist: *Los siete gozos de amor*», en Alan Deyermond y Carmen Parrilla (eds.), *Juan Rodríguez del Padrón. Studies in Honour of Olga Tudorică Impey. 1. Poetry and Doctrinal Prose*, London, Queen Mary, University of London, 2005, pp. 75–83.

Tato, Cleofé, «El *Cancionero de Palacio* (SA7), ms. 2653 de la Biblioteca Universitaria de Salamanca (I)», en Jesús Luis Serrano Reyes (ed.), *Cancioneros en Baena: Actas del II Congreso Internacional «Cancionero de Baena»*, Baena, Ayuntamiento de Baena, 2003, vol. 1, pp. 495–523.

Tillier, Jane Yvonne, «Passion Poetry in the *Cancioneros*», en *Bulletin of Hispanic Studies*, 62 (1985), pp. 65–78.

—, *Religious Elements in Fifteenth-Century Spanish «Cancioneros»*, Cambridge, University of Cambridge, 1985 (tesis doctoral inédita).

Tomassetti, Isabella, «*La sección de Diego de Valera en el Cancionero de Salvá* (PN13): entre cortesía y palinodia», en Constance Carta, Sarah Finci y Dora Macheva (coords.), *«Antes se agotan la mano y la pluma que su historia»/«Magis deficit calamus quam eius historia». Homenaje a Carlos Alvar*, San Millán de la Cogolla, Cilengua, 2016, vol. I, pp. 959–981.

—, «Entre política y cortesía: Diego de Valera y el *Cancionero de San Román* (MH1)», en *Studj Romanzi*, 11 (2015), pp. 53–74.

Toro Pascua, Mª Isabel, «La Biblia en la poesía de cancionero», en Mª Isabel Toro Pascua (coord.), *La Biblia en la literatura española. I. Edad Media*, Madrid, Trotta/Fundación San Millán de la Cogolla, 2008, pp. 125–172.

—, «Algunas consideraciones sobre el uso de los Salmos en la poesía española de los siglos XV y XVI», en Virginie Dumanoir (ed.), *«De lagrymas fasiendo tinta». Memorias, identidades y territorios cancioneriles*, Madrid, Casa de Velázquez, 2017, pp. 219–228.

Torre y Franco-Romero, Lucas de, «Mosén Diego de Valera. Apuntamientos biográficos seguidas de sus poesías y varios documentos», en *Boletín de la Real Academia de la Historia*, 64 (1914), pp. 50–83, 133–168, 249–276 y 365–412.

Whinnom, Keith, *La poesía amatoria cancioneril en la época de los Reyes Católicos*, Durham, Durham University Press, 1981.

—, «El origen de las comparaciones religiosas del Siglo de Oro: Mendoza, Montesino, Román», en *Revista de Filología Española*, 46 (1963), pp. 263–285.

—, «The Supposed Sources of Inspiration of Spanish Fifteenth-Century Narrative Religious Verse», en *Symposium*, 17 (1963), pp. 268–291.

Siglo de Oro

Ed. Wolfgang Matzat, Javier Gómez Montero y Bernhard Teuber

Wolfgang Matzat, Javier Gómez Montero y Bernhard Teuber

Prosa y poesía del Siglo de Oro. Constitución del sujeto y construcciones del yo

En este volumen se presentan los resultados de la segunda sección del XIX Congreso de la Asociación Internacional de Hispanistas, que tuvo lugar en Münster, Alemania, del 11 al 17 de julio de 2016. Esta sección estaba dedicada a la literatura del Siglo de Oro y firmaba bajo el título «Constitución del sujeto y construcciones del yo». El enfoque se puso en un rasgo central de la época con respecto a la concepción del hombre y sus posibilidades. En el Renacimiento presenciamos una considerable ampliación y transformación de los campos de la autoconstrucción del sujeto. En cuanto al Barroco, hay que constatar que, por una parte, continúa este proceso y que, por otra, son los intentos de controlar la dinámica del *self-fashioning* renacentista lo que explica la tensión subjetiva y el desgarramiento interior tantas veces descritos. Desde el inicio de este proceso se puede observar una nueva diversidad de los discursos éticos, en los que las debidas referencias religiosas pierden su vigor exclusivo para dejar lugar a proyectos humanistas más estrechamente vinculados con el concepto secular de autoexperiencia y autoestima. En la misma medida hay que destacar la gran importancia que cobran los nuevos contextos geográficos, culturales y políticos que enmarcan la experiencia humana. En esta tesitura hay que contemplar la constitución del sujeto, por una parte, en su dimensión más personal, ya que en ella se forja una afectividad inestable e inscrita en una nueva conciencia de la temporalidad. Por otra parte, la mayor amplitud de los determinantes de la vida, los nuevos horizontes culturales y sociales, implican también coordenadas espaciales distintas para las formas de autoconstitución del yo. A la vista de las cuestiones planteadas, los investigadores han intentado detectar los rasgos específicos de la época inscritos en los textos literarios, tanto narrativos como líricos, pues así es posible examinar una paulatina transformación de aquellos campos del saber en los cuales se realiza la construcción del yo en determinados momentos y bajo múltiples aspectos. Un particular interés recae, por supuesto, en el proceso de transición que afecta a los horizontes de significación y experiencia, siempre flexibles y abiertos, que son propios del Renacimiento, desplazándolos hacia las estructuras autoritarias de un Barroco concebido bajo el signo de la Contrarreforma.

Wolfgang Matzat, Javier Gómez Montero y Bernhard Teuber, Eberhard Karls Universität Tübingen, Christian-Albrechts-Universität zu Kiel y Ludwig-Maximilians-Universität München

https://doi.org/10.1515/9783110450828-020

El enfoque de la sección se ha puesto en la poesía, en los géneros narrativos y, además, en la prosa expositivo-didáctica, doctrinal y también no ficcional, siempre que estuviese relacionada con la experiencia del yo. Dos contribuciones dedicadas a obras en prosa del siglo XVI muestran, de manera muy clara, el impacto de la ampliación de horizontes geográficos y culturales en la plasmación de la experiencia subjetiva. Los intentos del Inca Garcilaso de apropiarse de una identidad que tenga en cuenta tanto el legado peruano como la componente española se presentan, según lo demuestra Dirk Brunke, como un caso especialmente relevante al respecto. La experiencia de la Conquista es también el trasfondo de los textos analizados por Jaroslava Marešova, en los que los autores tratan de atribuir un sentido al naufragio padecido durante el trayecto al Nuevo Mundo. La serie de análisis de textos de orientación autobiográfica se continúa con el trabajo de Faith S. Harden, en el que las «vidas» de los soldados se presentan como un ejemplo para la posibilidad de la autoconstrucción del yo dentro de un contexto secularizado. Un caso especial de la situación precaria del sujeto, respecto a la autocomprensión de los autores del Siglo de Oro, es abordado por Iveta Nakládalová al considerar las *artes excerpendi* de la temprana Edad Moderna como una lucha entre las autoridades, los anhelos del yo y su peso respectivo por ocupar su propio lugar en el campo de la erudición.

Las dos contribuciones que se centran en la novela del Siglo de Oro se refieren a la profunda reflexión cervantina en cuanto a la autoconstrucción del individuo que aporta el *Quijote*. José Manuel Martín Morán parte de una tipología de las «tecnologías del yo» propuesta por Michel Foucault para esbozar, de esta manera, una nueva mirada sobre el protagonista de la novela cervantina y su manera de construir su imaginaria identidad de caballero andante. En la contribución de Juan Diego Vila, por su parte, la relación entre la ficción y las posibilidades de la constitución del sujeto se sitúan en el centro del análisis, pero poniendo esta vez el enfoque en el personaje de Tosilos, en la Segunda Parte de la novela.

Como era de esperar, la lírica ocupa un lugar importante en la discusión sobre la temática de la sección. La contribución de Eberhard Geisler ofrece un extenso panorama de las inquietudes del hombre barroco, desarrolladas en los textos líricos de Quevedo: desde la amenaza de alienación, debida al poder del dinero, hasta las formas de la desesperación que ya asumen un cariz casi existencialista. Pedro Ruiz Pérez y Jack Weiner se dedican también a dos autores que representan ejemplos de particular interés para las formas de la subjetividad barroca. En el primer caso, se analiza cómo en la poesía de Salazar y Torres emerge una nueva concepción de autoría más distanciada y reflexiva, la cual contrasta con la inmersión subjetiva típica de la poesía amorosa renacentista. Jack Weiner, a su vez, propone una lectura de un soneto de Juan de Tasis, en la que se destacan las tensiones interiores del autor, generadas por la presión de las normas sociales en cuanto a su orientación sexual.

En su conjunto, los trabajos reunidos en este volumen intentan ofrecer una visión variada de la plasmación literaria de la experiencia subjetiva en la temprana Edad Moderna. A destacar en primer lugar es una relación dialéctica entre la extensión de los campos de acción, a veces real y a veces imaginaria como en el caso de Don Quijote, y una creciente intensidad de la reflexión interior. En el Barroco, esta dialéctica continúa operativa y se densifica gracias a la mayor complejidad de las relaciones sociales y, por ende, gracias al creciente peso de las normas sociales, todo lo cual obliga al individuo a desarrollar formas más complejas en su búsqueda de una postura independiente. Agradecemos a los autores de este volumen el habernos acompañado en el camino de esta investigación y a los organizadores del Congreso de Münster, el habernos brindado la magnífica ocasión de llevar a cabo un fructífero trabajo común en el singular ámbito de la Asociación Internacional de Hispanistas.

Dirk Brunke

La construcción del yo en la vida y la obra del Inca Garcilaso de la Vega (1539–1616)

Resumen: En cuanto a la cuestión del yo y de su construcción, la obra del Inca Garcilaso de la Vega (1539–1616) es de particular interés: su identidad polifacética lo convierte en el primer sujeto mestizo de la historia y la historiografía peninsulares. Por consecuencia, encontramos en su obra –aparte del discurso marcadamente historiográfico– el propósito particular de la construcción de un sujeto (escritor) que se siente forzado a legitimar su trabajo historiográfico-humanístico. La constitución de este sujeto depende tanto de factores de la experiencia individual como de sus ambiciones humanísticas de integrarse en el ámbito intelectual peninsular. Por lo tanto, consideramos la obra del Inca Garcilaso un proyecto humanístico ceñido al concepto secular de la experiencia individual. Este ensayo enfoca la construcción del yo en la vida y en la obra del Inca Garcilaso. Además investiga cuánto contribuye el discurso historiográfico al desarrollo del sujeto moderno.

Palabras clave: Inca Garcilaso, autoestilización, *self-fashioning*, historiografía, sujeto

El descubrimiento del Nuevo Mundo y los escritos sobre el Nuevo Mundo aceleraron decididamente el desarrollo y la constitución del sujeto moderno en la temprana Edad Moderna. Podemos clasificar las relaciones, historias y relatos sobre el Descubrimiento y la Conquista generalmente en dos tipos: Por un lado las obras oficiales, escritas por encargo de los historiadores oficiales de la corte. Y por otro lado los escritos de los testigos oculares, basándose en las experiencias personales en el Nuevo Mundo.[1] Son los escritos de Bartolomé de las Casas, Bernal Díaz del Castillo y del Inca Garcilaso de la Vega que formaron un desafío para la historiografía oficial porque, al contrario del discurso oficial, la experiencia personal e individual no está presa en el dinamismo del poder. En las obras de esos autores, el Nuevo Mundo es más nuevo. Es obvio que abrieron nuevos horizontes y nuevas perspectivas y que tuvieron un papel importantísimo para el desarrollo del sujeto moderno.

---

[1] Margarita Zamora, «Language and Authority in the *Comentarios Reales*», en *Modern Language Quarterly*, 43.3 (1982), p. 229.

Dirk Brunke, Ruhr-Universität Bochum

https://doi.org/10.1515/9783110450828-021

No obstante, hay que matizar esas observaciones porque, primero, los testigos oculares no pudieron librarse enteramente de los mecanismos del poder y, segundo, la escenificación del sujeto no es un rasgo exclusivo de la historiografía. Los humanistas españoles se ven, generalmente y por muchas causas, obligados a «una presentación de sí mismos».[2] Como la escritura en la temprana Edad Moderna siempre está sujeta a los discursos religiosos e imperiales de poder, siempre tenemos que relativizar la representación de la experiencia individual. Las autoridades oficiales limitan y regulan las posibilidades de la representación, sean autoridades en el sentido político como, por ejemplo, la censura o el Consejo de Indias, sean autoridades en el sentido humanístico como, por ejemplo, las obras ejemplares de Heródoto.

Los *Comentarios reales* (Lisboa, Crasbeeck, 1609) y la *Historia general del Perú* (Córdoba, viuda de Andrés Barrera, 1617) del mestizo Inca Garcilaso son las obras más reconocidas de esa literatura testimonial sobre el Virreinato del Perú y de las tendencias de la autorrepresentación del yo en la historiografía en la temprana Edad Moderna. Ya que el autor vivió casi toda su vida en la Península y ya que su identidad de mestizo le hizo considerablemente difícil su integración en la sociedad de la misma, es indispensable vincular sus textos historiográficos con su biografía. A continuación se analizará su biografía como un ejemplo de *self-fashioning* en la España del Siglo de Oro, tomando como hilo conductor la tendencia de autopresentarse como caballero cristiano y humanista. La segunda parte se enfoca sobre la autopresentación textual y en la conclusión se resumen las implicaciones de nuestra hipótesis para el concepto de sujeto y su constitución. Con eso esperamos demostrar que el discurso historiográfico contiene una potencialidad –hasta ahora no investigada– para el desarrollo y la consolidación del sujeto moderno.

1 *Self-fashioning*. El Inca como cristiano viejo, caballero y humanista

Nuestro autor nació en el año 1539 en Cuzco, con el nombre de Gómez Suárez de Figueroa. Fue el hijo de un conquistador de la alta nobleza castellana (Sebastián Garcilaso de la Vega y Vargas) y de la princesa incaica Chimpu Ocllo, sobrina del rey Huayna Cápac. Durante sus años cuzqueños mantenía relaciones muy estrechas con la familia de su madre. El Inca Garcilaso hablaba el quechua y, al mismo tiempo, estudió en un colegio para mestizos. Después de la muerte de su

---

2 Christoph Strosetzki, *La literatura como profesión. En torno a la autoconcepción de la existencia erudita y literaria en el Siglo de Oro español*, Kassel, Reichenberger, 1997, p. 167.

padre, el Inca usó los recursos financieros heredados para viajar a España (1560) para allí terminar su formación universitaria. Poco después de su llegada al Viejo Mundo, el joven Inca se instala en Madrid porque quiere dirigirse a la Corte y al Consejo de Indias para defender los méritos de su padre y, sobre todo, para limpiar su nombre. Sebastián de Vargas había caído en descrédito a causa de las obras historiográficas de Diego Fernández, Agustín de Zárate y Francisco López de Gómara.[3] Estos autores oficiales inculparon a su padre de haber ayudado al rebelde Gonzalo Pizarro en la batalla de Huarina. Es decir, le acusaron de infidelidad contra el rey. En consecuencia, el padre perdió parte de sus tierras y de las rentas que la Corona le había concedido por sus logros en la conquista del Perú. Después de rehabilitar la memoria de su padre, el Inca Garcilaso quiso volver al Perú, pero los mecanismos sociales de la Península Ibérica le atraparon. En la *Historia general* escribe sobre sus experiencias con el Consejo de Indias:

> [...] el licenciado Lope García de Castro, que después fue por presidente al Perú, estando en su tribunal, me dijo: «¿Qué merced queréis que os haga Su Majestad, habiendo hecho vuestro padre con Gonzalo Pizarro lo que hizo en la batalla de Huarina y dádole aquella tan gran victoria?» Y aunque yo repliqué que había sido testimonio falso que le habían levantado, me dijo: «Tiénenlo escrito los historiadores ¿y quereislo vos negar?» Con esto me despidieron de aquellas pretensiones y cerraron las puertas.[4]

Después de esa experiencia decepcionante en la corte, el Inca se retiró a la casa de su tío en Andalucía, donde residirá por el resto de su vida y donde comenzará su trabajo de humanista y de historiador. Además, en el año 1563 cambia su nombre. A partir de esa fecha se llamará Garcilaso de la Vega. ¿Cómo interpretamos las dos decisiones?

El cambio de su nombre pone énfasis en la descendencia prestigiosa de su padre. Sebastián de Vargas fue sobrino del poeta ya canónico Garcilaso de la Vega. Además, integrará en su escudo de armas la divisa garcilasiana «con la espada y con la pluma». Esta alusión y reverencia al poeta toledano y, por tanto, al ideal del hombre de armas y letras no es pura cita o una promesa incumplida: en 1568–1571 el Inca Garcilaso participa activamente en la lucha contra las rebeliones de los moriscos en las Alpujarras. Resulta que al fin de la lucha contra los moros rebeldes le conceden al Inca Garcilaso el grado militar de capitán.

---

3 Véase la introducción a Inca Garcilaso de la Vega, *Comentarios reales*, Mercedes Serna (ed.), Madrid, Castalia, 2000, p. 15.

4 Inca Garcilaso de la Vega, *Historia general*, Córdoba, viuda de Andrés Barrera, 1616, f. 186ʳ, col. a. Todas las transcripciones, modernizadas por mí, a partir del ejemplar de la Biblioteca Nacional con la signatura R/24420, digitalizado en la Biblioteca Digital Hispánica [fecha de consulta: 12-01-2018] <http://bdh.bne.es/bnesearch/detalle/bdh0000190937>.

Además, la *Relación de la descendencia de Garci Pérez de Vargas*, un texto genealógico que redacta en el año 1596, hace hincapié en las virtudes caballerescas de su descendencia. En ese texto el Inca Garcilaso revela, por un lado, el árbol genealógico de su padre con la intención de «esclarecer su linaje hispano».[5] Y por otro lado demuestra su descendencia ibérico-caballeresca describiendo la colaboración sustancial de sus antepasados en la reconquista de la Península. La mayoría de los investigadores garcilasianos clasifican eso como una estrategia para realzar los hechos caballerescos de su padre en la conquista del Nuevo Mundo, demostrando que las proezas de su padre se relacionan con la gesta de la Reconquista. De todas formas, después del rechazo de su pliego en la corte, nuestro autor intenta estilizarse como miembro de una familia de cristianos viejos de la Península. El cambio de su nombre, su escudo de armas, su lucha contra los moros y el texto genealógico escenifican sus virtudes caballerescas.[6]

El énfasis en las *armas* en su interacción social se complementa por sus actividades como humanista. Por su estilo elegante, la escena humanista celebra la traducción de los *Diálogos de amor* de León Hebreo (1590) como la traducción más elocuente. Las dos traducciones al castellano que ya existían caen en el olvido y el Inca Garcilaso adquiere, por fin, una posición fuerte en la comunidad de los humanistas de la Península. Por supuesto, sus obras historiográficas son el ejemplo más elocuente de que el autor mestizo es un humanista ejemplar. La siguiente cita del paratexto de la *Historia general* ilustra bien que el autor quiere convencer al público peninsular de que sabe muy bien qué significa ser un humanista. El paratexto lleva el título «A los yndios mestizos y criollos»:

La tercera causa de haber tomado entre manos esta obra, ha sido lograr bien el tiempo con honrosa ocupación, y no malograrlo en ociosidad, madre de vicios, madrastra de la virtud, raíz, fuente, y origen de mil males, que se evitan con el honesto trabajo del estudio, digno empleo de buenos ingenios, de nobles ánimos, destos para entretenerle ahidalgadamente según su calidad, y gastar los días de su vida en loables ejercicios; y de aquellos para apacetar su delicado gusto en pastos de ingenio y adelantar el caudal en finezas de sabiduría, que rentan, y montan más al alma, que al cuerpo los censos ni que los juros de las perlas de Oriente, y plata de nuestro Potocsí.[7]

---

5 Enrique Pupo-Walker, «Sobre la configuración narrativa de los *Comentarios reales*», en *Revista Hispánica Moderna*, 39.3 (1976), p. 124.

6 Véase Ronald E. Surtz, «Botanical and Racial Hybridity in the *Comentarios reales* of El Inca Garcilaso», en John Watkins y Kathryn L. Reyerson (eds.), *Mediterranean Identities in the Premodern Era: Entrepôts, Islands, Empires*, Farnham, Ashgate, 2014, p. 252 y Barbara Fuchs, *Mimesis and Empire: The New World, Islam and European Identities*, Cambridge, Cambridge University Press, 2001, p. 74.

7 Inca Garcilaso de la Vega, *Historia general*, f. 3ᵛ, col. a.

En cuanto a la autopresentación social se puede constatar que el Inca Garcilaso busca harmonizar las armas y las letras. Mientras que sus antepasados fundaron su linaje con sus hechos de conquistadores, el Inca Garcilaso asume un papel más amplio, demostrando sus habilidades en los dos campos de las armas y las letras:

> A [los] casi 80 años que mi padre y dos hermanos suyos sirvieron a la Corona de España, quiero yo añadir los míos, esos pocos e inútiles que en la mocedad serví con espada y los más inútiles de ahora con la pluma para jactar y ufanar de haberlos imitado en el servir a nuestro Rey.[8]

Las citas constatan su autopresentación consciente y su intento de forjarse «a sí mismo un lugar en esa sociedad a través del *honesto trabajo del estudio*»[9] y, por fin, de buscar el reconocimiento de los hechos de su padre. Pero, para completar el reconocimiento, hacen falta palabras escritas. Como la frase decepcionante del licenciado Lope García de Castro ya mostró, es preciso entrar en el oficio de la escritura para lograr el reconocimiento oficial y para restituir la verdad histórica.

2 Historiografía y autorrepresentación

Es indudable que junto al discurso historiográfico encontramos en los *Comentarios reales* y la *Historia general del Perú* una red de elementos autobiográficos y autorreferenciales. Desde hace mucho los garcilasistas van identificando el sujeto textual. Comparado con el sujeto social, la escritura ofrece una gama mucho más amplia de modos de autorrepresentación. En la vida social del autor encontramos, como ya hemos demostrado, el énfasis demostrativo en la identidad peninsular con el objetivo de disminuir la fragilidad de su identidad mestiza en el contexto social peninsular. Es decir que el sujeto social se exhíbe a un público peninsular, aspirando a la conformidad y la harmonía. Pues, es de suponer, que el sujeto textual o, en otras palabras, el enunciador del texto historiográfico, es más dinámico que el sujeto social. El uso de estrategias retóricas abre más caminos de representación que los mecanismos restringidos sociales.

El ya mencionado paratexto de la *Historia general* es el primer ejemplo que confirma esa hipótesis. Su título «A los yndios mestizos y criollos» lo clasifica

---

8 Inca Garcilaso de la Vega, «Relación de la descendencia de Garci Pérez de Vargas», en *Obras completas*, Carmelo Sáenz de Santa María (ed.), Madrid, 1965, vol. 1, p. 238.
9 Raquel Chang-Rodríguez, «Coloniaje y conciencia nacional: Garcilaso de la Vega Inca y Felipe Guamán Poma de Ayala», en *Caravelle*, 38 (1982), p. 39.

como una dedicatoria y, sobre todo, indica a quién se dirige el autor con sus escritos. Con la obra historiográfica, pues, no sólo abre una dinámica textual con el público peninsular-humanístico sino también, o sobre todo, con los lectores americanos.

Por eso, lo que sobresale en cuanto a la autodenominación textual es el uso exhaustivo de expresiones que subrayan la procedencia indígena y aristocrática incaica del autor: «yo como indio doy fe dello»,[10] «indio natural de aquella tierra»,[11] «los indios mis parientes»,[12] «un indio nacido entre los indios»,[13] «yo como indio Inca»,[14] «yo que soy indio Inca».[15] Merece especial mención que el enunciador paralelamente se autodefina como mestizo. En casi todos los libros sobre nuestro autor, encontramos la siguiente cita que representa paradigmáticamente la actitud positiva ante los mestizos: «A los hijos de español y de india, o de indio y española, nos llaman mestizos, por decir que somos mezclados de ambas naciones [...], me lo llamo yo a boca llena y me honro con él».[16] El Inca Garcilaso basa esa valoración positiva de los mestizos en el argumento de que los mestizos forman la generación del «indio nuevo, incorporado a España y la Cristianidad».[17] Por así decir, el mestizaje es el elemento clave entre la cultura incaica y la cultura europea y el cristianismo es el elemento unificador.

Antes de indagar más en la importancia del mestizaje y del ser «indio cristiano católico»,[18] queremos anotar que esas autodenominaciones muy amplias y variadas aclaran lo que ya insinuó Rodríguez-Garrido respecto a la retórica del texto, o sea, que la autopresentación como indígena «es selectiva y obedece a la imagen que el enunciador quiere construir de sí en ciertos contextos».[19] Por ejemplo, en un capítulo en que se describen algunos usos religiosos de los indígenas, el enunciador cobra distancia de ellos, despreciando esas tradiciones

---

10 Inca Garcilaso de la Vega, *Comentarios reales*, Lisboa, Crasbeeck, 1609, f. 248^r, col. a. Todas las transcripciones, modernizadas por mí, a partir del ejemplar de la Biblioteca Histórica Complutense Marqués de Valdecilla con la signatura BH FLL 30535, digitalizado en Google Books [fecha de consulta: 12-01-2018] <http://books.google.com/books/ucm?vid=UCM532378468X>.

11 Inca Garcilaso de la Vega, *Comentarios reales*, f. 37^r, col. a.

12 Inca Garcilaso de la Vega, *Comentarios reales*, f. 52^r, col. a.

13 Inca Garcilaso de la Vega, *Comentarios reales*, f. 19^r, col. a.

14 Inca Garcilaso de la Vega, *Comentarios reales*, f. 5^r, col. a.

15 Inca Garcilaso de la Vega, *Comentarios reales*, f. 26^v, col. a.

16 Inca Garcilaso de la Vega, *Comentarios reales*, f. 255^r, col. b.

17 Aurelio Miró Quesada, *El Inca Garcilaso y otros estudios garcilasistas*, Madrid, Ediciones Cultura Hispánica, 1971, p. 410.

18 Inca Garcilaso de la Vega, *Comentarios reales*, f. 27^r, col. b.

19 José A. Rodríguez Garrido, «La identidad del enunciador en los *Comentarios reales*», en *Revista Iberoamericana*, 172–173 (1995), p. 374.

litúrgicas llamándolas «cosas de tanta burlería como otras muchas que ellos vedaren».[20] Aunque en otras situaciones discursivas se llama a sí mismo «indio», en ese contexto el narrador historiográfico toma una perspectiva cristiana, reprobando las conductas paganas de sus antepasados.

Es obvio que las autodenominaciones subrayan la conexión que el mestizo forma entre lo americano-indígena y lo cristiano-ibérico. Para la legitimidad de sus textos historiográficos es justamente esa posición que es de gran importancia: como pariente inca que maneja tanto el quechua como el castellano, nuestro autor tiene –en contraste con la mayoría de los otros historiógrafos del Perú y, sobre todo, de los cronistas mayores– la característica exclusiva de la autoridad lingüística. En el «Proemio al lector» de los *Comentarios* el Inca Garcilaso hace expresamente hincapié en su exclusividad lingüística en el panorama de la historiografía peninsular:

> En el discurso de la historia protestamos la verdad della, y que no diremos cosa grande que no sea autorizándola con los mismos historiadores españoles que la tocaron en parte o en todo; que mi intención no es contradezirles, sino servirles de comento y glosa y de intérprete en muchos vocablos indios, que, como estranjeros en aquella lengua, interpretaron fuera de la propiedad della, según que largamente se verá en el discurso de la historia.[21]

No obstante, aparte de su autoridad lingüística, el autor quiere subrayar que es su integración social a la sociedad peruana-incaica lo que le permite saber más sobre la «verdad» histórica del Perú:

> [...] como indio natural de aquella tierra, ampliamos y entendemos con la propia relación lo que los historiadores españoles, como estranjeros, acortaron, por no saber la propiedad de la lengua ni aver mamado en la leche aquestas fábulas y verdades como yo las mamé.[22]

La metáfora de la leche materna ilustra de una manera muy clara su disociación de los historiadores españoles: si él aprendió el idioma original del objeto histórico desde la cuna, eso significa que la leche materna le proveyó la autoridad de la *interpretación verdadera* de la historia de los inca. Es decir que basa su autoridad lingüística en su socialización en su niñez y adolescencia cuzqueña.

Las dos citas nos revelan el carácter humanístico de su programa historiográfico: 1) habla la lengua original del objeto histórico en cuestión y 2) quiere cultivar un discurso con los escritos oficiales comentándolos y ampliándolos para 3) poner al descubierto la verdad histórica por vía de su interpretación de la historia peruana. Basándose en su autoridad lingüística quiere, por un lado, destacarse

---

20 Inca Garcilaso de la Vega, *Comentarios reales*, f. 25^v, col. b.
21 Inca Garcilaso de la Vega, *Comentarios reales*, f. 4^r.
22 Inca Garcilaso de la Vega, *Comentarios reales*, f. 37^r, col. a-b. Véase también f. 117^r, col. a.

de entre los historiadores y, por otro lado, desarrollar su texto mientras lo analiza, lo discute y lo disputa con ellos.

De todas maneras las citas describen la relación muy estrecha entre la socialización del historiógrafo y lo enunciado. Por eso la vida del autor juega un papel decisivo: el autor realza que solo quiere y puede escribir sobre su experiencia personal. No es por casualidad que menciona varias veces el año 1560, año de su partida definitiva de América. Esa fecha constituye el límite temporal de su vida cuzqueña y, por consecuencia, de sus experiencias en el Nuevo Mundo. En consecuencia y para seguir el camino de la autenticidad, los últimos sucesos descritos en la *Historia general* son de ese año. La siguiente cita lo ejemplifica. El Inca Garcilaso describe los edificios y algunas iglesias de Cuzco y termina ese párrafo con la siguiente frase: «como ellas están y cúyas eran cuando yo las dejé».[23] Subraya que no quiere ni puede hacer ninguna declaración sobre su patria después de su partida. La cesura histórica que constituye su partida del Cuzco constituye los límites de su legitimidad historiográfica.

A parte de esa tematización de los límites temporales de su saber, el autor también desarrolla un discurso autorreflexivo sobre los problemas que lleva la temporalidad de la vida humana en general y sobre la distancia histórica en particular: la *Historia general* termina con los sucesos del año 1560 y el Inca Garcilaso apenas se puso a redactar en 1606. Son más o menos 40 años de distancia histórica entre los sucesos más «recientes» y la publicación de la obra. El Inca Garcilaso es consciente de que el tiempo cobra sus tributos y de que tiene lagunas en su memoria: «De otras muchas yerbas usaban los indios mis parientes, de las cuales no me acuerdo».[24] Es decir que Garcilaso no quiere presentar sus saberes exclusivos sobre la historia de los incas como si no tuviera límites. Más bien, tiene en cuenta la relatividad de la memoria humana. La inmensa distancia histórica entre lo vivido y el momento de escribir lo vivido tiene sus consecuencias. Conceder que su saber histórico es limitado es lo mismo que subrayar específicamente que su obra se basa únicamente en su experiencia y que esencialmente no se basa en los escritos de otros historiadores. Por eso presupongo que toda investigación sistemática de la constitución del sujeto historiográfico debe tomar en consideración la inmensa distancia histórica.

Ese aspecto fundamental espera una investigación sistemática. Algunos garcilasistas mencionan ese aspecto solo *en passant*. Con respecto a la situación narrativa de los *Comentarios* y la *Historia general* se ha dicho que expone una visión melancólico-nostálgica que se nutre por el sentimiento de la pérdida

---

23 Inca Garcilaso de la Vega, *Historia general*, f. 147^v, col. a.
24 Inca Garcilaso de la Vega, *Comentarios reales*, f. 52^r, col. a.

irrecuperable de la patria inca. Al Inca Garcilaso le sirve su actividad historiográfica de transformar, conservar y recuperar su memoria del «bien perdido»[25] en la palabra escrita. El carácter anecdótico y las innumerables historias intercaladas subrayan que el autor quiere narrar su pasado. Ese método psicológico de interpretar un texto histórico es discutible. Lo que no se puede negar es el tono melancólico-nostálgico que influye la arquitectura narrativa del discurso historiográfico de los *Comentarios* y de la *Historia general*.

3 Conclusiones. Historizar el yo

En cuanto a la construcción y la constitución del yo en el Siglo de Oro, la vida y la obra del Inca Garcilaso de la Vega son de particular interés. Su identidad polifacética le convierte en el primer autor mestizo de la historia e historiografía peninsular. No fue mi intención entrar en la ya antigua polémica sobre la cuestión del carácter predominantemente «indígena» o «peninsular» del Inca Garcilaso. Presupongo que nuestro autor tuvo un concepto muy claro de su persona y de su posición en el Nuevo y en el Viejo Mundo. No cabe duda que el autor de los *Comentarios* y de la *Historia general* es un humanista europeo y cristiano. Más bien, hemos demostrado que la vida y la obra del Inca Garcilaso son un ejemplo paradigmático de *self-fashioning* en el Siglo de Oro. Con sus escritos, con su pliego en la corte y con su escudo de armas, el Inca intentó forzar su linaje noble español para conseguir incorporarse socialmente a la hidalguía española. Por consiguiente, aparte del discurso marcadamente historiográfico encontramos en su obra el propósito particular de la construcción de un sujeto, que se siente forzado a legitimar y autorizarse a sí mismo y a su trabajo historiográfico-humanístico. La constitución de ese sujeto textual depende tanto de factores de la experiencia individual, su pasado incaico y sus experiencias decepcionantes en la corte madrileña, como de sus ambiciones humanísticas de integrarse al ámbito intelectual peninsular. Por lo tanto, la obra del Inca Garcilaso la consideramos un proyecto humanístico ceñido al concepto secular de la experiencia individual. En todo caso es importante mencionar que es el uso de la palabra escrita lo que le da las posibilidades de autorrepresentación que el Inca Garcilaso necesitó para reflejar su compleja identidad y que la interacción social y la palabra hablada no le concedieron. No obstante, recorrer el discurso historiográfico y sus posibilidades retóricas no equivale a una delimitación del sujeto. El texto historiográfico no

---

25 Max Hernández, *Memoria del bien perdido. Conflicto, identidad y nostalgia en el Inca Garcilaso de la Vega*, Lima, Instituto de Estudios Peruanos, 1993, p. 135.

es un discurso ficticio, así que el sujeto textual y su diversidad y sus funciones tienen una relación muy estrecha con los discursos del poder.

Podemos clasificar el centrarse en su identidad peninsular como el intento prolongado de lo que no pudo alcanzar con la palabra en la Corte y en el Consejo de Indias, es decir, el reconocimiento de la verdad histórica. Luego sus escritos juegan un papel determinante para su intento de corregir a los cronistas oficiales y de exponer la verdad histórica. Con su obra como traductor y como historiador adquiere acceso a la comunidad humanística que, generalmente, se basa en la escritura. Los recursos retóricos y discursivos del texto historiográfico le hacen posible ampliar su *self-fashioning*. Lo que en la interacción social significaría salirse de su papel, lo admiten los papeles retóricos que asume en el texto: indígena, mestizo, cristiano y humanista europeo, a la vez. De ese modo puede harmonizar los diferentes estratos de su identidad polifacética.

El modo narrativo del discurso historiográfico permite una representación polifacética del yo que, al mismo tiempo, significa dirigirse a un público más amplio. En la superficie del texto y con sus autodenominaciones se estiliza como un sujeto del Nuevo Mundo (indígena, inca, mestizo) para legitimar su saber de historiador, realzando su autoridad lingüística, su valor de testigo ocular y su memoria. Aspira a basar la verdad histórica en sus experiencias y su memoria individuales.

Aparte de esto, el *self-fashionig* funciona como fundamento de su credibilidad porque la «pertenencia del historiador a un linaje honrado, la hidalguía, es una de las principales garantías de verdad de esa historia».[26] Esa garantía se fundamenta en la idea de que la «existencia de vínculos de sangre posibilita [...] la *continuidad* entre los sujetos de la historia»,[27] es decir que el Inca Garcilaso se autoestiliza a sí mismo y a su linaje como sujetos de la historia española. Si, por un lado, pone énfasis en la continuidad histórica de su identidad –y eso le posibilita harmonizar su yo con los requisitios sociales del siglo XV– ¿cómo se corresponde eso con el tono nostálgico-melancólico que obviamente ilustra la pérdida, es decir, la discontinuidad de su identidad indígena?

El texto historiográfico parece ser el espacio adecuado para dibujar un cuadro complejo de su yo con los medios de la escritura. El punto central, ahora, es que la evocación melancólico-nostálgica de su niñez clasifica los segmentos indígenas de su identidad como una cosa irrecuperable del pasado. Por eso, la autotematización y la autoescenificación tienen como trasfondo la historicidad del sujeto. La nostalgia no sólo da al mundo de los incas el velo de lo irrecuperable.

---

26 Daniel Mesa Gancedo, «Genealogía y género historiográfico en *La Florida* del Inca Garcilaso de la Vega», en *Cartaphilus*, 1 (2007), p. 89.

27 Daniel Mesa Gancedo, «Genealogía y género historiográfico en *La Florida* del Inca Garcilaso de la Vega», p. 89.

Al mismo tiempo, el historiador presenta los sustratos indígenas e incaicos de su identidad como perteneciente al pasado remoto.

En la superficie del texto, el autor se autodenomina indígena e inca. Pero, el tono nostálgico apunta a la discontinuidad histórica o, con otras palabras, a la virtualidad de los estratos indígenas de su identidad: fue inca e indígena en su niñez y en el Perú, y solo siguen existiendo en su memoria y en el texto historiográfico. Así pues, se trata de una historización del elemento indígena del yo. Es exactamente esa historización la que hizo posible que el autor cumpliera los requisitos del discurso del poder que determinó la escritura y la publicación de su texto. Además, la historización de ciertos estratos del yo tiene sus consecuencias en cuanto al sujeto, su constitución y su construcción en el Siglo de Oro.

Obras citadas

Chang-Rodríguez, Raquel, «Coloniaje y conciencia nacional: Garcilaso de la Vega Inca y Felipe Guamán Poma de Ayala», en *Caravelle*, 38 (1982), pp. 29–34.

—, Inca Garcilaso de la Vega, *Comentarios reales*, Mercedes Serna (ed.), Madrid, Castalia, 2000.

—, «Relación de la descendencia de Garci Pérez de Vargas», en *Obras completas*, Carmelo Sáenz de Santa María (ed.), Madrid, 1965, vol. 1, pp. 231–240.

—, *Historia general del Perú*, Córdoba, viuda de Andrés Barrera, 1616 (en línea) [fecha de consulta: 12-01-2018] <http://bdh.bne.es/bnesearch/detalle/bdh0000190937>.

—, *Comentarios reales*, Lisboa, Crasbeeck, 1609 (en línea) [fecha de consulta: 12-01-2018] <http://books.google.com/books/ucm?vid=UCM532378468X>.

Fuchs, Barbara, *Mimesis and Empire: The New World, Islam and European Identities*, Cambridge, Cambridge University Press, 2001.

Hernández, Max, *Memoria del bien perdido. Conflicto, identidad y nostalgia en el Inca Garcilaso de la Vega*, Lima, Instituto de Estudios Peruanos, 1993.

Mesa Gancedo, Daniel, «Genealogía y género historiográfico en *La Florida* del Inca Garcilaso de la Vega», en *Cartaphilus*, 1 (2007), pp. 88–98.

Miró Quesada, Aurelio, *El Inca Garcilaso y otros estudios garcilasistas*, Madrid, Ediciones Cultura Hispánica, 1971.

Pupo-Walker, Enrique, «Sobre la configuración narrativa de los *Comentarios reales*», en *Revista Hispánica Moderna*, 39.3 (1976), pp. 123–135.

Rodríguez Garrido, José A., «La identidad del enunciador en los *Comentarios reales*», en *Revista Iberoamericana*, 172–173 (1995), pp. 371–383.

Strosetzki, Christoph, *La literatura como profesión. En torno a la autoconcepción de la existencia erudita y literaria en el Siglo de Oro español*, Kassel, Reichenberger, 1997.

Surtz, Ronald E., «Botanical and Racial Hybridity in the *Comentarios reales* of El Inca Garcilaso», en John Watkins y Kathryn L. Reyerson (eds.), *Mediterranean Identities in the Premodern Era: Entrepôts, Islands, Empires*, Farnham, Ashgate, 2014, pp. 249–263.

Zamora, Margarita, «Language and Authority in the *Comentarios Reales*», en *Modern Language Quarterly*, 43.3 (1982), pp. 228–241.

Eberhard Geisler
En los umbrales del sujeto moderno. Sobre Francisco de Quevedo

Resumen: El presente ensayo trata de encontrar rasgos en la obra del poeta que indiquen que en ella ya se dibuja un sujeto moderno. Desde esta perspectiva, considera el neoestoicismo quevediano, *El Buscón* como documento del individuo contemporáneo caído del sistema feudal, el papel de la economía monetaria para la constitución del sujeto burgués y, desde los presupuestos de Kierkegaard, la desesperación de Quevedo como otro fundamento de tal constitución.

Palabras clave: Neoestoicismo, autonomía, economía monetaria, desesperación

La obra de Francisco de Quevedo testimonia rasgos que en pleno barroco ya remiten al sujeto humano tal como se desarrollará en la época moderna. Hay varios indicios que nos llevan a tal afirmación y que queremos presentar y analizar aquí. El indicio quizá más patente se encuentra en el hecho de que Quevedo fuese un representante destacado del neoestoicismo.[1] Dieter Henrich sostiene que al principio del estoicismo se encuentra ya cierta familiaridad del yo consigo mismo, una conciencia inicial que se percata de sí mismo, y que de esta relación consigo mismo nace el impulso de asegurar la persistencia del yo, el impulso de alcanzar la preservación personal.[2] El hombre ya se percibe, desde niño, como ser que se pertenece a sí mismo y busca la protección de sí mismo. En esta edad, la preservación es todavía puramente material, dirigida a satisfacer las necesidades naturales. Más tarde, el adolescente comprende que debe preservarse a sí mismo tan sólo en tanto que ente racional. El hombre que se ha reconocido como ser racional, participa ahora del *logos* divino que vigila sobre sus afectos y obrando una superación de las pasiones. Ahora puede intentar vivir su autarquía mental. La razón en este proceso no debe exponerse a ningún peligro; ella no debe perecer jamás. De esta manera, los estoicos conciben la filosofía como

---

1 Para más información sobre su recepción de Séneca, véase Karl Alfred Blüher, *Séneca en España. Investigaciones sobre la recepción de Séneca en España desde el siglo XIII hasta el siglo XVII*, Madrid, Gredos, 1983.
2 Dieter Henrich, «Die Grundstruktur der modernen Philosophie», en Hans Ebeling (ed.), *Subjektivität und Selbsterhaltung. Beiträge zur Diagnose der Moderne*, Frankfurt, Suhrkamp, 1976, p. 107.

Eberhard Geisler, Johannes Gutenberg-Universität Mainz

https://doi.org/10.1515/9783110450828-022

ἐπιτήδευσις λόγου ὀρθότητος,[3] es decir, como entrenamiento de una razón que sabe mantenerse erguida. La meta es que la razón quede en pie. El filósofo estoico anhela la buena vida proporcionada a él por la eudemonía (εὐδαιμονία), y para alcanzarla se ejercita en la ataraxia (ἀταραξία), la calma anímica que le guarda de atormentarse a sí mismo y le ayuda así a preservar su propio yo. Es una construcción del sujeto todavía rudimentaria, pero según Dieter Henrich, el estoicismo ha podido dar un impulso importante a la filosofía moderna de Occidente, entendiendo el yo como ente que se percata de sí mismo y que trata, en el mismo momento, de preservar aquello que es esencial en él. Es precursor de teorías filosóficas que en siglos posteriores atribuirán un papel más soberano al sujeto (idealismo alemán).

Es bien sabido que Francisco de Quevedo fue el representante mayor del neoestoicismo en España. Trató de conciliar los argumentos de Séneca con la doctrina cristiana. Mantuvo correspondencia con Justus Lipsius, filósofo estoico belga. Podemos decir que Quevedo también conoció la unidad entre la relación del hombre consigo mismo y su impulso de alcanzar la preservación personal. Constata ya –y esto no lo queremos pasar por alto– que la autorreflexión es un hecho natural. Es una autorreflexión que se lleva a cabo mediante el contacto con otros sujetos. La relación con el otro es una relación consigo mismo: «Las cosas que están en nosotros, en nosotros no las vemos derechamente sino en otros, con la reflexión. La propia hermosura no se conoce sin espejo y si es espejo de la propia grandeza aquel que habemos engrandecido, se mira grande con gusto, se querría ver mayor no porque es él, mas porque pensamos serlo nosotros».[4] El poeta ve la autorreflexión aquí con los ojos del moralista, es decir, como fenómeno del amor propio. Es una forma temprana, empero, de comprender el individuo como ser que tiene interés por sí mismo.

El otro aspecto, el de procurar la preservación personal, es tratado por Quevedo con mucho más ahínco. En sus escritos doctrinales como, por ejemplo, *La cuna y la sepultura* arguye en sentido estoicista, propagando la ecuanimidad mental. Si el hombre no se deja inquietar por las opiniones que existen sobre las cosas, logra cierta estabilidad de su alma e incluso libertad. El autor escribe: «Por este modo, pues, debes apartar todas las cosas de las opiniones que las afean y hacen espantables, y anteponer a todo la paz de tu alma y no tener por precioso

---

3 Malte Hossenfelder, *Die Philosophie der Antike 3. Stoa, Epikureismus und Skepsis*, München, C. H. Beck, 1995, p. 50.

4 Francisco de Quevedo, *Obras completas. I. Obras en prosa*, Felicidad Buendía (ed.), Madrid, Aguilar, 1974, p. 1157. Todas las citas a partir de esta edición, que a continuación señalaremos como *Obras en prosa*, seguida del número de página.

lo que no sirviere a la quietud y libertad de tu espíritu».[5] Esa libertad es la de las opiniones falsas –se trata de estar exento de ellas, por ejemplo de la falsa opinión de que la riqueza representa un valor que, de hecho, importa a la existencia del hombre–, pero vista desde la Modernidad; tal reindivicación de la libertad es ya un destello que anuncia la autonomía ensalzada por la filosofía idealista. En este sentido, el autor apunta también a que hay que «poner el espíritu más allá de las perturbaciones; poner al hombre encima de las adversidades, ya que no puede estar fuera, por ser hombre».[6] En las *Migajas sentenciosas* de Quevedo, una colección de ideas, aforismos y anotaciones de lectura, muy interesante y poco estudiada –quizá desatendida por considerarse no perteneciente a la obra en sentido estricto– se lee: «El poder de la tierra no tiene poder en los ánimos».[7] El sujeto es una instancia que se levanta, que se yergue, que supera el mundo que le rodea. En este erguirse del sujeto hay un cierto distanciamiento de la religión, a pesar de los esfuerzos del poeta por mantener sus consabidas convicciones profundamente cristianas. Por ello es tan remarcable su intento de conciliar el cristianismo con las doctrinas de Séneca. El estoicismo, pues, es en su caso una propuesta para reducir la importancia de la metafísica. En un lugar, Quevedo escribe que hay que despedirse de la filosofía escolástica con sus especulaciones sobre cómo acercarse a una ciencia fundada en la experiencia, ciencia que supiese instruir al hombre sobre sí mismo y sobre cómo ser de provecho en el curso de su vida. La filosofía, en esta época, se vuelve enseñanza útil para la existencia terrestre. Por lo tanto, la fe cristiana corre el peligro de resultar insegura pues ya no alcanza para consolar al sujeto. El poeta confiesa haber tenido dudas, probablemente en cuestiones de la fe, y que en esta situación dolorosa la doctrina de los estoicos le ha ayudado a mantener la estabilidad de su ánimo (a nosotros, desde luego, nos interesan precisamente aquellos pasajes donde el autor habla franca y sinceramente). Dice: «Yo no tengo suficiencia de estoico. Hame asistido su doctrina por guía en las dudas, por consuelo en los trabajos, por defensa en las persecuciones, que tanta parte han poseído de mi vida».[8] El hombre estoico tal como lo ve Quevedo, aprende a defenderse a sí mismo, a valerse por sí mismo. Con esto, retoma la idea central ya de la novela picaresca que enfocaba un individuo capaz de valerse por sí mismo, de ganar su pan de cada día con sus propias manos, de hacerse independiente. Quevedo, en su novela *El Buscón*, ha retratado penetrantemente esta situación.

---

5 *Obras en prosa*, p. 1338.
6 *Obras en prosa*, p. 1088.
7 *Obras en prosa*, p. 1182.
8 *Obras en prosa*, p. 1093.

En las *Migajas sentenciosas*, la selección de observaciones ya mencionada, el autor recapitula, probablemente con sus propias palabras, la idea estoica de que el individuo debe buscar su propia preservación. Leemos: «El que se muda con la fortuna, confiesa no haberla merecido. Un mismo semblante se ha de conservar siempre en lo próspero y adverso; más dificultoso en lo próspero, porque salen de sí los afectos, y la razón se desvanece con la gloria».[9] Topamos, una vez más, con la convicción de los filósofos estoicos de que el hombre debe vigilar y construir dentro de sí algo como un ánimo estable, constante e inirritable. Es difícil mantener este semblante inalterable en la prosperidad porque ésta seduce fácilmente a perder la razón, cuyo objetivo es precisamente la autopreservación de sí misma. En las mismas *Migajas*, Quevedo cita afirmativamente una frase de Salustio y dice: «Según nuestras obras, hablando de las tejas abajo, escribió Salustio: "Cada uno es artífice de su fortuna"».[10] Con gusto se refiere al autor de la Antigüedad, porque encuentra en él su idea de que el individuo debe concebirse como ente responsable de su propia vida, y como autónomo. Claro está que, para el creyente que él trataba de ser, otro y más grande autor es responsable para el destino de los hombres; Dios rige de tejas arriba.

El intento de revivificar el pensamiento estoico, así, le da ocasión de subrayar la preservación de la existencia personal, la conducta vital. En un lugar, el poeta se despide de la filosofía escolástica para retomar el optimismo renacentista, terrenal, volcado a la realidad económica, a un mundo exento de preocupaciones metafísicas, a la forma en la que viven los pueblos, a sus costumbres prácticos. Escribe:

> [...] dime, ¿de qué te puede aprovechar a ti saber, si la generación es alteración, y si a la alteración se da movimiento; si la materia prima puede estar sin forma o no, y qué es, y cuál; y toda la confusa cuestión de los indivisibles y entes de razón y universales, siendo cosas imaginarias, y fuera del uso de las cosas no tocantes a las costumbres ni república interior ni exterior, universal ni particular, y que cuando las sepas, no sabes nada que a ti ni a otro importe a las mejoras de la vida, si bien sirven a la cuestión escolástica?[11]

Tal distanciamiento frente a las ideas filosóficas de la Edad Media encierra en sí la voluntad quevediana de recurrir al Yo personal en su preocupación por la preservación de su existencia. En el pasaje citado, cercano, el estoicismo concede primacía a esta preocupación humana.

---

9 *Obras en prosa*, p. 1117.
10 *Obras en prosa*, p. 1346.
11 *Obras en prosa*, p. 1346.

Es cierto que el poeta revoca la idea de la autorreflexión, aunque la haya descubierto. En sus tratados subraya la preeminencia de la idea cristiana y de buscar mermar la voluntad humana de ser sujeto. Habla en un lugar de dos espejos. Hay uno que refleja los méritos del individuo, pero éste no vale; sólo vale aquel que refleja sus miserias. En este sentido apunta: «Haz cuenta que tienes dos espejos, y que el uno (aunque tengas muchas fealdades) no te enseña sino lo que está bien puesto; y éste sólo sirve de que te desvanezcas con él, pues lo que está como había de estar, no era necesario verlo, si te miras para sólo ordenar lo que no estuviere así. En el otro ves solas las cosas desaliñadas y mal puestas y las faltas que tienes. Dime, ¿éste no es el que te conviene solamente, y el otro el que te sobra?».[12] Vemos, de esta manera, que en Quevedo hay dos tendencias que se chocan entre sí: la cristiana de negar el sujeto, y la neoestoica de levantar un sujeto, si no orgulloso, sí capaz de resistir las adversidades por su propia fuerza. El autor menciona un espejo también en otro lugar. Confiesa: «Ninguna cosa me da más horror que el espejo en que me miro: cuanto más fielmente me representa, más fieramente me espanta».[13] Una vez más declara su espanto frente a la miseria humana, pero podemos constatar, al menos, que ya existe la mirada en el espejo. Quevedo osa mirarse, si bien todavía le espanta lo que ve. Duda sobre aquel pueda descubrir en la superficie de cristal, pero dudando formula la pregunta por el propio Yo. Y en su poesía afirma decididamente y claramente su subjetividad autónoma.

El Barroco español gusta de evocar la idea de que la vida de los hombres es teatro, una puesta en escena dirigida por la mano sabia de Dios, quien reparte, al momento de nacer, los diferentes papeles sociales. Es conocido en este contexto el auto sacramental calderoniano *El gran teatro del mundo*. También Quevedo conoce la idea y parece aceptarla. Al menos, la menciona positivamente en su traducción *De los remedios de cualquier fortuna*, texto que él entiende ser de la misma mano de Séneca. En sus comentarios a este tratado probablemente apócrifo escribe: «La vida es representación, Dios el autor; a él toca dar largo o corto el papel, y repartir los personajes de rey, de vasallo, de pobre o rico. A mí sólo me toca hacer bien el que me repartiere lo que me durare».[14] Pero si estudiamos su obra haciendo hincapié en sus tensiones y contradicciones, nos enfrentamos con un individuo que decididamente busca dejar tras de sí los papeles rígidos que, dentro de la Contrarreforma, son propagados para cementar la amenazada jerarquía feudal. De hecho, anhela ya la independencia del individuo, a pesar de sus nostalgias por la tradición.

---

12 *Obras en prosa*, p. 1339
13 *Obras en prosa*, p. 1426.
14 *Obras en prosa*, p. 1072.

Ya hemos aludido a la novela picaresca *El Buscón*, indicando que capta una situación social en la que los individuos se ven cada vez más obligados a independizarse y a valerse por sí mismos. Queremos ahora dedicarnos sucintamente a esta novela para poner de relieve la situación del pícaro en tanto que situación clave que no sólo permite tener una impresión de los graves problemas económicos de aquel entonces, sino también reconstruir el panorama general en el que se encuentra involucrado el individuo del Barroco. Quevedo intuye admirablemente que el hombre de su tiempo está amenazado por la pérdida del sistema social y mental que en el pasado le ha prestado seguridad. El pícaro sufre su aislamiento, y con esto pasa ya por una experiencia ya profundamente moderna. Viene de la nada –la madre de Pablillos, el «buscón», es hechicera y prostituta, el padre ladrón, el tío verdugo–, y siente gran vergüenza por tan deshonesto abolengo. En vistas de tal desastre familiar, Pablillos toma una decisión: «Yo, con esto, quedé como muerto, determinado de coger lo que pudiesse en breves días, y salirme de casa de mi padre; tanto pudo conmigo la vergüenza».[15] Junto con este conocimiento de su situación abismal nace en él el anhelo de encontrar finalmente un sitio en la sociedad honesta y lograr el reconocimiento de los otros. Los pícaros tratan de defenderse a sí mismos. El joven estudiante Don Diego Coronel, a quien sirve Pabillos, aconseja a su criado atento: «mira por ti, que aquí no tienes otro padre ni madre».[16] El pícaro está en una situación en la que ya no tiene padres y en la que se ve obligado a engendrarse y parirse a sí mismo. El protagonista quevediano es consciente de sus méritos y logros: «Más se me ha de agradecer a mí, que no he tenido de quién aprender virtud, ni a quién parecer en ella que al que la heredó de sus abuelos».[17]

Queremos destacar especialmente una escena en la que el autor esboza con trazo seguro la situación radicalmente aislada del pícaro, soledad que entendemos en nuestro contexto como representativa del sujeto moderno. Admiramos, en ella, la tremenda fuerza imaginativa de Quevedo y su gran percepción. Pablillos entra con su amo, Don Diego, en un pupilaje de la ciudad de Segovia. El dueño de la pensión estudiantil es el licenciado Cabra, una figura grotesca cuya miseria y avaricia son descritas por Quevedo en un famoso parráfo que testimonia su ingenio y que aquí desgraciadamente tenemos que pasar por alto. Cabra no da comida suficiente a sus pupilos y los deja casi morir de hambre. Los estudiantes enflaquecen hasta volverse puros pellejos. He aquí la escena anunciada, en la que se evoca uno de estos convites más que indigentes:

---

15 *Obras en prosa*, p. 25.
16 *Obras en prosa*, p. 63.
17 *Obras en prosa*, p. 108.

> Sentóse el licenciado Cabra; echó la bendición; comieron una comida eterna, sin principio ni fin; trajeron caldo en unas escudillas de madera, tan claro, que en comer en una de ellas peligrara Narciso más que en la fuente. Noté la ansia con que los macilentos dedos se echaron a nado tras un garbanzo huérfano y solo que estaba en el suelo. Decía Cabra a cada sorbo: «Cierto que no hay cosa como la olla, digan lo que dijeren; todo lo demás es vicio y gula».[18]

En la pobre sopa clarísima aparece un garbanzo suelto –el texto le llama huérfano–, perseguido por los estudiantes hambrientos, y que viene a reflejar de una manera sorprendente la orfandad del sujeto moderno que se ve arrojado al mundo. Se da cuenta de que no ha podido originarse a sí mismo. A esta imagen impresionante corresponde el hecho de que Pablillos haya de descubrir que no es el propio hijo de su padre sino que ha sido engendrado por uno de los clientes de su madre. El hecho de tener un padre desconocido o incierto prefigura subcutáneamente el temor de que la humanidad quizá tuviese que existir sin un dios. Se ha abierto el suelo debajo de los pies de los individuos, la noción de origen se ha desdibujado, el hombre siente aquello que en los siglos posteriores será su profundo desarraigo metafísico (*transzendentale Unbehaustheit*).

Advirtamos que el pupilaje del licenciado Cabra con sus ollas aguadas implica una situación de cierta regresión. No hay todavía en él diferenciación sexual; todos los estudiantes son masculinos, Cabra también. En esta escena presenciamos una retirada del individuo hacia un refugio uterino, un estado antes de nacer a la intersubjetividad. Pero es un útero trágico que no sirve de alimentación (en un poema que citaremos más abajo, Quevedo habla del útero de su madre que sí lo ha alimentado). Pero Pablillos, de hecho, saldrá de este recinto cerrado y mísero para desarrollarse como persona que se sabe mantener en la realidad social.

Es muy interesante ver que Quevedo en *El Buscón* usa su concepción del individuo solitario y volcado sobre mismo para hacer patente las posibilidades que ofrece su época de obtener una identidad como sujeto poético. Pablillos, en sus intentos de verse «entre gente principal y caballeros»,[19] topa en un paraje con una compañía de farsantes y hace amistad con los actores. Pronto forma parte de las representaciones teatrales, y finalmente descubre que él mismo se halla «con algún natural a la poesía»,[20] por lo que comienza a escribir coplas y romancicos, un entremés y una comedia. Goza de sus primeros éxitos literarios, gana dinero y se siente sujeto pleno que ya no yerra como peregrino, sino que sabe adónde

---

18 Francisco de Quevedo, *El Buscón*, Américo Castro (ed.), Madrid, Espasa-Calpe, 1967, vol. 1, pp. 35 y siguiente.
19 *Obras en prosa*, p. 139.
20 *Obras en prosa*, p. 242.

va y hace su camino: «Estaba viento en popa con estas cosas, rico y próspero».[21] En otro lugar nota que la gente le considera, con el paso del tiempo, una persona aguda, dotada de ingenio. No olvidemos que esta novela picaresca está narrada, como en el *Lazarillo de Tormes*, en primera persona (tanto el *Lazarillo* como *El Buscón* empiezan con la palabra «Yo»). Los dos protagonistas cuentan que han aprendido a afirmarse a sí mismos y a tener voz de individuo. El licenciado Cabra, en cambio, da el ejemplo de un hombre que fracasa en su voluntad de presentar a sus oyentes una voz fuerte y vital. Quevedo observa que tiene «la habla ética»,[22] es decir, que el habla de Cabra es tísica. Con esta tajante descripción el autor resalta no sólo el aspecto ruinoso y enfermizo de Cabra, sino que hace patente también el hecho de quien le ve queda persuadido que que el licenciado, en el fondo, no es persona, pues no consigue pronunciar oraciones «sanas» que den testimonio de un Yo interior en plena salud. En este libro aparece ya, además, el fenómeno del juego con el lenguaje el que resulta la vía regia para evidenciar la individualidad del poeta ingenioso. En un momento, Pablillos visita en Madrid unas tiendas de mercaderes que venden ropa. Se sienta en un banco que hay delante del mostrador de uno de los negociantes. Llegan poco después dos damas que le preguntan si hay terciopelo, y él finge ser mercader, ofreciéndose a atenderlas diligentemente. Consideremos que en este encuentro Pablillos rompe inesperadamente a jugar con el vocablo en cuestión: «Preguntaron si había algún terciopelo de labor extraordinaria; yo empecé luego, por trabar conversación, a juzgar del vocablo terciopelado, pelo, apelo, y por pelo, y no dejé hueso sano a la razón».[23] El pícaro tiene la voluntad de comunicar con las damas y hace de su juego verbal un juicio: juzga que la palabra «terciopelo» ya no tiene sentido. Al menos, hablando pretende robárselo; quiere que en sus propias palabras rija la sinrazón. El protagonista se vuelve, en este momento, un sujeto poético que se afirma a sí mismo deshaciendo el lenguaje. Veremos más abajo que tal juego lingüístico es la forma preferida por el mismo Quevedo para realizarse como poeta personalísimo. A Pablillos, en una ocasión, alguien le pide que lea una premática que quien la redactó ha escrito en contra de los muchos poetas de su tiempo. El pícaro, entre otras cosas, lee que este hombre apostrofa a los poetas como «esta seta infernal de hombres condenados a perpetuo concepto».[24] Es, como veremos, un autorretrato del mismo Quevedo.

El peligro espantoso de carecer de una identidad propia o de una mismidad personal se evoca también en unos versos titulados «A los huesos de un rey que

---

21 *Obras en prosa*, p. 244.
22 *Obras en prosa*, p. 34.
23 *Obras en prosa*, p. 173.
24 *Obras en prosa*, p. 114.

se hallaron en un sepulcro, ignorándose, y se conoció por los pedazos de una corona». El poeta los termina con estos dos versos: «Reina en ti propio, tú que reinar quieres,/pues provincia mayor que el mundo eres».[25] En vistas del sepulcro miserable, donde sólo quedan unos huesos derramados, Quevedo recomienda un desengaño: no hay que buscar, reclama, riquezas y poder sobre vastos dominios tal como lo hizo el rey tirano enterrado. Estos deseos de los emperadores llevan a anular cada posibilidad de identidad; el rey muerto se busca en vano dentro de su túmulo, ya no puede hallarse a sí mismo porque en vida no se ha preocupado por el bienestar y la salud de su propio Yo: «Quien no cupo en la tierra al habitalla,/ se busca en siete pies y no se halla».[26] El poeta propone, en cambio, el tratar de contentarse con administrar su propio Yo, postura que llevará al hombre a formar una identidad. La verdadera vastedad se encuentra en el pecho del individuo, no en la extensión de posesiones. Es como si el poeta se lamentara del descubrimiento del Nuevo Mundo –también su rival Góngora, en las *Soledades*, censuró la avaricia mundial de los españoles–, reclamando, en cambio, que se vuelva la mirada hacia el interior del sujeto.

El gran tema de Quevedo, como es sabido, es el dinero, y con él asiste al nacimiento del sujeto moderno. El hecho de que el poeta se encuentre en los umbrales de este sujeto tiene que ver con que pertenece a una época marcada por el impacto de la economía monetaria. La afluencia de los metales preciosos a España, el floreciente comercio con el Nuevo Mundo y la nueva importancia de los créditos individuales o bancarios producen una igualdad social antes desconocida (Juan Luis Vives la constató ya en un tratado suyo de 1526). Quevedo fue muy sensible a este fenómeno. En su famoso poema sobre don Dinero comenta que la moneda «es quien hace iguales al duque y al ganadero».[27] La posesión de dinero pone al individuo en condiciones de afirmarse como sujeto económico, tanto en el papel de vendedor o comprador, aunque originariamente sea de un rango social bajo. Su capacidad adquisitiva le permite nivelarse con los nobles. Y también otro aspecto es importante en la experiencia de la economía monetaria. A Quevedo le gusta tildarse de avaro. No quiere pagarles a las mujeres, busca servicio y gozo sexual gratuito (en este sentido todavía no pertenece a la época capitalista que pedirá a sus protagonistas la renuncia a la satisfacción de los impulsos corporales, sino que sigue perteneciendo en la época feudal). Quiere ahorrar, guardar sus monedas. Este otro aspecto, pues, corresponde a la

---

25 Francisco de Quevedo, *Obras completas. I. Poesía original*, José Manuel Blecua (ed.), Barcelona, Planeta, 1963, p. 125. A continuación nos referiremos a esta obra como *Poesía original*, seguida del número de página.

26 *Poesía original*, p. 124.

27 *Poesía original*, p. 735.

preservación personal anhelada por los estoicos. En sus *Epístolas del caballero de la tenaza* ensalza las ventajas de la avaricia para la vida de un caballero. En una ocasión menciona como se ve retratado en las palabras de una anciana. He aquí este retrato que el poeta acepta como acertado: «Hame caído en gracia lo que dijo con un diente y media muela la señora Encina: "¡Qué caraza de estudiantón! ¡Y qué labia! Hiede a perros, y no se le caerá un real si le queman"».[28] El poeta es humanista que estudia mucho, es escritor elocuente, de verbosidad persuasiva y gracia en el hablar, y en el contacto social no le gusta gastar dinero porque vela por su propia preservación. El individuo se identifica ya por su posibilidad de disponer de dinero. Se encuentra, como se puede ver, en la fase todavía del atesorador, como más tarde analizaría Marx, aún no del capitalista en sentido estricto quien logrará aumentar sus haberes en lugar de encerrarlos inactivos en un cofre), pero, en principio, ya ha dejado tras de sí el orden feudalista. Levanta cabeza, sabiéndose con los otros sujetos en el mismo mercado.

Añadamos que la breve cita sacada de las *Epístolas del caballero de la tenaza* es preciosa también porque Quevedo en ella se satiriza a sí mismo, puede reír sobre sí mismo. De ojos vistas, dicen que huele mal –que apesta (hiede a perros, como dice la anciana)– y que es un ser de trato desagradable. Pero subrayemos que se reconoce a sí mismo como individuo precisamente revelando sus defectos y faltas. Al mismo tiempo constata que también el otro –la vieja Encina en este caso– tiene sus carencias: la anciana casi ya no tiene dientes, su boca está vacía. Veremos después que hay que ver este hueco dentro del sujeto en el contexto de la producción poética.

Quevedo va muy lejos en la construcción de la nueva igualdad. Lo hace como poeta, porque como poeta es de una intuición y lucidez extraordinaria. Escribe, por ejemplo, el conocido soneto en que da consejos a Apolo quien persigue a Dafne queriendo gozarla. Cito el primer cuarteto y el primer terceto:

> Bermejazo platero de las cumbres,
> a cuya luz se espulga la canalla,
> la ninfa Dafne, que se afufa y calla,
> si la quieres gozar, paga y no alumbres.
> [...]
> Volvióse en bolsa Júpiter severo;
> levantóse las faldas la doncella
> por recogerle en lluvia de dinero.[29]

---

28 *Obras en prosa*, p. 88.
29 *Poesía original*, p. 578.

El poeta se introduce audaz en su poema y se afirma en él como Yo, jugando con los mitos de la Antigüedad griega. Una vez más, la autoafirmación del poeta ocurre en el contexto de la economía monetaria. Ésta consolida a los miembros de la sociedad como sujetos con poder; en tanto que poseedoras de dinero, las personas son capaces de dejar atrás la jerarquía feudal y de volverse actores sociales. El poeta osa dar consejos a Apolo, dios protector de las artes, de a música y de la poesía, animándole a participar en la circulación crematística tan ajena a sus campos de interés de tan altos vuelos. Dice que debe pagar los favores de Dafne. De esta manera, Quevedo le hace bajar al nivel humano y se arrima él mismo, en tanto que hombre, al Panteón de los dioses. Habla con Apolo como si fuera un compañero de calaveradas. El soneto aduce que ya Júpiter procedió así, volviéndose bolsa para que Dánae cediese a la tentación. Júpiter lo hizo con oro, no necesariamente ya con la forma posterior de un medio de cambio abstracto. Pero subrayemos que la igualdad que paulatinamente se establece entre los miembros de la sociedad, alcanza, en aquel tiempo que corren y en el ingenio de Quevedo, incluso a la relación para con los dioses. Este hecho es interesante, y comprendemos su envergadura si lo consideramos desde la Modernidad. Serán, por cierto, los románticos alemanes como Friedrich Schlegel y Novalis quienes propagarán la idea de la igualdad entre los hombres, por una parte, y la divinidad, por otra. Estos autores afirmarán que el mismo Dios cristiano anhela estirpes humanas que sepan constituirse en dioses, y sueñan con que los escritores escriban obras del nivel de la misma Biblia. Exigen que toda escritura sea sagrada. Quevedo, sin lugar a dudas, todavía no se hubiera atrevido a conceptos de tal envergadura, pero constatemos que en su poesía, de hecho, ya estrena el codazo con los dioses.

En la poesía de Quevedo se puede observar que el sujeto echa brotes, para decirlo así, distanciándose de la tradición literaria y mostrando una ruptura entre los discursos del pasado y la individualidad de sus palabras presentes. En la producción poética, el sujeto se pronuncia como ente autónomo, como ser desnudo. El romance burlesco «A la orilla de un brasero» nos presenta a un poeta que rechaza los discursos establecidos y los lugares comunes tradicionales para presentarse como un Yo independiente. Es un poeta que ha dejado atrás el *locus amoenus* estival y que se confiesa a sí mismo que tiene frío, que está necesitado de calor y de relaciones humanas y que se encuentra arrojado a sí mismo. Y observemos que Quevedo se sabe el primero que habla de tal situación reducida a la mera existencia. Con él comienza algo nuevo e inaudito hasta el momento:

> Yo, el primer poeta de invierno
> que han conocido los siglos,
> sin Fuente, arroyo, ni juncos,
> sin monte, flores, ni río,
> así hablé a una mujer

(no hay aquí nombres fingidos
de Filis, ni de Belardo,
que ella es Juana y yo Francisco).[30]

De una manera más elaborada presenciamos este sujeto flamante en otro romance burlesco del autor. Lleva por título «Búrlase de todo estilo afectado» y comienza con el verso «Con tres estilos alanos».[31] Quevedo parodia en estas décimas el estilo petrarquista, culteranista y conceptista. Al final dice que quiere hablar «prosa fregona»,[32] una prosa clara, franca, no rebuscada y auténtica. El sujeto se pone de relieve mostrando sencillamente que el discurso poético es una mera manera de escribir, un papel que juega el poeta y que éste quiere dejar atrás. El poeta se distancia de los sistemas discursivos establecidos, ejerciéndolos como puro juego de roles y aspirando de esta manera a un espacio libre para la expresión inmediata. Si el sujeto yergue la cabeza, el discurso literario se cuaja y se vuelve convención que puede ser quebrada. Ya en *Don Quijote* se pone en tela de juicio el discurso tradicional, y Quevedo continúa esta crítica. Algo nuevo surge de la tradición. La edad moderna que ahora irrumpe es la del sujeto.

Podemos observar que Quevedo pone en evidencia la autoconciencia del poeta, destacada y formulada expresamente como en ningún otro escritor del Siglo de Oro. Él está consciente de que produce algo nuevo y hasta provocador. Protesta como individuo contra las convenciones literarias y sociales. Citemos estos versos:

Será al fin lo que os dijere,
cuando no elegante, nuevo;
y si no fuere famoso,
sonado será a lo menos.[33]

Es de rigor citar a Jacques Lacan en este contexto, porque ayuda a entender el fenómeno del sujeto en Quevedo, y porque da ocasión de demostrar que lo que expresa nuestro poeta difiere de lo del teórico francés. Recordemos que para Lacan, el sujeto es un vacío y se presenta tan sólo como instancia inconsciente. El psicoanalista dice que la idea de una instancia unificadora de la existencia

---

30 *Poesía original*, pp. 1119–1120.
31 Véase Eberhard Geisler, «Francisco de Quevedo. Con tres estilos alanos», en Manfred Tietz (ed.), *Die spanische Lyrik von den Anfängen bis 1870. Einzelinterpretationen*, Frankfurt, Vervuert, 1997, pp. 475–490.
32 *Poesía original*, p. 761.
33 *Poesía original*, p. 815.

humana siempre le ha parecido una mentira escandalosa.[34] Para él, el sujeto es nada más que una carencia que resbala, según dice, bajo la cadena de los significantes. Afirma en una conferencia suya leída en la Johns Hopkins University de Baltimore: «The notion of a loss is the effect afforded by the instance of the trait which is what, with the intervention of the letter you determine, places [...] and the places are spaces, for a lack. When the subject takes the place of a lack, a loss is introduced in the word, and this is the definition of the subject».[35] El sujeto, de esta manera, es siempre «a fading thing» que corre por debajo de la cadena de significantes. Como es sabido, Jacques Derrida desarrolla ideas semejantes, hablando del fonocentrismo de la cultura tradicional en Occidente, manera de pensar que celebra en la voz humana que gusta de escucharse a sí misma, una supuesta presencia del Yo. Derrida critica este concepto de la presencia como residuo del pensamiento metafísico y enseña, en cambio, el vaciamiento del sujeto y de su escritura. En Quevedo vemos un sujeto difícilmente concebible –y esto es parecido a las ideas de Lacan y Derrida–, sujeto que se revela a sí mismo desplazando los discursos, jugando con las formas de oración preestablecidas. A diferencia del concepto de los dos autores franceses, Quevedo no practica la subjetividad como carencia. El sujeto, para él, no constituye un residuo vacuo e inconsciente, porque, parodiando los discursos, se muestra completamente consciente y se presenta como Yo. Es un ser que tiene claras intenciones y que sabe darles una expresión poética.

La relación entre sujeto y lenguaje juega un papel muy importante también en el conceptismo, aquel estilo literario practicado obsesivamente por Quevedo. En otra ocasión he tratado de mostrar que el conceptismo puede explicarse sobre el fondo de la economía monetaria en el sentido de que crea una expresión de la experiencia de que una cosa siempre significa otra cosa, y que el desengaño propagado por el escritor y mantenido como postura ascética y religiosa ya conlleva en sí como raíz económica e histórica el espanto ante una sociedad regida por la moneda y la ley, de que todas las cosas han de subyugarse al valor de cambio, pálido valor abstracto que vacía todas las cosas concretas y les roba su sabor específico.[36] Hablando ahora del sujeto podemos barruntar que su constitución en la Modernidad se efectúa igualmente sobre el fondo de la economía burguesa porque en ella el individuo se hace palpable y yergue la cabeza. Quevedo afirma el sujeto poético como origen de la oración, como entidad independiente,

---

34 Jacques Lacan, *Struktur. Andersheit. Subjektkonstitution*, Berlín, August, 2013, p. 20.

35 Jacques Lacan, *Struktur. Andersheit. Subjektkonstitution*, p. 57.

36 Véase Eberhard Geisler, «Sprache und Wert. Eine Theorie der spanischen Literatur», en Christoph Strosetzki (ed.), *Wort und Zahl/Palabra y número*, número monográfico de *Studia Romanica*, 188 (2015), pp. 109–129.

armando como tal, al mismo tiempo, una resistencia contra el lenguaje dentro del lenguaje. Para formarnos una idea más clara de esta rebelión subcutánea contra el encadenamiento de las oraciones, contra un discurso sin trabas, podemos también recordar a Lacan, quien enseña que el ser humano tiene dos posibilidades: o reprimir el impacto del significante en su alma, integrándose en el discurso y desarrollando el inconsciente, que es el caso normal, o recusarlo sin más. En el ultimo caso, el individuo sufre una psicosis, obrando un hueco en el significante. En Quevedo se nos presenta una tercera posibilidad. El poeta se inscribe en la oración como autor, el cual, al mismo instante, la niega con sus medios de artista. Encuentra su salud psíquica precisamente en quebrantar la oración, abriendo en ella como una grieta. Según Lacan, dentro de la metáfora («un mot pour un autre») sigue válido el significado de la palabra sustituida; en el concepto quevediano se rompe esta conexión. Uno de los ejemplos más vistosos del conceptismo quevediano se encuentra en la consabida letrilla sobre Don Dinero. No hará falta más que citar una estrofa:

> Sus escudos de armas nobles
> son siempre tan principales,
> que sin sus escudos reales
> no hay escudos de armas dobles;
> y pues a los mismos robles
> da codicia su minero,
> poderoso caballero
> es don Dinero.[37]

Quevedo repite una palabra –los escudos–, dándole en el segundo caso una significación diferente que en el primero. Se disuelve, esta manera, la fijación de un significante en un determinado significado. Se resbala el sentido, por decir así. Con esto, el poeta efectúa una anticipación interesante. Podemos decir que Luis de Góngora anticipa a Stéphane Mallarmé en la oscuridad de sus versos y en la disolución de la sintaxis,[38] y de manera parecida podemos constatar que Quevedo, en cierto sentido, anticipa a Henri Michaux, escritor y pintor del siglo XX, personaje también extremamente lúcido. Michaux advierte en su colección de aforismos algo que deberían respetar los autores: «Attention au bourgeonnement! Écrire plutôt pour court-circuiter».[39] El belga sueña con interrumpir la

---

37 *Poesía original*, p. 735.
38 Hemos tratado las *Soledades* de Góngora bajo este aspecto en el ensayo «Versuch über Góngora», en *Comparatio. Zeitschrift für Vergleichende Literaturwissenschaft*, 6.2 (2014), pp. 217–240.
39 Henri Michaux, *Face aux verrous. Nouvelle édition revue et corrigée*, Paris, Gallimard, 1980, p. 44.

pululación verbal. En sus dibujos y pinturas siempre ha tratado de se «libérer des mots, ces collants partenaires», y en estos trabajos pictóricos encuentra «un nouveau langage, tournant le dos au verbal, des libérateurs».[40] Michaux ataca la metonimia, el «mot-à-mot». En el cortocircuito eléctrico se produce una relación casi sin resistencia entre dos polos, y así, en el conceptismo de Quevedo, asistimos a un choque entre dos significaciones. En el cortocircuito literario se constituye, en la obra de nuestro poeta, el sujeto moderno. Aquí el sujeto vislumbra que se puede experimentar a sí mismo tan sólo dentro del lenguaje, pero se rebela ya, al mismo tiempo, contra las funciones lingüísticas, contra el discurso preestablecido.

Hay una linda cita dentro de las *Migajas sentenciosas*, pertinente en este contexto. Quevedo apunta: «Los conceptos son la gentileza y aire natural de cada uno, el lenguaje el vestido y el traje».[41] No sabemos si se trata de una frase que ha leído en otros autores o si es suya. Pero sea como fuere, tal como hemos tratado de explicar, un poeta moderno como el nuestro entiende el lenguaje como algo exterior, ajeno al sujeto. Los conceptos susodichos, en cambio, alcanzan a expresar su subjetividad, a hacer patente su gallardía intelectual, que lo señala ante sus colegas literarios, anteriores a él o contemporáneos. El conceptismo revela su garbo personal, su bizarría y lucimiento, su estilo realmente particular.

Tenemos que ser sensibles ante el hecho de que Quevedo haya notado en su época un vaciamiento general de los valores. En una epístola a Don Francisco de Oviedo, un conocido suyo, escrita en el año de su muerte, comunica una observación melancólica, que pone de manifiesto un profundo sacudimiento hace patente una profunda sacudida de su espíritu. Partiendo de su mirada sobre la lastimosa situación política de España, apunta: «Dios lo sabe; que hay muchas cosas que, pareciendo que existen y tienen ser, ya no son nada, sino un vocablo y una figura».[42] El resignado poeta capta con estas palabras un fenómeno de primer orden y de gran envergadura dentro del pensamiento occidental, pues expresa que el lenguaje ha quedado tan sólo como residuo de conceptos envejecidos y que inclusive se han desvanecido. El sentido de las palabras ha desaparecido. Si bien su observación nace de sus experiencias contemporáneas, remite a algo moderno: al desvanecimiento de la metafísica (a la que en sus tratados y cartas el poeta, desde luego, todavía se aferra, pero de la que ya siente su inminente desaparición). Tal proceso de retrocedimiento corresponde a la experiencia del sujeto como ente vacío. Pero en el uso de la escritura el sujeto literario puede afirmarse a pesar de su vaciamiento o de su ser

---

40 Henri Michaux, «Postface», en *Mouvements*, Paris, Gallimard, 1982, s.p.
41 *Obras en prosa*, p. 1159.
42 Francisco de Quevedo, *Epistolario completo*, Luís Astrana Marín (ed.), Madrid, Editorial Reus, 1946, p. 503.

difícilmente palpable, el poeta, en tanto juega con el lenguaje, sabe dejar huellas manifiestas de la existencia de su Yo, de modo precario y fuerte al mismo tiempo.

Quevedo redactó muchas cartas, dirigidas a amigos y grandes, y merece la pena leerlas. En sus *Migajas sentenciosas* advierte: «Las cartas familiares declaran más el natural de una persona que el rostro a un fisiognomo».[43] Él parte aquí de la convicción de que sí existe una individualidad de las personas que escriben, cartas familiares en este caso, algo como un alma personal, una manera especial de pensar y de sentir. Con esto, una vez más, enfoca una subjetividad precursora de las intuiciones y textos de los románticos alemanes. Y es curioso: en la representación de este natural propio de cada uno, confiere un papel definitivo al lenguaje. El lenguaje es capaz de expresarlo, no la cara estudiada por el «fisiognomo». ¿Por qué es de considerar esta preferencia por la escritura antes que por el rostro? Derrida constatará que con el desvanecimiento de la metafísica occidental va desapareciendo, en el curso de los últimos siglos, también el mismo rostro de Dios, en el pasado tan venerado y deseado por el pueblo creyente. En una conocida página de su *Grammatologie* apunta sobre el nexo original y desde hace algún tiempo amenazado, entre el rostro de Dios y el signo, hablando del significado de las palabras: «En tant que face d'intelligibilité pure, il renvoie à un logos absolu auquel il est imméditament uni. Ce logos absolu était dans la théologie médiévale une subjectivité créatrice infinie: la face intelligible du signe reste tournée du côté du verbe et de la face de Dieu. [...] Le signe et la divinité ont le même lieu et le même temps de naissance. L'époque du signe est essentiellement théologique. Elle ne finira peut-être jamais. Sa clôture historique est pourtant dessinée».[44] Cediendo, pues, ante un sentido fijo de los significantes, también la imagen del divino rostro retrocede paulatinamente. Quevedo, en su genialidad, ya profetiza la importancia capital del lenguaje para la Modernidad. El siglo XX, como es sabido, será por antonomasia el siglo de la lengua.

En nuestro contexto, en el que nos preocupamos por extraer de los textos quevedianos rasgos del futuro sujeto moderno, es remarcable la obsesión del poeta por la mujer que, ufana, se afeita con opulencia y se esconde detrás de faldas aparatosas y de ropas vistosas. Hay toda una serie de poemas que tratan este tema. Citemos aquí tan sólo el soneto titulado «Hermosa afeitada de demonio»:

> Si vieras que con yeso blanqueaban
> las albas azucenas; y a las rosas
> vieras que, por hacerlas más hermosas,
> con asquerosos pringues las untaban;

---

43 *Obras en prosa*, p. 1167.
44 Jacques Derrida, *De la grammatologie*, Paris, Éditions de Minuit, 1997, p. 25.

si vieras que al clavel le embadurnaban
con almagre y mixturas venenosas,
diligencias, sin duda, tan ociosas
a indignación, dijeras, te obligaban.

Pues lo que tú, mirándolo, dijeras,
quiero, Belisa, que te digas cuando
jalbegas en tu rostro las esferas.

Tu mayo es bote, ingüentes chorreando;
y en esa tez, que brota primaveras,
al sol estás y al cielo estercolando.[45]

El poeta se dirige a una mujer de nombre Belisa, proponiéndole imaginarse que alguien pintara flores bonitas, como las azucenas o los claveles, con yeso o color rojizo. Viendo tal acción extraña, Belisa se indignaría; una reacción, en el fondo, ociosa porque no cambiaría nada en la situación vergonzosa, opina el poeta. Comparable indignación debería sentir inmediatamente también en vista de su propio uso de potingues y mixturas, jalbegándose el rostro para hacerlo aparentemente más bonito. Quevedo detesta la hermosura artificial que oscurece, como dice en la conclusión, el sol y el cielo con excrementos. Ella impide la contemplación de la luz y de la vastedad, finalmente incluso la visión de lo divino.

En otro poema suyo, un romance en este caso, el poeta sabe darle al fenómeno, tan inquietante para él, la siguiente formulación igualmente plástica:

Tusona con ropa de oro
traiga cédula que diga:
«En este cuerpo sin alma
cuarto con ropa se alquila».[46]

Ocupada en cambios y trueques de dinero, la mujer buscona («tusona») es un ser vaciado de sí mismo, una cavidad hueca tapada por sus vestidos. Quevedo fustiga a aquellos de sus contemporáneos que no logran realizar la coincidencia del Yo consigo mismo que el poeta, como sabemos, anhela. El tema de la mujer afeitada, así, implica ex negativo la exigencia de configurar la mismidad de cada individuo. En las mujeres acusadas de desaparecer trás la mera apariencia, el autor constata un vaciamiento de sus almas. Para él, el sujeto es un fenómeno que se sustrae a su fijación, pero en esta estrofa se refiere a otro tipo de vaciamiento: a la ausencia de alma, de natural y de carácter en muchas personas.

---

45 *Poesía original*, pp. 590 y siguiente.
46 *Poesía original*, p. 963.

Enfocando la obra quevediana desde siglos posteriores, podemos llamar la atención también sobre el hecho de que el español ya se anticipe en cierto modo a la idea de la autonomía del arte y del artista como será explicada más tarde por la filosofía idealista alemana. En sus *Cartas sobre la educación estética del hombre*, Friedrich Schiller ensalza el importante papel del impulso lúdico de los hombres, el dejar atrás el quehacer cotidiano para dedicarse al ocio creador. El hombre que sabe jugar, pues, alcanza su autodeterminación, su espontaneidad, y realiza un arte autónomo. Mediante la producción de belleza artística, el hombre camina hacia la libertad. Y también vale lo inverso: en virtud de la libertad da forma a la belleza («el arte es una hija de la libertad»).[47] Si el hombre logra reunir las fuerzas de su espíritu en un foco central, puede liberarse de las limitaciones de la naturaleza. Es su propio Yo el que ahora es activo. Schiller apunta que el artista cogerá el asunto de sus obras de los acontecimientos de la época, pero que «tomará la forma del seno de la unidad absoluta e inalterable de su esencia individual».[48] «El hombre hecho y derecho somete la diversidad del mundo a la unidad del yo».[49] El hombre perfecciona, de esta manera, el principio de la preservación de sí mismo. Schiller reanuda, pues, el pensamiento estoico y lo radicaliza: «El hombre, imaginado en su plenitud, sería en consecuencia la perseverante unidad que permanece siendo siempre la misma en la marea de los cambios».[50] Quevedo no logra todavía la consistencia de las ideas de Schiller, pero ya deja adivinar la libertad de la que el artista gozará en siglos posteriores. Sus lectores recuerdan de que se tomó la libertad de criticar audazmente al Conde-Duque de Olivares, valido de Felipe IV, cuya política el poeta rechazaba, anhelando, en cambio, el pasado feudal del que Olivares parecía alejarse. Quevedo, en su «Epístola satírica y censoria contra las costumbres presentes de los castellanos, escrita a Don Gaspar de Guzmán, Conde de Olivares, en su valimiento», osa darle rienda suelta a su ingenio verbal, se atreve a erguirse frente al poderoso: «¿No ha de haber un espíritu valiente?/¿Siempre se ha de sentir lo que se dice?/¿Nunca se ha de decir lo que se siente?».[51] Clara protesta contra la censura de los poderosos, y primer destello de la solicitud de libertad de opinión que en siglos futuros la sociedad presentará a los poderosos.

---

47 Friedrich Schiller, *Theoretische Schriften. Dritter Teil. Über die ästhetische Erziehung des Menschen. Über naive und sentimentalische Dichtung. Über das Erhabene*, München, Deutscher Taschenbuch Verlag, 1966, p. 7.

48 *Obras en prosa*, p. 27.

49 *Obras en prosa*, p. 36.

50 *Obras en prosa*, p. 35.

51 *Poesía original*, p. 566.

En varias ocasiones Quevedo describe su placer de vivir retiradamente, lejos del mundanal ruido, contentándose con poco y despreciando a los ricos. Recordamos que le gustaba alejarse de la Corte e irse a la Sierra Morena para estudiar las obras de los antiguos, escribir él mismo y vivir en paz. En un romance más largo responde a la carta de un médico, escribiendo desde su Torre de Juan Abad en Villanueva de los Infantes y elogiando la vida modesta, entre jaras y peñascos; entre otras observaciones hace la siguiente confesión:

> Si me hallo, preguntáis,
> en este dulce retiro,
> y es aquí donde me hallo,
> pues andaba allá perdido.[52]

Una vez más, un concepto: encontrándose el poeta en el paisaje casi desierto, se encuentra a sí mismo como persona independiente. Su necesidad es hallarse tras haberse perdido en Madrid, ciudad de las maquinaciones y de las rigurosas jerarquías sociales. Su conciencia despierta exige el enclave en el campo, la concentración, el poder volverse sobre sí mismo. En un soneto menos conocido, Quevedo elogia, una vez más, la vida retirada y sus ventajas. Queremos citar tres versos de él que dan brillante expresión a su postura y a su situación en ese momento. Escribe: «Llenar, no enriquecer quiero la tripa;/lo caro trueco a lo que bien me sepa:/somos Pírame y Tisbe yo y mi pipa».[53] Pretende trocar lo caro por lo que le sepa bien: alude a su desprecio por el valor de cambio abstracto, fenómeno que determina cada vez más a la sociedad. Él realza, en cambio, el valor del uso concreto, el sabor rico en el paladar frente a la sosa moneda. Lo más interesante, empero, es que el poeta confiese identificarse con la figura de Diógenes, que vivía retirado en un tonel sencillo y enseñaba a reducir al mínimo las necesidades, recomendando la comida frugal, incitando a los ciudadanos griegos a la rebelión contra las normas sociales, y practicando él, impertérrito, la masturbación en público: la sana, autoconsciente y orgullosa vuelta sobre sí mismo. Quevedo, al igual que Diógenes, ama su nido íntimo, diciendo que su pipa –su tonel, el modesto sitio de su retirada– es su amante y que con ella forma una pareja feliz como antaño lo hiciesen Pírame y Tisbe. Cita, de esta manera, la Antigüedad en la que ya había hombres que configuraban tempranamente, si se puede decir, sujetos aútonomos, rebeldes contra la sociedad y protagonistas de la libertad de pensamiento, como el mismo Quevedo.

---

52 *Poesía original*, p. 878.
53 *Poesía original*, p. 566.

En la avalancha de textos que Quevedo ha escrito sobre el poder del dinero y de la avaricia contemporánea, se encuentra también uno que termina con estos versos:

Yo no he vivido barato,
ni mes que bien me parezca,
sino los nueve en que el vientre
me fue posada y despensa.[54]

Curiosa confesión ésta: el poeta, a regañadientes, ha tomado parte del toma y daca humano, vuelto comercio común en su época, pero siente nostalgia del útero materno en que pasó sus primeros nueve meses. En este tiempo feliz no tuvo necesidad de preocuparse por la alimentación, siendo la madre su despensa. Quiere huir de la sociedad, permanecer en el momento anterior a su propio nacimiento. Se trata claramente de un ideal regresivo –¡qué linda es, en cambio, nuestra idea de nacer, de enfrentarse valientemente al mundo y de superar las dificultades!–, pero esta añoranza quevediana, articulada con la sinceridad habitual del poeta, nos muestra una vez más su necesidad de concentrarse, de hallarse y de preservarse como individuo. En nuestros días es el filósofo Peter Sloterdijk quien en lo que es quizá su logro más evidente subraya la idea de nacer al mundo, de dejar atrás un pensamiento fijado en el hecho de la muerte, de realizar el nacimiento en cada momento de la vida, y de abrirse a la vastedad de la realidad. Este impulso lo conoció como escritor joven en la prácticas de meditación enseñadas por el Lejano Oriente, y ha tratado de transmitirlo en muchos de sus escritos.

Quevedo no pudo desarrollar tal pensamiento optimista y relativo al nacimiento, estando condicionado por su inestable rango de pequeño hidalgo, agobiado por la economía monetaria y fiel todavía a conceptos teológicos tradicionales, ocupado con la despedida ascética del mundo terrestre propagada por los clérigos de la Contrarreforma.

Si consideramos la obra quevediana desde el presente o desde el siglo XIX, podemos destacar otro aspecto. En la filosofía de Johann Friedrich Herbart y de Sören Kierkegaard topamos con una reflexión sobre la conexión entre desesperación profunda y nacimiento de un Yo fundado. Según el psicólogo y pedagogo Herbart es, por ejemplo, la desesperación de un individuo que echa de menos su fundamento el que paradójicamente lo afirma como entidad existente. El autor alemán escribe: «Quien se halla en medio del dolor y de la miseria, quien admite su debilidad, quien desespera de sí mismo: éste se encuentra por supuesto a sí

---

54 *Poesía original*, p. 1010.

mismo, pero no como él quiere ni quisiera si pudiese hacerlo de otro modo».[55] Entre el estado anímico de las personas, que en ciertos momentos puede ser fatal, por una parte, y sus añoranzas no cumplidas, por otra, se abre una grieta que deja vislumbrar un Yo fundado. Herbart sigue: «Todos ellos, sin embargo, en virtud de la propia conciencia de sí mismos, se salen ya de cualquier cohibición comprendida entre los objetos de su imaginar. Pues desde luego los predicados que acompañan a los estados aludidos son algo objetivo; pero ya se supone que el sujeto a que ellos mismos acompañan es por supuesto conocido».[56] Y Herbart repite esta idea, dándole otra formulación: «Por consiguiente la "yoidad" no reside en las concepciones de lo objetivo, del mismo modo que ésta no puede serlo según su propio concepto; la "yoidad", por el contrario, configura por sí misma una oposición frente a los predicados situados ante el yo, en virtud de los cuales se halla imbricada entre ellos y puede diferenciarse de los mismos».[57] Manfred Frank, investigador de la filosofía alemana y francesa referida al sujeto y a la autorreflexión y quien ha reeditado uno de los textos de Herbart, resume: «En calidad de desesperado puede solamente experimentarse un ser capaz de mesurar la picardía incesante de su conducta *ex negativo* a partir de un estado de conciliación plenamente conseguida –del mismo modo que sólo puede ser infeliz aquel sobre quien se cierna el ídolo de una felicidad fallida».[58]

En un penetrante estudio sobre el pensamiento existencialista de Kierkegaard, Michael Theunissen ha destacado el notable peso de la desesperación en la filosofía del danés. Dice que en los escritos de éste se procede de manera negativa. El individuo puede experimentarse a sí mismo tan sólo cuando le resulta posible deshacer la amenaza permanente de desesperar. Theunissen apunta: «Por ello la mismidad –y ahí radica su dimensión negativa– se consigue exclusivamente por medio de la plena aniquilación de toda posibilidad de desesperación. Tan sólo a través de dicha comprensión puede procurarse Kierkegaard un esbozo previo de pura procesualidad. Su aparente interpretación tradicionalista de la mismidad como actuación efectiva se basa verdaderamente en la experiencia de que la desesperación puede irrumpir en cualquier momento».[59] En la lucha continua contra la desesperación es que el sujeto llega a ser él mismo. Si no consigue borrar la fatal tentación, el intento fracasa, y el individuo cae en un abismo

---

55 Citado por Manfred Frank (ed.), *Selbstbewusstseinstheorien von Fichte bis Sartre*, Frankfurt, Suhrkamp, 1991, p. 80.

56 Manfred Frank (ed.), *Selbstbewusstseinstheorien von Fichte bis Sartre*, p. 81.

57 Manfred Frank (ed.), *Selbstbewusstseinstheorien von Fichte bis Sartre*, p. 81.

58 Manfred Frank (ed.), *Selbstbewusstseinstheorien von Fichte bis Sartre*, p. 504.

59 Michael Theunissen, *Das Selbst auf dem Grund der Verzweiflung. Kierkegaards negativistische Methode*, Frankfurt, Hain, 1991, p. 55.

en el que tiene que enfrentarse con su propio vacío: «La mismidad es, según esto, un proceso tan agitado que se trueca precisamente en su extremo opuesto, si por tan solo un simple momento se suspende la eliminación de toda posibilidad de desesperación».[60] Puede concluirse que el Yo no es un fenómeno de la consciencia, es decir, no puede llegar a fijarse jamás, a tener una imagen de sí mismo en el espejo, sino que va produciéndose en un proceso que está en constante realización. La reflexividad es para Kierkegaard algo secundario.

Como vemos, en Herbart al igual que en Kierkegaard es esta desesperación sobre la inexistencia de un Yo fundado la que convoca la necesidad de un Yo. El individuo que se lamenta de no tener un Yo ya tiene uno, insinuado al menos y vivo. Kierkegaard arguye en su escrito *La enfermedad mortal* que la dolencia de la desesperación que infecta el interior del hombre ya contiene en sí misma como núcleo personal la existencia de un ser elevado capaz de andar erguido. Citemos al mismo filósofo: «La posibilidad de tal enfermedad es la ventaja del hombre sobre la bestia, y dicha ventaja le distingue de manera bien distinta de la de andar erguido, pues resulta indicativa de aquella infinita rectitud o sublimidad las que constituyen el espíritu humano».[61] El Yo se constata como un ser que paradójicamente puede constatarse como vacío.

El fenómeno destacado ya por muchos críticos es la disposición remarcable de nuestro poeta para exponerse a la desesperación. José Manuel Blecua ha constatado que los versos de Quevedo «hacen patente el temple de ánimo»[62] y llegan «a lo más hondo del alma, a lo particular».[63] Es realmente grande en Quevedo el sufrimiento que su desgarramiento (el término es de Dámaso Alonso) le causa, y que él transmite a su lector. El poeta, en muchos lugares, admite la desesperación que le amenaza su Yo. En pleno Barroco descubre la constitución existencial del hombre. Claro está que encontramos en Quevedo tan sólo una forma previa de tal negación de la desesperación, una actitud quizá todavía inconsciente o no llevada a plena consciencia, pero cabe subrayar que ya se trata de un ensimismamiento casi moderno, de la consciencia incipiente de que el hombre se encuentra arrojado a sí mismo. En sus tratados ascéticos, como, por ejemplo, en *La cuna y la sepultura*, anhela igualmente la quietud y la libertad del espíritu, pero las busca estrictamente en los márgenes del cristianismo. En su poesía, en cambio, topamos con una desesperación que no siempre reconoce el remedio de la religión. El poeta se anticipa de este modo a los románticos alemanes, quienes fijan su nostalgia sobre algo que falta, que echan de menos. En un lugar de sus *Migajas*

---

60 Michael Theunissen, *Das Selbst auf dem Grund der Verzweiflung*, p. 55.
61 Sören Kierkegaard, *Die Krankheit zum Tode*, Stuttgart, Reclam, 1997, p. 15.
62 *Poesía original*, p. CI.
63 *Poesía original*, p. CII.

sentenciosas habla de la relación difícil con los príncipes y reyes, comenzando el párrafo con estas palabras: «La desesperación suele hacer efectos increíbles [...]».[64] Ha experimentado muy profundamente este estado de ánimo.

En un momento así, de profunda desesperación, Quevedo escribe uno de sus más famosos poemas:

«¡Ah de la vida!»... ¿Nadie me responde?
¡Aquí de los antaños que he vivido!
La Fortuna mis tiempos ha mordido;
las Horas mi locura las esconde.

¡Qué sin poder saber cómo ni adónde
la salud y la edad se hayan huído!
Falta la vida, asiste lo vivido,
y no hay calamidad que no me ronde.

Ayer se fue; mañana no ha llegado;
hoy se está yendo sin parar un punto;
soy un fue, y un será, y un es cansado.

En el hoy y mañana y ayer, junto
pañales y mortaja, y he quedado
presentes sucesiones de difunto.[65]

El autor del soneto confiesa que ha fracasado en su ferviente pretensión de ser un estoico. A pesar de sus aspiraciones al ascetismo, ha quedado expuesto a las codicias humanas, al deseo de obtener una Fortuna benévola, de inmiscuirse en las empresas del mundo. El poeta no pudo ser la excepción a la regla, viéndose empujado por el ansia de vivir, como los otros. Esta confesión le proporciona a Quevedo su rara modernidad. Para él, ya no hay persistencia del Yo, nada substancial en su propio seno. Expresa la decepción de no haber podido fundarse a sí mismo, y de ser un perecedero. En otro soneto escribe malhumorado y como hablando consigo mismo: «pues me trujeron, llévenme los días».[66] Se sabe arrojado a la vida y se entrega a esta situación a regañadientes. Ignora quién le ha introducido en la existencia, no ha sido ningún dios, y el poeta ya no quiere acordarse tampoco de sus antepasados, que han dejado de ejercer influencia sobre su ser aislado. Como más tarde Henri Michaux, se despide en este momento de sus padres. La desesperación en este soneto es tan profunda que ya no aparece en el horizonte oscuro una consolación cristiana. El Yo no puede contar con nada,

---

64 *Obras en prosa*, p. 1129.
65 *Poesía original*, p. 4.
66 *Poesía original*, p. 7.

sobre todo no consigo mismo. La vida –el Yo– ya no contesta a sus preguntas; el espejo permanece ciego. El Yo ha caído de los andamios, que ya no parecen ofrecer ninguna garantía. Pero, y esto es lo que debemos estudiar y reconocer, el poeta sabe dar expresión perfecta a su lamento. Lamentándose, deja entender tenuamente su voz personal; el soneto desesperado es su perfecta victoria.

Quevedo, en otras palabras, descubre la soledad del sujeto moderno. En esta soledad, el sujeto se concibe a sí mismo como sujeto. Con él nace, al mismo tiempo, la nostalgia de una subjetividad que sea efectivamente autónoma e infinita. El poeta se entera de que la situación de la antigua sociedad feudal, en la cual los individuos estaban definidos por un sitio determinado dentro de la jerarquía y por su vinculación a cierto rango social, ha desaparecido, pero, al mismo tiempo, todavía no llega a concebir plenamente al sujeto autónomo de la filosofía idealista. En su sensibilidad quizá jamás suficientemente admirada, revela los modelos tradicionales de pensar y vivir, a los que se aferra, como si fueran quebradizos, y anticipa a los románticos en la radicalidad de su pregunta por el propio Yo.

En su obra poética topamos a cada paso con textos que nos muestran cómo su autor quiere presentarse al mundo como individuo y en su desgarramiento personal. Para concluir, queremos remitir al breve, pero contundente y famoso «Memorial que dio Don Francisco de Quevedo y Villegas en una academia pidiendo una plaza en ella». El poeta intenta ser recibido en una academia literaria, y en la presentación de sí mismo, redactada para este fin, enciende un verdadero fuego artificial de conceptos. Quiere convencer a los académicos de que es muy pobre: «es rico y tiene muchos juros, de por vida de Dios»;[67] afirma ser rico, poder jactarse de juros, o sea de derechos de posesión perpetua, pero resulta que se trata solamente de juramentos píos. Sigue: «que ha tenido y tiene, así en la corte como fuera de ella, muy grandes cargos de conciencia».[68] Como es sabido, anhelaba importantes cargos políticos –acompañó al Duque de Osuna a Nápoles como secretario y tuvo que realizar ciertas operaciones diplomáticas–, pero dice que ha fracasado en esto, disponiendo tan sólo de graves cargos de conciencia, es decir, de culpas, remordimientos y quizá de infracciones a la ley. En lugar de alcanzar relevancia social, constata que tan sólo se le abre un abismo en el propio pecho. Se ve remitido a sí mismo y a su interioridad. Confiesa, además, que es «hombre dado al diablo y prestado al mundo y encomendado a la carne».[69] Ya hemos visto que no logra mantenerse en forma constante como un

---

67 *Obras en prosa*, p. 98.
68 *Obras en prosa*, p. 98.
69 *Obras en prosa*, p. 98.

estoico, abnegado y sereno, sino que pertenece todavía al mundo con sus necesidades carnales, sus pecados, sus anhelos económicos y sus maquinaciones. Finalmente hace alarde de su capacidad poética, único terreno en el que, al fin y al cabo, le es otorgado el éxito rotundo, la perfección estética: «y poeta, sobre todo, hablando con perdón, descompuesto, componedor de coplas, señalado de la mano de Dios».[70] Vemos también en este memorial la estupenda conciencia que Quevedo tenía de su garra de escritor: el mismo Dios, dice ensalzándose, ha querido darle un lugar destacado entre sus colegas literarios. Y fijémonos: realiza este destino señalado y de dimensiones teológicas mediante un comportamiento descompuesto, es decir, es un poeta audaz que se rebela contra las convenciones sociales, gozando de poner en escena sus impulsos emocionales más personales, que otros quizá considerarán un tanto salvajes. A Quevedo le gusta «salirse de madre», excederse e ir mucho más allá de lo acostumbrado. Es como si quisiera convidar a sus lectores a conocer lo más íntimo de su alma con sus diversas desesperaciones. Y constatemos que en este memorial se satiriza a sí mismo. Hace ostentación de un acto en el que se relativiza a sí mismo. Encuentra su identidad buscando superarla hacia algo más grande que él, hacia un mundo ilimitado, idea que más tarde fascinará a los románticos alemanes, que tratarán de explayarla en sus escritos. Anhela ser admitido en una sociedad académica, ser aceptado como socio y poder parangonarse con sus colegas poetas, pero, y esto es lo remarcable y un indicio de su modernidad, lo pretende arguyendo desde su subjetividad, desde lo incomparable de su persona, cualidad que siente propia de las grandes almas de las que habla en su famoso soneto «Desde la Torre», donde evoca a los autores del pasado, estudiados por él, celebrando que la imprenta los sacara doctamente del olvido.

Quevedo ha leído y admirado mucho a Michel de Montaigne, el Señor de la Montaña, como le llama en un lugar. Ambos autores comparten el impulso de desplegar literariamente su autoconciencia de ser personas individuales e irrepetibles. Ambos se retiran de la política para estudiar y escribir en sendos edificios heredados. Ambos gustan de hacer patentes los defectos y enfermedades de su cuerpo. Quevedo alude a su mala pierna y que necesita constantemente lentes para poder ver. Montaigne cuenta que padecía de cálculos renales y habla expresamente de su digestión, del vaciamiento de sus tripas y de la forma de sus excrementos. Pero vemos ahora que Quevedo en cierto sentido es más radical que el francés. Es un poeta que se permite desligarse de toda atadura, el desenfreno. Por una parte, abre las esclusas a la violencia de su desesperación; por otra parte, juega con el idioma, lo rompe en el concepto revelando de esta manera un

---

70 *Obras en prosa*, p. 98.

Yo que se restriega contra él y que precisamente se prueba a sí mismo y al lector mediante esta acto de restregarse. Su obra avanza por los siglos, llega a nosotros, volviéndose cada vez más fresca, dando a conocer una personalidad de tremenda sinceridad y de una singularidad, de hecho, conmovedora.

Obras citadas

Blüher, Karl Alfred, *Séneca en España. Investigaciones sobre la recepción de Séneca en España desde el siglo XIII hasta el siglo XVII*, Madrid, Gredos, 1983.

Derrida, Jacques, *De la grammatologie*, Paris, Éditions de Minuit, 1997.

Frank, Manfred (ed.), *Selbstbewusstseinstheorien von Fichte bis Sartre*, Frankfurt, Suhrkamp, 1991.

Geisler, Eberhard, «Sprache und Wert. Eine Theorie der spanischen Literatur», en Christoph Strosetzki (ed.), *Wort und Zahl/Palabra y número*, número monográfico de *Studia Romanica*, 188 (2015), pp. 109–129.

—, «Versuch über Góngora», en *Comparatio. Zeitschrift für Vergleichende Literaturwissenschaft*, 6.2 (2014), pp. 217–240.

—, «Francisco de Quevedo. Con tres estilos alanos», en Manfred Tietz (ed.), *Die spanische Lyrik von den Anfängen bis 1870. Einzelinterpretationen*, Frankfurt, Vervuert, 1997, pp. 475–490.

Henrich, Dieter, «Die Grundstruktur der modernen Philosophie», en Hans Ebeling (ed.), *Subjektivität und Selbsterhaltung. Beiträge zur Diagnose der Moderne*, Frankfurt, Suhrkamp, 1976.

Hossenfelder, Malte, *Die Philosophie der Antike 3. Stoa, Epikureismus und Skepsis*, München, C. H. Beck, 1995.

Kierkegaard, Sören, *Die Krankheit zum Tode*, Stuttgart, Reclam, 1997.

Lacan, Jacques, *Struktur. Andersheit. Subjektkonstitution*, Berlin, August, 2013.

Michaux, Henri, *Face aux verrous. Nouvelle édition revue et corrigée*, Paris, Gallimard, 1980.

Michaux, Henri, *Mouvements*, Paris, Gallimard, 1982.

Quevedo, Francisco de, *Obras completas. I. Obras en prosa*, Felicidad Buendía (ed.), Madrid, Aguilar, 1974.

—, *El Buscón*. Américo Castro (ed.), Madrid, Espasa-Calpe, 1967.

—, *Obras completas. I. Poesía original*, José Manuel Blecua (ed.), Barcelona, Planeta, 1963.

—, *Epistolario completo*, Luís Astrana Marín (ed.), Madrid, Editorial Reus, 1946.

Schiller, Friedrich, *Theoretische Schriften. Dritter Teil. Über die ästhetische Erziehung des Menschen. Über naive und sentimentalische Dichtung. Über das Erhabene*, München, Deutscher Taschenbuch Verlag, 1966.

Theunissen, Michael, *Das Selbst auf dem Grund der Verzweiflung. Kierkegaards negativistische Methode*, Frankfurt, Hain, 1991.

Faith S. Harden

Hacia una historia de la autobiografía militar del siglo XVII: el militar perfecto y las «vidas» de soldados

Resumen: Este trabajo se centra en la representación del «soldado perfecto» tanto en la tratadística militar como en las «vidas» de soldados. Gracias a cambios tecnológicos y estructurales en las formas de hacer la guerra, los ejércitos de la primera Modernidad vivieron un momento de transformación. Una de las consecuencias de estos cambios fue la aparición de nuevas identidades militares, entre ellas la del perfecto soldado profesional que combina el ejercicio de las armas con la práctica de las letras. Estas son precisamente las cualidades que se destacan en dos textos autobiográficos del soldado e historiador Diego Suárez Corvín.

Palabras clave: Autobiografía, tratadística militar, Diego Suárez Corvín

En 1641, el poeta y diplomático italiano Fulvio Testi declaró que el suyo era «el siglo del soldado».[1] Con estas palabras Testi se refería tanto a las condiciones políticas que fomentaban las guerras interminables de la época como a las transformaciones experimentadas por las fuerzas armadas de toda la Europa Occidental, transformaciones que se ha dado en llamar «la revolución militar» y que incluyen la tecnologización de la guerra, la masificación de los ejércitos y la profesionalización de la labor militar.[2] Transformaciones, en fin, que convertirían al humilde soldado en protagonista central de gran parte de la historia del periodo. Bajo este trasfondo de cambios estructurales y culturales, surgió en el campo de las letras un fenómeno relacionado, antes prácticamente desconocido: el cultivo de la escritura autobiográfica no sólo por parte de hombres de alta cuna, próximos al mando, sino también por parte de soldados de medio o incluso bajo rango. Según Henry Ettinghausen, entre el gran número de textos autobiográficos producidos en la España de la época, se destacan los de soldados: «muchas (tal vez la mayoría) de las autobiografías escritas en España durante los siglos XVI y XVII

---

1 Citado en Geoffrey Parker, «The Soldier», en Rosario Villari (ed.), *Baroque Personae*, Chicago, University of Chicago Press, 1991, p. 32. Salvo mención contraria, las traducciones son mías.
2 Michael Roberts, «The Military Revolution, 1560–1660», en Clifford Rogers (ed.), *The Military Revolution Debate: Readings on the Military Transformation*, Boulder, Westview Press, pp. 20–23.

Faith S. Harden, University of Arizona

https://doi.org/10.1515/9783110450828-023

eran autobiografías de soldados».[3] Peter Burke concuerda, afirmando que en los territorios de la corona española predominó la autobiografía militar: «En España las autobiografías de soldados eran tan comunes que casi se puede decir que formaran su propio subgénero».[4] Dadas estas afirmaciones, cabe preguntar: ¿por qué se destacó el soldado en el cultivo de la literatura autobiográfica? Indudablemente el fenómeno fue fruto de una gran variedad de factores, algunos de los cuales han sido estudiados por eruditos como Randolph Pope, Margarita Levisi y Alessandro Cassol, entre otros.[5] De manera general el historiador John Rigby Hale ha señalado los vínculos entre el profesionalismo militar, el creciente número de memorias de soldados y los libros de ciencia militar en la Europa del Renacimiento.[6] Sin embargo, no se ha llegado a profundizar en el tema dentro del contexto de la autobiografía española. Es precisamente en este nexo entre el profesionalismo, la tratadística militar y las «vidas» de soldados de la monarquía hispánica que quisiera centrarme en esta comunicación.

El canon de la autobiografía soldadesca, que fue constituído a partir de las antologías de Manuel Serrano y Sanz y José María Cossío,[7] contiene aproximadamente una decena de «vidas» escritas a lo largo del Siglo Oro. En su mayoría estos textos conforman con la definición genérica de la autobiografía elaborada por Philippe Lejeune: son relatos retrospectivos, en primera persona, en prosa, en los que el autor, el narrador y el protagonista principal se coinciden.[8] Como tales, en estos textos se establece lo que Lejeune denomina «un pacto autobiográfico»; un modo de lectura en el que se asume que el texto expone alguna verdad sobre el autor.[9] El uso de detalles cuantitativos (para precisar fechas, distancias y cantidades) y el uso de lenguaje técnico (para describir armamentos o tácticas)

---

3 Henry Ettinghausen, «The Laconic and the Baroque», en *Forum for Modern Language Studies* 26.3 (1990), p. 204.
4 Peter Burke, «Representations of the Self from Petrarch to Descartes», en Roy Porter (ed.), *Rewriting the Self: Histories from the Renaissance to the Present*, London, Routledge, 1997, p. 27.
5 Véanse Randolph Pope, *La autobiografía española hasta Torres Villarroel*, Frankfurt, Peter Lang, 1974; Margarita Levisi, *Autobiografías del Siglo de Oro*, Madrid, Sociedad General Española de Librería, 1984, y Alessandro Cassol, *Vita e scrittura. Autobiografie di soldati spagnoli del Siglo de Oro*, Milan, Edizioni Universitarie di Lettere, Economia e Diritto, 2000.
6 John R. Hale, *War and Society in Renaissance Europe, 1450–1620*, New York, St. Martin's Press, 1985, p. 129.
7 Manuel Serrano y Sanz (ed.), *Autobiografías y memorias coleccionadas e ilustradas*, Madrid, Librería Editorial de Bailly, 1905, y José María de Cossío (ed.), *Autobiografías de soldados (siglo XVII)*, Madrid, Atlas, 1956.
8 Philippe Lejeune, *On Autobiography*, Katherine Leary (trad.), Minneapolis, University of Minnesota Press, 1989, p. 4.
9 Philippe Lejeune, *On Autobiography*, p. 30.

también indican la presencia de tal pacto, en el sentido de que sirven para anclar las narrativas en un mundo de referentes reales. Dentro de estas similitudes formales, el corpus de la autobiografía militar se caracteriza por cierta heterogeneidad temática que refleja tanto la diversidad de las trayectorias profesionales de los autores como la variedad de modelos textuales a su alcance. Entre ellos se destacan los relatos de viaje, las relaciones de noticias, las historias, los romances, la novela caballeresca, la novela picaresca, la comedia y los tratados militares.[10] Aunque varios estudiosos han trazado las cualidades novelescas y teatrales de algunas de estas obras autobiográficas y se ha empezado a investigar las raíces que comparten con la historiografía y la literatura preperiodística, mucho menos comentado es el vínculo entre las «vidas» de soldados y la tratadística militar. Vínculo que por su parte apunta hacia la aparición de nuevos grupos e identidades sociales como el del soldado profesional.

Entre 1567 y 1621 se publicaron casi sesenta tratados militares en la monarquía hispánica. De estas la mayoría son obras escritas por oficiales, destinadas a combatir la decadencia, real o percibida, de los ejércitos españoles.[11] Hacia finales del siglo XVI los ejércitos y especialmente los Tercios de Flandes se vieron aquejados por el retraso de pagos, la falta de experiencia por parte de algunos de los oficiales al mando y la indisciplina de las tropas, manifestada en motines y deserciones.[12] La tratadística militar aborda todos estos problemas, particularmente la necesidad de formar oficiales prudentes, instruidos y experimentados en el arte de la guerra. Siguiendo las pautas establecidas en los espejos de príncipes, obras didácticas que servían para instruir moralmente a la nobleza, en los espejos militares se exponían las cualidades y aptitudes imprescindibles para el soldado perfecto. En contraste con el pensamiento militar medieval, que había enfatizado la nobleza y la virtud intrínseca de los guerreros aristocráticos, los tratados militares del quinientos y seiscientos responden a la nueva diversidad social de los ejércitos al articular las cualidades deseadas en términos asequibles a cualquier hombre, a pesar de su ascendencia.

¿Cómo era el soldado perfecto? De importancia primordial era el desarrollo de la destreza técnica, como indica Bernardino de Escalante en sus *Diálogos del arte militar* (Sevilla, Andrea Pescioni, 1583), en que declara que el oficial debe saber cómo «combatir una ciudad y defenderla, o hazer guerra en campaña, dar

---

10 Alessandro Cassol, *Vita e scrittura...*, p. 26.

11 Fernando González de León, «Doctors of the Military Discipline: Technical Expertise and the Paradigm of the Spanish Soldier in the Early Modern Period», en *The Sixteenth Century Journal*, 27.1 (1996), pp. 64–65.

12 Geoffrey Parker, *The Army of Flanders and the Spanish Road, 1567–1659*, Cambridge, Cambridge University Press, 2004, p. 175.

batalla a los enemigos, hazer correrías, retirar escaramuzas, hazer puentes sobre ríos, y fortificarse en campañas, y conducir Artillería, y otras muchas cosas»;[13] una larga lista de habilidades que implica la aplicación práctica de un profundo conocimiento geográfico, matemático, tecnológico, estratégico y aun histórico. Pero si el soldado perfecto, tal y como se describía en los espejos militares, disponía de un amplio conocimiento nacido tanto de la experiencia como del estudio, también era un compendio de virtudes. Así aclara Diego de Álava en el primer tratado artillero en castellano, *El perfecto capitán, instruído en la disciplina militar, y nueva ciencia de la artillería* (Madrid, Pedro Madrigal, 1590). Esta obra, que se divide en seis capítulos, empieza no con una introducción técnica a la artillería, sino con una meditación sobre las virtudes del militar perfecto. Entre ellas se destacan la resistencia, la prudencia, la lealtad, la paciencia y la humildad.[14] Virtudes, dicho sea de paso, que nos remiten menos al estereotípico soldado fanfarrón que a otro grupo social ascendente que también promovía el carácter ennoblecedor de su labor: los letrados.[15]

Del ejercicio del conocimiento especializado y la práctica de la virtud, el maestre de campo Bernardino Vargas Machuca llega a afirmar que «la milicia ennoblece al que viene de baja estirpe, ejercitando las armas en servicio de su rey, sirviéndole lealmente, por ser el arte más honrado y sublime de todos».[16] Tanto para Vargas Machuca como para muchos de los teóricos militares del periodo, las habilidades y las virtudes mejor se adquirían en el campo de batalla y se practicaban en las campañas. Por esta razón en muchos tratados se criticaban la práctica aún vigente de promover a los hombres menos experimentados pero de familias linajudas. Como Antonio Espino López ha señalado, muchos tratadistas habían subido en la escala social a raíz de las cualidades que alababan en sus obras.[17] En este sentido los tratadistas eran en sí ejemplos tanto del soldado perfecto como de las nuevas posibilidades de ascenso social que se ofrecían al soldado profesional.

De modo semejante, cuestiones de promoción y merecimiento motivan en gran parte las autobiografías de soldados.[18] En el espacio a mi disposición me

---

13 Citado en Fernando González de León, «Doctors of the Military Discipline...», p. 68.

14 Antonio Espino López, *Guerra y cultura en la época moderna*, Madrid, Ministerio de Defensa, 2001, pp. 216–217. También Fernando González de León, «Doctors of the Military Discipline...», p. 71.

15 Véase Mar Martínez Góngora, *El hombre atemporado. Autocontrol, disciplina y masculinidad en textos españoles de la temprana modernidad*, New York, Peter Lang, 2005.

16 Bernardo Vargas Machuca, *Milicia y descripción de las Indias*, Madrid, Victoriano Suárez, 1892, vol. 1, pp. 60–61.

17 Antonio Espino López, *Guerra y cultura en la época moderna*, p. 503.

18 Margarita Levisi, «Golden Age Autobiography: The Soldiers», en Nicholas Spadaccini y Jenaro Talens (eds.), *Autobiography in Early Modern Spain*, Minneapolis, The Prisma Institute, 1988, p. 113.

centraré brevemente en dos textos ejemplares, ambos escritos por el soldado, escribano e historiador Diego Suárez Corvín (1552 - post 1623).

El primero, el «Discurso verdadero de la naturaleza, peregrinación, vida y partes del autor de la presente historia» fue compuesto probablemente alrededor de 1623. Es un esbozo autobiográfico que sirve como prólogo a sus anales de África; una de varias obras historiográficas que Suárez compuso durante sus años como soldado de presidio de Orán. En él, Suárez relata su vida para que los lectores puedan juzgar la veracidad de los anales: «El hombre que tiene animo y atrevimiento para tratar de vidas agenas de otros, muertos y vivos, deve, antes que se meta en tan peligrosos trances, rrepresentar y mostrar la suya [...] para que de esta manera su travaxo y obra sea mas estimada de los prudentes letores».[19] Por igual razón en su «Prólogo al Benévolo Lector», texto que precede su *Historia del Maestre último que fue de Montesa*, Suárez también incluye un breve esbozo autobiográfico. Declaradas sus intenciones, en ambos textos Suárez empieza al principio, contando su nacimiento en Asturias en una familia noble. Como hijo segundón, no goza de un título nobiliario, pero sí ostenta los méritos de un soldado leal y diligente, cualidades que alega que también lo hacen un fidedigno historiador.

Para Suárez, que en su capacidad de soldado de presidio cumplía las funciones de sacristán y escribano de la iglesia de San Bernardino de Orán, el servicio que ofrece a la Corona es el ejercicio de las armas y de las letras. De su experiencia militar, destaca sobre todo su diligencia: «[...] sirvi veinte y tres años continuos sin hazer mudança, vaxa ni ausencia della, ni menos en los quatros años primeros en las fábricas, y todo con la puntualidad y particularidad que consta de sus rrecaudos que de Oran traxe».[20] En el «Discurso verdadero» se concibe la labor del hombre letrado como una continuación de la puntualidad del soldado: «[...] por no perder tiempo ni estar ocioso me aficioné a escrivir esta historia de sucesos de guerra».[21] De hecho, Suárez fue autor prolífico. Entre varios poemas y obras historiográficas también escribió un tratado militar que versa sobre el «puntual soldado de la milicia española», que junto con un tratado sobre «las obligaciones del buen alcaide, capitán o castellano que tiene plaça del Rey» desafortunadamente se ha perdido.[22]

---

19 Diego Suárez Corvín, «Discurso verdadero de la naturaleza, peregrinación, vida y partes del autor de la presente historia», Alfred Morel-Fatio (ed.), en *Bulletin Hispanique*, 3.2 (1901), p. 146. Se trata de una transcripción del texto original, ahora lamentablemente perdido.

20 Diego Suárez Corvín, «Discurso verdadero...», p. 151.

21 Diego Suárez Corvín, «Discurso verdadero...», p. 152.

22 Diego Suárez Corvín, «Discurso verdadero...», p. 154.

A la luz de los contemporáneos espejos militares y a partir de la imagen de sí elaborada por el propio Suárez, no es difícil imaginar las particularidades del «puntual soldado» de su tratado perdido. A diferencia del típico soldado del presidio, que solía presentar problemas de disciplina debido a las presiones de una vida sedentaria dentro de las murallas de la guarnición, Suárez se presenta como un hombre sobrio y trabajador. Aunque carecía de una formación adecuada, se esforzó en su labor de historiador: «[...] sin tener género de gramática ni curso della, si solamente ayudado de mi natural yngenio, juntamente con aber considerado el estilo de algunas otras semexantes historias; y así tomé la pluma [...]».[23] En el «Prólogo al Benévolo Lector» Suárez describe los años en el presidio así: «Juntamente con el ordinario trabajo y ejercicio de las armas, interpolé siempre el de las letras, leyendo libros y borrando papel en el poco tiempo que sobraba o, por mejor decir, hurtaba a mi mismo reposo, en que nunca me perdoné ninguno, hallando en esto más descanso y sacando más fruto que del ejercicio del juego, naipes ni dados».[24] Al desdeñar los ordinarios entretenimientos del soldado, que muchas veces se implicaban en disputas y altercados, y en cambio dedicarse a tareas provechosas, Suárez demuestra ser un dechado de diligente conducta militar.

Además de ser un soldado industrioso, experimentado en la guerra y siempre ocupado en el cultivo de las letras, Suárez demuestra ser un hombre pudoroso. En el «Discurso verdadero» describe su matrimonio de este modo: «Tenía yo treinta y seys años, y ella diez y siete, y con aber yo caminado por España, Andalucia y otras partes estava virgen sin aber tocado a muger ninguna».[25] Detalle que contrasta notablemente con la visión popular de la rapacidad sexual de los soldados y que remite a la vida disicplinada del soldado perfecto.[26] Suárez explica su castidad: «[...] preçiandome siempre en todo de limpieça, huyendo de las ocasiones que en se me ofrecían muchas veces, por ser yo de moderado talle y conversación onesta[27]». En el contexto del presidio de Orán es posible que esta virtud tuviera particular relevancia, ya que en el enclave un tema de preocupación era los contactos sexuales entre las judías y musulmanas y los soldados

---

23 Diego Suárez Corvín, «Discurso verdadero...», p.152.
24 Diego Suárez Corvín, *Historia del Maestre último que fue de Montesa de su hermano Don Felipe de Borja: la manera como gobernaron las memorables plazas de Orán y Mazalquivir, reinos de Tremecén y Ténez en África, siendo allí capitanes generales, uno en pos del otro, como aquí se narra*, Miguel Angel de Bunes Ibarra y Beatriz Alonso (eds.), Valencia, Institució Alfons el Magnànim, 2005, pp. 72–73.
25 Diego Suárez Corvín, «Discurso verdadero...», p. 152.
26 Véase Harry Vélez Quiñones, «*Deficient Masculinity: "Mi puta es el Maestre de Montesa"*», *en Journal of Spanish Cultural Studies*, 2 (2001), pp. 27–40.
27 Diego Suárez Corvín, «Discurso verdadero...», p. 152.

de la guarnición.[28] Al describirse como un hombre casto y luego un esposo fiel, Suárez indica que se ha mantenido lejos de algunos de los peligros de la vida del presidio.

Es sobre la base de esta conducta ejemplar, siempre referida de manera humilde tanto en el «Discurso verdadero» como en el «Prólogo al Benévolo Lector» que Suárez levanta una crítica a ciertos aspectos del gobierno en los presidios. Entre ellos se resalta el retraso de pagos, escribiendo que aun después de tantos años de servicio fiel, «[...] demas del trabaxo del servicio de la guerra me moría de hombre, porque nunca fuy bien pagado de mi sueldo».[29] En esta queja se coincide con la gran mayoría de tratadistas militares que, además de la injusticia de no cumplir con lo pactado, avisaban que la falta de una recompensa digna podrían poner en riesgo la disciplina de las tropas, y de ahí todo el proyecto bélico.[30]

Tanto el «Prólogo al Benévolo Lector» como el «Discurso verdadero» indican que la autobiografía militar de la primera modernidad se nutría de una variedad de modelos e influencias, entre ellas los tratados de ciencia militar. El ideal del soldado perfecto elaborado en la tratadística es utilizado de manera particular en los textos autobiográficos de Suárez Corvín y responde a sus experiencias específicas como soldado de presidio. En ambos textos se ve que la imagen del soldado perfecto, entendido como marcador de identidad social, tiene un fin persuasivo, autojustificador y finalmente crítico. En el enlace entre lo colectivo (identidad institucional militar) y lo individual (identidad como soldado, escribano e historiador), se vislumbra el vínculo entre el incipiente género autobiográfico y la aparición de nuevos grupos y perfiles sociales.

Obras citadas

Burke, Peter, «Representations of the Self from Petrarch to Descartes», en Roy Porter (ed.), *Rewriting the Self: Histories from the Renaissance to the Present*, London, Routledge, 1997, pp. 17–28.

Cassol, Alessandro, *Vita e scrittura. Autobiografie di soldati spagnoli del Siglo de Oro*, Milan, Edizioni Universitarie di Lettere, Economia e Diritto, 2000.

Cossío, José María de (ed.), *Autobiografías de soldados (siglo XVII)*, Madrid, Atlas, 1956.

Espino López, Antonio, *Guerra y cultura en la época moderna*, Madrid, Ministerio de Defensa, 2001.

---

28 Diego Suárez Corvín, *Historia del Maestre último que fue de Montesa...*, pp. 12–13.

29 Diego Suárez Corvín, «Discurso verdadero...», p. 157.

30 Antonio Espino López, *Guerra y cultura en la época moderna*, pp. 506–507.

Ettinghausen, Henry, «The Laconic and the Baroque», en *Forum for Modern Language Studies*, 26.3 (1990), pp. 204–211.

González de León, Fernando, «Doctors of the Military Discipline: Technical Expertise and the Paradigm of the Spanish Soldier in the Early Modern Period», en *The Sixteenth Century Journal*, 27.1 (1996), pp. 61–85.

Hale, John R., *War and Society in Renaissance Europe, 1450–1620*, New York, St. Martin's Press, 1985.

Lejeune, Philipp, *On Autobiography*, Katherine Leary (trad.), Minneapolis, University of Minnesota Press, 1989.

Levisi, Margarita, «Golden Age Autobiography: The Soldiers», en Nicholas Spadaccini y Jenaro Talens (eds.), *Autobiography in Early Modern Spain*, Minneapolis, The Prisma Institute, 1988, pp. 97–117.

—, *Autobiografías del Siglo de Oro*, Madrid, Sociedad General Española de Librería, 1984.

Martínez Góngora, Mar, *El hombre atemporado. Autocontrol, disciplina y masculinidad en textos españoles de la temprana modernidad*, New York, Peter Lang, 2005.

Parker, Geoffrey, *The Army of Flanders and the Spanish Road, 1567–1659*, Cambridge, Cambridge University Press, 2004.

—, «The Soldier», en Rosario Villari (ed.), *Baroque Personae*, Chicago, University of Chicago Press, 1991, pp. 32–56.

Pope, Randolph, *La autobiografía española hasta Torres Villarroel*, Frankfurt, Peter Lang, 1974.

Roberts, Michael, «The Military Revolution, 1560–1660», en Clifford Rogers (ed.), *The Military Revolution Debate: Readings on the Military Transformation,* Boulder, Westview Press, pp. 13–36.

Suárez Corvín, Diego, *Historia del Maestre último que fue de Montesa de su hermano Don Felipe de Borja: la manera como gobernaron las memorables plazas de Orán y Mazalquivir, reinos de Tremecén y Ténez en África, siendo allí capitanes generales, uno en pos del otro, como aquí se narra*, Miguel Angel de Bunes Ibarra y Beatriz Alonso (eds.), Valencia, Institució Alfons el Magnànim, 2005.

—, «Discurso verdadero de la naturaleza, peregrinación, vida y partes del autor de la presente historia», Alfred Morel-Fatio (ed.), en *Bulletin Hispanique*, 3.2 (1901), pp. 146–157.

Serrano y Sanz, Manuel (ed.), *Autobiografías y memorias coleccionadas e ilustradas*, Madrid, Librería Editorial de Bailly, 1905.

Vargas Machuca, Bernardo, *Milicia y descripción de las Indias*, Madrid, Victoriano Suárez, 1892.

Vélez Quiñones, Harry, «Deficient Masculinity: "Mi puta es el Maestre de Montesa"», en *Journal of Spanish Cultural Studies*, 2 (2001), pp. 27–40.

Jaroslava Marešová

Hacia la novela: relaciones de naufragios del siglo XVI

Resumen: Las relaciones de naufragios del siglo XVI escritas en español y portugués son un tipo de relaciones de viajes característico por su valor literario. Dichas relaciones de naufragios suelen contar con elementos estructurales fundamentales tales como la premonición o la profecía del desastre, las descripciones hiperbólicas de tormentas y sufrimientos, y la interpretación del naufragio como castigo por los pecados. Los mismos elementos que precisamente podemos encontrar en la *Peregrinação* de Fernão Mendes Pinto y en los *Infortunios de Alonso Ramírez* de Carlos de Sigüenza y Góngora. En consecuencia, podría afirmarse que estas dos obras son, en muchos sentidos, herederas de la tradición de las relaciones de naufragios, a pesar de que, por la elaboración más profunda de los protagonistas y del ambiente, se acerquen más a la novela y impliquen una concepción de lo ficticio que no podríamos encontrar en los relatos de naufragios.

Palabras clave: Relaciones de naufragios, Álvar Núñez Cabeza de Vaca, Carlos de Sigüenza y Góngora, Fernão Mendes Pinto, elementos literarios

Las relaciones de naufragios del siglo XVI, escritas en español y portugués, pertenecen al enorme corpus de textos que se iban escribiendo en el marco de los viajes de descubrimiento, exploración o comercio. A pesar de que las relaciones escritas en español y en portugués guardan muchos parecidos, raras veces son estudiadas conjuntamente (los estudios de Francisco Herrera Massari son una valiosa exepción).[1] De las relaciones de naufragios escritas en español la más famosa es la de Álvar Núñez Cabeza de Vaca sobre su viaje a la Florida en 1527. La carta del autor llamado «Maestre Juan», mucho menos extensa y mucho menos conocida, es otra obra que se puede clasificar como una relación de naufragio. Maestre Juan naufragó en 1528 en las islas Serrana en el Caribe occidental y pasó ocho años en una isla desierta acompañado primero por un joven, y luego por otro náufrago de

---

[1] Ver José Manuel Herrero Massari, *Libros de viajes de los siglos XVI y XVII en España y Portugal: lectura y lectores*, Madrid, Fundación Universitaria Española, 1999, y José Manuel Herrero Massari, «Leitura e leitores da literatura de viagens portuguesa dos séculos XVI e XVII. Uma aproximação», en Ana Margarida Falcão (ed.), *Literatura de viagem. Narrativa, história, mito*, Lisboa, Edições Cosmos, 1997, pp. 641–652.

Jaroslava Marešová, Technická univerzita v Liberci (Universidad Técnica de Liberec)

https://doi.org/10.1515/9783110450828-024

otra isla. Su historia coincide en muchas circunstancias con la del náufrago Pedro Serrano de los *Comentarios reales* del Inca Garcilaso y, como se ha ido señalando,[2] es muy posible que se trate de dos versiones de la misma historia.

Las relaciones portuguesas son mucho más numerosas; solo del siglo XVI existen unas doce. El desarrollo rápido y exitoso de este tipo de relaciones en Portugal se debe a la gran popularidad que tuvo la primera de ellas, en la que un autor anónimo contó el naufragio de la nao São João cerca del Cabo de Buena Esperanza en 1552. La historia del capitán Sepúlveda y su mujer Leonor que, antes que andar desnuda, decidió cubrirse con arena y morirse en la playa, llegó a ser un verdadero *bestseller* y fue reeditada unas cinco veces durante los siglos XVI y XVII. Con el éxito de esta relación se estableció un modelo que fue seguido por muchos autores. En el siglo XVIII fue el editor Bernardo Gomes de Brito el que eligió doce relaciones y compuso a partir de ellas la famosa *História Trágico-Marítima*, una de las obras emblemáticas de las letras portuguesas. Como era habitual en su época, Gomes de Brito, en tanto que editor, retocaba los textos, y como los cambios que hacía son a veces extensos, resulta un poco problemático usar su edición para un análisis detallado de las relaciones de naufragios. De las ediciones anteriores a la recopilación de Gomes de Brito son fácilmente accesibles, por ejemplo, la primera edición de la relación de Manoel Mesquita Perestrelo, de 1564, en la que el autor cuenta el naufragio de la nao São Bento en la costa sureste de África en 1553; de algunas relaciones existen ediciones modernas, como es el caso de la carta del jesuita Manuel Álvares, en la que se da cuenta del naufragio ocurrido en 1561 en Sumatra, o de la relación de otro jesuita, el padre Gaspar Afonso, que a finales del siglo XVI pasó involuntariamente tres años en distintas partes de América, aunque su destino original era Japón, adonde nunca llegó.

Las relaciones de naufragios han sido estudiadas como obras de carácter dual que están a medio camino entre la historiografía y la ficción.[3] Está claro que estas obras no pueden ser consideradas ficcionales, pero es importante estudiar su estrecha relación con otras obras que ya tienen más rasgos novelísticos. Las relaciones españolas, sobre todo la de Cabeza de Vaca, se pueden relacionar con los *Infortunios de Alonso Ramírez* de Carlos de Sigüenza y Góngora. Sigüenza y Góngora menciona los *Naufragios* en su *Descripción que de la Bahía de Santa María de Galve [...] hizo don Carlos de Sigüenza y Góngora*, escrita después de los *Infortunios*, pero es muy probable que conociera la obra de Cabeza de Vaca

---

2 Domingo Ledezma, «Los infortunios de Pedro Serrano: huellas historiográficas de un relato de naufragio», en José Antonio Mazzotti (ed.), *Renacimiento mestizo: los 400 años de los «Comentarios reales»*, Madrid/Frankfurt, Iberoamericana/Vervuert, 2010, pp. 34 y siguientes.

3 Ver Lee W. Dowling, «Story vs. Discourse in the Chronicle of the Indies: Alvar Núñez Cabeza de Vaca's *Relación*», en *Hispanic Journal*, 2 (1984), pp. 89–99.

ya antes.[4] Las relaciones portuguesas le sirvieron a Fernão Mendes Pinto como fuente de inspiración al escribir su monumental *Peregrinação*, una obra compleja en la que Pinto aprovechó tanto sus propias experiencias de unos veinte años en el Oriente Lejano, como historias y relaciones de otras personas.[5] Las relaciones de naufragios son importantes, entonces, no sólo como testimonios de unos viajes extraordinarios sino también como fuentes de inspiración y antecesores de otras obras que ya tienen más peso desde el punto de vista literario. El propósito de esta comunicación es, por lo tanto, describir las características más importantes de las relaciones de naufragios del siglo XVI y ver qué características las unen con la obra de Sigüenza y Góngora y Mendes Pinto.

En las relaciones de naufragios tiene un papel importante la dimensión dramática y trágica de las sitaciones narradas. En este sentido las relaciones de naufragios han sido clasificadas como portadoras del discurso desmitificador: por ejemplo, según Beatriz Pastor,[6] la relación de Cabeza de Vaca desmitifica la empresa conquistadora y el espacio americano como territorio paradisíaco habitado por indígenas pacíficos. Sobre todo al principio de su relación, la imagen del espacio y de sus habitantes es sumamente negativa, y son frecuentes las descripciones de los indios como: «mienten muy mucho, y son grandes borrachos».[7] También la relación de Maestre Juan, que es mucho más simple y de estilo mucho más austero, tiene estos rasgos, aunque el potencial dramático y trágico de los sucesos vividos por el autor se ve aprovechado tan solo en dos o tres descripciones. En una de ellas el autor explica lo importante que eran los dos náufragos en la isla desierta el uno para el otro: «estavamos harto temerosos de perder el uno a el otro, porque en esto estava cierta la muerte del que quedase bibo».[8]

Las relaciones portuguesas han sido llamadas a veces la antiepopeya de los viajes marítimos. Algunos autores portugueses insinúan el valor dudoso de los

---

4 Ver Carlos Sigüenza y Góngora, «Descripción que de la Bahía de Santa María de Galve [...] hizo don Carlos de Sigüenza y Góngora», en Irving A. Leonard (ed.), *Documentos inéditos de don Carlos de Sigüenza y Góngora*, México, Fournier, 1963, p. 65.

5 Ver Rui Loureiro, «Mission Impossible. In Search of the Sources of Fernão Mendes Pinto's *Peregrinação*», en Jorge Santos Alves (dir.), *Fernão Mendes Pinto and the Peregrinação*, Lisboa, Fundação Oriente, 2010, vol. 1, pp. 242–251.

6 Ver Beatriz Pastor, *Discurso narrativo de la conquista de América*, La Habana, Casa de las Américas, 1983.

7 Álvar Núñez Cabeza de Vaca, *Naufragios*, Juan Francisco Maura (ed.), Madrid, Cátedra, 2007, pp. 143–145.

8 Maestre Juan, «Relación de su naufragio y de los trabajos que pasó en los ocho años que estuvo en la isla de la Serrana», en Manuel Serrano y Sanz (ed.), *Relaciones históricas de América. Primera mitad del siglo XVI*, Madrid, Sociedad de Bibliófilos Españoles, 1916, p. 20. En las citas de esta edición no modernizo la ortografía.

viajes a la India en los que muchos ponen su esperanza y buscan enriquecerse. Manoel Mesquita de Perestrelo explica que debería bastar tan solo acordarse del naufragio «pera não ser auida a pobreza por tãmanho ma que por lhe fogir deyxemos a Deos & ao proximo, patria, & pays hirmãos, & amigos, molheres & filhos [...]».[9] Para destacar el resultado dudoso de los viajes los autores portugueses aprovechan también la imagen de las mercancías y los artículos de lujo, que pierden su sentido y valor una vez naufragado el barco. Mesquita Perestrelo explica que «foy ho mar todo cuberto de infinitas riquezas, lançadas as mays dellas por seus propios donos [...]».[10] En este sentido las relaciones de naufragios, tanto las españolas como las portuguesas, tienen elementos del discurso desmitificador, porque ponen en duda el sentido de los viajes marítimos y hacen descripciones muy negativas del espacio visto y sus habitantes.

Con la dimensión trágica y dramática de los sucesos narrados tienen que ver dos elementos que aparecen en muchas relaciones de naufragios. Se trata del elemento de la premonición del desastre y de los comentarios de los autores en los que el naufragio es clasificado como castigo por los pecados.

La premonición del naufragio aparece en algunas relaciones de naufragios como un mero comentario del autor con el que se insinúan los sucesos que serán contados más adelante. Manoel de Mesquita Perestrelo, cuando explica que durante el viaje, pero todavía antes del naufragio, murió su padre, deja claros al lector algunos de los sucesos que va a contar, ya que comenta que el padre no vio «a destruyção de seus amigos & fazenda».[11]

En muchas relaciones la premonición toma forma más sofisticada y ficcional, ya que realmente aparecen personajes que predicen el futuro desastre. Este es el caso de la relación del jesuita Gaspar Afonso que cuenta que su barco zarpó de Brasil rumbo a Portugal contra «[...] o parecer de ũa celebérrima feiticeira daquela cidade» que predijo que «[...] a nau não havia de ir a Portugal».[12] La predicción del desastre aparece también en la relación de Cabeza de Vaca. A diferencia de las relaciones portuguesas, donde la premonición está siempre al principio de la relación, en la de Álvar Núñez la famosa profecía de la mora de Hornachos está situada en el último capítulo, por lo cual tiene un curioso efecto. Como ya se ha

---

9 Manoel de Mesquita Palestrelo, *Naufragio de Nao Sam Bento. Summario da viagem que fez Fernão d'Alvarez Cabral [...] até chegarem as ditas partes*, Lisboa, s.i., 1564, p. 16. En las citas de esta edición no modernizo la ortografía.

10 Manoel de Mesquita Palestrelo, *Naufragio de Nao Sam Bento...*, p. 44.

11 Manoel de Mesquita Palestrelo, *Naufragio de Nao Sam Bento...*, p. 7.

12 Gaspar Afonso, *Naufragi e peregrinazioni americane di Gaspar Afonso*, Giulia Lanciani (ed.), Milano, Cisalpino-Goliardica, 1984, p. 40.

indicado en varios estudios,[13] es como si la propia relación del autor fuera una mera repetición de lo dicho por la mora, y como si se cancelara el desarrollo lineal de la narración. Las premoniciones o profecías que anuncian el desenlace catastrófico de los viajes o, como en el caso de la relación de Cabeza de Vaca lo explican a posteriori, son un elemento que caracteriza las relaciones de naufragios.

Este elemento, al igual que la interpretación del naufragio como castigo por los pecados, tiene que ver posiblemente con los procesos que rigen la escritura autobiográfica. Como apuntan Jean Starobinski o Carlos Piña, cada escritura autobiográfica es esencialmente interpretativa: en ella el *yo* surge como un producto coherente que tiene un punto de partida y un fin, un objetivo o una misión que cumple.[14] En la escritura autobiográfica se establecen relaciones de causa y efecto entre sucesos que originalmente podían no haber tenido ningún tipo de relación inmediata.[15] Desde este punto de vista, el naufragio en las relaciones pasa a ser, gracias a la profecía, un suceso esperable y no es una casualidad inesperada.

La interpretación del naufragio como castigo por los pecados enfatiza esta perspectiva. Si el naufragio ocurre como castigo no se puede interpretar como un suceso desgraciado y casual, que sería injusto. Cabeza de Vaca explica que «[...] tal era la tierra en que nuestros pecados nos habían puesto»,[16] cuando describe las tierras donde quedó atrapada la expedición de Narváez. En su relación el jesuita Gaspar Afonso incluso explica la razón por la que unos sobrevivieron y otros no: «Os nocentes, com saberem bem nadar, se afogaram sem lhe podermos ser bons [...]. Os inocentes se salvaram [...]».[17] De esta manera el autor justifica la muerte de unos y la supervivencia de otros. Gracias a esta perspectiva el naufragio no está presentado como un accidente causado por unas circunstancias casuales, sino que es un castigo justo y además, en muchas relaciones, hasta esperado gracias a la profecía.

Las descripciones de los naufragios, tormentas y tierras inhóspitas suelen ser consideradas como portadoras del discurso desmitificador. Sin embargo, casi

---

13 Ver, por ejemplo, David Lagmanovich, «Los *Naufragios* de Álvar Núñez Cabeza de Vaca como construcción narrativa», en Margo Glantz (ed.), *Notas y comentarios sobre Álvar Núñez Cabeza de Vaca*, México, Grijalbo, 1993, pp. 47–48.

14 Ver Jean Starobinski, «The Style of Autobiography», en James Olney (ed.), *Autobiography. Essays Theoretical and Critical*, Princeton, Princeton University Press, 1980, p. 74, y Carlos Piña, «Verdad y objetividad en el relato autobiográfico», en Jorge Narváez (ed.), *La invención de la memoria*, Santiago de Chile, Pehuén, 1988, p. 33.

15 Ver Nicholas Spadaccini y Jenaro Talens, «Introduction: The Construction of the Self. Notes on Autobiography in Early Modern Spain», en Nicholas Spadaccini y Jenaro Talens (eds.), *Autobiography in Early Modern Spain*, Minneapolis, The Prisma Institute, 1988, p. 16.

16 Álvar Núñez Cabeza de Vaca, *Naufragios*, p. 105.

17 Gaspar Afonso, *Naufragi e peregrinazioni americane di Gaspar Afonso*, p. 87.

todas las relaciones de naufragios también participan al mismo tiempo del discurso mitificador. El caso de Cabeza de Vaca es conocido y no necesita mucha explicación. Como dice Juan Francisco Maura, Cabeza de Vaca logró escribir una epopeya sobre sí mismo o, en otras palabras, podemos afirmar con Pedro Lastra que logró transfomar el desastre de la empresa conquistadora en un éxito misionero.[18] Cabeza de Vaca describe en su relación como él y sus compañeros hacían curas entre los indios, por lo cual llegaron a ser famosos y respetados. El protagonista destaca entre sus compañeros «[...] en atrevimiento y osar acometer cualquier cura».[19] Las curas que el protagonista hace son interpretadas siempre como una señal de la misericordia de Dios. El hecho de que destaque el protagonista corresponde con la descripción de su fuerte fe: «siempre tuve esperanza en su misericordia [de Dios] que me había de sacar de aquella cuatividad, y así yo lo hablé siempre a mis compañeros».[20] El autor-protagonista sobrevive al desastre, destaca por su fe insacudible y es capaz de ayudar a sus compañeros. La interpretación que nos ofrece de sí mismo tiene su gradación en la profecía de la mora de Hornachos ya que mediante ella el narrador afirma indirectamente que Dios hizo «[...] por él grandes milagros».[21] El autor entonces por una parte desmitifica la empresa conquistadora y el espacio americano, pero por otra parte se automitifica. El discurso desmitificador y mitificador se entrelazan en la relación.

En las relaciones portuguesas también encontramos ejemplos del discurso mitificador o automitificador. El jesuita Gaspar Afonso da cuenta cómo predicaba en diferentes partes de América y el éxito que tuvo.[22] Sin embargo, la única relación que se puede comparar con la de Cabeza de Vaca en la medida de la automitificación es la del jesuita Manuel Álvares. Como Cabeza de Vaca, también Manuel Álvares destaca desde el principio de la relación por estar en desacuerdo con muchas decisiones del capitán, que considera desgraciadas. Además, el autor-protagonista se presenta como un personaje con una fe fuerte que no tiene dudas sobre la misericordia de Dios y al final es recompensado porque puede, como primero de la Compañía de Jesús, predicar en lugares donde nadie había estado antes.[23]

---

18 Ver Juan Francisco Maura, Los «Naufragios» de Álvar Núñez Cabeza de Vaca o el arte de la automitificación, México, Frente de Afirmación Hispanista, 1988, p. 109, y Pedro Lastra, «Espacios de Alvar Núñez: las transformaciones de una escritura», en Cuadernos Americanos, 254 (1984), p. 155.
19 Álvar Núñez Cabeza de Vaca, Naufragios, pp. 158–159.
20 Álvar Núñez Cabeza de Vaca, Naufragios, p. 156.
21 Álvar Núñez Cabeza de Vaca, Naufragios, p. 219.
22 Ver Gaspar Afonso, Naufragi e peregrinazioni americane di Gaspar Afonso, p. 46.
23 Ver Manuel Álvares, Naufrágio da nau «S. Paulo» em um ilheu próximo de Sumatra no ano de 1561, Frazão de Vasconcelos (ed.), Lisboa, Bertrand, 1948, p. 51.

Las relaciones de naufragios, entonces, ofrecen una interpretación de los sucesos en la que el naufragio es un castigo, pero la supervivencia es una recompensa, un privilegio otorgado al autor-protagonista para ayudar a otros y salvarlos.

Ahora bien, veamos cuál es su relación con las obras de Fernão Mendes Pinto y de Carlos de Sigüenza y Góngora. Se supone que Sigüenza y Góngora conocía los *Naufragios* de Cabeza de Vaca al redactar la obra que supuestamente narra la vida de un Alonso Ramírez real que,[24] para escapar de la pobreza en su México natal, se embarcó para buscar una vida mejor en las Filipinas. En cuanto a la *Peregrinação*, se sabe con certeza que las relaciones de naufragios, que eran muy populares en Portugal en esa época, eran una de las muchas fuentes escritas que Mendes Pinto utilizó para redactar su obra. La obra de Mendes Pinto, muy extensa y bastante compleja, no es una relación de un solo viaje, sino de muchos, entre los cuales figuran siete naufragios vividos por el autor y tres naufragios que sufrieron otras personas.[25]

Las descripciones de los naufragios en la *Peregrinação* se parecen mucho a las de las relaciones: no faltan descripciones hiperbólicas de tormentas y sufrimientos después del desastre. También en la obra de Sigüenza y Góngora el potencial dramático y trágico de las situaciones se aprovecha al máximo. Otro elemento que relaciona estas dos obras con las relaciones de naufragios es el elemento de la premonición. En la *Peregrinação* no se trata de un presagio o una profecía explícita, sino que en el primer capítulo de la obra se narra el primer viaje desafortunado del protagonista cuya función es parecida a la de las profecías. En los *Infortunios* también encontramos este elemento, pero en forma de un comentario irónico: el protagonista hizo su primera navegación en el barco de un tal Juan del Corcho cuyo nombre le inspiraba dudas porque no sabía «[...] si podría prometerme algo que fuese bueno, habiéndome valido de un corcho para principiar mi fortuna».[26]

Las dos obras también comparten con las relaciones de naufragios la interpretación del naufragio como castigo y de la salvación como privilegio. En la obra de Mendes Pinto el motivo del castigo se repite muchas veces en los diferentes naufragios que narra el autor, pero también se escucha la voz que agradadece

---

24 Aunque, como apunta Fabio López Lázaro, todos los datos que tenemos sobre la vida de Alonso Ramírez vienen de la obra de Sigüenza y Góngora, la existencia de un Alonso Ramírez real hoy ya no se pone en duda. Ver Fabio López Lázaro, *Misfortunes of Alonso Ramírez: The True Adventures of a Spanish American with 17th-Century Pirates*, Austin, University of Texas Press, 2011.

25 Ver Alfredo Margarido, «Os relatos de naufrágios na *Peregrinação* de Fernão Mendes Pinto», en Eugenio Asensio (ed.), *Estudos Portugueses – Homenagem a Luciana Stegnano Picchio*, Lisboa, Difel, 1991, pp. 998 y siguientes.

26 Carlos Sigüenza y Góngora, *Infortunios de Alonso Ramírez*, Lucrecio Pérez Blanco (ed.), Madrid, Historia 16, 1988, p. 76.

la supervivencia; en el último capítulo de la obra, por ejemplo, el narrador dice que «[...] dou muytas graças ao Rey do Ceo que quis que por esta via se cumprisse em mim a sua divina vontade [...]».[27] Estos elementos están presentes también en los *Infortunios*, en los que también se nota más la tendencia mitificadora. Al igual que Cabeza de Vaca, el protagonista de los *Infortunios* se caracteriza por su fe fuerte[28] y destaca entre sus compañeros porque es él quien hace las decisiones importantes que llevan a la salvación. Tanto la *Peregrinação* como los *Infortunios* entonces comparten con las relaciones de naufragios los elementos más característicos y la peculiar perspectiva desde la cual los hechos son narrados.

Sin embargo, las dos obras se diferencian bastante de las relaciones de naufragios. La diferencia más grande probablemente resida en la relación que existe entre el protagonista y el viaje. Las relaciones de naufragios se pueden considerar como un grupo específico de relatos de viajes: el viaje es el eje central de ellas, las relaciones empiezan y terminan con los datos técnicos sobre las naos y las fechas de partidas y llegadas. Y es el viaje desafortunado el que crea al protagonista: en cierto sentido, el protagonista de las relaciones de naufragios necesita el desastre para que se pueda manifestar la misericordia divina gracias a la que sobrevive y puede ayudar a otros. En el caso de la *Peregrinação* y los *Infortunios* la relación entre el protagonista y el viaje ya es diferente: el protagonista existe antes del viaje y también después, y el viaje se lleva a cabo porque el protagonista lo emprende. En las dos obras se da cuenta del origen del protagonista y también de sus motivos para el viaje. Mendes Pinto explica que el sueldo que ganaba cuando servía en una casa noble «[...] me não bastaua para minha sustenção»,[29] por eso decidió irse a la India. Conocemos también el origen humilde de Alonso Ramírez y sus desventuras en México que al final lo llevan a embarcarse.[30]

En el origen humilde de los protagonistas, la pobreza y la vida ambulante que llevan se pueden ver paralelismos con la novela picaresca.[31] Sin embargo, esta relación parece más bien problemática. Si el pícaro «pasa de la inocencia más simple a la cicatería y el cinismo que le ha enseñado la vida»,[32] Alonso Ramírez

---

27 Fernão Mendes Pinto, *Peregrinação*, Elisa Maria Lopes da Costa (ed.), Lisboa, Fundação Oriente, 2010, pp. 796–797.

28 Ver Carlos Sigüenza y Góngora, *Infortunios de Alonso Ramírez*, p. 101.

29 Fernão Mendes Pinto, *Peregrinação*, pp. 30–31.

30 Ver Carlos Sigüenza y Góngora, *Infortunios de Alonso Ramírez*, pp. 73–80.

31 Ver Clara Rocha, *Máscaras de Narciso. Estudos sobre a literatura autobiográfica em Portugal*, Coimbra, Almedina, 1992, p. 65.

32 Juan Antonio Sánchez Fernández, «Las voces de la picaresca», en Jaroslava Marešová y Juan A. Sánchez (eds.), *La cuestión autobiográfica en el Siglo de Oro*, Praha, Filozofická Fakulta Univerzity Karlovy, 2013, p. 123.

no es un pícaro porque nunca comete un acto moralmente condenable.[33] En cuanto al protagonista de la *Peregrinação*, la cuestión de su inocencia es un poco más problemática, porque en una parte de la obra está al servicio de un pirata. Pero de todas formas, también el protagonista de la *Peregrinação* destaca por su fe y es descrito como una persona elegida, a la que también le es otorgado el poder de sanar (en el capítulo CXXXVII cura al hijo de un noble japonés). Desde este punto de vista, los protagonistas de estas dos obras no son pícaros, sino que se parecen muchos más a los protagonistas de las relaciones de naufragios, de los que heredan el fervor cristiano y el afán de ayudar a otros. A diferencia de los protagonistas de las relaciones de naufragios, son personajes ya más complejos porque tienen un origen y unos motivos que se exponen en la obra.

Y no sólo se expresan los motivos que los llevan a viajar sino también la esperanza que tienen al iniciar el viaje y la decepción que se llevan al terminarlo y volver a casa. Mendes Pinto explica amargamente que sin ningún éxito empleó más de cuatro años en pedir recompensa por sus servicios.[34] El protagonista de los *Infortunios* al volver tiene que luchar contra las intrigas de los habitantes de Tejozuco y Mérida, y vive en extrema necesidad a pesar de que mucha gente quería escuchar su historia.[35] Los protagonistas de estas obras, entonces, se pueden considerar personajes literarios más complejos porque tienen una mayor dimensión de motivos, esperanza y decepción.

También el mundo en el que estos personajes se mueven es ya más complejo: los piratas que capturan a Alonso Ramírez son crueles, pero el capitán Donkin al final le salva la vida y reconoce sus faltas.[36] Al final son los compatriotas del protagonista quienes se niegan a ayudarle. También en la *Peregrinação* es evidente la dimensión crítica y desencantada. El narrador no sólo se queja de que sus servicios no le valieron al final para nada, sino que problematiza la empresa marítima portuguesa al criticarla en un discurso puesto en la boca del rey tártaro.[37] Desde este punto de vista el mundo en el que mueven los protagonistas es más complejo porque son obras en las que se escuchan tonos de decepción y desencanto. Tanto la *Peregrinação* como los *Infortunios* se pueden considerar como obras herederas de la tradición de las relaciones de naufragios, pero por su concepción del protagonista, su relación con el viaje y el espacio en el que se mueven son obras ya más profundas que dejan de ser meros relatos de viajes y se acercan a la novela.

---

33 Ver Raquel Chang-Rodríguez, *Violencia y subversión en la prosa colonial hispanoamericana, siglos XVI y XVII*, Madrid, Porrúa, 1982.
34 Ver Fernão Mendes Pinto, *Peregrinação*, pp. 796–797.
35 Ver Carlos Sigüenza y Góngora, *Infortunios de Alonso Ramírez*, p. 127.
36 Ver Carlos Sigüenza y Góngora, *Infortunios de Alonso Ramírez*, p. 99.
37 Ver Fernão Mendes Pinto, *Peregrinação*, p. 406.

Obras citadas

Afonso, Gaspar, *Naufragi e peregrinazioni americane di Gaspar Afonso*, Giulia Lanciani (ed.), Milano, Cisalpino-Goliardica, 1984.

Álvares, Manuel, *Naufrágio da nau «S. Paulo» em um ilheu próximo de Sumatra no ano de 1561*, Frazão de Vasconcelos (ed.), Lisboa, Bertrand, 1948.

Chang-Rodríguez, Raquel, *Violencia y subversión en la prosa colonial hispanoamericana, siglos XVI y XVII*, Madrid, Porrúa, 1982.

Dowling, Lee W., «Story vs. Discourse in the Chronicle of the Indies: Alvar Núñez Cabeza de Vaca's *Relación*», en *Hispanic Journal*, 2 (1984), pp. 89–99.

Herrero Massari, José Manuel, *Libros de viajes de los siglos XVI y XVII en España y Portugal: lectura y lectores*, Madrid, Fundación Universitaria Española, 1999.

—, «Leitura e leitores da literatura de viagens portuguesa dos séculos XVI e XVII. Uma aproximação», en Ana Margarida Falcão (ed.), *Literatura de viagem. Narrativa, história, mito*, Lisboa, Edições Cosmos, 1997, pp. 641–652.

Lagmanovich, David, «Los *Naufragios* de Álvar Núñez Cabeza de Vaca como construcción narrativa», en Margo Glantz (ed.), *Notas y comentarios sobre Álvar Núñez Cabeza de Vaca*, México, Grijalbo, 1993, pp. 37–48.

Lastra, Pedro, «Espacios de Alvar Núñez: las transformaciones de una escritura», en *Cuadernos Americanos*, 254 (1984), pp. 150–164.

Ledezma, Domingo, «Los infortunios de Pedro Serrano: huellas historiográficas de un relato de naufragio», en José Antonio Mazzotti (ed.), *Renacimiento mestizo: los 400 años de los «Comentarios reales»*, Madrid/Frankfurt, Iberoamericana/Vervuert, 2010, pp. 31–50.

López Lázaro, Fabio, *Misfortunes of Alonso Ramírez: The True Adventures of a Spanish American with 17th-Century Pirates*, Austin, University of Texas Press, 2011.

Loureiro, Rui, «Mission Impossible. In Search of the Sources of Fernão Mendes Pinto´s *Peregrinação*», en Jorge Santos Alves (dir.), *Fernão Mendes Pinto and the Peregrinação*, Lisboa, Fundação Oriente, 2010, vol. 1, pp. 235–255.

Maestre Juan, «Relación de su naufragio y de los trabajos que pasó en los ocho años que estuvo en la isla de la Serrana», en Manuel Serrano y Sanz (ed.), *Relaciones históricas de América. Primera mitad del siglo XVI*, Madrid, Sociedad de Bibliófilos Españoles, 1916, pp. 16–25.

Margarido, Alfredo, «Os relatos de naufrágios na *Peregrinação* de Fernão Mendes Pinto», en Eugenio Asensio (ed.), *Estudos Portugueses – Homenagem a Luciana Stegnano Picchio*, Lisboa, Difel, 1991, pp. 988–1023.

Maura, Juan Francisco, *Los «Naufragios» de Álvar Núñez Cabeza de Vaca o el arte de la automitificación*, México, Frente de Afirmación Hispanista, 1988.

Mendes Pinto, Fernão, *Peregrinação*, Elisa Maria Lopes da Costa (ed.), Lisboa, Fundação Oriente, 2010.

Mesquita Palestrelo, Manoel de, *Naufragio de Nao Sam Bento. Summario da viagem que fez Fernão d'Alvarez Cabral [...] até chegarem as ditas partes*, Lisboa, s.i., 1564.

Núñez Cabeza de Vaca, Álvar, *Naufragios*, Juan Francisco Maura (ed.), Madrid, Cátedra, 2007.

Pastor, Beatriz, *Discurso narrativo de la conquista de América*, La Habana, Casa de las Américas, 1983.

Piña, Carlos, «Verdad y objetividad en el relato autobiográfico», en Jorge Narváez (ed.), *La invención de la memoria*, Santiago de Chile, Pehuén, 1988, pp. 29–39.

Rocha, Clara, *Máscaras de Narciso. Estudos sobre a literatura autobiográfica em Portugal,* Coimbra, Almedina, 1992.

Sánchez Fernández, Juan Antonio, «Las voces de la picaresca», en Jaroslava Marešová y Juan A. Sánchez (eds.), *La cuestión autobiográfica en el Siglo de Oro,* Praha, Filozofická fakulta Univerzity Karlovy, 2013, pp. 121–147.

Sigüenza y Góngora, Carlos, *Infortunios de Alonso Ramírez,* Lucrecio Pérez Blanco (ed.), Madrid, Historia 16, 1988.

—, «Descripción que de la Bahía de Santa María de Galve [...] hizo don Carlos de Sigüenza y Góngora», en Irving A. Leonard (ed.), *Documentos inéditos de don Carlos de Sigüenza y Góngora,* México, Fournier, 1963, pp. 63–92.

Spadaccini, Nicholas y Jenaro Talens, «Introduction: The Construction of the Self. Notes on Autobiography in Early Modern Spain», en Nicholas Spadaccini y Jenaro Talens (eds.), *Autobiography in Early Modern Spain,* Minneapolis, The Prisma Institute, 1988, pp. 9–40.

Starobinski, Jean, «The Style of Autobiography», en James Olney (ed.), *Autobiography. Essays Theoretical and Critical,* Princeton, Princeton University Press, 1980, pp. 73–83.

José Manuel Martín Morán
Don Quijote y las tecnologías del yo

Resumen: Tomando como punto de partida el concepto de «incitación» aplicado por Américo Castro a muchos de los personajes del *Quijote*, en este trabajo trataré de comprender los mecanismos de esa incitación y de describir los procesos de construcción del yo de don Quijote, usando el instrumento de análisis propuesto por Foucault en su ensayo sobre las tecnologías del yo.

Palabras clave: Personajes incitados, construcción del sujeto, individualismo moderno, proceso de psicologización de la novela moderna

Don Quijote es un personaje incitado, decía Américo Castro;[1] su voluntad de ser nace de una motivación externa a él que lo compele a la acción. No es el único personaje incitado en la obra de Cervantes; Castro descubre todo un grupo de ellos y los describe así:

> Retraído del abstracto moralizar del cultivo del tema religioso o del divertido juego de las fantasías tradicionales, Cervantes optó por sumirse en la concreta intimidad de unas gentes a quienes apremiaba el curioso fenómeno de realizar acciones de muy distinta índole (nobles, nefandas, imaginarias, bellas, feas, ridículas, grandiosas o demenciales) como un resultado de la expansión de sus propias vidas –unas vidas no fundadas en una «naturaleza» previamente dada, ni construidas dentro de sí mismas, sin entrelace con el abierto mundo, y como un desarrollo hermético de la reflexión sobre su propia conciencia. [...] La vida de los personajes mayores creados por Cervantes sería como el foco en donde se refractan una incitación venida de fuera y las acciones provocadas por aquella incitación.[2]

Pone el dedo, don Américo, en la llaga de la vivencia, o sea, en el hecho de que a Cervantes lo que le interesa no es la comprobación por vía práctica de la validez de un principio moral preexistente, sino la refracción en unas vidas contadas en su devenir de los efectos de una incitación y de las acciones provocadas por ellas.

Tal sería el caso de, por ejemplo, la rica labradora Dorotea, la cual, seducida y abandonada por el noble Fernando, decide reclamar lo que en su fuero interno considera justo –la reparación de su honor y la obtención del amor de

---

1 Américo Castro, «La estructura del *Quijote*», en *Hacia Cervantes*, Madrid, Taurus, 1957, pp. 241–265; «Cervantes y el *Quijote* a nueva luz», en *Cervantes y los casticismos españoles*, Madrid/Barcelona, Alfaguara, 1966, pp. 1–183.
2 Américo Castro, «La estructura del *Quijote*», pp. 242–243.

José Manuel Martín Morán, Università del Piemonte Orientale

https://doi.org/10.1515/9783110450828-025

su seductor–; para ello, abandona su hogar y su cómoda posición de doncella rica en edad casadera, se disfraza de hombre y se lanza a los caminos procelosos en busca del amado. Dorotea ha puesto en juego su identidad, movida por la incitación externa, porque necesita completar su personalidad y su persona –entendida como la proyección social del ser– con la nueva posición social y el amor que le habían sido prometidos. Con el mismo patrón de acciones y pensamientos persiguen su realización plena Marcela y Sansón Carrasco,[3] Cardenio, Ricote, Ana Félix, Roque Guinard[4] y hasta la aburrida hija de Diego de la Llana, que se viste de hombre para conocer la Barataria *by night* de Sancho Panza. Esta construcción del personaje movido por su impulso interior, contracorriente, en busca de una identidad completa, es considerada por Castro tan propia de los personajes cervantinos que llega a acuñar la expresión «vivir cervantinamente», que «consistiría en dejarse labrar el alma por las saetas de todas las incitaciones».[5]

Alonso Quijano, por su parte, siente la llamada a la acción, en el momento en que la prosa de Feliciano da Silva le sorbe el seso (I, 1);[6] se deja invadir por unos valores y un ideal de vida diversos, si no opuestos, a los que hasta entonces lo guiaban, y se construye una ética, unas normas de comportamiento para casos específicos, que trasformarán su identidad en la de un caballero andante.[7] Aún sin sellar bajo el nombre de don Quijote, su nueva personalidad empieza a diseminarse en su entorno, reclamando indirectamente una de sus bases constitutivas: la de ser una identidad dialéctica, necesitada de la respuesta del otro para obtener su realización plena. Sin el rocín transformado

---

3 Américo Castro, «La estructura del *Quijote*», p. 246.

4 Américo Castro, «Cervantes y el *Quijote* a nueva luz», pp. 80–81.

5 Américo Castro, «La estructura del *Quijote*», p. 252.

6 He utilizado la edición online del *Quijote* del Instituto Cervantes: Miguel de Cervantes Saavedra, *El ingenioso hidalgo don Quijote de la Mancha*, Francisco Rico (dir.), s.l., Instituto Cervantes, 1998 (en línea) [fecha de consulta: 16-12-2016] <http://cvc.cervantes.es/literatura/clasicos/quijote>.

7 La victoria sobre sí mismo, que apreciamos en esta cancelación de la existencia muelle de Alonso Quijano y en los momentos en que el hidalgo se muestra «paciente y sufridor», da pie a José Antonio Maravall (*El humanismo de las armas en «Don Quijote»*, Madrid, Instituto de Estudios Políticos, 1948, pp. 134–135) para relacionar su actitud con la doctrina estoica. En la misma idea había incidido Manuel de Montolíu, *Tríptico del «Quijote»*, Barcelona, Editorial Cervantes, 1947, pp. 179–244. Recientemente Daniel Lorca (*Neo-Stoicism and Skepticism in Part One of «Don Quijote»: Removing the Authority of a Genre*, Lanham/Boulder/New York/London, Lexington Books, 2016, pp. 56 y ss.) ha discutido que la voluntad de ser de don Quijote, sobre la que se basa la victoria de sí, pueda relacionarse con el estoicismo, precisamente porque ese ceder al deseo sería ajeno a dicha doctrina.

en alígero corcel, la campesina en excelsa dama o el rústico patán en escudero de pro, su nuevo ser no valdría nada; o mejor, tendría el valor intrínseco de la voluntad, pero para poder dirigirse al mundo no se puede quedar en eso; necesita el sostén de los adminículos de la identidad de caballero que ha elegido para sí: la montura, la princesa y el escudero. No son componentes de su personalidad; son apoyaturas de confirmación de su existencia en el mundo en cuanto caballero andante.

A su lado, por los caminos manchegos, irá siempre el triple báculo de su yo, proclamando a los cuatro vientos su voluntad de entrar en diálogo con el otro, para obligarlo a cambiar. Quiere esto decir que su conciencia se irá haciendo constantemente en la petición de confirmación de los avatares de su identidad a los objetos adherentes a ella (la armadura y las armas), a la imagen de su amada y a la presencia de su escudero; pero solo en la medida en que ese diálogo continuo consiga reactivar la estrategia reflexiva, de movilización de la enciclopedia caballeresca de motivos narrativos y de la ética que de ellos se deriva, como una retroalimentación permanente de su querer ser. A la proyección hacia la acción en el mundo, a la búsqueda de transitividad, le seguirá puntualmente, en cada episodio, la retrospección hacia las bases de su ser, en busca de legitimidad para ella por la vía de la reflexividad. La proyección hacia el futuro, hacia el glorioso momento de la publicación de su crónica o el de los desposorios con la princesa –el precipitado de la enciclopedia caballeresca de marras–, estará tirando constantemente del caballero del presente hacia un porvenir róseo, cree él. Por su parte, la retrospección hacia la enciclopedia caballeresca en el diálogo con Sancho le proporcionará, de vez en cuando, los medios para reestructurar su mundo tras el fallido intercambio con el mundo otro.

El movimiento de vaivén entre el sueño futuro y el saber pasado se proyecta sobre el presente, haciendo avanzar un paso más en su camino al caballero. La construcción de su yo no depende, pues, exclusivamente de su reacción puntual a los estímulos del mundo, no se elabora en el filo de un presente suspendido entre la personalidad ya fijada y la identidad por fijar, sino que se empasta con la complicada levadura de una imagen de acarreo y otra de deseo. Don Quijote es simultáneamente lo que él cree que es, porque eso ha querido ser, y lo que cree que llegará a ser. En la segunda parte, a esa masa compuesta se añadirá aún una nueva bacteria, la del ser lo que los demás creen que es y que se corresponde, por lo general, con su imagen deducida de la lectura del libro de 1605.

Tras este complejo mecanismo de interacciones entre el yo de don Quijote y el mundo se despliegan algunas estrategias propias de lo que Michel Foucault denomina «tecnologías del yo», o sea, aquellas que

[...] permiten a los individuos efectuar, por cuenta propia o con la ayuda de otros, cierto número de operaciones sobre su cuerpo y su alma, pensamientos, conducta, o cualquier forma de ser, obteniendo así una transformación de sí mismos con el fin de alcanzar cierto estado de felicidad, pureza, sabiduría o inmortalidad.[8]

Las tecnologías del yo, entre las cuatro de la razón práctica (a saber: tecnologías de producción, de sistemas de signos, de poder y del yo), gozaron de dos momentos de extraordinario desarrollo; el primero con la filosofía grecorromana de los dos primeros siglos a. C. del bajo Imperio romano y el segundo con la espiritualidad cristiana del cuarto y quinto siglos del final del alto Imperio romano.

El instrumento de análisis que nos propone Foucault en su ensayo sobre las tecnologías del yo puede resultar útil para comprender los mecanismos de la incitación y describir los procesos de construcción del yo de don Quijote; es lo que me dispongo a hacer en las páginas que siguen.

1 Don Quijote el olvidadizo

Hay un momento en que don Quijote parece haber cancelado completamente a Dulcinea de sus planes de futuro. Después de la conquista del yelmo de Mambrino (I, 21), don Quijote le presenta a Sancho una síntesis de la carrera caballeresca que, como no podía ser de otro modo, culmina con los desposorios con la hija del rey, enamorada de él en el consabido encuentro nocturno. Se trata de un tópico de los libros de caballerías que en su caso parece un tanto fuera de lugar, pues sus pensamientos y su corazón ya están ocupados por la sin par Dulcinea del Toboso. ¿Cómo es posible que la olvide en cuanto da rienda suelta a su imaginación? Desde luego, viéndolo actuar en pro del honor de su dama ante los mercaderes de Toledo (I, 4), Maritornes (I, 16), los galeotes de la cadena (I, 22) y otras situaciones análogas, nadie hubiera imaginado que pudiera ser tan olvidadizo. A decir verdad, el proyecto caballeresco no parece expresar sus sentimientos más recónditos, sino los que le impone el guion que está recitando; esos sentimientos son, en definitiva, el fruto de un ejercicio de construcción de la identidad que junta dos técnicas diferentes, lo que podría haber causado el cortocircuito.

Me explico mejor: en este proyecto de vida, don Quijote en realidad recuerda y ordena los tópicos de los libros de caballerías con la finalidad de destilar su esencia de caballero andante del itinerario aventurero de sus héroes; la

---

8 Michel Foucault, *«Tecnologías del yo» y otros textos afines*, Barcelona, Paidós Ibérica, 1990, p. 48.

contemplación del modelo le ayuda a conocerse a sí mismo. Foucault habla de la técnica usada por los filósofos griegos con finalidades pedagógicas para que el alma aprenda a conocerse a sí misma –concretamente su comentario se refiere a un paso del *Alcibíades* de Platón–; dice Foucault que, según Platón, el alma solo llegará a tener una idea de sí, si se contempla en un elemento similar, como en un espejo; por eso debe mirarse en la divinidad, que es la esencia de la que desciende.[9] Del mismo modo, don Quijote, buscando la exaltación de su esencia aventurera –debe placar la inquietud de Sancho sobre el porvenir que les espera–, se mira en el espejo en que la misma se encierra: el dechado de los libros de caballerías.

La tecnología del espejo parece producir buenos resultados, pues el caballero y su escudero vuelven a encontrar la armonía, en un crescendo de entusiasmo que otorga a Sancho una dama de la princesa en esposa –olvidándose también él de su mujer–, un condado y, ya en el ápice del arrebato, un barbero privado que le rape su cerrada barba todos los días del año. En la escena, en realidad, asistimos a la aplicación de otra tecnología del sujeto: la que Foucault denomina *melete* y define así: «imaginar la articulación de posibles acontecimientos para examinar cómo reaccionaría uno».[10] Es una de las dos formas de la *askesis*, o sea, los «ejercicios en los cuales el sujeto se pone a sí mismo en una situación en la que puede verificar si es capaz de afrontar acontecimientos y utilizar los discursos de los que dispone».[11] Efectivamente, don Quijote primero imagina la carrera típica de cualquier andante que se precie y luego, a requerimiento de su escudero, que ha estado leyendo entre líneas su propio futuro, se sustituye a sí mismo como protagonista de tan exitoso periplo vital, envuelto en el vórtice de acontecimientos, en una especie de gimnasia actitudinal que lo mantiene entrenado para lo que pudiera venir, aunque lo haga a expensas de la fidelidad que debe a su amada. ¿Cuál podría ser la explicación para tal falta de decoro? Las dos técnicas cruzadas, por un lado la técnica del espejo que debería permitirle a don Quijote elaborar una *techné*, unos conocimientos y unas aptitudes para el cuidado de sí, para la construcción de su identidad, y por el otro la *melete*, o sea, la elaboración de una ética, unas normas de conducta para determinadas situaciones que el sujeto se representa anticipadamente, las dos técnicas –decía– han producido un cortocircuito que ha transportado a nuestros dos personajes lejos de su sendero original. La retrospección hacia sus modelos caballerescos lo vincularía a la tobosina,

---

9 Michel Foucault, *«Tecnologías del yo» y otros textos afines*, p. 59.
10 Michel Foucault, *«Tecnologías del yo» y otros textos afines*, p. 74.
11 Michel Foucault, *«Tecnologías del yo» y otros textos afines*, p. 74.

como uno más de los rasgos de su perfil especular, pero la prospección en el futuro de su currículo vital libera su imaginación y esta lo coloca siempre en el grado máximo de lo deseable; allí, desgraciadamente, no encuentra a Dulcinea.

2 Imitación o tecnología del espejo en el *Quijote*

En este episodio hemos visto dos técnicas del yo que podemos encontrar en varios otros episodios de la primera parte del *Quijote*. La más frecuente, qué duda cabe, es la tecnología del espejo; a veces no se deja inspirar por modelos concretos, como en el caso de la penitencia de la Sierra hecha a imitación de Amadís (I, 26), sino por el patrón genérico de las caballerías, que usará para presentarse ante los cabreros del discurso de la Edad de Oro (I, 11) o ante el Vivaldo de las exequias de Grisóstomo (I, 13); para emprender la acción o amenazar con ello, como en la defensa de Marcela ante sus perseguidores (I, 14) o la acometida al endriago que ocultan los batanes (I, 20); para instruir a su escudero sobre las ventajas de la caballería andante que a todos iguala, al menos en la mesa (I, 11), o sobre la primacía de los caballeros sobre los escuderos en la aventura de los batanes (I, 20); para desechar o aprobar propuestas de Sancho, como la de acogerse a sagrado tras la victoria sobre el vizcaíno (I, 9) o la de echarse al monte después de haber liberado a los galeotes (I, 23).

En cambio, en el *Quijote* de 1615, la tecnología del espejo no suele aparecer como motivador de la acción, antes de las aventuras, ni tampoco con las otras funciones reseñadas para la primera parte. Evidentemente el narrador de la segunda parte juzga que la identidad de don Quijote está ya suficientemente afianzada en los modelos caballerescos como para seguir insistiendo en la idea. Bien es verdad que el caballero usará aún el espejo de los escuderos como argumento determinante en una ocasión muy especial, cuando, aún en casa, se vea obligado a negociar con Sancho las condiciones económicas de su servicio, contraponiendo a sus pretensiones salariales el ejemplo de los muchos escuderos pagados a merced (II, 7). La superación de la tecnología del espejo en esta segunda parte como estrategia de construcción del sujeto queda certificada en la autopresentación de don Quijote al atónito Caballero del Verde Gabán; el hidalgo loco se figura los motivos de la perplejidad de don Diego y le revela que es uno de los caballeros andantes de que están llenos los libros (y aquí aún recurre a la estrategia de la primera parte), pero enseguida declara con orgullo su verdadera identidad: él es el protagonista del libro de 1605. Esta será su estrategia identitaria en casi toda la segunda parte: el desvelamiento del núcleo mismo de su esencia, con el uso de la tecnología antecedente a la confesión cristiana que Foucault identifica con la *exomologesis* estoica.[12]

3 La *melete* en el *Quijote*

La otra tecnología del yo que hemos visto en el episodio del olvido de Dulcinea, la que Foucault identifica como *melete*, o sea, imaginarse una serie de acciones futuras preparándose a afrontarlas, es relativamente habitual en la primera parte. Vuelve a aparecer muy brevemente en la mención del bálsamo de Fierabrás, cuando don Quijote pide a Sancho Panza que, si por casualidad quedara cortado en dos por algún follón desaforado, para devolverle la integridad y la vida, él solo tendría que volver a pegar las dos partes con una pequeña porción de aquel pegamento increíble (I, 10); tras la derrota con los yangüeses, al darle licencia de que meta mano a su espada para casos análogos en el futuro (I, 15); cuando se propone protegerse contra los encantamientos conquistando una tizona con los poderes de la Ardiente Espada de Amadís (I, 18); cuando se enfada con Sancho por su falta de respeto a Dulcinea, y ya se imagina a sí mismo rey y a Sancho marqués, por el valor de su dama, la cual toma su brazo «por instrumento de sus hazañas» (I, 30); o cuando se imagina emperador de Micomicón, otorgando a Sancho un condado (I, 50).

En la segunda parte esta tecnología, así entendida, es decir, en su versión activa, es escasa: la encontramos solo en el episodio del barco encantado (II, 29); con función pedagógica en los consejos de don Quijote a Sancho, antes de su partida para la ínsula Barataria (II, 42–3); y como proyecto de vida pastoril durante el año de abstención obligada de las aventuras (II, 73). Es, por el contrario, muy abundante en su versión pasiva, o sea, cuando son los demás personajes los que proponen a don Quijote una serie de acciones en secuencia como proyecto caballeresco; comienza Sancho con la presentación de la supuesta princesa Dulcinea y sus damas (II, 10), sigue Sansón Carrasco convertido en Caballero del Bosque (II, 12–16) y Caballero de la Blanca Luna (II, 64), y luego los duques con el

---

12 Michel Foucault, *«Tecnologías del yo» y otros textos afines*, pp. 84–89. Américo Castro identifica en la moral de Cervantes ciertos rasgos estoicos (*El pensamiento de Cervantes*, Madrid, Hernando, 1925, p. 347) que luego entran a formar parte del carácter de sus personajes (p. 387); en «La estructura del *Quijote*» (*pp. 240–241*), subraya el influjo del neoestoicismo renacentista en el carácter de don Quijote. Matiza ulteriormente las ideas de Castro Luis Rosales, *Cervantes y la libertad*, Madrid, Gráficas Valera, 1960, pp. 436–460.

gobierno de la ínsula a Sancho (II, 31), el programa de acciones para desencantar a Dulcinea (II, 34), la farsa de la Trifaldi (II, 38–39) y Clavileño (II, 40–41).

Un ejemplo de *melete* pasiva ya aparecía, no está de más recordarlo ahora, en la mitad de la primera parte en el episodio de Micomicona (I, 29). El caso es que el uso que se hace de la *melete* en el *Quijote* de 1605 no va más allá de la simple ensoñación del caballero, mientras que en la segunda se perfila como un programa de acciones específico que llega incluso a ser actualizado en la mayor parte de los casos. Es decir, en la primera parte, la *melete* sirve para añadir matices a la personalidad del caballero chiflado, mientras que en la segunda sirve para montar nuevos episodios. En la primera parte, es una tecnología más de construcción del yo de don Quijote; en la segunda, se convierte en el motor principal de las acciones del caballero, prisionero en muchos casos de su propia fama y de las fabulaciones ajenas.

4 El mozo motilón. Un ejemplo de *exomologesis* estoica

En Sierra Morena, don Quijote desvela a Sancho la identidad real de Dulcinea: es la hija de Lorenzo Corchuelo (I, 25). La aparición mística de la labradora princesa del Toboso tiene sobre Sancho los efectos de una epifanía grotesca que él se encarga de trasladar a su amo con el recuerdo de las dotes más eminentes de la moza: el vozarrón, la fuerza de gañán curtido y el pelo en el pecho (si es que su evocación «es moza [...] de pelo en el pecho» va más allá de la simple metáfora). Forzado por el anclaje de su ideal a los indiscutibles datos de realidad, don Quijote argumenta en defensa de su elección con el ejemplo de la pragmática viuda amante del mozo motilón y concluye: «Así que, Sancho, por lo que yo quiero a Dulcinea del Toboso, tanto vale como la más alta princesa de la tierra» (I, 25). La insistencia de Sancho Panza lo ha obligado a colocarse en una zona de mayor cordura, a excavar por debajo de la superficie enajenada del yo y sacar a la luz algunos restos de la lúcida campechanía de Alonso Quijano. No condice con la identidad de don Quijote esa conciencia de la transustanciación, pero no desdice de la de Alonso Quijano; se viene a crear, así, un conflicto entre la identidad obliterada del hidalgo y la manifiesta del caballero que algunos cervantistas han resuelto sugiriendo que don Quijote finge, o que juega.[13] A mí no me parece

---

13 Mark Van Doren, *La profesión de don Quijote*, México, Fondo de Cultura Económica, 1973; Gonzalo Torrente Ballester, *El «Quijote» como juego*, Guadarrama, Madrid, 1975.

necesario extender la actitud del personaje en este episodio a todos los demás y hacer de ella un atributo de su personalidad; creo que lo que sucede aquí es que Cervantes ha usado una tecnología de construcción del sujeto que ha terminado por sacarlo temporalmente de sus límites de acción y pensamiento. La técnica en cuestión es la ya citada *exomologesis* estoica, estudiada por Foucault, o sea, el descubrimiento de sí, de la verdad acerca de sí, a la que el cristianismo dotará de dimensión pública en lo que después será la confesión y en el siglo IV se llamará *publicatio sui*.[14]

5 Sancho el memorioso. Un tipo con capacidad de *exagouresis*

Asimilable a la estrategia de la *exomologesis* es la de la continua verbalización de la experiencia pasada por parte de don Quijote y Sancho; la identidad de cada uno se modifica así en relación al otro, introduciendo, por lo general, algunas claves de separación y mayor autonomía. Esa continua verbalización de los sucesos se parece mucho al examen de sí senequista, recuperado por la tradición monástica cristiana con la *exagouresis*, o análisis de los hechos del día y de los pensamientos del discípulo con su maestro.[15]

Un momento crucial para la identidad de don Quijote es el del final de la aventura, cuando tiene que explicar la incongruencia del resultado de su acción con los móviles que la causan, con un ejercicio de *exagouresis* o examen de conciencia de lo vivido. La reflexión del caballero para recomponer su identidad tambaleante después de una sonora derrota suele achacar a los encantadores la responsabilidad del desperfecto en la segunda salida –ya lo había visto así Auerbach,[16] pero no en la tercera. En la tercera salida, en efecto, la identidad de don Quijote no suele precisar de componendas finales, porque, al no ver errónea-mente la realidad, el conflicto no se basa en la confrontación de dos interpretacio-nes del mundo (¿son molinos o son gigantes quienes derrotan al caballero?), sino en la de la verdadera esencia de don Quijote: ¿glorioso protagonista o paródico caballero andante de 1605?[17] La técnica de reconstrucción de su identidad en los momentos de fracaso de la tercera salida será la de desconocer la aventura con la

---

14 Michel Foucault, *«Tecnologías del yo» y otros textos afines*, pp. 84–86.
15 Michel Foucault, *«Tecnologías del yo» y otros textos afines*, pp. 86–89 y 93.
16 Erich Auerbach, *Mimesis: la representación de la realidad en la literatura occidental*, México, Fondo de Cultura Económica, 1996, vol. 2, p. 93.
17 Gonzalo Torrente Ballester, *El «Quijote» como juego*, p. 160.

clásica fórmula caballeresca «para mí no estaba guardada», que don Quijote usa tras el ruinoso final del episodio del barco encantado (II, 29) y en varias otras ocasiones; o, como variante de ella, unas consideraciones llenas de ese desengaño y melancolía que terminarán por llevarlo a la tumba,[18] como esta ante la playa de su derrota: «¡Aquí fue Troya! ¡Aquí mi desdicha, y no mi cobardía, se llevó mis alcanzadas glorias; aquí usó la fortuna conmigo de sus vueltas y revueltas; aquí se escurecieron mis hazañas; aquí, finalmente, cayó mi ventura para jamás levantarse!» (II, 66).

Su trayecto por el mundo tiene mucho de pedagogía ética, aunque no sea más que un proyecto *in fieri*, que se va haciendo según las circunstancias y se va amoldando, también en sus contornos éticos, a las situaciones del presente. No hay, pues, una identidad granítica dada desde su primera andanza por el campo de Montiel hasta la derrota en la playa de Barcelona; la modificación en su ser hay que achacarla no al crecimiento en cuanto personaje, a la asimilación en su persona de las nuevas cualidades fruto de su experiencia en el mundo, sino a la aplicación en cada momento de diferentes tecnologías del yo, con modalidades diferentes según la parte del texto en que nos encontremos.

6 Tecnologías del yo en las tres salidas de don Quijote

En su constitución como sujeto, don Quijote apela al ejemplo de los modelos caballerescos –tecnología del espejo– para modificar su identidad y la de quienes le resultan imprescindibles para su proyecto: Rocinante y Dulcinea. Los modelos no le sirven, en la primera salida, ni para presentarse a los demás, ni tampoco para lanzar muchas de sus acciones, como en cambio sucederá a menudo en la segunda y de nuevo no volverá a suceder en la tercera. Le sirven, en cambio, para restaurar los desperfectos causados en el proyecto mismo o en el mundo por su acción. Y así, cuando se encuentre en el suelo, vergonzosamente apaleado por los mercaderes de Toledo (I, 4), para no tener que asimilar la derrota en su rutilante mundo aventurero, la ocultará tras el afán imitativo, recitando versos de romances que hacen referencia a tragos similares que sus admirados caballeros tuvieron que pasar. Es esta la única derrota de la primera salida, por lo que no podemos extrapolar un método de reconstrucción de su identidad caballeresca a

---

18 Augustin Redondo, «La melancolía y el *Quijote* de 1605», en *Otra manera de leer el «Quijote». Historia, tradiciones culturales y literatura*, Madrid, Castalia, 1997, pp. 121–146.

partir de este único ejemplo; desde luego parece una peculiaridad de la primera versión del caballero, pues en la segunda y tercera salidas no recurrirá a la tecnología del espejo para reconstruir su mundo, tras una derrota.

La *exomologesis*, o revelación de sí, que hemos apreciado en el encuentro de don Quijote con don Diego de Miranda (II, 16), resulta especialmente abundante en la tercera salida, como expresión del orgullo de ser el protagonista del libro de 1605. Cada vez que el caballero encuentre a uno de los lectores de la primera parte, se producirá una forma de desvelamiento de su verdadera identidad que lleva aparejada, como no, una forma de homenaje; se lo tributan los duques (II, 30), don Juan y don Jerónimo (II, 59), Roque Guinart (II, 60), Antonio Moreno (II, 61) y, sobre todo, las zagalas de la fingida Arcadia (II, 58).

En la segunda salida, don Quijote se presenta, lo hemos visto, como imitador de los caballeros andantes, con la técnica del espejo. Esta se inscribe entre las técnicas del «cuidado de sí», del que habla Foucault como fundamento de la actitud hacia el aumento y la conservación de los bienes materiales y espirituales del sujeto, por contraposición al «conocerse a sí mismo», más centrado en la revelación y manifestación de las propias dotes espirituales, entre cuyas tecnologías se cuenta la *exomologesis*.[19] De modo que podemos caracterizar la primera y segunda salidas con la técnica del espejo y la preocupación por el «cuidado de sí»; y la tercera con la *exomologesis* y la preocupación por el «conocerse a sí mismo». Así comprendemos el motivo de la conversión de la *melete* activa en pasiva: lo exigía el paso del «cuidado de sí», propio de las dos primeras salidas, donde la voz activa cumple una función fundamental, al «conócete a ti mismo», característico de la tercera salida, declinado también como «revélate a ti mismo», en los muchos episodios de *melete* pasiva. Hay pues una correlación entre las técnicas de construcción del yo y la modificación del personaje de don Quijote, en la dirección de una progresiva psicologización de la identidad, con repetidos momentos de introspección y otros de reconocimiento de su identidad más íntima por parte de los otros.

7 El individualismo como clave de la modernidad

El querer ser como componente irrenunciable de la identidad individual es el elemento quijotesco que ha conseguido saltar la barrera de los siglos para proponerse como paradigma en tiempos distintos y distantes. El individualismo, una de las claves de la modernidad según Ian Watt, encuentra su máxima expresión,

---

19 Michel Foucault, *«Tecnologías del yo» y otros textos afines*, pp. 57 y ss.

aunque no la única, en esa formulación voluntarista del ser, que el crítico estadounidense, como no podía por menos, estudia con detenimiento en la novela cervantina.[20] La panoplia de las tecnologías del yo de Foucault nos ha permitido entender las varias declinaciones de ese querer ser en la base del individualismo y su evolución hacia una progresiva psicologización. Ong relacionaba el nacimiento de la novela moderna y la interiorización de la conciencia de los personajes.[21] El paso de la primera parte del *Quijote* a la segunda, a la luz de las reflexiones anteriores, representa un hito importante en ese trayecto.

Obras citadas

Auerbach, Erich, *Mimesis: la representación de la realidad en la literatura occidental*, México, Fondo de cultura económica, 1996.

Castro, Américo, «Cervantes y el *Quijote* a nueva luz», en *Cervantes y los casticismos españoles*, Madrid/Barcelona, Alfaguara, 1966, pp. 1–183.

—, «La estructura del *Quijote*», en *Hacia Cervantes*, Madrid, Taurus, 1957, pp. 241–265.

—, *El pensamiento de Cervantes*, Madrid, Hernando, 1925.

Cervantes Saavedra, Miguel de, *El ingenioso hidalgo don Quijote de la Mancha*, Francisco Rico (dir.), s.l., Instituto Cervantes, 1998 (en línea) [fecha de consulta: 16-12-2016] <http://cvc.cervantes.es/literatura/clasicos/quijote>.

Foucault, Michel, *«Tecnologías del yo» y otros textos afines*, Barcelona, Paidós Ibérica, 1990.

Lorca, Daniel, *Neo-Stoicism and Skepticism in Part One of «Don Quijote»: Removing the Authority of a Genre*, Lanham/Boulder/New York/London, Lexington Books, 2016.

Maravall, José Antonio, *El humanismo de las armas en «Don Quijote»*, Madrid, Instituto de Estudios Políticos, 1948.

Montolíu, Manuel de, *Tríptico del «Quijote»*, Barcelona, Editorial Cervantes, 1947.

Ong, Walter J., *Oralità e scrittura. Le tecnologie della parola*, Bologna, Il Mulino, 1982.

Redondo, Augustin, «La melancolía y el *Quijote* de 1605», en *Otra manera de leer el «Quijote». Historia, tradiciones culturales y literatura*, Madrid, Castalia, 1997, pp. 121–146.

Rosales, Luis, *Cervantes y la libertad*, Madrid, Gráficas Valera, 1960.

Torrente Ballester, Gonzalo, *El «Quijote» como juego*, Guadarrama, Madrid, 1975.

Van Doren, Mark, *La profesión de Don Quijote*, México, Fondo de Cultura Económica, 1973.

Watt, Ian P., *Myths of Modern Individualism: Faust, Don Quixote, Don Juan, Robinson Crusoe*, Cambridge, Cambridge University Press, 1996.

---

20 Ian P. Watt, «Don Quixote of La Mancha», en *Myths of Modern Individualism: Faust, Don Quixote, Don Juan, Robinson Crusoe*, Cambridge, Cambridge University Press, 1996, pp. 48–89.

21 Walter J. Ong, *Oralità e scrittura. Le tecnologie della parola*, Bologna, Il Mulino, 1982, p. 213.

Iveta Nakládalová

La constitución del sujeto en las *artes excerpendi* altomodernas

Resumen: Las *artes excerpendi*, tratados sobre cómo elaborar resúmenes y anotaciones durante la lectura, constituyen un género específico (desatendido, en gran medida, por la crítica contemporánea) de la cultura erudita altomoderna. Proliferan sobre todo a partir de la segunda mitad del siglo XVII, pero las teorías sobre las prácticas del *excerpere* (eso es, sobre la selección, la anotación y la catalogación de los pasajes más relevantes de los textos canónicos) pueden encontrarse ya en las *rationes* pedagógicas del primer Humanismo, al igual que en la tradición didáctica clásica. Cabe mencionar, además, que el *excerpere* interviene, de manera muy significativa, en la construcción de los múltiples géneros de la miscelánea erudita de la Primera Edad Moderna. El presente estudio analiza la peculiar relación entre la figura del compilador, por un lado, y la colección personal de sus *excerpta*, por otro, estudiándola como un caso específico de la constitución del «yo» en la Primera Edad Moderna.

Palabras clave: *Ars excerpendi*, misceláneas altomodernas, compilación, otredad, yo autorial

El presente estudio aspira a contribuir al debate sobre la constitución del sujeto y la construcción del «yo», tal como se fue configurando en los diferentes géneros auriseculares. En efecto, la crítica contemporánea suele destacar que es precisamente la Primera Edad Moderna la que contribuye, de manera decisiva, a la génesis de una nueva sensibilidad del «yo» en la literatura occidental, a la formación de un modo específico de subjetividad y al advenimiento de una novedosa función autorreferencial del yo, que dejaría de ser un mero instrumento retórico. Esta emancipación de la voz individual que se exhibe (y auto-representa) como singular y única hace posible el nacimiento de la autobiografía moderna en tanto que relato «autoconsciente» de un yo delimitado y bien definido.

Nota: El presente estudio ha sido posible gracias a la ayuda de la fundación Gerda Henkel Stiftung, que ha financiado el proyecto de investigación de la autora, dedicado al examen de las *artes excerpendi* altomodernas.

Iveta Nakládalová, Gerda Henkel Stiftung

https://doi.org/10.1515/9783110450828-026

Esta nueva percepción se refiere, por un lado, a la articulación del «yo» en su dimensión puramente interior, a la toma de conciencia sobre la naturaleza única del sujeto, y también a las posibilidades de manifestar, hacia el exterior, los movimientos, pulsos y afectos de su fuero interno, de los espacios más recónditos de su alma. Por el otro, la nueva articulación del sujeto atañe a las múltiples formas de interacción entre el «yo» y el «otro», que incluyen facetas, una vez más, personales, pero también colectivas o públicas.

De hecho, al lado de análisis que se centran en las nuevas formas de la «experiencia» y la «escritura de uno mismo» (*writing the self*), en las modalidades de la autoexpresión y autorrepresentación, el énfasis puesto en la «otredad» (en su sentido más amplio) es uno de los rasgos característicos del debate contemporáneo sobre la naturaleza del sujeto en el período pre-moderno. En la crítica postestructuralista (por no hablar ya del pensamiento postcolonial, en el que el «otro» y la «otredad» representan piedras angulares del discurso), el sujeto suele entenderse no sólo como producido por (y desde) el lenguaje, sino también como un constructo que depende, en gran medida, de la diferencia entre el uno mismo y el «otro».

Tomando como punto de referencia metodológico esta dialéctica constante entre el «yo» y el «otro», el presente estudio aspira a analizar la conceptualización del sujeto en dos géneros altomodernos, íntimamente relacionados entre sí: en las múltiples modalidades de la miscelánea premoderna, por un lado, y en los tratados del *ars excerpendi*, por el otro.

El *ars excerpendi* designa un conjunto de métodos específicos para elaborar, compilar y clasificar anotaciones durante la lectura. Si bien se trata de una práctica de estudio antigua, recomendada frecuentemente en los manuales retóricos clásicos y en las *rationes* didácticas renacentistas, no fue hasta principio del siglo XVII cuando aparecieron tratados dedicados íntegramente al *excerpere*. Estas *artes excerpendi* se concebían como manuales del «arte» del estudio, como guías sobre las técnicas más apropiadas de la lectura erudita, es decir, una lectura «provechosa», que busca en los textos no tanto la experiencia estética, cuanto un profundo conocimiento de los textos canónicos, la competencia en las lenguas clásicas, el dominio de las sutilezas estilísticas y retóricas de los autores mayores, el artificio y la agudeza verbal y, por último, la materia textual utilizable en el discurso propio. Para ello, los manuales del *excerpere* exponen diferentes fórmulas para analizar los textos, identificar en ellos los fragmentos apropiados, y trasladarlos a un cuaderno manuscrito de anotaciones, el *codex excerptorius* o libro de lugares comunes.[1]

---

[1] Según explica Sebastián de Covarrubias, el cartapacio (*albiolus, codex excerptorius*) es un «libro de mano en el que se escriuen diuersas materias, y propósitos; o el quaderno en que vno va escriuiendo lo que dicta su maestro desde la cátedra» (*Tesoro de la Lengua Castellana o Española*, Madrid, Luis Sánchez, 1611, f. 206ʳ).

Cabe enfatizar que las prácticas del *excerpere* no se limitan al *codex* manuscrito, elaborado por el alumno. La recopilación de múltiples fuentes textuales constituye el mecanismo principal de la colectánea erudita, de las innumerables *florilegia, oficinas, polyantheas* y *thesauri* que proliferan en el período altomoderno, y cuyas modalidades concretas son innumerables: abarca textos dialogados, colecciones de formas breves (apotegmas, sentencias, adagios, etc.), libros de lugares comunes, recopilaciones de curiosidades, antologías de materia sacra para la predicación, etc. El *excerpere* es capital también en la construcción de la miscelánea vernacular, entre las cuales encontramos el célebre *Jardín de flores curiosas* (Salamanca, Juan Baptista de Terranova, 1570) de Antonio de Torquemada y la *Silva de varia lección* (Sevilla, Domingo de Robertis, 1540) de Pedro de Mejía. Al igual que los repertorios latinos, también los autores de las «silvas», «tesoros» y «teatros» vernaculares enfatizan que el material reunido es fruto de una larga y bien digerida lección de diferentes autores, de una cuidadosa labor de *excerpere*, de la selección y compilación de los pasajes más apropiados e interesantes. A los tratados sobre el *excerpere* y las colectáneas les une, en suma, la relación entre una metodología (la de la anotación) y el fruto de ella (la colectánea).[2]

De hecho, numerosas modalidades de la colectánea manifiestan, de manera ejemplar, este vínculo con las prácticas del *excerpere*, porque suelen llevar catálogos, índices o tablas de autores utilizados, es decir, exhiben abiertamente los mecanismos de la compilación y la dinámica de la «varia lección». Así, en la *Primera parte de los treynta y cinco dialogos familiares de la Agricultura Christiana* (Salamanca, Pedro de Adurza y Diego López, 1589) del franciscano Juan de Pineda podemos leer en la «Aprouación» (firmada por el «El Doctor Heredia»), que se trata de obra «muy prouechosa para los que bien le leyeren, *sacada de muy antiguos y exquisitos autores,* a los quales se refiere para verificar su doctrina y

---

2 La íntima relación entre las prácticas del *excerpere* y las múltiples modalidades de la colectánea impresa es enfatizada por todos los autores de las *artes excerpendi*. A modo de ejemplo podemos citar uno de los manuales más importantes, *Aurifodina artium et scientiarum omnium; excerpendi sollertia* (primera edición de Amberes, Johann Cnobbari, 1638, con numerosas reediciones en el siglo XVII) del jesuita alemán Jeremías Drexel: «Volumina plurima communi bono prodierunt ab hac una Excerpendi solertia. Nam inde Variarum, inde Antiquarum lectionum tot libri; inde Miscellanea, Florilegia, Epitomae, Summaria, Pandectae, Collectanea & Conjectanea, Adversaria, Promptuaria, Rerum Silvae, Quaestiones Epistolicae, Horae successivae, Farragines eruditae, Memoriales tituli, Electorum libri, Musarum horti. Quibus omnibus litteraria Respublica careret, si notare ac excerpere desidia vetaxet» (Jeremías Drexel, *Aurifodina artium et scientiarum omnium; excerpendi sollertia*, 1641, Amberes, viuda de Johann Cnobbari, p. 76).

exemplos peregrinos».[3] Estamos, en suma, ante textos que se construyen siempre en relación con el Otro; es más: el «texto del Otro» es, para ellos, imprescindible.

A pesar de la relación con el «texto de Otro» (que presupone, necesariamente, el «texto de uno mismo»), es evidente que ni las *artes excerpendi* ni las múltiples modalidades de la miscelánea constituyen, *in primis*, géneros de la «escritura del yo»; con todo, a los dos les caracteriza la naturaleza específica del «yo autorial»: ambos géneros reflexionan (uno en el plano teórico, el otro en el práctico) sobre la tarea de la compilación y, por extensión, sobre la figura del «compilador», sobre el «yo» que selecciona, transcribe y recopila. Me gustaría examinar cómo se articula en ellos la dialéctica entre lo personal y lo colectivo –y también entre el presente y el pasado–, y cómo conciben el diálogo entre la voz propia y la «voz del otro» (o de otros).

Uno de los exponentes más importantes de las prácticas del *excerpere*, el jesuita alemán Jeremías Drexel, relaciona la elaboración de las anotaciones explícitamente con la constitución de uno mismo, advirtiendo en su tratado dialogado dedicado íntegramente al *ars excerpendi* ante el recuerdo de aquello que nos hace «desatender nosotros mismos» (el *ars memoriae* fundamenta, de hecho, las diferentes metodologías del *excerpere*: anotamos para recordar aquello que la memoria no es capaz de retener):

> EULOGIO: Ya sabes que es insensato, como afirma Curcio [Rufo], acordarse de cosas que nos hacen olvidarnos de nosotros mismos. Ten memoria de cosas mejores: acuérdate de los errores cometidos, para lamentarlos [...] de la muerte, para renunciar [...] de la misericordia divina, para no desesperar.[4]

Faustino, el otro interlocutor, replica que no pretende hablar de temas «espirituales»; prefiere saber más de la *techne* de la memoria: «No introduces estos temas espirituales de manera inoportuna; y sin embargo, yo quiero saber más sobre la memoria [...] quiero saber más sobre esta técnica».[5] A Faustino le interesa la *methodus*, la metodología específica de la memoria y del *excerpere*, no tanto

---

3 «Aprouación [del Doctor Heredia]», en Juan de Pineda, *Primera parte de los treynta y cinco dialogos familiares de la Agricultura Christiana*, Salamanca, Pedro de Adurza y Diego Lopez, 1589, ¶3ᵛ, la cursiva es mía. La colectánea dispone de un «Catálogo de qvasi setecientos autores de la obra presente llamada Agricultura Christiana [...]».

4 «Scias tamen stultum esse, Curtio teste, eorum meminisse, propter quae tui oblivisceris. In optimis te memorem praebe: Memento delicti commissi, ut doleas; memento beneficii accepti, ut reddas, memento mortis, ut desinas; memento misericordiae divinae, ne desperes; memento justitiae, ut timeas; aeternitatis memento, ut fluxa spernas» (Jeremías Drexel, *Aurifodina...*, p. 278).

5 «Non importune misces haec spiritalia. Sed ego plura velim de Memoria. Totis horis e memoria dicere, quod Oratorum olim, nunc Concionatorum est, mihi grande quid & difficile videtur. Hic ergo artificii aliquid singularioris esse pervelim» (Jeremías Drexel, *Aurifodina...*, p. 278).

sus connotaciones éticas o espirituales. No se detienen, en efecto, los autores de las *artes excerpendi* en reflexionar explícitamente sobre las repercusiones espirituales (entiéndase: sobre la fenomenología) de la aparentemente inocente práctica de «excerptar»: describen el *ars* y sus procedimientos concretos, pero ya no debaten tanto sus implicaciones epistemológicas o filosóficas; aún así, es posible reconstruir, a partir de los enunciados indirectos implícitos o el imaginario específico utilizado, una «fenomenología del *excerpere*» en relación con la figura del compilador, es decir, la fenomenología del «yo» que selecciona, transcribe y compila.

La imagen simbólica empleada de manera sistemática para designar la figura del compilador, quien lleva a cabo la «varia lección», quien elige, durante largas noches en vela,[6] los fragmentos más apropiados, es la metáfora de la abeja.[7] Juan López de Úbeda, por ejemplo, se presenta a sí mismo como la «abeja reina», que dispone y determina la ordenación del material encontrado:

> Entre las maravillosas obras de naturaleza se tiene por admirable el modo de obrar de las avejas, secreto tan estraño, que el Magno Alexandro por mucho que lo procuró, jamás pudo alcançar, más haze (sin salir de casa) en este negocio, es la maestra [...]. Bien entenderás por aquí Lector Christiano y benigno, *que las avejas que han acarreado la miel y cera son los diversos ingenios de que está compuesto este vergel de flores divinas. La maestra soy yo* que con tanto trabajo, solicitud, gasto y diligencia he procurado que cera y miel [...] se pudiessen leer.[8]

Así, el compilador suele asemejarse a la prudente y diligente abeja que utiliza el néctar de diferentes flores para producir la miel. Estamos ante un *topos*

---

6 La recolecta de una cantidad tan considerable de fragmentos textuales es una tarea muy laboriosa. De hecho, las misceláneas incluyen habitualmente el *topos* convencional de las largas noches dedicadas a la compilación. A modo de ejemplo podemos citar el «Prólogo al cvrioso lector» del *Gobierno del ciudadano* de Juan Costa: «[...] pero podré dezir con verdad ha sido mucho el trabajo, que en ver tanta variedad de auctores se ha rescebido, que para acordarse de todos los libros y capítulos que dellos se alegan, fuera menester la memoria de Cyro, o de Mythridates, o de Hortensio, o de Luculo, o de Séneca, que fueron las mejores del mundo [...]» (en *Gobierno del ciudadano, compuesto por Micer Joan Costa, Doctor y Cathedratico de leyes en la Universidad de Zaragoza, trata de como se ha de regir a si, su casa y republica*, Zaragoza, Joan de Altarach, 1584, p. 11).

7 «Omnes apicula flores delibat, ab omnibus excerpit, quod suum faciat. Hinc alveare ditat, hinc ceram liquoribus stipat, hinc favos construit, hinc mella diffundit» (Jeremías Drexel, *Aurifodina...*, p. 78).

8 Juan López de Úbeda, «Epístola del Auctor al Lector», en *Vergel de flores divinas [...] en el qual se hallaran todas y qualesquier composturas apropiadas para todas las fiestas del año, así de nuestro Señor como de nuestra Señora, y de otros muchos santos*, Alcalá de Henares, Juan Íñiguez de Lequerica, 1582, f. ¶¶1r, la cursiva es mía.

especialmente fértil, que no se limita a textos misceláneos. Por citar un ejemplo, la «Aprobación de Fr. Lorenzo Íñigo de Ochagavia» en el *Ramillete virgineo con diferentes sermones predicados en diversas invocaciones de María Santísima* (Pamplona, José Joaquín Martínez, 1734), una colección de temas de predicación, invita al lector a contemplar «al Autor racional, artificiosa Abeja en la sutileza de su ingenio, no solo para la simpatía con las flores, de que le forma, sino por las dulzuras, que en él destila».[9]

La metáfora de la abeja suele relacionarse, en primer lugar, con la elección de la materia que debe anotarse, en función de los gustos y las inclinaciones del compilador. Afirma, por ejemplo, Daniel Bartoli en la traducción hispánica de su tratado sobre las virtudes de la sabiduría y los vicios de la ignorancia:

> Conviene, pues, [...] tener conocimiento de muchos Autores, y práctica de muchos libros: buen juizio para elegir las materias, y boníssimo para aplicar las que escoge, explicando con arte peregrina las más ingeniosas, que pudiere acomodar para referirlas mejor. De esta cierta observación se origina el recoger cada uno lo que más conviene a su genio, y se proporciona con su inclinación, que de ordinario suele ser conforme el modo de dezir.[10]

También Francesco Sacchini, el autor de una de las primeras *artes excerpendi* (Roma, Bartolomeo Zanetti, 1613 para la *princeps*), enfatiza la variedad en las selecciones de los compiladores individuales:

> Como en la alimentación –dice Plutarco–, la abeja coge la flor, la cabra los brotes, la cerda la raíz, otros animales la semilla o el fruto; así leyendo los poemas –y que sepas que puede decirse lo mismo de todos los textos– hay quien elige la historia, otro queda impresionado por la elegancia y el adorno verbal [...]; otro, en cambio, busca los preceptos morales. Y Séneca, en las *Epístolas a Lucilio*, tratando el mismo argumento, escribe: No es de extrañar

---

9 «Aprobacion del M. R. P. M. Fr. Lorenzo Íñigo de Ochagavia» en José Angelo de Berrio, *Ramillete virgineo que con diferentes sermones predicados en diversas invocaciones de María Santísima ha compuesto [...]*, Pamplona, José Joaquín Martínez, 1734, §§4r. La metáfora es conspicua y puede trazarse hasta las *Epístolas morales* de Séneca (ver Iveta Nakládalová, *La lectura docta en la Primera Edad Moderna, 1450–1650*, Madrid, Abada, 2013, pp. 41–47). Dirá, por ejemplo, Juan de Costa: «Destos Philósophos (amado Lector) y de muchos otros auctores (que aunque escriuieron pocos sobre esto, como dixe arriba, todavía tocaron de passo en sus obras muchas y buenas cosas) he colligido lo bueno que es este breue tratado se halla, *imitando el instincto y prudencia de las prudentes abejas, que con diligencia buscan por muchas partes las más escogidas flores, cuyo pasto después de bien digerido lo convierten en vn panal, a los que lo comen gustoso*» (Juan de Costa, «Prólogo al curioso lector», p. 19, la cursiva es mía).

10 Daniel Bartoli, *El hombre de letras, escrito en italiano por el padre Daniel Bartoli [...] y aora nuevamente en castellano por Gaspar Sanz, presbytero [...]*, Madrid, Andrés García de la Iglesia, 1678, p. 240.

que cada uno recoge de la misma materia lo más adecuado para sus estudios: en el mismo prado, el buey busca la hierba, el perro la liebre, la cigüeña las lagartijas.[11]

En segundo lugar, la imagen de la abeja figura la correcta y legítima selección del material recopilado. «El que lee», dice Daniel Bartoli, «ha de ser una abeja, que recoja la miel de diversas flores, que son tantos modos ingeniosos de escribir, y tan varias imitaciones de poéticas formas para exornar. No ha de ser como el araña, que de las flores chupa el veneno de lascivia».[12] Como deja entrever Gonzalo Fernández de Oviedo en uno de los primeros testimonios de la recepción de la *Silva* de Mejía, el nombre de «silva» plasma precisamente esta discriminación y selección de los contenidos apropiados, que no deja de ser también un ejercicio de reducción de una gran cantidad de libros:

> [...] así como en él [el libro] se tractan muchas e diversas cosas, e en silva o bosques son diferenciados los árboles e plantas que producen, e los animales e aves que en ellos habitan y se crían, así le dio [Mexía] el nombre conforme a las traza e materias que en su mente (del escriptor) estaban ya elegidas y notadas y bien vistas por él, para que, desechando o desviando la prolijidad de los originales (como prudente compilador), cogiendo la flor de tantas e tan suaves memorias e de tan notables leciones, viésemos en breves renglones lo que muchos y grandes volúmines contienen.[13]

Pero la libertad del compilador (quien debe ser lo suficientemente hábil para garantizar la idoneidad de la colección) constituye un arma de doble filo, porque él no es, naturalmente, el único autor del texto. Así, el acto de la compilación se convierte en un recurso apologético para excusar las faltas de quien cosecha en campos ajenos, porque le exime (o eso es lo que afirman los autores) de la responsabilidad, contrarrestando las acusaciones sobre la insuficiente variedad o incluso la escasa idoneidad del material reunido. Sostiene, por ejemplo, Diego Rosel y Fuenllana en su «Prólogo al lector» que «[...] siendo admitido de tantos y

---

11 «*Sicut enim interpascendum (inquit Plutarchus) apis florem, capra germen, sus radicem, aliae bestiae semen, fructumqve captant, ita legendis poëmatis (quod de alio quouis opere dictum putato) alius historiam decerpit: alius elegantiae, & apparatui verborum inhaeret (quomodo Aristophanes de Euripide ait, oris rotunditate eius quoniam fruor). Alius vero quae de moribus utiliter sunt dicta, confectatur. Ac Seneca eundem fusius locum ad Lucilium tractans, Non est quod mirer*is (inquit) *ex eadem materia suis quemque studiis apta colligere. In eodem prato bos herbam quaerit, Canis Leporem, Ciconia Lacertum*» (Francesco Sacchini, *De ratione libros cvm profectv legendi libellis, Deque vitanda moribus noxia lectione*, Burdeos, Simon Millangius, 1618, p. 84).
12 Daniel Bartoli, *El hombre de letras...*, p. 121.
13 Gonzalo Fernández de Oviedo, *Historia General y Natural de las Indias*, Juan Pérez de Tudela (ed.), Madrid, Atlas, 1959, vol. 1, p. 190.

tan buenos gustos, y sugetos, no siendo la lectura mas à vno, que à todos, si no es que tenga estómago de araña, y assí en ponçoña lo conuierta», y continúa:

> Y solo de vna cosa aduierto, que poco, ò mucho cosecha propria sin seguir, ni ser nada de nadie, porque el que se llamare Compositor, no lo sea en el nombre solo, y esta es la disculpa, que podré dar, quando en todo no se acierte, que no ay cauallo tan acabado, que no tenga vn defecto [...].[14]

De manera análoga afirmará Mexía en su *Silva*: «Ni tampoco tomo a mi cargo ni afirmo por verdad todas las cosas que escribo en este libro; pero hago cierto al lector que ninguna cosa cuento que no le haya sacado de grandes auctores y libros, a cuyo riesgo vaya lo que escribo».[15] Sus afirmaciones (como la celebérrima «no contaré fábulas ni mentiras, sino lo que en auctores aprouados he leído»[16]) constituyen, indudablemente, comentarios irónicos sobre la verosimilitud de la materia «curiosa» de la *Silva*, y deben ser entendidas como una recreación de la «persona social» del autor y como una *captatio benevolentiae* a la vez que una inversión satírica del *usus* de la cultura escrita erudita.

Aún así, estas declaraciones son muy significativas en lo que concierne al encuentro con el Otro, a la interacción entre la voz individual y el texto ajeno y a la poética altomoderna en general. La imposibilidad de definir al compilador como «compositor», según la afortunada formulación de Diego Rosel, constituye uno de los aspectos más importantes del yo autorial de la miscelánea: si bien es cierto que la colección surge de una selección y un impulso eminentemente personales, va dirigida, con todo, al uso colectivo y público. Explica Mexía en un pasaje archiconocido del «Prohemio y prefacio» de la *Silva*:

> [...] aviendo gastado mucha parte de mi vida en leer y passar muchos libros [...] y así en varios estudios, parescióme que si desto yo avia alcançado alguna erudición, o noticia de cosas (que cierto es todo muy poco), tenía obligación a lo comunicar; y hazer participantes dello a mis naturales y vezinos, escriviendo yo alguna cosa que fuesse común, y pública a todos.[17]

---

14 Diego Rosel y Fuenllana, «[Prólogo] Al lector», en *Parte primera de varias aplicaciones y transformaciones, las quales tractan Términos cortesanos, Practica Militar, Casos de Estado, en prosa y verso con nuevos Hieroglificos, y algunos puntos morales* Nápoles, Juan Domingo Roncaliolo, 1613, f. b1ᵛ.

15 Pedro Mexía, *Silva de varia lección*, Antonio Castro (ed.), Madrid, Cátedra, 1989–1990, vol. 2, p. 290.

16 Pedro Mexía, *Silva de varia lección*, Venecia, Gabriel Giolito de Ferrariis, 1553, f. 75ʳ.

17 Pedro Mexia, «Prohemio y prefacio», en *Silva de varia lección*, Madrid, Mateo de Espinosa y Arteaga, 1673, f. ¶6ʳ.

Así, las misceláneas participan, en relación con el sujeto (autobiográfico o el autorial), de un antagonismo muy marcado entre lo individual y lo colectivo;[18] se sitúan en la frontera entre la *eruditio* compartida y el saber personal: al explotar y fomentar los principios de la *imitatio* (de los grandes autores, como no omite subrayar casi ninguno de los compiladores)[19] y de la *auctoritas*, escenifican un incesante juego de apropiación entre la expresión singular, por una parte, y el legado cultural compartido, el inmenso *corpus* de la tradición heredada, por la otra. La colectánea representa un lugar liminal, un espacio de transición y una zona fronteriza entre la identidad individual y el bagaje cultural, discursivo y epistemológico, consensuado colectivamente, entre el gusto personal y la *utilitas* pública que debe ser, según expresan los autores en los paratextos, siempre tenida en cuenta.[20]

Desde este punto de vista, la creación literaria altomoderna, firmemente ubicada en la dinámica de la *imitatio*, puede ser entendida, debido al elevadísimo grado de intertextualidad que conlleva, como una especie de empresa colectiva: «no ha habido, ni hay ni tampoco habrá un hombre tan ingenioso que pueda extraer todo de sí mismo, como una araña que teje su telaraña [...] ¿por qué no deberíamos pedir prestado los unos a los otros? [...] es mejor ser como las abejas, que no succionan de sí mismas»,[21] sostiene Juan Amos Comenio, uno

---

18 Numerosos autores de las colectáneas impresas señalan en los paratextos que su colección había sido destinada, al principio, al uso privado, y se imprimió sólo después de considerar su utilidad para el público general: «[...] certificote que no me passò por el pensamiento dar estos secretos a la estampa quando comencé a juntarlos. Pero después pareciéndome, que auia en ellos algunos de prouecho, y otros curiosos, y entretenidos, no quise negarles la luz de que salen a gozar [...]» (Manuel Ramírez de Carrión, «[Prólogo] Al Marqves de Priego», en *Maravillas de naturaleza, en que se contienen dos mil secretos de cosas naturales, dispuestos por abecedario a modo de Aforismos*, Montilla, Juan Batista de Morales, 1629,f. ¶5ʳ).

19 «Porque lo que aquí escriuo, todo es tomado de muy grandes y aprouados auctores. Como el que corta planta de muy buenos árboles para su huerta o jardín [...] Escogí assí esta manera de escriuir por capítulos sin orden, y sin perseuerar en un propósito a ymitación de grandes auctores antiguos que escriuieron libros desta manera» (Pedro Mexía, «Prologo dirigido a la Sacra Cesarea Catholica Magestad del Emperador y Rey nuestro Señor don Carlos Quinto», en *Silva de varia lección*, 1553, s.f.).

20 «Sentencia fue y parescer de aquel grande filósofo Platon que no nasció el hombre para sí solo, sino que también par el vso y vtilidad de su patria y amigos fue criado. Y toda la escuela de los Estoycos conforma conesto, afirmando que los homvres, por causa y respecto de los mismos hombres fueron formados y engendrados, y que assí nacieron obligados a se ayudar y aprouechar los vnos a los otros [...]» (Pedro Mexía, «Prohemio y prefación de la obra», en *Silva de varia lección*, Amberes, viuda de Martín Nucio, 1564, f. A4ʳ).

21 «Praeterea, qvia nec fuit, nec est, nec erit, ullum tam felix ingenium, qvod omnia è semetipso, sicut aranea ex utriculo suo fila, educat, cur non alii ab aliis mutuemur, cur non alienis sudoribus in rem nostram utamur? Apes non esse praestat, qvae non ex seipsis sugunt, sed per hortos, prata, silvas volitando flosculos colligunt [...]» (Johan Amos Komenský, *De primario ingenia colendi instrumento, sollerter versando, libris*, Praga, Státní pedagogické nakladatelství, 1970, p. 11).

de los últimos polímatas del siglo XVII, en un breve tratado dedicado, en gran parte, a la apología de las prácticas del *excerpere*. El acto creativo percibido como una iniciativa eminentemente individual responde, en este sentido, más bien a la poética surgida de la sensibilidad del Romanticismo. Las misceláneas altomodernas, en cambio, parecen encarnan y escenificar una *coniunctio oppositorum* simbólica entre la compilación como mera reproducción de la voz del otro, por una parte, y, por la otra, una *imitatio* creativa que entiende el texto como producto de la «esencia» del autor («fruto de sus entrañas»), como parece sugerir, al re-elaborar la metáfora del compilador (que luego resonaría en la imagen de Comenio), Justus Lipsius en su *Política*: «No es mejor la tela de la araña porque nazca de sus propias entrañas, ni más vil la nuestra, que, como abejas, libamos las flores de los demás».[22]

Al analizar la miscelánea altomoderna, la crítica contemporánea ha propuesto la noción de una *eruditio* «derivada» o «pseudoeruditio» que, en vez de acudir a las fuentes (sobre todo las clásicas) directamente, prefiere recurrir al uso (y abuso) de los repertorios, pero sería anacrónico contemplar las prácticas del *excerpere* como un «saqueo» de los *auctores*, por lo menos según la perspectiva de los contemporáneos. Cuando Comenio recuerda una máxima frecuentemente atribuida a Justus Lipsius, «no colecciono, sino que selecciono» («Non colligo, sed seligo»), y la glosa advirtiendo que «Lipsius habla su propia lengua, pero no por su propia boca»,[23] no está expresando, estrictamente hablando, una crítica. La relación altomoderna entre el texto propio y el texto ajeno no se configura en términos de originalidad, y el acto creativo no entraña, necesariamente, la superación de los modelos anteriores.

La poética altomoderna, en definitiva, no parece responder a los postulados de Harold Bloom sobre la relación entre una obra poética individual y la tradición, caracterizada, según el crítico americano, por una tensión ambigua entre el poeta y sus predecesores. Bloom se centra en los procesos de lectura (o de «mal-lectura», de la «malinterpretación») de los textos del pasado, en cuanto que representan estrategias para contrarrestar la «angustia de la influencia» del pasado en el presente; en lo que concierne a nuestro tema, lo más importante es su idea de que el acto poético surge siempre de la interacción con las obras anteriores, con los textos del Otro. De atender a Bloom, la influencia del precursor

---

22 «Nec aranearum sane textus ideo melior, quia ex se fila gignunt: nec noster vilior, quia ex alienus libamus, ut apes» (Justus Lipsius, *Politica: Six Books of Politics or Political Instruction*, Jan Waszink [ed. y trad.], Assen, Uitgeverij Van Gorcum, 2004, p. 722).

23 «Lipsius verò: *Non colligo, sed seligo*: non temerè se exscribere, sed cum judicio innuens, exscribere tamen non negans. Hinc de illo alius: *Sua Lipsius loqviur, sed magnam partem ore non suo*» (Johan Amos Komenský, *De primario ingenia colendi instrumento...*, p. 15). La cursiva es mía.

(léase, la conciencia de su grandeza y superioridad) produce un sentimiento de ansiedad que, a su vez, generaría lo que él denomina el *agon*, la lucha creativa.

Sin embargo, los autores de las colectáneas premodernas no parecen concebir la relación con el texto del Otro como un *agon*: el encuentro con la tradición no entraña un enfrentamiento radical o una voluntad de superación. La miscelánea constituye, evidentemente, un género específico, pero esta observación puede ser extrapolada, en gran medida, a todos los encuentros con el texto del otro condicionados por la *imitatio* premoderna:

> A otros ha parecido, que deue ser menos reputada la diligencia que el autor en este copilación de sentencias hizo, por ser cosa vsada y primero escrita por otros. A lo qual se responde, que es assí verdad que algunos han escrito en esta materia pero a pedaços y por muy differente estilo. Y es assí, que vno se ocupó en escreuir solamente las sentencias de Séneca, y otro de Tullio [...]. Mas ser esto assí, no solamente no diminuye la estimación de la obra, más la acrecienta.[24]

En el contexto de la mímesis literaria, considerar el constante empleo de las colectáneas como un manejo incorrecto o ilegítimo de las fuentes denotaría cierta incomprensión de la poética premoderna que no hace equivaler la «copia» (incluso la no reconocida) con el «plagio», y que no contempla, en el uso de los *excerpta*, una falta de la invención propia, como sostiene, explícitamente (dirigiéndose al «Amigo Lector») Ambrosio de Salazar en la epístola introductoria a su colectánea de sentencias y *exempla*, titulada *Las clavellinas de recreación* (Rouen, Adrien Morront, 1614):

> Ay algunos que dizen: Lo que ha hecho fulano es poca cosa, no es de su inuención, lo ha sacado de otros libros, à esto yo quiero responder: que nadie nació enseñado, y que todos los Auctores que han hasta agora escrito, tampoco lo han hecho de su cabeça aunque sea el mejor del mundo y que el vno tira del otro, y así el que haze libro ò compone verso siempre tiene delante de sy los Auctores que compusieron antes del, y a mi parecer la obra del simple nunca se deue despreciar no más que la del sabio, pues el simple haze lo que puede [...].[25]

Conviene recalcar, con todo, que el acto de la recopilación, tal como lo prescribe el *ars excerpendi*, no implica la capitulación definitiva e incondicional ante la autoridad del otro o la pérdida de uno mismo; todo lo contrario: «El único fruto

---

24 André Rodrigues Eborense, *Primera parte de las Sentencias que hasta nuestros tiempos para edificación de buenos costumbres están por diuersos autores escritas, en este tratado summariamente referidas, en su propio estilo. Y traduzidas en el nuestro comun. Conveniente licion para a toda suerte y estados de gentes*, Coimbra, Joan Álvarez, 1554, p. 339.
25 Ambrosio de Salazar, «Epístola al Lector», en *Las clavellinas de recreación. Donde se contienen sentencias, avisos, exemplos, y historias muy agradables para todo género de personas desseosos de leer cosas curiosas*, Rouen, Adrien Morront, 1614, f. ã5ᵛ.

seguro de la lectura», sentencia Comenio, «es que al anotar, el lector *hace suyo* lo que está leyendo («qvae qvis legerit sua faciat, excerpendo»).[26] Sorprendentemente, el *excerpere* convierte, según sus exponentes, lo *ajeno* en *propio*; entraña la apropiación del *otro*, que se convierte en una parte indivisible de uno mismo. De esta manera, la práctica incide, de manera muy significativa, en la toma de conciencia del *yo compilador*, orquestada precisamente a través de la relación con el otro, ese otro cuyos fragmentos selecciona y re-utiliza, ese otro que influye y resuena en él; Thomas Erhardt, en su tratado dedicado íntegramente al *ars memoriae* y al *excerpere*, recomienda fervientemente la recogida (*annotare*) de las virtudes y de los vicios, al igual que de las *historiae*, de los ejemplos históricos, porque permiten, «(*re*)*conocernos a nosotros mismos en otros (cognoscere semetipsum in aliis*)»;[27] nótese que esta contribución al *autoconocimiento* del compilador excede, con creces, el tradicional prestigio de los *exempla* históricos en cuanto paradigmas ejemplares de comportamiento.

En conclusión, las implicaciones del *arte de la anotación* trascienden, con creces, los límites de una metodología didáctica o de un paradigma retórico. Las múltiples pautas del *excerpere* encarnan la expresión máxima de los ideales de la *imitatio* y de la reescritura, la idea de la composición literaria que pretende explotar, creativamente, la tradición literaria, y que aspira a exhibir un conocimiento profundo de los modelos textuales supremos, a los que remite conscientemente, y a los que re-elabora y re-crea. Los *excerpta*, y con ellos las múltiples modalidades de la colectánea altomoderna, representan un espacio singular donde el encuentro con el discurso del *otro* es especialmente intenso. Plasman un *modus* muy específico del yo autorial, una subjetividad creada a partir del legado cultural colectivo; en ello, constituyen un discurso sumamente paradójico, porque permiten aprovechar, creativamente, el texto ajeno, sin renunciar por ello a la esencia individual. Ejemplifican la difícil convivencia de la voz individual con

---

26 Johan Amos Komenský, *De primario ingenia colendi instrumento...*, p. 14.

27 «Pari sensu tractandam arbitratur Historiam. Ipsum [se refiere al *Tractatus de studiis monasticis* de Jean Mabillon, según la anotación marginal] audiamus, cum se quid sit vacare Historiae, explicat *ut paucis absolvam*: inquit: *studere Historiae idem est, ac addiscere, aut cognoscere semetipsum in aliis; & annotare in sanctis, ac virtute praeditis personis, quod quis amuletur, & fiat melior; in vitiosis autem, sceleratis, ac nefariis, quod evitet, & non evadat nocentior*. Quid quod, quo utili labore in Historia verseris, velut praecipuam quandam gnomen ponit, ut unum integrum saeculum legas, lecta sedulo *annotes*, nec prius ad alterum legendum manum apponas, quam annotata prioris saeculi studiose relegeris» (Thomas Erhardt, *Ars memoriae, sive Clara et perspicua methodus excerpendi nucleum rerum ex omnium scientarum monumentis. Expedita quoque ratio per apertas rhetorices vias excepti utendi [...] Pars I & II*, Augsburgo, Johannes Strötter, 1715, p. 40).

el coro de voces autoritarias del pasado, a la vez que la creación de uno mismo a partir de la confrontación y el diálogo con el *Otro*.

Obras citadas

«Aprouación [del Doctor Heredia]», en Juan de Pineda, *Primera parte de los treynta y cinco dialogos familiares de la Agricultura Christiana*, Salamanca, Pedro de Adurza y Diego Lopez, 1589, ¶3^v.

«Aprobacion del M. R. P. M. Fr. Lorenzo Íñigo de Ochagavia» en José Angelo de Berrio, *Ramillete virgineo que con diferentes sermones predicados en diversas invocaciones de María Santísima ha compuesto [...]*, Pamplona, José Joaquín Martínez, 1734, ff. §§4^r-§§4^v.

Bartoli, Daniel, *El hombre de letras, escrito en italiano por el padre Daniel Bartoli [...] y aora nuevamente en castellano por Gaspar Sanz, presbytero [...]*, Madrid, Andrés García de la Iglesia, 1678.

Costa, Juan, «Prólogo al cvrioso lector», en *Gobierno del ciudadano, compuesto por Micer Joan Costa, Doctor y Cathedratico de leyes en la Universidad de Zaragoza, trata de como se ha de regir a si, su casa y republica*, Zaragoza, Joan de Altarach, 1584, pp. 11–12.

Covarrubias Orozco, Sebastián de, *Tesoro de la Lengua Castellana o Española*, Madrid, Luis Sánchez, 1611.

Drexel, Jeremías, *Aurifodina artium et scientiarum omnium; excerpendi sollertia*, 1641, Amberes, viuda de Johann Cnobbari.

Erhardt, Thomas, *Ars memoriae, sive Clara et perspicua methodus excerpendi nucleum rerum ex omnium scientarum monumentis. Expedita quoque ratio per apertas rhetorices vias excepti utendi [...] Pars I & II*, Augsburgo, Johannes Strötter, 1715.

Fernández de Oviedo, Gonzalo, *Historia General y Natural de las Indias*, Juan Pérez de Tudela (ed.), Madrid, Atlas, 1959.

Komenský, Johan Amos, *De primario ingenia colendi instrumento, sollerter versando, libris*, Praga, Státní pedagogické nakladatelství, 1970.

Lipsius, Justus, *Politica: Six Books of Politics or Political Instruction*, Jan Waszink (ed. y trad.), Assen, Uitgeverij Van Gorcum, 2004.

López de Úbeda, Juan, «Epístola del Auctor al Lector», en *Vergel de flores divinas [...] en el qual se hallaran todas y qualesquier composturas apropriadas para todas las fiestas del año, así de nuestro Señor como de nuestra Señora, y de otros muchos santos*, Alcalá de Henares, Juan Íñiguez de Lequerica, 1582, ff. ¶¶1^r-¶¶1^v.

Mexía, Pedro, *Silva de varia lección*, Antonio Castro (ed.), Madrid, Cátedra, 1989–1990.

—, «Prohemio y prefacio», en *Silva de varia lección*, Madrid, Mateo de Espinosa y Arteaga, 1673, ff. ¶6^r-¶6^v.

—, «Prohemio y prefación de la obra», en *Silva de varia lección*, Amberes, viuda de Martín Nucio, 1564, f. A4^r-A5^r.

—, *Silva de varia lección*, Venecia, Gabriel Giolito de Ferrariis, 1553.

—, «Prologo dirigido a la Sacra Cesarea Catholica Magestad del Emperador y Rey nuestro Señor don Carlos Quinto», en *Silva de varia lección*, Venecia, Gabriel Giolito de Ferrariis, 1553, s.f.

Nakládalová, Iveta, *La lectura docta en la Primera Edad Moderna, 1450–1650*, Madrid, Abada, 2013.

Ramírez de Carrión, Manuel, «[Prólogo] Al Marqves de Priego», en *Maravillas de naturaleza, en que se contienen dos mil secretos de cosas naturales, dispuestos por abecedario a modo de Aforismos*, Montilla, Juan Batista de Morales, 1629, f. ¶5^r.

Rodrigues Eborense, André, *Primera parte de las Sentencias que hasta nuestros tiempos para edificación de buenos costumbres están por diuersos autores escritas, en este tratado summariamente referidas, en su propio estilo. Y traduzidas en el nuestro comun. Conveniente licion para a toda suerte y estados de gentes*, Coimbra, por Joan Álvarez, 1554.

Rosel y Fuenllana, Diego, «[Prólogo] Al lector», en *Parte primera de varias aplicaciones y transformaciones, las quales tractan Términos cortesanos, Practica Militar, Casos de Estado, en prosa y verso con nuevos Hieroglificos, y algunos puntos morales*, Nápoles, Juan Domingo Roncaliolo, 1613, ff. a1^v-b2^v.

Sacchini, Francesco, *De ratione libros cvm profectv legendi libellis, Deque vitanda moribus noxia lectione*, Burdeos, Simon Millangius, 1618.

Salazar, Ambrosio de, «Epístola al Lector», en *Las clavellinas de recreación. Donde se contienen sentencias, avisos, exemplos, y historias muy agradables para todo género de personas desseosos de leer cosas curiosas*, Rouen, Adrien Morront, 1614, ff. ã5^v-a7^v.

Pedro Ruiz Pérez

Edición y biografía de Salazar y Torres: sujeto lírico y sujeto autorial

Resumen: La corta e intensa trayectoria poética de Agustín de Salazar y Torres se condensa en una edición póstuma a cargo de Vera Tasis, en un volumen abierto por una semblanza biográfica en la que se perfilan los rasgos de una carrera literaria y un perfil autorial, si bien con un aire genérico. El interés por construir una figura de autor entra en tensión con una poética basada en la ocultación de la subjetividad, de manera que sujeto autorial y sujeto lírico establecen una relación nueva frente al paradigma petrarquista. Esta caracterización consuena con elementos de la poética bajobarroca. La tensión frente al modelo precedente y la derivada de la separación de escritura y edición permiten recomponer distintos estratos de subjetividad en el discurso poético.

Palabras clave: Salazar y Torres, poesía bajobarroca, biografía, edición, subjetividad

El abandono de la tradicional perspectiva de «vida y obra» planteado desde el título es menos una muerte del padre que una voluntad de actualizar un legado, con la distancia que va del positivismo de raíz decimonónica a un retorno al autor en que confluyen elementos de bibliografía material, teoría de los polisistemas o el *New Historicism*, orientados a una revisión de los procesos de subjetivación e institucionalización en las letras modernas.[1] La inversión en el orden de los términos señala a una consideración primordial de la configuración de lo escrito, en una relación dialéctica con la modelización de la vida, nunca a partir de determinismos de signo alguno. El desplazamiento de nociones de corte idealista a elementos de materialización e historicidad es, junto a una posición conceptual, una apuesta por los resultados de una textualización y la constitución de un discurso, ya que la edición formaliza una obra poética surgida en la dispersión, en tanto que la biografía convierte la vida en relato, con sus mecanismos de selección y disposición. Por otra parte, el volumen resultante de un proceso de edición puede revelar lo que este tiene de diseño programático; un complejo entramado de

---

[1] A partir de un texto concreto se plantea aquí una hipótesis sintética del objeto de trabajo del proyecto *Sujeto e institución literaria en la edad moderna*, FFI2014-54367-C2-R del Plan Estatal de I+D+i.

Pedro Ruiz Pérez, Universidad de Córdoba

https://doi.org/10.1515/9783110450828-027

elementos (materiales, estructurales y formales) dentro de los cuales un relato biográfico en disposición paratextual se revela como un espacio de intersección y explicitación de las líneas de fuerza en la estrategia de conformación de una imagen de autor.[2]

1 Sujeto lírico y sujeto autorial

La introspección esencial del discurso petrarquista configuró un sujeto-Narciso, encerrado en los límites del espejo; su gramática era la de la primera persona, y su materia, los sentimientos, con el resultado de una sublimación del «yo», en cuyo espacio confluían sin apenas distinción personaje, hablante y autor del poema, con una tendencia a la conformación de ciclos unitarios, a modo de discursos de vida, con el *Canzoniere* como referencia. El desplazamiento del espacio cortesano por el urbano, con sus nuevas formas de sociabilidad, de concepción del indivi-duo y de su identidad, favorece una tendencia al juego, de máscaras o verbal, que disgrega la imagen unitaria y marca la emergencia de un sujeto-Proteo, distan-ciado de la expresividad sentimental y conformado en el modelo dispositivo de las «varias rimas».[3] En la etapa de decantación del proceso que articula los siglos XVI y XVII un soneto de Salazar y Torres[4] plasma el cambio de paradigma:

Da noticia de sus gracias para que de ellas infieran las de su dama

Si de alguna taberna en los tapices
visteis al Cid sin calza o pedorrera,
si al moro Abindarráez de Antequera
sin marlota, turbante ni terlices;

si visteis a Catón (con más narices)
colgado de un figón en la espetera,
visteis, Cintia, la efigie verdadera
de mi cara, colores y matices.

---

2 Son base para estas páginas los trabajos previos de Pedro Ruiz Pérez, *La rúbrica del poeta. La expresión de la autoconciencia poética de Boscán a Góngora*, Valladolid, Universidad de Vallado-lid, 2009, e Ignacio García Aguilar, *Poesía y edición en el Siglo de Oro*, Madrid, Calambur, 2008, con los conceptos y bibliografía allí recogidos.

3 Súmese a las referencias anteriores Pedro Ruiz Pérez, *Entre Narciso y Proteo. Lírica y escritura de Garcilaso a Góngora*, Vigo, Academia del Hispanismo, 2007.

4 Puede encontrarse un primer acercamiento en Pedro Ruiz Pérez, «Salazar y Torres: autoridad y autoría de una obra póstuma», en Manfred Tietz y Marcella Trambaioli (eds.), *El autor en el Siglo de Oro. Su estatus intelectual y social*, Vigo, Academia del Hispanismo, 2011, pp. 361–377.

De más de esto, soy tonto un tanto cuanto,
y tan puerco, que puedo ser poeta,
y hay, con todo esto, quien por mí se muere.

De insulso, a nadie quiero, sin ser santo.
Siendo yo tal, juzgad como discreta
qué tal debe de ser la que me quiere

Inserto en la *varietas* de la *Cítara de Apolo* (Madrid, Francisco Sanz, 1681), se trata de un retrato carnavalizado, objeto y reflejo de un «yo» burlesco, que no se toma en serio ni en su imagen física ni en sus sentimientos íntimos, pero que afina la pluma para componer un artificio eficaz, dispuesto para el goce de sus destinatarios. La pragmática real de una composición de este tipo, propia de los juegos de salón, se apunta en la estructura interna de comunicación, marcada por la interpelación a una destinataria ajena a las relaciones afectivas, cuya conversación no compone un discurso orgánico, sino que viene marcada por el fragmentarismo propio de la actividad lúdica. Con el juego desaparece el «dolorido sentir» que conformaba la identidad de base petrarquista y se diluyen sus representaciones en forma de amada, el amor mismo y la sentimentalidad que conlleva. En su lugar, aun con un guiño (v. 10), se explicitan las referencias metapoéticas. La conciencia del poeta sustituye a la del amante.

El abandono del «sentimiento»[5] petrarquista afecta a la conformación de un sujeto lírico que parece marcado por la omisión, uno de los componentes de la imagen de prosaísmo atribuida al verso bajobarroco desde una consideración predeterminada que aúna sentimentalidad, subjetividad y lirismo. Al margen de los juicios de valor implicados, es apreciable el abandono del sujeto lírico de la tradición previa y la problematización de su esencia, planteando una reflexión sobre el espacio de la lírica y el sujeto que la sostiene. En paralelo, vemos dibujarse un sujeto poético que deja su rúbrica en el texto consciente de la convencionalidad de la misma y del juego de máscaras que comporta, intercambiables al hilo de la circunstancia, sin que resulte un problema alternar las burlas más chocarreras con las demostraciones de exaltación estilística o temática. Se trata de un sujeto poético/proteico, que asume el verso como un ejercicio de estilo, no como un cauce de expresión de la intimidad, menos volcado a lo privado que a lo público, como una práctica social, bien sea definitoria de una posición de campo, bien sea

---

5 Véase Juan Manuel Rozas, «Petrarquismo y rima en -ento», en Alberto Porqueras Mayo y Carlos Rojas (eds.), *Filología y crítica hispánica. Homenaje al prof. F. Sánchez Escribano*, Madrid/Atlanta, Ediciones Alcalá/Emory University, 1969, pp. 67–86.

el ornamento de un elegante amateurismo.[6] De manera menos incidental que en el modelo poético ligado al ideal de cortesano y su paradigma de *sprezzatura*, se conforma un sujeto poético consciente de su práctica, que proyecta en los versos una imagen reconocible, por más que no sea la de un alma singular, y llevado todo ello con una insistente regularidad y el resultado de la construcción de un incipiente sujeto autorial, como estrategia y como reconocimiento.

En el ejercicio del verso en tertulias y salones, como encarna Salazar y Torres a modo de paradigma, la autoría no surge inicialmente como una preocupación manifiesta en el cuidado por la transmisión o el sentido de la propiedad. Sin embargo, destacar en este juego social implica una forma de aceptación ligada a la notoriedad, en tanto la condición de poeta va ganando un lugar en las prácticas socioculturales, sobre todo cuando se combina, como en nuestro caso, con la composición de piezas dramáticas para otra modalidad de entretenimiento. En camino hacia el reconocimiento autorial cumple una función primordial la composición de una imagen como sujeto poético, aun cuando no sea otra cosa que una máscara o rol social. Así nos encontramos, como en el soneto reproducido, con los componentes de una imagen apeada, lejos de la sublimidad del poeta épico o la soledad melancólica del amante petrarquista, una imagen con altas dosis de carnavalización, incluido el *contrafactum* de un poeta sucio y desamorado, en las antípodas del ideal garcilasiano.

También queda invertida la presencia de la dama y su función en el poema, a partir del desdoblamiento manifiesto en la comunicación propuesta por el soneto de Salazar. De un lado aparece la figura femenina propia del campo de los sentimientos, que enmarca la comunicación entre el rótulo («su dama») y el verso final («la que me quiere»); está compuesta de imágenes difusas, por no hablar de reticencias o verdaderas omisiones, y, más significativo aún, en ningún caso se presenta como amada, sino con el parónimo «dama» o como sujeto de sentimientos, no objeto de ellos («la que me quiere»). Con más presencia en el poema, desde su posición de centralidad, se impone Cintia, la interlocutora, perteneciente al campo de la conversación, en un momento en que el galanteo abre nuevas formas de comunicación entre los sexos.[7] El nombre aparece con frecuencia en los versos de Salazar, sin tener nunca el papel de amada, al modo de las Lauras y Elisas del petrarquismo. Su aparición en los siete primeros poemas de la *Cítara* ratificaría la percepción que este hecho tendría a la hora de disponer los textos para su difusión más allá del primer horizonte de sociabilidad. En todos

---

6 Sigo el concepto de Javier Jiménez Belmonte, *Las «Obras en verso» del príncipe de Esquilache*, Londres, Tamesis, 2007.
7 Su culminación es estudiada por Carmen Martín Gaite, *Usos amorosos del dieciocho en España*, Barcelona, Anagrama, 1988.

los casos la presencia de Cintia se vincula al desarrollo de discursos poéticos en los que la materia amorosa, como en la fábula mitológica, aparece narrada en tercera persona, incluso con la aparición de voces interpuestas, como si el poeta quisiera dejar su intimidad al margen y limitarse a la mirada voyeurística de quien presenta a la mujer como objeto de la pasión de los otros, nunca de la suya propia.

La separación entre vida y texto se confirma en la imagen biográfica, otra forma de textualización del periplo vital, en este caso también bajo la forma de la tercera persona. El «Discurso de la vida y escritos de don Agustín de Salazar y Torres» que se incluye en los paratextos del volumen póstumo aparece sin firma, pese a lo cual (o por lo cual) cabe suponerlo obra del responsable de la edición, el don Juan de Vera Tasis y Villarroel que ocupa un lugar central en la portada del volumen.[8] En todo caso, el biógrafo se presenta como alguien cercano al autor, conocedor de anécdotas menudas y hasta de sus sentimientos o la falta de ellos, pues afirma que «escribió muchos amorosos conceptos, no con asuntos propios, sí a contemplación ajena». Si el corpus conservado no permite avalar la afirmación sobre la cantidad, sí confirma al lector la significativa distancia entre vida (sujeto lírico) y escritura (sujeto poético) o, mejor, la inversión en las relaciones entre ambas respecto al modelo poético previo: mientras Petrarca y sus seguidores proyectan su vida en escritura para darle entidad, el sujeto poético encarnado por Salazar convierte su escritura en una forma de construcción de una identidad social; en el primer caso, la clave es la identificación, por la vía de la transparencia y la sinceridad; en el segundo, se trata más bien de una ficción que deviene en la opacidad del verso, que pasa de espejo a representación, incrementando la distancia de la escritura respecto a la realidad vital, como también puede abrirse una distancia entre aquella y su publicación impresa. La ocultación de los sentimientos propicia la revelación del texto, incluida su difusión en letras de molde, y ello desencadena los inevitables mecanismos de mediación.

---

8 Salazar y Torres, Agustín, *Cítara de Apolo. Varias poesías divinas y humanas que escribió D. Agustín de Salazar y Torres y saca a luz D. Juan de Vera Tasis y Villarroel, su mayor amigo ofreciéndolas a la católica majestad de Doña Mariana de Austria Nª Sª augusta reina madre, por mano del excelentísimo señor D. Antonio Sebastián de Toledo, Marqués de Mancera, Señor de las Cinco Villas, etc.*, Madrid, Francisco Sanz, 1681. El énfasis es mío. En la portada esta centralidad es literal, pues el nombre queda a media página.

2 Edición y biografía

La edición póstuma de los versos de Salazar y Torres fue obra de Vera Tasis, también responsable de la edición de las *Partes* de Calderón y con experiencia de colaboración con Salazar, pues con él escribió la comedia *Triunfo y vengaza de amor* (1674), amén de concluir, junto con sor Juana Inés de la Cruz, la pieza que dejara inconclusa Salazar a su muerte, *El encanto es la hermosura* (1676), también conocida como *La segunda Celestina*. Estamos, pues, ante alguien con experiencia y contacto con el autor, en un tándem que en este caso desdobla las facetas de escritura y preparación para la publicación. Desde esa posición el editor apela a libros perdidos y afirma manejar borradores originales, respecto de los cuales protesta una actitud de fidelidad y rigor, aunque no excluye ni la labor de selección ni la de enmienda y corrección, para dar un texto aceptable, al que, además, somete a unos criterios de disposición que no podemos identificar con los de una presunta voluntad autorial.

La *dispositio* del volumen asume una estructura reconocible, sin que falten elementos de aluvión a partir del modelo consagrado en el segundo tercio del siglo XVII. Se abre con una serie de poemas de cierta extensión y altura genérica, por materia, métrica y ocasión. Tras ellos se coloca la secuencia de sonetos, marcada por la diversidad a partir del inicial ciclo de materia bíblica: entre composiciones de circunstancias y tópicos identificables, alterna una variedad de nombres femeninos, con una decantación por el tratamiento burlesco y los juegos académicos. En el eje de las obras profanas se sitúa la reescritura de las *Soledades* gongorinas, con las cuatro partes agrupadas bajo el rótulo «Discurre el autor en el teatro de la vida humana», sin duda el poema de más amplio aliento de Salazar. Tras él se compilan las composiciones octosilábicas, en una nueva muestra de variedad, interrumpida por una tirada breve de sonetos, dos fábulas y una composición en liras, antes de dar paso a las loas y bailes que cierran esta parte. Tras ellas se disponen las «Poesías sacras que escribió a diversos asuntos», con predominio de villancicos y obras para certámenes. El seguimiento de un patrón canónico refleja una voluntad de integración de los poemas en un discurso aceptado. La específica elección del mismo, bajo el signo de la *varietas*, resalta en el conjunto una actitud de distanciamiento de las pretensiones de expresividad, acorde con el sentido de inmanencia y juego extendido en la poesía bajobarroca, tal como hemos visto en el soneto transcrito. Sin embargo, los efectos de la edición producen respecto a la aparición y circulación inicial de los textos, entre la oralidad circunstancial y el manuscrito de difusión restringida, un efecto de resemantización, a partir de la pragmática que establece tanto la imprenta como los elementos que acompañan a los poemas, comenzando por la adopción de un rótulo «parnasiano» y el refuerzo de un amplio y denso aparato paratextual.

El empleo de este recurso se inscribe en la habitual estrategia canonizadora, salvo que en este caso las alabanzas alternan entre el autor de los poemas y el responsable de la edición, subrayando, más allá de la vanidad de Vera y Tasis, la importancia pareja y complementaria de escritura y edición. La retórica empleada pasa de los *loci communes* a una argumentación específica de la circunstancia. La muerte, afirma el padre Jerónimo Pérez explotando la paradoja, inmortaliza la obra, a lo que contribuye la publicación de unos textos que sobreviven a su creador, porque la edición puede elevar lo humano a la dimensión de lo eterno, según afirma el padre Nicolás García. En el soneto de Alonso Antonio Altamirano, la lira, metonimia del poeta, calla porque este muere, pero las prensas, como soñara Quevedo en el soneto «Desde la torre», libran del olvido en su función de recuperación de los textos para la eternidad. Acudiendo al tópico épico que hiciera suspirar a Alejandro Magno, Pedro de Arce sostiene que la labor de Vera Tasis respecto a Salazar es equiparable a la de Homero respecto a Aquiles. Se apela en primer término a la inmortalidad que el poeta otorga al héroe, pero no deja de latir un significado que es necesario resaltar: el editor, al fijar y proyectar los textos del poeta, efectúa una labor de construcción de un personaje tras el discurso, la composición de una figura, de una imagen, que acaba siendo la representación del poeta.

En esta empresa la inclusión de una biografía de Salazar y Torres constituye un factor esencial, trasladando a una dimensión de trascendencia lo que en pluma del autor no había pasado del nivel del juego a la hora de ofrecer su retrato. Otro ejemplo puede sumarse al soneto aducido: se introduce con un marbete explícito, «Deseaba una dama conocer al autor, y, sabiéndolo él, le envió su retrato escrito en este romance», y se despliega a través de una descomposición jocosa de los elementos anatómicos, junto con una multiplicación de nombres de damas, en una nueva muestra de la separación de esta lírica de la expresividad amorosa. A diferencia de estos juegos, destinados a la notoriedad en los salones, la biografía anónima apunta a una voluntad «autorizadora», con el despliegue de los mecanismos y valores de la «función autor»[9] o de la imagen de autoridad, que apuntan a la fama consagradora, esa eternización aludida en las composiciones preliminares. Frente al desenfado que Salazar muestra en sus composiciones, su biografía se abre con elementos de trascendencia, con referencias a la astrología para asentar lo irrevocable de su destino y su superior designio. La anécdota de su deslumbrante recitado de memoria de las *Soledades* gongorinas y su posterior

---

9 Michel Foucault, «¿Qu'est-ce qu'un auteur?», en *Bulletin de la Société Francaise de Philosophie*, 22.LXIV (1969), pp. 73–104; véase Roger Chartier, «Trabajar con Foucault: esbozo de una genealogía de la función-autor», en *Signos Históricos*, 1.1 (1999), pp. 11–27.

comentario en las aulas jesuitas de Nueva España cuando apenas contaba 12 años da imagen a lo extraordinario de su natural, fijado en las estrellas y en la herencia de su sangre. Como se mantiene en un modelo biográfico para los escritores que no se separa de las semblanzas ensayadas con nobles y varones ilustres en armas, las referencias al linaje del poeta son amplias y se extienden con las relativas a su esposa, tras tomar matrimonio. A falta de un desarrollo de los detalles de una vida individual, la parte central del discurso biográfico lo compone un panegírico de la poesía, del mismo tono y argumentos que los empleados décadas atrás por Vera y Mendoza o Marques de Careaga. En línea con la defensa de la altura del ejercicio poético, el «Discurso de la vida y escritos» continúa con las referencias a la envidia, otro motivo recurrente en reivindicaciones de este tipo, y un elogio de sus obras, que, aunque no muy particularizado ni dotado de mucha finura crítica, representa lo más cercano a la práctica de Salazar como autor. Por último, entre la simetría y el complemento de las referencias iniciales, la biografía se cierra con una exaltación de los valiosos resultados de unir el arte a la inspiración, cuando se «hermana lo natural con lo científico», representado en la sentencia final: «Post fata Fama».

La frase, tomada de inscripciones latinas y usada también en la portada de las *Obras* de Pantaleón de Ribera (Madrid, Andrés García de la Iglesia, 1670), resume todo el sentido de la empresa editorial. El adverbio inicial remite a la idea de posteridad, en un proceso que trasciende los materiales del pasado, incluso cuando aparece la frontera de la muerte, pues la secuencia sólo encuentra su culmen en la edición, el último de los pasos que lleva del escritor al lector. Los *fata* preludian el argumento señalado en las composiciones laudatorias, con la muerte como una frontera que puede ser traspasada, tanto por el lustre de una vida como por la materialización de sus obras, que es lo que produce la edición. De ella procede la *Fama*, que en este caso alude doblemente a la noción de inmortalidad que la Edad Media mantiene, con su relación con la eternidad, y el emergente valor de la celebridad, como una continuación de la nombradía o notoriedad alcanzada en vida, pero de precario mantenimiento en los cauces de la oralidad. Como cierre de la biografía, la frase revela el trasfondo de una empresa de canonización y, al tiempo, sus limitaciones respecto al retrato real del individuo, porque la fama nunca se puede identificar con el sujeto al que inmortaliza, al ser una imagen fantasmática y construida de manera más o menos voluntaria. El carácter del discurso pretendidamente biográfico así lo revela, en tanto que en sus páginas se disuelve casi por completo lo original, al margen de alguna imagen emblemática, para potenciar los elementos del linaje, la tradición y el arte, es decir, aquello que borra las fronteras del individuo para integrarlo en una realidad heterónoma superior. En términos de Bordieu, podríamos decir que más que la distinción o la definición de un *habitus* preciso, lo que se persigue es la construcción de un campo literario,[10] donde, ciertamente, tiene cabida el poeta, pero no sin la compañía de todos los elementos de institucionalización, partícipes en la edición y subrayados en la biografía. La presencia de las firmas en los poemas laudatorios queda así justificada, lo mismo que el reparto de alabanzas entre el poeta y su editor.

3 Del sujeto sentimental al autorizado

Entre la escritura de los poemas de Salazar y la empresa de edición encontramos planteada una tensión paradójica sólo en apariencia. Así, vemos cómo la voluntad consagradora y la construcción de una imagen autorial conviven con la renuncia palmaria a la expresión de la intimidad personal en el verso; al desvío de la subjetividad le responde la construcción de un sujeto, labor que, como en este caso, puede no corresponder al propio poeta. La dialéctica entre lo público y lo privado tiene aquí una clara manifestación, por cuanto la distancia de lo personal se presenta casi como una condición del hecho de imprimir y publicar. Si no es un resto de pudor, la convención poética no acaba de admitir que la parte más privada, la de los sentimientos, se haga pública fuera de los círculos de la intimidad. Aunque no es el único factor, no cabe desligar la deriva de la poesía bajobarroca a las formas del juego de una conciencia creciente de que el destino último de los versos es la impresión y la difusión amplia. *Coram populo*, expuesto en la plaza pública, el sujeto poético se construye como una máscara, entre la burla del autorretrato jocoso y el discurso canonizador del aparato paratextual de la edición que tiende a sancionar la autoría y su autoridad.

El proceso ha discurrido con orientación constante a lo largo de siglo y medio hasta la edición de la *Cítara de Apolo* en 1681, en una oscilación entre los polos de la subjetividad y de la publicación. A la altura de 1530, con los primeros pasos del pleno petrarquismo hispano, los poetas mantienen la reticencia ante las prensas mientras que construyen una subjetividad basada en la introspección y el despliegue de los sentimientos, orientados a una comunicación íntima, con la amada o el amigo como interlocutores. Medio siglo después, con el auge del horacianismo y el romancero artístico, los primeros pasos de Góngora y un incipiente cultismo, la resistencia a la edición se mantiene en la mayoría de los poetas, ahora más proclives a la fórmula condensada por el cordobés: «que se diga y no se sienta», orientando hacia el juego cortesano (en clave cada vez más urbana)

---

10 Pierre Bourdieu, *La distinción. Criterios y bases sociales del gusto*, Madrid, Taurus, 1988; y *Las reglas del arte. Génesis y estructura del campo literario*, Barcelona, Anagrama, 1995.

lo que en la espiritualidad se fijaba en el oxímoron *psalle et sile*: el canto abierto encubría el silencio sobre las pasiones íntimas, con un sujeto poético en el que el *ars* se imponía sobre la *natura*. Como en tantas otras facetas, Lope inflexionaría esta línea, en una fórmula que culmina, hacia 1630, a las puertas de su ciclo *de senectute*: entregado definitivamente a la fórmula de «mecenazgo diferenciado»[11] representado por la imprenta (o el corral), se presenta definitivamente como el sujeto que escribe lo que siente (incluso bajo las máscaras geniales de Burguillos o *La Dorotea*), sin ningúm empacho ante la posición que ocupa, expuesto ante el público que consume sus obras y sigue con interés los pasos de su vida, entre amores y pérdidas.

En 1648 el público lector se encuentra con el monumento (también funerario y celebrativo) de *El parnaso español* de Quevedo,[12] verdadera coronación del autor, como confirma el grabado inicial, y afirmación de un yo brutal y descarnado (sea real o fingido) que se afirma por igual en lo moral, lo satírico y lo amoroso. Esta ceremonia de consagración de un poeta que apenas había dado algunas entregas parciales a la imprenta durante su vida representa la fusión de un yo autorial y un yo poético, en una identidad que reúne los elementos en juego desde más de un siglo antes. Aun póstuma, la publicación del cancionero «Canta sola a Lisis» representa la integración de la tradición petrarquista con la imprenta, conciliando al final de su ciclo el juego de intimidad y publicidad, con unas pasiones abiertamente expuesta ante el indiscriminado comprador del libro impreso. Sin embargo, sólo dos años antes Gracián había ofrecido en *El discreto* el paradigma barroco de la disimulación, proponiendo una ocultación de los sentimientos bajo una imagen de indiferencia que condice a la perfección con la práctica de los poetas bajobarrocos a lo largo de la segunda mitad de siglo y las primeras décadas del siguiente; en el apartado III de su tratado, «Hombre de espera. Alegoría», el jesuita aragonés lo expresa con nitidez, requiriendo

[...] sobre todo, un corazón de un mar, donde quepan las avenidas de pasiones y donde se contengan las más furiosas tempestades, sin dar bramidos. Sin romper sus olas, sin arrojar espumas, sin traspasar ni un punto los límites de la razón.[13]

---

11 Véase André Lefevere, *Traducción, reescritura y la manipulación del canon literario*, Salamanca, Colegio de España, 1997.

12 Recuérdese, al hilo de lo aquí expuesto, el papel de González de Salas, en un proceso editorial complejo, completado décadas después por Pedro de Aldrete, incluyendo en su estrategia la biografía de Quevedo por Tarsia.

13 Baltasar Gracián, *El Héroe. El discreto. Oráculo manual y arte de prudencia*, Luys Santa Marina y Raquel Asún (eds.), Barcelona, Planeta, 1984, p. 57.

Vuelve con ello la escisión entre lo íntimo, patrimonio del alma y reservado al silencio, y lo público, donde el canto puede desplegarse, pero ya como un juego de ingenio, entre la gracia del salón y el entretenimiento del lector surgido del mercado del libro. Y, en medio, la edición prepara el paso de la escritura a la difusión, del latido vital a la construcción de una biografía como discurso.

El rápido repaso por la caracterización de ese discurso y por un panorama histórico, obligadamente esquemático, deja paso, camino de unas provisionales conclusiones, a un esbozo de la fenomenología del proceso que, en el espacio de la edición, lleva desde el sujeto sentimental al sujeto autorizado, de la expresión a la consagración en el campo literario. En un espacio pretextual se descubre el «sujeto sentimental», como un paso de la modernidad, que tiene en los extremos de Petrarca y Juan de la Cruz sus manifestaciones señeras, también aquellas en las que la efusión se textualiza y se torna lírica, aún en un espacio, sobre todo en el carmelita, muy ligado a la oralidad. Entre la materia y la cronología de ambos se consolida un «sujeto lírico» a partir del desenvolvimiento de un modelo que tiene en el yo biográfico un eje sustantivo, antes de que Góngora sacuda la identidad entre lo meramente gramatical y la subjetividad, componiendo un «sujeto poético» y una forma de poesía que, en particular en sus obras mayores, ahonda en el espacio de la escritura,[14] aunque permanezcan lejos aún de la imprenta. Cuando este paso se produce, y se desemboca de lleno en el espacio público, aun sin renunciar, como en el caso de Lope, a las formas de la subjetividad, lo que se impone es un «sujeto autorial», que lo mismo se fija en un retrato, que reclama sus derechos u organiza un campo literario *ad maiorem gloriam sui*. La relación con las prensas generaliza las estrategias lopescas, y bien por iniciativa propia, bien por separación de las funciones, el poeta consagra su obra y consolida su figura (o viceversa) como un «sujeto editorial» compuesto en el taller tipográfico y en el mercado al mismo tiempo que el volumen material con sus versos. La imagen para la fama se corresponde con la construcción de un personaje social, como apreciamos en el horizonte de Salazar y sus prácticas rimadas para el salón. Estas alimentan la estética y la pragmática interna de una lírica que ha abandonado la trascendencia altobarroca pero mantiene su ideal de discreción. Al pasar, por la vía de la edición, de las prensas al mercado, el texto se materializa y alcanza su más alto grado de objetivación, en un discurso de consagración autorial, como el representado por el relato biográfico, que representa el enlace entre la subjetividad y los procesos de institucionalización.

---

14 Véase Pedro Ruiz Pérez, *El espacio de la escritura. En torno a una poética del espacio del texto barroco*, Berna, Peter Lang, 1996.

Obras citadas

Bourdieu, Pierre, *Las reglas del arte. Génesis y estructura del campo literario*, Barcelona, Anagrama, 1995.

—, *La distinción. Criterios y bases sociales del gusto*, Madrid, Taurus, 1988.

Chartier, Roger, «Trabajar con Foucault: esbozo de una genealogía de la función-autor», en *Signos Históricos*, 1.1 (1999), pp. 11–27.

Foucault, Michel, «¿Qu'est-ce qu'un auteur?», en *Bulletin de la Société Francaise de Philosophie*, 22.LXIV (1969), pp. 73–104.

García Aguilar, Ignacio, *Poesía y edición en el Siglo de Oro*, Madrid, Calambur, 2008.

Gracián, Baltasar, *El Héroe. El discreto. Oráculo manual y arte de prudencia*, Luys Santa Marina y Raquel Asún (eds.), Barcelona, Planeta, 1984.

Jiménez Belmonte, Javier, *Las «Obras en verso» del príncipe de Esquilache*, Londres, Tamesis, 2007.

Lefevere, André, *Traducción, reescritura y la manipulación del canon literario*, Salamanca, Colegio de España, 1997.

Martín Gaite, Carmen, *Usos amorosos del dieciocho en España*, Barcelona, Anagrama, 1988.

Rozas, Juan Manuel, «Petrarquismo y rima en -ento», en Alberto Porqueras Mayo y Carlos Rojas (eds.), *Filología y crítica hispánica. Homenaje al prof. F. Sánchez Escribano*, Madrid/Atlanta, Ediciones Alcalá/Emory University, 1969, pp. 67–86.

Ruiz Pérez, Pedro, «Salazar y Torres: autoridad y autoría de una obra póstuma», en Manfred Tietz y Marcella Trambaioli (eds.), *El autor en el Siglo de Oro. Su estatus intelectual y social*, Vigo, Academia del Hispanismo, 2011, pp. 361–377.

—, *La rúbrica del poeta. La expresión de la autoconciencia poética de Boscán a Góngora*, Valladolid, Universidad de Valladolid, 2009.

—, *Entre Narciso y Proteo. Lírica y escritura de Garcilaso a Góngora*, Vigo, Academia del Hispanismo, 2007.

—, *El espacio de la escritura. En torno a una poética del espacio del texto barroco*, Berna, Peter Lang, 1996.

Salazar y Torres, Agustín, *Cítara de Apolo. Varias poesías divinas y humanas que escribió D. Agustín de Salazar y Torres y saca a luz D. Juan de Vera Tasis y Villarroel, su mayor amigo ofreciéndolas a la católica majestad de Doña Mariana de Austria Nᵃ Sᵃ augusta reina madre, por mano del excelentísimo señor D. Antonio Sebastián de Toledo, Marqués de Mancera, Señor de las Cinco Villas, etc.*, Madrid, Francisco Sanz, 1681.

Juan Diego Vila

Desde el crisol de Tosilos. Goce, transgresión y literatura en el *Quijote* de 1615

Resumen: El personaje de Tosilos encarna, en el fino hilván de personajes violentamente aculturados por la masificación literaria, una deriva impensada para los lectores todos en el laberinto semiótico de finas figuraciones de lectores y consumidores de la palabra escrita en el *Quijote* de 1615. Y su significación –claro está– no puede homologarse, a la ligera, con los limitados alcances de su figuración discursiva. La peripecia de la secuencia de Tosilos, por todos recordada, se cifra en la explicitación calculada de su existencia cual representante de una guionada farsa. Otra más de las múltiples ideadas por los abúlicos duques. Mas su interés inequívoco radica en el detalle de que, allende su muy presumible analfabetismo, intervenga, con claridad decisiva, en los debates metaliterarios del texto sobre los usos y apropiaciones lícitas del arte. Posición desde la cual ilumina, caliginosamente, la inversión final de la fábula en la cual se privilegia la coordenada vital sobre la artística.

Palabras clave: Goce, transgresión, literatura, *Quijote*, Tosilos

¿Hay algo para interpretar a propósito de Tosilos? Un punto de partida inexcusable es el de ser un legítimo morador de lo imprevisto, puesto que en las dos secuencias en que participa la trama novelesca enfatiza que, en primer término, su emergencia confunde y altera el plan de una burla industriada por los duques y que, en la restante ocasión, su súbita aparición debe explicarse por el azar dado que su razón de ser en el camino nada tiene que ver con el andante y su escudero sino, antes bien, con el virrey de Barcelona a cuyo encuentro había resultado comisionado con correspondencia.

Sería evidente que allí donde Tosilos irrumpe la ficción cruje y exhibe hilos ínfimos que delatan un vendaval de espontaneidad que desacompasa la ilusión de delicado y bien calibrado control del orden de lo real sobre la resultante imaginaria de la ficción. Puesto que, si hasta esos momentos, don Quijote experimenta su tercera salida reiterando el dispositivo de la empresa caballeresca, no puede soslayarse que un principio constructivo de la secuela cervantina es la reiteración de falsas aventuras inventadas por los anfitriones del palacio. Con lo cual don

---

Juan Diego Vila, Universidad de Buenos Aires

https://doi.org/10.1515/9783110450828-028

Quijote tampoco experimentará una libre determinación porque lo que crea consagratoria existencia será cómplice representación de un guión ignorado.

Y esto cuenta porque Tosilos parece existir en la ficción para figurar un excedente indómito. Exceso cuya sustantiva diferencia no debería confundirse con los lineamientos constructivos del volumen de 1605. En efecto, en la Primera Parte la diferenciación de universos –la idealización narrativa frente al testimonio palmario de lo cotidiano– habilita la clara diferenciación de bandos en el proteico conglomerado de personas que ocasionalmente interactuarán con amo y escudero.[1]

Muchos de ellos padecerán el choque de visiones contrapuestas. Otros tantos, conforme se dilate la experiencia de la cohabitación, exhibirán disposiciones diversas hacia la tolerancia, en tanto que un grupo menor coadyuvará, generosos con su tiempo y su existencia, en fingimientos de grado muy diverso.[2] Mas lo medular en todas las situaciones resultará ser el señalamiento tácito de que, en definitiva, la realidad controla la ficción y debe hacerlo.

1615, por el contrario, habilita otra apuesta dado que al admitirse que en las páginas de la novela también existe el fantasma del caballero, pues su vida devino texto, se gestan las condiciones necesarias para que lo real resulte saturado por el horizonte de expectativas de los lectores de la Primera Parte. De lo que se sigue la sustitución de los valores contrapuestos. Ya que si en 1605 don Quijote enfrentaba su ideación libresca a la realidad, diez años más tarde terminará haciéndolo a las configuraciones fantasmáticas que de su gesta han hecho el cúmulo de sus lectores.[3]

Razón por la cual no resulta impropio insistir en el dato de que Tosilos es morador de lo improviso porque habilita el retorno de lo real reprimido y

---

1 No se debe desatender que uno de los efectos buscados es la contraposición cruel de la insignificancia de cierta «normalidad» estratégicamente menor –putas, venteros, trabajadores rurales– con la significación del «anormal» (don Quijote). Adviértase, además, cómo las figuras de autoridad de la Primera Parte también son menores: hijos segundos, curas sin mayores dignidades, encarnaciones muy menores de la Justicia. Mientras que este panorama de potenciales interacciones muta diametralmente en 1615 por la consagración caballeresca y gracias a la impresión de sus aventuras.

2 Un modo eficaz para advertir la minusvalía ordinaria de ciertas figuras es el dato de que muchos de quienes colaboran en las farsas ideadas para retornarlo al hogar –primero la de Micomicona y luego la profecía de la sabia Mentironiana– suelen ser personajes que necesitan ennoblecer la propia existencia: volver de la insania a la cordura (Cardenio), recuperar la honra (Dorotea), recomponer su evidente descrédito comunitario (don Fernando). Estar con don Quijote es estrategia solapada de realce identitario.

3 Todo voraz lector de 1605 antepone a su contacto con los protagonistas el horizonte de expectativas ficcionales que la historia impresa ha pautado. Razón por la cual el asombro lector de 1615 no debe confundirse con el estupor existencial que podía gestar la imprevista interacción con el andante en 1605.

aplazado. Pues el gran trazo distintivo de la continuación es haberse ofrecido como despliegue memorioso de la infección literaria. Ya que, en cierta medida, el futuro alcanzado por el protagonista, un mes más tarde del reposo sanador en su pueblo al concluir la Primera Parte, no es otra cosa que la inquietante refracción del pasado obturado por su crónica antes de devenir ficción. Pues lo que espeja 1615, ante los ojos incrédulos del protagonista, es la historia de su inoculación y enfermedad letrada, el escaño previo que sólo se bosqueja en la Primera Parte, capítulo 1, antes de la enajenación. Con lo cual su vida impresa es cifra de una invasión, pues don Quijote ha devenido el virus de novel contagio.[4]

Desde este primer ángulo la figura de Tosilos adquiere un interés singular pues, si la manía burlesca –y letrada– del palacio ducal dice el carácter yermo de lo real, el joven lacayo se revela incómodo como sujeto misteriosamente inmune. Pues ante los dispositivos que saturan de ficcionalidad lo cotidiano puede permitirse, caprichoso e indolente, volver a la propia realidad.[5]

Por eso no hay que perder de vista que su irrupción en el texto se gesta en el punto en el cual, en la Segunda Parte, sobreviene el encastre casi perfecto de ficción y realidad. Pues la merced que solicitan doña Rodríguez y su desastrada hija a don Quijote (II, 51) desde la óptica caballeresca del protagonista y su escudero es la única verdadera petición de auxilio que una mujer le interpone.[6] A «deshora» la menesterosa dueña habilita el combate más incómodo:[7] aquél que, precisamente, pone en entredicho los principios rectores de justicia del estamento nobiliario que los acoge en su palacio.

De lo que se sigue que para el duque no resulte indiferente que el duelo de don Quijote con el burlador de la hija se geste sin embustes ni ardides, ya que lo que necesita asegurarse es que, con un resultado adverso, se consagre, como justicia, la

---

4 Si don Quijote, en 1605, interpreta todo lo real en función de los códigos letrados de las novelas que lo enloquecieron, algo semejante terminarán escenificando ante el caballero y su escudero todos los otros lectores de la Primera Parte con los cuales se topan en su marcha en la tercera salida. Don Quijote lee así, por vez primera, la crónica viviente de lo que olvidó: el modo en que enloqueció leyendo.

5 No es un dato menor el que Tosilos sea, presumiblemente, analfabeto. Y que su formación cultural deba inferirse «de oídas». Pues lo que diferencia a los lectores enajenados de estas criaturas parece jugarse en la imposibilidad de desbordar, voluntariamente, en forma individual y quizás aislada, los lógicos límites de consumo artístico ficcional. Quienes han enfermado por la cultura son, precisamente, los más instruidos de la fábula.

6 Edward Riley, *Introducción al «Quijote»*, Barcelona, Crítica, 1990, p. 127.

7 Miguel de Cervantes Saavedra, *El ingenioso hidalgo don Quijote de la Mancha*, Celina Sabor de Cortazar e Isaías Lerner (eds.), Buenos Aires, Editorial Abril, 1983, p. 744. El *Quijote* se cita siempre por esta edición indicando, a continuación de la cita y entre paréntesis, la parte en números romanos, el capítulo y las páginas en arábigos.

injusticia previa reiterada, el venir haciendo oídos sordos a los requiebros de las dos mujeres porque la familia del burlador es garante económica de su solaz cotidiano.

El caso de doña Rodríguez trasunta un dramatismo singular.[8] Llega a la ficción porque el orden de lo real carece de respuestas satisfactorias para la minorizada existencia que la agobia. Lo literario, desde la óptica delirante de la dueña angustiada, debería ser real porque, al menos, allí se hace justicia.

Las premisas de acción del duque –que necesitarán de la intervención coaccionada de Tosilos en fingido combate que jamás se llevará a cabo– son también ilustrativas y complementarias del diagnóstico ideológico previo. Pues su preocupación por un desenlace adverso en el combate burlesco que industriará es la condición necesaria para que los efectos de su gobierno en la cotidianeidad de sus súbditos resulte tolerada. Quien tiene el poder –nos dice el texto– también necesita de ficciones: necesita hacerle creer a la dueña y a su hija que vivirán deshonradas porque en el duelo singular su paladín resultó derrotado; necesita que las perdidosas transfieran la injusticia sustantiva resultante a la arquitectura de creencias compartidas –la lógica del duelo masculino para saldar el agravio padecido[9]– antes que, por el contrario, a la ausencia de un régimen de justicia que trascienda las individualidades en pugna.

Por lo cual la locura de la boba de doña Rodríguez es meridiano escándalo dado que ha hecho aflorar ante la consideración pública la vergüenza del hiato existente entre ser sujeto de mercedes que algún otro con criterios aleatorios puede, o no, conferir, y, en un confín sombrío, el proscripto horizonte en el cual todos los individuos devienen sujetos de derecho y merecedores de justicia. Su gesta privada, aunque no lo haya pensado jamás, es empresa herética.

En esta atalaya polémica signada por un contrapunto polar que tributa a un mismo sustrato ideológico es que emerge una segunda peculiaridad de Tosilos. Pues Tosilos se desmarca de los dos bandos por su volubilidad emocional. Inconstancia anímica que se revela como la pasión idónea para el rector de lo imprevisible en la narración. En efecto, es recordado que el lacayo gascón es partícipe necesario y cómplice aquiescente de la sustitución de identidades llevada a cabo por el duque. Tosilos comprendería que debe observar el guión ideado por el duque –«vencerle sin matarle ni herirle» (II, 56, p. 767)– y también es perfectamente presumible que el ocasional representante no tendría dudas sobre la importancia de respetar las órdenes recibidas.

---

8 Juan Diego Vila, «"Señoras aventureras". Tensiones poéticas y trasgresiones genéricas en la aventura de la segunda dueña Dolorida o Angustiada», en *Actas del IX Congreso Internacional de la Asociación de Cervantistas (Sao Paulo, junio de 2016)*, en prensa.

9 Claude Chauchadis, *La loi du duel. Le code du point d'honneur dans l'Espagne des XVIè et XVIIè siècles*, Toulouse, Presses Universitaires du Mirail, 1997.

Dimensión coactiva del engaño que obsta a esta interpretación a rotular su intervención como la de un simple traidor, pues la ausencia de plena libertad matiza tanto la acquiescencia que habría brindado para la sustitución en proceso cuanto, además, la imprevista modificación. Dado que la misma merma de autonomía e independencia conductual se transforma, en la caprichosa deriva de sus volubles decisiones, en crisol que potencia el valor de su imprevista elección.

Primero se sugerirá que el «lacayo tenía diferentes pensamientos» (II, 56, p. 769) y luego Cide Hamete precisará:

> Parece ser que cuando estuvo mirando a su enemiga le pareció la más hermosa mujer que había visto en toda su vida; y el niño ceguezuelo a quien suelen llamar de ordinario Amor por estas calles, no quiso perder la ocasión que se le ofreció de triunfar de una alma lacayuna y ponerla en la lista de sus trofeos. (II, 56, p.769)

La narración anticipa las causas de una decisión que ninguno de los protagonistas o los mismos lectores conocen. Logra potenciar el suspenso e importa señalar cómo en esta digresión anticipativa se despliega una oscilación intencionada entre la racionalidad y la pasión. Dado que esta misma secuenciación será la que se respete a la hora de materializar el cambio de rumbo en la burla guionada.

Primero, en sintonía con el plano conceptual, Tosilos se revelará caviloso de comprender y clarificar las implicancias contractuales del dispositivo del duelo en el que ha sido inscripto a la fuerza:

> Y aunque Tosilos vio venir contra sí a don Quijote, no se movió un paso de su puesto; antes, con grandes voces, llamó al maese de campo, el cual venido a ver lo que quería, le dijo:
> —Señor, ¿esta batalla no se hace porque yo me case, o no me case con aquella señora?
> —Así es —le fue respondido.
> —Pues yo —dijo el lacayo— soy temeroso de mi conciencia, y pondríala en gran cargo si pasase adelante en esta batalla; y así, digo que yo me doy por vencido, y que quiero casarme luego con aquella señora. (II, 56, p. 769)

Torsión que completará, desde la efusividad emotiva propia del corazón, con la petición pública a doña Rodríguez: «Yo, señora, quiero casarme con vuestra hija, y no quiero alcanzar por pleitos ni contiendas lo que puedo alcanzar por paz y sin peligro de la muerte» (II, 56, p. 769).

El desenlace de la aventura no es el cometido de esta lectura. Baste recordar que el duque «quedó suspenso y colérico en estremo» (II, 56, p. 769) y que el resultado de la lid lo hermana, en agravio, a las dos querellantes. Mas sí resulta prudente enfatizar cómo Tosilos logra desestructurar la dicotomía antagónica y plantear una tercera senda en la cual parecen cohabitar tanto los elementos ficcionales cuanto los realistas.

Tosilos integrará a la propia coordenada vital la opción de jugar la ficción del que renuncia al antagonismo. Desde este ángulo podemos sostener que otra de las marcas distintivas del personaje es poder figurar un tipo de consumo literario no maníaco, sino estratégico. Punto en el cual es necesario formalizar cierta diferencia entre su actitud y la de las menesterosas.

Puesto que si ambos parecen hermanarse en el dato de que operan, desde la ficción para cambiar la propia realidad, no debería ignorarse una diferencia sustantiva propia del orden de lo posible en palacio. Pues la gesta trágica de doña Rodríguez y su hija jamás podría tener un resultado favorable por los compromisos financieros del duque pero, por el contrario, no podría clausurarse tal hipótesis para la apuesta de Tosilos. Dado que nada habría impedido que el duque aceptara por válida la hipótesis grotesca de que el verdadero contrincante hubiese resultado transformado en Tosilos y, así, forzar el enlace con la hija de doña Rodríguez.

Horizonte de posibilidad que no deja de ser operativo para la caracterización de estas figuras menores. Pues si no es imaginable un norte ficcional en el que la apuesta literaria de doña Rodríguez y su hija triunfe –ambas dos son cifra de lo real proscripto–, sí lo es, en cambio, el privilegio conferido al orden de lo real por Tosilos puesto que define, en la grieta que escinde fantasías ficcionales de agobiantes coyunturas personales, el hiato mínimo de lo real eventual.

Ya que el gesto de Tosilos tiene que interpretarse como privilegio inequívoco de la realidad. No sueña el destino irreal de dignificación que persiguen doña Rodríguez y su hija –merecimiento sólo operativo y propio de los libros, según señala el *Quijote*–, sino el de una muy concreta fortuna amorosa y conyugal anclada en lo real. A lo cual cabe agregar que, si éste no fue el desenlace de la aventura, el déficit no es atribuible a la potencialidad de la opción del lacayo, sino a la maldad inequívoca del soberano. Ya que el duque podría perfectamente comprar la alternativa que ofrece Tosilos pero no lo hace porque apuesta a disciplinar la desobediencia previa.

Y si insistimos en estos detalles es porque el posicionamiento de Tosilos preanuncia el progresivo declive de la virulencia ficcional. El paulatino apocamiento de los mundos en los cuales la ficción es el único sendero de fuga reconocible. Por cuanto lo que narra, también, la aventura de Tosilos, de un modo mucho más sombrío, es la insuficiencia de la multiplicación de mundos cuando no se cuenta, ante la septicemia fictiva, de anclajes concretos en la propia realidad. Pues las coordenadas de la imaginación desbordadas sólo podrían ser válidas si, tras ellas, se puede recuperar la propia existencia.

Diagnóstico que luce acrisolado en su más prístina dignidad en el único parlamento que se le conoce a la olvidada beneficiaria de la promesa matrimonial: «Séase quien fuere éste que me pide por esposa, que yo se lo agradezco; que más quiero ser mujer legítima de un lacayo que no amiga y burlada de un caballero, puesto que el que a mí me burló no lo es» (II, 56, p. 770). Para la hija de doña Rodríguez ya no importa si Tosilos es el otro o si es, verdaderamente, Tosilos. Sólo cuenta la voluntad manifiesta públicamente y en qué medida lo comunicado enmienda su subjetividad. Lo demás –lo señala polémica– es accidental.

La aventura se decanta, en forma paradójica, por el triunfo de las ideaciones obsesivas de don Quijote, ya que el duque fingirá compartir que el combatiente ha sido mudado por encantadores en alguien semejante, en el rostro, a su lacayo Tosilos. Esta opción, que pivotea sobre la noción de cuarentena aplaza, en la consideración lectora, el verdadero desenlace, aunque, ominosamente, bastaría recordar que los injustos jamás obran justicieramente en la novela si, precisamente, don Quijote no los conmina a hacerlo. Razón por la cual la clausura entusiasta sólo permite presagiar lo peor.

El caso, no obstante, es que los protagonistas abandonan el palacio al capítulo siguiente y, materialmente, se les confiere a los lectores la posibilidad de suponer que la razón narrativa de esta variación podría explicarse por la conveniencia ideológica de no exhibir una resolución diametralmente contraria y, por sobre todo, por la preeminencia estética de un aparente final feliz con el cual la gesta del andante no se veía afectada por lo inconcluso.

Porque la esperanza que parecía haber sellado, en forma cazurra, un bien concreto caso de honra se hará añicos y allí, nuevamente, quien gerenciará estos desvíos será nuestro patrono de lo impredecible. Pues otra variable constitutiva del perfil de Tosilos es el de ser una de las contadas figuras que emprenden, respetuosas, sinceramientos proclives al desengaño del andante. Y no es un dato menor el que, para que así pueda proceder, se lo haga reingresar a la trama de la novela como un accidental encuentro de camino con el melancólico caballero derrotado.

Don Quijote y Sancho tras el vencimiento del Caballero de la blanca luna verán, en su segundo día de marcha, cómo irrumpe alborozado a su encuentro un «correo de a pie» (II, 66, p. 831). Para Tosilos todo en la ocasión es motivo de júbilo y se encarga de enfatizar que análogos sentimientos llegarán «al corazón de mi señor el duque cuando sepa que v.m. vuelve a su castillo, que todavía se está en él con mi señora la duquesa» (II, 66, p. 831). Tosilos revelará su identidad enfatizando lo sustantivo –ser «el lacayo del duque mi señor» (II, 66, p. 831)– junto a lo accidental –«que no quise pelear con v.m. sobre el casamiento de la hija de doña Rodríguez» (II, 66, p. 831). Distingo que el caballero atenderá pues sólo prestará atención al prodigio del reencuentro con un encantado cuya mutación confirmaría, por enésima reiteración, la mágica enemistad de quienes lo persiguen sustrayéndole «la honra de aquella batalla» (II, 66, p. 832).

Que don Quijote sólo retenga este estertor de la propia gesta es testimonio de cuán selectivo puede ser el registro de los efectos suscitados por las propias acciones. Pues ni por cortesía reacciona al testimonio de la felicidad –si bien opinable– que causaría su presunto retorno a palacio. Mas si de reacciones impensadas se trata, no menos llamativas son las que se gestan a continuación:

> Calle, señor bueno –replicó el cartero–, que no hubo encanto alguno, ni mudanza de rostro ninguna; tan lacayo Tosilos entré en la estacada como Tosilos lacayo salí della. Yo pensé casarme sin pelear, por haberme parecido bien la moza; pero sucedióme al revés mi pensamiento pues así como v.m. se partió de nuestro castillo, el duque mi señor me hizo dar cien palos, por haber contravenido a las ordenanzas que me tenía dadas antes de entrar en la batalla, y todo ha parado en que la muchacha es ya monja, y doña Rodríguez se ha vuelto a Castilla, y yo voy ahora a Barcelona a llevar un pliego de cartas al virrey, que le envía mi amo. (II, 66, pp. 831–832)

El tenor de las revelaciones vuelve a instaurar, en la lógica de la narración y a propósito de la figura del lacayo del duque, una nueva catarata de hechos imprevisibles. Mas lo realmente decisivo, en este sistemático quiebre de los horizontes de expectativas lectoras, es que don Quijote opte por ignorar, punto por punto, los pormenores de la confesión de camino. Ya que al ser confrontado con la verdad –y no de un modo cruel como le había sucedido con Andresillo en la Primera Parte– se revela particularmente inmune a cuanto dato incontrovertible de la realidad se le brinde.

Tan sugestivo es ese efecto primario que se desatiende, incluso, el particular modo en que don Quijote ha sido apostrofado, puesto que Tosilos sería el primero, si no el único, que frente a la expedita opción de focalizar la locura del andante, vuelve explícito el registro de que, para él, el caballero es «señor bueno». Valoración que, a las claras, preanuncia la revelación final de «Alonso Quijano el bueno», pero que aquí nos interesa porque supone la develación, por medio de un desplazamiento sutil, del verdadero plexo inspirador de las acciones del enloquecido hidalgo: no en forma necesaria o excluyente, un ideal abstracto de justicia, sino, ante todo, la bonomía del corazón; no un acuerdo tácito con los valores sociales de un mundo deseable pero, en tanto tal, quizás inexistente, sino, prioritariamente, el reconocimiento de un *ethos* amoroso que desde lo individual informe lo exterior.

La escena de verdad que Tosilos le ofrece al caballero, tan diversa de los contenidos hostiles de aquella que ulteriormente le tributará Altisidora, no escatima buenos gestos para con el andante: minimiza las propias pérdidas sin, por ello, dejar de explicitar el propio deseo y las bien íntimas motivaciones; neutraliza, en un nivel estrictamente fáctico, los corolarios trágicos de todo lo ocurrido a las dos «señoras aventureras» y ha tenido, incluso en el disciplinamiento padecido y en la necesidad de sufrir adversidades, la capacidad de alegrarse por la felicidad del propio opresor. Variables todas ellas que nos conducen a reconsiderar, en el laberinto de signos mínimos y extraviados con que se construyen las escenas con Tosilos en el texto, la enigmática recurrencia de los motivos del corazón.

Tosilos es quien es porque se ha enamorado. Y esta verdad esencial es particularmente relevante puesto que lo que define a Tosilos enamorado, que no obediente lacayo del duque, es que apuesta a la literatura como estrategia de superación de los propios condicionamientos existenciales.

Pues el amor, está claro, podría haber guiado sus pasos de un modo quizás trágico. Podría haberse decantado por pelear denodadamente –incluso poniendo en riesgo al protagonista que debía proteger en su derrota– porque algo más que la simple obediencia al superior industriaría el desigual combate del joven mejor pertrechado con el anciano andante. Podría haber pensado, quizás, que la victoria le allanaría el enlace deseado. Mas lo cierto, con todo, es que apuesta por la ficción. La ficción del burlador arrepentido que no era pero que, sin duda alguna, potencia sus oportunidades.

Y esta elección estratégica entre realidad y ficción importa porque desgrana, de un modo sutil, una posible gramática de aquellas ficciones que transforman a los individuos. Una impensada historia de las narraciones que nos conminan a obrar de un modo otro, un relato de los imprevistos efectos que la literatura ocasiona en los individuos. Efectos variables e imprevistos, de persona en persona, pero que encuentran un punto aglutinador en la imaginaria interpretación que brinda el narrador cuando intenta explicar por qué Tosilos traiciona los planes de los duques.

Puesto que allí lo que se nos señala es que el lacayo queda con el corazón asaeteado. Y análoga metáfora había sido la que empleara la falsa condesa Trifaldi, o Lobuna, o Zorruna, para explicar los efectos indeseados de la literatura: penetrar el alma. Hermanamiento imaginario que explicaría, a nuestro entender, por qué Tosilos, en definitiva, asume el riesgo de imaginar un desenlace diverso para el combate. Ya que, entre burlas y veras, en el único episodio con motivaciones verídicas, el personaje más imprevisible del *Quijote* viene a explicitar que la literatura que cuenta es la que nos transforma, que las ficciones que cuentan para cada uno son las que nos ayudan a imaginar mundos y desenlaces más provechosos y que en todo hermanamiento de realidad y ficción lo que orienta el camino de cada cual es la personal, intransferible y única delicada gramática del corazón.

Pues el problema de los efectos de la lectura en el *Quijote* no debería perder de vista cómo, a través de viñetas mínimas como la de Tosilos, el texto ilumina la centralidad del amor para definir al sujeto lector, para perfilar a aquél que, dúctil, sabe transportarse libre de la realidad a la ficción. Pues al leer –textos o experiencias de la propia existencia– lo que se recupera y se potencia en el individuo es la libertad de intervenir con el pensamiento o con lo acción.

Y por eso mismo es que me gusta pensar que Tosilos puede ser pensado, en cierta medida y de un modo intermitente, como el grado cero de lo que don Quijote terminó siendo en forma plena. Que su figura, en el final de la saga aventurera, narra un principio y que la lección del texto, cuando la suerte de la partida puede pensarse fracasada en virtud de la derrota del protagonista, es, en forma paradójica, lo opuesto.

Porque lo que el *Quijote* nos enseña, también, es que en esta modernidad no sólo se gestará la pregunta por el lugar de lo real en la ficción, sino también, y a la inversa, el progresivo desafío por la colonización de lo real por medio de la ficción. Tosilos, en el cierre del *Quijote*, parece iluminar este final.

Obras citadas

Cervantes Saavedra, Miguel de, *El ingenioso hidalgo don Quijote de la Mancha*, Celina Sabor de Cortazar e Isaías Lerner (eds.), Buenos Aires, Editorial Abril, 1983.

Chauchadis, Claude, *La loi du duel. Le code du point d'honneur dans l'Espagne des XVIè et XVIIè siècles*, Toulouse, Presses Universitaires du Mirail, 1997.

Riley, Edward, *Introducción al «Quijote»*, Barcelona, Crítica, 1990.

Vila, Juan Diego, «"Señoras aventureras". Tensiones poéticas y trasgresiones genéricas en la aventura de la segunda dueña Dolorida o Angustiada", en *Actas del IX Congreso Internacional de la Asociación de Cervantistas (Sao Paulo, junio de 2016)*, en prensa.

Jack Weiner

San Agustín (354–430) en un soneto ecfrástico de Juan de Tasis (ca. 1581–1622)

Para Melanie y David en el primer aniversario de sus nupcias.

«¡Confesión, Señores!»[1]

Resumen: La vida viciosa de san Agustín y la de Juan de Tasis se parecen solamente en sus respectivos años de juventud. La vida del futuro santo comienza con el joven Agustín como pagano y pecador. Más adelante, al convertirse al cristianismo, Agustín llega a ser sacerdote, luego obispo y, al final de su camino, santo. En consecuencia, en su viaje por la vida Agustín pasó del pecado a la santidad, convirtiéndose con ello en dechado de la perfección que Tasis hubiese querido para sí mismo. Pero nuestro poeta, por más que lo intentó, nunca pudo deshacerse de su pecado principal: su bisexualidad. Semejante condición solía conllevar la pena capital en la España habsburga, muy frecuentemente en las hogueras inquisitoriales. Su condición pecaminosa mortificaba al poeta de tal manera que algunos versos obligan a concluir que Tasis pensaba en el suicidio, pero su fe católica le impedía quitarse la vida, dado que los suicidas no recibían ni los últimos ritos ni sepultura en cementerio consagrado. Así pues, puede que Tasis buscara su propia muerte con sus continuas provocaciones dirigidas a varias personas principales, incluido el propio rey don Felipe IV, quien finalmente le mandó asesinar. Nuestro poeta murió apuñalado a plena luz del día el 21 de agosto de 1622.

Palabras clave: Redención, santidad, homosexualidad, castigo, paz espiritual

San Agustín en sus *Confesiones* y Tasis en su soneto «A San Agustín pintado entre Cristo y la Virgen» tienen idéntica esperanza: la salvación de su alma. La vida de

---

1 Luis Martínez de Merlo (ed.), *El grupo poético de 1610*, Barcelona, S. A. de Promoción y Ediciones, 1986, p. 19.

Nota: Agradezco a las siguientes personas y entidades su ayuda para la realización de este estudio: Jonathan Brown, Marcus Burke y Brian Litfin; The Newberry Library, The Northern Illinois University's Founders Library y The Ryerson Library of the Art Institute of Art. Doy las gracias también a mi esposa María Amalia por sus sabios consejos y a Amaranta Saguar por su ayuda editorial.

Jack Weiner, Northern Illinois University

https://doi.org/10.1515/9783110450828-029

Tasis corre paralela a la de san Agustín durante sus respectivos años juveniles, pero no después. Me inclino a creer que nuestro poeta hubiese querido emular al santo, sin embargo, no lo logró debido a sus inclinaciones sexuales. No en vano, en algunas poesías lúgubres y escatológicas el poeta se inspira en las vidas de los santos, pero sus versos están repletos de tristeza y de descontento que invitan a pensar que nunca se sintió capaz de emularlos.[2]

San Agustín nació en Tagaste, ciudad cerca de Cartago, hoy en la frontera entre Argelia y Túnez y, entonces, en la provincia de Numidia. Su padre, Patricio, había nacido pagano y, en vida de su hijo, se convirtió al cristianismo, mientras que su madre, Mónica, nació cristiana y llegó a convertirse en santa Mónica. Agustín se educó primero en Tagaste y luego en Cartago, donde tuvo una vida licenciosa, pero se convirtió al Cristianismo en 386, influido por el obispo de Milán, san Ambrosio. Más tarde llegaría él mismo a ser elegido obispo de Hipona, lo que acabó llevándolo a la canonización.

Las vidas de san Agustín y de Juan de Tasis se parecen en que las dos pueden ser interpretadas como sendos viajes. En el caso de san Agustín se trata de un viaje desde el paganismo hasta el obispado y la canonización, pasando antes por el maniqueísmo, el bautizo y el sacerdocio. En el caso de nuestro poeta el viaje es desde un pecado a otro, lo que inexorablemente termina de manera infausta y catastrófica. Además el joven Agustín había sido un pecador y, al igual que Tasis, se había entregado al sexo con especial fruición. Por ello la vida de Agustín, con su progresión del pecado a la santidad, le habría ofrecido a Tasis un modelo digno de emulación y afirmo que nuestro poeta no dejó de buscar la absolución de sus pecados.[3]

El soneto al que hace referencia este estudio es una narración de la vida de este santo, desde el paganismo de su juventud hasta la feliz santidad de su madurez.

No entre Escila y Caribdis viva nave
niega a impulsos australes blanco lino,
entre nortes de luz, si aserto dino,
violencia es dulce, rémora süave.

Neutral piloto, amor, apenas sabe
Uno u otro elegir puerto divino,

---

2 Sirvan de ejemplo los llamados «Sonetos sacros» (nos. 292-345 de Juan de Tasis, Conde de Villamediana, *Poesía impresa completa*, José Francisco Ruiz Casanova [ed.], Madrid, Cátedra, 1990). A no ser que se indique lo contrario, todas las referencias a las poesías de Tasis se remontan a esta edición. El soneto comentado es el nº 311.

3 Luis Martínez de Merlo (ed.), *El grupo poético de 1610*, p. 19.

> de gracia eternal aquél, inmenso y trino,
> éste, en que el mismo trino eterno cabe.
>
> Éxtasis, acordado parasismo,
> del que pendiente del ambiguo acierto,
> más en sí está, saliendo de sí mismo.
>
> Y en dudoso elegir, de acertar cierto,
> las suertes menosprecia del abismo,
> bajel que entre dos cielos toma puerto.

Pero también es una metáfora de la vida de Tasis. En particular, los dos personajes mantienen su fe en Cristo como capitán de barco, tal como se lee en san Mateo 8: 23–26:[4]

> Entró, [...] en una barca [...] [y] se levantó una tempestad tan recia en el mar que las ondas cubrían la barca; [...] Y acercándose a él sus discípulos, le despertaron, diciendo: Señor sálvanos, que perecemos. Entonces, puesto en pie, mandó a los vientos y al mar que se apaciguaran, y siguióse una gran bonanza.

Este pasaje se interpreta como una prueba de que Cristo puede proteger a sus seguidores en cualquier momento,[5] pero además tiene una correspondencia real, puesto que la vida de nuestros protagonistas se caracteriza por múltiples viajes marítimos: san Agustín viajó desde Cartago a Italia y Juan de Tasis lo hizo también a Italia, durante su destierro y por razones oficiales.

Asimismo, existen muchas imágenes de Agustín como viajero en un barco.[6] De hecho hay por lo menos un grabado que representa al santo capitaneando un velero, acompañado de un grupo de convertidos, que sin duda recuerda de manera muy clara a Cristo el navegante con sus apóstoles.[7] Nuestro poeta, como gran conocedor de pinturas y de dibujos, conocía necesariamente esta

---

4 Todas las citas bíblicas a partir de la Félix Torres Amat (trad.), *Santa Biblia*, Madrid, Editorial Apostolado de la Prensa, 1956.

5 George Arthur Buttrick (ed.), *The Interpreter's Bible*, New York, The Abington Press, 1951–1957, vol. 6, p. 345.

6 Jeanne Courcelle y Pierre Courcelle (eds.), *Iconographie de Saint Augustin: Les cycles du XIVe siècle*, Paris, Études Augustiniennes, 1965, *passim*. Véase también Joseph C. Schnaubett, O.S.A., y Frederick van Fleteren (eds.), *Augustine in Iconography: History and Legend*, New York, Peter Lang, 1999, *passim*.

7 Jeanne Courcelle y Pierre Courcelle (eds.), *Iconographie de Saint Augustin: Les cycles du XVIe et du XVIIe siècle*, Paris, Études Augustiniennes, 1972, il. LXXIX.

iconografía,[8] hasta el punto de que creo que este soneto ecfrástico de Tasis surge de un cuadro que Tasis mismo había visto y que conocería muy a fondo.[9]

En el soneto que nos ocupa Tasis narra el viaje de Agustín como capitán de barco por el peligroso estrecho de Escila y Caribdis. Semejante paso simboliza la gran transición espiritual de este futuro santo y transforma a Agustín en su camino hacia la perfección y la salvación. Es obvio que la conversión de san Agustín es algo que Tasis desea emular.

Se sabe que nuestro poeta sufría emocionalmente a causa de su conducta social y de su orientación sexual. San Agustín, de joven, también «Era un letrado rebelde, un satírico exagerado, un fullero, un mentiroso, en suma un total ser inútil»[10] que, con el tiempo, se transforma. Por contra, Tasis no lo logra y, como he sugerido en otro estudio, estos trastornos psicológicos y esta frustración lo pusieron al borde del suicidio. Pero, como católico, Tasis no podía quitarse la vida sin condenarse ante los ojos de la Iglesia Cátolica, que le habría negado los últimos ritos y el ser enterrado en cementerio consagrado. En consecuencia, nuestro poeta sorteó estos inconvenientes cometiendo innumerables imprudencias que provocaron su asesinato, de manera que podría hablarse de un suicidio por mano ajena.

En su soneto Tasis presenta a san Agustín como capitán metafórico de una «viva nave», la cual conduce entre las míticas Escila y Caribdis. Esta «viva nave» (v. 1) sin duda representa a la Iglesia Católica, a la cual Agustín guía simbólicamente, presentándose como su protector. San Agustín dirige esta nave magistralmente por aguas tan peligrosas emulando a Cristo, lo que nos devuelve a la imagen del Cristo navegante según Mateo vista más arriba.

Las aguas tempestuosas entre Escila y Caribdis destruían todos los barcos que se atrevían a pasar y sus tripulaciones, como tratan muchos autores.[11] Muy

---

8 Antonio Sánchez Jiménez, *El pincel y el Fénix: pintura y literatura en la obra de Lope de Vega*, Pamplona, Universidad de Navarra/Iberoamericana Vervuert, 2011, p. 15.

9 La écfrasis es la descripción por escrito de cualquier obra de arte; una técnica muy común a través de la historia. Véanse al respecto, por ejemplo, Michael Baxandall, *Giotto and the Orators: Humanist Observers of Painting in Italy and the Discovery of Pictorial Composition:1350–1450*, Oxford, Clarendon Press, 1971; Emilie L. Bergmann, *Art Inscribed: Essays on Ekphrasis in Spanish Golden Age Poetry*, Cambridge, Harvard University Press, 1979, y Frederick A. De Armas, Writing for the Eyes in the Spanish Golden Age, Lewisburg, Bucknell University Press, 2004.

10 John J. O'Meara, *The Young Augustine: The Growth of St. Augustine's Mind up to His Conversion*, London, Longmans, Green, and Company, 1954, p. 50. La traducción es mía.

11 Juan de Tasis, *Poesía*, María Teresa Ruestes (ed.), Barcelona, Planeta, 1992, p. 38.

pocos lograron cruzarlas.[12] Ulises solamente lo logró con la ayuda de la diosa Circe[13] y Eneas también se enfrentó a ellas, como figura en La Eneida:[14]

> Escila ocupa el lado derecho, la implacable Caribdis el izquierdo, y tres veces atrae hacia el abismo las vastas olas envolviéndolas en el profundo remolino de su sima y de nuevo alternativamente las lanza a los aires y la ola golpea las estrellas.

San Agustín y Tasis, cristianos, hacen el papel de los paganos Ulises y Eneas.

Para proteger a Agustín en su viaje, Dios disminuyó la fuerza del Austro, viento húmedo y benigno de mediodía.[15] Dios también redujo la violencia del Norte de luz, el viento frío y severo que solía soplar del Polo (vv. 1–4). De esta manera las velas de blanco lino de la nave de san Agustín no se despedazaron. Hasta la rémora, que suele impedir la navegación, en este caso cooperó amigablemente. En este sentido, la conducta de Dios en este soneto recuerda a la de Cristo en Mateo. Pero es que, además, sin esta protección divina se hubiese acabado la vida del futuro santo en poco tiempo, en cambio, la nave de san Agustín llegó intacta a su primer buen puerto. La travesía por estas aguas tempestuosas y mitológicas de san Agustín simboliza su paso del paganismo al cristianismo con la ayuda de Dios.

En el segundo cuarteto se presenta otro dilema que san Agustín tendrá que resolver. Según esta estrofa, Agustín en realidad no sabe a quién rendir su devoción, es decir, a quién reconocer la primacía: a Cristo o a la Virgen María. Como se verá, Agustín ha de aceptar con igual devoción a los dos, pero en aquel entonces Agustín dudaba de la divinidad del Unigénito y de la santidad de la *Deigenitrix*.

Se cree que las raíces de este conflicto se remontan a las *Confesiones* del joven Agustín como seguidor del maniqueísmo. En aquellos momentos Agustín menoscababa la divinidad de Cristo y la santidad de La Virgen:[16]

> Y así juzgaba que una tal naturaleza como la suya no podía nacer de la Virgen María sin mezclarse con la carne, ni veía cómo podía mezclarse sin mancharse lo que yo imaginaba tal, y así temía creerle nacido en la carne, por no verme obligado a creerle manchado con la carne.

---

12 Homero, *La Odisea*, Ramón Conde Obregón (ed.), Barcelona, Ediciones AFHA Internacional, 1973, p. 106.

13 Homer, *The Odyssey*, A. T. Murray (ed. y trad.), Cambridge, Harvard University Press, 1995, vol. 1, 459.

14 Virgilio, *La Eneida*, Dulce Estefanía Álvarez (ed.), Barcelona, PPU, 1988, p. 66, vv. 419–423.

15 Sebastián Covarrubias y Horozco, *Tesoro de la lengua castellana o española*. Martín de Riquer (ed.), Barcelona, Horta, 1943, p. 170a, ll. 50–56.

16 San Agustín, *Obras completas de San Agustín. Texto bilingüe. II. Las confesiones*, Ángel Custodio Vega (ed.), Madrid, Biblioteca de Autores Cristianos, 1974, pp. 213–214.

> Sin duda que tus espirituales se reirán ahora blanda y amorosamente al leer estas mis *Confesiones* pero, realmente, así era yo.

En la época de Agustín, la Virgen María ocupaba un lugar menos importante en el cristianismo. Por ejemplo, no había un solo día festivo en honor a ella.[17] Con razón María Teresa Ruestes aclara que el conflicto de san Agustín es entre dos dogmas «fundamentales de la teología cristiana: la Trinidad y la Encarnación».[18]

En el primer terceto Agustín experimenta un arrobamiento místico que resulta en una mayor adoración de Cristo y de la Virgen María, a los que comienza a adorar de la misma manera: «Éxtasis, acordado parasismo/del que pendiente del ambiguo acierto,/más en sí está, saliendo de sí mismo» (vv. 9–11). Estas palabras recuerdan las de Santa Teresa de Ávila y las de muchos otros místicos. En la vida real nuestro santo experimentaba con alguna frecuencia semejantes momentos de exaltación. Hay múltiples representaciones gráficas de estos incidentes.[19]

Que Agustín termina adorando a Cristo y a María por igual queda claro cuando, al final del soneto, el futuro santo arriba entre ambos: «bajel que entre dos cielos [Cristo y María] toma puerto» (v. 14). «Agustín» tendrá buena acogida ante los dos.

El título de este soneto sugiere, asimismo, dos posibles representaciones gráficas conocidas de san Agustín entre María y Cristo. La primera coloca a san Agustín entre la leche de María y la sangre de Cristo.[20] En la segunda vemos a san Agustín, ya mitrado, que ocupa la mayor parte de la imagen, entre la Virgen, que está en la parte superior derecha de un triángulo, y Cristo crucificado, en la parte superior izquierda.[21]

Esta última composición la encontramos en un grabado del italiano Cartaro o Marius Kartarius de Viterbo, fechado entre 1560 y 1580.[22] No veo inconveniente en que el santo «pintado» en este soneto tenga su origen en éste u otro grabado o pintura similar, pues Juan de Tasis, por ser el Correo General del Imperio

---

17 Bryan Litfin, comunicación personal [email: 09-11-2015].

18 Juan de Tasis, *Poesía*, p. 37.

19 Jeanne Courcelle y Pierre Courcelle (eds.), *Iconographie de Saint Augustin: Les cycles du XVe siècle*, Paris, Études Augustiniennes, 1969, il. LXI.

20 Jeanne Courcelle y Pierre Courcelle (eds.), *Iconographie de Saint Augustin: Les cycles du XVe siècle*, ils. XVII, LIII y LXXV.

21 Jeanne Courcelle y Pierre Courcelle (eds.), *Iconographie de Saint Augustin: Les cycles du XVIe et du XVIIe siècle*, il. X.

22 Jeanne Courcelle y Pierre Courcelle (eds.), *Iconographie de Saint Augustin: Les cycles du XVIe et du XVIIe siècle*, pp. 23–24.

habsburgo era lo suficientemente rico para coleccionar arte,[23] hasta el punto de que que su pinacoteca llegó a ser «una de las mejores [...] de la España de aquel entonces».[24] Podría apoyar esta teoría el hecho de que, en el inventario de los cuadros de doña Catalina Vélez de Guevara figura «Una laminita de san Agustín del mismo tamaño con marco de hebano».[25] Doña Catalina era heredera indirecta de Tasis, cuyos títulos y bienes, al morir sin descendencia, pasaron a la casa de Oñate, a la cual pertenecía doña Catalina. Por desgracia, hasta el momento no he podido ubicar esta laminita para confirmarlo.

En su soneto, Tasis descubre al lector su búsqueda por la salvación de su propia alma. En este afán Tasis también le descubre aspectos fundamentales de sus propias religiosidad y espiritualidad, cuyas complejidad y conflictividad sería difícil de explicar en su totalidad. Sin embargo, gran parte de éstas tiene que ver, sin lugar a duda, con su bisexualidad, una de las principales fuentes de su ansiedad.

Nuestro poeta era el blanco amoroso de múltiples mujeres y hombres de las más altas esferas, primero de la corte de Felipe III y luego de la de Felipe IV. Algunos investigadores incluso le han considerado el prototipo del tan afamado don Juan Tenorio de Tirso de Molina.[26] Sin embargo, ser homosexual en la España habsburga equivalía prácticamente a una sentencia de muerte. Había que ser muy valiente para vivir como homosexual en la España de nuestro poeta. No en vano, no pocos murieron por su sexualidad en las hogueras inquisitoriales.

En el caso de nuestro poeta, Tasis apenas escapó de semejante destino gracias a haber sido apuñalado por dos oficiales de Felipe IV el 21 de agosto de 1622, a plena luz del día y en la Calle Mayor de Madrid. Pocos días después de su asesinato, a poca distancia, en la Plaza Mayor, perecían entre las llamas del Santo Oficio varios amigos de Tasis condenados por su homosexualidad. Por contra, Juan de Tasis logró morir cristianamente en la Calle Mayor, como bien describe Martínez de Merlo:[27] «Llegó a este punto un clérigo que lo absolvió, porque dio señas [...] de contrición [...] y: llevándole a su casa [...] hubo lugar

---

23 Jonathan Brown, *Kings & Connoisseurs: Collecting Art in Seventeenth-Century Europe*, Princeton, Princeton University Press, 1995, pp. 7–8.

24 Vicente Carducho, *Diálogos de la pintura: su defensa, origen, esencia, definición, modos y diferencias*, Francisco Calvo Serraller (ed.), Madrid, Turner, 1979, p. 436, n. 1160.

25 Marcus B. Burke y Peter Cherry, *Spanish Inventories. I. Collections of Paintings in Madrid: 1601–1755*, María L. Gilbert (ed.), Los Angeles, Provenance Index of the Getty Information Institute, 1997, p. 804, n° 129.

26 Robert A. Stradling, «The Death of Don Juan: Murder, Myths, and Mayhem in Madrid», en *History Today*, 11 (1993), pp. 11–17, o Gregorio Marañón, *Obras completas*, Alfredo Juderías (ed.), Madrid, Espasa Calpe, 1966, p. 510.

27 Luis Martínez de Merlo (ed.), *El grupo poético de 1610*, p. 19.

de darle la unción y absolverle de nuevo, por las señas que dio de abajar la cabeza dos veces».

Este soneto de Tasis es, a su manera, una proclamación, un deseo de salvación espiritual. Me inclino a creer que este soneto refleja la lucha interior de Villamediana para superar su desgarro espiritual. Cristo es el guía y, a la vez, el camino entre Escila y Caribdis al seno de la Iglesia. Pero Cristo no solamente es el piloto de la «viva nave». Él es su «Neutral piloto» (v. 5), lo que significa que Cristo ama a todos, sin excepción alguna. El puerto seguro y pacífico que Tasis busca y halla es Cristo, capitán de la Iglesia Católica y médico de su alma. Tasis pensaría en su corazón que él mismo podría recibir los poderes curativos de Cristo. De hecho, otro tema de gran importancia en Mateo es el poder curativo de Cristo, como puede leerse en el capítulo 9: 6–7:

> Pues para que sepáis que el Hijo del hombre tiene en la tierra potestad de perdonar los pecados, levántate (dijo al mismo tiempo al paralítico), toma tu lecho, y vete a tu casa, Y levantóse, fuése a su casa.

No obstante todo lo anterior, nuestro poeta se halla en constante conflicto con su modelo, san Agustín. ¿Cuál es este conflicto? El poeta es bisexual y san Agustín es un homófobo furibundo: «Así pues, todos los pecados contra naturaleza, como fueron los de los sodomitas, han de ser detestados y castigados siempre y en todo lugar».[28]

En suma, sin duda alguna este soneto refleja la religiosidad de nuestro poeta, a pesar de su conducta al contrario. La vida le había mortificado en términos generales. Pero Tasis era quien era. No podía cambiar aunque quisiera.

Obras citadas

Baxandall, Michael, *Giotto and the Orators: Humanist Observers of Painting in Italy and the Discovery of Pictorial Composition: 1350–1450*, Oxford, Clarendon Press, 1971.

Bergmann, Emilie L., *Art Inscribed: Essays on Ekphrasis in Spanish Golden Age Poetry*, Cambridge, Harvard University Press, 1979.

Brown, Jonathan, *Kings & Connoisseurs: Collecting Art in Seventeenth-Century Europe*, Princeton, Princeton University Press, 1995.

Burke, Marcus B., y Peter Cherry, *Spanish Inventories. I. Collections of Paintings in Madrid: 1601–1755*, María L. Gilbert (ed.), Los Angeles, Provenance Index of the Getty Information Institute, 1997.

Buttrick, George Arthur (ed.), *The Interpreter's Bible*, New York, The Abington Press, 1951–1957.

---

28 San Agustín, *Obras completas de San Agustín. Texto bilingüe. II. Las confesiones*, p. 145.

Carducho, Vicente, *Diálogos de la pintura: su defensa, origen, esencia, definición, modos y diferencias*, Francisco Calvo Serraller (ed.), Madrid, Turner, 1979.

Courcelle, Jeanne y Pierre Courcelle (eds.), *Iconographie de Saint Augustin: Les cycles du XVIe et du XVIIe siècle*, Paris, Études Augustiniennes, 1972.

—, *Iconographie de Saint Augustin: Les cycles du XVe siècle*, Paris, Études Augustiniennes, 1969.

—, *Iconographie de Saint Augustin: Les cycles du XIVe siècle*, Paris, Études Augustiniennes, 1965.

Covarrubias y Horozco, Sebastián, *Tesoro de la lengua castellana o española*, Martín de Riquer (ed.), Barcelona, Horta, 1943.

De Armas, Frederick A., *Writing for the Eyes in the Spanish Golden Age*, Lewisburg, Bucknell University Press, 2004.

Homer, *The Odyssey*, A. T. Murray (ed. y trad.), Cambridge, Harvard University Press, 1995.

Homero, *La Odisea*, Ramón Conde Obregón (ed.), Barcelona, Ediciones AFHA Internacional, 1973.

Marañón, Gregorio, *Obras completas*, Alfredo Juderías (ed.), Madrid, Espasa Calpe, 1966.

Martínez de Merlo, Luis (ed.), *El grupo poético de 1610*, Barcelona, S. A. de Promoción y Ediciones, 1986.

O'Meara, John J., *The Young Augustine: The Growth of St. Augustine's Mind up to His Conversion*, London, Longmans Green and Company, 1954.

San Agustín, *Obras completas de San Agustín. Texto bilingüe. II. Las confesiones*, Ángel Custodio Vega (ed.), Madrid, Biblioteca de Autores Cristianos, 1974.

Sánchez Jiménez, Antonio, *El pincel y el Fénix: pintura y literatura en la obra de Lope de Vega*, Pamplona, Universidad de Navarra/Iberoamericana Vervuert, 2011.

Schnaubett, Joseph C., y Frederick Van Fleteren (eds.), *Augustine in Iconography: History and Legend*, New York, Peter Lang, 1999.

Stradling, Robert A., «The Death of Don Juan: Murder, Myths, and Mayhem in Madrid», en *History Today*, 11 (1993) pp. 11–17.

Tasis, Juan de, *Poesía*, María Teresa Ruestes (ed.), Barcelona, Planeta, 1992.

—, *Poesía impresa completa*, José Francisco Ruiz Casanova (ed.), Madrid, Cátedra, 1990.

Torres Amat, Félix (trad.), *Santa Biblia*, Madrid, Editorial Apostolado de la Prensa, 1956.

Virgilio, *La Eneida*, Dulce Estefanía Álvarez (ed.), Barcelona, PPU, 1988.

Teatro

Ed. Cerstin Bauer-Funke, Wilfried Floeck y Manfred Tietz

Cerstin Bauer-Funke, Wilfried Floeck y Manfred Tietz
Espacios en el teatro español de la Temprana Modernidad. Siglos XVI–XVIII

Introducción

Los trabajos reunidos en este libro se presentaron durante el *XIX Congreso Internacional de la Asociación Internacional de Hispanistas* (AIH), celebrado en la Universidad de Münster, Alemania, en julio del año 2016. Una importante novedad en el programa consistió en el hecho de que cada una de las nueve secciones del Congreso tenía que proponer a los ponentes un marco temático bien determinado, dentro del cual se desarrollasen sus contribuciones. Para la *Sección de Teatro*, los tres coordinadores de la misma escogimos el tema «Espacios en el teatro español desde sus principios hasta la actualidad». Éste quedó detallado de la manera que sigue en la convocatoria:

> Un teatro sin espacio es tan poco imaginable como un teatro sin tiempo, sin actores o sin espectadores. En este contexto, resulta irrelevante que se trate de un espacio visualizado de manera concreta en el escenario y que remita a un lugar real, o de un espacio imaginado y evocado lingüísticamente. Lo decisivo es que los acontecimientos escénicos siempre estén vinculados a una concepción espacial. Además, como bien establecieron los trabajos de Braudel y Lefebvre, el espacio no es una constante fija, sino una construcción social, un lugar de prácticas sociales. El espacio es, en este sentido, en la terminología de Merleau-Ponty, menos «un espace géométrique» que «un espace anthropologique». Como producto social, el espacio está sujeto al cambio histórico. Su historia refleja, al mismo tiempo, aquella de la sociedad. En los últimos años, y gracias al conocido *spatial turn*, el interés por el espacio teatral ha aumentado significativamente.

Para gran satisfacción por nuestra parte, la convocatoria encontró una respuesta muy positiva entre numerosos especialistas internacionales del teatro hispánico e hispanoamericano, de modo que, finalmente, cerca de cuarenta ponencias fueron presentadas en nuestra sección. Como es bien sabido, la Comisión Local Organizadora de Münster había propuesto dos modos de publicar las actas derivadas de cada una de las nueve secciones integrantes del Congreso: una publicación propia en la editorial de Gruyter (Berlín, Nueva York), y otra en la editorial de la Universidad de Münster, esta última en formato tanto electrónico como tradicional en papel. Sin

Cerstin Bauer-Funke, Universidad de Münster
Wilfried Floeck, Universidad de Giessen
Manfred Tietz, Unversidad de Bochum

https://doi.org/10.1515/9783110450828-030

embargo, resultó que el tomo previsto para la publicación en de Gruyter no podía exceder el máximo de 150 páginas, extensión a todas luces insuficiente para dar cabida a todas las contribuciones estrictamente centradas en el tema del espacio teatral y, por ello, canalizadas desde un principio hacia la publicación en esta editorial. Como solución, consideramos que lo más oportuno sería distribuir este conjunto de artículos en dos tomos, organizándolos a partir de un criterio estrictamente cronológico. De esta manera, se preparó un primer volumen, que se presenta aquí, bajo el auspicio de de Gruyter, con el título *Espacios en el teatro español de la Temprana Modernidad. Siglos XVI-XVIII*, que recoge doce ponencias. En cuanto al segundo tomo, este abarca catorce ponencias reunidas bajo el nombre *Espacios en el teatro español y latinoamericano desde el siglo XIX hasta la actualidad*. De este modo, las Actas de nuestra sección estarán en el mercado en dos volúmenes, que constituyen dos unidades coherentes en su temática y surgimiento cronológico.

La editorial de la Universidad de Münster se encarga de la publicación de las siete ponencias que también se presentaron en el marco de la sección dedicada al espacio teatral. Si bien es verdad que, desde un punto de vista del contenido, no se corresponden en sus enfoques y problemática a la temática general de nuestro encuentro, no cabe duda de que todas ellas suponen valiosas aportaciones susceptibles de mejorar la comprensión del teatro español y latinoamericano, desde el siglo XVI hasta nuestros días.

Para terminar esta nota introductoria permítasenos presentar brevemente estas doce ponencias, sus enfoques y la finalidad de su análisis.

Beata Baczyńska aborda en su artículo «Príncipes perseguidos y valientes damas de comedia» el espacio de la Europa del Este y del Norte en el teatro áureo español, que estudia a través de la comedia *El príncipe perseguido*, obra escrita en colaboración por Luis Belmonte Bermúdez, Agustín Moreto y Antonio Martínez de Meneses en 1645. Llega a la conclusión de que aquellas tierras, y especialmente Polonia, son lejanos «país[es] de ficción y utopía», que conforman un espacio específico para los «dramas que tratan de tiranos y usurpadores». No obstante, son también reflejos directos de las discusiones políticas en la España de Felipe III y Felipe IV, anticipando de esta forma aquel «'arte áulica y política' que tanto enfatizaría Bances Candamo en *Teatros de los teatros* en los años futuros.»

Ana Contreras Elvira y Alicia Blas Brunel analizan en su contribución «De las plazas al coliseo: revueltas en los teatros y vueltas a las calles: estructuras escénicas y texturas espaciales» no los espacios evocados en los textos dramáticos mismos, sino «los espacios para los cuales fueron escritos, dónde se representan esos textos y qué significados aportan a la experiencia teatral del participante en este contexto.» Este análisis centrado en el espacio teatral propiamente dicho, parte de la idea de que «en el teatro se da [...] la conjunción de lo político y de lo religioso, de lo colectivo y lo ritual y, sobre todo, se despliega en él la capacidad de hablar y dirigirse a la comunidad.» Dada la convicción de que esta *praxis* social y los espacios teatrales como 'plazas públicas' se condicionan mutuamente, las dos autoras describen los tres tipos fundamentales de lugares escénicos que se realizaron en la historia del teatro español:

1. la 'plaza' abierta del 'teatro medieval' considerado como *espacio político*: «plaza horizontal, anti-jerárquico, multifuncional y simultáneo. Sobre todo, un lugar de itinerancia por el que moverse libremente, donde se producen encuentros e interacciones de cuerpos difíciles de disciplinar.»

2. el 'corral' del Siglo de Oro, un *espacio teatral* artístico: «una arquitectura que expresa a la perfección el espíritu de la Contrarreforma», que no adopta el modelo secularizado del teatro renacentista italiano, sino que está concebida «a imagen y semejanza del altar eclesiástico: el edificio del vestuario es un retablo» que «no rompe con los fundamentos de la estética cristiana medieval», pero que, no obstante, «sigue siendo una plaza pública» cuyo «aspecto popular-sociocomunitario desjerarquizado [...] opone resistencia a la tentativa de control [sc. de la Iglesia y del Estado], convirtiéndolo en un proyecto fallido en la práctica.»

3. el 'coliseo' dieciochesco, calificado de «espacio pedagógico» donde «los esfuerzos [sc. fallidos en el Siglo de Oro] por convertirlo [sc. el teatro] en un lugar de emisión de mensajes que el público debe recibir a-críticamente llega a su cúlmen con la Ilustración y el siglo XIX.»

Este «viaje espacio-temporal por la tradición teatral española» se interpreta como un proceso creciente de «disciplinamiento del público», un proceso que las dos autoras, en su calidad de miembros activos de la *Real Escuela Superior de Arte Dramática*, pusieron en práctica con la representación experimental de tres obras del teatro cómico breve a cuya descripción de dedica el resto de esta polifacética contribución.

Gaston Gilabert quiere romper, en su artículo sobre «Espacios sonoros: la ubicuidad del elemento poético-musical en las comedias de Moreto», con aquella «invisibilidad» del *espacio sonoro* que se da tanto en la crítica actual como en la realidad histórica del teatro áureo, donde los músicos (y otros productores de ruidos de fondo) «están por lo general enclaustrados en ese otro espacio [sc. sugerido con el "dentro" de las acotaciones] al que el público solo puede acceder a través del oído y de la imaginación, pero no de la vista.» Para contrarrestar este déficit, este artículo intenta «arrojar luz sobre los procedimientos acústicos –canciones, ruidos y efectos sonoros de todo tipo– que emplea[n] [sc. los dramaturgos de Siglo de Oro] con la finalidad de crear un espacio virtual que el espectador solo puede ver a través del oído.» En su análisis detenido de una serie de comedias de Moreto el autor demuestra la omnipresencia, la rica variabilidad y las complejas funciones de aquellos fenómenos, lo que le lleva a postular, no tan solo en el caso de las obras moretianas, que «deberíamos superar el monopolio de los términos «teicoscopia», «decorado verbal» o «espacio verbal» –que privilegian la vista y el verbo como si fueran los únicos instrumentos capaces de colaborar con la escenografía real o imaginaria– y acostumbrarnos a un término más preciso para las escenas que apuntan al oído, como el de «espacio sonoro».»

Guillermo Gómez Sánchez-Ferrer parte, en sus reflexiones sobre «El teatro de Lope de Vega en la escena madrileña o los nuevos espacios para la construcción del canon dramático áureo» del hecho notable de que los teatros madrileños y sus directores actuales van redescubriendo, desde principios del nuevo milenio, el teatro de Lope, e incluso ponen en escena unas cuantas obras que –como las comedias *No son todos ruiseñores* o *Mujeres y criados*– no forman parte del canon del teatro lopesco.

Los «nuevos espacios» de estas obras se refieren, por una parte, a las salas alternativas donde se representan, que son «los auditorios universitarios, los salones de actos de las escuelas de arte dramático, los teatros más pequeños y hasta las corralas y plazas de los municipios madrileños». Por otra parte, estas nuevas puestas en escenas, lejos de ser una «recreación arqueológica» del teatro barroco, actualizan las comedias localizándolas en tiempos y espacios nuevos. Así, por ejemplo, este fue el caso de una «versión caribeña» de *Fuenteovejuna* transformada en un «grito de libertad», la cual vuelve «a contar la misma historia de hace cuatrocientos años a la luz de la realidad más rabiosamente actual.»

Gernot Kamecke se basa para sus reflexiones sobre «La abstracción del interior ilustrado. Conceptos de orientación para los espacios teatrales de Gaspar Melchor de Jovellanos», por un lado, en la teoría (la famosa *Memoria sobre espectáculos*) y, por otro, en la práctica teatral (especialmente *El delincuente honrado*) de su autor. Hace constar que el nuevo teatro ilustrado concebido según las reglas neoclásicas ya no tiene nada que ver con la espectacularidad del teatro (pos-) barroco y sus múltiples espacios imaginados.

Los espacios en el teatro de Jovellanos reflejan más bien «el mundo modélico de un hombre de bien, pensador racionalista y burgués», «apto[s] para los problemas graves, éticos y pedagógicos que conciernen a la educación del ciudadano ilustrado considerado un ser sensible y pensante». Debido a esta reorientación filosófica del teatro «[e]l autor reduce el espacio físico, que el teatro áureo había aumentado desmesuradamente en sus escenificaciones solemnes y ceremoniosas, a un espacio conceptual, disminuido en sus dimensiones y apto para una comunicación inmediata con el espectador que se vehicula más por el intelecto que por los sentidos. Este procedimiento corresponde con la manera principal de Jovellanos de pensar el arte en general. Su concepción de la Ilustración reside en la idea de apelar al aparato psíquico de un espectador –o lector– en cuanto sujeto de la catarsis artística, canalizando las sensaciones por la mente.»

María Luisa Lobato investiga en su estudio «El espacio simbólico en las comedias palatinas de Moreto», un 'segundo nivel' significativo – alegórico, figurado, alusivo–, ese que puede detectar el espectador detrás del espacio físico o imaginado por medios verbales o no verbales, y que se le presenta en la escena del corral. Así, por ejemplo, la cárcel física puede transformarse en un espacio simbólico de los celos o de otras pasiones. Según constata la autora, «en el teatro áureo predomina el carácter simbólico en la obra dramática frente a otras posibilidades más cercanas a una repetición mimética de la realidad.» Lo que presupone, por parte del espectador, una «recepción imaginativa».

Al final del análisis de una serie de las quince comedias palaciegas de Moreto María Luisa Lobato llega a la conclusión de que «[l]os espacios simbólicos constituyen, pues, uno de los elementos fundamentales de la representación teatral, puesto que permiten al receptor elevar su imaginación muy por encima de las palabras que dicen los personajes y de lo que es posible presentar en escena. [...]. Sus múltiples connotaciones, guiadas por la imaginación del dramaturgo a la que el público sigue, añaden a los meros espacios dramáticos todo un caudal de estímulos capaces de expresar valores abstractos que completan el sentido de la obra teatral e interesan al ser humano de todos los tiempos.»

Carlos-Unrani Montiel sitúa, en su trabajo sobre los «Espacios teatrales en el *Coloquio de Timbria* de Lope de Rueda», esta obra en el desarrollo general que tuvo en España del Siglo de Oro el género pastoril. Define la posición histórica de los coloquios pastoriles ruedianos «entre las églogas para la corte y las comedias pastoril y mitológica barrocas», para seguidamente plantear la pregunta de qué medios disponían los autores y los actores, en aquellos momentos tempranos del teatro áureo, a la hora de llevar a la escena estas obras y «visibilizar y reconfigurar las normas de uso del *locus* bucólico como espacio constituido por una naturaleza idílica y por directrices de comportamiento y protocolos de experiencias sensibles.»

Se pone de relieve que «los espacios dramáticos o de ficción» se realizaron, por medio de «la formulación descriptiva», es decir, por elementos verbales y no verbales, «conceptualizados como didascalias (icónicas, gestuales y deícticas) y que se integran en el diálogo como formas de acción de los personajes, y ayudan a construir lo que posteriormente se encomendó a los escenógrafos.» No obstante, se hace constar también que el teatro de aquel momento, por muy rudimentario que fuese, ya disponía de «recursos escénicos materiales que favorecían la capacidad imaginativa del espectador». Del mismo modo, se llama la atención sobre el creciente «profesionalismo actorial [...] hacia mediados del siglo XVI», que conllevó una nueva «arquitectura escenográfica, nutrida por la impresión de tratados renacentistas que fueron codificando significados en un nuevo lenguaje visual» para los diferentes géneros, y que fijaron también las normas para el espacio pastoril.

Isabel Müller quiere llenar, con su ponencia «Espacio de contiendas y de amores. Sobre la representación de la frontera en la comedia de Lope de Vega», un vacío que existe en los «numerosos estudios sobre la semiótica del espacio dramático», analizando «la construcción, la semiótica y la función del espacio de la frontera en el teatro de Lope de Vega.» Después de unas reflexiones sobre la función de la 'frontera' y su «papel crucial a la hora de construir una identidad, tanto colectiva como individual», Isabel Müller analiza este espacio de encuentro o desencuentro con el «otro» o la «alteridad» basándose en cuatro de las muchas comedias lopescas sobre «temas relacionados con la Reconquista» o de «moros y cristianos» (*El primer Fajardo, El sol parado, El cerco de Santa Fe* y *El remedio en la desdicha*), dos de ellas relacionadas con contiendas militares y los otros dos con un «escenario de intrigas amorosas». Dadas las pocas posibilidades escenográficas de los corrales, la presentación concreta de este espacio de la frontera resulta ser más bien una «construcción verbal» (teicoscopias, relatos, diálogos etc.), aunque no faltaban efectos sonoros, vestuarios apropiados de los personajes o lienzos pintados de las murallas o tiendas de campaña. De todos modos, se trataba siempre de espacios semiotizados, con un «valor simbólico propio, como por ejemplo el de espacio de la masculinidad, el de espacio de heroicidad, el de espacio de la galantería etc.» Además, el espacio de la frontera también implicaba siempre elementos valorativos muy en favor del mundo cristiano-español de modo que, en el teatro de Lope, «el encuentro con el otro sirve principalmente para encontrarse a sí mismo, para reforzar la identidad propia.»

Romina Irene Palacios Espinoza describe y analiza en su ponencia «Espacio representado-dicho-imaginado: Corpus espacial de la comedia de capa y espada calderoniana», el catálogo del «corpus espacial» manejado por Pedro Calderón de la Barca en el género teatral de la comedia de capa y espada. En este *corpus*, bastante restringido, se destacan como constituyentes básicos los «espacios públicos» *versus* los «espacios privados», cada uno de ellos con su correspondiente simbología y sistema de valores. En la escena de los corrales estos dos espacios se realizan (y denominan) como «calle» y «casa», siendo aquella el «ambiente de interacción entre damas y galanes, amores y desamores, secretos y revelaciones», ligada al anonimato y «por lo general, a una suerte de azar», mientras que esta última constituye un sistema de premeditada configuración, de fijados códigos normativos y símbolos del reconocimiento del individuo como parte de un grupo social nuclear (la familia). El «camino» y el «jardín» serían extensiones del espacio público o «cuadros exteriores», siendo el «jardín» (y el campo) lugares simbólicos, a la vez de placer y de peligro. Del mismo modo, la «casa» tenía sus «sub-espacios», por una parte hacia dentro el «salón», la «alcoba de la dama» y el «cuarto de invitados» con su función, sus normas y simbología, y por otra parte hacia fuera las «puertas» y las «rejas». Si bien la autora concluye que «que este catálogo aún tiene que ser ampliado» consta que este «corpus espacial» hace patente los elementos espaciales de las que Calderón se sirvió continuamente, tal y como lo hizo con el repertorio fijo de los personajes (caballeros, damas, criados y criadas, gracioso, padre) para la construcción repetitiva de sus comedias de capa y espada.

Beatrice Schuchardt subraya desde el principio en su contribución sobre «Escenificaciones del hogar burgués en el teatro dieciochesco: espacio familiar – espacio comercial» la profunda ruptura que tuvo lugar −también a nivel del espacio teatral− entre la comedia barroca representada en los corrales y la comedia neoclásica de finales del siglo XVIII ('drama burgués' o 'sentimental') que, gracias a la reforma teatral del absolutismo ilustrado, pudo recurrir a construcciones teatrales radicalmente distintas y que, debido al uso de bastidores, de la 'cuarta pared' y otras innovaciones técnicas, posibilitaron escenificaciones mucho más 'realistas'. Sin embargo, se subraya que estos cambios en el teatro ilustrado se deben en primer lugar a la nueva mentalidad de la naciente burguesía en cuyo centro se encuentra ('hacia dentro') una tendencia hacia la interioridad familiar, así como ('hacia fuera') una tendencia hacia la vida profesional, que, en el caso concreto de las obras de Comella y Zavala y Zamora analizadas en esta ponencia, se manifiesta en el «comercio burgués». El hecho de centrarse la perspectiva sobre la familia y sus actividades económicas conlleva una construcción muy individualizada de la casa familiar y, por consiguiente, su representación en el escenario que se detalla «por medio de la decoración a través de las notas escénicas.» Este escenario que "provoca una ilusión de realidad" permite, según postula la autora, una mayor identificación de los espectadores (burgueses) con los problemas representados, lo que transforma el nuevo teatro ilustrado en un 'espacio pedagógico'.

Ingrid Simson se refiere en su ponencia sobre «Construcciones espaciales de América en el teatro del Siglo de Oro: demostración de poder y apropiación simbólica» a aquellas −no muy numerosas comedias áureas, un conjunto de tan solo 28 obras− cuya acción se desarrolla en el Nuevo Mundo. El poco espacio que ocupan estas comedias en el océano de la producción teatral del Siglo de Oro se explica por la censura real que hizo de América un tema tabú. Siguiendo una distinción hecha por Stephen Greenblatt la autora hace constar que la gran mayoría de aquellas comedias −en general obras de encargo− ofrecen «espacios de poder», es decir, espacios de la exaltación y la legitimación de la Conquista y de la evangelización española. Tan solo dos obras presentan «espacios de subversión» que cuestionan (en cierta medida) la colonización y sus protagonistas. Además, se hace constar que estas obras no funcionan como «espacios de conocimientos» ya que reducen la alteridad y la visión del «otro» americano a unos cuantos estereotipos europeos preconcebidos, de modo que «se puede hablar de una apropiación radical del espacio indígena por el espacio español.»

Marcella Trambaioli se refiere, en su estudio intitulado «La casa de la dama en la Comedia Nueva (Lope, Calderón Moreto) y en la resemantización vanguardista de García Lorca» al «espacio doméstico que en la cultura occidental, desde la Grecia antigua, se ha reservado a las mujeres como nicho claustrofóbico en que todas las ambiciones intelectuales y expectativas existenciales resultan anuladas.» Por medio de esta tesis se explica, con referencia a la *Casa de muñecas* de Ibsen, el esquema espacial (e ideológico) de la comedia áurea de ambientación urbana donde la 'casa (de la dama)' o 'espacio interior' está omnipresente. A este espacio corresponde una imagen de la mujer «honrada y casadera» que, al parecer, domina este espacio interior y lo maneja por completo gracias a su ingenio que resulta incontrolable, tal y como lo demuestra el ejemplo de doña Ángela de *La Dama duende*. Sin embargo, esta aparente autonomía y libertad de la mujer sirve tan solo a «la única gesta que se le concede (la de cazar marido)», de modo que a través de la 'trampa' «del matrimonio qued[a] encerrada para siempre en su cárcel doméstica, conforme al dictado de la cultura masculina imperante.» Este modelo espacial lo vuelve a 'resemantizar' García Lorca en *El amor de don Perlimplín* y *La casa de Bernarda Alba*, con un mensaje político-social de inmediata actualidad, ya que, según concluye la autora, en estas obras lorquianas «la representación del espacio doméstico echa en cara al público las injusticias y las paradojas de la condición femenina como resultado de una manipulación ideológica milenaria: la de la cultura patriarcal.»

Estas doce ponencias que se presentaron en la sección «Espacios en el teatro español de la Temprana Modernidad. Siglos XVI–XVIII» forman un conjunto coherente que, gracias a sus análisis pormenorizados de una serie de obras ejemplares del Siglo de Oro y de la época de la Ilustración española, enriquecen los estudios ya clásicos en este campo (basta con referirse a los trabajos de Javier Ruviera Fernández, Marie-Eugénie Kaufmant, Marc Vitse, Ignacio Arellano o Aurelio González Pérez) y que, no cabe duda, abren caminos nuevos para investigaciones futuras.

***

Quisiéramos aprovechar estas breves notas para dar las más cordiales gracias a todos los colaboradores y colaboradoras de la *Sección Teatro*, cuyas aportaciones nos permitieron aplicar las categorías del *spatial turn* al campo tan rico y variado del teatro hispano. Igualmente, quisiéramos incluir en de estas palabras de agradecimiento nuestra muestra de gratitud para con los responsables de la *Asociación Internacional de Hispanistas* que nos confiaron la dirección de la Sección, y, por supuesto, para con el equipo de la Universidad de Münster a quien debemos un apoyo amistoso e incansable.

Beata Baczyńska

Príncipes perseguidos y valientes damas de comedia. El espacio de la Europa del Este y del Norte en el teatro áureo español[1]

Resumen: *El príncipe perseguido*, comedia escrita en colaboración por Luis Bel-monte Bermúdez, Agustín Moreto y Antonio Martínez de Meneses en ca. 1645, se desarrolla en un espacio que abarca Moscovia y Polonia. El texto se ofrece como una libre adaptación de *El gran duque de Moscovia* de Lope de Vega, con interesantes ecos de *La vida es sueño* de Calderón: trata de la sucesión dinástica en el Gran Ducado de Moscovia y la intervención por parte del rey de Polonia, quien obra en nombre de su hermana, prometida del príncipe Demetrio, heredero perseguido. Me propongo retomar las recientes reflexiones de Miguel Zugasti en torno a la comedia palatina seria, así como las de José Luis Losada Palenzuela sobre la imagen septentrional de Polonia en la literatura barroca española, para recrear la topografía de la Europa del Este y del Norte vista desde el corral de comedias y el teatro cortesano (de corte) en la época de Felipe III y Felipe IV.

Palabras clave: Comedia palatina, reescritura, comedia colaborada, Lope de Vega, Moreto, régimen de príncipes

El punto de partida del presente trabajo lo constituye el manuscrito teatral Res/81 de la Biblioteca Nacional de España –*El príncipe perseguido* de Luis Belmonte Bermúdez, Agustín Moreto y Antonio Martínez de Meneses,[2] cuya descripción Roberta Alviti incluye en el catálogo de los manuscritos autógrafos de comedias

---

1 Este trabajo se enmarca en el proyecto de investigación *La obra dramática de Agustín Moreto. Edición y estudio de sus comedias IV: las comedias escritas en colaboración*, financiado por el Ministerio de Economía y Competitividad (Proyecto I+D Excelencia 2014, FFI2014-58570-P).
2 Luis Belmonte Bermúdez, Agustín Moreto y Antonio Martínez de Meneses, *El príncipe perseguido. Comedia en tres jornadas*, ante 1650, manuscrito digitalizado de la Biblioteca Nacional de España, Res/81 (en línea) [fecha de consulta: 14-07-2017] <http://bdh-rd.bne.es/viewer.vm?id=0000100625>. El texto de la comedia editado a partir del manuscrito se puede descargar en la página web del proyecto mencionado en la nota anterior: *El príncipe perseguido*, Beata Baczyńska (ed.), Burgos, Moretianos.com/Grupo PROTEO, s.a. (en línea) [fecha de consulta: 14-07-2017] <http://www.moretianos.com/encolaboracion.php>. Todas las citas a partir de éste.

Beata Baczyńska, Uniwersytet Wrocławski (Universidad de Wrocław)

https://doi.org/10.1515/9783110450828-031

áureas escritas en colaboración.[3] Se trata, siguiendo a Alessandro Cassol, quien retoma las observaciones de Alviti:

> [...] [del] único manuscrito autógrafo conservado de una comedia colaborada de Moreto [...], interesante pieza basada en *El gran duque de Moscovia* de Lope y que a lo mejor se resiente también del modelo calderoniano de *La vida es sueño*. [...] no sólo disponemos de un dato cronológico seguro, la fecha *ante quem* (26 de abril de 1645), gracias a la censura de Juan Navarro de Espinosa, sino que estamos en condiciones de aventurar una hipótesis bien fundamentada en cuanto al método de composición de esta comedia.[4]

Creo importante añadir que el manuscrito posee dos anotaciones más relacionadas con la censura fechadas, respectivamente, el 20 y 21 de octubre de 1650 (ff. 1r y 31v), por lo que se ofrece como un interesante testimonio de las tensiones que venían afectando al negocio teatral en España a partir del año 1644 e influyendo de una forma decisiva en la escritura dramática.

El príncipe perseguido, que llegó a ser impreso en Alcalá de Henares ya en el año 1651 en un volumen editado por Tomás Alfay titulado *El mejor de los mejores libro que ha salido de comedias nuevas*,[5] se inscribe dentro de un importante grupo de comedias protagonizadas por príncipes y princesas procedentes del confín septentrional de Europa, con su topografía entre real e imaginada, que parece formar un *continuum*, por ejemplo, con los espacios ficcionales de la novela bizantina española estudiados por José Luis Losada Palenzuela en relación con *La historia de las fortunas de Semprilis y Genorodano* de Juan Enríquez de Zúñiga, publicada en 1629.[6] Sirva de botón de muestra *La vida es sueño*, que recurre a la onomástica presente en *Eustorgio y Clorilene. Historia moscovica* de Enrique Suárez de Mendoza y Figueroa, también impresa en 1629. Miguel Zugasti –en un artículo reciente– insiste

---

3 Roberta Alviti, *I manoscritti autografi delle commedie del Siglo de Oro scritte in collaborazione. Catalogo e studio*, Florencia, Alinea Editrice, 2006, pp. 119-127.

4 Alessandro Cassol, «El ingenio compartido. Panorama de las comedias colaboradas de Moreto», en María Luisa Lobato y Juan Antonio Martínez Berbel (eds.), *Moretiana: adversa y próspera fortuna de Agustín Moreto*, Madrid/Frankfurt, Iberoamericana/Vervuert, 2008, p. 175; véase también María Luisa Lobato, «Escribir entre amigos: hacia una morfología de la escritura dramática moretiana en colaboración», en *Bulletin of Spanish Studies*, 92.8-10 (2015), pp. 333-346.

5 La parte correspondiente fue reimpresa en Madrid, en 1653; véase Alejandra Ulla Lorenzo, «Las comedias escritas en colaboración y su publicación en las *Partes*», en *Criticón*, 108 (2010), pp. 84-85. Se conservan varios testimonios impresos de *El príncipe perseguido*; todos ofrecen lecturas diferentes al manuscrito.

6 José Luis Losada Palenzuela, «Desplazamiento de la imagen septentrional: Polonia en *La historia de las fortunas de Semprilis y Genorodano*», en Hanno Ehrlicher y Jörg Dünne (eds.), *Ficciones entre mundos. «El Persiles» de Cervantes y las novelas de aventuras áureas*, Kassel, Reichenberger, 2017, pp. 253-273.

en el carácter paradigmático de *La vida es sueño* en cuanto comedia palatina seria.[7] Subraya que cumple la premisa del doble alejamiento espacial y temporal, haciendo juego con la onomástica y la topografía con el fin pedagógico «de regimiento de príncipes, de avisos para el buen gobierno, de escarmentar en cabeza ajena, sin personalizar en ningún rey ni poderoso [...] coetáneos».[8] Los nombres de los protagonistas de *La vida es sueño* –Segismundo y Rosaura– reaparecen como personajes secundarios, hijos de Filipo, privado del rey polaco, en *Yerros de naturaleza y aciertos de la fortuna*, una comedia en colaboración firmada por Calderón y Antonio Coello, cuya censura data del 4 de mayo de 1634, en la cual Matilde, la hermana gemela de Poliodoro, manda hacer desaparecer a su hermano para hacerse con el poder de Polonia. Durante mucho tiempo *La vida es sueño* fue de hecho considerada una reelaboración de *Yerros de naturaleza y aciertos de la fortuna*.[9] Puede resultar interesante decir que tanto el papel de Matilde como el de Poliodoro, es decir, los hermanos gemelos, fueron pensados para una sola actriz: María de Córdoba, conocida como *Amarilis*.[10] De la misma época procede también *No hay ser padre siendo rey* de Francisco de Rojas Zorrilla, representada en el Salón del Alcázar el 1 de enero de 1635, en la cual se enfrentan dos hermanos, Rugero y Alejandro, hijos del rey de Polonia. Escribe al respecto Felipe B. Pedraza Jiménez:

> La Polonia de *No hay ser padre siendo rey* es tan realista (para la óptica del asiduo de los corrales), que no falta en ella la torre de la que había dado cumplida notica Calderón en *La vida es sueño*. [...] el poeta no había derrochado imaginación ya que su Polonia coincidía punto por punto con la aceptada por cuantos habían visto o leído *La vida es sueño* o *Yerros de naturaleza y aciertos de la fortuna* (1634) de Coello y Calderón, donde también hay, como bien se sabe, príncipe encarcelado.[11]

No debe extrañar que la usurpación violenta del poder, incluidos regicidio y fratricidio, fuese uno de los temas de primera importancia en el teatro del Siglo de Oro español, como lo fue en el teatro europeo desde sus orígenes.[12] Y aún menos, si nos

---

7 Miguel Zugasti, «A vueltas con el género de *La vida es sueño*: comedia palatina seria», en Miguel Zugasti (dir.) y Mar Zubieta (ed.), *La comedia palatina del Siglo de Oro*, número monográfico de *Cuadernos de Teatro Clásico*, 31 (2015), p. 261.

8 Miguel Zugasti, «A vueltas con el género de *La vida es sueño*: comedia palatina seria», p. 263.

9 Ver por ejemplo Albert E. Sloman, *The Dramatic Craftmanship of Calderón. His Use of Earlier Plays*, Oxford, Dolphin, 1958, pp. 250-277.

10 Don W. Cruickshank, *Calderón de la Barca. Su carrera secular*, José Luis Gil Aristu (trad.), Madrid, Gredos, 2011, pp. 234-235.

11 Felipe B. Pedraza Jiménez, *Estudios de Rojas Zorrilla*, Cuenca, Ediciones de la Universidad de Castilla-La Mancha, 2007, p. 189.

12 El tema ha sido estudiado en detalle en A. Robert Lauer, *Tyrannicide and Drama*, Stuttgart, Franz Steiner, 1987.

acordamos de los repetidos memoriales de Olivares que avisaban a Felipe IV «sobre el estado de los señores infantes don Carlos y don Fernando».[13] Sin embargo, no deja de ser curioso que la acción de muchos de los dramas que tratan de tiranos o usurpadores (y no tienen que ver con la historia de Roma o el Antiguo Testamento) quede relegada a los confines del norte de Europa. El caso de *La vida es sueño* es muy llamativo, ya que la obra maestra de Calderón ofrece una peculiar variación de elementos que el público podía identificar con Polonia: sus reyes, sus leyes y sus súbditos.

Calderón solía entrelazar la poesía con la historia sin temor al anacronismo, el cual no representaba amenaza alguna para los requisitos de la verdad de la representación mimética en su época. Además, *La vida es sueño* presenta unas claras (aunque discretas) conotaciones políticas.[14] Se trata de una de las estrategias empleadas por Calderón: un dramaturgo que espera *éxito* de sus obras siempre tiene presente que escribe para el teatro, es decir, un medio que se alimenta de la actualidad y que está *hic et nunc*.[15] Con perspicacia lo observó uno de los primeros traductores polacos de *La vida es sueño* en el año 1881:

> Aquella Polonia es como la Bohemia en *The Winter´s Tale* de Shakespeare. Su capital y el castillo real están al lado del mar, hipógrifos anidan en sus montañas [...]. Sin embargo, no nos enfademos con Calderón: si no nos conociera, se nos imaginaba de la mejor manera posible. El rey Basilio es un gran sabio como Alfonso X, rey de Castilla, el príncipe Segismundo [...] en fin es un hombre valiente, Clotaldo representa la lealtad de la nobleza frente al trono, el estado en sí es grande y famoso. Se trata pues de un reflejo infalible de la opinión que la corte de Felipe IV tuvo sobre la Polonia de Segismundo III y Ladislao IV.[16]

Polonia, en el drama de Calderón, es, desde luego, un país de ficción y utopía. No obstante, aquello no impide buscar relaciones entre la imaginación del poeta y la realidad histórica, reconociendo su inusitada intuición a la hora de valorar y enfocar los hechos. Comparto la opinión de Zugasti, quien relaciona los nombres

---

13 Cito por John H. Elliott y José F. de la Peña (eds.), *Memoriales y cartas del Conde Duque de Olivares*, Madrid, Alfaguara, 1978-1981, vol. 1, p. 165; ver Beata Baczyńska, *Pedro Calderón de la Barca: dramaturgo en el gran teatro de la historia*, Justyna C. Nowicka y Beata Baczyńska (trad.) y Trinidad Marín Villora (rev.), Alicante, Biblioteca Virtual Miguel de Cervantes, 2016, pp. 144-145 (en línea) [fecha de consulta: 15-07-2017] <http://www.cervantesvirtual.com/obra/pedro-calderon-de-la-barca-dramaturgo-en-el-gran-teatro-de-la-historia--version-castellana-corregida-y-ampliada>.
14 Beata Baczyńska, «Polonia y el mar: en torno al verso 1430 de *La vida es sueño* de Pedro Calderón de la Barca», en *Scriptura*, 17 (2002), pp. 47-63.
15 Véase Beata Baczyńska, *Pedro Calderón de la Barca: dramaturgo en el gran teatro de la historia*, pp. 385-425 (en especial, pp. 405-407).
16 El autor de estas palabras, Józef Szujski, fue uno de los más eminentes historiadores decimonónicos polacos; cito por Pedro Calderón de la Barca, *Życie snem. Dramat Kalderona dziejący się w Polsce*, Józef Szujski (trad. y ed.), Lwów, Gubrynowicz i Schmidt, 1883, p. 4.

de Segismundo y Basilio calderonianos con la «innegable impronta política y ejemplar de la comedia»,[17] señalando su afinidad con el zar ruso Basilio IV (el boyardo Vasili Ivanovich Shuiski ascendió al poder tras asesinar a Demetrio I, el Falso, en 1606) y Segismundo III Vasa, rey polaco, cuyas tropas le derrotaron y depusieron del trono en 1610. Vasili Shuiski moriría dos años más tarde encarcelado en un castillo en Polonia.

El príncipe perseguido de tres ingenios se nutre de los mismos sucesos históricos, ya que se trata de una reescritura de la comedia de Lope de Vega *El gran duque de Moscovia y emperador perseguido*, publicada en la *Parte séptima*, en el año 1617. Al parecer fue la tercera vez que Agustín Moreto (1618–1669), un poeta relativamente joven, colaboraba con Luis Belmonte Bermúdez (1587–¿1650?) y Antonio Martínez de Meneses (¿1608?-¿1660?). Los dos eran dramaturgos expertos en la escritura de consuno, sin embargo, es probable que la idea de refundir la comedia de Lope fuese de Moreto.[18] El fruto de la colaboración fue una comedia sobre un tema histórico que correspondía con el decreto que había sido promulgado el año anterior por el Consejo Real. José de Pellicer y Tobar –con fecha del 1 de marzo de 1644– alude en sus *Avisos* a esa normativa: «que no se puedan representar de inventiva propia de los que las hacen, sino de historias o vida de Santos».[19]

El príncipe perseguido tan solo al parecer es una comedia de historia. Los tres ingenios reescribieron la comedia de Lope de Vega –aquella sí basada en fuentes de la época que relataban en detalle «hechos históricos contemporáneos, acontecidos entre 1603 y 1606»[20]–permitiéndose toda una serie de licencias. En primer

---

17 Miguel Zugasti, «A vueltas con el género de *La vida es sueño*: comedia palatina seria», p. 265.

18 Ver Alessandro Cassol, «El ingenio compartido. Panorama de las comedias colaboradas de Moreto», pp. 170-171; María Luisa Lobato, «Escribir entre amigos: hacia una morfología de la escritura dramática moretiana en colaboración», p. 334. Recordemos que Moreto se ganó la fama de refundidor de comedias viejas, mientras que Belmonte y Martínez de Meneses solían trabajar juntos, según se desprende del *Vejamen* de Jerónimo Cáncer, compuesto probablemente entre 1644 y 1646; véase Juan Carlos González Maya, «*Vejamen de D. Jerónimo Cáncer*. Estudio, edición crítica y notas», en *Criticón*, 96 (2006), pp. 87-114 (en especial pp. 101 y 106) y Beata Baczyńska, «*El mejor amigo, el rey* y *Cautela contra cautela*: la reescritura como técnica dramática áurea», en María Luisa Lobato y Juan Antonio Martínez Berbel (eds.), *Moretiana: adversa y próspera fortuna de Agustín Moreto*, Madrid/Frankfurt, Iberoamericana/Vervuert, 2008, pp. 123-140.

19 John E. Varey y Norman D. Shergold, «Datos históricos sobre los primeros teatros de Madrid: prohibiciones de autos y comedias y sus consecuencias (1644-1651)», en *Bulletin Hispanique*, 62.3 (1960), pp. 286-287.

20 Para los datos referentes a *El gran duque de Moscovia o emperador perseguido*, drama escrito por Lope de Vega probablemente en 1606, aquí y en adelante, véase la ficha correspondiente: «GRAN DUQUE DE MOSCOVIA Y EMPERADOR PERSEGUIDO, Comedia famosa de, EL», en *ArteLope. Base de datos y argumentos del teatro de Lope de Vega* (ficha teatral) [fecha de consulta: 14-07-2017] <http://artelope.uv.es/basededatos/browserecord.php?-action=browse&-recid=153>.

lugar limitaron el número de personajes (en la comedia fuente son casi 40), reelaborando y condensando los sucesos presentados por Lope de Vega en *El Gran Duque de Moscovia y emperador perseguido*:

El príncipe perseguido	El gran duque de Moscovia y emperador perseguido
«Juan Basilio, señor nuestro,/a quien ya cuentan por horas/la vida [...]/es Gran Duque de Moscovia,/emperador de Rusia» (vv. 1–11); no aparece en escena	Basilio, gran duque de Moscovia
Juan Basilio, príncipe, el único hijo de Juan Basilio, con quien «anduvo tan corta/ naturaleza que al alma/le negó la generosa/ porción del entendimiento» (vv. 28–31)	Teodoro y Juan, príncipes, dos hijos del gran duque Basilio
Demetrio, su hijo y nieto de Juan Basilio, «niño que agora/cumple diez años» (vv. 38–39)	Demetrio, hijo de Teodoro y nieto de Basilio
Pepino, gracioso	Rufino, criado [gentilhombre español]
Margarita, dama, hermana del rey de Polonia	Margarita, hija del Conde Palatino
Elena, dama, hija de Jacobo Mauricio	—
Laura, criada	—
Jacobo Mauricio, barba entrecana, hermano menor de Juan Basilio, tío de Demetrio, regente y usurpador	Boris, caballero, hermano de Cristina y tío de Demetrio, regente y usurpador
Filipo, viejo, ayo de Demetrio	Lamberto, caballero, esposo de Tibalda y padre de César que es asesinado por Rodulfo, quien cree haber matado a Demetrio; muere al principio de la segunda jornada
Ladislao, príncipe de Polonia (a partir de la segunda jornada, rey de Polonia)	El Conde Palatino y el rey de Polonia, Segismundo III
Rodulfo, embajador	Rodulfo, caballero, el ejecutor de las órdenes de Boris

La refundición se aleja de la realidad histórica y de la comedia fuente, insistiendo en la conducta ejemplar de los protagonistas hasta el extremo de hacer que el padre de Demetrio recupere la cordura y la razón para ser capaz de gobernar él solo. Los tres ingenios recurren a motivos característicos de la comedia palatina y ensalzan el amor y el honor como principal móvil de la conducta de los personajes principales: una joya con retrato de la princesa, una dama socorrida en peligro, un encuentro de los prometidos en el jardín que resulta concluyente para la trama amorosa. La escena en los jardines de Belflor, que culmina la segunda jornada, anticipando la anagnórisis final, ofrece una fuerte condensación icónica. Marta Pilat-Zuzankiewicz subraya su «alto valor emblemático» (toda la comedia abunda en construcciones icónico-verbales de ese tipo, armoniosa y hábilmente insertadas en su estructura dramática): «el joven príncipe, disfrazado de jardinero, en una conversación con la infanta Margarita traza ciertas analogías entre su trabajo y el oficio real, revelando de esta manera su verdadera identidad».[21]

El príncipe perseguido presenta cabalmente los doce rasgos morfológicos de la comedia palatina tal como las define Miguel Zugasti: 1) el ambiente idealista de fantasía cortesana «da cauce a una larga serie de sucesos novelescos y galantes que son el eje de la acción dramática», ubicada en el Gran Ducado de Moscovia y el reino de Polonia; 2) el alejamiento espacial y temporal permite conseguir «un doble distanciamiento de la acción» y, a la vez, 3) activa «un cierto componente exótico cuyo fin es atraer [...] la atención del espectador» y poder presentar «episodios (no siempre airosos) acaecidos a reyes, duques u otros altos personajes, sin levantar suspicacias entre el poder establecido o los nobles de la época»; 4) el príncipe Demetrio, el protagonista de la comedia, oculta su identidad para eludir la persecución y la muerte vistiéndose, primero, de monje y, después, de jardinero; 5) aunque la acción se desarrolla en la corte de Moscovia y en la corte polaca, aludiendo a un suceso ocurrido en los años 1603–1606, 6) su nexo con la historia resulta muy leve y sutil, 7) lo que confirma la onomástica de los protagonistas, que combina nombres históricos con ficcionales (observemos que los tres ingenios introducen importantes cambios al respecto de la comedia fuente, ver arriba); 8) la reivindicación de lo hispano (el gracioso Pepino ostenta su relación con España, no en vano en la comedia fuente el criado que acompaña a Demetrio, Rufino, es –literalmente– hidalgo español); 9) la unidad de acción con «una tendencia a respetar las unidades de espacio y tiempo» que, en el caso de *El príncipe perseguido*, conduce a una

---

21 Marta Pilat-Zuzankiewicz, «La historia del zarévich Demetrio: una lectura emblemática de la comedia *El príncipe perseguido*», en Mariela Insúa y Felix K. E. Schmelzer (eds.), *Teatro y poder en el Siglo de Oro*, Pamplona, Servicio de Publicaciones de la Universidad de Navarra, 2013, p. 175. Cito a partir de la versión digital [fecha de consulta: 14-07-2017] <http://dadun.unav.edu/handle/10171/34314>. Observemos al margen que la situación era casi un lugar común para los autores teatrales de la época: recuérdese el encaramiento entre don Fernando y la princesa mora Fénix en *El príncipe constante* de Calderón, cuando el infante explícitamente se refiere a las flores como jeroglíficos e insiste en su lectura vanitaria.

condesación del espacio entre Polonia y Moscovia en un claro beneficio de la verosimilitud que hace que los personajes «se [muevan] entre unos sitios y otros con fluidez, quedando claro que campos y villas no distan mucho»; 10) el enredo debido a la ocultación de la verdadera identidad de Demetrio provoca el suspense y logra «que el espectador se apegue a las tablas»; 11) y el tema de la usurpación del poder por el regente «prima sobre la acción y es el que confiere unidad dramática a la comedia», 12) todo lo cual permite constatar que *El príncipe perseguido* es a todas luces –siguiendo la denominación propuesta por Zugasti– «una comedia palatina seria».[22]

Resulta significativa la ampliación del papel del rey de Polonia, que se convierte en uno de los protagonistas de *El príncipe perseguido*: aparece ya en la jornada primera como galán y príncipe interesado en un doble enlace dinástico para garantizar una buena relación entre los dos estados (vv. 58–74):

> JACOBO MAURICIO Como la fama le informa
> de la enfermedad del rey,
> viene de Bohemia agora,
> término de esta provincia,
> por verle y a que sus bodas
> se dispongan con Elena,
> mi hija. [...]
> [...] Viene también
> a tratar que se dispongan
> las bodas de Margarita,
> su hermana [...]
> [...] con Demetrio,
> niños los dos.

Lleva el nombre de Ladislao, y no el de Segismundo III, quien estuvo vinculado a los sucesos relacionados con los falsos Demetrios. Ladislao IV Vasa fue rey de Polonia en los años 1632–1648, es decir, cuando *El príncipe perseguido* fue concebido para la escena. La princesa polaca Margarita actúa de una manera muy decidida incitando a su hermano a que defienda los derechos de su prometido, Demetrio. También Elena, segunda dama de la comedia, hija de Jacobo Mauricio, manifiesta su independencia y valentía. Ayuda a Juan Basilio a abandonar la torre en la cual el usurpador había encarcelado al legítimo heredero del Gran

---

22 Miguel Zugasti, «Comedia palatina cómica y comedia palatina seria en el Siglo de Oro», en Eva Galar y Blanca Oteiza (eds.), *El sustento de los discretos. La dramaturgia áulica de Tirso de Molina*, Pamplona, Instituto de Estudios Tirsianos, 2003, pp. 159-185.

Ducado de Moscovia, puesto que *El príncipe perseguido* retoma el motivo del «príncipe encarcelado» de *La vida es sueño* en la figura del padre de Demetrio. Éste –sujeto a una vil persecución– llega a recuperar la razón y fuerza de voluntad. El soliloquio que Juan Basilio pronuncia en la torre hace eco de las décimas de Segismundo (vv. 2740–2748):

JUAN Basilio Si el ser consiste en saber,
quien tan ignorante ha sido
que nació para no ser,
¿de qué sirve haber nacido?
Siendo para efectos tales
incapaz, no hay distinción
del hombre a los animales,
aun de más provecho
son los mismos irracionales.

Los tres ingenios no pretendieron recrear la situación histórica, ni tampoco geográfica. Sin embargo, muestran un claro interés por poblar el texto dramático con topónimos que ubican la acción en el noreste de Europa: Polonia y polacos (14), Moscovia (10), Alemania y alemanes (6) Rusia (3), Tártaro (2), Borístenes (1), Bohemia (1).[23]

El manuscrito de *El príncipe perseguido* lleva en el folio 31v una nota del censor firmada, como la anterior, el 26 de abril de 1645 por Juan Navarro de Espinosa, quien resume el argumento de la comedia recurriendo a toda una serie de fórmulas evaluativas. Salta a la vista la exageración:

---

23 Ladislao «viene de Bohemia» (v. 60), como si Bohemia hiciese frontera con Moscovia, se trata probablemente de un lapsus por parte de Luis Belmonte Bermúdez, el autor de la primera jornada de *El príncipe perseguido*. En la comedia fuente la acción se desarrolla en Moscovia, Livonia y Polonia. Livonia (en actualidad Estonia y Letonia) se encontraba al norte del Gran Ducado de Lituania y fue dominio de los reyes polacos. En la comedia de Lope de Vega la licencia geográfica se debe claramente a la fuente directa que describe –antes de empezar a relatar los sucesos– los confines del Gran Ducado de Moscovia: «Todo este imperio del Gran Duque de Moscovia hacia el Septentrión se extiende hasta el Mar Glacial o Mar Helado. Al oriente confina con los Tártaros, particularmente con los llanados cheremises hasta el Mar Caspio en la Asia. Al mediodía, con los demás tártaros y polacos. Al Occidente, con la Livonia y Finlandia, sugeta al Reino de Suecia, el cual Reino es de Sigismundo Tercero, Serenissimo Rey de Polonia que al presente reina» (Juan Mosquera, *Relación de la señalada, y como milagrosa conquista del paterno imperio conseguida del serenissimo principe Juan Demetrio, Gran Duque de Moscovia*, Valladolid, Andrés Merchán, 1606, f. 2v [en línea] [fecha de consulta: 14-07-2017] <https://books.google.pl/books?id=CpQI8L-4FSe4C>).

> He visto esta comedia y si bien su historia humana es tan piadosa y el caso tan decoroso y ejemplar que puede pasar por divina que el *Príncipe perseguido* en ella es niño y en sus adversidades se vale del asilo de San Francisco tomando su hábito con que se libra del tirano que le persigue siendo este el mejor paso de la comedia. Puede llamarse la inocencia perseguida y sagrado de Francisco, con que el nombre es más piadoso y se podrá repetir segunda vez en los teatros desta corte. Este es mi parecer en Madrid, a 21 de octubre de 1650.

La actividad teatral en la década de los años 40 del siglo XVII se vio fuertemente condicionada por las desgracias que cayeron sobre los Habsburgo de Madrid: la muerte de la reina Isabel el 6 de octubre de 1644 y la de Baltasar Carlos, dos años más tarde, el 9 de octubre de 1646. Lo acredita de una manera indirecta también la carta que Felipe IV dirigió a Sor María de Jesús de Ágreda con fecha de 7 de marzo de 1646:

> Cuanto puedo hago por evitar ofensas públicas y escandalosas de Nuestro Señor, pues reconozco verdaderamente que cuanto más le ofendamos más armas damos a nuestros enemigos; y ahora, actualmente, se han dado órdenes para reformar los trajes en las mujeres y en los hombres, y para que cesen las comedias, por parecer que destas causas proceden parte de los pecados que se cometen, y tengo enargado a todos mis ministros que obren en sus oficios como deben.[24]

La suspensión de comedias se prolongó de hecho hasta finales de 1649, cuando con la entrada en Madrid de la segunda esposa de Felipe IV, Mariana de Austria, el negocio teatral pudo volver a la relativa normalidad. Es cuando pudo representarse por segunda vez –según se desprende de la anotación del censor citada arriba– *El príncipe perseguido* de tres ingenios.

Los sucesos ocurridos en el Gran Ducado de Moscovia al principio del siglo XVII dejaron una singular impronta en el teatro áureo español.[25] Los espacios del norte de Europa –entre imaginarios y reales– se prestaban muy bien para «el arte áulica y política»[26] que tanto enfatizaría Bances Candamo en *Teatro de los teatros* en los años futuros.

---

24 Carlos Seco Serrano (ed.), *Cartas de sor María de Jesús de Ágreda y de Felipe IV*, Madrid, Atlas, 1958, vol. 1, p. 52.
25 Ver también Ervin C. Brody, *The Demetrius Legend and Its Literary Treatment in the Age of Baroque*, Cranbury, Fairleigh Dickinson University Press, 1972; A. Robert Lauer, *The Restoration of Monarchy: «Hados y lados hacen dichosos y desdichados»*, Kassel, Reichenberger, 1987.
26 Francisco Antonio de Bances Candamo, *Teatro de los teatros*, Duncan Moir (ed.), London, Tamesis, 1970, p. 56.

Obras citadas

Alviti, Roberta, *I manoscritti autografi delle commedie del Siglo de Oro scritte in collaborazione. Catalogo e studio*, Florencia, Alinea Editrice, 2006.

Baczyńska, Beata, *Pedro Calderón de la Barca: dramaturgo en el gran teatro de la historia*, Justyna C. Nowicka y Beata Baczyńska (trad.) y Trinidad Marín Villora (rev.), Alicante, Biblioteca Virtual Miguel de Cervantes, 2016, (en línea) [fecha de consulta: 15-07-2017] <http://www.cervantesvirtual.com/obra/pedro-calderon-de-la-barca-dramaturgo-en-el-gran-teatro-de-la-historia--version-castellana-corregida-y-ampliada>

—, «*El mejor amigo, el rey* y *Cautela contra cautela*: la reescritura como técnica dramática áurea», en María Luisa Lobato y Juan Antonio Martínez Berbel (eds.), *Moretiana: adversa y próspera fortuna de Agustín Moreto*, Madrid/Frankfurt, Iberoamericana/Vervuert, 2008, pp. 123–140.

—, «Polonia y el mar: en torno al verso 1430 de *La vida es sueño* de Pedro Calderón de la Barca», en *Scriptura*, 17 (2002), pp. 47–63.

Bances Candamo, Francisco Antonio de, *Teatro de los teatros*, Duncan Moir (ed.), London, Tamesis, 1970.

Belmonte Bermúdez, Luis, Agustín Moreto, y Antonio Martínez de Meneses, *El príncipe perseguido*, Beata Baczyńska (ed.), s.l., Moretianos.com/Grupo PROTEO, s.a. (en línea) [fecha de consulta: 14-07-2017] <http://www.moretianos.com/encolaboracion.php>.

—, *El príncipe perseguido. Comedia en tres jornadas*, ante 1650 (manuscrito, Biblioteca Nacional de España, Res/81, en línea) [fecha de consulta: 14-07-2017] <http://bdh-rd.bne.es/viewer.vm?id=0000100625>.

Brody, Ervin C., *The Demetrius Legend and Its Literary Treatment in the Age of Baroque*, Cranbury, Fairleigh Dickinson University Press, 1972.

Calderón de la Barca, Pedro, *Życie snem. Dramat Kalderona dziejący się w Polsce*, Józef Szujski (trad. y ed.), Lwów, Gubrynowicz i Schmidt, 1883.

Cassol, Alessandro, «El ingenio compartido. Panorama de las comedias colaboradas de Moreto», en María Luisa Lobato y Juan Antonio Martínez Berbel (eds.), *Moretiana: adversa y próspera fortuna de Agustín Moreto*, Madrid/Frankfurt, Iberoamericana/Vervuert, 2008 pp. 165–184.

Cruickshank, Don W., *Calderón de la Barca. Su carrera secular*, José Luis Gil Aristu (trad.), Madrid, Gredos, 2011.

Elliott, John H., y José F. de la Peña (eds.), *Memoriales y cartas del Conde Duque de Olivares*, Madrid, Alfaguara, 1978–1981.

González Maya, Juan Carlos, «*Vejamen de D. Jerónimo Cáncer*. Estudio, edición crítica y notas», en *Criticón*, 96 (2006), pp. 87–114.

«GRAN DUQUE DE MOSCOVIA Y EMPERADOR PERSEGUIDO, Comedia famosa de, EL», en *ArteLope. Base de datos y argumentos del teatro de Lope de Vega* (ficha teatral) [fecha de consulta: 14-07-2017] <http://artelope.uv.es/basededatos/browserecord.php?-action=-browse&-recid=153>.

Lauer, A. Robert, *The Restoration of Monarchy: «Hados y lados hacen dichosos y desdichados»*, Kassel, Reichenberger, 1987.

—, *Tyrannicide and Drama*, Stuttgart, Franz Steiner, 1987.

Lobato, María Luisa, «Escribir entre amigos: hacia una morfología de la escritura dramática moretiana en colaboración», en *Bulletin of Spanish Studies*, 92.8–10 (2015), pp. 333–346.

Losada Palenzuela, José Luis, «Desplazamiento de la imagen septentrional: Polonia en *La historia de las fortunas de Semprilis y Genorodano*», en Hanno Ehrlicher y Jörg Dünne (eds.), *Ficciones entre mundos*. «El *Persiles*» *de Cervantes y las novelas de aventuras áureas*, Kassel, Reichenberger, 2017, pp. 253–273.

Mosquera, Juan, *Relación de la señalada, y como milagrosa conquista del paterno imperio conseguida del serenissimo principe Juan Demetrio, Gran Duque de Moscovia*, Valladolid, Andrés Merchán, 1606 (en línea) [fecha de consulta: 14-07-2017] <https://books.google.pl/books?id=CpQI8L4FSe4C>.

Pedraza Jiménez, Felipe B., *Estudios de Rojas Zorrilla*, Cuenca, Ediciones de la Universidad de Castilla-La Mancha, 2007.

Pilat-Zuzankiewicz, Marta, «La historia del zarévich Demetrio: una lectura emblemática de la comedia *El príncipe perseguido*», en Mariela Insúa y Felix K. E. Schmelzer (eds.), *Teatro y poder en el Siglo de Oro*, Pamplona, Servicio de Publicaciones de la Universidad de Navarra, 2013, p. 175 (en línea) [fecha de consulta: 14-07-2017] <http://dadun.unav.edu/handle/10171/34314>.

Seco Serrano, Carlos (ed.), *Cartas de sor María de Jesús de Ágreda y de Felipe IV*, Madrid, Atlas, 1958.

Sloman, Albert E., *The Dramatic Craftmanship of Calderón. His Use of Earlier Plays*, Oxford, Dolphin, 1958.

Ulla Lorenzo, Alejandra, «Las comedias escritas en colaboración y su publicación en las *Partes*», en *Criticón*, 108 (2010), pp. 79–98.

Varey, John E., y Norman D. Shergold, «Datos históricos sobre los primeros teatros de Madrid: prohibiciones de autos y comedias y sus consecuencias (1644–1651)», en *Bulletin Hispanique*, 62.3 (1960), pp. 286–287.

Zugasti, Miguel, «A vueltas con el género de *La vida es sueño*: comedia palatina seria», en Miguel Zugasti (dir.) y Mar Zubieta (ed.), *La comedia palatina del Siglo de Oro*, número monográfico de *Cuadernos de Teatro Clásico*, 31 (2015), pp. 257–296.

—, «Comedia palatina cómica y comedia palatina seria en el Siglo de Oro», en Eva Galar y Blanca Oteiza (eds.), *El sustento de los discretos. La dramaturgia áulica de Tirso de Molina*, Pamplona, Instituto de Estudios Tirsianos, 2003, pp. 159–185.

Ana Contreras Elvira y Alicia Blas Brunel

De las plazas al coliseo: revueltas en los teatros y vuelta a las calles. Lecturas de estructuras escénicas y texturas espaciales

«Damos forma a nuestros edificios,
y después nuestros edificios nos dan forma a nosotros».
Winston Churchill, Conferencia ante la Cámara de los Comunes, 1943.

Resumen: Analizar la evolución del *espacio teatral* es entender el pensamiento de cada época. En otras palabras, lo que cada sociedad piensa de sí misma toma forma y se hace espacio en la arquitectura escénica. Por eso, para leer las obras literario-dramáticas es necesario descifrar en ellas los lugares para los que fueron concebidos y los significados que aportan como formas simbólicas. Proponemos hacer un viaje analítico desde la plaza medieval, pasando por el corral del siglo XVII, hasta el coliseo dieciochesco a través del estudio de tres piezas breves de géneros raramente representados del siglo XVIII –*Mojiganga de los hombres, muxeres y las dueñas y los matachines*, de Fray Francisco Cisneros (1718); *Entremés de la Guitarra*, de Antonio de Zamora, y el sainete de *La pequeña folla*, de Sebastián Vázquez (1775)– y su puesta en escena en la RESAD de Madrid. Un proyecto pedagógico, artístico y académico multidisciplinar estrenado en el marco del I Congreso de Teatro Musical Español del siglo XVIII, celebrado en noviembre de 2015. Un viaje espacio-temporal por la tradición teatral española que nos acerca a la actualidad. A partir del análisis de este proyecto sacaremos algunas conclusiones sobre ciertas concomitancias entre el teatro pre-burgués y el teatro posdramático; así como entre sus contextos sociales y políticos.

Palabras clave: Arquitectura teatral española, teatro español del siglo XVIII, historia de la puesta en escena, pedagogía teatral, historia de los espacios escénicos

1 Introducción: escenas espaciales

El espacio arquitectónico es un poderoso configurador de comportamientos. Y no sólo en los teatros, sino también en todo tipo de edificios, calles y plazas. Winston Churchill lo entendió perfectamente cuando pronunció las palabras con

Ana Contreras Elvira y Alicia Blas Brunel, Real Escuela Superior de Arte Dramático

https://doi.org/10.1515/9783110450828-032

las que iniciamos este artículo para defender la reconstrucción de la Cámara de los Comunes británica tal como era antes del bombardeo de Londres del 10 de mayo de 1941.

No estaba hablando sólo del edificio, sino del tipo de actividades que se desarrollaban en dicha sala. En este caso, el tipo de democracia representativa. Y de cómo la británica se debía mantener igual que antes de la destrucción del Palacio de Westminster, sede del Parlamento, en la Segunda Guerra Mundial. Aparentemente lo consiguió, y el bipartidismo y la alternancia entre conservadores y laboristas del Parlamento británico, expresado en una sala dispuesta en dos bandas simétricas e idénticas, ocupadas alternativamente por gobierno y oposición, en «civilizada y cívica» alternancia, ha llegado hasta nuestros días.

Algo similar ocurre con los edificios teatrales, cuyo carácter simbólico tuvo un papel fundamental en la constitución de la metrópoli occidental. Basta recordar su rol articulador del estado moderno y la identidad nacional en las cortes renacentistas y barrocas,[1] o su aportación en la definición de la burguesía urbana del siglo XIX.[2] En el teatro se da, por tanto, la conjunción de lo político y de lo religioso, de lo colectivo y de lo ritual[3] y, sobre todo, se despliega en él la capacidad de hablar y dirigirse a la comunidad.

Precisamente, la disputa por ese lugar de comunicación, y por la posibilidad de manipulación y control de la población, que inicialmente el estamento sacerdotal, el poder político-militar y el teatral-poético compartían, explica la frecuente colisión del teatro con la autoridad, y el importante papel socializador que ha desempeñado a lo largo de la historia.[4]

El teatro ha servido pues, desde sus míticos orígenes en la fiesta trágica griega,[5] para el debate público de ideas, la participación y la celebración del

---

1 Henri Lefebvre, *La producción del espacio*, Madrid, Capitán Swing, 2013.

2 Alicia Blas, «¿Aprendiendo de Las Vegas?: tecnología y gran espectáculo», en *ADE-Teatro*, 109 (2006), pp. 54–69.

3 Anne Surgers, *Escenografías del teatro occidental*, Buenos Aires, Ediciones Antes del Sur, 2004.

4 En la lucha por la voz y el lugar de expresión del poder y, por tanto, de posible empoderamiento puede encontrarse el motivo del largo desencuentro entre poder y teatro, urbanismo y ciudadanía. No existe documentación sobre las experiencias teatrales más primitivas, pero podemos decir que tienen que ver con esta posibilidad de dirigirse a la comunidad, de hablar con ésta, por mediación del establecimiento de un pacto que plantea un primer código de comunicación, sobre el que se basa todo mecanismo de relación dialógica, y gracias al cual se establece la capacidad de unos para hablar y la concesión de otros para escuchar, y toda una serie de vías de relación y de influencia mutuas a partir del ámbito referencial (espacio, topografía, espacio mental, noción del mundo, etc) que configura la mentalidad de ambos colectivos.

5 El origen de las producciones teatrales se sitúa en las fiestas religiosas que se celebraban en honor del dios Dionisos (las dionisiacas). Para la época de Pericles el teatro se había convertido

espíritu comunitario, hasta el punto de que la estructura arquitectónica del edificio griego, edificio dialéctico y público por excelencia, ha servido de modelo para la mayor parte de los lugares cerrados destinados a la actividad política y al diálogo frente a un discurso; como congresos, juzgados y parlamentos (salvo el «peculiar» modelo británico).

Analizar la evolución del espacio teatral es entender el pensamiento de cada época. En otras palabras, lo que cada sociedad piensa de sí misma toma forma y se hace espacio en la arquitectura escénica, construida específicamente, o hallada y reutilizada. Pensamientos que algunas veces se quedan en objetivos inalcanzables o utópicos, o en convenciones arbitrarias e impositivas que pueden ser la base de grandes conflictos, no sólo dramáticos. No hay que olvidar que, también desde su origen, el diseño de las ciudades y la configuración urbana forma parte de la estrategia militar. Dice Manuel Delgado:

> Dada la evidencia de que la modelación cultural y morfológica del espacio urbano es cosa de élites profesionales procedentes en su gran mayoría de los estratos sociales hegemónicos, es previsible que lo que se da en llamar urbanidad −sistema de buenas prácticas cívicas− venga a ser la dimensión conductual adecuada al urbanismo, entendido a su vez como lo que está siendo en realidad hoy: mera requisa de la ciudad, sometimiento de ésta, por medio tanto del planeamiento como de su gestión política, a los intereses en materia territorial de las minorías dominantes.[6]

Los distintos materiales, dimensiones, volúmenes y ornamentos, y las relaciones que propician o dificultan entre los cuerpos son trasunto de los conceptos ideológicos que rigen las relaciones sociales, políticas y estéticas. Y constituyen el imaginario psicológico y colectivo en el que se educa y socializa a sus componentes.[7]

Como decíamos, desde su origen, en el teatro se ha conjugado la capacidad de dirigirse a la comunidad y de escucharla; de establecer una comunicación con

---

en un importante medio de definición y elaboración del ideal de virtud cívica y moral, o *arete*, como demuestran las obras teatrales de Esquilo o Sófocles. Hasta las comedias satíricas de Aristófanes jugaron un importante papel en ello. Ir al teatro era una celebración del espíritu comunitario; las obras teatrales no suponían un mero entretenimiento, como llegaron a serlo durante el Imperio romano, sino que contribuían significativamente a la educación política. El hecho de que la estructura del escenario (*skene*) estuviera a poca altura tiene su importancia: en efecto la audiencia, partícipe del drama que se estaba representando, podía elevar la vista hacia el paisaje de su *polis* y, tal como señala Vincent Scully, «todo el universo visible del hombre y de la naturaleza se conjugaba en un orden único y sosegado» (*The Earth, the Temple, and the Gods*, New Haven, Conneticut, 1979, pero citamos por Leland M. Roth, *Entender la arquitectura. Sus elementos, historia y significado*, Gustavo Gili, Barcelona, 1999, p. 207).

6 Manuel Delgado, *El espacio público como ideología*, Madrid, Catarata, 2011, p. 37.

7 Cornelius Castoriadis, *La institución imaginaria de lasSociedad. El imaginario social y la institución*, Buenos Aires, Tusquets Editores, 2003.

el acá y el más allá. Pues no se trata sólo del lugar desde el que hablar al pueblo en el púlpito del demiurgo todopoderoso y omnisciente, sino que por su propia especificidad es también, paradójicamente, el lugar en el que la comunidad se expresa y representa a sí misma con mínima mediación técnica y censura (consciente o inconscientemente):

> La presencia y la circulación de una representación (enseñada como el código de la promoción socioeconómica por predicadores, educadores o vulgarizadores) para nada indican lo que esa representación es para los usuarios. Hace falta analizar su manipulación por parte de los practicantes que no son sus fabricantes. Solamente entonces se puede apreciar la diferencia o la similitud entre la producción de la imagen y la producción secundaria que se esconde detrás de los procesos de su utilización.[8]

Aunque a veces, desde un paternalismo despectivo y discriminador, se intente impedir la emancipación del espectador del imperio del ojo occidental (del que nos hablaba Camille Paglia),[9] e incluso de la ideología de lo visible,[10] somos cuerpos vivientes con percepciones diversas, fragmentarias[11] e incompletas que van mucho más allá de las retinianas y que, por tanto, son difíciles de domesticar y reducir a un modelo uniforme individualista. Como en los caminos de deseo urbanos,[12] en cierta medida todo espacio, por muy controlado que parezca estar por el emisor/productor, debe ser interpretado por el colectivo de usuarios; por lo que contiene la posibilidad de ser usado de forma transgresora. Sobre todo cuando es un lugar de lo que podríamos llamar «tránsito» y se desprecia al receptor del mensaje hasta el punto de subestimar la fuerza subversiva de la cultura popular y de los propios afectos.[13] A la larga, es lo que siempre ocurre y por eso se hacen necesarios nuevos diseños y nuevas preceptivas con las que contrarrestar las fuerzas emergentes. Pensemos, por ejemplo, en el origen mítico

---

8 Michel de Certeau, *La invención de lo cotidiano. I. Artes de hacer*, México, Iberoamericana, 2000, p. XLIII.

9 Camille Paglia, *Sexual personae. Arte y decadencia desde Nefertiti a Emily Dickinson*, Madrid, Valdemar, 2006.

10 Peggy Phelan, *Unmarked: The Politics of Performance*, London, Routledge, 1993.

11 Rosa María Rodríguez Magda, *El modelo Frankenstein. De la diferencia a la cultura post*, Madrid, Tecnos, 1997.

12 «Caminos de deseo» (*desire lines* o *desire paths*) es un término utilizado en urbanismo y arquitectura de paisaje para describir los senderos que, normalmente en contextos urbanizados, pero no sólo, son gradualmente creados por el paso continuado en búsqueda del trayecto más corto entre dos puntos. Se trata, por tanto, de ejemplos de urbanismo colectivo, inconsciente y anónimo en los que el uso cotidiano se impone sobre el diseño previo.

13 María Ángeles Durán, *La ciudad compartida. Conocimiento, afecto y uso*, Santiago de Chile, Ediciones SUR, 2008.

de la arquitectura, el comportamiento previsto por el arquitecto y el llevado a cabo en la práctica.

La leyenda griega insiste en que Dédalo fue el primer arquitecto, pero este no es el caso: a pesar de que construyó el laberinto de Creta, él nunca entendió su estructura. Sólo pudo escapar, de hecho, volando desde su vórtice. En cambio, se puede argumentar que Ariadna logró la primera obra de arquitectura, ya que fue ella quien dio a Teseo el ovillo de hilo por medio del cual encontró la salida del laberinto después de haber matado al Minotauro.

Así, si bien Ariadna no construyó el laberinto, fue ella quien lo interpretó, y esto es arquitectura en el sentido moderno del término. Ella logró esta hazaña por medio de la representación, es decir, con la ayuda de un dispositivo conceptual, el ovillo de hilo. Podemos ver este regalo como la *primera* transmisión de la arquitectura por un medio distinto a sí misma, como la primera reproducción de arquitectura. El hilo de Ariadna no es meramente una representación (entre las infinitas posibles) del laberinto. Se trata de un proyecto, una producción verdadera, un dispositivo que tiene por resultado poner una realidad en crisis.

Esta historia implica que la arquitectura, a diferencia de la construcción, es un acto interpretativo y crítico. Tiene una condición lingüística distinta de la práctica de la construcción.

Un edificio es interpretado cuando su mecanismo retórico y sus principios son revelados. Este análisis se puede realizar a través de diversas maneras, de acuerdo con las distintas formas de discurso; entre éstas están la teoría, la crítica, la historia, y el manifiesto. Un acto de representación también está presente en los diferentes modos de representación del discurso: el dibujo, la escritura, los modelos y así sucesivamente. La interpretación también es parte integral del acto proyectual.[14]

2 Análisis espacial de textos y estructuras escénicas: de las plazas al coliseo

Hoy en día la lectura de los textos teatrales de cualquier época se realiza habitualmente en silencio, como si el lector estuviera cómodamente sentado en el patio de butacas de un teatro decimonónico, aislado del resto de espectadores, de su contexto, incluso de sí mismo. Por eso su análisis del espacio se reduce al

---

14 Beatriz Colomina, «Introduction: On Architecture, Production and Reproduction», en Joan Oackman y Beatriz Colomina (eds.), *Architectureproduction. (Revisions 2)*, New York, Princeton Architectural Press, 1988, p. 7. Pero citamos a partir de Francisco Diaz, «Sobre lo ordinario y lo extraordinario: innovación en el discurso de la arquitectura en la segunda década del siglo 21», en *Máquinas de fuego* (29-12-2013), s.p. (blog) [fecha de consulta: 08-05-2016] <http://maquinas-defuego.blogspot. com/2013/12/131229francisco-diazsobre-lo-ordinario.html>.

de los espacios de la ficción, desde una concepción secuencial de inicio, nudo y desenlace argumental.

Frente a un mero análisis del espacio ficcional en los textos teatrales, proponemos un análisis inmersivo y escénico-espacial de los mismos. Una lectura tridimensional desde el cuerpo, hipertextual incluso podríamos decir.[15] No se trata solo de saber qué espacios son representados, sino cuáles son los espacios para los cuales fueron escritos, dónde se representan esos textos y qué significados aportan a la experiencia teatral del participante ese contexto. Desde una visión periférica,[16] situada[17] y descentrada, incluso desenfocada, en la que no solo se mira al escenario, sino al resto de espectadores, sus reacciones y sensaciones.

Así pues, el lugar desde donde leemos suele ser el de la Reforma, la Ilustración, el Cientifismo. Sin cielo ni infierno, sin contacto con el resto de espectadores, sin bullicio ni comentarios. Distantes y ajenos.

Sin embargo, cuando leemos un texto clásico deberíamos imaginárnoslo de un modo radicalmente distinto: generalmente de pie, a veces itinerantes, en el barullo de un sitio concurrido donde la experiencia de la recepción es laberíntica, multisensorial y colectiva, y en la que los distintos acontecimientos de la trama, la realidad o el pensamiento se opinan, se debaten y se sienten.[18]

Para comenzar el análisis, por lo tanto, debemos situarnos en el espacio arquitectónico, considerar su carga simbólica y las condiciones corporales que nos impone y de las que partimos. Desde una sensorialidad que va más allá del oculocentrismo retiniano que devuelva el arte escénico a la esfera de la vida en toda su dimensión, complejidad y ambigüedad. Permitiendo entrelazar apariencia y realidad, dimensión política y espiritual.

De manera esquemática y sucinta queremos hacer un repaso a las características, condicionantes y aportaciones que cada una de las tres grandes estructuras de configuración público-espectáculo/representación pueden aportar a un proyecto escénico. Tres formas de relación que han predominado en diferentes

---

15 Sería un análisis de textos que permitirá desplegarse horizontalmente en el espacio, además de verticalmente en el tiempo, como suele ocurrir en una lectura habitual. Y en el que, como alternativa a la lectura enmarcada e inmóvil de los cuadros occidentales colgados en las paredes, cual cuarta pared, se mostraría la lectura con el marco interactivo desenrollado por el espectador de la pintura oriental, como ejemplo de esta visión participada y participante en la que el espacio y el tiempo son tan indisociables como el receptor y el productor del sentido.

16 Juhani Pallasmaa, *Los ojos de la piel. La arquitectura y los sentidos*, Barcelona, Gustavo Gili, 2015.

17 Donna Haraway, *Ciencia, cyborgs y mujeres: la reinvención de la naturaleza*, Madrid, Cátedra, 1997.

18 Marina Garcés Mascareñas, «Política de la atención... o cómo salir con Rancière fuera de escena», en *Res Publica: Revista de Filosofía Política*, 26 (2011), pp. 61–74.

momentos históricos, imbricados entre sí en una evolución que, más que una línea de progresión continua, constituye la dinámica de variación mutante del eterno retorno de lo siempre diferente. En la que desde las formas circulares propias de las manifestaciones parateatrales rituales colectivas que dieron origen a lo que conocemos por teatro se intenta alcanzar la espectacularidad de la expresión de lo individual que posibilita la separación radical escena-sala, pasando por la estructura intermedia en la que ambas situaciones conviven: la configuración del público a dos tercios alrededor de la zona del espectáculo, propia de las máximas representaciones de la teatralidad a lo largo de los siglos. Las de aquellas que se han llamado teatros clásicos, en los que espectáculo (frontalidad) y ritual (circularidad), diálogo y comunión, conviven complementándose.

Siguiendo la investigación de María del Carmen Bobes Naves,[19] distinguimos tres tipos de estructuras espaciales dependiendo de la configuración y disposición del espacio del público y del de la representación, que denominamos: circular o alrededor (O), frontal (T), tres cuartos o a tres bandas (U). Para hablar las aportaciones que cada una de ellas hace, proponemos realizar un viaje por los espacios históricos hispánicos, desde la plaza medieval al coliseo dieciochesco, para después aportar una metodología de análisis escénico de textos aplicable también a los del siglo XXI.

Se trata de descubrir y revelar la tensión entre la ideología de construcción del espacio y la de su práctica. Podríamos pensar que se trata de un proceso obvio y que basta considerar el momento histórico. Sin embargo, debemos tener en cuenta que estos espacios teatrales hispanos son híbridos, en transformación y mutación constante y que, en diferentes momentos de la escenificación, o en distintos contextos y situaciones, pueden funcionar también de maneras distintas. Para ello recurrimos al análisis expuesto por Henri Lefebvre en su clásico *La producción del espacio,* en el que distingue entre la práctica espacial –el espacio percibido–, las representaciones del espacio –el espacio concebido– y los espacios de representación –el espacio vivido–. En ese sentido, las escenografías y decorados funcionan como representaciones del espacio, es decir, concepciones ideales o planificaciones del espacio social que repercutirán en la construcción de la misma sociedad. Porque, como señala Lefebvre, «el espacio (social) es un producto (social)»,[20] y el teatro es un laboratorio privilegiado donde desarrollarlo. Precisamente por eso no debemos dejar de analizar tanto la práctica espacial

---

19 María del Carmen Bobes, *Semiótica de la escena. Análisis comparativo de los espacios dramáticos en el teatroeEuropeo*, Madrid, Arco Libros, 2001.
20 Henri Lefebvre, *La producción del espacio*, p. 90.

como los espacios de representación inscritos en los textos. Leer los textos desde dentro del espacio vivido y percibido.

3 La plaza: un espacio político

Físicamente, la plaza medieval es un gran espacio abierto intramuros, alrededor del cual se disponen las intrincadas y angostas calles en disposición más o menos concéntrica. Simbólicamente es lugar de encuentro de la población para los grandes acontecimientos de la vida ciudadana, entre ellos la representación teatral. No se trata, por lo tanto, de un no-lugar a lo medieval, ni de cualquier lugar, ni mucho menos es un lugar neutro. El funcionamiento de este espacio escénico no es ajeno a los fundamentos de toda la estética medieval. Quizás el que mejor lo ha explicado es Pável Florenski.[21]

> Pável Florenski, historiador del arte, teólogo y científico ruso que enseñó en los VKhUTE-MAS y acabó sus días en Siberia, hizo un análisis sorprendente de los iconos bizantinos en *La perspectiva invertida* (2005). Florenski señala cómo la perspectiva lineal no es un invento renacentista, sino que era bien conocida en Egipto, Grecia y Roma, y así puede observarse en algunas de sus pinturas. El abandono de esta forma de representación durante la Edad Media, por lo tanto, no debió de ser casual, sino voluntario. La voluntad sólo podía responder a criterios de necesidad. Tal vez la perspectiva lineal no servía para representar la mirada medieval. Así concluye que lo que pretende el artista del medievo es representar la mirada de Dios, no la humana. Y Dios ve todo lo existente a la vez, porque es ubicuo, y todo lo que fue, es y será también a la vez, porque es eterno. Cómo representar la mirada de este Dios omnipresente y omnipotente, en el que tiempo y espacio se unen en lo absoluto, es la gran inquietud del artista medieval. Para lograrlo, recurre a lo que Florenski denomina «perspectiva invertida», un modo de representación con unas reglas precisas, que intenta plasmar en los iconos, a la vez, el rostro y la nuca, el lado derecho e izquierdo de los personajes y objetos pintados. Del mismo modo en el motete, forma musical medieval por excelencia, se mezclan líneas melódicas distintas con textos y lenguas diferentes, donde ninguna voz sobresale por encima de las otras. El propósito no es otro que el de representar la audición divina. En teatro, este intento de plasmar la totalidad se traducirá en los escenarios simultáneos, donde en la misma plaza se encuentran infierno y paraíso, tierra, mar y aire, del mismo modo que en las Iglesias se sitúan, de manera circular y, por lo tanto, eterna, las distintas etapas del Vía crucis.[22]

Así pues, la plaza es un espacio de representación que se percibe y funciona de manera sagrada y ritual. Lugar de creación de comunidad política y comunión

---

21 Pável Florenski, *La perspectiva invertida*, Madrid, Siruela, 2005.
22 Ana Contreras, «Puntos de referencia na dramaturxia actual (3ª parte). *Stifters Dinge* de Heiner Goebbles, un caso paradigmático», en *Revista Galega de Teatro*, 57 (2009), pp. 7–18.

trascendente. Espacio horizontal, anti-jerárquico, multifocal y simultáneo. Sobre todo, un lugar de itinerancia por el que moverse libremente, donde se dan encuentros e interacciones de cuerpos difíciles de disciplinar. Donde el tiempo festivo no transcurre de manera lineal sino circular y ritual, mezclado en una polifonía compleja y confusa con la vida de, por ejemplo, la feria y el mercado. En el mundo y en la plaza medieval, lo profano se relaciona con lo sagrado hasta hacerlo casi indistinguible, porque el discurso espiritual no está separado de investigaciones prácticas de tipo funcional y técnico.[23]

Aunque no creemos que se puedan asociar ambas estrategias (espacio de la representación y representación del espacio) a dos época históricas o movimientos artísticos, como si fuera una simple alternancia sin solución de continuidad, el Renacimiento planteará una ruptura radical de esta concepción del mundo, representada por un desplazamiento del eje de la mirada,[24] que desembocará también en un desplazamiento del eje y ejercicio del poder: de la itinerancia y el desplazamiento desregulado medieval al cercamiento de tierras y cuerpos propio de la modernidad.[25]

4 El corral: un espacio teatral

De este modo, el edificio del teatro a la italiana aparece en el contexto del paso al Antiguo Régimen y el surgimiento de los estados modernos como un dispositivo de legitimación del poder civil en su pugna por arrebatar la hegemonía al poder papal. Las distintas tentativas que se producen en el siglo XVI, hasta la consolidación de un único modelo arquitectónico, y su evolución durante los siglos XVII a XIX (incluso en el XX), dan cuenta de otras tantas transformaciones ideológicas.

Unas transformaciones, con una implantación mucho más escasa, costosa y minoritaria de lo que normalmente nos cuenta nuestra historiografía, y en las que queda patente lo difícil que es la aceptación popular de un modelo (de una forma simbólica) tan ajeno a la experiencia humana sensorial completa. Y lo artificial de la perspectiva lineal y el ojo único.[26]

---

23 Por ejemplo, en arquitectura es muy gráfico como todo el discurso espiritual asociado a la luz de las catedrales se sustenta sobre investigaciones prácticas de tipo estructural y técnico, que sirven de precedente de la arquitectura moderna funcionalista.

24 De manera muy simplificada podemos decir que este desplazamiento transita de la verticalidad y la multifocalidad divina a la horizontalidad y monofocalidad del príncipe.

25 Silvia Federici, *Calibán y la bruja*, Madrid, Traficantes de sueños, 2010.

26 Juhani Pallasmaa, *Los ojos de la piel. La arquitectura y los sentidos*.

Mientras esto ocurre en Italia y resto de Europa, en España aparece un espacio teatral genuino: el corral de comedias. Se trata de una arquitectura que expresa a la perfección el espíritu y valores de la Contrarreforma, y seguramente por eso su apertura y codificación se produce no demasiados años después del Concilio de Trento (1545). No solo su gestión se confía a las cofradías religiosas,[27] sino que la estructura del espacio de actuación se construye a imagen y semejanza del altar eclesiástico: el edificio del vestuario es un retablo, y la forma de funcionamiento de ambos artefactos es idéntica.[28] Como ocurría en las escenografías simultáneas de las plazas medievales, y como ocurre en los retablos, los huecos y balcones del edificio del vestuario permiten la representación simultánea de la historia. Es decir, el corral no rompe con los fundamentos de la estética cristiana medieval sino que, en un alarde contrarreformístico, la simultaneidad y multifocalidad de la mirada divina se reproducen en el plano vertical, demostrando y legitimando gráficamente lo que ya había ocurrido históricamente: la segregación social, la imposición de la jerarquía (masculina) católica y la potencia del poder papal y eclesiástico.

En cierto modo lo que se hace es cercar al público, acotar el espacio levantando muros. La denominación corral, aunque quizás no lo pretenda, define la idea bíblica del público como rebaño de ovejas y el teatro como lugar donde el pastor transmite mensajes.

Todo esto convierte el corral, en cierto modo, en un espacio sagrado a la vez que profano, en el que el público, como en la plaza, sigue siendo participante. Es el lugar ideal para la representación de comedias de santos y, a la inversa, toda comedia representada en ese espacio adquiere un halo de hagiografía. No es extraño, pues, que en el último tercio del siglo XVIII, cuando se está tratando de laicizar completamente las instituciones y de imponer la concepción del tiempo y el espacio capitalista, se promulgue una Ley de obras públicas, de 23 de octubre de 1777, estableciendo la prohibición de hacerse obra ni monumento público – incluidos teatros– sin previa aprobación de los proyectos por la Academia de San Fernando –que rechazaba las que no eran clásicas–, y que en esta misma ley se prohíban explícitamente los retablos.[29] La cuestión no es baladí: se trata de cambiar la concepción social del tiempo: de la sincronicidad a la consecutividad, de la simultaneidad a la linealidad, de la casualidad a la causalidad.

A su vez, y pese a los intentos de separar al público por sexos y categorías sociales, el patio del corral sigue siendo una plaza pública, donde el aspecto

---

27 Felipe II autoriza por decreto a varias cofradías para disponer de los edificios de representación de comedias con carácter permanente en 1565.

28 Juan José Martín González, *El retablo barroco en España*, Madrid, Alpuerto, 1993.

29 Antonio Domínguez Ortiz, *Carlos III y la España de la Ilustración*, Madrid, Alianza, 2005, p. 294.

popular-sociocomunitario desjerarquizado que su circularidad lleva inscrita opone resistencia a la tentativa de control, convirtiéndolo en un proyecto fallido en la práctica, quizás precisamente porque no deja de ocupar también espacios preexistentes y en cierta forma orgánicos y desregularizados.

Todo espacio teatral es inevitablemente en U, de emisión y recepción recíproca, es decir, en el que se establecen relaciones Emirec,[30] o como dice Fisher-Lichte, siempre se produce el «bucle de retroalimentación autopoietica».[31] Los esfuerzos por convertirlo un lugar de emisión de mensajes que el público debe recibir a-críticamente llegan a su cúlmen con la Ilustración y el siglo XIX (igual que la clase magistral o el sermón; en ese sentido también la iglesia deja de ser espacio circular ritual para hacerse frontal), pero hoy en día, como en otras ocasiones, se desbordan, asimismo. Al igual que pasa en la plaza medieval, queda clara la potencialidad de resistencia, por llamarla de alguna forma, que realmente también hay dentro del propio proyecto. El corral sigue siendo, en cierto modo, un espacio abierto donde las revueltas no solo son posibles, sino constantes. Aunque no es realmente circular conceptualmente, sino el inicio de la propuesta en U, en la que se combina frontalidad y circularidad conceptual, como ocurre en los teatros griegos e isabelinos. Ya que la circularidad propia del espacio ritual medieval se rompe con la entrada del humanismo-relativismo renacentista que, sin embargo, sigue perviviendo como propio de todo espacio popular, en el que el espacio mítico-festivo nunca acaba de desaparecer del todo, por mucho que se intente controlar desde arriba.

Lo mismo pasa un siglo después con el espacio del coliseo. Si bien colabora en la construcción de cronotopo de la modernidad, que evolucionaría en los siglos siguientes hacia un teatro burgués realista, el «maravilloso mecánico»,[32] este espacio permitía posibilidades que no eran necesariamente el orden, la racionalidad, la narración lineal, ni la unidad de tiempo, espacio y acción que tres o cuatro décadas después impondría la Ilustración.

---

30 El concepto de «EMIREC», «EME-REC» (*emetteur-recepteur*) originalmente es un concepto planteado por el teórico canadiense Jean Cloutier ya en los años 70 del siglo XX para explicar los procesos comunicativos que los nuevos medios digitales permiten; gracias a los cuales cualquier usuario es a la vez emisor y receptor de mensajes. Para ampliar sobre el tema ver: Sagrario Rubido, «Modelo EMEREC de comunicación» en Roberto Aparici (coord.), *Conectados al ciberespacio*, Madrid, Universidad Nacional de Educación a Distancia, 2013, pp. 37–44.

31 Erika Fisher-Lichte, *Estética de lo performativo*, Madrid, Abada, 2011.

32 Juan P. Arregui, *Teatros del siglo XIX: los arbitrios de la ilusión*, Madrid, ADE Teatro, 2009; y «Entre el debate internacional y la adherencia de la tradición o sobre la arquitectura teatral española en el siglo XVIII», en *Cuadernos de Ilustración y Romanticismo. Revista Digital del Grupo de Estudios del Siglo XVIII*, 19 (2013), pp. 221–251 (en línea) [fecha de consulta: 14-04-2018] <https://revistas.uca.es/index.php/cir/article/view/1848>.

5 El coliseo: un espacio pedagógico

Aunque en el siglo XVII ya se habían construído en la Península teatros de corte a la italiana, idóneos para acoger la fiesta cortesana y mostrar simbólicamente el poder real (el caso más significativo es el del Buen Retiro), los espacios teatrales reservados para el público popular siguen siendo los corrales hasta que casi a mediados del siglo XVIII se edifican los coliseos de la Cruz (1737) y del Príncipe (1745) en Madrid. También presentan estos edificios sus particularidades genuinamente hispánicas, pues se trata de híbridos con escenas a la italiana y salas que siguen siendo las del corral. De hecho, hasta finales de siglo, con la reforma de Aranda y Villanueva, no se introducirán medidas físicas —telón de boca, embocadura, foso de orquesta— y preceptivas —reglamentaciones sobre el comportamiento del público— para llevar a cabo la definitiva separación sala-escena.

Efectivamente, el dispositivo teatral burgués, si bien basado en el teatro a la italiana, requiere de ciertas transformaciones para poder representar el cambio ideológico que se opera durante el siglo XVIII. En este sentido, los primeros coliseos son lugares privilegiados de comprensión de esta transición. Y de la expresión del proceso de enseñanza-aprendizaje del mismo.

La escena a la italiana, por contraposición al retablo del corral, representa la mirada unidireccional, sucesiva y en un único nivel, materialización de una forma concreta de entender la organización social como un juego de poder, desde la mirada de un único ojo. En principio, el Coliseo, si seguimos esa especie de lógica progresiva, debería ser la representación de ese supuesto espacio frontal, pero realmente es un espacio híbrido, como también lo es el corral. Quizás podemos hablar de nuevo de un espacio fallido, en el buen sentido de la palabra, como incontrolable y lleno de potencialidad y vida popular, a pesar de los esfuerzos del poder establecido.

A finales del siglo XVIII, con la consolidación de la hegemonía burguesa, el teatro pasa de ser un lugar de representación de los espacios, como ocurría en el Renacimiento, a un espacio de la representación, adquiriendo una funcionalidad social simbólica: «el centro de interés gráfico es el teatro-templo, edificio aislado y monumental, expresión de un culto al arte, donde se manifiesta la aristocracia del talento y los progresos de la nueva sociedad burguesa».[33] Esto produce algunos cambios. Se reducen las mutaciones y se hacen desaparecer las

---

33 Cecilio Alonso, «Imágenes del teatro romántico: la información gráfica teatral entre 1836 y 1871», en *El Gnomo. Boletín de Estudios Becquerianos*, 5 (1996), pp. 82–83, citado en Juan P. Arregui, «Entre el debate internacional y la adherencia de la tradición o sobre la arquitectura teatral española en el siglo XVIII», p. 16, n. 52.

que aluden a una visión encantada del mundo,[34] mientras se mantienen las suficientemente reales y, sobre todo, realistas, que ahora deben leerse de manera literal y no alegórica. Además, se produce una democratización de la mirada, pues todo sujeto burgués tiene derecho al lugar simbólico que antes ocupaba el rey, dado que ahora la legitimación del Poder está en el pacto social entre ciudadanos. Ahora bien, esto debe darse sin promiscuidad, con una clara distinción de las jerarquías sociales clasificadas en los distintos pisos y palcos, impidiendo la entrada −vía aumento de precios− a las clases marginales, como evidenciando la paradoja democrática que tan sólidamente ha formulado Chantal Mouffe.[35]

En la sala del coliseo, construida como la del corral como ya apuntábamos, por lo tanto todavía espacio en U y plaza pública, la clasificación social responde a las premisas del mundo pre-burgués.

> El teatro a la italiana es una máquina retórica que sigue operando, pero estas distintas condiciones producen lecturas también distintas. Lo que ocurre en este espacio híbrido del coliseo es que el público popular invade la escena cortesana en un doble sentido, de un lado, al producirse la continuidad entre escena y sala, con actores que actúan desde el público y público que invade el escenario y, de otro, con la desaparición del *príncipe* y la ocupación de su lugar por el público popular y, en concreto, por las mujeres de la cazuela.[36]

Este edificio híbrido del coliseo legitima espacialmente la ocupación del Poder por parte del pueblo, como lo hace discursivamente en las comedias, y cosa que efectivamente ocurrió en los acontecimientos conocidos como Motín de Esquilache,[37] de ahí que la Reforma ilustrada se apresurara a tomar medidas para neutralizar este discurso también espacialmente.

---

34 El teatro del siglo XVIII se resiste al «desencantamiento del mundo» −según el célebre concepto de Max Weber, teorizado en *La ciencia como vocación*, de 1919−, que exige la Ilustración, y de ahí la aparición y popularidad del género de la comedia de magia, y de magos dramaturgos como Torres Villaroel, la abundancia de escenografías maravillosas en cualquier tipo de espectáculo y la lectura alegórica de la escena (véase Max Weber, *El político y el científico*, Madrid, Alianza, 2012).

35 Chantal Mouffe, *La paradoja democrática*, Barcelona, Gedisa, 2003.

36 Ana Contreras Elvira, *La puesta en escena de la serie de comedias de magia...*, pp. 63–64.

37 El Motín contra Esquilache fue un levantamiento popular que se dio de manera simultánea en marzo de 1766 en unas cien ciudades españolas y que duró casi un año. Las causas fueron múltiples, entre otras, la subida de precio de los artículos de primera necesidad, como el pan y el aceite; la especulación de la Iglesia sobre los mismos, los problemas de abastos y la mala gestión del rey y su ministro Esquilache, que tuvieron su culmen con la conocida ordenanza de capas y sombreros. Durante mucho tiempo el relato historiográfico dominante consideró que la revuelta había sido organizada por la aristocracia y los jesuitas, quienes de hecho fueron culpados y expulsados de la Península tras los acontecimientos, pero cada vez se afianza más la idea de que se trató de una revuelta del hambre −según la terminología de George Rudé, *La multitud*

Es decir, que en este caso el propio espacio no produce el comportamiento, al contrario de lo que decía Churchill, o al menos no el comportamiento deseado por el poder. Por eso es necesario reglamentarlo y poner policías. Así, el disciplinamiento del público en los teatros es un proceso que tarda mucho tiempo en implementarse. Foucault se olvidó del teatro como dispositivo junto a escuela, la cárcel y el hospital,[38] quizás porque es imposible que no exista interacción entre personas en el teatro. La total alienación de público y escena sólo se consiguió con el cine, que verdaderamente se proyecta (en sus dos concepciones) sobre una pared (quizás la cuarta), mientras que la separación y la frontalidad en el teatro son un ideal inalcanzable.

6 Conclusiones: la gran folla, espacio político, espacio teatral y espacio pedagógico

A continuación, vamos a exponer un trabajo de escenificación realizado este curso en la RESAD a partir de textos breves del siglo XVIII para mostrar la manera en que el análisis escénico-espacial y la investigación performativa pueden operar y contribuir a un mejor conocimiento de la Historia del teatro.

El proyecto comenzó a partir de una propuesta de colaboración por parte de los organizadores del I Congreso de Teatro Musical del Siglo XVIII: Germán Labrador, de la Universidad Autónoma de Madrid (UAM), y Fernando Doménech y Virginia Gutiérrez, de la RESAD, que se dio de manera simultánea a otros contactos establecidos con la fundación Plena Inclusión Madrid, que aglutina a las asociaciones de discapacidad intelectual de dicha comunidad autónoma. Ambas propuestas resultaron ser, paradójicamente, complementarias. En el proyecto participaron alrededor de 80 personas.

Llevamos varios años practicando un tipo de pedagogía colaborativa no solo entre nosotras o nuestro alumnado –y otro profesorado y alumnado de la RESAD–, sino creando comunidades de aprendizaje con personas diversas a partir de proyectos teatrales en los que tratamos temas sociales concretos y problemáticos. Generalmente hemos trabajado la creación de espectáculos discursivos y asociativos –es decir, lo que se suele llamar teatro postdramático– a partir de los materiales

---

en la historia. Los disturbios populares en Francia e Inglaterra 1730–1848, Madrid/México, Siglo XXI, 2009–, como tantas otras que se dieron en Europa en el siglo, aunque no dejase de tener su componente de revuelta política. Véase José Miguel López García, El motín contra Esquilache: crisis y protesta popular en el Madrid del siglo XVIII, Madrid, Alianza, 2006.
38 Michel Foucault, Vigilar y castigar, Madrid, Biblioteca Nueva, 2012.

generados por estas interacciones, pero este año decidimos aplicar la metodología a estas piezas del siglo XVIII que nos proponían, además de colaborar con estos dos colectivos: académicos-investigadores y artistas con discapacidad intelectual.

Las piezas propuestas eran: la *Mojiganga de los hombres mujeres y las dueñas y los matachines*, anónima, de 1718; *El entremés de la guitarra*, de Antonio de Zamora, sin datar, pero obviamente del primer cuarto de siglo, y el *Sainete nuevo «La pequeña folla»*, de Sebastián Vázquez, de 1775.

La manera de abordar el análisis de estos textos no es única, sino que se les pueden aplicar análisis de varios tipos: análisis literario, análisis de verso, con perspectiva feminista, marxista, psicoanalítica, etc. También, por supuesto, y aunque resulte un tanto extemporáneo, el análisis activo, que es la metodología creada por Stanislavski y la más habitual en los estudios de arte dramático. Esta metodología de análisis del texto para la dirección de actores se centra en la narración de la fábula y, por lo tanto, presupone que el teatro «va» de contar historias y es siempre, y únicamente, narrativo, y entiende el trabajo actoral como encarnación de un personaje individuo.

Lo cierto es que el teatro trata también de compartir ideas y sensaciones, y lo teatral excede la representación dramática, por eso hemos propuesto una metodología de análisis de textos y espectáculos basándonos en tres tipos de estructuras escénicas que se relacionan con los tres tipos de estructuras cognitivas que conforman el pensamiento humano y con las estructuras espaciales y relacionales anteriormente expuestas:[39] pensamiento logocéntrico y estructura discursiva,[40] pensamiento mítico y estructura narrativa,[41] pensamiento mágico y estructura asociativa.[42]

---

39 Ana Contreras Elvira, «Oratoria y alegoría en el teatro discursivo y asociativo contemporáneo en España», en Beatrice Bottin, Dolores Thion Soriano-Molla y Christian Manso (eds.), *Creación, experimentación y difusión del teatro contemporáneo español y latinoamericano*, Madrid, Fundamentos, 2016.

40 El pensamiento logocéntrico o racional permite pensar, comprender, evaluar y actuar ante determinadas situaciones. Da lugar a esos elementos teatrales que Aristóteles denomina pensamiento y discurso y que han sido desarrollados por la retórica. Cuando toda la realización escénica se organiza en torno a la exposición de un discurso hablamos de estructura escénica discursiva, y su objetivo es ejercer la crítica ante una determinada situación política o social.

41 Así, el pensamiento mítico se ocuparía de contar historias, de comprender y organizar el mundo y el tiempo, de dotar de sentido la vida construyendo relatos y de disponer los preceptos que ordenan la convivencia a partir de mitos, es decir, ejemplos. Cuando toda la realización escénica se centra en la exposición de los sucesos de la fábula, tenemos una estructura escénica narrativa, cuyo objetivo intrínseco es precisamente la ejemplaridad.

42 El pensamiento mágico o salvaje funciona de manera distinta a la lógica racional –lo cual no quiere decir que sea irracional, sino que no sigue el tipo de lógica dominante– a partir de asociaciones y sensaciones que dan lugar a la estructura escénica asociativa, en la que se muestran acciones performativas y rituales o imágenes sensoriales.

Lo cierto es que a lo largo de la Historia del teatro y de la literatura dramática, como ya anunciaba Aristóteles, observamos que todos los textos y espectáculos participan de esta triple estructura en mayor o menor medida, aunque en ocasiones se ponga el foco en una sola de ellas (generalmente, y desde determinada tradición, como decimos, en la estructura narrativa). Lo mismo ocurre con los textos del siglo XVIII trabajados, en los que las estructuras eran fácilmente reconocibles y analizables. El siglo XVIII es un periodo en el que los textos teatrales participan del espíritu ensayístico, por lo tanto, argumentativo, de la época, a la vez que perdura el conceptismo, un estilo basado en juegos de palabras y asociaciones sorprendentes.

En la puesta en escena, en vez de mostrar las tres piezas por separado, se optó por realizar una dramaturgia para crear un único espectáculo denominado «La gran folla»,[43] en el que se integraron las tres piezas, tratando de mostrar la evolución de los géneros, espacios y maneras de poner en escena en el siglo XVIII. A su vez, la elección de los distintos espacios y las distintas configuraciones espaciales propiciaba una lectura determinada de cada texto, pero también del conjunto.

El espectáculo comenzaba con una mojiganga parateatral en el hall de la RESAD, a modo de espectáculo de calle, con zangarrón y malabaristas. De ahí, tras hacer el desfile propio de la mojiganga parateatral, daba comienzo la mojiganga dramática en el escenario del teatro Valle Inclán de la RESAD, con el público alrededor, como si fuese una plaza de pueblo. Seguidamente, se representaba el entremés en dos pequeños escenarios portátiles, como un primitivo corral de comedias. Finalmente, los actores de la folla invitaban al público a ocupar sus asientos en el patio de butacas para ver el espectáculo metateatral. Aquí el público tenía la experiencia de haber sido invitado al espectáculo organizado por una familia de la alta burguesía en su salón, como ocurría en el siglo XVIII. Finalmente se rompía y transgredía esa supuesta cuarta pared acabando con una fiesta en la que público y actores podían ocupar distintos espacios en el patio o el escenario, desjerarquizando la estructura del teatro a la italiana, es decir, convirtiéndolo en un coliseo.

El espacio abierto, la itinerancia y la configuración de plaza, permitía centrarse en los aspectos más materiales y corporales, más allá de la trama en la que un escribano muestra al alcalde del pueblo los espectáculos preparados para las celebraciones del carnaval: una función subida de tono en la que los vecinos representan una situación en la que un hombre corteja a una dama con la connivencia del padre de ella. La peculiaridad es que los hombres interpretan

---

43 Compuesto de distintas piezas y números, como el género de la folla.

los personajes femeninos y, al contrario, las mujeres los masculinos. El alcalde se queja de la inmoralidad de la pieza, incluso intenta prender al personaje del padre, y la fiesta continúa con una canción interpretada por mujeres y una danza de matachines, que se sustituyó por malabares y una danza de la muerte. De algún modo, los actores que interpretan los papeles forman parte de la misma comunidad que el público, pero sobre todo se generaron posibilidades relacionales entre espectadores que se daban efectivamente.

En el entremés de la guitarra se cuenta la artimaña de una mujer para desenmascarar la infidelidad de su marido. La historia, expuesta de manera detectivesca, la disposición en U del público y la apelación de los actores al mismo, potenciaba la estructura discursiva incidiendo en la crítica feminista al matrimonio y al patriarcado. Finalmente, la pequeña folla, género, como sabemos, compuesto por breves números inconexos, que aquí se estructuraba a partir de la narración de la celebración de una fiesta de carnaval ofrecida por un burgués y sus dos hijas a algunos vecinos, creando casi paradójicamente una cuarta pared al separar al público de la escena, revelaba la artificialidad de esa separación pues, en el fondo, la trama era paralela a la de la mojiganga: el público real podía formar parte de ese público ficcional, pero la separación en un caso, y la integración en otro, demostraba las distintas experiencias y significados de un espacio político (en el sentido de que todos los habitantes de la *polis* se encuentran juntos de forma activa y en igualdad) y un espacio pedagógico (en el sentido de un espacio jerarquizado desde el que un maestro emite su discurso a un auditorio pasivo). La fiesta final, que rompía ambas esferas, descubría la potencia del espacio teatral y de lo teatral, en el teatro y en la vida. Una anécdota acaecida al final de la representación nos parece reveladora. La madre de uno de los participantes con discapacidad intelectual, emocionada, reflexionó sobre el poder de esa experiencia en la que el humor, el contacto con todos aquellos desconocidos y ver a su hijo en el escenario integrado en el proyecto de manera normalizada, le había permitido salir de su aislamiento, olvidarse de sus padecimientos cotidianos e, incluso, admitir la posibilidad de un orden de cosas distinto.

Ese mensaje estaba en cierto modo previsto en el carácter carnavalesco de las piezas, que muestran el mundo al revés y, por lo tanto, la posibilidad de inversión y subversión del orden, pero era en la realización escénica y en lo que estaba más allá del texto donde se ponía de manifiesto el poder revolucionario de la alegría y de la fiesta, del encuentro con los otros, la vivencia de la igualdad, y la aceptación plena de la diversidad, como ya teorizara Bajtín.[44] Lo que ocurrió es que tuvimos

---

44 Mijail Bajtín, *La cultura popular en la Edad Media y el Renacimiento. El contexto de François Rabelais*, Madrid, Alianza, 1998.

la experiencia de lo que Víctor Turner[45] denominó «la liminalidad y la communitas» y que Ileana Diéguez resume así:

> Turner analiza la liminalidad en situaciones ambiguas, pasajeras o de transición, de límite o frontera entre dos campos, observando cuatro condiciones: 1) la función purificadora y pedagógica al instaurar un periodo de cambios curativos y restauradores; 2) la experimentación de prácticas de inversión –«el que está arriba debe experimentar lo que es estar abajo» (1988: 104) y los subordinados pasan a ocupar una posición preeminente (109), de allí que las situaciones liminales pueden volverse riesgosas e imprevisibles al otorgar poder a los débiles–; 3) la realización de una experiencia, una vivencia en los intersticios de dos mundos; y 4) la creación de *communitas*, entendida esta como una antiestructura en la que se suspenden las jerarquías, a la manera de «sociedades abiertas» donde se establecen relaciones igualitarias espontáneas y no racionales.[46]

Esta experiencia nos permitió experimentar con la incorporación de corporalidades y percepciones diferenciadas e indómitas en los elencos, al modo de Bob Wilson, DV8, Societas Raffaello Sanzio, Pippo del Bono, entre otros, como actitud política y como reflejo directo de la complejidad y variedad de la sociedad. De esta manera se demostró que ciertas normas que hemos naturalizado de nuestros sistemas educativo, político y artístico, han sido creadas con el único propósito de segregar en vez de educar, vivir y crear en la diversidad.

En este proyecto hemos indagado en formas de teatro predramáticas y posdramáticas, en el estudio de una tradición que nunca se ha perdido, a pesar de los intentos de acabar con ella y ocultarla, y que es el teatro y la pedagogía como prácticas instituyentes y prácticas de lo común,[47] en las que el espacio tiene un papel fundamental. Como decía Churchill, el espacio nos construye porque

---

45 Víctor Turner, *El proceso ritual. Estructura y antiestructura*, Madrid, Taurus, 1988.

46 Ileana Diéguez, «De malestares teatrales y vacíos representacionales: el teatro trascendido», en Óscar Cornago (coord.), *Utopías de la proximidad en el contexto de la globalización. La creación escénica en Iberoamérica*, Cuenca, Universidad de Castilla-La Mancha, 2014, pp. 241–242.

47 «Así, experimentamos formas del trabajo teatral del siglo XVIII análogas a otras del siglo XXI, y del XXI análogas a las medievales: las comunidades de aprendizaje entre actores, reconociendo y potenciando las inteligencias singulares, empoderando y capacitando; el *collage* y el reciclaje, que invierte la lógica capitalista y neoliberal de producción y consumo e introduce el concepto de autoría social; el intercambio físico e intelectual con el público [...] En definitiva, entendemos el teatro y la pedagogía teatral como una forma de establecer relaciones EMIREC a partir de las cuales generar reflexión, pero sobre todo acción política y social» (Alicia Blas y Ana Contreras, «De hilos, redes y laberintos, prácticas pedagógicas de teatro discursivo», en II Congreso de la Asociación Internacional de Teatro del Siglo XXI: Nuevas Tendencias del Teatro Hispánico [Estrasburgo, 15–18 de marzo de 2015], ponencia inédita).

condiciona, estimula y/o permite un tipo de vínculos y aprendizajes. No es extraño, por lo tanto, que los comportamientos que se han intentado condicionar en cada época hayan tenido como resultado configuraciones similares de los espacios teatral, político y pedagógico en cada periodo histórico.

Más aún, esta práctica nos ha permitido constatar cómo el espacio teatral de la plaza es un espacio político en el sentido etimológico del término, porque en ella no existe la representación del poder, ya que cada ciudadano se representa a sí mismo. Esa vuelta a las calles que mencionábamos en el título, esa vuelta a la plaza medieval, fue la lección política del 15M, de Taksim, de la Primavera árabe, y la transformación del espacio de las plazas y el desarrollo de las asambleas, su lección artística.[48]

En cambio, el corral es un espacio teatral porque también la concepción del poder en esta época es teatral, es decir, es un poder que se legitima en su representación, pero en el que cualquiera puede pasar de ser representado a ser representante.

Finalmente, el empeño de la Ilustración en hacer del teatro una escuela de costumbres revela que el teatro que critican –y por lo tanto el espacio del coliseo– ya lo es. Tanto por el tipo de obras que se representan como por su configuración, el coliseo es un espacio pedagógico donde se enseña emancipación, un espacio de revuelta.

De este modo, en nuestra práctica docente y artística, proponiendo distintas configuraciones espaciales, propiciamos la conversión de la clase y de la escena en espacios teatrales donde siempre están presentes lo político (en su sentido originario) y lo pedagógico (más allá de didactismos), donde el debate y la participación son imprescindibles. Simplemente reconocemos, a la luz de la Historia, que el teatro, por su propia especificidad, es un espacio de indisciplina. El público tiene demasiada importancia, no se puede prescindir de él y, a pesar de los intentos de los reglamentadores por someterlo, aislándolos entre sí, atándolo a las butacas, apagando la luz, siempre tiene la última palabra junto con los actores, que una y otra vez se saltan las normas y rompen el muro. El de boca (ficción/realidad, espectáculo/espectador) que los separa a unos de otros, y el de fondo (interior/exterior, escena/ciudad), que los aparta del mundo.

---

48 Ana Contreras Elvira, «Líneas emergentes en la dirección escénica en España durante el s. XXI», en *Acotaciones*, 27 (2011), pp. 55–82. Gurur Ertem, «La revuelta de Gezi y las políticas de la corporalidad», en José A. Sánchez y Esther Belvis (eds.), *No hay más poesía que la acción*, México, Paso de gato, 2015, pp. 87–100.

Obras citadas

Alonso, Cecilio, «Imágenes del teatro romántico: la información gráfica teatral entre 1836 y 1871», en *El Gnomo. Boletín de Estudios Becquerianos*, 5 (1996), pp. 71–122.

Arregui, Juan P., «Entre el debate internacional y la adherencia de la tradición o sobre la arquitectura teatral española en el siglo XVIII», en *Cuadernos de Ilustración y Romanticismo. Revista Digital del Grupo de Estudios del Siglo XVIII*, 19 (2013), pp. 221–251 (en línea) [fecha de consulta: 14-04-2018] <https://revistas.uca.es/index.php/cir/article/view/1848>.

—, *Teatros del siglo XIX: los arbitrios de la ilusión*, Madrid, ADE Teatro, 2009.

Bajtín, Mijail, *La cultura popular en la Edad Media y el Renacimiento. El contexto de François Rabelais*, Madrid, Alianza, 1998.

Blas, Alicia, «¿Aprendiendo de Las Vegas?: tecnología y gran espectáculo», *ADE-Teatro*, 109 (2006), pp. 54–69.

—, y Ana Contreras, «De hilos, redes y laberintos, prácticas pedagógicas de teatro discursivo», en II Congreso de la Asociación Internacional de Teatro del Siglo XXI: Nuevas Tendencias del Teatro Hispánico (Estrasburgo, 15–18 de marzo de 2015), ponencia inédita.

Bobes, María del Carmen, *Semiótica de la escena. Análisis comparativo de los espacios dramáticos en el teatro europeo*, Madrid, Arco Libros, 2001.

Castoriadis, Cornelius, *La institución imaginaria de la sociedad. El imaginario social y la institución*, Buenos Aires, Tusquets Editores, 2003.

Certeau, Michel de, *La invención de lo cotidiano. I. Artes de hacer*, México, Iberoamericana, 2000.

Colomina, Beatriz, «Introduction: On Architecture, Production and Reproduction», en Joan Oackman y Beatriz Colomina (eds.), *Architectureproduction. (Revisions 2)*, New York, Princeton Architectural Press, 1988.

Contreras, Ana, *La puesta en escena de la serie de comedias de magia «Cuando hay falta de hechiceros lo quieren ser los gallegos» y «Asombro de Salamanca» (1742–1775), de Nicolás González Martínez*, Fernando Doménech Rico (dir.), Madrid, Universidad Complutense de Madrid, 2016 (tesis doctoral inédita).

—, Oratoria y alegoría en el teatro discursivo y asociativo contemporáneo en España», en Beatrice Bottin, Dolores Thion Soriano-Molla y Christian Manso (eds.), *Creación, experimentación y difusión del teatro contemporáneo español y latinoamericano*, Madrid, Fundamentos, 2016.

—, «Líneas emergentes en la dirección escénica en España durante el s. XXI», en *Acotaciones*, 27 (2011), pp. 55–82.

—, «Puntos de referencia na dramaturxia actual (3ª parte). *Stifters Dinge* de Heiner Goebbles, un caso paradigmático», en *Revista Galega de Teatro*, 57 (2009), pp. 7–18.

Delgado, Manuel, *El espacio público como ideología*, Madrid, Catarata, 2011.

Díaz, Francisco, «Sobre lo ordinario y lo extraordinario: innovación en el discurso de la arquitectura en la segunda década del siglo 21», en *Máquinas de fuego* (29-12-2013), s.p. (blog) [fecha de consulta: 08-05-2016] <http://maquinasdefuego.blogspot.com/2013/12/131229francisco-diazsobre-lo-ordinario.html>.

Diéguez, Ileana, «De malestares teatrales y vacíos representacionales: el teatro trascendido», en Óscar Cornago (coord.), *Utopías de la proximidad en el contexto de la globalización. La creación escénica en Iberoamérica*, Cuenca, Universidad de Castilla-La Mancha, 2014, pp. 241–262.

Domínguez Ortiz, Antonio, *Carlos III y la España de la Ilustración*, Madrid, Alianza, 2005.

Durán, María Ángeles, *La ciudad compartida. Conocimiento, afecto y uso*, Santiago de Chile, Ediciones SUR, 2008.

Ertem, Gurur, «La revuelta de Gezi y las políticas de la corporalidad», en José A. Sánchez y Esther Belvis (eds.), *No hay más poesía que la acción*, México, Paso de gato, 2015, pp. 87–100.

Federici, Silvia, *Calibán y la bruja*, Madrid, Traficantes de sueños, 2010.

Fisher-Lichte, Erika, *Estética de lo performativo*, Madrid, Abada, 2011.

Florenski, Pável, *La perspectiva invertida*, Madrid, Siruela, 2005.

Foucault, Michel, *Vigilar y castigar*, Madrid, Biblioteca Nueva, 2012.

Garcés Mascareñas, Marina, «Política de la atención... o cómo salir con Rancière fuera de escena», en *Res Publica: Revista de Filosofía Política*, 26 (2011), pp. 61–74.

Haraway, Donna, *Ciencia, cyborgs y mujeres: la reinvención de la naturaleza*, Madrid, Cátedra, 1997.

Lefebvre, Henri, *La producción del espacio*, Madrid, Capitán Swing, 2013.

López García, José Miguel, *El motín contra Esquilache: crisis y protesta popular en el Madrid del siglo XVIII*, Madrid, Alianza, 2006.

Martín González, Juan José, *El retablo barroco en España*, Madrid, Alpuerto, 1993.

Mouffe, Chantal, *La paradoja democrática*, Barcelona, Gedisa, 2003.

Paglia, Camille, *Sexual personae. Arte y decadencia desde Nefertiti a Emily Dickinson*, Madrid, Valdemar, 2006.

Pallasmaa, Juhani, *Los ojos de la piel. La arquitectura y los sentidos*, Barcelona, Gustavo Gili, 2015.

Phelan, Peggy, *Unmarked: The Politics of Performance*, London, Routledge, 1993.

Rodríguez Magda, Rosa María, *El modelo Frankenstein. De la diferencia a la cultura post*, Madrid, Tecnos, 1997.

Roth, Leland M., *Entender la arquitectura. Sus elementos, historia y significado*, Gustavo Gili, Barcelona, 1999.

Rubido, Sagrario, «Modelo EMEREC de comunicación» en Roberto Aparici (coord.), *Conectados al ciberespacio*, Madrid, Universidad Nacional de Eduación a Distancia, 2013, pp. 37–44.

Rudé, George, *La multitud en la historia. Los disturbios populares en Francia e Inglaterra 1730–1848*, Madrid/México, Siglo XXI, 2009.

Scully, Vincent, *The Earth, the Temple, and the Gods*, New Haven, Conneticut, 1979.

Surgers, Anne, *Escenografías del teatro occidental*, Buenos Aires, Ediciones Antes del Sur, 2004.

Turner, Víctor, *El proceso ritual. Estructura y antiestructura*, Madrid, Taurus, 1988.

Weber, Max, *El político y el científico*, Madrid, Alianza, 2012.

Gaston Gilabert

Espacios sonoros: la ubicuidad del elemento poético-musical en las comedias de Moreto

Resumen: En la mayoría de comedias del Siglo de Oro, los dramaturgos sitúan a los músicos en un lugar invisible a los ojos del espectador y al que aluden con la acotación «*dentro*». La indeterminación desde la que provienen esos estímulos auditivos –que van desde el canto de tonos teatrales hasta la emisión de ruidos artificiales– otorga a ese lugar el potencial de generar nuevos espacios a través del oído. Al ser Agustín Moreto uno de los dramaturgos que más explora estas posibilidades, esta teoría de espacialización auditiva se explicará a propósito de una selección de sus comedias más representativas. Con todo, este estudio pretende arrojar luz sobre las estrategias dramáticas moretianas que tienen que ver tanto con esos espacios imaginarios para el público como con los músicos que los habitan, aportando una casuística variada que incluye las interferencias que a menudo se dan entre ese mundo del oído y el escenario, dominado por la vista.

Palabras clave: Espacio, música, efectos sonoros, Agustín Moreto, Teatro del Siglo de Oro

Es un lugar común entre los estudiosos de la música teatral áurea el lamentarse con toda razón sobre la escasa música conservada y sobre el silencio que guardan acerca de sus compositores las pocas partituras que conservamos. En efecto, en la mayoría de ocasiones nos encontramos una hoja de música con la notación, la letra y, en el mejor de los casos, la indicación sucinta, abreviada, del título de la comedia en la que sonó. En una evidente situación de dependencia, si la partitura ha de llevar un nombre propio, antes es más probable que se ponga el del autor de la poesía dramática que el del compositor de la música. La investigación filológica y musicológica de las últimas décadas ha posibilitado identificar a algunos de los responsables de la música teatral áurea, y herramientas tan útiles como los íncipits y las bases de datos facilitan al investigador contemporáneo la búsqueda de concordancias poético-musicales.[1] De este modo, podemos por

---

1 Este trabajo se enmarca en los proyectos de investigación financiados por el Ministerio de Economía y Competitividad *Digital Música Poética: Base de datos integrada del teatro clásico español* (FFI2015-65197-C3-2-P) y *La obra dramática de Agustín Moreto. Edición y estudio de sus comedias IV: las comedias escritas en colaboración* (FFI2014-58570-P).

Gaston Gilabert, Universitat de Barcelona

https://doi.org/10.1515/9783110450828-033

ejemplo rastrear una misma composición y determinar su fortuna en representaciones de distintos dramaturgos.

La misma invisibilidad que impide hallar a los compositores en las partituras, puede predicarse acerca de los músicos que ejecutaban estas piezas durante la representación, confinados, la mayoría de veces, a interpretar desde un espacio oculto a los ojos de los espectadores. En el argumentario de Donato sobre las comedias de Terencio, que fueron traducidas por Pedro Simón Abril a finales del siglo XVI, ya se asocia la escena vacía a la música: «cuando la escena está vacía de representantes, que se pueda allí oír o el coro o el músico de flauta».[2] Uno de los elementos anteriores al *Arte nuevo de hacer comedias*, y que continúa vigente tras la revolución de los grandes dramaturgos áureos, es el hecho de que los músicos están por lo general enclaustrados en ese otro espacio al que el público solo puede acceder a través del oído y de la imaginación, pero no de la vista.

En efecto, en la mayoría de comedias del Siglo de Oro, los dramaturgos sitúan en ese espacio oculto a los músicos, y su invisibilidad se acostumbra a marcar con la acotación «*dentro*» que tantas veces encontramos en las secuencias musicadas. Como afirma Javier Rubiera,[3] este espacio estaba situado detrás del edificio del vestuario, separado del tablado con una cortina, y desde él se emitían señales acústicas de todo tipo: desde gritos de personajes hasta el sonido producido por el choque de espadas para evocar una batalla, pasando por la ejecución de gran parte de los tonos teatrales. Todo ello puede hallarse en la dramaturgia de Agustín Moreto, como demuestran las ediciones y estudios críticos que numerosos investigadores han elaborado –y siguen elaborando en la actualidad–, principalmente desde los proyectos vinculados al Grupo de Investigación Proteo.

No es nuestra intención hablar sobre canciones, música y bailes en la obra dramática de Agustín Moreto, como han hecho recientemente, además de la propia María Luisa Lobato,[4] Lola Josa junto a Mariano Lambea[5] y Francisco Sáez Raposo,[6] sino que el objetivo de este breve estudio es arrojar luz sobre los procedimientos acústicos –canciones, ruidos y efectos sonoros de todo tipo– que

---

2 Terencio, *Las seys comedias de Terentio*, Pedro Simón Abril (trad.), Alcalá, Juan Gracián, 1583, f. 323[v]. Un análisis interesante de este y otros postulados puede leerse en Javier Rubiera, *Para entender el cómico artificio: Terencio, Donato-Evancio y la traducción de Pedro Simón Abril (1577)*, Vigo, Academia del Hispanismo, 2009.
3 Javier Rubiera, *La construcción del espacio en la comedia española del Siglo de Oro*, Madrid, Arco Libros, 2005, p. 89.
4 María Luisa Lobato, *Loas, entremeses y bailes de Agustín Moreto*, Kassel, Reichenberger, 2003.
5 Lola Josa y Mariano Lambea, «Lisonjas ofrezca, Agustín Moreto: intertextualidades poético-musicales en algunas de sus obras», en *Bulletin of Spanish Studies*, 85.7–8 (2008), pp. 195–226.
6 Francisco Sáez Raposo, «El empleo de la música y efectos sonoros en la *Primera parte* de las comedias de Agustín Moreto», en Oana Andreia Sambrian-Toma (ed.), *El siglo de Oro antes y*

emplea el dramaturgo madrileño con la finalidad de crear un espacio virtual que el espectador solo puede ver a través del oído. Mediante una selección de recursos y de comedias, veremos la elocuencia con que Moreto crea estos espacios sonoros.

En la *Primer a parte* de sus comedias (1654), Agustín Moreto publicó *Antíoco y Seleuco* con un claro hipotexto lopesco, *El castigo sin venganza*. Uno de los elementos que destaca su editor, Héctor Urzáiz,[7] es el inicio *in medias res* de la comedia moretiana, en la que el gracioso Luquete y su amo, el príncipe Antíoco, pondrán de inmediato en antecedentes al público.[8] La configuración espacial de este inicio abrupto es diseñada por Moreto mediante una sensación acústica violenta, pues la acotación con que se abre la comedia reza «*Suena ruido de tempestad*». Este sonido se emite, evidentemente, desde dentro, artificio necesario para la disposición de un espacio teatral hostil, abierto e intempestivo que los espectadores deben imaginar a través del oído, como el que asociaría, *mutatis mutandis*, el público inglés con el célebre tercer acto de furiosa tormenta en que comprendemos que tanto los dioses, como la naturaleza y los hombres, han abandonado al *Rey Lear* a su locura.

En el teatro español del Siglo de Oro se confiaba la sensación acústica de los elementos de la naturaleza, como terremotos y tempestades, bien a recursos ejecutados por instrumentos musicales concretos, como el redoble de las cajas, bien a artefactos ideados para producir tal efecto, como el barril de piedras y el cohete que usa Cervantes en su *Tragedia de Numancia* para indicar la explosión de una tormenta.[9] No obstante, como no siempre se tenían a mano fuegos artificiales y barriles llenos de piedras, la norma general era que los truenos se hicieran a partir de instrumentos membranófonos, como los redobles de cajas –el instrumento de percusión más utilizado en todo el teatro del Siglo de Oro– o de un tambor mayor.[10] Es indudable que sean estos los instrumentos predilectos

---

después del Arte Nuevo, Craiova, Editura Sitech, 2009, y «Música y efectos sonoros en el teatro de Agustín Moreto: *Segunda parte* de comedias», en *eHumanista*, 23 (2013), pp. 225–257.

7 Agustín Moreto, «*Antíoco y Seleuco*», Héctor Urzáiz (ed.), en *Comedias de Agustín Moreto. Primera parte de comedias. Vol. III*, María Luisa Lobato (dir.) y Miguel Zugasti (coord.), Kassel, Reichenberger, 2011, pp. 799–881.

8 Héctor Urzáiz, «Ni castigo ni venganza: la figura del rey en *Antioco y Seleuco*, de Moreto», en Luciano García Lorenzo (ed.), *El teatro clásico español a través de sus monarcas*, Madrid, Fundamentos, 2006, p. 245.

9 «Hágase ruido debajo del tablado con un barril lleno de piedras, y dispárese un cohete volador» (Miguel de Cervantes, *Tragedia de Numancia*, Gaston Gilabert [ed.], Nürnberg, More Than Books, 2014, v. 843, acotación).

10 «Los truenos y terremotos se harían a base de redobles de cajas, tambores, atabales y sobre todo el "gran tambor", que sería por antonomasia la "caja de los truenos"» (Miguel Querol, *La música en el teatro de Calderón*, Barcelona, Institut del Teatre/Diputación de Barcelona, 1981, p. 102).

para emular los estruendos de la naturaleza y de la guerra en escenas no visibles a los espectadores; empero, no hay que olvidar el posible concurso de otro tipo de sonoridad para los fenómenos naturales, como la que se predica de aerófonos, de cordófonos o incluso de idiófonos como las castañuelas. Según asegura el musicólogo Miguel Querol:

> Pero sin duda alguna contribuirían a tal efecto instrumentos como el clarín bajo, que alguna vez va asociado con las cajas roncas, trémolos y escalas rápidas de toda clase de pífanos, clarines, chirimías y arpas (para la lluvia), en una palabra, de todo el instrumental de la compañía.[11]

Es curioso que Cervantes, en su prólogo a *Ocho comedias y ocho entremeses nuevos, nunca representados* reconozca a un tal Navarro, posterior a Lope de Rueda, el haber inventado artificiales «truenos y relámpagos», aunque «esto no llegó al sublime punto en que está agora».[12] La sofisticación en este tipo de *imitatio* también evolucionó, como el resto de elementos escénicos, desde la época en que Cervantes usaba los barriles con piedras a la de Moreto o Calderón, mucho más espectacular.[13] Así cabe imaginar el inicio de *Antíoco y Seleuco*, en el que además Moreto usa el decorado verbal en boca de sus personajes para complementar el espacio sonoro. En efecto, Antíoco y Luquete comentan el estruendo de la tormenta para que el verbo auxilie al instrumental de la compañía, con el objetivo común de ambientar la escena inicial en una naturaleza hostil y aterradora. Los dos personajes salen a escena y perfilan el horizonte sonoro *in medias res*, tal y como se reproduce a continuación. Todas estas intervenciones y las que siguen, para mayor efectismo, caben imaginarlas simultáneas al sonido de la tormenta, que será la única participación de los «Músicos» que aparecen listados entre las *dramatis personae* durante la primera jornada.

Suena ruido de tempestad y salen Antíoco y Luquete, de camino.

Antíoco	¡Terrible tempestad, válgame el cielo!
Luquete	¡Sí hará, que todo se nos viene abajo!
	A alguna claraboya de él apelo,
	o a un pozo para echar por él abajo.
Antíoco	Luquete.

---

11 Miguel Querol, *La música en el teatro de Calderón*, pp. 102–103.
12 Miguel de Cervantes, *Entremeses*, Nicholas Spadaccini (ed.), Madrid, Cátedra, 2009, p. 92.
13 Para un estudio detallado de la representación de este fenómeno atmosférico en los siglos XVI y XVII, véase Santiago Fernández Mosquera, *La tormenta en el Siglo de Oro. Variaciones funcionales de un tópico*, Kassel, Reichenberger, 2006.

LUQUETE	¿Gran señor?
ANTÍOCO	Toda mi gente

sin duda se ha perdido.[14]

De entre los personajes con un vínculo especial con la música, son los graciosos de las comedias de Agustín Moreto los que, después de los músicos propiamente dichos, tienen un importante papel musical, sea porque introducen comentarios sobre instrumentos en sus chistes, sea porque cantan tonos jocosos o serios. Además, normalmente serán ellos los que darán la entrada a las piezas musicales. Estos elementos distancian a Moreto respecto a otros dramaturgos de la escuela de Calderón. Por ejemplo, en *El desdén con el desdén* absolutamente todas las piezas musicales son introducidas por estos personajes tracistas. En *Antíoco y Seleuco*, Luquete, en su conversación inicial con Antíoco, compara a las distintas mujeres que ha tenido su padre Seleuco con las cuerdas de una guitarra:

> LUQUETE ¡Que ha dado
> tu padre en ser marido!,
> porque ya cincuenta años que ha vivido,
> de tres mujeres ha arrastrado el luto,
> y aún no de la tercera el llanto enjuto,
> se casa con la cuarta.
> Y si, como a las otras, ésta ensarta,
> lo ha de hacer con la quinta y la requinta,
> con que puede, si el naipe ansí le pinta,
> para cantar de todas los placeres,
> hacer una guitarra de mujeres.
> Y porque en la alusión nada me muerdas,
> esto será porque ellas fueron cuerdas.[15]

Es natural que Moreto haga esta alusión a la guitarra en boca del gracioso, por el carácter popular que tenían estos instrumentos, a diferencia de la vihuela, su equivalente para las clases altas. Con este instrumento, y no con una guitarra, de acuerdo también con la acotación inicial,[16] aparece la dama Fenisa en la comedia moretiana *Lo que puede la aprehensión*, que ejercerá como instrumentista,

---

14 Agustín Moreto, «*Antíoco y Seleuco*», vv. 1–6.

15 Agustín Moreto, «*Antíoco y Seleuco*», vv. 64–76.

16 Agustín Moreto, «*Lo que puede la aprehensión*», Francisco Domínguez Matito (ed.), en *Comedias de Agustín Moreto. Primera parte de comedias. Vol. IV*, María Luisa Lobato (dir.) y Javier Rubiera (dir.), Kassel, Reichenberger, 2010, v. 1, acotación. Otras apariciones de este noble instrumento en la comedia, siempre vinculados a personajes de alto linaje, se dan en los versos 1428 y 1446–1448, acotación.

cantante y actriz. El dramaturgo madrileño discrimina siempre personajes e instrumentos musicales por exigencias de decoro y porque obedecía objetivamente a la realidad social del momento. Sebastián de Covarrubias, a propósito de la vihuela, establece:

> Después que se inventaron las guitarras, son muy pocos los que se dan al estudio de la vihuela. Ha sido una gran pérdida, porque en ella se ponía todo género de música puntada, y ahora la guitarra no es más que un cencerro, tan fácil de tañer, especialmente en lo rasgado, que no hay mozo de caballos que no sea músico de guitarra.[17]

Moreto delimita la separación de estos dos universos paralelos y, en la anterior comedia mencionada, al mismo ilustre instrumento la dama denomina *vihuela* y su criada *guitarra*, como se aprecia en el pasaje en que Fenisa ordena que traiga el primer instrumento: «Dame la vigüela, Laura». A lo que la criada va a buscarlo y se lo trae diciendo: «Ya la guitarra está aquí».[18] Algo semejante ocurre con la mención que hace el gracioso Moclín en otra obra de Moreto, *El poder de la amistad*, a los bailes de cascabel.[19] Estas prácticas festivas –en oposición a los saraos cortesanos y las danzas de cuenta propios de la aristocracia y que también aparecen con frecuencia en las obras de Moreto– eran ejecutadas por las clases populares. En suma, nobles y plebeyos, amos y criados, tienen sus respectivos instrumentos, bailes y sonoridades.

Pasada la tormenta en *Antíoco y Seleuco*, el príncipe Antíoco aparece, en la segunda jornada, afectado por un humor melancólico por haberse enamorado incestuosamente de la misma mujer que su padre, el rey. Es en esta situación que sonarán las primeras piezas de música vocal, con unos objetivos claros tanto argumentalmente como de ambientación palatina, ya que el teatro del Siglo de Oro es en esto espejo de *El cortesano*, de Baltasar Castiglione, que considera habilidad imprescindible para cualquier caballero y cualquier dama el canto solista con acompañamiento instrumental.[20] Por tanto, la música y los músicos serán aliados naturales para la creación dramatúrgica del espacio cortesano.

---

17 Sebastián de Covarrubias, *Tesoro de la lengua castellana o española*, Madrid, Luis Sánchez, 1611, f. 74^r.

18 Agustín Moreto, «*Lo que puede la aprehensión*», vv. 1428–1433.

19 Agustín Moreto, «*El poder de la amistad*», Miguel Zugasti (ed.), en *Comedias de Agustín Moreto. Primera parte de comedias. Vol. III*, María Luisa Lobato (dir.) y Miguel Zugasti (dir.), Kassel, Reichenberger, 2011, v. 1376.

20 Véase particularmente el capítulo que dedica a «Cómo al perfecto cortesano le pertenece ser músico, así en saber cantar y entender el arte, como en tañer diversos instrumentos». Baltasar Castiglione, *Los cuatro libros del cortesano*, Juan Boscán (trad.), Madrid, Alfonso Durán, 1873, pp. 116–120.

Como en el palacio de *Antíoco* no entienden la extraña conducta del joven príncipe, recurrirán a la música para apaciguar sus penas y, de paso, descifrar el secreto. A pesar de que Antíoco ordena expresamente a los músicos que no canten, Erisístrato, confidente del rey, contesta de manera interesada: «La música es lo que más/aquesta pasión corrige,/y así, señor, os conviene/oír cantar». Y en un aparte confiesa: «Éste ha de ser/el medio para saber/qué pasión es la que tiene».[21] El primer tono que interpretarán los músicos será «Venid, pastores de Henares», pieza conocida entonces y una de las pocas de Moreto cuya partitura ha llegado hasta nuestros días.[22] No obstante, el príncipe interrumpe esta canción pastoril y pide otra, porque «Venid, pastores de Henares» no se ajusta a su propia situación y, por tanto, no puede producir catarsis alguna ni servirle de analgésico. A continuación, Luquete interviene poniendo de manifiesto el artificio de la moda pastoril y la incompatibilidad de temas y espacios: ellos están en un palacio y no en un florido *locus amoenus*. Por ser el rudo gracioso ajeno a la elevada convención de los temas arcádicos y de los espacios bucólicos que aparecen en la lírica culta y en las canciones palaciegas, cualquier evasión espacial le parece una falta a la verdad, de ahí que se enfrente a los músicos diciendo: «¿que han de venir los pastores/que están allá haciendo migas?».[23]

Mientras los músicos piensan en otra pieza cuya letra no tenga marcas espaciales que impliquen evasión de la realidad del palacio, se lanzará Luquete con Felisarda a cantar «Corazón osado mío», un tono teatral para nada burlesco y al que se sumará el propio príncipe en las coplas que siguen el estribillo. Antes hemos hablado de la invisibilidad de los músicos ya que, en la mayoría de ocasiones, tocan «dentro», en un espacio fuera de la vista del público. Con carácter de excepción, en *Antíoco y Seleuco*, Felisarda, personaje que ni siquiera aparece entre las *dramatis personae*, se luce ante el público con su canción, desafiando con su individualidad la genérica y abstracta etiqueta de «Músicos».

Si con el objetivo de tomar el pulso a la música teatral del Siglo de Oro atendiésemos únicamente a la caja inicial de las *dramatis personae*, esta información nos conduciría a una conclusión errónea ya que, aun en las comedias que contienen más recursos sonoros, los músicos que no declaman como un personaje más son relegados al anonimato. La casuística revela cuatro tipos de presencia del músico con implicaciones espaciales, que a continuación aparecen listadas de mayor a menor grado de visibilidad:

---

21 Agustín Moreto, «*Antíoco y Seleuco*», vv. 1077–1082.
22 Lola Josa y Mariano Lambea, *La música y la poesía en cancioneros polifónicos del siglo XVII (IV). Libro de tonos humanos (1655–1656). Vol. III*, Madrid, Consejo Superior de Investigaciones Científicas, 2005, pp. 268–271.
23 Agustín Moreto, «*Antíoco y Seleuco*», vv. 1101–1102.

1) El grado máximo de visibilidad del músico se da cuando la caja especifica el nombre del personaje y distingue si se trata de un músico, algo frecuente en comedias palaciegas del Siglo de Oro. Por ejemplo, «Apolo, músico» o «Inés, música», elemento que nos informa, además, de que el actor que interpreta ese papel tiene habilidades musicales o, al revés, el músico tiene habilidades actorales. Si la música es coral, no se identifica ni en la caja ni en el cuerpo de la comedia como «Música» o «Músicos», sino como «Coro de sirenas», «Coro de musas» o indicaciones análogas. En las obras palaciegas de Moreto no aparece ninguna de estas indicaciones, ni en el caso de cantores individuales ni en el caso de los colectivos.

2) El siguiente grado de visibilidad del músico, en escala descendente, se da cuando los músicos aparecen en la caja inicial, junto al resto de *dramatis personae*, aunque bajo esos nombres indeterminados de «Música» o «Músicos». Esta segunda opción es la que Moreto escoge para sus obras. Además de esta etiqueta anónima, si hay personajes con nombre propio que participan en la comedia ejecutando tonos, esta información no se explicita en la caja: hemos de recurrir al texto de la comedia para observar que, por ejemplo, el personaje de Antíoco será uno de los cantantes. Es preciso señalar que, cuando aparecen esos «Músicos» en escena, rara vez sabemos cuántos están ocupando el espacio escénico ni qué instrumentos llevan consigo.

3) El tercer grado de visibilidad de los músicos es aquel en que, habiendo música, no aparecen los músicos en el *dramatis personae*, ni siquiera con la indicación genérica de «Músicos», pero ello no obsta para que los personajes glosen el contenido de la música y den una presencia verbal a la música que suena y que están escuchando.

4) El cuarto grado de visibilidad o de máxima invisibilidad del músico es aquel en que antes, durante o después de la ejecución del tono, ningún otro personaje de la comedia alude a estos intérpretes ni a la música que están interpretando. En este caso, el componente sonoro tendría una importancia análoga a la iluminación artificial o al decorado, que no se explicita y que debe pasar como natural, hecho que reclama al espectador la suspensión de su incredulidad para que quede integrado en el ambiente dramático.

Estas categorías no son un *numerus clausus*, pues pueden darse casos de distintos grados de invisibilidad en la misma comedia, es decir, que haya una discriminación en cuanto al conjunto de los músicos. En *Antíoco y Seleuco* puede apreciarse este fenómeno:

LUQUETE   Felisarda y yo sabemos
            una letra de esa suerte.

Antíoco	Dila, pues.
Erisístrato	([*Ap.*] Indicio es fuerte.)
Luquete	Entre los dos la diremos.
	Cantan[24]

Se trata de un caso sorprendente porque Felisarda no aparece entre las *dramatis personae* y Agustín Moreto no le concede ni una mísera palabra con autonomía. La única vez que aparece este nombre en toda la obra, paratexto incluido, es en esta anómala intervención de Luquete. A los músicos que no hablan con voz propia, como Felisarda, se les niega por tanto el estatuto de tener nombre de personaje entre las *dramatis personae* y quedan sepultados en la invisibilidad del conglomerado «Músicos». Esta intervención podría ser un fallo de economía dramática: el público, en las horas que dura el espectáculo, debe retener un cúmulo importante de información nueva y es un esfuerzo vano, que además atenta contra la paciencia del espectador, dar nombre propio a un personaje –y, con más razón, a un músico– que no tiene una entidad dramática individualizada en el argumento. Si Lázaro Carreter ya observaba la torpeza de Lope de Vega en cuanto a economía dramática por la inclusión del personaje más que secundario de Febo en *El castigo sin venganza*,[25] ¡qué diría de la Felisarda de Moreto, que de manera autónoma no pronuncia ni una sílaba frente a los treinta y cinco versos del Febo de Lope![26]

Aunque la designación por nombre propio de Felisarda sea más o menos accidental y probablemente obedezca a razones métricas, se trata de un singular ejemplo que aporta un rayo de luz a ese nebuloso papel que tienen los músicos anónimos en escena y el espacio al que son destinados. Si tiramos del hilo, podemos imaginar que esa cantante, en las escenas palaciegas que no tienen música en *Antíoco y Seleuco*, cumple la función de ambientar el espacio como una criada más que va y viene acompañando a los protagonistas, sin recibir la mínima atención, como si no existiera. Esta hipótesis se vería apoyada por el hecho de que «Músicos y criados» muchas veces vayan juntos en las referencias del *dramatis personae* o en alusiones de personajes en escena. Esta unión de

---

24 Agustín Moreto, «*Antíoco y Seleuco*», vv. 1111–1114.

25 Fernando Lázaro Carreter, «Funciones de la figura del donaire en el teatro de Lope de Vega», en Ricardo Doménech (ed.), «*El castigo sin venganza*» *y el teatro de Lope de Vega*, Madrid, Cátedra/Teatro Español, 1987, p. 43.

26 Además de los treinta y cinco versos del *El castigo sin venganza*, tendríamos que añadir las veces que se menciona en el paratexto el nombre de Febo (quince) y las veces que es mencionado su nombre por otros personajes (una). En *Antíoco y Seleuco*, Felisarda no declama ningún verso, no aparece en ningún lugar del paratexto y solo en una ocasión, la citada, aparece en boca de otro personaje.

músicos y criados ocurre de manera explícita, por ejemplo, en la obra de Moreto *No puede ser el guardar una mujer.*[27]

Volviendo a *Antíoco y Seleuco*, si la prueba para desvelar el secreto del príncipe había sido a través de las canciones –la letra de una de las cuales finalmente encajó con su situación–, la última prueba será a través de un sarao bailado y cantado, cuyos versos –que son de arte mayor por ser de reyes– describen también lo que acontece en la escena: la poesía cantada habla de los rayos que anteceden al sol,[28] que hacen referencia a las damas que irán pasando, en el baile, delante del príncipe, y la última, «el sol», será la reina, que provocará la turbación del príncipe enamorado. Esta operación, orquestada al modo de *Hamlet*, para que la reacción valga como prueba delatora, se sirve de la letra cantada, de la coreografía del baile y de todo el espacio escénico. «Ya está el daño conocido» sentenciará Erisístrato tras la escena musical.

En la comedia de Moreto *El poder de la amistad* aparece otro de los supuestos en que la aparición en escena de los músicos está justificada argumentalmente. En este caso porque Alejandro y Margarita se envían mutuamente un número indeterminado de músicos para que canten letras íntimamente relacionadas con su situación. Así, con algunas variaciones, se irán preguntando repetidamente «¿Quién será quien ordenó/aquesta música?»,[29] generando cierto misterio sobre la persona que, en cada momento, está detrás del envío de músicos y canciones.

Sin embargo, la obra *No puede ser el guardar una mujer* es musicalmente anómala en el corpus de comedias de enredo de Moreto por dos motivos: el primero, por incluir tan solo una única canción, dato rarísimo para Moreto, para el género y para los dramaturgos de la escuela de Calderón; y, en segundo lugar, es anómala esta comedia porque Moreto suele usar las canciones en sus comedias de enredo como ingredientes vinculados a la traza que se está ejecutando, por ejemplo, a modo de seña para que alguien entre en el jardín, o para lanzar una pulla a un amante con el contenido de la letra cantada; en cambio, en el caso de *No puede ser el guardar una mujer*, nada tiene que ver con los múltiples engaños y enredos que hay, sino que la canción está situada al inicio y sirve para ambientar la escena y su espacio: una academia literaria. De hecho, el personaje de doña Ana explícitamente dice que la canción ha sido escrita «para introducir con ella/la academia».[30]

---

27 Agustín Moreto, «*No puede ser el guardar una mujer*», María Ortega (ed.), en *Comedias de Agustín Moreto. Segunda parte de comedias. Vol. V*, María Luisa Lobato (dir.), Kassel, Reichenberger, 2016, pp. 1–71.

28 Agustín Moreto, «*Antíoco y Seleuco*», vv. 1565–1568.

29 Agustín Moreto, «*El poder de la amistad*», vv. 353–354.

30 Agustín Moreto, «*No puede ser el guardar una mujer*», vv. 223–224.

Consideramos, no obstante, que esa función de ambientación –en relación directa con el espacio representado– se combina con una función reflexiva, que afecta directamente a la definición del personaje principal. Además de marcar la diferencia entre el espacio de la corte en su dimensión más social y el espacio de la cultura, la poesía y el saber, esta pieza musical sirve al dibujo del personaje de Doña Ana. No es, por tanto, una casualidad que la letra cantada introduzca al lector-espectador en el espacio personal de la protagonista, creado por ella para el cultivo de la poesía: la actividad en la que destaca y que la distingue entre los demás.

Si bien, como hemos dicho, en *No puede ser el guardar una mujer* Moreto no usa canciones para sus trazas, lo cierto es que no renuncia completamente al concurso del elemento auditivo para provocar enredos. Nos referimos, ya no a música vocal sino a otros efectos sonoros, como los ruidos, por ejemplo el que se hace para lograr que don Pedro abra una habitación cerrada con llave: se finge una pelea, como reza la acotación «*Suena dentro ruido de cuchilladas*».[31] Aquí Moreto amplía el horizonte espacial del escenario y el público fabrica con su imaginación y con su oído una habitación cerrada desde la que don Félix grita, entre esas cuchilladas: «Traidores, ¿a un hombre cinco?/¿No hay quien a un hombre socorra?».[32] Este tipo de señales acústicas están perfectamente coreografiadas y los que las ejecutan han de situarse en lugares precisos para conseguir el efecto deseado. En la misma comedia, aunque en un momento posterior, tampoco exento de intriga, el ruido que provoca una espada que cae al suelo hace peligrar toda la traza, y Pedro desde dentro grita: «Hola, ¿qué ruido es aquél?».[33] En suma, aunque no use música vocal, los efectos acústicos entendidos desde una concepción amplia, siguen sirviendo a Moreto como motor de enredos.

En la comedia *El parecido*, los golpes que da a la puerta el verdadero don Lope, que llega a su propia casa cuando habita en ella el que se hace pasar por él, contribuyen a generar esa intriga. Como ocurría en la anterior comedia comentada, en esta también el ruido de los aceros sirven de seña para entrar y salir del espacio escénico, según el tenor de don Luis: «Al ruido de las espadas,/que al pasar por aquí he oído,/he entrado, señor don Pedro».[34] Por tanto, un ruido, una

---

31 Agustín Moreto, «*No puede ser el guardar una mujer*», v. 1954, acotación.

32 Agustín Moreto, «*No puede ser el guardar una mujer*», vv. 1956–1957.

33 Agustín Moreto, «*No puede ser el guardar una mujer*», v. 2077.

34 Agustín Moreto, «*El parecido*», Luisa Rosselló (ed.), en *Comedias de Agustín Moreto. Segunda parte de comedias. Vol. VII*, María Luisa Lobato (dir.), Kassel, Reichenberger, en preparación, vv. 3177–3179. Citamos a partir de la versión digital preliminar de esta edición, disponible para su descarga en la página web de Moretianos.com [fecha de consulta: 02-04-2016] <http://www.moretianos.com/pormoreto.php>.

señal acústica, en las comedias de Moreto, proporciona acceso a más espacios que los que consigue una puerta.

Este tipo de recursos sonoros, los usa el dramaturgo madrileño sobre todo en situaciones de intriga o de violencia, para aumentar la tensión mediante estímulos auditivos y posibilitar giros en la trama mediante la aparición o desaparición de personajes en el espacio escénico. Así, en *El lego del Carmen*, Dato escucha cómo Franco y Aurelio están peleando dentro y, pese a que no haya acotación como en el ejemplo anterior, aquí comenta: «Pero ¿qué escucho? Empezaron;/¡cómo suenan las espadas!/¡Virgen! ¡Y qué chincharrazos!».[35] Enredo y efectos acústicos también se dan la mano en esta comedia cuando Aurelio le da a Lucrecia la seña para que se fugue con él, cuando pasen los músicos por la calle, en una traza prácticamente idéntica a la de *El mercader de Venecia* por la que Jessica escapa de casa de su padre, el judío Shylock, robando además joyas y oro. Así se expresa Aurelio:

> AURELIO   [...] con una música yo
> pasar por la calle quiero,
> que, si alguna gente hubiere
> en ella, la irá siguiendo
> y te dejarán lugar
> de salir con más secreto;
> y a más, servirá de seña
> para que sepas que espero.[36]

Aquí nuevamente la información musical está creando un mapa virtual, esa calle por la que los músicos pasarán. Cuando esto suceda, y para lograr mayor verosimilitud, la música empezará a sonar dentro, como si la calle que representa el escenario fuera solo una porción de la larga calle no visible desde la que empiezan a tocar los músicos, en un *continuum* ininterrumpido y aumentando cada vez más el volumen para simular que se están acercando al punto de encuentro que el público sí puede ver. Hasta ahora rara vez la crítica filológica y musicológica ha reparado en las importantes funciones que tiene el volumen, en tanto que intensidad de la emisión acústica, en el teatro del Siglo de Oro, más allá de su participación en los ecos para generar profundidad y un fondo sonoro persistente

---

35 Agustín Moreto, «*El lego del Carmen, San Franco de Sena*», Marco Pannarale (ed.), en *Comedias de Agustín Moreto. Primera parte de comedias. Vol. IV*, en María Luisa Lobato (dir.) y Javier Rubiera (coord.), Kassel, Reichenberger, 2010, vv. 899–901.

36 Agustín Moreto, «*El lego del Carmen, San Franco de Sena*», vv. 686–693.

en el tiempo.[37] Los músicos teatrales tendrían por tanto la habilidad de graduar el volumen en su interpretación para ampliar ese espacio virtual que la escena no permite ver. Además de este ejemplo de *El lego del Carmen*, otro puede verse en la comedia de Moreto *Los jueces de Castilla*, en la que una acotación indica «*Va sonando la voz con las campanillas fingiendo que se aleja y que se acerca*»,[38] recurso con el que el dramaturgo hace que las voces «no se encuentren ubicadas en un emplazamiento concreto, sino que son oscilantes, fluctuantes, y causan, lógicamente, la inquietud y la turbación en el personaje y, tal vez, en el propio público».[39] Cabe añadir que este recurso lo realizaban los intérpretes quietos, bajando y subiendo el volumen, por lo que parecían moverse de un extremo más alejado a uno más cercano. El uso del volumen en la música teatral es un motor dramático que tiene diversas implicaciones, a saber:

1) El diálogo de los personajes con el paralenguaje de la potencia acústica.
2) La visibilización de los músicos pese a que no estén nunca a la vista, ya que el público y los personajes los imaginan moviéndose gracias al juego de volúmenes.
3) El uso de la proxémica, es decir, la interpretación de las distancias medibles y sus interacciones. La distinta intensidad sonora tiene como consecuencia que los personajes en escena tomen decisiones en función de la cercanía o lejanía de las emisiones acústicas.
4) Información sobre el tipo de instrumentos que llevan, dentro, los músicos, o la imagen que de ellos se nos quiere dar. Por ejemplo si el volumen aumenta porque el dramaturgo quiere fingir el acercamiento de los músicos al escenario, por fuerza los instrumentos que cargan han de ser ligeros.

En este tipo de casos, el reto, en tanto que técnica vocal, se cifra en graduar la potencia acústica de las voces, principalmente en tres distintas medidas, de mayor a menor volumen. En primer lugar tendríamos el canto «*en voz entera*», que sería la intensidad normal en la música teatral, con sonoridad plena; en segundo lugar, «*a media voz*», sería la potencia propia del eco y de la música de fondo, cuya ejecución ha de hacer que parezca provenir de «*lejos*», como también recogen algunas acotaciones; y en último lugar, «*muy bajo*», que sería la mínima

---

37 Para un desarrollo de estas cuestiones, véase Gaston Gilabert, *Música y poesía en las comedias de Bances Candamo*, Vigo, Academia del Hispanismo, 2017.
38 Agustín Moreto, «*Los jueces de Castilla*», Abraham Madroñal y Francisco Sáez Raposo (eds.), en *Comedias de Agustín Moreto. Primera parte de comedias. Vol. IV*, María Luisa Lobato (dir.) y Javier Rubiera (coord.), Kassel, Reichenberger, 2010, v. 1766, acotación.
39 Francisco Sáez Raposo, «El empleo de la música y efectos sonoros en la *Primera parte* de las comedias de Agustín Moreto», p. 106.

expresión de la potencia acústica y se aplica por lo común a la reduplicación del eco –o segundo eco–, que a veces también las acotaciones registran como «*más bajo*», «*muy lejos*» o «*más lejos*» para distinguirlo del anterior nivel.

Volviendo a *El lego del Carmen*, tras la última escena musical comentada hay un duelo entre Aurelio y Franco «*aquí abajo*»,[40] un espacio algo oscuro, según comentan, aunque no será visible para el público más que a través del oído, por el ruido de espadas que nuevamente está ampliando el escenario con el decorado verbal y las señales acústicas. En el teatro del Siglo de Oro este espacio invisible es, en realidad, múltiple porque admite en él distintos lugares o focos emisores en los que el dramaturgo dispone las distintas señales acústicas, buscando muchas veces crear una sensación espacial próxima a la estereofonía. Covarrubias, en su *Tesoro*, da una referencia indirecta al discriminar si se «tañía a un coro o a dos coros» en función de si los músicos «estaban en una parte, o en otra, o en ambas» del teatro.[41] Algo de ello se aprecia en la siguiente intervención del Duque, extraída de la comedia de Moreto *El licenciado Vidriera*:

> DUQUE   Cantad, seguid su hermosura.
>   Lisardo, ve a prevenir
>   que estén las músicas juntas,
>   cercando la galería;
>   porque divertida en unas
>   y arrebatada de otras
>   todo en mi amor se confunda.[42]

Este recurso estereofónico también lo utiliza Agustín Moreto cuando pretende unir, en la tercera jornada de *El poder de la amistad*, la dulzura de un tono amoroso cantado al estruendo militar de cajas y clarines. La guerra no se ve, pero el sonido la dibuja cerca, interrumpiendo la escena musical amorosa.[43] En *El licenciado vidriera*, la invisibilización del espacio de los músicos le sirve a Moreto para crear otra sala que no enseña al público: «la boda será allá dentro»,[44] dice el personaje de Gerundio, señalando hacia el lugar oculto desde donde los músicos están interpretando una canción nupcial a propósito del enlace de Laura

---

40 Agustín Moreto, «*El lego del Carmen, San Franco de Sena*», v. 892.
41 Sebastián de Covarrubias, *Tesoro de la lengua castellana o española*, f. 408ᵛ.
42 Agustín Moreto, «*El licenciado Vidriera*», Javier Rubiera (ed.), en *Comedias de Agustín Moreto. Segunda parte de comedias. Vol. VI*, María Luisa Lobato (dir.), Kassel, Reichenberger, en preparación, vv. 1671–1677. Citamos a partir de la edición preliminar digital, disponible para su descarga en la página web de Moretianos.com [fecha de consulta: 02-04-2016] <http://www.moretianos.com/pormoreto.php>.
43 Agustín Moreto, «*El poder de la amistad*», v. 2848, acotación.
44 Agustín Moreto, «*El licenciado Vidriera*», v. 3054.

y Lisardo. En *El desdén con el desdén* Moreto usará también el decorado verbal
y el espacio sonoro para describir en diversas ocasiones el contexto festivo que
hay, en este caso, en las Carnestolendas de Barcelona y que impregna las escenas
palaciegas de la obra. Es decir, el interior del palacio y el exterior de la ciudad
están unidos por la música, que permea en ambos espacios con independencia
de su visibilidad. Muchas veces por medio de la sinécdoque debemos imaginar
esa correlación entre los ambientes de dentro y de fuera.

> POLILLA   Ya sabes que ahora son
>   Carnestolendas.
> CARLOS   ¿Y pues?
> POLILLA   Que en Barcelona uso es
>   desta gallarda nación,
>   que con fiestas se divierte.[45]

En esta comedia, Moreto dispone incluso entradas y salidas, del palacio a la
ciudad, regidas por el concurso musical. Así, Diana ordena: «Guíe la música,
pues,/a la plaza de las fiestas»,[46] y los mismos músicos que cantaban en el interior del palacio irán con su música a unirse al bullicio de la ciudad de Barcelona,
espacio sonoro que hemos de imaginar mediante el descenso del volumen de los
cantores para simular que se adentran en la ciudad y se alejan de la habitación.

Durante parte de *El desdén con el desdén*, además de poesía musicada, hay
música instrumental, señalada tanto por las acotaciones –«*suenan los instrumentos*»[47]– como por las reacciones de los personajes –«Señora, los instrumentos/
ya de ser hora dan señas/de comenzar el sarao/para las Carnestolendas».[48] De
hecho, es habitual en el teatro áureo –y Moreto no pierde oportunidad de ejecutar
el recurso en esta comedia– que las letras cantadas vayan precedidas por intro-
ducciones instrumentales que preparan la escena y ambientan las conversaciones preliminares en un contexto determinado.

En este sentido, debe tenerse en cuenta la escasísima referencia que las
didascalias ofrecen acerca de la música instrumental. Manuscritos e impresos
teatrales, por lo general, hacen coincidir la acotación –en caso de que exista–
con el inicio de los versos cantados, y los lectores, de no ser por los comentarios
previos de algunos personajes, creeríamos en gran medida que los instrumentos

---

45 Agustín Moreto, «*El desdén con el desdén*», Beata Baczynska (ed.), en *Comedias de Agustín Moreto. Primera parte de comedias. Vol. I*, María Luisa Lobato (ed.), Kassel, Reichenberger, 2008, vv. 1141–1145.

46 Agustín Moreto, «*El desdén con el desdén*», vv. 1529–1530.

47 Agustín Moreto, «*El desdén con el desdén*», v. 1385, acotación.

48 Agustín Moreto, «*El desdén con el desdén*», vv. 1385–1388.

arrancan al mismo tiempo que las voces. De este modo, y a falta de partituras en la mayoría de ocasiones, quedamos al arbitrio de que el dramaturgo considere que sus personajes tienen la suficiente sensibilidad musical para apreciar, glosar e incluso elaborar exquisitas metáforas acerca de la música instrumental que está sonando. Este es el caso de Agustín Moreto, que, en boca de Carlos, personaje de *El desdén con el desdén*, dice «Ya escucho el instrumento»[49] momentos antes de que empiece la letra de la canción, un tono teatral que también se ejecutará fuera del espacio escénico en un primer momento.

De hecho, en diversos de los tonos de esta comedia, los músicos no aparecen en la escena, pero la ambientan desde dentro con sus voces y sus instrumentos. En la comedia *El poder de la amistad*, sin acotación previa que lo indique, Alejandro señala «Instrumentos sonaron» y Moclín contesta «En la galería suena,/que de música está llena/y a nuestro cuarto llegaron», y a su vez Alejandro responde «Esperemos a que cante», por lo que cabe suponer que desde el espacio imaginado de la galería, que es un espacio plenamente sonoro, está llegando la música instrumental.[50]

En *El lego del Carmen*, el protagonista oye música instrumental y se pregunta «¿Si es instrumento el que siento?» y Dato le responderá afirmativamente y añadirá «aguarda que cante,/ejecución tendrá amante/que pide con instrumento» y Franco confirma «Música es».[51] Desde que Franco oye la música instrumental hasta que empieza la letra de la canción hay un diálogo de veinte versos, simultáneo a la melodía que los músicos están ejecutando cada vez con mayor volumen para emular la proximidad hacia ese tramo de la calle en el que se encuentran. Cuando finalmente están a la vista, Aurelio les ordena «Cantad, y sin deteneros/ toda la calle seguid»,[52] por lo que los músicos, en primer lugar, empezarán interpretando desde dentro con un volumen ascendente; en segundo lugar cruzarán el escenario con su música y, en tercer lugar, volverán a tocar desde dentro, pero ahora con un volumen descendente hasta el silencio provocado por la supuesta lejanía en la larga calle virtual que Moreto ha creado a partir de señales acústicas.

Otro recurso de espacialización a través de la música que usa Moreto es el de trazar una ruta a través de la voz oculta que el personaje en escena debe seguir. Al final de la segunda jornada de *El lego del Carmen*, el protagonista está en escena y ha quedado ciego. De pronto, una voz cantará desde dentro «Levántate, Franco, y sigue/de aquesta voz el camino», a lo que él responde «aunque ciego, me han vuelto/los ojos a los oídos./Norte vocal, sed mi guía». A partir de este momento

---

49 Agustín Moreto, «*El desdén con el desdén*», v. 1799.
50 Agustín Moreto, «*El poder de la amistad*», vv. 2724–2728.
51 Agustín Moreto, «*El lego del Carmen, San Franco de Sena*», vv. 774–778.
52 Agustín Moreto, «*El lego del Carmen, San Franco de Sena*», vv. 804–805.

seguirá la voz que canta desde dentro, como si fuera un mapa, hasta que desaparece de escena y se cierra el acto.[53]

Para concluir, podemos afirmar que los elementos sonoros –músicas y ruidos–, por la alta frecuencia en que los utiliza, forman parte esencial de la estrategia dramática de Moreto, y no solo para ambientar determinadas escenas, algo que tiene en común con el resto de dramaturgos del Siglo de Oro, sino también y sobre todo, para generar nuevos espacios a través del oído que unas veces ensanchan y complementan el que los ojos efectivamente ven y otras veces lo crean *ex novo*. De manera que, si queremos explicar dramaturgias complejas como la de Agustín Moreto, deberíamos superar el monopolio de los términos «teicoscopia», «decorado verbal» o «espacio verbal» –que privilegian la vista y el verbo como si fueran los únicos instrumentos capaces de colaborar con la escenografía real o imaginaria– y acostumbrarnos a un término más preciso para las escenas que apuntan al oído, como el de «espacio sonoro».

Obras citadas

Castiglione, Baltasar, *Los cuatro libros del cortesano*, Juan Boscán (trad.), Madrid, Alfonso Durán, 1873.

Cervantes, Miguel de, *Tragedia de Numancia*, Gaston Gilabert (ed.), Nürnberg, More Than Books, 2014.

—, *Entremeses*, Nicholas Spadaccini (ed.), Madrid, Cátedra, 2009.

Covarrubias, Sebastián de, *Tesoro de la lengua castellana o española*, Madrid, Luis Sánchez, 1611.

Fernández Mosquera, Santiago, *La tormenta en el Siglo de Oro. Variaciones funcionales de un tópico*, Kassel, Reichenberger, 2006.

Gilabert, Gaston, *Música y poesía en las comedias de Bances Candamo*, Vigo, Academia del Hispanismo, 2017.

Josa, Lola y Mariano Lambea, «Lisonjas ofrezca, Agustín Moreto: intertextualidades poético-musicales en algunas de sus obras», en *Bulletin of Spanish Studies*, 85.7–8 (2008), pp. 195–226.

—, *La música y la poesía en cancioneros polifónicos del siglo XVII (IV). Libro de Tonos Humanos (1655–1656). Vol. III*, Madrid, Consejo Superior de Investigaciones Científicas, 2005.

Lázaro Carreter, Fernando, «Funciones de la figura del donaire en el teatro de Lope de Vega», en Ricardo Doménech (ed.), «*El castigo sin venganza*» *y el teatro de Lope de Vega*, Madrid, Cátedra/Teatro Español, 1987, pp. 31–49.

Lobato, María Luisa, *Loas, entremeses y bailes de Agustín Moreto*, Kassel, Reichenberger, 2003.

---

53 Agustín Moreto, «*El lego del Carmen, San Franco de Sena*», vv. 1923–1934.

Moreto, Agustín, «*El parecido*», Luisa Rosselló (ed.), en *Comedias de Agustín Moreto. Segunda parte de comedias. Vol. VIII*, María Luisa Lobato (dir.), Kassel, Reichenberger, en preparación.

—, *El parecido*, Luisa Rosselló (ed.), s.l., Moretianos.com/Grupo PROTEO, s.a. (en línea) [fecha de consulta: 02-04-2016] <http://www.moretianos.com/pormoreto.php>.

—, «*El licenciado Vidriera*», Javier Rubiera (ed.), en *Comedias de Agustín Moreto. Segunda parte de comedias. Vol. VI*, María Luisa Lobato (dir.), Kassel, Reichenberger, en preparación.

—, *El licenciado Vidriera*, Javier Rubiera (ed.), s.l., Moretianos.com/Grupo PROTEO, s.a. (en línea) [fecha de consulta: 02-04-2016] <http://www.moretianos.com/pormoreto.php>.

—, «*No puede ser el guardar una mujer*», María Ortega (ed.), en *Comedias de Agustín Moreto. Segunda parte de comedias. Vol. V*, María Luisa Lobato (dir.), Kassel, Reichenberger, 2016, pp. 1–171.

—, «*Antíoco y Seleuco*», Héctor Urzáiz (ed.), en *Comedias de Agustín Moreto. Primera parte de comedias. Vol. III*, María Luisa Lobato (dir.) y Miguel Zugasti (coord.), Kassel, Reichenberger, 2011, pp. 799–881.

—, «*El poder de la amistad*», Miguel Zugasti (ed.), en *Comedias de Agustín Moreto. Primera parte de comedias. Vol. III*, María Luisa Lobato y Miguel Zugasti (dir.), Kassel, Reichenberger, 2011, pp. 595–691.

—, «*Lo que puede la aprehensión*», Francisco Domínguez Matito (ed.), en *Comedias de Agustín Moreto. Primera parte de comedias. Vol. IV*, María Luisa Lobato y Javier Rubiera (dir.), Kassel, Reichenberger, 2010, pp. 1098–1195.

—, «*El lego del Carmen, San Franco de Sena*», Marco Pannarale (ed.), en *Comedias de Agustín Moreto. Primera parte de comedias. Vol. IV*, María Luisa Lobato (dir.) y Javier Rubiera (coord.), Kassel, Reichenberger, 2010, pp. 998–1097.

—, «*Los jueces de Castilla*», Abraham Madroñal y Francisco Sáez Raposo (eds.), en *Comedias de Agustín Moreto. Primera parte de comedias. Vol. IV*, María Luisa Lobato (dir.) y Javier Rubiera (coord.), Kassel, Reichenberger, 2010, pp. 882–997.

—, «*El desdén con el desdén*», Beata Baczynska (ed.), en *Comedias de Agustín Moreto. Primera parte de comedias. Vol. I*, María Luisa Lobato (ed.), Kassel, Reichenberger, 2008, pp. 200–294.

Querol, Miguel, *La música en el teatro de Calderón*, Barcelona, Institut del Teatre/Diputación de Barcelona, 1981.

Rubiera, Javier, *Para entender el cómico artificio: Terencio, Donato-Evancio y la traducción de Pedro Simón Abril (1577)*, Vigo, Academia del Hispanismo, 2009.

—, *La construcción del espacio en la comedia española del Siglo de Oro*, Madrid, Arco Libros, 2005.

Sáez Raposo, Francisco, «Música y efectos sonoros en el teatro de Agustín Moreto: *Segunda parte* de comedias», en *eHumanista*, 23 (2013), pp. 225–257.

—, «El empleo de la música y efectos sonoros en la *Primera parte* de las comedias de Agustín Moreto», en Oana Andreia Sambrian-Toma (ed.), *El siglo de Oro antes y después del Arte Nuevo*, Craiova, Editura Sitech, 2009, pp. 102–111.

Terencio, *Las seys comedias de Terentio*, Pedro Simón Abril (trad.), Alcalá, Juan Gracián, 1583.

Urzáiz, Héctor, «Ni castigo ni venganza: la figura del rey en *Antíoco y Seleuco*, de Moreto», en Luciano García Lorenzo (ed.), *El teatro clásico español a través de sus monarcas*, Madrid, Fundamentos, 2006, pp. 237–268.

Guillermo Gómez Sánchez-Ferrer
El teatro de Lope de Vega en la escena madrileña o los nuevos espacios para la construcción del canon dramático áureo

Resumen: Tras constatar que se ha producido en los últimos quince años la recuperación de textos de Lope de Vega muy poco frecuentados por las compañías, parece justo plantearse si existe un cambio en el canon escénico de sus obras. Las siguientes páginas analizarán las condiciones en que se han representado en ese tiempo algunos de sus montajes más destacados desde una triple perspectiva. En primer lugar, se atenderá a los textos rescatados del olvido con la intención de revisar la nómina de piezas preferidas por los grupos teatrales y por los espectadores. En segundo lugar, presentaremos un rápido acercamiento a las redes de teatros y los escenarios madrileños por los que han circulado los montajes más relevantes de estos años en relación, sobre todo, con algunas compañías concretas. Por último, atenderemos al modo en que se han puesto en escena dichos textos, prestando atención especialmente a los montajes en que el trabajo dramatúrgico ha optado por la transposición escénica de la acción al contexto del espectador contemporáneo. El objetivo último es reunir los datos más importantes para ir dando forma a una pequeña parte de nuestra historia escénica, la que tiene por protagonistas a Lope de Vega y a la Comunidad de Madrid.

Palabras clave: Lope de Vega, puesta en escena, canon escénico, espacio escénico, espacio dramático

Nota: Este trabajo se ha beneficiado del apoyo prestado por el proyecto de investigación *TEAMAD: Plataforma digital para la investigación y divulgación del teatro contemporáneo en Madrid*, H 2015/HUM-3366. El proyecto, dirigido y coordinado desde el Instituto del Teatro de Madrid (Universidad Complutense de Madrid) por los Dres. Javier Huerta Calvo y Julio Vélez Sainz, cuenta con el trabajo de varios equipos de investigación de larga trayectoria en el estudio de la puesta en escena del teatro español: el Seminario de Estudios Teatrales/ITEM (dir. Javier Huerta Calvo, UCM), el SELITEN@T (dir. José Romera Castillo, UNED), el ILLA (dir. Judith Farré, CSIC) y el grupo ARES (dir. José Gabriel López Antuñano, UNIR)

Guillermo Gómez Sánchez-Ferrer, Universitat Autònoma de Barcelona/Instituto del Teatro de Madrid

https://doi.org/10.1515/9783110450828-034

1 La documentación de la puesta en escena

No será este el primer trabajo (ni el último) que atienda de manera crítica a la escena contemporánea como objeto de estudio científico. El teatro de Lope de Vega, en particular, ha suscitado un vivo interés entre los estudiosos de literatura áurea y en un buen número de compañías teatrales, que han encontrado en sus textos un material muy provechoso con el que expandir sus líneas de trabajo en versiones y revisiones tan dispares como la propia naturaleza de los creadores que se han interesado por ellos. En palabras de Mascarell: «la nutrida nómina de compañías y productoras volcadas en el teatro barroco constituye, en la actualidad, la auténtica revolución de los clásicos en escena».[1]

Tampoco la crítica ha descuidado la importancia que ha tenido Lope sobre las tablas en las últimas décadas. De hecho, no somos pocos los investigadores que nos hemos beneficiado de la información recopilada por instituciones como el Centro de Documentación Teatral, el grupo de investigación SELITEN@T dirigido por José Romera Castillo[2] o el reciente proyecto interuniversitario TEAMAD. Derivados –en parte– de esas iniciativas, se vive hoy un cierto auge de los estudios sobre la representación de nuestros poetas áureos. Es lógico, en consecuencia, que también este trabajo se nutra de la información ofrecida por ellos a la hora de abordar el estudio de la versatilidad (espacial) del canon lopesco en la cartelera madrileña más reciente.

2 Algunas notas (más) sobre el canon escénico de Lope de Vega en el siglo XXI

De un rápido vistazo a los títulos de los que se ha nutrido la escena madrileña en los últimos quince años[3] se puede constatar «la constitución de un repertorio

---

1 Purificació Mascarell, *El Siglo de Oro español en la escena contemporánea: la Compañía Nacional de Teatro Clásico (1986–2011)*, Teresa Ferrer Valls (dir), Valencia, Universitat de València, 2014, pp. 86–87 (tesis doctoral inédita).

2 Merece la pena resaltar, sobre todo, las recopilaciones documentales y los análisis de la cartelera madrileña de Anita Viola, *Cartelera teatral en «ABC» de Madrid (2000–2004)*, José Romera Castillo (dir.), Madrid, Universidad Nacional de Educación a Distancia, 2012 (tesis doctoral inédita); José Antonio Roldán Fernández, *La cartelera teatral en «ABC» de Madrid durante el año 2005*, José Romera Castillo (dir.), Madrid, Universidad Nacional de Educación a Distancia, 2013 (trabajo de fin de máster inédito); y Alberto Fernández Torres, *La cartelera de Madrid en 2004–2007: análisis de los espectáculos programados y de sus resultados económicos*, José Romera Castillo (dir.), Madrid, Universidad Nacional de Educación a Distancia, 2014 (trabajo de fin de máster inédito).

3 Por cuestiones metodológicas, acotamos el corpus trabajado a las obras estrenadas en salas

lopesco bastante amplio», en el que «se tiende a recuperar textos que en muchos casos parecen no haber conocido ninguna representación [...]. A lo cual se une en las dos últimas décadas la proliferación de dramaturgias que juegan con textos lopescos, en solitario o al alimón con otros autores, barrocos o no».[4]

En lo que llevamos de siglo XXI comienzan a verse signos de un cambio de paradigma en las obras representadas. Aunque está todavía muy presente una obra como *Fuenteovejuna*, por ejemplo, las compañías teatrales han atendido también a otras piezas más novelescas de Lope, con las que compite en fama. Muestra de ello son los montajes de *El castigo sin venganza*, *La dama boba* y, sobre todo, *El perro del hortelano*, comedia de reciente introducción en el canon escénico gracias a su destacado triunfo cinematográfico.[5]

Tabla: Producciones de las obras lopescas más representadas en Madrid entre 2000 y 2016.

OBRAS DE LOPE DE VEGA	NÚMERO DE PRODUCCIONES
La villana de Getafe	2 (2009 y 2016)
Peribáñez y el comendador de Ocaña	2 (2002 y 2009)
El castigo sin venganza	4 (2003, 2005, 2010 y 2014)
La dama boba	5 (2002, 2008, 2010, 2012 y 2013)
El caballero de Olmedo	6 (2003, dos montajes en 2008, 2013, 2014 y 2015)
Fuenteovejuna	7 (2005, 2008, 2009, dos montajes en 2011, 2013 y 2014)
El perro del hortelano	8 (2002, dos montajes en 2004, 2007, 2011, dos montajes en 2013 y 2014)

Dichas comedias, además, han compartido escenario con otras considerablemente desconocidas, con los cambios que ello conlleva en el repertorio. Las compañías han vuelto los ojos a Lope para convertirlo nuevamente en un autor comercial, situación que justifica la recuperación de algunas de sus obras menos transitadas, algunas de ellas nunca representadas después de 1900.[6]

---

madrileñas o representadas dentro de los circuitos comerciales de la capital entre los años 2000 y 2016.

4 Julio Huélamo Kosma, «Una conmemoración poco recordada y otros apuntes sobre la recepción del teatro de Lope», en Fernando Doménech Rico y Julio Vélez-Sainz (eds.), *Arte nuevo de hacer teatro en este tiempo*, Madrid, Ediciones del Orto/Ediciones Clásicas, 2011, pp. 79–80.

5 Ver Duncan Wheeler, *Golden Age Drama in Contemporary Spain*, Cardiff, University of Wales Press, 2012, pp. 168–175; y Purificació Mascarell, «Lecturas escénicas del erotismo en *El perro del hortelano* de Lope de Vega. Los montajes de Magüi Mira (2002) y Eduardo Vasco (2011)», en *Telón de fondo*, 22 (2015), pp. 53–66.

6 La venalidad del teatro lopesco, con todo, ocupa un lugar muy menor dentro del conjunto de la cartelera madrileña, tal y como se puede comprobar en los informes de Alberto Fernández

Sin embargo, han adquirido en poco tiempo un lugar de excepción pues, frente a las treinta producciones que acumulan los cinco textos más celebrados del Fénix, se pueden citar otros tantos espectáculos en que se recuperan obras muy poco representadas (sin contar con las dramaturgias originales inspiradas en Lope), entre los que se encuentran *No son todos ruiseñores* (2000), *Castelvines y Monteses* (2004), *¿De cuándo acá nos vino?* (2009) o *Mujeres y criados* (2015).[7]

En este último ejemplo, bien conocido entre los estudiosos, se puede comprobar asimismo uno de los aspectos más interesantes de la nueva escena madrileña: los vínculos que existen entre la academia y las compañías teatrales. Cada vez más profesionales de la escena buscan por propia iniciativa los textos que mejor responden a sus preocupaciones artísticas, pero a menudo lo hacen en diálogo con algunos grupos de investigación interesados por su vertiente escénica. Fruto de ello son los maridajes que existen o han existido entre el Instituto del Teatro de Madrid y AlmaViva Teatro, entre PROLOPE y RAKATá/Fundación Siglo de Oro o entre la Universidad de Valladolid, el Festival de Teatro Clásico de Olmedo y Teatro Corsario. Precisamente los festivales (y las jornadas de investigación) de teatro clásico que se han prodigado por todo el territorio nacional son una de las más claras muestras de esas relaciones «académicoescénicas». Todo ello se puede observar también en el contexto de la Comunidad de Madrid, en el Festival de Teatro Clásico de San Lorenzo y el Festival Clásicos en Alcalá, pero nos tendremos que conformar con citar simplemente aquí su existencia para no alargar este trabajo.

3 Los nuevos espacios madrileños del teatro clásico

Con todo, no son las antedichas las únicas vías de promoción de las comedias barrocas entre los espectadores. Si bien en la actualidad existen algunos centros de peregrinación bien definidos, que tienen su epicentro en la sede de la Compañía Nacional de Teatro Clásico (CNTC), no se puede pensar por ello que las puestas en escena de compañías más pequeñas hayan sido ignoradas por los

---

Torres, *La cartelera de Madrid en 2004–2007*, pp. 42–78; y Jaume Colomer, *Análisis de la situación de las artes escénicas en España*, Madrid, Academia de las Artes Escénicas de España, 2016.
7 La historia del texto, desde su redescubrimiento hasta su puesta en escena, se puede leer en Alberto Ojeda, «Lope subversivo en *Mujeres y criados*», en *El Cultural*, edición Madrid (24-04-2015), pp. 40–41. También la CNTC, con todo, ha recuperado textos absolutamente sorprendentes desde el punto de vista de su tradición escénica, como ha demostrado Purificació Mascarell, «Lope de Vega y la historia en los escenarios de los siglos XX y XXI», en *Anuario Lope de Vega*, XVIII (2012), pp. 256–273.

espacios de creación madrileños. Eso sí, la publicidad y la huella que queda en prensa de ese tipo de espectáculos resulta mucho más difícil de rastrear. De hecho, mientras las carteleras de los principales periódicos dejan reseñas y notas a la programación de los festivales, pocas son las que se encuentran cuando las mismas producciones que han sido alabadas a su paso por Alcalá o El Escorial aterrizan en las salas alternativas.

Justo es señalar, no obstante, que la visibilidad de dichos espacios ha ido creciendo recientemente conforme la geografía teatral madrileña cambiaba su estructura y aumentaba su oferta más allá de los edificios teatrales tradicionales.[8] Ante esa situación, el teatro clásico ha sabido encontrar su sitio y ha tomado al asalto lugares tan poco frecuentes como los auditorios universitarios, los salones de actos de las escuelas de arte dramático, los teatros más pequeños y hasta las corralas y plazas de los municipios madrileños.

Merece la pena mencionar al respecto, siquiera de pasada, las propuestas provenientes del ámbito universitario (con el Aula de las Artes de la Universidad Carlos III a la cabeza), así como el papel que han adquirido las salas de la RESAD, principalmente para la difusión de los montajes de la Compañía José Estruch. Tampoco han obviado otros grupos, aun así, los escenarios universitarios una vez perdidos los vínculos con las escuelas que los vieron nacer. Reflejo de ello son, al menos, AlmaViva Teatro y la CNTC, que han pisado recientemente las tablas del Paraninfo de la Universidad Complutense.[9] De igual manera, existe un vínculo especial entre los profesionales interesados por el teatro clásico y algunas salas pequeñas, como se ve en los casos de Guindalera, que ha acogido más de una vez las versiones de Tirso preparadas por la Compañía de José Maya; el Teatro Fígaro, que ha presentado los clásicos de Mephisto; o la Nave 73 y el Teatro de la Puerta Estrecha, donde a menudo recalan las propuestas de AlmaViva Teatro.

La recuperación escénica del teatro lopesco se mueve con cierta facilidad en esos ambientes alternativos, situación que permite mayor libertad a la hora

---

8 Recientemente destacaba la prensa la exorbitante producción del teatro *off* madrileño. Así se puede leer, entre otros, en Paula Corroto, «La burbuja del teatro off madrileño», *Eldiario.es* (25-03-2015), s.p. (en línea) [fecha de consulta: 08-07-2016] <http://www.eldiario.es/cultura/tea-tro/ burbuja-teatro-off-madrileno_0_370263233.html>.

9 AlmaViva Teatro pasó por las tablas del Paraninfo en noviembre de 2009 con su montaje de *Los comendadores de Córdoba*. Un año más tarde estrenó en la RESAD su versión de *El Hamete de Toledo*. Por su parte, el 31 de mayo de 2011 se produjo un ensayo con público de *El perro del hortelano* dirigido por Eduardo Vasco como colofón del Ciclo de Conferencias «Miércoles en Compañía». Toda la información sobre esos montajes se encuentra en las memorias anuales de la actividad del Instituto del Teatro de Madrid, disponibles en la sección correspondiente de su página web: «Memorias de los últimos cursos», en *Instituto del Teatro de Madrid ITEM* (página web) [fecha de consulta: 14-04-2018] <http://www.ucm.es/item memorias>.

de montar obras considerablemente olvidadas en un viaje que –en algunas ocasiones– anima a las grandes compañías a retomar los mismos textos.[10] No cabe duda de que las salas pequeñas han promovido en los últimos años la presencia del teatro clásico entre sus programaciones, muestra indiscutible del éxito y aceptación que ha conseguido el género entre el público. De hecho, su popularidad ha traspasado incluso los límites de los espacios cerrados, y prueba de ello es la producción privada que, en el verano de 2005, puso en pie *Las ferias de Madrid* en la plaza de Sánchez Bustillo con el propósito de llenar el hueco que había dejado la falta de programación del veraniego espacio descubierto de la Muralla Árabe.[11] Parece que, con ello, la fiebre lopesca que inunda cada verano las calles de Alcalá en su Festival dejó lugar ese año a los fastos cervantinos para trasladarse al corazón de la villa matritense.

4 El teatro clásico y la actualización del espacio dramático

Con todo, si de espacio hablamos, uno de los aspectos más interesantes en la configuración escénica de nuestros clásicos, junto con la búsqueda de nuevos (con)textos escénicos desde los que dirigirse al público, pasa precisamente por la actualización de los espacios dramáticos en el montaje. El recurso a la modernización está muy presente en la escena teatral madrileña desde hace décadas pero en los últimos años resulta cada vez más apreciado por los espectadores, a juzgar por los aspectos más destacados en las reseñas aparecidas en prensa recientemente. Así, frente a una recreación arqueológica de la puesta en escena del teatro barroco, las propuestas sustentadas por la actualización de las comedias han

---

10 Aunque con los textos más famosos la dirección es frecuentemente la inversa, la presencia en el Teatro Fígaro en 2013 de *Agravios y celos* (versión de *Donde hay agravios no hay celos* de Mephisto) o *La villana de Getafe* del Aula de las Artes de la Universidad Carlos III, que recaló en el Teatro Arenal en octubre de 2010, se pueden entender como antecedentes de los montajes de la CNTC de 2014 y 2016, respectivamente. No en vano, la CNTC parece haber tenido siempre muy en cuenta el contexto teatral a la hora de elegir los montajes de cada temporada, a la vista de las palabras de Jesús Peña: «Nosotros [Teatro Corsario] hicimos antes que la Compañía Nacional de Teatro Clásico (CNTC) obras como *La vida es sueño*, *Don Gil de las calzas verdes* o *Amar después de la muerte*, y seguro que ellos lo tuvieron en cuenta, como nosotros al revés» (Gema Cienfuegos Antelo, «Entrevista con Jesús Peña», en María Bastianes, Esther Fernández y Purificació Mascarell (eds.), *Diálogos en las tablas*, Kassel, Reichenberger, 2014, p. 135).

11 Pedro Manuel Víllora, «La Cantudo, en los brazos de Lope de Vega», en *M2*, edición Madrid (12-07-2005), p. 13.

avanzado terreno en la cartelera, poniendo en primera fila el trabajo dramatúrgico en la recuperación de las piezas áureas.[12]

En el caso de las representaciones que se mueven en la periferia de la CNTC, basta con echar un vistazo a los más destacados grupos dedicados al teatro clásico para comprobar que Lope de Vega sirve a menudo como medio para transmitir un mensaje mucho más importante, ética o estéticamente. Dejando a un lado las reescrituras de los textos lopescos que practican tan a menudo grupos como Micomicón, por ejemplo, se puede encontrar en su propia trayectoria un interés por (re)contextualizar las aventuras de los galanes y las damas barrocos. Así se puede ver en *La dama boba* (2012), una «versión en tono prevodevilesco»[13] rebosante de frescura y energía que aprovecha la comedia como excusa para adentrarse en la vida de un grupo de actores en la España de 1946, aunque el recurso recuerda mucho también al montaje de *La villana de Getafe* (2009) representada por el Aula de las Artes de la Universidad Carlos III, ambientada en la Manila de principios del siglo pasado.

Más atrevidos son, en todo caso, los acercamientos al género de Eduardo Vasco al frente de Noviembre Teatro. Su afición por Lope y sus transposiciones de tiempo y espacio han llegado a ser una constante en su trabajo como director, según se aprecia también en los montajes que firmó como director de la CNTC.[14] El sexto montaje de Vasco con Noviembre recupera para la ocasión *No son todos ruiseñores* (2000), una de tantas comedias urbanas lopescas hoy totalmente olvidadas. Sus señas de identidad están ya presentes en un montaje tan temprano: sobriedad escenográfica, predominancia de la naturalidad en el trabajo actoral (físico y textual), cuidado especial al figurinismo y al espacio sonoro y predominancia de la labor dramatúrgica, todo ello con el fin de lograr una elegancia general que potencie el mensaje.

---

12 Si repasamos los últimos montajes de la CNTC, comprobaremos que las versiones de las comedias representadas cuentan con la pluma de dramaturgos de especial relevancia. Los nombres de José Gabriel López Antuñano, Yolanda Pallín, Guillermo Heras, Álvaro Tato, Miguel del Arco, Ernesto Caballero o Juan Mayorga son, sin duda, garantía de un trabajo bien hecho, a la par que un buen reclamo publicitario para los aficionados.

13 Julio Martínez Velasco, «Versión en tono prevodevilesco», en *ABC*, edición Sevilla (14-09-2013), p. 67.

14 No entramos de lleno en esa cuestión dadas las limitaciones de este trabajo, sobre todo teniendo en cuenta que el tema ya ha sido analizado por Purificació Mascarell en «El erotismo del teatro clásico español: los montajes de Eduardo Vasco al frente de la CNTC», en José Romera Castillo (ed.), *Erotismo y teatro en la primera década del siglo XXI*, Madrid, Visor, 2012, pp. 297–309; y en «La deleitosa elegancia de la dramaturgia barroca: Eduardo Vasco en la Compañía Nacional de Teatro Clásico (2004–2011)», en María Bastianes, Esther Fernández y Purificació Mascarell (eds.), *Diálogos en las tablas*, Kassel, Reichenberger, 2014, pp. 71–90.

El espectáculo lograba presentar así el texto, a partir de un trabajo antidecla-
matorio con el verso, «de forma muy fresca, muy fluida»,[15] especialmente diseñada para un público joven. A pesar de que cierto sector de la crítica insistió en
«la equivocada idea» del montaje,[16] este debió de ser muy bien acogido entre
los espectadores que se acercaban por primera vez a los clásicos precisamente
porque supo resaltar la actualidad de la comedia, aunque su propuesta supu-
siera una ruptura con el convencionalismo en las formas de representación. No
en vano, Vasco y Pallín se permitieron «sustituir los trovadores por raperos, las
muselinas por tejidos cien por cien acrílicos, y los versos de entonación austera
por la frescura de la poesía dicha con naturalidad».[17]

Su investigación sobre los espacios en busca de una lectura contemporánea
de las obras, con todo, no solo está presente en la «*house party*» de *No son todos
ruiseñores*.[18] En una línea muy distinta, pero con el mismo fin, Vasco comenzó a
explorar las posibilidades de trasladar también a un nuevo tiempo y espacio *La
bella Aurora* (2003), versión del drama mitológico ambientada en un Neoclasicismo a la francesa lleno de «magia» y «viveza rítmica».[19]

No cabe duda de que la tendencia a actualizar el teatro clásico es ya una
constante y los espectáculos de Vasco parecen haber influido en otros grupos por
su forma de trabajar las obras desde una posición desprejuiciada. Un ejemplo
especialmente interesante de esa versatilidad se puede encontrar precisamente
en tres montajes muy diferentes de *Fuenteovejuna* que pasaron por Madrid entre
2010 y 2013. En ese corto periodo de tiempo se pudo ver, en primer lugar, una
adaptación de la comedia lopesca recién llegada al Teatro Fígaro desde los Festivales de Teatro Clásico de Almagro y de Olmedo. La propuesta, de Mephisto
Teatro, ofrecía una versión caribeña en que se mezclaban los personajes lopescos
con los ritmos santeros, los discursos de José Martí y los dioses afrocubanos.

Más tarde, en 2011, recaló en el Festival Clásicos de Alcalá, y luego en la Sala
Triángulo, una nueva versión del texto lopesco que nos llevaría *De Fuenteovejuna
a Ciudad Juárez*. La propuesta de The Cross Border Project hizo un uso muy inte-
ligente de las corrientes dramatúrgicas más actuales (principalmente del Teatro

15 Pedro Manuel Víllora, «Eduardo Vasco: "La gente joven ve el teatro como algo ajeno"», en
Blanco y Negro, edición Madrid (23-04-2000), pp. 55–58.

16 Enrique Centeno, «Un experimento perverso», en *Diario 16*, edición Madrid (07-05-2000),
p. 54.

17 Itzíar de Francisco, «"No todo son ruiseñores", en Madrid. El *rap* también puede con los clásicos», en *El Cultural*, edición Madrid (03-05-2000), p. 47.

18 Pedro Manuel Víllora, «Una versión rompedora de Eduardo Vasco sitúa a Lope en una *house
party*», en *ABC*, edición Madrid (04-05-2000), p. 50.

19 Javier Vallejo, «Lope de Vega y los faunos», en *Babelia*, edición Madrid (2-08-2003), p. 13.

Documento y el Teatro del Oprimido) para denunciar los feminicidios perpetrados en la frontera de México con Estados Unidos, consiguiendo que la actualización fuese más allá de la estética mestiza –aunque estuviese llena de elementos del folklore mexicano– para incidir en la denuncia política.[20]

Por último, en 2013 se representaba en una antigua corrala de Aranjuez el último Lope de AlmaViva Teatro, gestado en el II Laboratorio «La Incubadora del Corral» de Alcalá, que llevaba por título *Fuenteovejuna. Ensayo desde la violencia*. La producción, que pudo verse también en espacios tan significativos como la Nave 73, la Sala Mirador o el Teatro de la Puerta Estrecha, recuperaba nuevamente el carácter reivindicativo del original. Para ello, se adelgazó la comedia hasta dejarla en su esqueleto y se construyó, con la ayuda de otros textos paralelos, un grito de libertad contra los opresores en el espacio claramente reconocible –y compartido con el espectador– de la crisis económica actual.[21] Como se puede comprobar, se trata de tres acercamientos distintos al texto lopesco pero que recurren a las posibilidades que ofrece la labor dramatúrgica para volver a contar la misma historia de hace cuatrocientos años a la luz de la realidad más rabiosamente actual.

Con todo, es en el ámbito de la CNTC donde mejor se puede rastrear la presencia de montajes preparados para el público contemporáneo, como lo atestiguan desde *La dama boba* (2002) o *El castigo sin venganza* (2005) hasta las producciones de la Joven CNTC.[22] En ellos la actualización de la acción parece una seña de identidad, ya aparezca situada en ambientes reconocibles, como «los felices años 20» de *Las bizarrías de Belisa* (2007), o ya se recurra al esencialismo del vacío escenográfico de *La noche toledana* (2013) y de *El caballero de Olmedo* (2014).

Dadas las limitaciones de este trabajo, no obstante, bastará con destacar el último de sus montajes para constatar que la tendencia sigue aún muy viva. En *La villana de Getafe* (2016), adaptada por Yolanda Pallín y dirigida por Roberto Cerdá, no falta el arrojo a la hora de preparar una versión de estética (y mensaje)

---

20 El montaje en cuestión despertó muy pronto el interés de los investigadores, como lo demuestran los trabajos de Luciano García Lorenzo, «Signos escénicos y teatro clásico: *Fuente Ovejuna*», en Ignacio Arellano y Juan Antonio Martínez Berbel (eds.), *Violencia en escena y escenas de violencia en el Siglo de Oro*, New York, IDEA/IGAS, 2013, pp. 73–83; y de Esther Fernández, «La justicia está en la mujer. De *Fuente Ovejuna* a los feminicidios de Ciudad Juárez», en María Bastianes, Esther Fernández y Purificació Mascarell (eds.), *Diálogos en las tablas*, Kassel, Reichenberger, 2014, pp. 141–153.

21 Marta Olivas, «AlmaViva Teatro: clásicos desde el compromiso», en *Quaderns de Filologia: Estudis literaris*, XIX (2014), pp. 189–204.

22 Ver Purificació Mascarell, «Finea, Casandra y Belisa en el siglo XX. Actualizaciones de Lope de Vega por la CNTC», en *Don Galán*, 2 (2012), s. p. (en línea) [fecha de consulta: 08-06-2016] <http://teatro.es/ contenidos/donGalan/donGalanNum2/pagina.php?vol=2&doc=2_8>.

claramente actual, en la que cobra importancia dramatúrgica la división en dos ambientes (más sugeridos que presentes): uno situado en una gasolinera de Getafe, que es el que más ha sorprendido a los críticos,[23] y el otro centrado en los espacios donde la clase alta divierte las horas de ocio, cansados de no tener nada que hacer. Su puesta en escena, basada en una escenografía sobria, descansa en una estructura metálica de varios niveles que ayuda a crear símbolos en un plano vertical y permite delimitar muy inteligentemente los ambientes necesarios en cada momento.

El montaje se ayuda, además, de recursos escénicos cada vez más presentes en nuestros teatros. Todo él se vertebra gracias a las transiciones coreografiadas –casi como escenas de danza-teatro– y las proyecciones, que dan cuerpo de manera rápida y efectiva a los pasajes más complicados. Se puede constatar con esta *Villana* que los dramaturgos y directores le han perdido el miedo al sacrosanto texto barroco y se atreven, cada vez más, a contar una historia y a jugar con las posibilidades escénicas de las obras. Los recursos visuales y dramatúrgicos utilizados para ello deben mucho a los montajes precedentes pero existe una gran diferencia: hoy ya no extraña a la crítica la modernización de los textos ni la presencia de raperos o de proyecciones, sino que se acoge con naturalidad –si no con regocijo– su presencia.[24] Con esta puesta en escena se puede considerar, en definitiva, que la transposición de los clásicos a un ambiente contemporáneo ha dejado de ser una singularidad extravagante para convertirse en un recurso más a disposición de los directores.

5 Espacio y espacios: la puesta en escena del teatro lopesco en el siglo XXI

Sirva este apresurado repaso de los espectáculos lopescos de los últimos años para responder al objetivo que nos planteábamos al comienzo de este trabajo. Esperamos con ello haber dado muestras suficientes de que su presencia en la cartelera madrileña y la actualización de sus textos es hoy una realidad que apenas ha conocido parangón en los siglos pasados. Su relevancia, en consecuencia, ha repercutido en los siguientes ámbitos.

---

23 Ver Javier Vallejo, «Lope, en el arroyo Culebro», en *El País*, edición Madrid (26-05-2016), p. 28; y Julio Vélez Sainz, «De *La villana de Getafe* a *La chavalita de "Geta"*», en *El Huffington Post*, edición España (03-06-2016), s. p. (en línea) [fecha de consulta: 05-06-2016] <http://www.huffington post.es/julio-velez-sainz/de-la-villana-de-getafe-a_b_10119650.html>.
24 Así, sobre todo, en Javier Vallejo, «Lope, en el arroyo Culebro», p. 28.

1) Se han recuperado algunos textos desconocidos del dramaturgo, lo que ha permitido ampliar el repertorio de obras representadas. 2) Las obras de Lope de Vega, en su adaptación a la escena, no han sido ajenas a la reconfiguración de la cartografía teatral madrileña, en constante cambio. Y 3) en los últimos años se le ha concedido una importancia especial a la labor dramatúrgica y, dentro de ella, a la actualización de los textos para adaptarlos a un tiempo y espacio históricamente significativo para el público actual.

Todo lo anterior, sin embargo, no hace sino hilvanar unos cuantos datos sueltos que todavía podrían desarrollarse ampliamente en el futuro. Nuestra intención con este trabajo era tan solo la de historiar una pequeñísima parte de la fortuna escénica de Lope. Esperamos haber ayudado así –siempre pidiendo perdón por las faltas cometidas– a los estudios sobre la puesta en escena de nuestros clásicos.

Obras citadas

Centeno, Enrique, «Un experimento perverso», en *Diario 16*, edición Madrid (07-05-2000), p. 54.

Cienfuegos Antelo, Gema, «Entrevista con Jesús Peña», en María Bastianes, Esther Fernández y Purificació Mascarell (eds.), *Diálogos en las tablas*, Kassel, Reichenberger, 2014, pp. 130–139.

Colomer, Jaume, *Análisis de la situación de las artes escénicas en España*, Madrid, Academia de las Artes Escénicas de España, 2016.

Corroto, Paula, «La burbuja del teatro *off* madrileño», en *Eldiario.es* (25-03-2015), s.p. (en línea) [fecha de consulta: 08-07-2016] <http://www.eldiario.es/ cultura/teatro/burbuja-teatro-off-madrileno_0_370263233.html>.

Fernández, Esther, «La justicia está en la mujer. De *Fuente Ovejuna* a los feminicidios de Ciudad Juárez», en María Bastianes, Esther Fernández y Purificació Mascarell (eds.), *Diálogos en las tablas*, Kassel, Reichenberger, 2014, pp. 141–153.

Fernández Torres, Alberto, *La cartelera de Madrid en 2004–2007: análisis de los espectáculos programados y de sus resultados económicos*, José Romera Castillo (dir.), Madrid, Universidad Nacional de Educación a Distancia, 2014 (trabajo de fin de máster inédito).

Francisco, Itzíar de, «"No todo son ruiseñores", en Madrid. El *rap* también puede con los clásicos», en *El Cultural*, edición Madrid (03-05-2000), pp. 46–47.

García Lorenzo, Luciano, «Signos escénicos y teatro clásico: *Fuente Ovejuna*», en Ignacio Arellano y Juan Antonio Martínez Berbel (eds.), *Violencia en escena y escenas de violencia en el Siglo de Oro*, New York, IDEA/IGAS, 2013, pp. 73–83.

Huélamo Kosma, Julio, «Una conmemoración poco recordada y otros apuntes sobre la recepción del teatro de Lope», en Fernando Doménech Rico y Julio Vélez-Sainz (eds.), *Arte nuevo de hacer teatro en este tiempo*, Madrid, Ediciones del Orto/Ediciones Clásicas, 2011, pp. 77–98.

Martínez Velasco, Julio, «Versión en tono prevodevilesco», en *ABC*, edición Sevilla (14-09-2013), p. 67.

Mascarell, Purificació, «Lecturas escénicas del erotismo en *El perro del hortelano* de Lope de Vega. Los montajes de Magüi Mira (2002) y Eduardo Vasco (2011)», en *Telón de fondo*, 22 (2015), pp. 53–66.

—, «La deleitosa elegancia de la dramaturgia barroca: Eduardo Vasco en la Compañía Nacional de Teatro Clásico (2004–2011)», en María Bastianes, Esther Fernández y Purificació Mascarell (eds.), *Diálogos en las tablas*, Kassel, Reichenberger, 2014, pp. 71–90.

—, *El Siglo de Oro español en la escena contemporánea: la Compañía Nacional de Teatro Clásico (1986–2011)*, Teresa Ferrer Valls (dir.), Valencia, Universitat de València, 2014 (tesis doctoral inédita).

—, «Lope de Vega y la historia en los escenarios de los siglos XX y XXI», en *Anuario Lope de Vega*, XVIII (2012), pp. 256–273.

—, «El erotismo del teatro clásico español: los montajes de Eduardo Vasco al frente de la CNTC», en José Romera Castillo (ed.), *Erotismo y teatro en la primera década del siglo XXI*, Madrid, Visor, 2012, pp. 297–309.

—, «Finea, Casandra y Belisa en el siglo XX. Actualizaciones de Lope de Vega por la CNTC», en *Don Galán*, 2 (2012), s.p. (en línea) [fecha de consulta: 08-06-2016] <http://teatro.es/ contenidos/donGalan/donGalanNum2/pagina.php?vol =2&doc=2_8>.

«Memorias de los últimos cursos», en *Instituto del Teatro de Madrid ITEM* (página web) [fecha de consulta: 14-04-2018] <http://www.ucm.es/item memorias>.

Ojeda, Alberto, «Lope subversivo en *Mujeres y criados*», en *El Cultural*, edición Madrid (24-04-2015), pp. 40–41.

Olivas, Marta, «AlmaViva Teatro: clásicos desde el compromiso», en *Quaderns de Filología: Estudis literaris*, XIX (2014), pp. 189–204.

Roldán Fernández, José Antonio, *La cartelera teatral en «ABC» de Madrid durante el año 2005*, José Romera Castillo (dir.), Madrid, Universidad Nacional de Educación a Distancia, 2013 (trabajo de fin de máster inédito).

Vallejo, Javier, «Lope, en el arroyo Culebro», en *El País*, edición Madrid (26-05-2016), p. 28.

—, «Lope de Vega y los faunos», en *Babelia*, edición Madrid (02-08-2003), p. 13.

Vélez Sainz, Julio, «De *La villana de Getafe* a *La chavalita de "Geta"*», en *El Huffington Post*, edición España (03-06-2016), s.p. (en línea) [fecha de consulta: 05-06-2016] <http://www. huffingtonpost.es/julio-velez-sainz/de-la-villana-de-geta fe-a_b_10119650.html>

Víllora, Pedro Manuel, «La Cantudo, en los brazos de Lope de Vega», en *M2*, edición Madrid (12-07-2005), p. 13.

—, «Una versión rompedora de Eduardo Vasco sitúa a Lope en una *house party*», en *ABC*, edición Madrid (04-05-2000), p. 50.

—, «Eduardo Vasco: "La gente joven ve el teatro como algo ajeno"», en *Blanco y Negro*, edición Madrid (23-04-2000), pp. 55–58.

Viola, Anita, *Cartelera teatral en «ABC» de Madrid (2000–2004)*, José Romera Castillo (dir.), Madrid, Universidad Nacional de Educación a Distancia, 2012 (tesis doctoral inédita).

Wheeler, Duncan, *Golden Age Drama in Contemporary Spain*, Cardiff, University of Wales Press, 2012.

Gernot Kamecke

La abstracción del interior ilustrado. Conceptos de orientación para los espacios teatrales de Gaspar Melchor de Jovellanos

Resumen: Entre los años 1790 y 1796, Gaspar Melchor de Jovellanos reúne sus pensamientos sobre el teatro en la *Memoria sobre espectáculos y diversiones públicas*. Con referencia al manifiesto neoclásico *La Poética* (1737) de Ignacio de Luzán, el tratado justifica el acatamiento de las unidades aristotélicas de tiempo y lugar con el argumento de que la «ilusión teatral» consiste en una representación verosímil de los espacios sociales. Al mismo tiempo, el realismo implicado por el enfoque socio-crítico del teatro, ejemplificado por la «tragedia» *Pelayo. La muerte de Munuza* (1792) y la «comedia en prosa» *El delincuente honrado* (1787), se opone a un proceso de abstracción conceptual de los lugares de escena que sostiene el papel educativo de las piezas. Apoyado por una filosofía racionalista inductiva, se perfila un «pensamiento espacial» que transforma los «telones y bastidores» del escenario con el propósito reformista de experimentar innovaciones en el panorama de las ideas dramáticas.

Palabras claves: Teatro ilustrado, espacio conceptual, leyes poéticas

A finales del siglo XVIII, el teatro español ya no tiene nada espectacular. Se acaban las grandes fiestas religiosas y panegíricas que ostentaron las escenas teatrales del Siglo de Oro, en Calderón particularmente, que tenía a su disposición todo el arsenal de los fuegos artificiales y mares fingidos del Palacio del Buen Retiro. El teatro ilustrado que se puede concebir como «institución moral» según la famosa definición de Friedrich Schiller,[1] apaga los fuegos, seca las aguas y transforma los largos espacios de contemplación en unos lugares interiores muy reducidos. El agotamiento del grandioso teatro áureo es documentado por la evolución misma de las formas genéricas del teatro en el trascurso del siglo XVIII: desde las comedias de magia de José de Cañizares, que son copias del teatro lopesco y calderoniano, pasando por las comedias sentimentales o lacrimógenas de Luciano

---

1 Friedrich Schiller, «Die Schaubühne als eine moralische Anstalt betrachtet», en *Rheinische Thalia*, 1.1 (1785), pp. 1–27. Se trata de la impresión de un discurso pronunciado el 26 de junio de 1784 ante la Kurpfälzische Deutsche Gesellschaft de Mannheim.

Gernot Kamecke, Humboldt-Universität zu Berlin

https://doi.org/10.1515/9783110450828-035

Francisco Comella, Gaspar Zavala y Zamora y Antonio Valladares de Sotomayor, hasta las comedias, tragedias y tragicomedias del Neoclasicismo, cuyos representantes típicos son Nicolás Fernández de Moratín, Leandro Fernández de Moratín, Tomás de Iriarte, Cándido María Trigueros y Juan Meléndez Valdés.

El proceso de la transformación del teatro transcendental en un teatro ilustrado, reducido a su aspecto conceptual, es concluido por el representante mayor de la Ilustración española, el Alcalde de Casa y Corte, director de la Sociedad Económica Matritense y ministro de Carlos IV, Gaspar Melchor de Jovellanos. En las piezas de Jovellanos, la reducción del gran espacio a un conjunto de pequeños interiores es un principio estético del arte teatral que problematiza la contemplación y su dependencia de los sentidos falibles del hombre, y cuestiona –con respecto al sentido etimológico del verbo griego *theaomai*, del que deriva la palabra *theatron*– el espacio mismo para «mirar». Las escenas que se dan a ver son muy concretas, rellenas de objetos cotidianos, mesas, sillas, estantes, bufetes y libros «en gran folio y encuadernados en pergamino»[2] que representan al mundo modélico de un hombre de bien, pensador racionalista y burgués, comprometido por la justicia universal amenazada por las costumbres de su época. Al mismo tiempo, estas escenas, apenas iluminadas por la luz del día, forman un espacio abstracto en la medida en que presentan un mundo inmanentemente humano y conceptualizado según las teorías éticas y estéticas de un dirigismo neoclásico cuyas leyes se comprueban en la práctica artística.

Como filósofo de su época, Jovellanos cree en una fuerza intrínseca del lenguaje literario e investiga las posibilidades conceptuales y artísticas de todas las formas de escribir. En el canon de los múltiples géneros que utilizó para su escritura –que va desde la poesía épica y lírica hasta la prosa ensayística, la carta, la memoria, el informe o el discurso– el teatro, y particularmente la comedia, desempeña un papel secundario. Sin embargo, reanudando el espíritu neoclasicista de *La poética* (1737) de Ignacio de Luzán, escribe un tratado teórico sobre la necesidad de una reforma del arte teatral español en cuanto «policía pública» que es digna de «la atención y desvelos del gobierno», con el fin de crear un instrumento –dulce y útil– para «instruir el espíritu y perfeccionar el corazón de los ciudadanos».[3] Esta *Memoria sobre espectáculos y diversiones públicas*, escrita para la Real Academia de la Historia en 1790 (corregida en 1796 y publicada póstumamente en 1812), está acompañada por dos piezas, la tragedia

---

2 Gaspar Melchor de Jovellanos, «*El delincuente honrado*», en *Poesía. Teatro. Prosa literaria*, John H. R. Polt (ed.), Madrid, Taurus, 1993, p. 225. Todas las citas del texto remiten a esta edición.
3 Gaspar Melchor de Jovellanos, «*Memoria sobre espectáculos y diversiones públicas*», en *Espectáculos y diversiones públicas/Informe sobre la Ley Agraria*, Guillermo Carnero (ed.), Madrid, Cátedra, 1997, pp. 119 y 198.

Pelayo de 1769 (corregida y publicada en 1792), también intitulada *La muerte de Munuza*, y la comedia o tragicomedia –según las diferentes denominaciones de este «drama»[4]– *El delincuente honrado* de 1774 (corregida y publicada en 1787). La teoría y la práctica forman dos lados distintos de un conjunto que trata el problema de la seriedad del teatro en cuanto género artístico que toca a los asuntos del Estado, como antes tocaba a los de la Iglesia. Se trata de concebir un lugar de divertimiento, dudoso con respecto a la moralidad y su alcance filosófico, que sea apto para los problemas graves, éticos y pedagógicos que conciernen a la educación del ciudadano ilustrado considerado un ser sensible y pensante.

La *Memoria sobre espectáculos y diversiones públicas* inicia con la constatación escéptica, que después se hizo famosa, de que no hay buen teatro en España. La falta de calidad se extiende no solo al mal ingenuo de las obras, de los actores y directores, sino al sistema teatral con todos sus componentes, tales «la ruin, estrecha e incómoda figura de los coliseos, el gusto bárbaro y riberesco de arquitectura y perspectiva en sus telones y bastidores, la impropiedad, pobreza y desaliño de los trajes, la vil materia, la mala y mezquina forma de los muebles y útiles, la pesadez y rudeza de las máquinas y tramoyas, y en una palabra, la indecencia y miseria de todo el aparato escénico».[5] Analizando la historia del teatro según el origen cultural de los espectáculos y diversiones –desde los juegos escénicos sagrados, los torneos, las máscaras, las cazas, las romerías y las fiestas palacianas– y distinguiendo el género artístico de las maestranzas, saraos públicos, juegos de pelota y otras diversiones ciudadanas comunes en España, constata que la sociedad española ya no sabe divertirse por la razón de que las autoridades y las fuerzas del orden actúan de manera demasiado recelosa y represiva. Existe un «furor de mandar» por parte de las autoridades las cuales «prohíben las músicas y cencerradas, y en otras las veladas y bailes», de modo que el pueblo, estrechamente vigilado en sus expansiones más inocentes, se vuelve infeliz e insolidario, con el efecto de que tampoco puede ser «activo y laborioso y [...] obediente a la justicia».[6]

---

4 La edición de 1787, publicada bajo el pseudónimo Toribio Suárez de Langréo en Madrid por la viuda de Ibarra, Hijos y Compañía, que es la fuente principal de las ediciones modernas, dice en el subtítulo «comedia en prosa». La edición de Barcelona por Juan Francisco Piferrer (hacia 1775) dice «Tragi-comedia en prosa». Sobre las categorías de clasificación genérica de este drama «lacrimógeno» o «prerromántico», que recurre «a las lágrimas como instrumento didáctico» para juzgar «el sistema social y penal», y no al individuo sostenido por principio, véase la introducción a Gaspar Melchor de Jovellanos, *El delincuente honrado*, Russell P. Sebold (ed.), Madrid, Cátedra, 2008, pp. 45, 62 y 80.

5 Gaspar Melchor de Jovellanos, «*Memoria sobre espectáculos y diversiones públicas*», p. 209.

6 Gaspar Melchor de Jovellanos, «*Memoria sobre espectáculos y diversiones públicas*», pp. 185–186. También: «Creer que los pueblos pueden ser felices sin diversiones es un absurdo. Creer que las necesitan, y negárselas, es una inconsecuencia tan absurda como peligrosa. Darles

Esta argumentación de Jovellanos sigue muy estrechamente a la filosofía de Jean-Jacques Rousseau, autor herético y prohibido en España, quien muestra en su *Lettre à d'Alembert sur les spectacles* –publicada por primera vez en el séptimo tomo de la *Encyclopédie* en 1758– que el buen funcionamiento de una sociedad libre depende de la felicidad de sus ciudadanos a los que se debe permitir un pasatiempo adecuado y diferenciado según sus estados y capas sociales.[7] Mientras que el pueblo que trabaja con las manos necesita diversiones simples, a las clases medias y altas le pueden servir, para que sea productiva, unos pasatiempos más sofisticados, como los espectáculos o representaciones teatrales. Más allá de Rousseau, Jovellanos sostiene que ambas formas de ociosidad, agradables para sus clases, dependen mutuamente del buen estado de cada uno para que sean útiles para la sociedad entera. Si el pueblo está oprimido, se depravan las costumbres que afectan la moral, la cual entra en escena como modo de percepción artística que repercute, por su lado, en una depravación reforzada.

En este contexto se entiende que el teatro, «el primero y más recomendado de todos los espectáculos», es un «ramo importante de la policía pública» que necesita una reforma «más general, más racional, más provechosa» hecha por personas incorruptibles y justas, como los destacados miembros de la Real Academia, que no son «jueces indiscretos [que] confunden la vigilancia con la opresión».[8] Desde una perspectiva teórica, el proyecto de reformar el teatro consiste entonces, para Jovellanos, en la tarea contradictoria de endurecer las leyes a través de una concepción más sutil de su aplicación. La premisa de este proyecto radica en la misma idea que constituye el tema principal de la comedia *El delincuente honrado*, vehiculado por el antagonismo entre el humanista progresista Don Justo y el escolástico inflexible Don Simón. Se trata de considerar críticamente los excesos de una justicia que no se ajuste a la realidad de las costumbres de la sociedad.

Mientras que el político Jovellanos hace responsable al gobierno de la reforma general del teatro –y de crear academias, escuelas y premios para resucitar «el decoro, la verosimilitud, el interés, el buen lenguaje, la cortesanía,

---

diversiones y prescindir de la influencia que pueden tener en sus ideas y costumbres, sería una indolencia harto más absurda, cruel y peligrosa que aquella inconsecuencia. Resulta, pues, que el establecimiento y arreglo de las diversiones públicas será uno de los primeros objetos de toda buena política» (p. 179).

7 «Il ne suffit pas que le Peuple ait du pain et vive dans sa condition; il faut qu'il y vive agréablement, afin qu'il en remplisse mieux les devoirs, qu'il se tourmente moins pour en sortir, et que l'ordre public soit mieux établi. Les bonnes mœurs tiennent plus qu'on ne pense à ce que chacun se plaise dans son état» (Jean-Jacques Rousseau, «Lettre à d'Alembert», en *Œuvres complètes*. Tome V: *Écrits sur la musique, la langue et le théâtre*, Bernard Gagnebin y Marcel Raymond [eds.], Paris, Gallimard, 1995, p. 115).

8 Gaspar Melchor de Jovellanos, «*Memoria sobre espectáculos y diversiones públicas*», pp. 187 y 198.

el chiste cómico y la agudeza castellana»,[9] el autor Jovellanos está preocupado por la realización artística de su pensamiento teórico. Las dos piezas que escribió parecen una concreción precisa del espíritu teórico de la reforma con respecto a las formas clásicas del teatro: la tragedia y la comedia. En el contexto filosófico del siglo XVIII, de la disputa entre el racionalismo y el sensualismo, la cuestión del espacio teatral constituye, como la del tiempo, el objeto de unas consideraciones extendidas sobre la relación entre lo que se representa por el arte y las coordenadas físicas de la representación misma. Jovellanos trabaja mucho tiempo para lograr una forma aceptable de sus textos –15 años para el *Delincuente* y 20 para el *Pelayo*– porque el género, aunque históricamente un arte menor, debe transformarse en un arte total que implica al hombre entero:

> El teatro, a estas mismas ventajas que reúne en supremo grado junta la de introducir el placer en lo más íntimo del alma, excitando por medio de la imitación todas las ideas que puede abrazar el espíritu, y todos los sentimientos que pueden mover el corazón humano.[10]

El espacio y el tiempo son los elementos básicos de la orientación del hombre, en su pensamiento y en su movilidad vital, como explica la naciente filosofía fenomenológica de Immanuel Kant que será vigente hasta la fenomenología existencial de Edmund Husserl en el siglo XX. Con respecto a la filosofía ilustrada de las Bellas Artes, Jovellanos sigue a la ideología de la verosimilitud, y piensa la contigüidad entre el mundo representado y el mundo de la representación según una correspondencia exacta en los datos principales de la percepción. En esto consiste la condición primordial de la «ilusión teatral» que corresponde a la identificación del espectador. Siguiendo la teoría literaria del Neoclasicismo, el espectador se sitúa psíquicamente en el espacio imaginario «sin encontrar obstáculo alguno ni en sí mismo ni en el espacio de la representación».[11] A este efecto es necesario que el desplazamiento inconsciente –de una identidad en el espacio y el tiempo– «no tropiece, ni en lo que se refiere al relato ni el que concierne a la representación, con ningún impedimento que dispare el resorte de la conciencia».[12]

---

9 Gaspar Melchor de Jovellanos, «*Memoria sobre espectáculos y diversiones públicas*», p. 200.

10 Gaspar Melchor de Jovellanos, «*Memoria sobre espectáculos y diversiones públicas*», p. 198.

11 «Contando con la psicología primaria del espectador, se trata de aprovechar y potenciar la tendencia instintiva de éste a interiorizar y hacer propios los conflictos, las situaciones y las personalidades del drama, de tal modo que pierda de vista su mundo real para introducirse en el imaginario que le ofrece el teatro, sin que esa ilusión sea rota en ningún momento» (el editor Guillermo Carnero en Gaspar Melchor de Jovellanos, «*Memoria sobre espectáculos y diversiones públicas*», p. 207, n. 236).

12 El editor Guillermo Carnero en Gaspar Melchor de Jovellanos, «*Memoria sobre espectáculos y diversiones públicas*», p. 207, n. 236.

De manera general, Jovellanos critica el exceso de regulación que caracteriza la ideología neoclasicista respecto a la sociedad, al Estado y a las artes. Sin embargo, siendo aristotélico de alma, no llevó su espíritu crítico hasta poner en duda las reglas basales del teatro neoclásico que son las unidades de tiempo, de lugar y de acción. En este punto sigue la acepción vigente de la *Poética* de Aristóteles que estableció en 1737 el principal teorizador de las ideas del Neoclasicismo, Ignacio de Luzán. Jovellanos acata las tres unidades clásicas situando sus acciones, que no exceden por mucho las 24 horas, en espacios distintos de un mismo lugar. En la tragedia *Pelayo* que representa una situación neoclásica típica, a saber, las vísperas de la heroica batalla de Covadonga (que tuvo lugar en los tiempos míticos del año 722), la unidad de lugar, que todavía permite dos espacios correspondientes, es determinada por la nota escénica del comienzo: «El teatro representará una parte del palacio del Gobernador, en cuyo atrio se supone la escena; otra, un resto de la Ciudad de Gijón, y en él un fuerte que domine la marina, que deberá descubrirse en el fondo de la escena».[13]

El delincuente honrado representa la situación dilemática, no menos típica, de las leyes contemporáneas sobre duelos, poniendo en escena un hombre justo, honrado y comprensivo condenado a muerte por haber defendido un ataque a su honra. En esta pieza, la unidad de lugar es acatada aún más severamente, dado que la acción, que está limitada a 30 horas exactas, medidas de manera escrupulosa por los relojes de los protagonistas, se sitúa en los espacios de un mismo edificio, que es el Alcázar de Segovia. Se distinguen particularmente el despacho del corregidor, una sala de estar del domicilio conyugal, una biblioteca y el interior de una torre del alcázar, que se comunican entre sí por unas puertas que se abren para llegar de un espacio a otro, dando hacia un lugar central, inalterable de las mismas planchas de la escena, que representa el punto de comunicación con el alma, el espíritu y los sentimientos que pueden mover al espectador.

El manejo de los lugares se caracteriza por un doble principio. Por un lado, se trata de cumplir la regla genérica lo más exactamente posible para no permitir la crítica aniquiladora que se ha dirigido al teatro del Siglo de Oro de no seguir literalmente a Aristóteles. La *Poética* clásica constituye una ley trascendental en cuanto posibilidad misma de un espíritu de todas las leyes artísticas. Por esta razón, el lugar de la acción consta de una unidad para la práctica de la representación en el espacio mismo del teatro, delimitado por los telones y bastidores, y también para el desarrollo temático de las escenas, según la lógica estética de la tragedia, con sus conflictos nobles entre príncipes religiosos y sus ejércitos, o la

---

13 Gaspar Melchor de Jovellanos, «*Pelayo*», en *Poesía. Teatro. Prosa literaria*, John H. R. Polt (ed.), Madrid, Taurus, 1993, p. 134.

de la comedia, con sus tribulaciones de personajes más corrientes y contemporáneos. Al mismo tiempo, Jovellanos disminuye la relevancia de la regla, resaltando el aspecto intrínsecamente artístico de la unidad del lugar. El autor reduce el espacio físico, que el teatro áureo había aumentado desmesuradamente en sus escenificaciones solemnes y ceremoniosas, a un espacio conceptual, disminuido en sus dimensiones y apto para una comunicación inmediata con el espectador que se vehicula más por el intelecto que por los sentidos.[14] Este procedimiento corresponde con la manera principal de Jovellanos de pensar el arte en general. Su concepción de la Ilustración reside en la idea de apelar al aparato psíquico de un espectador –o lector– en cuanto sujeto de la catarsis artística, canalizando las sensaciones por la mente.

De esta manera, los lugares teatrales en Jovellanos pueden ser llamados espacios conceptuales. Tanto el palacio del gobernador de Gijón en *Pelayo*, como el Alcázar de Segovia en *El delincuente*, son unidades centrales, de orientación inmediata, conectadas con una perspectiva general de los espectadores que resulta de la reducción repetida de los diversos decoros a las coordenadas físicas de la escena. Al mismo tiempo, estas unidades son flexibles y comunicantes. Abren a otros espacios, adonde salen y de donde vuelven, de manera más o menos ordenada, físicamente o con sus miradas, los protagonistas y comparsas. Este procedimiento de la reducción conceptual de los espacios se demuestra más nítidamente en la comedia que en la tragedia. En la transición desde el *Pelayo*, la tragedia temprana, hacia *El delincuente*, la comedia más tardía y discutida por los intelectuales en la famosa tertulia de Pablo de Olavide, la idea de la abstracción de las sensaciones a una intelección parece una tarea cada vez más urgente.

Luzán prescribe que el objeto de una comedia debe ser «un hecho particular o un enredo de poca importancia para el público, [que] se finja haber sucedido entre personas particulares o plebeyas con fin alegre y regocijado [...] de modo que todo sea dirigido a utilidad y entretenimiento del auditorio, inspirando insensiblemente amor a la virtud y aversión al vicio».[15] Los asuntos de la comedia, ficticios pero evidentes, deben reflejar las situaciones de personajes corrientes, es decir del pueblo con educación básica y de la clase media, que corresponden al espacio y al tiempo de los espectadores apuntados. Como el efecto didáctico deriva de la correspondencia exacta entre el mundo de la representación y el de la percepción, útil y deleitoso, de la escena, Jovellanos se propone llevar el espacio

---

14 Jovellanos piensa que «la purgación sólo puede producirla la razón, y no el trastorno emocional inducido por el espectáculo trágico» (el editor Guillermo Carnero en Gaspar Melchor de Jovellanos, *«Memoria sobre espectáculos y diversiones públicas»*, p. 215, n. 246).
15 Ignacio de Luzán, *La poética o reglas de la poesía en general, y de sus principales especies*, Russell P. Sebold (ed.), Madrid, Cátedra, 2008, p. 588.

lo más cerca posible a las coordenadas acostumbradas de un espectador típico promedio, y así a la ilusión de un lugar conceptual donde se fusionan los mundos para facilitar la comunicación de la idea pura.

La concentración del espacio, que se puede observar en el desarrollo desde la tragedia a la comedia de Jovellanos, es trasportada por las acotaciones escénicas. Estas acotaciones ya son frecuentes en el *Pelayo*, dejando todavía un gran margen de libertad a la interpretación del director (o traductor) de la pieza. Sin embargo, en *El delincuente* son muy numerosas y extremamente precisas, como si el autor quisiera predestinar el movimiento más íntimo del procedimiento físico y espiritual de la comunicación identificadora. Jovellanos es uno de los autores que más ha trabajado el subgénero de la didascalia en el teatro español del siglo XVIII. Su lugar corriente, que expone el mundo burgués de un abogado que es alcalde de casa y corte, perteneciendo en consecuencia a una capa un poco más alta que de costumbre en la comedia, es ataviado con los objetos más emblemáticos y reconocibles que representan la realidad de esta situación. Describiendo el interior del despacho de abogados, el autor busca en su propia experiencia de alcalde y oidor en Sevilla y en Madrid una instancia de certificación para la realidad de los detalles presentados:

> El teatro representa el estudio del Corregidor, adornado sin ostentación. A un lado se verán dos estantes con algunos librotes viejos, todos en gran folio y encuadernados en pergamino. Al otro habrá un gran bufete, y sobre él varios libros, procesos y papeles. Torcuato, sentado, acaba de cerrar un pliego, le guarda, y se levanta con semblante inquieto.[16]

La escena expone el mundo prosaico de la magistratura –los libros, emblema de los intelectuales, los relojes con los cuales comprueban la exactitud de su compromiso– acompañado por todos los elementos de la vida ordinaria de los hombres que ejercen el cargo público: el ajetreo ruidoso de los escribanos y ayudantes, la ropa que se necesita para los viajes, los coches que se alquilan en la ciudad. No se olvida hasta la sopa que sirven los criados gritando desde afuera de la escena. En este marco, cuyo realismo se consagra al imprescindible *telos* neoclásico de «la imitación de la naturaleza»,[17] se desarrolla el drama particular y serio, que gira en torno al problema conceptual más agudo que existe para un artista, así como para un político, de la época, es decir, la justicia y la adecuación de las leyes.[18]

---

16 Gaspar Melchor de Jovellanos, «*El delincuente honrado*», p. 225.

17 Ignacio de Luzán, *La poética o reglas de la poesía en general, y de sus principales especies*, p. 190.

18 Véase la explicación del autor en la carta del 13 de septiembre 1777 a su traductor francés Ángel d'Eymar sobre el hecho de que «el objeto de este drama [es] descubrir la dureza de las leyes» (Russell P. Sebold, en la introducción a Gaspar Melchor de Jovellanos, *El delincuente honrado*, p. 99).

Don Torcuato, el héroe común de la comedia, sufre la severidad de una nueva ley sobre los duelos. Es condenado a muerte, aunque «fue injustamente provocado», procuró «evitar el desafío por medios honrados y prudentes» y sólo «cedió a los ímpetus de un agresor temerario y a la necesidad de conservar su reputación».[19] Sería preciso entonces que «se le absuelva», como piensa el alcalde ilustrado Don Justo, que se revela ser el padre natural del héroe y representa una filosofía prudente con respecto a la jurisprudencia. Sostiene que «el juez tiene el derecho y hasta la obligación de criticar una ley injusta»,[20] aunque tiene la obligación de acatarla mientras que la crítica no haya logrado una compensación. Con esto contradice a Don Simón, su antagonista escolástico, inflexible y partidario de la aplicación literal de todas las leyes y obsesionado por la supuesta maldad del hombre, así como por la amenaza de las ideas reformistas. Esta pelea sobre «el espíritu de las leyes» –con la cual Jovellanos se refiere a Montesquieu– resulta en un dilema existencial insoluble para el héroe hasta el último momento, en que el rey, en cuanto instancia transcendental que reanuda con el *deus ex machina* de la tragedia antigua, casa el problema e indulta el condenado.

El principio mismo de la comedia sentimental o «lacrimógena», de agudizar un problema de leyes, transformándolo en un aspecto sensible para el receptor y compatible con su mundo, se sostiene por el tratamiento de los espacios. Las acotaciones de los actos siguientes varían la disposición de la escena principal, manteniendo la orientación en el espacio según sus coordenadas básicas. Al mismo tiempo, Jovellanos crea una mezcla particular de especificaciones espaciales con disposiciones físicas y mentales de los protagonistas que corresponden con ellas, como se ve, por ejemplo, en la nota del acto cuarto:

> El teatro representa el interior de una torre del alcázar, que sirve de prisión a TORCUATO. La escena es de noche. En esta habitación no habrá más adorno que dos o tres sillas, una mesa, y sobre ella una bujía. En el fondo habrá una puerta, que comunique al cuarto interior, donde se supone está el reo, y a esta puerta se verán dos centinelas. JUSTO está sentado junto a la mesa con aire triste, inquieto y pensativo, y el ESCRIBANO en pie, algo retirado.[21]

Por un lado, la escena siempre corresponde con un lugar principal e inmediato. Por el otro, la correspondencia de las especificaciones que conciernen los detalles del espacio con los sentimientos, gestos y actitudes, hasta las expresiones mímicas, también especificados en las acotaciones, revela una voluntad de frenar un movimiento de espaciación, que sería requerido por la complejidad del

---

19 Gaspar Melchor de Jovellanos, «*El delincuente honrado*», p. 238.

20 John H. R. Polt, «Introducción», en Gaspar Melchor de Jovellanos, *Poesía. Teatro. Prosa literaria*, John H. R. Polt (ed.), Madrid, Taurus, 1993, p. 32.

21 Gaspar Melchor de Jovellanos, «*El delincuente honrado*», p. 264.

drama y de los impulsos que reciben los protagonistas para actuar hacia afuera. Las entradas y salidas, las posiciones y movimientos «al fondo» y en «el primer plano», son tan numerosas que conllevan el problema de controlarlas. Surgen dificultades de interpretación incluso para la puesta en escena, como se puede observar especialmente en la tercera escena del acto quinto:

> El ESCRIBANO, sin salir, hace una seña desde la puerta, y a ella entran sucesivamente el ALCAIDE, la tropa y los ministros de Justicia. El ALCAIDE despoja a TORCUATO de sus prisiones; los soldados, con bayoneta calada, le rodean por todos lados, y la gente de justicia se coloca parte a la frente y parte cerrando la comitiva. El ESCRIBANO precede a todos. En este orden irán saliendo con mucha pausa, y entretanto sonará a lo lejos música militar lúgubre. JUSTO se mantiene inmoble en un extremo del teatro con toda la serenidad que pueda aparentar, pero sin volver el rostro hacia el interior de la escena.[22]

La referencia artística de estas escenas complicadas es la idea del «cuadro conmovedor» o *tableau vivant* que proviene del *drame bourgeois* francés, de Denis Diderot en particular. Se trata de integrar al espectador, el correspondiente inmediato, en el espacio unificado a través de todos los sentidos, orientados hacia un objeto de educación. Al mismo tiempo, el anhelo de canalizar los movimientos de los protagonistas y los aspectos materiales del mundo, en el cual tiene lugar el drama, para focalizarlos en un problema conceptual, conduce a Jovellanos a una excesiva regulación en el detalle de las escenas. Por un lado, trata de forzar los requisitos formales de su drama intelectual, en un acatamiento del principio de la ley clásica (y neoclásica) de la unidad de lugar, necesaria para la economía dramática. Por otro lado, la gran necesidad de regular los detalles contrasta curiosamente con el tema del drama, que es una crítica de las leyes. Cuando Torcuato sostiene en la quinta escena del primer acto que faltan hombres «que hayan trabajado seriamente en descubrir el espíritu de nuestras leyes»,[23] la solución, representada por la actuación de Don Justo, consiste justamente en encontrar «un asilo contra [su] rigor».[24]

Se podría pensar que hay para Jovellanos una manera diferente de respetar las leyes, según que se encuentren en el campo de las artes o de la política (desarrollada en su *Informe sobre la Ley Agraria*, por ejemplo). Se puede suponer igualmente una contradicción, típica de la Ilustración, vinculada con el Neoclasicismo, que no alcanza aventajar, o inherente a la concepción artística particular de Jovellanos, quien representa a su manera un posible «fracaso de la Ilustración».[25] Se puede sostener también que el tratamiento espacial del ilustrado asturiano es

---

22 Gaspar Melchor de Jovellanos, «*El delincuente honrado*», p. 280.
23 Gaspar Melchor de Jovellanos, «*El delincuente honrado*», p. 236.
24 Gaspar Melchor de Jovellanos, «*El delincuente honrado*», p. 226.
25 Véase Juan Antonio Cabezas, *Jovellanos. El fracaso de la Ilustración*, Madrid, Silex, 1985.

el asunto técnico de un arte despreciado por su complejidad, pero que parece adecuado justamente para representar el mundo moderno que «se juzga sólo por apariencias».[26] Sin embargo, si ese es el caso, se evidencia en *El delincuente honrado* un presentimiento de concebir los espacios más allá de la fenomenología, es decir, como una espacialidad del ser cuya epistemología se desarrolla en los siglos XIX y XX a través de las teorías sociales, antropológicas y mediológicas.

En el siglo XX se ha evidenciado que la contradicción fundamental que presiente Jovellanos al final de la época de la Ilustración española, reside en el hecho de que el teatro es, efectivamente, un arte total, que incluye las sensaciones de los espectadores al mismo tiempo que la intelección de su razón artística, e implica, a este efecto, una idea indiferenciada del ser humano, definido, sin reforzar las fronteras entre las clases sociales, por el acontecimiento de un acto artístico presenciado en un lugar único y específico. Involucrado en la misión político-educativa de la época y su espíritu transcendental, que siempre está pendiente de un «Ser supremo»,[27] el ilustrador no alcanza concebir una «verdad metafísica»[28] de su espacio teatral, que para Antonin Artaud fundamentará toda la enseñanza ética del hombre moderno.[29] Sin embargo, su filosofía racionalista e inductiva intuye los rastros de un pensamiento inmanente de los medios de la teatralidad cuyo escenario es cuestionado por el enfrentamiento entre su función como institución moral y su ocupación como espacio de harmonía para la expresión crítica del espectáculo humano.

Obras citadas

Artaud, Antonin, *Le théâtre et son double*, Paul Thévenin (ed.), Paris, Gallimard, 1985.
Cabezas, Juan Antonio, *Jovellanos. El fracaso de la Ilustración*, Madrid, Silex, 1985.
Jovellanos, Gaspar Melchor de, *El delincuente honrado*, Russell P. Sebold (ed.), Madrid, Cátedra, 2008.
—, «*Memoria sobre espectáculos y diversiones públicas*», en *Espectáculos y diversiones públicas/Informe sobre la Ley Agraria*, Guillermo Carnero (ed.), Madrid, Cátedra, 1997, pp. 111–216.
—, «*El delincuente honrado*», en *Poesía. Teatro. Prosa literaria*, John H. R. Polt (ed.), Madrid, Taurus, 1993, pp. 223–288.
—, «*Pelayo*», en *Poesía. Teatro. Prosa literaria*, John H. R. Polt (ed.), Madrid, Taurus, 1993, pp. 133–222.

---

26 Gaspar Melchor de Jovellanos, «*El delincuente honrado*», p. 254.
27 Gaspar Melchor de Jovellanos, «Memoria sobre espectáculos y diversiones públicas», p. 188.
28 Antonin Artaud, *Le théâtre et son double*, Paul Thévenin (ed.), Paris, Gallimard, 1985, pp. 49–71.
29 Antonin Artaud, *Le théâtre et son double*.

Luzán, Ignacio de, *La poética o reglas de la poesía en general, y de sus principales especies*, Russell P. Sebold (ed.), Madrid, Cátedra, 2008.

Polt, John H. R., «Introducción», en Gaspar Melchor de Jovellanos, *Poesía. Teatro. Prosa literaria*, John H. R. Polt (ed.), Madrid, Taurus, 1993, pp. 9–45.

Rousseau, Jean-Jacques, «*Lettre à d'Alembert*», en Œuvres *complètes. Tome V:* Écrits *sur la musique, la langue et le théâtre*, Bernard Gagnebin y Marcel Raymond (eds.), Paris, Gallimard, 1995, pp. 9–125.

Schiller, Friederich, «Die Schaubühne als eine moralische Anstalt betrachtet», en *Rheinische Thalia*, 1.1 (1785), pp. 1–27.

María Luisa Lobato

El espacio simbólico en las comedias palatinas de Moreto

Resumen: En esta aportación se analizan los espacios simbólicos en las quince comedias palatinas de Agustín Moreto, que representan el 25% de su producción. Los diversos ámbitos dramáticos en que sitúa sus acciones o parte de ellas transcienden el significado aparente para constituirse en elementos abstractos que apoyan el sentido y la razón de la comedia. Dualidades como arbitrariedad/justicia, traición lealtad, culpabilidad/inocencia y otras se abren camino por medio del simbolismo que adquieren los espacios dramáticos.

Palabras clave: Teatro, Siglo de Oro, comedia palatina, Agustín Moreto, espacio, simbolismo

En un artículo reciente delimitaba la producción de comedias palatinas de Moreto e indicaba que fue, sin duda, el género más practicado por este dramaturgo a lo largo del conjunto de su producción. Y, en concreto, primó la escritura de obras palatinas de dimensión seria, frente a las más habituales de su tiempo, que fueron de signo preferentemente cómico.[1]

Por «palatinas» entiendo lo que parece haberse fijado como una constante entre los estudiosos del género.[2] Podría sintetizarse en que se trata de obras

---

1 María Luisa Lobato, «Moreto y la comedia palatina», en Miguel Zugasti (dir.) y Mar Zubieta (ed.), *La comedia palatina del Siglo de Oro*, número monográfico de *Cuadernos de Teatro Clásico*, 31 (2015), pp. 209–230.
2 El trabajo de conjunto más reciente es el ya citado número monográfico sobre comedia palatina de Miguel Zugasti (dir.) y Mar Zubieta (ed.), *La comedia palatina del Siglo de Oro*, número monográfico de *Cuadernos de Teatro Clásico*, 31 (2015). Una síntesis la ofrece en ese volumen Miguel Zugasti, «Deslinde de un género dramático mayor: comedia palatina cómica y comedia palatina seria en el Siglo de Oro», pp. 65–102. Entre los antecedentes en el estudio de este género teatral cabe mencionar a Francisco Florit, «*El vergonzoso en palacio*: arquetipo de un género», en Ignacio Arellano y Blanca Oteiza (eds.), *Varia lección de Tirso de Molina*, Pamplona, Instituto de Estudios Tirsianos, 2000, pp. 65–83; Joa Oleza, «El Lope de los últimos años y la materia

---

Nota: Esta aportación se enmarca en el proyecto de investigación *La obra dramática de Agustín Moreto. Edición y estudio de sus comedias IV: las comedias escritas en colaboración*, financiado por el Ministerio de Economía y Competitividad (Proyecto I+D Excelencia 2014, FFI2014-58570-P). Forma parte de las actividades del grupo de investigación PROTEO, radicado en la Universidad de Burgos.

María Luisa Lobato, Universidad de Burgos

https://doi.org/10.1515/9783110450828-036

teatrales que se incluyen en una corriente idealista en la que personajes y hechos se alejan de lo cotidiano, tanto en sus argumentos, como en el tiempo y espacio dramáticos.

El distanciamiento apuntado permite transcender la realidad coetánea y tratar personas y coyunturas con la libertad que da la distancia espacio-temporal. Este ardid facilita soslayar la posible identificación con la realidad del Siglo de Oro de los personajes y sus hechos, entre los que destacan los protagonizados por estamentos elevados: reyes, príncipes y nobles, a menudo con enfrentamientos entre sí y con quienes dependen de ellos. La resolución de los altercados viene a menudo propiciada por recursos como la anagnórisis.

También las acciones que se llevan a cabo en escena se presentan alejadas de la realidad histórica contemporánea, con preferencia por los conflictos de intereses ante herencias de territorios y el buen o mal gobierno de los pueblos. Se suman a ellos otros temas que en la comedia palatina toman protagonismo, como la amistad entre caballeros y las siempre presentes cuestiones de honor y amor. Sin embargo, no es raro que algunos de los protagonistas de estas obras mantengan vínculos con nombres y hechos que tuvieron realidad histórica, aunque se empleen únicamente como recursos para dar cierta verosimilitud a personas y acontecimientos, y propiciar el interés del espectador.

El marco espacial en que se desenvuelven estos personajes y sus actuaciones suele ser el que les corresponde por su situación social, esto es, espacios cortesanos ubicados en territorios extrapeninsulares o, al menos, alejados de la corte y, a menudo, en tiempos pretéritos. En ellos tienen lugar acciones en las que el enredo y su resolución hacen avanzar la trama, con un marcado dinamismo que cautivó al público.

Recordadas las características de los personajes y del marco dramático al que nos vamos a referir, la comedia palatina, observemos cuál va a ser el corpus de estudio en la producción de Agustín Moreto, cuya edición crítica del teatro completo preparamos en el grupo de investigación PROTEO. En el artículo antes citado me ocupé de «Moreto y la comedia palatina» dentro del monográfico dedicado al género que publicó *Cuadernos de Teatro Clásico*. A él remito a quien desee más información general sobre cómo se presenta esta categoría dramática en Moreto y otros autores. Baste decir ahora que la cultivó a lo largo de su producción, aunque con más intensidad en la primera parte de la misma (1638–1654). Once comedias

---

palatina», en *Criticón*, 87–88 (2003), pp. 604–620; Joan Oleza y Fausta Antonucci, «La arquitectura de géneros en la Comedia Nueva: diversidad y transformaciones», en *Rilce*, 29 (2013), pp. 689–741; Frida Webber de Kurlat, «Hacia una sistematización de los tipos de comedia de Lope de Vega», en Maxime Chevalier (ed.), *Actas del Quinto Congreso Internacional de Hispanistas*, Bordeaux, Université de Bordeaux, 1977, vol. 2, pp. 867–871.

palatinas pertenecen a este periodo de abundante escritura. Entre ellas, siete las escribió en solitario y cuatro en colaboración con otros autores, entre los que priman Cáncer, Matos Fragoso y Martínez de Meneses. Cuando Moreto eligió de forma personal qué obras compondrían su *Primera parte de comedias* de 1654, seis de las doce comedias incluidas en ese volumen, dedicado a su amigo y entonces virrey en México Francisco Fernández de la Cueva, pertenecen a esta modalidad de comedia palatina.[3] Las otras cinco se publicaron en diversos lugares.[4]

A estas once obras se suman las escritas en su segunda época (1655–1669), cuando su producción decreció, debido en parte a su ordenación sacerdotal y traslado a Toledo. Cuatro comedias pertenecen a este género, dos de ellas se incluyeron en la *Segunda parte de comedias* de 1676, publicada póstuma[5] y las otras dos en diversos lugares,[6] una vez que hemos demostrado ya que una quinta comedia que se solía incluir en esta época de su producción no es suya.[7]

Quince comedias palatinas, por tanto, de las que once están escritas por él en solitario, son, pues, el total de la producción de Moreto, formada por sesenta comedias: cuarenta escritas en solitario y veinte en colaboración, por lo tanto el 25% del total de su producción, y en este corpus centraré el análisis. Valga añadir que ningún otro género de comedia lo escribió con tanta asiduidad, ni él ni posiblemente otros dramaturgos de su tiempo.

Respecto a los espacios dramáticos, como es habitual en el género, Moreto sitúa buena parte de sus comedias palatinas en países remotos o alejados de la Península, con la excepción de *Hasta el fin nadie es dichoso* y *Cómo se vengan los nobles*, que tratan cuestiones de herencia de los reinos de Aragón, Navarra y Castilla, aunque alejadas de contenidos históricos reales, y *El desdén, con el desdén* ambientada en Barcelona durante las fiestas de Carnaval. Entre los espacios, Moreto elige Italia y, en ella, Nápoles en varias ocasiones (*Merecer para alcanzar* y *Primero en la honra*), y Sicilia en tres (las dos antes citadas y *El mejor amigo, el rey*). También Parma (*La misma conciencia acusa*), Milán (*Lo que puede la aprehensión*), la isla de Creta (*El poder de la amistad*) y Ferrara (*La fuerza del natural*).

---

3 *El desdén, con el desdén; La misma conciencia acusa; Hasta el fin nadie es dichoso, El poder de la amistad; El mejor amigo, el rey* y *Lo que puede la aprehensión*.

4 *Merecer para alcanzar* o *La fortuna merecida* y *La fuerza del natural*, escritas en solitario. Se suman a ellas *Hacer remedio el dolor, La fingida Arcadia* y *Oponerse a las estrellas*, en las que trabajó de consuno.

5 *Primero es la honra* e *Industrias contra finezas*.

6 *Cómo se vengan los nobles* y *El defensor de su agravio*.

7 *Satisfacer callando* o *Los hermanos encontrados*. Véase Fernando Rodríguez-Gallego, «Otra comedia del Siglo de Oro en busca de autor: *Satisfacer callando* o *Los hermanos encontrados*», en *Studia Aurea*, 10 (2016), pp. 393–410 (en línea) [fecha de consulta: 12-02-2017] <http://studiaaurea.com/article/view/v10-rodriguez-gallego>.

Otros lugares dramáticos fueron Atenas (*El defensor de su agravio*), así como Transilvania y Hungría (*Industrias contra finezas*). En algunos casos, cuando Moreto parte de una fuente ajena, cambia la localización del espacio dramático. Así ocurre, por ejemplo, en *Hasta el fin nadie es dichoso*, que sitúa en la corte aragonesa mientras la obra de Guillén de Castro en la que se inspira, *Los enemigos hermanos*, se ubicaba en la corte de Hungría, sin que podamos entrar ahora a analizar los motivos.

Varios de esos ámbitos, e incluso los personajes que los pueblan, dan lugar a una ambientación pseudo-histórica, pero el análisis detallado de los hechos dramatizados permite ver que la ficción se ha impuesto. Quizá las referencias históricas y a espacios hasta cierto punto cercanos, como los principados italianos, eran un modo de atraer al público y la benevolencia de los censores en periodos difíciles, en que los duelos habían acotado las materias tratables en el teatro.

Interesa en esta aportación analizar lo que hemos llamado «espacios simbólicos» según la terminología de Javier Rubiera en su estudio sobre la construcción del espacio en la comedia española del Siglo de Oro, al que seguiremos en buena parte de las cuestiones teóricas que se presentan, si bien el apartado que dedicó en ese libro a este tipo de espacio se trató únicamente de una breve presentación del mismo.[8]

Por «espacio simbólico» entiendo aquí una modalidad del «espacio dramático», el cual sería el que se va desarrollando en la obra teatral por medio de procedimientos variados y en el que tiene lugar la acción dramática ficticia. El «simbólico» tiene de específico que los lugares imaginarios en que se desarrolla la acción tienen, además de un significado denotativo, lo que podríamos llamar un sentido connotativo. Coincidimos así con Javier Rubiera, que señalaba que, una vez analizada la construcción espacial de las comedias, es interesante ir más allá y ser conscientes de que a menudo el dramaturgo

> [...] dota a los espacios dramáticos de valores suplementarios que permiten su interpretación simbólica, sobre todo cuando son repetidos y confrontados en varias obras distintas [...] Jardín, gruta o cueva, palacio, campo de batalla, monte o selva, mar, calle, interior doméstico... son espacios que el poeta puede utilizar para proyectar metafóricamente su visión del mundo, mediante un sistema de identificaciones y de oposiciones que en el fondo le permiten, por ejemplo, tematizar cuestiones como el amor, el honor o la violencia [la amistad y la fidelidad] y dialécticas tan explotadas como las de libertad/destino, mundo rural/mundo urbano, libertad/opresión, civilización/barbarie, hombre/mujer, [traición/lealtad].[9]

---

8 Javier Rubiera Fernández, *La construcción del espacio en la comedia española del Siglo de Oro*, Madrid, Arco Libros, 2005, pp. 94–97.
9 Javier JavierJavier Rubiera Fernández, *La construcción del espacio en la comedia española del Siglo de Oro*, p. 95.

Interesa, por tanto, examinar cómo utiliza Moreto un mismo espacio en varias obras para tratar de encontrar de qué manera tematiza a través de él cuestiones que le interesan de forma especial. Veamos un caso: la prisión en sentido estricto es un espacio dramático donde se encierra a un preso. Este espacio imaginario en que se desarrolla una acción puede tener, además, un valor simbólico en cuanto que a ese sentido primero de aislamiento se añaden una serie de circunstancias que lo completan y contribuyen a trasladar al espectador de forma imaginaria a un entorno que transciende el de la propia fisicidad de una cárcel ficticia. Así, los motivos y las circunstancias que han llegado y mantienen a un personaje teatral en ese espacio limitado amplían el sentido primero de 'prisión' como lugar de reclusión, de modo que la cárcel se puede convertir en espacio simbólico de injusticia, de envidias, de celos, que pedirá reparación si el encerrado es un inocente, asunto este que sirve de motor a la intriga dramática.

Por tanto, la prisión pertenecería en el hecho teatral a varias categorías espaciales: en primer lugar, desde el punto de vista genérico es un espacio teatral, distinto del espacio de la lírica o de la novela. Además se ubica en un ámbito escénico, que en los casos que tratamos va a ser el corral de comedias, en el que se emplean las diversas posibilidades que se ofrecen al actor: escena, balcón, puertas, vestuario, cortina o «paño», entre otras. Además, la prisión es un ámbito escenográfico constituido por elementos verbales y no verbales, puesto que los personajes se refieren a él, pero también colaboran en la creación de ese ámbito el decorado material −icónico− o verbal, y el vestuario del actor. Es también, como se dijo, un espacio dramático en el que se ambienta de forma imaginaria la acción ficticia y se constituye a menudo en espacio diegético, puesto que diversos personajes hacen referencia a él. Ninguno de esos escenarios nos interesará hoy, sino solo el espacio simbólico en el que un lugar imaginado toma connotaciones que superan el propio significado espacial y pasa a tener sentido alegórico, figurado, alusivo o como queramos denominarlo.

Localizar los espacios simbólicos en la comedia palatina de Moreto, y en cualquier otra en general, exige un atento estudio de las obras desde el punto de vista espacial, para lo que es necesario segmentarlas en cuadros y tener en cuenta «todos los indicios textuales (en acotación y en didascalia) que apuntan a la creación del espacio dramático».[10] Ese análisis atento realizado sobre textos fiables, bien trabajados según las normas de la ecdótica, es el punto de partida para localizar los motivos que son recurrentes en las diversas obras y que constituyen espacios del tipo que hoy interesa. Y es que en el teatro áureo predomina el

---

10 Javier Rubiera Fernández, *La construcción del espacio en la comedia española del Siglo de Oro*, p. 10.

carácter simbólico en la obra dramática frente a otras posibilidades más cercanas a una repetición mimética de la realidad.

Por tanto, se espera de los espectadores de la comedia áurea, sea cual sea su tiempo, una recepción imaginativa de lo que se representa en la escena, en la que numerosos elementos han de ser añadidos para completar lo que se puede ver y oír en el tablado. El espacio simbólico resulta, por ello, un factor de primera importancia para la correcta interpretación de la comedia, pues es poco lo que se presenta al espectador, no mucho lo que dicen las acotaciones y la imaginación ha de elevarse por encima de los versos que se pronuncian, pues a menudo en ellos está lo principal del espacio simbólico con el que cuentan todos los actantes y receptores del teatro áureo.

Las referencias espaciales simbólicas pueden presentarse en distintos lugares de la comedia pero, por su especial importancia para el desarrollo de la acción, ocupan normalmente puestos nucleares en la misma, ya sea al inicio, en un momento álgido de su desarrollo o para propiciar el desencadenamiento de hechos que llevarán al final feliz.

En otro lugar me he ocupado de algunos espacios simbólicos exteriores, en especial del jardín y del laberinto, por lo que no entraré de nuevo en ellos aquí.[11]

Es ahora la ocasión de observar los espacios «interiores». Elijamos, por ejemplo, un ámbito como el de la «prisión» que aparece en varias comedias palatinas de Moreto, en diversos lugares y con distintas interpretaciones simbólicas. En las obras examinadas la cárcel se sitúa en un lugar central en la acción, que puede iniciarse en la 1ª jornada, pero que se prolonga durante toda la 2ª y acumula varios sentidos simbólicos.

Es el caso de *La misma conciencia acusa*, en la que se confina a la cárcel al protagonista, Carlos, a quien se ha usurpado la herencia. Desde prisión se propone recuperar Parma con la ayuda de su primo, el duque de Milán, de modo que el espacio es símbolo de la injusticia ejercida por otros y también de fidelidad a un legado. La situación empeora hasta el punto de que el usurpador se propone envenenar al prisionero, que solo se libra porque el verdugo decide cambiar el veneno por un somnífero, el cual además recibirá el criado Tirso, al que su señor ha disfrazado de sí mismo. La 3ª jornada presenta ya a Carlos libre

---

11 María Luisa Lobato, «"Jardín cerrado, fuente sellada": espacios para el amor en el teatro barroco», en Antonio Serrano (ed.), *En torno al teatro del Siglo de Oro. Jornadas XXI–XXIII, 2004, 2005 y 2006 (Almería)*, Almería, Diputación de Almería/Instituto de Estudios Almerienses, 2007, pp. 199–219. Y «"Ciego laberinto que humana memoria siente": medio natural y estado de conciencia en el teatro español barroco», en Nathalie Peyrebonne y Pauline Renoux-Caron (eds.), *Le milieu natural en Espagne et en Italie. Savoirs et représentations (XVe-XVIIe siècles)*, Paris, Presses Sorbonne Nouvelle, 2011, pp. 121–138.

por la actuación de su amada, la cual, disfrazada, ha logrado liberarlo de prisión. Termina la obra con Carlos coronado como duque de Parma y el usurpador que le condenó a la cárcel acaba perdonado, ya que estamos en el ámbito de la comedia, que no de la tragedia.

Pero un espacio con tantas posibilidades simbólicas como la cárcel puede ser un magnífico recurso para conducir la obra hacia su final. En *El poder de la amistad*, por ejemplo, la prisión se sitúa avanzada la 3ª jornada y significa el punto más bajo en la honra del protagonista, cuando el rey, padre de Alejandro, lo hace encerrar en una torre y esta adquiere de inmediato la connotación de espacio de traición:

> LUCIANO   Soldados,
>   llevad su persona presa
>   a la torre de palacio.
> ALEJANDRO   ¡Vive el cielo que es cautela[12]
>   de tu traición, falso amigo,
>   y ha de vengar esta afrenta
>   tu muerte![13]

Le liberará Tebandro que llega a la isla de Creta donde todo ocurre con un gran ejército, la domina, entra en la corte, libra a su amigo de la cárcel y obliga al rey a postrarse ante él.

La cárcel puede estar situada también en la 3ª jornada de la comedia, pero con un sentido muy distinto. Por ejemplo, en *El mejor amigo, el rey*, el monarca envía a una torre a Enrique, al que sabe inocente, para someter a prueba a Alejandro y Filipo, y comprobar la fidelidad de estos. Será el Rey mismo quien ideará una estrategia con Carlos y las damas para sacar a Enrique de la prisión en secreto y llevarlo a su propio cuarto:

> *Salen Laura, Carlos y Flora*
> CARLOS   ¿Qué dices, señor?
> REY   Que luego
>   por el retrete[14] paséis
>   con esta llave a la torre,

---

12 *Cautela*: 'astucia, maña, engaño'.

13 Agustín Moreto, «*El poder de la amistad*», Miguel Zugasti (ed.), en *Comedias de Agustín Moreto. Primera parte de comedias. Vol. III*, María Luisa Lobato (dir.), Kassel, Reichenberger, 2008, vv. 2070–2076.

14 *Retrete*: 'El aposento pequeño y recogido en la parte más secreta de la casa y más apartada, y así se dijo de *retro*' (*Diccionario de Autoridades*, Madrid, Real Academia Española, 1726, edición digital [fecha de consulta: 13-02-2017] <http://web.frl.es/DA.html>).

	y della a Enrique traed
	con secreto por mi cuarto.
CARLOS	Cielos, voy a obedecer.[15]

En este caso el espacio de la cárcel cambia su simbolismo y de lugar de humillación pasa a ser espacio instrumental para descubrir la alta estima en que el rey tiene al protagonista y la fidelidad de unos súbditos.

Por tanto el espacio simbólico de la prisión alcanza diversos significados en cada una de las comedias, los cuales se superponen al hecho básico de la privación de libertad. Entre otros, simboliza para Moreto el espacio de la injusticia, donde se visibilizan los efectos de la envidia, y es, por parte del que la sufre, el momento de manifestar su fidelidad a una herencia. Volviendo a las dualidades que Rubiera señalaba en una cita que ya se ha recogido, podríamos ampliar su catálogo con el hecho de que Moreto construye a través de la prisión un espacio alegórico para hacer patente la dialéctica traición/lealtad. En todos los casos este espacio conduce desde la deshonra máxima del héroe a la recuperación de su honor. Se cumple en él lo que indica Elam:

> El modo en el que se escriben los diálogos dramáticos está condicionado por el espacio de la representación, por el lugar desde el que se enuncian los parlamentos, por las distancias entre los actores-personajes, por el establecimiento de a quién se dirige el parlamento y quién puede o no oírlo..., es decir, por una especial situación comunicativa en la que predomina un discurso de gran «densidad deíctica».[16]

Analizadas con atención las comedias palatinas de Moreto hay ámbitos de actuación de los personajes que elige de forma asidua para hacer avanzar la intriga. Por ejemplo, Moreto es especialmente hábil para construir las tramas con el juego espacial «dentro/fuera» de la escena, con la utilización muy frecuente de la cortina o «paño», situado normalmente al fondo del escenario, lugar desde el que se puede observar la escena sin ser descubierto.

Frente a lo que podría pensarse antes de comenzar el análisis, el recurso al empleo de este espacio que divide la escena en dos no lo utilizan personajes subalternos, criados espiando a caballeros –aunque también se da,[17] sino que

---

15 Agustín Moreto, «*El mejor amigo, el rey*», Beata Baczyńska (ed.), en *Comedias de Agustín Moreto. Primera parte de comedias. Vol. I*, María Luisa Lobato (dir.), Kassel, Reichenberger, 2008, vv. 2814–2819.

16 Keir Elam, *The Semiotics of Theatre and Drama*, London/New York, Routledge, 2002, p. 131; pero citamos por Javier Rubiera Fernández, *La construcción del espacio en la comedia española del Siglo de Oro*, p. 80.

17 Por ejemplo, en *El defensor de su agravio* el criado Comino se pone a escuchar al paño las conversaciones de su señor (Agustín Moreto, *El defensor de su agravio*, Daniele Crivellari [ed.],

lo hacen de forma prioritaria quienes representan estamentos elevados, reyes y nobles, que descubren así las intenciones escondidas de sus cortesanos y pueden defenderse de lo que está por llegar. Se produce de este modo una *anticipatio* en la escena que satisface al espectador y aumenta el «suspense» de la acción que vendrá. Este juego espacial «dentro/fuera» es el mejor aliado del dramaturgo para completar significados de lo que ocurre en escena y, al mismo tiempo, establece una relación de complicidad con el público, el cual mediante una convención escénica ve lo que ocurre «tras el paño» y atisba las consecuencias que puede tener, mientras los personajes que están en el tablado lo desconocen. De ese modo es posible anticiparse a la acción, con el placer que resulta de ello.

Un buen ejemplo de su empleo se ve en la comedia *El mejor amigo, el rey* en la que hay un juego permanente de espacios de la apariencia (del paño hacia fuera, lo que pueden presenciar los espectadores) y verdad (del paño hacia dentro, lo oculto, que dará lugar a avances en la acción y en los sentimientos de los personajes). Veamos un caso. Escondido tras la cortina, Enrique descubre quién le calumnió ante el rey:

	Enrique al paño[18] *detrás del Rey*
ENRIQUE	(De mi Rey aquí encubierto
	está atento mi temor
	a ver quién falta a mi amor
	o me engaña, que es más cierto).[19]

Y observa con asombro la falta de lealtad de aquellos a los que había beneficiado, a través de los memoriales que Alejandro lee al Rey:

ALEJANDRO	Todos aquestos, señor,
	son contra Enrique.
REY	Leed.
MACARRÓN	(Haranle mucha merced.)
ALEJANDRO	Fabio Rodi, contador,
	dice que de Enrique está
	toda tu hacienda usurpada
	y que la cuenta ajustada
	su culpa comprobará.

Alicante, Biblioteca Virtual Miguel de Cervantes, 2016, vv. 277–278 [en línea] [fecha de consulta: 13-02-2017] <http://www.cervantesvirtual.com/obra/el-defensor-de-su-agravio>. Es la misma versión que puede encontrarse en la página web Moretianos.com).

18 *Al paño*: 'Frase usada en los teatros de comedias que se dice del que está a la cortina que cubre el vestuario, como en escucha' (*Diccionario de Autoridades*).

19 Agustín Moreto, «*El mejor amigo, el rey*», vv. 981–984.

ENRIQUE	(A éste hice yo contador,
	¡oh, quién de ingratos se fía!)
REY	Pon a mi contaduría.
MACARRÓN	(¡Que esto diga este traidor!)
ALEJANDRO	Druso, almirante de Armada,
	que la tuya se perdió,
	dice, porque le mandó,
	con intención declarada,
	Enrique salir del puerto
	contra el aire.
MACARRÓN	Y contra tierra.
REY	Pon a la Junta de Guerra.
ENRIQUE	(Que a éste di la vida, es cierto
	sacándole del desaire
	de ir a muerte condenado.)
MACARRÓN	(Si a éste le hubieran ahorcado,
	no hablara más en el aire).[20]

La lectura que hace Alejandro referida a varios personajes –Fabio Rodi, contador; Druso, almirante de Armada, etc.– que acusan de forma ignominiosa a Enrique, recibe en cada caso el asentimiento del Rey. «Dentro», tras la cortina, otros dos interlocutores escuchan sin poder creer lo que oyen: se trata del protagonista Enrique que tiene como apoyo en el diálogo a su criado Macarrón. Lo que oye le duele aún más por haber favorecido a cada uno de ellos y oír las mentiras que se dicen al Rey. Este juego dos a dos produce en escena un vaivén de sentimientos llevados por las palabras. Y el público, como receptor mudo pero activo, se pone del lado del inocente tratado de manera injusta por quienes creía amigos y deudos, lo cual incrementa el dolor de la injusticia.

El espacio escenográfico del «paño» se convierte así en espacio «simbólico» de la dualidad lealtad/traición y permite que el desengaño del protagonista acusado llegue de forma nítida al espectador.

Sobresale la utilización de espacios simbólicos en esta obra, *El mejor amigo, el rey*, propiciado por ocultaciones y veladuras: el monarca que se esconde y otros han de inventarse la estratagema de «matar la luz» para permitirle salir antes de ser descubierto (vv. 1572 y ss.). El Rey se oculta «al paño» para conocer las verdaderas intenciones de Alejandro y Filipo. Enrique finge estar de acuerdo con ellos para traicionar al monarca (vv. 1693–1732) y oye los juramentos que los tres hacen en su contra, si bien el de Enrique será solo simulado (vv. 1766–1767 y 1785–1786). En la misma comedia, muy rica en juegos

---

20 Agustín Moreto, «*El mejor amigo, el rey*», vv. 989–1112.

espaciales, el cortesano ve desde el paño el abrazo del rey con Enrique (vv. 2309–2310, acotación) y descubre así que este le es fiel. El «paño» o cortina que oculta de forma convencional a los personajes se constituye así en espacio simbólico de la verdad, por medio del cual se conocen las verdaderas intenciones de cada uno de ellos.

En otros casos, los espacios dramáticos toman el cariz de simbólicos por el devenir mismo de la comedia. Esto puede ocurrir desde el inicio de la obra, aunque el espectador no llegue quizá a descubrir su valor referencial hasta bien avanzada la trama, en una *anticipatio* que los espectadores apreciaban mucho. Por ejemplo, *Cómo se vengan los nobles* comienza en una aldea en el valle de Aybar (Navarra), en la que hablan Sol, Buscón y Ramiro, y en la que los dos primeros invisten de forma fingida como rey a Ramiro dentro de las fiestas que celebran. Éste agradece el honor mientras afirma la intuición de estar llamado a cosas más altas:

> RAMIRO   Zagales del valle Aybar,
> yo os agradezco infinito
> la elección que en mi habéis hecho
> de rey, aunque rey fingido,
> pero hanme dado los cielos
> pensamientos tan crecidos
> que un reino estrecho le viene,
> y aun muchos, al valor mío.[21]

Se produce así una *anticipatio* en la que el público puede comenzar a sospechar que Ramiro es más de lo que parece. Ese espacio rural, alejado del mundo cortesano, se convierte en lugar simbólico, como también lo es el hecho de la coronación ficticia, porque Ramiro va a resultar ser hijo bastardo del rey y sus valores van a quedar patentes a lo largo de la comedia, hasta ser él quien heredará el reino de Aragón. La aldea fingida y representada en el espacio escenográfico por algunos elementos icónicos se constituye en espacio de «engañar con la verdad», pues es el verdadero reino de quien será el heredero, como se revelará al fin.

Otros espacios en la misma obra se convierten en espacios simbólicos de la traición, como el río Ebro en el que los hermanastros de Ramiro logran romper la quilla del barco en que navega y provocar un naufragio. Las palabras de Ramiro en su invocación al Ebro cuando consigue salir del agua «medio desnudo y con la

---

21 Agustín Moreto, *Cómo se vengan los nobles*, Rafael Ramos (ed.), Burgos, Moretianos.com/ Grupo PROTEO, s.a., vv. 27–34 (en línea) [fecha de consulta: 14-04-2018] <http://www.moretianos.com/pormoreto.php>.

espada en la boca» es uno de los parlamentos más barrocos de la obra, que nos trae ecos de las *Soledades* gongorinas:

RAMIRO   En vano lo bizarro de mi aliento,
                hoy, constante elemento,
                contrastar pretendiste,
                pues cuando conjurado presumiste
                ser rápido homicida,
                permite el cielo que mi esfuerzo impida
                fatales si espumosos embarazos,
                que olas no oprimen donde sobran brazos.
                Frágil despojo el leve leño sea
                en que la envidia vea
                su intento malogrado,
                pues quien golfo de sangre ha vadeado,
                –cuando el acero mío
                en cada golpe desataba un río
                tal que, si alguno erraba,
                con la sangre del otro se anegaba–,
                mal peligrar podía,
                que si nadar no sé, tengo osadía.[22]

Las mismas palabras de Ramiro de las razones que han provocado el naufragio: «la envidia vea/su intento malogrado»[23] nos descubren el espacio del Ebro como lugar simbólico, ámbito del vicio nombrado y de la demostración del valor personal: «si nadar no sé, tengo osadía».[24]

Los espacios simbólicos constituyen, pues, uno de los elementos fundamentales de la representación teatral, puesto que permiten al receptor elevar su imaginación muy por encima de las palabras que dicen los personajes y de lo que es posible presentar en escena. Ámbitos como jardines, laberintos, prisiones y ríos, y aún recursos materiales básicos de la tramoya teatral, como la cortina o «paño» en escena, transcienden significados hasta conseguir transmitir al público muchos de los elementos abstractos que son el sentido y la razón de la comedia. Dualidades como arbitrariedad/justicia, traición/lealtad, culpabilidad/inocencia, deshonra/honor, mentira/verdad se abren camino a través del simbolismo que adquieren los espacios dramáticos en la comedia palatina, en este caso, la de Moreto. Sus múltiples connotaciones, guiadas por la imaginación del dramaturgo a la que el público sigue, añaden a los meros espacios

---

22 Agustín Moreto, *Cómo se vengan los nobles*, vv. 793–810.
23 Agustín Moreto, *Cómo se vengan los nobles*, vv. 802–803.
24 Agustín Moreto, *Cómo se vengan los nobles*, v. 810.

dramáticos todo un caudal de estímulos capaces de expresar valores abstractos que completan el sentido de la obra teatral e interesan al ser humano de todos los tiempos.

Obras citadas

Diccionario de Autoridades, Madrid, Real Academia Española, 1726 (en línea) [fecha de consulta: 13-02-2017] <http://web.frl.es/DA.html>.

Elam, Keir, *The Semiotics of Theatre and Drama*, London/New York, Routledge, 2002.

Florit, Francisco, «*El vergonzoso en palacio*: arquetipo de un género», en Ignacio Arellano y Blanca Oteiza (eds.), *Varia lección de Tirso de Molina*, Pamplona, Instituto de Estudios Tirsianos, 2000, pp. 65–83.

Lobato, María Luisa, «Moreto y la comedia palatina», en Miguel Zugasti (dir.) y Mar Zubieta (ed.), *La comedia palatina del Siglo de Oro*, número monográfico de *Cuadernos de Teatro Clásico*, 31 (2015), pp. 209–230.

—, «"Jardín cerrado, fuente sellada": espacios para el amor en el teatro barroco», en Antonio Serrano (ed.), *En torno al teatro del Siglo de Oro. Jornadas XXI–XXIII, 2004, 2005 y 2006 (Almería)*, Almería, Diputación de Almería/Instituto de Estudios Almerienses, 2007, pp. 199–219.

—, «"Ciego laberinto que humana memoria siente": medio natural y estado de conciencia en el teatro español barroco», en Nathalie Peyrebonne y Pauline Renoux-Caron (eds.), *Le milieu natural en Espagne et en Italie. Savoirs et représentations. (XVe-XVIIe siècles)*, Paris, Presses Sorbonne Nouvelle, 2011, pp. 121–138.

Moreto, Agustín, *Cómo se vengan los nobles*, Rafael Ramos (ed.), Burgos, Moretianos.com/ Grupo PROTEO, s.a. (en línea) [fecha de consulta: 14-04-2018] <http://www.moretianos. com/pormoreto.php>.

—, *El defensor de su agravio*, Daniele Crivellari (ed.), Burgos, Moretianos.com/Grupo PROTEO, s.a. (en línea) [fecha de consulta: 14-04-2018] <http://www.moretianos.com/pormoreto. php>.

—, *El defensor de su agravio*, Daniele Crivellari (ed.), Alicante, Biblioteca Virtual Miguel de Cervantes, 2016 (en línea) [fecha de consulta: 13-02-2017] <http://www.cervantesvirtual. com/obra/el-defensor-de-su-agravio>.

—, *El poder de la amistad*, Miguel Zugasti (ed.), en *Comedias de Agustín Moreto. Primera parte de comedias. Vol. III*, María Luisa Lobato (dir.), Kassel, Reichenberger, 2011, pp. 1–225.

—, *El mejor amigo, el rey*, Beata Baczyńska (ed.), en *Comedias de Agustín Moreto. Primera parte de comedias. Vol. I*, María Luisa Lobato (dir.), Kassel, Reichenberger, 2008, pp. 245–580.

Oleza, Joan, «El Lope de los últimos años y la materia palatina», en *Criticón*, 87–88 (2003), pp. 604–620.

—, y Fausta Antonucci, «La arquitectura de géneros en la Comedia Nueva: diversidad y transformaciones», en *Rilce*, 29 (2013), pp. 689–741.

Rodríguez-Gallego, Fernando, «Otra comedia del Siglo de Oro en busca de autor: *Satisfacer callando* o *Los hermanos encontrados*», en *Studia Aurea*, 10 (2016), pp. 393–410 (en línea) [fecha de consulta: 12-02-2017] <http://studiaaurea.com/article/view/ v10-rodriguez-gallego>.

Rubiera Fernández, Javier, *La construcción del espacio en la comedia española del Siglo de Oro*, Madrid, Arco Libros, 2005.

Webber de Kurlat, Frida, «Hacia una sistematización de los tipos de comedia de Lope de Vega», en Maxime Chevalier (ed.), *Actas del Quinto Congreso Internacional de Hispanistas*, Bordeaux, Université de Bordeaux, 1977, vol. 2, pp. 867–871.

Zugasti, Miguel, «Deslinde de un género dramático mayor: comedia palatina cómica y comedia palatina seria en el Siglo de Oro», en Miguel Zugasti (dir.) y Mar Zubieta (ed.), *La comedia palatina del Siglo de Oro*, número monográfico de *Cuadernos de Teatro Clásico*, 31 (2015), pp. 65–102.

— (dir.) y Mar Zubieta (ed.), *La comedia palatina del Siglo de Oro*, número monográfico de *Cuadernos de Teatro Clásico*, 31 (2015).

Carlos-Urani Montiel
Espacios teatrales en el *Coloquio de Timbria* de Lope de Rueda

Resumen: El tema del presente escrito es el juego de relaciones socio-familiares de los personajes respecto a los espacios representados en el *Coloquio de Timbria* de Lope de Rueda. La pieza se dio a la imprenta en Valencia en 1567, dentro de un volumen dedicado en exclusiva al teatro del comediógrafo sevillano, pero compuesto por diferentes géneros: comedias, coloquios y entremeses. El desequilibrio que existe en las identidades de varias figuras –además de ser motor de la trama– es extensible hacia los espacios representados dentro de la pieza, e incluso hacia la producción teatral ruediana. Esto quiere decir –y aquí se concentra la hipótesis de trabajo– que la construcción identitaria de los interlocutores del coloquio tensiona tres niveles dramáticos: el de los propios personajes, que simulan pertenecer a otro sexo y se desplazan entre estamentos; el de los espacios de ficción, representado por el ambiente señorial del campesino propietario en oposición a la atmósfera sobrenatural de la magia, y el de la arquitectura escénica, depositaria de mecanismos dramáticos específicos según el registro de la obra, en este caso comedia pastoril frente a comedias urbanas. Todas estas oposiciones encuentran su cauce y resolución al final del espectáculo, a la vista del receptor, quien habrá reconstruido el ser-en-escena de los personajes, ubicado a cada uno en su justo espacio socio-dramático y aplaudido las convenciones del coloquio pastoril.

Palabras clave: Espacio, identidad, personaje, pastoril

La construcción de los personajes en esta pieza depende, en gran medida, de la puesta en espacio de sus intrincados vínculos afectivos, sociales y de parentesco. El vaivén de las relaciones socio-familiares abre una vía para que un elemento escénico específico funcione como puente entre la composición, el montaje del espectáculo y la consecuente impresión del texto dramático. Por tanto, mi trabajo sostiene que la tensión sobre la que se configuran las identidades en la pieza pastoril, además de ser el motor de la trama, se extiende hacia los espacios representados, e incluso hacia la producción de Lope de Rueda. El objetivo, entonces, es demostrar que la coordenada espacial, en tanto que elemento constitutivo de los personajes, tensiona tres niveles dramáticos: el de las acciones de los interlocutores que simulan pertenecer a otro sexo y se desplazan entre estamentos; el

Carlos-Urani Montiel, Universidad Autónoma de Ciudad Juárez

https://doi.org/10.1515/9783110450828-037

de los espacios de ficción, como el ambiente señorial del ganadero propietario en oposición a la atmósfera sobrenatural de la magia, que se vale de una amplia tradición bucólica, y el del proscenio, dentro de una arquitectura teatral depositaria de mecanismos dramáticos específicos. Todas estas oposiciones encuentran su cauce y solución al término de la representación, a la vista del público, quien habrá reconstruido el ser-en-escena de los personajes, ubicado a cada prototipo en su justo espacio socio-dramático y aplaudido la convención y novedad del *Coloquio de Timbria*.

La sofisticación de la literatura pastoril y la gran artificiosidad del entramado de sus componentes son garantía para que un escritor disponga de una plantilla ya establecida y, sobre este modelo, aventure un conflicto, casi siempre inverosímil, que, de alcanzar valía o novedad, lo hará porque su significado e interpretación se desprende de la fábula; es decir, si la idealización de la naturaleza, el *locus amoenus*, supone un distanciamiento frente a cualquier coordenada geográfica identificable, la aparición de un personaje tipo, como una negra, anclado al escalafón social del receptor, rompe con el cuadro campestre y permite poner en entredicho el entorno social utópico que habita el escenario. Cuando la Arcadia es cuestionada, entonces el género pastoril se abre de par en par a la realidad contemporánea de su composición y consumo.

El idealismo de los pastores cobró nuevos bríos e inflexiones en la Península tras la traducción al español de *La Arcadia* de Jacobo Sannarazo en 1547. *La Diana* de Jorge Montemayor confirmó el renovado prestigio de esta tendencia, que depende de entes que asumen la relación amorosa como su proyecto vital, por lo que la obtención del favor se convierte en la empresa nuclear. No obstante, entre el requerimiento y el himeneo, el género pastoril dispone de un amplio repertorio de estrategias de amplificación: relatos intercalados, a manera de novelas bizantinas; ceremonias en paisajes abiertos, allegadas a religiones lejanas a la teología contrarreformista; largas secuencias de diálogos directos entre rústicos desocupados, insertos en una sociedad política estoica y fabulosa; canciones de amor de tono petrarquista, pasajes en clave de corte autobiográfico, etc., entre otros recursos que pronto fueron adoptados por la lírica culta y el teatro cortesano.

A esta tradición literaria, de gran actualidad y prestigio por las diferentes vertientes que la nutren, se suscriben las églogas palaciegas de Juan del Encina y Bartolomé Torres Naharro. En sus piezas se prefigura una utópica convivencia de rústicos cómicos y groseros, al margen del trajín urbano y de los imperativos políticos, con pastores de raigambre italiana, de gustos cortesanos, plagados de nostalgia hacia una vida moral y aristocrática accesible solo por alcurnia. Los tópicos de la añoranza de la «Edad de Oro» y el de «menosprecio de corte y alabanza de aldea» reflejan la concentración de poder en torno a nuevos centros urbanos y burgueses.[1] Cada ejemplar del género contribuye a visibilizar y reconfigurar las normas de uso del *locus* bucólico como espacio constituido por una naturaleza idílica y por directrices de comportamiento y protocolos de experiencias sensibles.

Teresa Ferrer Valls rastrea la continuidad de la dramática pastoril en la segunda mitad del siglo XVI, décadas caracterizadas por la competencia entre distintos géneros de comedia más del gusto del público burgués y citadino. En este panorama de interacción de prácticas escénicas y de formación de espectadores dispuestos a sufragar los montajes, los coloquios de Rueda funcionan como un eslabón, que se creyó perdido, entre las églogas para la corte y las comedias pastoril y mitológica barrocas.[2] Su repertorio perseguía gustos cultos y refinados, al tiempo que subía a escena figuras propias del teatro breve. El pastor burlesco, por ejemplo, más cercano al simple o bobo, denota un esfuerzo de adaptación de piezas de salón a un contexto popular. Por tanto, no sorprende que, incluso en sus creaciones más sofisticadas, como las que se apegan a la tradición bucólica, el dramaturgo sevillano recurra a sus famosos entremeses. Aunque, en principio, Rueda dirigiera su producto hacia la corte, esto no quiere decir «que los coloquios pastoriles, una vez pensados para palacio, no fueran de inmediato readaptados para la calle, sobre todo por medio del mecanismo de la incrustación de pasos».[3]

La fama de Lope Rueda en las tablas públicas y privadas en breve fue secundada por cuantiosas referencias a su oficio. Su imagen, tanto la de representante como la de poeta, recibió encomios de propios (sus contemporáneos) y extraños, aquellos quienes desde sus recuerdos defendían una visión romántica del quehacer teatral ante la maquinaria e industria del incipiente arte nuevo de hacer comedias. Joan Oleza nos recuerda que, en vida, Rueda era bien conocido y apreciado en palacios valencianos, «por lo que nada extraña que sea cita reiterada en boca de los cortesanos de Luis Milán».[4] Ambos grupos, los que lo conocieron (Amador de Loaysa o Timoneda) y quienes lo idealizaron (como Juan Rufo o Cervantes),

---

1 Véase Teresa Ferrer Valls, «Bucolismo y teatralidad cortesana bajo el reinado de Felipe II», en *Voz y Letra*, 2 (1999), p. 6. Luis F. Avilés explora por su parte «how the movement from court to village becomes an ethical strategy that, on the one hand, reduces the complexities of courtly life, but on the other, confronts the courtier with another set of problems in the countryside» («Care of the Self: Foucault, Guevara, and the Complexities of Courtly and Country Life», en Mathilde Skoie (ed.), *Pastoral and the Humanities: Arcadia Re-inscribed*, Exeter, Bristol Phoenix, 2006, p. 78).

2 Teresa Ferrer Valls, «La comedia pastoril en la segunda mitad del siglo XVI y la anónima *Gran pastoral de Arcadia*: una encrucijada de tradiciones estéticas», en *Journal of Hispanic Research*, 3 (1994–1995), pp. 147–149.

3 Joan Oleza, «La tradición pastoril y la práctica escénica cortesana en Valencia (II): coloquios y señores», en Manuel V. Diago (dir.), *Teatro y prácticas escénicas I. El quinientos valenciano*, Valencia, Institución Alfonso el Magnánimo, 1984, p. 241.

4 Joan Oleza, «La tradición pastoril y la práctica escénica», p. 240.

fraguaron una efigie, cercana al lugar común, del comediógrafo sevillano quien no menospreció a ningún auditorio; de hecho, su producción hoy en día disfruta de una muy buena salud escénica.

El éxito de la representación del arte de Rueda propició que los empresarios valencianos, Joan Mey y Joan Timoneda, ofrecieran a la estampa en 1567 un volumen póstumo dedicado en exclusivo a su teatro: *Las cuatro comedias y dos coloquios pastoriles*, aderezados por varios entremeses. La edición ofrece en el interior, y con portada propia, las seis obras repartidas de dos en dos, lo que sugiere su venta por separado o por entregas. Al final del índice general el editor añade una «Tabla de los pasos graciosos que se pueden sacar de las presentes comedias y coloquios y poner en otras obras».[5] El mercado al que se dirigen estos impresos cierra un ciclo alrededor de una profesión que, a paso firme, puso en su justo sitio a cada uno de sus integrantes: desde poetas-representantes, libreros y editores, y tramoyistas y asistentes, hasta compañías itinerantes que precisaban de instrumentos de trabajo, es decir, ediciones de textos dramáticos para que «el representante que presuma/hacer que sus coloquios sean gustosos,/puede tomar lo que le conviniere/y el paso que mejor hacer supiere».[6]

Al coloquio que aquí me ocupa, «muy elegante y gracioso, compuesto por el excelente poeta y representante Lope de Rueda», lo antecede una epístola de Timoneda dirigida al lector. Aunque estos textos promocionales explotan las virtudes del sevillano en beneficio del librero, son una ventana hacia el aliciente que cerraba el contrato de compra-venta de unos «intrincados y amarañados *Coloquios Pastoriles*, repletos y abundantes de graciosos apodos». La carta también celebra las dotes actorales de Rueda: «único solo entre representantes, general en cualquier extraña figura, espejo y guía de dichos sayagos y estilo cabañero, luz y escuela de la lengua española».[7] El sayagués, propio de los autos del *officium pastorum*, anticipa el uso de un código lingüístico dialectal anclado a un espacio particular.

En términos formales, el *Coloquio de Timbria*, de «agraciada y apacible prosa», se compone del prólogo y de un acto único, fácilmente divisible en escenas debido a la inserción de cinco pasos (señalados en la tabla mencionada),[8] un par de canciones y un total de 18 acotaciones que nos hablan del trabajo

5 Lope de Rueda, *Las cuatro comedias y dos coloquios pastoriles*, Valencia, Joan Mey, 1567, ff. 55^r-55^v.

6 Los versos pertenecen a la octava de Timoneda que prologa una peculiar antología de teatro breve. Véase mi artículo «*"Registro de representantes"*: imprenta y personajes-tipo en la España de 1570», en *Bulletin of the Comediantes*, 62.2 (2010), pp. 119–131.

7 Joan Timoneda, *«Dos coloquios pastoriles de muy agraciada y apacible prosa»*, en *Las cuatro comedias y dos coloquios pastoriles*, Valencia, Joan Mey, 1567, f. 2^r.

8 Llama la atención que sea *Timbria* la obra que cuente con el mayor número de entremeses interpolados, frente a los tres de *Medora* o el par en el *Coloquio de Camila* y la comedia *Eufemia*.

de dirección y el control de actores.[9] La nómina lista diez personajes agrupados en tres conjuntos: señorial (seis pastores), servil (el simple, la criada y la negra) y mágico. Los dos primeros aparecen en una confrontación dinámica-visual, ya que los bosquejos de Sulco, de más envergadura, y Leno, con mucho mayor protagonismo, caminan hacia sí viéndose las caras.[10] Esta división marca las visiones de mundo manifiestas en la composición: la oficial y la burlesca, «que corre paralela a la diégesis como su sombra paródica».[11] Mientras que el tercer estrato, unipersonal y sobrenatural, lo encarna "Mesiflua, como arpía", quien sufre y conoce las causas de la intriga, por lo que ella misma restaurará, mediante un hechizo, los vínculos sociales al develar la personalidad de quienes la habían perdido.

El «Introito y argumento que hace el autor» apela directamente al receptor ideal, «muy magníficos señores», y nos cuenta cómo Sulco, «rico cabañero», buscando una res perdida halló a una hermosa niña a la cual adoptó y que será la heredera de su hacienda. Una «mansa y regalada chiva que tenía, llamada Timbria», se encargó del sustento de la pequeña. El padre adoptivo decidió cederle el nombre «en gratificación de habelle dado la destilada leche de sus tetas» (p. 229). Cualquiera hubiera hecho lo mismo para no enfadar a la bestia en caso tan bizarro.[12] Timbria –la niña, no la cabra– se dedicó al «pastoral ejercicio» y al pasar los años de muchos fue requerida. «Si están atentos vuesas mercedes, verán cómo y de qué suerte se viene a descubrir cúya hija es, y también Troico, que en hábitos de pastor va, siendo mujer. Y queden con Dios» (p. 229). Escenas después, nos enteramos del nombre verdadero de Timbria, Toscana, y

---

9 Alfredo Hermenegildo lo dividió en 20 escenas «considerando como tales las unidades mínimas de significación dentro de la serie de segmentos dramáticos» (Lope de Rueda, «*Coloquio de Timbria*», en Alfredo Hermenegildo (ed.), *Antología del teatro español del siglo XVI: del palacio al corral*, Madrid, Biblioteca Nueva, 1998, p. 229). A esta edición pertenecen las citas textuales del coloquio; en adelante solo indicaré el número de página entre paréntesis tras la cita correspondiente.

10 La imagen a la que me refiero viene en la portada interna de *Timbria*, publicada en Sevilla en 1576 (f. XXX^r), dentro de *Las primeras dos elegantes y graciosas comedias del excelente poeta y representante Lope de Rueda*, que el lector puede ver en la Biblioteca Virtual Miguel de Cervantes [fecha de consulta: 25-07-2017] <http:// www.cervantesvirtual.com/nd/ark:/59851/bmcmw2j8>.

11 Alfredo Hermenegildo, «Lope de Rueda y su coloquio pastoril de *Timbria*», en *Antología del teatro español del siglo XVI: del palacio al corral*, Madrid, Biblioteca Nueva, 1998, p. 59.

12 Hace tiempo que el tratamiento paródico de lo pastoril ha sido resaltado. Véase Kenneth Jablon (ed.), *A Critical Edition of Lope de Rueda's Pastoral Colloquies «Camila» and «Tymbria»*, Iowa, State University of Iowa, 1962, pp. 9–13. José Luis Canet Vallés ve en el «aspecto lúdico de la fiesta privada uno de los pilares en la profesionalización actoral, al crearse un espectáculo pensando en un público polivalente (nobles y burgueses, criados, familiares de diferentes categorías sociales, etc.) y fuera de los exclusivos recintos cortesanos o eclesiásticos» («El nacimiento de una nueva profesión: los autores-representantes (1540–1560)», en *Edad de Oro*, 16 [1997], p. 115).

que el infortunio del abandono se debe a la herencia que Liceno persigue, por la que este último procuró la muerte de sus hermanos: Timbria y Asobrio, quien también adoptó el hábito de pastor y se hizo gran amigo de Troico (p. 246). En el fondo, señala Alfredo Hermenegildo, las agresiones a la identidad de varios individuos son el asunto principal.[13]

En cuanto a los espacios dramáticos o de ficción, la formulación descriptiva de acciones, ambientes, objetos y personajes se complementa con recursos escénicos materiales que favorecen la capacidad imaginativa del espectador. Doy por sentado las palabras de Ignacio Arellano en su estudio sobre la visualidad de la palabra y sus funciones: el «propio tejido verbal del texto dramático lleva en sí mismo una serie de cualidades visuales implícitas que lo diferencian del discurso lírico o narrativo»[14] estando estas contenidas en los mecanismos de materialización implícita, la sintaxis, la presencia de los verbos relacionados con la vista y la frecuencia de la deixis demostrativa. Estos elementos, conceptualizados como didascalias (icónicas, gestuales y deícticas) y que subrayo en los siguientes ejemplos, se integran en el diálogo como formas de acción de los personajes, y ayudan a construir lo que posteriormente se encomendó a los escenógrafos. Además, la convención dramática da por hecho el conocimiento compartido de unos cauces formales y expresivos que facilitan el establecimiento de la comunicación. Todo dramaturgo, indica Aurelio González, compone su obra «de manera que pueda ser representada en los espacios y con la tecnología escénica que conoce, pero también sabiendo cuáles son las expectativas (ideológicas y de diversión) que tiene el público» sobre los recursos para ver una representación en corral o el privilegio de asistir a un espectáculo palaciego.[15]

El manejo visual del yo cortesano también está sujeto a la relación entre los requisitos impuestos por un espacio social de interacción o de resguardo privado y los trazos expresivos que exponen las obras literarias. Cuando Timbria critica la pereza de Leno, el simple se defiende con abigarradas excusas, mientras que la pastora le pregunta quién le enseñó aquellas historias (p. 231):

LENO	¿Quién? El primer amo que tuve.
TIMBRIA	¿Tan sabio era? ¿Qué hombre era ése, o qué arte de vivienda era la suya?.

---

13 Alfredo Hermenegildo, «Lope de Rueda y su coloquio pastoril de *Timbria*», p. 58.

14 Ignacio Arellano, «Valores visuales de la palabra en el espacio escénico del Siglo de Oro», en *Revista Canadiense de Estudios Hispánicos*, 19.3 (1995), p. 411.

15 Aurelio González, «La creación del espacio. Mecanismo dramático en el teatro del Siglo de Oro», en Anthony Close (ed.), *Edad de Oro cantabrigense: actas del VII Congreso de la AISO*, Madrid, Iberoamericana, 2006, p. 63.

La asociación entre la representación visual de la persona y los lugares que ocupa favorece a una adecuada y verosímil caracterización. La bastardía del simple, prefigurada por la nigromancia de su padre y el auto de fe en contra de su abuela, quien «andaba de noche de encrucijada en encrucijada» (p. 234), le permite juzgar desde los márgenes («No querría ser descubierto por cuanto valgo») y jugar con el sentido de pertenencia a una corte y ser en suma tan descortés (p. 231).

El agradecimiento de Sulco, al inicio de la obra, corresponde tanto a su posición de propietario de estancias, como de terrenos para sus bestias: «tan abundosamente el doméstico ganado nuestro, paciendo por estas dehesas, breñales, surcos, laderas y riscos» (p. 230). El paisaje fuera de escena, erigido a través de la potencia visual de la palabra, recrea una naturaleza abierta, pero dispuesta para la explotación del ejercicio aldeano. El zagal Isacaro, nos cuenta Timbria, «rato ha grande que con el cabrío ganado por las pasaderas del arroyo guijoso, al vado del ciervo le sentimos pasar, de suerte que ya creo que será en la falda del encinar, si no me engaño» (p. 232). La estampa de la gente del campo coincide no solo con su vestuario, sino también con sus ocupaciones según la hora de la jornada: «los noturnos albergues» (p. 235).

Existen ligeras anomalías en las convenciones sobre el atuendo del pastor, que encierran en sí parte del conflicto. La descripción de Urbana se distingue en razón de su papel en el coloquio: mujer-vestida-de-hombre. Como Troico, nos enteramos de su mocedad, ligereza en carreras, bailes y competencias. Además, porta «arco y aljaba y flechas, que verdaderamente no semeja sino amenazar los aires» (p. 233). La confusión de género y nombre permite que Urbana sea particularizado de entre los demás zagales, de tal forma que sus preocupaciones no son laborales, «quiero dar vuelta sobre aquestas lagunas, que podrá ser con el arco matar alguna caza con que a la noche nos holguemos» (p. 241). Todo lo contrario de la negra Fulgencia, quien, a pesar de no pertenecer al ambiente campirano, sí conserva su condición ancilar: «Ya ve cómo la persona samo tan negro cerradaz y recogidaz, anque sama na campos» (p. 243). Frente a esta inmovilidad estamentaria, vemos en escena un curioso entremés que promueve la convivencia, e incluso la irrupción, entre estratos. Isacaro parece cortejar a la esclava, argumentando su vecindad: «señora Fulgencia, no se os dé un pelo, que todos somos de casa» (p. 243). El requiebro se refuerza a nivel sonoro con la guitarra que el pastor tañe y la voz de la negra que lo acompaña con la canción de «La comendadora» (p. 244).

El espacio de la magia se recrea en el coloquio por medio de la primera acotación, que exige movimiento escénico para acentuar la atipicidad de la atmósfera: «Éntranse *todos y sale Mesiflua en figura de arpía, y dice:*» (p. 235). El personaje «con el rostro de doncella y lo demás de aves de rapiña crueles, sucias y asquerosas», como define Covarrubias a estos monstruos,[16] denuncia las acciones de Ambrosia que, «sabidora grande de las mágicas y diabólicas artes», tiene a su hermano Abruso, padre de Urbana e Isacaro, dentro de un tronco encantado «y a mí en fiera arpía dejó convertida» (p. 236). ¿La razón? Un himeneo entre hermanos con el cual Ambrosia aseguraría la herencia de su único hijo, Isacaro, producto de segundas nupcias. Para evitar la boda ilícita, Mesiflua llevó a su sobrina, Urbana, en hábitos de pastor a las montañas, en donde ha aprendido a cazar de la mano de «Tartario, hombre anciano y de nación moro» (p. 236). En tanto, Isacaro desapareció, por lo que su madre se suicidó desde un despeñadero, dejando a todos encantados.

Para cerrar el enredo, Mesiflua declara que sus sobrinos, «entre sí no conocidos, [...] sobre celos de Timbria vienen competiendo y litigando» (p. 236), al grado de que casi se baten a duelo. No obstante, el ambiente de la magia, a manera de *deux ex machina*, encausa a los personajes hacia el tronco encantado y le brinda a Urbana el medio material para romper el embrujo: «toma aquesta flecha, el hierro de la cual forjó el gran maestre Vulcano» (p. 255). De igual manera, Mesiflua, la de «meliflua voz» (p. 259), le revela a Timbria la identidad de Isacaro, con quien comparte estatus: «hermano es de Urbana y hijo también de generosos padres como tú». Y así como el fingido pastor Sincero en *La Arcadia* de Sannarazo, Isacaro también abandonó su hacienda por cuestiones de amor y contemplación (p. 260), por lo que será recompensado con la mano de Timbria; en tanto que Urbana y Asobrio quedarán juntos. Una vez que el juego de identidades ha sido revelado –siendo los falsos pastores nobles cortesanos–, entonces la fiesta teatral anuncia el baile final: «vamos a casa de Sulco, que allá se celebrará lo que resta» (p. 263).

Las acciones y el espacio escénico se relacionan en buena medida con la concepción de la estructura dramática, por lo que las condiciones de infraestructura refuerzan a su vez la estrecha conexión con el sentido de la vista y el desarrollo de la trama. Aurelio González concluye que los dramaturgos «tenían a su disposición un amplio acervo de recursos que les permitían satisfacer las expectativas estéticas de su público y desarrollar distintos contenidos ideológicos en un vehículo conocido por pertenecer a un sistema cultural».[17] Así como el profesionalismo actorial era una realidad hacia mediados del siglo XVI, la misma demanda desde distintos ámbitos sociales ejerció presión hacia otro aspecto vital del espectáculo: la arquitectura escenográfica, nutrida por la impresión de tratados renacentistas

---

16 Sebastián de Covarrubias, *Tesoro de la lengua castellana o española*, Madrid, Luis Sánchez, 1611, p. 462.

17 Aurelio González, «La creación del espacio. Mecanismo dramático en el teatro del Siglo de Oro», p. 73.

que fueron codificando significados en un nuevo lenguaje visual que recurría a un despliegue tripartito del decorado en relación con telones de fondo propios de la tragedia, comedia o sátira. Los libros de arquitectura de Sebastiano Serlio, ampliamente difundidos hacia 1545, ilustran la escenografía prototípica para cada uno de los géneros. La escena pastoril o satírica se compone de chozas, árboles y una parvada que recubre el cielo.[18] La naturaleza abruma todo punto de resguardo, en un ambiente atemporal que prioriza la acción en el bosque y los diálogos entre pastores, fuera del orden social que impone una fachada arquitectónica o del equilibrio visual de un trazo simétrico.

En *Timbria*, toda la acción se desarrolla en un mismo exterior campestre, aunque haya un espacio interior al que todos pertenecen, incluso la intriga: «¡Oh, amor cruel, y cuánto contigo vivimos todos en esta casa engañados!» (p. 248). La salida de cuadro de los personajes indica la entrada a ese espacio interior asociado al orden y a los valores morales. La ampliación de los límites del escenario integra aquello que materialmente no puede representarse, pero que aporta una sensación de inmediatez al delimitar y comunicar signos ausentes, la casa, con los presentes, el ambiente rústico de los pastores.[19]

La «(Pro)puesta en escena» de *Tres coloquios pastoriles*, trazada por Emilio de Miguel, arroja pistas sobre el montaje de esta colección, también publicada en Valencia en 1567 con una obra de Rueda, aunque, por lo general, se decanta hacia el peso de la palabra y duda sobre un despliegue escénico: «Género de recursos limitados, cuenta con la participación imaginativa que con absoluta esplendidez le dan sus receptores». Y más adelante: «No es preciso suponer que hubieran de recurrir a la división horizontal o vertical del escenario para conseguir desarrollos simultáneos o consecutivos de la acción en espacios múltiples».[20] Por fortuna, la sociología del espectáculo ha documentado premios, contratos, pleitos y salarios que desestiman el primitivismo escénico y amateur de estos montajes, dando pie a la concreción de maquinarias (apariencias, escotillones, trampillas y tramoyas) que el mismo de Miguel considera.

---

18 El diseño escenográfico puede consultarse en Sebastiano Serlio, *Il primo libro d'architettura*, París, Jean Barbé, 1545, f. 70ᵛ.

19 Con esta misma técnica, Ignacio Arellano explica las comedias de aparato, donde las sensaciones de altura, espesura laberíntica, la sucesión del día y de la noche, la presencia de fenómenos naturales, la configuración de montes, sotos, prados, jardines, puertos, palacios y otros mil escenarios viven en y por la palabra («Valores visuales de la palabra en el espacio escénico del Siglo de Oro», p. 430).

20 Emilio de Miguel, «(Pro)puesta en escena», en Pedro Cátedra (ed.), *Tres colloquios pastoriles, de Juan de Vergara y Lope de Rueda. Valencia, 1567*, San Millán de la Cogolla, Cilengua, 2006, pp. 486–487.

Desde este espacio escénico, repleto de recursos, los estereotipos pastoriles interpelan directamente al mundo contemporáneo. Con sobriedad, el simple Leno se despide: «También echaré yo allá a la revuelta mi zapateado y castañetas. Señores, perdonen, que con bailar se dio fin a nuestro Coloquio» (p. 263). *Timbria* responde a su tradición pastoril y entra de lleno en el circuito teatral: como eje de la industria editorial valenciana, como espectáculo para una audiencia cada vez más heterogénea, propia de cualquier ciudad, y como parte del repertorio de las compañías, atentas a la demanda popular y a los apremios cortesanos. ¡Todo cabe en una pluma! La conexión entre el texto dramático y su realización ejerció la consolidación de un género que aún aguardaba obras fundamentales en sus anaqueles, como *La Galatea* de Cervantes o el corpus de comedias pastoriles de Lope de Vega. La falsa identidad de los personajes en el *Coloquio* no solo genera equívocos y propicia la peripecia, sino que también permite reflexionar sobre la representación escénica, su consumo y la composición dramática en la España de mediados del siglo XVI. Los diferentes estratos de espacialidad generan propuestas de sujetos tan importantes, que de la pertenencia de su imagen a su contexto escénico depende el éxito de la obra. Diálogo y mirada conviven en el coloquio como vehículo de experiencias fantásticas e ideales en un mundo preponderantemente urbano.

Obras citadas

Arellano, Ignacio, «Valores visuales de la palabra en el espacio escénico del Siglo de Oro», en *Revista Canadiense de Estudios Hispánicos*, 19.3 (1995), pp. 411–443.

Avilés, Luis. F., «Care of the Self: Foucault, Guevara, and the Complexities of Courtly and Country Life», en Mathilde Skoie (ed.), *Pastoral and the Humanities: Arcadia Re-inscribed*, Exeter, Bristol Phoenix, 2006, pp. 78–86.

Canet, José Luis, «El nacimiento de una nueva profesión: los autores-representantes (1540–1560)», en *Edad de Oro*, 16 (1997), pp. 109–120.

Covarrubias, Sebastián de, *Tesoro de la lengua castellana o española*, Madrid, Luis Sánchez, 1611.

Ferrer Valls, Teresa, «Bucolismo y teatralidad cortesana bajo el reinado de Felipe II», en *Voz y Letra*, 2 (1999) pp. 3–18.

—, «La comedia pastoril en la segunda mitad del siglo XVI y la anónima *Gran pastoral de Arcadia*: una encrucijada de tradiciones estéticas», en *Journal of Hispanic Research*, 3 (1994–1995), pp. 147–165.

González, Aurelio, «La creación del espacio. Mecanismo dramático en el teatro del Siglo de Oro», en Anthony Close (ed.), *Edad de oro cantabrigense: actas del VII Congreso de la AISO*, Madrid, Iberoamericana, 2006, pp. 61–75.

Hermenegildo, Alfredo, «Lope de Rueda y su coloquio pastoril de *Timbria*», en *Antología del teatro español del siglo XVI: del palacio al corral*, Madrid, Biblioteca Nueva, 1998, pp. 47–70.

Jablon, Kenneth (ed.), *A Critical Edition of Lope de Rueda's Pastoral Colloquies «Camila» and «Tymbria»*, Iowa, State University of Iowa, 1962.

Miguel, Emilio de, «(Pro)puesta en escena», en Pedro Cátedra (ed.), *Tres colloquios pastoriles, de Juan de Vergara y Lope de Rueda*. Valencia, 1567, San Millán de la Cogolla, Cilengua, 2006, pp. 468–489.

Montiel, Carlos-Urani, «*"Registro de representantes"*: imprenta y personajes-tipo en la España de 1570», en *Bulletin of the Comediantes*, 62.2 (2010), pp. 119–131.

Oleza, Joan, «La tradición pastoril y la práctica escénica cortesana en Valencia (II): coloquios y señores», en Manuel V. Diago (dir.), *Teatro y prácticas escénicas I. El quinientos valenciano*, Valencia, Institución Alfonso el Magnánimo, 1984, pp. 238–251.

Rueda, Lope de, «*Coloquio de Timbria*», en Alfredo Hermenegildo (ed.), *Antología del teatro español del siglo XVI: del palacio al corral*, Madrid, Biblioteca Nueva, 1998, pp. 227–263.

—, *Las cuatro comedias y dos coloquios pastoriles*, Valencia, Joan Mey, 1567.

—, «*Dos coloquios pastoriles de muy agraciada y apacible prosa*», en *Las cuatro comedias y dos coloquios pastoriles*, Valencia, Joan Mey, 1567.

Serlio, Sebastiano, *Il primo libro d'architettura*, París, Jean Barbé, 1545.

Isabel Müller

Espacio de contiendas y de amores. Sobre la representación de la frontera en la comedia de Lope de Vega

Resumen: Los hechos y hazañas de la frontera son un tema recurrente en el teatro áureo; el mismo Lope de Vega dedicó buena parte del primer período de su creación dramática a temas relacionados con la Reconquista. En la presente contribución me propongo estudiar el papel que ocupa el espacio de la frontera en las «comedias de moros y cristianos» del autor, centrándome en cuatro de ellas (*El primer Fajardo, El sol parado, El gran cerco de Santa Fe* y *El remedio en la desdicha*), en las que las referencias espaciales son –tanto por su número como por su función estructural– de mayor relevancia. Se examinan los siguientes aspectos: la construcción, la semiotización y la función estructural del espacio (haciendo valer para este último el modelo semiótico-espacial de Lotman).

Palabras clave: Frontera, espacio, Lotman, alteridad

Bien es sabido que los episodios fronterizos no dejaron de ejercer gran fascinación cuando la lucha de frontera entre los reinos peninsulares cristianos y musulmanes formaba ya parte de la Historia. Sólo cabe pensar en las novelas y romances moriscos, que experimentaron un verdadero auge en el siglo XVI y que contribuyeron a crear una visión un tanto idealizada de las circunstancias históricas reales.[1] Los hechos y hazañas de la frontera también son un tema recurrente en el teatro áureo y resulta sorprendente que, entre los numerosos estudios sobre la semiótica del espacio dramático publicados en los últimos años, se hallen tan pocos dedicados al espacio bien particular que representa la frontera.[2] La

---

1 Al igual que la consecuente «maurofilia»: el gusto por la indumentaria mora, el arte musulmán y mudéjar, la música, la danza y los juegos de origen árabe que caracteriza el Siglo de Oro español discrepaba significativamente con la realidad social sufrida por los moriscos desde la creación de la Inquisición en 1478 hasta el decreto de su expulsión en 1609. Para el término «maurofilia» véase George Cirot, *La maurophilie littéraire en Espagne au XVIe siècle*, Bordeaux, Feret, 1939.
2 En el caso de Lope de Vega, en el que me centraré en adelante, tan sólo he encontrado un artículo que se dedique a esta materia: Melchora Romanos, «Niveles de funcionalidad del espacio en el teatro histórico de Lope de Vega», en Francisco Domínguez Matito y María Luisa Lobato López (eds.), *Memoria de la palabra: actas del VI Congreso de la Asociación Internacional Siglo de Oro, Burgos-La Rioja, 15–19 de julio 2002*, Madrid, Iberoamericana, 2004, vol. 2, pp. 1523–1534;

Isabel Müller, Ruhr-Universität Bochum

https://doi.org/10.1515/9783110450828-038

presente contribución, que enfoca la construcción, la semiotización y la función estructural del espacio de la frontera en el teatro de Lope de Vega, pretende ser un primer paso para llenar este vacío.

Las fronteras –poco importa si se trata de fronteras naturales, territoriales, o sea políticas, o de fronteras en el sentido metafórico, como lo son las fronteras sociales, las fronteras de género etc.– crean oposiciones entre el «aquí» y el «allá», entre el «nosotros» y el «ellos», entre lo «propio» lo «ajeno». Desempeñan por lo tanto un papel crucial a la hora de construir una identidad, tanto colectiva como individual. Al mismo tiempo, y aquí yace su particular interés, las fronteras no sólo separan, sino que también pueden ser espacios de contacto e interacción. Es este el caso de la frontera entre los reinos cristianos y al-Ándalus que, aunque dividía claramente dos culturas y dos religiones que se enfrentaban como enemigas, no sólo fue el escenario de acciones bélicas, sino que durante la presencia musulmana en la Península también conoció períodos de relativa paz y convivencia. Era un espacio en el que el encuentro con la «alteridad» era polifacético, el «otro» no se manifestaba tan sólo como un oponente sino que también era un vecino, con quien se mantenían todo tipo de relaciones, del que se adoptaban ciertos elementos culturales (prendas, técnicas ecuestres, etc.) y que podía, al menos hasta cierto punto, ser respetado y tolerado, pese a las diferencias profundas entre las dos partes.[3] Este hecho explica el estatus ambivalente que ocupa la

---

la autora aquí también trata brevemente uno de los textos en los que baso mi análisis (*El sol parado*, en las pp. 1531–1534). María Soledad Carrasco Urgoiti ha publicado varios trabajos en torno a la frontera en la literatura española en general y en la obra de Lope de la Vega en particular pero, a diferencia de mí, la estudiosa no se interesa en primer lugar por su dimensión espacial, sino que utiliza el término para describir la situación histórica de convivencia entre moros y cristianos. No obstante, sus artículos, que además sirven como amplio repertorio de las obras de Lope de Vega con materia fronteriza, constituyen una valiosa aportación para el estudio de sus obras. Por ello, véanse sus «La frontera en la comedia de Lope de Vega», en Pedro Segura Artero (ed.), *Actas del Congreso «La frontera oriental nazarí como sujeto histórico (s. XIII–XVI)»*, *Lorca-Vera, 22 a 24 de noviembre de 1994*, Almería, Instituto de Estudios Almerienses, 1997, pp. 489–499; *El moro retador y el moro amigo. Estudios sobre fiestas y comedias de moros y cristianos*, Granada, Universidad de Granada, 1996; «*El cerco de Santa Fe* de Lope de Vega, ejemplo de comedia épica», en A. David Kossoff y José Amor y Vázquez (eds.), *Homenaje a William L. Fichter. Estudios sobre el teatro antiguo hispánico y otros ensayos*, Madrid, Castalia, 1971, pp. 115–125, y «El moro de Granada en la literatura: del siglo XV al XIX», Madrid, Revista de Occidente, 1956, aunque seguimos la edición digital de Alicante, Biblioteca Virtual Miguel de Cervantes, 2010 [fecha de consulta: 01-04-2016] <http://www.cervantesvirtual.com/obra/el-moro-de-granada-en-la-literatura-del-siglo-xv-al-xix>.

3 Véase Manuel García Fernández, «Sobre la alteridad en la frontera de Granada. Una aproximación al análisis de la guerra y la paz, siglos XIII-XV», en *Revista da Faculdade de Letras. História (III Série)*, 6 (2005), pp. 213–235.

frontera en la literatura áurea: por una parte sirve de referente identitario, ya que aquí se contraponen el valor y la valentía de los fronteros cristianos a la cobardía y crueldad de sus adversarios musulmanes, por otra parte, estos últimos también llegan a ser objeto de admiración por la nobleza de sus sentimientos amorosos y el sentido del honor del que dan prueba.[4]

Lope de Vega dedicó buena parte del primer período de su creación dramática a temas relacionados con la Reconquista. A continuación me propongo estudiar el papel que ocupa el espacio de la frontera en las «comedias de moros y cristianos» del autor,[5] centrándome en cuatro de ellas, en las que las referencias espaciales son, tanto por su número como por su función estructural, de mayor relevancia. Todas las comedias estudiadas han sido escritas alrededor del año 1600 y presentan diferentes modalidades de la temática fronteriza: el asedio de una ciudad cristiana por tropas musulmanas en *El primer Fajardo*,[6] el cerco de fortalezas musulmanas por parte del ejercito castellano en *El sol parado*[7] y *El cerco de Santa Fe*[8] y, por último, una situación de relativa paz entre cristianos y moros, con esporádicas escaramuzas, robos y saqueos del territorio enemigo en el caso de *El remedio en la desdicha*.[9] En un primer paso, examinaré qué tipo de espacios dramáticos genera la temática fronteriza, cómo se configuran y qué significado adquieren. Por ello distinguiré entre espacios relacionados con las contiendas militares, por una parte, y aquellos que son escenario de las intrigas amorosas, por otra.

Dentro del primer grupo destacan el campamento militar y el campo de batalla, que son espacios tradicionalmente no representados escénicamente, ya que las acciones bélicas se solían evocar simplemente por medio de la ticoscopia

---

4 Véase María Soledad Carrasco Urgoiti, *El moro de Granada en la literatura: del siglo XV al XIX*, cap. 2, «El siglo de Oro» (sin paginación).

5 Utilizo el término que ya se emplea en el siglo XVII para designar este subgénero dramático (véase Agustín de Rojas, «Loa en alabanza de la comedia», en *Viaje entretenido*, Madrid, Imprenta Real, 1603, pp. 118–132, aquí p. 125). Según la definición de Carrasco Urgoiti en estas comedias «prima [...] un enfrentamiento formulado en términos de desafío, batalla y triunfo. La intriga amorosa o de otra índole, si la hay, cumple en tales casos un papel subsidiario» («La frontera en la comedia de Lope de Vega», p. 489).

6 Lope de Vega, «*El primer Fajardo*», en *Obras de Lope de Vega*, Marcelino Menéndez Pelayo (ed.), Madrid, Real Academia Española, 1968, vol. 22, pp. 171–228.

7 Lope de Vega, «*El sol parado*», en *Obras de Lope de Vega*, Marcelino Menéndez Pelayo (ed.), Madrid, Real Academia Española, 1968, vol. 22, pp. 239–296.

8 Lope de Vega, «*El cerco de Santa Fe*», en *Obras de Lope de Vega*, Marcelino Menéndez Pelayo (ed.), Madrid, Real Academia Española, 1968, vol. 23, pp. 425–466.

9 Lope de Vega, *El remedio en la desdicha*, Francisco López Estrada y María Teresa López García-Berdoy (eds.), Barcelona, PPU, 1991.

o del relato posterior de personajes que habían participado en ellas. Sin embargo, en las comedias analizadas estos espacios ocupan un lugar central, lo que deja suponer que algunas de las referencias espaciales que contiene el texto dramático también se hayan podido realizar escénicamente, por ejemplo, por medio de lienzos pintados de muralla o de una tienda de campaña. Desafortunadamente, las acotaciones de dichas obras son poco elocuentes en este sentido, por lo que me limitaré a la descripción de la construcción verbal de estos espacios, que se lleva a cabo mediante una abundancia de deícticos y de verbos *videndi*, y de una serie de indicios que modelan un marco realista de los espacios «campamento militar» y «campo de batalla», como los son las tiendas de campaña, las banderas y estandartes, o las murallas con sus torres y almenas. Efectos sonoros como el son de clarines, cajas, timbales y trompetas apoyan la construcción espacial, al igual que el vestuario de los personajes que, tal como el contexto lo requiere, visten de armadura y llevan armas.[10] En el caso en el que el ejército asediador es el cristiano, los textos dramáticos insisten en la provisionalidad e inestabilidad de sus campamentos frente a la firmeza y solidez de las fortalezas moras, para poder subrayar mejor de este modo la superioridad de los asediadores que, pese a la inferioridad de su infraestructura, inspiran temor a sus adversarios. Tal es la situación en la comedia *El cerco de Santa Fe*, que se inicia con el elogio del campamento de Santa Fe fundado por los Reyes Católicos para cercar la ciudad de Granada:

CONDE   Santa ciudad, que el santo nombre toma
de nuestra santa fe tu intento santo,
y ya de un Rey que el mundo oprime y doma,
de Europa claro honor, de Africa espanto;
opuesta al gran cultor del vil Mahoma,
que la sangre española infama tanto,
pues ya de orgullo su arrogancia privas,
aunque le pese al tiempo, inmortal vivas.

---

10 Las técnicas dramáticas empleadas aquí por Lope de Vega para crear en el imaginario del espectador unos lugares bélicos difícilmente realizables escénicamente corresponden a las que Ignacio Arellano, refiriéndose a Calderón, enumera en su artículo «Espacios dramáticos en los dramas de Calderón», en Felipe B. Pedraza Jiménez (ed.), *Calderón, sistema dramático y técnicas escénicas: actas de las XXIII Jornadas de Teatro Clásico, Almagro, 11, 12 y 13 de Julio de 2000*, Almagro, Universidad de Castilla-La Mancha, 2001, pp. 77–106, aquí pp. 80–83. Para un intento de sistematización de los diferentes elementos de la construcción espacial en el teatro aurisecular véase Aurelio González, «La creación del espacio. Mecanismo dramático en el teatro del Siglo de Oro», en Anthony J. Close y Sandra María Fernández Vales (eds.), *Edad de Oro cantabrigense: actas del VII Congreso de la Asociación Internacional del Siglo de Oro*, Cambridge, Asociación Internacional del Siglo de Oro, 2006, pp. 61–75, que además contiene toda la bibliografía relevante relativa a la cuestión.

CAPITÁN	Si aqueste antiguo nombre de Colonia,
	ciudad ilustre, el tiempo no permite
	que traiga origen de la gente Ausonia,
	y que el honor romano solicite;
	y puesto que se precie Babilonia
	de los muros del Lago de Alfaquite,
	y tú con cera y lienzo los recibas,
	aunque le pese al tiempo, inmortal vivas.
MARTÍN	Sin que tengas de Troya inciertas calles,
	ni de Atenas heroica escuelas ciertas,
	ni, como Roma, montes tengas, valles,
	ni, cual Venecia, tengas casas, puertas;
	sin que oro en ti, como en las Indias, halles;
	ni, como Tebas, te honren sus cien puertas;
	cual Milán armas, cual Sevilla olivas,
	aunque le pese al tiempo, inmortal vivas.[11]

Como puede verse en la cita, la recién fundada ciudad apenas merece este nombre, pues carece de todos los elementos que normalmente las caracterizan –muros, casas, puertas, calles, escuelas– pero, no obstante, los elogiadores le auguran un futuro y un renombre no menos glorioso que el de ilustres ciudades del pasado y del presente, enumeradas en forma de catálogo en las octavas reales 2 y 3. La fragilidad de «[la] cera y [el] lienzo» que caracteriza el campamento cristiano no sólo contrasta con la solidez de los muros de la mítica Babilonia (estrofa 2), sino también con los de la asediada Granada. Aun así los habitantes moros («asombrados moriscos») quedan desmoralizados al ver y oír el vital alboroto de sus enemigos; obsérvese la cantidad de referencias acústicas y visuales en la siguiente cita que sirve para la construcción imaginaria de un espacio que con medios teatrales puramente escénicos no hubiera sido representable:

CONDE	Arde el muro con las luces,
	fuegos, velas, teas, hachas,
	campanas y chirimías,
	trompetas, pífanos, canto.
	Asómanse a las almenas
	de Granada, por mil cabos,
	los asombrados moriscos,
	viejos mancebos, muchachos.
	Los viejos temen la muerte,
	los mancebos ser esclavos;

---

11 Lope de Vega, «*El cerco de Santa Fe*», p. 427a-b.

> los muchachos, viendo aquesto,
> van a las madres volando,
> y ellas, viendo el gran estruendo,
> no pudiendo remediarlo,
> quisieran abrir sus vientres
> y allá quisieran tornarlos.
> ¡Ah! Permita el santo cielo
> llegue el día en que veamos
> poner, Granada, en tu Alhambra
> la cruz del pendón cristiano.[12]

Con estos versos termina la parte de la exposición dedicada a situar al público en el contexto histórico de la trama. No es en vano, si la esperada victoria del ejército asediador es asociada a la puesta de «la cruz del pendón cristiano», pues desde un principio –véase la primera de las octavas reales citadas anteriormente– queda claro que aquí no se enfrentan simplemente ejércitos enemigos, sino dos religiones o, para decirlo en los términos utilizados por el mismo autor (y sus contemporáneos), la «santa fe» del Cristianismo y el infame culto «del vil Mahoma».[13] A lo largo de esta y las demás obras estudiadas, los dos espacios separados por la frontera se asocian con símbolos de alta carga semántica como la cruz y la media luna, o con referencias a Dios y Mahoma, respectivamente. Adquieren de este modo un valor simbólico: la oposición del bien y del mal, de la verdad y de la mentira, etc., lo que evidentemente deja poco lugar para matices. En consecuencia, tan sólo los personajes moros que transgreden la frontera para instalarse definitivamente en el «espacio opuesto» –convirtiéndose al Cristianismo o sometiéndose a un señor cristiano– muestran rasgos positivos, mientras que los protagonistas cristianos desde un principio son descritos como modelos de conducta.

Aparte de referencias espaciales genuinas como las que hemos visto hasta ahora, el espacio dramático «campamento militar» también se caracteriza por ser un espacio casi exclusivamente masculino, lo que conlleva, entre los simples soldados, un cierto embrutecimiento del comportamiento y del lenguaje, en el que encontramos muy a menudo tacos y alusiones frívolas y vulgares (el cambio de registro sería en este caso un elemento adicional para la ambientación la escena).[14]

---

12 Lope de Vega, «*El cerco de Santa Fe*», pp. 429a.
13 Lope de Vega, «*El cerco de Santa Fe*», p. 427a.
14 Las mismas características –escasez de mujeres y, por lo tanto, falta de una instancia controladora del decoro del comportamiento y del lenguaje– también las encontramos en *El remedio en la desdicha* entre los soldados de la ya reconquistada ciudad de Álora. Véanse, por ejemplo, los versos 1615–1638 del segundo auto (Lope de Vega, *El remedio en la desdicha*, pp. 140–141).

Los mismos textos dramáticos explican esta falta de disciplina con la tardanza en la paga de las soldadas –la falta de dinero es un motivo frecuente de las disputas entre los soldados– y, por supuesto, por la inseguridad y la consumidora espera propias de la situación de asedio. En *El cerco de Santa Fe*, por ejemplo, la reina Isabel la Católica, recién llegada al campamento, se ve confrontada con hombres que blasfeman y se entregan al juego de las cartas. Restablece el orden poniendo así el fundamento para las futuras victorias:

Reina	¿Juegan éstos?
Pulgar	¿No lo ves?
	Después, quien primero escapa
	son tus espaldas y pies
	a buscar tierra del Papa.
Reina	Y ¿en el suelo juegan?
Soldado 1º	Pica.
Pulgar	Pues dime: ¿qué terciopelo
	más verde a su gusto aplica,
	que esta sobremesa rica
	que labra en el campo el cielo?
Soldado 2º	Más a diez.
Soldado 1º	Reparo y digo,
	¡por el sepulcro sagrado
	de San Vicente!...
Reina:	¡Oh enemigo!
	¡El sepulcro habéis jurado;
	no os iréis vos sin castigo!
Soldado 1º	¡La Reina!
Reina	Ven acá; di,
	¿sabes quién fue San Vicente
	de Ávila?
Soldado 1º	Señora, sí.
Reina	¿Quién fue?
Soldado 1º	Un mártir excelente,
	que está sepultado allí.
	En Castilla es uso agora
	jurarle.
Reina	Pues que se pierda.
	Llama al capitán.
Soldado 1º	Señora...
Reina	Dénle dos tratos de cuerda.[15]

---

15 Lope de Vega, «*El cerco de Santa Fe*», pp. 431b–432a.

Poco después de esta escena asistimos a una escena similar en el campo contrario. El moro Tarfe, que en esta obra representa el típico moro retador, orgulloso y arrogante, llama al orden a la población de Granada, que en vez de buscar la batalla con el ejército cristiano se entretiene con un torneo de cañas, tocando música y luciendo vestimenta lujosa y refinada: plumas, sedas y preciosas tocas.

TARFE	Canalla loca y rüin,
	¿qué hacéis?
ARDAYN	Cañas jugamos.
TARFE	Moros infames, españoles moros,
	que no africanos y de noble casta,
	¿agora cañas y en la plaza toros,
	cuando el cristiano vibra espada y asta?
	Agora, cuando muros y tesoros
	el rey Fernando y sus contrarios gasta,
	¿a la plaza salís con añafiles,
	llenos de plumas y de tocas viles?
	Agora, cuando veis mi cara y barba
	llena de sangre, ¿osáis ceñir la vuestra
	de mucha seda, y en espesa parva
	huyendo, obscurecéis la gloria nuestra?
	¿Posible es que en el pecho no os escarba
	aquel valor de la invencible diestra
	de aquel gallardo Muza, que a Rodrigo
	le dio en los campos de Jerez castigo?
	¿Qué locura es aquesta no pensada,
	cobardes, aunque hidalgos ciudadanos?
	¿Cómo ha de conservarse esta Granada
	si así le faltan sus mejores granos?
	Volved a Santa Fe la asta y la espada,
	atemorizad soberbios los cristianos;
	seguidme todos, y decid: ¡Mahoma![16]

Si comparamos ambas escenas –que en un principio tienen las misma función: preparar tanto a los personajes como a los espectadores para los enfrentamientos venideros– salta a la vista la diferencia entre la simpleza y el marco humilde del juego de cartas (los soldados juegan sentados en la misma hierba) y el ostentoso pasatiempo, mucho más digno de un caballero, practicado por los moros cercados. El énfasis en los elementos sensoriales, la innegable fascinación por la galantería mora que es patente en este pasaje, es un rasgo típico de

---

16 Lope de Vega, «*El cerco de Santa Fe*», p. 441a-b.

la literatura morisca. Pero teniendo en cuenta el contexto de la cita –los moros huyen del combate con los cristianos– es obvio que estos versos también encierran en sí una crítica de la decadencia y del afeminamiento del adversario (ya que era un *topos* común explicar la derrota final de los moros con su estilo de vida decadente).

Aparte de su significado simbólico ya mencionado, el espacio de la frontera también cobra una función clave como elemento estructural de las obras: el enfrentamiento entre cristianos y musulmanes es puesto en escena como una serie de transgresiones de la frontera. Sigo tomando como ejemplo la ya citada obra, *El cerco de Santa Fe*. Aquí el conflicto estalla cuando tres nobles castellanos, cansados ya del estancamiento de la situación, arrojan sus lanzas por encima del muro de Granada, haciéndolas aterrizar en medio de la rambla principal de la ciudad. El atrevimiento de los cristianos manifiesto en esta violación del espacio fronterizo lo comenta el moro Tarfe de manera casi incrédula: «¡Santo Alá! ¿Que hasta Granada/llegaron? [...] ¿Que lanza en Granada entró?».[17] Inspirados por la valentía de sus superiores, varios soldados transgreden a su vez la frontera, clavando rótulos de desafío en la puerta de Granada. Tarfe reacciona a las provocaciones adversarias acercándose al campamento cristiano e hincando su hierro en la tienda de la reina, lo que ahora suscita graves emociones entre los cristianos: «¿Lanza en la tienda de la Reina? ¿Lanza/a vista de la gente de Castilla?».[18] Ya que Tarfe había colocado el listón de su dama Alifa en su lanza, Hernando del Pulgar, a quién le toca vengar el agravio, decide recurrir a su «dama celestial», la virgen María. De noche penetra en la ciudad cercada y clava un pergamino con un avemaría en la puerta de la mezquita, mostrando así que, como ya decíamos, el conflicto bélico es ante todo un enfrentamiento religioso. Tarfe a su vez profana las «santas letras» atándolas a la cola de su caballo y cabalgando de manera provocativa frente a las líneas cristianas. El joven caballero Garcilaso le reta a un duelo que tiene claros ecos de la historia de David y Goliat e, igual que su modelo bíblico, lo vence. Tarfe, muriendo, reconoce la superioridad de «María, vencedora» y reniega de «Alá enemigo».[19]

Como habrá quedado claro, toda la trama de la obra se desarrolla mediante las constantes transgresiones fronterizas de los dos campos opuestos o, adaptando la definición que da el semiólogo Yuri Lotman para los «textos con argumento», por el «desplazamiento del personaje a través del límite del campo semántico [...] [que está] dividido en dos subconjuntos recíprocamente

---

17 Lope de Vega, «*El cerco de Santa Fe*», p. 435b.
18 Lope de Vega, «*El cerco de Santa Fe*», pp. 452b-453a.
19 Lope de Vega, «*El cerco de Santa Fe*», pp. 464b-465a.

complementarios, impenetrables en condiciones normales».[20] Tal como preconiza el modelo semiótico-espacial lotmaniano, las oposiciones binarias que componen el campo semántico «frontera» se desarrollan en tres niveles: 1) el nivel topológico (ya que, según Lotman, el hombre no comprende el mundo sino a través de conceptos espaciales, como alto-bajo, abierto-cerrado, próximo-lejano, etc.), 2) el nivel semántico (que designa los términos no espaciales que se asocian al binomio topológico dotándole de un nuevo significado como bueno-malo, propio-ajeno, cristiano-musulmán), y 3) el nivel topográfico (que se refiere a la concretización de este en espacios topográficos como, en nuestro caso, el campamento cristiano y la fortaleza mora).[21] Al franquear el límite que separa los subconjuntos complementarios, el héroe actuante «penetra en el "anticampo" semántico respecto al inicial. Para que el movimiento se detenga debe fundirse con este campo, convertirse de personaje móvil en inmóvil. Si no sucede esto, el argumento queda sin terminar y el movimiento continúa».[22] En *El cerco de Santa Fe* esta «inmovilización» de los personajes se da al final de la obra, cuando la frontera queda simbólicamente abolida, ya que incluso el caballero moro se ve forzado a reconocer la victoria no sólo de su adversario, sino de la fe cristiana sobre la musulmana. Y puesto que antes del duelo final aparecen las figuras alegóricas de la Fama y de España, que no sólo predicen el éxito de la hazaña del joven Garcilaso, sino también del asedio de Granada, podríamos incluso hablar de un paso decisivo para la anulación factual de la frontera.

Pasemos ahora a los espacios dramáticos relacionados con las intrigas amorosas. En las «comedias de moros y cristianos» encontramos principalmente las siguientes dos constelaciones: el caballero moro, sentimental y leal, enamorado de una dama mora, y el caballero cristiano, sentimental y valiente, enamorado de una dama mora.[23] En el primer caso, los amantes generalmente se ven confrontados con una serie de obstáculos: en *El primer Fajardo,* para dar un ejemplo, estos se deben a los celos del rey moro, injusto y cruel, pero logran finalmente reunirse gracias a la intervención del héroe cristiano, que

---

20 Yuri M. Lotman, *Estructura del texto artístico*, Madrid, Istmo, 1978, pp. 285 y 293.
21 Yuri M. Lotman, *Estructura del texto artístico*, pp. 270–282.
22 Yuri M. Lotman, *Estructura del texto artístico*, p. 294
23 No me consta que existan obras que pongan en escena los amores entre un moro y una cristiana –sin duda porque esto supondría una falta de decoro y una ofensa al sentido del honor del público–, pero sí que existe una comedia fronteriza de Lope de Vega en la que se evoca un tal encuentro anterior a la trama: en *El hijo de Reduán* el protagonista Gomel es el fruto ilegítimo de la relación –no se aclara si consentida o no– entre el rey moro Baudeles y una dama cristiana del linaje de los Guzmán.

les protege y a cuyo servicio se someten al final de la obra.[24] Las relaciones interreligiosas, por su parte, terminan con la conversión al cristianismo de la dama mora. Prácticamente inexistentes en las «comedias de moros y cristianos» de Lope de Vega son las intrigas amorosas en torno a una pareja cristiana (aunque a veces las obras terminan, como es el caso de *El cerco de Santa Fe*, con el anuncio de la boda de un caballero meritorio con una dama de la reina, sin que previamente se hayan tematizado de manera más que superficial los amores entre ambos).

El espacio predilecto en el que tienen lugar los encuentros amorosos entre moro y mora son los jardines, que figuran como último refugio de los amantes infelices. Por lo general se caracterizan por un harmonioso equilibrio entre elementos naturales y artificiales. Tomemos como ejemplo una escena de *El primer Fajardo*, en la que la mora Xarifa lamenta la ausencia de su amado Abindarráez:

XARIFA	Ninguna cosa, Zulema,
	de cuantas miro me agrada;
	hasta esa Sierra Nevada
	es un balcón que me quema.
	Estas aguas de Genil
	no pueden darme templanza,
	ni está verde mi esperanza
	con haber llegado abril.
	¿Qué se me da a mí que rife
	el viento, ya en flor, ya en hoja,
	o en el agua con que moja
	cuadros de Generalife?
	¿Que corra el ciervo o que cante
	el ave entre estas acequias,
	si son funestas obsequias
	de la vida de un amante?
	No hay gusto para un ausente,
	todo a tristeza se llama;
	quien le tiene y dice que ama
	mientras está ausente, miente.
	Ausente, Zulema, estoy;
	Abindarráez se fue

---

24 En *El hidalgo Bencerraje* nos encontramos, excepcionalmente, con un caso en el que el papel de protector de los amantes, que esta vez son cristianos, lo ejerce un moro (pero que «tiene el alma cristiana», como no omite precisar el texto). Véase Lope de Vega, «El hidalgo Bencerraje», en *Obras de Lope de Vega*, Marcelino Menéndez Pelayo (ed.), Madrid, Real Academia Española, 1968, vol. 23, pp. 215–276, la cita en p. 260b.

> a la guerra, y yo quedé
> en fe de que suya soy.
> Sólo he descansar contigo,
> que en este jardín que labras,
> de nuestras dulces palabras
> fuiste secreto testigo:
> es lo que puede aliviarme
> de no tener carta suya.[25]

Resulta claramente que se trata aquí de un jardín cultivado: la protagonista se dirige al jardinero presente diciendo «este jardín que labras», además, la naturaleza descrita queda enmarcada en la arquitectura del Generalife, el palacio veraniego de los nazaríes, con lo que se subraya su carácter artificial. En otros casos son las abundantes referencias mitológicas las que dotan al marco natural del jardín de un cierto grado de artificialidad y refinamiento.[26] Los huertos de amor, incluso los tales que comparten las características antes descritas, no son ninguna novedad en la literatura de amor[27] y no merecería la pena mencionarlo si en una de las comedias estudiadas no encontraríamos una escena de amor –esta vez se trata excepcionalmente de una pareja cristiana– que se desarrolla en un marco totalmente opuesto. En la comedia *El sol parado*, Pelay Correa, recién nombrado maestre de la Orden de Santiago, se pierde en el camino de Toledo a Ciudad Real y tiene un encuentro con una serrana en plena naturaleza, «entre el olmo y [el] roble».[28] Esta no sólo le invita a su choza, sino también a su cama, y quince años más tarde, al final de la obra, el maestre se cruza con el fruto de este encuentro, el hijo de ambos, en el asedio victorioso de la ciudad de Sevilla. Muy lejos estamos aquí del lirismo de las escenas amorosas entre moros y moras, para ser precisos, en la jerarquía de los géneros líricos nos hallamos al otro extremo, ya que la serranilla –de esto aquí se trata– se destaca por su marcada rusticidad. El hecho de que Lope de Vega contraponga la sencillez poética y escénica del encuentro amoroso (si así se puede llamar) del héroe cristiano a los encuentros llenos de lirismo y sinceros sentimientos de los protagonistas moros –pocas escenas antes, los amantes Gazul y Zayda habían intercambiado parlamentos en

---

25 Lope de Vega, «*El primer Fajardo*», p. 178b.

26 Véase por ejemplo la larga descripción del jardín por boca de los amantes en los versos 1 a 60 del primer auto de *El remedio en la desdicha* (pp. 82–84 de la edición que seguimos), que empieza con una alusión al mito de la ninfa Dafne.

27 Véase por ejemplo Felipe B. Pedraza Jiménez, «De Garcilaso a Lope. Jardines poéticos en tiempos de Felipe II», en Carmen Añón (ed.), *Jardín y naturaleza en el siglo XVI: Felipe II, el rey íntimo*, Aranjuez, Sociedad Estatal para la Conmemoración de los Centenarios de Felipe II y Carlos V, 1998, pp. 307–329.

28 Lope de Vega, «*El sol parado*», pp. 257b-259a, la cita en p. 258a.

forma de soneto en un jardín ameno[29]– hace suponer que haya querido reforzar el tópico del moro sentimental como modelo de amor y galantería, tan recurrente en la literatura morisca.

Tratemos, para terminar, de las relaciones amorosas entre un caballero cristiano y una dama mora. Si hemos constatado antes que los enfrentamientos militares entre el campo cristiano y el campo musulmán se realizan a través de una serie de transgresiones de la frontera, podemos observar algo parecido cuando se trata de encuentros amorosos entre los dos frentes. Tomemos el ejemplo de *El remedio en la desdicha*.[30] Paseando en período de tregua por la ciudad de Coín, ocupada por los moros, el alcaide de Alora,[31] el noble caballero Rodrigo de Narváez, se enamora perdidamente. El objeto de su amor se llama Alara y está casada con un marido sumamente celoso de nombre Arráez. De vuelta en Alora, Narváez pide ayuda a un moro detenido en una escaramuza esa misma mañana –obviamente, se trata del marido de Alara– para que le escriba una carta a su amada. Envía a su amigo Nuño, disfrazado de moro, a Coín para entregar la carta. Alara reconoce la escritura de su marido y acompaña a Nuño a Alora para negociar su rescate. Cuando llega a saber que su marido ya ha sido liberado, teme sus celos y le pide a Narváez poder quedarse con él, lo que este le niega por motivos de honor, pese al gran amor que siente por ella. Mientras Alara vuelve a Coín, su marido se presenta a las puertas de Alora para retar a Narváez, por el que piensa haber sido deshonrado. Pero el moro, que es tan cobarde como celoso, capitula antes de que tenga lugar el duelo y debe prometer a Narváez que no hará sufrir a su esposa. Poco después, un criado de Alara llega donde Narváez para informarle de que su marido no ha cumplido con su palabra. Esta vez el mismo Narváez se pone el hábito de moro y va a Coín para rescatar a su amada y traérsela a Alora. Aquí, ella se convierte al cristianismo, por lo que su matrimonio anterior queda anulado.

Como se deduce tan sólo del breve resumen de esta trama algo complicada, los enamorados o sus aliados deben cruzar varias veces la frontera enemiga antes de que su caso se resuelva en harmonía. Al final de la obra, esta misma frontera queda abolida, porque los enamorados no sólo se encuentran en el mismo lugar, sino que ya no pertenecen a religiones opuestas. El personaje de la dama mora ha fusionado por completo con el espacio geográfico-ideológico que ahora ocupa

---

29 Lope de Vega, «*El sol parado*», p. 248b.

30 Se trata aquí de la traslación dramática de la novela morisca *El Abencerraje*. Los amores entre el cristiano y la mora constituyen en esta comedia una trama secundaria, ya que la trama principal la ocupa la pareja mora, Abindarráez y Jarifa.

31 Por motivos de rima el topónimo «Álora» aparece a lo largo de esta obra como palabra llana: «Alora».

(compárese la cita anterior de Lotman), como también lo indica el juego de paronomasia entre su nombre y el topónimo: Alara-Alora.

Llego ahora a la conclusión. Como hemos visto, la frontera se concretiza en diferentes espacios dramáticos relacionados con acciones bélicas o intrigas amorosas. Estos espacios son semiotizados, o sea que no son meros escenarios de la trama, sino que adquieren un valor simbólico propio, como por ejemplo el de espacio de masculinidad, el de espacio de heroicidad, el de espacio de galantería, etc. Muy a menudo estos espacios se oponen en relaciones dicotómicas, la más importante de ellas, como no podía ser de otro modo, la de cristiano *versus* musulmán. Mientras los espacios cristianos se relacionan con valores como el honor, la valentía y la nobleza, en la descripción de los espacios musulmanes prevalecen los afectos, tanto negativos (los celos, la ira) como positivos (el amor, la sentimentalidad). La clara separación entre ambos espacios y el alto valor simbólico que se les atribuye no deja lugar a muchos matices: ideológicamente, el bando cristiano siempre prevalece. Únicamente en el campo estético se podría reclamar una superioridad de los personajes moros, ya que se mueven en espacios refinados, se dedican a pasatiempos nobles y destacan por el alto grado de lirismo en sus parlamentos (el énfasis en los elementos sensoriales a la hora de describir el mundo moro es propio de la literatura morisca del tiempo). Al mismo tiempo, se trata aquí de calidades poco ventajosas en tiempos de guerra, por lo que este refinamiento también puede ser interpretado como signo de decadencia y, finalmente, como motivo de su derrota.

Para terminar, la frontera también desempeña un papel central en el desarrollo de la trama, ya que esta avanza gracias a las constantes transgresiones fronterizas de los personajes. Como hemos visto, la aplicación del modelo semiótico-espacial de Lotman sirve para poner en relieve la importante función estructural-argumentativa que desempeña. En las comedias estudiadas la trama siempre finaliza con la abolición factual o simbólica de la frontera: el ejército cristiano vence al enemigo, la mora enamorada se convierte al cristianismo, los «buenos moros» se someten al poder del señor cristiano. Si había empezado mi contribución hablando de la frontera como un espacio de encuentro con la alteridad, a la vista de los textos estudiados tenemos que constatar que el encuentro con el otro sirve principalmente para encontrarse a si mismo, para reforzar la identidad propia. En este sentido las «comedias de moros y cristianos» de Lope encajan con los esfuerzos también de otros autores auriseculares para posicionarse frente a un pasado marcado por la presencia musulmana, y para forjar o redefinir una identidad española.[32]

---

[32] Véase de modo ejemplar el esmerado estudio de Barbara Fuchs, *Maurophilia and the Construction of Early Modern Spain*, Philadelphia, University of Pennsylvania Press, 2009.

Obras citadas

Arellano, Ignacio, «Espacios dramáticos en los dramas de Calderón», en Felipe B. Pedraza Jiménez (ed.), *Calderón, sistema dramático y técnicas escénicas: actas de las XXIII Jornadas de Teatro Clásico, Almagro, 11, 12 y 13 de julio de 2000*, Almagro, Universidad de Castilla-La Mancha, 2001, pp. 77–106.

Carrasco Urgoiti, María Soledad, «La frontera en la comedia de Lope de Vega», en Pedro Segura Artero (ed.), *Actas del Congreso «La frontera oriental nazarí como sujeto histórico (s. XIII-XVI)»*, *Lorca-Vera, 22 a 24 de noviembre de 1994*, Almería, Instituto de Estudios Almerienses, 1997, pp. 489–499.

—, *El moro retador y el moro amigo. Estudios sobre fiestas y comedias de moros y cristianos*, Granada, Universidad de Granada, 1996.

—, «*El cerco de Santa Fe* de Lope de Vega, ejemplo de comedia épica», en A. David Kossoff y José Amor y Vázquez (eds.), *Homenaje a William L. Fichter. Estudios sobre el teatro antiguo hispánico y otros ensayos*, Madrid, Castalia, 1971, pp. 115–125.

—, «El moro de Granada en la literatura: del siglo XV al XIX», Alicante, Biblioteca Virtual Miguel de Cervantes, 2010 (en línea) [fecha de consulta: 01-04-2016] <http://www.cervantesvirtual.com/obra/el-moro-de-granada-en-la-literatura-del-siglo-xv-al-xix>.

—, «El moro de Granada en la literatura: del siglo XV al XIX», Madrid, Revista de Occidente, 1956.

Cirot, George, *La maurophilie littéraire en Espagne au XVIe siècle*, Bordeaux, Feret, 1939.

Fuchs, Barbara, *Maurophilia and the Construction of Early Modern Spain*, Philadelphia, University of Pennsylvania Press, 2009.

García Fernández, Manuel, «Sobre la alteridad en la frontera de Granada. Una aproximación al análisis de la guerra y la paz, siglos XIII-XV», en *Revista da Faculdade de Letras. História (III Série)*, 6 (2005), pp. 213–235.

González, Aurelio, «La creación del espacio. Mecanismo dramático en el teatro del Siglo de Oro», en Anthony J. Close y Sandra María Fernández Vales (eds.), *Edad de Oro cantabrigense: actas del VII Congreso de la Asociación Internacional del Siglo de Oro*, Cambridge, Asociación Internacional del Siglo de Oro, 2006, pp. 61–75.

Lotman, Yuri M., *Estructura del texto artístico*, Madrid, Istmo, 1978.

Pedraza, Felipe B., «De Garcilaso a Lope. Jardines poéticos en tiempos de Felipe II», en Carmen Añón (ed.), *Jardín y naturaleza en el siglo XVI: Felipe II, el rey íntimo*, Aranjuez, Sociedad Estatal para la Conmemoración de los Centenarios de Felipe II y Carlos V, 1998, pp. 307–329.

Rojas, Agustín de, «Loa en alabanza de la comedia», en *Viaje entretenido*, Madrid, Imprenta Real, 1603, pp. 118–132.

Romanos, Melchora, «Niveles de funcionalidad del espacio en el teatro histórico de Lope de Vega», en Francisco Domínguez Matito y María Luisa Lobato López (eds.), *Memoria de la palabra: actas del VI Congreso de la Asociación Internacional Siglo de Oro, Burgos-La Rioja, 15–19 de julio 2002*, Madrid, Iberoamericana, 2004, vol. 2, pp. 1523–1534.

Vega, Lope de, *El remedio en la desdicha*, Francisco López Estrada y María Teresa López García-Berdoy (eds.), Barcelona, PPU, 1991.

—, «El primer Fajardo», en *Obras de Lope de Vega*, Marcelino Menéndez Pelayo (ed.), Madrid, Real Academia Española, 1968, vol. 22, pp. 171–228.

—, «El sol parado», en *Obras de Lope de Vega*, Marcelino Menéndez Pelayo (ed.), Madrid, Real Academia Española, 1968, vol. 22, pp. 239–296.

—, «El cerco de Santa Fe», en *Obras de Lope de Vega*, Marcelino Menéndez Pelayo (ed.), Madrid, Real Academia Española, 1968, vol. 23, pp. 425–466.

—, «El hidalgo Bencerraje», en *Obras de Lope de Vega*, Marcelino Menéndez Pelayo (ed.), Madrid, Real Academia Española, 1968, vol. 23, pp. 215–276.

Romina Irene Palacios Espinoza
Espacio representado-dicho-imaginado: corpus espacial de la comedia de capa y espada calderoniana

Resumen: Una estrategia espacial (casi) generalizada se observa en las comedias de capa y espada: el contraste de planos exteriores e interiores que, a modo de satélites opuestos (calle-casa), inscriben entre sus límites otros espacios. Estos «sub-espacios» ordenan la representación a partir de su función como referentes locales y enriquecen la caracterización de un estado, un hecho o un personaje mediante su valor simbólico. En esta contribución se indagará en una pequeña parte del corpus espacial de la comedia de capa y espada calderoniana con la intención de sentar las bases de un futuro catálogo de estos espacios.

Palabras clave: Espacios, tipología espacial, comedia de capa y espada, Pedro Calderón de la Barca

La comedia del Siglo de Oro español, y con especial atención las comedias de capa y espada, muestran ciertas estrategias dramáticas que se benefician de la concentración de espacios, en la que resalta el contraste de planos exteriores e interiores.

La preponderancia de lugares inscritos en espacios interiores, ya sea a modo de referentes espaciales representados sobre el tablado o codificados a través de la palabra, es un elemento recurrente y característico de este subgénero. Stefano Arata reconoce este evento y lo identifica como patente de la obra de capa y espada calderoniana, en la que existe una sensible expansión del predominio de los espacios interiores sobre los exteriores. Como ejemplo de lo mencionado propone Arata las obras *La dama duende* y *Casa con dos puertas mala es de guardar*, comedias representativas de este subgénero, y a partir de ellas expone una estadística significativa y sugerente, pues los cuadros interiores de ambas ocupan el 76% y 75% del total de los versos, respectivamente.[1]

El contraste de estos cuadros puede ser interpretado, para un acercamiento más preciso, mediante la idea de hiperónimos opuestos (expresados en la representación de la calle y la casa), en los que se inscriben otros sub-espacios entre

---

[1] Véase Stefano Arata, *Textos, géneros, temas. Investigaciones sobre el teatro del Siglo de Oro y su pervivencia*, Pisa, Editorial ETS, 2002, p. 201.

Romina Irene Palacios Espinoza, Universität Wien

https://doi.org/10.1515/9783110450828-039

sus límites. Estos «sub-espacios» ordenan la representación teatral mediante ejes de referencia local y enriquecen la caracterización de un determinado estado, una situación o un personaje, hecho ampliamente conocido.

En esta contribución se examinará una fracción del corpus espacial en algunas comedias de capa y espada de Pedro Calderón de la Barca con la intención de sentar las bases iniciales de un catálogo. Serán abstraídas algunas muestras espaciales cuya representación asume cualidades análogas y constantes en las comedias de capa y espada calderoniana, y serán presentadas a partir de su tipología dimensional, la que a su vez considerará aspectos funcionales y simbólicos. Es decir, se pondrá de relieve la simultaneidad del uso de los espacios material y semiótico, para lo que se considera que el teatro en general se beneficia del carácter multifuncional de los espacios al explotar no solo su presencia a nivel denotativo, sino también al indagar en los aspectos simbólicos que los espacios puedan ofrecer en relación con el argumento.

El dinamismo del escenario se refleja en su carácter dúctil de fácil adaptación al transcurso dramático. González Pérez denomina esta capacidad bajo el término de «multiplicidad espacial» y lo define como el manejo de espacios simultáneos que permiten una amplia gama de acciones, desde una simple circunstancia ingeniosa hasta juegos espaciales complejos en los que dicha multiplicidad espacial se convertirá en núcleo de la historia y de su escenificación.[2] En el caso de la comedia de capa y espada puede considerarse al espacio representado sobre las tablas como una «heterotopía», ya que se yuxtapone en un mismo lugar real múltiples espacios y emplazamientos que podrían incluso ser incompatibles entre sí mismos.[3]

Requisito para la inclusión de las muestras en el corpus es que los espacios posean como común denominador valores adjuntos que se presenten no solo en una comedia en concreto, sino que también puedan extenderse como referentes del sub-género de la comedia de capa y espada calderoniana en general.

1 Catálogos de espacios definidos por su tipología

Para indicar los espacios según su tipología dimensional serán divididos en dos grupos: aquellos que Stefano Arata menciona como «cuadros exteriores e interiores», y que en esta ocasión serán traducidos como «espacios públicos y privados».

---

2 Véase Aurelio González Pérez, «Calderón y la multiplicidad espacial en comedias de capa y espada», en *Anuario Calderoniano*, 6 (2013), p. 167.
3 Véase Michel Foucault, «Des espace autres», en *Architecture, Mouvement, Continuité*, 5 (1984), pp. 46–49.

La idea de espacio público será definida para su comprensión tangible en la imagen de la calle, por un lado, mientras que los espacios privados, por otro lado, serán considerados como aquellos que asumen las ideas de entrada, salida, límite, protección, cobijo, etc., siendo la opción más acertada la imagen del espacio doméstico (casa privada).

1.1 Calle y casa

Ambos espacios, casa y calle, son también los espacios que con mayor frecuencia van a ser escenificados, representados o aludidos sobre el tablado, siguiendo no solo las acotaciones dadas por el dramaturgo, sino también aproximados a través de sonidos provenientes del espacio latente. De este modo se propone un marco contextual-local que guía la atención del público en correspondencia con el desarrollo argumental. Además estos espacios, junto a otros elementos, ya sean estos gestuales, de vestuario, de métrica, etc., van a proponer al espectador información sugerente para ir construyendo el espacio dramático.[4]

El amplio catálogo de obras provenientes de la pluma de Calderón demuestra que la calle y la casa privada no son espacios exclusivos de la comedia de capa y espada, pues también son perceptibles en otro tipo de comedias. Sin embargo, ambos ambientes adoptan en este género calidad protagónica y arquetípica, la cual se reconoce envuelta por valores y símbolos que, en sintonía con otros componentes, crean el ambiente de interacción entre damas y galanes, amores y desamores, secretos y revelaciones.

La calle se nos presenta como el espacio público, ilimitado y abierto. A pesar de que es en este ambiente donde se dan forma a pautas de sociabilización, además de que determina conductas que validan el comportamiento personal en un sistema social más amplio, la actividad realizada en este lugar está ligada, por lo general, a una suerte de azar, aspecto que se subraya particularmente en las comedias de capa y espada.

Es en la calle donde se erigen los «no lugares»,[5] aquellos espacios donde el anonimato es válido e incluso, dependiendo del contexto, hasta deseado, como es el caso de los galanes que tras un duelo callejero deben escudarse tras el anonimato e ir en busca de refugio.

---

4 Véase Javier Rubiera Fernández, *La construcción del espacio en la comedia española del Siglo de Oro*, Madrid, Arco Libros, 2005, p. 103.

5 El término «non-*lieux*» («no lugares») ha sido acuñado por Marc Augé, *Non-lieux. Introduction à une anthropologie de la surmodernité*, Paris, Éditions du Seuil, 1992.

Frecuentemente aparece la calle al inicio de la comedia como indicador espacial que alude al punto de partida geográfico-local en el que se enmarca la representación. Las comedias de capa y espada tienen de manera característica una ciudad como escenario local. De este modo, y como lo señala Ignacio Arellano, tras este tipo de indicaciones geográficas se promueven marcas de inserción en la coetaneidad y se facilita así la cercanía (de la trama) al público.[6] Es en la calle también donde la vida privada de los personajes se exhibe a la mirada de los demás, razón que permite al espectador convertirse en testigo ocular.[7] Es por ello que este espacio sea propicio para el encuentro fortuito entre amantes.

De manera opuesta se expone la casa como un sistema de premeditada configuración, de fijados códigos normativos y símbolo del reconocimiento del individuo como parte de un grupo social nuclear (la familia). Por ello el anonimato, característica inmanente de la calle, es en contraposición ajeno a este espacio. Bajo estas circunstancias se canalizan las actividades reservadas para este lugar en tres direcciones: 1) actividades de carácter social en las que todos los miembros se reconocen, 2) actividades de carácter individual o privado, y 3) actividades de carácter secreto. Estas últimas comparten características con las actividades de carácter privado, y para su exitoso ocultamiento deben simular correspondencia con las actividades de carácter social.

La casa privada, como ya ha sido mencionado, es el espacio en donde se concentra el mayor número de acciones en la comedia de capa y espada. Esta, que suele ser la casa de la dama y del padre o hermanos celosos y protectores, es el lugar en el que con mayor asiduidad se representan los traspasos de espacio patente a latente, y viceversa. Estos conducen la complejidad argumental a través de enredos creados por los escondites de damas y galanes.

Indicación sugerente de la casa como espacio característico de la comedia de capa y espada deriva de la que hace Bances Candamo al describir este tipo de comedias, en la que culmina diciendo que estas se reducen «[...] en fin, a aquellos sucesos más caseros de un galanteo».[8]

En la comedia de capa y espada asume la casa un rol de suma importancia, ya que no únicamente es escenario principal donde se generan y se revelan secretos y enredos, sino que presenta también, en combinación con la calle, una

---

6 Véase Ignacio Arellano, *Convención y recepción. Estudios sobre el teatro del Siglo de Oro*, Madrid, Gredos, 1999, pp. 62–63.

7 Stefano Arata, *Textos, géneros, temas. Investigaciones sobre el teatro del Siglo de Oro y su pervivencia*, p. 198.

8 Francisco Antonio Bances Candamo, *Theatro de los theatros de los passados y presentes siglos*, Duncan Moir (ed.), London, Tamesis, 1970, p. 33. Citamos por Aurelio González Pérez, «Calderón y la multiplicidad espacial en comedias de capa y espada», p. 167.

carga simbólica mostrada a modo de pareja dicotómica: la casa/la seguridad y la calle/el peligro. Sin embargo, estas parejas son constantemente relevadas y reconfiguradas y, en sintonía con estrategias lúdicas, dotan a la comedia de un brillo de inverosimilitud agudo, lo que interviene generando la reacción y la risa del público.

En el catálogo espacial de la comedia de capa y espada calderoniana se encuentran la calle y la casa coronando este grupo. Ambos albergan sub-espacios o elementos arquitectónicos de menores dimensiones que aparecen a modo de satélites adherentes. Esto permite adaptar los espacios a los intereses y negociaciones de los personajes, y convertirlos en elementos multifuncionales.

A continuación se concentrará el análisis en dos espacios perteneciente a cuadros exteriores: el camino y el jardín, cuya extensión es concebida de manera abstracta, lo que soporta así la idea de un ambiente amplio y de límites difusos. Ambos son espacios de frecuente exhibición en comedias de capa y espada, y su presencia subraya una fuerte carga simbólica que permite ampliar los márgenes argumentales y de representación dramática.

1.2 Camino

Una valiosa contribución que capta la poética contenida en la figura del camino la ofrece el trabajo de Marie-Eugénie Kaufmant *Poétique des espaces naturels dans «La comedia nueva»*. En el capítulo intitulado «Une poétique du chemin dramatique», Kaufmant hace hincapié sobre los distintos niveles de interpretación que derivan de la inserción del camino en la comedia del Siglo de Oro. Uno de estos niveles, que considero representativo de las comedias de capa y espada, es aquel que toma en cuenta los caminos que aparecen mencionados o representados en la introducción de la trama. A través de la idea de este cuadro exterior se introduce en la comedia la noción de movimiento, y permuta de un espacio a otro, aunque al no ser puesto en escena e incluyéndosele simplemente de manera tácita pueda llegar a ser banalizado. Esto se debe a que el camino posee un problema de representación escénica, por su carácter relacionado con la idea de lo ilimitado, por lo que su descripción es dirigida a través de la poética del verbo dramático.[9]

Mayor fuerza simbólica se extrae cuando el camino hace referencia a la idea de un viaje. De este modo se derivan los estados de salida y abandono

---

9 Véase Marie-Eugénie Kaufmant, *Poétique des espaces naturels dans «La comedia nueva»*, Madrid, Casa de Velázquez, 2010, pp. 233–234.

de un lugar, de traspaso y de ingreso en otro espacio, lo que determina asimismo el fin de un trayecto representado por la entrada de un personaje en una ciudad o una casa privada. Ejemplos de caminos y rutas por las que algunas de las figuras de las comedias pasan durante un trayecto sirven en su mayoría como espacios para contextualizar la trama y, además, para conectar acciones inscritas en el pasado, cuyas consecuencias conllevan el traslado de un lugar a otro. Es así que tenemos a don Manuel, el galán de doña Ángela en *La dama duende,* quien se dirige a Madrid desde Burgos junto con Cosme. En esta ocasión se especifica esta ruta hecha por el galán con la acotación: «Salen Don Manuel y Cosme, de camino»;[10] otro ejemplo se aprecia en *El hombre pobre todo es trazas.*[11] A través de los versos de don Diego y de su amigo Rodrigo se nos informa de que aquel, tras un duelo de espadas, tuvo que huir de Granada y dirigirse a Madrid.

> RODRIGO: [...] después, en fin, que reñiste
> con tanto brío y destreza
> que a don Juan en la cabeza
> una cuchillada diste
> tal que si no hubiera hallado
> un hombre que le curó
> por ensalmo, pienso yo
> que antes hubiera sanado,
> te ausentaste de Granada,
> donde me quedé aquel día
> para que fuese tu espía
> mal perdida y bien ganada. [...]
> DON DIEGO: Después que por la pendencia
> que refieres yo salí
> de Granada y vine a ver
> la gran villa de Madrid, [...].[12]

El fin de su «viaje» se consolida al llegar a casa de don Luis de Toledo, teniendo ya confabulado un plan que le permitirá tras las apariencias, mantener un buen estatus y su fama de galán conquistador.

Una muestra particular es la que nos ofrece *El escondido y la tapada.* La aparición de don César y Mosquito en escena es igualmente indicada por la acotación

---

10 Pedro Calderón de la Barca, «*La dama duende*», en *Comedias. I,* Luis Iglesias Feijoo (ed.), Madrid, Fundación José Antonio de Castro, 2006, p. 761.
11 Pedro Calderón de la Barca, «*El hombre pobre todo es trazas*», en *Comedias. II,* Santiago Fernández Mosquera (ed.), Madrid, Fundación José Antonio de Castro, 2007, pp. 651–736.
12 Pedro Calderón de la Barca, «*El hombre pobre todo es trazas*», pp. 654–655.

«Sale Don César, y luego Mosquito, vestidos de camino, con botas y espuelas».[13] Posteriormente, a través de los versos de Mosquito se llega a saber que ambos habían abandonado Madrid tras el asesinato de un caballero y, en el camino hacia Portugal, en donde iban a ir en busca de refugio, reciben un pliego por el cual deciden dar la vuelta y volver a Madrid.

1.3 Jardín

Javier Rubiera Fernández alude al jardín como «el lugar del amor y del deleite de los sentidos».[14] María Luisa Lobato sigue la línea descriptiva de Rubiera y extiende la idea del jardín definiéndolo como «lugar gozoso y temible al mismo tiempo, espacio para el encuentro con la mujer que se ama y entorno en el que el riesgo de ser descubierto es máximo».[15] Rosana Llanos López, basándose en la teoría psicocrítica de la comedia de Charles Mauron, hace alusión a los espacios del placer (entre los que encaja la idea del jardín) buscados por el dúo galán y dama, contrapuestos a los espacios de la realidad, aquellos corporeizados mediante la casa a modo de imagen del hogar familiar.[16]

La inclinación de colocar al jardín como referente dramático responde a la versatilidad que aporta su representación. La comedia de capa y espada se sirve de esta versatilidad y de la ambigüedad connotativa que rodea a este espacio, el cual se convierte, en relación con los enredos, en espacio de secretos, intrigas o alianzas, lo que a su vez acentúa su poderosa simbología y *performance* metafórico.

En las comedias de capa y espada es el jardín urbano el que hace su aparición dotado de carga simbólica, lo que determina su percepción compleja como espacio polifacético. De este modo, la carga emocional del argumento teatral se vuelve polivalente, obteniendo así la comedia un carácter acertado según el juego espacial asimilado por los personajes. No es extraño por ello observar que

---

13 Pedro Calderón de la Barca, «*El escondido y la tapada*», en *Obras completas. II. Comedias*, Ángel Valbuena Briones (ed.), Madrid, Aguilar, 1973, p. 675a.

14 Javier Rubiera Fernández, *La construcción del espacio en la comedia española del Siglo de Oro*, p. 95.

15 María Luisa Lobato, «Jardín cerrado, fuente sellada. Espacios para el amor en el teatro barroco», en Antonio Serrano (ed.), *En torno al teatro del Siglo de Oro. Jornadas XXI–XXIII*, Almería, Instituto de Estudios Almerienses, 2007, p. 217.

16 Véase Rosana Llanos López, *Teoría psicocrítica de la comedia. La comedia española en el Siglo de Oro*, Kassel, Reichenberger, 2005, pp. 229 y 240.

un jardín sea el escenario donde se consolida la presencia de un secreto o de enredos, pues es un espacio al exterior, abierto, lo que se constituye como un lugar «libre» en el sistema espacial, permitiendo la desinhibición de los personajes y el despliegue de sentimientos.

Aunque en algunas comedias el jardín sea sustituido por la imagen del campo o puesto a la par con este, el intercambio de espacios físicos no se realiza necesariamente a nivel conceptual y no llega a disturbar la solidez argumental, pues ambas ideas espaciales, jardín y campo, comparten la valoración extendida como lugares favorables para encuentros clandestinos y comunicaciones secretas, y son pertinentes para la construcción de enredos. Este es el caso, por ejemplo, de *Casa con dos puertas mala es de guardar*.[17] La primera jornada se inaugura con la entrada de Marcela y Silvia en un espacio público,[18] el cual es descrito por Lisardo tanto como camino como como campo:

> MARCELA   Seis auroras de esta aurora
> hace que en este *camino*
> ciego el amor os previno
> para ser mi salteadora;
> tantas ha que a aquella hora
> os halló la luz primera,
> oculto sol de su esfera,
> de su *campo* rebozada
> ninfa, deidad ignorada
> de su hermosa primavera.[19]

Ambas mujeres, cubiertas por mantos, se sienten perseguidas por Lisardo y Calabazas. Los siguientes versos intercambiados entre Marcela y Lisardo develan una atmósfera secreta entre los personajes, sobre todo cuando Marcela advierte a Lisardo:

---

17 Pedro Calderón de la Barca, «*Casa con dos puertas mala es de guardar*», en *Comedias. I*, Luis Iglesias Feijoo (ed.), Madrid, Fundación José Antonio de Castro, 2006, pp. 111–208. Véase también «*Casa con dos puertas, mala es de guardar*», en *Obras completas. II. Comedias*, Ángel Valbuena Briones (ed.), Madrid, Aguilar, 1973, pp. 273–309.
18 En la edición de esta comedia hecha por Ángel Valbuena Briones aparece la acotación «*Campo a la entrada de la villa*», la cual es omitida en la edición propuesta por Luis Iglesias Feijoo.
19 Pedro Calderón de la Barca, «*Casa con dos puertas mala es de guardar*», Luis Iglesias Feijoo (ed.), pp. 116–117 (mi énfasis).

MARCELA   [...] y quedaos aquí, porque
si este secreto apuráis
y a saber quién soy llegáis,
nunca a veros volveré
a aqueste sitio, que fue
campaña de nuestro duelo[20],

2 Sub-espacios

Ahora se dará paso a la exposición de espacios de menores dimensiones y elementos arquitectónicos que pueden ser entendidos como sub-espacios incluidos en otros más grandes, siendo representativos para esta contribución aquellos que se insertan en el espacio privado de la casa. El análisis se limitará en esta ocasión a hacer referencia a los ambientes del salón, de la alcoba de dama y del cuarto de invitados, así como a dos elementos arquitectónicos: la reja y la puerta.

2.1 Salón, alcoba de la dama y cuarto de invitados

El salón o la sala es, por un lado, un espacio representativo de la comedia de capa y espada calderoniana, y sirve de lugar óptimo para el encuentro de galanes y damas, e incluso, en ciertos casos, de espacio de revelación de secretos. Como espacio de reunión de todos los personajes suele ser también el salón escenario en el cual se enredan aún más las circunstancias, se construyen alianzas y se excluye estratégicamente a personajes que ponen en peligro el encuentro secreto o clandestino de otros personajes.

Por otro lado, las alcobas de las damas o los cuartos de invitados[21] convergen en el hecho de que ambos donan protección, constituyéndose como espacios privados que facilitan el resguardo de secretos.

La entrada sin previo aviso en este recinto femenino, la alcoba de la dama, complica el tejido argumental, pues el traspaso de límites no solo espaciales sino

---

20 Pedro Calderón de la Barca, «*Casa con dos puertas mala es de guardar*», Luis Iglesias Feijoo (ed.), p. 116.

21 Véase Marc Vitse, «Sobre los espacios en *La dama duende*: el cuarto de don Manuel», en *RILCE*, 12.2 (1996), pp. 337–356. En este artículo Vitse presenta un análisis en detalle del cuarto que ocupa el galán, pero en su estatus de huésped. Además realiza una descripción en detalle de la habitación que ocupa don Manuel y del juego espacial, motor de la intriga argumental, en esta comedia.

también simbólicos obliga a los personajes a acudir a escondites, disimulos, alianzas o enredos para salvaguardar la integridad de sus secretos y de su honor, y atenuar la transgresión. Estas transgresiones, presentes en las distintas comedias de capa y espada, revierten estos límites y normas, lo que sirve de apoyo a la carga dramática y al carácter lúdico de la comedia.

Carácter análogo al de las alcobas de las damas poseen los cuartos de invitados. Estos, sin embargo, disfrutan de otras propiedades que alimentan aún más el halo misterioso que rodea no solo al espacio en sí, sino también a la persona que es hospedada en este: su ocupación es transitoria y limitada; el huésped debe además aceptar de manera tácita los códigos de hospitalidad que garantizan una estadía sin vicisitudes. Justamente es este el aspecto con el que juega Calderón al exponer el cuarto de los invitados, poniéndolo en el ojo de la tormenta, por así decirlo, pues es en este donde se enfatiza el carácter espacial multifuncional: es una habitación en la cual será alojado un personaje pero que, a raíz de las circunstancias, se convierte en refugio, escondite e incluso en cárcel de su huésped.

Los espacios mencionados contienen, además, otros componentes que en las comedias de capa y espada asumen una función formal y simbólica. En este sentido se hace referencia a elementos arquitectónicos presentados como sinécdoque de un espacio más amplio, pues a través de ellos se sugiere el lugar en el que se encuentran albergados.

2.2 Puertas y rejas

Los límites de la casa que determinan la división de ambientes se concretizan en estos elementos arquitectónicos, y funcionan por ello como separación y conector de los diferentes espacios desplazados en el interior de la casa. Estos sirven de conexión hacia el exterior y de ingreso en el interior. En la comedia de capa y espada la función de estos elementos arquitectónicos está, además, justificada en su lógica comunicativa.

Las puertas y las acciones que originan entradas y salidas proponen un ritmo que apoya el aumento de la intriga y el recorrido hacia la anagnórisis de la pieza teatral. Las rejas se dejan interpretar como límite concreto que facilita la comunicación a escondidas entre amantes. La comunicación entre estos personajes asume una cercanía entre ellos, la cual solamente es permitida en un contexto secreto y, generalmente, nocturno. Se puede indicar que la comunicación a través de la reja permite dos acciones: 1) el encuentro secreto y la comunicación –sea oral, visual o gestual– entre los amantes, y 2) la preservación, sin embargo, de la moral y del honor de la dama, ya que esta se encuentra aún en parte de su esfera privada, siempre y cuando no cruce la línea limítrofe creada por este elemento arquitectónico.

Punto clave se manifiesta en el uso de ciertos espacios y elementos arquitectónicos que admiten diferentes connotaciones según determinados momentos del día. Las rejas, aquellas que proponen la idea de un espacio más amplio que las alberga, como una alcoba o habitación de galán, dependiendo de la marca temporal se convierten durante el día en elementos de seguridad y de limitación entre el exterior (la calle) y el interior (la casa). En cambio, una vez que llega la oscuridad la reja adopta el carácter de propiciador de encuentros secretos, pues a la sombra de la noche toman lugar aproximaciones clandestinas entre amantes. Esta característica es puesta en escena a través de los versos dichos por doña María en *Bien vengas, mal, si vienes solo*. Ella dice:

MARÍA	Mirábale, pues, de día,
	de noche le hablaba, pues,
	por una reja, a las horas
	que mi hermano, amante fiel
	de tu hermosura, rondaba
	tu calle [...].[22]

La oscuridad nocturna propicia favorablemente el encuentro secreto y la comunicación clandestina entre damas y galanes.

3 Conclusiones

El contingente espacial percibido en las comedias de capa y espada calderonianas se concentra en un espacio público y en uno privado, a modo general, y la calle y la casa son mostradas como representantes concretos de estos. Su escenificación se soportará en elementos tangibles y concretos, en componentes sonoros, gestuales, de vestuario, etc. teniendo como uno de los principales canales de transmisión la palabra que alude a la imagen, la cual se concretará en la imaginación del espectador.

No solo los espacios han sido reconocibles en este juego de secretos, enredos y estrategias lúdicas, sino también los elementos arquitectónicos que se presentan como referentes de una lógica comunicativa entre los involucrados. Ellos también dan a entender al espectador la presencia de los espacios en los que se encuentran ubicados, siendo habitual el acercamiento de estos al público

---

22 Pedro Calderón de la Barca, «*Bien vengas, mal, si vienes solo*», en *Obras completas. II. Comedias*, Ángel Valbuena Briones (ed.), Madrid, Aguilar, 1973, p. 607a.

mediante señales o versos, lo que permite en ciertas ocasiones omitir su representación escénica.

Está claro que este catálogo aún tiene que ser ampliado. Han sido dejados de lado, por ejemplo, los cuartos en torres que aparecen en *Mejor está que estaba*,[23] elementos arquitectónicos como ventanas y escaleras, los que se desenvuelven durante la trama a manera de escondites o espacios de comunicación secreta, las casas de campo, como en *El escondido y la tapada*; etc. Sin duda, su observación y clasificación a nivel formal y simbólico puede proponer nuevos ángulos de interpretación y apreciación sugerentes de la comedia de capa y espada calderoniana.

Obras citadas

Arata, Stefano, *Textos, géneros, temas. Investigaciones sobre el teatro del Siglo de Oro y su pervivencia*, Pisa, Editorial ETS, 2002.

Arellano, Ignacio, *Convención y recepción. Estudios sobre el teatro del Siglo de Oro*, Madrid, Gredos, 1999.

Augé, Marc, *Non-lieux. Introduction à une anthropologie de la surmodernité*, Paris, Éditions du Seuil, 1992.

Bances Candamo, Francisco Antonio, *Theatro de los theatros de los passados y presentes siglos*, Duncan Moir (ed.), London, Tamesis, 1970.

Calderón de la Barca, Pedro, «*Mejor está que estaba*», en *Comedias. VI*, Santiago José María Viña Liste (ed.), Madrid, Fundación José Antonio de Castro, 2010, pp. 847–940.

—, «*El hombre pobre todo es trazas*», en *Comedias. II*, Santiago Fernández Mosquera (ed.), Madrid, Fundación José Antonio de Castro, 2007, pp. 651–736.

—, «*Casa con dos puertas mala es de guardar*», en *Comedias. I*, Luis Iglesias Feijoo (ed.), Madrid, Fundación José Antonio de Castro, 2006, pp. 111–208.

—, «*La dama duende*», en *Comedias. I*, Luis Iglesias Feijoo (ed.), Madrid, Fundación José Antonio de Castro, 2006, pp. 757–858.

—, «*Bien vengas, mal, si vienes solo*», en *Obras completas. II. Comedias*, Ángel Valbuena Briones (ed.), Madrid, Aguilar, 1973, pp. 601–634.

—, «*Casa con dos puertas, mala es de guardar*», en *Obras completas. II. Comedias*, Ángel Valbuena Briones (ed.), Madrid, Aguilar, 1973, pp. 273–309.

—, «*El escondido y la tapada*», en *Obras completas. II. Comedias*, Ángel Valbuena Briones (ed.), Madrid, Aguilar, 1973, pp. 673–709.

Foucault, Michel, «Des espace autres», en *Architecture, Mouvement, Continuité*, 5 (1984), pp. 46–49.

González Pérez, Aurelio, «Calderón y la multiplicidad espacial en comedias de capa y espada», en *Anuario Calderoniano*, 6 (2013), pp. 163–182.

---

23 Pedro Calderón de la Barca, «*Mejor está que estaba*», en *Comedias. VI*, Santiago José María Viña Liste (ed.), Madrid, Fundación José Antonio de Castro, 2010, pp. 847–940.

Kaufmant, Marie-Eugénie, *Poétique des espaces naturels dans «La comedia nueva»*, Madrid, Casa de Velázquez, 2010.

Lobato, María Luisa, «Jardín cerrado, fuente sellada. Espacios para el amor en el teatro barroco», en Antonio Serrano (ed.), *En torno al teatro del Siglo de Oro. Jornadas XXI–XXIII*, Almería, Instituto de Estudios Almerienses, 2007, pp. 199–219.

Llanos López, Rosana, *Teoría psicocrítica de la comedia. La comedia española en el Siglo de Oro*, Kassel, Reichenberger, 2005.

Rubiera Fernández, Javier, *La construcción del espacio en la comedia española del Siglo de Oro*, Madrid, Arco Libros, 2005.

Vitse, Marc, «Sobre los espacios en *La dama duende*: el cuarto de don Manuel», en *RILCE*, 12.2 (1996), pp. 337–356.

Beatrice Schuchardt

Escenificaciones del hogar burgués en el teatro dieciochesco: espacio familiar/espacio comercial

Resumen: Antonio Maravall concibe la burguesía dieciochesca como un conglomerado social con una mentalidad compartida, la cual se concentra en el hogar burgués concebido como un microcosmos de relaciones parentales y un lugar de trabajo a la vez desde el cual el dueño de la casa dirige sus negocios y asegura de esta forma los ingresos de la familia.[1] Este artículo, dedicado a comedias de carácter popular como *El hombre agradecido* (1796) de Luciano Comella y *El triunfo del amor y de la amistad* (1793) de Gaspar Zavala y Zamora, enfoca el hogar burgués como un espacio teatral escenificando la «interioridad burguesa».[2] La escenificación de esa interioridad se logra por medio de ciertos cambios en los recursos técnicos utilizados en los escenarios que fueron introducidos en los teatros europeos del siglo XVIII. De esta manera nació la construcción visual y discursiva de un espacio íntimo relacionado con lo público por medio de lo económico, estableciéndose así una correspondencia entre economía sentimental y moral comercial.

Palabras clave: Burguesía, economía, espacio teatral, interioridad, comedia sentimental y popular

1 Introducción

En este estudio focalizamos la comedia dieciochesca en su variante popular y sus escenificaciones correspondientes del hogar burgués. Adoptamos una perspectiva que se sitúa en el intersticio entre la ciencia literaria histórica y los estudios culturales. Tal perspectiva propone tener en cuenta tanto los esbozos espaciales ofrecidos por el texto, como los cambios a los que la escenificación teatral estaba sujeta en el siglo XVIII. Partiendo de la idea de una creciente tendencia

---

1 Antonio Maravall, «Espíritu burgués y principio de interés personal en la Ilustración española», en *Hispanic Review*, 47.3 (1979), pp. 291–325.
2 John A. Lukacs, *The Passing of the Modern Age*, New York, Harper & Row, 1972, p. 198.

Beatrice Schuchardt, Universität Siegen

https://doi.org/10.1515/9783110450828-040

de la burguesía ascendente europea del siglo XVIII a la «interioridad», como la constatan Jürgen Habermas y John Lukacs,[3] el artículo se centra en dos aspectos que cabe subrayar: en primer lugar se debe mencionar el espacio del hogar burgués en su interrelación con la dimensión temporal, que deviene factor de mayor importancia para el comercio burgués. Esto coincide con la escenificación de la casa burguesa como «mundo al revés»,[4] es decir como sitio del «desorden» que exige una autoridad que lo reordene. En segundo lugar, se trata de estudiar la dialéctica entre el interior familiar, el exterior comercial y los momentos precisos en los que ambos se entrecruzan.[5] Este aspecto se desarrollará mediante el examen del uso de la carta como vehículo escénico que vincula lo privado con lo público. Las comedias que nos sirven para destacar estos aspectos son comedias impresas populares, como *El hombre agradecido* de Luciano Comella (1796) y *El triunfo del amor y la amistad, Jenwal y Faustina* de Gaspar Zavala y Zamora (1793).

2 La casa burguesa como espacio teatral

El hogar burgués como espacio teatral cumple varias funciones en varios niveles dentro del teatro dieciochesco. Por un lado, y en el contexto de la doctrina neoclásica elaborada por la *Poética* de Ignacio de Luzán (1737), la limitación del argumento de las piezas teatrales a una o pocas salas de la casa burguesa permite respetar la regla neoclásica de la unidad del lugar, que también autores populares como Comella o Zavala y Zamora intentan imitar. Por otro lado, y en el nivel de la recepción de la obra dramática por el público, la decoración del interior doméstico posibilita un «estrechamiento del horizonte de la acción deseada» por partes del público.[6] Ajustándose a estos cánones, María Angulo Egea, en su estudio

---

3 Jürgen Habermas, *Strukturwandel der Öffentlichkeit*, Frankfurt, Luchterhand, 1969, y John A. Lukacs, *The Passing of the Modern Age*.

4 Esta expresión ha sido acuñada por Hans-Ulrich Gumbrecht en el contexto de su análisis de textos costumbristas del siglo XIX («Der Misanthrop, die Tänzerin und der Ohrensessel: Über die Gattung "Costumbrismo" und die Beziehungen zwischen Gesellschaft, Wissen und Diskurs im Spanien des XIX. Jahrhunderts», en Jürgen Link (ed.), *Bewegung und Stillstand in Metaphern und Mythen: Fallstudien zum Verhältnis von elementarem Wissen und Literatur im 19. Jahrhundert*, Stuttgart, Klett-Cotta, 1984, p. 39.

5 Gaston Bachelard, *Poétique de l'espace*, Paris, PUF, 1957, también habla de una dialéctica del interior y del exterior.

6 Con referencia a la reforma del teatro que tuvo lugar en el norte de Alemania en el siglo XVIII, Daniel Fulda habla de un «estrechamiento de la acción hacia el horizonte deseado del público». Debido a que la acción en escena está relacionada con un modelo práctico de la vida burguesa, los personajes pierden sus espacios normativos de libertad, actúan de una manera

sobre Comella, habla de una «incipiente burguesía que quería verse representada en las tablas»,[7] centrándose así en la casa burguesa no sólo como un lugar cotidiano de la vida familiar, sino también como un sitio de donde se dirigen los negocios del padre de familia. Por consiguiente, las piezas teatrales logran en su público un efecto de reconocimiento y de identificación. Cabe añadir que esta identificación facilita y apoya la función educadora asignada al teatro por el programa de reforma teatral del absolutismo ilustrado. Esta función pedagógica es adaptada en parte por los autores del teatro popular, por ejemplo, cuando se inspiran en comedias sentimentales inglesas y francesas.[8]

No es casualidad en este contexto que el teatro sentimental sea «una manifestación literaria centrada en el texto, en la palabra».[9] Con este «teatro de la palabra» converge una evolución en los modos de la escenificación debida, entre otros, a Diderot y su concepto de la «cuarta pared».[10] Me refiero a la separación creciente del espacio del público y del espacio de la acción teatral que se está produciendo durante el siglo XVIII en los teatros europeos. En el Norte de Alemania, por ejemplo, esta separación está marcada por el oscurecimiento de la sala de espectadores frente a la iluminación del escenario, mientras que todavía en el siglo XVII, los espectadores podían observarse durante la representación.[11] En los escenarios españoles de la época, como señala Juan Arreguí, se trata también de «romper definitivamente la continuidad espacial entre la sala y el escenario», lo

---

psicológicamente coherente y ejercen profesiones burguesas» («"Breter, die die Welt bedeuten". Bespielter und gespielter Raum, dessen Verhältnis zur sozialen Um-Welt [sic] sowie Gestaltungsräume des populären Theaters im 17. und 18. Jahrhundert», en Jörg Dünne, Sabine Friedrich, y Kirsten Kramer [eds.], *Theatralität und Räumlichkeit. Raumordnungen und Raumpraktiken im theatralen Mediendispositiv*, Würzburg, Königshausen und Neumann, 2009, p. 82). A menos que se indique lo contrario, todas las traducciones son mías.

7 Véase María Angulo Egea, *Luciano Francisco Comella (1751–1812)*, Alicante, Publicaciones de la Universidad de Alicante, 2006, p. 328.

8 En lo que se refiere a la influencia del teatro sentimental inglés y francés en España, véase María Jesús García Garrosa, *El triángulo sentimental en el drama del Dieciocho (Inglaterra, Francia, España)*, Kassel, Reichenberger, 1999. En cuanto a la adopción de ese género por autores populares como Comella, véase María Angulo Egea, *Luciano Francisco Comella*, pp. 326 y ss.

9 Véase María Angulo Egea, *Luciano Francisco Comella*, p. 68. También Daniel Fulda, *Schau-Spiele des Geldes. Die Komödie und die Entstehung der Marktgesellschaft von Shakespeare bis Lessing*, Tübingen, Niemeyer, 2005, p. 83. Angulo Egea también ve realizado el ya mencionado «teatro de la palabra» en el teatro de reforma del norte de Alemania, «que quería lograr su efecto sobre todo por medio del discurso de los personajes el cual, además, estaba estrechamente sometido a textos impresos».

10 Daniel Fulda, «"Breter, die die Welt bedeuten"...», p. 82.

11 Daniel Fulda, «"Breter, die die Welt bedeuten"...», pp. 82 y ss.

cual se logra por la «adopción de la [técnica italiana de la] *veduta ad angolo*».[12] A diferencia de la perspectiva central, la perspectiva angular representa «la multiplicación [...] del centro óptico»[13] del escenario. Fue introducida en primer lugar en el teatro de la corte y después adaptado por los teatros comerciales. La perspectiva en ángulo «identifica al escenario [...] como un área autónoma».[14] Ambas técnicas, el oscurecimiento de la sala de espectadores y la descentralización del centro óptico llevan a «la ilusión [...] en la que no existía ni el escenario, ni el espacio creado por el discurso de los personajes, sino simplemente un espacio de la realidad».[15] Como consecuencia, se oculta la teatralidad,[16] se priva al teatro de esos heterotopismos de mundos ajenos y espacios sobrenaturales que los neoclásicos atribuyen al teatro barroco. Al mismo tiempo, se empieza a favorecer el estreno de la cotidianidad. Como se trata de la cotidianidad de la burguesía mercantil, en el escenario no sólo se representa su vida familiar, sino también su vida comercial.[17] A pesar del desarrollo escenográfico descrito antes, hay que tomar en consideración que la mayoría de los teatros comerciales de la época eran corrales, cuya arquitectura no permitía una separación visual entre el escenario y los aposentos.[18]

El hecho de que la acción empiece a centrarse en un único emplazamiento estrecho aclara precisamente esta «necesidad de interioridad» atribuida a la burguesía incipiente europea del siglo XVIII por Habermas o Lukacs. Se manifiesta, entre otras cosas, en el hecho de que antes del siglo XVII no se atribuyen funciones específicas a los cuartos de la casa burguesa, mientras que posteriormente, se les asigna a ciertas habitaciones una función estrictamente privada y desconocida anteriormente. Lukacs nos lo ejemplifica a partir de la nomenclatura de las habitaciones, que ya está sujeta a cambios durante el siglo XVII: el dormitorio es entonces el único cuarto que empieza a ser designado como «cámara», en vez de «sala».[19] En cuanto a la terminología española, García-Fernández hace observaciones

---

12 Juan P. Arreguí, «Algunas consideraciones acerca de la conformación técnica de la pintura teatral española en el siglo XIX», en *Espéculo*, 14 (2000), p. 7 (en lñinea) [fecha de consulta: 20-06-2016] <https://pendientedemigracion. ucm.es/info/especulo/ numero14/escenog.html>.

13 Juan P. Arreguí, «Algunas consideraciones...», p. 7.

14 Juan P. Arreguí, «Algunas consideraciones...», p. 7.

15 Daniel Fulda, «"Breter, die die Welt bedeuten"...», p. 83.

16 Daniel Fulda, «"Breter, die die Welt bedeuten"...», p. 83.

17 No obstante, la abundancia barroca de acciones y lugares persiste en el siglo XVIII, si consideramos géneros como, por ejemplo, el de la comedia de magia, de santos y la comedia heroica. Véase a este respecto René Andioc, *Teatro y sociedad en el Madrid del siglo XVIII*, Madrid, Castalia, 1988, pp. 27 y ss.

18 Juan P. Arreguí, «Algunas consideraciones...», pp. 7 y ss.

19 John A. Lukacs, *The Passing of the Modern Age*, p. 200. Lukacs se refiere a la palabra francesa de *salle* en vez de *chambre*.

comparables para el siglo XVIII español: observa que el término de «sala»[20] empieza a sustituir a la palabra «aposento», que antes era más frecuente y que se refiere a una función más bien representativa y oficial de este cuarto, que en aquel entonces empieza a estar sujeto a una privatización. Según García Fernández, este cambio de nomenclatura se sitúa en el contexto de una separación gradual y creciente del espacio privado y del espacio comercial haciéndose notable en la casa burguesa.[21]

En el teatro español de fines del siglo XVIII, la importancia creciente del interior burgués como sitio que expresa el gusto individual de los residentes por medio de maneras diferentes de amueblar y decorar las partes representativas de la casa queda estampado también en las piezas de teatro de la época, y especialmente en las notas escénicas. Esto es también el caso en *El hombre agradecido* de Comella (1796), comedia que cabe ahora analizar en cuanto a la interdependencia del espacio del hogar y de la dimensión temporal.

3 Interferencias entre espacio privado y espacio comercial en *El hombre agradecido* de Comella. El matrimonio en términos espacio-temporales

Antes de que empiece la primera réplica, las notas escénicas nos informan de la decoración de la sala donde se desarrolla la acción de la pieza teatral de Comella:

> La escena es en Madrid en la sala de una casa perfectamente puesta. El Teatro representa una pieza de una alhajada con sus espejos de vestir naturales, y sus mesas, cornucopias, arañas de cristal en medio, taburetes decentes, mesa á [sic] un lado con su recado de escribir y una papelera. En el fondo de la pieza habrá una puerta, que introduce á [sic] un quarto decente. Encima de la mesa habrá un relox. Sale afanada Doña Antonia, y mira qué hora es.[22]

---

20 En cuanto a la sala como nueva habitación de una burguesía deseando un ámbito más privado, véase también Wilhelm Heinrich von Riehl, *Die Familie*, Stuttgart, J. G. Cotta'scher Verlag, 1889, p. 185, citado en Jürgen Habermas, *Strukturwandel der Öffentlichkeit*, p. 57: «Al espacio más importante en una casa burguesa distinguida se le añade un espacio completamente nuevo: el salón. A pesar de todo, el salón no sirve al hogar, si no a "la sociedad"; y esta sociedad está muy alejada de corresponder al estrecho y cerrado círculo de amistades de la casa».
21 Véase Máximo García-Fernández, «Home and Outdoors: Personal Clothing and House Comfort. Evolution and Significance in Castile between 1650 and 1850», en Carlota Santos (ed.), *Família, espaço y património*, Porto, CITCEM, 2011, p. 408.
22 Luciano Francisco Comella, *El hombre agradecido*, Valencia, Imprenta de los Hermanos de Orga, 1796, p. 1 (en línea) [fecha de consulta: 12-03-2013] <http://bvpb.mcu.es/es/catalogo_imagenes/grupo.cmd?path=10800>. Transcribo según la ortografía del siglo XVIII.

El mobiliario de la pieza ya nos indica el dilema que motiva la acción, es decir: La predilección de la dueña de la casa por objetos de lujo parece exceder al afán de negocios de su marido, un comerciante. Esto se manifiesta en la abundancia de objetos de decoración que predominan en el salón, mientras que el escritorio, como lugar de trabajo, sólo ocupa una posición marginada. El emplazamiento del reloj sobre la mesa vincula el espacio familiar con un mundo exterior concebido en términos temporales. Conforme a esto se abre la acción con la mirada del personaje de Doña Antonia hacia el reloj. Seguidamente, ella comenta la llegada con demora de la dueña de la casa ante una situación que normalmente exigiría su presencia inmediata: su marido, Don Lorenzo, ha sido encarcelado a causa de las deudas que acumuló su esposa, Doña Blasa. Pese a que esta última se entera del estado precario en el que se encuentra su marido por medio de un recado, ella conscientemente atrasa su regreso, divirtiéndose en un baile.

Chris Roulston explica que el matrimonio desde el Renacimiento ha estado concebido en términos espaciales, gracias a la casa como su espacio definidor. Él también constata un cambio en los hogares en el siglo XVIII, en los que la mujer, con su elección de la decoración, empieza a modular el espacio conyugal según su gusto.[23] Por consiguiente, resume Roulston en su estudio sobre la literatura consejera en materias matrimoniales: «[...] spatial rather than temporal matters became central to the conception of the ideal bourgeois marriage, often cast in terms of boundaries of inside and outside».[24] Este vínculo del interior con el exterior, de «lo público» y «lo privado» es, según María Angulo Egea, característico de «la nueva sociedad burguesa» y de su deseo de dominar ambos ámbitos, lo público y lo privado.[25] En la comedia sentimental *El hombre agradecido* de Comella, el matrimonio de Lorenzo y Blasa no se define sólo por el espacio compartido de la casa, sino que es también caracterizado en términos temporales. La relación del espacio matrimonial con la dimensión temporal se efectúa por medio del ya mencionado atrezo del reloj, el cual sirve para relacionar el mundo familiar marcado por la preocupación económica con un mundo exterior ambivalente, marcado tanto por la diversión (véase el baile) como por el peligro (véase la cárcel).

Al mismo tiempo, el reloj ayuda a esbozar el estado desolado en el que está la casa del comerciante Don Lorenzo, la cual se presenta como «un mundo al revés», donde el rol del patriarca familiar es tomado por su esposa, una petimetra.[26] La petimetra, o el petimetre, en su variante masculina, representa un tipo

---

23 Véase Chris Roulston, «Space and Representation of Marriage in Eighteenth-Century Advice Literature», en *The Eighteenth Century*, 49.1 (2008), pp. 26 y ss.

24 Véase Chris Roulston, «Space and Representation», p. 28.

25 Véase María Angulo Egea, *Luciano Francisco Comella (1751–1812)*, p. 333.

26 En su análisis de *La familia a la moda*, Christian von Tschilschke habla en un contexto

frecuente en la literatura de la época: personifica el afrancesamiento, convertido en un estereotipo negativo caracterizado por la mala economía. La preferencia del petimetre por artículos de lujo a la moda francesa lleva a gastos excesivos que él –ocioso por naturaleza– no puede pagar sin recurrir a los recursos financieros de otras personas. El hecho de que el dueño de la casa, Lorenzo, haya sido incapaz de utilizar su autoridad patriarcal para frenar los caprichos financieros de su esposa-petimetra Blasa[27] ha provocado que Lorenzo sea sustraído del hogar, dejando tanto a su hermana Antonia como su negocio en la ruina. Este patrón de la acción, donde el fracaso (o la simple ausencia) de una autoridad patriarcal que controla a los jóvenes y/o a las mujeres y, consecuentemente, lleva a la ruina de la familia, es algo característico de muchas comedias de fines del siglo XVIII.[28]

En cuanto a la llegada tardía de la dueña de la casa, es también interesante en su sentido metafórico: da lugar a la dialéctica entre presencia y ausencia en el marco de la economía temporal. Daniel Fulda nos enseña que, en el siglo XVII, el «comerciante-aventurero» medieval que todavía acompaña sus mercancías en el camino es sustituido por un comerciante de nuevo tipo, que espera la llegada de la carga en su despacho. Fulda, de la misma manera, nos ilustra la importancia del así llamado «lapso temporal» del que depende la suerte y la desgracia de la empresa.[29] Si las mercancías no llegan en el plazo previsto, el comerciante corre el riesgo de no poder cumplir sus compromisos financieros. Alexandre Dumas, en su famosa novela *El conde de Monte Cristo*, dedica el vigésimonoveno capítulo a esta dependencia del empresario del «lapso temporal» cuando nos esboza la quiebra del armador Morrel y su salvación milagrosa por la intervención generosa del conde.[30] El hecho de que en la comedia comellana Don Lorenzo sea incapaz de

---

semejante de la *domus perversa* de Augustino, «en la cual el esposo, Don Canuto, cede su papel de cabeza de familia a su esposa, Madama de Pimpleas» («María Rosa Gálvez neoklassizistische Komödie *La familia a la moda* [1805]. Paradigma für eine neue Ökonomie des Theaters», en Beatrice Schuchardt y Urs Urban [eds.], *Handel, Handlung, Verhandlung. Theater und Ökonomie in der frühen Neuzeit in Spanien*, Bielefeld, Transcript, 2014, p. 291; mi traducción).

27 Véase Jürgen Habermas, *Strukturwandel der Öffentlichkeit*, p. 67. En cuanto a las estructuras familiares en el XVIII, también habla de un «dominio patriarcal».

28 Como, por ejemplo, *La familia a la moda* (1805) de María Rosa Gálvez, *La petimetra* (1767) de Nicolás Fernández de Moratín, *El señorito mimado* (1787) y *La señorita mal criada* (1788) de Tomás de Iriarte, entre otras. Véase sobre esto Beatrice Schuchardt, «Von *petimetres* und *petimetras*. Strukturen von Ökonomie und Verschwendung in Moratíns *La petimetra* (1762) und Iriartes *El señorito mimado* (1787)», en Beatrice Schuchardt y Urs Urban (eds.), *Handel, Handlung, Verhandlung. Theater und Ökonomie in der frühen Neuzeit in Spanien*, Bielefeld, Transcript, 2014, pp. 269–282.

29 Véase Daniel Fulda, «"Breter, die die Welt bedeuten"...», p. 82.

30 Véase Alexandre Dumas, *Le comte de Monte-Cristo*, Paris, Gallimard, 1998, vol. 1, pp. 300 y ss.

controlar ese «bien precioso» que representa una esposa que apoye a su marido y contribuya a la prosperidad familiar, y que, al contrario, Doña Blasa se sustraiga de sus deberes domésticos y retrase su regreso al ámbito familiar, este retraso, digo, puede ser interpretado como representación metafórica del «lapso temporal». El matrimonio, por consiguiente, es definido tanto por el espacio conyugal de la casa como por la lógica temporal del mercado.

4 La carta: irrupción del exterior comercial en la interioridad familiar y amorosa en *El triunfo del amor y de la amistad, Jenwal y Faustina* (1793) de Zavala y Zamora

En la comedia *El triunfo del amor y la amistad* también son las notas escénicas que nos informan sobre la condición económica –en este caso bien acomodada– de la casa de la familia de Darmont, un «cambista»:

> La acción pasa en Bristol. La escena es en un departamento de la casa de Darmont, en que habrá dos bufetes con escribanías, libros de caxa, algunos legajos de correspondencia, una pequeña mesa de juego, y buena sillería.[31]

En esta comedia de imprenta sentimental, pero con fuertes tendencias populares en cuanto al humor y a la posición crucial tomada por la servidumbre en el desarrollo de la historia, el espacio privado está marcado por los utensilios del comercio: «escribanías», «libros de caxa», «legajos de correspondencia» nos informan de que el dueño de la casa es un hombre de negocios diligente. Sólo la «mesa de juego», pequeña además, remite a la diversión y, así, al espacio privado.[32]

---

31 Gaspar Zavala y Zamora, *El triunfo del amor y la amistad, Jenwal y Faustina: comedia original en prosa en tres actos*, Valencia, Ildefonso Mompié, 1816, p. 1 (en línea) [fecha de consulta: 01/05/2016] <http://fondosdigitales. us.es/fondos/libros/5666/1/comedia-original-en-prosa-en-tres-actos-el-triunfo-del-amor-y-la-amistad-jenwal-y-faustina-por-gaspar-zavala-y-zamora>.

32 Me refiero, por ejemplo, a comedias como *La petimetra* (1767) de Nicolás Fernández de Moratín o *La industriosa madrileña y El fabricante de Olot* (1789) de Francisco Durán. Véanse Beatrice Schuchardt, *«Von petimetres und petimetras...»*, pp. 269 y ss., y «Fe y prosperidad: sobre la conexión entre lo religioso y lo económico en la comedia *La industriosa madrileña y el fabricante de Olot* (1789) de Francisco Durán», en Markus Ebeling y Veronika Österbaur (eds.), *La religión, las letras y las luces: El factor religioso en la Ilustración española e hispanoamericana*, Frankfurt, Lang, 2015, pp. 109–122. Es importante señalar en este contexto que el juego de azar no será de más importancia en la comedia. Tampoco es representado como vicio como, por ejemplo, en *El*

Situando el enlace amoroso en la casa burguesa de Darmont, el dramaturgo nos presenta el amor inicialmente infeliz del «pobre» cajero Jenwal y de Faustina, hija de Darmont y comprometida con Vangrey, un «erudito a la violeta» y un engañador. Antes de que triunfen el amor y la amistad sobre las dudas que tiene el padre con respecto a la situación económica desfavorable de Jenwal, es el recurso escénico de la carta el que sirve para acelerar la acción. Al mismo tiempo, la carta es el medio por el que se vincula el sino privado y amoroso de la casa de Darmont con el mundo de los negocios. Como ya era el caso en *El hombre agradecido* de Comella, este mundo exterior se nos presenta como peligroso y amenazante: llega, por ejemplo, una carta que notifica a Darmont su quiebra,[33] otra alcanza a la familia desde el espacio heterotópico de la cárcel. Por consiguiente, las cartas son el recurso para dar esas vueltas imprevistas tan típicas de la comedia,[34] para el bien –o para el mal.

Por esto no puede sorprender que sea una carta lo que sentencia el final feliz y el matrimonio anteriormente impensable entre Jenwal y Faustina. En este contexto se manifiesta en qué medida la carta vincula lo privado y lo comercial. Es por medio de la carta que Jenwal, habiendo tomado el lugar de Darmont en la cárcel y con su identidad oculta, pide la mano de Faustina:

> *Lee Darmont.* Un hombre sensible á vuestras desgracias, no puede aliviarlas sino en la parte de daros libertad a costa de la suya. No os sea doloroso su sacrificio, pues á él se le hacen agradables mil circunstancias, ni discurrais cómo agradecerle; pues lo único que pudiera recompensarle, era la mano de la virtuosa Faustina.[35]

Lo que Jenwal propone bajo el disfraz de esa carta anónima, y lo que pretende bajo formulaciones corteses, es en realidad un negocio astuto, transformando su deseo amoroso en una operación de trueque: la mano de Faustina se convierte en una mercancía que Jenwal sólo puede pedir porque, por un lado, la carta le garantiza el anonimato y, por otro, porque su acto sacrificado, pero de ninguna manera altruista, recompensa su situación económica modesta. Se cambia así una virtud por otra virtud: el acto virtuoso de Jenwal de responder por Darmont

---

señorito mimado (1787) de Iriarte u otras comedias neoclásicas.

33 Gaspar Zavala y Zamora, *El triunfo del amor y la amistad...*, p. 13.

34 Véase Daniel Fulda, *Schau-Spiele des Geldes...*, p. 22 y ss. Según Fulda, estos giros imprevistos en la acción demuestran una analogía al mercado financiero que Fulda llama «homologías estructurales». He analizado estas homologías estructurales en el contexto de la temática de la economía en varios artículos: véanse Beatrice Schuchardt, «*Von petimetres und petimetras...*», pp. 269 y ss., y «Économies amoureuses: homologies structurales dans les comédies espagnoles et françaises du 18e siècle (Moratín, Iriarte, Destouches et Marivaux)», en *L'Homme et la Société*, 200.2 (2016), pp. 171–187.

35 Gaspar Zavala y Zamora, *El triunfo del amor y la amistad...*, p. 23.

en la cárcel representa el contravalor adecuado de «la virtuosa Faustina». Llama la atención que no importa en esta comedia el hecho de que la conducta calculadora de Jenwal pudiera aminorar o cuestionar la virtud de su acción. El ámbito privado del amor entra así en el terreno comercial.[36]

5 Conclusión

Se ha señalado de qué manera la burguesía y su necesidad de interioridad se introducen en el espacio teatral por medio de la decoración prescrita por las notas escénicas. También tiene su efecto en los métodos de escenificación, dando lugar en el siglo XVIII a una separación entre el espacio de la representación y el espacio de los espectadores, lo que provoca una ilusión de realidad.[37] En las comedias populares tomadas aquí en consideración, el hogar se presenta como un *oikos*, en el sentido del griego antiguo,[38] es decir, como una aglomeración de personas y bienes definido por una configuración no sólo espacial, sino también –y esto es el aspecto nuevo que aporta el teatro dieciochesco– temporal. Tanto el matrimonio como el amor se adaptan así a un mundo de negocios del que depende todo: la felicidad privada, la reputación pública y el éxito financiero. Al mismo tiempo el hogar burgués se nos presenta así en su dialéctica entre interioridad y exterioridad, así como también manifiesta una relación ambivalente con un exterior amenazante. Así se revela que la búsqueda de la expresión de una identidad burguesa en los escenarios de la época va acompañada de una impresión de crisis, articulándose en las obras estudiadas por medio de ese «mundo al revés» y por la crisis de masculinidad que testifican.[39]

---

36 Véase Schuchardt, Beatrice, «Freundschaft und die Ökonomie der Affekte in sentimentalen Komödien der spanischen Aufklärung», en Susanne Schlünder y Andrea Stahl (eds.), *Affektökonomien im 18. Jahrhundert*, Munich, Fink 2017, pp. 251 y ss.

37 Se responde así a la regla neoclásica de la verosimilitud.

38 «Se denomina *oikos* el edificio en sí mismo como también el hogar con sus personas y bienes, enmarcado en una época en la que la *polis* en Grecia todavía no era la unidad estatal dominante. Este hogar tuvo una importancia central como punto intersectivo de un conglomerado de relaciones sociales que se centraban principalmente en las relaciones de amistad» (Irmintraut Richarz, *Oikos, Haus und Haushalt. Ursprung und Geschichte der Haushaltsökonomik*, Göttingen, Vandenhoeck & Rupprecht, 1991, p. 15).

39 En cuanto a la crisis de masculinidad manifestándose en *La familia a la moda*, véase Christian von Tschilschke, «Quer zu *Queer*. Transgressionen der Geschlechter im spanischen Theater des 18. Jahrhunderts», en Uta Fenske y Gregor Schuhen (eds.), *Ambivalente Männlichkeit(en). Maskulinitätsdiskurse aus interdisziplinärer Perspektive*, Opladen, Budrich, 2012, pp. 181–198, y «"Podrá ser verdad esta comedia?" Transgresiones del género en los sainetes de Ramón de

Obras citadas

Andioc, René, *Teatro y sociedad en el Madrid del siglo XVIII*, Madrid, Castalia, 1988.

Angulo Egea, María, *Luciano Francisco Comella (1751–1812)*, Alicante, Publicaciones de la Universidad de Alicante, 2006.

Arreguí, Juan P., «Algunas consideraciones acerca de la conformación técnica de la pintura teatral española en el siglo XIX», en *Espéculo*, 14 (2000), pp. 1–29 (en línea) [fecha de consulta: 20-06-2016] <https://pendientedemigracion.ucm.es/info/especulo/numero14/escenog. html>.

Bachelard, Gaston, *Poétique de l'espace*, Paris, PUF, 1957.

Comella, Luciano Francisco, *El hombre agradecido*, Valencia, Imprenta de los Hermanos de Orga, 1796 (en línea) [fecha de consulta: 12-03-2013] <http://bvpb.mcu.es/es/catalogo_imagenes/grupo.cmd ?path=10800>.

Dumas, Alexandre, *Le comte de Monte-Cristo*, Paris, Gallimard, 1998.

Fulda, Daniel,«"Breter [sic], die die Welt bedeuten". Bespielter und gespielter Raum, dessen Verhältnis zur sozialen Um-Welt [sic] sowie Gestaltungsräume des populären Theaters im 17. und 18. Jahrhundert», en Jörg Dünne, Sabine Friedrich y Kirsten Kramer (eds.), *Theatralität und Räumlichkeit. Raumordnungen und Raumpraktiken im theatralen Mediendispositiv*, Würzburg, Königshausen und Neumann, 2009, pp. 71–86.

—, *Schau-Spiele des Geldes. Die Komödie und die Entstehung der Marktgesellschaft von Shakespeare bis Lessing*, Tübingen, Niemeyer, 2005.

García-Fernández, Máximo, «Home and Outdoors: Personal Clothing and House Comfort. Evolution and Significance in Castile between 1650 and 1850», en Carlota Santos (ed.), *Família, espaço y património*, Porto, CITCEM, 2011, pp. 403–418.

García Garrosa, María Jesús, *El triángulo sentimental en el drama del Dieciocho (Inglaterra, Francia, España)*, Kassel, Reichenberger, 1999.

Gumbrecht, Hans-Ulrich, «Der Misanthrop, die Tänzerin und der Ohrensessel: Über die Gattung "Costumbrismo" und die Beziehungen zwischen Gesellschaft, Wissen und Diskurs im Spanien des XIX. Jahrhunderts», en Jürgen Link (ed.), *Bewegung und Stillstand in Metaphern und Mythen: Fallstudien zum Verhältnis von elementarem Wissen und Literatur im 19. Jahrhundert*, Stuttgart, Klett-Cotta, 1984, pp. 15–62.

Habermas, Jürgen, *Strukturwandel der Öffentlichkeit*, Frankfurt, Luchterhand, 1969.

Lukacs, John A., *The Passing of the Modern Age*, New York, Harper & Row, 1972.

Maravall, Antonio, «Espíritu burgués y principio de interés personal en la Ilustración española», en *Hispanic Review*, 47.3 (1979), pp. 291–325.

Richarz, Irmintraut, *Oikos, Haus und Haushalt. Ursprung und Geschichte der Haushaltsökonomik*, Göttingen, Vandenhoeck & Rupprecht, 1991.

Riehl, Wilhelm Heinrich von, *Die Familie*, Stuttgart, J. G. Cotta'scher Verlag, 1889.

Roulston, Chris, «Space and Representation of Marriage in Eighteenth-Century Advice Literature», en *The Eighteenth Century*, 49.1 (2008), pp. 25–41.

---

la Cruz», en Tobias Brandenberger y Annette Partzsch (eds.), *Deseos, juegos, camuflaje. Los estudios de género y «queer» y las literaturas hispánicas. De la Edad Media a la Ilustración*, Frankfurt, Lang, 2011, pp. 93–109.

Schuchardt, Beatrice, «Freundschaft und die Ökonomie der Affekte in sentimentalen Komödien der spanischen Aufklärung», en Susanne Schlünder y Andrea Stahl (eds.), *Affektökonomien im 18. Jahrhundert*, Munich, Fink 2017, pp. 251–272.

—, «Économies amoureuses: homologies structurales dans les comédies espagnoles et françaises du 18e siècle (Moratín, Iriarte, Destouches et Marivaux)», en *L'Homme et la Société*, 200.2 (2016), pp. 171–187.

—, «Fe y prosperidad: sobre la conexión entre lo religioso y lo económico en la comedia *La industriosa madrileña y el fabricante de Olot* (1789) de Francisco Durán», en Markus Ebeling, y Veronika Österbaur (eds.), *La religión, las letras y las luces: El factor religioso en la Ilustración española e hispanoamericana*, Frankfurt, Lang, 2015, pp. 109–122.

—, «Von *petimetres* und *petimetras*. Strukturen von Ökonomie und Verschwendung in Moratíns *La petimetra* (1762) und Iriartes *El señorito mimado* (1787)», en Beatrice Schuchardt y Urs Urban (eds.), *Handel, Handlung, Verhandlung. Theater und Ökonomie in der frühen Neuzeit in Spanien*, Bielefeld, Transcript, 2014, pp. 269–282.

Tschilschke, Christian von, «María Rosa Gálvez neoklassizistische Komödie *La familia a la moda* (1805). Paradigma für eine neue Ökonomie des Theaters», en Beatrice Schuchardt y Urs Urban (eds.), *Handel, Handlung, Verhandlung. Theater und Ökonomie in der frühen Neuzeit in Spanien*, Bielefeld, Transcript, 2014, pp. 283–303.

—, «Quer zu *Queer*. Transgressionen der Geschlechter im spanischen Theater des 18. Jahrhunderts», en Uta Fenske y Gregor Schuhen (eds.), *Ambivalente Männlichkeit(en). Maskulinitätsdiskurse aus interdisziplinärer Perspektive*, Opladen, Budrich, 2012, pp. 181–198.

—, «"Podrá ser verdad esta comedia?" Transgresiones del género en los sainetes de Ramón de la Cruz», en Tobias Brandenberger y Annette Partzsch (eds.), *Deseos, juegos, camuflaje. Los estudios de género y «queer» y las literaturas hispánicas. De la Edad Media a la Ilustración*, Frankfurt, Lang, 2011, pp. 93–109.

Zavala y Zamora, Gaspar, *El triunfo del amor y la amistad, Jenwal y Faustina: comedia original en prosa en tres actos*, Valencia, Ildefonso Mompié, 1816 (en línea) [fecha de consulta: 01/05/2016] <http://fondosdigitales.us.es/fondos/libros/5666/1/comedia-original-en-prosa-en-tres-actos-el-triunfo-del-amor-y-la-amistad-jenwal-y-faustina-por-gaspar-zavala-y-zamora>.

Ingrid Simson

Construcciones espaciales de América en el teatro del Siglo de Oro: demostración de poder y apropiación simbólica

Resumen: ¿Cómo es representada América y qué información sobre el continente se transmite en el teatro del Siglo de Oro? Este análisis de las pocas obras del Siglo de Oro dedicadas al tema de América muestra una fuerte hispanización de lo americano y una apropiación radical del espacio indígena por parte del espacio español, hasta el punto de que es posible encontrar caballeros, damas y graciosos en escenas americanas. América es reducida a unos pocos estereotipos, pues, si bien América abre espacios de conocimiento en el teatro del Siglo de Oro, el objetivo de los dramas de temática americana no es la presentación de espacios foráneos o indígenas, sino una ostentación triunfante del poder y la superioridad españoles, así como la legitimación del proceder de España en América. En este contexto, las alegorías adquieren importancia como espacios simbólicos, y permiten presentar a América de formas distintas, bien sea como alegoría de país o de continente, y casi siempre en relación estrecha con las personificaciones Herejía, Idolatría o Demonio. Por otra parte, las comedias de asunto americano muestran muy bien el carácter del espacio como construcción, pues este muchas veces está construido por ideas y conceptos y cargado con un cierto simbolismo. Aunque es posible encontrar algunos aspectos de subversión, los espacios de conocimiento sobre América se caracterizan por su poca información y la adherencia evidente a una interpretación oficial de los procesos históricos, así como por una apropiación simbólica de las regiones americanas.

Palabras clave: Siglo de Oro, América, espacio, alegoría, hispanización, conocimiento

1 El teatro y el espacio

El teatro, considerado el medio creador del espacio por excelencia, demuestra de forma particular que todo espacio es una construcción. En él, el espacio surge a

Nota: Agradezco a Andrea Garcés Farfán y a Carlos Pérez Ricart sus traducciones del texto al español

Ingrid Simson, Freie Universität Berlin

https://doi.org/10.1515/9783110450828-041

partir del movimiento, los actores, el lenguaje y el decorado. La tensión entre el ordenamiento y la praxis, crucial en los estudios actuales sobre el espacio,[1] se puede demostrar de forma ejemplar en el teatro.

Ya en 1931, el teórico Max Hermann, en un texto fundacional de los estudios teatrales, habla del teatro como «espacio artístico que surge solamente mediante la transformación interior, más o menos grande, del espacio real, [...] una experiencia en la que el espacio escénico es transformado en un espacio de otra índole».[2] El carácter vivencial de la puesta en escena le ofrece al espectador, en un momento de atemporalidad, un sinnúmero de espacios posibles. El teatro es entonces un ejemplo convincente de heterotopía según Foucault,[3] puesto que en él pueden reconocerse múltiples conceptos sobre el espacio que funcionan en distintos niveles.

Mientras los estudios literarios tradicionales se han ocupado exclusivamente de la semántica del espacio extraída de los textos principales y secundarios de la obra dramática, los estudios teatrales procuran enfocarse cada vez más en la práctica de la puesta en escena y el aspecto performativo del teatro.[4] Según Erika Fischer-Lichte, los espacios teatrales son siempre espacios performativos y, como tales, dinámicos. El espacio performativo es un espacio en constante cambio,

> [...] en el cual lo espacial surge del movimiento y la percepción de actores y espectadores. Lo espacial no existe de antemano, sino que es creado constantemente. El espacio performativo no nos es dado como artefacto cuyo diseño es responsabilidad de uno o varios autores –como el espacio geométrico–; su naturaleza no es la de una obra, sino la de una experiencia.[5]

Debido a esta orientación, los estudios teatrales actuales se interesan menos por la semántica del espacio y la configuración del texto dramático que por el espacio escénico y teatral, al que pertenecen el teatro como lugar, el auditorio y el escenario. Según la época y el tipo de puesta en escena, cambian tanto la

---

1 Véanse sobre esa temática Sabine Friedrich, «Raum und Theatralität», en Jörg Dünne y Andreas Mahler (eds.), *Handbuch Literatur & Raum*, Berlin/Boston, De Gruyter, 2015, p. 105, y Jörg Dünne y Kirsten Kramer, «Einleitung: Theatralität und Räumlichkeit», en Jörg Dünne, Sabine Friedrich y Kirsten Kramer (eds.), *Theatralität und Räumlichkeit: Raumordnungen und Raumpraktiken im theatralen Mediendispositiv*, Würzburg, Königshausen & Neumann, 2009, pp. 15–32.
2 Max Hermann, «Das theatralische Raumerlebnis», en *Zeitschrift für Ästhetik und allgemeine Kunstwissenschaft*, 25, suplemento (1931), p. 153. Todas las traducciones son de la autora, a menos que se especifique lo contrario.
3 Véase Michel Foucault, *Die Heterotopien = Les hétérotopies*, Frankfurt, Suhrkamp, 2005.
4 Los trabajos de Erika Fischer-Lichte al respecto son de especial importancia. Véanse sobre todo *Ästhetik des Performativen*, Frankfurt, Suhrkamp, 2004, y *Semiotik des Theaters. Eine Einführung. 1. Das System der theatralischen Zeichen*, Tübingen, Gunter Narr Verlag, 1994.
5 Erika Fischer-Lichte, *Ästhetik des Performativen*, pp. 199–200.

separación entre el auditorio y el escenario como las posibles divisiones del auditorio. También es importante constatar la creación de un espacio lúdico que no se restringe a la puesta en escena en un teatro, sino que tiene también en cuenta formas como el teatro de calle, los festejos y las procesiones.[6] El teatro español de la temprana Edad Moderna es relevante en este punto, pues muestra distintas formas de puesta en escena que van desde carretas que eran usadas como escenarios, pasando por los corrales y las procesiones de los autos sacramentales, hasta complicados escenarios en los teatros palaciegos.[7]

Ya desde muy temprano el teatro estuvo relacionado con el conocimiento y la transferencia de conocimientos. Como ejemplo de la temprana Edad Moderna cabe mencionar el teatro de la memoria, creado por el erudito italiano Giulio Camillo quien, de manera enciclopédica, ordenó el conocimiento de aquel mundo en un esquema teatral, logrando así una forma previa de modelo computacional.[8] Durante la temprana Edad Moderna, el teatro asume su función como «espacio para la generación de conocimientos y comunicación».[9]

El teatro, centro de diálogo entre los actores y el público, ofrece un texto visual que sirve como mecanismo de transferencia de conocimientos. La comedia nueva de los siglos XVI y XVII junta distintas clases sociales en un mismo lugar. El teatro se vuelve un espacio dinámico en el que circulan conocimientos culturales. Sin embargo, la transferencia de conocimientos va más allá: junto a los conocimientos culturales y globales, el teatro ofrece una mirada a la forma en que se estructuran los espacios sociales y los sistemas relacionales. Así, el espectador analiza los acontecimientos que suceden en el escenario a la luz de su propio contexto social.[10]

Por lo demás, en el teatro cristalizan relaciones políticas de poder, las cuales pueden entenderse como categorías espaciales. Como convincentemente demuestra Stephen Greenblatt en sus investigaciones sobre el teatro de Shakespeare, el teatro de la temprana Edad Moderna, por un lado, abre un espacio para

---

6 Para el concepto del espacio lúdico, véase Marvin Carlson, *Places of Performance. The Semiotics of Theatre Architecture,* Ithaka, Cornell University Press, 1989.

7 Para el teatro del Siglo de Oro, véanse sobre todo José María Díez Borque (ed.), *Actor y técnica de representación del teatro clásico español,* London, Tamesis, 1989, y John E. Varey, *Cosmovisión y escenografía: el teatro español en el Siglo de Oro,* Madrid, Castalia, 1987.

8 Véase Frances A. Yates, *The Art of Memory,* Chicago, University of Chicago Press, 1966.

9 Sibylle Baumbach, «Wissensräume im Theater der Frühen Neuzeit», en Wolfgang Hallet y Birgit Neumann (eds.), *Raum und Bewegung in der Literatur. Die Literaturwissenschaften und der Spatial Turn,* Bielefeld, Transcript, 2009, p. 196.

10 Véanse Sibylle Baumbach, «Wissensräume im Theater der Frühen Neuzeit», pp. 197–198, y Stephen Greenblatt, *Shakespearean Negotiations. The Circulation of Social Energy in Early Modern England,* Berkeley, University of California Press, 1988.

la crítica y para la opinión subversiva –como también puede verificarse en el caso de algunas comedias de la época del Siglo de Oro, las cuales no dejan de sugerir ideas subversivas a partir de configuraciones no habituales, dobles sentidos, etc.–, por otro, el teatro de principios de la Edad Moderna tiene una clara función estabilizadora a nivel político y social:

> Within this theatrical setting, there is a notable insistence upon the paradoxes, ambiguities, and tensions of authority, but this apparent production of subversion is, as we have already seen, the very condition of power.[11]

Esta doble función se puede ver con claridad en el principio del «mundo al revés», representado muchas veces en los escenarios del Siglo de Oro y que corresponde a la tradición del carnaval descrita por Michail Bakhtin.[12] Por un breve periodo, los sectores menos privilegiados –las mujeres, el pueblo u otros grupos oprimidos– toman el poder. Las leyes y los reglamentos comunes son suspendidos durante un tiempo y todo parece, de pronto, posible. Tras la restauración del orden tradicional, este aparece especialmente estable y fortalecido.

Por último, en los escenarios del Siglo de Oro se representaron espacios geográficos concretos: espacios locales, pero también lugares lejanos, situaciones sociales de la época y temas históricos. Además, es posible encontrar en el teatro español de principios de esta época un cruce continuo entre las fronteras espaciales y temporales.

En este contexto surge la pregunta acerca de cómo fueron representados en el teatro español del Siglo de Oro espacios hasta ese momento desconocidos y extraños. Uno de los mejores ejemplos es el de América. En ese sentido nos preguntamos: ¿cómo se representó y se transmitió el conocimiento sobre América en el teatro de la época?

2 El conocimiento sobre América

A pesar de la aparición progresiva de formas escritas de difusión, en el Siglo de Oro la oralidad fue la principal forma de transmisión de conocimiento. Fue dominante la comunicación oral-colectiva, complementada por imágenes. Sin embargo, desde la época de los viajes de Colón, soldados, viajeros y colonos publicaron y difundieron cartas, reportes y relaciones sobre las realidades americanas en

---

11 Stephen Greenblatt, *Shakespearean Negotiations*, p. 65.
12 Véase Mikhail Bakhtin, *Rabelais and His World*, Helene Iswolsky (trad.), Bloomington, Indiana University Press, 1984.

forma de fragmentos. Estos textos estaban por lo general sujetos a las intenciones de sus autores y tienen por ello un alto contenido ficcional. En la misma época, cronistas e historiadores profesionales escribieron historias más extensas, a las que solo podía acceder un pequeño círculo de personas interesadas.[13]

Desde un principio los reyes españoles controlaron los comunicados sobre América con el fin de consolidar su poder. Sin embargo, debido a que las leyes de censura expedidas a principios del siglo XVI fueron implementadas de forma arbitraria e inconsecuente, el clima para las publicaciones acerca de América siguió siendo propicio.[14] Esta situación cambió radicalmente bajo el mandato de Felipe II. A partir de entonces, la Corona española ejerció un estricto control sobre las publicaciones relacionadas con temas americanos y prácticamente bloqueó por completo su aparición durante medio siglo. Baudot advierte, con razón, «que la civilización de los mexicanos, y por extensión la del indio de América, han sido declarados temas prohibidos y brutalmente censurados a partir de 1577».[15] En las obras historiográficas publicadas en el siglo XVII se presentó entonces una única imagen de la realidad americana, que era perfectamente acorde con el sistema.

En general, el público español estaba más interesado por lo local y América era vista como una nota al margen, relevante sobre todo para aquellos involucrados en la empresa americana. Rápidamente se arraigó un estereotipo de América que se concentraba especialmente en su supuesta riqueza legendaria y la ausencia del cristianismo. Las clases educadas tenían acceso a las fuentes sobre América publicadas antes del régimen de Felipe II, como, por ejemplo, *De orbe novo* de Pedro Mártir de Anglería.

3 América en el teatro

América no era uno de los temas preferidos del teatro del Siglo de Oro y son pocos los textos que llevaron América a los escenarios españoles durante la época. Puesto que en la España de los siglos XVI y XVII el tema tenía una connotación

---

13 Véase Walter Mignolo, «Cartas, crónicas y relaciones del descubrimiento y la conquista», en Luis Iñigo Madrigal (ed.), *Historia de la literatura hispanoamericana. I. Época colonial*, Madrid, Cátedra, 1982, pp. 57–116.
14 Para la política de información de la Corona española y las medidas de censura de la época, véanse Ingrid Simson, *Amerika in der spanischen Literatur des «Siglo de Oro». Bericht, Inszenierung, Kritik*, Frankfurt, Vervuert, 2003, pp. 85–90, y Manuel Peña Díaz, *Escribir y prohibir. Inquisición y censura en los Siglos de Oro*, Madrid, Cátedra, 2015.
15 Georges Baudot, *Utopía e Historia en México. Los primeros cronistas de la civilización mexicana (1520–1569)*, Vicente González Loscertales (trad.), Madrid, Espasa-Calpe, 1983, p. 472.

negativa, es posible hablar incluso de América como tabú. Los continuos ataques por parte de otros países europeos en relación al proceder de España en América,[16] la ambición de poder de los propios conquistadores y la censura son algunas de las razones que convirtieron a América en uno de los temas menos atractivos.

Así, no sorprende que la mayoría de las veintiocho comedias que he logrado documentar y que tratan el tema de América sean encargos de descendientes de conquistadores polémicos, como Hernán Cortés, García Hurtado de Mendoza y los hermanos Pizarro, hechos con la intención de mejorar la imagen pública de sus ilustres ancestros. A estas comedias pertenecen sin duda la *Trilogía de los Pizarros* de Tirso de Molina, *Arauco domado* de Lope de Vega, *Algunas hazañas de las muchas de don García Hurtado de Mendoza, Marqués de Cañete*, compuesta por Luis Belmonte Bermúdez y otros, y *El gobernador prudente* de Gaspar de Ávila. En otros casos, la ausencia de fuentes nos impide probar que se trate de encargos. Solo en pocos dramas, entre ellos *El nuevo mundo descubierto por Cristóbal Colón* de Lope de Vega y *La aurora en Copacabana* de Pedro Calderón de la Barca, es posible suponer que los autores eligieron la temática americana por voluntad propia.

En este contexto vale la pena preguntarse cómo representaron tales autores América y a sus habitantes en los escenarios del Siglo de Oro. Un análisis de las piezas teatrales que conocemos hace posible detectar algunas características y estrategias comunes, además de la aplicación de los espacios respectivos.[17]

Para la representación de los mundos lejanos y desconocidos, los autores del Siglo de Oro recurrieron, por lo general, a espacios conocidos. Es por esto que en las comedias aparecen personajes que remiten a la mitología antigua, como las amazonas de Tirso de Molina en su comedia *Amazonas en las Indias*. Sin embargo, la mayoría de los personajes indígenas de los escenarios de la época aparecen como salvajes o bárbaros, figuras que pertenecen al repertorio de la literatura desde la Edad Media. Sus atributos indígenas se definen solamente a partir de su indumentaria estereotipada: plumas, arco y flecha.

---

16 Para la propaganda antiespañola, véase Ricardo García Cárcel, *La leyenda negra. Historia y opinión*, Madrid, Alianza, 1992.

17 Véanse Ingrid Simson, *Amerika in der spanischen Literatur des «Siglo de Oro»*, y, como editora, *América en España: influencias, intereses, imágenes*, Madrid/Frankfurt, Iberoamericana/Vervuert, 2007. Asimismo, véanse también Miguel Zugasti, «Notas para un repertorio de comedias indianas del Siglo de Oro», en Ignacio Arellano *et al.* (eds.), *Studia Aurea. Actas del III Congreso de la AISO*, Toulouse/Pamplona, GRISO/LEMSO, 1996, pp. 429–442, y Christopher F. Laferl, «América en el teatro español del Siglo de Oro», en Andrea Sommer-Mathis et al. (eds.), *El teatro descubre América. Fiestas y teatro en la Casa de Austria (1492–1700)*, Madrid, MAPFRE, 1992, pp. 167–269.

Lo anterior es igualmente válido para el paisaje y el entorno, los cuales en los tiempos de los corrales son descritos en los textos, más que escenificados. Es frecuente encontrar la descripción de lugares idílicos, el *locus amoenus*, que por lo demás podrían ubicarse en España. Una excepción a esto es la ya citada *Amazonas en las Indias* de Tirso de Molina, donde se describe decididamente un paisaje americano con flora y fauna muy particular. Si el autor basó su sorprendente y exacta descripción en experiencias de su residencia en Santo Domingo, es algo que aún se discute.

Los autores se sirvieron de las relaciones e historias disponibles en aquella época como fuentes directas para sus dramas. No obstante, entre las fuentes sobresale la epopeya *La Araucana* de Alonso de Ercilla, obra muy bien recibida por el público, cuya primera parte fue publicada en 1569.[18] De hecho, algunas de las comedias conocidas están dedicadas a la temática araucana, provocando que personajes de dramas localizados en México o Perú lleven nombres araucanos. Así, por ejemplo, en *La aurora en Copacabana* de Calderón, ambientada en Perú, Guacolda aparece como protagonista, y Tucapel y Glauca como gracioso y graciosa.

En la creación de personajes jugaron un papel importante los límites impuestos por la comedia en tanto género teatral. Las figuras indígenas fueron integradas en el espacio del drama español de la época, cumpliendo así, como el resto de las figuras, las demandas del género. Los hombres indígenas obedecen a los requerimientos de la figura del caballero, las indígenas cumplen con las características de la dama y los sirvientes fungen como graciosos. Esta hispanización, o sea la apropiación del espacio indígena por el español, se dio en todas las comedias con temas relacionados con América, a pesar de los estereotipos que había sobre los rasgos físicos indígenas. El valor, el aplomo y el amor a la patria son algunas de las características más importantes de los caballeros en las comedias históricas. Estas se manifiestan, por ejemplo, en Caupolicán, personaje de *Arauco domado* de Lope de Vega, quien opaca como héroe trágico al español García Hurtado de Mendoza. Tras aguantar con estoicismo torturas inenarrables, Caupolicán reconoce al Dios verdadero y asume humildemente su culpa y su condena en un soneto conmovedor:

---

18 Para la Araucana de Ercilla, véanse Ingrid Simson, *Amerika in der spanischen Literatur des «Siglo de Oro»*, pp. 136–263; Roger Friedlein, *Kosmovisionen: Inszenierungen von Wissen und Dichtung im Epos der Renaissance in Frankreich, Portugal und Spanien*, Stuttgart, Steiner, 2014, pp. 267–306, y la «Introducción biográfica y crítica» de Marcos A. Morínigo en Alonso de Ercilla, *Alonso de Ercilla. «La Araucana»*, Marcos A. Morínigo e Isaías Lerner (eds.), Madrid, Cátedra, 1979, vol. 1, pp. 7–109.

CAUPOLICÁN   Señor, si yo era bárbaro, no tengo
              Tanta culpa en no haberos conocido;
              Ya que me han dicho lo que os he debido,
              Sin pies a vuestros pies clavado vengo.
              Yo confieso que tarde me prevengo,
              Pero dicen que estando arrepentido,
              Debo creer que en este día he nacido;
              Perdonadme, Señor, si me detengo.
              Pasé adorando al sol mis años tristes,
              Contento de mirar sus rayos de oro;
              Pero ya sé que vos al sol hicistes.
              Mi edad pasada arrepentido lloro:
              ¡Oh sol, autor del sol, pues luz me distes,
              Con esta misma vuestro rayo adoro![19]

El polo opuesto del caballero es representado por el criado, el gracioso, una figura indispensable en las comedias del Siglo de Oro. El gracioso proviene por lo general del pueblo, es cobarde y no muy listo, pero tiene ingenio, capacidad de réplica y un cierto humor, por lo que es responsable del aspecto cómico de estas obras. Un ejemplo es Rauco, el criado del guerrero araucano Rengo en *La bellígera española* de Ricardo de Turia, quien se niega a participar en la lucha contra los españoles:

RAUCO   Voime antes que los del fuerte
         salgan. Perdone mi amo;
         que a imitación las locuras
         no obligan a los criados.[20]

Mientras que los caballeros indígenas, debido a su hispanización, se aproximan al concepto del buen salvaje, siendo Yupanguí (*La aurora en Copacabana*), Caupolicán (*Arauco domado*) y Dulcanquellín (*El nuevo mundo descubierto por Cristóbal Colón*) excelentes ejemplos de esto, los graciosos encarnan el rol del bárbaro inculto, tonto y ordinario. Otra figura indígena que aparece en la comedia, especialmente en la relacionada con el tema de los araucos, es el verdadero salvaje que se opone a los españoles y por tanto debe ser combatido por estos.

Al igual que el caballero, la dama indígena está obligada a cumplir el código de honor español. Tal es el caso de Guacolda, tanto en *La aurora en*

---

19 Félix Lope de Vega Carpio, «*Arauco domado*», en *Obra de Lope de Vega. Vol. 27*, Marcelino Menéndez Pelayo (ed.), Madrid, Atlas, 1969, p. 287.
20 Ricardo de Turia, «*La gran comedia de la bellígera española*», en Eduardo Juliá Martínez (ed.), *Poetas dramáticos valencianos*, Madrid, Revista de Archivos, 1929, vol. 2, p. 550.

Copacabana de Calderón como en *La bellígera española* de Turia. Los asuntos amorosos entre las élites indígenas son tratados según la usanza española tradicional, es decir, de acuerdo a las normas de honor y haciendo uso de la retórica amorosa usual, como puede verse al inicio de *Arauco domado* de Lope de Vega, cuando Caupolicán corteja a Fresia en una escena de baño inspirada en el *locus amoenus*.[21]

En el repertorio de la comedia española del Siglo de Oro también aparecen verdaderas salvajes, como Fresia, de *Arauco domado* de Lope de Vega, o Gualeva, de *Algunas hazañas de las muchas de don García Hurtado de Mendoza, Marqués de Cañete* de Luis Belmonte Bermúdez y colaboradores. Estas indígenas sobrepasan por mucho a sus maridos en términos de crueldad, fiereza y determinación. No obstante, el rasgo dominante que marca la caracterización de las mujeres indígenas en la comedia es su libertad sexual, presente en casi todas las comedias de tema americano. Las indígenas son representadas como liberales, frívolas e infieles, dispuestas en todo momento al amor carnal con los soldados españoles. Al hacerlo, la comedia hace uso de un estereotipo común en la literatura sobre América que va en contravía de la rígida moral sexual de la sociedad española de los siglos XVI y XVII.

Finalmente, la hispanización de los personajes americanos es llevada al extremo en la comedia *Los españoles de Chile* de Francisco González de Bustos, del año 1652. En esta tradicional comedia de capa y espada, de una época posterior, hasta los españoles se maravillan por la enorme capacidad de adaptación de los araucanos. A los indígenas les es robada toda su identidad, al punto que lo indígena queda reducido a decoración, a un telón de fondo exótico para la historia amorosa entre Diego de Almagro y su enamorada Juana.[22]

Los temas principales en las comedias sobre América son la conquista y la conversión del pueblo indígena. El periodo colonial es tenido en cuenta en muy pocos casos, y en ellos la atención se centra en la pregunta por la fe, como es el caso de *La aurora en Copacabana* de Calderón. En tiempos de decadencia política, económica y social en España, las comedias de temática americana se remiten a hazañas nacionales para seguir demostrando la grandeza y el poder imperiales, al mismo tiempo que legitiman las pretensiones de poder por parte de la Corona española mediante una narrativa de salvación, dando por sentado la misión divina de España. Finalmente, los escenarios españoles sirven como

---

21 Félix Lope de Vega Carpio, «*Arauco domado*», pp. 240–241.
22 Sobre la comedia de González de Bustos, véanse Ingrid Simson, *Amerika in der spanischen Literatur des «Siglo de Oro»*, pp. 296–297, y Christopher F. Laferl, «América en el teatro español del Siglo de Oro», pp. 235–236, así como también Patricio Lerzundi, *Arauco en el teatro del Siglo de Oro*, Valencia, Albatros Hispanófila Ediciones, 1996.

defensa frente a los vecinos europeos que habían atacado a España por su política americana en múltiples ocasiones.[23]

Prácticamente no hay ninguna comedia en la que los españoles omitan mencionar el encargo divino de ganar almas para la nación cristiana. «No vamos a buscar oro,/sino fama, y a ensalçar/la Fé», se dice al inicio de *Las palabras a los reyes* de Vélez de Guevara.[24] Especialmente las apoteosis al final de los tres dramas americanos de Lope de Vega realzan lo nacional y lo conectan con la misión cristiana. El recibimiento arrasador de Colón en la corte de los Reyes Católicos concluye con las siguientes palabras del rey Fernando:

> DON FERNANDO   Hoy queda gloriosa España
> de aquesta heroica victoria,
> siendo de Cristo la gloria
> y de un genovés la hazaña,
> y de otro mundo segundo
> Castillo y León se alaba.[25]

La conexión entre la ambición de poder político y la justificación divina aparece de forma especialmente clara en *El Brasil restituido* de Lope de Vega. El drama trata los acontecimientos de los años 1624 y 1625, cuando las tropas holandesas se tomaron la ciudad Bahía de Todos Santos, perteneciente a la colonia portuguesa en Brasil.[26] Lope convierte este enfrentamiento, que es claramente de índole política y económica, en una controversia religiosa. En su comedia, son los judíos que habían huido a Brasil desde Portugal quienes, por miedo a la Inquisición, acuden a Holanda en busca de ayuda. Tras la toma de Brasil por parte de los holandeses aparece en el drama de Lope la conexión con la historia de la salvación. Al final de la obra, en medio de una entrada triunfal, el general Fadrique perdona con generosidad a los rebeldes holandeses y judíos ante un retrato a tamaño real de Felipe IV, una escena inspirada, por cierto, en la pintura *Recuperación de Bahía del Brasil* de Juan Bautista Maíno.

Como muestra bien Greenblatt con el ejemplo del teatro de Shakespeare, las representaciones teatrales de la época incluyen tanto espacios de poder como

---

23 Véase Ingrid Simson, *Amerika in der spanischen Literatur des «Siglo de Oro»*, pp. 270–278 y 412–414.

24 Luis Vélez de Guevara, *Las palabras a los reyes, y gloria de los Pizarros*, s.l., s.i., s.a., f. 187ʳ. En Sammlung Schaeffer, tomo 34, Biblioteca de la Universität Freiburg.

25 Félix Lope de Vega Carpio, *El nuevo mundo descubierto por Cristóbal Colón*, Jean Lemartinel y Charles Minguet (eds.), Lille, Presse Universitaire, 1980, p. 44.

26 Véase Ingrid Simson, «Un ejemplo de antisemitismo en el teatro de Lope de Vega: *El Brasil restituido*», en Pere Joan i Tous y Heike Nottebaum (eds.), *El olivo y la espada. Estudios sobre el antisemitismo en España (siglos XVI-XX)*, Tübingen, Max Niemeyer, 2003, pp. 229–242.

de subversión.[27] Aunque, debido a la censura, la crítica al proceder español en América aparece solo en casos contados y casi siempre como detalle cómico o como acusación falsa, sorprende que dos comedias, *La bellígera española* de Ricardo de Turia, pseudónimo del escritor y dramaturgo valenciano Pedro Juan de Rejaule y Toledo, y *El nuevo rey Gallinato* de Andrés de Claramonte, sigan un camino diferente.

En el drama de Turia, ambientado en Arauco, el centro de la trama es una historia de amor trágica entre los araucanos Lautaro y Guacolda.[28] El conflicto amoroso de Lautaro es presentado de forma paralela a sus sentimientos patrióticos. Los indígenas de la comedia aparecen idealizados y ennoblecidos, mientras que los españoles, como los conquistadores Valdivia y Francisco de Villagrán, son representados de forma negativa, ávidos de oro y mujeres. Gracias a que la trama se concentra en un suceso marginal –la defensa de la ciudad de Concepción–, se evade un marco político más extenso, de tal forma que no se tematizan ni las pretensiones de dominación por parte de los españoles ni la conexión con la Corona. Tampoco aparecen los temas de la misión de España.

Turia no llega al punto de permitir que los indígenas critiquen directamente la legitimidad de la Conquista. Sin embargo, de forma indirecta alude a una crítica más amplia. La vida de Guacolda transcurre paralelamente al destino de Arauco. Al final de la comedia, Guacolda se casa en contra de su voluntad con el adversario de Lautaro; al igual que el pueblo americano, se ve obligada a entrar en una alianza indeseada.

Por su parte, el drama de Claramonte, un actor y dramaturgo de Murcia del cual no se sabe mucho, tiene lugar en Cambox, un territorio ficticio supuestamente ubicado entre Ecuador y Perú, y muestra la disidencia de un conquistador, al mismo tiempo que critica resueltamente la explotación de las regiones americanas por parte de España.[29] En esta comedia se legitima el comportamiento del conquistador Gallinato, quien actúa en contra del mandato de su rey. Gallinato se asocia con los nativos y se convierte en rey de Cambox. El reino tiene la esperanza de que la noticia de sus riquezas no llegue a España:

TIPOLDA   [...] si llegan a España
con riqueza tan extraña
ellos u otros con codicia
si de Cambox dan noticia
emprenderán esta hazaña. [...]
saltarán en Cambox bravos

---

27 Stephen Greenblatt, *Shakespearean Negotiations*, passim.
28 Véase Ingrid Simson, *Amerika in der spanischen Literatur des «Siglo de Oro»*, pp. 406–408.
29 Véase Ingrid Simson, *Amerika in der spanischen Literatur des «Siglo de Oro»*, pp. 408–410.

> y harán con sus embelecos
> que al son de sus palos huecos
> todos quedemos esclavos.[30]

La crítica inherente a la explotación de las colonias americanas es abierta y clara, y contiene una crítica decidida al comportamiento de la Corona frente a los conquistadores, presente también, aunque de forma más tenue, en otros dramas, como las comedias sobre Hernán Cortés.

4 Alegorías

De gran importancia para la presentación de los temas americanos en los escenarios españoles es la alegoría. Esta sirvió durante el medioevo como una forma de ilustrar las enseñanzas de la fe cristiana. Como demuestra Walter Benjamin en su libro *El origen del drama barroco alemán* (*Ursprung des deutschen Trauerspiels*), el significado inequívoco de las alegorías cambia durante el barroco. Es entonces que se hace presente la arbitrariedad del sentido y ligado con ello una imposibilidad cada vez mayor de dar un significado específico a las estructuras alegóricas:

> Las alegorías envejecen, ya que el efecto chocante forma parte de su esencia [...] Lo cual quiere decir que a partir de ahora el objeto es totalmente incapaz deirradiar un significado, un sentido; el significado que le corresponde es el que le presta el alegorista. Éste lo deposita en el objeto [...].[31]

En las producciones teatrales del Siglo de Oro es posible encontrar alegorías en múltiples formas. Para la temática americana hay dos variantes de importancia, que ayudan a abrir espacios simbólicos.[32] En algunas comedias aparecen personificaciones alegóricas, nociones abstractas en forma de personajes, que se integran en la trama. Estas personificaciones alegóricas se remiten en la mayoría de los casos al contexto religioso, como, por ejemplo, Demonio, Idolatría y Herejía.

---

30 Andrés de Claramonte, «*El nuevo rey Gallinato*», en *Comedias (El horno de Constantinopla, El nuevo rey Gallinato, Deste agua no beberé)*, María del Carmen Hernández Valcárcel (ed.), Murcia, Academia Alfonso X el Sabio, 1983, p. 277.

31 Walter Benjamin, *El origen del drama barroco alemán*, José Muñoz Millanes (trad.), Madrid, Taurus, 1990, p. 177.

32 Véanse Ingrid Simson, *Amerika in der spanischen Literatur des «Siglo de Oro»*, pp. 341–352, y Miguel Zugasti, «La alegoría de América en el teatro barroco español hasta Calderón de la Barca», en Concepción Reverte Bernal y Mercedes de los Reyes Peña (eds.), *América en el teatro español del Siglo de Oro. II Congreso Iberoamericano de Teatro*, Cádiz, Servicio de Publicaciones Universidad de Cádiz, 1998, pp. 449–469.

También aparece América como alegoría-país, descrita de manera similar a como es representada en las artes plásticas de la época. Así, por ejemplo, en *Las palabras a los reyes, y gloria de los Pizarro*, Vélez de Guevara presenta a América como personificación alegórica para dar una profecía.[33] Hay una estrecha relación entre estas alegorías-países y personificaciones como la Idolatría o la Herejía. Esas alegorías exhiben además un cierto exotismo en su representación exterior que los indígenas en el escenario no tienen.

En algunas comedias las alegorías no se limitan a la presentación exótica de la personificación, sino que son integradas escenas que constituyen una propia trama de acción. En la obra de Lope de Vega, *El nuevo mundo descubierto por Cristóbal Colón*, se presenta una escena con personificaciones alegóricas como introducción programática al tema de la salvación. Ante el trono de Providencia aparecen Religión Cristiana e Idolatría para negociar los planes de Colón.[34] De esa manera se legitima desde lo más alto la forma de actuar de los españoles.

En *El Brasil restituido* de Lope de Vega la temática política dominante requiere una conexión con la historia de salvación que ocurre mediante alegorías. La alegoría-país Brasil actúa en conjunto con la Monarquía Española y la Religión Cristiana en contra de la Herejía, los judíos y los holandeses. En *La Aurora de Copacabana* de Calderón las alegorías están aún más entretejidas con la trama.[35] Idolatría es un personaje importante del drama tanto en sentido estructural como en el contenido. También en este caso el tema es la batalla entre la religión «verdadera» y la religión «falsa».

En estas obras, las alegorías, como espacios simbólicos, tienen la función didáctico-religiosa bien definida de instruir correctamente al espectador. Sin embargo, mientras que en *El Brasil restituido* de Lope la alegoría es en efecto necesaria para garantizar la conexión con la historia de salvación y en *La aurora en Copacabana* de Calderón toda la temática se basa en la oposición alegórica, en otras comedias las alegorías parecen ser un mecanismo usado por los autores para evitar malentendidos en la interpretación, como se ve sobre todo en *El nuevo mundo descubierto por Cristóbal Colón* de Lope de Vega, *El nuevo rey Gallinato* de Claramonte y *La conquista de México* de Zárate.

En los autos sacramentales, sobre todo en la fase tardía del desarrollo del género, la alegoría es una característica determinante. En ellos la configuración de la alegoría es variable, pues hay tanto autos completamente alegóricos como

---

33 Véase Luis Vélez de Guevara, *Las palabras a los reyes, y gloria de los Pizarros*, ff. 191^v–192^r.
34 Véase Félix Lope de Vega Carpio, *El nuevo mundo descubierto por Cristóbal Colón*, p. 11.
35 Véase Ingrid Simson, «Poder y amor en La aurora en Copacabana de Calderón», en Manfred Tietz (ed.), *Deseo, sexualidad y afectos en la obra de Calderón. Duodécimo Coloquio Anglogermano sobre Calderón*, Stuttgart, Steiner, 2001, pp. 167–179.

obras «que tienen un sentido «histórico» o «literal» que puede ser interpretado después de forma alegórica».[36] Los autos sacramentales son considerados el género de la Contrarreforma por excelencia, el «drama de la batalla contra los discursos desorientadores»,[37] en el que la historia de salvación es el dogma que domina el universo imaginativo.

En su auto sacramental *La Araucana*, publicado por primera vez en 1893 y calificado por la crítica como un «buen absurdo delirio»,[38] Lope de Vega sorprende con una analogía entre el araucano Caupolicán y Jesucristo, la cual ya se dibujaba en su comedia *Arauco domado*. Además del espacio histórico, en el auto aparece un segundo espacio relacionado con la historia de salvación en el que Caupolicán es Jesucristo, Colocolo es San Juan Bautista, Rengo es Lucifer, Teucapel es Idolatría, y el pedazo de madera del concurso del madero se convierte en la Cruz.

En el auto las analogías integran el espacio indígena en la cosmovisión cristiana y, al hacerlo, lo despojan de toda alteridad, petrificándolo en un detalle folclorista. Esta inusual construcción de analogías, a la que puede atribuirse el desagrado de la crítica, es posible gracias a la creencia de que los indígenas no eran infieles sino gentiles y, por tanto, en una clasificación jerárquica de las religiones, su religión natural sería un estadio previo al cristianismo.[39]

Gran parte de los autos sacramentales de Calderón de la Barca se ocupan de la pregunta acerca de la fe correcta y la fe falsa, de ahí que personificaciones como Herejía, Idolatría o Gentilidad hagan parte de los personajes recurrentes en sus autos, aunque la referencia a América sea más bien infrecuente. No obstante, Idolatría aparece en *El cubo de la Almudena* «vestida a lo indio»[40] y en *A Dios por razón de estado* Ateísmo es descrito como «indio bozal».[41] Por otra parte, América aparece como alegoría continental en algunos autos de Calderón, como *La semilla y la cizaña*, en el que América –«sobre un caimán, a lo indio»[42]– y su custodio Idolatría aparecen junto a Asia, África y Europa. En *La*

---

36 Joachim Küpper, *Diskurs-Renovatio bei Lope de Vega und Calderón. Untersuchungen zum spanischen Barockdrama. Mit einer Skizze zur Evolution der Diskurse in Mittelalter, Renaissance und Manierismus*, Tübingen, Narr, 1990, p. 126

37 Joachim Küpper, *Diskurs-Renovatio bei Lope de Vega und Calderón*, p. 110.

38 En las «Observaciones preliminares» de Marcelino Menéndez Pelayo a Félix Lope de Vega Carpio, *Obras. III. Autos y coloquios (Fin). Comedias de asuntos de la sagrada escritura*, Marcelino Menéndez Pelayo (ed.), Madrid, Sucesores de Rivadeneyra, 1983, p. XVI.

39 Véase Ingrid Simson, *Amerika in der spanischen Literatur des «Siglo de Oro»*, pp. 348–350.

40 Pedro Calderón de la Barca, *Obras Completas III. Autos sacramentales*, Ángel Valbuena Prat (ed.), Madrid, Aguilar, 1952, p. 566.

41 Pedro Calderón de la Barca, *Obras Completas III. Autos sacramentales*, p. 857.

42 Pedro Calderón de la Barca, *Obras Completas III. Autos sacramentales*, p. 593.

nave del mercader el viaje en barco del Mercader, quien también visita ciudades americanas, es análogo a la vida de Jesucristo que culmina en la salvación de la humanidad. Gracias a la analogía entre comercio y salvación, el comercio americano, objeto de críticas desde muy temprano, experimenta una gran apreciación. Asimismo, el oro americano obtenido por Europa es reinterpretado como riqueza espiritual y religiosa.

Tanto en los autos sacramentales de Lope de Vega como en los de Calderón prevalece la perspectiva española, es decir, el espacio español se apropia del espacio indígena. Sin embargo, mientras que Lope de Vega absorbe al Otro y le impone una estructura cristiana mediante la construcción de analogías, impidiendo así el surgimiento de la alteridad, de la que no queda más que simple decorado, Calderón evalúa y fija jerarquías. A través de la imposición de la cosmovisión y el sistema de valor propios, Calderón se aproxima al Otro de forma paternalista, de tal forma que este ya no puede ser reconocido en su alteridad.

5 Resumen

Las consideraciones anteriores muestran cómo América fue solo ocasionalmente elegida como tema del teatro del Siglo de Oro, y cuando lo fue se trató en la mayoría de los casos de obras hechas por encargo. Para los dramaturgos de la época el tema era poco atractivo y delicado. Las obras hechas por encargo fueron comisionadas en su mayoría por los descendientes de conquistadores polémicos con el fin de mejorar la reputación de sus ancestros. En los casos en los que se tematiza la realidad americana, esta aparece hispanizada de forma particular. América es reducida a unos pocos estereotipos, mientras los temas seleccionados corresponden a unos pocos aspectos de la vida americana y de los emprendimientos europeos en América: conquista y colonización, con un énfasis especial en el aspecto de la evangelización.

Lamentablemente se sabe muy poco del aspecto performativo de los dramas americanos, por lo que el análisis de las obras debe restringirse a los textos. En general, se puede hablar de una apropiación radical del espacio indígena por el espacio español. El espacio indígena representa lo rural, el paganismo, lo salvaje, y con esto el caos, que se opone al espacio español conocido: la ciudad, el cristianismo, el orden y la legitimación. La fuerte subordinación del espacio indígena al español hace posible encontrar caballeros, damas y graciosos en escenas americanas. Con frecuencia, lo único que diferencia a estas figuras de los personajes españoles son sus nombres y el estar equipados con plumas, arco y flechas.

En el marco de la producción teatral de la época son importantes las alegorías como espacios simbólicos, las cuales presentan a América de formas distintas, bien sea como alegoría de país o de continente, y casi siempre en relación estrecha con las personificaciones Herejía, Idolatría o Demonio. En este caso tiene lugar una jerarquización cuando en los autos sacramentales el paganismo de los indígenas es tomado como forma temprana del Cristianismo, en oposición a las creencias «falsas», especialmente del Judaísmo o el Islam. Por otra parte, las escenas alegóricas integradas en las comedias funcionan como ayuda interpretativa didáctica para instruir correctamente al público, pero también para impedir que surjan dudas sobre la posición del dramaturgo.

América abre en el teatro del Siglo de Oro una serie de espacios, entre ellos espacios de conocimiento. Sin embargo, el objetivo de los dramas de temática americana no es la presentación de espacios foráneos o indígenas, sino una ostentación triunfante del poder y la superioridad españoles que ya habían desaparecido en el momento en el que se escribieron las comedias, así como la legitimación del proceder de España en América. El Otro es asimilado mediante comparaciones o sometido de forma dañina. No hay una incursión en el Otro.

Según Greenblatt, el espacio político del teatro de la época como espacio de poder siempre incluye al mismo tiempo aspectos de subversión.[43] También las comedias americanas contienen pasajes de crítica acerca del proceder español, aunque estos solo aparecen de forma puntual y a menudo cómica. Las dos únicas comedias que ofrecen una crítica más extensa fueron escritas por autores poco conocidos y de relevancia marginal en el acontecer teatral de la época.

Las comedias de asunto americano muestran muy bien el carácter del espacio como construcción. Este muchas veces está construido por ideas y conceptos y cargado con un cierto simbolismo, que se tiene que entender como transformación del espacio geográfico real. El espacio americano sirve solo de decorado o legitimación para la ambición de poder de España. Así, los espacios de conocimiento sobre América son espacios caracterizados por contener menos información y por la adherencia evidente a una interpretación oficial de los procesos históricos. Los pocos tintes de crítica al comportamiento español no cambian esto en absoluto. Tanto en las comedias como en los autos sacramentales hay una apropiación simbólica de las regiones americanas. El ejemplo de las alegorías muestra claramente que, comparada con la de la Edad Media, la interpretación alegórica del Siglo de Oro se ha ampliado para incluir una dimensión política. No

---

43 Stephen Greenblatt, *Shakespearean Negotiations*, *passim*.

obstante, sigue estando muy lejos de la deconstrucción de sentido de la que habla Walter Benjamin en relación con el drama barroco alemán.[44]

Obras citadas

Bakhtin, Mikhail, *Rabelais and His World*, Helene Iswolsky (trad.), Bloomington, Indiana University Press, 1984.

Baudot, Georges, *Utopía e Historia en México. Los primeros cronistas de la civilización mexicana (1520–1569)*, Vicente González Loscertales (trad.), Madrid, Espasa-Calpe, 1983.

Baumbach, Sibylle, «Wissensräume im Theater der Frühen Neuzeit», en Wolfgang Hallet y Birgit Neumann (eds.), *Raum und Bewegung in der Literatur. Die Literaturwissenschaften und der Spatial Turn*, Bielefeld, Transcript, 2009, pp. 195–212.

Benjamin, Walter, *El origen del drama barroco alemán*, José Muñoz Millanes (trad.), Madrid, Taurus, 1990.

Calderón de la Barca, Pedro, *Obras Completas III. Autos sacramentales*, Ángel Valbuena Prat (ed.), Madrid, Aguilar, 1952.

Carlson, Marvin, *Places of Performance. The Semiotics of Theatre Architecture*, Ithaka, Cornell University Press, 1989.

Claramonte, Andrés de, «*El nuevo rey Gallinato*», en *Comedias (El horno de Constantinopla, El nuevo rey Gallinato, Deste agua no beberé)*, María del Carmen Hernández Valcárcel (ed.), Murcia, Academia Alfonso X el Sabio, 1983, pp. 176–286.

Díez Borque, José María (ed.), *Actor y técnica de representación del teatro clásico español*, London, Tamesis, 1989.

Dünne, Jörg, y Kirsten Kramer, «Einleitung: Theatralität und Räumlichkeit», en Jörg Dünne, Sabine Friedrich y Kirsten Kramer (eds.), *Theatralität und Räumlichkeit: Raumordnungen und Raumpraktiken im theatralen Mediendispositiv*, Würzburg, Königshausen & Neumann, 2009, pp. 15–32.

Ercilla, Alonso de, *La Araucana*, Marcos A. Morínigo e Isaías Lerner (eds.), Madrid, Cátedra, 1979.

Fischer-Lichte, Erika, *Ästhetik des Performativen*, Frankfurt, Suhrkamp, 2004.

—, *Semiotik des Theaters. Eine Einführung. 1. Das System der theatralischen Zeichen*, Tübingen, Gunter Narr Verlag, 1994.

Foucault, Michel, *Die Heterotopien = Les hétérotopies*, Frankfurt, Suhrkamp, 2005.

Friedlein, Roger, *Kosmovisionen: Inszenierungen von Wissen und Dichtung im Epos der Renaissance in Frankreich, Portugal und Spanien*, Stuttgart, Steiner, 2014.

Friedrich, Sabine, «Raum und Theatralität», en Jörg Dünne y Andreas Mahler (eds.), *Handbuch Literatur & Raum*, Berlin/Boston, De Gruyter, 2015, pp. 105–114.

García Cárcel, Ricardo, *La leyenda negra. Historia y opinión*, Madrid, Alianza, 1992.

Greenblatt, Stephen, *Shakespearean Negotiations. The Circulation of Social Energy in Early Modern England*, Berkeley, University of California Press, 1988.

Hermann, Max, «Das theatralische Raumerlebnis», en *Zeitschrift für Ästhetik und allgemeine Kunstwissenschaft*, 25, suplemento (1931), pp. 152–163.

---

44 Walter Benjamin, *El origen del drama barroco alemán*.

Küpper, Joachim, *Diskurs-Renovatio bei Lope de Vega und Calderón. Untersuchungen zum spanischen Barockdrama. Mit einer Skizze zur Evolution der Diskurse in Mittelalter, Renaissance und Manierismus,* Tübingen, Narr, 1990.

Laferl, Christopher F., «América en el teatro español del Siglo de Oro», en Andrea Sommer-Mathis *et al.* (eds.), *El teatro descubre América. Fiestas y teatro en la Casa de Austria (1492–1700),* Madrid, MAPFRE, 1992, pp. 167–269.

Lerzundi, Patricio, *Arauco en el teatro del Siglo de Oro,* Valencia, Albatros Hispanófila Ediciones, 1996.

Lope de Vega Carpio, Félix, *Obras III. Autos y coloquios (Fin). Comedias de asuntos de la sagrada escritura,* Marcelino Menéndez Pelayo (ed.), Madrid, Sucesores de Rivadeneyra, 1983.

—, *El nuevo mundo descubierto por Cristóbal Colón,* Jean Lemartinel y Charles Minguet (eds.), Lille, Presse Universitaire, 1980.

—, «*Arauco domado*», *Obras de Lope de Vega. Vol. 27,* Marcelino Menéndez Pelayo (ed.), Madrid, Atlas, 1969, pp. 233–289.

Mignolo, Walter, «Cartas, crónicas y relaciones del descubrimiento y la conquista», en Luis Iñigo Madrigal (ed.), *Historia de la literatura hispanoamericana. I. Época colonial,* Madrid, Cátedra, 1982, pp. 57–116.

Peña Díaz, Manuel, *Escribir y prohibir. Inquisición y censura en los Siglos de Oro,* Madrid, Cátedra, 2015.

Simson, Ingrid (ed.), *América en España: influencias, intereses, imágenes,* Madrid/Frankfurt, Iberoamericana/Vervuert, 2007.

Simson, Ingrid, *Amerika in der spanischen Literatur des «Siglo de Oro». Bericht, Inszenierung, Kritik,* Frankfurt, Vervuert, 2003.

—, «Un ejemplo de antisemitismo en el teatro de Lope de Vega: *El Brasil restituido*», en Pere Joan i Tous y Heike Nottebaum (eds.), *El olivo y la espada. Estudios sobre el antisemitismo en España (siglos XVI–XX),* Tübingen, Max Niemeyer, 2003, pp. 229–242.

—, «Poder y amor en *La aurora en Copacabana* de Calderón», en Manfred Tietz (ed.), *Deseo, sexualidad y afectos en la obra de Calderón. Duodécimo Coloquio Anglogermano sobre Calderón,* Stuttgart, Steiner, 2001, pp. 167–179.

Turia, Ricardo de, «La gran comedia de la belígera española», en Eduardo Juliá Martínez (ed.), *Poetas dramáticos valencianos,* Madrid, Revista de Archivos, 1929, vol. 2, pp. 514–559.

Varey, John E., *Cosmovisión y escenografía: el teatro español en el Siglo de Oro,* Madrid, Castalia, 1987.

Vélez de Guevara, Luis, *Las palabras a los reyes, y gloria de los Pizarros,* s.l., s.i., s.a.. En Sammlung Schaeffer, tomo 34, Biblioteca de la Universität Freiburg.

Yates, Frances A., *The Art of Memory,* Chicago, University of Chicago Press, 1966.

Zugasti, Miguel, «La alegoría de América en el teatro barroco español hasta Calderón de la Barca», en Concepción Reverte Bernal y Mercedes de los Reyes Peña (eds.), *América en el teatro español del Siglo de Oro. II Congreso iberoamericano de teatro,* Cádiz, Servicio de Publicaciones Universidad de Cádiz, 1998, pp. 449–469.

—, «Notas para un repertorio de comedias indianas del Siglo de Oro», en Ignacio Arellano *et al.* (eds.), *Studia Aurea. Actas del III Congreso de la AISO,* Toulouse/Pamplona, GRISO/LEMSO, 1996, pp. 429–442.

Marcella Trambaioli

La casa de la dama en la Comedia Nueva (Lope, Calderón, Moreto) y en la resemantización vanguardista de García Lorca

Resumen: Si en el teatro aurisecular (Lope: *La discreta enamorada*, *La dama boba*; Calderón: *La dama duende*; Moreto: *No puede ser el guardar a una mujer*) la casa de la dama es el espacio del triunfo del ingenio femenino, solo a condición de que sirva para reforzar social y culturalmente su supeditación al varón, estando la comedia cómica al servicio de la ideología dominante, en la dramaturgia de Federico García Lorca (*El amor de don Perlimplín*, *La casa de Bernarda Alba*), que se adhiere más bien al patrón genérico serio, la representación del espacio doméstico echa en cara al público las injusticias y las paradojas de la condición femenina como resultado de una manipulación ideológica milenaria: la de la cultura patriarcal.

Palabras clave: Casa de la dama, Lope, Calderón, Moreto, García Lorca

Casa de muñecas de Ibsen, pieza estrenada en 1879 con gran escándalo del público burgués, a partir del título cuestiona el espacio doméstico que en la cultura occidental, desde la Grecia antigua, se ha reservado a las mujeres como nicho claustrofóbico en que todas las ambiciones intelectuales y expectativas existenciales resultan anuladas. No es azaroso si en la descripción de la habitación que hallamos en la apertura del acto inicial descuella una ventana, símbolo de la frontera infranqueable entre dentro y fuera para las mujeres «decentes», madres y esposas, que sufren y callan, sacrificándolo todo para la ilusión del bienestar de maridos e hijos. Cito a este propósito un fragmento de Carmen Martín Gaite:

> Toda la pintura y la literatura de interiores nos tiene acostumbrado[s] al protagonismo de la mujer como alma del espacio doméstico. Resulta prácticamente imposible imaginar un ámbito cotidiano y llevar a cabo su transposición poética mediante la pluma o el pincel sin que se perciba ya sea la presencia física de la mujer que lo habita, o ya su rastro más o menos palpable. El recuadro liberador de una ventana, para que la mujer pueda alzar de vez en cuando los ojos a ella y descansar de sus tareas, o soñar con el mundo que se ve a lo lejos, es una referencia constante tanto en pintura como en literatura.[1]

---

[1] Carmen Martín Gaite, *Desde la ventana*, Madrid, Espasa, 1999, pp. 133–134.

Marcella Trambaioli, Università del Piemonte Orientale

https://doi.org/10.1515/9783110450828-042

Y «Casa de muñecas» se titula un ensayo magistral del añorado Stefano Arata en que el autor destaca cómo, a lo largo del siglo XVII, en la comedia española de ambientación urbana se impone el triunfo del espacio interior (el de la «casa de la dama») sobre los demás,[2] aunque el título se refiere, asimismo, a la conformación de la *scena aperta* del teatro medieval.[3] De hecho, en la fórmula madura de la Comedia Nueva se impone, con algunas excepciones, la dialéctica dentro (dama)/fuera (galán), después de que en el Renacimiento, por influencia de la comedia erudita italiana, los personajes de ambos sexos habían podido moverse en los dos contextos espaciales.

Gavela, tomando en cuenta algunas observaciones del hispanista italiano, apunta que la tendencia a reducir las escenas exteriores es «directamente proporcional al protagonismo que va adquiriendo la dama principal»,[4] si bien, en realidad, el protagonismo femenino más que aumentar se modifica en relación con las mutaciones del estatuto y perfil de la dama de comedia que en su cristalización barroca corresponde plenamente al ideal de la mujer honrada y casadera, antitética al tipo de la joven desenvuelta del repertorio teatral del primer Lope. En efecto, las cortesanas y las damas eróticamente activas como la Leonarda de *La viuda valenciana* y la Belisa de *El acero de Madrid* están destinadas a ceder el paso progresivamente a la Fenisa de *La discreta enamorada*, a la Finea de *La dama boba* y a la Belisa de la última pieza autógrafa lopesca, así como a las encorsetadas y álgidas protagonistas de la comedia al cuadrado –según una acertada fórmula de Profeti[5]– de la segunda promoción de dramaturgos.

---

2 «[...] el triunfo del espacio interior, que se va imponiendo a lo largo del siglo XVII, se traduce esencialmente en el triunfo de un espacio sobre los demás: el de la *casa de la dama*, que con el pasar de los años se transforma en el espacio por excelencia de la comedia urbana, en detrimento, por un lado, de los espacios exteriores (que sin embargo nunca llegan a desaparecer del todo) y, por otro, de los espacios interiores alternativos, algunos de los cuales serán desterrados por completo de la topografía cómica» (Stefano Arata, «Casa de muñeca», en *Textos, géneros, temas. Investigaciones sobre el teatro del Siglo de Oro y su pervivencia*, Pisa, Edizioni ETS, 2002, pp. 201–202).

3 «[...] podemos definir la *scena aperta* como la representación de un interior visto desde un exterior, como si el edificio no tuviera el muro de delante, según el efecto "casita de muñecas". Como artificio teatral es una especie de caseta o cabina abierta por un lado: corriendo una cortina o abriendo una puerta se podía divisar en su interior una habitación» (Stefano Arata, «Casa de muñecas», p. 195).

4 Delia Gavela, «Perfilando géneros: algunas comedias urbanas del primer Lope», en Felipe B. Pedraza Jiménez, Rafael González Cañal y Gemma Gómez Rubio (eds.), *Espacio, tiempo y género en la comedia española*, Actas de las II Jornadas de teatro clásico, Almagro, Universidad de Castilla-La Mancha, 2005, p. 315.

5 «Comedia urbana, y madrileña casi en su totalidad, comedia de *adentro* (casa, jardín, calle como espacio contenido en la ciudad; a este *dentro* a menudo los protagonistas masculinos

Recordemos que la primera dama de *La discreta enamorada*, aún joven y sin experiencia, es capaz de superar todos los obstáculos que, de buenas a primeras, impiden su relación con Lucindo, a saber: la asechanza de su madre Belisa, el amor previo de Lucindo por Gerarda, el matrimonio combinado con el capitán Bernardo y la posibilidad de que la progenitora se case con el mozo, y lo hace sin salir del espacio casero, después de haber conseguido llamar la atención de Lucindo en una iglesia, estando tapada en compañía de su madre, en la primera secuencia dramática.[6] En la economía de la pieza el encierro doméstico, con su corolario de falta de libertad, sirve, pues, para resaltar el ingenio de la protagonista, verdadera heroína de la fábula amorosa.[7]

De forma análoga, en *La dama boba* Finea, a la par que Nise, nunca franquea el portal de la casa paterna, pero, transformándose en una dama tracista, consigue salirse con la suya aprovechándose del desván de los gatos para esconder a Laurencio y obligar a Otavio a dar el consentimiento a sus bodas, creando así un efecto de cajas chinas. En este sentido la «boba ingeniosa» abre el camino a las damas de comedia del Barroco maduro y tardío, que se mueven en sus aposentos como en un espacio laberíntico.[8]

---

llegan o regresan después de largas ausencias; y a este *dentro*-familia quieren integrarse a través del matrimonio. La peripecia se desarrolla en este espacio físico y mental: espacio de la palabra (galanteo, celos) y espacio de recursos técnicos (duelos, taparse...)»" (Maria Grazia Profeti, «Comedia al cuadrado: espejo deformante y triunfo del deseo», en *Cuadernos de teatro clásico. La comedia de capa y espada*, 1 [1988], pp. 51–52).

6 Lope no aclara dónde se hallan las dos mujeres cuando Fenisa deja caer el lienzo para que el galán se lo devuelva, pero Belisa manda a Lucindo que deje «el lienzo en la pila/del agua bendita» (Lope de Vega, «La discreta enamorada», en *Obras de Lope de Vega. XXXI. Comedias novelescas*, Marcelino Menéndez Pelayo [ed.], Madrid, Atlas, 1971, p. 134).

7 Véase Ignacio Arellano, *Historia del teatro español del siglo XVII*, Madrid, Cátedra, 1995, p. 213: «Lo que en realidad sustenta la comedia es el ingenio personificado en la discreta Fenisa, que consigue a Lucindo». También Marcella Trambaioli, *La épica de amor en las comedias de ambientación urbana de Lope de Vega, y su contexto representacional cortesano*, Madrid, Visor Libros, 2015, p. 270: «Fenisa es como Circe, Calipso, Alcina, pero también actúa como Prosérpina, Ulises y como una heroína de la prosa helenística. Asimismo, en el cierre de la pieza, cuando Doristeo, Finardo y Gerarda ven a Lucindo y Hernando introducirse en su casa de noche echando escala, se asimila a las protagonistas de *La bella malmaridada* y de *La viuda valenciana*, entre otras, y, por su trámite, a la Angélica ariostesca acechada por varios paladines».

8 Véase Marcella Trambaioli, *La épica de amor en las comedias de ambientación urbana de Lope de Vega*, pp. 327–328: «El episodio del desván confirma [...] que con el paso del tiempo el espacio dramático de las piezas ciudadanas barrocas se hace cada vez más claustrofóbico, eliminando los ambientes exteriores para concentrar la acción en los lugares domésticos. En especial, con *La dama boba* Lope revela ser un "genial arquitecto de los espacios caseros" como más tarde serán Calderón y los demás autores de su generación». Escribía a este propósito Stefano Arata, *«Casa de muñecas»*, p. 203: «Con Calderón asistimos [...] a una fuerza centrípeta que va taladrando por

Su discípula directa es, sin duda alguna, la doña Ángela de *La dama duende* de Calderón quien, mediante la alacena, manipula el espacio doméstico con maestría inigualable, considerando que, según hace notar Vitse, los dos cuartos principales en que se desarrolla la acción, es decir, el de la mujer y el de don Manuel, «no son contiguos».[9] Esta dama, al igual que la Fenisa de *La discreta*, pisa la calle tan solo al principio de la pieza, en un trance nocturno que sirve para que los dos protagonistas entren en contacto y la intriga se construya a partir del misterio de la mujer tapada quien, sorprendida por uno de sus hermanos mientras regresa del teatro, pide a don Manuel que estorbe la persecución del familiar. De hecho, al principio de la comedia, la condición de doña Ángela es la de una viuda y moza tan recatada que «apenas/sabe el sol que vive en casa»,[10] según declara don Luis a su criado Rodrigo. Pero no por esto dejará de casarse con el galán con que ha topado de forma tan azarosa y que coincide con el huésped que el otro hermano, don Juan, ha acogido en su propia casa.

No puede ser el guardar a una mujer de Agustín Moreto, a partir del título, corrobora el cliché que se va desarrollando a lo largo del siglo XVII en la comedia de capa y espada con respecto a la condición y actuación de la dama protagonista, la cual siempre termina casándose con su enamorado, pese a todo tipo de encierro y de guardianes encargados de vigilarla. Destaquemos que ya Lope en *El castigo del discreto* (1598–1601, 1606–1608)[11] pone en boca de Alberto, hermano de Hipólita, la sentencia destinada a convertirse en un dicho proverbial: «No por guardada la mujer se puede/tener segura».[12] Pero, según queda dicho, es la comedia de Moreto en la que cristaliza de forma magistral el tópico, a raíz del reto que doña Ana Pacheco lanza a su prometido, don Pedro, en su academia, el cual está más que convencido

---

dentro el espacio casero: pasillos, sótanos, desvanes, altillos, tabiques, escaleras transforman la casa de la dama en un laberinto [...] Y es la dama quien abre y cierra los escotillones que dan acceso a este tablado interior».

9 Marc Vitse, «Sobre los espacios en *La dama duende*: el cuarto de don Manuel», en *RILCE*, 12.2 (1996), p. 342.

10 Pedro Calderón de la Barca, *La dama duende*, Fausta Antonucci (ed.), Barcelona, Crítica, 1999, p. 17, vv. 326–327.

11 Acerca de la datación de esta pieza, véase Marcella Trambaioli, *La épica de amor en las comedias de ambientación urbana de Lope de Vega*, p. 174, n. 298: «Morley y Bruerton, 1968, p. 301, a raíz del análisis de la versificación, fechan la comedia entre septiembre de 1598 y enero de 1601, pese a que Fichter señale la posibilidad de que hubiera sido compuesta en 1606–1608 por referencias extratextuales de carácter histórico; Cotarelo, en su edición de la obra, p. X, había llegado a afirmar que "Lope compuso esta comedia en su edad madura"; cierto es que no aparece en la la lista del *Peregrino*».

12 Lope de Vega, *El castigo del discreto*, Enrico di Pastena (ed.) y Giulia Poggi (intr.), en *Comedias de Lope de Vega. Parte VII*, Enrico di Pastena (coord.), Barcelona/Lleida, PROLOPE/Editorial Milenio, 2008, vol. 1, p. 298, vv. 2865–2866.

de saber guardar el honor de su hermana Inés. Don Félix, prendado de la joven, se presta a llevar a cabo el plano de la dama, culta y maliciosa, que es amiga suya. Así ella comunica a Tarugo su empeño: «Desengañar a este necio,/que el guardar una mujer/no puede ser».[13] Y será precisamente gracias al criado, embustero y alcahuete, que el galán conseguirá encontrar de noche a doña Inés en el jardín; tras lo cual, por la imposibilidad de abandonar el palacio, don Félix se halla felizmente obligado a pasar la noche en el oratorio de su enamorada. No es por nada si en un momento dado el gracioso dictamina: «Bueno va el bobo que piensa/que es fácil guardar mujeres».[14] La situación recuerda muy de cerca el episodio del desván de los gatos lopesco, aunque las exigencias de la estricta moral coetánea obligan a doña Ana a pretender del galán el máximo respeto de su persona:

> INÉS   Que la palabra te pido
> de que pasar no te atrevas
> el límite en tus cariños,
> que permite mi decoro.[15]

En definitiva, la dama de la comedia barroca hace triunfar su ingenio para que, a través del matrimonio, quede encerrada para siempre jamás en su cárcel doméstica, conforme al dictado de la cultura masculina imperante. Desde luego, no es azaroso que su casa resulte un espacio dramático fundamental precisamente en el subgénero cómico, que es donde adquiere un protagonismo inversamente proporcional al de la mujer de la época. Recordemos con Rubiera Fernández que «el lugar de la mujer en la sociedad parece encontrar una expresión concreta en las relaciones espaciales que se materializan sobre el escenario. El espacio escénico es lugar [...] de una transposición o simbolización del espacio sociocultural».[16] Así pues, si en el teatro aurisecular la casa sirve, a todas luces, para que la muñeca se quede definitivamente encerrada en el estrado, en tanto que heroína de la única gesta

---

13 Agustín Moreto, *No puede ser el guardar una mujer*, María Luisa Lobato y María Ortega García (eds.), en *Segunda Parte de Comedias. Vol. V*, Marcella Trambaioli (coord.), María Luisa Lobato, María Ortega, Miguel Zugasti y Alejandro García Reidy (eds.), Kassel, Reichenberger, 2015, p. 104, vv. 678–680. Más adelante, la propia Inés, hablando con Manuela, remacha la idea: «No hay mujer tan necia a quien/el más discreto y sagaz,/si ella no quiere guardarse,/piense que la ha de guardar» (vv. 850–853).

14 Agustín Moreto, *No puede ser...*, p. 143, vv. 1698–1699. También Manuela remite a la frase proverbial, cerrando la jornada intermedia: «Sepan los necios del siglo/que *el guardar una mujer*,/si ella guardarse no quiso,/*no puede ser*, aunque tenga/más guardas que el vellocino» (vv. 2132–2136).

15 Agustín Moreto, *No puede ser...*, p. 160, vv. 2110–2113.

16 Javier Rubiera Fernández, *La construcción del espacio en la comedia española del Siglo de Oro*, Madrid, Arco Libros, 2005, p. 165.

que se le concede (la de cazar un marido), en el drama de Ibsen la ambientación casera sirve para poner en tela de juicio la condición socio-cultural de la mujer.

Ahora bien, los grandes autores teatrales españoles de principios del siglo XX, en sus geniales resemantizaciones de los códigos estéticos y dramáticos del Barroco, no pueden ignorar la obra maestra del escritor noruego,[17] así como el clima cultural que en Europa poco a poco va planteando la cuestión de los derechos de las mujeres. Por consiguiente, vuelven a representar la casa como lugar dramático privilegiado de la mujer, pero en el álveo del drama y de la tragedia. En otro lugar me he ocupado del espacio vinculado a los personajes femeninos en los esperpentos de Valle-Inclán.[18] En las páginas que siguen continuaré mi análisis tomando en cuenta *El amor de don Perlimplín con Belisa en su jardín* y *La casa de Bernarda Alba* de Federico García Lorca, autor muy sensible a los marginalizados y, por ende, especialmente atento en la elaboración de los caracteres femeninos.

En *Amor de don Perlimplín*, pieza estrechamente relacionada con el universo de la comedia de ambiente urbano de Lope de Vega,[19] la casa de muñecas se convierte en la casa del muñeco, puesto que el espacio dramático corresponde al de la morada del grotesco cincuentón que no ha salido nunca ni de su casa ni de su ensimismamiento existencial. El interior de la casa de Belisa, su vecina, no se llega a ver nunca, y solo se divisa su balcón al fondo en el cuadro de apertura, según una perspectiva inusual que se podría asimilar a una versión vanguardista de la *scena aperta* medieval.[20] En el balcón es donde la mujer aparece por primera vez «resplandeciente de hermosura» y «medio desnuda», moderna mujer ventanera, y donde más tarde vuelve a salir, tras descurrir las cortinas «casi desnuda cantando lánguidamente».[21] La acotación que cierra el cuadro inicial nos ofrece

---

17 Al parecer, la pieza de Ibsen se representó en España por primera vez en 1893, en Barcelona, por una compañía de aficionados (véase Halfdan Gregersen, *Ibsen and Spain. A Study in Comparative Drama*, Cambridge, Harvard University Press, 1936).

18 Marcella Trambaioli «El espacio dramático: de la Comedia Nueva al esperpento de Valle-Inclán (con unos apuntes sobre el espacio de la mujer)», en Renata Londero (ed.), *El teatro clásico ayer y hoy*, Madrid, Visor Libros, 2017.

19 Véase Marcella Trambaioli, «*Amor de don Perlimplín con Belisa en su jardín* de Federico García Lorca: un homenaje a Lope de Vega», en Jesús G. Maestro (ed.), *Federico García Lorca y el teatro*, número monográfico de *Theatralia*, 11 (2009), pp. 197–209.

20 En «*Amor de don Perlimplín con Belisa en su jardín* de Federico García Lorca: un homenaje a Lope de Vega», p. 206, observaba: «La primera parte de la obra acontece en casa de Perlimplín, y los balcones de la casa de Belisa al fondo del escenario se sitúan en lo alto del "teatro" del corral»; pero volviendo a leer el texto lorquiano me doy cuenta de que la perspectiva sugerida por el granadino es bien distinta de la del teatro comercial de los siglos XVI y XVII, puesto que el balcón de Belisa no da a una calle, sino al interior de la casa de Perlimplín.

21 Federico García Lorca, *Amor de don Perlimplín con Belisa en su jardín*, Margarita Ucelay (ed.), Madrid, Cátedra, 1990, respectivamente pp. 255 y 258.

un detalle escenográfico con valor de funesto presagio, dado que la farsa se convertirá pronto en una tragedia: «Por el balcón pasa una bandada de pájaros de papel negro».[22] Como suele acontecer en la poesía lorquiana, un elemento positivo, el pájaro, con sus múltiples valores simbólicos (vitalismo, libertad, erotismo), resulta negado por el color negro y por un material inerte y frágil.

El día de la boda, Belisa se instala en la casa de su torpe esposo, y durante la noche acoge a cinco hombres, representantes de las razas de la tierra, es decir comete un adulterio hiperbólico en la propia casa y cama marital, con el resultado de que a la mañana siguiente Perlimplín sale al escenario «con unos grandes cuernos de ciervo en la cabeza».[23] El escenario muestra seis puertas en las paredes destinadas respectivamente al ingreso del protagonista y de los cinco amantes nocturnos. La casa de muñecas, espacio doméstico de la esposa y madre, se convierte, pues, en un prostíbulo, es decir, en su exacto contrario: una casa pública. Perlimplín sabe perfectamente lo que ha ocurrido, pero, al parecer, se muestra conforme, debido a su imposibilidad de poseer a su mujer. El segundo cuadro vuelve a cerrarse con «bandadas de pájaros de papel»[24] cruzando por los balcones, que remachan los presagios aciagos.

Tratándose de una versión vanguardista del drama del honor, en los dos últimos cuadros don Perlimplín orquesta su traza perversa:[25] desdoblándose en el Joven de la Capa Roja, enamorará a Belisa quien, a raíz del sentimiento, podrá adquirir lo que nunca ha tenido: un alma. Tras lo cual al protagonista le tocará suicidarse para que su mujer siga sufriendo por su amor imposible para siempre jamás. El espacio dramático descrito en la indicación escénica con que se abre el cuadro tercero anuncia el sacrificio final con alusiones cristológicas: «Comedor de Perlimplín. Las perspectivas están equivocadas deliciosamente. La mesa con todos los objetos pintados como en una "Cena" primitiva».[26] La decisión del protagonista se proclama en el cierre de esta secuencia dramática: «Como soy un

---

22 Federico García Lorca, *Amor de don Perlimplín...*, p. 259.

23 Federico García Lorca, *Amor de don Perlimplín...*, p. 269.

24 Federico García Lorca, *Amor de don Perlimplín...*, p. 271.

25 «La lamentable figura del marido consentido parece ser la adoptada por el protagonista al comienzo de este tercer cuadro. Su aparente conducta es tan torcida, está tan fuera de las normas convencionales de la dignidad, como las equivocadas perspectivas que dibujan el comedor de su casa y que sirven de marco visual a la escena. Pero más tarde se nos revelará bajo este disfraz al vengador» (introducción a Federico García Lorca, *Amor de don Perlimplín...*, p. 199).

26 Federico García Lorca, *Amor de don Perlimplín...*, p. 274. Véase lo dicho por Margarita Ucelay en la introducción, p. 202: «No hay duda de que Perlimplín ha actuado como redentor, pero en su acto de máximo sacrificio se oculta la sombra de una venganza, porque ahora Belisa sentirá en su propia carne la misma frustración e impotencia que ella fríamente había infligido a Perlimplín».

viejo quiero sacrificarme por ti. Esto que yo hago no lo hizo nadie jamás. Pero ya estoy fuera del mundo y de la moral ridícula de las gentes».[27]

El homicidio-suicidio se produce en el «jardín de cipreses y naranjos», lugar tópico del galanteo transformado en un cementerio, donde amor y muerte celebran su fusión,[28] destacada iconográficamente por los árboles mencionados y, en el plano poético, por el verso «se mueren de amor los ramos».[29] Con lo cual la morada de don Perlimplín, de casa de muñeco se convierte en la cárcel de amor donde Belisa estará condenada a sufrir eternamente. Así, pues, aunque muera el galán, a la dama, por la venganza de aquel, le toca un destino infinitamente más aciago por un contrapunto dramático digno del infierno dantesco.

En suma, si quisiéramos aplicar al *Perlimplín* la dicotomía que, según Ruiz Ramón, rige la dramaturgia lorquiana, diríamos que en esta pieza se afirma el principio de autoridad (la del marido vengador) sobre el principio de libertad (la de la mujer de amar y expresar su erotismo),[30] exactamente como en la comedia aurisecular, pero si en esta los poetas dramáticos abogaban por el primero, conforme al *status quo*, está claro que Lorca hace triunfar el principio de autoridad con intencionalidad subversiva.

En *La casa de Bernarda Alba* el rótulo remite sin más al espacio doméstico, en tanto que nicho claustrofóbico donde la mujer está obligada a pasar sus días en la cultura andaluza como caso extremo pero representativo de toda la cultura occidental. No es por nada si el subtítulo de la pieza reza: «Drama de mujeres en los pueblos de España», Magdalena dice en el primer acto «Malditas sean las mujeres»,[31] y Adela confirma en el acto intermedio «Nacer mujer es el mayor castigo».[32]

Si en la Comedia Nueva el principio de autoridad lo ejerce una figura masculina (el padre, el tío, el hermano), en esta pieza lorquiana el mismo se encarna en una figura materna desalmada, cuyo apellido funciona como irónico contrapunto,

---

27 Federico García Lorca, *Amor de don Perlimplín...*, p. 279.

28 «[...] es acertada la identificación de Fergusson de la relación amor-muerte con el tema central de la obra. Bien sabemos que ésta es una constante en Lorca, pero el *Perlimplín* es precisamente su ejemplo máximo» (introducción a Federico García Lorca, *Amor de don Perlimplín...*, p. 187).

29 Federico García Lorca, *Amor de don Perlimplín...*, respectivamente, pp. 280 y 283–284.

30 «El universo dramático de Lorca, como totalidad y en cada una de sus piezas, está estructurado sobre una sola situación básica, resultante del enfrentamiento conflictivo de dos series de fuerzas que, por reducción a su esencia, podemos designar *principio de autoridad* y *principio de libertad*» (Francisco Ruiz Ramón, *Historia del Teatro Español. Siglo XX*, Madrid, Cátedra, 1986, p. 177).

31 Federico García Lorca, *La casa de Bernarda Alba*, Allen Josephs y Juan Caballero (eds.), Madrid, Cátedra, 1991, p. 129.

32 Federico García Lorca, *La casa de Bernarda Alba*, p. 159.

pese a su raíz, al parecer, histórica.[33] Es un hecho que la voluntad represiva de Bernarda, que halla en el luto por la muerte del marido un pretexto para imponerse, impide a las hijas cualquier horizonte futuro de vida y felicidad, siendo las únicas salidas posibles de la casa asfixiante la locura de la abuela, y la muerte de Adela, la hija menor.[34] He aqui cómo en el acto inicial la madre castradora sintetiza su visión del mundo que, sin falta, coincide con la cultura patriarcal: «Hilo y aguja para las hembras. Látigo y mula para el varón».[35] Pese al género sexual de Bernarda, pues, por su trámite el principio de autoridad mantiene su carácter varonil,[36] pero, tratándose al fin y al cabo de una madre, su tiranía resulta aún más intolerable tanto para sus hijas, como para el público.

La casa como espacio interior y claustrofóbico se describe al principio de cada acto. En el primero, la acotación anuncia una «habitación blanquísima del interior de la casa de Bernarda. Muros gruesos»,[37] como si de una celda se tratara. Con razón la Poncia la define un «convento».[38] El acto segundo se abre en la misma habitación blanca del interior de la casa con las hijas cosiendo. Todas viven acongojadas, salvo Angustias, que tiene la ilusión de casarse con Pepe el Romano: «pronto voy a salir de este infierno».[39] El escenario del último acto corresponde a «Cuatro paredes blancas ligeramente azuladas del patio interior de la casa de Bernarda»,[40] creando un efecto de cajas chinas capaz de intensificar la angustia provocada por el ambiente cerrado en que viven las seis mujeres, dado que el patio es un espacio aún más interno y separado del mundo exterior.

---

33 Véase la introducción a Federico García Lorca, *La casa de Bernarda Alba*, p. 90.

34 De acuerdo con la doble lectura sugerida por Ricardo Doménech, «Símbolo, mito y rito en *La casa de Bernarda Alba*», en *García Lorca y la tragedia española*, Madrid, Editorial Fundamentos, 2008, pp. 165–170, en estas páginas me interesa la lectura lineal del texto, es decir la del «conflicto humano y social que plantea» (p. 165).

35 Federico García Lorca, *La casa de Bernarda Alba*, p. 129. Véase Ricardo Doménech, «Símbolo, mito y rito en *La casa de Bernarda Alba*», p. 166: «A través de la figura de Bernarda, García Lorca trastrueca un arquetipo que, desde la Restauración, venía siendo habitual –y fundamental– en nuestro teatro: el de la madre española. Echegaray y Benavente –de éste último, recuérdese precisamente *La malquerida*– habían coincidido en extender y afianzar desde la escena la vision conservadora de la madre, visión consistente en hacer de ella, de su alienación, la base de la institución familiar».

36 «Bernarda es, quizá, la expresión más lograda de las fuerzas inflexibles y destructivas de los convencionalismos sociales y de las tradiciones, y, de modo especial, del honor» (Gwynne Edwards, «Federico García Lorca», en *Dramaturgos en perspectiva. Teatro español del siglo XX*, Madrid, Editorial Gredos, 1989, p. 176).

37 Federico García Lorca, *La casa de Bernarda Alba*, p. 118.

38 Federico García Lorca, *La casa de Bernarda Alba*, p. 158.

39 Federico García Lorca, *La casa de Bernarda Alba*, p. 148.

40 Federico García Lorca, *La casa de Bernarda Alba*, p. 177.

La casa de los Alba es, pues, manicomio, convento, infierno. La madre no puede ser más contundente con respecto al encierro suyo y de sus hijas, cuando dice, volviendo del funeral: «Hacemos cuenta que hemos tapiado con ladrillos puertas y ventanas».[41] Y cuando a lo largo de la acción La Poncia insinúa que su férreo control no es suficiente para dominar a sus hijas, le contesta tajante, intimando: «Aquí no pasa nada. [...] Y si pasa algún día, estate segura que no traspasará las paredes».[42]

En ningún texto dramático, quizás, la separación dentro (mujeres) - fuera (hombres) se impone de manera más contundente y obsesiva.[43] Lo sugiere de refilón la copla que en el segundo acto los segadores cantan a lo lejos: «Abrir puertas y ventanas/las que vivís en el pueblo,/el segador pide rosas/para adornar su sombrero»,[44] y lo reconoce sin rodeos la propia Bernarda, cuando dice a sus hijas: «Siempre os supe mujeres ventaneras y rompedoras de su luto».[45] Hasta con respecto a su madre loca, teme que «las vecinas puedan verla desde su ventana».[46] Dicho de otra manera, recela que María Josefa, pese a sus ochenta años, corra el riesgo de convertirse para los demás en una mujer ventanera.

Cierto es que las cinco hijas procuran aprovecharse de cualquier posibilidad y resquicio para acechar el mundo exterior, que les está vedado porque es el ámbito donde circulan libremente los varones y las mujeres consideradas indecentes. Adela y la Poncia delatan dicha actitud en Angustias, la hija mayor de Bernarda, casi cuarentona, justo después del entierro: «La he visto asomada a las rendijas del portón. Los hombres se acaban de ir»; «estuvo detrás de una ventana oyendo la conversación que traían los hombres, que, como siempre, no se puede

---

41 Federico García Lorca, *La casa de Bernarda Alba*, p. 129. En una secuencia dramática posterior, la madre remacha: «No os hagáis ilusiones de que vais a poder conmigo. ¡Hasta que salga de esta casa con los pies delante mandaré en lo mío y en lo vuestro!» (p. 144).

42 Federico García Lorca, *La casa de Bernarda Alba*, p. 170.

43 Dicha dicotomía anda pareja con la señalada por Ricardo Doménech, «Símbolo, mito y rito en *La casa de Bernarda Alba*», p. 138: «Con las palabras dentro/fuera nos referimos en lo sucesivo a una oposición espacial, de origen folclórico, mítico, que se expresa así en el teatro de Lorca: 1°) el *dentro* es, habitualmente, la casa; la casa sentida como cárcel o como fortaleza [...] frente a un enemigo exterior o frente a un estímulo exterior positivo [...]; el *fuera*, trátese de las calles, del campo, del río o de la orilla del mar, es el espacio abierto: en él presienten los personajes que se encuentran el amor y la libertad, o bien las fuerzas oscuras, el peligro, la muerte».

44 Federico García Lorca, *La casa de Bernarda Alba*, p. 161.

45 Federico García Lorca, *La casa de Bernarda Alba*, p. 174.

46 Federico García Lorca, *La casa de Bernarda Alba*, p. 130. Adviértase que Ricardo Doménech, «Símbolo, mito y rito en *La casa de Bernarda Alba*», p. 152, subraya el «juego de las ventanas» sin relacionarlo con el motivo de la mujer ventanera, en mi opinión imprescindible a la hora de considerar la condición socio-cultural de la mujer.

oír».[47] Con todo, Angustias, prometida a Pepe el Romano, es la única que tiene la libertad de hablar con el novio desde la ventana, a la par que las damas de la Comedia Nueva, suscitando la envidia y la emulación de las hermanas, que están al acecho de sus charlas nocturnas. La Poncia confirma que a la una de la madrugada «todavía estaba Angustias con Pepe en la ventana».[48]

Por su parte, Martirio, la penúltima hija, de 24 años, desmiente a la hermana Amelia, convencida de que Enrique Humanas la había galanteado, al confesar: «Una vez estuve en camisa detrás de la ventana hasta que fue de día porque me avisó con la hija de su gañán que iba a venir y no vino».[49] Lo que Martirio no sabe es que el hombre no había ido a hablarle porque su madre se lo había impedido, considerándolo socialmente indigno de entrar a formar parte de su familia.

Un día en que Pepe el Romano está pasando por la calle, según reza la acotación, «Amelia, Martirio y Magdalena corren presurosas» para espiarlo desde la ventana, y, si bien Adela simula indiferencia, la Criada le sugiere maliciosamente: «Como dará la vuelta a la esquina, desde la ventana de tu cuarto se verá mejor».[50]

En efecto, como es de esperar, de las cinco hermanas la que sufre mayormente por el encierro es la más jovencita, destinada a perecer en el cierre de la pieza por haberse atrevido a franquear el límite dentro-fuera. En un momento de elevada tensión dramática, rompiendo a llorar con rabia, Adela grita: «mañana me pondré mi vestido verde y me echaré a pasear por la calle. ¡Yo quiero salir!».[51] No cabe duda de que la mozuela ha salido a su abuela quien, en sus lúcidos delirios, proclama: «yo me quiero ir a mi pueblo. Bernarda, yo quiero un varón para casarme y para tener alegría [...] ¡Quiero irme de aquí! ¡Bernarda! ¡A casarme a la orilla del mar, a la orilla del mar!».[52]

La Poncia, que comparte con su dueña el miedo al escándalo, sabe que Adela está desvelada por culpa del prometido de Angustias y se lo echa en cara aludiendo a la peligrosa frontera entre la casa y el mundo exterior, leitmotiv de toda la obra: «¿Por qué te pusiste casi desnuda con la luz encendida y la ventana abierta al pasar Pepe el segundo día que vino a hablar con tu hermana?».[53] Casi al final del segundo acto sale a relucir que el hombre deja de hablar con la novia a la una de la madrugada, pero Martirio, entre otras, lo ha sentido marcharse a las cuatro después de haber estado hablando en la reja del callejón, en lugar de

---

47 Federico García Lorca, *La casa de Bernarda Alba*, respectivamente, pp. 131 y 132.
48 Federico García Lorca, *La casa de Bernarda Alba*, p. 148.
49 Federico García Lorca, *La casa de Bernarda Alba*, pp. 136–137.
50 Federico García Lorca, *La casa de Bernarda Alba*, p. 142.
51 Federico García Lorca, *La casa de Bernarda Alba*, p. 142.
52 Federico García Lorca, *La casa de Bernarda Alba*, p. 147.
53 Federico García Lorca, *La casa de Bernarda Alba*, p. 155.

en la ventana del dormitorio de Angustias. Lo que Martirio, La Poncia y con ellas el público va intuyendo es que Adela no solo ha conseguido atraer la atención del joven, sino que se ve con él a escondidas.

Los rumores llegan al oído de Bernarda que, al igual que las madres y tías de la comedia cómica del Barroco, pretende ser la guardiana de su hogar como un Argo de cien ojos[54] pero, siendo protagonista de un drama, su caracterización metafórica implícita, lejos de resultar risible, suena sumamente amenazadora en una de sus réplicas: «Nací para tener los ojos abiertos. Ahora vigilaré sin cerrarlos ya hasta que me muera».[55]

En el acto de clausura, Bernarda vuelve a jactarse de su capacidad de control absoluto –«Mi vigilancia lo puede todo»–, pero la Poncia, que sabe más que ella, pone en tela de juicio su delirio de omnipotencia: «No pasa nada por fuera. Eso es verdad. Tus hijas están y viven como metidas en alacenas. Pero ni tú ni nadie puede vigilar por el interior de los pechos».[56] Observemos de paso cómo la imagen de la alacena, que en *La dama duende* de Calderón es el elemento a través del cual doña Ángela logra escapar del control represivo del hermano, aquí se convierte en metáfora del espacio doméstico claustrofóbico de las Alba.

También la Criada se da cuenta de que Bernarda «es tan orgullosa que ella misma se pone una venda en los ojos»,[57] porque, en efecto, el móvil capaz de desencadenar el clímax funesto no es la vigilancia de la madre, sino el acecho de las hermanas, en concreto de Martirio, como Adela quisiera salir por la puerta del corral para ir a encontrarse con Pepe en los juncos de la orilla. La suerte de Adela está echada: su estallido de rebelión, reivindicando que ya pertenece al hombre y que nadie más puede dominarla, provoca la catástrofe: todas acuden a los gritos de Martirio, Bernarda sale con una escopeta y Adela acaba creyendo que su madre ha matado a Pepe. A falta del único vínculo con el mundo exterior, a la joven no le queda más remedio que suicidarse, colgándose en su habitación. De manera que la casa de Bernarda Alba al final se convierte en la tumba de la más joven de las hermanas, que se ha atrevido a traspasar sus umbrales prohibidos.

---

54 Pensemos por ejemplo en la Belisa de *La discreta enamorada* o en la Teodora de *El acero de Madrid*. Con respecto a esta última, véase Marcella Trambaioli, «La madre en la comedia de ambientación urbana de Lope de Vega», en Luciano García Lorenzo (ed.), *La madre en el teatro clásico español*, Madrid, Editorial Fundamentos, 2012, p. 63: «en el tejido poético queda comparada con una serie de monstruos mitológicos por su función de guardiana: "arpía" (v. 87), "gigante" (v. 1677), y sobre todo Argos Panoptes, personaje dotado de muchos ojos, encargado de vigilar a la vaca Io».

55 Federico García Lorca, *La casa de Bernarda Alba*, p. 173.

56 Federico García Lorca, *La casa de Bernarda Alba*, p. 187.

57 Federico García Lorca, *La casa de Bernarda Alba*, p. 188.

Adela sabe que su osadía la asimila a las demás mujeres «livianas» que se van nombrando a lo largo de la acción: Paca la Roseta, la mujer «vestida de lentejuelas y que bailaba con un acordeón», la hija de la Librada que ha tenido un «hijo no se sabe con quién».[58] Así lo asienta justo antes del trágico desenlace: «Todo el pueblo contra mí, quemándome con sus dedos de lumbre, perseguida por los que dicen que son decentes, y me pondré la corona de espinas que tienen las que son queridas de algún hombre casado».[59] Lo que Adela no parece sospechar es que la referencia cristológica que inserta en su discurso funciona como una anticipación del sacrificio que se va a celebrar pronto: el de la criatura femenina más indefensa.

En conclusión, si en el teatro aurisecular la casa de la dama es el espacio del triunfo del ingenio femenino, solo a condición de que sirva para reforzar social y culturalmente su supeditación al varón, estando la comedia cómica al servicio de la ideología dominante, en la dramaturgia lorquiana, que adhiere más bien al patrón genérico serio, la representación del espacio doméstico echa en cara al público las injusticias y las paradojas de la condición femenina como resultado de una manipulación ideológica milenaria: la de la cultura patriarcal.

Obras citadas

Arata, Stefano, «Casa de muñecas», en *Textos, géneros, temas. Investigaciones sobre el teatro del Siglo de Oro y su pervivencia*, Pisa, Edizioni ETS, 2002, pp. 191–209.

Arellano, Ignacio, *Historia del teatro español del siglo XVII*, Madrid, Cátedra, 1995.

Calderón de la Barca, Pedro, *La dama duende*, Fausta Antonucci (ed.), Barcelona, Crítica, 1999.

Doménech, Ricardo, «Símbolo, mito y rito en *La casa de Bernarda Alba*», en *García Lorca y la tragedia española*, Madrid, Editorial Fundamentos, 2008, pp. 161–183.

Edwards, Gwynne, «Federico García Lorca», en *Dramaturgos en perspectiva. Teatro español del siglo XX*, Madrid, Editorial Gredos, 1989, pp. 112–183.

García Lorca, Federico, *La casa de Bernarda Alba*, Allen Josephs y Juan Caballero (eds.), Madrid, Cátedra, 1991.

—, *Amor de don Perlimplín con Belisa en su jardín*, Margarita Ucelay (ed.), Madrid, Cátedra, 1990.

Gavela, Delia, «Perfilando géneros: algunas comedias urbanas del primer Lope», en Felipe B. Pedraza Jiménez, Rafael González Cañal y Gemma Gómez Rubio (eds.), *Espacio, tiempo y género en la comedia española, Actas de las II Jornadas de teatro clásico*, Almagro, Universidad de Castilla-La Mancha, 2005, pp. 303–317.

Gregersen, Halfdan, *Ibsen and Spain. A Study in Comparative Drama*, Cambridge, Harvard University Press, 1936.

---

58 Federico García Lorca, *La casa de Bernarda Alba*, respectivamente pp. 159 y 175.
59 Federico García Lorca, *La casa de Bernarda Alba*, p. 195.

Martín Gaite, Carmen, *Desde la ventana*, Madrid, Espasa, 1999.

Moreto, Agustín, «*No puede ser el guardar una mujer*», María Luisa Lobato y María Ortega García (eds.), en *Segunda Parte de Comedias. Vol. V*, Marcella Trambaioli (coord.), María Luisa Lobato, María Ortega, Miguel Zugasti y Alejandro García Reidy (eds.), Kassel, Reichenberger, 2015, pp. 47–246.

Profeti, Maria Grazia, «Comedia al cuadrado: espejo deformante y triunfo del deseo», en *Cuadernos de teatro clásico. La comedia de capa y espada*, 1 (1988), pp. 51–60.

Rubiera Fernández, Javier, *La construcción del espacio en la comedia española del Siglo de Oro*, Madrid, Arco Libros, 2005.

Ruiz Ramón, Francisco, *Historia del Teatro Español. Siglo XX*, Madrid, Cátedra, 1986.

Trambaioli, Marcella, «El espacio dramático: de la Comedia Nueva al esperpento de Valle-Inclán (con unos apuntes sobre el espacio de la mujer)», en Renata Londero (ed.), *El teatro clásico ayer y hoy*, Madrid, Visor Libros, 2017.

—, «La madre en la comedia de ambientación urbana de Lope de Vega», en Luciano García Lorenzo (ed.), *La madre en el teatro clásico español*, Madrid, Editorial Fundamentos, 2012, pp. 57–91.

—, «*Amor de don Perlimplín con Belisa en su jardín* de Federico García Lorca: un homenaje a Lope de Vega», en Jesús G. Maestro (ed.), *Federico García Lorca y el teatro*, número monográfico de *Theatralia*, 11 (2009), pp. 197–209.

Vega, Lope de, *El castigo del discreto*, Enrico di Pastena (ed.) y Giulia Poggi (intr.), en *Comedias de Lope de Vega. Parte VII*, Enrico di Pastena (coord.), Barcelona/Lleida, PROLOPE/ Editorial Milenio, 2008, vol. 1, pp. 201–326.

—, *La discreta enamorada*, en *Obras de Lope de Vega. XXXI. Comedias novelescas*, Marcelino Menéndez Pelayo (ed.), Madrid, Atlas, 1971, pp. 127–197.

Vitse, Marc, «Sobre los espacios en *La dama duende*: el cuarto de don Manuel», en *RILCE*, 12.2 (1996), pp. 337–356.

Siglos XVIII y XIX
Ed. Andreas Gelz, Susanne Schlünder y Jan-Henrik Witthaus

Andreas Gelz, Susanne Schlünder y Jan-Henrik Witthaus

Fenómenos de transición entre los siglos XVIII y XIX

Las transformaciones sociales, políticas, científico-técnicas, comunicativas y mediáticas que se producen a lo largo de los siglos XVIII y XIX, sirven como punto de partida para enfocar la aparición de los fenómenos que marcan profundamente dicho período. Teniendo en cuenta el estado de la cuestión, se destacan cuatro campos de especial interés, caracterizados por problemáticas diversas y fenómenos específicos: 1) los períodos entre siglos que constituyen los umbrales de transición histórico-cultural de los siglos XVII al XVIII y del XVIII al XIX, 2) el entramado de los espacios metropolitanos y coloniales así como los efectos interculturales, reconocibles en la literatura de la migración o del exilio, 3) el orden establecido de los géneros y los arquetipos femeninos y, por último, 4) las transformaciones y transgresiones en el campo de los géneros literarios, de las disciplinas artísticas y de las estructuras intermediales. Estos campos perfilan –como desiderátum– un marco adecuado para la investigación sobre dichos períodos y, asimismo, a la hora de organizar la presente sección, han servido como base y criterio para ordenar el polifacético y dinámico entramado de los siglos XVIII al XIX. Además se pretende generar renovados enfoques de discusión e intercambio entre los especialistas y sus respectivas líneas de investigación.

En relación con el primer campo, destacan, por ejemplo, estudios en torno a las relaciones culturales entre los siglos XVII y XVIII, considerando, para el llamado «Siglo de las Luces» en España, no solo su ocaso que, según algunos investigadores, coincide con la muerte de Fernando VII, sino también sus más tempranas manifestaciones. Con este telón de fondo, son múltiples los interrogantes que se inscriben en este fenómeno de transición, abierto tanto a la identificación de las posibles continuidades –por ejemplo, en el campo de la economía política u otros ámbitos disciplinarios–; como también a las rupturas en el régimen y cambio de la dinastía de los Habsburgo a los Borbones. En este panorama de cuestiones generales pueden agruparse las contribuciones de Rosa Mª Aradra Sánchez, Francisco Javier Álvarez Amo, Ana Contreras Elvira y Jan-Henrik Witthaus. En el artículo de Rosa Mª Aradra Sánchez se observan los cambios en el sistema clásico de los géneros literarios, y se presta especial atención a la emergencia de nuevas textualidades (género epistolar, autobiografía, memorias, etc.)

Andreas Gelz, Susanne Schlünder y Jan-Henrik Witthaus, Albert-Ludwigs-Universität Freiburg, Universität Osnabrück y Universität Kassel

https://doi.org/10.1515/9783110450828-043

y a la formación de una subjetividad literaria moderna. Francisco Álvarez Amo analiza el mismo tema, haciendo referencia al sujeto lírico en el Bajo Barroco. Insiste en formas de autorrepresentación empleadas con mayor frecuencia por los autores –su ejemplo es la obra de Eugenio Gerardo Lobo– y en las transformaciones estilísticas consecuencia de la adopción poética del lenguaje común y del tono conversacional de nuevas formas de sociabilidad que ponen al mismo nivel al poeta y a su público. En el artículo de Ana Contreras Elvira se estudia la obra del dramaturgo Nicolás González Martínez, que sirve como caso paradigmático para ejemplificar los modos barrocos de introducir las ideas ilustradas e, incluso, revolucionarias en la España del siglo XVIII. Jan-Henrik Witthaus contribuye con un esbozo investigativo sobre las transformaciones del pensamiento económico en España, al hacer hincapié en la evolución del concepto de «interés», desde las narrativas picarescas hasta las prosas científicas de las Luces.

En segundo lugar, cabe considerar las investigaciones sobre las relaciones entre el espacio metropolitano y colonial, destacando cuestiones identitarias como epistémicas en el marco de un conjunto de nuevas problemáticas, correspondientes a las posibles interdependencias entre España y el régimen colonial en la América hispana y el Caribe, el papel de los intelectuales criollos (Pablo de Olavide, Gertrudis Gómez de Avellaneda), o el fenómeno de la remigración a España. No menos significativa resulta el interrogante sobre las consecuencias de las Independencias americanas y, ya con anterioridad a la Generación del 98, la conciencia de crisis y el debate identitario sobre la decadencia de una España imperial. Dentro de este marco temático situamos los artículos de Beate Möller, Rolando Carrasco y David Loyola López. Beate Möller observa el papel trascendente que desempeñan los conceptos de la «felicidad pública» y del «bien común», tanto en España como en el Nuevo Mundo, lo cual se estudia mediante el caso del periódico bonaerense *El telégrafo mercantil*. Rolando Carrasco aborda el discurso ilustrado en torno a las primeras experiencias de vuelos en globos aerostáticos por los cielos de América, así como el campo de tensiones simbólicas, sociales y epistémicas entre el *Nuevo sistema de navegar por los aires* (1762) del criollo peruano Santiago de Cárdenas y la *Disertación sobre el arte de volar* (1790) del erudito Cosme Bueno. David Loyola López tematiza la producción de unos literatos liberales españoles que, después de la emigración liberal en 1823, se asentaron en Londres. En esta ocasión se hace patente el gran significado de la revista *Ocios de españoles emigrados* (1824–1827).

Los fundamentos tradicionales del reglamento social de los géneros –véase, por ejemplo, la *Perfecta casada* de Fray Luis de León– se ven transformados de manera fundamental en el proceso de transición de los siglos XVIII al XIX, lo cual se relaciona con textos preceptivos y literarios (entre otros, de Benito Jerónimo Feijoo, Josefa Amar y Borbón o Emilia Pardo Bazán) y las nuevas formas de sociabilidad del período (tertulias, Sociedades Económicas de Amigos del País). Dentro de este horizonte temático María Luisa Guardiola Tey se dedica en su artículo al estudio de dos arquetipos femeninos del tardío siglo XIX, que son relacionados con el mundo laboral de aquella época. Al ofrecer una lectura de dos novelas relevantes –*La Tribuna* (1883) de Emilia Pardo Bazán y *La fabricanta* (1904) de Dolors Monserdà de Macià–, se tematizan las cuestiones de clase y género como elementos significativos en la creación de un modelo femenino, haciendo audible la demanda por la autodeterminación de las mujeres.

Finalmente, un conjunto de especialistas analiza la dinámica generada entre los distintos géneros y los procesos de recepción estético-literaria, así como sus efectos multimediales y artísticos en el contexto de transición. En este apartado agrupamos los artículos de Madeline Sutherland-Meier, Raquel Macciuci, Eli Cohen, Amy Liakopoulos y Mª Pilar Espín Templado. En el artículo de Madeline Sutherland-Meier se comparan dos obras teatrales: una de Gaspar Melchor de Jovellanos, *El delincuente honrado* (1773), y la otra de Antonio Valladares, *El vinatero de Madrid* (1784). Teniendo en consideración los paralelismos entre estas piezas dramáticas, se destacan y explican sus diferencias, al relacionarlas con los diferentes contextos históricos e intencionalidades de sus autores. Con el fin de devolver a las *Cartas Marruecas* de José Cadalso su materialidad y contexto originarios, Raquel Macciuci analiza en su artículo las específicas condiciones de lectura de esta obra clave del siglo XVIII español, publicada originalmente en el *Correo de Madrid ó de los Ciegos* (1789). Eli Cohen sitúa la modernidad de esta novela epistolar en su relación intertextual, fundamental para Cadalso –el mismo utiliza el término de «transmigración»–, con el *Don Quijote* de Miguel de Cervantes. En los artículos de Amy Liakopoulos y Mª Pilar Espín Templado se tematiza la relación entre textos literarios y ciertos géneros musicales. Amy Liakopoulos propone la tesis de que en el relato «El Miserere» (1862) de Gustavo Adolfo Bécquer puede describirse una estructura que sigue el modelo de una fuga. En el artículo de Mª Pilar Espín Templado, por otra parte, se analizan los libretos de ópera que se compusieron al adaptar la célebre novela *Pepita Jiménez* (1874) de Juan Valera, cambiando a veces el argumento, gracias a la transformación del final feliz de esta obra en una ópera de índole trágica, que pone en escena el suicidio de su protagonista.

Francisco Javier Álvarez Amo
Aspectos del sujeto lírico en el Bajo Barroco

Resumen: El examen de la evolución del sujeto lírico a lo largo de los Siglos de Oro contribuye a nuestro conocimiento de la progresiva institucionalización de los modernos conceptos de autor y autoría, inseparable de la adopción mayoritaria de la circulación impresa de las obras y del reconocimiento sociológico de la profesión del escritor. El estudio de la autorrepresentación de los escasamente conocidos poetas del Bajo Barroco, posteriores a los grandes maestros del siglo XVII, es, a su vez, imprescindible para reconstruir la senda que conduce desde los primeros vagidos de la noción de autor hasta su consolidación en los umbrales de la modernidad.

Palabras clave: Sujeto lírico, autor, autorrepresentación, Bajo Barroco

En los albores del siglo XVI, los poetas, y basta con pensar en Garcilaso y su característica subordinación respecto del duque de Alba, acostumbran a presentarse en los preliminares de sus composiciones más ambiciosas como súbditos de sus mecenas o señores, meros encargados de distraer sus ratos de ocio aristocrático con espectáculo de rimas y consonancias. Es, lógicamente, el producto de concebir la poesía como adorno cortesano del caballero, en igualdad de condiciones con la buena conversación o la danza, pero, desde mi punto de vista, conlleva la minusvaloración de la gaya ciencia y sus practicantes, a los que en absoluto se concede la condición de profesionales o siquiera de especialistas. La costumbre se mantiene en el Seiscientos, por lo menos en lo que concierne a los trabajos de aliento sublime; recordemos, por ejemplo, cómo Luis de Góngora pide a don Alfonso López de Zúñiga y Pérez de Guzmán, sexto duque de Béjar, arrimar «a un fresno el fresno» en la introducción a la «Soledad primera». En la centuria que separa a Garcilaso de Góngora, sin embargo, se advierten algunos cambios de actitud. Mientras el contino de Carlos I de España se ofrece con inseguridad a colmar las horas de asueto de su patrocinador, el cordobés, en cambio, pide, solicita, exige que el de Béjar abandone momentáneamente el ejercicio de la caza con el objeto de escuchar sus errantes «pasos», de lo que se desprende que la relevancia del poeta y su consiguiente autoestima se han incrementado en el transcurso del siglo XVI.

En el Bajo Barroco, como es comprensible, la situación adquiere aspectos absolutamente diversos. Ello se debe, en gran medida, a la progresiva conversión

---

Francisco Javier Álvarez Amo, Universidad de Córdoba/Grupo P.A.S.O.

https://doi.org/10.1515/9783110450828-044

del mercado y el gran público en los nuevos mecenas del escritor y el poeta. Desde luego, el mercado de las letras llevaba consolidándose desde mucho antes del Setecientos. En siglos previos, según se desprende, especialmente, de las indicaciones liminares de los autores a sus creaciones, estos o bien erigían a sus aristocráticos mecenas en protectores de sus composiciones contra las insidias del llamado vulgo, esto es, de los lectores que adquirían sus obras y que, por tanto, se sentían autorizados a la crítica si sus expectativas en cuanto consumidores no resultaban satisfechas; o bien, en segundo lugar, se ponían a la defensiva ante el inevitable ataque del vulgo y llegaban hasta a escribir dos o más prólogos dirigidos, respectivamente, a la masa de lectores y a los selectos intelectuales a quienes añoraban como receptores de sus versos. Ambos comportamientos delatan, de nuevo, la subordinación del autor a instancias ajenas. El desprecio del lector común, con todo, comienza a forjar una nueva autorrepresentación del escritor. Quienes antes accedían humildes y de puntillas a la comunicación impresa de sus obras ahora se revelan soberbios y prepotentes ante la posibilidad de ser malinterpretados o, llegado el caso, minusvalorados. Y, efectivamente, lo, si no característico, cuando menos llamativo del comportamiento de algunos poetas en el Bajo Barroco es su actitud, llamémosla, arrogante o condescendiente respecto de sus receptores, que cada vez menos va acompañada del contrapeso de los guiños a los lectores cultos y educados a quienes en otros tiempos hubieran preferido dirigirse. El ejemplo más evidente es el de Diego de Torres Villarroel, quien advierte a su receptor estereotípico en los preliminares de sus versos reunidos, literalmente: «tú me las pagarás [...], porque aunque eres mormurador indigesto y envidioso, tragas a costa de tu dinero cuanto se te pone por delante».[1] La expresión es, por supuesto, dilógica, y alude, en primer término, a la conversión de la relación otrora íntima entre escritor y lector en un mero intercambio de bienes y servicios; el pago de sus obras, en segundo término, se concibe como la venganza que obtiene el escritor de las posibles insidias de sus lectores.

El caso de Torres Villarroel es, con todo, menos habitual de lo necesario para ser considerado absolutamente característico del Bajo Barroco. Su propio éxito le relega a un espacio estanco e independiente dentro del campo literario, con libertad de zaherir a diferentes secciones de sus lectores sin temor a que ello suponga mermas preocupantes de sus ingresos (el equivalente contemporáneo sería Pérez Reverte). En los albores del Setecientos es mucho más común que los poetas, libres de la ilusión de dirigirse mayoritaria o preferiblemente a posibles almas gemelas en educación y gusto, quieran confundirse con el lector común,

---

[1] Francisco Javier Álvarez Amo y Elena Cano Turrión, «El poeta se distancia: retóricas prologales en el Bajo Barroco», en *Criticón*, 125 (2015), p. 128.

quien se convierte, parafraseando a Baudelaire, en su hermano, su semejante. Ello conlleva una novísima concepción del autor en el ejercicio de su actividad. En los albores de la Edad Moderna, los grabados que representan a los autores enclaustrados en la soledad de sus estudios con la sola compañía de sus libros de referencia son habituales. Las octavas iniciales del «Polifemo» a mayor gloria de Gaspar Alonso Pérez de Guzmán, conde de Niebla, son una buena síntesis discursiva de la actitud mencionada. En ellas, don Luis se dibuja a sí mismo solitariamente trabajando «en las purpúreas horas/que es rosas el alba y rosicler el día».[2] Si se me permite saltar hasta el extremo del periodo escogido, observemos el contraste existente entre los versos tercero y cuarto del «Polifemo» y el siguiente soneto de Eugenio Gerardo Lobo:[3]

> Esas que el ocio me dictó algún día
> con leve aplicación rimas sonoras,
> no en las rosadas o purpúreas horas,
> como el Horacio cordobés decía,
>
> sino en aquellas en que yo podía,
> sin cuidado de tardes o de auroras,
> dedicar a las musas, mis señoras,
> un pedazo de vana fantasía
>
> te remito en los propios borradores
> de la pluma fugaz, porque se vea
> cuáles son en su fuente mis errores,
>
> ya que a conceptos de mayor idea
> el capricho de varios impresores
> al público sacó con mi librea.

Eugenio Gerardo Lobo no puede escribir en la soledad del estudio, sino que se ve precipitado en el tráfago de la vida social. En el siglo XVIII, los ancianos hombres de letras encerrados en sus estudios y bibliotecas, entregados a conocimientos arcanos que poco o nada interesan a sus contemporáneos, ceden progresivamente el escenario a los intelectuales de mundo que no adquieren sus saberes en polvorientos infolios, sino en libritos de divulgación, en viajes por el extranjero, en eventos sociales y conversaciones despreocupadas, y «despreocupadas»

---

2 Luis de Góngora, *Antología poética*, Antonio Carreira (ed.), Madrid, Castalia, 1986, p. 169.
3 Francisco Javier Álvarez Amo, *Las «Obras poéticas líricas» (1738) de Eugenio Gerardo Lobo: edición y estudio*, Pedro Ruiz Pérez (dir.), Córdoba, Universidad de Córdoba, 2014, pp. 99–100 (tesis doctoral inédita).

no solo en el sentido de «distendidas», sino, principalmente, con el valor que la palabra tuvo en el Setecientos, es decir, «des-prejuiciadas», si se me permite el neologismo. Estos son los llamados «eruditos a la violeta». Ocurre, sin embargo, que, debido a la descripción de Cadalso, nos hemos formado un concepto simplista y equivocado de ellos. Y es que no debemos olvidar que don José, en su célebre librito, no se describe irónicamente sino a sí mismo, a ese petimetre que, en alguno de sus cursos en el Real Seminario de Nobles de Madrid, tuvo a bien adquirir, según cuenta Rusell P. Sebold, no menos de veinticuatro pares de zapatos.[4]

Eugenio Gerardo Lobo puede servir de ejemplo privilegiado para comprender este nuevo concepto de la sociabilidad. Lobo mismo fue enormemente popular como personaje público en la primera mitad del siglo XVIII; en el diccionario llamado «de Autoridades» se utilizan versos suyos para ilustrar el lema «sociabilidad», y abundan las anécdotas que protagoniza o coprotagoniza. La más conocida de todas es, seguramente, la que le sitúa en la casa hechizada de la condesa de Arcos, de la que da cuenta Torres Villarroel en el relato de su vida.[5] A Lobo no sería escandaloso aplicarle la sentencia de —o atribuida a— el conde de Buffon: «el estilo es el hombre». Y es que su apuesta por la sociabilidad tiene hondas repercusiones estéticas, de las que, en mi opinión, conviene profundizar, cuando menos, en tres: la afectación del amateurismo, la preferencia por registros coloquiales y la contemplación irónica y distanciada de sí mismo.

Según el soneto citado más arriba, en tanto que la inspiración alcanzaba a don Luis «en las rosadas o purpúreas horas», Lobo debe conformarse con escribir en aquellas raras ocasiones en que se lo permite su dedicación profesional a la milicia. Lobo, además, compone «con leve aplicación», casi sin prestar atención a lo que su pluma garabatea. A pesar de su aparente despreocupación respecto del mercado del libro impreso, el terceto postrero nos informa de que varios impresores se atrevieron a dar a las prensas sus versos.[6] Y, efectivamente, así fue. No sabría decir si la popularidad social del personaje fue la que dio lugar a la muy pujante boga de pliegos con sus poemas, o viceversa. Lo cierto, en cualquier caso, es que los «papeles» de Lobo, y utilizo la palabra dentro de la dicotomía que la

---

4 Rusell P. Sebold, *Cadalso: el primer romántico «europeo» de España*, Madrid, Gredos, 1974, p. 59.
5 Pedro Álvarez de Miranda, «Los duendes en casa de la condesa de los Arcos: un episodio de la *Vida* de Torres y su difusión oral previa», en Manuel María Pérez Gómez y Emilio Martínez Mata (eds.), *Revisión de Torres Villarroel*, Salamanca, Universidad de Salamanca, 1998, pp. 79–91.
6 Sobre este soneto, véase Jesús Pérez Magallón, «Góngora y su ambigua apropiación en el tiempo de los novatores», en *Criticón*, 103–104 (2008), p. 126.

contrapone a «libros», se imprimieron y vendieron a espuertas a comienzos del Setecientos. En 1717 y años siguientes, un avispado impresor gaditano, Gabriel de Peralta, dio a luz a sus expensas dos ediciones de sus obras escogidas.[7] El suceso debió de ser notable, pues a estas dos ediciones gaditanas siguieron dos pamplonesas, en 1724 y 1729; y dos barcelonesas, en 1725 y 1732. Eran todas o la mayoría ediciones «hurtadas», es decir, realizadas sin el conocimiento siquiera ni, mucho menos, la supervisión del autor. En 1738, sin embargo, don Eugenio aprovechó la petición de los hermanos de la Congregación de la Milagrosa Imagen de la Peña Sacra, quienes le habían pedido la cesión de sus obras para recaudar fondos, y dio permiso para que se imprimiese la edición «autorizada» de sus obras. Por más que Lobo presuma de diletantismo, no tuvo a mal vigilar personalmente cuando menos una de las impresiones de sus obras. Y es que la edición de 1738 presenta, entre otros, los siguientes indicios de revisión autorial. En primer lugar, se reescriben pasajes con el aparente propósito de simplificar la sintaxis, lo que tiene que ver, en mi opinión, con el abandono progresivo de los barroquismos sintácticos en favor de la naturalidad expresiva. En la edición de Peña Sacra, por otro lado, se altera decisivamente el orden en que se habían presentado las composiciones de Lobo en impresiones previas. Antes de 1738, los volúmenes comenzaban invariablemente con «Reo convicto en el tribunal de su conciencia», «Triunfo de la Castidad» y otros romances de asunto religioso y alambicado estilo, de los que sabemos, sin asomo de duda, que son de fecha temprana, cuanto menos anterior a 1713; a partir de 1738, el propio Lobo decide preterir estas composiciones y situar en su lugar la serie de sonetos con que se abre la edición de Peña Sacra y sucesivas. Entre estos sonetos hay muchos inéditos hasta entonces, y en el conjunto de la serie predomina el estilo claro y conversacional característico, en mi opinión, de la madurez poética de don Eugenio; sirva de ejemplo, de nuevo, la pieza más arriba transcrita.

A Lobo, cuando se le menciona, se le suele describir como adepto del gongorismo más abstruso e ininteligible, representante modélico, por tanto, del mal gusto literario supuestamente característico de su tiempo. Y, efectivamente, Lobo reconoce en alguna ocasión sus lecturas de Góngora, a quien a veces homenajea con imitaciones y paráfrasis. No se puede negar, tampoco, la presencia evidente de estilemas culteranos a lo largo y ancho de la obra de don Eugenio. Se ha dado por hecho, sin embargo, que su producción en verso constituye algo así como un bloque indiviso, de rasgos regulares y uniformes, en el que no se

---

7 José Cebrián, «Jerónimo de Peralta, Gerardo Lobo, una imprenta y muchos sermones», en *Desde el siglo ilustrado. Sobre periodismo y crítica en el siglo XVIII*, Sevilla, Universidad de Sevilla/Instituto Feijoo de Estudios del Siglo XVIII, 2003, pp. 17–35.

pueden distinguir capas o estratos evolutivos. Una de las conclusiones de mi tesis doctoral (véase la referencia en mi nota 3) es, por el contrario, que las composiciones de signo más barroquizante de don Eugenio datan de fechas tempranas y que, con el paso del tiempo, su estilo se fue volviendo casi conversacional, en armonía con el signo de los tiempos. Desde este punto de vista, la relevancia histórica de la obra de don Eugenio es notable, pues, como Rusell P. Sebold fue pionero en indicar, Lobo y varios otros poetas de su tiempo son el eslabón que conduce naturalmente desde el Barroco a la Ilustración,[8] y de ahí hasta el Romanticismo, lo que permite explicar la historia de la poesía del siglo XVIII no en términos de inverosímiles suplantaciones radicales de estilos y movimientos, sino como la progresiva evolución y depuración del idioma poético. Las obras de don Eugenio, en efecto, abundan en frases hechas y giros coloquiales, y satirizan a menudo la poesía deliberadamente inaccesible. En algún momento, de hecho, escribe que se le criticaba porque sus versos eran o parecían, como los de Boscán y Garcilaso, «prosa».[9] En esto, Lobo no era distinto de sus contemporáneos.

En Lobo, en conclusión, no existe idioma de la poesía distinto del lenguaje común, a diferencia de lo que se había teorizado en tiempos de su admirado don Luis de Góngora. Sus obras incansablemente integran modismos y frases hechas. Desde luego, esto se había hecho anteriormente. La diferencia es que el tono conversacional, en Lobo, no es la opción que se elige entre varias posibilidades, sino, más bien, el lenguaje estándar del poeta. Las discusiones estilísticas del siglo previo aparecen desdramatizadas en Lobo, quien ora sigue el estilo culterano de don Luis, ora se muestra partidario de la tersura casticista de Garcilaso –y tiene gracia que Garcilaso, el difusor de los metros italianos en España, acabase convertido en poeta «casticista». Lobo no considera cuestión de honor la defensa de la mayor propiedad de este o de aquel estilo poético. Sus obras, a las veces, juegan modernamente a variar cada dos por tres el idioma estilístico, sin tomarse en serio ninguna opción estética. Lejos estamos de los tiempos en que los innovadores en poesía eran motejados de herejes. Ya quisieran los poetas del 27 haber leído a Góngora de forma tan distanciada y descreída como Eugenio Gerardo Lobo.

Pero Lobo, y en esto me baso también para sostener su modernidad poética, no solo contempla de forma distanciada a los poetas y estilos literarios del pasado, sino que extiende su displicente punto de vista a su propia persona y

---

8 Rusell P. Sebold, *El rapto de la mente. Poética y poesía dieciochescas*, Barcelona, Ánthropos, 1989, p. 105.

9 Francisco Javier Álvarez Amo, *Las «Obras poéticas líricas» (1738) de Eugenio Gerardo Lobo: edición y estudio*, p. 633.

obra. En algún lugar del trabajo precedente he escrito que quizás el éxito de sus versos tuviese que ver con su popularidad en los círculos galantes; ahora pienso que tal vez lo contrario pueda ser cierto también. Cuando hoy leemos a Lobo, es imposible reproducir la experiencia de lectura de los receptores originales. El personaje Lobo era de carne y hueso; en absoluto se encontraba encerrado dentro de ningún libro. Sus versos eran, en cierto sentido, la prolongación de su personaje social, y este personaje, creo que conviene subrayarlo, no diverge mucho, en cuanto a su idiosincrasia y actitudes, del de cualquier posible lector del Setecientos. Lobo se coloca a la altura de sus contemporáneos y se dirige a ellos frente a frente, cara a cara, «hombre a hombre» –como en «Pandémica y celeste»,[10] para que se diviertan a su costa y se sientan libres de entablar conversación con él. Este tipo de comportamiento tampoco es absolutamente nuevo en la poesía española, pero su aparición en Lobo y muchos de sus contemporáneos nos lleva a la conclusión de que los autores del Bajo Barroco no constituyen en absoluto vía muerta ni callejón sin salida de la escritura en verso, sino eslabón necesario en la trayectoria estilística de la poesía en lengua castellana. Según ha escrito Alain Bègue: «La poesía del tiempo de los novatores revela ser, pues, un primer y fundamental eslabón en la inexorable transición hacia la plenitud del Neoclasicismo».[11] Acerquémonos a tiempos y autores más recientes y populares antes de concluir.

Apenas cien años después de la publicación de la versión autorizada de las obras de Lobo se da a los tórculos, por entregas, *El diablo mundo.*[12] En él, también Espronceda se sirve continuamente de frases hechas y construcciones coloquiales, lo que se advierte sobre todo en aquellos momentos en que abandona la narración y se dirige en primera persona a los lectores. Su tono, plagado de clichés lingüísticos («sin ton ni son» [c. I, v. 755]; «mondo y lirondo» [c. IV, v. 3120]; «de rompe y rasga» [c. IV, v. 3450]) se podría describir casi como conversacional. Espronceda emplea incisos del tipo de «como dicen vulgarmente» (c. I, v. 1326) y, en el pasaje singularmente metaliterario con que concluye el canto primero, reconoce el estilo misceláneo de su texto, en el que se combinan «coturno trágico», «trompa épica» y «trivial lenguaje» (c. I, vv. 1374–1377). Este le sirve, además, para construirse irónicamente ante su audiencia, burlándose

---

10 Jaime Gil de Biedma, *Volver*, Dionisio Cañas (ed.), Madrid, Cátedra, 1998, pp. 115–118.
11 Alain Bègue, «"Degeneración" y "prosaísmo" de la escritura poética de finales del siglo XVII y principios del XVIII: análisis de dos nociones heredadas», en *Criticón*, 103–104 (2008), p. 36.
12 Las citas de Espronceda remiten a José de Espronceda, *Obras completas*, Diego Martínez Torrón (ed.), Madrid, Cátedra, 2006.

de la imagen del poeta-profeta (de la que, por cierto, Antonio Ros de Olano, el editor, se hace eco en su «Prólogo»).[13] La utilización poética del lenguaje común y la contemplación distanciada de sí mismo son rasgos comunes de la poesía contemporánea que hay que derivar, directamente, de Espronceda y que, si hacemos caso de Luis García Montero y de su reivindicación del prosaísmo de los poetas del siglo XVIII, arrancan todavía de más lejos, de los escritores de la Ilustración.[14] En mi opinión, dichos rasgos vienen de más lejos aún, es decir, de los autores del Bajo Barroco, a los que don Eugenio Gerardo Lobo quizás pudiese representar metonímicamente.

Nos las hemos visto, pues, a la vez, con un conjunto de causas y las correspondientes consecuencias. Entre las primeras cabe destacar el abandono progresivo del mecenazgo aristocrático y la consiguiente dependencia respecto de los caprichos del gran público y el mercado del libro impreso. Entre las segundas, esto es, entre las conclusiones o corolarios, hay que referirse necesariamente a la asimilación del autor a su público, lo que conlleva, por supuesto, repercusiones estilísticas de hondo alcance o calado, a saber: 1) la afectación o simulación del diletantismo o indiferencia respecto de la propia obra, 2) la adopción de registros vulgares, coloquiales y, a las veces, humorísticos, y, en lugar postrero, 3) la descreída autorrepresentación del escritor, quien deja de ser el poeta-profeta referente de sabiduría para convertirse en un igual entre sus iguales, los lectores. Se podría ir, incluso, más lejos. En caso de creer a Foucault y su teoría de que el nacimiento del autor es inseparable de la promulgación de las leyes en defensa de los derechos de propiedad intelectual, estaría en condiciones de sostener que, si el reconocimiento del autor comienza con el primer privilegio del que tenemos constancia, expedido a comienzos del siglo XVI, este no se consuma hasta las Cortes de Cádiz.[15] En este recorrido, la edición de 1738 de las obras reunidas de Eugenio Gerardo Lobo supone un hito digno de mención. Sin embargo, como varias veces he profundizado en estas cuestiones,[16] dejémoslo aquí por el momento.

---

13 Sobre Antonio Ros de Olano, véase la divertida semblanza de Pío Baroja, *Vidas sombrías*, Madrid, Caro Raggio, 1991, pp. 287 y ss.

14 Dos estrictos contemporáneos de José de Espronceda, Charles Baudelaire en Francia y Heinrich Heine en Alemania, reivindican similarmente el uso del lenguaje común (Walter Benjamin, *Obra completa. Libro I/Vol. 2*, Madrid, Abada, 2012, pp. 199 y ss.).

15 Joaquín Álvarez Barrientos, *Los hombres de letras en la España del siglo XVIII. Apóstoles y arribistas*, Madrid, Castalia, 2006, pp. 250–251.

16 Sobre esta en concreto, véase, por ejemplo, Francisco Javier Álvarez Amo, *Las «Obras poéticas líricas» (1738) de Eugenio Gerardo Lobo: edición y estudio*, pp. 621–622.

Obras citadas

Álvarez Amo, Francisco Javier (2014), *Las «Obras poéticas líricas» (1738) de Eugenio Gerardo Lobo: edición y estudio*, Pedro Ruiz Pérez (dir.), Córdoba, Universidad de Córdoba (tesis doctoral inédita).

—, y Elena Cano Turrión, «El poeta se distancia: retóricas prologales en el Bajo Barroco», en *Criticón*, 125 (2015), pp. 121–132.

Álvarez Barrientos, Joaquín (2006), *Los hombres de letras en la España del siglo XVIII. Apóstoles y arribistas*, Madrid, Castalia.

Álvarez de Miranda, Pedro (1998), «Los duendes en casa de la condesa de los Arcos: un episodio de la *Vida* de Torres y su difusión oral previa», en Manuel María Pérez Gómez y Emilio Martínez Mata (eds.), *Revisión de Torres Villarroel*, Salamanca, Universidad de Salamanca, pp. 79–91.

Baroja, Pío, *Vidas sombrías*, Madrid, Caro Raggio, 1991.

Bégue, Alain, «"Degeneración" y "prosaísmo" de la escritura poética de finales del siglo XVII y principios del XVIII: análisis de dos nociones heredadas», en *Criticón*, 103–104 (2008), pp. 21–38.

Benjamin, Walter, *Obra completa. Libro I/Vol. 2*, Madrid, Abada, 2012.

Cebrián, José, «Jerónimo de Peralta, Gerardo Lobo, una imprenta y muchos sermones», en *Desde el siglo ilustrado. Sobre periodismo y crítica en el siglo XVIII*, Sevilla, Universidad de Sevilla/Instituto Feijoo de Estudios del Siglo XVIII, 2003, pp. 17–35.

Espronceda, José de, *Obras completas*, Diego Martínez Torrón (ed.), Madrid, Cátedra, 2006.

Gil de Biedma, Jaime, *Volver*, Dionisio Cañas (ed.), Madrid, Cátedra, 1998.

Góngora, Luis de, *Antología poética*, Antonio Carreira (ed.), Madrid, Castalia, 1986.

Pérez Magallón, Jesús, «Góngora y su ambigua apropiación en el tiempo de los novatores», en *Criticón*, 103–104 (2008), pp. 119–130.

Sebold, Rusell P., *El rapto de la mente. Poética y poesía dieciochescas*, Barcelona, Ánthropos, 1989.

—, *Cadalso: el primer romántico «europeo» de España*, Madrid, Gredos, 1974.

Rosa Mª Aradra Sánchez
Los «géneros del yo» y el nuevo orden literario en la frontera de entre siglos

Resumen: En el periodo de transición entre los siglos XVIII y XIX asistimos a cambios sustanciales en el sistema clásico de los géneros literarios. Con este trabajo nos acercamos a la teoría de los géneros de este período, a sus tipologías y clasificaciones, con atención especial al creciente papel que la subjetividad literaria desempeña en este panorama con el auge del género epistolar, el ensayo y los géneros de opinión, la autobiografía o las memorias. El estudio de los efectos de su incorporación a los géneros tradicionales, más otros factores, nos hará ver de qué forma tales estructuraciones teóricas conectan no solo con un determinado concepto de género, sino también con una concepción distinta de lo literario.

Palabras clave: Teoría de la literatura, géneros del yo, siglos XVIII y XIX, subjetividad

1 Observaciones preliminares

A lo largo de más de veinte siglos de reflexión sobre la literatura en Occidente, en modo alguno puede decirse que se haya solucionado o que haya perdido vigencia el problema de los géneros literarios, de su definición, explicación y sistematización. Y menos aún la atención a los géneros en los que el sujeto, el individuo en sentido amplio, pasa a un primer plano. Pero, ¿qué lugar han ocupado los «géneros del yo» en otros momentos de nuestra historia literaria?

Si echamos la vista atrás, ni su cultivo ni su teorización ha sido ni homogénea, ni paralela a su aparición o desarrollo, a pesar de los indiscutibles avances registrados en la investigación histórica de los mismos en los últimos años. En este sentido, el periodo entre los siglos XVIII y XIX, en el que me voy a centrar, constituye un espacio de gran interés, ya que es entonces cuando podemos rastrear de manera singular cómo la teoría va reconfigurándose para dar cabida a los sustanciales cambios que se estaban produciendo en el orden literario. El aumento del público

Nota: Estas páginas son un avance de un trabajo en curso en el marco del proyecto de investigación *Sujeto e institución literaria en la Edad Moderna* (ref. FFI2014-54367-C2-1-R).

Rosa Mª Aradra Sánchez, Universidad Nacional de Educación a Distancia

https://doi.org/10.1515/9783110450828-045

lector, la rapidez y economía en la divulgación de los textos con la modernización de la imprenta, el auge de la prensa periódica, y otras muchas circunstancias, contribuyeron a que nacieran más géneros, las transiciones fueran más rápidas y se revisara su concepción coincidiendo con la sustitución de la teoría clásica –normativa, preceptiva y jerarquizadora– por la moderna, de tipo descriptivo y explicativo.[1]

Con el auge del género epistolar, el ensayo y los géneros de opinión, la autobiografía o las memorias, se constata el creciente papel que la subjetividad literaria desempeña en este panorama, y esto se refleja en una incipiente atención teórica que se sobrepone a importantes resistencias. Es aquí donde centramos nuestra atención para ver cómo se articula la reflexión sobre este tipo de géneros, no considerados en los tratados habituales, en un contexto de producción creciente de los mismos.[2] Para ello nos detendremos en algunas de las obras teóricas más relevantes de este periodo.

2 Puntos de partida

Con respecto a la situación que ocupaban estos géneros en las obras teóricas más significativas del siglo XVIII hay que recordar que tanto la Poética como la Retórica habían permanecido al margen. La separación entre teoría y práctica literaria, que cobró gigantescas dimensiones en esta época, había llevado a Luzán a la exclusión de la poética de los géneros en prosa, a negarle dignidad literaria a la novela (no mencionada en su *Poética*) y a centrar su atención en los grandes géneros aristotélicos, el dramático y el épico, atendiendo en menor medida a la lírica.[3] Este divorcio seguirá presente con algunas concesiones cuando en la última década del XVIII Díez González preste en sus *Instituciones*

---

1 René Wellek y Austin Warren, *Teoría literaria*, Madrid, Gredos, 1981, pp. 275 y ss., y Vítor Manuel Aguiar e Silva, *Teoría de la literatura*, Madrid, Gredos, 1993, pp. 159 y ss.

2 Recordemos, por ejemplo, los indispensables trabajos sobre la autobiografía de Fernando Durán López, *Catálogo comentado de la autobiografía española (siglos XVIII y XIX)*, Madrid, Ollero & Ramos, 1997, o *Vidas de sabios. El nacimiento de la autobiografía moderna en España (1733–1848)*, Madrid, Consejo Superior de Investigaciones Científicas, 2005, entre otros. Sobre el ensayo, los de Aullón de Haro: *Los géneros didácticos y ensayísticos en el siglo XVIII*, Madrid, Taurus, 1987, y *Los géneros ensayísticos en el siglo XIX*, Madrid, Taurus, 1992, por citar solo algunos. O los innumerables trabajos sobre la literatura epistolar de este periodo.

3 Sobre esta exclusión de los textos en prosa del ámbito de la poesía y la alarma que suscita entre los censores el «efecto de lo real», véase Inke Gunia, *De la poesía a la literatura. El cambio de los conceptos en la formación del campo literario español del siglo XVIII y principios del XIX*, Madrid/Frankfurt, Iberoamericana/Vervuert, 2008, pp. 114 y 231, respectivamente.

poéticas atención diferenciada a la lírica (identificada con la oda) y a los poemas menores, y rompa con la tradición clasicista al incluir, aunque de manera poco sistemática y sin criterios previos de distinción, algunos capítulos dedicados a la tragedia urbana, a la ópera o a la zarzuela.[4] Tanto Luzán como Díez González son claros exponentes de una poética clasicista que sigue privilegiando la relación entre poesía y verso con respecto al orden genérico tradicional, obviando en buena medida otras manifestaciones del cambio del gusto literario.[5]

Desde el lado de la retórica, la producción del XVIII, fuertemente condicionada por los presupuestos clásicos, no atenderá a los nuevos géneros persuasivos hasta finales de siglo. El propósito de Mayans de construir una retórica de carácter compilador y sistemático y su pretensión más totalizadora y recopiladora que innovadora, le hizo considerar algunos de estos géneros, pero desde una perspectiva más relacionada con los enfoques tradicionales. Así, el libro V con el que en 1757 cierra su *Retórica* lo dedica a «los razonamientos distintos de la oración persuasiva», y es allí donde trata de las *preguntas y respuestas*, la *conversación*, el *diálogo*, las *inscripciones* y la *historia*, géneros en prosa diferentes a los habituales géneros del discurso retórico.[6]

Por su parte, tampoco *La filosofía de la elocuencia* de Capmany (1777 y 1812) ofreció novedades en este plano, atenta más a las calidades del talento oratorio y los recursos elocutivos que a la cuestión de los géneros.[7] Y lo mismo sucederá en su antología de textos en prosa *Teatro histórico-crítico de la elocuencia española*, que ordenaba los fragmentos cronológicamente, por siglos y reinados.[8]

Pero, ¿qué ocurre en los años de entre siglos? ¿Qué nos hace detenernos aquí?

3 Algunas calas significativas

En primer lugar es obligado fijarnos, por su afán de exhaustividad y trascendencia, en la monumental traducción-adaptación que hizo García de Arrieta de los *Principios filosóficos de la Literatura o Curso razonado de Bellas Letras y de*

---

4 Santos Díez González, *Instituciones poéticas*, Madrid, Benito Cano, 1793.

5 Véase al respecto el trabajo de José Checa Beltrán, «Las poéticas españolas del periodo 1790–1810», en *Entre Siglos*, II (1993), pp. 87–98.

6 Gregorio Mayans y Siscar, *Rhetórica*, Valencia, Herederos de Gerónimo Conejos, 1757, vol. 2, pp. 417 y ss.

7 Antonio de Capmany, *Filosofía de la eloqüencia*, Madrid, Antonio Sancha, 1777; con una segunda edición de Londres, Longman, Hurst, Rees, Orme y Brown, 1812.

8 Antonio de Capmany, *Teatro histórico-crítico de la elocuencia española*, Madrid, Antonio Sancha, 1786–1794.

Bellas Artes de Charles Batteux.[9] Este trabajo resultó ser un conglomerado de antología teórica, oratoria y literaria, que daba cuenta de los principales géneros poéticos: poesía dramática, tragedia, comedia, epopeya, poesía didáctica, sátira y epigrama, así como de «los demás géneros de literatura en prosa», que trataba después de hablar de la oratoria: historia, diálogo filosófico, género epistolar, literatura miscelánea (en la que incluía las novelas y los cuentos), más otros géneros, que presentaba en apartados específicos: gramática, erudición, literatura en general, estudios, libros, diarios y periódicos).

Nos encontramos, a priori, ante un evidente avance con respecto a las obras anteriores: la conjunción de retórica y poética posibilita la atención teórica a este grupo de géneros en prosa, en el que se incluyen la novela, los géneros no ficcionales en general y los más específicamente orientados a la expresión de la opinión personal.

Pero la obra también refleja la tensión conceptual en algunos puntos entre la concepción de literatura más restrictiva de Batteux, que la limitaba a la poesía y la elocuencia, y la más amplia de otros autores, como La Harpe, que daba cabida a «todas las artes del espíritu y de la imaginación».[10] Esto favorecerá la atención de García de Arrieta a la novela, reconociendo después de citar a Blair, que todos los escritos, por insignificantes que puedan ser, deben fijar nuestra atención «cuando andan en manos de todos».[11] Es evidente que nuevos géneros tienen que entrar en la teoría.

Por otra parte, en esta concepción de lo literario sobresale una valoración especial de la imaginación como elemento común entre poesía y elocuencia por su capacidad de pintar y mover. Es en este punto en el que sostiene que lo que constituye verdaderamente al poeta, más allá de criterios formales, es la capacidad que tiene, como el orador, de «causar vivas impresiones en el espíritu y en el corazón»:

> No es *Poeta* el que dice cosas comunes y triviales en verso; así como no es *Orador* el que habla en conversación. Esto supuesto, no se debe cifrar el carácter del Poeta en el arte de adornar un discurso con versos bien hechos y armoniosos; consiste en el de causar vivas impresiones en el espíritu y en el corazón, tomando una ruta diferente de la del lenguaje común.[12]

---

9 Agustín García de Arrieta, *Principios filosóficos de la Literatura o Curso razonado de Bellas Letras y de Bellas Artes. Obra escrita en francés por el Sr. Abate Batteux, traducida al castellano e ilustrada con algunas notas críticas y varios apéndices sobre la literatura española*, Madrid, Imprenta de Antonio Sancha, 1797–1805.
10 Agustín García de Arrieta se refiere concretamente al *Curso de literatura* de La Harpe (*Principios filosóficos de la Literatura...*, vol. 6, p. XVII).
11 Agustín García de Arrieta, *Principios filosóficos de la Literatura...*, vol. 9, p. 133.
12 Agustín García de Arrieta, *Principios filosóficos de la Literatura...*, vol. 5, p. 452.

Además, la necesidad de superar las innumerables reglas y preceptos de la preceptiva poética y retórica tradicional, favoreció la apertura del horizonte genérico. Igual que se defiende que «nuevos géneros, nuevos progresos, exigen nuevas reglas; y estas, en muy corto número», los géneros no resultan realidades inamovibles, sino que están influidos por el tiempo, los lugares, las costumbres, la religión, el ingenio, el autor, la imaginación, las pasiones... De todo esto derivará la necesaria alteración, degradación y mixtura de las especies genéricas, pero también –dirá García de Arrieta–«tanta confusión en las ideas que uno se quiere formar de los diferentes géneros de Poesía».[13]

Otro aspecto reseñable de esta obra es su concepción amplia de la Retórica, que trasciende el mero arte de la persuasión y la hace equivalente «al arte de exponer un asunto, sea el que fuere, de un modo elegante y sólido».[14] De ello resultará que la ficción no se presente como elemento determinante de la poesía. En la traducción de García de Arrieta se afirma lo siguiente:

> El don de fingir es un talento esencial al Poeta, por la razón de que pueda tener á cada instante necesidad de hermosear su obgeto; mas la ficción no es esencial á la Poesía, por la razón de que el obgeto que imita puede no tener necesidad de ser hermoseado.[15]

La conciencia creciente de la relatividad del hecho literario que percibimos en este contexto y que hace tambalear las concepciones más universalistas, pone de relieve el ascenso de otros valores en la caracterización de las diferentes especies o géneros literarios. La cualidad de los actores, la naturaleza del asunto (la imitación se presenta en la estética de Batteux como una constante general de todos los géneros) o el efecto producido por la obra, parecen ahora privilegiados,[16] resaltando el carácter retórico y pragmático de la teoría literaria de la época. El individuo, el sujeto, se erige así en criterio diferenciador de los géneros desde su posición más emocional.

Desde estos presupuestos, el tratado de García de Arrieta difunde en el contexto español una configuración amplia de la realidad literaria que acerca poética y retórica desde los criterios que hemos mencionado, e institucionaliza otros géneros hasta entonces excluidos de la reflexión teórica orientada a la instrucción de la juventud. No se trata de pasos determinantes en la consolidación de

---

13 Agustín García de Arrieta, *Principios filosóficos de la Literatura...*, vol. 5, p. 238.
14 Agustín García de Arrieta, *Principios filosóficos de la Literatura...*, vol. 9, p. 408.
15 Agustín García de Arrieta, *Principios filosóficos de la Literatura...*, vol. 5, p. 437.
16 Así lo vemos cuando escribe: «Así el efecto de la Poesía caracterizará su esencia general: es el arte de pintar con la palabra, de modo que mueva al corazón. Distínganse las diferentes especies de pasiones que se pueden mover y se tendrá las varias especies de poesía» (Agustín García de Arrieta, *Principios filosóficos de la Literatura...*, vol. 4, p. 241).

estos géneros desde la perspectiva de la expresión de la individualidad, pero sí de un acercamiento importante a la necesaria consideración teórica de escrituras sólidamente afianzadas en la sociedad de la época, como ocurre con las novelas, los cuentos, los diarios y periódicos, la escritura epistolar, etc.

En este último caso es significativo cómo, partiendo de la semejanza tradicional entre epístola y conversación, entre cartas filosóficas y cartas familiares, emisor y receptor resultan determinantes en su caracterización, precisamente porque saber quién habla y a quién es el primer paso para hablar y para escribir bien. Y en relación a estos sujetos será el sentimiento, no siempre afín a las reglas, lo que se imponga: «Yo no creo que pueda componer una carta por reglas; el sentimiento solo es quien debe dar la ley; y este no siempre se combina bien con las reglas; á menos que estas no cedan y se plieguen á el», leeremos cuando García de Arrieta trata del género epistolar.[17]

Algunos de estos mismos pasos se confirman en la traducción-adaptación de las *Lecciones sobre la Retórica y las Bellas Letras* (1783) de Hugh Blair que hizo José Luis Munárriz en las mismas fechas,[18] mucho más influyente que la de Arrieta.[19] No entramos ahora en la mayor o menor originalidad de sus ideas ni en los criterios —o falta de estos— que sigue en la diferenciación de los géneros, pero resulta un hecho indiscutible la popularidad alcanzada por esta obra, en la que abordaba la cuestión del gusto y de las fuentes de los placeres, el lenguaje, el estilo, la elocuencia y las distintas especies o géneros en prosa y verso.

El peso de la observación y el enfoque pragmático y universal del texto de Blair será uno de los fundamentos sobre los que se articule su visión de la crítica a partir de la experiencia individual del sujeto y de su capacidad de observación, de tal forma que es en el sentimiento y la experiencia donde tiene su origen y lo que fundamenta sus reglas. De ahí que defienda que «todas las reglas de la genuina crítica se fundan últimamente en el sentimiento y que son necesarios gusto, y sentimiento para aplicarlas á cada caso particular»;[20] el sentimiento es lo que sustenta el mérito de una composición, y no la presencia de más o menos adornos retóricos.

---

17 Agustín García de Arrieta, *Principios filosóficos de la Literatura...*, vol. 9, p. 103.

18 José Luis Munárriz, *Lecciones sobre la Retórica y las Bellas Letras, traducidas y adicionadas a partir del original inglés de Hugh Blair*, Madrid, Antonio Cruzado, 1798–1801.

19 Sobre esta obra y su repercusión posterior, véase Andrés Soria, «Notas sobre Hugo Blair y la retórica española en el siglo XIX», en Andrés Soria Ortega (ed.), Nicolás Marín y Antonio Gallego Morell (coords.), *Estudios sobre literatura y arte dedicados al profesor Emilio Orozco Díaz*, Granada, Universidad de Granada, 1979, vol. 3, pp. 363–388, y Rosa M.ª Aradra Sánchez, *De la Retórica a la Teoría de la Literatura (siglos XVIII y XIX)*, Murcia, Servicio de Publicaciones de la Universidad de Murcia, 1997, pp. 204 y ss.

20 José Luis Munárriz, *Lecciones sobre la Retórica y las Bellas Letras...*, vol. 1, p. 51.

La valoración del sentimiento en la línea de lo que estamos comentando es un aspecto relevante en la teoría de los géneros porque prepara el terreno para la consideración de otros géneros, o de algunos tradicionales, desde una perspectiva que pone más el acento en el individuo. Así, al tratar de los géneros en prosa después de abordar la oratoria, Blair habla de las obras históricas y filosóficas, de las cartas y de los romances y novelas. A diferencia de la historia, en la que no han de prodigarse opiniones propias, las memorias no están sujetas a las mismas reglas y requisitos de gravedad y dignidad. En ellas lo principal es la animación y el interés, que el autor hable francamente de sí mismo, dando noticias curiosas y útiles:

> No está sujeto á las mismas leyes de una invariable dignidad y gravedad. Puede hablar francamente de sí mismo: puede descender á anécdotas familiares. Lo que principalmente se requiere de él es que sea animado é interesante; y con especialidad que dé noticias curiosas y útiles, y que informe de algunas particularidades dignas de saberse.[21]

En la misma línea, la biografía es valorada por la oportunidad que proporciona de «ver enteramente al descubierto los caracteres y temperamentos de los hombres grandes con sus virtudes y sus defectos; y los hace conocer más extensa é íntimamente que lo que permite el campo de la historia».[22]

Otro género que ocupa un espacio entre lo serio y lo entretenido es el «escrito epistolar», de «extensión indefinida» por su variedad temática y de enfoque, en el que, aparte del imprescindible conocimiento y adaptación al perfil y a las circunstancias de los receptores –del decoro, en términos clásicos– se busca la expresión más íntima del autor. Leemos en el texto de Blair sobre las cartas más familiares y de personajes ilustres:

> Sería sin duda una puerilidad esperar que en las cartas nos franquee el autor todo su corazón. En todo comercio se ocultan y disfrazan siempre los hombres mas ó menos. [...] Por esta causa mucha parte del mérito y del agrado del estilo epistolar dependerá siempre del conocimiento más ó ménos íntimo que nos dé el escritor. En él, mas que en parte alguna, buscaremos al hombre, no al autor.[23]

La carta en prosa, que venía recibiendo una prolongada atención en el marco general de la retórica como especie de conversación escrita (Mayans, por ejemplo, le dedica bastante espacio en su *Retórica*), será uno de los géneros que de forma más evidente reivindique ahora la expresión de la individualidad. Las palabras

---

21 José Luis Munárriz, *Lecciones sobre la Retórica y las Bellas Letras...*, vol. 3, pp. 268–269.
22 José Luis Munárriz, *Lecciones sobre la Retórica y las Bellas Letras...*, vol. 3, p. 270.
23 José Luis Munárriz, *Lecciones sobre la Retórica y las Bellas Letras...*, vol. 3, pp. 282–283.

que acabamos de leer muestran claramente el nuevo protagonismo que se otorga desde la teoría a la expresión del yo más íntimo.

Por otra parte, es significativo el cuestionamiento que se hace también aquí de la ficción como único criterio definidor de la poesía, atendiendo precisamente a la expresión de sentimientos verdaderos. Para Blair, la ficción por sí sola, tal y como la entienden Platón y Aristóteles, no lleva a una definición completa de la poesía, si se piensa en la descripción de objetos reales o en la expresión de los verdaderos sentimientos del corazón.[24]

Y de forma similar a como señalábamos en Batteux, la poesía, definida por Blair como «lenguaje de la pasión ó de la imaginación animada, formado por lo común en números regulares», parece asumir uno de los fines más trabajados por la retórica: agradar y mover, aunque en este caso por la vía de la imaginación y las pasiones, frente al dominio del entendimiento en el orador, el historiador o el filósofo. La instrucción en la poesía es secundaria:

> Se supone el ánimo del poeta avivado por algún objeto interesante que enciende su imaginación, ó empeña su corazón; y que de consiguiente comunica á su estilo una elevación peculiar acomodada á sus ideas, y muy diferente de aquel tono de expresion que es natural al hombre en su estado del alma ordinario.[25]

Estamos, por tanto, a un paso del reconocimiento de la estrecha relación entre poesía y prosa y de la dificultad de establecer límites precisos. Incluso sostiene que al principio fueron una misma cosa la historia, la elocuencia y la poesía, y que después, con la escritura y la especialización, se separaron en las diversas artes literarias.[26]

4 Otros acercamientos

Entre los deudores más directos del texto de Blair-Munárriz se encuentran las *Lecciones de Retórica y Poética* de Jovellanos, escritas en torno a 1794. No deja de resultar llamativo que uno de los autores más representativos del ensayo y de la autobiografía moderna en España,[27] obvie estos géneros desde el punto de vista teórico y se limite a repetir planteamientos como los citados de Blair. De hecho, es curioso que los débitos sean tan literales como los que encontramos en su

---

24 José Luis Munárriz, *Lecciones sobre la Retórica y las Bellas Letras...*, vol. 3, pp. 207–308.
25 José Luis Munárriz, *Lecciones sobre la Retórica y las Bellas Letras...*, vol. 3, p. 308.
26 José Luis Munárriz, *Lecciones sobre la Retórica y las Bellas Letras...*, vol. 3, p. 322.
27 Fernando Durán, *Vidas de sabios. El nacimiento de la autobiografía moderna moderna en España (1733–1848)*, pp. 88–89.

definición de poesía como «lenguaje de la pasión o de la imaginación animada, formado por lo común en números regulares».[28]

En estas lecciones Jovellanos mantiene la distinción estructural entre prosa y verso, retórica y poética, aunque reconoce que hay obras en prosa que poseen los principales constitutivos de la poesía (invención artificiosa y agradable y lenguaje apasionado y numeroso). Los géneros retóricos los reduce en este caso a los propuestos por Blair (elocuencia de las juntas populares, del foro y del púlpito).

El éxito de la organización de los géneros en prosa y verso de las adaptaciones de Munárriz y García de Arrieta triunfará en toda la primera mitad del siglo XIX, e incluso se prologará después. Los puntos de inflexión de más relieve serán las obras de Sánchez Barbero y Gómez Hermosilla, que asumieron buena parte de las observaciones anteriores, sobre las que se basó un amplio sector de la crítica decimonónica. Así, igual que Blair, Sánchez Barbero contempló, después de tratar de la locución pública (elocuencia del púlpito, política y del foro), las cartas, los escritos filosóficos y didácticos, la historia y los romances y novelas, sin profundizar en los criterios de diferenciación genérica. Pero cuando dice, por ejemplo, sobre las cartas, que «unas contienen discusiones críticas, otras puntos históricos, otras romances ó novelas, otras lecciones de moral, de matemáticas, de física, y aun los discursos mas filosóficos y abstractos»,[29] está actualizando algunas de las posibilidades de esta modalidad de escritura, impensables en autores anteriores.

Y, como hemos señalado en Batteux y Blair, Sánchez recoge la idea de que a veces no es necesario que imite el poeta la «bella naturaleza», cuando la verdad por sí sola tiene suficiente fuerza, como sucede cuando una pasión es real.[30]

Gómez Hermosilla, por su parte, mantuvo la neta separación entre composiciones en verso y en prosa, y a los géneros oratorios habituales sumó las composiciones históricas, didácticas y epistolares.[31] En este caso, se aprecia una atención más detallada a otros subgéneros: historia verdadera (historia general, historia particular, anales, memorias, vidas) e historia ficticia; obras didácticas (disertaciones, tratados magistrales, elementos), y composiciones epistolares. Es significativo que, cuando trata de las reglas de la historia, centradas en plan, narración, retratos, arengas y reflexiones, se pide que estas últimas sean nuevas,

---

28 Gaspar Melchor de Jovellanos, «Lecciones de Retórica y Poética», en *Obras publicadas e inéditas de don Gaspar Melchor de Jovellanos*, Cándido Nocedal (ed.), Madrid, Atlas, 1963, p. 137.
29 Francisco Sánchez Barbero, *Principios de Retórica y Poética*, Madrid, Imprenta de la Administración del Real Arbitrio de la Beneficencia, 1805, p. 124.
30 Francisco Sánchez Barbero, *Principios de Retórica y Poética*, p. 160.
31 José Mamerto Gómez Hermosilla, *Arte de hablar en prosa y verso*, Madrid, Imprenta Real, 1826.

sólidas, interesantes, profundas, breves y nacidas de los mismos hechos.[32] La historia fingida queda ya en Hermosilla equiparada a la otra historia, de la que –dice– solo se diferencia en la ficción, y su dificultad es la misma que en cualquier otra obra de imaginación.

5 Conclusiones

Aunque no sean pasos definitivos, como hemos dicho, los puentes afianzados entre Retórica y Poética en las obras mencionadas, la superación de la ficción como criterio definidor de la poesía, el peso del individuo y de los efectos de la escritura (en sentido amplio) en el receptor y la importancia del sentimiento, con el convencimiento de la necesidad de atender a géneros muy cultivados y con amplia repercusión social, son aspectos determinantes en la apertura de la teoría de los géneros de estos años.

El hecho de que las influyentes adaptaciones de García de Arrieta y de Munárriz destacaran la conveniencia de añadir a la reflexión literaria un género como la novela, hasta entonces no contemplado en las preceptivas tradicionales, partiendo precisamente de su recepción, marcará un punto y aparte en la consideración de este género y provocará el consiguiente reajuste en el esquema de los géneros literarios, en el que han de considerarse los géneros que nos ocupan.

De esta manera, la Retórica se erige en uno de los espacios en los que hay que buscar los antecedentes de la atención teórica a este grupo de géneros normalmente asentados en el territorio de lo fronterizo y de lo híbrido. Así lo corrobora no solo la inclusión de la Retórica como parte diferenciada de estos tratados, sino la capacidad que plantea –más amplia que la de la Poética– de dar respuesta a un espacio comunicativo desde donde poder analizar géneros literarios en prosa tanto ficcionales como no ficcionales. En este periodo es también donde se produce la integración, marcada por la distinción verso-prosa, del amplio grupo de géneros relacionados con la historia, la carta y la didáctica, lo que supone un ascenso de este grupo marginal de géneros retóricos.

Así, la valoración de la imaginación, del sentimiento y de la autenticidad; la desconfianza hacia la reglamentación literaria (poético-retórica); la retorización de la literatura (privilegio del efecto emotivo del discurso) favorecen la atención –mínima, hay que reconocerlo, pero importante como antecedente de desarrollos ulteriores– al sujeto y a los géneros más directamente asociados a él.

---

32 José Mamerto Gómez Hermosilla, *Arte de hablar en prosa y verso*, vol. 1, p. 77.

Como destacara Sánchez Blanco al hablar de la concepción del yo en la autobiografía española del XIX, el estudio de este género, que podríamos extender a los conocidos como «géneros del yo», se debe estudiar también como categoría intelectual que ilumina sobre cómo los individuos de una determinada época comprenden su propia realidad y no solo la literaria.[33] Pero más específicamente, añadiríamos, el estudio de los efectos de su incorporación a los géneros tradicionales, más otros factores, muestra cómo tales estructuraciones teóricas conectan en su base no solo con un determinado concepto de género, sino también con una concepción distinta de lo literario.

Obras citadas

Aguiar e Silva, Vítor, *Teoría de la literatura*, Madrid, Gredos, 1993.

Aradra Sánchez, Rosa Mª, *De la Retórica a la Teoría de la Literatura (siglos XVIII y XIX)*, Murcia, Servicio de Publicaciones de la Universidad de Murcia, 1997.

Aullón de Haro, Pedro, *Los géneros ensayísticos en el siglo XIX*, Madrid, Taurus, 1992.

—, *Los géneros didácticos y ensayísticos en el siglo XVIII*, Madrid, Taurus, 1987.

Capmany, Antonio de, *Teatro histórico-crítico de la elocuencia española*, Madrid, Antonio Sancha, 1786–1794.

—, *Filosofía de la eloqüencia*, Madrid, Antonio Sancha, 1777.

Checa Beltrán, José, «Las poéticas españolas del periodo 1790–1810», en *Entre Siglos*, II (1993), pp. 87–98.

Díez González, Santos, *Instituciones poéticas*, Madrid, Benito Cano, 1793.

Durán López, Fernando, *Vidas de sabios. El nacimiento de la autobiografía moderna en España (1733–1848)*, Madrid, Consejo Superior de Investigaciones Científicas, 2005.

—, *Catálogo comentado de la autobiografía española (siglos XVIII y XIX)*, Madrid, Ollero & Ramos, 1997.

García de Arrieta, Agustín, *Principios filosóficos de la Literatura o Curso razonado de Bellas Letras y de Bellas Artes. Obra escrita en francés por el Sr. Abate Batteux, traducida al castellano e ilustrada con algunas notas críticas y varios apéndices sobre la literatura española*, Madrid, Imprenta de Antonio Sancha, 1797–1805.

Gómez Hermosilla, José Mamerto, *Arte de hablar en prosa y verso*, Madrid, Imprenta Real, 1826.

Gunia, Inke, *De la poesía a la literatura. El cambio de los conceptos en la formación del campo literario español del siglo XVIII y principios del XIX*, Madrid/Frankfurt, Iberoamericana/Vervuert, 2008.

Jovellanos, Garpar Melchor de, «Lecciones de Retórica y Poética», en *Obras publicadas e inéditas de don Gaspar Melchor de Jovellanos*, Cándido Nocedal (ed.), Madrid, Atlas, 1963, pp. 114–146.

---

33 Francisco Sánchez Blanco, «La concepción del "yo" en las autobiografías españolas del siglo XIX: de las "vidas" a las "memorias" y "recuerdos"», en *Boletín AEPE*, XV.29 (1983), pp. 39–46, en particular p. 39.

Luzán, Ignacio de, *La Poética o Reglas de la Poesía en general y de sus principales especies*, Zaragoza, Francisco Revilla, 1737.

Mayans y Siscar, Gregorio, *Rhetórica*, Valencia, Herederos de Gerónimo Conejos, 1757.

Munárriz, José Luis, *Lecciones sobre la Retórica y las Bellas Letras, traducidas y adicionadas a partir del original inglés de Hugh Blair*, Madrid, Antonio Cruzado, 1798–1801.

Sánchez Barbero, Francisco, *Principios de Retórica y Poética*, Madrid, Imprenta de la Administración del Real Arbitrio de la Beneficencia, 1805.

Sánchez Blanco, Francisco, «La concepción del "yo" en las autobiografías españolas del siglo XIX: De las "vidas" a las "memorias" y "recuerdos"», en *Boletín AEPE*, XV.29 (1983), pp. 39–46.

Soria, Andrés, «Notas sobre Hugo Blair y la retórica española en el siglo XIX», en Andrés Soria Ortega (ed.), Nicolás Marín y Antonio Gallego Morell (coords.), *Estudios sobre literatura y arte dedicados al profesor Emilio Orozco Díaz*, Granada, Universidad de Granada, 1979, vol. 3, pp. 363–388.

Wellek, René y Austin Warren, *Teoría literaria*, Madrid, Gredos, 1981.

Rolando Carrasco M.

Globos y artefactos de volar en la América colonial. La conquista ilustrada del espacio celeste en los siglos XVIII y XIX

Resumen: El artículo tiene por objetivo analizar algunas de las manifestaciones distintivas del «arte de volar» indiano. Trataríase de un fenómeno en el que no solo cabe distinguir específicos procesos de transferencia y circulación del saber aeronáutico y científico-técnico de la modernidad ilustrada en América, considerando, por ejemplo, los globos de Louis y Joseph Montgolfier en 1783; sino también de discursividades sobre el vuelo e invenciones aerostáticas marcadas por tensiones socio-culturales, epistémicas y étnicas, nacidas en el proceso de constitución y control de/sobre los discursos y prácticas escópicas durante los siglos XVIII y XIX. Ejemplo de ello serían, entre otros, textos divulgativos identificables en la prensa y el discurso enciclopédico de la Ilustración americana («Bibliotecas» y «Almanaques»), la obra del criollo peruano Santiago de Cárdenas y su *Nuevo sistema de navegar por los aires* (1762), así como el proyecto aerostático de Miguel Colombise y Andrés Tejeda durante la Emancipación en el Río de la Plata.

Palabras clave: Hispanoamérica, aeronáutica, volar, globos, Ilustración, siglo XVIII

1 Introducción

El impulso imaginativo de volar se encuentra en los más diversos tiempos y culturas. El mito alado, sea en la milenaria China, India, Grecia, Roma, Germania, como también en las culturas Mayas y Aztecas, o los pueblos del antiguo Tawantinsuyu, representaron mediante sus míticos relatos el deseo humano de remontar el espacio celeste. Según Clive Hart, en Occidente se inscriben algunas de las más tempranas reflexiones sobre la naturaleza del aire e inventos producto de la observación de los pájaros.[1] El mito de Icaro y Dédalo, los *Comentarios* de

---

1 Clive Hart, *The Prehistory of Flight*, Berkeley/Los Angeles/London, University of California Press, 1985.

Rolando Carrasco M., Universität Osnabrück

https://doi.org/10.1515/9783110450828-046

Macrobio y el célebre «Ornitóptero» de Leonardo Da Vinci trascienden los siglos para alcanzar un desarrollo particular con la máquina voladora de Burattinni, así como con los artículos y tratados que ya desde el temprano siglo XVIII circulan de la mano de Emmanuel Swedenborg, Ralph Morris, Pierre Desforges y Carl Meerwein. No cabe duda de que la navegación en globo de Louis y Joseph Montgolfier en 1783 marcó un hito decisivo en la historia aeronáutica mundial, alcanzando un particular impacto en la tratadística dieciochesca, como también en el campo de la literatura, la prensa, almanaques, diccionarios y enciclopedias que muestran la devoción por esta «sublime invención» y el naciente control de los cielos europeos durante los siglos XVIII y XIX.[2] Cabe agregar que no menos relevante ha sido el impacto de estos tempranos mecanismos aerostáticos en el campo de la literatura moderna, como bien han precisado Ulrich Seeber o Laurence Goldstein,[3] así como su recepción en el contexto de investigación de la historia cultural y de las ciencias, según reconocemos en los aportes de Mi Gyung Kim o Michael Lyn,[4] en relación con la irradiación que los globos aerostáticos alcanzaron en el debate de las ideas de la modernidad ilustrada.

En términos generales, podemos considerar que todos estos valiosos aportes confirman la preeminencia estrictamente europea de un fenómeno científico-técnico y cultural de complejidad y alcances globales, que, hasta la fecha, ha desatendido por completo el análisis de manifestaciones nacidas en el contexto transatlántico de la América colonial. A nuestro juicio, trataríase de un campo en el que no solo cabría inscribir específicos procesos de circulación y transferencia del saber aeronáutico de Occidente, sino también del eventual aporte intelectual de criollos americanos, mediante «prospectos», «tratados», «cartas» o «registros» enciclopédicos, que bien podrían conformar un nuevo

---

2 Michael Lynn, *The Sublime Invention. Ballooning in Europe, 1783–1820*, London, Pickering & Chatto, 2010. Véanse además las obras de Gerhard Wissmann, *Geschichte der Luftfahrt von Ikarus bis zur Gegenwart. Eine Darstellung der Entwicklung des Fluggedankens und der Luftfahrttechnik*, Berlin, Verlag Technik Berlin, 1979; Wolfgang Behringer y Constance Ott-Koptschalijski, *Der Traum vom Fliegen. Zwischen Mythos und Technik*, Frankfurt, Fischer, 1991, y Karin Luck-Huyse, *Der Traum vom Fliegen in der Antike*, Stuttgart, Franz Steiner Verlag, 1997.

3 Hans Ulrich Seeber, «Der Ballonaufstieg als Spektakel und Metapher zur Assimilierung neuen Wissens in die englische Versdichtung des 19. Jahrhunderts», en Jürgen Link y Wulf Wülfing (eds.), *Bewegung und Stillstand in Metaphern und Mythen: Fallstudien zum Verhältnis von elementarem Wissen und Literatur im 19. Jahrhundert*, Stuttgart, Klett-Cotta, 1984, pp. 165–200, y Laurence Goldstein, *The Flying Machine and Modern Literature*, Basingstoke, Macmillan, 1986.

4 Mi Gyung Kim, *The Imagined Empire: Balloon Enlightenments in Revolutionary Europe*, Pittsburgh, University of Pittsburgh Press, 2016, y Michael R. Lynn, *Popular Science and Public Opinion in Eighteenth-Century France*, Manchester/New York, Manchester University Press, 2006 (especialmente el capítulo 6 «Balloons and Mass Science», pp. 123–147).

capítulo de la Historia Cultural del «arte de volar» indiano. Nuestro objetivo, en el marco de este artículo, apunta a sentar las bases de este proyecto mayor, mediante una propuesta de sistematización y problematización de un conjunto de fuentes en que, más allá de su atribuida condición de «visionarios» o «precursores» en el concierto aeronáutico latinoamericano (Chile, Bolivia, Perú, Ecuador, Argentina), se ha desconocido absolutamente su eventual aporte en el debate de las ideas sobre la Ilustración en América.[5] Para ello postulamos la existencia de dos manifestaciones distintivas en este fenómeno de transición entre los siglos XVIII y XIX: 1) los globos aerostáticos, prensa y discursos enciclopédicos en América, 2) el ingenio americano y el «volar con máquina» de Santiago de Cárdenas.

2 Globos y visualizaciones aeronáuticas sobre los cielos de España y América

La navegación en globo de Louis y Joseph Montgolfier en 1783 habría de marcar un hito decisivo no solo en la historia aeronáutica de la Europa moderna, sino también como catalizador de narrativas y visualidades que textualizan o carnavalizan la viabilidad de la navegación aérea, cuyo antecedente más destacable en el mundo ibérico ha sido el experimento de Bartolomeu Lourenço de Gusmão con su «Passarola» en la corte de Juan V de Portugal en 1709.[6] Para el caso de España, ejemplo destacable es el «Proyecto de pez aerostático», donde consta el viaje poético realizado por un tal Jose Patiño entre la ciudad de Plasencia y Coria en 1784.[7] Ya se ha advertido la carga lucianesca, como las reminiscencias

---

5 Para el caso de Alemania, véase el libro de Sabine Höhler, *Luftfahrtforschung und Luftfahrtmythos. Wissenschaftliche Ballonfahrt in Deutschland, 1880–1910*, Heidelberg, Campus Fachbuch, 2001.

6 Puede verse una ilustración de la misma en Gallica: *Figure de la barque inventée en 1709 [estampe]*, Bartolomeu Lourenço de Gusmão, Bibliothèque Nationale de France, FOL-IB-4 (2) (en línea) [fecha de consulta: 29-08-2017] <http://gallica.bnf.fr/ark:/12148/btv1b8509552j>. Véase también el ejemplar de Vicomte de Faria, *Reproduction fac-similé d'un dessin à la plume, de sa description et de la pétition adressée au roi Jean V (de Portugal) en langue latine et en écriture contemporaine (1709) retrouvés récemment dans les archives du Vatican, du célèbre aéronef de Bartholomen Lourenço de Gusmão «l'homme volant» portugais, né au Brésil (1685–1724)*, Lausanne, Imprimeries Réunies, 1917.

7 Puede verse la ilustración en la Biblioteca Digital Hispánica: *Pez aerostático elevado en Plasencia (1784) [aguafuerte de C. Bresse]*, Biblioteca Nacional de España, INVENT/47139 (en línea) [fecha de consulta: 29-08-2017] <http://bdh.bne.es/bnesearch/detalle/bdh0000053481>. Véase también en Gallica: *Poisson Aerostatique composé de fer blanc pour être rempli d'air*

a la pintura del Bosco en dicho prototipo delirante, en un periodo en que, según Germán Labrador Méndez, «conviven la efectiva, objetiva, real, elevación de artefactos hacia el cielo con una intensa producción de representaciones utópicas, como si en ese esfuerzo de imaginación poética se estuviesen generando las condiciones necesarias para el avance científico».[8] En dicha línea se situarían también las estampas del «Coche volante» (1773), grabado de Francisco Hernández, o el tratado sobre el «buque volante» (1795) de Joseph Válgoma,[9] así como la imaginación de un Goya con el «modo de volar» en sus *Proverbios*.[10] Sería largo de enumerar el sinnúmero de textos e imágenes asociadas a la corte borbónica y las ascensiones aeronáuticas en que las promesas de la modernidad,[11] la alteración científico-técnica de las leyes naturales y la ascensión transformada en una espectacularización secular –como en el dibujo preparatorio de un ascenso aerostático (1792) de Vicente Lunardi,[12] que permite mirar los cielos de la Europa moderna con la complejidad simbólica de un espacio festivo y utópico, abierto

---

inflammable, avec une chambre en dedans propre à y placer quelqu'un pour le conduire en l'air [estampe], Bibliothèque Nationale de France, FOL-IB-4 (2) (en línea) [fecha de consulta: 29-08 2017] <http://catalogue.bnf.fr/ark:/12148/cb41512435x>.

8 Germán Labrador Méndez, «Las luces figuradas. Imágenes de dispositivos tecno-científicos y secularización en la España del siglo XVIII: retratos, linternas mágicas y globos», en *Cuadernos Dieciochistas*, 9 (2008), p. 68.

9 Véase la ilustración en la Biblioteca Digital Hispánica: *Coche volante (1773) [grabado calcográfico]*, Biblioteca Nacional de España, INVENT/14857 (en línea) [fecha de consulta: 29-08-2017] <http://bdh.bne.es/bnesearch/detalle/bdh0000144236>. También Joseph Válgoma, *Observaciones y discursos sobre el modo de establecer unos buques volantes*, Madrid, Blas Román, 1795 (en línea) [fecha de consulta: 29-08-2017] < http://bdh.bne.es/bnesearch/detalle/bdh0000133419>.

10 En el caso de la obra de Francisco de Goya, véase la edición y estudio de Javier Blas, José Manuel Matilla y José Miguel Medrano (eds.), *El libro de «Los caprichos»: dos siglos de interpretaciones (1799–1999). Catálogo de los dibujos, pruebas de estado, láminas de cobre y estampas de la primera edición*, Madrid, Museo Nacional del Prado, 1999.

11 Para una revisión más completa de este aspecto en la Ilustración española, destacamos los aportes de Ángel García García y Marcelino Sempere Doménech, «Aerostación e ilustración», en *Milicia y sociedad ilustrada en España y América (1750–1800)*, Madrid, Deimos, 2003, vol. 2, pp. 191–208; Jesusa Vega González, *Ciencia, arte e ilusión en la España ilustrada*, Madrid, Consejo Superior de Investigaciones Científicas, 2010; Enrique Martínez Ruiz y Magdalena de Pazzis Pi Corrales (coords.), *La Casa de Borbón. Ciencia y técnica en la España Ilustrada*, Valencia, Consorcio de Museos de la Comunitat Valenciana, 2006, e *Ilustración, ciencia y técnica en el siglo XVIII español*, Valencia, Universitat de València/Museu Valencià de la Il·lustració i de la Modernitat, 2008.

12 Véase la ilustración de la Biblioteca Digital Hispánica: *Globo aerostático de Vicente Lunardi (1792) [aguafuerte]*, Biblioteca Nacional de España, INVENT/70852 (en línea) [fecha de consulta: 29-08-2017] <http://bdh.bne.es/bnesearch/detalle/bdh0000067052>.

también a la reflexión ensayística de un Jerónimo de Feijóo,[13] o a la expresión poética de Diego Díaz Monasterio con *Los ayres fixos*.[14]

Pese a la importantísima contribución de Tissandier y de Díaz Arquer y Vindel sobre la bibliografía aeronáutica de los siglos XVIII e inicios del XIX,[15] son muy escasos los estudios que han documentado la elevación de globos u otros artefactos sobre los cielos de la América colonial.[16] Es el caso de González Claverán,[17] quien data hacia 1785 las primeras experiencias con globos aerostáticos en Oaxaca; mientras que James McClellan ha demostrado que ya en 1784, globos aerostáticos franceses señoreaban los cielos sobre las plantaciones de la isla de Santo Domingo.[18] El naturalista Alexander von Humboldt haría lo propio el 24 de junio de 1802, cuando habría de utilizar el globo para investigaciones científicas (mediciones barométricas y termométricas).[19] A nuestro juicio, el impacto del viaje en globo en la Ilustración americana podemos identificarlo mediante

---

13 En su *Teatro crítico universal*. En este punto, revisar sus ensayos sobre «El peso del aire» y «Vuelos de los cuerpos por medio del fluido» (Benito Jerónimo Feijoo, «El peso del aire», en *Teatro crítico universal*, Proyecto Filosofía en Español [ed.], Oviedo, Fundación Gustavo Bueno/Biblioteca Feijoniana, 1998, vol. 2, discurso 11 [en línea] [fecha de consulta: 02-12-2017] <http://www.filosofia.org/bjf/bjft211.htm>).

14 Diego Díaz Monasterio, *Los ayres fixos: poema didáctico en quatro cantos*, Madrid, Blas Román, 1780 (en línea) [fecha de consulta: 29-08-2017] <http://mdc.ulpgc.es/cdm/ref/collection/MDC/id/72621>. El lector interesado también puede revisar algunas de las primeras teorizaciones sobre el volar en Antonio de Fuentelapeña, *El ente dilucidado: tratado de monstruos y fantasmas*, Madrid, Editora Nacional, 1978.

15 Gaston Tissandier, *Bibliographie aéronautique: Catalogue de livres d'histoire de science, de voyages et de fantaisie, traitant de la navigation aérienne ou des aérostats*, Paris, Launette, 1887, y Graciano Díaz Arquer y Pedro Vindel, *Historia bibliográfica e iconográfica de la aeronáutica en España. Portugal, países hispano-americanos y Filipinas: desde los orígenes hasta 1900*, Madrid, Vindel, 1930. En esta última obra solo existen dos menciones a la América hispana: México (Theodore Adolfo, 1836) y Cuba (Mariano Torrente, 1837–1838).

16 Jules Duhem es el único de los autores consultados que comenta el aporte del peruano Santiago de Cárdenas, en su *Histoire des idées aéronautiques avant Montgolfier*, Paris, Fernand Sorlot, 1943, p. 229.

17 Virginia González Claverán, «Globos aerostáticos en la Oaxaca del siglo XVIII», en *Quipu*, 4.3 (1987), pp. 387–400.

18 James E. McClellan III, *Colonialism and Science: Saint Domingue and the Old Regime*, Baltimore, John Hopkins University Press, 1992.

19 Amalia Villa de la Tapia, *Alas de Bolivia*, La Paz, Editorial Aeronáutica, 1974–1983, vol. 1, pp. 44–45. Ver además las breves menciones a los globos de Alexander von Humboldt, *Viaje a las regiones equinocciales del Nuevo Continente*, Caracas, Monte Avila, 1991, y, en colaboración con, Aimé Bonpland, *Ensayo sobre la geografía de las plantas: acompañado de un cuadro físico de las regiones equinocciales*, México D.F./Culiacán, Siglo Veintiuno Editores/Universidad Autónoma de Sinaloa, 2016.

dos discursividades relevantes en el enciclopedismo dieciochesco de las letras del Nuevo Mundo. En primer lugar, mediante las reflexiones ilustradas –especialmente en el campo de la física, química o matemática– que formaron parte de la prensa, gacetas y almanaques, cuyo rol fue fundamental en la divulgación y fomento de una incipiente cultura científica al servicio de las necesidades sociales. A juicio de Alberto Saladino García, en el *Papel Periódico de La Habana* «los análisis del aire y del fuego, como temas de la física, se vincularon más a la construcción de los globos aerostáticos, aunque en verdad la mayoría de noticias sobre ellos se hizo en tono de espectáculo, más que de labor científica».[20] Ya en el siglo XIX las ascensiones en La Habana de Eugenio Robertson (1829) y de Adolfo Theodore (1830) no solo impactarían entre los curiosos, sino también entre el público lector cubano, gracias a la prensa, pasquines, versos, crónicas, panfletos y folletos, estos últimos, escritos por los mismos aeronautas sobre su ascensión caribeña en tiempos del rey Fernando VII.[21] En segundo lugar, frente a esta manifestación decimonónica, de especial importancia para la conformación de una conciencia criolla y difusión del saber dieciochesco en América, será el registro en las Enciclopedias, tal como podemos reconocer con el *Arca de Letras y Teatro Universal* (1783) del franciscano venezolano Fray Juan Antonio de Navarrete.[22] En su obra podemos reconocer la temprana recepción de esta inventiva europea, la «aerostática», en cuya entrada el *Arca de Letras* señala:

> Aerostática: Llaman la arte de hacer máquinas que vuelan por el aire y llaman por esto así la máquina-bomba, que en este siglo XVIII ha descubierto el humano ingenio, de género o papel, haciéndola volar por los aires, de las que en este año de 1785 ha habido infinitas aquí en nuestra ciudad de Caracas, de día y de noche; y en este nuestro convento se echaron a volar dos [...].[23]

---

20 Véase en relación con lo publicado en el *Papel periódico de La Habana*, 87 (08-11-1798), pp. 353-355 y 98 (11-12-1798), pp. 393-394. Además en varias ediciones del *Mercurio peruano* resultan fundamentales los aportes científicos de José Coquette y Faxardo con sus «Disertaciones» sobre la química: «Electricidad astronómica» y «Conclusión de la electricidad astronómica», respectivamente en *Mercurio Peruano*, 292 (20-10-1793) y 293 (24-10-1793) (Alberto Saladino García, *Ciencia y prensa durante la Ilustración latinoamericana*, México, Universidad Autónoma del Estado de México, 1996, pp. 207–214).
21 Tomás Terry, *Contribución a la Historia de la aeronáutica y el correo aéreo en Cuba*, La Habana, Ministerio de Comunicaciones/Museo Postal Cubano, pp. 19–70.
22 Véase el estudio sobre Porta de Sabine Knabenschuch, «Enciclopedismo venezolano del siglo XVIII: de la cosmología filosófica al encanto de las máquinas», en *Revista de Filosofía*, 37.1 (2001), pp. 43–61.
23 Juan Antonio Navarrete, *Arca de letras y teatro universal*, Caracas, Academia Nacional de la Historia, 1993, vol. 2, p. 200.

El testimonio de Antonio de Navarrete sobre los cielos de Caracas corrobora el rápido impacto y difusión de los globos aerostáticos y de su validación científico-técnica («arte de hacer máquinas que vuelan») en la América colonial,[24] pese a que, como sostiene Hartmann «la très populaire *Encyclopédie* de Diderot et d'Alembert ignore les mots "aérostat", "aéronaute", "aviation", "aéronef", "aéroplane"».[25] Otro ejemplo relevante del discurso enciclopédico de la Ilustración americana lo identificamos en los *Almanaques* peruanos del siglo XVIII. Se trata de la «Disertación sobre el Arte de Volar», compuesta por el erudito aragonés Cosme Bueno, en cuya primera parte afirma «que no es tan imposible como se piensa el vuelo de los hombres por estas razones. Los globos aereostáticos confirman esta opinión; pues con ellos se han hecho algunos viajes, y excursiones, que han admirado la Francia y la Europa toda, teniendo por cosa muy nueva su invención [...]».[26]

Sea el caso de Antonio Navarrete o Cosme Bueno –sobre el cual profundizaremos más adelante– nos situamos frente a una corriente de la Ilustración y del enciclopedismo americano en que no sólo podemos interrogarnos por los mecanismo de transferencia y validación del saber europeo entre los ilustrados católicos en América, sino también del eventual proceso de exclusión de manifestaciones distintivas de un «arte de volar» indiano, tal como podemos reconocer en el caso de Santiago de Cárdenas.

3 El ingenio americano y el «volar con máquina» de Santiago de Cárdenas

La obra de Santiago de Cárdenas, titulada *Nuevo sistema de navegar por los aires* (1762),[27] si bien ya representa tanto un capítulo de la historia científico-técnico de la

---

24 Según Jorge Carrera Andrade, en la *Colección de poesías varias, hechas por un ocioso en la ciudad de Faenza* (1790–1791) del jesuita expulso Juan de Velasco «figuran [...] unas estrofas dedicadas a un globo aerostático» (*Galería de místicos y de insurgentes: la vida intelectual del Ecuador durante cuatro siglos, 1555–1955*, Quito, La Palabra, 2008, p. 67).

25 Gérard Hartmann, «L'aéronautique dans la presse», en *Dossiers historiques et techniques. Aéronautique française* (página web) [fecha de consulta: 29-08-2017] <https://www.hydroretro. net/etudegh/l_aeronautique_dans_la_presse.pdf>.

26 Cosme Bueno, «Disertación sobre el arte de volar», en Manuel de Odriozola (ed.), *Documentos literarios del Perú*, Lima, Imprenta del Estado, 1872, p. 268.

27 Título completo: *Nuebo sistema de Nabegar por los Aires, sacado delas obserbaciones dla Naturaleza Bolatil, por Santiago de Cárdenas, Natural de la Ciudad de Lima en el Peru i lo dedica a su Amada Patria en onor de sus Patriotas año de 1762*. Citamos según la segunda edición de Lima, Torres Aguirre, 1937. Antes fue impresa en Chile (1878), con introducción de Ricardo Palma.

aeronáutica peruana como de la ornitología andina,[28] poco o nada se ha escrito en relación con este sueño de la imaginación voladora y la técnica en el contexto hispanoamericano de la modernidad ilustrada.[29] Sabemos que Santiago de Cárdenas, hijo de españoles, apodado «El Volador» o «El Pajarero», se desempeñó como pilotín en una goleta mercante entre las costas de Chile y Perú, experiencia que le permitió la atenta observación de la figura y movimientos náuticos del ave Tijera o Tijereta, sin embargo, el infausto cataclismo de Lima y Callao (1746) hizo que su buque encallara y se instalara en la capital virreinal, ocupándose de diversos oficios mecánicos, desplazando sus observaciones costeras a las cimas de los cerros para propiciar el estudio de los cóndores. Su obsesión por volar lo llevaría el 5 de noviembre de 1761 a presentar un primer *Memorial* al Virrey Don Manuel de Amat y Juniet,[30] solicitando licencia y recursos para ensayar un aparato volador de su invención, hecho ante el cual la autoridad virreinal recurriese al juicio del matemático y Cosmógrafo Mayor del Perú, don Cosme Bueno, quien en 1762 dictaminara su «no ha lugar», mediante una *Disertación* que conservamos, gracias a su inclusión en la literatura efímera del periodo, como fueran los almanaques o llamados *Conocimientos de los tiempos*.[31] Pese a este rechazo, Cárdenas siguió profundizando en sus observaciones basadas en el vuelo de las aves y la náutica aérea (incluso con novedosas ilustraciones) que pensó enviar al Rey de España, pero este intento sería nuevamente infructuoso, quedando su texto en el mayor olvido.[32] A mi juicio, esta obra podría inscribirse en el

---

28 Véanse Carlos Adolfo de la Jara, *Historia de la aviación del Perú*, Lima, Imprenta de la Inspección General de Aviación, 1935, y Fernando Luis Lévano Castillo, *Orígenes de la aviación nacional: soñadores, pioneros y realidad 1905–1919*, Gastón Zapata Velasco (dir.), Lima, Pontificia Universidad Católica del Perú, 2014 (trabajo de final de máster inédito).

29 Augusto Tamayo San Román, *Hombres de ciencia y tecnología en el Perú. Cinco siglos de investigación científica en el territorio peruano*, Lima, ARGOS, 2015. Cabe destacar en esta obra la total omisión de Santiago de Cárdenas y la referencia exclusiva a Pedro Ruiz Gallo (1831–1880), por su contribución a la «Navegación aérea» del Perú (1878). Véase pp. 73–77.

30 Célebre figura por sus públicos amores con Micaela Villegas, apodada la «Perricholi», como también por el cohecho, su enemistad con los jesuitas y el desprecio de la aristocracia limeña. Conocido es el *Drama de los palanganas, Veterano y Bisoño* (1776), por su contenido satírico hacia el Virrey, su enriquecimiento y libertina vida.

31 En relación con la producción almanaquista virreinal del siglo XVIII en el Perú, véase mi estudio, Rolando Carrasco, «Almanaques: género ilustrado y futuro pronosticable en el Virreinato del Perú (s. XVIII)», en Miriam Lay-Brander (ed.), *Genre and Globalization. Reconfiguración y transformación de géneros en contextos (post-)coloniales*, Leiden/Boston, Editorial Rodopi/Brill, 2017.

32 Cabe señalar que el trabajo de Cárdenas sería presentado al virrey don Manuel Amat acompañado de dos memoriales, uno el 5 de noviembre de 1761 y, el otro, el 6 de diciembre de 1762. Aparentemente, el texto de Santiago de Cárdenas (1762) está estructurado para responder a cada una de las observaciones hechas por Cosme Bueno a su propuesta en el primer memorial.

marco del amplio registro de «Memoriales» del periodo colonial dirigidos al poder,[33] mediante proyectos de mejora para el reino, articulándose en una posible tradición arbitrista que en España floreció ya durante los siglos XVI y XVII. Según Sara Almarza, trátase de proyectos que se distinguirían por un esfuerzo de transformación y mejora en campos tan diversos como la política, el comercio, la agricultura, la despoblación de territorios o la creación de fuentes de trabajo, entre otras materias.[34] La invención de Cárdenas no sólo perseguiría la «Gloria de mi Patria, Lima», sino también corresponde a un acto de servicio a la corona que se justifica mediante un hecho de plena trascendencia histórica, la invasión anglo-portuguesa al Río de la Plata (1762 y 1763) y la consiguiente desestabilización del poder español en sus fronteras del mundo atlántico. Suceso que acarrearía la interrupción comunicativa de las colonias con la metrópolis, para lo cual Cárdenas propone su máquina para los «correos volátiles» entre Lima y Madrid. La obra de Santiago de Cárdenas no sólo sistematiza mediante el memorial y el diálogo didáctico (entre un cóndor y su discípulo) los principios de su proyecto de navegación aérea, sino que también se hace eco de la opinión pública, de «nobles y plebeyos»,[35] que tempranamente valoraron su inventiva, según Adolfo de la Jara, como «cosa inútil, ridícula y aún por consumada locura».[36] Tal como ha destacado Ricardo Palma en sus *Tradiciones peruanas* (1878),[37] la sátira y cancioncillas obscenas encontraron temprana residencia en esta

---

33 Santiago de Cárdenas, *Nuevo sistema de navegar por los aires...*, p. 27.

34 Sara Almarza, *Pensamiento crítico hispanoamericano: arbitristas del siglo XVIII*, Madrid, Pliegos, 1990, p. 14.

35 Santiago de Cárdenas, *Nuevo sistema de navegar por los aires...*, pp. 16–17.

36 Carlos Adolfo de la Jara, *Historia de la aviación del Perú*, p. 14.

37 Ricardo Palma registra en su crónica «Santiago el Volador» dos fuentes importantes: *Viaje al globo de la Luna ocasionado con el descubrimiento de la Máquina aerostática. Historia prodigiosa por sus raras ocurrencias y útil por sus importantes hallazgos. En que por un método curioso y espectable se tratan con mucha novedad las materias más arduas y difíciles de resolver de varias artes y ciencias*, especialmente en la física (ca. ¿1790?), a la fecha desaparecido, y además comenta el ingenio volador del arequipeño José Hurtado y Villafuerte, quien quiso cabalgar sobre cóndores (véase la edición de la *Minerva peruana* de 15-02-1810 y Ricardo Palma, «Santiago el Volador», en *Tradiciones peruanas*, Madrid/París, ALLCA XX, 1996, pp. 161–165). En el ámbito dieciochesco novohispano, nos parecen destacables los «viajes lunares» censurados por la Inquisición, tal como aconteció con el relato de Fray Manuel Antonio de Rivas, *Sizigias y cuadraturas lunares* (Miguel Ángel Fernández Delgado, «Cuando el Santo Oficio realmente fue santo: sobre un fraile que escribió un viaje a la Luna mientras era juzgado por la Inquisición y otro fraile que, no obstante trabajar para ella, salió a defender lo que el primero escribió» en *Laboratório de Estudos em Ficção Científica Audiovisual* [página web] [fecha de consulta: 29-08 2017] <http://www.ufjf.br/lefcav/2012/02/29/cuando-el-santo-oficio-realmente-fue-santo>). Fernández Delgado, en su edición de este texto, ha destacado el posible influjo de los almanaques astronómicos del siglo XVIII que, tal como fuera el caso del español Diego Torres de Villarroel, habrían de hacer uso de los viajes imaginarios. Véase también Iris Zavala, «Utopía y astrología

empresa utópica, agravios que, por lo demas, fueron censurados por la Inquisición, pero además su obra nos permite advertir cómo su acto de enunciación se inscribe en una compleja trama social y epistémica en el Perú del siglo XVIII. A nuestro juicio, tres son los elementos que en su *Memorial* se interrelacionan para distinguir la perspectiva de enunciación de este sujeto americano: la condición de pobreza, su maestría como artesano y el ingenio. Veamos algunas consideraciones al respecto.

En primer lugar, es digno de destacar que tratase de un criollo limeño en cuya autorrepresentación, por un lado, se afirma la tensión entre una baja instrucción, precariedad material y, por otro, su gran ingenio, habilidad manual y logros investigativos tras 14 años de observación natural de las aves.[38] Cárdenas destaca proceder de «los pobres de Lima», practicante de oficios mecánicos, magnífico sombrerero, pero, especialmente, ingenioso creador de un artefacto volante que, como ya hemos señalado, brindaría «utilidad, gloria y honra de la Patria» (*Segundo memorial*). En segundo lugar, el alcance de esta identificación patriótica no se basa exclusivamente en un posible perspectivismo criollo empobrecido, sino además en una función contradiscursiva, que desconstruye las negativas visiones europeizantes o de gachupines ilustres sobre el propio español nacido en América y la llamada «plebe». Visión que se identifica con el arrabal de Lima, con los márgenes del orden ilustrado, el oficio manual y el supuesto ocio que disponía a mestizos, indios y afrodescendientes al vicio, la conspiración política y el descontrol social.[39] Si prestamos atención a una de las estampas que se conservan del *Nuevo sistema de Navegar*, considero que bien podríamos objetivar el marco de tensiones sociales y epistémicas que confluyen en este memorial de «máquina» limeña, suerte de ornitóptero davinceano, que antecedería 22 años al primer vuelo aerostático de los hermanos Montgolfier (1783). Como observamos en esta reproducción del libro (Fig. 1), la inscripción latina y explícita mención de Alciato es de mucho interés para la recepción de la emblemática en el barroco indiano durante los siglos XVII al XVIII.[40]

El uso citacional de la imagen y sentencia latina: «*Ingenio poteram superas uolitare per aces. Me nisi apupertas inuida deprimeret*» (Emblema CXX: «La

---

en la literatura popular del setecientos: los almanaques de Torres Villarroel», en *Nueva Revista de Filología Hispánica*, 33.1 (1984), pp. 196–212, y Carolina Depetris (ed.), *Sizigias y cuadraturas lunares*, Mérida, Universidad Nacional Autónoma de México, 2009.

38 Santiago de Cárdenas, *Nuevo sistema de navegar por los aires...*, p. 13.

39 Susy M. Sánchez Rodríguez, «Del gran temblor a la monstruosa conspiración. Dinámica y repercusiones del miedo limeño en el terremoto de 1746», en Claudia Rosas Lauro (ed.), *El miedo en el Perú: siglos XVI al XX*, Lima, Pontificia Universidad Católica del Perú, 2005, pp. 103–121.

40 Por razones de espacio no nos resulta posible abordar en este artículo la recepción del mito de Ícaro y Dédalo en la festividad barroca y su eventual recepción en la literatura virreinal del temprano siglo XVIII en el Perú.

Fig. 1: *Ilustración de portada del manuscrito de Santiago de Cárdenas. Ilustración tomada de la edición* Nuevo sistema de navegar por los aires (1762), *Lima, Torres Aguirre, 1937.*

pobreza impide subir a los ingeniosos»),[41] para el caso del Perú se reconoce ya en fuentes del siglo XVII, tal como he podido identificar en la *Crónica del Perú* del agustino Antonio de Calancha (cap. X, lib. I), que bien puede esclarecer su uso en la situación colonial de Santiago de Cárdenas. En su encomio de la naturaleza e ingenio de los habitantes del Perú, advierte Calancha:

> [...] creciendo las dádivas, son tolerables las pobrezas, y multiplicándose el caudal, se dan más hombres al Estudio con que goce España más ilustres ingenios, a quien si la habilidad les ponía alas para subir, la pobreza les oprimía como piedra para no poder volar, y por eso dijo Alciato en su Emblema [CXX], hablando del que teniendo gran ingenio vive pobre y pinta un mancebo que de la mano tenía alas que forcejeaban a volar para subirse sobre las altas nubes, y en la otra colgaba una pesada piedra, que le hacía abatir a la tierra humilde, y por letra latina la que está al margen que en nuestro español dirá: Pudiera volar mi ingenio por la cumbres si la pobreza vil no me abatiera.[42]

---

41 Para la revisión del emblema, puede consultarse «Emblema CXXI», en *Alciato's Book of Emblems. The Memorial Web Edition in Latin and English* (página web) [fecha de consulta: 29-08-2017] <http://www.mun.ca/alciato/121.html>.

42 Antonio de la Calancha, *Crónica moralizadora del orden de San Agustín en el Perú con sucesos ejemplares en esta monarquía*, Lima, Imprenta de la Universidad Nacional Mayor de San Marcos, 1974, p. 185.

Frente a las teorías europeas de corte humoral que justificaron desde los tempranos siglos coloniales la imperfección, inferioridad y degradación del individuo y la naturaleza americana –sólo piénsese en la «melancolía» del indio o la ambigüedad léxica del criollo-mestizo como «hijos del reino»[43] la respuesta del agustino y su eventual identificación discursiva del lema por Santiago de Cárdenas, a mi juicio, desplaza la interrogante desde la supuesta inferioridad o falta de ingenio y con ello la ausencia de ciencias, artes y la cultura en América,[44] hacia las condiciones de posibilidad que garanticen la realización del proyecto patriótico en América, que ya con Calancha denunciaba los efectos negativos del régimen colonial indiano: injusta circulación comercial, el régimen tributario en América, la codicia española, el enriquecimiento del europeo y el blanqueamiento social, producto de la riqueza indiana, pues «Todo se debe al Perú».[45] En dicha perspectiva, la obra de Santiago de Cárdenas es una interpelación al poder virreinal y monárquico desde el «ingenio empobrecido», es decir, de una subalternidad doblemente periférica, por un lado, frente al poder metropolitano que buscó interpelar infructuosamente con su memorial de 1762; por otro, en relación con el poder que detenta la ciudad «escrituraria».[46] Lima con su propia institucionalidad colonial, academias científicas, universidades y el enciclopedismo patriótico (prensa, almanaques, historias, etc,) de las aristocratizantes Sociedades de Amigos del País. Pese a lo anterior, consideramos que la perpectiva de Cárdenas actualiza la imagen del Dédalo-artesano,[47] reinstala la reflexión sobre el dominio técnico y la episteme colonial que, pese a la «baja condición» de su origen criollo, «no se opone al atributo de todo Criador que se de a los hombres que vuela o quiera volar».[48] Muy distinto habría de ser el juicio del erudito Cosme Bueno sobre el *Memorial* del «Volador», pues su flagrante escolasticismo sepultaría la inventiva del limeño:

---

43 Véase el estudio de Bernard Lavallé, «Situación colonial y marginalización léxica: la aparición de la palabra criollo y su contexto en el Perú», en *Las promesas ambiguas. Ensayos sobre el criollismo colonial en los Andes*, Lima, Pontificia Universidad Católica del Perú, 1993, pp. 15–21.

44 Sobre este punto, cabe recordar el ya clásico estudio de Antonello Gerbi sobre la «Disputa del Nuevo Mundo» y las respuestas americanas al Deán de Alicante (Manuel Martí) analizadas en Claudia Comes Peña, *Las respuestas americanas a Manuel Martí: textos y contextos de una polémica trasatlántica*, Pamplona, EUNSA, 2016.

45 Antonio de la Calancha, *Crónica moralizadora del orden de San Agustín en el Perú con sucesos ejemplares en esta monarquía*, p. 188.

46 Véase el análisis de Ángel Rama, *La ciudad letrada*, Hanover, Ediciones del Norte, 1984, pp. 41–69.

47 Santiago de Cárdenas, *Nuevo sistema de navegar por los aires...*, pp. 80–81.

48 Santiago de Cárdenas, *Nuevo sistema de navegar por los aires...*, p. 82.

Pero no hay que temer; porque Dios, por un efecto de su sabia y benéfica providencia, puso para nuestra conservación entre nuestro elemento, y del de las aves un coto invencible, un muro inexpugnable, que no destruirán jamás, por más máquinas que inventen la industria y el poder. Siempre resistirán a sus esfuerzos, y llegarán a ser desesperación todos sus conatos. Conténtese pues con el lugar, que les distribuyó el Supremo Criador, y no apetezcan vanas a imposibles empresas; porque siempre los que emplearen sus esfuerzos en querer vencer este imposible, manifestarán su insensatez, y su ilusión.[49]

El escepticismo de Cosme Bueno revela los límites de la razón humana en el orden colonial del Nuevo Mundo. Para Pisconte y Katayama, confirma la vigencia de una tradición jesuítica suareziana (segunda escolástica), en que el orden natural creado por la Providencia, no puede (ni debe) ser alterado por la acción instrumentalista del hombre.[50] En dicho conservadurismo moral y político, indudablemente, esta máquina de volar nacida de la observación de tijeretas y cóndores es un impulso y provocación secularizadora que nos induce a reflexionar y problematizar la colonialidad del poder y el saber en América[51] y su impacto sobre la imaginación creadora, como sobre los proyectos silenciados o los «no saberes» en esta ilustración andina. Finalmente, debemos señalar que el arbitrismo de Santiago de Cárdenas y su «máquina de volar» no sería el único en el contexto americano.

El *Archivo general de la Nación* en Argentina registra que en 1810 el relojero holandés Miguel Colombise formalizó ante el gobierno de Buenos Aires (Virrey Santiago de Liniers y Bremond) un memorial de fabricación de un *Aerostát* (globo dirigible), asunto que no encontró respuesta oficial.[52] Posteriormente, un nuevo pedido dirigido a la primera Junta de Gobierno de Buenos Aires (6 de agosto de 1810) insiste sobre la empresa y los recursos necesarios, pero la acción es igualmente fallida. Es indudable que el invento de este judío sefaradita ya había registrado en Europa la viabilidad técnica de su tentativa de gobernar los aires del Río de la Plata, pero, ciertamente, cabe inscribir su anhelo en un determinante contexto político, la campaña libertadora de Chile y

---

49 Cosme Bueno, «Disertación sobre el arte de volar», p. 277.

50 Alan Pisconte Quispe y Roberto Juan Katayama Omura, «Orígenes de la ciencia moderna en el Perú, tres cosmógrafos coloniales: Juan Rer, Cosme Bueno y Gregorio Paredes», en *Escritura y pensamiento* 4.8 (2001), p. 127.

51 En esta línea, remitimos a los aportes teóricos de Santiago Castro Gómez, *La hybris del punto cero. Ciencia, raza e ilustración en la Nueva Granada (1750–1816)*, Bogotá, Pontificia Universidad Javeriana, 2005.

52 Véanse el estudio y la transcripción del documento por Eloy Martín, «Miguel Colombise y el primer navío aéreo argentino», en *Fundación Histarmar. Historia y Arqueología Marítima*, 2015 (página web) [fecha de consulta: 29-08-2017] <http://www.histarmar.com.ar/AVIACION/Eloy-Martin/Miguel-Colombise-y-el-primer-navio-aereo-argentino.pdf>.

Perú y el cruce del Ejército Libertador por los Andes.[53] Por otro lado, el marco de eventuales relaciones de Miguel Colombise con el cura Fray Luis Beltrán (oficial de arsenales del Ejército y entendido en todas las artes manuales), así como con el molinero Andrés Tejeda (ingenioso artesano que construyó una tejeduría y tintorería para la confección de los paños para los uniformes militares), aún sigue en discusión.[54] Sin embargo, además de Colombise, el caso de Tejeda nos ha legado un último y representativo testimonio histórico sobre el arte de volar en América. En términos de Bartolomé Mitre, sobre «un molinero mendocino, mecánico por instinto, que había inventado máquinas y construido por sus propias manos una espineta, y meditaba resolver el problema de hacer volar a los hombres».[55]

4 Conclusiones

A modo de breve síntesis, podemos considerar que la inventiva y los proyectos de conquista del espacio celeste también tuvieron una particular manifestación en el proceso de transición de los siglos XVIII y XIX en la América colonial. El influjo de los globos aerostáticos y su inscripción en los discursos enciclopédicos, así como la inventiva de Santiago de Cárdenas, Miguel Colombise o Andrés Tejeda, nos permiten sostener que tales fuentes y proyectos constituyen un campo de investigación de gran relevancia no solo para la recepción de las ideas científico-técnicas de la modernidad ilustrada en el contexto colonial y postcolonial, sino también para la comprensión del campo de tensiones sociales, culturales y epistémicas de un específico «arte de volar» indiano y su inscripción en el complejo proceso de constitución de los tempranos discursos y prácticas escópicas, nacidas del entramado de la colonialidad del poder y del saber dieciochesco en el Nuevo Mundo.

---

53 Debemos recordar que en la segunda mitad del siglo XIX la utilización del globo aerostático en la *Guerra de la Triple Alianza* (Argentina, Brasil y Uruguay contra Paraguay, 1865–1870) tendría una importante función. Al respecto, véase Sebastián Díaz-Duhalde, «El globo aerostático y la máquina de mirar. Cultura visual y guerra en el siglo XIX paraguayo», en *Decimonónica*, 11.2 (2014), pp. 34–51.
54 Véase Nelson Montes Bradley, *Más liviano que el aire. Eduardo Bradley: historias con globos*, Philadelphia, Xlibris Corporation, 2007.
55 Bartolomé Mitre, *Historia de San Martín y de la Emancipación Sudamericana*, Buenos Aires, Imprenta de la Nación, 1887, p. 476.

Obras citadas

Adolfo de la Jara, Carlos, *Historia de la aviación del Perú*, Lima, Imprenta de la Inspección General de Aviación, 1935.

Almarza, Sara, *Pensamiento crítico hispanoamericano: arbitristas del siglo XVIII*, Madrid, Pliegos, 1990.

Behringer, Wolfgang, y Constance Ott-Koptschalijski, *Der Traum vom Fliegen. Zwischen Mythos und Technik*, Frankfurt, Fischer, 1991.

Blas, Javier; José Manuel Matilla y José Miguel Medrano (eds.), *El libro de «Los caprichos»: dos siglos de interpretaciones (1799–1999). Catálogo de los dibujos, pruebas de estado, láminas de cobre y estampas de la primera edición*, Madrid, Museo Nacional del Prado, 1999.

Bueno, Cosme, «Disertación sobre el arte de volar», en Manuel de Odriozola (ed.), *Documentos literarios del Perú*, Lima, Imprenta del Estado, 1872, pp. 261–277.

Calancha, Antonio de la, *Crónica moralizadora del orden de San Agustín en el Perú con sucesos ejemplares en esta monarquía*, Lima, Imprenta de la Universidad Nacional Mayor de San Marcos, 1974.

Cárdenas, Santiago de, *Nuevo sistema de navegar por los aires sacado de las observaciones de la naturaleza volátil (1762)*, Lima, Torres Aguirre, 1937.

Carrasco, Rolando, «Almanaques: género ilustrado y futuro pronosticable en el Virreinato del Perú (s. XVIII)», en Miriam Lay-Brander (ed.), *Genre and Globalization. Reconfiguración y transformación de géneros en contextos (post)coloniales*, Leiden/Boston, Editorial Rodopi/Brill, 2017.

Carrera Andrade, Jorge, *Galería de místicos y de insurgentes: la vida intelectual del Ecuador durante cuatro siglos, 1555–1955*, Quito, La Palabra, 2008.

Castro Gómez, Santiago, *La hybris del punto cero. Ciencia, raza e ilustración en la Nueva Granada (1750–1816)*, Bogotá, Pontificia Universidad Javeriana, 2005.

Comes Peña, Claudia, *Las respuestas americanas a Manuel Martí: textos y contextos de una polémica trasatlántica*, Pamplona, EUNSA, 2016.

Depetris, Carolina (ed.), *Sizigias y cuadraturas lunares*, Mérida, Universidad Nacional Autónoma de México, 2009.

Díaz Arquer, Graciano, y Pedro Vindel, *Historia bibliográfica e iconográfica de la aeronáutica en España, Portugal, Países Hispano-americanos y Filipinas: desde los orígenes hasta 1900*, Madrid, Vindel, 1930.

Díaz-Duhalde, Sebastián, «El globo aerostático y la máquina de mirar. Cultura visual y guerra en el siglo XIX paraguayo», en *Decimonónica*, 11.2 (2014), pp. 34–51.

Díaz Monasterio, Diego, *Los ayres fixos: poema didáctico en quatro cantos*, Madrid, Blas Román, 1780 (en línea) [fecha de consulta: 29-08-2017] <http://mdc.ulpgc.es/cdm/ref/collection/MDC/id/72621>.

Duhem, Jules, *Histoire des idées aéronautiques avant Montgolfier*, Paris, Fernand Sorlot, 1943.

Faria, Vicomte de, *Reproduction fac-similé d'un dessin à la plume, de sa description et de la pétition adressée au roi Jean V (de Portugal) en langue latine et en écriture contemporaine (1709) retrouvés récemment dans les archives du Vatican, du célèbre aéronef de Bartholomen Lourenço de Gusmão «l'homme volant» portugais, né au Brésil. (1685–1724)*, Lausanne, Imprimeries Réunies, 1917.

Feijoo, Benito Jerónimo, «El peso del aire», en *Teatro crítico universal*, Proyecto Filosofía en Español (ed.), Oviedo, Fundación Gustavo Bueno/Biblioteca Feijoniana, 1998, vol. 2, discurso 11 (en línea) [fecha de consulta: 02-12-2017] <http://www.filosofia.org/bjf/bjft211.htm>.

Fernández Delgado, Miguel Ángel, «Cuando el Santo Oficio realmente fue santo: sobre un fraile que escribió un viaje a la Luna mientras era juzgado por la Inquisición y otro fraile que, no obstante trabajar para ella, salió a defender lo que el primero escribió» en *Laboratório de Estudos em Ficção Científica Audiovisual* (página web) [fecha de consulta: 29-08-2017] <http://www.ufjf.br/lefcav/2012/02/29/cuando-el-santo-oficio-realmente-fue-santo>.

Fuentelapeña, Antonio de, *El ente dilucidado: tratado de monstruos y fantasmas.* Madrid, Editora Nacional, 1978.

García García, Ángel, y Marcelino Sempere Doménech, «Aerostación e Ilustración», en *Milicia y sociedad ilustrada en España y América (1750–1800)*, Madrid, Deimos, 2003, vol. 2, pp. 191–208.

Goldstein, Laurence, *The Flying Machine and Modern Literature*, Basingstoke, Macmillan, 1986.

González Claverán, Virginia, «Globos aerostáticos en la Oaxaca del siglo XVIII», en *Quipu*, 4.3 (1987), pp. 387–400.

Hart, Clive, *The Prehistory of Flight*, Berkeley/Los Angeles/London, University of California Press, 1985.

Hartmann, Gérard, «L'aéronautique dans la presse», en *Dossiers historiques et techniques.* Aéronautique française (página web) [fecha de consulta: 29-08-2017] <https://www.hydroretro.net/etudegh/l_aeronautique_dans_la_presse.pdf>.

Höhler, Sabine, *Luftfahrtforschung und Luftfahrtmythos. Wissenschaftliche Ballonfahrt in Deutschland, 1880–1910*, Heidelberg, Campus Fachbuch, 2001.

Humboldt, Alexander von, *Viaje a las regiones equinocciales del Nuevo Continente*, Caracas, Monte Avila, 1991.

—, y Aimé Bonpland, *Ensayo sobre la geografía de las plantas: acompañado de un cuadro físico de las regiones equinocciales*, México D.F./Culiacán, Siglo Veintiuno Editores/ Universidad Autónoma de Sinaloa, 2016.

Kim, Mi Gyung, *The Imagined Empire: Balloon Enlightenments in Revolutionary Europe*, Pittsburgh, University of Pittsburgh Press, 2016.

Knabenschuch de Porta, Sabine, «Enciclopedismo venezolano del siglo XVIII: de la cosmología filosófica al encanto de las máquinas», en *Revista de Filosofía*, 37.1 (2001), pp. 43–61.

Labrador Méndez, Germán, «Las luces figuradas. Imágenes de dispositivos tecno-científicos y secularización en la España del siglo XVIII: retratos, linternas mágicas y globos», en *Cuadernos Dieciochistas*, 9 (2008), pp. 49–78.

Lavallé, Bernard, «Situación colonial y marginalización léxica: la aparición de la palabra criollo y su contexto en el Perú», en *Las promesas ambiguas. Ensayos sobre el criollismo colonial en los Andes*, Lima, Pontificia Universidad Católica del Perú, 1993, pp. 15–21.

Lévano Castillo, Fernando Luis, *Orígenes de la aviación nacional: soñadores, pioneros y realidad 1905–1919*, Gastón Zapata Velasco (dir.), Lima, Pontificia Universidad Católica del Perú, 2014 (trabajo de fin de máster inédito).

Luck-Huyse, Karin, *Der Traum vom Fliegen in der Antike*, Stuttgart, Franz Steiner Verlag, 1997.

Lynn, Michael R., *The Sublime Invention. Ballooning in Europe, 1783–1820*, London, Pickering & Chatto, 2010.

—, *Popular Science and Public Opinion in Eighteenth-Century France*, Manchester/New York, Manchester University Press, 2006.

Martín, Eloy, «Miguel Colombise y el primer navío aéreo argentino», en *Historia y Arqueología Marítima*, s.l., Fundación Histarmar, 2015 (página web) [fecha de consulta: 29-08-2017] <http://www.histarmar.com.ar/AVIACION/EloyMartin/Miguel-Colombise-y-el-primer-na-vio-aereo-argentino.pdf>.

Martínez Ruiz, Enrique, y Magdalena de Pazzis Pi Corrales (eds.), *Ilustración, ciencia y técnica en el siglo XVIII español*, Valencia, Universitat de València/Museu Valencià de la Ilustració i de la Modernitat, 2008.

—   (coords.), *La Casa de Borbón. Ciencia y técnica en la España Ilustrada*, Valencia, Consorcio de Museos de la Comunitat Valenciana, 2006.

McClellan, James E., III, *Colonialism and Science: Saint Domingue and the Old Regime*. Baltimore, John Hopkins University Press, 1992.

Mitre, Bartolomé, *Historia de San Martín y de la Emancipación Sudamericana*, Buenos Aires, Imprenta de la Nación, 1887.

Montes Bradley, Nelson, *Más liviano que el aire. Eduardo Bradley: historias con globos*, Philadelphia, Xlibris Corporation, 2007.

Navarrete, Juan Antonio, *Arca de letras y teatro universal*, Caracas, Academia Nacional de la Historia, 1993.

Palma, Ricardo, «Santiago el Volador», en *Tradiciones peruanas*, Madrid/París, ALLCA XX, 1996, pp. 161–165.

Pisconte Quispe, Alan, y Roberto Juan Katayama Omura, «Orígenes de la ciencia moderna en el Perú, tres cosmógrafos coloniales: Juan Rer, Cosme Bueno y Gregorio Paredes», en *Escritura y pensamiento*, 4.8 (2001), pp. 117–137.

Rama, Ángel, *La ciudad letrada,* Hanover, Ediciones del Norte, 1984.

Saladino García, Alberto, *Ciencia y prensa durante la Ilustración latinoamericana*, México, Universidad Autónoma del Estado de México, 1996.

San Román, Augusto Tamayo, *Hombres de ciencia y tecnología en el Perú. Cinco siglos de investigación científica en el territorio peruano*, Lima, ARGOS, 2015.

Sánchez Rodríguez, Susy M., «Del gran temblor a la monstruosa conspiración. Dinámica y repercusiones del miedo limeño en el terremoto de 1746», en Claudia Rosas Lauro (ed.), *El miedo en el Perú: siglos XVI al XX*, Lima, Pontificia Universidad Católica del Perú, 2005, pp. 103–121

Seeber, Hans Ulrich, «Der Ballonaufstieg als Spektakel und Metapher zur Assimilierung neuen Wissens in die englische Versdichtung des 19. Jahrhunderts», en Jürgen Link y Wulf Wülfing (eds.), *Bewegung und Stillstand in Metaphern und Mythen: Fallstudien zum Verhältnis von elementarem Wissen und Literatur im 19. Jahrhundert*, Stuttgart, Klett-Cotta, 1984, pp. 165–200.

Terry, Tomás A., *Contribución a la Historia de la aeronáutica y el correo aéreo en Cuba*, La Habana, Ministerio de Comunicaciones/Museo Postal Cubano, 1971.

Tissandier, Gaston, *Bibliographie aéronautique: Catalogue de livres d'histoire de science, de voyages et de fantaisie, traitant de la navigation aérienne ou des aérostats*, Paris, Launette, 1887.

Válgoma, Joseph, *Observaciones y discursos sobre el modo de establecer unos buques volantes*, Madrid, Blas Román, 1795 (en línea) [fecha de consulta: 29-08-2017] < http://bdh.bne.es/bnesearch/detalle/bdh0000133419>.

Vega González, Jesusa, *Ciencia, arte e ilusión en la España ilustrada*, Madrid, Consejo Superior de Investigaciones Científicas, 2010.

Villa de la Tapia, Amalia, *Alas de Bolivia*, La Paz-, Editorial Aeronáutica, 1974–1983.

Wissmann, Gerhard, *Geschichte der Luftfahrt von Ikarus bis zur Gegenwart. Eine Darstellung der Entwicklung des Fluggedankens und der Luftfahrttechnik*, Berlin, Verlag Technik Berlin, 1979.

Zavala, Iris, «Utopía y astrología en la literatura popular del setecientos: los almanaques de Torres Villarroel», en *Nueva Revista de Filología Hispánica*, 33.1 (1984), 196–212.

Eli Cohen

El *Quijote* visto por Cadalso: la construcción de una tradición de ficción crítica en las *Cartas marruecas*

Resumen: Las *Cartas marruecas* de José de Cadalso se inician con una referencia explícita a Cervantes y su «inmortal novela en que criticó con tanto acierto algunas viciosas costumbres de nuestros abuelos». De este modo, Cadalso se erige como lector privilegiado del *Quijote* a la vez que se sitúa como heredero genealógico de una tradición de práctica narrativa con fines explícitamente críticos. Cadalso identifica el *Quijote* como una compleja constelación de técnicas literarias y afirma que su proyecto literario es un ejercicio principalmente negativo. Esta comunicación examina las características novelísticas que Cadalso habría encontrado en la obra de Cervantes con el objetivo de recuperar en sus *Cartas* el modelo de la ficción crítica establecido siglo y medio antes, examinando en particular los aspectos formales que se reproducen o se adaptan al contexto y a las intenciones de Cadalso a finales del siglo XVIII.

Palabras clave: Cervantes, Cadalso, *Don Quijote*, *Cartas marruecas*, novela

A pesar de que las *Cartas marruecas* de José de Cadalso se inician con una referencia explícita a Cervantes y su «inmortal novela en que criticó con tanto acierto algunas viciosas costumbres de nuestros abuelos»,[1] posicionándola como antecedente manifiesto de su propia obra, se han dedicado pocas palabras a la relación literaria entre estos dos textos. Dadas las diferencias aparentes entre ellos, resulta más sorprendente la filiación literaria que Cadalso establece en las primeras líneas de su texto que la escasez de atención crítica. Sin embargo, con esta alusión directa, Cadalso se erige como lector privilegiado del *Quijote* a la vez que se sitúa como heredero genealógico de una tradición de práctica narrativa con fines explícitamente críticos. Más que un libro humorístico, Cadalso identifica el *Quijote* como una compleja constelación de técnicas literarias y afirma que el proyecto literario de Cervantes consiste en un ejercicio principalmente negativo, un proyecto que Cadalso renovará a su vez y modo con una obra que, a primera vista, comparte poco con el progenitor identificado nada más empezar.

---

[1] José de Cadalso, *Cartas marruecas. Noches lúgubres,* Emilio Martínez Mata (ed.), Barcelona, Crítica, 2000, p. 3.

Eli Cohen, Swarthmore College

https://doi.org/10.1515/9783110450828-047

En lo que sigue intentaremos iluminar la extensión posible de la influencia y contaminación de una obra en la otra para proponer en conclusión que Cadalso utiliza el modelo del *Quijote* para condicionar la lectura de su propia obra.

La identificación que realiza Cadalso de su obra con la de Cervantes en el primer párrafo de las *Cartas* enuncia una continuidad de género inesperada al situar el *Quijote* como origen de la novela crítica. A primera vista, es difícil reconocer en la tradición literaria esbozada por Cadalso la huella de la obra de Cervantes, más allá del aspecto crítico que se señala. El *Quijote*, no hace falta decirlo, no es un novela epistolar, y las *Cartas* poco tienen que ver con un libro de aventuras, por lo menos entendidas, según el *Diccionario de la Real Academia Española*, como un 'acaecimiento, suceso o lance extraño' o una 'empresa de resultado incierto o que presenta riesgos'.

Los críticos que sí han estudiado los vínculos literarios entre los dos autores que aquí se analizan han destacado la herencia satírica que se transmite del uno al otro. No obstante, el carácter de lo que se ha llamado la «vena satírica» compartida por las dos obras resulta todavía algo difuso e indeterminado. A continuación, intentaremos aclarar la relación entre los dos textos. Si bien hay a lo largo de las *Cartas* una serie de referencias directas e indirectas a Cervantes y su obra, la «Introducción» es donde Cadalso se revela como lector especialmente astuto del *Quijote*. Más allá de la tradición crítica que plantea, el texto que abre las *Cartas* refleja un Cadalso íntimamente conocedor de la obra cervantina y, como sugiere Martínez Mata, anuncia «el importante papel que el *Quijote* desempeñaría en las *Cartas*».[2] Diversos aspectos y recursos narrativos, que individualmente no llamarían tanto la atención, trazan en su conjunto una marcada intertextualidad caracterizada por la imitación, la explotación y la transformación de las técnicas y los procedimientos literarios de la novela de Cervantes y, en particular, de su prólogo.

No es nuestra intención afirmar que las *Cartas* sean novela o no; sólo pretendemos entender de qué manera Cadalso pudo imaginarse como heredero del legado literario –y sobre todo novelístico– cervantino. La novela es precisamente el género que, por excelencia, permite una variedad formal como la que existiría entre el *Quijote* y las *Cartas*. Según Mijaíl Bajtín, la novela «se distingue por su plasticidad. Es un género en búsqueda permanente, un género que se autoinvestiga constantemente y que revisa incesantemente todas las formas del mismo ya constituidas».[3] De ahí que la diversidad temática y formal que parece separar las

---

2 Prólogo a José de Cadalso, *Cartas marruecas...*, p. xlviii.
3 Mijaíl Bajtín, *Estética y teoría de la novela*, Helena S. Kriukova y Vicente Cazcarra (trads.), Madrid, Taurus, 1975, p. 484.

Cartas del *Quijote* no impide la afinidad genérica afirmada por Cadalso. Menéndez Pelayo aseguró una vez que el *Quijote*, por su parte, «encierra [...] todos los tipos de la anterior producción» literaria pero «transfigurados».[4] Como propone Steven Moore en un estudio reciente de la historia global de la novela, existe una tradición de novela que él llama «alternativa»; un género caracterizado por su aspecto innovador, renovador, experimental, transgresor.[5] Más tarde, Cadalso indicará sus propias ideas sobre la evolución literaria, primero en la Carta XXXII, cuando Ben Beley afirma que la mayoría de obras «de las ciencias humanas las he arrojado o distribuido, por parecerme inútiles extractos, compendios defectuosos y copias imperfectas de lo ya dicho y repetido una y mil veces».[6] Cadalso revela cierta preocupación por el tema de la imitación, y sobre todo se demuestra censor explícito de los que se creen fuerzas innovadoras pero que en realidad imitan sin saberlo: «retrocediendo dos siglos en la historia, veremos que se vuelve imitación lo que ahora parece invención» (Carta XLI).[7] Cadalso rechaza de esta manera la imitación ciega, a la vez que reprocha a los que se alzan como genios de la invención. En contraste con estos dos modelos fracasados, la obra de Cadalso manifiesta lo que él designa la «transmigración», un concepto que comprende tanto la divergencia como la recuperación:

> Los trámites del nacimiento, aumento, decadencia, pérdida y resurrección del buen gusto en la transmigración de las ciencias y artes dejan tal serie de efectos, que se ven en cada periodo de éstos los influjos del anterior. Pero cuando se hacen más notables es cuando, después de la era del mal gusto, al tocar ya en la del bueno, se conocen los efectos del antecedente [...]. (Carta LXXVII)[8]

Tanto en la época de Cervantes como en la de Cadalso se experimenta precisamente esta especie de renovación de la novela. En las dos épocas, esta regeneración del género se produce en momentos de crisis cultural, intelectual y artística. Cuando Martínez Mata, en referencia al contexto de Cadalso, sugiere que «en ese mundo de lo mudable e incierto, Cadalso se aparta de las actitudes dogmáticas»,[9] o cuando Glendinning afirma que «los cambios sociopolíticos e ideológicos trajeron

---

4 Ramón Menéndez Pelayo, «Cultura literaria de Miguel de Cervantes y elaboración del *Quijote*», en *Obras completas de Menéndez Pelayo. VI. Estudios y discursos de crítica histórica y literaria (I)*, Madrid, Consejo Superior de Investigaciones Científicas, 1941, p. 327.
5 Steven Moore, *The Novel. An Alternative History (1600–1800)*, New York, Bloomsbury, 2013, pp. 30–36. Esta tradición corresponde a lo que Bajtín llama la «segunda línea» de la novela europea (Mijaíl Bajtín, *Estética...*, pp. 180–236).
6 José de Cadalso, *Cartas marruecas...*, p. 90.
7 José de Cadalso, *Cartas marruecas...*, p. 110.
8 José de Cadalso, *Cartas marruecas...*, p. 187.
9 Prólogo a José de Cadalso, *Cartas marruecas...*, p. lvii.

algunos nuevos enfoques en el siglo XVIII, y más de un género nuevo con su nueva estética»,[10] lo mismo podría decirse sobre Cervantes y el comienzo del siglo XVII. Desde esta concepción de la novela como género, se puede apreciar cómo Cadalso concibió sus *Cartas*, y tal vez la novela epistolar en general, tanto una extensión como una renovación (e incluso transgresión) de la novela moderna iniciada por Cervantes.

Otro recurso literario asociado al discurso novelístico del que Cadalso se habrá aprovechado es la representación del lector y el aspecto heterogéneo de éste como pretexto de la variedad del material literario del que su obra se compone. En su prólogo a la primera parte del *Quijote*, Cervantes sugiere que su obra debe procurar «que [...] el simple no se enfade, el discreto se admire de la invención, el grave no la desprecie, ni el prudente deje de alabarla».[11] Si bien recae en el autor la responsabilidad de ofrecerle algo a cada tipo de lector dentro de su gama multitudinaria, la novela le otorga el vehículo perfecto para lograr tal objetivo. Como cuenta el canónigo en el tramo final de la primera parte del *Quijote*, la ficción en prosa y su «escritura desatada [...] da lugar a que el autor pueda mostrarse épico, lírico, trágico, cómico, con todas aquellas partes que encierran en sí las dulcísimas y agradables ciencias de la poesía y de la oratoria».[12] Así, como sugiere Jofré, opera el *Quijote*, presentándole al lector una «convergencia e interrelación de lenguajes, géneros y tradiciones»,[13] además de una variedad de acontecimientos. De modo similar, el epistolario de las *Cartas* permite la inclusión de una diversidad de discursos, registros y representaciones.

Sin embargo, a pesar de la complejidad temática y discursiva de las dos obras, existe una brecha importante entre las actitudes de los dos autores con respecto a la concomitante multiplicidad de lectores. Si en su prólogo, como se ha visto, Cervantes parece acoger la diversidad de su público, aprovechándose de paso de la riqueza literaria que permitiría que una pluralidad de lectores como la que aparece incluso dentro de su propia novela disfrutara de su obra (basta recordar el capítulo XXXII de la primera parte, en el que se puede apreciar la diversidad de perspectivas lectoras entre los miembros de la familia del ventero, Juan Palomeque), Cadalso se muestra algo más escéptico sobre su público y la amplia gama de juicios posibles que su obra podría ocasionar.[14] Dice Cervantes:

---

10 Estudio preliminar a José de Cadalso, *Cartas marruecas...*, p. xxvi.

11 Miguel de Cervantes, *Don Quijote de la Mancha*, Francisco Rico (ed.), Barcelona, Instituto Cervantes/Crítica, 1999, p. 18.

12 Miguel de Cervantes, *Don Quijote...*, p. 550.

13 Manuel Jofré, «*Don Quijote* como novela moderna y la conjunción de géneros altos y bajos», *Alpha*, 22 (2006), s.p. (en línea) [fecha de consulta: 31-05-2017] <http://ref.scielo.org/rdstwq>.

14 Según el alcance que uno le dé a la ironía empleada por Cervantes, esta discrepancia se

[...] no quiero irme con la corriente uso, ni suplicarte casi con lágrimas en los ojos, como otros hacen, lector carísimo, que perdones o disimules las faltas que en este mi hijo vieres, y ni eres su pariente ni su amigo, y tienes tu alma en tu cuerpo y tu libre albedrío como el más pintado, y estás en tu casa, donde eres señor della, como el rey de sus alcabalas, y sabes lo que comúnmente se dice, que debajo de mi manto, al rey mato. Todo lo cual te esenta y hace libre de todo respecto y obligación, y así, puedes decir de la historia todo aquello que te pareciere, sin temor que te calunien por el mal ni te premien por el bien que dijeres de ella.[15]

Cadalso por su parte asegura lo siguiente en su introducción:

[...] esta corta obra [...] no ha de gustar, ni puede gustar. [...] Estas cartas tratan del carácter nacional, cual lo es en el día y cual lo ha sido. Para manejar esta crítica al gusto de unos, sería preciso ajar la nación, llenarla de improperios y no hallar en ella cosa alguna de mediano mérito. Para complacer a otros, sería igualmente necesario alabar todo lo que nos ofrece el examen de su genio, y ensalzar todo lo que en sí es reprensible. Cualquiera de estos dos sistemas que se siguiese en las *Cartas marruecas* tendría gran número de apasionados; y a costa de mal conceptuarse con unos, el autor se hubiera congraciado con otros. Pero en la imparcialidad que reina en ellas, es indispensable contraer el odio de ambas parcialidades.[16]

No obstante la desconfianza que demuestra hacia el lector con estas palabras, Cadalso reconoce el importante papel que el lector debe ejercer en la realización de los objetivos literarios del autor. Como afirma Martínez Mata, «podría pensarse [...] que Cadalso está requiriendo la complicidad del lector para que perciba la variedad de perspectivas, el relativismo, con las que ofrece el examen crítico de la realidad española de su tiempo, que es el propósito declarado de la obra».[17] Dicho de otra manera, Cadalso intensifica la evocación de la interpretación de parte de Cervantes, convirtiendo así la posibilidad del esfuerzo hermenéutico del lector en una necesidad.

Mientras Cadalso amplía el papel del lector en la producción del significado de su texto, amplifica la disyuntiva entre autor y obra literaria que entabla Cervantes con su famosa declaración de que «yo, que, aunque parezco padre, soy

---

vuelve más o menos notable. El momento clave con respecto a la preocupación cervantina por el lector llega en el prólogo a la Primera parte, después del famoso «desocupado lector», cuando afirma que le tiene «confuso el qué dirá el antiguo legislador que llaman vulgo cuando vea que, al cabo de tantos años como ha que duermo en el silencio del olvido, salga ahora, con todos mis años a cuestas con una leyenda seca como un esparto, ajena de invención, menguada de estilo, pobre de concetos y falta de toda erudición y doctrina» (Miguel de Cervantes, *Don Quijote...*, p. 11).

15 Miguel de Cervantes, *Don Quijote...*, p. 10.
16 José de Cadalso, *Cartas marruecas...*, pp. 7–8.
17 Prólogo a José de Cadalso, *Cartas marruecas...*, p. 1.

padrastro de don Quijote».[18] De este modo Cervantes en el prólogo a la primera parte establece cierta ambigüedad con respecto a la procedencia autorial de su obra, recurso narrativo que cobrará una nueva y más extensa magnitud con la fragmentación de las voces narratoriales a partir del capítulo VIII, cuando se interrumpe no sólo la pelea entre don Quijote y un escudero vizcaíno, sino también la historia en sí, como explica en el inicio del capítulo IX el que será denominado el segundo autor: «y [...] en aquel punto tan dudoso paró y quedó destroncada tan sabrosa historia, sin que nos diese noticia su autor dónde se podría hallar lo que della faltaba».[19] Comenzando con el capítulo IX, entonces, el *Quijote* se verá filtrado por una multiplicidad de autores, narradores y traductores, y el parentesco directo entre Cervantes y el *Quijote* queda en entredicho. Cadalso, de manera similar, envuelve su autoría de las *Cartas* en incertidumbre:

> La suerte quiso que, por muerte de un conocido mío, cayese en mis manos un manuscrito [...]. Acabó su vida mi amigo antes que pudiese explicarme si eran efectivamente cartas escritas por el autor que sonaba, como se podía inferir del estilo, o si era pasatiempo del difunto, en cuya composición hubiese gastado los últimos años de su vida. Ambos casos son posibles.[20]

El juego irónico con el *topos* de la relación ambigua entre texto y autor, según el cual éste pertenece y no, de modo simultáneo, a aquel, es replicado de esta manera en la obra cadalsiana. Pero las huellas de Cervantes en la orientación de Cadalso hacia su propio texto son más profundas todavía.

La obra literaria en los dos casos se presenta de forma independiente del control de la voz única del autor. Los críticos han tratado de manera extensa el elemento del perspectivismo tanto en el *Quijote*[21] como en las *Cartas*.[22] Ese perspectivismo

---

18 Miguel de Cervantes, *Don Quijote...*, p. 10. No estaría de más notar también el autodesprecio (hay que pensar que es irónico) de los dos autores, que no poco se parece. Mientras Cervantes habla de su «estéril y mal cultivado ingenio» (Miguel de Cervantes, *Don Quijote...*, p. 9), Cadalso se describe como «pusilánime, encogido y pobre de espíritu» (José de Cadalso, *Cartas marruecas...*, p. 224).
19 Miguel de Cervantes, *Don Quijote...*, p. 105.
20 José de Cadalso, *Cartas marruecas...*, p. 4.
21 Véase, por ejemplo, Leo Spitzer, «Perspectivismo lingüístico en el *Quijote*», en *Lingüística e historia literaria*, Madrid, Gredos, 1955, pp. 135–187; Malcolm K. Read, «Language Adrift: A Re-appraisal of the Theme of Linguistic Perspectivism in *Don Quijote*», en *Forum for Modern Language Studies*, XVII.3 (1981), pp. 271–287, o Carmen Rabell, «Perspectivismo dialógico en el episodio de Don Quijote y el vizcaíno: el estado de la cuestión», en *Boletín de la Biblioteca Menéndez Pelayo*, 69 (1993), pp. 87–103.
22 Véase, por ejemplo, Alejandro Ramírez-Araujo, «El cervantismo de Cadalso», en *Romanic Review*, 43 (1952), pp. 256–265; Mariano Baquero Goyanes, *Perspectivismo y contraste (de Cadalso a Pérez de Ayala)*, Madrid, Gredos, 1963; Scott Dale, *Novela innovadora en las «Cartas marruecas» de Cadalso*, New Orleans, The University Press of the South, 1998; Nigel Glendinning, «Structure

procede de una supuesta autonomía del texto, consecuencia ésta, como hemos sugerido arriba, de la ruptura de la relación directa entre autor y texto y, por lo tanto, del dominio y autoridad que ejerce el autor sobre su arte.[23] En el caso del *Quijote*, la multiplicidad de voces contrapuestas engendra una obra en la que el significado tiene que buscarse en los intersticios entre un discurso y otro. Cadalso reafirma este aspecto de su propia obra novelística cuando comenta sobre las *Cartas* que

> [...] algunas de ellas mantienen todo el estilo, y aun el genio, digámoslo así, de la lengua arábiga su original. Parecerán ridículas sus frases a un europeo, sublimes y pindáricas contra el carácter del estilo epistolar común. Pero también parecerán inaguantables nuestras locuciones a un africano. ¿Cuál tiene razón? ¡No lo sé! No me atrevo a decidirlo, ni creo que pueda hacerlo sino uno que ni sea africano ni europeo. La naturaleza es la única que pueda ser juez; pero su voz ¿dónde suena? Tampoco lo sé. Es demasiada la confusión de otras voces para que se oiga la de la común madre en muchos asuntos de lo que se presentan en el trato diario de los hombres.[24]

Si Cervantes había creado personajes contrapuestos y había utilizado la subjetividad de la percepción y de la lectura para generar esa diversidad social de la lengua, Cadalso encuentra en el epistolario una forma que en sí da lugar a una multiplicidad explícita de voces, eliminando de esta manera la presencia manifiesta de su propia voz autorial. Lo que emerge en las *Cartas* no es pues la imagen de lo que Cadalso ve, sino una representación de lo que los autores de las cartas individuales ven.

La «transmigración» de la novela cervantina en la obra de Cadalso establece este procedimiento («transmigración») como mecanismo fundamental de la novela como género. Aunque Cadalso ofrece pocos comentarios explícitos sobre Cervantes y su obra, llegando a quejarse de lo poco que se sabía de él («veo que Miguel de Cervantes ha sido tan desconocido después de muerto como fue infeliz cuando vivía»,[25]) la falta de una interpretación explícita del *Quijote* por parte de Cadalso sólo resulta chocante si se desatiende el hecho de que la producción literaria de Cadalso representa en sí, por lo menos hasta cierto punto, una lectura y una interpretación de la de Cervantes. Se puede encontrar en las *Cartas*

---

in the *Cartas Marruecas* of Cadalso», en *The Varied Pattern: Studies in the 18th Century*, Peter Hughes y David Williams (eds.), Toronto, A. M. Hakkert Ltd., 1971, pp. 51–76, o Russell P. Sebold, «La novela social de Cadalso», en *ABC* (09-10-1995), p. 56.

23 Como explicamos enseguida, diferimos de la opinión de Domenico Polloni («Perspectivas ideológicas y estrategias textuales en las *Cartas marruecas* de Cadalso», en *Revue Romaine de Linguistique*, XXXVII.5–6 [1992], pp. 359–365) en cuanto a la «homogeneidad ideológica» (citado en el prólogo a José de Cadalso, *Cartas marruecas...*, pp. xlix–l).

24 José de Cadalso, *Cartas marruecas...*, p. 5.

25 José de Cadalso, *Cartas marruecas...*, p. 206.

marruecas una lectura no sólo concreta sino también extremadamente elaborada y también perspicaz del *Quijote*; el propósito de este trabajo ha sido afirmar el alcance de la influencia de la novelística cervantina como modelo para la obra de Cadalso y señalar cómo las *Cartas* representan una exégesis particularmente novelística del patrón cervantino, lo cual las sitúa, como Cadalso mismo afirma, como herederas de la gran tradición de la novela cristalizada en la obra de Cervantes un siglo y medio antes.

Obras citadas

Bajtín, Mijaíl, *Estética y teoría de la novela*, Helena S. Kriukova y Vicente Cazcarra (trads.), Madrid, Taurus, 1975.

Baquero Goyanes, Mariano, *Perspectivismo y contraste (de Cadalso a Pérez de Ayala)*, Madrid, Gredos, 1963.

Cadalso, José de, *Cartas marruecas. Noches lúgubres,* Emilio Martínez Mata (ed.), Barcelona, Crítica, 2000.

Cervantes, Miguel de, *Don Quijote de la Mancha*, Francisco Rico (ed.), Barcelona, Instituto Cervantes/Crítica, 1999.

Dale, Scott, *Novela innovadora en las «Cartas marruecas» de Cadalso*, New Orleans, The University Press of the South, 1998.

Glendinning, Nigel, «Structure in the *Cartas Marruecas* of Cadalso», en *The Varied Pattern: Studies in the 18th Century*, Peter Hughes y David Williams (eds.), Toronto, A. M. Hakkert Ltd., 1971, pp. 51–76.

Jofré, Manuel, «*Don Quijote* como novela moderna y la conjunción de géneros altos y bajos», en *Alpha*, 22 (2006), s.p. (en línea) [fecha de consulta: 31-05-2017] <http://ref.scielo.org/rdstwq>.

Menéndez Pelayo, Ramón, «Cultura literaria de Miguel de Cervantes y elaboración del *Quijote*», en *Obras completas de Menéndez Pelayo. VI. Estudios y discursos de crítica histórica y literaria (I)*, Madrid, Consejo Superior de Investigaciones Científicas, 1941.

Moore, Steven, *The Novel. An Alternative History (1600–1800)*, New York, Bloomsbury, 2013.

Polloni, Domenico, «Perspectivas ideológicas y estrategias textuales en las *Cartas marruecas* de Cadalso», en *Revue Romaine de Linguistique*, XXXVII.5-6 (1992), pp. 359–365.

Rabell, Carmen, «Perspectivismo dialógico en el episodio de Don Quijote y el vizcaíno: el estado de la cuestión», en *Boletín de la Biblioteca Menéndez Pelayo*, 69 (1993), pp. 87–103.

Ramírez-Araujo, Alejandro, «El cervantismo de Cadalso», en *Romanic Review*, 43 (1952), pp. 256–265.

Read, Malcolm K., «Language Adrift: A Re-appraisal of the Theme of Linguistic Perspectivism in Don Quijote», *en Forum for Modern Language Studies*, XVII.3 (1981), pp. 271–287.

Real Academia Española, *Diccionario de la lengua española*, 23ª ed., Madrid, Espasa-Calpe, 2014.

Sebold, Russell P., «La novela social de Cadalso», en *ABC* (09-10-1995), p. 56.

Spitzer, Leo, «Perspectivismo lingüístico en el *Quijote*», en *Lingüística e historia literaria*, Madrid, Gredos, 1955, pp. 135–187.

Ana Contreras Elvira

Mundo al revés y guerras culturales en el segundo tercio del siglo XVIII: obra y poética de Nicolás González Martínez

«Las élites adoran las revoluciones que se limitan a cambios estéticos»
Thomas Frank

Resumen: Este trabajo estudia las conexiones entre el contexto teatral y el socio-político en la España del siglo XVIII, concretamente en la etapa que va de 1737, año de la inauguración del coliseo de la Cruz, y 1766, en que se produce el Motín contra Esquilache. Se plantea la importancia que la escena pudo tener en el estallido del conflicto a partir del estudio de la obra de Nicolás González Martínez, dramaturgo paradigmático de lo que podemos denominar como *barroco ilustrado*. Un teatro subversivo que introduce las ideas ilustradas revolucionarias usando el *topos* carnavalesco del mundo al revés, propio de la estética barroca y medieval. La *reforma* teatral y la *restauración* política son el colofón a la guerra cultural que se desencadena tras el motín.

Palabras clave: Teatro español del siglo XVIII, Barroco, Ilustración, motín contra Esquilache, Nicolás González Martínez

1 Introducción

El paso al XIX no se puede comprender totalmente sin entender los límites temporales internos del siglo XVIII, marcados por innovaciones técnicas y estéticas, por guerras ideológicas y culturales. En este trabajo estudiamos la etapa central del siglo estableciendo conexiones entre el contexto teatral y el socio-político a partir de la obra y la poética de Nicolás González Martínez, dramaturgo paradigmático de lo que denomino «Barroco ilustrado». Un teatro que, manteniendo nexos con la estética anterior, introduce las ideas ilustradas europeas y el imaginario revolucionario. Un teatro «prefigurativo» que conecta con el *topos* del mundo al revés, y constituye una *praxis* subversiva que sitúa la inversión de sexos y estamentos en el centro del escenario público y del discurso político. A partir de este análisis surge un enfoque de la reforma ilustrada que entiende que la misma no se dirigió tanto contra el bando «castizo» como contra los «intelectuales plebeyos

Ana Contreras Elvira, Real Escuela Superior de Arte Dramático de Madrid

https://doi.org/10.1515/9783110450828-048

afrancesados», constituyendo un claro ejemplo de «gatopardismo» que acaba con una de las utopías silenciadas de nuestra historia.

2 Límites temporales del siglo XVIII

El siglo XVIII se inicia históricamente en 1700, con la llegada de Felipe V, y finaliza en 1808, con la Guerra de la Independencia. Es un siglo marcado, pues, por la influencia e interrelación con la cultura francesa.

Encontramos en el siglo tres etapas diferenciadas desde el punto de vista teatral, histórico y político, cuyos puntos de giro podemos situar en el año 1737 y en el año 1766.

El evento acaecido en 1737, y que se suele señalar como hito en los manuales de Historia del Teatro, es la publicación de la *Poética* de Luzán. De influencia más directa en el mundo teatral y social, sin embargo, es la inauguración ese mismo año del coliseo de la Cruz,[1] espacio arquitectónico que marca una ruptura simbólica con la cultura contrarreformista y que propicia la aparición de nuevos géneros teatrales y nuevos usos y costumbres; nuevos hábitos que son los que crean nuevas políticas. No olvidemos la estrecha relación entre «el público» en términos estéticos y «lo público» en términos políticos, y que, en definitiva, «el orden público es el orden del público».[2]

El teatro se construye a imitación del Coliseo del Buen Retiro, dotándolo de la caja escénica y maquinaria necesaria para representar los géneros espectaculares que, también a imitación del espectáculo de corte, se hacían en los corrales desde principios de siglo. En este sentido es significativo que dos años antes, en 1735, se cree también la compañía de «representantas» españolas que durante varios veranos representa óperas en el Teatro de los Caños del Peral.

La inauguración de los modernos coliseos –la Cruz en 1737 y el Príncipe en 1745–, así como el interés del público por el teatro de gran espectáculo, podemos entenderlo como una plebeyización del espectáculo de corte que aportará algunas novedades sociopolíticas.

De un lado, la ubicación de este edificio teatral fuera de la corte propiciará un cambio temático. El pueblo, a imitación de reyes y aristócratas, paga estos espectáculos *ocupando* la escena para mayor gloria propia. En este choque entre continente (edificio y estética) y contenido (temática y espectadores) surgen nuevos géneros.

---

1 Phillip B. Thomason, *El coliseo de la Cruz, 1736–1860. Estudio y documentos*, Woodbridge, Tamesis, 2005.
2 Manuel Delgado, *El espacio público como ideología*, Madrid, Catarata, 2011, p. 51.

De otro, el edificio del coliseo no es una mera reproducción tardía del teatro a la italiana que existe desde hace dos siglos en toda Europa, sino que presenta una configuración particular en la península sobre la que conviene reflexionar. Mientras la caja escénica imita la italiana, aunque con una forma de uso similar en ocasiones a la del corral, el espacio del público es idéntico al de éste y, por lo tanto, el lugar del príncipe aquí lo ocupa la cazuela. Esta configuración genera nuevas relaciones entre público y escena y espectadores entre sí. Por ejemplo, la ocupación por parte de las mujeres del espacio del poder explica o reproduce a nivel simbólico el nuevo papel del sexo femenino en el espacio público. Pero también la interacción del espectador con el discurso verbal del espectáculo, así como la decodificación personal y conjunta del discurso audiovisual posibilita la cohesión de espectadores críticos y «emancipados».

El segundo punto de giro en el siglo se produce en el año 1766 con el motín contra Esquilache,[3] detonante de la reforma política, social y teatral. Como es bien sabido, este acontecimiento no fue una simple algarada, sino que se dio simultáneamente en unas cien ciudades de toda España y duró casi un año. Las consecuencias de esta «revolución española» en la actividad teatral son indicativas de la importancia y participación del teatro en los hechos.

La violencia de las calles causó muchos desperfectos en el Príncipe y la Cruz.[4] Entre finales de marzo y principios de abril de 1766 se pusieron 150 vidrios nuevos en la Cruz y unos 100 en el Príncipe; el 11 de octubre se pagaron seis faroles nuevos para alumbrar las calles, tres por cada coliseo, y en diciembre se repararon goteras, atascos, hundimientos y se pusieron baldosas nuevas en los patios de los teatros, quizás arrancadas y usadas como armas por los sublevados. Las fechas coinciden con repuntes de la protesta. A pesar de todo, la actividad teatral no se paró y el 30 de marzo, en pleno conflicto, se firmaban las escrituras de las nuevas compañías. De los gastos de las comedias que se pusieron en junio he inferido en otra ocasión[5] el mensaje que desde las tablas se estaba aportando a la población de Madrid, y que incidía en el hambre y la necesidad, pero también en cuestiones políticas.

---

3 José Miguel López García, *El motín contra Esquilache: crisis y protesta popular en el Madrid del siglo XVIII*, Madrid, Alianza, 2006, y Jacinta Macías Delgado, «Ideario político-económico del motín contra Esquilache, según la "Causa del motín de Madrid"», en *Revista de Estudios Políticos*, 71 (1991), pp. 235–258.

4 Legajo 1-438-2 del Archivo de la Villa de Madrid: «1727–1797: productos y gastos de compañías de ambos teatros».

5 Ana Contreras Elvira, «De la fiesta al espectáculo: hambre y exceso en el cambio estético teatral del siglo XVIII», en Jesús Murillo Sagredo y Laura Peña García (eds.), *Sobremesas literarias: en torno a la gastronomía en las letras hispánicas*, Madrid, Biblioteca Nueva, 2015, pp. 251–260.

El gran beneficiado tras la revuelta fue el Conde de Aranda, quien se convirtió en la persona más poderosa del reino. Desplegó una actividad frenética para organizar las distintas instituciones y perseguir a los culpables del motín. En medio de esas labores, Aranda se aplicó inmediatamente a realizar reformas en la escena. Encargó inventarios e informes, se escribieron proyectos de reformas, y dictó numerosas órdenes y reglamentos. Sorprende que Aranda se ocupase personalmente de la reforma del teatro a la vez que está tratando asuntos aparentemente más cruciales. Ese tremendo interés, y la importancia que los ilustrados concedieron al teatro como instrumento de educación del pueblo, son indicios de que el teatro pudo jugar también un papel importante en el cambio de mentalidad que condujo al motín. Para confirmar esta hipótesis he estudiado el caso paradigmático de Nicolás González Martínez.

3 Nicolás González Martínez: vida y obra

Nicolás González Martínez es uno de los autores más importantes de mediados del siglo XVIII y uno de los menos estudiados,[6] silenciado por sus contemporáneos «ilustrados» y por la posteridad. No sabemos las fechas y lugares de su nacimiento y muerte, y conocemos pocos datos de su vida privada, aunque en algunas bibliotecas y archivos se conservan obras y documentos relativos a su vida profesional y personal.

El primer documento donde aparece su nombre es la *Escritura de obligaciones de ambas compañías en el año de* 1733. En la escritura de formación de la compañía de la autora Juana Orozco firman en calidad de testigos «Blas Polope, Nicolás González y Julián Sendín, residentes en esta corte».[7] Polope, hermano de la actriz Teresa Polope, es el principal constructor de tramoyas desde finales del XVII, así que no puedo dejar de especular acerca de la posibilidad de que Nicolás González fuese uno de sus ayudantes en esa época.

Sus primeras obras, que sepamos, son las tres primeras partes de la serie de comedias de magia *Cuando hay falta de hechiceros lo quieren ser los gallegos y Asombro de Salamanca*,[8] durante las temporadas 1741–1742 y 1742–1743.

---

6 Hasta ahora el estudio más exhaustivo es mi tesis doctoral *La puesta en escena de la serie de comedias de magia «Cuando hay falta de hechiceros lo quieren ser los gallegos» y «Asombro de Salamanca» (1742–1775), de Nicolás González Martínez*, Fernando Doménech Rico (dir.), Madrid, Universidad Complutense de Madrid, 2016 (tesis doctoral inédita).

7 En el legajo con signatura 1-415-4 del Archivo de la Villa de Madrid.

8 Nicolás González Martínez, «*El asombro de Salamanca*», en *Obras de Nicolás González Martínez*, 1742–1767, manuscrito digitalizado de la Biblioteca Nacional de España con la

He podido constatar que escribió un total de cincuenta y seis obras de diversos géneros. Once de ellas (la mayoría breves), están desaparecidas. Se le atribuyen otras cuatro, pero no se ha podido confirmar su autoría. Es probable que aparezcan nuevas piezas en el futuro en los fondos de algunas bibliotecas.

En las décadas de los 40 y 50 forma junto al compositor Nebra y el autor de compañía Parra una de las primeras empresas o productoras teatrales modernas, por así decirlo.[9] Se especializan, sobre todo, en teatro musical. Pero no solo escribió para los teatros públicos; también lo hizo para el teatro privado del duque de Medinaceli, y algunas de sus obras se representaron en el coliseo del Buen Retiro.

En mayo de 1751 es nombrado censor de comedias hasta que en 1770 se eliminan los empleos de fiscal y censor por la reforma de Aranda. Aunque no tenemos más datos fehacientes, su obra *La impiedad y la traición ceden a la compasión*, sin fechar, contiene ciertas alusiones históricas y autorreferenciales que permiten datarla en los años posteriores a su destitución, y apunta a una caída en desgracia que le impide trabajar en los coliseos. Su apartamiento del teatro no puede explicarse por un cambio de gusto estético, pues sus sainetes son el referente de Ramón de la Cruz y su obra *Dar honor el hijo al padre*, estrenada con gran éxito en 1769, contará con numerosas reposiciones. Las causas pueden ser varias: desde una enemistad personal con alguna persona influyente, a una lectura subversiva de sus obras; quizás, incluso, su intervención directa en el motín, todavía no demostrada, o su relación con algunos implicados. En este sentido, conviene recordar que el duque de Medinaceli, a cuyo servicio estuvo González Martínez, fue elegido por el pueblo en primera instancia para entregar sus exigencias al rey. También sabemos que tuvo trato con un jesuita, como él mismo indica en un «Memorial presentado al Excelentísimo Señor Duque por don Nicolás González Martínez»,[10] en el que afirma que durante un tiempo recibió la visita mensual «del cuervo», denominación dada a los jesuitas.

---

signatura Res/60, ff. 44^{r}-199^{v} (en línea) [fecha de consulta: 16-04-2018] <http://bdh-rd.bne.es/viewer.vm?id=0000006274&page=95>. Mi tesis doctoral incluye una edición crítica de las cuatro partes de la serie. Recientemente he publicado una edición moderna de la primera parte: Nicolás González Martínez, *Cuando hay falta de hechiceros lo quieren ser los gallegos, y Asombro de Salamanca. La crueldad sin venganza*, Ana Contreras Elvira (ed.), Madrid, Asociación de Directores de Escena de España, 2017.

9 María Salud Álvarez Martínez, *José de Nebra Blasco: vida y obra*, Zaragoza, Institución Fernando el Católico, 1993, p. 50.

10 Nicolás González Martínez, «Memorial presentado al Excelentísimo Señor Duque por don Nicolás González Martínez», en *Colección de poesías del siglo XVIII*, manuscrito digitalizado de la Biblioteca Nacional de España con la signatura Mss/3713, ff. 86^{r}-88^{r} (en línea) [fecha de consulta: 16-04-2018] <http://bdh-rd.bne.es/viewer.vm?id=0000125979&page=89>.

En el mismo memorial da alguna pista más sobre su vida, confirmada también en alusiones autorreferenciales en algunas de sus obras. Parece ser que permaneció soltero y sin hijos, y que en algún momento tuvo problemas con la justicia, probablemente por deudas.

En su obra literario-dramática, así como en un «Romance»[11] dedicado a Nipho, encontramos muchas claves de su teoría literaria y teatral. Para González Martínez el dramaturgo es un intelectual y un historiador, cuya misión es presentar la Historia con fidelidad. Se reconoce seguidor de Calderón y conceptista, pero a la vez partidario de la razón y de las ideas ilustradas. Es decir, da algunas claves de lo que denomino «Barroco ilustrado» y que explico sucintamente en el siguiente apartado. Los temas que trata son tremendamente políticos: sobre el buen monarca, el derecho a la participación política del pueblo, la legitimidad del tiranicidio y de la sucesión al trono de una mujer o un extranjero, entre otros.[12] Pero también toca temas sociales, condenando la miseria en la que vive gran parte de la población que achaca a la conducta de ricos y poderosos.[13] Dentro de la polémica del siglo sobre la igualdad de las mujeres se posiciona militantemente a favor de la misma, tratando de manera muy moderna cuestiones como el matrimonio y la violencia contra la mujer.[14]

---

11 «Romance», en *Colección de poesías del siglo XVIII*, manuscrito digitalizado de la Biblioteca Nacional de España con la signatura Mss/3713, ff. 69^r-70 (en línea) [fecha de consulta: 16-04-2018] <http://bdh-rd.bne.es/viewer.vm?id=0000125979&page=70>.

12 En *Para obsequio a la deidad, nunca es culto la crueldad, Ifigenia en Tracia* (1747). Véase la edición moderna de María Salud Álvarez Martínez, Zaragoza, Institución Fernando el Católico, 1997 (reeditada en 2007). También en *Dar honor el hijo al padre, y al hijo una ilustre madre* (1773), manuscrito digitalizado de la Biblioteca Nacional de España con la signatura MSS/14939 (en línea) [fecha de consulta: 16-04-2018] < http://bdh.bne.es/bnesearch/detalle/bdh0000214808>. Tanto en este caso como en las notas siguientes doy solo alguno de los ejemplos más destacados.

13 Ejemplos destacados son: Nicolás González Martínez, «*El amante de María y venerable Padre Fray Simón de Rojas. Segunda parte* (1746)», en *Obras de Nicolás González Martínez*, 1742–1767, manuscrito autógrafo digitalizado de la Biblioteca Nacional de España con la signatura Res/60, ff. 202^r-154^v (en línea) [fecha de consulta: 16-04-2018] <http://bdh-rd.bne.es/viewer. vm?id=0000006274&page=411> (y también conservada independientemente en el manuscrito con la signatura Res/136), y «*La paciencia más constante del mejor Fénix de Oriente y Los trabajos de Job*, de Godínez, exornada por Nicolás González Martínez (1754)», en *Obras teatrales*, 1700–1800, manuscrito digitalizado de la Biblioteca Nacional de España con la signatura MSS/18078, ff. 110^r-160^v (en línea) [fecha de acceso: 16-04-2018] <http://bdh-rd.bne.es/viewer. vm?id=0000073830&page=5>.

14 Nicolás González Martínez, *El Asalto (sainete)*, 1754, manuscrito digitalizadode la Biblioteca Histórica de Madrid con la signatura Tea 1-198-30 (en línea) [fecha de acceso: 16-04-2018] <http:// www.memoriademadrid.es/buscador.php?accion=VerFicha&id=36918>, A y B, y *Donde hay violencia no hay culpa (zarzuela)*, 1744. De la última, hay una edición moderna de María Salud Álvarez Martínez, Zaragoza, Institución Fernando el Católico, 2007.

4 El «Barroco ilustrado»: ideología y estética del mundo al revés

En unas breves páginas dedicadas al sainete *La audiencia*, Herrera Navarro comenta:

> *La audiencia* demuestra hasta qué punto estaban enfrentados ya en 1762 los tradicionalistas y los ilustrados reformistas o afrancesados que eran partidarios del neoclasicismo. Y pone al descubierto que no solo estos últimos eran los que se oponían a Ramón de la Cruz y los tradicionalistas, sino que dramaturgos populares, despreciados por ellos, como Nicolás González Martínez, defendían también las reformas y la modernidad aunque no compartieran el mismo credo estético.[15]

Efectivamente, la obra de González Martínez, aunque participa todavía en ciertos aspectos de la estilística barroca, presenta características particulares que han llevado a estudiosos del teatro musical a encuadrar las composiciones de sus textos plenamente en el clasicismo.[16] En todo caso, sus ideas y visión del mundo son absolutamente ilustradas, como hemos dicho, pero más cercanas a esa ilustración teórica kantiana, que no a la que se llevó efectivamente a la práctica, y que reservó la emancipación para las élites.

Dado que la estética no se refiere solo a aspectos estilísticos, sino también ideológicos, propongo la denominación de «Barroco ilustrado» para caracterizar la estética de este periodo y estos autores. El oxímoron da cuenta de las contradicciones y complejidades de este «Siglo de las Luces»[17] y permite comprender mejor las figuras de esos dramaturgos que escribían tanto para los teatros públicos como para la corte, géneros populares y elitistas, costumbristas y mágicos.

Este Barroco ilustrado es la ideología y estética del mundo al revés por dos motivos: En primer lugar, surge de la ocupación y apropiación por parte del pueblo de los espacios y espectáculos antes reservados a la aristocracia y, por lo tanto, simbólicamente supone también la apropiación del poder; en segundo lugar, comprobamos la expansión a todo tipo de pieza teatral de los elementos y motivos carnavalescos, lo que significa, precisamente, la subversión de todos los órdenes, clases, géneros, etc. Los elementos que lo caracterizan son:

---

15 Jerónimo Herrera Navarro, *Petimetres y majos, saineteros madrileños del siglo XVIII*, Madrid, Ediciones del Orto, 2009, p. 63.

16 Rainer Kleinertz, «La zarzuela del siglo XVIII, entre ópera y comedia. Dos aspectos de un género musical (1730–1750)», en Rainer Kleinertz (ed.), *Teatro y música en España (siglo XVIII)*, Kassel, Reichenberger, 1996, pp. 107–121.

17 Iris M. Zavala, «Viaje a la cara oculta del Setecientos», en *Nueva Revista de Filología Hispánica*, 33.1 (1984), pp. 4–33.

1) La alegoría. Muy presente en la emblemática y la cultura visual del siglo, se trata de un programa visual complejo que responde a una forma también compleja de entender el mundo. Pero, como apunta de Certeau, lo interesante no es tanto lo que los fabricantes de esa representación quieren contar, sino la manipulación por parte de los practicantes.[18] La especificidad de lo alegórico es que propone un espectador implícito autónomo, permitiendo lecturas independizadas de la primigenia intencionalidad del emisor, y otorgando al receptor el poder hermenéutico sobre textos e imágenes.

Pero también ocurre con estos autores algo que en las artes plásticas se ha observado en Goya, quien consigue «deslegitimar los residuos del Antiguo Régimen, a base en buena medida de emplear críticamente su mismo código expresivo».[19]

2) Fantasía es la palabra que más se repite para caracterizar el teatro de esta época, y es usada tanto por los propios dramaturgos, cuando tratan de explicar algunos de los efectos mágicos de sus obras o su propia creatividad, como por los críticos neoclásicos o los estudiosos de hoy en día.

Esta fantasía de carnaval de las obras populares es peligrosa y subversiva en dos aspectos. Uno político, porque enseña que es posible que el pueblo destituya al rey o que un plebeyo llegue a serlo, y otro económico. Justo en el paso hacia la época de la razón y el desencantamiento del mundo, la magia aparece como uno de los componentes fundamentales de muchas obras, no solo de las comedias de magia. La magia es «una forma ilícita de poder y un instrumento para obtener lo deseado sin trabajar, es decir, [...] la puesta en práctica de una forma de rechazo al trabajo» y supone la «inversión total de los valores sociales».[20]

Por eso, el empeño educativo de la Ilustración se dirigirá a disciplinar los cuerpos y erradicar la fantasía del teatro y la vida. Los valores que se pondrán de moda con la estética neoclásica serán «disciplina, moderación y claridad de propósito».[21] Pero, como dice Slavoj Zizeck, «la fantasía [...] no es algo opuesto a la realidad. La realidad [...] está siempre constituida de una

18 Michel de Certeau, *La invención de lo cotidiano. I. Artes de hacer*, México, Iberoamericana, 2000, p. XLIII.

19 Fernando Rodríguez de la Flor, *Imago. La cultura visual y figurativa del Barroco*, Madrid, Abada, 2009, p. 225.

20 Silvia Federici, *Calibán y la bruja. Mujeres, cuerpo y acumulación originaria*, Madrid, Traficantes de sueños, 2010, pp. 196 y 243.

21 Catherine Whistler, «Giambattista Tiepolo y la Ilustración», en *El arte del Siglo de las Luces*, Barcelona, Círculo de Lectores/Galaxia Gutenberg, 2010, p. 158.

manera ideológica y la fantasía es la estructura fundamental de sentido que permite que se sostenga como realidad.[22]

3) El concepto de realidad que aparece en las obras del barroco ilustrado, sean comedias de tramoya o sainetes, tiene más que ver con la noción posmoderna de «lo real» que con el realismo moderno.[23] Se da el caso de que, en esos giros copernicanos que suele dar la Historia, la posmodernidad nos da las claves para comprender la pre-modernidad, precisamente por sus numerosos puntos en común.

Frente al «realismo» neoclásico, que no deja de ser un «idealismo», una «fantasía» de otro tipo, este «Barroco ilustrado» trabaja con lo real. La realidad de los materiales escénicos, incluido el cuerpo de los actores, la realidad de las relaciones que se establecen entre público y actores, y la realidad del acontecimiento.

En otra ocasión escribí sobre inclusión de objetos reales en escena y en concreto el abundante uso de comida y bebida en las obras, y su lectura simbólica y material.[24] Lo mismo ocurre con los cuerpos de los actores. En este teatro no se produce la negación del cuerpo-fenomenológico del actor para afirmar su cuerpo-signo, como ocurrirá después.[25] El cuerpo fenomenológico del actor, incluso su «cuerpo grotesco», es una herramienta con la que se trabaja dramatúrgicamente.[26] Es difícil hacerse una idea de cómo eran los cuerpos de los actores del XVIII en ese estadio anterior a su completa subordinación y disciplinamiento. No se trata solo de que los cuerpos se transforman en condiciones de vida diferentes, sino que la experiencia contemporánea de nuestros cuerpos – legislados y politizados, alienados de nuestra identidad –, nos impide acceder a una experiencia radicalmente distinta. No digamos ya la experiencia del contacto y el contagio intercorporal. Seguramente, lo más real del teatro que nos ocupa es de orden relacional, aspecto hoy también en auge.[27]

En este sentido, un «teatro Barroco ilustrado», contagiado de las ideas emancipadoras de la Ilustración, cada vez más liberado de lo sobrenatural, pero que incluye al espectador en sus resortes de acción y *pathos*, es un teatro en el

---

22 Andrés Barba, «Slavoj Zizek: "No necesitamos profetas sino líderes que nos animen a usar la libertad"», en *El Cultural* (10-10-2014), s.p. (en línea) [fecha de consulta: 16-04-2018] <http://www.elcultural.com/revista/letras/Slavoj-Zizek-No-necesitamos-profetas-sino-lideres-que-nos-animen-a-usar-la-libertad/35261>.

23 José Antonio Sánchez, *Prácticas de lo real en la escena contemporánea*, Madrid, Visor, 2007.

24 Ana Contreras Elvira, «De la fiesta al espectáculo...».

25 Erika Fisher-Lichte, *Estética de lo performativo*, Madrid, Abada, 2011.

26 Mijail Bajtín, *La cultura popular en la Edad Media y el Renacimiento. El contexto de François Rabelais*, Madrid, Alianza, 1998.

27 Nicolás Bourriaud, *Estética relacional*, Madrid, Adriana Hidalgo, 2007.

que cada representación no era una repetición, sino un acontecimiento.[28] El carácter relacional del «teatro Barroco ilustrado» es central para comprenderlo. No olvidemos que el espíritu de esta época está caracterizado por las frecuentes polémicas escritas y eso se manifiesta en la inclusión frecuente en los textos teatrales de discursos con los que se apela al público y se espera su respuesta. El aspecto relacional, por lo tanto, no es marginal, contingente o anecdótico, sino que es sustancial al mismo y no puede desligarse de otras cuestiones de contenido y de forma, de la organización del espacio o la interpretación de los actores.

5 Conclusión: guerras culturales

El poder siempre ha necesitado del teatro y de lo teatral para representarse y legitimarse, es decir, el poder necesita teatralizar su legitimidad. En ese sentido, también el poder puede deslegitimarse teatralmente. Entonces se rompe la ficción del poder y también su realidad. Lo que ocurrió en la segunda mitad de siglo es similar, en cierto modo, a lo que está pasando hoy día, también en España, y que Thomas Frank ha denominado guerras culturales y explicado en *¿Qué pasa en Kansas?*.[29] Se trata de construir un imaginario conservador basado en el odio de clase, pero ocultando a los responsables y apropiándose del lenguaje y cultura del enemigo. En este sentido, el fenómeno del «majismo» encaja perfectamente en el análisis.

Se nos ha contado que el proyecto de reforma del teatro neoclásico supuestamente intenta romper la ficción del poder absolutista para sustituirlo por la verdad del poder burgués democrático. Lo que planteo es que la ficción de ese poder ya estaba rota, en el teatro y en la realidad. El proyecto ilustrado lo restauró, eso sí, con nuevos telones y nuevos disfraces; es decir, como explica Alberto Medina, lo que solemos denominar Reforma fue de facto una Restauración en la que una nueva élite política e intelectual ocupa el lugar de la anterior

---

28 María José del Río Barredo, «Represión y control de fiestas y diversiones en el Madrid de Carlos III», en Equipo Madrid (ed.), *Carlos III, Madrid y la Ilustración*, Madrid, Siglo XXI, 1988, pp. 299–330, e Ileana Diéguez, «De malestares teatrales y vacíos representacionales: el teatro trascendido», en Óscar Cornago (coord.), *Utopías de la proximidad en el contexto de la globalización. La creación escénica en Iberoamérica*, Cuenca, Ediciones de la Universidad de Castilla-La Mancha, 2010, pp. 241–262.
29 Thomas Frank, *¿Qué pasa con Kansas? Cómo los ultraconservadores conquistaron el corazón de Estados Unidos*, Madrid, Acuarela Libros, 2008.

sin cuestionar la hegemonía institucional.[30] En el campo del saber, lo que está en juego no son cuestiones científicas, sino a quién pertenece la legitimidad de la producción del conocimiento. En el político, se trata simplemente de mantener la institución representándola y legitimándola de otro modo. Así, si los Austrias se habían representado en el Barroco habitualmente como Atlas, ese gigante que sujeta el mundo sobre sus hombros, en el teatro barroco ilustrado el rey absoluto es un tirano y se representa como el Coloso, ese gigante que aplasta el mundo bajo sus pies y que por lo tanto debe ser destruido. De ahí que todo el empeño del rey ilustrado, *de facto* el mismo rey absoluto, consista en escapar de la representación mítica del gigante y representarse como uno más de sus súbditos, como un buen burgués.

Obras citadas

Álvarez Martínez, María Salud, *José de Nebra Blasco: vida y obra*, Zaragoza, Institución Fernando el Católico, 1993.

Bajtín, Mijail, *La cultura popular en la Edad Media y el Renacimiento. El contexto de François Rabelais*, Madrid, Alianza, 1998.

Barba, Andrés, «Slavoj Zizek: "No necesitamos profetas sino líderes que nos animen a usar la libertad"», en *El Cultural.es* (10-10-2014), s.p. (en línea) [fecha de consulta: 16-04-2018] <http://www.elcultural.com/revista/letras/Slavoj-Zizek-No-necesitamos-profetas-sino-lideres-que-nos-animen-a-usar-la-libertad/35261>.

Bourriaud, Nicolás, *Estética relacional*, Madrid, Adriana Hidalgo, 2007.

Certeau, Michel de, *La invención de lo cotidiano. I. Artes de hacer*, México, Iberoamericana, 2000.

Contreras Elvira, Ana, *La puesta en escena de la serie de comedias de magia «Cuando hay falta de hechiceros lo quieren ser los gallegos» y «Asombro de Salamanca» (1742–1775), de Nicolás González Martínez*, Fernando Doménech Rico (dir.), Madrid, Universidad Complutense de Madrid, 2016 (tesis doctoral inédita).

—, «De la fiesta al espectáculo: hambre y exceso en el cambio estético teatral del siglo XVIII», en Jesús Murillo Sagredo y Laura Peña García (eds.), *Sobremesas literarias: en torno a la gastronomía en las letras hispánicas*, Madrid, Biblioteca Nueva, 2015, pp. 251–260.

Delgado, Manuel, *El espacio público como ideología*, Madrid, Catarata, 2011.

Diéguez, Ileana, «De malestares teatrales y vacíos representacionales: el teatro trascendido», en Óscar Cornago (coord.), *Utopías de la proximidad en el contexto de la globalización. La creación escénica en Iberoamérica*, Cuenca, Ediciones de la Universidad de Castilla-La Mancha, 2010, pp. 241–262.

Federici, Silvia, *Calibán y la bruja. Mujeres, cuerpo y acumulación originaria*, Madrid, Traficantes de sueños, 2010.

---

30 Alberto Medina, *Espejo de sombras. Sujeto y multitud en la España del siglo XVIII*, Madrid, Marcial Pons, 2009.

Fisher-Lichte, Erika, *Estética de lo performativo*, Madrid, Abada, 2011.

Frank, Thomas, *¿Qué pasa con Kansas? Cómo los ultraconservadores conquistaron el corazón de Estados Unidos*, Madrid, Acuarela Libros, 2008.

González Martínez, Nicolás, *Cuando hay falta de hechiceros lo quieren ser los gallegos, y Asombro de Salamanca. La crueldad sin venganza,* Ana Contreras Elvira (ed.), Madrid, Asociación de Directores de Escena de España, 2017.

—, *«Donde hay violencia no hay culpa», Zarzuela, 1744*, María Salud Álvarez Martínez (ed.), Zaragoza, Institución Fernando el Católico, 2007.

—, *Para obsequio a la deidad, nunca es culto la crueldad, Ifigenia en Tracia*, María Salud Álvarez Martínez, Zaragoza, Institución Fernando el Católico, 1997.

—, *Dar honor el hijo al padre, y al hijo una ilustre madre*, 1773 (manuscrito, Biblioteca Nacional de España, MSS/14939, en línea) [fecha de consulta: 16-04-2018] <http://bdh. bne.es/bnesearch/detalle/bdh0000214808>.

—, *El Asalto (sainete)*, 1754 (manuscrito, Biblioteca Histórica de Madrid, Tea 1-198-30, en línea) [fecha de acceso: 16-04-2018] <http://www.memoriademadrid.es/buscador.php? accion=VerFicha&id=36918>.

—, *«El amante de María y venerable Padre Fray Simón de Rojas. Segunda parte (1746)»*, en *Obras de Nicolás González Martínez*, 1742–1767, ff. 202^r-154^v (manuscrito, Biblioteca Nacional de España, Res/60, en línea) [fecha de consulta: 16-04-2018] <http://bdh-rd.bne. es/viewer.vm?id=0000006274&page=411>.

—, *«El asombro de Salamanca»*, en *Obras de Nicolás González Martínez*, 1742–1767, ff. 44^r-199^v (manuscrito, Biblioteca Nacional de España, Res/60, en línea) [fecha de consulta: 16-04-2018] <http://bdh-rd.bne.es/viewer.vm?id=0000006274&page=95>.

—, *«La paciencia más constante del mejor Fénix de Oriente y Los trabajos de Job*, de Godínez, exornada por Nicolás González Martínez (1754)»*, en *Obras teatrales*, 1700–1800, ff. 110^r-160^v (manuscrito, Biblioteca Nacional de España, MSS/18078, en línea) [fecha de acceso: 16-04-2018] <http://bdh-rd.bne.es/viewer.vm?id=0000073830 &page=5>.

—, *«Memorial presentado al Excelentísimo Señor Duque por don Nicolás González Martínez»*, en *Colección de poesías del siglo XVIII*, 1700–1800, ff. 86^r-88^r (manuscrito, Biblioteca Nacional de España, Mss/3713, en línea) [fecha de consulta: 16-04-2018] <http:// bdh-rd.bne.es/viewer.vm?id=0000125979&page=89>.

—, *«Romance»*, en *Colección de poesías del siglo XVIII*, 1700–1800, ff. 69^r-70^v (manuscrito, Biblioteca Nacional de España, Mss/3713, en línea) [fecha de consulta: 16-04-2018] <http://bdh-rd.bne.es/viewer.vm?id=0000125979&page=70>.

Herrera Navarro, Jerónimo, *Petimetres y majos, saineteros madrileños del siglo XVIII*, Madrid, Ediciones del Orto, 2009.

Kleinertz, Rainer, «La zarzuela del siglo XVIII entre ópera y comedia. Dos aspectos de un género musical (1730–1750)», en Rainer Kleinertz (ed.), *Teatro y música en España (siglo XVIII)*, Kassel, Reichenberger, 1996, pp. 107–121.

López García, José Miguel, *El motín contra Esquilache: crisis y protesta popular en el Madrid del siglo XVIII*, Madrid, Alianza, 2006.

Macías Delgado, Jacinta, «Ideario político-económico del motín contra Esquilache, según la "Causa del motín de Madrid"», en *Revista de Estudios Políticos*, 71 (1991), pp. 235–258.

Medina, Alberto, *Espejo de sombras. Sujeto y multitud en la España del siglo XVIII*, Madrid, Marcial Pons, 2009.

Río Barredo, María José del, «Represión y control de fiestas y diversiones en el Madrid de Carlos III», en Equipo Madrid (ed.), *Carlos III, Madrid y la Ilustración*, Madrid, Siglo XXI, 1988, pp. 299–330.

Rodríguez de la Flor, Fernando, *Imago. La cultura visual y figurativa del Barroco*, Madrid, Abada, 2009.

Sánchez, José Antonio, *Prácticas de lo real en la escena contemporánea*, Madrid, Visor, 2007.

Thomason, Phillip B., *El coliseo de la Cruz, 1736–1860. Estudio y documentos*, Woodbridge, Tamesis, 2005.

Whistler, Catherine, «Giambattista Tiepolo y la Ilustración», en *El arte del Siglo de las Luces*, Barcelona, Círculo de Lectores/Galaxia Gutenberg, 2010.

Zavala, Iris M., «Viaje a la cara oculta del Setecientos», en *Nueva Revista de Filología hispánica*, 33.1 (1984), pp. 4–33.

Mª Pilar Espín Templado

Pepita Jiménez: las adaptaciones de la novela de Juan Valera a la escena lírica europea

Resumen: La primera novela que Juan Valera (1824–1905) publicó en 1874, *Pepita Jiménez,* fue convertida en libreto de ópera por el inglés Francis Money-Coutts, patrocinador de Isaac Albéniz, para que el gran compositor español escribiera su música. Albéniz, a pesar de las reticencias de Valera, escribió dos partituras: la primera de ellas, de 1895, se estrenó en el Liceo de Barcelona en 1896, pero el texto dramático no fue la versión original inglesa sino su traducción al italiano por Angelo Bignotti. El repaso histórico de las diversas versiones en diferentes lenguas (italiano, alemán, francés, español, inglés) y sus respectivos estrenos en varias capitales europeas (Barcelona, Praga, Bruselas, París, Madrid), nos evidencia su difusión. Por otra parte, la revisión de las dos diferentes versiones del libreto al español nos descubre, por un lado, las carencias literarias de la última traducción al castellano, y por otro, la sustancial transformación semántica de la obra debido fundamentalmente al cambio de género dramático, pues la alegre novela de Valera con final feliz queda convertida en ópera trágica con el suicidio de la protagonista en la versión de Sorozábal.

Palabras clave: Juan Valera, Isaac Albéniz, novela, adaptación, ópera española

1 Escritor y compositor, una relación en torno a una obra

Es difícil no caer en una obviedad al ponderar la creación literaria y la figura del novelista Juan Valera (1824–1905), pero más aún al tratar de la obra que nos ocupa, su novela preferida, *Pepita Jiménez*, publicada en 1874, joya de la narrativa

Nota: Este trabajo se inserta dentro del Proyecto de Investigación MAD MUSIC-CM S2015/ HUM, en colaboración con el ICCMU, con el Departamento de Musicología de la Universidad Complutense y con la UNED, de cuyo equipo para el estudio de los textos dramático-líricos soy investigadora principal

Mª Pilar Espín Templado, Universidad Nacional de Educación a Distancia/Instituto de Teatro de Madrid/Universidad Complutense de Madrid

https://doi.org/10.1515/9783110450828-049

decimonónica y la única de entre sus creaciones que, aunque tardíamente, fue estrenada como teatro musical a pesar de la reticencia de su autor a que fuera convertida en ópera.

Las opiniones negativas de Valera al respecto chocaron con el empeño y categoría del compositor que se lo propuso, Isaac Manuel Albéniz (1860–1909) y con los compromisos adquiridos por el músico con su mentor y administrador Lord Francis Money-Coutts. Albéniz, perteneciente a la corriente nacionalista, aunque introductor de los primeros vanguardismos musicales del siglo XX en la música española, fue sobre todo pianista destacado entre sus contemporáneos y, aunque la mayor parte de su creación se centró en dicho instrumento, fue sin embargo tan apasionado del teatro lírico que podemos considerar dicho género su segunda prioridad, como claramente se deduce al revisar el catálogo de su obra.[1]

Los diversos criterios entre Valera y Albéniz, autor y compositor, en torno a transformar la novela *Pepita Jiménez* en ópera, quedan reflejados al detalle en su epistolario, publicado por Pilar Aparicia en 1975.[2] De dicho epistolario podemos sintetizar la rotunda franqueza del escritor al poner en duda las posibilidades operísticas que su novela ofrecía. Resumiendo el contenido de las cartas citadas, Valera nunca estuvo completamente de acuerdo con la idea de que se creara la ópera *Pepita Jiménez*, mientras que a Albéniz le entusiasmaba el Proyecto, al que no renunció hasta su realización.

Ejemplo de ello es este fragmento de la carta IV, fechada el 7 de agosto de 1895, en la que Valera escribe:

> Sr. D. I. Albéniz:
>
> Mi querido y distinguido amigo: Veo con gusto, por la carta de Ud. del 4, que *Pepita Jiménez*, ópera, está próxima a salir a luz y nada menos que en el Real de esta villa y corte. Dios le conceda el brillantísimo éxito que yo le deseo y que sin duda merece por la inspirada

---

[1] Su faceta como autor de música para la escena, cuyo interés mantuvo durante toda su vida, fue bastante desconocida, pues cultivó en numerosas ocasiones la ópera, la zarzuela, el drama lírico, y la música incidental, desde su temprano estreno en Madrid, a los 21 años, de su juguete cómico-lírico «Catalanes de Gracia», hasta poco antes de su prematura muerte, cuando acariciaba el proyecto de una ópera sobre temas cervantinos. Jacinto Torres reseña una treintena de títulos en «La producción escénica de Isaac Albéniz», en *Actas del III Congreso Nacional de Musicología (Granada, 1990)*, número monográfico de la *Revista de Musicología*, XI.1–2 (1991), pp. 167–212. Del mismo, véase «El largo sueño de *Pepita Jiménez*», en *Pepita Jiménez: Suite de concert en deux actes et trois tableaux*, Teatre Lliure, Orquesta de Cambra (int.) y Josep Pons (dir.), Harmonia Mundi, 1995, pp. 19–24 (libreto de CD).

[2] María Pilar Aparici, «*Pepita Jiménez*, correspondencia Juan Valera – Isaac Albéniz (1895–1898)», en Enrique Franco (ed.), *Albéniz y su tiempo*, Madrid, Fundación Isaac Albéniz, 1990, pp. 81–100. Anteriormente publicado en *Boletín de la RAE*, LV.204 (1975), pp. 147–172.

música que Ud. habrá escrito. Inútil y cansado sería que siguiese yo discutiendo sobre si es o no a propósito el asunto del libreto...Además, como yo no soy infalible y como por cima [sic] de mi crítica está el gusto del público que desconozco, bien puede ser que el público guste del asunto y del libretto [sic], contra mi opinión.[3]

El temor de Valera por lo que consideraba la desvirtuación de su novela preferida cuando fuera convertida en ópera, es un tema recurrente que él mismo confiesa en repetidas ocasiones y en concreto, como hemos podido ver en esta carta, en su correspondencia con Albéniz. Sin embargo, a pesar de sus temores y razonamientos acerca de las pocas propiedades de su *Pepita* para el drama, Valera nunca se opondrá a ello, siempre con la esperanza de que la inspirada música del compositor la salvara de una simplificación. En opinión de Valera su obra quedaría mermada de sus valores literarios debido a la fina y elaborada evolución que los caracteres de los personajes sufren a lo largo de la novela, a través del género epistolar que la estructura.

Las dudas de Valera le llevan incluso a ofrecer al músico escribirle otro libreto, lo que Albéniz no puede aceptar debido a su contrato con Francis Monney-Coutts, banquero inglés con el que Albéniz había firmado el siguiente contrato: una pensión de 200 libras al mes a cambio de la partitura de tres óperas, cuyo libreto proporcionaría el propio Money-Coutts, siendo una de estas tres óperas *Pepita Jiménez*. Además, en dicho contrato se estipulaba que Albéniz le cedería la propiedad para todos los países de todas las obras musicales que escribiera durante este periodo, como bien nos documenta Gabriel Laplane.[4]

Hasta tal punto Valera está convencido del fracaso de *Pepita Jiménez* puesta en escena que le ofrece a Albéniz otras tres obras suyas que, según el escritor, podrían resultar musicalmente: *Lo mejor del tesoro, Asclepigenia* y *El maestro Raimundico*. Sobre todo insiste en la primera de ellas, mencionándosela en todas las cartas. En concreto en la fechada el 15 de marzo de 1898 opinaba que sería mejor poner música a su zarzuela *Lo mejor del tesoro*, escrita expresamente por encargo de Arrieta, «que con una música medianamente inspirada y puesta en escena con el aparato debido, produciría efectos extraordinarios y tendría cien representaciones seguidas en Barcelona y en Madrid otras tantas».[5] Pero Albéniz

---

3 María Pilar Aparici, «*Pepita Jiménez*, correspondencia Juan Valera – Isaac Albéniz (1895–1898)», p. 91.

4 Gabriel Laplane, *Albéniz, sa vie, son oeuvre*, Paris, Editions de Milieu du Monde, 1956, pp. 125–126. Cita tomada de Aparici, «*Pepita Jiménez*, correspondencia Juan Valera – Isaac Albéniz (1895–1898)», p. 84, n. 17.

5 María Pilar Aparici, «*Pepita Jiménez*, correspondencia Juan Valera – Isaac Albéniz (1895–1898)», p. 85.

nunca llegó a componer esta ópera, no se sabe si por encontrarla excesivamente larga, complicada y fantasiosa, o porque ni siquiera llegó a leerla.

2 Universalidad y difusión políglota de la obra de Valera: versiones y traducciones del libreto de *Pepita Jiménez*

La trayectoria que la obra de Valera sufrió a través de sucesivas versiones a diferentes lenguas y las variantes en su adaptación como texto a la escena lírica europea son tan numerosas, que aquí, por obvias razones de espacio, nos vemos obligados tan solo a resumir su recorrido. El texto narrativo de Valera en su adaptación a libreto operístico fue objeto de las siguientes versiones que enumeramos a continuación, partiendo de la primera original en inglés que no fue representada:[6]

0) Francis Burdet Money-Coutts. Versión para libreto de ópera del texto de la novela de Valera. *Inglés. No representada.*

   Francis Burdet Money-Coutts (1852–1923), lord inglés, poeta, banquero, admirador y patrocinador de Albéniz,[7] fue quien tuvo la idea original de convertir la novela de Valera en una ópera, adaptando su texto narrativo español a un libreto operístico en inglés. Todas las versiones posteriores de libretos serán a partir de este texto base en inglés, salvo la que, sesenta y ocho años después, escribirá Pablo Sorozábal, como veremos.

1) Barcelona, 5 de enero, 1896. Gran Teatro del Liceo. *Italiano.*

   Sir Francis no tuvo, sin embargo, la dicha de estrenar el libreto en su versión original inglesa por él escrita, pues tras sus intentos fallidos de su *premier* en el Coven Garden de Londres (hasta estuvo anunciada para junio de 1896), *Pepita Jiménez* se estrenó por vez primera en su historia en el Gran Teatro del Liceo de Barcelona en 1896 (5 de enero), traducida al italiano por Angelo Bignotti a partir de la obra escrita en inglés por él.

2) Praga, 22 de junio, 1897. Neues Deutscher Theater. *Alemán.*

   Al año siguiente, 1897, se estrenó en Praga en el Neues Deutscher Theater, el 22 de junio de 1897, en versión alemana del libreto de Oskar Berggruen.

---

6 Enumeramos por orden cronológico fecha, ciudad, teatro donde se representó, idioma en el que se realizó la versión y autor de la misma.

7 Jacinto Torres lo define como un «refinado poeta, leal amigo, ferviente admirador y generoso mecenas del compositor» («La producción escénica de Isaac Albéniz», p.197).

Dirigida por Frank Schalk, obtuvo un éxito tan rotundo que los autores tuvieron que salir a escena diez veces consecutivas. Este éxito se repitió en Barcelona como testimonian las cartas de Albéniz a su mujer Rosina Maya en las que se muestra entusiasmado como manifiestan sus palabras: «De todo lo que a mi memoria acude, el triunfo de Praga es la satisfacción más viva que en mi vida artística he tenido».[8]

3) Bruselas, 3 de enero de 1905. Teatro de la Monnaie. *Francés*.

En 1903, Albéniz retocó su partitura e intentó su estreno al año siguiente en el teatro de los Jardines del Buen Retiro de Madrid [actual Ayuntamiento], fracasado intento que sin embargo triunfó al año siguiente, el tres de enero de 1905, representándose en Bruselas, en el Teatro de la Monnaie, en versión francesa de Maurice Kufferrath, en esa nueva partitura orquestal que Albéniz había rehecho en 1903. Fue dirigida por Sylvain Dupuis. Otras tentativas de su representación que fracasaron fueron: en Frankfurt (sin corroborar) y en el Teatro Novedades de Barcelona en 1919 por iniciativa de Jaume Pahisa.[9]

4) París, 18 de junio de 1923. Teatro de l`Opera Comique. *Francés*.

El 18 de junio de 1923, ya muerto Albéniz, se representó en la Opèra Comique de París en versión francesa de Joseph de Marliave, con algunos cambios sobre el texto original inglés, entre ellos que la acción es trasladada al siglo XVIII.[10]

5) Barcelona, 14 de enero de 1926. Teatro del Liceo. *Italiano*.

El editor Max Eschig de París la publicó con una versión alternativa del libreto en italiano realizada por Carlo M. A. Galatieri versión que se representó en el Liceo de Barcelona el 14 de enero de 1926, con escenografía de Rafael Moragas y dirigida por José Sabater.

6) Madrid, 6 de junio de 1964. Teatro de la Zarzuela. *Castellano*.

Pablo Sorozábal escribe una nueva versión en castellano estrenada en el Teatro de la Zarzuela el 6 de junio de 1964, en la que reestructura libreto y partitura, cambiando el carácter de la obra en su totalidad.

---

8 Jacinto Torres, «El largo sueño de *Pepita Jiménez*», p. 20.
9 Jacinto Torres, «El largo sueño de *Pepita Jiménez*», p. 21.
10 Marliave, Joseph de (trad.), *Pepita Jiménez, comédie lyrique en 2 actes et 3 tableaux, d'après l'original anglais de F. B. Money-Coutts, trad. et adaptation française de J. de Marliave. Mus. de I. Albeniz*, Paris, Max Eschig, 1923. En la introducción a su traducción, Soler se pregunta si la causa de trasladar la acción argumental un siglo atrás fue quizá por el temor de llevar a escena el amor de un seminarista por la joven viuda, o por evitar un escándalo semejante al que había producido *La Traviata* (1853) al sacar a escena personajes de la vida real, con lenguaje y apariencia demasiado realistas (Josep Soler [trad. y ed.], *Pepita Jiménez. Comedia lírica en dos actos. Libreto de Francis B. Money-Coutts*, Madrid, Instituto Complutense de Ciencias Musicales, 1996, p. XII).

7) Barcelona, 11 de diciembre de 1994. Centre Cultural de la Fundació La Caixa. *Inglés.*

En 1994, (11–15, de diciembre) en el Centre Cultural de la Fundació La Caixa en Barcelona se estrena *Pepita Jiménez* «Suite de concierto», que será grabada por la Orquesta de Cambra, Teatre Lliure. La selección e instrumentación fue obra de Josep Soler y la orquesta fue dirigida por Josep Pons.[11] Josep Soler justifica haber conservado el idioma inglés «por respeto a las intenciones originales del compositor y como acto de agradecimiento al banquero F. B. Money-Coutts que encargó la obra y escribió su libreto».[12]

8) Madrid, 1996. Teatro de la Zarzuela. *Castellano.*

En 1996, Josep Soler de nuevo reorquestó la ópera y tradujo al castellano el libreto de Money-Coutts. Según Ruiz Tarazona «en una traducción que se adaptó fielmente a la música, labor acaso más ingrata debido al constante fluir de la misma, y trató de recuperar, a partir de una lengua tan diferente como la inglesa, las esencias andaluzas de Valera».[13]

El resumen cronológico de las representaciones y versiones en diferentes capitales y lenguas europeas a partir del libreto operístico original en inglés de Money-Coutts adaptación de la novela de Valera, según lo que llevamos expuesto, sería el siguiente:

1) 1896, Barcelona, *italiano*
2) 1897, Praga, *alemán*
3) 1905, Bruselas, *francés*
4) 1923, París, *francés*
5) 1926, Barcelona, *italiano*
6) 1964, Madrid, *español*
7) 1994, Barcelona, *inglés*
8) 1996, Madrid, *español*

---

11 José García Martín, «*Pepita Jiménez* en inglés», en *Scherzo*, 91 (1995), p. 15.

12 Josep Soler (trad. y ed.), *Pepita Jiménez. Comedia lírica en dos actos. Libreto de Francis B. Money-Coutts*, p. XXIII.

13 Andrés Ruiz Tarazona, «*Pepita Jiménez* de Isaac Albéniz. Libreto de Francis B. Money-Coutts. Edición, arreglo y traducción al castellano por Josep Soler», en *Programa*, Madrid, Consejería de Educación y Cultura, 1996, pp. 4–7. Esta es la versión editada por el Instituto Complutense de Ciencias Musicales en 1996 (véase la nota 11).

También hay que mencionar el proyecto, que no se llegó a realizar, de adaptar la obra de Valera a un libreto operístico en español, a partir de la obra teatral que Rivas Cherif (1891–1967) había hecho de la novela, refundiéndola en tres actos en 1929.[14]

2.1 Las partituras

Albéniz escribió dos partituras de orquesta para la ópera *Pepita Jiménez* que se hallan en la sección de música de la Biblioteca de Cataluña, y que según nos detalla José Soler, en su edición de 1996,[15] son las siguientes:

La primera partitura manuscrita (M 981), fechada en París en 1895, está subtitulada «Comedia lírica en 1 acto y dos cuadros». Con texto en inglés y con un final distinto del que luego se imprimirá como definitivo al año siguiente, en 1896 en Leipzig. El libreto de la primera versión de 1895 se publicó por separado en Barcelona por Juan Bautista Pujol, en su estructura original en un acto y dos escenas.

La segunda partitura (M 982) es una edición autografiada realizada en los talleres de París de H. Lard Esnault. Ed. Bellamys, Breitkopf & Hartel à Leipzig. Esta subtitulada en francés: «Comédie lyrique en 2 Actes eu trois Tableaux. Tirée de la nouvelle de Juan Valera. Seconde version orchestrale faite a Nice Juin de 1903». El texto original sigue siendo el inglés de Francis Money- Couts. Esta ópera fue la que se estrenó en el Gran Teatro del Liceo el 5 de enero de 1896 traducida al italiano por Angelo Bignotti.

2.2 Los libretos y sus ediciones

Los cinco primeros libretos de Pepita Jiménez fueron estudiados por M. Pilar Aparici, en su artículo ya citado, en sus respectivas representaciones de la ópera, desde la que inicia la primera del Liceo en 1896, hasta la versión de Sorozábal que era la última cuando ella realizó su investigación y publicó el artículo en 1975, después reeditado de nuevo por la Fundación Albéniz en 1990.[16] Ya el mismo Sorozábal nos explicó la intención y las claves las claves de su nueva versión de la

---

14 Cipriano Rivas Cherif, *Pepita Jiménez. Novela famosa de don Juan Valera, refundida en tres actos de teatro*, Madrid, Prensa Moderna, 1929.

15 Josep Soler (trad. y ed.), *Pepita Jiménez. Comedia lírica en dos actos. Libreto de Francis B. Money-Coutts*, pp. XIII-XIV.

16 María Pilar Aparici, «*Pepita Jiménez*, correspondencia Juan Valera – Isaac Albéniz (1895–1898)», p. 85.

ópera, en todos los aspectos: en su concepción teatral, ya que había que dar más lógica al juego escénico, y en relación al texto, sobre el que pensó que no valdría una mera traducción del inglés, pues en su opinión «se imponía una adaptación libre, aplicada al resultado de la modificación de las voces».[17]

Como bien dice M. Pilar Aparici, estudiosa de los seis primeros libretos de *Pepita Jiménez*, todos ellos toman como base el texto original en inglés de Francis Money-Coutts en el que introducen algunas variantes.[18] Resumimos a continuación el resultado de su análisis comparativo entre dichas versiones y la novela de Valera.

Money-Coutts, en la primera edición estrenada en el Liceo de Barcelona de 1896,[19] estructura su libreto en dos actos: El primero transcurre en el jardín de la casa de Pepita y cuyas secuencias son las siguientes: Pepita habla con el vicario, Don Luis se despide de Pepita, pero Antoñona consigue arrancarle la promesa de una última despedida. Don Luis desafía al conde de Genazahar. El segundo acto transcurre en dos espacios: el jardín de Pepita y las habitaciones de ésta. Contrasta la alegría general de la fiesta de la Cruz (cantos, bailes) y la tristeza de Pepita. Despedida de Don Luis en la que expone sus dudas. Pepita le confiesa su desesperación ofreciéndole su propia vida y encerrándose en su habitación dispuesta a morir. Don Luis consigue entrar y la encuentra desmayada. Alegría final de Antoñona.

Monney-Coutts, como buen conocedor del género operístico, y ante la general falta de acción de la novela valeriana, parte del final de ésta, suprime todas las cartas de Luis de Vargas a su tío el dean, que nos dejan ver la transformación del joven y su progresivo y tan irremediable como involuntario enamoramiento por la joven viuda. Además inventa tres secuencias respecto a la novela: 1) Antoñona comunica a Don Pedro el amor de Pepita por Don Luis. En la novela es Don Luis quien comunica a su padre el enamoramiento, aunque Don Pedro lo sabía antes por las cartas de su hermano el Deán. 2) El conde de Genazahar asiste e interviene

---

17 Pablo Sorozábal, «*Pepita Jiménez*. Ópera en tres actos de Isaac Albéniz. Libro de F.B. Money Coutts, inspirado en una novela de Juan Valera. Nueva versión, letra en español, reestructuración del libreto y de la partitura, original de P. Sorozábal», Madrid, Teatro de la Zarzuela, 1964. En el contexto del I Festival de la Ópera en Madrid, 10 mayo a 11 de junio de 1964.

18 Los libretos analizados por Aparici son: el de Francis B. Money-Coutts de 1896, la versión francesa con variantes de Maurice Kufferath de 1905, dos versiones de 1923, la versión italiana de Carlo Galateri y la francesa de Marliave, que son todos, con alguna variante, la primitiva versión del libreto original de Money-Coutts, frente a la versión de Sorozábal, cuyo final trágico cambia por completo la semántica de la obra de Valera con el suicidio de Pepita.

19 Money-Coutts, Francis B., *Pepita Jiménez A Lyric Comedy in Two Acts and Three Tableaux (from the Novel by Juan Valera). Music by I. Albéniz. Vocal Score by the Composer*, Leipzig/Brusels/London/New York, Breitkopf & Hartel, 1896.

en la tertulia de Pepita, cuando en la novela solo aparece en el casino. Por último, 3) se desdobla la visita del adiós de Don Luis en dos escenas.

El libreto, como muy bien analiza Laplane, parte de la crisis que va a provocar el drama.[20] Sin detenernos más a fondo en los cambios que Money-Coutts realiza respecto de la novela, solo resumiré los tres fundamentales: esquematización de los personajes, alteración del orden de ciertas escenas, a la par que su desdoblamiento o sintetización. La vida interior y la evolución psicológica de los personajes queda desdibujada en pro de su acción. El más respetado es el de la protagonista, el del joven seminarista queda desdibujado, y el de Antoñona, totalmente transformado, pues de su categoría humana e inteligencia natural en su primitivismo, pasa a ser en palabras de Aparicia «una vulgar tercera en amores».[21]

2.3 Traducción al castellano del texto de Money-Coutts hecha por Josep Soler

Llegamos, tras este largo peregrinaje de versiones en diferentes lenguas y estrenos por toda Europa, a las dos últimas versiones, la de Sorozábal y la de Soler que junto con la original inglesa de Money-Coutts, son las tres que me interesa comparar.

Treinta y dos años median entre la última edición de partitura y libreto realizada por Josep Soler en 1996 desde la versión de Sorozábal en 1964 y un siglo después del estreno de la ópera en el Liceo de Barcelona. La traducción al castellano que Josep Soler realizó en 1996 partiendo del texto de Money-Coutts no ha sido estudiada en sí misma, ni comparativamente con la otra versión española, la de Sorozábal, y es el punto de donde parto en este trabajo.[22]

Transcribo la última escena en las tres versiones, la original en inglés de Money-Coutts (1896), la traducción al castellano realizada por José Soler (1996),[23] y la versión de Sorozábal (1964). A partir del siguiente esquema, vemos las

---

20 Gabriel Laplane, *Albeniz, sa vie, son oeuvre*.

21 María Pilar Aparici, «*Pepita Jiménez*, correspondencia Juan Valera – Isaac Albéniz (1895–1898)», p. 98.

22 Josep Soler (trad. y ed.), *Pepita Jiménez. Comedia lírica en dos actos. Libreto de Francis B. Money-Coutts*, pp. XI-XIV.

23 Ante mi sorpresa, esta edición del Instituto Complutense de Ciencias Musicales no viene acompañada del texto, el cual he tenido que entresacar de los pentagramas, ya que el libreto no ha sido añadido tras la partitura, como suele ocurrir en estas ediciones, y no he encontrado esta traducción editada como texto, sin la música.

diversas posibilidades de la traducción respecto a la versión original inglesa, a la vez que la diferencia total en el resultado de su dramatización debido al desenlace final trágico en la versión de Sorozábal.

MONEY-COUTTS (1896)	JOSEP SOLER (1996)	SOROZÁBAL (1964)
(He is about to rush out, Pepita stops him)		
PEPITA:	PEPITA:	PEPITA:
Not yet! Your great endeavour Deserves a finer ending!	¡Espera, espera! ¡Falta el final!	¡No, espera. no huyas como un cobarde! No te irás tú solo, te llevarás mi alma y mi vida! ¿Tu vida?... Sí, mi alma y mi vida son para ti. *(Se dirige al secreter y saca de un cajón un frasquito de veneno que lo guarda en su mano, luego se sienta en el diván)* *(Luis apartado, de espaldas a ella ni la mira tan siquiera)* Ya todo se acabó Sin ti no puedo vivir. ¡no puedo, no, Luis! Adiós amor de un día... marchito ya al nacer, se va con él mi vida, mi alma de mujer *(Luis cree que todo es una farsa)*
LUIS:	LUIS:	LUIS:
What mean you?	¿Qué dices?	¡Basta de bromas, Pepita, por favor!
PEPITA:	PEPITA:	PEPITA:
Far ascending Your temple needs, far coping my death!	¡Ahora necesitas como ofrenda mi muerte!	Adiós, mi amor... *(Toma el veneno)* Solo te pido, Luis, que cuando reces... reces también por mí, Por mi salvación... Adiós... amor...mi amor.. *(Se le cae el frasquito de la mano. Se pone en pie e intenta acercarse a Luis. Da unos pasos pero cae al suelo)*

LUIS:
Your death!

LUIS:
¿Tu muerte?

LUIS:
¡Pepita! ¡Qué pasa!
Por Dios, ¡levántate!
(*Corre en su auxilio, le pasa su
brazo izquierdo por debajo de la
espalda y con la mano derecha
acaricia su cara y
trata de reanimarla*)
Pepita, ¿por qué callas?
(*Desesperado*)
Contesta, Pepita, por Dios.
Despierta, oye mi voz.
Escucha: te quiero
Y te pido perdón
¿Me oyes?...

PEPITA:
Ah yes! You need it!
'This what you're
really hoping!
And gladly I concede it!
Go! bear my latest breath
M My broken heart to God!
T The trophy of your fight,
The witness of your might,
To count against the side
Where He has summed your
pride!

PEPITA:
¡Sí! ¡Mi muerte! Es lo
que necesitas...y yo te la
concedo ¡Adiós, de tu
victoria sé orgulloso
y de mi pobre amor! ¿Qué
importa mi dolor a tu gran
orgullo?

PEPITA:
Sí...pero estás tan lejos.
(*Con voz muy débil*)

LUIS:
Now God forbid!

LUIS:
¡Dios mío!

LUIS:
No, mi vida
(*Dulce*)
Estoy junto a ti

PEPITA:
Farewell for ever!
And when 1 lie beneath
the sod God grant that no
distress offray
Your conscience for the soul
you slay!
(*She moves to the inner door*)
LUIS: (*Following*)
Pepita!

PEPITA:
¡Adiós, para siempre
adiós! y [sic] cuando
duerma en la tierra,
resta sin
remordimiento...si
puedes olvidar mi muerte...
LUIS:
¡Pepita!

PEPITA:
Junto a mí...
(*Abre los ojos pero su mirada es
vaga, imprecisa*)
No te veo
¿Y me quieres?
LUIS:
Sí

PEPITA:
Farewell far ever!
*(She goes out violently ond
shuts the door and focks it)*
And when I lie beneath
the sod,
God grant that no distress
affray
Your conscience for
the soul you slay!
*(She moves to
the inner door)*

LUIS:
Pepita! Pepita! Pardon! Oh
pardon!
I am yours! I am yours! Pepita!
Open the door! No use to coll
She will come never more!
My God!what wos
that ? -A foil?
(Beating furiously al the door}
Pepita! Pepita! Pepita!
*(The door bursts open. The
room within is seen in full light.
Luis catches Pepita in his arms
with a cry. She remains nearly
fainting)*

PEPITA: *(At the door)*
Adiós, adiós, para
siempre

*Traducción
alternativa de Isabel
Cervelló (1994):
¡Adiós para siempre!
¡Y cuando yo yazca bajo la
hierba Dios consienta que
ninguna duda atormente
vuestra conciencia por el
alma que matáis!
*(Se dirige hacia la puerta
que conduce al interior)*

LUIS: *(Tras ella)*
¡Pepita!

PEPITA:
¡Adiós!, ¡Adiós para
siempre!
LUIS:
¡Pepita, perdón, te quiero,
Pepita, perdóname, soy
siempre tuyo, para siempre,
para siempre!
ANTOÑONA: *(Enters by other
door)*
¡Dios mío ¡Qué es...? ¡ha
caído...! ¡Pepita!
*(Beating furiously at the
door)*
¡Pepita! ¡Pepita!

PEPITA:
No es posible...
Es un sueño...
También se sueña al morir...

LUIS:
No, Pepita.
No sueñas.

PEPITA:
¡Me quieres!...

ANTOÑONA:
(A sight for sore eyes)
Alegría, alegría para mis
ojos! ¡Oh Tona, fuiste
profeta!
LUIS:
¡Pepita! ¡Pepita!¡Perdón,
oh, perdón!
¡Soy vuestro! ¡Soy vuestro!
¡Pepita! ¡Abrid la puerta!
No hace falta que la llame
Jamás volverá.
*(Escuchando a través de la
puerta)*
Dios mío ¿Qué es esto?
¡Alguien cae!
*(Golpeando furiosamente la
puerta)*
¡Pepita! ¡Pepita! ¡Pepita!
*(La puerta se abre de
golpe. Luis coge a Pepita
entre sus brazos llorando.
Ella está a punto de des
mayarse).*

¡Luis! ¡Luis!
*(Con un soplo de voz. en el
momento indicado en la partitura
expira).*
(Telón lento)

3 La transformación de un texto literario: de novela a libreto operístico

Llama la atención, como se puede observar en el esquema anterior, la calidad literaria de la traducción que hace Isabel Cervelló de la suite orquestada por Soler y estrenada en Barcelona en diciembre de 1994. Esta versión en castellano, si bien es cierto que se trata tan solo de unos fragmentos (ya que la *suite* no es la ópera completa, sino una síntesis antológica) dista mucho de la escasamente literaria traducción que acompaña a la edición crítica de su versión completa al español de toda la ópera realizada en 1996. Queda el interrogante de saber qué pasa con la traducción definitiva del texto de la ópera original de Money-Coutts hecha por Soler. Por qué en un anticipo del trabajo de Soler está magníficamente traducida literariamente, y después queda una traducción tan empobrecida, al menos la que he podido entresacar de la partitura. La versión de Sorozábal sin embargo, a quien tanto se criticó la desvirtuación de la obra de Valera, cuida minuciosamente el libreto.

Del estudio comparativo de las dos versiones en español (Sorozábal y Soler) que tenemos hasta la fecha se deduce el diverso significado que adquiere la obra de Valera según el diferente final que cada autor le confiere. La semántica de la obra difiere radicalmente por el cambio de género: de comedia lírica en dos actos en el texto de Money-Coutts, más fiel a la obra valeriana, a tragedia lírica en tres actos en la versión de Sorozábal. El texto de Sorozábal, independientemente de su valor en armonía con la transformación de la partitura que el compositor llevó a cabo, se aleja de la obra literaria. Por otra parte, sería muy deseable que la traducción al español de la versión de Soler se acercara más a lo literario, como la que dos años antes se imprimió con motivo de la grabación del mismo Soler, de manera antológica, en lo que se llamó «Sinfonía».

A más de un siglo de distancia, nos podemos plantear la misma duda que vaticinó el insigne escritor en una de sus cartas con el fino humor que le caracterizaba: «poco quedará de la novela, por lo que hubiera dado igual llamarla *Pepita Jiménez* o *Ramona González*».[24] ¿Se cumplió el temor de Valera acerca de lo que ocurriría en la posteridad con su obra al ser reconvertida a libreto operístico?

Obras citadas

Aparici, M. Pilar, «*Pepita Jiménez*, correspondencia Juan Valera – Isaac Albéniz (1895–1898)», en Enrique Franco (ed.), *Albéniz y su tiempo*, Madrid, Fundación Isaac Albéniz, 1990, pp. 81–100.

—, «*Pepita Jiménez*, correspondencia Juan Valera – Isaac Albéniz (1895–1898)», en *Boletín de la RAE*, LV.204 (1975), pp. 147–172.

García Martín, José, «*Pepita Jiménez* en inglés», en *Scherzo*, 91 (1995), p. 15.

Laplane, Gabriel, *Albeniz, sa vie, son oeuvre*, Paris, Éditions du milieu du Monde, 1956.

Marliave, Joseph de (trad.), *Pepita Jiménez, comédie lyrique en 2 actes et 3 tableaux, d'après l'original anglais de F. B. Money-Coutts, trad. et adaptation française de J. de Marliave. Mus. de I. Albeniz*, Paris, Max Eschig, 1923.

Money-Coutts, Francis, *Pepita Jiménez A Lyric Comedy in Two Acts and Three Tableaux (from the Novel by Juan Valera). Music by I. Albéniz. Vocal score by the composer*, Leipzig/Brusels/London/New York, Breitkopf & Hartel, 1896.

Rivas Cherif, Cipriano, *Pepita Jiménez. Novela famosa de don Juan Valera, refundida en tres actos de teatro*, Madrid, Prensa Moderna, 1929.

Ruiz Tarazona, Andrés, «*Pepita Jiménez* de Isaac Albéniz. Libreto de Francis B. Money-Coutts. Edición, arreglo y traducción al castellano por Josep Soler», en *Programa*, Madrid, Consejería de Educación y Cultura, 1996, pp. 4–7.

Soler, Josep (trad. y ed.), *Pepita Jiménez. Comedia lírica en dos actos. Libreto de Francis B. Money-Coutts*, Madrid, Instituto Complutense de Ciencias Musicales, 1996.

---

24 María Pilar Aparici, «*Pepita Jiménez*, correspondencia Juan Valera – Isaac Albéniz (1895–1898)», p. 98.

Sorozábal, Pablo, «*Pepita Jiménez*. Ópera en tres actos de Isaac Albéniz. Libro de F.B. Money-Coutts, inspirado en una novela de Juan Valera. Nueva versión, letra en español, reestructuración del libreto y de la partitura, original de P. Sorozábal», Madrid, Teatro de la Zarzuela, 1964.

Torres, Jacinto, «El largo sueño de *Pepita Jiménez*», en *Pepita Jiménez*: *Suite de concert en deux actes et trois tableaux*, Teatre Lliure, Orquesta de Cambra (int.) y Josep Pons (dir.), Harmonia Mundi, 1995, pp. 19–24 (libreto de CD).

—, «La producción escénica de Isaac Albéniz», en *Actas del III Congreso Nacional de Musicología (Granada, 1990)*, número monográfico de la *Revista de Musicología*, XI.1–2 (1991), pp. 167–212.

Valera, Juan, *Pepita Jiménez*, Madrid, Fernando Fe, 1884.

—, *Pepita Jiménez*, Madrid, Imprenta de J. Noguera, 1874.

Yusta, Manuel, «Estreno de *Pepita Jiménez* de Albéniz-Sorozábal» en *Revista Aulas*, Madrid, Educación y Cultura, n° 16, junio, 1964, p.11.

María Luisa Guardiola Tey

Autodeterminación y modificación de arquetipos femeninos decimonónicos en la esfera laboral: la obrera frente a la pequeña empresaria

Resumen: El ensayo presenta dos arquetipos femeninos decimonónicos dentro del mundo del trabajo, aparentemente opuestos, pero entrelazados por el ímpetu reformador al cuestionar el modelo tradicional de feminidad en el ámbito laboral. Los modelos son la obrera de la fábrica de tabacos de la novela de Emilia Pardo Bazán, *La Tribuna* (1883), y la pequeña empresaria de *La Fabricanta*, escrita por Dolors Monserdà de Macià en 1904. Las cuestiones de clase y género se estudiarán como elementos fundamentales en la representación cultural del trabajo femenino. Las escritoras de estas novelas de finales del siglo diecinueve y principios del veinte son conscientes de la desigualdad de género marcada por los modelos establecidos de feminidad y masculinidad. A través de las acciones de las respectivas protagonistas en el mundo del trabajo remunerado, símbolo del acceso de la mujer a la esfera pública y equivalente del progreso social, se observa una reivindicación parcial de la autodeterminación femenina como ejemplo del feminismo incipiente a finales del siglo diecinueve.

Palabras clave: Arquetipos femeninos decimonónicos, obrera, empresaria, *La Tribuna*, *La Fabricanta*, Emilia Pardo Bazán, Dolors Monserdà de Macià

En este ensayo se estudiarán dos arquetipos femeninos decimonónicos dentro del mundo del trabajo, aparentemente opuestos, pero entrelazados por el ímpetu reformador al cuestionar el modelo tradicional de feminidad en el ámbito laboral. Ambos arquetipos se hallan en dos novelas de finales del siglo diecinueve y principios del veinte respectivamente. Uno y otro personaje desempeñan un oficio, actividad mal considerada dentro de las coordenadas del pensamiento burgués de finales de siglo, en el que se percibía una gran ansiedad ante los conflictos en el mundo obrero y las corrientes de emancipación de la mujer.

El discurso misógino decimonónico surge de las ideas de pensadores como Kant, Rousseau y otros que justifican los estereotipos contra la mujer, a quien consideran como un ser inmoral por naturaleza que debe ser sometido dentro

---

María Luisa Guardiola Tey, Swarthmore College

https://doi.org/10.1515/9783110450828-050

del espacio privado. Esta idea de la mujer doméstica, dominante en el imaginario social decimonónico, negaba la entrada de la mujer al mundo laboral, sin embargo, contradecía la realidad de las obreras en las fábricas y talleres donde la presencia femenina, especialmente en la industria del tabaco y del textil – entorno laboral de las protagonistas de nuestro estudio–era mayoritaria. A pesar de esta realidad evidente, tal como demuestran las estadísticas de las fábricas del momento, había una gran hostilidad hacia las tareas retribuidas de la mujer, consideradas antisociales, sin diferenciar clases sociales, y una amenaza al juzgarse el trabajo remunerado como parcela de la esfera pública.[1] La mujer trabajadora que percibía un salario por sus labores era enjuiciada como un ser indecente; el desdén hacia las mismas se advierte tanto entre los obreros de las fábricas como entre los empresarios burgueses y pequeño-burgueses. De ello resulta la invisibilidad del trabajo de la mujer, tanto en el trabajo doméstico como en el que percibe una retribución. A pesar de esto, la aportación laboral de la mujer es esencial para el progreso y el desarrollo de la sociedad moderna, especialmente en el ámbito económico e industrial, aunque «apenas ha dejado marca en nuestro imaginario colectivo» según Mary Nash.[2] El arquetipo de mujer doméstica, o «ángel del hogar», ha repercutido negativamente en la trayectoria hacia la actividad laboral femenina fuera del hogar. La desigualdad sexual viene marcada por estos modelos de feminidad y masculinidad, surgidos a principios del siglo diecinueve paralelos al auge de la nueva sociedad industrial.[3] Según éstos, la mujer era distinta al hombre y no pertenecía a la esfera pública, que es el espacio del trabajo remunerado. Estas desigualdades iniciales condicionaron la situación de la mujer en el mundo laboral desde el principio, causando un trato diferenciado hacia ella. Una de las formas de mantener las categorías de género es a través de la persistencia de los arquetipos. Mary Nash los describe en clave de género:

> [...] el arquetipo masculino reúne las características que lo sitúan en una posición de poder: el hombre es un ser público, trabajador, ciudadano, cabeza de familia e individuo superior; se constituye como único sustento económico de la familia por lo cual el trabajo asalariado le pertenece a él. Por su lado, el arquetipo femenino responde a las pautas del «ángel del hogar» o la «perfecta casada», relegada al ámbito doméstico, en el que cumplirá su destino natural y religioso como madre y esposa, dedicándose a la casa y a la familia bajo la tutela

---

1 Ana María Aguado (coord.), *Textos para la historia de las mujeres en España*, Madrid, Cátedra, 1994, p. 323.
2 Mary Nash, *Trabajadoras: un siglo de trabajo femenino en Cataluña (1900–2000)*, Barcelona, Departament de Treball/Unió Europea, Fons Social Europeu, 2010, p. 15
3 Mary Nash, *Trabajadoras: un siglo de trabajo femenino en Cataluña (1900–2000)*, p. 16.

del marido. La división sexual del trabajo era incuestionable, como también lo eran la jerarquía patriarcal y la domesticidad femenina.[4]

El trabajo asalariado femenino no se tiene en cuenta dentro del ideario de domesticidad femenina del siglo diecinueve. La mujer estaba subordinada al hombre y se la excluía de los derechos básicos en una sociedad liberal: libertad, igualdad y ciudadanía.[5] A pesar de las dificultades, la mujer luchará por participar en todas las facetas de la vida común como ciudadana con plenos derechos. Rosa María Capel Martínez señala los dos objetivos principales de tal lucha: el acceso a la educación igualitaria a la del hombre, tanto en nivel como en contenido, y la incorporación al mundo del trabajo asalariado, dentro del sector público.[6]

Los personajes femeninos de las dos novelas que nos ocupan romperán el arquetipo hasta cierto punto, tambaleando de esta manera la estructura de género del momento. El desafío al discurso prevalente resulta en una actuación propia, autodeterminante, que presenta un discurso alternativo. Los dos modelos son: la obrera de la fábrica de tabacos de *La Tribuna* (1883) de Emilia Pardo Bazán, y la pequeña empresaria de *La Fabricanta* (1904) de Dolors Monserdà de Macià. Tanto una como otra actúan de forma independiente, dentro de sus posibilidades en un ambiente patriarcal; no obstante, la situación es contrapuesta en ambas novelas. La protagonista de *La Tribuna*, Amparo, mujer obrera de gran belleza, es seducida por un señorito burgués, acción que provisionalmente tendrá consecuencias negativas en su situación laboral, pero que por último la beneficiará en el desarrollo de su propia autodeterminación. Antonieta Corominas, la Fabricanta, es un personaje aparentemente antitético. Mujer de la pequeña burguesía barcelonesa, poco atractiva, decide casarse con un obrero de la industria del textil, acción que la deshereda, dada la humillación familiar al contraer matrimonio por debajo de su clase social. Sin embargo, la iniciativa y autonomía que le confiere a esta mujer el alejamiento, si bien pasajero, del ambiente burgués, deteriorado por los efectos de la industrialización y el capitalismo, le producirá grandes beneficios en el terreno laboral, convirtiéndose en pequeña empresaria. Tanto en una como en otra novela, las tendencias de la burguesía hacia la indolencia, más propia de la aristocracia, se representan de forma negativa ante el aumento de las actividades

---

4 Mary Nash, *Trabajadoras: un siglo de trabajo femenino en Cataluña (1900–2000)*, pp. 16–17.
5 Ana María Aguado (coord.), *Textos para la historia de las mujeres en España*, p.321.
6 Rosa María Capel Martínez, «Life and Work in the Tobacco Factories: Female Industrial Workers in the Early Twentieth Century», en Victoria Lorée Enders y Pamela Beth Radcliff (eds.), *Constructing Spanish Womanhood. Female Identity in Modern Spain*, Albany, State University of New York Press, 1999, p. 131.

especulativas, tanto en bolsa como en bienes raíces, en detrimento del empuje y espíritu emprendedor iniciales en la segunda mitad del siglo diecinueve.

La cuestión de clase constituye el núcleo de la representación cultural del trabajo femenino a finales del siglo dienueve. La cita de Catherine Jagoe es pertinente:

> Las contradicciones de la ideología de género victoriana se pueden ver en las nociones de clase donde se hallan establecidas, ya que, aunque sus promotores adoptaron un lenguaje en el que la mujer y el eterno femenino se colocaban como entidades universales, atemporales y no pertenecientes a ninguna clase en particular, atribuyeron la cualidad fundamental del ángel [...] solo a la clase media.[7]

En las novelas de Pardo Bazán y Monserdà de Macià se observa lo que Ana María Aguado comenta en referencia al feminismo obrero en el que la «variable "clase" se superpone a la variable "género"».[8] La obrera, protagonista de la novela de Pardo Bazán, se representa como un ser altamente sensual a los ojos del varón, el cual siente un gran atractivo por la belleza y exotismo de la joven, considerada como mujer promiscua, de pasión descontrolada y, por lo tanto, pecadora. Por su lado, Antonieta, la Fabricanta, mujer de clase media, se ajustará al modelo del discurso que entorpecía cualquier deseo sexual de la mujer burguesa, dentro del paradigma del «ángel del hogar». Ya desde el prólogo de *La Tribuna*, la autora gallega desmiente la percepción negativa de la mujer del pueblo como promiscua al descubrir las cualidades y virtudes del pueblo como: «el calor de corazón, la generosidad viva, la caridad inagotable y fácil, la religiosidad entera».[9] Por su lado, la autora catalana destaca y admira el esfuerzo de las mujeres que plantaron las raíces de la industria textil, tan importante en la Barcelona de finales de siglo. Ambas autoras intentarán reconfigurar los arquetipos de género establecidos a partir del Romanticismo con el advenimiento del pensamiento liberal burgués. A este efecto, el estilo literario de las respectivas novelas muestra el contraste entre ambas: *La Tribuna* es una obra naturalista, *La Fabricanta*, descrita por su autora como «novela, narración, conjunto de cuadros en los que se presenta un trazado de intimidades domésticas»,[10] es una novela costumbrista

---

7 «The contradictions of Victorian gender ideology can be seen also in the notions of class on which it rested, for although its promoters adopted a language which posited woman and the eternal feminine as a universal, timeless, classless entity, they attributed the fundamental quality of the angel, namely her asexual purity, only to the middle class» (Catherine Jagoe, *Ambiguous Angels*, Berkeley, University of California Press, 1994, p.40, la traducción es mía).

8 Ana María Aguado (coord.), *Textos para la historia de las mujeres en España*, p. 324.

9 Emilia Pardo Bazán, *La Tribuna*, Benito Varela Jácome (ed.), Madrid, Cátedra, 2006, p. 58.

10 Dolors Monserdà de Macià, *La Fabricanta*, M. Carmen Mas i Morillas (ed.), Barcelona, Horsori, 2008, p. 59.

que aparentemente refleja la postura conservadora de Monserdà de Macià. A primera vista, la narración se presenta como un recuerdo nostálgico de la Barcelona que ya dejó de existir tras el derribo de las murallas y la expansión de la ciudad en la zona del Eixample. No obstante, una lectura detallada demuestra que la fragmentación estructural de la novela es un símbolo de apertura a nuevas posibilidades.

A pesar del trato contrapuesto de la mujer trabajadora en una y otra obra, hay una serie de coincidencias en la postura auto determinante de cada personaje y un acercamiento feminista, si bien de diferente cariz, para reivindicar el acceso de la mujer al mundo del trabajo remunerado como derecho básico de ciudadana en la nueva sociedad liberal decimonónica. El papel de los personajes del pueblo es fundamental, tanto en una como en otra novela, por las cualidades de espontaneidad y tesón en el trabajo que los caracterizan, sobreponiéndose la cuestión de clase a la de género.

En el caso de *La Tribuna*, la emancipación se produce de manera espontánea debido a la necesidad. Las palabras de Pardo Bazán ratifican esto: «El pobre hogar de la mísera aldeana, [...] casi siempre está sólo. A su dueña la emancipó una emancipadora eterna [...]: la necesidad».[11] Por su lado, Antonieta, la protagonista de *La Fabricanta*, se alejará temporalmente del ambiente burgués, casándose con un obrero, para iniciar su propia labor emprendedora con dos telares antiguos que se llevó de su casa tras ser desheredada, rechazando así las normas de género para una mujer de clase media y estableciéndose por su cuenta con su nuevo marido, un trabajador de la industria de la seda.

La representación del pueblo es fundamental para la emancipación de la mujer. Emilia Pardo Bazán alaba la espontaneidad de la hija del pueblo a la hora de ganarse la vida por medio de su trabajo, en contraste con la señorita burguesa, que depende de conseguir un buen marido o del amparo de un hermano para su manutención:

> La hija del pueblo, chiquita aún, aprende ya a agenciarse el pedazo de pan haciendo recados, sirviendo, cosiendo, en la fábrica de tejidos, en la de cigarros [...] De aquí se origina en la burguesa mayor dependencia, menos originalidad y espontaneidad. La mujer del pueblo será una personalidad ordinaria, pero es mucho más persona que la burguesa.[12]

Siguiendo con el tema de la desigualdad, ambas novelas incluyen la cuestión de la discrepancia en la educación entre ambos géneros. La falta de instrucción es

---

11 Emilia Pardo Bazán, *La mujer española y otros artículos feministas,* Madrid, Editoral Nacional, 1976, p. 70.
12 Emilia Pardo Bazán, *La mujer española y otros artículos feministas*, pp. 49–50.

dominio del sexo femenino en general, si bien la ignorancia obviamente es más grave en el caso de las mujeres obreras. Amparo, la joven cigarrera, sabe leer, aunque de manera superficial; sobresale entre sus compañeras de trabajo y consigue el ascenso a un nivel superior como lectora en la fábrica. Por su lado, Antonieta, educada gratuitamente por las monjas de la enseñanza en cuyos centros había poquísimos libros, algo habitual en todos los colegios de niñas, disponía de una instrucción que se resumía en un revoltijo de reglas de ortografía para poder escribir alguna carta en caso de necesidad. Con todo, esta mujer modesta destacaba en el campo de la aritmética, habiendo ganado algunos premios por su natural disposición en este campo. La falta de instrucción formal perjudica a las dos mujeres en el mundo laboral.[13] Emilia Pardo Bazán comenta el propósito de sumisión de la deficiente educación de la mujer: «[que] No puede, en rigor, [...] llamarse tal *educación* sino *doma*».[14]

El acceso de la mujer al mundo del trabajo asalariado, refleja el progreso, o falta del mismo, hacia una sociedad moderna, donde el individuo tiene su propia independencia. En *La Tribuna* (1883) se trata por primera vez el problema de la mujer obrera en el siglo diecinueve. La novela se sitúa en un espacio y tiempo concretos, Marineda, la fantápolis de una ciudad industrial gallega desde el estallido de la Gloriosa, o revolución de septiembre de 1868, hasta la primera República en febrero de 1873. El emplazamiento urbano es fundamental en pleno desarrollo industrial. Amparo, la protagonista joven obrera entra a trabajar en la fábrica de tabacos a los 14 años; su madre había trabajado en la fábrica como cigarrera, lo cual presuponía su preparación profesional para tal labor dándole prioridad ante otras candidatas.[15] Esta prioridad obedece a la tradición artesanal, pre-industrial, de la producción de tabaco, como nos dice Baena Luque.[16] También se necesitaba una recomendación, la cual proveyó Borrén, el alférez amigo de Baltasar Sobrado, el señorito burgués, futuro amante de la joven. Esta recomendación enlaza con la idea del traspaso de la tutela y el control sobre la mujer, propios de la consolidación del concepto de propiedad privada que conlleva la transición

---

13 Emilia Pardo Bazán señala el efecto nocivo del sistema educativo desigual para ambos géneros: «Este sistema educativo, donde predominan las medias tintas, y donde se evita como un sacrilegio el ahondar y el consolidar, da el resultado inevitable; limita a la mujer, la estrecha y reduce, haciéndola más pequeña aún que el tamaño natural, y manteniéndola en eterna infancia» (*La mujer española y otros artículos feministas*, p. 51).

14 Emilia Pardo Bazán, «Congreso Pedagógico, 1892», en Ana María Aguado (coord.), *Textos para la historia de las mujeres en España*, p. 343.

15 Rosa María Capel Martínez, «Life and Work in the Tobacco Factories: Female Industrial Workers in the Early Twentieth Century», p. 136.

16 Cito por Rosa María Capel Martínez, «Life and Work in the Tobacco Factories: Female Industrial Workers in the Early Twentieth Century», p. 135.

al capitalismo y que mantiene a la mujer como eterna menor.[17] En el caso de *La Fabricanta*, la dote, que según Nash, formaliza la «compensación económica a cambio de la nueva tutela ejercida por el marido sobre la esposa»,[18] le es negada a Antonieta por su hermano porque cree que el matrimonio de su hermana con un trabajador rebaja la posición de su familia y, lo que es peor, que su novio no la quería por sus cualidades, sino por lo que aportaría al matrimonio. El parlamento de la joven ante la negativa de su hermano muestra la fuerza y valentía de esta mujer, modelo a seguir por otras mujeres que se hallaban en la misma posición de dependencia. Antonieta subvierte el discurso de poder que la clasifica dentro de una posición genérica determinada.

> M'has negat lo teu consentiment per a fer un matrimoni, pel que no hi tenies cap motiu fundat per a oposar-t'hi; t'has excusat de donar-me un dot que en consciencia em perteneixia [...] no he volgut insistir en una demanda [...] pero t'aviso que estic resolta a no sortir de casa com a borda, i que, per lo tant, me n'enduré les dues calaixeres de la mare i alguns dels trastos vells que hi ha tancats al quarto del terrat.

> Me has negado tu consentimiento para hacer un matrimonio, por el que no tenías ningún motivo fundado para oponerte; te has excusado de darme una dote que justamente me pertenecía [...] no he querido insistir en una demanda [...] pero te aviso que estoy resuelta a no salir de casa como borde, y que, por lo tanto, me llevaré las dos cómodas de nuestra madre y algunos de los trastos viejos que hay cerrados en el cuarto de la azotea.[19]

Antonieta, personaje tipo, modelo de la ética de trabajo, consubstancial al éxito de la industria catalana, seguirá actuando dentro de un patrón de conducta que refleje esta actitud. Los «trastos» que se lleva de casa de su hermano, serán los telares antiguos que sirvieron para el establecimiento del negocio de sus padres, labor que ella continuará con tesón y habilidad. Kathleen Davies expone la preponderancia del establecimiento de la empresa familiar para esta mujer que desplaza el erotismo de su noche de bodas por la economía del negocio familiar.[20] Tanto Amparo como Antonieta tendrán una autonomía relativa por su falta de dote material, lo cual las libera parcialmente para desempeñar su labor remunerada.

---

17 Mary Nash, *Més enllà del silenci: les dones a la història de Catalunya*, Barcelona, Generalitat de Catalunya/Comissió Interdepartamental de Promoció de la Dona, 1989, p. 333.

18 Mary Nash, *Més enllà del silenci: les dones a la història de Catalunya*, p. 333.

19 Dolors Monserdà de Macià, *La Fabricanta*, p.163, la traducción es mía.

20 «The erotics of a wedding night are displaced by the economics of the birth of a family business» (Kathleen Davies, «The Angel at the Desk: Reading, Work, and Domesticity in *La Fabricanta*», en *Catalan Review*, 15 [2001], p. 53).

La actividad laboral es básica para la emancipación de estas mujeres. Amparo consigue la ansiada plaza en la fábrica, hecho fundamental en el proceso emancipador de la joven obrera. No obstante, cuando entra por primera vez en el edificio fabril, rodeaba a la joven «un poder misterioso, el Estado, con el cual era ocioso luchar, un poder que exigía obediencia ciega, que a todas partes alcanzaba y dominaba a todos»[21] La duplicidad de la fábrica, con su paradigma de control y protección, es la metáfora de la situación de la mujer obrera en el ambiente del incipiente sistema liberal burgués de la segunda mitad del siglo diecinueve. Las fábricas de elaboración de tabaco, monopolio del Estado, eran de por sí la primera industria totalmente femenina en España.[22] A pesar de la discriminación salarial y otros problemas laborales, el trabajo asalariado constituía el primer paso hacia la emancipación económica y la concienciación de formar parte de un grupo, con sus propios intereses e idiosincrasia. La fábrica es un espacio sexuado, término de Christina Duplaà,[23] en el que se configurará la colectividad femenina; la anatomía de la misma, con sus diferentes salas asociadas al diferente tipo de actividad laboral que se realiza en ellas y organizada en diferentes planos estructurales y jerárquicos, constituye un espacio público/privado que funciona como metáfora de la formación de la colectividad femenina y su discurso, ajeno al proyecto liberal burgués. Pardo Bazán muestra en su novela los inicios del discurso feminista y su manifestación dentro del espacio femenino donde se genera.

Antonieta Corominas no entra a trabajar en una fábrica, sino que habilita una parte de su nuevo hogar tras su matrimonio con Pere Joan Grau, el joven trabajador de la industria de la seda. Los telares que instala son los que había visto desde pequeña en su casa. Los rodetes de hilo y las lanzadoras le habían servido para sus juegos infantiles. Ahora se servirá de estas herramientas para crear su propio taller en el que trabajará su nuevo marido. Esta pequeña empresa casera será la semilla de la futura fábrica Grau. Ella se encargará de vender los pañuelos de seda por las tiendas, transgrediendo el discurso imperante de domesticidad en el mundo burgués. De Certeau señala la importancia de la ciudad decimonónica como lugar de «transformaciones y apropiaciones».[24] También en la novela de Monserdà la mujer se desenvuelve en un espacio híbrido privado/público.

---

21 Emilia Pardo Bazán, *La Tribuna*, p. 91.

22 Rosa María Capel Martínez, «Life and Work in the Tobacco Factories: Female Industrial Workers in the Early twentieth Century», p. 132.

23 Christina Duplàa, «"Identidad sexuada" y "conciencia de clase" en los espacios de mujeres de *La Tribuna*», en *Letras Femeninas*, XXII-1-2 (1996), pp. 189–201.

24 Michel de Certeau, *The Practice of Everyday Life*, Stephen F. Rendall (trad.), Berkeley, University of California Press, 1984, p. 95.

Otro aspecto importante del trabajo asalariado femenino es la confección del producto y las condiciones laborales de las obreras. La elaboración de la fábrica de tabacos es mayormente para consumo masculino, sin embargo, la producción es femenina por las ventajas que ofrecen la destreza y agilidad de las manos de las obreras y su condición de mano de obra barata. La comunidad obrera de la fábrica de tabacos reúne 4,000 mujeres. Pardo Bazán sentía predilección por la cigarrera por que se diferenciaba de las otras mujeres del pueblo por ser «más libre y atrevida».[25] La espontaneidad y libre expresión de estas obreras se manifiesta conforme al grado de independencia y separación de la autoridad y el discurso masculinos. Rosa Capel Martínez observa que en el siglo diecinueve la producción de cigarrillos se convirtió en una actividad totalmente femenina. Se apreciaba la producción cualitativa de las obreras y el trabajo eficiente con los materiales brutos, aunque el factor determinante era el bajo coste de la mano de obra femenina. Sin embargo, las obreras se beneficiaron de la actividad laboral porque fueron las representantes de las luchas por la identidad laboral femenina tanto individual como colectiva.[26] A nivel individual, el trabajo le brinda a la joven marinedina la oportunidad de emanciparse y salir de la influencia de la patria potestad: «en las yemas de los dedos tenía el medio de acrecentar sus rentas».[27] La solidaridad y la actividad laboral son los cimientos de la nueva sociedad civil y de la eventual emancipación femenina.

La fábrica ofrece a la joven cigarrera la acogida que no le brindó el hogar familiar, sustituyendo la solidaridad laboral por los lazos familiares. Es importante que en este espacio cohabiten distintos tipos de mujeres solteras, a diferencia de la estancia anterior dónde casi todas eran madres y de edad más avanzada. Las amigas de Amparo son relativamente independientes, no viven a cuenta de un hombre. Se ganan el pan con su propio esfuerzo. El hecho de que no estén casadas les otorga una mayor independencia. La unión de las trabajadoras se convertiría en fuerza. La Tribuna del pueblo garantizaría el abrazo de fraternidad. Sin embargo, pronto tendrá lugar la exclusión de la lectura por el severo reglamento en la fábrica, que prohibía los escándalos y suspenderán a Amparo de empleo y sueldo. La necesidad de mano de obra barata y dócil en el sistema capitalista ofrece trabajo a las mujeres, pero está condicionado por la voluntad de mantener las funciones sociales y normas de conducta de género establecidas.

---

25 Emilia Pardo Bazán escribe un ensayo dedicado a «La cigarrera» en Faustina Sáez de Melgar (dir.), *Las mujeres españolas, americanas y lusitanas pintadas por sí mismas*, Barcelona, Tipografía de Juan Pons, 1886, pp. 798–802.
26 Rosa María Capel Martínez, «Life and Work in the Tobacco Factories: Female Industrial Workers in the Early twentieth Century», p. 134.
27 Emilia Pardo Bazán, *La Tribuna*, p. 95.

Dentro de las fábricas-convento se prolongaba la tutela familiar, reproduciendo la estricta disciplina de los conventos en los que la vigilancia de las obreras era muy estricta.[28]

La relación de Amparo con Baltasar, el señorito burgués que la seduce, debilita temporalmente a Amparo. Al establecer una relación íntima con un hombre de otra clase social, se rompe temporalmente la solidaridad entre las mujeres de la fábrica. Cuando la relación sentimental termina, se reemprende la unión con las compañeras y Amparo vuelve a ser su portavoz. Es importante notar que su capacidad oratoria se fortalece tras el desengaño y adquiere un tono más sincero. La actuación valerosa de la Tribuna en el motín del final de la novela en signo de protesta por la paga retrasada corrobora la constancia de la cigarrera en contraste con el temor de sus compañeras que entran en la fábrica ante la llegada de la Guardia Civil.

El ambiente en los talleres de la seda de *La Fabricanta* se contrapone al ambiente reivindicativo de las cigarreras. Antonieta será el elemento estabilizador de las obreras textiles mediante sus obras de caridad, dentro de un modelo de sindicalismo católico femenino; se capta a las obreras para neutralizar su creciente concentración social. Al final de la novela, cuando la emprendedora mujer ha conseguido expandir el negocio familiar a tres fábricas totalmente mecanizadas, su marido la «jubila» del negocio familiar debido a su nuevo estatus social como fabricantes. Esta actitud coincide con el modelo de domesticidad burguesa. De todas maneras, Antonieta no se conforma y logra que se le devuelva el cetro de «fabricanta activa», desafiando de nuevo los principios del discurso prevalente. Ella establece sus propios talleres en unas dependencias adjuntas a su casa. En este entorno se da un intento de subversión sindicalista por parte de una de las obreras, que será inmediatamente reprendida por otra compañera que la disuade de unirse a los movimientos reivindicativos obreros, recordándole las acciones caritativas de la Fabricanta para con ellas. El modelo en el caso de Monserdà responde al feminismo católico cuya base de actuación se dirigía a la protección de los derechos de los trabajadores.

Al propósito de Monserdà de promover el avance de la mujer, hay que añadir su movilización por la causa nacionalista catalana. Mary Nash comenta que sus obras despliegan la idea de la mujer como portadora de valores catalanes como la ética de trabajo, la tradición cultural y la lengua. De esta manera, le da una definición de género a la identidad nacional catalana ya que considera a las mujeres

---

28 Ana María Aguado (coord.) *Textos para la historia de las mujeres en España*, p. 358.

depositarias del legado cultural catalán y una pieza clave para la socialización de futuras generaciones dentro de la cultura y tradiciones catalanas.[29]

Las dos autoras muestran en sus obras un feminismo incipiente que reivindica el derecho de la mujer al trabajo asalariado que constituye la bandera de lucha de consolidación de la individualidad femenina. Cada escritora lo hace desde su propia posición y óptica, pero el objetivo es otorgar a la mujer su ciudadanía plena y capacidad de consentimiento para sacarla de su estado marginal e infantilizado y compartir los ideales liberales de libertad, igualdad, fraternidad/ sororidad y ciudadanía.

Obras citadas

Aguado, Ana María (coord.), *Textos para la historia de las mujeres en España*, Madrid, Cátedra, 1994.

Capel Martínez, Rosa María, «Life and Work in the Tobacco Factories: Female Industrial Workers in the Early Twentieth Century», en Victoria Lorée Enders y Pamela Beth Radcliff (eds.), *Constructing Spanish Womanhood. Female Identity in Modern Spain*, Albany, State University of New York Press, 1999, pp. 131–150.

Certeau, Michel de, *The Practice of Everyday Life*, Stephen F. Rendall (trad.), Berkeley, University of California Press, 1984.

Davies, Kathleen, «The Angel at the Desk: Reading, Work, and Domesticity in *La Fabricanta*», en *Catalan Review*, 15 (2001), pp. 49–59.

Duplàa, Christina, «"Identidad sexuada" y "conciencia de clase" en los espacios de mujeres de *La Tribuna*», en *Letras Femeninas*, XXII.1–2 (1996), pp. 189–201.

Jagoe, Catherine, *Ambiguous Angels*, Berkeley, University of California Press, 1994.

Monserdà de Macià, Dolors, *La Fabricanta,* M. Carmen Mas i Morillas (ed.), Barcelona, Horsori, 2008.

Nash, Mary, *Trabajadoras: un siglo de trabajo femenino en Cataluña (1900–2000)*, Barcelona, Departament de Treball/Unió Europea, Fons Social Europeu, 2010.

—, *Més enllà del silenci: les dones a la història de Catalunya,* Barcelona, Generalitat de Catalunya/Comissió Interdepartamental de Promoció de la Dona, 1989.

Pardo Bazán, Emilia, *La Tribuna*, Benito Varela Jácome (ed.), Madrid, Cátedra, 2006.

—, *La mujer española y otros artículos feministas*, Madrid, Editora Nacional, 1976.

—, «La cigarrera», en Faustina Sáez de Melgar (dir.), *Las mujeres españolas, americanas y lusitanas pintadas por sí mismas*, Barcelona, Tipografía de Juan Pons, 1886, pp. 798–802.

---

29 Mary Nash, *Trabajadoras: un siglo de trabajo femenino en Cataluña (1900–2000)*, p. 54.

Amy Liakopoulos

Los espacios fugados: *El Miserere* de Gustavo Adolfo Bécquer

Resumen: Se analizan los espacios narrativos y musicales en *El Miserere*, de Gustavo Adolfo Bécquer que nos sumerge en un mundo donde música y literatura influyen en el desarrollo, tanto vital como espiritual, del personaje principal de la leyenda. Para superar los límites del lenguaje, Bécquer propone la música como código alternativo, que permite el romero transcribir la realidad externa. La leyenda sigue la estructura de una fuga: exposición, desarrollo y *stretto*. Estas tres partes se desarrollan por medio de dos voces distintas: el romero (el sujeto de la fuga) y el coro (la respuesta en contrapunto). La naturaleza sirve como acompañamiento musical y, a nivel textual, el narrador dirige la estructura de voces y sonidos para que se forme un todo armónico.

Palabras Clave: Literatura, cuento, música, Gustavo Adolfo Bécquer

1 Introducción

A Gustavo Adolfo Bécquer la música nunca le fue indiferente; es cuestión de buscar entre sus obras literarias para constatar el interés que le generaba. Además de un par de ensayos relativos al quehacer musical, algunas de sus *Leyendas*, sus relatos contemporáneos y sus *Rimas* poseen vínculos claros con la música. Por ejemplo, en *El gnomo* se escucha un diálogo entre las dos hermanas Marta y Magdalena, y el agua y el viento. El agua invita a Marta a sumergirse en su corriente, mientras el viento ofrece a Magdalena la ascensión espiritual a las regiones etéreas. En esta leyenda las voces del viento y el agua dan lugar a una bella balada que presenta estilizada la narración. En «Tres fechas» se presenta un ir y venir de unas artes a otras, de la literatura a las artes plásticas o musicales o de estas a la literatura. En *La venta de los gatos*, Bécquer utiliza una versión más elaborada de una copla como base de su relato. Pero, a diferencia de las obras mencionadas anteriormente, en *El Miserere* este influjo musical subyace, al parecer, en la estructura misma de la leyenda.

El Miserere es una narración que discurre alrededor de una canción sobrenatural que le inspira al artista. Dicha canción tiene una belleza evocadora e inquietante y la causa de su animación y la de su incesante sonoridad es parecida: tanto

Amy Liakopoulos, Indiana Wesleyan University

https://doi.org/10.1515/9783110450828-051

el peregrino músico como el propio Bécquer sufren la dificultad de dar una forma tangible a la música que escuchan. Sin embargo, no pueden expresar lo que saben, sufren y gozan, ya que en las palabras no encontrarán sino soluciones insuficientes. Consecuentemente, la música se convierte entonces en el ideal de la expresión lírica verbal.

La búsqueda de un lenguaje artístico que exprese lo inefable constituye uno de los principales temas de este relato, ya que se concentra en la misión del artista de unir la inspiración y la razón para poder crear una obra de arte. Junto a este tema, la búsqueda del ideal también constituye uno de los principales temas de esta leyenda becqueriana. En *El Miserere*, el artista sufre el impulso imprescindible de dos fuerzas contrarias: su embriaguez es divina pero su responsabilidad descansa en la razón; consecuentemente le resulta imposible plasmar en forma tangible las concepciones de la inspiración.

Siguiendo el esquema propuesto por Pascual Izquierdo en su análisis de las leyendas becquerianas, hay que encuadrar *El Miserere* entre aquellas cuya estructura responde al esquema de anticipaciones; las cuales «se basan en el hecho de que, mediante el relato de una tercera persona, la alusión por el narrador –casi siempre al inicio de su intervención– a un asunto legendario relacionado con el tema central, el esbozo de una tradición que contienen elementos ambientadores o maravillosos, o cualquier otro recurso técnico, Bécquer preanuncia en síntesis el tema narrativo principal, anticipa las claves de un contenido que posteriormente, en un segundo ciclo será desarrollado con mayor amplitud».[1]

Al lado de este análisis, es posible proponer otro; que la leyenda fue construida sobre el modelo de una fuga.[2] Es lícito intentar jugar aquí al juego de esta transposición metafórica, ya que aquí se trata, no de calcar sobre tal cual obra literaria, una estructura musical que diera cuenta de ella, sino de hacer corresponder ciertos momentos del texto con lo que el autor mismo daba como un núcleo central de su estrategia creadora; es decir, un análisis *poiético*.[3]

Este tipo de análisis nos lleva a reagrupar los apartados de la leyenda correspondiente en tres partes, donde se puede encontrar el juego del sujeto, del contrasujeto y de la respuesta, bien conocidos por los músicos y los especialistas en el contrapunto.

---

1 Gustavo Adolfo Bécquer, *Leyendas*, Pascual Izquierdo (ed.), Madrid, Cátedra, 1986, p. 42.
2 Sigo aquí la teoría presentada por Jean-Jacques Nattiez, «Récit musical et récit littéraire», en *Études Françaises*, 14.1–2, (1978), pp. 93–121.
3 Habla de la creación musical y el papel del compositor.

2 El relato y la fuga

La fuga es la manifestación técnica y también artística más madura de la escritura contrapuntística. Es importante tener en cuenta el hecho de que cada fuga difiere en uno u otro detalle estructural de las demás, pero a la vez sigue unos patrones estructurales formales y patrones de modulación preestablecidos. En general, las fugas tienen tres o cuatro partes, es decir, voces melódicas. La estructura viene dada por el empleo de unos elementos lógicos: temas, secuencias, variaciones de los temas, modulaciones, etc., organizados de tal manera que sean claros para el oyente.

En la fuga, una breve frase musical, llamada *sujeto* se superpone y alterna con otra frase llamada *contratema* o *contrasujeto*. Desde el punto de vista de la estructura, las fugas tienen varias partes: la primera es la *exposición*, que ocurre al comienzo de la fuga y consiste en la presentación del sujeto, es decir, el tema principal que se irá repitiendo a lo largo de la fuga; en la sección media se introducen uno o varias modulaciones, con el propósito de que cuando aparezca nuevamente el tema adquiera más relieve e interés; y la sección final, que se caracteriza por el restablecimiento de la tonalidad inicial del sujeto de la fuga.[4] Tanto la forma musical como los aspectos formales sirven como una base sobre la cual el compositor construye su obra. De ese mismo modo, Bécquer también construyó *El Miserere*, lo cual se mostrará a continuación.

3 Los espacios fugados

El primer apartado de esta leyenda corresponde a la exposición, ya que se presenta el sujeto, acompañado por el contrasujeto y luego sigue la respuesta. En este apartado, están presentes todos los temas del relato y también los de la fuga. La misericordia, el *Miserere*, es el sujeto de la fuga ya que es la idea fundamental de la que se deriva toda la estructura básica del relato. En este caso el sujeto tiene la capacidad de engendrar todos los elementos de que se compone una fuga y, a la vez, puede combinarse con el contrasujeto. En esta leyenda, vemos que el tema se repite varias veces con ciertas modulaciones, es decir, la misericordia de Dios hacia el hombre, hacia la humanidad, la misericordia ideal, etc., para que pueda escribirse un buen contrapunto en el posterior desarrollo tal y como se hace con el desarrollo de la fuga.

---

4 Véase Bradley Lehman, «Bach's Extraordinary Temperament: Our Rosetta Stone», en *Early Music*, 33.1, (2005), pp. 3–24.

En el primer apartado del relato, el músico presenta la primera estrofa del salmo de David, que le inspira a encontrar una forma musical que sea capaz de expresar el dolor del Rey: *Miserere mei, Deus!*.[5] Esta estrofa motiva la construcción del relato y representa la doble *idée fixe*[6] del músico de encontrar una forma artística capaz de expresar la melodía indescriptible que escucha y lo que siente en su interior. La ambientación sonora del relato que se encuentra a continuación estrena una verdadera pieza musical en la que se establecen dos espacios delimitados: uno, habitado por el músico, y otro ocupado por el *Miserere de la montaña*.

A partir del segundo apartado (capítulo II) se encuentra el desarrollo del tema, ya que va a articularse esencialmente alrededor del sujeto y de la respuesta. Este apartado constituye una especie de estrecho donde el sujeto, el contrasujeto y la respuesta alternan mucho más rápidamente en un momento concreto de la tensión de la leyenda: en su medio. Después de haber sido anunciado el tema inicial, se presenta una respuesta cantada por la naturaleza y el mundo sobrenatural: el *Miserere de la montaña*.

En el mundo real, la música está dirigida por los elementos atmosféricos y la naturaleza se comunica misteriosamente: a través de susurros, melodías y sonidos inexplicables. Como la música escrita, lo primero que se encuentra en la música natural es la indicación de compás que indica el narrador con su descripción del «rumor acompasado de las gotas de agua cayendo sobre las losas».[7] En este caso, son las gotas del agua las que determinan y mantienen el compás de la canción. Después se encuentran las notas de la canción improvisada que cantan las voces de la naturaleza y todos los murmullos del campo enunciando el *tema*.

Sin embargo, el músico no es capaz de interpretar el valor semántico ni la voluntad de comunicación de la naturaleza, porque sus voces se confunden extrañamente y no se sabe si poseen o no significado. En el caso del músico todos los ruidos son familiares y «aquellos mil confusos rumores seguían sonando y combinándose de mil maneras distintas, pero siempre los mismos».[8] A pesar de su incapacidad de interpretar estos ruidos, es importante reconocer que la música que toca y que canta la naturaleza actúa como la única mediadora posible entre el hombre y el mundo fantástico. La música crea una escena fantástica donde dos mundos diferenciados y opuestos en sus leyes van a aparecer: el mundo real

---

5 Gustavo Adolfo Bécquer, *Obras completas,* Joan Estruch Tobella (ed.), Madrid, Cátedra, 2004, p. 174.

6 Hector Berlioz, *Symphonie fantastique*, Madrid, W. W. Norton & Company, 1971, p. 23. *Idée fixe* (idea fija) se refiere a la melodía que encarna la obsesión del artista de encontrar lo que más desea.

7 Gustavo Adolfo Bécquer, *Obras completas*, p. 177.

8 Gustavo Adolfo Bécquer, *Obras completas*, p. 177.

y el mundo sobrenatural. Bécquer presenta al artista como «un ser excepcional, diferente a la generalidad de los mortales»[9] que tiene el privilegio a experimentar ese mundo. Bécquer logra destacar el mundo sobrenatural a través de las palabras cuando transcribe el efecto producido por la música y cuando trata de solidificar en representación visible, lo que es invisible: la pintura sinfónica.[10]

Cuando está a punto de agotar la paciencia, el músico escucha un ruido nuevo e inexplicable en aquel lugar: el sonido de unas campanas que provoca una reacción en cadena que superpone y transforma la noche. A continuación, el peregrino músico escucha el más singular de los Misereres que empieza con unas campanadas seguido por «un acorde lejano que pudiera confundirse con el zumbido del aire, pero que era un conjunto de voces lejanas y graves que parecían salir del seno de la tierra e irse elevando poco a poco, haciéndose de cada vez más perceptible».[11] Este pasaje es importante no sólo porque indica que empieza el *Miserere de la montaña*, sino también porque describe cómo se debe «imaginar» esta música fantástica.

A través de las descripciones de la composición musical, se sabe que la canción tiene una textura polifónica porque canta «un conjunto de voces, acompañado por un trueno incesante».[12] Estas voces armónicas se contraponen a los ruidos de la naturaleza. En esta sinfonía mágica de la resurrección, el despertar de los monjes inicia un ascenso cromático de la melodía que sube gradualmente, haciéndose cada vez más perceptible, mientras que los monjes se hacen visibles en esta escena fantástica creada por Bécquer. En este pasaje del texto son las sonoridades las que moldean una realidad o un mundo de sueño fuera de las páginas del libro, en un espacio fugado delante de los ojos y dentro de los oídos del lector.

Comienza entonces el primer verso de *El Miserere* y esta vez la música «suena al compás de las voces de los monjes» y los elementos atmosféricos, «los truenos, el búho escondido, y el roce de los reptiles inquietos»[13] les siguen en su canción tan solemne y triste. En este contexto, la naturaleza deja de ser sólo el escenario y supera el papel de reflejo del alma para provocar de forma activa las cuerdas musicales de los sentimientos, en donde cada organismo vivo tiene una voz propia para unirse a la cadencia.

---

9 Antonio Risco, *Literatura y fantasía*, Madrid, Taurus, 1982, pp. 104 y 117.

10 Según el teórico musical William Wallace, la pintura sinfónica es lo que «intenta producir una imagen mental a través de una impresión auditiva» (Lawrence Gilman, *Nature in Music and Other Studies in the Tone-Poetry of Today*, New Port, Book for Libraries Press, 1966, p. 19).

11 Gustavo Adolfo Bécquer, *Obras completas*, p. 178.

12 Gustavo Adolfo Bécquer, *Obras completas*, p. 178.

13 Gustavo Adolfo Bécquer, *Obras completas*, p. 178.

El volumen va creciendo poco a poco y el tono es todavía más agudo que antes. Los monjes se levantan del fondo de las aguas y suben hasta que llegan al peristilo del templo, mientras el tono de la canción sube en ascensión cromática y el gran sonido que produce el órgano refleja las terribles palabras del versículo. El autor sigue dirigiendo la imaginación del lector a través de su palabra para expresar la idea musical del relato y el concepto que el título ha evocado: la misericordia.

En esa correspondencia de naturaleza animada y espíritu transcendente se manifiesta la grandeza terrible del universo y su creador para llevar al lector más cerca al mundo fantástico de *El Miserere* y destacar la pintura sinfónica y el espacio fugado del propio autor. A través de los elementos atmosféricos se escucha la música ideal y confusa de Bécquer, donde la naturaleza y lo sobrenatural cantan un dúo tan maravilloso y entrelazado que se transforman en una sola música que no se puede explicar ni describir: *In iniquitatibus conceptus sum: et in pecatis conceptit me mater mea.*

Al resonar este versículo y dilatarse sus ecos retumbando de bóveda en bóveda, se levantó un alarido tremendo, que parecía un grito de dolor arrancado a la humanidad entera por la conciencia de sus maldades; un grito horroroso, formado de todos los lamentos del infortunio, de todos los aullidos de la desesperación, de todas las blasfemias de la impiedad; concierto monstruoso, digno interprete de los que viven en el pecado y fueron concebidos en la iniquidad.[14]

En este punto de la leyenda el músico cree haber escapado de la realidad y hallarse en el mundo de los sueños, donde la música colectiva del mundo natural y la del mundo sobrenatural suenan en un concierto fantástico. Lo que destaca el narrador en este pasaje es la humanidad que clama a Dios, pidiéndole perdón por todos los pecados. Este grito encarna de forma musical lo que había escuchado el músico al leer el salmo de David: «Abrí aquel libro, y en una de sus páginas encontré un gigante grito de contrición verdadera».[15] En el cuadro sinfónico que pinta Bécquer este grito es la voz que se escucha por encima o aparte de otras *–el discanto–* que destaca el sufrimiento del músico a través de su canto doloroso y recapitula la melodía original de la canción: *Miserere mei, Deus, sedundum magnam misericordiam tuam.*

El último versículo del salmo es uno de gozo que evoca una experiencia musical que difumina las fronteras entre la realidad y el sueño, entre el mundo

---

14 Gustavo Adolfo Bécquer, *Obras completas*, p. 180.
15 Gustavo Adolfo Bécquer, *Obras completas*, p. 174.

real y la fantasía ya que el romero cree ver a criaturas celestiales que acompañan a los monjes en su canto:

> Prosiguió el canto, ora tristísima y profundo, ora semejante a un rayo de sol que rompe la nube oscura de una tempestad, haciendo suceder a un relámpago de terror otro relámpago de júbilo, hasta que, merced a una transformación súbita, la iglesia resplandeció bañada en luz celeste; las osamentas de los monjes se vistieron de sus carnes; una aureola luminosa brilló en derredor de sus frentes; se rompió la cúpula, y a través de ella se vio el cielo como un océano de lumbre abierto a la mirada de los justos.[16]

Los serafines los arcángeles, los ángeles y las jerarquías acompañaban con un himno de gloria este versículo, que subía entonces al trono del Señor como una tromba armónica, como una gigantesca espiral de sonoro incienso: *Auditui meo dabis gaudium et laetitiam: et exsultabunt ossa humiliata.*

En este punto, la claridad deslumbradora cegó los ojos del romero, sus sienes latieron con violencia, zumbaron sus oídos y cayó sin conocimiento por tierra, y no oyó más.[17]

Sigue sonando el himno, hasta que todo cede con un dramático estrépito de un relámpago de terror que inicia un cambio del tono. En un sólo instante el canto solemne se transforma en un canto gozoso; los monjes reciben sus cuerpos glorificados y unos seres celestiales aparecen para cantar en un coro majestuoso.

Después viene el «estrecho final» (capítulo III) donde encontramos la misma aceleración que en el apartado anterior, con muchas vueltas atrás: es el momento de la reexposición de temas ya escuchados. El último versículo del *Miserere* ideal, se transforma en una música que sólo la imaginación puede comprender porque «escribió los primeros versículos y los siguientes y hasta la mitad del salmo; pero al llegar al último que había oído en la montaña le fue imposible proseguir».[18] Debido a su gran torrente de sonido y su silencio abrupto, este versículo es el más dramático de todos. Al punto más sonoro de la obra el músico encuentra la doble *idée fixe* que ha buscado a lo largo de su peregrinación: la música ideal y la misericordia que sólo puede conceder Dios. Una vez culminado el momento creativo, el músico tiene que volver y sobrevivir en el mundo real. Conviene ahora notar que después de haber encontrado su *idée fixe* encarnada en el mundo sobrenatural, el único pensamiento que tiene el músico peregrino es preservarla de forma escrita. Sujeto y respuesta suenen otra vez cuando el músico sufre la imposibilidad de dar una forma a la canción sobrenatural que escuchó la noche anterior, porque se da cuenta de que sólo los arcángeles o espíritus del más allá,

---

16 Gustavo Adolfo Bécquer, *Obras completas*, p. 179
17 Gustavo Adolfo Bécquer, *Obras completas*, p. 179.
18 Gustavo Adolfo Bécquer, *Obras completas*, p. 180.

como los que entonan el *Miserere de la montaña*, son capaces de crear esa música maravillosa y sobrenatural. Al final él sufre la imposibilidad de dar una forma a las concepciones de la inspiración, se vuelve loco y se muere sin poder terminar el *Miserere*.

A través de las descripciones de las composiciones musicales el lector sabe cómo se debe imaginar esta música fantástica mientras el autor sigue dirigiendo los espacios fugados dentro de su imaginación. Bécquer consigue expresar lo que quiere en una inesperada fusión de estímulos sensoriales que les guía al lector y a los artistas como un «sacudimiento extraño que agita las ideas, como huracán que empuja las olas en tropel» al imaginar aquel escenario de «deformes siluetas de seres imposibles; paisajes que aparecen como al través de un tul».[19]

Obras citadas

Bécquer, Gustavo Adolfo, *Obras completas*, Joan Estruch Tobella (ed.), Madrid, Cátedra, 2004.
—, *Rimas*, Jesús Rubio Jiménez (ed.), Madrid, Alianza Editorial, 2004.
—, *Leyendas*, Pascual Izquierdo (ed.), Madrid, Cátedra, 1986.
Berlioz, Hector, *Symphonie fantastique*, Madrid, W. W. Norton & Company, 1971.
Gilman, Lawrence, *Nature in Music and Other Studies in the Tone-Poetry of Today*, New Port, Book for Libraries Press, 1966.
Lehman, Bradley, «Bach's Extraordinary Temperament: Our Rosetta Stone», en *Early Music*, 33.1 (2005), pp. 3–24.
Nattiez, Jean-Jacques, «Récit musical et récit littéraire», en Études *Françaises*, 14.1–2 (1978), pp. 93–121.
Risco, Antonio, *Literatura y fantasía*, Madrid, Taurus, 1982.

---

19 Gustavo Adolfo Bécquer, *Rimas*, Jesús Rubio Jiménez (ed.), Madrid, Alianza Editorial, 2005, p. 75.

David Loyola López

El exilio como tema literario en
Ocios de españoles emigrados

Resumen: La emigración liberal de 1823 supuso el asentamiento de un importante y numeroso núcleo de españoles en la ciudad de Londres, en donde algunos de ellos desarrollaron una prolífica actividad literaria y periodística, gracias a las circunstancias político-sociales del momento. En este ámbito, *Ocios de españoles emigrados* se convierte en uno de los referentes dentro de las publicaciones inglesas en lengua española, realizada por un grupo de estos exiliados liberales afincados en la capital inglesa. Nuestro objetivo es rastrear las producciones literarias que aparecen en esta publicación relacionadas con la temática del destierro, observando algunos motivos recurrentes dentro de estas composiciones, como la partida hacia el exilio, la crítica a España, la imagen de Inglaterra y la esperanza del retorno a la patria.

Palabras clave: Exilio, *Ocios de españoles emigrados*, siglo XIX

La emigración liberal de 1823 supuso el asentamiento de un importante elenco político y cultural en la ciudad de Londres, verdadera capital del constitucionalismo español en el exilio durante esta década.[1] Por diversos factores políticos, culturales y económicos, muchos de estos emigrados consiguieron colaborar y trabajar en ámbitos literarios y editoriales, lo que provocó un impulso de la cultura española fuera de las fronteras.[2] Un fervor cultural –parecido al que se dio en ciertas zonas de Francia– que contrastaba con el silencio y la censura que padecían las letras en la España absolutista de Fernando VII.[3]

---

[1] Este artículo forma parte del proyecto de investigación del Plan Nacional *La cultura literaria de los exilios españoles en la primera mitad del siglo XIX*, ref. FFI2013-40584-P, radicado en la Universidad de Cádiz.

[2] En relación a la emigración liberal de 1823, remitimos, entre otros, a los siguientes estudios: Vicente Llorens, *Liberales y románticos. Una emigración española en Inglaterra (1823–1834)*, Madrid, Castalia, 1968; Daniel Muñoz Sempere y Gregorio Alonso García (eds.), *Londres y el liberalismo hispánico*, Madrid/Frankfurt, Iberoamericana/Vervuert, 2011; Consuelo Soldevilla Oria, *El exilio español (1808–1975)*, Madrid, Arco Libros, 2001; o Juan B. Vilar, *La España del exilio. Las migraciones políticas españolas en los siglos XIX y XX*, Madrid, Síntesis, 2006.; entre otros.

[3] Para mayor información con respecto a las emigraciones españolas decimonónicas en tierras francesas, entre otros, remito a los trabajos de Jean-René Aymes, *Españoles en París en la época romántica, 1808–1848*, Madrid, Alianza, 2008; Luis Barbastro Gil, *Los afrancesados. Primera*

David Loyola López, Universidad de Cádiz

https://doi.org/10.1515/9783110450828-052

Entre estas empresas y publicaciones españolas en Londres,[4] *Ocios de españoles emigrados* fue una de las más importantes y notables, tanto por su difusión como por su riqueza literaria y cultural. El periódico surgió en abril de 1824 bajo la pluma de los hermanos Villanueva y Canga Argüelles, al que se unió Pablo de Mendíbil tras la muerte de Jaime Villanueva a finales de año. Los números fueron publicándose mensualmente sin interrupción hasta octubre de 1826 –con la aparición trimestral de cuatro números más en 1827–, sumando un total de treinta y cinco números en su haber.

El propio título de *Ocios* deja entrever la estrecha relación que existe entre la publicación y la experiencia del destierro. Así, en el prólogo, sus autores justifican y explican las razones por las que decidieron tomar ese nombre:

> Intitulamos este periódico *Ocios de Españoles emigrados*; porque esa es la causa de que se publique lo que sin esta emigración y sin haber cesado en las tareas que teníamos por nuestro destino en España, nunca se pensara en escribir.[5]

Como observamos, el exilio se yergue como un elemento nuclear del periódico, uno de los motivos de su existencia. La publicación se convierte en una especie de catarsis, una forma de *levare diris pectora sollicitudinibus* (aliviar las preocupaciones de nuestros corazones), de encontrar una utilidad a una vida sin ocupaciones y ocupar la mente y «la imaginación, sujetándola a entender en estudios útiles, y que además distraen y acaso lisonjean el ánimo». Por otro lado, *Ocios* pretende corresponder «a la buena acogida literaria» que experimentan en Inglaterra, así como agradecer su ayuda y socorro ante el abismo del destierro. Además, el periódico desea servir como difusor y defensor de la cultura española en tierras anglosajonas, «contribuyendo con lo que podemos

---

emigración política del siglo XIX español (1813–1820), Madrid, Consejo Superior de Investigaciones Científicas/Instituto de Cultura Juan Gil Albert, 1993; Juan López Tabar, *Los famosos traidores. Los afrancesados durante la crisis del Antiguo Régimen (1808–1833)*, Madrid, Biblioteca Nueva, 2001; Rafael Sánchez Mantero, *Liberales en el exilio. La emigración política en Francia en la crisis del Antiguo Régimen*, Madrid, Rialp, 1975; o Aline Vauchelle-Haquet, *Les ouvrages en langue espagnole publies en France entre 1814 et 1833: Présentation et catalogue)*, Aix-en-Provence, Université de Provence, 1985.

4 Uno de los trabajos relacionados con las publicaciones inglesas en lengua española centrado principalmente en la actividad realizada por los emigrados en la editorial de Rudolph Ackermann, es la realizada por Fernando Durán López, *Versiones de un exilio. Los traductores de la casa Ackermann (Londres, 1823–1830)*, Madrid, Escolar y Mayo, 2015.

5 «Prólogo», en *Ocios de Españoles emigrados*, 1.1 (1824), pp. 1–6. Todas las referencias se pueden comprobar en la edición digital en línea de *Ocios de españoles emigrados*, Emilio Soler Pascual (dir.), Alicante, Biblioteca Virtual Miguel de Cervantes, s.a. (portal web) [fecha de consulta: 17-04-2018] <http://www.cervantesvirtual.com/portales/ocios_de_espanoles_emigrados>.

a la gloria de nuestra patria en un tiempo en que procuran eclipsarla tanto enemigos extraños y domésticos», una labor que ha sido imposible realizar desde la propia España.

Ocios es, por tanto, una publicación *en* el exilio –siguiendo las reflexiones de Claudio Guillén:[6] existe porque se produce el destierro, y este exilio alimenta y nutre la vida del periódico. Se origina entonces una relación simbiótica entre la experiencia traumática de la emigración y la publicación, pues aquella es canalizada a través de la palabra, a través de la literatura. Efectivamente, la literatura es el pilar fundamental que sustenta la base del periódico. Encontramos a lo largo de los diferentes números una enorme cantidad de artículos relacionados con noticias y análisis de obras literarias, casi todas españolas, en una reafirmación de la importancia y calidad de la cultura española en el ámbito europeo y universal.

Dentro de esta preocupación por el ámbito literario, hallamos también una importante selección de composiciones literarias, entre las que encontramos cerca de una veintena de poemas relacionados directamente con la experiencia del destierro. Un conjunto de textos que entronca el periódico con la gran corriente artística y simbólica que ha supuesto el exilio como temática literaria a lo largo de la historia.

1 La partida

> ¡Ay!, que sulcando el mar en nave ajena
> huyo infelice de la patria mía,
> tal vez, ¡oh cruda inexorable suerte!,
> para nunca volver... [...] [7]

Así lloraba su suerte Ángel de Saavedra al partir hacia el destierro. Este poema, publicado por primera vez en este periódico, supone una de las más intensas y hermosas composiciones sobre la temática del exilio. Mientras huye en «nave ajena», al ocaso del día, el yo poético mira hacia las costas españolas y comienza una especie de recorrido, una suerte de despedida, de su patria, de su hogar. Un último adiós, un último abrazo que no quiere dejar de apurar, y cuyo final sabe que es ineludible, una separación inevitable tras la caída del sol.

Sin embargo, ese profundo dolor por la pérdida de su hogar va dejando paso un sentimiento de indignación e ira. La imagen de España se adorna de reproches,

---

6 Claudio Guillén, *El sol de los desterrados: literatura y exilio,* Barcelona, Quaderns Crema, 1995.
7 Ángel de Saavedra, «El desterrado», en *Ocios de españoles emigrados*, II.5 (1824), p. 60.

que visten esas «amadas costas españolas» con el manto de la ingratitud. La «ingrata patria» es la misma España que la de Moratín, esa desagradecida España de la que se despide el «afrancesado» en una mezcla de dolor y rabia, poema que también recoge *Ocios* en un artículo sobre la figura del dramaturgo y poeta.[8]

> Pero si así las leyes atropellas,
> si para ti los méritos han sido
> culpas; adiós, ingrata Patria mía.[9]

2 Crítica a España

Esa «ingrata patria» despierta en el emigrado una amalgama de sentimientos que se retuercen, se entremezclan, se funden y oscilan como las aguas del mar. En este oleaje, la imagen de España refleja dos rostros diferentes: el dolor de la pérdida y la crítica hacia el país; motivos recurrentes y constantes en toda la literatura del destierro, ya desde el propio Ovidio en sus *Tristes*[10] y sus *Epístolas desde el Ponto*.[11]

En la mayoría de los poemas sobre el exilio que se incluyen en *Ocios*, encontramos de forma recurrente y constante ese padecimiento y tristeza por el destierro y por la situación de España, pero también una crítica hacia el país que ha arrojado al proscrito fuera de sus fronteras y obligado a huir para poder sobrevivir. Una delgada línea, apenas imperceptible, que separa la tristeza del odio.

Así, Saavedra, en «El desterrado», cruza esa frontera del exilio y se interna desde sus dolorosas lágrimas al oscuro abismo de la ira. Si bien antes deseaba retrasar todo lo posible esa inevitable separación, el recuerdo de la tiranía y el terror le hace desear que la escisión se produzca de forma inmediata y eterna.

> Mas no: redobla tu furor violento,
> y de esas playas de terror y espanto
> aléjame piadoso, raudo viento.
> No las torne yo a ver. [...][12]

---

8 Leandro Fernández Moratín, «Obras dramáticas y líricas de D. Leandro Fernandez de Moratin, entre los Arcades de Roma, Inarco Celenio...», en *Ocios de españoles emigrados*, III.13 (1825), pp. 300–310.

9 Leandro Fernández Moratín, «Obras dramáticas y líricas de D. Leandro Fernández de Moratín...», p. 310.

10 Publio Ovidio Nasón, *Las tristes*, José Quiñones Melgoza (ed.), México, Universidad Nacional Autónoma, 1974.

11 Publio Ovidio Nasón, *Espístolas desde el Ponto*, José Quiñones Melgoza (ed.), México, Universidad Nacional Autónoma, 1978.

12 Ángel de Saavedra, «El desterrado», p. 63.

Este sentimiento, mezcla de rabia y dolor, va sucediéndose a lo largo de los versos y estrofas, en un agónico *in crescendo* que va desangrando el alma del emigrado y de la propia España. En este dramático lamento, el deseo de sumir a España en las sombras se mezcla con la desesperanza, con la sensación de que España, la España del yo poético, ha desaparecido y que de ella sólo queda un triste recuerdo de lo que fue. La tierra, que una vez fue su patria, ahora es sinónimo de opresión y tiranía, en la que los buenos hombres, y las virtudes, huyen y se esconden ante la persecución y los castigos del absolutismo.

Lejos de compadecerse, la voz lírica defiende esta situación, y desea que España gima y sufra perpetuamente la tiranía de los traidores, si es así lo que desean los españoles, lo que se merecen. El poema se va adentrando en las cavernas más oscuras del dolor, la monstruosidad y la muerte, recreándose en visiones macabras y diabólicas que incrementan la sensación de desazón y rabia que expresa el yo poético ante el país que deja atrás. Sangre y venganza, un delirio vengativo que lleva a querer que España se hunda en las profundidades del Atlántico y desaparezca de la faz de la Tierra, después de haber sufrido hambre, catástrofes, dolor y muerte, después de haber convertido España en el mismo infierno.

> Y sople la discordia. Sus furores
> enciéndanse do quier. Guerra de muerte,
> sin fruto entre oprimidos y opresores
> y déspotas y esclavos, arda impía.
> Y nazcan nuevos crímenes y horrores,
> y delitos sin fin de día en día.[13]

Sin llegar a la expresividad dramática de los versos anteriores, pero incidiendo en la crítica hacia el absolutismo y la situación del país, encontramos otros poemas como «A la Libertad»,[14] «Salmo CXXVI»,[15] «Fruta del tiempo»[16] y «El adviento».[17] El penúltimo de estos poemas tiene como tema nuclear la amnistía decretada por Fernando VII hacia los liberales exiliados. En él, el *yo poético* reprende y protesta al

---

13 Ángel de Saavedra, «El desterrado», p. 65.

14 «Oda a la libertad», en *Ocios de españoles emigrados*, I.3 (1824), pp. 274–278.

15 Joaquín Lorenzo Villanueva, «Salmo CXXVI. Con notas filológicas», *Ocios de españoles emigrados*, IV.18 (1825), pp. 219–220. Traducción del salmo original en latín. Sin embargo, a pesar de que el poema se centra en los judíos esclavos en Babilonia, en él creemos encontrar referencias claras hacia la situación del país y la realidad del destierro. Entre estos motivos, hallamos el recuerdo de las glorias pasadas, la tristeza del destierro, la presencia de la tiranía y la opresión, la patria (que es imposible olvidar), y el deseo de libertad y de retorno (posible identificación de Babilonia con la España absolutista).

16 «Fruta del tiempo », en *Ocios de españoles emigrados*, I.3 (1824), pp. 278–280.

17 «El adviento», en *Ocios de españoles emigrados*, II.8 (1824), pp. 348–354.

rey por esa amnistía, que él considera un castigo, pues identifica el liberalismo y la Constitución como un crimen y un delito que el monarca indulta. «Mas la amnistía de Mayo/no es olvido, sino rayo,/anatema, proscripción». Así mismo, ataca al absolutismo por los tormentos que sufre el país, un dolor cuyo único alivio puede ser la huida, el exilio. Por ello, el desterrado se pregunta para qué volver a España, para qué regresar a un país hundido y opresor, cuando muchos de sus ciudadanos intentan cruzar sus fronteras para ser libres. Unas críticas que son constantes en el poema.

Por su parte, «El adviento» se ambienta en el mundo onírico en el que cae el sujeto lírico. En su sueño, recibe la visita divina, quien les anuncia la llegada de la paz y de una tierra sin disputas ni guerras, un verdadero *locus amoenus* que les guiará hacia el paraíso eterno. El yo poético, entonces, le pregunta por su patria, esa que ha dejado atrás, y que yace víctima del despotismo y el absolutismo. En las siguientes estrofas, va describiendo la realidad del país bajo la tiranía, arremetiendo contra el clero, las vejaciones, los ataques a la ley, la libertad y la Constitución; además, critica las persecuciones y los castigos que sufren los liberales, que no tienen otra salida que el exilio o la muerte, en una cruenta guerra civil que enfrenta España contra sí misma, sufriendo el fanatismo, el dolor y la muerte.

La equiparación maniquea del absolutismo y sus defensores con lo maligno y pernicioso también se hace evidente en el poema «A la Soberana del Pilar: canción sacro-realista».[18] Esta composición tiene una peculiaridad con respecto al resto del *corpus*, pues el yo poético se aleja del personaje del emigrado y sus sentimientos para dar voz al «otro», al enemigo, al absolutismo. La canción es una especie de rito ceremonial religioso en el que se le reza a la Virgen del Pilar para que persiga, atormente y aniquile a los constitucionalistas, mientras que se critica el que haya dejado que estos hubiesen llegado al poder y se defiende la idea del pueblo como esclavo y vasallo del altar y el trono. Un poema evidentemente satírico y crítico hacia el absolutismo radical de los seguidores de Fernando VII.

> Que los blancos vivan,
> que los negros mueran
> que todo lo alteran
> en tu fiel nación.[19]

Esta diferenciación entre «blancos» y «negros» también aparece en otro de los poemas de *Ocios*. Concretamente, en el titulado «El negro»,[20] donde el posicionamiento es completamente contrario al anterior. «El negro» –apodo que tenían los

---

18 Forma parte de «Estado de la opinión pública en Navarra, Rioja y Aragón», en *Ocios de españoles emigrados*, V.22 (1826), pp. 76.
19 «Estado de la opinión pública en Navarra, Rioja y Aragón», p. 76.
20 «El negro», en *Ocios de españoles emigrados*, II.6 (1824), pp. 169–173.

liberales–, mientras llega a los muros de Cádiz, huyendo de las hordas francesas de los Cien Mil Hijos de San Luis, reflexiona sobre su pasado, su infancia, sus familiares, y las penas y el sufrimiento que ha padecido en su vida. Ante esta figura, símbolo del liberalismo, surge el «blanco» que, lejos de compadecerse del dolor, ataca, hiere y asesina. Con Fernando VII como estandarte del horror, se van sucediendo una serie de comparaciones entre las acciones y pensamientos de ambos bandos, negros y blancos. Una comparación en la que constantemente se alaba la imagen y los principios liberales mientras se critican los de los absolutistas, quienes sumen a España en llanto y sangre por gracia del «altar» y el «trono».

Esa relación de «altar» y «trono», de religión y absolutismo, es criticada también en otra de las composiciones que encontramos en *Ocios*, «Canto al Tíber».[21] En ella, el yo poético, quizás emigrado en Roma, al paso de los barcos con tesoros para sufragar los gastos de la guerra en la Península en pro del absolutismo, le pregunta al río –volvemos a observar la importancia de la hidrografía en la literatura del exilio– y a la propia Roma y a El Vaticano cómo pueden apoyar el despotismo y la tiranía, en una dura crítica a la posición de la Iglesia Católica en esta lucha de regímenes políticos.

3 Inglaterra

Si bien en estos poemas hallamos una perspectiva triste y negativa de la emigración y de la partida, así como una dura crítica a la situación del país y del exilio, la experiencia del destierro también puede ser positiva. Así ocurre en la epístola «De Jamelio a Felicio».[22] El poema comienza con el recuerdo de la partida, pero esta vez Neptuno y Eolo favorecen el viaje y disipan las dudas del emigrado sobre su futuro, respondiéndole que le llevan a lo que para él es la «edad de oro»: «¡Albión!», Inglaterra.

Como comentamos anteriormente, uno de los objetivos de *Ocios* es agradecer la gran acogida y ayuda que ha prestado el pueblo inglés a los emigrados liberales. Este reconocimiento está presente en muchas de las composiciones poéticas sobre el destierro liberal, así como en otros artículos del periódico. Inglaterra se convierte así en la representación de los valores liberales y constitucionalistas, tierra de paz y prosperidad, de grandes avances políticos, sociales y económicos. Inglaterra simboliza la bondad, la isla a donde arriba

---

21 «Canto al Tíber», en *Ocios de españoles emigrados*, 2 (1827), pp. 246–251.
22 «Epístola de Jamelio a Felicio», en *Ocios de españoles emigrados*, I.1 (1824), pp. 81–84.

el náufrago desterrado, donde les esperan «los benignos huéspedes britanos», donde la Libertad se refugia:

> Oh!, salve, dije, venturoso alcázar,
> que aun al que en ti no vio la luz primera,
> y a tus umbrales llega encanecido,
> le inspiras nuevo ser, y con tu magia
> le tornas a engendrar al orbe libre.[23]

En la epístola, se realiza una comparación entre el país británico y España, una comparación que incrementa el maniqueísmo entre la tierra de acogida y la que ha dejado atrás. En ella, España encarna la superstición, el absolutismo, la mendiguez, la represión, el despotismo y la incultura; mientras que Inglaterra es símbolo de legalidad, multiculturalidad o tolerancia religiosa –incluso, con una defensa del anglicanismo–.

Ante esta situación, y a pesar de confesar la pobreza en la que vive en Inglaterra – sin lujos ni acomodos–, el emigrado se lamenta por la situación de su amigo que continúa en tierra patria, y le insta a emigrar a Inglaterra y vivir en libertad.

> ¡Oh necios! ¡Oh Felicio! Presto, presto
> del mar te fía y a mis brazos vuela;
> do puedas del Eterno la palabra
> en su nativa fuerza a tus iguales
> comunicar sin riesgo ni zozobra.

Del mismo modo, en «Mi convite»,[24] tras una descripción positiva de España, el *yo poético* habla de su condición de exiliado desde un punto de vista positivo, e invita a sus compatriotas a seguir sus pasos, deseando reencontrarse en el exilio con sus amigos y familiares.

No obstante, el país de asilo también puede obtener un cariz doloroso para el emigrado. La nostalgia de su patria, de su hogar, puede desembocar en la búsqueda de elementos que le recuerden a esa tierra dejada atrás. El emigrado sufrirá si encuentra imágenes, sonidos, olores, etc., que conecten con sus recuerdos y le despierten la añoranza de la pérdida. En caso contrario, también padecerá ese vacío, bien por no hallar nada que le sea conocido y familiar, bien porque compare ese «nuevo mundo» con su patria. Una búsqueda –en cualquier caso– que, independientemente de si es fructífera o no, supone una herida en el alma. Así ocurre en el poema «La entrada del invierno»,[25] de José de Urcullu.

---

23 «Epístola. De Jamelio a Felicio», p. 81.
24 «Mi convite», en *Ocios de españoles emigrados*, IV.19 (1825), pp. 291–292.
25 José de Urcullu, «La entrada del invierno. Oda», en *Ocios de españoles emigrados*, IV.20 (1825), pp. 410–412.

En esta composición, el yo poético reflexiona acerca del cambio de las estaciones, símbolo del paso del tiempo así como de las etapas de la propia vida. En este camino de la primavera al invierno, detiene su mirada en la última de las estaciones, momento en el que surge como un torrente la comparación del entorno del país del destierro con la imagen de su patria, del recuerdo. Una confrontación que derrumba su alma y la sume en un profundo pesar, en una honda nostalgia.

> Cubre la nieve el suelo,
> y el caminante audaz ve solamente
> a do su vista alcanza nieve y cielo.
> Pero qué cielo ¡oh Dios!, ¡cuán diferente
> de aquel que yo veía
> cuando era más feliz en la ribera
> que baña el manso Turia! Parecía
> que la joven fecunda Primavera
> en consorcio se uniera allí al Invierno[26]

Comienza entonces una descripción lúgubre y violenta del invierno, en el que todo queda en tinieblas y tempestades; compara la vida del pobre y del rico, y critica la desidia de este ante el dolor del que ha perdido parte de sí: huérfanos, viudas, viudos, emigrados:

> ¿Qué a él del pobre huérfano y la viuda
> el sollozo mortal? ¿Qué los cuidados,
> y la miseria atroz del que su patria
> tuvo que abandonar, y los cariños,
> y el amor de una esposa y de sus niños?

Sin embargo, tras el desaliento y el sufrimiento, se abre una puerta, una luz hacia la esperanza. La suerte, como las estaciones, puede ser cíclica y el dolor y el exilio ven en la llegada del día y de la primavera un atisbo de ilusión, una posibilidad de cambio, de regreso.

4 Esperanzas del retorno

La partida hacia el destierro, incluso mucho antes de que sea una realidad, crea y forja irremediablemente la aparición de otra idea: el regreso. Esta concepción de la vuelta a casa, esta esperanza de cambio y de retorno, crea un vínculo indisociable con la experiencia de la emigración y, por tanto, también es uno de los motivos más recurrentes en la literatura del exilio.

---

26 José de Urcullu, «La entrada del invierno. Oda», p. 411.

El retorno se hace visible en poemas como «Al General Español Don Francisco Javier Espoz y Mina»,[27] en el que la voz lírica desea que el general pueda volver a pisar tierra patria, en el «Salmo CXXVI», o en «A la Libertad», en donde se clama el regreso de la Libertad a España para romper las cadenas de la opresión y el absolutismo, una libertad que triunfará en el mundo en un futuro no muy lejano, a pesar de sus adversarios.

Uno de los poemas en los que más se incide en esta idea esperanzadora del cambio de la fortuna y del fin del exilio es en la «Letrilla»[28] de José de Urcullu. En ella se van dando ejemplos de situaciones cotidianas en la que la suerte no acompaña a pescadores, marineros, guerreros, jugadores y labradores. Sin embargo, cada estrofa termina con un estribillo: «Tras un tiempo malo/vendrá otro mejor».

En las dos últimas estrofas, el poema se centra en la realidad del desterrado. Ante la convulsa situación de España, en donde el «vil despotismo» persigue con «furor» y «fuego» a los «buenos» liberales, el yo poético canta el estribillo desde el destierro, desde su «rincón». Canta desde la lejanía: de su patria y de sus seres queridos, pero también de sus enemigos; canta desde su «emigración: tras un tiempo malo/vendrá otro mejor».

Del mismo modo, en «El adviento», tras las duras críticas y los lamentos por la situación España, el sujeto lírico insta a Dios a que cambie la fortuna de España, que erradique el mal del país, que libere la patria de la tiranía y del reinado de Fernando VII. Ante esta súplica, ante esos deseos de cambio y libertad, Dios actúa y castiga a la España absolutista con furor, rabia y un poder colosal, y consigue que estos huyan muertos de pánico mientras la «plebe» rompe el «yugo» de sus «cuellos». Imágenes de victoria y de la grandiosidad del «Niño Dios» que hacen despertar al emigrado de su sueño.

Finalmente, retornamos al primer poema con que iniciamos esta «odisea», regresamos al punto de partida, a los versos de «El desterrado» de Ángel de Saavedra. Tras las duras palabras con las que atacó a España, cuando ese delirio vengativo, esa vorágine de rabia y dolor, se calma y va difuminándose, el recuerdo de sus seres queridos se hace presente. La madre, los hermanos, la mujer amada y los amigos, traen a su mente el amor y la bondad de aquellos que permanecen allá, en la patria que deja atrás y que poco antes había deseado que se hundiera en las profundidades del abismo y del olvido. Estas imágenes, estos «fantasmas», recriminan al desterrado sus furibundas palabras y los deseos de venganza que grabó a viva voz apenas unos versos más arriba.

---

27 J. M. de E., «Al General Español Don Francisco Javier Espoz y Mina. En su día», en *Ocios de españoles emigrados*, II.9 (1824), p. 445.

28 José de Urcullu, «Letrilla. Tras de un tiempo malo/vendrá otro mejor», en *Ocios de españoles emigrados*, VI.29 (1826), pp. 167–168.

¡Infeliz!, aquí estamos, en España,
en este suelo do la luz primera
te fue dado gozar, y ardiendo en saña
ahora maldices con audacia fiera.[29]

En su reprimenda, exaltan los elementos positivos de España, esa tierra que le vio nacer, donde vivió y gozó –la lengua materna, sus buenas costumbres–, y que el despotismo ha sumido en sombras. Esta protesta de sus propios seres queridos, que se conduelen de su destierro y que padecen su dolor así como la pérdida de la libertad (que él sí gozará en el exilio), desmorona y hunde al yo poético en la desesperación. En este instante, el poema cambia nuevamente su cariz. El proscrito reniega de sus palabras, y la «ingrata patria» que le destierra se transforma en la «amada Patria» que padece el yugo de la tiranía. Una patria atada, pero que cuenta con hombres buenos, un hecho que le hace pensar en que esta situación será pasajera. Así, recobra el aliento y la esperanza, ese deseo de que España sea libre, de consumar así una venganza, y por qué no, poder poder consumar el sueño del retorno: «Pise otra vez tu suelo, patria amada».

Sin embargo, la esperanza de ver una España libre de la tiranía también infunde en su espíritu un temor: que este día llegue después de su muerte. El miedo a morir en el destierro es una de las constantes preocupaciones para el emigrado; no poder volver a pisar su tierra, su patria, no poder regresar en vida, supone la imposibilidad de cerrar el círculo, de hacer cicatrizar la herida, de no poder conseguir la redención y ser para siempre un exiliado. Una condena que se antoja eterna y cuya simple idea causa pavor. Por ello, también es uno de los motivos más recurrentes en la literatura del exilio.

Volver significa recuperar lo perdido, llenar ese vacío que se queda en el corazón cuando emigra, conseguir la paz del alma que el destierro arrebató.

Bella Esperia, patria mía,
embriagado en la esperanza
de que has de tener venganza
mis pesares templaré.

Llegue el suspirado día,
mírete yo venturosa,
libre, triunfante y gloriosa,
y contento moriré.[30]

---

29 Ángel de Saavedra, «El desterrado», p. 67.
30 Ángel de Saavedra, «El desterrado», p. 70.

5 Conclusiones

Este artículo sólo puede servir como acercamiento a una materia aún en ciernes, como aproximación a un análisis más detallado y exhaustivo en el que estamos trabajando. No obstante, los poemas y motivos estudiados en estas páginas reflejan la importancia de la temática del exilio en la publicación de los *Ocios de españoles emigrados*. La publicación, a su vez, es un eslabón representativo de la enorme cadena cultural que se forjó en el exilio liberal en Londres entre 1823 y 1833, una ciudad que se convirtió, por momentos, en una especie de «España Constitucional» en el destierro. Una etapa de la historia –y de la literatura– del que aún queda mucho que decir.

Así mismo, nuestra aportación intenta mostrar las conexiones y diferencias que existen entre estas representaciones literarias del exilio, de cuyo análisis podríamos detectar elementos comunes y recurrentes para describir el destierro, así como novedades interpretativas de esta realidad. Estos elementos van desarrollándose, reinterpretándose y surgiendo a lo largo de la historia y, por ende, de la literatura. Diferentes expresiones y motivos artísticos, emociones y actitudes que intentan reflejar la compleja realidad de un fenómeno que, trágicamente, continúa perviviendo hasta nuestra más inmediata contemporaneidad.

Obras citadas

Aymes, Jean-René, *Españoles en París en la época romántica, 1808–1848*, Madrid, Alianza, 2008.

Barbastro Gil, Luis, *Los afrancesados. Primera emigración política del siglo XIX español (1813–1820)*, Madrid, Consejo Superior de Investigaciones Científicas/Instituto de Cultura Juan Gil Albert, 1993.

«Canto al Tíber», en *Ocios de españoles emigrados*, 2 (1827), pp. 246–251.

Durán López, Fernando, *Versiones de un exilio. Los traductores de la casa Ackermann (Londres, 1823–1830)*, Madrid, Escolar y Mayo, 2015.

E., J. M. de, «Al General Español Don Francisco Javier Espoz y Mina. En su día», en *Ocios de españoles emigrados*, II.9 (1824), p. 445.

«El adviento», en *Ocios de españoles emigrados*, II.8 (1824), pp. 348–354.

«El negro», en *Ocios de españoles emigrados*, II.6 (1824), pp. 169–173.

«Epístola de Jamelio a Felicio», en *Ocios de españoles emigrados*, I.1 (1824), pp. 81–84.

«Estado de la opinión pública en Navarra, Rioja y Aragón», en *Ocios de españoles emigrados*, V.22 (1826), pp. 70–76.

Fernández Moratín, Leandro, «Obras dramáticas y líricas de D. Leandro Fernandez de Moratin, entre los Arcades de Roma, Inarco Celenio...», en *Ocios de españoles emigrados*, III.13 (1825), pp. 300–310.

«Fruta del tiempo », en *Ocios de españoles emigrados*, I.3 (1824), pp. 278–280.

Guillén, Claudio, *El sol de los desterrados: literatura y exilio*, Barcelona, Quaderns Crema, 1995.

Llorens, Vicente, *Liberales y románticos. Una emigración española en Inglaterra (1823–1834)*, Madrid, Castalia, 1968.

López Tabar, Juan, *Los famosos traidores. Los afrancesados durante la crisis del Antiguo Régimen (1808–1833)*, Madrid, Biblioteca Nueva, 2001.

«Mi convite», en *Ocios de españoles emigrados*, IV.19 (1825), pp. 291–292.

Muñoz Sempere, Daniel, y Gregorio Alonso García (eds.), *Londres y el liberalismo hispánico*, Madrid/Frankfurt, Iberoamericana/Vervuert, 2011.

Ocios de españoles emigrados, Emilio Soler Pascual (dir.), Alicante, Biblioteca Virtual Miguel de Cervantes, s.a. (portal web) [fecha de consulta: 17-04-2018] <http://www.cervantesvirtual.com/portales/ocios_de_espanoles_emigrados>.

«Oda a la libertad», en *Ocios de españoles emigrados*, I.3 (1824), pp. 274–278.

Ovidio Nasón, Publio, *Espístolas desde el Ponto*, José Quiñones Melgoza (ed.), México, Universidad Nacional Autónoma, 1978.

—, *Las tristes*, José Quiñones Melgoza (ed.), México, Universidad Nacional Autónoma, 1974.

«Prólogo», en *Ocios de Españoles emigrados*, 1.1 (1824), pp. 1–6.

Saavedra, Ángel de, «El desterrado», en *Ocios de españoles emigrados*, II.5 (1824), pp. 60–70.

Sánchez Mantero, Rafael, *Liberales en el exilio. La emigración política en Francia en la crisis del Antiguo Régimen*, Madrid, Rialp, 1975.

Soldevilla Oria, Consuelo, *El exilio español (1808–1975)*, Madrid, Arco Libros, 2001.

Urcullu, José de, «Letrilla. Tras de un tiempo malo/vendrá otro mejor», en *Ocios de españoles emigrados*, VI.29 (1826), pp. 167–168.

—, «La entrada del invierno. Oda», en *Ocios de españoles emigrados*, IV.20 (1825), pp. 410–412.

Vauchelle-Haquet, Aline, *Les ouvrages en langue espagnole publies en France entre 1814 et 1833: Présentation et catalogue*, Aix-en-Provence, Université de Provence, 1985.

Vilar, Juan B., *La España del exilio. Las migraciones políticas españoles en los siglos XIX y XX*, Madrid, Síntesis, 2006.

Villanueva, Joaquín Lorenzo, «Salmo CXXVI. Con notas filológicas», *Ocios de españoles emigrados*, IV.18 (1825), pp. 219–220.

Raquel Macciuci

Letras sin libro en el siglo XVIII. Las «Cartas marruecas» del *Correo de Madrid (ó de los ciegos)*

«Mi intención sería mostrar que la relación contemporánea con las obra
y los géneros no puede considerarse ni como invariante ni como universal.»
Roger Chartier

Pesumen: *Cartas marruecas*, obra póstuma de José Cadalso (1741–1782), representó desde su aparición en el *Correo de Madrid* ó *de los ciegos* un desafío para quienes buscaron fijar una edición crítica lo más cercana posible a la que habría autorizado el autor. Un conjunto de manuscritos de segunda mano constituyó la fuente indispensable. La versión publicada en el periódico madrileño, en cambio, no fue valorada por la mayor parte de los editores. Sin embargo, estos textos tienen la legitimidad de ser la primera versión impresa que circuló entre los lectores ilustrados en un circuito de lectura institucionalizado, otorgándole una notoriedad que sin duda influyó para su canonización.

La presente aproximación crítica a las «Cartas marruecas» del *Correo de Madrid* tomará en consideración las condiciones de lectura que rodearon al texto impreso más temprano de la célebre obra de Cadalso, divulgadas por primera vez en un medio periodístico. En el contexto de la actual recuperación de la ingente literatura en lengua española publicada en medios gráficos antes que en libro, y desde el marco teórico que conjuga el análisis textual con las formas materiales y la transmisión de las obras, permitirá ver el clásico libro desde perspectivas poco atendidas hasta hoy y, al mismo tiempo, introducir reflexiones sobre diferentes aspectos de la historia literaria y de la cultura que se ven modificados a la luz de estas teorías.

Palabras clave: Soporte, Roger Chartier, Ilustración, prensa periódica

1 *Cartas marruecas*: al principio fue el periódico

El lector que hoy aborda la lectura de *Cartas marruecas* – generalmente en el marco de la enseñanza media o universitaria – se encuentra con un libro de

Raquel Macciuci, Universidad Nacional de La Plata/IdIHCS – CONICET

https://doi.org/10.1515/9783110450828-053

aspecto entre escolar y académico, el cual conlleva, dada su condición de texto canónico de lectura obligatoria, la intervención de un especialista a cargo de la edición crítica, la introducción y las notas. En tales estudios preliminares generalmente se consigna que Cadalso escribió las *Cartas* entre 1973 y 1974 pero nunca las vio publicadas. Y que pasaron quince años hasta que en 1988 aparecieron algunos fragmentos en el *Correo de Madrid* ó *de los Ciegos*, periódico que al año siguiente ofreció por entregas la serie casi completa (se suprimieron las Cartas LV, LXXXIII y la «Protesta literaria»).[1] Esta versión incorpora numerosas modificaciones que el escritor habría realizado hacia 1778 sobre la primera redacción, seguramente motivado por el recrudecimiento de las persecuciones del clero a la Filosofía moderna y los procesos inquisitoriales a varios escritores, alguno muy cercano a Cadalso.[2] Poco más se dice de esta circunstancia clave, según mi parecer, ya que sitúa las *Cartas*, no en la tradición literaria sino en un medio gráfico en la llamada década áurea de la prensa ilustrada.

> La década de 1780 es sin duda la más brillante en este aspecto de todo el siglo. Decididamente protegida por el rey y sus ilustrados ministros, se publican muchos y muy interesantes periódicos, tanto literarios como de crítica social [...].[3]

El núcleo de las disquisiciones y de los comentarios de la crítica suele centrarse en la ecdótica, ciencia en la cual se sustentan las ediciones comentadas y la solución de los problemas filológicos que el texto plantea. Igualmente, los expertos suelen prestan atención a las claves literarias que revelan la mentalidad y el ideario del siglo ilustrado, pero dejan de lado la importancia del publicismo y de la prensa en la construcción de la opinión pública y de un imaginario moderno.

El proceso de canonización e institucionalización literaria de *Cartas marruecas* no es excepcional, todo lo contrario: numerosos textos que circularon y se

---

1 Este periódico se publicó entre 1786 y 1791. Su cierre fue consecuencia de la orden de Floridablanca que afectó a todos los periódicos, con excepción de los controlados por la corona (María Cruz Seoane y María Dolores Saiz, *Cuatro siglos de periodismo en España. De los* avisos *a los periódicos digitales*, Madrid, Alianza, 2007, pp. 33–34). Desde 1786 a 1787 se llamó *Correo de los Ciegos*. A partir de ese año, cambió la denominación por *Correo de Madrid*, aunque se lo siguió identificando como «el de los ciegos». Tenía una periodicidad de dos ediciones semanales, frecuencia que pasó a una desde octubre de 1790 hasta el final. La cifra de números editados ascendió a 422 («Correo (de los ciegos) de Madrid», en *Hemeroteca Filosofía en español* [página web] [fecha de consulta: 18-12-2016] <http://www.filosofia.org/hem/med/m032.htm>).

2 Véase una información más detallada en Emilio Martínez Mata, «El texto de las *Cartas marruecas* de José de Cadalso», en Florencio Sevilla Arroyo y Carlos Alvar Ezquerra (coords.), *Actas del XIII Congreso de la Asociación Internacional de Hispanistas, Madrid 6–11 de julio de 1998*, 2000, Madrid, Castalia, vol. 2, pp. 31–32.

3 María Cruz Seoane y María Dolores Saiz, *Cuatro siglos de periodismo en España...*, p. 32.

leyeron por primera vez en medios periodísticos se recopilaron más tarde en libro, casi siempre mediando una selección que reduce el número de artículos.[4] Aunque no existen estudios rigurosos, no es temerario afirmar que el cambio de soporte cumple una función esencial para que la obra obtenga un sitio en el sistema literario y vea garantizada su pervivencia, proceso que sería más complejo y atípico si solo contara con el gramaje y la estructura de un medio periodístico.

2 El texto y el soporte

Desde finales del siglo XX, Roger Chartier abrió un panorama nuevo para el estudio de la cultura letrada con sus tesis sobre la mutua interdependencia de texto y soporte en la producción de significados. No abundaré en referencias a sus obras señeras, *El mundo como representación*[5] o *Libros, lectores y lecturas en la Edad Moderna*,[6] que luego amplió y diversificó en numerosas investigaciones posteriores. A partir de esta perspectiva, mi trabajo intenta devolver a *Cartas marruecas* la materialidad y el contexto originarios, es decir, reponer una serie de datos y circunstancias que rodearon a la primera publicación en un medio gráfico, aspectos generalmente ausentes de los estudios críticos y ediciones posteriores de las mismas. Por esta razón, en el título, en lugar de señalarse con la cursiva de rigor, «Cartas marruecas»[7] va entre comillas con el fin subrayar la diferencia entre el libro que reúne la totalidad de las cartas y los textos publicados por entregas en el *Correo español ó de Ciegos*.[8]

---

4 No es el caso de *Cartas marruecas*, dado que la extensión y la estructura conclusa del epistolario favoreció su edición completa, lo cual no evitó que circularan manuscritos en forma fragmentaria (véase la nota 12).

5 Roger Chartier, *El mundo como representación*, Barcelona, Gedisa, 1992.

6 Roger Chartier, *Libros, lecturas y lectores en la Edad Moderna*, Madrid, Alianza, 1993.

7 En lo sucesivo, y por razones de propiedad intelectual, se propone una lectura hipertextual mediante las URL que remiten a las estampas que ilustran el texto, tomadas del *Correo de Madrid ó de los ciegos*, cuya página principal es «Correo de Madrid (ó de los ciegos)», en *Hemeroteca Digital de la BNE*, Madrid, Biblioteca Nacional de España, s.a. (en línea) [fecha de consulta: 17-04-2018] <http://hemerotecadigital.bne.es/details.vm?q=id:0003752667>. En este caso, para comrpobar las características formales que señalamos, véase *Correo de Madrid o de los ciegos*, 1 (10-10-1786), p. 1 (en línea) [fecha de consulta: 28-12-2016] <http://hemerotecadigital.bne.es/issue.vm?id=0003752668>.

8 De aquí en adelante, se abrevia CM si se menciona el texto del periódico, *CM* para aludir a la edición en libro utilizada y consignada en la bibliografía–, y simplemente «Cartas» para aludir a los textos manuscritos previos a toda edición institucionalizada. En lo sucesivo, solo se proporcionan copias fragmentarias, a título informativo, de las CM aludidas, publicadas en el *Correo español ó de los ciegos*.

En consonancia con el diseño del *Correo de Madrid* (y de los periódicos dieciochescos), se utilizaba una única tipografía. En cuanto a las cartas, no se presentaban con un número, título o letra de molde destacada. Sólo la «Introducción» y la carta número 1 (incluidas en el mismo número 233) fueron precedidas por una breve presentación del responsable del periódico,[9] pero debido a la extensión –y quizás a la política de captación del lector–, la carta se interrumpe con el anuncio «(se continuará.» [sic]. La marca de separación con los artículos precedentes o posteriores se reducía un interlineado doble.

Según los testimonios que se pudieron recoger desde las primeras indagaciones históricas y filológicas, Cadalso concibió sus *Cartas* como un libro, y así lo presentó a sus posibles editores, consciente de emparentar con un género ilustre en el siglo XVIII, cuyo modelo insigne eran las *Cartas persas* de Montesquieu.[10] No obstante, tal vez no le hubiera disgustado al ilustrado español ver su obra en papel de prensa, si se atiende a las reflexiones volcadas en la Introducción, donde el mismo autor subraya determinados rasgos formales de sus epístolas que coinciden con algunos rasgos del artículo periodístico de creación: «[El] método epistolar hace *la lectura más cómoda*, su *distribución más fácil*, y *su estilo más ameno*».[11] La segunda noción es clave: ¿en qué pensaba Cadalso cuando dice «distribución más fácil»? Porque si las *Cartas* se distribuyen compiladas en libro –como en la actualidad–, su distribución no se vuelve más fácil ni se diferencia de otras obras y géneros. Quizás se imaginaba que podían fragmentarse y distribuirse de forma seriada, o desgajarse de acuerdo con el tema o los intereses del lector, como de hecho testimonian algunos manuscritos compuestos por unas pocas cartas.[12] Más adelante, el autor informa que a pesar de que las cartas «halladas» no tenían fecha –recuérdese el tópico del manuscrito encontrado al que recurre[13]– no se preocupó por darles un progresión ni una estructura interna que se rigiera por criterios temáticos o similares, con lo cual vuelve a conceder

---

9 Vénase respectivamente la «Introducción» y el comienzo de la Carta 1 y su final en *Correo de Madrid o de los ciegos*, 233 (14/02/1789), pp. 1 y 4 (en línea) [fecha de consulta: 28-12-2016] <http://hemerotecadigital.bne.es/issue.vm?id=0003764267>.

10 Véase Manuel Camarero, «Las *Cartas marruecas*», en José Cadalso, *Cartas marruecas*, Manuel Camarero (ed.), Madrid, Castalia didáctica, 1996, pp. 25-29.

11 José Cadalso, *Cartas marruecas. Noches lúgubres*, Joaquín Arce (ed.), Madrid, Cátedra, 1982, p. 78. Énfasis mío. Siempre cito a partir de esta edición.

12 Martínez Mata hace mención a un manuscrito G, de la Biblioteca Nacional de Madrid, que sólo contiene la «Introducción» y las ocho primeras cartas y parte de la novena (Emilio Martínez Mata, «El texto de las *Cartas marruecas* de José de Cadalso», p. 30).

13 «La suerte quiso que, por muerte de un conocido mío, cayese en mis manos un manuscrito cuyo título es: Cartas escritas por un moro llamado Gazel Ben-Aly, A Ben Beley, amigo suyo [...]» (José Cadalso, *Cartas marruecas*, p. 78).

a su colección epistolar cualidades para ser leídas con la libertad y con las interrupciones que se derivan tanto de la estructura discontinua como de los ámbitos de lectura semi públicos que surgieron en el siglo XVIII a la par de la prensa periódica.

> La prensa propició una nueva forma de lectura, mas descuidada, pero más vierta a debate en tertulias, cafés, salones y lugares de reunión de todo tipo, porque todos podían intercambiar opiniones sobre lo que acababan de leer aquel día, aquella semana o aquel mes, si es que no se leía colectivamente en las mismas reuniones.[14]

O quizás se anticipaba a lo que fue su difusión más temprana, pues no deja de ser curioso que en el conjunto de 90 misivas, ninguna de ellas esté fechada, detalle atípico en una carta, pero que las hace muy adecuadas para la publicación en un periódico, del que toma prestada la datación. La coincidencia de fechas ofrece a las cartas un efecto de realidad o de tiempo real, que las vuelve más actuales. Si bien las CM remitían al acreditado precursor galo antes mencionado, no debe olvidarse que la fórmula epistolar caracterizaba las noticias de la prensa desde sus inicios en el siglo XVII, asociadas al mensajero (recuérdese que Mercurio, gacetilla y periódico eran casi sinónimos). Como las novedades eran enviadas desde otros lugares del mundo como cartas de corresponsales o como impresos, el patrón de escritura era el de la correspondencia.[15]

> La persona que elabora esta publicación escribe como si se redactara una carta y se adapta a los intereses del público lector. De ahí que sea frecuente encontrar pronombres personales o adjetivos posesivos -«nosotros» o «de nosotros»-, que son testimonio de que quien así redacta se considera parte del grupo social para el que escribe.[16]

Esto significa que la carta como recurso de verosimilitud disponía de un público habituado a sus recursos formales. Fuera o no del agrado de Cadalso, sus textos aparecieron por entregas en 1789, entre el 14 de febrero y el 29 de julio, dos veces por semana – los miércoles y los sábados– y abarcaron 47 números del periódico.

---

14 María Cruz Seoane y María Dolores Saiz, *Cuatro siglos de periodismo en España...*, p. 55. Ver también Antoni Martí Monterde, «La vida interior de la ciudad», en *Poética del café. Un espacio de la modernidad literaria europea*, Barcelona, Anagrama, 2007, pp. 77–13.
15 Natividad Abril Vargas, *Periodismo de opinión. Claves de la retórica periodística*, Madrid, Síntesis, 1999, p. 41.
16 Natividad Abril Vargas, *Periodismo de opinión...*, p. 41.

3 Un periódico moderno

Una visita rápida a los ejemplares del medio gráfico que albergaron las CM descubre que no se trataba de un periódico de noticias, sino de la modalidad que Cruz Seoane y María Dolores Saiz clasifican como cultural.[17] Abril Vargas prefiere llamarlas revistas culturales –también literarias, con el sentido amplio que el concepto tenía en el siglo XVIII–. A diferencia de la prensa de aparición diaria y de carácter noticierio, estas aparecían solamente algunos días de la semana y tendían más a la opinión de corte crítico o polémico.[18] Este segundo modelo era el más frecuente, ya que era difícil disponer de noticias novedosas todos los días. Por su tendencia a tomar posición ante los acontecimientos públicos, fueron fundamentales para transmitir las ideas ilustradas. El fin del *Correo de Madrid* era, por tanto, más divulgativo y formativo que informativo, tal como lo anticipa la leyenda, que aparecía debajo del encabezamiento en los números que anunciaban un nuevo tomo:[19] «Correo de los Ciegos de Madrid (ó de los Ciegos). Obra periódica en que se publican rasgos de varia literatura, noticias y los escritos de toda especie que se dirigen al Editor».[20]

Con un formato de cuarto menor de 23 centímetros, la extensión pasó de las cuatro páginas del comienzo a las 8 de su época consolidada. El número de artículos rondaba los tres ó cuatro, cifra que puede considerarse alta, ya que algunos medios sólo contaban con una única colaboración.

Las CM de Cadalso comparten el ejemplar del periódico con al menos otras dos notas más de mayor extensión–más que las Cartas– de temática variable, aunque con predominio de los asuntos de actualidad jurídica o de interés histórico, con frecuentes traducciones directas de trabajos del prestigioso historiador francés Charles Rollin. La carto o las cartas –generalmente cada número incluía más de una– estaban separadas del resto de la publicación por una sección que se introducía bajo el título de «Odas», una poesía, por lo general de estilo improvisado, entre jocoso y ramplón. Como rasgo de gran modernidad, explicitado en el título del periódico, «los escritos de toda especie que se dirigen al editor», había una sección dedicada a la correspondencia de los lectores,

---

17 María Cruz Seoane y María Dolores Saiz, *Cuatro siglos de periodismo en España...*, pp. 37 y ss.
18 Natividad Abril Vargas, *Periodismo de opinión...*, pp. 43 y ss.
19 Los tomos cumplían la función de invitar a los lectores a encuadernar determinado número de ejemplares, para coleccionarlos en forma de libro.
20 Véase la portada en *Correo de Madrid o de los ciegos*, 221 (1789), s.p. (en línea) [fecha de consulta: 28-12-2016] <http://hemerotecadigital.bne.es/issue.vm?id=0003763441>.

algunas muy extensas y elaboradas, hasta el punto de igualarse a un artículo del periódico.

Queda mucho por estudiar acerca del ideario político y cultural de *Correo de Madrid* ó *de los ciegos*, y de su papel agente modernizador que no escatimaba críticas –aunque sutiles y moderadas– al antiguo régimen, a las prácticas de gobierno y a las costumbres. Cruz Seoane y Sainz lo considera un periódico cultural relevante, integrado en el «grupo más vivo, más vehemente y más ilustrado de la época de Carlos III».[21]

En el primer año la venta estuvo a cargo de los ciegos, después, el cambio de nombre, *Correo de los ciegos* por *Correo de Madrid*, indicó un cambio de la venta callejera al régimen de suscripción.

Constituye un ámbito por indagar la procedencia de los abonados. En el registro que figura en el número correspondiente al «Tomo Cuarto, N° 221», del mes de enero de 1789, llama la tención el rango y el alto número de compradores fijos, entre los que se encuentran miembros de la realeza y no pocas mujeres.[22] En primer lugar se encuentran «El Rey Nuestro Señor» y «La Reyna Nuestra Señora», un infante, el arzobispo de Toledo, el Conde de Floridablanca, seguidos de otros 22 títulos nobiliarios; todo indica que el diario llegaba a un colectivo de ilustrados de variado espectro.

Hasta aquí he tratado de demostrar cómo destacar la cercanía de *Cartas marruecas* al articulismo literario modifica el estatuto y el protocolo de lectura derivados de su lugar en el canon literario así como ilumina su condición de texto discontinuo, que el lector esperaba encontrar dos veces a la semana, con lo cual los rasgos distintivos se asimilan a la brevedad, la versatilidad y las interrupciones del novedoso formato periodístico.

4 El aura de un medio masivo

Otro razonamiento que se impone en el marco de los estudios sobre la edición es el que atañe a la cuestión filológica y las controversias en torno a la fijación del texto definitivo de Cadalso. El libre acceso virtual a los ejemplares del *Correo de Madrid* hace visible y revaloriza el costado material de *Cartas*

---

21 María Cruz Seoane y María Dolores Saiz, *Cuatro siglos de periodismo en España...*, p. 48.
22 Véase la lista en las páginas iniciales del *Correo de Madrid o de los ciegos*, 221 (1789), s.p. (en línea) [fecha de consulta: 28-12-2016] <http://hemerotecadigital.bne.es/issue.vm?id= 0003763441>.

marruecas y su estatuto de texto de prensa que, como tal, es impar y definitivo. La afirmación requiere ser explicada: paradójicamente, un texto aparecido en un periódico, a la vez que es de índole masiva, efímera y literariamente mestiza, goza de un carácter único y aurático, similar al de un códice, pese a su multiplicación técnica, puesto que un periódico no se reedita; no existe la posibilidad de corregir erratas ni de modificar su contenido; no hay lugar para el arrepentimiento; cada tirada es lo que es: *El Siglo*, que motivó el célebre artículo de Larra «*El Siglo* en blanco»[23] adquiere valor y autenticidad por los espacios en blanco que testimonian el accionar de la censura en las postrimerías del absolutismo. En un diario tradicional, en papel, los autores no tienen posibilidad de corregir errores o modificar el texto como sí pueden hacerlo con un libro; mientras que un escritor de periódico sólo puede reparar su error con otro artículo.

Las imprescindibles aportaciones a la edición de *Cartas marruecas* a partir de los manuscritos existentes posteriores a la primera redacción y presumiblemente corregidos por Cadalso, aunque a otros pertenezca la letra, arrojan información relevante sobre las peripecias de la obra y la intervención del autor, tanto para perfeccionarla como para autocensurarla, pero no modifica ni reemplaza (recuperando el célebre enunciado de Walter Benjamin) la forma única, la aurática «manifestación irrepetible de una lejanía», de la versión que leyó el hombre ilustrado en el *Correo de Madrid* durante los primeros meses de 1789, aun cuando no fuera la versión que Cadalso hubiera deseado, pero sí la que muy probablemente preparó voluntariamente para sortear la negativa de los censores.[24]

No debe sorprender que los autores de gran parte de las ediciones críticas no se hayan interesado por reproducir algunas de las páginas del *Correo de*

---

23 Mariano José de Larra, «*El Siglo* en blanco», en *La Revista Española*, 167 (09-03-1834), pp. 281-284, pero cito a partir de la edición digital de la Biblioteca Virtual Miguel de Cervantes [fecha de consulta: 28-12-2016] <http://www.cervantesvirtual.com/nd/ark:/59851/bmch1304>.

24 La irreversibilidad de la edición de un periódico limita el alcance el derecho del escritor sobre su propio texto, ya que no lo puede corregir una vez publicado. La obra publicada en papel tiene naturaleza inmutable, aun cuando la rectifique y corrija por otras vías. Recientemente una colección de El País – Aguilar «El viaje interior» ideó un artilugio para dar la oportunidad a los articulistas de actualizar sus artículos de prensa cuando fueron editados en libro. Aunque no deja de ser un artificio, cada escritor tuvo la posibilidad de cambiar el artículo originario aparecido varios años antes mediante glosas añadidas en los márgenes. La tecnología permitió reproducir en tinta azul las notas manuscritas, recuperando así el valor fetiche de la escritura de puño y letra (véanse en el «Apéndice» al final de este trabajo dos ejemplos cedidos por el escritor Manuel Vicent).

Madrid con las cartas tal como fueron publicadas por primera vez, y que todas vuelvan a las imágenes harto conocidas del retrato de Cadalso realizado por P. de Castro Romero, o a las cubiertas de las ediciones en libro. De la misma manera, es significativo que la edición de Espasa Calpe 1935, a cargo de Juan Tamayo y Rubio, sea la primera que sigue el texto de *Correo de Madrid*. Las ediciones más recientes, que se basan en la muy autorizada de Dupuis y Glendinning (1966),[25] cuando mencionan los cambios supuestamente inducidos por la censura, no se basan en dicho periódico, sino en los diferentes manuscritos hallados. Es sabido que una nueva teoría tiene la virtud de revelar lo que estaba oculto, de propiciar nuevos acercamientos a viejos temas, y sólo en los últimos años la reflexión teórica ha puesto en relación los textos con sus circunstancias materiales y ha propiciado una mirada menos plana y más prismática sobre la obra literaria, sobre el canon, sobre las fronteras de la literatura.

En el año 2000 Roger Chartier afirmaba que todavía no se había salido de la época en que «las tradiciones de la crítica literaria no prestan atención a las formas y los objetos que son los soportes y los vehículos de los textos»; habría que ver si el tiempo transcurrido ha sido suficiente para que no se justifique repetir el aserto.[26]

5 Del monumento al evento

A partir del cuento de Borges *El espejo y la máscara*, Chartier introdujo los conceptos de «texto monumento» y «texto evento» siguiendo las tesis de la historiadora francesa de la literatura antigua, Florence Dupont.[27] Según esta hipótesis, la institución literaria siempre ofrece un texto monumento a los lectores, resultado forzoso del proceso de canonización que identificará un texto con un escrito fijado, estabilizado, manipulable gracias a su permanencia, producido para un lector que lee en silencio, para sí mismo y que a través de la lectura realiza un trabajo de interpretación. El texto evento, en cambio, es una suerte

---

25 José de Cadalso, *Cartas marruecas. Noches lúgubres,* Lucien Dupuis y Nigel Glendinning (eds.), Londres, Tamesis, 1966.

26 Roger Chartier, *Entre poder y placer. Cultura escrita y literatura en la Edad Moderna*, Madrid, Cátedra, 2000, p. 126.

27 Roger Chartier, *Entre poder y placer...*, pp. 107 y ss.

de *perfomance*, resultado de una puesta en escena, de un ritual, y no puede ser redactado ni repetido. Si bien la historiadora francesa se sirve de situaciones particulares en torno a la poesía ritual de la antigüedad, Chartier se vale de la teoría para diferenciar la enunciación efectiva de un texto de la enunciación ficticia y de su fijación escrita. La fijación escrita sanciona la introducción en el canon escolar, la elaboración de modelos, la constitución de un repertorio y la reutilización de las citas.

Aunque el científico francés no ha investigado especialmente la prensa periódica, en ocasiones menciona brevemente los cambios radicales que introdujo la aparición de los medios informativos en los hábitos de lectura.[28] Estas referencias son suficientes para habilitar una extrapolación similar a la que realiza con las investigaciones de Florence Dupont, las cuales «no carecen de paralelos en la modernidad».[29] Las CM, en tantos artículos periodísticos leídos día a día, comentados en las tertulias o salones, encierran un componente de evento gracias a su relación con el soporte efímero, fechado, y a la circulación inmediata de la prensa periódica. Después de dos centurias de circulación en un texto monumento en soporte libro, devolver a CM la condición de texto evento de periódico, significa restituir el escenario en que fueron leídas por los receptores de la prensa en la dinámica década de los años 80 del siglo ilustrado y volver a hacer visible su condición originaria de texto atravesado por mestizajes e investido de un estatuto ambiguo, destinado a perecer y, al mismo tiempo, programado para ser encuadernado en tomos para una biblioteca, adaptado a las exigencias de la censura pero, finalmente, –aunque mutilado– publicado y leído.

---

28 Véase un tratamiento más extenso en mi artículo «Técnica, soporte, ámbitos de sociabilidad y mecanismos de legitimación: sobre la construcción de espacios de literatura en la prensa periódica», en Raquel Macciuci y Susanne Schlünder (eds.), *Literatura y técnica. Derivas materiales y ficcionales: libros, escritores, textos frente a la máquina y la ciencia*, Osnabrück/La Plata, Universidad de Osnabrück/Ediciones del lado de acá, 2015, pp. 205–230.

29 Chartier, Roger, *Entre poder y placer. Cultura escrita y literatura en la Edad moderna*, p. 115.

Apéndice: imágenes de dos libros de la colección El País–Aguilar

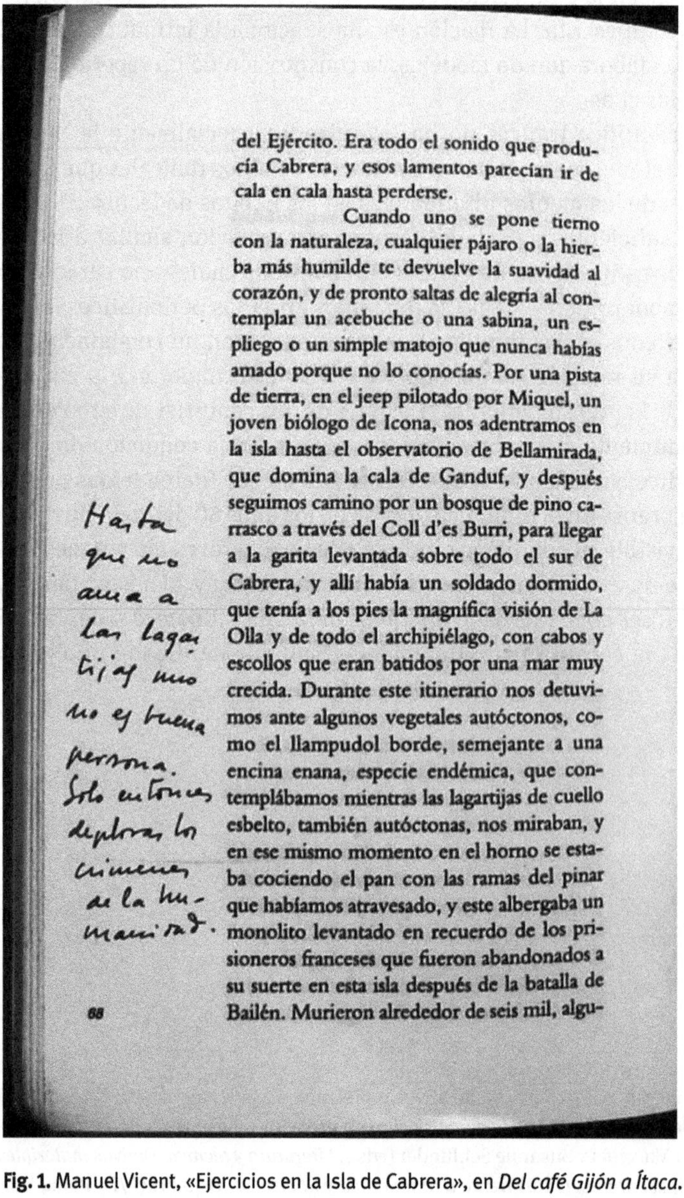

del Ejército. Era todo el sonido que producía Cabrera, y esos lamentos parecían ir de cala en cala hasta perderse.

Cuando uno se pone tierno con la naturaleza, cualquier pájaro o la hierba más humilde te devuelve la suavidad al corazón, y de pronto saltas de alegría al contemplar un acebuche o una sabina, un espliego o un simple matojo que nunca habías amado porque no lo conocías. Por una pista de tierra, en el jeep pilotado por Miquel, un joven biólogo de Icona, nos adentramos en la isla hasta el observatorio de Bellamirada, que domina la cala de Ganduf, y después seguimos camino por un bosque de pino carrasco a través del Coll d'es Burri, para llegar a la garita levantada sobre todo el sur de Cabrera, y allí había un soldado dormido, que tenía a los pies la magnífica visión de La Olla y de todo el archipiélago, con cabos y escollos que eran batidos por una mar muy crecida. Durante este itinerario nos detuvimos ante algunos vegetales autóctonos, como el llampudol borde, semejante a una encina enana, especie endémica, que contemplábamos mientras las lagartijas de cuello esbelto, también autóctonas, nos miraban, y en ese mismo momento en el horno se estaba cociendo el pan con las ramas del pinar que habíamos atravesado, y este albergaba un monolito levantado en recuerdo de los prisioneros franceses que fueron abandonados a su suerte en esta isla después de la batalla de Bailén. Murieron alrededor de seis mil, algu-

Hasta que no ama a las lagartijas uno no es buena persona. Solo entonces deploras los crímenes de la humanidad.

68

Fig. 1. Manuel Vicent, «Ejercicios en la Isla de Cabrera», en *Del café Gijón a Ítaca. Descubrimiento del Mediterráneo como mar interior*, Madrid, El País-Aguilar, 1994, p. 68.

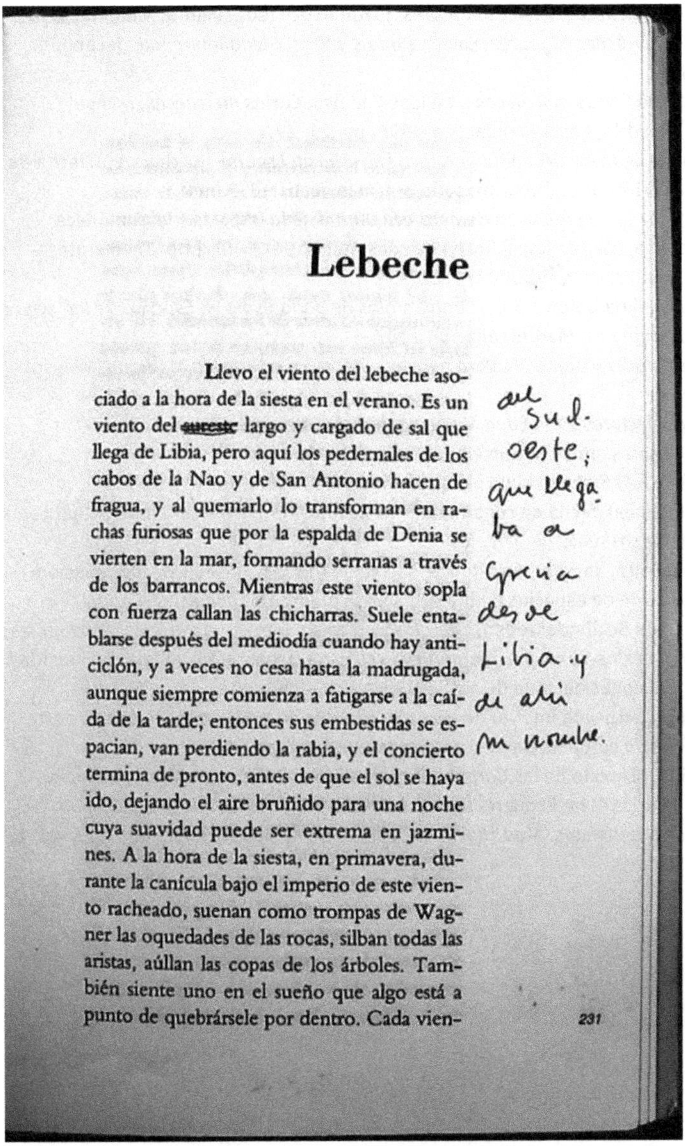

Lebeche

Llevo el viento del lebeche asociado a la hora de la siesta en el verano. Es un viento del ~~sureste~~ largo y cargado de sal que llega de Libia, pero aquí los pedernales de los cabos de la Nao y de San Antonio hacen de fragua, y al quemarlo lo transforman en rachas furiosas que por la espalda de Denia se vierten en la mar, formando serranas a través de los barrancos. Mientras este viento sopla con fuerza callan las chicharras. Suele entablarse después del mediodía cuando hay anticiclón, y a veces no cesa hasta la madrugada, aunque siempre comienza a fatigarse a la caída de la tarde; entonces sus embestidas se espacian, van perdiendo la rabia, y el concierto termina de pronto, antes de que el sol se haya ido, dejando el aire bruñido para una noche cuya suavidad puede ser extrema en jazmines. A la hora de la siesta, en primavera, durante la canícula bajo el imperio de este viento racheado, suenan como trompas de Wagner las oquedades de las rocas, silban todas las aristas, aúllan las copas de los árboles. También siente uno en el sueño que algo está a punto de quebrársele por dentro. Cada vien-

del sud-oeste; que llegaba a Grecia desde Libia y de ahí su nombre.

231

Fig. 2. Manuel Vicent, *A favor del placer. Cuaderno de bitácora para náufragos de hoy*, Madrid, El País-Aguilar, 1994, p. 231.

Obras citadas

Abril Vargas, Natividad, *Periodismo de opinión. Claves de la retórica periodística*, Madrid, Síntesis, 1999.

Cadalso, José, *Cartas marruecas. Noches lúgubres*, Joaquín Arce (ed.), Madrid, Cátedra, 1982.

—, *Cartas marruecas. Noches lúgubres*, Lucien *Dupuis* y Nigel *Glendinning (eds.)*, London, Tamesis, 1966.

Camarero, Manuel, «Las *Cartas marruecas*», en José Cadalso, *Cartas marruecas*, Manuel Camarero (ed.), Madrid, Castalia didáctica, 1996, pp. 25–29.

«Correo (de los ciegos) de Madrid», en *Hemeroteca Filosofía en Español* (página web) [fecha de consulta: 18-12-2016] <http://www.filosofia.org/hem/med/m032.htm>.

«Correo de Madrid (ó de los ciegos)», en *Hemeroteca Digital de la BNE*, Madrid, Biblioteca Nacional de España, s.a. (en línea) [fecha de consulta: 17-04-2018] <http://hemeroteca-digital.bne.es/details.vm?q=id:0003752667>.

Cruz Seoane, María, y María Dolores Saiz, *Cuatro siglos de periodismo en España. De los avisos a los periódicos digitales*, Madrid, Alianza, 2007.

Chartier, Roger, *Entre poder y placer. Cultura escrita y literatura en la Edad Moderna*, Madrid, Cátedra, 2000.

—, *Libros, lecturas y lectores en la Edad Moderna,* Madrid, Alianza, 1993.

—, *El mundo como representación*, Barcelona, Gedisa, 1992.

Larra, Mariano José de, «*El Siglo* en blanco», en *La Revista Española*, 167 (09-03-1834), pp. 281–284 (en línea) [fecha de consulta: 28-12-2016] <http://www.cervantesvirtual.com/nd/ark:/59851/bmch1304>.

Macciuci, Raquel, «Técnica, soporte, ámbitos de sociabilidad y mecanismos de legitimación: sobre la construcción de espacios de literatura en la prensa periódica», en Raquel Macciuci y Susanne Schlünder (eds.), *Literatura y técnica. Derivas materiales y ficcionales: libros, escritores, textos frente a la máquina y la ciencia*, Osnabrück/La Plata, Universidad de Osnabrück/Ediciones del lado de acá, 2015, pp. 205–230.

Martí Monterde, Antoni, «La vida interior de la ciudad», en *Poética del café. Un espacio de la modernidad literaria europea*, Barcelona, Anagrama, 2007, pp. 77–13.

Martínez Mata, Emilio, «El texto de las *Cartas marruecas* de José de Cadalso», en Florencio Sevilla Arroyo y Carlos Alvar Ezquerra (eds.), *Actas del XIII Congreso de la Asociación Internacional de Hispanistas, Madrid 6-11 de julio de 1998*, Madrid, Castalia, 2000, vol. 2, pp. 29–38.

Beate Möller

El afán de la felicidad. La transición de un concepto político-económico y normativo de España a Hispanoamérica

Resumen: Sobre el carácter de las relaciones entre la Metrópoli y las sociedades hispanoamericanas de los siglos XVIII y XIX existen diferentes opiniones en la investigación hispanística actual. Predomina la opinión de que el pensamiento ilustrado que trascendió a Hispanoamérica vino desde Francia, mientras que el pensamiento ilustrado español desempeñó un papel secundario. Posiblemente se puede diferenciar esta perspectiva mediante un nuevo examen de los conceptos político-ecónomicos y normativos que circularon entre los dos continentes. Uno de estos conceptos consiste en la idea de la felicidad. Como concepto político-económico y normativo del bienestar formó un término central del programa reformista de la monarquía. Durante el siglo XVIII y principios del siglo XIX el modelo de la felicidad está sometido a un cambio. A partir de entonces sus connotaciones oscilan entre ideales religiosos, fines político-económicos y valores sociales. En este contexto vamos a analizar desde una perspectiva de la historia de ideas la transición de este concepto de España a Hispanoamérica y los procesos de la adaptación cultural en el nuevo continente. Como no es posible tratar todo el espacio hispanoamericano dirigimos nuestro interés al intercambio entre España y el Virreinato del Río de la Plata, ya que la Buenos Aires de aquel momento formó un centro de la Ilustración hispanoamericana.

Palabras clave: Felicidad, reforma, transición de ideas, España, Río de la Plata

El afán de la felicidad fue una obsesión de las sociedades de la Ilustración. No sólo los economistas estudiaron los medios para promover la felicidad pública, sino también los literatos buscaron la felicidad perfecta. Así, la encontramos en casi todos los textos de aquella época tanto europeos como americanos. Para la difusión de esta idea la literatura ilustrada, la prensa y los nuevos espacios comunicativos, como las tertulias y las redes sociales de las Sociedades Económicas de los Amigos (o los Amantes) del País, desempeñan un papel destacado.[1] En

---

1 En cuanto a los nuevos espacios comunicativos, véanse: Joaquín Álvarez Barrientos, «Sociabilidad literaria: tertulias y cafés en el siglo XVIII», en Joaquín Álvarez Barrientos (ed.), *Espacio de la comunicación literaria*, Madrid, Consejo Superior de Investigaciones Científicas, 2002,

Beate Möller, Universität Kassel

https://doi.org/10.1515/9783110450828-054

esta base nos apoyamos para defender que a través de la liberación del comercio entre España e Hispanoamérica en la segunda mitad del siglo XVIII, no sólo se efectuó una circulación mayor de bienes comerciales entre estas dos regiones, sino también de ideas. Para comprobar esta tesis vamos a analizar, desde una perspectiva de la Historia de ideas, la transición del concepto de la felicidad al espacio cultural hispanoamericano en algunos textos ejemplares. Dirigimos nuestro interés a las relaciones interculturales entre España y el Virreinato del Río de la Plata. La Buenos Aires de entonces formó un lugar principal de la Ilustración hispanoamericana porque fue un centro comercial donde se habían instalado intelectuales, políticos ilustrados y una Sociedad Económica en la que se mantuvieron relaciones intensas entre los periodistas bonaerenses.

1 La secularización de la felicidad en la Ilustración temprana

La historia del término «felicidad» empieza en la Antigüedad. Ya los estoicos tomaron como base el deseo natural de los seres humanos de conseguir la felicidad. Según el pensamiento cristiano los hombres podían conocer durante su vida solamente la felicidad temporal, que consistía en el deleite o en la salud corporal, mientras que la felicidad eterna estaba reservada para el otro mundo. Para conseguir la felicidad eterna era necesario llevar una vida virtuosa y moderada. La promesa cristiana de la felicidad eterna sirvió para regular los afectos humanos y para asegurar una vida pacífica entre los hombres. En el transcurso del siglo XVIII se efectuó la secularización de la felicidad eterna. Se formó la idea de que los hombres podían conseguir la felicidad perfecta también en este mundo. La idea cristiana de la divina providencia que supone la obtención automática de la felicidad eterna por la divina salvación, como la defiende San Agustín, se tradujo en la idea de que el destino de la humanidad consiste en la obtención automática de la felicidad terrenal en algún punto futuro de la vida.[2] De este modo, la liberación del hombre de la providencia religiosa le posibilitó la búsqueda de su felicidad terrenal pero, al mismo tiempo, la hizo necesaria. No obstante, la idea

---

pp. 131–146;, y Andreas Gelz, «*Tertulia*». *Literatur und Soziabilität im Spanien des 18. und 19. Jahrhunderts*, Frankfurt, Vervuert, 2006.

2 Véase Benjamin Kloss, «La concepción cíclica de la historia en la España del siglo XVIII. Reflexiones sobre una constante en el pensamiento de los ilustrados», en Christian von Tschilschke y Andreas Gelz (eds.), *Literatura-cultura-media-lengua: nuevos planteamientos de la investigación del siglo XVIII en España e Hispanoamérica*, Frankfurt, Peter Lang, 2005, pp. 67–78.

cristiana de la felicidad eterna y el concepto de la divina providencia no desaparecieron por completo del pensamiento español en el siglo XVIII.[3]

2 La felicidad como tarea política

Aparte de la felicidad eterna, se formó la idea de la felicidad terrenal. Desde el siglo XVII había cursado el término de la felicidad como la denominación del arte de gobernar que pretende conseguir la felicidad de los vasallos. Autores clericales escolásticos empezaron a sustituir el término del «bien común» por el término de la «felicidad pública» y construyeron un enlace terminológico entre la felicidad y la teoría de la prosperidad económica.[4] Sobre la base del término de la felicidad pública se formó entonces un modelo político de la felicidad colectiva. En el contexto de la recepción del *Príncipe* de Maquiavelo había surgido un movimiento antimaquiavelista que había creado una imagen cristiana del monarca ideal que presentaba muchos rasgos del *Príncipe político cristiano* de Diego Saavedra y Fajardo.[5] Vemos reflejado esta imagen ideal en la prosa científica del ilustrado Feijoo. Para él, un buen gobernador no actúa para conseguir su propia fama a través de una polítca imperialista, sino para engrandecer la felicidad de sus vasallos:

> Y especialmente si fijamos los ojos en nuestro Monarca Fernando el Justo, ¿qué cuidados vemos en él, sino los mismos del Monarca Rusiano [Czar Pedro I]? Conducir Artífices, Maestros, instrumentos, no sólo para el uso, mas también para la enseñanza de ciencias, y artes útiles, [...] en fin procurar con varias providencias la seguridad, y comodidad de sus Vasallos, sabiendo, que esto es lo que constituye un Rey Grande, Glorioso, y Excelente.[6]

Feijoo describe la felicidad como un estado de seguridad y prosperidad material que es logrado mediante un programa reformador ilustrado. Aquí observamos un

---

3 Véase José Antonio Maravall, *Estudios de la historia del pensamiento español (siglo XVIII)*, Madrid, Mondadori, 1991, p. 164.

4 Véanse José Antonio Maravall, *Estudios del pensamiento español (siglo XVIII)*, pp. 211–213 y Pedro Álvarez de Miranda, *Palabras e ideas: el léxico de la Ilustración temprana en España (1680–1760)*, Madrid, Boletín de la Real Academia Española, 1992, p. 276.

5 Diego Saavedra y Fajardo, *Idea de un Príncipe Político Christiano representada en cien empresas*, Milano, s.i., 1642.

6 Benito Jerónimo Feijoo, «Carta segunda sobre el mismo asunto», en *Adiciones a las Obras del muy ilustre, y reverendísimo Padre Maestro D. F. Benito Jerónimo Feijoo y Montenegro, Maestro General del Orden de San Benito, del Consejo de S. M. &c. Madrid, Imprenta de Don Pedro Marín, 1783*, Proyecto Filosofía en Español (ed.), Oviedo, Fundación Gustavo Bueno/Biblioteca Feijoniana, 1998, §10 (en línea) [fecha de consulta: 18-12-2016] <http://www.filosofia.org/bjf/bjfvad5.htm>.

enlace discursivo de algunos elementos principales del programa oficial reformador monárquico con el concepto ilustrado de la felicidad colectiva.

3 La felicidad como concepto político-económico y normativo

Durante el proceso de la secularización se formaron dos conceptos nuevos de la
felicidad que demuestran entrecruzamientos discursivos. Para los filósofos ilustrados, la felicidad estaba relacionada con el descubrimiento de la verdad por
medio de las ciencias. Consideraron la difusión de las luces mediante la instrucción pública como una condición para la génesis de la felicidad pública.[7] Otro
recubrimiento entre la felicidad de los ilustrados y el modelo estatal surgió en
el discurso reformador de la monarquía Borbónica, que persiguía enlazar la felicidad pública con los principios de la prosperidad económica y el utilitarismo.
En el transcurso del siglo se puso en el primer plano de la discusión sobre la
felicidad el comercio como una actividad fructífera para el bien público. El nuevo
saber estadístico que nació en el contexto de los balances comerciales, los tratados mercantilistas y las teorías económicas llegó a ser una nueva disciplina
científica que tuvo que justificarse ante la Teología y la escolástica como método
universal:[8] Así lo expresa Juan Enrique de Graef en sus *Discursos mercuriales*:

> Es constante que en el precioso fondo de los divinos preceptos se halla el tesoro de nuestra
> eterna felicidad. [...] Pero las consecuencias que se sacan de estas verdades [...] sirven más
> para obscurecer los conceptos que para ilustrar los puntos. [...] Los letrados consultados
> sobre las materias mercantiles de que trataremos pueden hablar con más fundamentos que
> los teólogos, porque su estudio les da noticia de la grandeza del comercio, de la excelencia
> de la náutica y de la necesidad del cultivo.[9]

---

7 Véanse José Antonio Maravall, *Estudios del pensamiento español (siglo XVIII)*, p. 177, y Gonzalo
Anes, «La corona y la "pública felicidad"», en *Estudios dieciochistas en homenaje al profesor
José Miguel Caso González*, Oviedo, Instituto Feijoo de Estudios del Siglo XVIII, 1995, vol. 1, p. 79.
8 Aludiendo a los *Discursos mercuriales* Witthaus destaca que el saber sobre el comercio es
presentado paso a paso no sólo en el ámbito de la representación del poder monárquico, sino
cada vez más a través de sus reglas y leyes propios. Esto no significa que ya no esté disponible al gobierno. Más bien desempeña un papel importante en la discusión sobre el bien común
(Jan-Henrik Witthaus, «*Homo oeconomicus*. Kaufmannsethos und Liberalismus im Spanien des
aufgeklärten Absolutismus», en Christoph Lütge y Christoph Strosetzki (eds.), *Zwischen Bescheidenheit und Risiko. Der Ehrbare Kaufmann im Fokus der Kulturen*, München, Springer, 2017, p. 160.)
9 Juan Enrique de Graef, *Discursos mercuriales económico-políticos (1752–1756)*, Francisco Sánchez Blanco (ed.), Sevilla, Fundación el Monte, 1996, pp. 45.

Sólo un par de años más tarde quedaba claro que la prosperidad de los estados yacía en el comercio: «Si el comercio de un Estado está floreciente, produce y mantiene la libertad, el bien público y la felicidad de las gentes».[10] A mediados del siglo la felicidad terrenal fue un concepto que unía la actividad económica con los valores políticos y normativos. La felicidad realizada mediante la actividad del comerciante era la base de la obtención del interés particular. Al mismo tiempo, la libertad de conseguir el interés particular estaba relacionada estrechamente con el bien público.[11] Aquí se cristaliza un punto núcleo de la felicidad terrenal. La pretensión individual económica se entrecruza con el bien público y los dos factores se regulan mutuamente. Podemos ilustrar este principio mediante la figura del comerciante honrado. En esta figura se diseña el ideal del equilibrio entre el ánimo de lucro y la moderación de los afectos. Con su carácter ideal el comerciante recurre a la moral a través de unir el anhelo económico del individuo con el término tradicional de honor. Así lo señala Graef:

> Esto espero hacer ver en los siguientes discursos [...] y que el ser comerciante es ser noble y que no es saber comprar barato y vender caro, como todos se lo imaginan, sino saber disponer con tal arte una cosa que por ella procure un hombre su propio bien y el ajeno, y que de la felicidad de una casa es inseparable la felicidad e interés de todos los individuos del reino o estado donde se hiciere el comercio.[12]

Esta figura de pensamiento está basada en la idea filósofica antigua de la armonía preestabilizada entre la virtud y la felicidad que había reaparecido en el Renacimiento y a la cual se refirieron después los ilustrados. En la figura del comerciante honrado, que tiene su raíz en la cultura protestante, se relacionan el ánimo de lucro y el comportamiento ético-moral. Encontramos esta figura de pensamiento también en los artículos de Graef. Define que la delimitación del ánimo de lucro del comerciante debe ser el bien público. Según él, el comerciante dirige su interés hacia las directrices morales y patrióticas de la nación y de la monarquía. Por consiguiente le adscribe al comerciante una abnegación heroica durante la obtención de sus intereses monetarios.[13] «Sensibles a la gloria, los

---

10 Juan-Enrique Graef, *Discursos mercuriales económico-políticos (1752–1756)*, p. 49.

11 Los ilustrados europeos desarrollaron la teoría sobre la canalización de los afectos humanos a través del despejo del interés particular que beneficiaba la prosperidad económica. Los escoceses David Hume y Adam Smith postularon que el afecto de la codicia impulsaba, una vez convertida al ánimo de lucro, la economía (Albert O. Hirshman, *Leidenschaften und Interessen. Politische Begründungen des Kapitalismus vor seinem Sieg*, Frankfurt, Suhrkamp, 1987, p. 24).

12 Juan Enrique de Graef, *Discursos mercuriales económico-políticos (1752–1756)*, p. 49.

13 Véase Jan Henrik Witthaus, «*Homo oeconomicus*. Kaufmannsethos und Liberalismus im Spanien des aufgeklärten Absolutismus», p. 162.

verdaderos comerciantes son héroes que a costa de sus bienes y vidas procuran la felicidad del país donde habitan».[14]

A finales del siglo, Jovellanos conecta este modelo político-económico y normativo de la felicidad con el patriotismo. En su *Discurso económico sobre los medios de promover la felicidad de Asturias dirigido a su Real Sociedad* vemos una modelación del concepto de la felicidad que incorpora un nivel afectivo. Jovellanos justifica su motivación en la investigación de los medios para promover la felicidad de Asturias unido a un sentimiento patriótico hacia su región de nacimiento que había inflamado su corazón: «Pero cuando tomo la pluma para exponer mis reflexiones acerca de los medios de promover la felicidad de mi patria ¡qué cúmulo de ideas [...]! Inflamado por el patriotismo, quisiera llegar de un vuelo hasta la cumbre de la felicidad que es mi objeto».[15] El sentimiento patriótico debía ser el motor de todos los individuos para mulitplicar la felicidad pública. Jovellanos enlaza el pensamiento económico con el sentimiento nacional, que todavía quedaba por construir. Lo que cabe señalar en este contexto es que el patriotismo de Jovellanos en este tratado no se refiere a toda España, sino a una provincia. La economía de esta provincia es considerada como una parte íntegra de la economía española.[16] Esto conduce a una reevaluación positiva de las provincias y sus recursos, que se puede reducir al trabajo de la Sociedad Económica de los Amigos del País del Principado de Asturias y al resto de las sociedades de este tipo. Posiblemente esta revalorización de la riqueza de las provincias españolas y la expresión de su sentimiento patriótico regional tuvieron luego también consecuencias para el patriotismo regional de las provincias hispanoamericanas.

El entrecruzamiento entre economía y moral dentro del concepto de la felicidad se puede observar también en el papel de las costumbres. La idea de que la felicidad de un estado depende tambíen de la decencia de las costumbres, la expresó entre otros Campomanes:

---

14 Juan Enrique Graef, *Discursos mercuriales económico-políticos (1752–1756)*, p. 203.

15 Gaspar Melchor de Jovellanos, «Discurso económico sobre los medios de promover la felicidad de Asturias dirigido a su Real Sociedad», en *Obras completas. Tomo 10: escritos económicos,* Vicente Llombart i Rosa y Joaquín Ocampo Suárez-Valdés (eds.), Gijón, Ayuntamiento/Instituto Feijoo de Estudios del Siglo XVIII/KRK, 2008, pp. 267–311, pero sigo la edición digital de la Biblioteca Virtual Miguel de Cervantes [fecha de consulta: 18-12-2016] <http://www.cervantesvirtual.com/nd/ark:/59851/bmc377t8>.

16 Este pensamiento político-económico sobre la riqueza de las provincias es prolongado luego también a las provincias de Hispanoamérica. Sobre todo en torno a la labor de las Cortes de Cádiz, se intenta integrar las provincias españolas de ultramar con los mismos derechos al nuevo modelo político de España.

Se logrará el importante plan de desterrar radicalmente la flojedad y exterminar los resabios y malas costumbres que causa la holgazanería, tan contraria a los preceptos de la religión como a la pública felicidad del Reino. [...] Las costumbres arregladas de la nación crecerán al paso mismo que la industria y se consolidarán de un modo permanente.[17]

Aquí observamos un nexo entre el destierro de las malas costumbres y el fomento de la industria. Desde la perspectiva de los políticos ilustrados, la prosperidad, que estaba basada en el sector agrario, el comercio y la industria creciente, formaba el caudal del estado feliz. Especialmente en la literatura económica finisecular se pueden diferenciar tres líneas discursivas en cuanto al sistema político-económico del estado. La primera postura se centra en la reforma institucional. Sus partidarios son representados por Jovellanos y su tratado *Informe de Ley Agraria* de 1795. Jovellanos desarrolla el tema a través de un análisis de los obstáculos físicos, políticos y técnicos para el crecimiento económico de una forma moderada. Su postura es muy próxima al posibilismo de Campomanes y de las Sociedades Patrióticas de los Amigos del País. Este grupo estaba a favor del regalismo y muchos de ellos fueron jansenistas. Especialmente los jansenistas intentaron basar la felicidad en la decencia de las costumbres y en una vida virtuosa bajo el fondo de un cristianismo ilustrado. Según este pensamiento, sólo el individuo activo y moral puede asegurar su propia felicidad y, así, la felicidad colectiva. Encontramos esta idea también en la prensa de crítica social, como por ejemplo en el periódico *El Censor*. El segundo grupo es formado por los partidarios del orden rural tradicional. Ellos son representados por la nobleza y el clero conservador y, en el caso de Hispanoamérica, especialmente por los jesuitas. Se opusieron al regalismo, a la desamortización y la división de los mayorazgos. Además intentaron oprimir la industrialización del campo, porque temían su efecto liberalizador. Durante la primera mitad del siglo XVIII intentaron oprimir, tanto en España como en el Cono Sur, la difusión del pensamiento ilustrado.[18] Esto cambió fundamentalmente con la expulsión de los jesuitas de todo el territorio y posibilitó el desarrollo del pensamiento regalista y jansenista. El tercer grupo es representado por los partidarios de un liberalismo radical. Estaban a favor de un desarrollo equilibrado de todos los sectores económicos y de una liberalización económica amplia. Su labor desempeñaba un papel destacado en torno a las negociaciones de las Cortes de Cádiz. Especialmente entre los dos primeros grupos hubo una lucha discursiva y política que se manifiesta en una serie de textos periodísticos.[19]

---

17 Pedro Rodrigo Campomanes, «Advertencia», en *Discurso sobre el fomento de la industria popular*, Madrid, Imprenta Real, 1774, s.p.

18 Véase José Carlos Chiaramonte, *La Ilustración en el Río de Plata. Cultura eclesiástica y cultura laica durante el Virreinato*, Buenos Aires, Edición Sudamericana, 2007, pp. 17–45.

19 Véase Joaquín Ocampo Suárez-Valdés, «Las Cortes de Cádiz: de la "felicidad pública" al interés particular. La crisis de la utopía ilustrada», en *Hispania*, 74. 247 (2014), pp. 439–464.

4 Conceptos alternativos de la felicidad

Durante la segunda mitad del siglo XVIII surgen críticas en cuanto al concepto burgués de la felicidad. Una idea alternativa de la felicidad se nos presenta en la lírica. En su «Oda XXXII» Juan Meléndez Valdés dibuja la imagen de la felicidad individual, que no tiene nada que ver con la propiedad de los bienes materiales o con la virtud laboriosa:

> Que la felicidad está en nosotros mismos.
> No es, Julio, la riqueza
> El oro amontonado;
> [...]
> Providente natura
> para tu bien presenta
> doquier placeres fáciles, y ostenta
> tierna madre a tus ojos su hermosura
> [...]
> si bien sabes mirarlo,
> todo alegrarte puede,
> que a todos y sin precio se concede,
> porque todos a par puedan gozarlo.[20]

Desde una perspectiva sensualista, describe la felicidad individual como un estado emocional, como un sentimiento de satisfacción interior. La propiedad de bienes materiales como fuente de la felicidad es sustituida por la sensación refrescante de la naturaleza. En este concepto, la felicidad es un producto de la postura personal del individuo.

5 La felicidad en el *Telégrafo Mercantil* de Buenos Aires

Después de haber esbozado el concepto de la felicidad tal y como aparece en la literatura peninsular de la Ilustración, vamos a contrastar estos conceptos con las ideas de la felicidad expresadas en un texto periodístico hispanoamericano. Para nuestra comparación analizamos sólo un artículo, ya que éste nos parece una quintaesencia del pensamiento ilustrado hispanoamericano. El prospecto del *Telégrafo*

---

20 Juan Meléndez Valdés, «Oda XXIII», en *Poesías. Tomo II*, Emilio Palacios Fernández (ed.), Alicante, Biblioteca Virtual Miguel de Cervantes, 2004 (en línea) [fecha de consulta: 01-04-2016] <http://www.cervantesvirtual.com/nd/ark:/59851/bmc6m3j4>.

Mercantil, Rural, Pólítico, Económico e Historiográfico del Rio de la Plata resume los objetos principales de la revista. Las primeras palabras de este prospecto están dedicadas a la felicidad: «Éste es el clamor de todos los filósofos: el deseo de ser feliz es el primero y único móvil de los hombres».[21] En el próximo párrafo reencontramos la idea ilustrada sobre el efecto reformador del comercio para las costumbres de un estado: «El comercio [...] que hace ricos a los reinos y pueblos destierra el ocio de los Estados».[22] Pero no sólo la economía y las costumbres forman la base de la felicidad, sino también el buen gobierno y el progreso civilizador. Se nos presentan en el artículo tanto la imagen del buen monarca, que ya vimos dibujada en el texto de Feijoo, como el concepto reformador de la felicidad de los ilustrados moderados:

> [S]abemos cuánto le costó a Pedro el Grande la civilización de sus rusianos y cuan peor le fue a Licurgio cuando desterrando las riquezas , la industria y artes [...] sabemos en fin, que Buenos Aires u otra ciudad, provincia o reino, no puede ser (políticamente) feliz sin riqueza, y que ésta pende (interinamente) de la decencia de costumbres del pueblo; de la sabiduria de su legislación, de la justicia de sus leyes, del buen suceso en sus negociaciones y de su progreso en las ciencias y artes.[23]

En cuanto al concepto político-económico de la felicidad, encontramos más entrecruzamientos discursivos entre España y el Río de la Plata. También en el *Telégrafo Mercantil* se hace constar la falta de una reforma agraria que considere las necesidades de los labradores y una delimitación de posesiones. El reparto de la tierra y el interés del labrador forman el fundamento de su felicidad:

> Ella [la agricultura] es la que suminista las materias de primera necesidad [...] Para lograr [el fin de cultivar bien la tierra] examinaré primero su calidad [...] estableciendo leyes agrarias, y otras resultan de prácticas erradas, ignorancia de los labradores o de otros principios que aunque difíciles de desairragar (como la limitación de las posesiones) [...]. Finalmente, haré cuanto estuviere de mi parte para que el cuerpo de labradores, que es el más útil y respetable de cada nación [...] logre el fruto de su trabajo honroso [...] que es el termómetro infalible de su felicidad y que debe observar continuamente este país, que por su naturaleza debe ser agricultor y comerciante.[24]

Detrás de estas líneas suponemos la misma actitud ilustrada liberal moderada que conocemos de los textos de Jovellanos. Representa la idea de una reforma

---

21 Prospecto del *Telégrafo Mercantil, Rural, Político-Económico e Historiográfico del Río de la Plata*, Buenos Aires, 1800, pero cito por José Luis Chiaramonte, *La Ilustración en el Río de la Plata*, p. 213.
22 Prospecto del *Telégrafo Mercantil, Rural, Político-Económico e Historiográfico del Río de la Plata*, Buenos Aires, 1800, pero cito por José Luis Chiaramonte, *La Ilustración en el Río de la Plata*, p. 213.
23 Prospecto del *Telégrafo Mercantil, Rural, Político-Económico e Historiográfico del Río de la Plata*, Buenos Aires, 1800, pero cito por José Luis Chiaramonte, *La Ilustración en el Río de la Plata*, p. 214.
24 Prospecto del *Telégrafo Mercantil, Rural, Político-Económico e Historiográfico del Río de la Plata*, Buenos Aires, 1800, pero cito por José Luis Chiaramonte, *La Ilustración en el Río de la Plata*, p. 215.

institucional que debe orientarse hacia la división más equilibrada de la tierra y hacia la productividad de los labradores, tal y como la favorecen también los janse-nistas. Otro criterio que remite a la postura de los ilustrados moderados es la consideración de los distintos sectores económicos. Tanto en el caso español como en la prensa de la región del Río de la Plata, la agricultura desempeña un papel destacado. La agricultura se revaloriza, ya que es considerada la fuente principal de la riqueza.

Aparte del concepto político-económico de la felicidad pública se manifiesta en las líneas del *Telégrafo Mercantil*, también, una idea alternativa de la felicidad individual. En el marco de una discusión sobre la utilidad y el peligro del lujo se contrasta el lujo material con la idea alternativa de la felicidad individual, que nos recuerda al poema de Meléndez Valdés:

> Así la fruición de las comodidades y regalos que la sociedad civil proporciona a un príncipe [...] o aun otro hombre rico manteniendo esplendor, magnificencia y pompa, nada de esto es lujo; porque es cosa muy indiferente que el hombre habite un palacio o una choza [...] que vista de tisú o de cordellate; que coma faisanes o pan-bazo. Pero el indio pampa, que hace pender su felicidad de sus plumas que ciñen su frente, de los caracolillos que cuelgan sus orejas, del racú y otros menjurges con que se embadurna y pinta las carnes, éste sí es hombre de lujo [...].[25]

Este concepto alternativo pone de relieve el aspecto afectivo-emocional y personal de la felicidad. La cultura indígena rioplatense forma la base de la felicidad, lo que conduce a una evaluación positiva de la misma. A través de la adaptación al espacio cultural rioplatense del concepto de la felicidad se hace patente una revalorización de la cultura hispanoamericana, la cual, posiblemente, creó una nueva conciencia sobre el valor de la propia región por parte de la población del Río de la Plata.

6 Conclusión

En el transcurso del siglo XVIII la idea de la felicidad terrenal se convierte en un concepto político-económico y normativo. La felicidad pública combina el principio del buen gobierno con el bienestar económico y material del estado. Bajo la influencia del creciente patriotismo, tanto nacional como regional, y en el contexto del *iusnaturalismo*, la felicidad pública es transformada en un concepto normativo que liga la prosperidad de las provincias con la felicidad individual de los ciudadanos. Al mismo tiempo, surgen conceptos alternativos de la

---

25 Prospecto del *Telégrafo Mercantil, Rural, Político-Económico e Historiográfico del Río de la Plata*, Buenos Aires, 1800, pero cito por José Luis Chiaramonte, *La Ilustración en el Río de la Plata*, p. 214.

felicidad que subrayan la satisfacción emocional del individuo. Con respecto al discurso político-económico ilustrado encontramos concordancias discursivas en los textos españoles y el prospecto del *Telégrafo Mercantil*. También en el *Telégrafo Mercantil* se destacan varios medios políticos del buen gobierno, que nos recuerdan a los ideales políticos del regalismo y del *iusnaturalismo* racionalista de la Ilustración española tardía. Según estos rasgos discursivos comunes podemos confirmar la tesis de que existió un espacio comunicativo común entre España y el Río de la Plata. Dentro de este espacio comunicativo común se efectuó un traslado de conceptos económicos y normativos. Posiblemente la transición del concepto de la felicidad pública a las provincias del Cono Sur creó una nueva conciencia sobre el valor de la propia región y la necesidad de un cambió político institucional. También en el Virreinato del Río de la Plata se formó un cambio de percepción de la propia riqueza natural y cultural. En combinación con el nuevo afán de realizar el propio interés, la idea de la felicidad pudo tener un efecto catalizador para el patriotismo sudamericano recién despertado.

Obras citadas

Álvarez Barrientos, Joaquín, «Sociabilidad literaria: tertulias y cafés en el siglo XVIII», en Joaquín Álvarez Barrientos (ed.), *Espacio de la comunicación literaria,* Madrid, Consejo Superiór de Investigaciones Científicas, 2002, pp. 131–146.

Álvarez de Miranda, Pedro, *Palabras e ideas: el léxico de la Ilustración temprana en España (1680–1760)*, Madrid, Boletín de la Real Academia Española, 1992.

Anes, Gonzalo, «La corona y la "pública felicidad"», en *Estudios dieciochistas en homenaje al profesor José Miguel Caso González*, Instituto Feijoo de Estudios del Siglo XVIII, Oviedo 1995, vol. 1, pp. 79–87.

Campomanes, Pedro Rodrigo, «Advertencia», en *Discurso sobre el fomento de la industria popular*, Madrid, Imprenta Real, 1774, s.p.

Chiaramonte, José Carlos, *La Ilustración en el Río de la Plata. Cultura eclesiástica y cultura laica durante el Virreinato*, Buenos Aires, Edición Sudamericana, 2007.

Feijoo, Benito Jerónimo, «Carta segunda sobre el mismo asunto», en *Adiciones a las Obras del muy ilustre, y reverendísimo Padre Maestro D. F. Benito Jerónimo Feijoo y Montenegro, Maestro General del Orden de San Benito, del Consejo de S. M. &c. Madrid, Imprenta de Don Pedro Marín, 1783*, Proyecto Filosofía en Español (ed.), Oviedo, Fundación Gustavo Bueno/Biblioteca Feijoniana, 1998, §10 (en línea) [fecha de consulta: 18-12-2016] <http://www.filosofia.org/bjf/bjfvad5.htm>.

Gelz, Andreas, «*Tertulia». Literatur und Sozialität im Spanien des 18. und 19. Jahrhunderts*, Frankfurt, Vervuert, 2006.

Graef, Juan Enrique de, *Discursos mercuriales económico-políticos (1752–1756)*, Francisco Sánchez Blanco (ed.), Sevilla, Fundación el Monte, 1996.

Hirschman, Albert O., *Leidenschaften und Interessen. Begründungen des Kapitalismus vor seinem Sieg*, Frankfurt, Suhrkamp, 1987.

Jovellanos, Gaspar Melchor de, «Discurso económico sobre los medios de promover la felicidad de Asturias dirigido a su Real Sociedad», en *Obras completas. Tomo 10: escritos económicos,* Vicente Llombart i Rosa y Joaquín Ocampo Suárez-Valdés (eds.), Gijón, Ayuntamiento/Instituto Feijoo de Estudios del Siglo XVIII/ KRK, 2008, pp. 267–311 (en línea) [fecha de consulta: 18-12-2016] <http://www. cervantesvirtual.com/nd/ark:/59851/bmc377t8>.

Kloss, Benjamin, «La concepción cíclica de la historia en la España del siglo XVIII. Reflexiones sobre una constante en el pensamiento de los ilustrados», en Christian von Tschilschke y Andreas Gelz (eds.), *Literatura-cultura-media-lengua: nuevos planteamientos de la investigación del siglo XVIII en España e Hispanoamérica*, Frankfurt, Peter Lang, 2005, pp. 67–78.

Maravall, Antonio, *Estudios de la historia del pensamiento español (siglo XVIII)*, Madrid, Mondadori, 1991.

Meléndez Valdés, Juan, «Oda XXIII», en *Poesías. Tomo II*, Emilio Palacios Fernández (ed.), Alicante, Biblioteca Virtual Miguel de Cervantes, 2004 (en línea) [fecha de consulta: 01-04-2016] <http://www.cervantesvirtual.com/nd/ark:/59851/bmc6m3j4>.

Ocampo Suárez-Valdés, Joaquín, «Las Cortes de Cádiz: de la "felicidad pública" al interés particular. La crisis de la utopía ilustrada», en *Hispania*, 74.247 (2014), pp. 439–464.

Saavedra y Fajardo, Diego, *Idea de un Príncipe Político Christiano representada en cien empresas*, Milano, s.i., 1642.

Witthaus, Jan-Henrik, «*Homo oeconomicus*. Kaufmannsethos und Liberalismus im Spanien des aufgeklärten Absolutismus», en Christoph Lütge y Christoph Strosetzki (eds.), *Zwischen Bescheidenheit und Risiko. Der Ehrbare Kaufmann im Fokus der Kulturen*, München, Springer, 2017, pp. 151–173.

Madeline Sutherland-Meier

Padres e hijos, jueces y delincuentes, inocencia y culpabilidad: *El delincuente honrado* de Jovellanos y *El vinatero de Madrid* de Valladares

Resumen: Este trabajo presenta una comparación de dos comedias sentimentales, *El delincuente honrado* (1773) de Gaspar Melchor de Jovellanos y *El vinatero de Madrid* (1784) de Antonio Valladares de Sotomayor (1784). Aunque Valladares incorporó ciertos elementos de la obra de Jovellanos en la suya, sería un error decir que *El vinatero* es mera imitación. El trabajo compara los personajes principales (los jueces y los delincuentes) y la cuestión de inocencia y culpabilidad para revelar diferencias importantes entre las dos comedias. Termina con una discusión de los distintos contextos de creación y fines autoriales que también distinguen las dos obras.

Palabras clave: Comedia sentimental, teatro español, Gaspar Melchor de Jovellanos, Antonio Valladares de Sotomayor

Este trabajo ofrece una comparación entre dos obras dramáticas, *El delincuente honrado* (1773) de Gaspar Melchor de Jovellanos y *El vinatero de Madrid* (1784) de Antonio Valladares de Sotomayor. Mientras Jovellanos (1744–1811) es una de las grandes figuras de la Ilustración española, su contemporáneo Valladares (1737–¿1820?) no es tan conocido, a pesar de su prolífica y prolongada actividad literaria y periodística. Era autor de más de cien obras teatrales, y *El vinatero*, una comedia sentimental, era la obra suya que más éxito tenía.[1]

En estudios que versan sobre la literatura dieciochesca, dos críticos, John H. R. Polt y Russell Sebold, clasifican a *El vinatero* como «imitación» de la comedia

---

1 Además de sus muchas obras teatrales, Valladares escribió una novela, *La Leandra*, que alcanzó nueve tomos, y una miscelánea, *Tertulias de invierno en Chinchón*, que ocupó cuatro. Entre 1787 y 1791 editó el *Semanario Erudito*. Para una lista completa de sus obras literarias, véase Jerónimo Herrera Navarro, «Fuentes manuscritas e impresas de la obra literaria de Antonio Valladares de Sotomayor», en *Cuadernos para Investigación de la Literatura Hispánica*, 6 (1984), pp. 87–106.

Madeline Sutherland-Meier, University of Texas at Austin

https://doi.org/10.1515/9783110450828-055

de Jovellanos.[2] Polt se limita a notar que Valladares escribió dos imitaciones de *El delincuente*. Sebold también menciona dos imitaciones y añade que en una Valladares robó el nombre de uno de los personajes de Jovellanos (el juez, don Justo) para ponérselo a un personaje suyo. La obra a la cual se refiere Sebold es, claramente, *El vinatero*. La otra obra a la cual se refieren los dos críticos es *¿Cuál más obligación es, la del padre o la del juez?* compuesta en 1777. En su estudio del teatro de Valladares, El Sayed Ibrahim Soheim muestra algunas de las grandes semejanzas entre las dos obras y concluye:

> [L]a única diferencia notable entre ambas [obras] son los títulos y nombres de los persona-jes, aunque Valladares mantiene el personaje de don Simón con el mismo nombre que en la obra de Jovellanos. De todo ello, nos atrevemos a decir que *¿Cuál más obligación* es una fiel adaptación de *El delincuente honrado*, por no decir que es una copia.[3]

Como no se ha considerado la cuestión de semejanzas entre *El delincuente* y *El vinatero* con detenimiento, en este trabajo comparo las dos comedias enfo-cándome en los personajes principales (los delincuentes y los jueces) y en las cuestiones de la inocencia y la culpabilidad. Considero también los contextos en los que los dos dramaturgos crearon sus comedias y sus intenciones. Como la comedia de Valladares está poco estudiada, presto más atención a ella que a la mejor conocida obra de Jovellanos. No hay duda de que Valladares tomó ciertos elementos de la comedia de Jovellanos cuando escribió la suya, pero despachar a *El vinatero de Madrid* como mera imitación sería un error. Comienzo primero un breve resumen de las dos comedias.

1 *El delincuente honrado*

El escenario de *El delincuente honrado* es el Alcázar de Segovia en el año 1758. El momento histórico es importante porque un año antes, en una Real Pragmática, Fernando VI, reafirmando decretos anteriores, prohibió «absolutamente» los duelos y desafíos y estableció el castigo máximo –pena de muerte– para los que no respetaron la ley:

---

2 Véanse John H. R. Polt, *Gaspar Melchor de Jovellanos*, New York, Twayne Publishers, 1971, p. 73, y Russell Sebold, *El rapto de la mente. Poética y poesía dieciochescas*, Madrid, Editorial Anthropos, 1989, p. 91.
3 El Sayed Ibrahim Soheim, *Don Antonio Valladares de Sotomayor, autor dramático del siglo XVIII*, Emilio Palacios Fernández (dir.), Madrid, Universidad Complutense, 1993, pp. 207–208 (tesis doctoral inédita).

Por Real Pragmática de 28. de Abril de 1757. se prohibiéron absolutamente los Desafios ó Duelos, pena de muerte y confiscacion de todos los bienes así del que provoca ó desafia, como del que admite el duelo ó le contesta aunque no tenga efecto con tal de que esté admitido y salga alguno de ellos al campo señalado.[4]

En la primera escena, aprendemos que Torcuato, el protagonista, mató al Marqués de Montilla en un duelo secreto y luego se casó con la viuda. Como nunca se ha descubierto el autor del asesinato, un Alcalde de Casa y Corte ha venido a Segovia para investigar el caso. Percibiendo que el juez pronto descubrirá la verdad, Torcuato toma la decisión de salir para Madrid. Antes de que pueda hacerlo, su amigo Anselmo (el único enterado de las circunstancias del duelo) es detenido y, para proteger a su amigo, confiesa al asesinato. Torcuato entonces se presenta ante don Justo de Lara, el Alcalde de Casa y Corte, y confiesa. Don Justo no puede creer que Torcuato sea culpable. Además hay algo en su semblante que le conmueve profundamente. Eventualmente, cuando Torcuato explica sus circunstancias familiares –nació de madre soltera y no sabe la identidad de su padre– don Justo se da cuenta de que es su padre. Aunque la revelación le consuela a Torcuato, aumenta el dolor de todos porque el deber de don Justo no puede ser más claro, descubrir y sentenciar al culpable y asegurar que la sentencia se cumpla. En las últimas escenas de la obra, don Justo manda a Anselmo a La Granja para pedir misericordia al rey. Anselmo vuelve a Segovia, segundos antes de que se ejecute la sentencia, con un perdón real. Torcuato está salvado pero exiliado de Segovia y la Corte.

2 *El vinatero de Madrid*

Mientras un duelo es un elemento importante en *El vinatero*, Valladares construyó su obra alrededor del tema del casamiento desigual –tema común en las comedias sentimentales y predilecto de Valladares en las suyas–. Como indica el título, la acción pasa en Madrid, y es el Madrid de mediados del siglo XVII, durante el reinado de Felipe IV. Angelita, la bella y virtuosa hija del vinatero Tío Juan Pérez, está enamorada del Marqués del Prado. El marqués ha prometido casarse con ella, pero luego le dice que la unión entre los dos es imposible por la gran diferencia social que les separa:

MARQUÉS: [...] pero Angelita,
fuerza es que tu entendimiento
reflexione quien soy yo,

---

4 Citado en Manuel Silvestre Martinez, *Librería de jueces*, Madrid, Imprenta de Benito Cano, 1791, pp.160–161.

> y quien eres. Yo procedo
> de ilustres héroes. Tu padre
> es un pobre vinatero,
> constituido por su cuna
> y oficio, en abatamiento.[5]

Como no pueden convencer al marqués de cumplir la promesa que le hizo a Angelita, Tío Juan y su hija llevan el caso al nuevo Alcalde de Casa y Corte recién llegado a Madrid desde México. Desde su primer momento en el escenario, se ve que don Justo es justiciero y misericordioso, un modelo de la jurisprudencia ilustrada. No tarda nada en comprender la situación y apoyar a los pobres. Le dice al marqués que tiene que casarse con Angelita. La situación es más complicada de lo que parece a primera vista, porque la hermana del marqués es la prometida de don Justo. Entonces, para el juez, actuar como agente de la justicia significa manchar el honor de la familia de su futura esposa, en efecto, de su familia.

En el segundo acto, Tío Juan toma la decisión de revelar un secreto que ha guardado por dos décadas para salvar el honor de su hija: no es ni pobre ni vinatero, sino don Juan de Lara, Caballero de Santiago. Hace veinte años, en Medina del Campo, otro caballero principal le insultó y don Juan le dió muerte en un duelo. Con una sentencia de muerte encima, huyó a Madrid y se re-inventó como Tío Juan Pérez. Con esta revelación sorprendente, se borra la diferencia de clases y se resuelve la crisis: Angelita puede casarse con el marqués. Una segunda revelación, nada menos sorprendente, se hace en seguida: don Justo, cuyo apellido no se ha dicho hasta ahora, es don Justo de Lara y Silba, el hijo de don Juan que se fugó de casa hace más de veinte años. Pero la revelación lleva a otra crisis. Don Justo informa a su padre que su caso sigue vivo. Para complicar la situación, en este momento llega don Álvaro, el hermano de don Pedro, con un real decreto que manda la detención de don Juan. Otra vez, como representante de la ley, don Justo se ve obligado a tomar una decisión dolorosa. Le toca condenar a morir a su propio padre. Afortunadamente, aparece el hermano de don Juan, y en la mano tiene el perdón real que consiguió para su hermano. La obra termina con un desenlace feliz.

---

5 Antonio Valladares de Sotomayor, *El vinatero de Madrid. Comedia nueva original en dos actos*, Madrid, Hilario Santos Alonso, 1784, acto I, vv. 298–305, pero cito a partir de la edición digital de la Biblioteca Virtual Miguel de Cervantes [fecha de consulta: 26-12-2016] <http://www.cervantesvirtual.com/nd/ark:/59851/bmc3n223>. En adelante se cita siempre esta edición de manera abreviada, con indicación del número de acto y de los versos, sin más indicación.

3 Los delincuentes: Torcuato y Tío Juan

En la comedia de Jovellanos queda establecido desde el primer momento que Torcuato mató al Marqués de Montilla y que lo hizo con plena conciencia de la pragmática. Hablando con don Justo en la tercera escena del cuarto acto, Torcuato confirma no solamente su acción, sino también la verdadera falta de alternativa que tenía, al tratarse de un asunto de honor:

> TORCUATO: El honor, que fue la única causa de mi delito, es, señor, la única disculpa que pudiera alegar; pero esta excepción no la aprecian las leyes. Respeto, como debo, la autoridad pública, y no trato de eludir sus decisiones con enredos y falsedades. Cuando acepté el desafío preví estas consecuencias; por no perder el honor me expuse entonces a la muerte, y ahora por conservarle la sufriré tranquilo.[6]

Las declaraciones de los otros personajes, especialmente las de Anselmo, dejan claro que el marqués era un hombre violento y temerario y que puso a Torcuato en una posición en la cual no tenía más remedio que defenderse.

> ANSELMO: Es verdad que has muerto al marqués de Montilla; pero lo hiciste insultado, provocado y precisado a defender tu honor. El era un temerario, un hombre sin seso. Entregado a todos los vicios, [...] No contento con haberte insultado y ultrajado atrozmente, te desafió varias veces. En vano quisiste satisfacerle y templarle; su temeraria importunidad te obligó a contestar. No, Torcuato, tú no eres reo de su muerte; su genio violento le condujo a ella. Yo mismo vi que mientras el marqués, como un león furioso, buscaba tu corazón con la punta de su espada, tú, reportado y sereno, pensabas sólo en defenderte; y sin duda no hubiera perecido, si su ciego furor no le hubiese precipitado sobre la suya.[7]

Entonces desde el comienzo de la obra, la audiencia sabe que Torcuato es, en las palabras de Polt, «legally guilty and morally blameless».[8] Es, como reza el título, un delincuente honrado.

Don Juan de Lara también es legalmente culpable, pero me parece muy difícil declararle moralmente sin culpa. Mientras Torcuato intentó resistir las provocaciones del marqués, don Juan sacó la espada primero. Cuando no le era posible

---

6 Gaspar Melchor de Jovellanos, *El delincuente honrado*, Russell P. Sebold (ed.), Madrid, Cátedra, 2008, acto IV, escena 3. De aquí en adelante se cita siempre esta edición, con el número del acto seguido por el de la escena, sin más indicación.

7 Gaspar Melchor de Jovellanos, *El delincuente honrado*, I, 3.

8 John H. R. Polt, «Jovellanos' *El delincuente honrado*», en *Romanic Review*, 50 (1959), p. 172.

vengar el insulto en el momento en que ocurrió, esperó hasta la noche para matar a su adversario.

> TÍO JUAN: [...] Don Pedro de Avendaño,
> Caballero principal,
> y de los más hacendados
> de nuestra Patria, en su plaza
> cierto día temerario
> me desmintió: allí se hallaban
> otros muchos Ciudadanos,
> que de don Pedro el exceso,
> y mi afrenta, presenciaron:
> mas también los mismos vieron,
> que yo mi Espada sacando
> quise mi injuria lavar
> con sangre de mi Contrario:
> mas tantos me detuvieron,
> que fue imposible lograrlo.
> Esperé la noche: en ella
> conseguí sacarle al campo,
> y en él quedé satisfecho
> dándole muerte.[9]

Como vemos, el asesinato de don Pedro fue un acto premeditado. Hay otra diferencia en cuanto a los duelos que merece ser notada: La muerte del Marqués de Montilla es un acontecimiento relativamente reciente. Don Justo se refiere al «desafío que hubo en esa ciudad el día 4 de agosto del año próximo pasado». Ocurrió en secreto, y no hay nadie que sepa la identidad del asesino. Por eso viene don Justo a Segovia y empieza las pesquisias. En contraste, el altercado entre don Pedro y don Juan tomó lugar hace veinte años y todos saben que don Juan mató al hombre que intentó deshonrarle. Como consecuencia, don Juan lleva veinte años en otra ciudad, con otro nombre, viviendo en pobreza y ganando la vida como vinatero. Explica su situación actual de una manera enigmática en el primer acto:

> TÍO JUAN: [...] encubierto,
> miserable, y afligido,
> con este traje grosero
> me conocen por el tío
> Juan Pérez el Vinatero,
> que conocerme pudieran
> por títulos muy diversos.[10]

---

9 Antonio Valladares de Sotomayor, *El vinatero de Madrid*, II, 836–853.
10 Antonio Valladares de Sotomayor, *El vinatero de Madrid*, I, 686–692.

Los dos delincuentes son personajes distintos. Pertenecen a dos generaciones diferentes y tienen personalidades casi opuestas. Torcuato, el menor de los dos, es, en las palabras de Anselmo, «reportado y sereno» (*El delincuente*, I, 3) y representa el ideal ilustrado del hombre de bien. Don Juan, el mayor, se deja llevar por la pasión y, como los personajes del teatro del Siglo de Oro, resuelve asuntos de honor desafiando a los que le han ultrajado. Tanto como mató a don Pedro de Avendaño, a finales del primer acto entra en un duelo con el Marqués del Prado cuando el noble niega a cumplir su promesa de casarse con Angelita. El duelo se suspende antes de concluirse, pero la habilidad con que Tío Juan maneja la espada sugiere que el pobre vinatero no sea quien parece ser.[11]

Otro aspecto de las personalidades de don Juan y Torcuato merece comentario, y es su actitud hacia los asesinatos que cometieron. Don Juan actuó de acuerdo con su código de honor cuando mató a don Pedro, pero un intercambio con Angelita a principios de la obra sugiere o que esté arrepentido o que por lo menos la muerte que hizo le pese:

> Tío Juan: Hija, más pesan mis culpas,
> y siempre acuestas las llevo
> [...]
> Cada uno tiene su cruz
> [...]
> Llevemos con gusto nuestra
> cruz, y no solo la haremos
> agradable, sino que
> después Dios nos dará el premio.[12]

En el caso de Torcuato, no es la muerte del marqués lo que le atormenta, sino el haberse casado con Laura sin confesarle que mató a su marido. Es, como nota John Beverley, incapaz de perdonarse la traición que le ha hecho.[13]

---

11 Para una discusión de estas ideas y del duelo en la comedia sentimental, véase Kristie Bulliet Niemeier, *Dueling, Honor and Sensibility in Eighteenth-Century Spanish Sentimental Comedies*, Ana Rueda (dir.), Lexington, University of Kentucky, 2010 (tesis doctoral inédita).

12 Antonio Valladares de Sotomayor, *El vinatero de Madrid. Comedia nueva original en dos actos*, acto I, vv. 57–58, v. 63 y vv. 73–76.

13 Notando la declaración de Torcuato, «yo no puedo perdonarme a mí mismo» (*El delincuente*, II, 5), John Beverley escribe, «[Torcuato] feels he has betrayed the affection of his wife by marrying her in bad faith» («The Dramatic Logic of *El delincuente honrado*», en *Revista Hispánica Moderna*, 37 [1972–1973], p. 159).

4 Los jueces: los dos *don Justos*. Inocencia y culpabilidad

En ambas obras hay una ruptura familiar que antecede el comiezo de la obra. En *El delincuente*, el padre ausente está reunido con el hijo que ni sabía existiera. Pero la institución que sirve –la ley– le obliga a condenarle a morir. Esta situación extrema, que forma el núcleo emocional de la obra de Jovellanos, reaparece modificada en *El vinatero* y seguramente es lo que llevó a Polt y Sebold a llamar la obra imitación.[14] En su obra Valladares introduce un cambio interesante: mientras toma el nombre y el periplo del personaje creado por Jovellanos (ambos son indianos), invierte los papeles familiares. En *El vinatero* el hijo ausente es el juez y el padre con quien está reunido es el delincuente. Incluso podemos decir que el don Justo de Valladares es una versión más joven del don Justo original. Los dos son hombres de bien, ilustrados, liberales, y compasivos. Han dedicado su vida a la ley, y la ley les traiciona, obligándoles a escoger entre la familia y el deber. A pesar del dolor que la situación les causa, en ambos casos, no hay duda que don Justo se portará de una manera honrada y seguirá la ley.

En *El delincuente*, don Justo nunca explica por qué dejó España y a la madre de Torcuato ni intenta justificar su ausencia por tantos años. Es interesante que sea Torcuato quien explica lo que pasó y, en efecto, perdona al padre desconocido y desaparecido, viéndole atrapado por circunstancias fuera de su control. En la cuarta escena del tercer acto explica cómo su madre le crió como sobrino huérfano y mintió a su amante, diciéndole que el niño suyo murió.

> TORCUATO: No paró aquí su delicadeza; clamó continuamente por la vuelta de mi padre, a quien la necesidad obligara a buscar en países lejanos los medios de mantener honradamente una familia. Estaba ya cercana su vuelta [...]. Un accidente repentino privó a mi madre de la vida [...]. [L]a única noticia que pude adquirir de él fue que había pasado con empleo a Nueva España y que debía regresar con la última flota.[15]

Don Justo, entonces, es responsable de la situación en la cual se encontró (y se encuentra) Torcuato. Torcuato nunca se hubiera visto forzado a defender su

---

14 En su estudio, Kristie Bulliet Niemeier nota el conflicto parecido que ocurre en ambas obras (*Dueling, Honor and Sensibility in Eighteenth-Century Spanish Sentimental Comedies*, p. 195).
15 Gaspar Melchor de Jovellanos, *El delincuente honrado*, IV, 3.

honor, nunca hubiera matado al marqués, y no se encontraría condenado a la muerte si no fuera «fruto desdichado de un amor ilegítimo» (*El delincuente*, IV, 3).

En la misma escena, queda claro que don Justo se siente culpable, interpretando la dolorosa situación en la que él y su hijo se encuentran como castigo: «El cielo castiga en este instante las flaquezas de mi juventud». La muerte de Flora le pesa también: «¡Ay, Flora; por cuántos títulos me debe ser dolorosa la notica de tu muerte!». Pero parece que lo que más remordimiento le causa es haber conducido la investigación de una manera tan eficiente; en efecto, de haber cumplido con su deber –servir a la ley– demasiado bien. Lamenta a Torcuato, «¡Ah! ¿por qué no suspendí una hora, siquiera una hora [...]? [...] ¡Ah, yo pude salvarte, y te he perdido [...]!».[16]

Como el personaje de Jovellanos, el don Justo de Valladares también ha vuelto a España después de pasar varios años en México. No sabemos los detalles de su pasado ni por qué se fue de casa. En un aparte en el primer acto menciona su «injusta desobediencia»[17] y en el segundo dice, «fui ingrato a mis Padres».[18] Otro indicio en cuanto a su pasado ocurre en el segundo acto cuando el mesurado juez se porta de una manera sorprendentemente dura mandando poner preso a un niño que perdió el respeto a su madre y diciendo que hijos que tratan así a sus padres «son unos podridos miembros/del estado, y como a tales/tratarlos debe el Juez recto».[19]

La ruptura familiar funciona de una manera distinta en las dos obras. En *El delincuente*, don Justo desapareció muchos años antes del duelo que condenó a Torcuato, pero su decisión de salir de España resulta ser la clave para todo lo que pasa en la comedia. En contraste, en *El vinatero*, la fuga del joven Justo, que también ocurrió hace muchos años, no tiene nada que ver ni con el duelo, que llevó a don Juan a su vida de pobre vinatero, ni con el casamiento desigual, que es el conflicto central de la obra. La salida de Justo permite la segunda revelación de identidad que ocurre en la comedia. Las revelaciones de identidad y de estatus social son elementos casi obligatorios en las comedias sentimentales. Mientras Jovellanos ofrece a su audiencia una revelación sorprendente –don Justo es el padre de Torcuato– Valladares logra incluir *dos*: Tío Juan es noble, don Justo es su hijo.

---

16 Gaspar Melchor de Jovellanos, *El delincuente honrado*, IV, 3.

17 Antonio Valladares de Sotomayor, *El vinatero de Madrid*, I, 879.

18 Antonio Valladares de Sotomayor, *El vinatero de Madrid*, II, 818–819.

19 Antonio Valladares de Sotomayor, *El vinatero de Madrid*, II, 235–237.

5 Contextos de creación y fines autoriales

La génesis de *El delincuente* se remonta a discusiones en la tertulia de Pablo de Olavide sobre una nueva forma teatral popular en Francia en aquel momento, la *comédie larmoyante*. Algunos miembros del grupo decidieron escribir obras de índole sentimental, y como resultado, tenemos *El precipitado* de Cándido María Trigueros y *El delincuente*. Se considera la obra de Jovellanos la primera comedia sentimental escrita en España.

Además de ser un proyecto teórico-literario, *El delincuente* expresa la oposición de Jovellanos al rigor de las leyes prohibiendo duelos, especialmente la Pragmática de 1757, que estableció el mismo castigo para los dos participantes – pena de muerte– sin tomar en cuenta el papel de cada uno en el duelo. La situación de Torcuato, un hombre virtuoso que intenta evitar un duelo pero al final se ve obligado a defender su honor, muestra la necesidad de cierta flexibilidad que permitiría considerar las circunstancias individuales y no haría de la defensa del honor un crimen. En los razonamientos de don Justo sobre la ley, podemos escuchar la voz del dramaturgo. La oposición de Jovellanos a la tortura está expresada aquí también, sobre todo en comentarios del compasivo Torcuato.

Valladares escribió *El vinatero* once años después de la composición de *El delincuente*. Para estas fechas la comedia sentimental era un género bien establecido y él era uno de los dramaturgos populares que había contribuído a su formación y que lo cultivaba con éxito. Conocía bien el gusto del público y confeccionaba sus comedias de acuerdo con ello.

Herrera Navarro ha notado que, en todas sus obras dramáticas, Valladares tenía como objetivo «predicar el valor de la virtud».[20] En *El vinatero* logró combinar una lección sobre la virtud con el tema del trabajo. Este tema, que apareció con frecuencia en sus comedias, respondió a la promulgación en 1783 de una Real Cédula que dignificaba ciertos trabajos antes considerados como viles. En su exploración de los efectos de la nueva ley en el escenario español en estos años, María Jesús García Garrosa encuentra que

> La medida tuvo una inmediata repercusión literaria: en ese mismo año y los siguientes, se estrenaban [...] comedias que desarrollaban en la escena la vida honrosa y productiva de estos plebeyos ejemplares. [...] Menos de un año y medio después de la dignificación por ley de los trabajos viles, siete obras en cartel con el trabajo como tema central.[21]

---

20 Véase Jerónimo Herrera Navarro, «Don Antonio Valladares de Sotomayor: datos biográficos y obra dramática», en *Homenaje a Pedro Sainz Rodríguez*, Madrid, Fundación Universitaria Española, 1986, vol. 2, p. 353.

21 María Jesús García Garrosa, «La Real Cédula de 1783 y el teatro de la Ilustración», en *Bulletin Hispanique*, 95 (1993), pp. 673 y 676.

En las primeras escenas de *El vinatero*, la audiencia aprende que además de su trabajo como vinatero, Tío Juan caza para dar de comer a su familia. Angelita aumenta los ingresos familiares lavando ropa. Frente a estos virtuosos «plebeyos ejemplares», Valladares presenta y critica una nobleza ociosa y nada productiva, representada por el Marqués y su amigo Nicasio.[22]

A pesar de las buenas intenciones del dramaturgo y las lecciones que quisiera impartir a su audiencia, a fin de cuentas, la ideología expresada en la comedia es problemática. En *El vinatero*, estatus social, o sea, nobleza, resulta ser más poderosa que la virtud. Es la revelación de que Tío Juan es, en realidad, don Juan de Lara la que resuelve el problema del casamiento desigual, no la virtud o nobleza de carácter del buen vinatero. Y, al final, Angelita se casará con el Marqués del Prado y don Juan dejará el empleo de vinatero para retomar su lugar dentro de la nobleza, la clase tan criticada en la obra hasta este momento.[23]

6 Conclusiones

Como hemos visto, Valladares incorporó ciertos elementos de *El delincuente honrado* en su comedia *El vinatero de Madrid*. Tomó el nombre muy apropiado del juez, don Justo, para ponérselo a un personaje suyo que era juez también. Adaptó la situación dolorosa que forma el núcleo emocional de la comedia de Jovellanos – un padre reunido con su hijo después de muchos años es obligado a condenarle a su hijo a morir– invirtiendo los papeles familiares.

Las semejanzas entre las obras terminan aquí. Valladares creó una obra con una trama más complicada, ensanchando el enfoque de su comedia para incluir el problema de un casamiento desigual y el tema del trabajo. Elogiaba a los plebeyos industriosos y virtuosos y criticaba a la nobleza ociosa. Su atención al gusto del público, sobre todo la preferencia que tenían las audiencias por las revelaciones sorprendentes, le llevó a componer un desenlace que agradaba al público y le llevaba un gran éxito pero a la vez debilitaba el mensaje ilustrado de su obra.

---

22 En su estudio, Kristie Bulliet Niemeier muestra en detalle la crítica que hace Valladares de la ociosidad de la nobleza en esta comedia (*Dueling, Honor and Sensibility in Eighteenth-Century Spanish Sentimental Comedies*, pp. 151–205).
23 García Garrosa y Niemeier exploran los problemas ideológicos del texto de Valladares en sus respectivos estudios. Véanse María Jesús García Garrosa, «La Real Cédula de 1783 y el teatro de la Ilustración» y Kristie Bulleit Niemeier, *Dueling, Honor and Sensibility in Eighteenth-Century Spanish Sentimental Comedies*, pp. 151–205.

Obras citadas

Beverley, John M., «The Dramatic Logic of *El delincuente honrado*», en *Revista Hispánica Moderna,* 37 (1972–1973), pp. 155–161.

García Garrosa, María Jesús, «La Real Cédula de 1783 y el teatro de la Ilustración», en *Bulletin Hispanique,* 95 (1993), pp. 673–692.

Herrera Navarro, Jerónimo, «Don Antonio Valladares de Sotomayor: datos biográficos y obra dramática», en *Homenaje a Pedro Sainz Rodríguez*, Madrid, Fundación Universitaria Española, 1986, vol. 2, pp. 349–365.

—, «Fuentes manuscritas e impresas de la obra literaria de Antonio Valladares de Sotomayor», en *Cuadernos para Investigación de la Literatura Hispánica*, 6 (1984), pp. 87–106.

Jovellanos, Gaspar Melchor de, *El delincuente honrado*, Russell P. Sebold (ed.), Madrid, Cátedra, 2008.

Martínez, Manuel Silvestre, *Librería de jueces*, Madrid, Imprenta de Benito Cano, 1791.

Niemeier, Kristie Bulleit, *Dueling, Honor and Sensibility in Eighteenth-Century Spanish Sentimental Comedies*, Ana Rueda (dir.), Lexington, University of Kentucky, 2010 (tesis doctoral inédita).

Polt, John H.R., *Gaspar Melchor de Jovellanos*, New York, Twayne Publishers, 1971.

—, «Jovellanos' *El delincuente honrado*», en *Romanic Review*, 50 (1959), pp. 170–190.

Sebold, Russell P., *El rapto de la mente. Poética y poesía dieciochescas*, Madrid, Editorial Anthropos, 1989.

Soheim, El Sayed Ibrahim, *Don Antonio Valladares de Sotomayor, autor dramático del siglo XVIII*, Emili Palacion Fernández (dir.), Madrid, Universidad Complutense, 1993 (tesis doctoral inédita).

Valladares de Sotomayor, Antonio, *El vinatero de Madrid. Comedia nueva original en dos actos,* Madrid, Hilario Santos Alonso, 1784, pp. 298–305 (en línea) [fecha de consulta: 26-12-2016] <http://www.cervantesvirtual.com/nd/ark:/59851/bmc3n223>.